falstaff
WEIN GUIDE

DEUTSCHLAND

2023

500 Weingüter
4000 Weinempfehlungen
200 Gasthäuser in den Weinregionen

DER FALSTAFF WEINGUIDE DEUTSCHLAND 2023

DIE WEINBAUREGIONEN

ZWIESEL
GLAS
Journey.
Sounds like a great history.
Design by Sebastian Herkner
zwiesel-glas.com

LIEBE LESERINNEN UND LESER!

Wolfgang M. Rosam, Herausgeber Falstaff

Ulrich Sautter, Chefredakteur Falstaff Weinguide Deutschland

Viel ist passiert, seitdem wir Ihnen vor zwölf Monaten den letzten Falstaff Weinguide Deutschland vorgestellt haben. Da dachten wir, nach zwei Jahren der Covid-Restriktionen würden wir endlich wieder aufatmen können. Aber nein, genau da kam uns der Überfall auf die Ukraine dazwischen – mit all seinen verheerenden Folgen.
Bei allem, was uns bedrückt, nehmen wir aus der Verkostung der aktuellen deutschen Weine doch etwas Positives mit: Der Wein-Jahrgang 2021 ist ein Beispiel dafür, wie sich Dinge zum Guten wenden können. Im Sommer 2021 war es wochenlang so feucht, dass alles auf ein Katastrophenjahr hindeutete. Doch im Herbst kehrte die Sonne zurück, gerade noch rechtzeitig. Das Resultat ist spektakulär: Die besten 2021er stellen alles in den Schatten, was wir aus den letzten Jahrgängen ohnehin schon an großen Weinen im Glas hatten.
Der Falstaff Weinguide Deutschland ist für die nächsten zwölf Monate Ihr idealer Begleiter auf allen Wein-Wegen, er wird Ihnen bei der Online-Bestellung ebenso nützlich sein wie vor einem Besuch im Fachhandel oder beim Winzer. Neben den bekanntesten Weinen und unserer Meinung zu ihnen finden Sie auch illustrative Karten, süffig geschriebene Einleitungen zu den Weinbauregionen und wertvolle Restaurant-Tipps für den Aufenthalt vor Ort.
Ob sich auch die Weltpolitik zum Guten wenden wird wie der Jahrgang 2021, das können wir nicht vorhersehen. Aber ein gutes Glas Wein hilft allemal dabei, die Hoffnung und den guten Spirit hochzuhalten. Stoßen wir darauf an!

Herzlichst

WOLFGANG M. ROSAM
Herausgeber Falstaff Deutschland

ULRICH SAUTTER
Chefredakteur Falstaff Weinguide Deutschland

Foto: Florian Bolk, Ingo Pertramer, Shutterstock

SO LESEN SIE DIESEN GUIDE

Der Falstaff Weinguide Deutschland erfüllt mehrere Funktionen: Zuallererst gibt er mit seinen Bewertungen einen Überblick über die besten Weine, die aus den aktuellen Preislisten der Winzer auf unserem Probentisch standen. Zum Zweiten finden Sie die fünf interessantesten Weine jedes Betriebs beschrieben. Auf diese sensorischen Beschreibungen legt das Falstaff-Team großen Wert: Denn je nach Anlass und je nach kulinarischer Begleitung kann auch ein mit soliden 89 Punkten bewerteter, ideal ausgereifter Basiswein – besser schmecken als ein noch jugendlich-verschlossener 94-Punkte-Wein. Um sich hier zurechtzufinden, empfiehlt es sich, die Probennotiz zu Rate zu ziehen. Und ebenso zur Beantwortung der Frage: Könnte dieser Wein *mir persönlich* schmecken? Weine, für deren Notiz hier im gedruckten Guide kein Platz mehr war, finden Sie online auf www.falstaff.de, am einfachsten über die Volltext-Suchfunktion.

Bei manchen Weinen haben wir hinter die Bewertung ein Plus geschrieben: 91+ Punkte. Dieses Plus weist darauf hin, dass der Wein entweder je nach Kontext (beispielsweise bei Tisch) oder in Zukunft durch seine Reifeentwicklung über sich hinauswachsen wird. Die »91+« bedeuten also durchaus etwas anderes als etwa »91,5«. Sie sagen aus: 91 Punkte entsprechen der nüchternen sachlichen Sicht einer analytischen Verkostung, aber das Genusspotenzial dieses Weins ist deutlich größer.

Weiterhin zeichnen wir jeweils einen Wein pro Betrieb als »Falstaff-Tipp« aus. Sie finden diesen Falstaff-Tipp rechts unten auf den Betriebsseiten in einem beige unterlegten Feld. Für diese Weine sprechen wir eine besondere Empfehlung aus, weil sie entweder ein hervorragendes Preis-Genuss-Verhältnis besitzen oder es sich um eine Spezialität oder um eine Kuriosität des betreffenden Weinguts handelt.

Auch die Leistungskraft und das Prestige der Betriebe insgesamt erfahren eine Bewertung durch das Falstaff-Team, und zwar auf einer Skala von eins bis fünf Sternen.
Die Sterne haben folgende Bedeutung:
★ Betrieb, der regelmäßig Weine hervorbringt, die typisch für Sorte und Herkunftsregion sind.
★★ Betrieb, der für verlässliche Weinqualität bekannt ist und die Weine seiner Region auf hohem Niveau repräsentiert.
★★★ Betrieb, der für individuelle Weine von kontinuierlich hervorragender Qualität bekannt ist und bundesweit sowie auch auf einzelnen Exportmärkten hohes Ansehen genießt.
★★★★ Betrieb, der kontinuierlich für Spitzenleistungen bekannt ist und dessen stilistische Ausrichtung im In- und Ausland hohes Ansehen genießt.
★★★★★ Betrieb, der seit langer Zeit kontinuierlich für Spitzenleistungen bekannt ist und im In- und Ausland für seine stilistische Eigenständigkeit höchstes Ansehen genießt.

Wir hoffen, dass Ihnen unser Guide durch diese Angaben beim Weineinkauf hilft. Auch als Reisebegleiter leistet er durch die Vielzahl an Kontaktinformationen und Adressen gute Dienste. Zu guter Letzt ist er so angelegt, dass man ihn auch nach Jahren nochmal aus dem Regal nehmen und wie in einem Jahrbuch nachlesen kann, was im betreffenden Zeitraum gerade aktuell war beim deutschen Wein. Am meisten freuen würde es uns, wenn dann der Moment gekommen ist, um einen gereiften Wein im Glas mit jener Probennotiz zu vergleichen, die das Falstaff-Team Jahre zuvor geschrieben hat.

WEINBAU IN DEUTSCHLAND

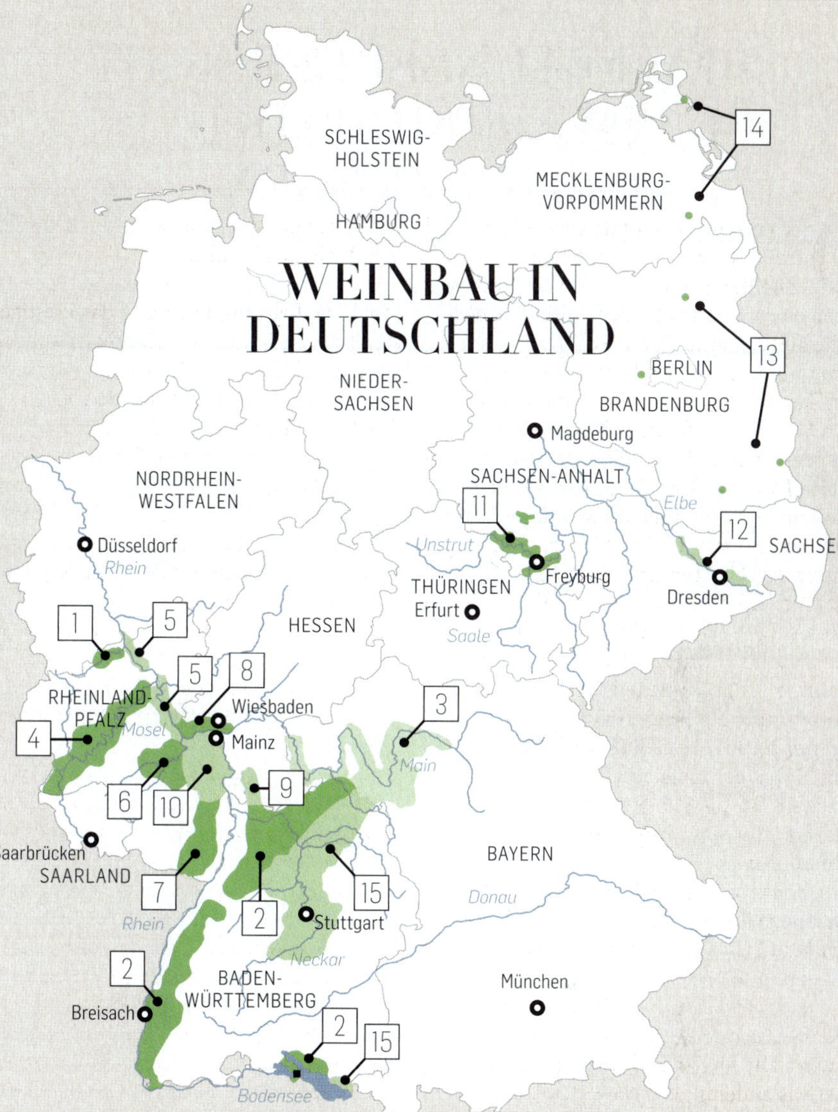

BEWERTUNGSÜBERSICHT UND VERZEICHNIS DER ABKÜRZUNGEN

WEINSPEZIFISCH

Ⓢ Schaumwein

LEGENDE WEINGÜTER

WEINBEWERTUNGEN

100	nicht zu übertreffen
95–99	absolute Weltklasse
90–94	ausgezeichneter Wein, unter den besten Weinen des Jahrgangs
85–89	gut bis sehr gut

PREISKATEGORIEN

€	bis 9,99 Euro
€€	10 bis 19,99 Euro
€€€	20 bis 49,99 Euro
€€€€	50 Euro oder mehr

ABKÜRZUNGEN

EG	Erstes Gewächs
GG	Großes Gewächs
NK	Naturkork
KK	Kunststoffstöpsel
VK	Kronkorken
VL	VinoLok (Glas)
DV	Drehverschluss
DIAM	Verschluss aus gepresstem Korkgranulat

WEISSWEINSORTEN

AU	Auxerrois
BC	Bacchus
BLM	Blütenmuskateller
CB	Cabernet Blanc
CB2	Chenin Blanc
CBL	Calardis Blanc
CH	Chardonnay
GE	Gutedel
GM	Gelber Muskateller
GV	Grüner Veltliner
HX	Huxelrebe
JO	Johanniter
KR	Kerner
MB	Manzoni Bianco
MS	Muscaris
MT	Müller-Thurgau / Rivaner
PG	Grauburgunder
PH	Phönix
RR	Riesling
RV	Roter Veltliner
SB	Sauvignon Blanc
SC	Sauvignac
SG	Sauvignon Gris
SO	Solaris
STG	Sauvitage
SÄ	Scheurebe
TR	Traminer/Gewürztraminer
VI	Viognier
WB	Weißburgunder/Pinot Blanc

ROTWEINSORTEN

AC	Acolon
BA	Barbera
BF	Blaufränkisch
BP	Blauer Portugieser
BZ	Blauer Zweigelt
CA	Carménère
CAC	Cabernet Carol
CC	Cabernet Cortis
CD	Cabernet Dorsa
CF	Cabernet Franc
CI	Cabernet Mitos
CO	Domina
CS	Cabernet Sauvignon
CT	Cabertin
CU	Cabernet Cubin
DA	Dakapo
DF	Dornfelder
DU	Dunkelfelder
FB	Frühburgunder
GN	Grenache
LG	Lagrein
LMB	Lemberger
MA	Malbec
ME	Merlot
MON	Monarch
MTR	Muskattrollinger
MV	Mourvèdre
NE	Nebbiolo
PM	Pinot Meunier
PN	Pinot Noir/Spätburgunder
PV	Petit Verdot
RD	Rondo
RE	Regent
SL	St. Laurent
SN	Sangiovese
SW	Schwarzriesling
SY	Syrah / Shiraz
TE	Tempranillo
TL	Trollinger
ZW	Zweigelt

LEGENDE GASTHÄUSER

SYMBOLIK

- Garten/Terrasse
- Übernachtungsmöglichkeit
- P Parkplätze vorhanden
- Kinderfreundlich
- Hunde nicht erwünscht
- Behindertengerecht
- Kreditkarte wird akzeptiert

PREISKATEGORIEN

- € Günstige Preiskategorie
- €€ Mittlere Preiskategorie
- €€€ Gehobene Preiskategorie

MIT HERZ & WEINVERSTAND

Diese Mitglieder der Falstaff-Verkostungsjury degustierten und diskutierten – mit der richtigen Mischung aus Begeisterungsfähigkeit und kritischer Distanz.

ULRICH SAUTTER
Wein-Chefredakteur
Falstaff Deutschland

Ulrich Sautter wuchs am Bodensee auf und legte bereits im Alter von zehn Jahren seine erste Weinsammlung an. Während des Studiums begann er, über Wein zu schreiben, nach seiner Promotion war er als Redakteur und Autor tätig. Sautter ist Mitautor des Weinatlas Deutschland und Chefredakteur für Wein bei Falstaff Deutschland.

RAINER SCHÄFER
Freischaffender Autor, Chef vom Dienst
Falstaff Weinguide Deutschland

Der renommierte deutsche Weinkenner Rainer Schäfer wuchs in Oberschwaben auf und lebt seit über 20 Jahren als Journalist in Hamburg. Schäfer schreibt über das, was er am meisten schätzt – Wein, Essen und Fußball –, und war zuletzt Chefredakteur des Fußballmagazins RUND.

Fotos: Shutterstock, Peter Nierpenkemper, Christine Krawall, CurtiusWineConsulting hergestellt

THOMAS CURTIUS, MW
Journalist, internationaler Medienprofi, Kommunikator, Korb

Thomas Curtius ist im Erstberuf Journalist und in dieser Funktion als Leiter für Projekte und digitale Kommunikation bei der Daimler AG tätig. 2019 bestand er die Prüfungen zum Master of Wine und erhielt zugleich den Outstanding Achievement Award des Institute of Master of Wine.

ELISABETH FÜNGERS
Freischaffende Autorin und Kolumnistin, Inhaberin Restaurant Nil, Hamburg

Elisabeth Füngers stammt aus einer Familie von Fisch- und Feinkosthändlern, Metzgern und Gastronomen. Selbst liegt ihr die Gastronomie im Blut, seit 30 Jahren ist sie Inhaberin und gute Seele des weinaffinen Hamburger Restaurants Nil. Die wenige Zeit, die Füngers nicht im Restaurant bei der Fürsorge für Gäste und Personal verbringt, nützt sie als Kochbuchautorin, Verkosterin und Kolumnistin.

KLAUSPETER HACK
Weinhändler im Ruhestand, Berater und Philosoph, Meersburg

Sein Großvater war Kellermeister, sein Vater gründete eine Weinhandlung: Klauspeter Hack leitete mehr als 30 Jahre lang das Haus der Guten Weine Georg Hack in Meersburg und schuf aus dem Spezialisten für badische Weine ein Weinhaus mit internationaler Ausrichtung. Seit der Übergabe der Weinhandlung an die nächste Generation ist Hack nicht nur als Berater tätig, er kehrte auch zum Studienfach seiner Jugend zurück und nahm sein Philosophiestudium (wieder) auf.

JOHANNES LEUSCH
Geschäftsführer wineBANK, Hamburg

Johannes Leusch, geboren in Mainz, half schon als Kind bei der Weinlese. Er studierte BWL und Politikwissenschaften in seiner Heimatstadt und in Alicante. Nach dem Studium verantwortete er die Kooperationen der Luxusschiffe MS Europa und MS Europa 2 bei Hapag-Lloyd Cruises. Sein Herz für genussorientierte Themen führte ihn schließlich dazu, seit April 2016 die wineBANK Hamburg zu betreiben.

MATTHIAS NESKE
Autor und Blogger, Betreiber des Blogs Chez Matze, Bamberg

Als gebürtigem Harzer wurde Matthias Neske die Weinliebe nicht gerade in die Wiege gelegt. Als er jedoch seine Diplomarbeit in Südfrankreich schrieb, überall von Weinorten und Weinwesen umgeben, war es auch um ihn geschehen. Seit elf Jahren betreibt der promovierte Geograf seinen Blog Chez Matze. Dort betätigt er sich gern als Dénicheur, erkundet also Nischen, starke Charaktere und die wunderbare Vielfalt der Weinwelt.

PETER PROEBSTL
Bereichsleiter Getränke Eigenmarke und Wein, Edeka Zentralhandelsgesellschaft, Hamburg

Peter Pröbstl studierte Volkswirtschaftslehre an der Universität Regensburg und ist seit seinem Studium im Lebensmitteleinzelhandel tätig. Nach einer Vertriebstätigkeit bei einem deutschen Discounter wechselte er 2011 in den Zentraleinkauf von Edeka und verantwortet dort als Bereichsleiter Getränke Eigenmarke und Wein den Einkauf – so kann er Beruf, Expertise und Genuss bestens vereinen.

GERO VON RANDOW
Journalist und Autor der Wochenzeitung DIE ZEIT, Hamburg

Gero von Randow war Redakteur der ZEIT, unter anderem als Korrespondent in Paris. Seit vielen Jahren schreibt er auch über Wein. So gestaltete er etwa für die ZEIT AKADEMIE ein multimediales Weinseminar. An diesem Falstaff Weinguide wirkte er als Verkoster mit – und schrieb die Einleitung für das Weinbaugebiet Franken.

CLAUDIA RETTER
Patronne und Sommelière, Hotel und Restaurant zur Fischerklause, Lütjensee

Claudia Retters Wirken fand an einigen namhaften Stätten in der Gastronomie statt, nachdem sie 2004 in München die Ausbildung zur IHK-Sommelière absolvierte. Seit 2009 leitet sie den über 100 Jahre alten Traditionsbetrieb ihrer Familie, das Restaurant und Hotel Zur Fischerklause am Lütjensee in der Stormarnschen Schweiz unweit Hamburgs. Vom Busche-Verlag wurde Sie bereits mehrfach unter die 50 Top-Sommeliers Deutschlands gewählt.

Fotos: beigestellt, Anna Stöcher, Florian Bolk, Klaus Kauffmann/Michael Kutej

JENNY RIED
Multitalent und Weindozentin,
Hamburg

Die Quereinsteigerin mit Leidenschaft für Wein und gutes Essen ist auf dem Weg durch die Stufen des WSET-Diploma und steht kurz vor dem Abschluss ihrer Sommelierausbildung. Praktika führten sie im Rahmen dieser Tätigkeiten bereits in die Sternegastronomie, so in Hamburgs Petit Amour und ebenso zu Winzern an der Mosel, in der Champagne und im Jura. Jenny Ried lebt mit ihrer Familie in Hamburg, wo sie auch Weinseminare in der Villa Verde abhält.

ELENA SCHEER
Gastronomischer Wirbelwind und geprüfte IHK-Sommelière, Geisenheim

Elena Scheer, geboren 1998, macht nach eigenem Bekunden »ziemlich viel«: Stationen ihrer gastronomischen Vita sind Burg Schwarzenstein, Essigbrätlein, Sosein und Nobelhart & Schmutzi sowie die Freiheit Vinothek Ulm, und sie studiert internationale Weinwirtschaft in Geisenheim. Zudem absolviert sie Praktika – etwa im Noma in Kopenhagen oder in der Falstaff-Redaktion. Nur »hochdeutsch sprechen« gehört nicht zu den Disziplinen, deren Beherrschung die Bayerin anstrebt.

THOMAS SCHWITALLA
Freischaffender Autor,
Hamburg

Thomas Schwitalla beschäftigt sich seit mehr als drei Jahrzehnten intensiv mit Wein und freut sich, immer wieder neue, großartige Weiß- und Rotweine zu entdecken. Der in Freiburg geborene Journalist lebt mit seiner Familie in der Nähe von Hamburg.

HEIKO-TORSTEN JÜRGEN TAUDIEN
Autor und Dienstleiter im Bereich Sachwerte,
Hamburg

Heiko-Torsten Jürgen Taudien ist freischaffender Autor, »certified sommelier«, »WSET certified«, Dienstleister im Bereich Sachwerte und auf Frankreich, USA und Deutschland spezialisierter Verkoster. Derzeit arbeitet Heiko-Torsten Jürgen Taudien auch an einer Publikation zum Thema »Wein als Wert«. Der gebürtige Niedersachse pendelt seit 2007 zwischen Hamburg und London.

VERKOSTUNGSKLAUSUR AM LÜTJENSEE

NEWCOMER, SPRUDEL UND SÜSSE DELIKATESSEN

Manche wegweisenden Entscheidungen trifft man am besten im Team – und weitab vom Lärm des Alltags. So nützt die Falstaff Verkostungsjury schon seit Jahren die Stille, die Idylle und das genussfreudige Milieu der Fischerklause Lütjensee, um für zwei Tage zusammenzukommen, in Begleitung einer dreistelligen Anzahl von Weinen.

Der Lütjensee in der sogenannten »Stormarnschen Schweiz« in Schleswig-Holstein ist das typische Gewässer einer eiszeitlichen Moränenlandschaft, eingebettet in sanft geschwungenen Hügeln mit Mischwäldern auf den Endmoränen. Der See bedeckt eine Fläche von 33 Hektar und ist bis zu drei Metern tief. An seinem Südufer liegt das Restaurant und Hotel Fischerklause, das nicht nur dank seines idyllischen Ausblicks, sondern auch der ausgezeichneten Küche wegen ein Publikumsmagnet ist. Da Fischerklause-Patronne Claudia Retter zudem das Weinvirus im Blut hat, zieht sich die Probenjury des Falstaff Weinguides jedes Jahr hierher zu einer zweitägigen Verkostungsklausur zurück.

An Tag eins der diesjährigen Klausur widmen sich die Jurorinnen und Juroren unter anderem den Weinen von Jungwinzerinnen und Jungwinzern. Aus einer Auswahl von acht Betrieben gilt es, jene drei Kandidaten auszuwählen, die dieses Jahr für den Titel »Newcomer des Jahres« nominiert werden. Auf dem Tischen stehen klassische Weintypen ebenso wie Experimentelles, Spontangärungen und maischevergorene

Fotos: (c) Patrick Lux

Weißweine kommen in die Gläser, erdige Franken-Silvaner, Fruchtsüßes aus Rheinhessen, staubtrockene Rieslinge und Cool-Climate-Chardonnays; sogar ein (ausgezeichneter!) Syrah von der Mosel findet sich in den Kollektionen. Immer wieder siebt die Jury aus und wägt ab: Wo zeigen sich die reifsten und eigenständigsten Handschriften? Am Ende eines langen Verkostungsnachmittags sind die drei Kandidaten bestimmt. Ihre Porträts finden Sie ab Seite 26, der Sieger wird im Frühjahr 2023 feststehen.

Zu Beginn des zweiten Verkostungstags widmet sich die Probenjury dem Thema Sekt. Unterbrochen wird dieses Tasting einzig durch den Fototermin. Vielleicht sehen daher die Gesichter auf dem Gruppenbild so ausgesprochen fröhlich aus. Mit Anerkennung stellen die Verkosterinnen und Verkoster fest, dass im sprudelnden Genre inzwischen ebenso hohe Bewertungen erreicht werden wie bei den besten Stillweinen.

Höhepunkt des zweiten Verkostungstags ist die Probe der edelsüßen Spitzenweine. Schon am Beginn der Süßeklimax, bei den

Johannes Leusch und Peter Pröbstl

Goldkapsel Auslesen, elektrisiert ein Wein die Gruppe: Der 2021er Saarburger Rausch Versteigerungswein von Dorothee Zilliken hat eine solche Brillanz, eine solche Harmonie und eine solche Stilsicherheit, dass die Verkosterinnen und Verkoster im Handumdrehen Bewertungen am obersten Ende der Skala in den Raum stellen: 98, 99, 100. Kann man einer Goldkap-

Die Verkostungsjury (v. l. n. r.): Gero von Randow, Rainer Schäfer, Klauspeter Hack, Ulrich Sautter, Peter Pröbstl, Jenny Ried, Thomas Schwitalla, Claudia Retter und Johannes Leusch

Auszug aus dem Weinangebot der Fischerklause

sel Auslese 100 Punkte geben? Auf diese Diskussion kommen alle zurück, nachdem auch Beerenauslesen und Trockenbeerenauslesen mit herausragenden Ergebnissen verkostet sind, etwa mit 99 Punkten für die 2021er Gräfenberg Trockenbeerenauslese von Wilhelm Weil.

Bei einem weiteren Nippen am Saarburger Elixir ist der Konsens zu dieser Goldkapsel rasch gefunden: Man kann, nein, man muss diesem Wein 100 Punkte geben. Alles an dieser Delikatesse ist perfekt: Jahrgang, Prädikat und Lage sind mit einer Detailschärfe und einer Natürlichkeit abgebildet, die keinen Spielraum mehr nach oben lässt. Mit leicht klebrigen Fingern, aber auch mit einem seligen Lächeln auf den Lippen geht die Gruppe auseinander.

Fotos: (c) Patrick Lux

KOLLEKTION DES JAHRES

»Unser Anspruch: Mit Leidenschaft den besten Riesling erzeugen und Menschen begeistern.«

DAS TEAM VON SCHLOSS JOHANNISBERG

RENAISSANCE EINER LEGENDE

Ein vergleichsweise neues Team und ein ziemlich alter Weinberg: Schloss Johannisberg krönt den Aufstieg der letzten Dekade mit Weinen, die sich den Titel »Kollektion des Jahres« verdient haben. Falstaff gratuliert!

TEXT ULRICH SAUTTER

Legendenstatus kann eine Bürde sein, und Schloss Johannisberg ist eine Legende: ältestes reines Rieslingweingut der Welt (seit 1720), Geburtsort der Spätlese (1775), historischer Besitz von Persönlichkeiten, die ihrerseits Legenden sind – früher des Fürsten von Metternich, heute der Familie Oetker. Fürst Metternich, der 1816 Schloss und Weingut im Nachgang des Wiener Kongresses zum Geschenk bekam, hatte die Idee, unterschiedlich süße Weine aus unterschiedlich reifen Trauben separat abzufüllen und sie mit verschiedenen Lackfarben zu siegeln: ein Geniestreich, dessen Berechtigung und Sinnhaftigkeit sich bis zum heutigen Tag erhalten hat.

Stefan Doktor gehört nicht zu der Art von Leuten, die sich von Legenden aus der Ruhe bringen lassen. Respekt und Verantwortung empfindet er schon, aber Doktor, das wird bei einer Begegnung mit ihm rasch deutlich, ist ein Macher. Er verlässt das Nebengebäude, in dem sich die Weingutsverwaltung befindet, lässt den Schlosshof zur Linken liegen und schreitet geradewegs Richtung Weinberg. Die Fassade des Westflügels zur Linken, die Schlossschänke zur Rechten, führt ein gepflasterter Fußweg zum Scheitelpunkt des Hangs: In einem Halbrund von östlichen bis westlichen Richtungen schmiegen sich die Reben ans Relief des rund 70 Meter hohen Kegels, auf dem das Schloss thront, 50 Hektar an einem Stück – bis zu genau jener Linie, an welcher der Hang beginnt, flach auszulaufen. Der Rebenteppich zieht sich noch weitere 30 Höhenmeter und weitere anderthalb Kilometer Luftlinie hinab bis zu Vater Rhein, doch diese

Fotos: beigestellt, Schloss Johannisberg

»1.200 Jahre Historie auf Schloss Johannisberg sind meine Inspiration und mein Ansporn zugleich.«

STEFAN DOKTOR, WEINGUTSLEITUNG

Reben gehören nicht mehr zum Schloss, dessen Weinberg seinen natürlichen Grenzen seit mehr als 300 Jahren, vermutlich seit der Gründung des vormaligen Benediktinerklosters im 12. Jahrhundert, treu geblieben ist.
Hier zeigt Doktor, der seit 2008 auf dem Johannisberg tätig ist und das Weingut seit 2016 gemeinsam mit dem Önologen Marcel Szopa leitet, in die einzelnen Flurstücke und erläutert, wo in diesem Patchwork typischerweise die besten Trauben für welches Prädikat wachsen. »Der ›Gelblack‹ stammt eher von den Parzellen im weniger steilen Hangfuß, Kabinett ›Rotlack‹ und der trockene ›Bronzelack‹ häufig aus dem westlichen und höher gelegenen Teil des Hangs und der trockene ›Goldlack‹ aus den Parzellen, in denen die Reben am tiefsten im Taunusquarzit wurzeln. Mit dem Jahrgang 2022 haben wir die Umstellung auf Bio-Bewirtschaftung begonnen, um noch einen Schritt weiter dabei zu gehen, den natürlichen Bedingungen Ausdruck zu verleihen.«

Kellermeister Gerd Ritter

Fotos: beigestellt, Schloss Johannisberg

PERFEKTIONISMUS UND TEAMBUILDING

Die Bedeutung des Weinbergs war nicht immer so groß auf dem Johannisberg, Doktors Vorgänger Christian Witte übernahm bei seinem Amtsantritt 2004 einen Weinberg, der aus Rationalisierungsgründen fast komplett von Fremdunternehmen bewirtschaftet wurde. Das Arbeiten mit eigenen Teams legte den Schalter um, und diese Phase der neuen Wertschätzung für den weinbaulichen Aspekt bekam jüngst weiteren Aufschwung dadurch, dass 2018 Michel Städter als Leiter des Außenbetriebs engagiert werden konnte. Städter hatte fast über zehn Jahre lang das für seine Burgunder berühmte Weingut Chat Sauvage in der Nachbarschaft geleitet und sich dabei einen Ruf als akribischer Perfektionist erworben. Überdies kennt er Schloss Johannisberg bereits gut, denn er hat hier einst eine Winzerlehre absolviert.

Städters Engagement kommt zu einer Zeit, in der gleich mehrere Faktoren den Aufschwung auf dem Johannisberg beschleunigen: Zum einen konnte gerade ein neues Kelterhaus eingeweiht werden, das ein detailgenaueres Arbeiten ermöglicht. Zweitens ist ein Weinberg, der so viele Höhenlagen und Expositionen vereint und dadurch Handlungsoptionen eröffnet, den Herausforderungen der Erderwärmung sehr gut gewachsen. Drittens wurde gerade eine Tröpfchenbewässerung installiert, um unerwünschten Trockenstress abfedern zu können. Viertens setzt sich in der öffentlichen Wahrnehmung die Erkenntnis durch, dass die Phase teils eher mittelmäßiger Weine aus den 80er- und 90er-Jahren nachhaltig überwunden ist. Stefan Doktor, der eine sportliche Karriere als Rennrodler hinter sich hat, scheint zudem ein Meister des Teambuildings zu sein: »Bei der Assemblage des ›Silberlack‹ Großen Gewächses machen die Kellermeister und Michel Städter jeder seine eigene Cuvée, und diese verschiedenen Versionen probieren wir dann alle zusammen blind, bevor wir entscheiden, welche Assemblage gefüllt wird.«

Michel Städter, Leiter Weinbau

DIE AKTUELLE KOLLEKTION

Wie stets bei einer Kollektion des Jahres ist es ein ganzes Bündel von Eigenschaften, die in herausragender Weise erfüllt sein müssen: Es müssen qualitative Spitzen vorhanden sein, Verlässlichkeit auch an der Basis ist gefordert, und stilistische Kohärenz quer durch das gesamte Sortiment. Die aktuellen Weine von Schloss Johannisberg erfüllen das bereits mit zwei »Gelblack«-Gutsrieslingen, die die ganze Faszination von Lage und Weingut ins Glas bringen, die trockenen Weine steigern sich in Mineralik und Phenolik von Stufe zu Stufe bis zum phänomenalen »Goldlack« 2019, der ohne Frage einer der zehn besten deutschen Rieslinge der letzten Jahre ist. Bei alledem bleibt stets der Charakter von Schloss Johannisberg gewahrt, die Phenole sind niemals schroff, sondern fügen sich harmonisch in die von großem Aromenpotenzial geprägten, wahrlich edlen Geschmacksbilder ein.

Bei den fruchtsüßen Weinen ist die »Grünlack«-Spätlese so saftig und spannungsvoll, dass man fast übersieht, dass sie immerhin 89 Gramm Restzucker besitzt. Ein wahrer Klassiker für Dekaden der Reife! Die »Rosalack«-Auslese bezaubert mit ihrer geradezu leichten Eleganz, und Beerenauslese und Trockenbeerenauslese sind Textbuch-Exempel ihrer Prädikate darin, wie sie neben Süße und Viskosität auch die mineralischen Komponenten konzentrieren. Eine Sensation eigener Art ist die Auslese »Ex bibliotheca subterranea Fass Nr. 374«, die in der vor allem als Flaschenlager dienenden Schatzkammer im zweiten Untergeschoss des Kellers in einem Fass aus Johannisberger Eiche vergoren und gereift wurde. Der Wein scheint nicht nur die Kühle des Naturgewölbes geatmet zu haben, er packt auch ein Maximum an Mineralik und stoffiger Spannung in ein Auslese-Format. Auf eine gewisse Art »trockener« – und unverkitschter – kann ein edelsüßer Wein nicht schmecken. Eine Glanzleistung! Der Schlosskeller, der noch aus der Gründungszeit der Benediktinerabtei stammt, bietet neben den vielen Fässern aus gutseigener Eiche auch einen direkten Einblick in den Boden, der diese Weine so einzigartig macht. An einer Stelle ist die Kellerwand mit einem Fenster unterbrochen und gibt den Blick frei auf den Fels: Schichten von tiefrotem, bröseligem Quarzit, der stellenweise auch graue, geschieferte Flächen einschließt. Ein rarer Glücksfall der Geologie für unvergessliche Glücksmomente im Glas.

Die verkosteten Weine und weitere Infos über dieses Weingut finden Sie auf Seite 447.

Das Team vom Weingut Schloss Johannisberg (v. l. n. r.): Marcel Szopa, Weingutsleitung, Michel Städter, Leiter Weinbau, Stefan Doktor, Weingutsleitung, Gerd Ritter, Kellermeister

Fotos: beigestellt, Schloss Johannisberg

Nicolas Olinger in den Weinbergen bei Iphofen

NEWCOMER 2023

EINE STRAHLENDE ZUKUNFT

Falstaff stellt aus Franken, Rheinhessen und Württemberg drei ausgewählte Newcomer, ihre Weine und weiteren Perspektiven vor.

TEXTE RAINER SCHÄFER

GERADLINIG UND KOMPROMISSLOS

Für den diplomatischen Dienst eignet sich Johannes Gröhl vermutlich nicht. Dafür erzeugt der 24-jährige Jungwinzer bemerkenswert individuelle Weine, in denen die pointierte Säure wie ein Kompass wirkt.

Johannes Gröhl ist ein Freund der klaren Worte. Botschaften zu verklausulieren und um den heißen Brei herumzureden, ist gar nicht sein Ding: Er war gerade mal 16 und hatte nach eigenen Angaben »noch keine drei Liter Wein produziert«, als er zu Hause den Aufstand probte. Da erklärte der Winzersohn seinem erfahrenen Vater Eckehart, dass man in Zukunft »die Weine anders und feiner« machen müsse. Im rheinhessischen Weinolsheim löste das »Riesendiskussionen« und auch Streitigkeiten aus. »Das kam nicht so gut an«, erzählt der forsche Jungwinzer. Der Vater konterte und gab ihm den Rat, »es doch gefälligst selbst zu machen«. Gesagt, getan. 2017 und 2018 erzeugte Johannes Gröhl seine ersten Weine, die auf Anhieb überzeugen konnten. Eine Zeit lang arbeiteten Vater und Sohn im Keller parallel an ihren eigenen Fässern, aber inzwischen habe er den internen Wettstreit gewonnen, sagt der 24-Jährige, der für den Ausbau der meisten Weine zuständig ist: Eckehart Gröhl kümmert sich nur noch um die Basis-Linie.

Sein Talent zeigte Johannes Gröhl zunächst in einer ganz anderen Disziplin: Er spielte leidenschaftlich gerne Fußball in der Ju-

Fotos: Weingut Olinger, Weingut Gröhl

gend-Regionalliga und spielte sogar mit dem Gedanken, sein Geld als Profi zu verdienen. Beim Fußball habe er auch gelernt, klare Ansagen zu machen. »Wenn mich etwas stört, dann spreche ich es direkt an.« Bis zu siebenmal in der Woche trainierte er in Mainz, am Wochenende ging es um wichtige Punkte. Da blieb wenig Zeit für Nebensächlichkeiten, zu denen auch der Wein gehörte. Aber als Johannes Gröhl verletzt pausieren musste, veränderten sich die Prioritäten schlagartig. Mit 16 entschied er sich gegen den Fußball und fing an, »zu Hause zu schaffen«. Gröhl begann 2017 eine Winzerlehre, er vertiefte sein Wissen bei den Brüdern Rings in Freinsheim und bei Philipp Kuhn in Laumersheim, nach der Ausbildung holte er sich bei Matthias Knebel in Winningen weiteren Feinschliff. Die Lehrjahre hätten ihm »die Augen geöffnet: Das war eine Stufe über dem, was ich von zu Hause kannte«, sagt Gröhl, der seit 2019 in Geisenheim studiert.

»Das Erbe von 12 Generationen anzutreten, macht mich unglaublich stolz. Doch auch wir als wilde 13. Generation möchten hoch hinaus!«

JOHANNES GRÖHL

Im Weingut änderte Johannes Gröhl manches, um seine Vorstellungen umzusetzen:

Vinothek und Verkostungsraum im Weingut Gröhl

Fotos: Weingut Gröhl

Eckehart, Angela, Johannes und Franziska Gröhl

»Die Vorbereitung im Weinberg ist ein großer Punkt«, dazu zählt er frühes Ausschneiden und Halbieren der Trauben, er lässt früher lesen, »die Traubenhaut muss knackig sein«. Die Weine, die »nicht jedem gefallen müssen«, sind wie der Winzer: Geradlinig und mit Tempo ziehen sie am Gaumen auf mit einer Säure, die manchen Harmonie-Trinker verstören könnte: »Ich mache keinen Riesling für Grauburgunder-Trinker«, stellt Gröhl klar, es gehe aber nicht darum zu provozieren: Die Säure sei sein »Markenzeichen« und der Garant dafür, dass seine Weine gut reifen: Dabei denkt er auch an Rieslinge vom Roten Hang wie von Heyl zu Herrnsheim aus den 1990ern, die noch immer »großes Kino« seien.

Johannes Gröhl, nach eigener Einschätzung ein »ziemlicher Dickkopf«, hat keine Angst anzuecken, sein maischevergorener Riesling »Reh« mit einem guten Schuss Vin Naturel soll seine »Schlüsse aus Experimenten in den normalen Bereich« transportieren. Der Winzer arbeitet nach Intuition und Bauchgefühl: »Ich will keine Gärkurven am Computer studieren, sondern an die Fässer rangehen und mir eine Meinung bilden.« Er habe zwar überhaupt kein gutes Gedächtnis für Namen und schreibe sich fast gar nichts auf, könne sich aber an jeden guten Wein erinnern, den er bislang getrunken habe. Der draufgängerische Winzer will weiter auf einem stabilen Fundament aufbauen, das seine Eltern geschaffen haben: 25 Hektar gehören zum Besitz, darunter in Lagen wie Oppenheimer Sackträger, Niersteiner Pettenthal oder Hölle mit massivem Kalkuntergrund, »in dem Weinberg wachsen Steine«, vermutet Gröhl, der seine Zukunft in Weinolsheim sieht, auch wenn er in den Wintermonaten gerne andere Weinländer bereisen und noch »ein paar Wörter Englisch lernen« möchte. Nach den anfänglichen Differenzen haben sich die Wogen im Weingut Gröhl längst geglättet. Öfter habe der Vater ihn ermahnt: »›Johannes, das geht doch so nicht.‹ Jetzt lässt er mich machen.«

Die verkosteten Weine und weitere Infos über dieses Weingut finden Sie auf Seite 510.

BESCHWINGTER SCHNELLSTARTER

Früher saß Simon Hornstein gerne hinterm Schlagzeug, inzwischen gibt die großartige Natur mit Alpen-Panorama seinen Rhythmus vor: Der junge Winzer belebt den bayerischen Bodensee mit seinen Weinen.

Simon Hornstein ist mittendrin in einer lebendigen Bewegung, er fühle sich »gut und beschwingt«. Aber er wisse auch, »dass wir nur etwas Gutes schaffen können, wenn wir es gemeinsam umsetzen«. Hornstein, 29, redet von der kleinen Winzerszene am bayerischen Bodensee, die gerade »nach einer langen Durststrecke aufblüht«. Was für das große Ganze gilt, lässt sich auch für das Weingut am Hornstein behaupten: Seit der Winzer 2017 nach Nonnenhorn zurückkehrte, gewinnen die Weine von Jahrgang zu Jahrgang an Profil.

Der Winzerhof liegt nur zweihundert Meter vom Ufer des Bodensees entfernt. Weinbau betreibt die Familie zwar schon lange, aber das sei eine »komplizierte Geschichte«, da immer auch Obst angebaut wurde, die Weintrauben liefen nebenbei mit. Erst seine Eltern hatten 1999 angefangen, eigene Weine zu keltern. Angezogen fühlte sich Hornstein nicht von der Arbeit in den Weinbergen, er habe »nicht nur die romantische Seite des Weinbaus erlebt«. Als Jugendlicher spielte er lieber Schlagzeug in einer Jazz-Combo und konnte sich die Musik auch als weitere Perspektive vorstellen, aber dann kam über Nacht das »Wein-Fieber, das mich nicht mehr loslässt«. 2011 begann er die Ausbildung im Staatsweingut in Meersburg, seitdem habe er die Drumsticks nicht mehr angerührt. Das Studium in Geisenheim folgte 2013, die nächsten Herbste verbrachte er bei Sebastian und Paul Fürst in Bürgstadt und beim Weingut Gross in Ratsch – prägende Stationen, gerade in der Südsteiermark versuchte er, »die Herangehensweise aufzuschnappen, feinfühlig mit Böden und Klima umzugehen«.

Fotos: Weingut Hornstein am See

»Es hat schon was, wenn man im Sommer hier am See sitzt und einen unkomplizierten Wein trinken kann!«

SIMON HORNSTEIN

Natürlich habe er sich auch noch »herumspülen lassen« in berühmten Weinregionen wie dem Burgund. Aber Hornstein will zurechtkommen mit den heimischen Gegebenheiten: Weinbergen mit leichten Böden und Cool-Climate-Verhältnissen. Dafür mussten erst einmal grundlegende Zweifel ausgeräumt werden: »Liefert das Terroir am See die Qualität von Wein, die ich möchte?« Die Frage ist eindeutig geklärt, die Grundlage dafür sind beinahe sieben Hektar Reben in den Lagen Nonnenhorner Seehalde und Sonnenbichl, es sind besonders Pinot Noir und Chardonnay, an denen der junge Winzer hängt. Die Seehalde ist die »Heimatlage«, in der auch der Hof steht, die kargen Böden bergen runde Kiesel und Süßwassermuscheln. Sonnenbichl dagegen ist der Weinberg mit festerem Boden, gebrochenen Steinen und mit höherem Ton- und Kalkgehalt. Die Reben stehen am See auf 400 Metern Höhe, im Herbst kühlen die Temperaturen ab, was zu einem »filigranen und feinen Weincharakter« führe. Der Weinbau wird vor allem durch die Alpen bestimmt, viele Regenwolken bleiben

Roland und Simon Hornstein bei der Lese

an den Gipfeln hängen, »die Weinberge sind auch im Hochsommer grün«.
Simon Hornstein ist nach wenigen Herbsten noch dabei, »die Lagen zu evaluieren und die Unterschiede zu begreifen. Ich bin noch am Anfang der Entwicklung.« Den Chardonnay aus dem Sonnenbichl baute er im Jahrgang 2020 zum ersten Mal separat aus, das ergab gerade mal ein Barrique. Das Kelterhaus ist unscheinbar, aber die Traubenlese »ist bei uns sehr spektakulär« und wird mit peniblem Aufwand betrieben. Sogar ein Lesetisch wird mitten in den Weinbergen platziert, »damit wir möglichst wertige Trauben bekommen«. Deshalb könne er die Kellerwirtschaft immer mehr zurücknehmen. Hornstein setzt auf Ganztraubenpressung, der Most wird mit reichlich Trub spontan vergoren, »ich versuche einen langen Ausbau ohne Schwefel auf der Vollhefe«.
Die »grundlegende Stilfrage« sei geklärt, sagt Simon Hornstein, die werde ohnehin durch die Böden und das relativ kühle Klima vorgegeben: »Seewein« sei eine passende Umschreibung für seine Stilistik und Arbeit, die er vor einem großartigen Panorama ausüben kann: Wenn die Reben austreiben, blickt er auf schneebedeckte Berge, am Ende der Lese sind die Gipfel auch wieder weiß gepudert. Hornstein will seine Weinberge noch auf zehn Hektar erweitern, »um mehr Spielraum zu bekommen«. Er geht überlegt, aber trotzdem in Siebenmeilenstiefeln voran: »Die wilde Fahrt geht weiter.«

Die verkosteten Weine und weitere Infos über dieses Weingut finden Sie auf Seite 614.

Wein-Fest der Winzer vom Bodensee

Fotos: Weingut Hornstein am See, Weingut Olinger

KOPF IM HIMMEL, FÜSSE AUF DEM BODEN

Wein und Kulinarik sind für den fränkischen Winzer Nicolas Olinger eine untrennbare Einheit, die auch seinen Blickwinkel als Winzer verändert hat: Schon im Weinberg fange er an zu überlegen, was man zu seinen Weinen essen könnte.

Das Leben habe viel mehr Genuss zu bieten, seit er die Faszination der Kulinarik und das genussvolle Zusammenspiel von Essen und Wein für sich entdeckte, sagt Nicolas Olinger. Inzwischen plant der Winzer aus Iphofen seine Urlaube anhand von verheißungsvollen Speisekarten in Städten wie Marseille oder im Baskenland. Gerne macht er auch mal einen Abstecher zu Spitzenköchen wie Felix Schneider im Nürnberger Restaurant »etz«. Das erweitere auch seinen Blickwinkel als Winzer, wenngleich er sich manchmal bremsen müsse: »Ich esse viel zu viel«, sagt der Franke, »ich mag es, wenn der Tisch vollsteht mit vielen Speisen.«
Nicolas Olinger zählt zur lebendigen Weinszene in Iphofen, wo neben etablierten Betrieben auch junge Winzerinnen und Winzer auf sich aufmerksam machen. »Aber große Töne zu spucken, liegt uns Franken nicht«, sagt der 33-Jährige, der das Weingut Gebrüder Müller – Familie Olinger leitet,

»Unsere Weine entstehen aus dem Bauch heraus: jedes Jahr anders, ohne festen Plan, aber mit viel Gefühl!«

NICOLAS OLINGER

das in der stimmungsvollen Altstadt von Iphofen liegt. Olingers Großvater – einer der Gebrüder Müller – war aus dem Osten des Steigerwalds nach Iphofen gezogen, um Fässer herzustellen und nebenbei Wein auszubauen. Schon als Kind habe er zu Hause »mitgewurstelt« und seinem Vater Josef geholfen, aber den Reiz des Winzerberufs entdeckte Nicolas Olinger erst viel später: »Wein war überhaupt nicht hip, wir hatten eine ältere Kundschaft und viel Literware.« Aber bei einer Verkostung habe er schlagartig verstanden, dass Wein mehr sein könne, als er lange vermutete.

Im Bio-Weingut Burrlein in Mainstockheim begann er 2008 seine Winzerlehre, sofort stellte er auch im Weingut seiner Eltern auf biologischen Weinbau um, das seit 2020 auch offiziell zertifiziert ist. Olinger fing 2014 an, in Geisenheim zu studieren, seinen ersten Jahrgang kelterte er 2015, drei Jahre später sei er dann »voll eingestiegen«. Seit einer Reise nach Neuseeland und einem mehrwöchigen Aufenthalt in Marlborough sei er »open minded«, sagt Olinger: Neuseeländische Winzer würden ihre Lockerheit auch bei der

Organischer Dünger hält die Reben vom Weingut Olinger im Gleichgewicht

Fotos: Weingut Olinger

Nicolas Olinger beim Messen
von Oechslegraden mit dem Refraktometer

Arbeit behalten. Inzwischen aber lebe er »liebend gerne« in Europa, die Wege nach Italien und Frankreich seien kurz – was der Gourmet gerne auch für seine kulinarischen Exkursionen nutzt.

Halbe Sachen kennt der zielstrebige Nicolas Olinger nicht, wenn er etwas angeht, dann richtig: »Ehrgeizig sollte man schon sein im Leben«, sagt er. Nach der Winzerlehre habe er »alles gelesen über Wein, was ich in die Finger bekommen konnte«. Seinen Wissensdurst konnte das freilich nicht stillen, Olinger zog nach Berlin, um sich zum Sommelier ausbilden zu lassen und seinen »Horizont zu erweitern«. Im Sterne-Restaurant »Philipp« in Sommerhausen sammelte er praktische Erfahrungen, er arbeitete auch einige Monate im Weinladen St. Pauli. In der Nachbarschaft lernte er den Gastronomen Fabio Haebel kennen, der ihm viele Zusammenhänge erklärt und ihn inspiriert habe, »Sachen zu durchdenken. Er hat mich mit seiner Leidenschaft für die Gastronomie angesteckt.«

Inzwischen bewirtschaftet Nicolas Olinger 17 Hektar Weinberge auf »100 Prozent Gipskeuper«, Silvaner ist die wichtigste Rebsorte für ihn. Besonders hängt der Winzer an den alten Reben im Iphöfer Kalb, die »seit 50 Jahren jedes Wetter aushalten, von minus 20 bis plus 40 Grad«. Olinger ist am liebsten bei seinen Reben, er fühle sich an die Scholle gebunden, »die Natur ist mein Arbeitgeber«. Im Keller setzt er auf einen »entspannten Ausbau« mit Spontangärung und langem Hefelager, seine Weine haben »etwas fast burgunderhaft Weites und Getragenes«, wie während der Verkostung bemerkt wurde. Silvaner sei »kein Marktschreier«, aber wecke regelmäßig die kulinarische Fantasie: »Ich denke schon im Weinberg darüber nach, was man dazu essen könnte. Durch die Kulinarik setze ich mich viel intensiver mit Wein auseinander.« Nicolas Olinger wird im November 34, er sehe sich aber als echter Newcomer: »Ich fühle mich manchmal noch als kleines, neues Lichtlein«, was ihn weiter antreibe, seine Ziele zu erreichen, ganz nach der Devise: »Kopf im Himmel und die Füße auf dem Boden.«

Die verkosteten Weine und weitere Infos über dieses Weingut finden Sie auf Seite 169.

Altenahrer Eck

AHR
JETZT ERST RECHT!

Foto: WSNA

DER KRAFTAKT

Im Jahr eins nach der Flutkatastrophe mussten die Ahrwinzer neben den Arbeiten in den Reben und im Keller jeden Tag von Neuem einen herausfordernden Alltag bewältigen – und den Wiederaufbau dessen beginnen, was das Wasser zerstört hatte. Die Weine aber schmecken, als sei nichts gewesen.

TEXT ULRICH SAUTTER

Anstrengend, sagt Winzer Paul Schumacher aus Marienthal, sei das vergangene Jahr gewesen. »Das kann man nicht anders sagen. Aber wir können wieder im eigenen Betrieb arbeiten, das ist das Wichtigste. Manchmal muss man noch improvisieren.« Die Ärmel hochkrempeln, weitermachen, nach vorne schauen: Das ist die Devise im von der Flut des 14. Juli 2021 verheerend getroffenen Ahrtal. Es grenzt an ein Wunder, dass die Winzer zweieinhalb Monate nach dem Hochwasser wieder Trauben keltern konnten, mithilfe geliehener Gerätschaften und auch dank der Unterstützung von Winzerkollegen aus nah und fern.

Und es grenzt ebenso an ein Wunder, dass wir für diesen Weinguide doch immerhin einige der 2020er verkosten konnten, die in der Flutnacht noch in Fass oder Tank gelegen waren. Man erinnert die Bilder von Fässern, die von den Wassermassen davongetragen wurden, der größte Teil der in den Kellern liegenden Weine war ausgelaufen und ist für immer verloren. »Als sich das Wasser schon dem Haus näherte und abzusehen war, was gleich passieren würde«, erinnert sich Paul Schumacher, »habe ich etwas sehr Unvernünftiges getan. Ich bin noch mal in den Keller gegangen und habe in aller Eile mit einem Hammer die Silikonstopfen der Barriquefässer so tief und fest ins Spundloch geschlagen, wie ich nur konnte.« Zumindest für ein paar Fässer war das die Rettung.

Fotos: beigestellt, (c) Marco Rothbrust, WSNA, Weingut Kriechel

Alexander Stodden, Weingut Jean Stodden

Michael Kriechel vom Weingut Peter Kriechel aus Walporzheim berichtet von 60 verloren gegangenen oder ausgelaufenen Fässern. »Im Topbereich sind Sachen dabei, bei denen von fünf oder sechs Barriques nur eines übrig geblieben ist. Das tut schon weh, zumal wenn man weiß, was da für Granaten darunter waren.«
Derweil bleibt noch unendlich viel zu tun. »Seit vier Wochen können wir das Licht wieder mit einem Schalter anknipsen«, berichtet Kriechel Ende September 2022, »und in zwei Wochen wird die Heizung an den Start gehen.« Etwas Normalität, setzt er fort, sei für sie nach wie vor das Größte. Eine besondere Schwierigkeit stelle es dar, den Wiederaufbau neben dem Tagesgeschäft voranzutreiben: »Wir können ja nicht pausieren, die Reben wachsen weiter, der Wiederaufbau kommt on top auf die Bewältigung des Alltags drauf, das ist schon herausfordernd.« Auch die Vermarktungsstruktur sei über Nacht weggebrochen, das Gastronomiegeschäft fiel durch die Flut auf null. Zudem musste Familie Kriechel ihren vom Wasser zerstörten Gutsausschank komplett abreißen. »Jetzt haben wir erste Planungsschritte unternommen, aber bis da wieder Gäste sitzen, wird es 2023 oder 2024.« Immerhin kämen schon wieder viele Tagesgäste zu improvisierten Weinproben. »Ich hab, glaub ich, noch nie so viele Weinproben abgehalten wie im letzten Jahr.«
Dasselbe berichtet auch Paul Schumacher, der seine zerstörte Straußwirtschaft während der warmen Jahreszeit mit einer »Wiesenweinwirtschaft« oberhalb der Marienthaler Lage Trotzenberg ersetzt hat – Open Air oder auch unter einem Zeltdach. »Das wurde gut angenommen. Für uns war

Kellermeister Michael Hewel und Peter Kriechel, Weingut Peter Kriechel

WEINBAUGEBIET AHR

Anbaufläche ca. 540 Hektar
Aufteilung 40 Einzellagen
Wichtigste Rebsorten
Spätburgunder, Frühburgunder
Verbände
Ahrwein e. V., Hauptstraße 80
53474 Bad Neuenahr-Ahrweiler
www.ahrwein.de

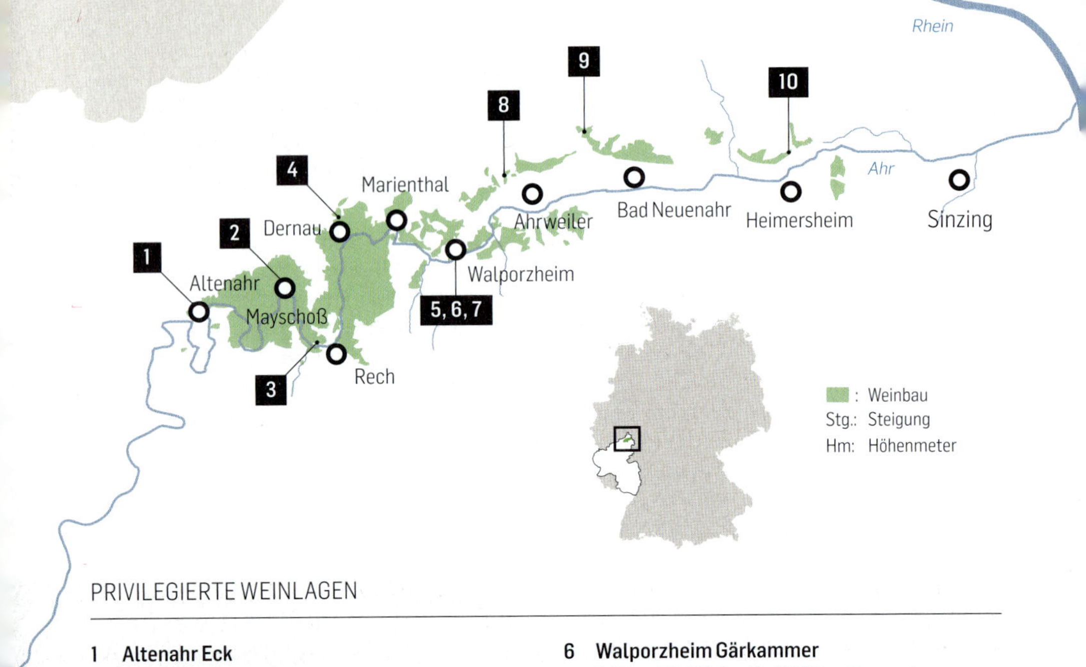

PRIVILEGIERTE WEINLAGEN

1 **Altenahr Eck**
8 ha, 150–260 Hm, 40–60 % Stg., Grauwacke, Schieferverwitterungsgestein

2 **Mayschoß Mönchberg**
45 ha, 200–220 Hm, Grauwacke mit kleinem Lehmanteil

3 **Rech Herrenberg**
17 ha, 130–260 Hm, 25–60 % Stg., Grauwacke, Lehm

4 **Dernau Pfarrwingert**
10 ha, 125–220 Hm, 15–60 % Stg., Schiefer, Grauwacke, Lehm

5 **Walporzheim Kräuterberg**
5 ha, 110–180 Hm, 15–60 %, Stg., Grauwacken, sandiger Lehm, Verwitterungsschiefer

6 **Walporzheim Gärkammer**
0,68 ha, 110–180 Hm, 15–60 % Stg., Grauwacke, sandiger Lehm, Schiefer

7 **Walporzheim Alte Lay**
9 ha, 110–250 Hm, 10–75 % Stg., verwitterter Schiefer, lehmiger Grauwacke, sandiger Lehm

8 **Ahrweiler Rosenthal**
50 ha, 110–180 Hm, 0–45 % Stg., Grauwacke, Lehm, Löss, Lösslehm

9 **Bad Neuenahr Kirchtürmchen**
9 ha, 120–160 Hm, 10–40 % Stg., Grauwacke, Lehm, Löss, Lösslehm, Schiefer

10 **Heimersheim Landskrone**
15 ha, 80–170 Hm, 15–60 % Stg., Basalt, Schiefer, lehmiger Ton

Panorama Mayschoß und Mönchberg (li.)

es wichtig, was Neues zu machen.« Auch eine Bauvoranfrage, ob er an dieser Stelle, weit oberhalb des Flusses, bauen könne, sei sehr schnell positiv beschieden worden. »Im Moment läuft das wirklich etwas weniger bürokratisch.«

»Wir selber merken es gar nicht mehr, dass es nach wie vor chaotisch aussieht im Tal«, resümiert Britta Stodden. »Aber ich sehe es unseren Besuchern an – wenn wer Fremder hierherkommt: diese Erschrockenheit in den Augen!« Von den 2020ern hat das Weingut nur drei Abfüllungen in drei Güte- und Preisklassen im Angebot, alle mit der Überschrift »Flutedition«. Ursprünglich hätten es sogar nur zwei Assemblagen werden sollen: »Doch als mein Mann gemeinsam mit H. O. Spanier die Fässer durchprobiert hat, sagte H. O.: »Mach doch mal einen dritten Tank. Mein Mann wollte diese Fässer eigentlich in die Basisqualität assemblieren, aber H. O. meinte, dass es diese Weine verdienen würden, separat gefüllt zu werden.« Also gibt es zwischen dem Basiswein »Pegel 735« und der Top-Cuvée »Alexander die Großen« nun auch einen höchst eleganten Burgunder namens »rescued by H. O.«. Auf den Etiketten dieser Weine ist im Schriftzug »Jean Stodden« das »n« von »Jean« nach unten weggebrochen – genau so, wie es nach der Flut auch beim Schriftzug des Betriebsgebäudes der Fall war.

Die Weine aber probieren sich, als sei nichts gewesen. »Ja, das finde ich auch«, sagt Britta Stodden. »Wir sind halt wie ein kleines bockiges Kind: Jetzt erst recht!«

Nähere Infos über den Autor finden Sie im Kapitel »Verkostungsteam« ab S. 12.

Marc und Frank Adeneuer, Weingut J. J. Adeneuer

Fotos: beigestellt, (c) Peter Bender, WSNA

★★★★

WEINGUT J.J. ADENEUER

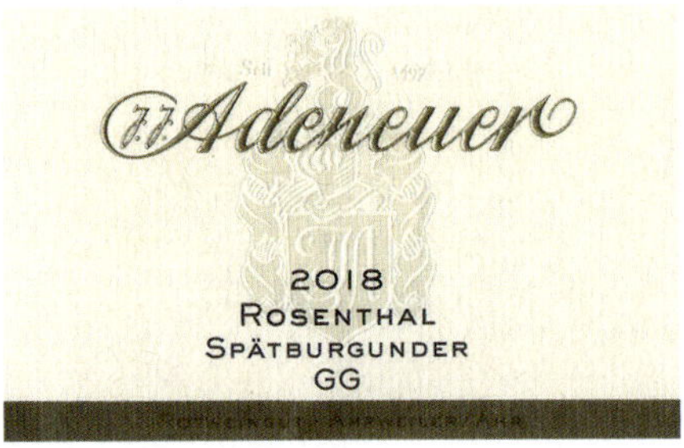

Max-Planck-Straße 8, 53474 Bad Neuenahr-Ahrweiler
T: +49 2641 34473, jjadeneuer@t-online.de
adeneuer.de

Ab-Hof-Verkauf: Mo bis Fr 9–12 und 13.30–18 Uhr, Sa 10–15 Uhr
Kellermeister: Tim und Frank Adeneuer
Ansprechpartner: Marc Adeneuer
Flaschen/Hektar: 93.000 (10 % weiß, 85 % rot, 5 % Schaumwein)/12.5 ha

Marc Adeneuer war nicht nur in den Wochen nach der Jahrhundertflut einer der wichtigsten Motoren bei der Organisation von Hilfsmaßnahmen. Mit der gleichen Dynamik gab er schon in den Jahren davor den Weinen des Familienbetriebs eine Neuausrichtung: hin zu mehr Frische und einem straffen, auf Lagerpotenzial abzielenden Bau. Die von der Flut verschonten 2020er sind durch die Bank auf dieser Linie, etwa die Großen Gewächse Gärkammer und Alte Lay, denen man unbedingt noch etwas Zeit geben sollte. Die feingliedrige »Kleine Kammer« hingegen ist schon wunderbar trinkbar.

95 2020 Walporzheim Gärkammer Pinot Noir GG
Im Duft: Schiefer, Holunder, Walderdbeere, Malve, schwarzer Pfeffer, Teer und Bitterschokolade. Im Mund hat der Wein eine ausgezeichnete Dichte, feinkörniges Tannin, reife Säure und kräftig taktil-mineralische Komponenten machen den Wein zu einem Kandidaten für die Langstrecke.
13 Vol.-%, NK, €€€€

94 2020 Walporzheim Alte Lay Pinot Noir GG
Mandel und Süßkirsche, Kirschkern, leicht kräuterwürzig, Minze, florale Noten. Im Mund hat der Wein eine dichte Struktur, ist stoffig geprägt, hat viel Saft und etwas Cremigkeit im Hintergrund, Mineralik und Säure sind nahtlos mit dem Körper verbunden. Potenzial! 13 Vol.-%, NK, €€€€

93+ 2019 Ahrweiler Rosenthal Pinot Noir GG
Ein opulenter Duft nach dunklen Beeren: Brombeere, Cassis, Holunder, Schlehe. Im Mund hat der Wein die Eleganz eines Seidentuchs, er vereint Dichte und Leichtigkeit, die Säure ist lebendig, der Gerbstoff feinkörnig, die taktile Mineralik trägt lange. 13,5 Vol.-%, NK, €€€

92 2019 »J.J. Adeneuer N°1« Pinot Noir trocken
Im Duft noch verschlossen, schieferwürzige Noten dominieren, dazu Noten von Tabak und dunklen Beeren. Im Mund fließt der Wein geschmeidig, seidig, mit feinem Schmelz und reifer, nahtlos eingebundener Säure, der Gerbstoff hat Struktur, wirkt aber dennoch mild. 13 Vol.-%, NK, €€€

91 2019 »J.J. Adeneuer N°2« Pinot Noir trocken

90 2019 »J.J. Adeneuer« Spätburgunder tr.

92+ 2020 »Kleine Kammer« Walporzheim Gärkammer Pinot Noir trocken
Vergleichsweise helle Farbränder und ein duftiger Auftritt: mit Noten von Süßmandel, gelber Kirsche, etwas Minze und Preiselbeere, Darjeeling-Tee, auch balsamisch, Schiefer. Im Mund fließt der Wein saftig und feingliedrig, der feine Säurefaden unterstreicht die mineralische Eleganz.
13 Vol.-%, NK, €€€

★★★

WEINGUT BROGSITTER

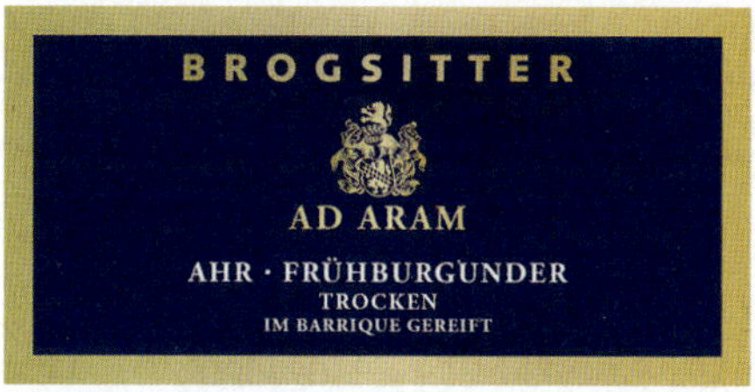

Max-Planck-Straße 1, 53501 Grafschaft-Gelsdorf
T: +49 2225 918111, verkauf@brogsitter.de
brogsitter.de

Ab-Hof-Verkauf: Vinothek: Mo bis Fr 8–20 Uhr, Sa 9–20 Uhr, So 13–19 Uhr
Kellermeister: Horst-Helmuth Quitsch, Markus Hallerbach
Ansprechpartner: Hans-Joachim Brogsitter
Flaschen/Hektar: 190.000 (5 % weiß, 95 % rot)/33 ha

Hans-Joachim Brogsitter und sein Team waren in Hotel und Restaurant vom Hochwasser betroffen, aber im Weingut hatten sie Glück: Der Keller liegt in der Höhe. Der Jahrgang 2020 zeigt das Weingut in bester Form: Weine wie der Frühburgunder aus dem Walporzheimer Pfaffenberg bestechen mit leisen Tönen und Nuancenreichtum, der Kräuterberg Spätburgunder ist eine Klasse für sich. Wenn es den Weißweinen gelänge, sich diesem Niveau anzunähern, wäre ein vierter Stern für das Weingut durchaus in Reichweite. Der sehr eigenständige Riesling aus der Alten Lay zeigt in die richtige Richtung.

92 2020 »Hommage Großes Gewächs« Walporzheim Alte Lay Riesling trocken
Ein Touch of Wood, Lebkuchen, unterlegt von zitrischen und leicht kräuterwürzigen Aromen. Im Mund offenbart der Wein ein typisches Steillagen-Format: eher reife Säure und eine kräftige, etwas zur Breite neigende Stoffigkeit. Die komplett trockene Abstimmung ist passend und konsequent. 13 Vol.-%, NK, €€€

94 2019 »Hommage Großes Gewächs« Walporzheim Kräuterberg Spätburgunder tr.
Ein komplexer Burgunderduft, etwas Neuholz, Unterboden, Preiselbeeren, Wacholder und Schlefer. Im Mund beginnt der Wein saftig und mit leichter Süße, die durchdringende taktile Mineralik gibt ihm eine Energie, die für viele weitere Jahre der Reife gut ist. 13,5 Vol.-%, NK, €€€

93+ 2020 »Hommage Großes Gewächs« Walporzheim Kräuterberg Spätburgunder tr.
Dezent rauchiges Neuholz und dazu eine sehr pure dunkle Beerenfrucht. Im Mund hat der Wein Saft und Schmelz, seidiges Tannin und ein feines, lebendiges Säurerückgrat. Der Wein verbindet (mineralisch getönte) Eleganz mit Tiefe – ein superber Lagentyp. 13,5 Vol.-%, NK, €€€

92+ 2020 »Hommage Großes Gewächs« Walporzheim Pfaffenberg Frühburgunder tr.
Schieferwürzig im Duft, kleine rote Beeren, ein nuancierter Sortentyp. Im Mund hat der Wein eine schöne Feingliedrigkeit, der Gerbstoff ist feinkörnig und frisch, der Körper von Saftigkeit und nicht von Alkohol bestimmt, alles auf mineralischem Fundament. 13,5 Vol.-%, NK, €€€

89+ 2020 »Ad Aram« Blanc de Noir Spätburgunder trocken

88 2021 Ahrweiler Klosterberg Weißburgunder trocken

87+ 2021 »No. 1« Blanc de Noir trocken

92 2019 »Hommage Großes Gewächs« Walporzheim Alte Lay Spätburgunder tr.

91+ 2020 »Hommage Großes Gewächs« Ahrweiler Silberberg Spätburgunder tr.

90 2019 »Ad Aram« Frühburgunder trocken

89+ 2020 »Edition B« Spätburgunder trocken

90 2019 »Ahr-Schiefer« Pinot Noir trocken
Kräuterwürzige Noten, Lorbeer und Mandel, Pfeffer, Apfel, Milchschokolade und leicht »steinige« Töne. Im Mund ist der Wein ausgewogen, das reife Tannin in mittlerer Menge passt sehr gut zum Körper, die Säure ist gut integriert. Ein sehr guter Pinot für die Speisenbegleitung! 13 Vol.-%, NK, €

★★★★

WEINGUT BURGGARTEN

Landskroner Straße 61, 53474 Heppingen
T: +49 2641 21280, burggarten@t-online.de
weingut-burggarten.de

Ab-Hof-Verkauf: Mo bis Fr 10–12 Uhr und 13.30–18 Uhr, Sa und So 10–13 Uhr
Kellermeister: Paul Schäfer
Ansprechpartner: Paul und Heiko Schäfer
Flaschen/Hektar: 120.000 (20 % weiß, 80 % rot)/15 ha

Das Heppinger Weingut konnte trotz der katastrophalen Flut vom 14. Juli 2021 einen Teil seiner 2020er retten – jede Flasche ist ein Segen, nicht nur in wirtschaftlicher Hinsicht für das Weingut, sondern auch für die Genussfreude der Kenner. Wir haben schon die letzten Jahre mit Aufmerksamkeit verfolgt, wie Heiko Schäfer die Stilistik des Weinguts weiterentwickelt hat: hin zu mehr Feinheit und Eleganz. Da uns dieses Jahr der Jahrgang 2020 ebenso überzeugt hat wie im letzten Jahr der 2019er, verleihen wir dem Weingut den vierten Stern. Herzlichen Glückwunsch!

95 2020 Walporzheim Kräuterberg Spätburgunder GG
Im Duft Gestein, Waldbeeren, schwarzer Pfeffer. Am Gaumen hat der Wein eine delikate Frucht und feines Tannin, die Intensität der taktil-mineralischen Komponente überstrahlt alles, sogar den öligen Fond und die leicht likörige Frucht, gute Länge. 14 Vol.-%, NK, €€€€

95 2020 Walporzheim Alte Lay Spätburgunder GG
Duftig, mit Noten von Kirschkernen und Kräutern, brenzlige Schieferwürze. Der Gaumen ist geschmeidig grundiert, seine Öligkeit wird von dichtem, feinem Gerbstoff und lebendiger Säure kontrastiert, der mineralische Extrakt gibt dem Abgang etwas Crispes, Trockenes. 13,5 Vol.-%, NK, €€€

94 2020 Bad Neuenahr Schieferlay Spätburgunder GG
Schieferwürze im Duft, Waldbeeren, auch Baumharz, zitrische Untertöne. Der Gaumen hat Saftigkeit und eine sehr feine Anlage, dabei ist die Struktur dennoch dicht und verspricht Langlebigkeit. Säure und taktile Mineralik sind präsent, ohne die verspielte Art des Weins zu brechen. 13,5 Vol.-%, NK, €€€

93 2020 Heimersheim Burggarten Spätburgunder GG
Ein leicht rauchiger Holzton, aber auch dunkelbeerige und kräuterwürzige Aromen, Salbei, Thymian. Im Mund entfaltet der Wein Saftigkeit auf einer cremigen Unterlage, der mürbe, feinkörnige Gerbstoff und die delikate Säure unterstreichen den Eindruck der Eleganz. 13,5 Vol.-%, NK, €€€

92 2020 Bad Neuenahr Sonnenberg Frühburgunder GG

93+ 2020 Bad Neuenahr Sonnenberg Spätburgunder GG
Im Duft Holunder und röstig angehauchte dunkle Beeren. Am Gaumen feingliedriges und doch auch fest strukturiertes Tannin auf geschmeidigem Fond, feine Mineralik, der saftig-elegante Abklang zeigt Dichte und Homogenität in der Frucht. Feiner Stil, sehr gute Frische.
13,5 Vol.-%, NK, €€€

★★

WEINMANUFAKTUR DAGERNOVA

Heerstraße 91–93, 53474 Bad Neuenahr-Ahrweiler
T: +49 2641 9472-0, info@dagernova.de
dagernova.de

Ab-Hof-Verkauf: Mo bis Fr 8–18 Uhr, Sa 8–12 Uhr
Kellermeister: Günter Schüller
Ansprechpartner: Günter Schüller
Flaschen/Hektar: 1.400.000 (18 % weiß, 55 % rot, 25 % Rosé, 2 % Schaumwein)/150 ha

In der Weinmanufaktur Dagernova ziehen 600 Winzer-Familien an einem Strang, die eine große Passion verbindet: Ihr Rotwein von 150 Hektar Rebfläche. Den Weinbau in den Steillagen der Ahr betrachten sie als Teamsport, gemeinsam entstehen unter der Regie von Kellermeister Günter Schüller charaktervolle, mineralische Spät- und Frühburgunder: »Unser Garant dafür sind 1.200 Hände, mit 600 Herzen, die eine Leidenschaft teilen«, lautet das Motto der Genossenschaft, die sich durch die Flutkatastrophe nicht unterkriegen ließ. Wir können jeden der angestellten Weine empfehlen!

93 2020 Walporzheim Kräuterberg Spätburgunder trocken
Dunkle Beeren, herbe dunkle Schokolade im ersten Duft. Schwarzkirsche, dunkles Nougat, sommerliches Kräuterbeet. Auf weichem Fond entwickelt sich ein erwachsener Wein mit Muskeln und Kraft, gut balanciert durch die präsente Säure, kräftiges, reifes Tannin, mineralische Finesse. Lang. 14,5 Vol.-%, NK, €€€

92 2020 Dernau Hardtberg Frühburgunder tr.
Duftet nach reifer Himbeere, Pflaume, getrocknetem Rosmarin und Holzwürze, Grillkohle. Saftig, mit feiner Würze auf weichem Fond, die Säure ist reif und verhalten, dabei tragend. Bringt Volumen und mineralische Tiefe mit, die sich mit geschmolzenem Tannin elegant entfalten.
13 Vol.-%, NK, €€€

90 NV »Edition Vintages« Spätburgunder tr.
Cuvée aus 2018, 2019 und 2020. Kräuterwürzige und rauchige Noten zu reifer Kirsche und Pflaume, etwas Lakritz. Getragen von einer festen Säure entwickelt sich eine kräftige Substanz im Mund, trockener, handfester Burgunder mit belastbarem Gerbstoff. Zu Schmorgerichten. 13,5 Vol.-%, NK, €€

89 2020 »Handschrift« Spätburgunder tr.
Kirsche und Walderdbeeren in der Nase, auch Hagebutte, getrockneter Thymian, auch Senfsaat, etwas Gäraromatik. Am Gaumen ausgewogen und mit einer unkomplizierten Machart, die es an nichts mangeln lässt: Die »Handschrift« ist gerade im Alltag gerne bei Tisch gesehen. 13 Vol.-%, DV, €

89 2021 Spätburgunder Rosé trocken

89+ 2019 »Handschrift« Frühburgunder tr.
Kleine rote Beeren, Walderdbeeren, Johannisbeeren, erdige Noten, nasses Laub. Vollmundiger Frühburgunder mit kräftiger Struktur, typischer weicher Säure, feinem Schmelz, dezenter Fruchtsüße, reifem Tannin, anklingender Mineralik und Würze. Bietet etwas fürs Geld.
13 Vol.-%, DV, €

★★★★

WEINGUT DEUTZERHOF

Deutzerwiese 2, 53508 Mayschoß
T: +49 2643 7264, info@deutzerhof.de
deutzerhof.de

Ab-Hof-Verkauf: Ja
Kellermeister: Hans-Jörg Lüchau
Ansprechpartner: Hans-Jörg Lüchau
Flaschen/Hektar: 38.000 (10 % weiß, 75 % rot, 10 % Rosé, 5 % Schaumwein)/6.5 ha

Tatsächlich, der Aufstieg des Weinguts zu alter Größe setzt sich fort. Hans-Jörg Lüchau, Chef des Außen- und Innenbetriebs, der noch mit dem legendär gewordenen Wolfgang Hehle arbeitete, wird von einem entschiedenen Investor unterstützt und legt eine beeindruckende Kollektion vor. Gibt es ein Wort, das den Stil des Deutzerhofs zusammenfasst? Wenn ja, dann ist es »Eleganz«. Wir verstehen die aktuellen Weine als eine Bewerbung um höhere Weihen – und werden die nächsten Jahre ein wachsames Auge darauf haben, ob die Ahr bald ein weiteres Fünf-Sterne-Gut bekommt.

97 2020 Mayschoß Mönchberg Spätburgunder GG

Dunkelrot im Glas. Tannennadeln im Duft, verriebener Bleistift, am Boden liegendes Blattwerk, Frucht. Der primärfruchtige Geschmack ist klar wie ein Bergbach, eingefasst von dezenten, aber entschlossenen Tanninen und von toller Säure. Ein Gigant. 14 Vol.-%, NK, €€€

95 2020 Altenahr Eck Spätburgunder GG

Betörender Duft mit Marzipan, Kirsche, Fichtennadeln und viel Raum für Fantasie. Im Geschmack setzen sich diese Eindrücke fort: präzise eingesetzte Säure und Tannine. Inbegriff eines großen Ahr-Weines, Potenzial für viele Jahre. 13,5 Vol.-%, NK, €€€€

95 2019 »Grand Duc Reserve« trocken

Kräftiges Dunkelrot, leuchtend. Warmer, reichhaltiger Duft mit Erinnerung an Sauerkirsche, Balsamico, Zimt, Anis. Voller, hochintegrierter Geschmack mit geschliffener, appetitanregender Säure, lang anhaltend. Ernst und Eleganz vereint. 14 Vol.-%, NK, €€€€

94 2020 Heimersheim Landskrone Spätburgunder GG

Zarter Duft. Kraftvoller Geschmack, mit selbstbewusster Säure und eindrucksvoller Frucht, etwas Walnuss, fein verwobene Tannine, seidig, langer Nachhall. Erinnert an »A Day In The Life« von den Beatles. Erhaben wie die geografische Lage selbst. 13 Vol.-%, NK, €€€

93 2020 Mayschoß Mönchberg Frühburgunder GG

93 2020 Neuenahr Kirchtürmchen Spätburgunder GG

92 2020 Rech Herrenberg Frühburgunder GG

90 2020 »Alfred Alte Reben« Mayschoß Portugieser trocken

88 2020 »A&O« Mayschoß Frühburgunder tr.

88 2020 »Purpur« Mayschoß Dornfelder tr.

87 2019 »Deutzerhof« Spätburgunder tr.

93 2019 »Caspar Alte Reben« Ahrweiler Spätburgunder trocken

Ein Duft wie beim Besuch eines Chocolatiers, Praline, Pistazie, Marzipan. Charmante Süße, grundiert von wohldosierter Säure und Tanninen, schönste Frucht. Schon jetzt ein Genuss. Gemessen an dieser Qualität ist der »alte Caspar« sogar günstig. 13,5 Vol.-%, NK, €€€

★★★

WEINGUT MARC JOSTEN

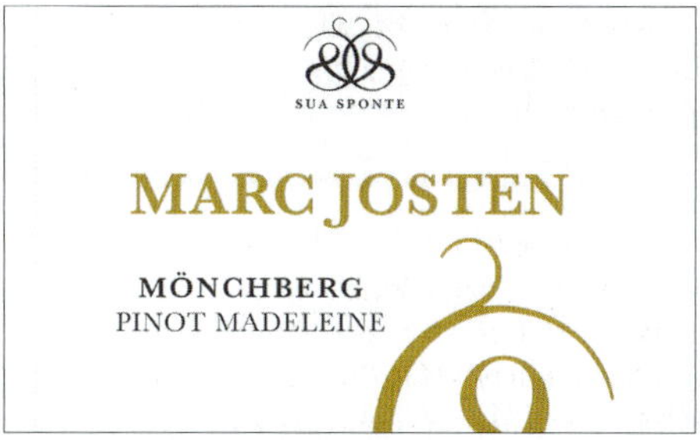

Ringofenstraße 3, 53424 Remagen
T: +49 2643 902550, info@marcjosten.de,
marcjosten.de

Ab-Hof-Verkauf: Ja
Kellermeister: Marc Josten
Ansprechpartner: Marc Josten
Flaschen/Hektar: 40.000 (50 % weiß, 50 % rot)/5 ha

Die Kollektion von Marc Josten ist erneut ebenso homogen wie hochwertig ausgefallen – das gilt für seine Weine von der Ahr genauso wie für jene vom Mittelrhein. In seiner sehr überschaubaren 40.000-Flaschen-Manufaktur produziert Marc Josten dichte, balancierte Weine, die großartigen Terroir-Ausdruck bieten. Das zeigt sich beim überaus würzigen Sauvignon Blanc Leutesdorf Gartenlay und mindestens genauso beim Pinot Noir aus dem Mönchberg. Exquisit auch der mit Noblesse gereifte 2014er »Blanc de Noir brut«, der mit seiner Komplexität gerne zum Essen gereicht werden darf.

92+ 2014 Blanc de Noir brut
Goldgelb in der Farbe, feine Perlage. Im Duft mit einer attraktiven Reifenote, Brioche, Haselnuss. Am Gaumen mit Aromen von gelber Birne, Mandeln, dazu etwas Apfelschalen, feines Mousseux, sehr gut integrierte Säure, komplex und delikat, langer Nachhall. 12 Vol.-%, NK, €€€

93+ 2020 Leutesdorf Gartenlay Sauvignon Blanc trocken
In der Nase kräuterwürzige Aromen, balsamischer Hauch, dazu zitrische Frucht und kandierte Ananas. Am Gaumen sind Schmelz und Stoffigkeit dicht ineinandergewoben, Zitrusfrucht, etwas Johannisbeere, nahtlos integrierte Säure, viel Saft, extraktreich. Hat weiteres Potenzial.
14 Vol.-%, NK, €€€

93+ 2019 »Privatedition Max Otte« Pinot Noir trocken
Zu Beginn Grafit und Rauch in der Nase, es folgen reife rote Frucht, Cranberry, aber auch schwarze Kirsche. Am Gaumen feiner Gerbstoff, satte rote Frucht, steinige Würze, etwas Kräuter, lebendige, gut integrierte Säure, langer Nachhall. Hat weiteres Potenzial. 13,5 Vol.-%, NK, €€€

92+ 2019 Mayschoss Mönchberg Pinot Noir tr.
In der Nase ein opulenter Duft nach Waldbeeren, dunklen Kirschen, Cranberry und Lorbeerblatt, dazu etwas Rauch, markant. Am Gaumen dann feiner, satter Gerbstoff, dazu Sauerkirschen, Brombeeren und Thymian, lebendige Säure. Hat viel Wucht und Saft, wird sehr schön reifen.
13 Vol.-%, NK, €€€

92+ 2019 »Substanz« Sauvignon Blanc tr.

90+ 2019 Leutesdorf Gartenlay Grauburgunder trocken

90 2021 »Schiefer« Sauvignon Blanc trocken

92+ 2021 »Schiefer« Pinot Noir trocken

92 2019 Laacherberg Pinot Noir trocken

91+ 2020 Laacherberg Mayschoss Pinot Noir tr.

90 2019 Mayschoss Mönchberg Pinot Madeleine trocken

92 2019 »Glanzstück« Sauvignon Blanc tr.
Blasses Goldgelb. Ein Duft von Stachelbeeren, Grapefruit und Passionsfrucht. Am Gaumen konzentriert, Aromen von rauchiger Mineralik, Holznoten, reife Frucht, Zitronenmelisse, Stachelbeeren und Maracuja, hat eine schöne Spannung, toller Trinkfluss, lang. 14 Vol.-%, NK, €€

• Rotwein • Roséwein • Weißwein • Orange-Wein • Süßwein   falstaff-Tipp

★★★

WEINGUT PETER KRIECHEL

Walporzheimer Straße 83–85
53474 Bad Neuenahr-Ahrweiler
T: +49 2641 36193, info@weingut-kriechel.de
weingut-kriechel.de

Ab-Hof-Verkauf: Mo bis Fr 8–18 Uhr, Sa 10–18 Uhr, So Jan. bis März 12–17 Uhr, April bis Dez. 10–18 Uhr
Kellermeister: Michael Hewel
Ansprechpartner: Peter Kriechel
Flaschen/Hektar: 200.000 (15 % weiß, 85 % rot)/27 ha

Wir haben größten Respekt davor, wie die Winzer-Familie Kriechel mit den Folgen der schrecklichen Flut im Ahrtal umgeht. »Ich bin ein positiver, optimistischer Mensch«, sagte Peter Kriechel nach der Katastrophe, »machen wir das Beste aus der Situation.« Und das ist bestens gelungen mit einer bärenstarken Kollektion aus dem Jahrgang 2020, an dessen Spitze die »Goldkapsel« aus dem Walporzheimer Kräuterberg steht – ein komplexer, dichter Spätburgunder mit enormer mineralischer Spannung. Dafür vergeben wir gerne den dritten Stern. Glückwunsch!

95 2020 »Goldkapsel« Walporzheim Kräuterberg Spätburgunder trocken
Etwas Rosenblätter, Veilchen, dunkle Kirschen, Brombeeren, auch Blutorange, Holzwürze. Kräftig gebaut mit guter Substanz, Komplexität und Dichte, saftige, süßliche Kirschen, auch etwas Schattenmorelle, präzise Säure, reifer Gerbstoff, mineralische Spannung, jung. 13,5 Vol.-%, NK, €€€

93 2020 »R« Bad Neuenahr Sonnenberg Spätburgunder trocken
Vielschichtiges und nuanciertes Duftbild mit schwarzen Kirschen, Brombeeren, Blaubeeren und feinem Rauch. Verbindet am Gaumen Komplexität und Eleganz, fruchtgetragen, delikate Säure, guter Extrakt und feinkörnige Gerbstoffe, mineralisch unterlegt, gute Länge. 13,5 Vol.-%, NK, €€€

93 2020 »Jubilus - Goldkapsel« Frühburgunder trocken
Heidelbeere und Kirsche mit feiner Holzwürze im Duft, etwas balsamisch, Blutorange und Herbstlaub. Am Gaumen entwickelt sich unaufgeregt und in feinen Nuancen Spannung, die in Eleganz übergeht, saftig, feine Würze, Mineralik, geschmeidiger Gerbstoff. 13,5 Vol.-%, NK, €€€

92 2020 Walporzheim Kräuterberg Spätburgunder trocken
Rote Kirsche und Blaubeere, feine Holzwürze und kräutrige Noten, getrocknete Weinbergkräuter. Saftig und geschmeidig am Gaumen mit frischer roter Kirsche, feinnervige Säure, die kräftige Textur wird gut ausgefüllt mit Extrakt, reifes Tannin, klingt saftig aus. 13,5 Vol.-%, NK, €€€

89+ 2020 »S« Spätburgunder trocken

91 2020 »B« Spätburgunder trocken
Blaubeere und süße rote Kirsche im Duft, flankiert von feinem Rauch, dazu getrockneter Thymian und etwas Hibiskus. Saftige und geschmeidige Entfaltung am Gaumen, etwas Schattenmorelle zur Kirsche, präsente Säure, griffiges, schon zugängliches Tannin. Hat Charme.
13,5 Vol.-%, NK, €€

★★★

MAIBACHFARM

MAIBACHFARM
Jahrgang 2020
SPÄTBURGUNDER · AHR

Im Maibachtal 100, 53474 Bad Neuenahr-Ahrweiler
T: +49 2641 36679, info@maibachfarm.de
maibachfarm.de

Ab-Hof-Verkauf: Mo bis Fr 10–16 Uhr, Sa und So 11–17 Uhr
Kellermeister: Alexander Weber
Ansprechpartner: Alexander Weber
Flaschen/Hektar: 33.000 (20 % weiß, 35 % rot, 40 % Rosé, 5 % Schaumwein)/8.5 ha
Anbauweise: Bio

Die Maibachfarm, eines der wenigen Bio-Weingüter an der Ahr, hat sich von der Flutkatastrophe nicht unterkriegen lassen und sogar Weine aus dem Unglücksjahr 2021 eingereicht, die durchaus zu gefallen wissen. Begeistert haben uns die Lagen-Spätburgunder aus 2019 und das fulminante »Glanzstück« mit hochwertigem Gerbstoff, elegantem Fluss und guter Länge. Dicht dahinter folgen der mineralisch durchdrungene Ahrweiler Silberberg und der kräutrig-würzige Recher Herrenberg: alles Burgunder, die von weiterer Reife profitieren werden und noch in vielen Jahren großen Genuss versprechen.

94 2019 »Glanzstück« Spätburgunder tr.
Vielschichtige, nuancierte Nase mit schwarzer Kirsche, Johannisbeere und Maulbeere, feine Würze. Kräftige, klar gefasste Kontur am Gaumen mit sehr gutem Gleichgewicht der Elemente, feiner Saft, eleganter Fluss, behutsam extrahierter Gerbstoff, mineralischer Druck, Länge und Potenzial.
13 Vol.-%, NK, €€€

93 2019 Ahrweiler Silberberg Spätburgunder tr.
Rosmarin, Thymian, Wacholderbeere, reife dunkelbeerige Frucht mit balsamisch-ätherischen Noten, Schieferwürze. Am Gaumen mit gutem Extrakt und Dichte, eher breit angelegtes Format, mit Saft und reifer, aber feinnerviger Säure, reifer Gerbstoff, ziemlich mineralisch, lang.
13,5 Vol.-%, NK, €€€

92+ 2019 Rech Herrenberg Spätburgunder tr.
Getragener, konzentrierter Duft mit reifer Kirsche und Schwarzer Johannisbeere, kräutrig, erdig, mineralisch. Am Gaumen wird die kräftige Substanz von frischer, tragender Säure akzentuiert, feste Struktur, kräutrig, würzige Mineralik, feinkörniger Gerbstoff. Jung. 13 Vol.-%, NK, €€€

92 2019 Heimersheim Burggarten Spätburgunder trocken
Kirsche, etwas Brombeere und Holunder, auch Schlehe, getrockneter Rosmarin, feiner Rauch, auch nasse Erde. Entwickelt sich am Gaumen auf weichem Hintergrund, feine Würze, saftig, reife, tragende Säure. Kräftige, reife Gerbstoffe, die eine lange Reife garantieren. 12,5 Vol.-%, NK, €€€

90+ 2021 Grauburgunder & Chardonnay trocken

89+ 2021 Blanc de Noir Spätburgunder trocken

89 2021 Weißburgunder trocken

89 2021 Rosé trocken RE/FB/PN

90+ 2019 Dernau Spätburgunder trocken

89+ 2020 Ahrweiler Spätburgunder trocken

89+ 2020 Spätburgunder trocken

90 2020 Frühburgunder trocken
Getrockneter Rosmarin, etwas Unterholz und Holzwürze, erdige Noten, Rote Bete, rote Kirschen, auch Granatapfel. Präsent am Gaumen mit Saft und schöner Frische in einer kräftigen Struktur, die feinnervige Säure sorgt für Länge, der feinkörnige Gerbstoff pelzt noch leicht.
13 Vol.-%, NK, €€

★★★

WEINGUT NELLES

Göppinger Straße 13a
53474 Bad Neuenahr-Heimersheim
T: +49 2641 24349, info@weingut-nelles.de
weingut-nelles.de

Ab-Hof-Verkauf: Mo bis Fr 9–12 Uhr und 14–18 Uhr, Sa 10–14 Uhr
Kellermeister: Philip Nelles
Ansprechpartner: Philip Nelles
Hektar: 9 ha

Im Jahr 1479, das auf allen Nelles-Etiketten erscheint, entrichtete Peter Nelis einen außergewöhnlich hohen Zins an die Adelsfamilie Quadt zu Landskron, die Herren der Burg Landskron und des zugehörigen Landes inklusive der Weinberge. So steht es in einem alten Dokument. Auch heute noch ist die GG-Lage Landskrone der Stolz des Weinguts, in der aktuellen Kollektion stellt sie den höchstbewerteten Wein. Der Betriebsstil zielt auf die harmonische Vereinigung von Frucht und Gerbstoff, der Holzeinsatz rundet auf passende Weise ab. Wunderbar stimmig!

94 2020 »B-48« Heimersheim Landskrone Spätburgunder GG
Im Duft: Grüntee, Rote Johannisbeere, schwarzer Pfeffer, rote Stachelbeere. Im Mund ist der Wein ganz rund und geschmeidig, mit geschliffenem Gerbstoff, mit feiner Säure und deutlicher taktiler Mineralik, gehalt- und stilvoll mit sehr guter Länge. 13,5 Vol.-%, NK, €€€

93 2020 »B-52« Heimersheim Burggarten Spätburgunder GG
Leder, Kräuter und Waldhimbeere, Minze, eine Note von Kaltstandzeit. Im Mund hat der Wein Fülle, feinkörniges Tannin, eine Spur Adstringenz und kräftigen Alkohol, der zusätzlich aufraut, robust auf geschmeidiger Grundlage.
13,5 Vol.-%, NK, €€€

93 2020 »SL« Bad Neuenahr Schieferlay Spätburgunder GG
Schieferwürzig im Duft, Himbeere, auch zitrische Noten, dezentes Holz, ein jugendliches, sehr aufgeräumtes Duftbild. Im Mund hat der Wein viel Saftigkeit, eine frische Säure und ein in der Menge gut extrahiertes, in der Qualität feinkörniges Tannin, gute Dichte. 14 Vol.-%, NK, €€€€

92+ 2020 »R« Rosenthal Spätburgunder GG
Karamelltöne vom Holz, Himbeere, Erdbeere, ein »helles Duftbild«. Im Mund mit früh präsenter wilder Beerenfrucht, geschmeidige Grundierung, kräftiger Alkohol, das Tannin ist sehr weich eingebunden, lässt aber weder Konzentration noch Straffheit vermissen. Gutes Potenzial.
14 Vol.-%, NK, €€€€

92+ 2020 »B« Heimersheim Landskrone Frühburgunder GG

91 2020 »1 Ahr« Heimersheim Landskrone Sonnenberg Spätburgunder trocken
Schwarztee, Herzkirsche und Himbeere, auch Minze – ein fruchtgeprägter Duft. Im Mund zeigt sich ein saftiger, im Hintergrund auch geschmeidiger Bau, lebendige Säure bindet den Alkohol ein, der Gerbstoff ist reif und körnig. Hat eine gute Reifeperspektive. 14 Vol.-%, NK, €€€

★★★

WEINGUT ERWIN RISKE

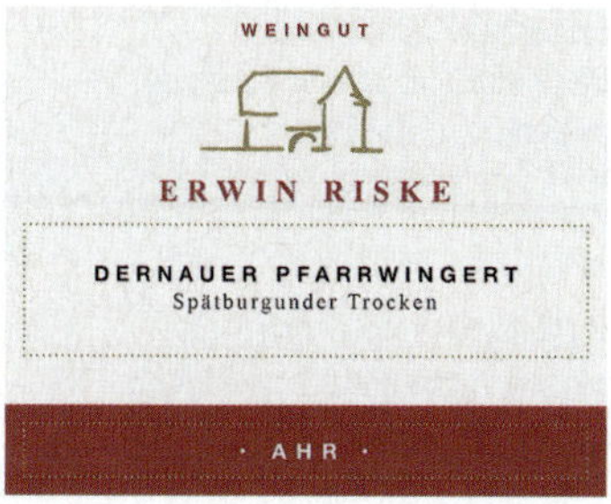

Wingertstraße 28, 53507 Dernau
T: +49 2643 8406, weingut-riske@t-online.de
weingut-riske.de

Ab-Hof-Verkauf: Ja
Kellermeister: Jan Riske
Ansprechpartner: Katharina Riske
Flaschen/Hektar: 40.000 (20 % weiß, 75 % rot, 5 % Rosé)/8 ha

Die Bewertungen aller sechs Weine liegen bei 92+ Punkten und höher! Wir ziehen den Hut vor der Leistung von Katharina und Jan Riske, die nicht nur im Jahr vor der Flut einen ausgezeichneten Jahrgang 2020 kelterten, sondern die sich auch von der Flut und ihren Nachwirkungen nicht haben entmutigen lassen. Ernüchternd zu sehen ist einzig, welch kleine Mengen an 2020ern das Hochwasser übrig gelassen hat: Mal sind es 600 Flaschen, mal 900. Aber man muss es so sehen: Jeder gerettete Tropfen ist ein Glück für uns Genießer.

94 2020 »R« Dernau Pfarrwingert Spätburgunder trocken
Im Duft von umwerfender Komplexität: würzig, fruchtig, mineralisch, Kräuter und Johannisbeeren aller Farben, Minze und Grüntee, sehr fein eingewobenes Holz. Im Mund äußerst elegant, verspielt mineralisch, sehr feines Tannin, saftig abklingend. Subtiler Wein! 13 Vol.-%, NK, €€€

93+ 2020 Dernau Pfarrwingert Spätburgunder trocken
Balsamisch mit erster Entfaltung: Wacholder, Holunder, etwas Thymian, auch Holz. Im Mund erscheint ein feinkörniges Tannin mit einem Hauch positiver Adstringenz, saftig unterlegt, mittelhohe bis hohe Dichte, straffer Abklang, mineralische Töne, sehr gutes Potenzial. 14 Vol.-%, NK, €€€

93 2020 Bad Neuenahr Sonnenberg Spätburgunder trocken
Im Duft reife Kirschen, Wildkirschen, ein Hauch von Leder und Spontangärung. Im Mund zeigt sich der Wein voll, weich, seidig, samten, ganz rund und abgeschlossen, aber dabei auch extraktreich, intensiv taktil-mineralisch, mit Saft und wahrer Finesse. 13 Vol.-%, NK, €€€

93 2020 Dernau Hardtberg Spätburgunder trocken
Pfeffrige Noten im pikanten Duft, Minze, etwas Grüntee, Rote Johannisbeere, auch Mandel. Im Mund feinkörnig, schöne Dichte, gute Proportion, geschmeidiger Hintergrund, feines mineralisches Spiel, wird sehr elegant ausreifen. 13,5 Vol.-%, NK, €€€

92+ 2020 Dernau Hardtberg Frühburgunder trocken

92+ 2020 »Schieferturm« Spätburgunder tr.
Mandeln und Preiselbeeren im Duft, ein klassischer, würzig geprägter Spätburgunder. Der Gaumen setzt mit Fülle und Geschmeidigkeit an, mürbes Tannin kleidet den Mund aus, die feingliedrige Säure belebt, harmonisches Finish, saftig, mineralisch, mit frischer Frucht. 13 Vol.-%, DV, €€

★★

WEINGUT MAX SCHELL

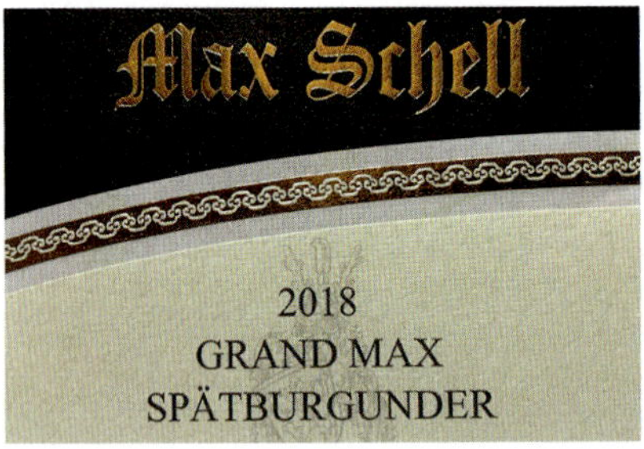

Rotweinstraße 41, 53506 Rech
T: +49 2643 3580, info@max-schell.de
max-schell.de

Ab-Hof-Verkauf: Mo bis Fr 10–18 Uhr
Kellermeister: Wolfgang Schulze-Icking
Ansprechpartner: Wolfgang Schulze-Icking
Flaschen/Hektar: 40.000 (20 % weiß, 80 % rot)/4 ha

Die Flutkatastrophe im Juli 2021 verursachte im Weingut Max Schell in Rech schwere Schäden an Gebäuden, Weinbergen, Maschinen und Fässern, vom Jahrgang 2020 wurden 90 Prozent der Premium- und Barrique-Weine zerstört. Der Wiederaufbau wird noch Jahre dauern. Aber Betriebsleiter Wolfgang Schulze-Icking schaut optimistisch nach vorne: Durch den Zukauf eines Weinberges konnte die Rebfläche trotz der Verluste sogar um einen Hektar erweitert werden. Die Weine, die wir verkosten konnten, wie den majestätischen »Grand Max S«, sprechen dafür, dass hier bald wieder bessere Zeiten anbrechen.

93 2018 »Grand Max S« Ahrweiler Rosenthal Spätburgunder trocken
Opulenter Duft mit reifer Spätlesefrucht in der Nase, dunkle Kirsche, Brombeere, gemahlene Mandeln, würziges Holz. Breit und weit angelegtes Format am Gaumen mit Volumen und Kraft, dunkle Schokolade, etwas Espresso und Holunder, ein Berg markanter Gerbstoffe. Jung. 14 Vol.-%, NK, €€€

91+ 2018 »Grand Max« Ahrweiler Rosenthal Spätburgunder trocken
Relativ ausgeprägte Holzwürze in der Nase, Rosenblätter, reife Himbeere, rote Kirschen, etwas Pflaume, erdige Noten. Verbindet am Gaumen Kraft und Geschmeidigkeit, die feine Fruchtsüße sorgt für Charme, die Gerbstoffe sind markant und pelzen noch leicht. Viel Wein. 13,5 Vol.-%, NK, €€

91+ 2019 »Grand Max« Ahrweiler Rosenthal Spätburgunder trocken
Die Holzwürze legt sich noch etwas über die reife Frucht, Kirsche und Schwarze Johannisbeere, Brombeere, ein wenig Lakritze. Am Gaumen wird die kräftige Substanz von einer feinen Säureader belebt, noch etwas kantiges Tannin, würzige Mineralik bleibt hängen. 13 Vol.-%, NK, €€

91 2020 »Alte Reben« Frühburgunder trocken
Schwarze Johannisbeere, Brombeere, Kaffeepulver, Pfeffer, Marzipan, etwas Holzwürze. Würde man diesen Wein plastisch beschreiben, wäre er oval und rundlich, mit einer guten Konzentration in der Mitte, saftig, reifer Gerbstoff, mittlere Länge, charmant. 13 Vol.-%, NK, €€

89+ 2021 Blanc de Noir Spätburgunder trocken

93 2018 Ahrweiler Silberberg Spätburgunder trocken
Süße rote Kirsche zeigt sich in der Nase und sorgt für ein angenehmes Entree, Gelee von der Roten Johannisbeere. Auch am Gaumen umgänglich und charmant füllig und weich, Kirsche, auch Rote Johannisbeeren, saftig, schöne mineralische Würze, reifer, griffiger Gerbstoff, lang. 14,5 Vol.-%, NK, €€€

★★★★

WEINGUT PAUL SCHUMACHER

Marienthaler Straße 6, 53474 Marienthal
T: +49 2641 4345, ps-info@weingut-ps.de
weingut-ps.de

Ab-Hof-Verkauf: Mo, Di, Do und Fr 9–12 Uhr, Sa und So 10–12 Uhr
Kellermeister: Paul Schumacher
Ansprechpartner: Paul Schumacher
Flaschen/Hektar: 25.000 (15 % weiß, 85 % rot)/3.9 ha

Im letzten Moment, als das Hochwasser schon fast das Haus erreicht hatte, habe er, so erzählt Paul Schumacher, bei einigen Fässern noch schnell den Silikonstopfen mit einem Hammer fest und tief in den Spund geschlagen. Diesem Wagemut ist es zu verdanken, dass wenigstens ein paar wenige Fässer des 2020ers die Flut überstanden haben. Und dieser Jahrgang probiert sich furios: mit einem Trio aus Kräuterberg, Silberberg und Rosenthal an der Spitze, das die Lagencharaktere klar zum Ausdruck bringt – und Frischfruchtigkeit mit potenzialreichem Tannin flankiert.

95+ 2020 Walporzheim Kräuterberg Spätburgunder trocken
Assamtee, Sauerkirsche und Waldheidelbeere, auch pfeffrig-staubige Noten. Im Mund ist sofort ein griffiger, frischer, plastischer, reifer Gerbstoff präsent, eine intensiv saftige Frucht, ein lebendiger Säurenerv und kräftige taktile Mineralik geben Länge. 13 Vol.-%, NK, €€€

94+ 2020 »Magna Essentia« Ahrweiler Rosenthal Spätburgunder trocken
Der Duft ist überwältigend fruchtig: dunkelbeerig, Brombeere, Holunder, dazu kommt eine deutliche Schieferkomponente. Im Mund dominiert eine großzügige Geschmeidigkeit, das feine, dichte Tannin ist gut integriert, Mineralik und Säure geben Spannung. Sehr lang! 13 Vol.-%, NK, €€€€

94 2020 Ahrweiler Silberberg Spätburgunder trocken
Ein intensiv schieferwürziger Duft, feuchter Schieferstein, dann aber auch komplexer Pinot, Holunder und Schwarze Johannisbeere, Bienenwachs. Im Mund zeigt sich der Körper prall mit feinem Tannin gefüllt, Säure und taktile Mineralik entfalten intensive Spannung. 13 Vol.-%, NK, €€€

93 2020 Marienthal Trotzenberg Spätburgunder trocken
Zurückhaltend im Duft, Preiselbeere, Baumharz, weißer Pfeffer. Im Mund ist der Wein cremig grundiert, der Gerbstoff strahlt Feinheit und Reife aus, eine frische und animierende Frucht begleitet den Wein saftig unterlegt und lang anhaltend in den Abgang. 13,5 Vol.-%, NK, €€€

93 2020 Ahrweiler Rosenthal Spätburgunder trocken

91 2020 »Pur Pinot« Spätburgunder trocken

92+ 2020 »Alegria« Frühburgunder trocken
Hochreife dunkle Beeren, Brombeeren und Holunder, Maulbeeren. Im Mund hat der Wein feinkörnigen Gerbstoff, kraftvolle taktile Mineralik, viel Saft und Nerv, insgesamt eine Fülle, die aber nicht überbordet, der Abgang ist vollfruchtig, lang. 13 Vol.-%, NK, €€€

★★★★★

JEAN STODDEN – DAS ROTWEINGUT

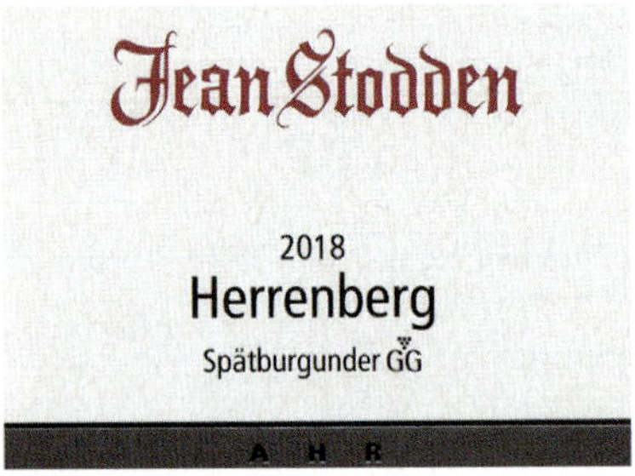

Rotweinstraße 7–9, 53506 Rech
T: +49 2643 3001, info@stodden.de
stodden.de

Ab-Hof-Verkauf: Mo,Di, Do und Fr 9–12 und 13.30–17.30 Uhr, Sa 10–13 Uhr
Kellermeister: Alexander Stodden
Ansprechpartner: Alexander Stodden
Flaschen/Hektar: 45.000 (2 % weiß, 98 % rot)/9.2 ha

Nur ein paar wenige Fässer mit 2020er Weinen blieben den Stoddens nach der Flut von Juli 2021. Alexander Stodden hatte eigentlich vor, nur zwei verschiedene Abfüllungen zu produzieren, einen Basis-Spätburgunder und einen »großen« aus dem, was noch von alten Reben und Co. übrig war. Beim Durchprobieren im Keller mit H. O. Spanier hielt Spanier ein Plädoyer dafür, einige Fässer zu einer dritten Cuvée zu vereinigen, weshalb dieser Wein jetzt den Namen »rescued by H.O.« trägt. Alle drei Cuvées bieten in ihrer jeweiligen Preisklasse herausragenden Genuss.

96 2020 »Alexander Die Großen« Spätburgunder trocken

Rauchig, schieferwürzig mit teerigem Unterton, rote und schwarze Beeren, noch verschlossen, aber mit großer Potenz. Im Mund ist der Wein dicht und fein zugleich, der markante Säurebogen gibt dem Ausdruck der Mineralik Zunder, der cremige Untergrund ist noch vollständig von der Struktur dominiert. 15 Jahre Potenzial oder mehr!
12,5 Vol.-%, NK, €€€€

94+ 2020 »Rescued by H.O.« Spätburgunder trocken

Dunkelbeerig und intensiv mineralisch im Duft, feine Holzbeeinflussung, riecht nach sehr viel Schiefer. Im Mund hat der Wein eine feine Geschmeidigkeit, pfeilgerade Säure, eine durchdringende taktile Mineralik, ganz delikates Tannin und saftige Länge. 12,5 Vol.-%, NK, €€€€

93+ 2020 »Pegel 735« trocken

Dunkle Beeren, Bitterschokolade, Lorbeer und Thymian, Minze. Im Mund hat der Wein einen fein gekörnten Gerbstoff auf saftig-mineralischer und zugleich geschmeidiger Grundlage, die elegante Säure gibt Frische und Eleganz, die Abgangsaromen hallen lange würzig nach, beerig und fruchtig. 12,5 Vol.-%, NK, €€€

GASTGEBER AUS LEIDENSCHAFT

Gemeinsam mit den Winzern der Region – als uneingeschränkten Experten, was das leibliche Wohl anbelangt – hat Falstaff die besten Genussadressen in Sachen Kulinarik sorgfältig ausgewählt und zusammengestellt.

53505 Altenahr

Assenmacher

Küchenchef Christian Storch nimmt nach der Flutkatastrophe-bedingten Wiedereröffnung seit Ende Mai 2022 Fahrt auf, um seine Gäste an der Ahr auf gewohnt hohem Niveau zu verwöhnen.

Brückenstraße 12
+49 (2643) 1848
www.gasthaus-assenmacher.de

P SO €€

Empfohlen von: **Weingut Deutzerhof**

53505 Altenahr

Ruland

Das neue Hotel-Restaurant an der Ahr hat Charme und vor allem in Sachen Kulinarik nichts von seinem bewährten Konzept eingebüßt. Die Küche bewegt sich auf sicherem Terrain, bodenständig und regional geprägt. Dazu gibt es beste Ahrweine!

Brückenstraße 6
+49 (2643) 8318
www.hotel-ruland.de

P SO

Empfohlen von: **Weingut Erwin Riske, Weingut Deutzerhof**

53474 Bad Neuenahr-Ahrweiler

Hohenzollern

Familiäre Gastlichkeit und ein spektakuläres Panorama, im gediegenen Restaurant wird man rundum verwöhnt. Gut beraten ist man mit dem Hohenzollern-Menü, zur Mittagszeit empfiehlt sich das Lunch-Menü. Gut sortierte Weinkarte.

Am Silberberg 50
+49 (2641) 9730
www.hotelhohenzollern.com

P SO

Empfohlen von: **Weingut J.J. Adeneuer**

53474 Bad Neuenahr-Ahrweiler

Steinheuers Zur Alten Post

Aromatische Abwechslung ist in Hans Stefan Steinheuer Menüs wie »Blüten« oder »Wurzeln« immer garantiert. Für seine Gourmetküche schöpft der Altmeister aus der reichen Erfahrung und aus besten Produkten.

Landskroner Straße 110
+49 (2641) 94860
www.steinheuers.de

P SO €€€

Empfohlen von: **Weingut J.J. Adeneuer**

53474 Bad Neuenahr-Ahrweiler

Prümer Gang

Mit neuem Schwung und frisch restaurierten Räumen geht das Restaurant nach der verheerenden Flutkatastrophe wieder an den Start und steht wie zuvor für eine feine Küche zwischen Tradition und Moderne.

Niederhutstraße 58
+49 (2641) 4757
www.pruemergang.de

P SO €€

Empfohlen von: **Weingut J.J. Adeneuer**

53474 Bad Neuenahr-Ahrweiler

Steinheuers Poststuben

Ansatzlos beherrscht Hans Stefan Steinheuers Crew den Spagat zwischen Regionalküche (Kalbsleber mit gestowten Äpfeln) und Gerichten mit besonderen Geschmacksakzenten (Thunfisch mit Wasabi und Soja).

Landskroner Straße 110
+49 (2641) 94860
www.steinheuers.de

P SO €€

Empfohlen von: **Weingut Deutzerhof, Weingut J.J. Adeneuer**

53507 Dernau

Hofgarten

Dass in der Gutsschenke nur die eigenen Weine ins Glas kommen, ist kein Nachteil. Denn die Gewächse von Meyer-Näkel gehören zu den besten der Ahr. Die Küche serviert dazu herzhafte Vesper-Klassiker.

Bachstraße 26
+49 (2643) 1540
www.hofgarten-dernau.de

P SO €€

Empfohlen von: **Falstaff-Redaktion**

Foto: beigestellt

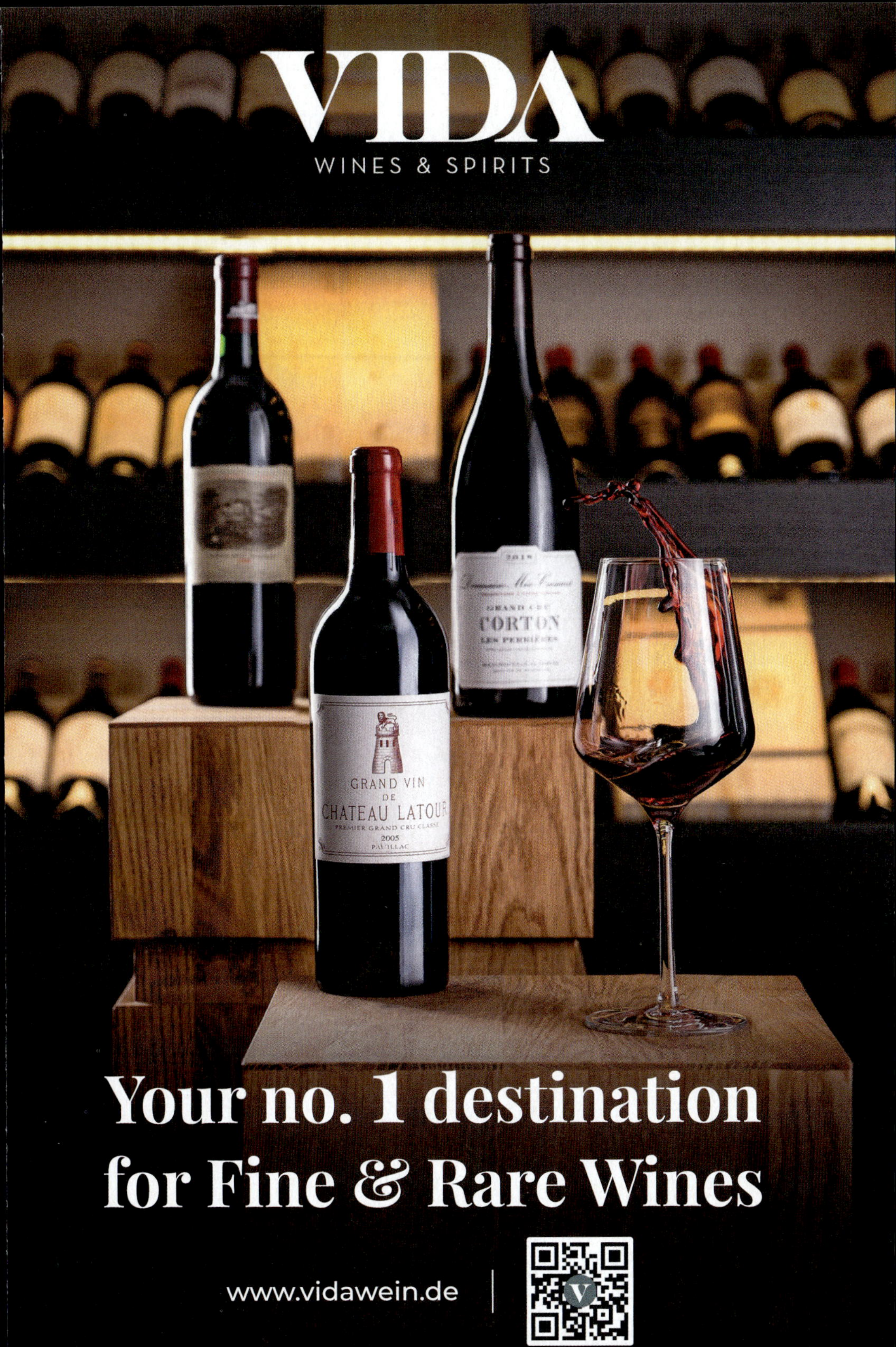
VIDA
WINES & SPIRITS
GRAND VIN
DE
CHATEAU LATOUR
2005
PAUILLAC
GRAND CRU
CORTON
Your no. 1 destination
for Fine & Rare Wines
www.vidawein.de

Schloss Stauffenberg bei Durbach

BADEN

REVOLUTION VON OBEN

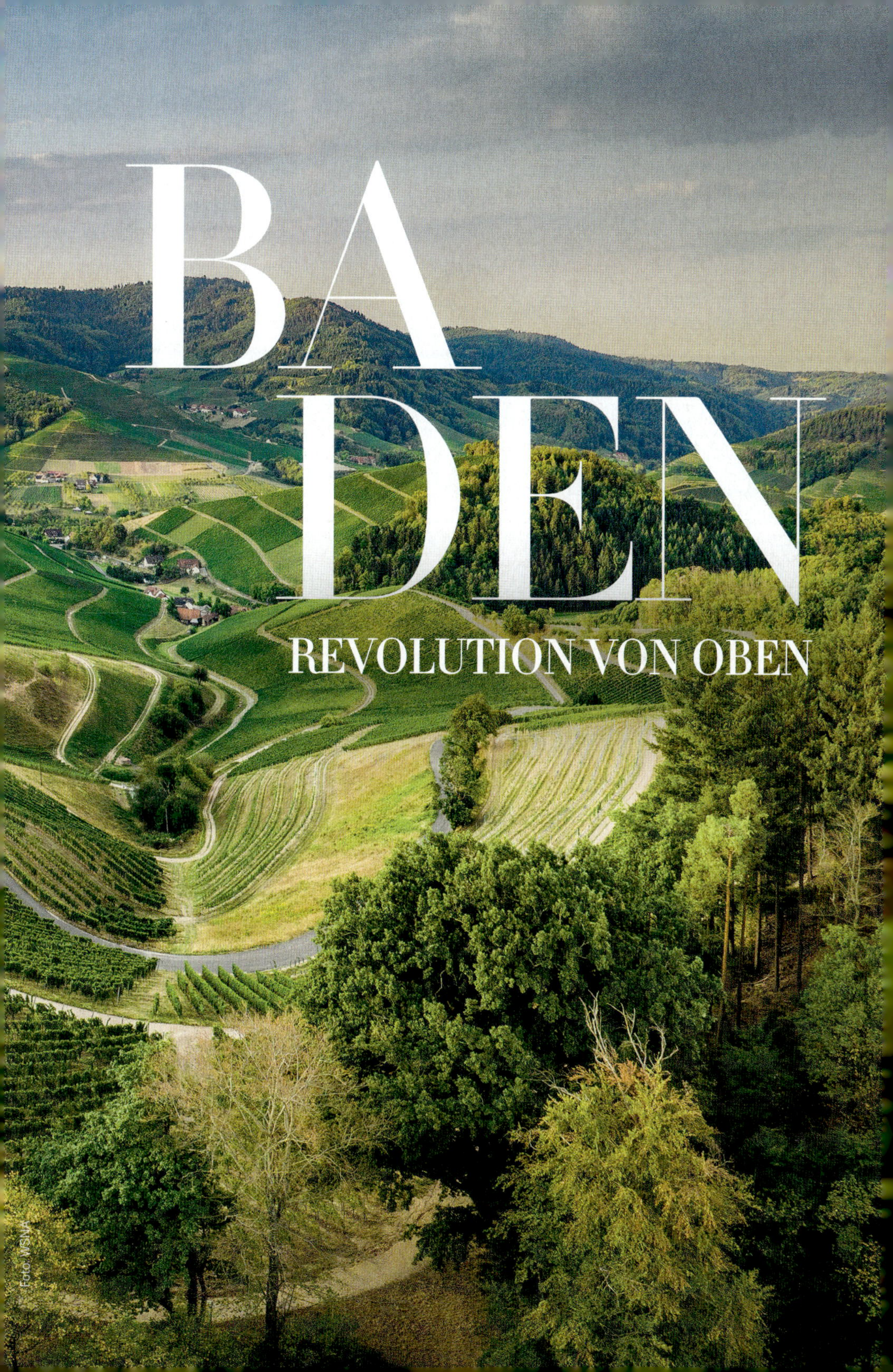

Foto: WSNA

Schloss Kirchberg am Bodensee

EIN BISSCHEN REVOLUTIONÄR, ABER VOR ALLEM GUT

Sie tauchen in keiner Exportstatistik auf, und doch überqueren Hunderte, vermutlich Tausende Kartons badischen Weins im kleinen Grenzverkehr die deutsche Landesgrenze zur Schweiz. Einer dieser Baden-erfahrenen Nachbarn wirft für Falstaff einen Blick aus der Schweiz in den deutschen Nachbarkanton.

TEXT ULRICH SCHWEIZER

Baden: Wenn Herr und Frau Schweizer dieses Wort hören, denken sie zuerst an Bikini und Liegestuhl, an Eis am Stiel und Sonnencreme – das ganze Drumherum von hitzefrei bis Sommerferien. Denn Freiluftschwimmbäder heißen in der Schweiz kurz »Badi«, auf der ersten Silbe betont.

An zweiter Stelle kommt jenes Städtchen an der Limmat, das seit den Römern für seine Thermalquellen und seit dem 19. Jahrhundert als Industriestandort bekannt ist: Baden im Kanton Aargau, die »lebensfrohe Stadt«, wie sie sich selber nennt, ist der Schauplatz von Hermann Hesses kleinem Roman »Kurgast«. Das ausgelassene Treiben im warmen Wasser war so attraktiv, dass die allererste Bahnstrecke der Schweiz das sittenstrenge Zürich mit dem munteren Baden verband. Die sogenannte »Spanisch-Brötli-Bahn«, die feines Blätterteiggebäck nach Zürich und Zürcher Badegäste zur Kur nach Baden brachte, wurde am 7. August 1847 eingeweiht, zu einer Zeit, als es im Großherzogtum Baden politisch gewaltig gärte. Knapp ein Jahr später hatte die liberale, radikal-demokratische Revolution, die unter der Führung von Friedrich Hecker in Konstanz am Bodensee ihren Anfang genommen hatte, die meisten deutschen Staaten und Österreich erfasst – und wurde 1849 von preußischem Militär brutal niedergeschlagen.

Fotos: beigestellt, Bernhard Huber, WSNA, Winzerverein Hagnau

GUTEDEL: EINE REVOLUTION VON OBEN

Erfolgreicher war ein halbes Jahrhundert früher eine »Revolution von oben«: Um 1780 ließ *Markgraf Karl Friedrich von Baden* jene Rebsorte anpflanzen, die er in Vevey am Genfersee kennen und lieben gelernt hatte. Dank ihrer dünnen Haut und milden Säure war *Chasselas* als Tafeltraube am Hof der Könige von Frankreich beliebt, und wegen ihrer guten Eigenschaften nannte man die edle Rebe im Markgräflerland kurzerhand *Gutedel*.

Zu einer zweiten Rebsorte, die in Baden Bedeutung besitzt, haben wir Schweizer ebenfalls einen besonders starken Bezug: 1882 kreuzte Professor *Hermann Müller* aus Tägerwilen am Bodensee im Kanton Thurgau an der Preußischen Lehr- und Versuchsanstalt in Geisenheim zwei weiße Reben, Riesling und Silvaner, wie er meinte, und taufte seine Kreuzung folglich *Riesling x Silvaner* (ihm zu Ehren wird sie weltweit *Müller-Thurgau* genannt). Wie sich ein gutes Jahrhundert später herausstellte, hatte der blutjunge Rebkundler in Wahrheit aber Riesling mit Madeleine Royale, einer Chasselas-Spielart, gekreuzt.

1925 ließ *Johann-Baptist Röhrenbach*, Verwalter des Markgrafen von Baden auf Schloss Kirchberg, in einer Nacht-und-Nebel-Aktion die neue Kreuzung vom schweizerischen Ufer des Bodensees herüberrudern. Lakonisch beklagte sein markgräflicher Chef die »Unabhängigkeit eines Abhängigen«. Röhrenbachs Coup war der Beginn einer Erfolgsstory: Binnen Kurzem verdrängte die neue Sorte den unzuverlässigen Elbling, und bis heute bauen praktisch alle Produzenten am See ihren »Müller« an, ob als Secco, feinherb, halbtrocken oder trocken.

Jochen Sahler, Kellermeister des Winzervereins Hagnau

Julian Huber (ganz links) und sein Team, Weingut Bernhard Huber

WEINBAUGEBIET BADEN

Anbaufläche ca. 15.800 Hektar
Aufteilung 306 Einzellagen
Wichtigste Rebsorten Spätburgunder, Weißburgunder, Grauburgunder, Riesling, Gutedel, Müller-Thurgau
Verbände
Badischer Wein GmbH, Basler Landstraße 28b, 79111 Freiburg, www.badischerwein.de
Badischer Weinbauverband, Merzhauser Straße 115, 79100 Freiburg
www.badischer-weinbauverband.de

: Weinbau
Stg.: Steigung
Hm: Höhenmeter

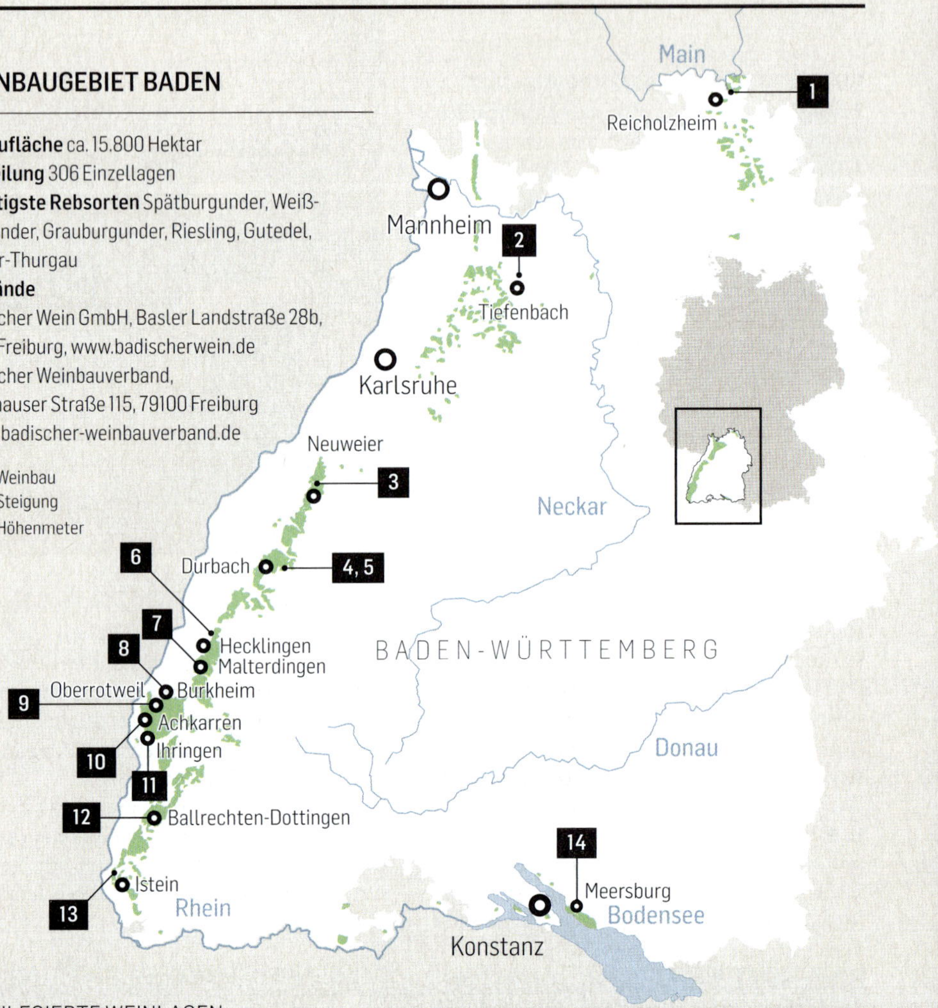

PRIVILEGIERTE WEINLAGEN

1 **Reicholzheim First**
16 ha, 280–320 Hm, Muschelkalk

2 **Tiefenbach Schellenbrunnen**
5,4 ha, 200–240 Hm, roter und blauer Mergel

3 **Neuweier Mauerberg**
40,3 ha, 200–300 Hm, 50–80 % Stg., Porphyr

4 **Durbach Schloss Staufenberg**
33,5 ha, 220–370 Hm, 15–80 % Stg., Granit

5 **Durbach Plauelrain**
190,4 ha, 200–320 Hm, 40–85 % Stg., Granitverwitterung

6 **Hecklingen Schlossberg**
67,5 ha, 200–280 Hm, weiße Muschelkalkverwitterung

7 **Malterdingen Wildenstein**
1,65 ha, 240–260 Hm, rote Muschelkalkverwitterung

8 **Burkheim Feuerberg**
82,9 ha, 200–260 Hm, 0–45 % Stg., dunkle Vulkanverwitterung

9 **Oberrotweil Kirchberg**
3,3 ha, 220–260 Hm, 10–30 % Stg., Vulkanit, Phonolith

10 **Achkarren Schlossberg**
79,2 ha, 190–320 Hm, 20–80 % Stg., Vulkanit

11 **Ihringen Winklerberg**
117 ha, 190–295 Hm, 0–80 % Stg., verwittertes Vulkangestein

12 **Ballrechten-Dottingen Castellberg**
165 ha, 330–430 Hm, 0–70 % Stg., Kalkmergel, Kalkverwitterung

13 **Istein Kirchberg**
36,7 ha, 260–300 Hm, 0–40 % Stg., Kalk

14 **Meersburg Rieschen**
3,7 ha, 401–430 Hm, 30–70 % Stg., Süßwassermolasse

Texas-Pass am Kaiserstuhl

HUBER FAST SO TEUER WIE GANTENBEIN

Der Fläche nach ist Baden mit gut 15.000 Hektar Rebfläche Deutschlands drittgrößtes Anbaugebiet, doch was die Qualität angeht, kann das Weinbaugebiet im Süden einen Platz weiter vorne beanspruchen. *Bernhard Huber* in Malterdingen, *Dr. Heger* in Ihringen, *Andreas Laible* in Durbach und die Brüder *Robert und Manfred Aufricht* am Bodenseeufer zwischen Meersburg und Hagnau: Das sind Winzernamen, deren Ruf bis in die Schweiz ausstrahlt (und Schweizer Produzenten staunen, dass Huber beinahe die Flughöhe von Gantenbein erreicht, was die Preise betrifft). Zu den zuverlässigen Adressen, die wir Schweizer ebenfalls gerne besuchen, gehören die *Spitalkellerei Konstanz, Georg und Beate Vollmayer* am Hohentwiel, *Schlumberger-Bernhart* in Sulzburg und *Otto und Martin Frey* in Denzlingen bei Freiburg. Frey hat sogar Schweizer Vorfahren und führt dasselbe Einhorn im Wappen wie die Schweizer Frey-Schokolade, die wiederum vielen deutschen Einkaufstouristen aus der Schweizer Supermarkt-Kette Migros bekannt ist. *Klaus Vorgrimmler*, der sich im winzigen Weiler Munzingen bei Freiburg versteckt, ist mit seinem wunderbar fein moussierenden trockenen Blanc de Noir und seinen Einzellagen-Spätburgundern eine echte Entdeckung.

In Sachen Qualität sind Badens beste Genossenschaften inzwischen den Südtiroler Genossenschaften ebenbürtig. Natürlich dominieren die Betriebe vom Kai-

Martin Frey,
Weingut Otto und Martin Frey

Fotos: beigestellt, Shutterstock, Weingut Otto und Martin Frey

serstuhl das Bild, Königschaffhausen etwa, Achkarren, Oberbergen und viele mehr. Mit den innovativen Markgräfler Winzern in Efringen-Kirchen nähern wir uns wieder der Landesgrenze – von den Weinbergen des Orts aus sieht man die Silhouette Basels –, um zuletzt abermals im Bodenseeraum zu landen, mit Superlativen: Die älteste Genossenschaft Badens ist der *Winzerverein Hagnau*. Er wurde am 20. Oktober 1881 von Heinrich Hansjakob, dem damaligen Pfarrer der Gemeinde, in wirtschaftlicher Notzeit gegründet. Der *Winzerverein Meersburg* ist die zweitälteste Winzergenossenschaft Badens, drei Jahre später von Karl Benz gegründet. Der *Winzerverein Reichenau* ist die kleinste selbstständige Winzergenossenschaft Badens, 1896 von Pfarrer Meinrad Meier gegründet. Große Betriebe mit traditionell hohem Qualitätsanspruch sind das *Staatsweingut Meersburg* und die Weingüter des *Markgrafen von Baden* in Salem.

Dass Frau und Herr Schweizer sich gerne an badischen Weinen laben, hat drei Gründe: Zum einen schätzen sie die große Vielfalt der Rebsorten und Weinstile, zum Zweiten das kundenfreundliche Preisniveau der meisten Flaschen und zum Dritten das hohe Qualitätsniveau jener Bouteillen, die in der Schweizer Preisklasse liegen (oder gar darüber). Diese drei Gründe wiegen auch deutlich schwerer als die Furcht vor den Angestellten der Eidgenössischen Zollverwaltung. Denn gelegentlich wird man bei der Einreise in die Schweiz am Zoll mit den Worten »Hend Sie Waare debii?« begrüßt. Wer so fragt, will wissen, ob man Fleisch, Butter oder eben Wein mitführt (und wenn ja, in welcher Menge). Bei der Ausreise nach Deutschland ist mir diese Frage in den drei Jahrzehnten unseres Lebens an der Grenze übrigens noch nie gestellt worden – obwohl es Schweizer Weine gibt, die einen Vergleich bezüglich Qualität/Preis durchaus nicht zu scheuen brauchen und die ebenfalls einen grenzüberschreitenden Einkauf lohnen würden.

Rebecca Heger, Familienweingut Dr. Heger

Ulrich und Johanna Bernhart, Privat-Weingut Schlumberger-Bernhart

Ulrich Schweizer – der wirklich so heißt und sich für diesen Text kein Pseudonym zugelegt hat – ist Weinjournalist und Ehrenmitglied des Sommelierverbands Deutschschweiz. Schweizer lebt und arbeitet etwa 200 Meter von der deutsch-schweizerischen Landesgrenze entfernt im Kanton Schaffhausen. Soeben erschienen ist sein Büchlein »... und was trinken Sie? Flüssiges und Überflüssiges rund um den Wein«, Pattloch Verlag, München 2022.

★★

WEINGUT ABRIL

Am Enselberg 1, 79235 Vogtsburg-Bischoffingen
T: +49 7662 949323, weingut@weingut-abril.de
weingut-abril.de

Ab-Hof-Verkauf: Mo bis Fr 8.30–18 Uhr, Sa 8.30–12.30 Uhr, So 11–16 Uhr
Kellermeister: Daniel Hank
Ansprechpartner: Eva-Maria Köpfer
Flaschen/Hektar: 130.000 (65 % weiß, 35 % rot)/22 ha

Dieses Weingut gehört zu den Bio-Pionieren im Kaiserstuhl – gleich bei der Übernahme im Jahr 2011 schlug der inzwischen verstorbene Tengelmann-Chef Erivan Haub diesen Weg ein. Zehn Jahre später zeigen sich die Weine in blendender Verfassung: Beim »Stein« Grauburgunder springt die Vulkangesteinsnote regelrecht aus dem Glas – so viel Terroir ist selten bei einem Wein der mittleren Gewichtsklasse. Ausgesprochen gut haben uns auch die Spätburgunder gefallen, die Frucht und Tiefe vereinen. Wir starten die Bewertung fürs erste mit zwei Sternen.

92+ 2021 »Zeit« Bischoffingen Enselberg Chardonnay im Barrique gereift trocken
Vanilletöne vom Holz, Lindenblüten, Hefe, gegrillte Polenta. Im Mund hat der Wein feine Phenole, einen getragenen, leicht viskosen Körper, eine feste, aber auch sehr gut integrierte Säure und einen zugleich geschmeidigen und taktil-mineralischen Abklang. 13 Vol.-%, NK, €€€

91 2021 »Stein« Bischoffingen Rosenkranz Grauer Burgunder trocken
Wow! Das ist extrem rauchig, tuffig im Duft, dazu kommen zitrische und leicht floral-würzige Aromen. Im Mund hat der Wein einen geradezu cremigen Schmelz, obwohl er im Bau nicht opulent wirkt, die Säure fügt sich harmonisch in den mittelgewichtigen Körper. 12 Vol.-%, DV, €€

92+ 2019 »Zeit« Bischoffingen Steinbuck Pinot Noir im Barrique gereift trocken
Dezente Vanille, röstiges Holz, Himbeere, feine, nuancierte Beerenfrucht. Im Mund ist der Wein weich grundiert, hat mürbes, sehr feines Tannin, Schmelz und Saftigkeit geben der Frucht eine Bühne, die Säure wirkt eher mild, mineralische Noten beleben. 13,5 Vol.-%, NK, €€€

90+ 2020 »Stein« Jechtingen Enselberg Spätburgunder trocken
Im Duft Mandel, Preiselbeere, weißer Pfeffer, eine würzige Spätburgundernase. Im Mund zeigt der Wein Kaiserstühler Feuer, der Gerbstoff zeigt ein reifes Korn, mittlere Dichte, die Säure fügt sich gut ein und unterstreicht die Abgangsfrucht. Sehr solide – und kulinarisch. 13 Vol.-%, NK, €€

90 ❺ NV »Crémant Vert« brut

90 2021 »Frucht« Auxerrois trocken
Viel Frucht: Blutorange, Heidelbeere, auch Heu, Strohblumen und Trauben. Der Gaumen hat eine ausgewogene, ganz in sich ruhende Art, fein texturiert, mit vifer, aber reifer Säure. Ganz trocken – und dennoch zugänglich. Toller Speisenbegleiter. 12 Vol.-%, DV, €

★★

WINZERGENOSSENSCHAFT ACHKARREN IM KAISERSTUHL

Schloßbergstraße 2, 79235 Vogtsburg-Achkarren
T: +49 7662 93040
info@winzergenossenschaft-achkarren.de
achkarrerwein.com
Ab-Hof-Verkauf: Jan. bis März Mo bis Fr 10–12.30 Uhr und 13.30–17 Uhr, Apr. bis Dez. Mo bis Fr 9.30–17.30 Uhr, Sa 9–13 Uhr
Kellermeister: Christoph Rombach
Ansprechpartner: Denis Kirstein
Hektar: 186 ha

Wenn die Winzergenossen aus Achkarren im Kaiserstuhl auf einen ihrer Weine »Bestes Fass« schreiben, dann hat das auch absolut seine Berechtigung: Wir können diese Weine nur empfehlen, vor allem den ungewöhnlichen, im Barrique ausgebauten Müller-Thurgau, der mit seiner stoffigen, mineralischen und eleganten Art untermauert, dass auch in einer Genossenschaft mit 186 Hektar Rebfläche höchst individuelle Weine entstehen können! Die Grundlage dafür bieten so großartige Lagen wie der Achkarrener Schlossberg mit seinem vulkanischen Gestein. Gute Vorstellung!

91 2021 »Edition Bestes Fass« Achkarren Schlossberg Grauer Burgunder Spätlese tr.
Bratapfel, Zimt, Dosenpfirsich in der Nase, etwas eingelegter Ingwer und Vanille, sehr opulent und gelbfruchtig. Am Gaumen spiegeln sich die Aromen wider, besonders eine Würzigkeit kommt gut durch. Insgesamt ein guter, durch und durch klassischer Grauburgunder. 13,5 Vol.-%, DV, €€

90 2021 »Edition Bestes Fass« Achkarren Schlossberg Chardonnay trocken
Mittleres Goldgelb. Gelbfruchtig im Geruch, man denkt an Nektarine, Pfirsich, dazu gesellen sich Aromen von Zitronenschale. Sehr saftig im Mund, als würde man in die erwähnten Früchte beißen, dezente Säure. Ein ausgewogener und gut vinifizierter Wein. 12,5 Vol.-%, DV, €€

89+ 2021 »Edition Bestes Fass« Achkarren Schlossberg Gewüztraminer Spätlese tr.
Floral, aber nicht zu überladen ist der erste Eindruck. Dosenpfirsich, Orangenblüte, Mango, auch Litschi in der Nase. Angenehm trocken dann auf der Zunge, dabei wenig Säure, texturell schmelzig und viskos. Ein Wein für Freunde der aromatischen Kategorie oder zum Essen. 14 Vol.-%, DV, €€

90+ 2021 »Edition A« Achkarren Schlossberg Pinot Noir trocken
Das relativ präsente Neuholz (Zimt und Vollmilchschokolade) wird von einer intensiven dunkelbeerigen Frucht und kräutriger Würze ergänzt, Thymian, Wacholder. Im Mund hat der Wein Volumen und Fülle, feinkörnigen Gerbstoff, mittlere Länge. Man hat die Fülle des Schlossbergs im Glas.
14 Vol.-%, DV, €€€

89+ 2021 Scheurebe Kabinett

89 2021 Achkarren Castellberg Weißer Burgunder Kabinett trocken

89 2021 Achkarren Castellberg Grauer Burgunder Kabinett trocken

89 2021 Sauvignon Blanc trocken

89 2021 Silvaner trocken

88+ 2021 Achkarren Rivaner trocken

89 2021 Achkarren Rosé trocken

91 2021 »Edition Bestes Fass« Achkarren Schlossberg Müller Thurgau im Barrique gereift trocken
Feiner Rauch und etwas Holzwürze legen sich über reifen Apfel und Birne, Pfirsich, getrocknete Kräuter, sommerlicher Weinberg. Stoffig und saftig mit einer kräftigen und festen Struktur, milde Säure, schöne Würze, auch mineralisch, gepflegte Phenolik. Viel Wein! 13,5 Vol.-%, DV, €€

★★

ALDE GOTT WINZER SCHWARZWALD

Talstraße 2, 77887 Sasbachwalden
T: +49 7841 20290, info@aldegott.de
aldegott.de

Ab-Hof-Verkauf: Mo bis Fr 8.30–18 Uhr, Sa 8.30–17 Uhr, So 13–17 Uhr
Kellermeister: Michael Huber
Ansprechpartner: Günter Lehmann
Hektar: 265 ha

Nach einem Jahr Pause ist die Winzergenossenschaft »Alde Gott« aus Sasbachwalden wieder im Weinguide vertreten, und das ist gut so. Die 1948 gegründete WG bewirtschaftet am Rand des Schwarzwalds in Steillagen 265 Hektar, und die Resultate der schweißtreibenden Arbeit sind mehr als respektabel: Selbst wenn die Weine mal etwas kräftigere Muskeln zeigen, wie der Gewürztraminer »Ausblick«, sind sie immer gekonnt balanciert und rücken eine der wichtigsten und schönsten Angelegenheiten in den Mittelpunkt: das nächste gute Essen. Auf diese Begleiter ist immer Verlass!

90 2015 »Weitblick Réserve« Grauburgunder trocken
Mittleres Goldgelb. Vielschichtiger Duft mit feiner Holzwürze, Birne, pürierte Maronen, reife gelbe Pflaume. Fein gereifter Burgunder, der noch voll auf dem Punkt ist, vollmundig, füllig, die tragende Säure schafft Balance, die feine Restsüße Volumen. Kulinarisch definiert. 14,5 Vol.-%, DV, €€€

90 2019 »Weitblick« Weißburgunder trocken
Dezentes Goldgelb in der Farbe. In der Nase Akazienblüten, reife Aprikose, etwas Ananas, Kamille und feine Holzwürze. Der »Weitblick« ist auch im Format weit gefasst, hat Volumen und eine gut eingewobene Säure, feine Mineralik, gut balanciert. Zum Essen. 14,5 Vol.-%, NK, €€

91 2018 »Weitblick« Spätburgunder trocken
Kräftiges Bukett mit balsamischer Würze, reifen dunklen Kirschen, Schwarzen Johannisbeeren, dunkler Tabak, Röstaromen. Opulenter und großzügiger Wein, der die Wärme des Jahres transportiert mit süßlichem Extrakt, ordentlich Kraft und geschmolzenen Gerbstoffen, lang, Kaminwein. 15,5 Vol.-%, NK, €€

90 2020 »Ausblick Alte Reben« Spätburgunder Spätlese trocken
Reife rote Kirsche in der Nase, Maraschino-Kirsche, Feige, etwas Blutorange, getrocknete Kräuter, etwas Unterholz. Eine Spätlese vom Spätburgunder, die zeigt, was sie hat: Kraft und Wucht, Mineralik und auch Alkohol. Reifer Gerbstoff, zeigt Länge, Begleiter von Schmorgerichten. 15 Vol.-%, NK, €€

89+ 2020 »Ausblick« Gewürztraminer trocken

89+ 2021 »Ausblick« Sauvignon Blanc tr.
Frische und duftige Nase mit reifer Mango, Schwarzer Johannisbeere, Stachelbeere, dazu etwas gelbe Paprika. Setzt im Mund saftig und frisch an mit präsenter Säure, kompakter, schlank gehaltener Bau, der Extrakt trägt, würzig und auch salzige Anklänge, mit Lokalkolorit. 12,5 Vol.-%, DV, €€

★★

WEINGUT AUFRICHT

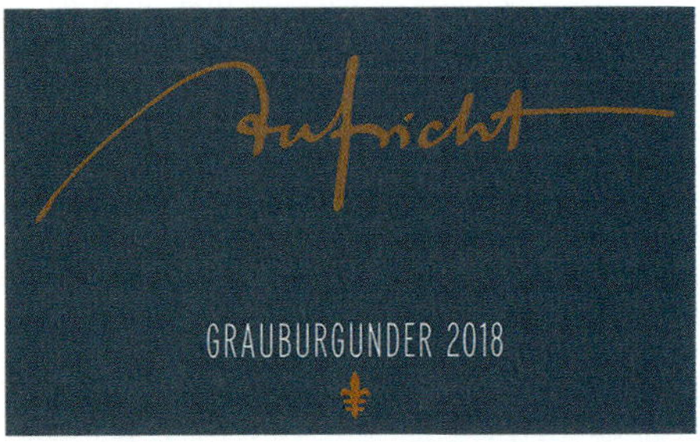

Höhenweg 8, 88719 Stetten
T: +49 7532 2427, info@aufricht.de
aufricht.de

Ab-Hof-Verkauf: Mo bis Sa 10–12 und 14–18 Uhr
Kellermeister: Johannes Aufricht & Robert Markheiser
Ansprechpartner: Lukas Engelmann
Flaschen/Hektar: 480.000 (50 % weiß, 30 % rot, 10 % Rosé, 5 % Schaumwein)/51 ha

Das Weingut ist Teil des südlichsten Weinbaugebiets Deutschlands und liegt mitten in den Weinbergen oberhalb des Bodenseeufers. Die Aufrichts, Winzer in dritter Generation, betonen ihre Naturverbundenheit, Natürlichkeit streben sie auch bei ihren Weinen an. Und sie schaffen sogar mehr: Besonders die Lagenweine sind überragend. Neben dem klassischen Aufricht-Stil arbeitet Junior-Chef Johannes an einer Linie, die in ein eigenes Weingut münden soll. Gerne hätten wir seine neuesten experimentellen Kelterungen probiert, doch die waren bereits ausverkauft.

94 2021 Meersburg Pfattishag Sauvignon Blanc trocken
Der Duft gibt sich noch eher zugeknöpft: Man erkennt Noten von roter Paprika und Chilischote, Schwarzer Johannisbeere, aber auch Spontangärungswürze, Hefe, Kresse, Kräuter. Im Mund zeigen sich: kultivierte Phenolik, hohe Dichte, Salzigkeit. Etwas Holz rundet ab. Pointiert! 13 Vol.-%, NK, €€€

93+ 2021 »Kalkbrunnen« Meersburg Chardonnay trocken
Ein Dreiklang aus Holz, Hefe und kalkwürzigen Noten bestimmt den Duft. Im Mund sind Geschmeidigkeit und Stoff dicht ineinandergewoben, der Wein hat Muskeln, gibt aber darüber auch die Eleganz nicht preis. Superfeine Säure und eine ausgezeichnete Länge! 12,5 Vol.-%, NK, €€€

93+ 2020 Meersburg Trielberg Spätburgunder trocken
Etwas Neuholz im Duft, Spontangärung, Cocktailkirsche, geschmeidig im Auftakt, dann taktile Mineralik, sehr feines Tannin in hoher Menge, schokoladige, kaffeeartige Gaumenaromen vom Holz, viel Saft, Burgunderfrucht und ein feiner Nerv lösen die Extraktspannung. 13 Vol.-%, NK, €€€

92+ 2020 »Mocken« Spätburgunder trocken
Im Duft erdig, Berglorbeer, auch Waldheidelbeere, dunkle Himbeere, Schwarzwälder Kirschtorte. Im Mund ist der Wein wirklich ein »Mocken«: eine kräftige Dosis festen Tannins dominiert die Gaumenmitte, Nerv und Saftigkeit verfeinern und verschlanken den Wein aber im Abgang. 13 Vol.-%, NK, €€€

91+ 2021 Meersburg Sommertal Weißburgunder trocken

91+ 2021 Meersburg Eichhölzle Grauburgunder trocken

91 2021 »Von Alten Reben« Grauburgunder & Chardonnay trocken PG/WB

90+ 2021 »Von Alten Reben« Weißburgunder trocken

89+ 2021 Auxerrois trocken

89 2020 Spätburgunder trocken

90+ 2021 Grauburgunder trocken
Rauchig-hefige Noten, auch sortentypische Noten von Honigmelone und Honigbonbon. Der Gaumeneindruck ist frisch und leichtgewichtig, die feste, aber auch elegante Säure gibt Spannung, die taktile Mineralik gibt trotz der leichten Anmutung eine gewisse Tiefe. 13 Vol.-%, NK, €€

★★

BÄRMANN

Kirchgasse 38, 79291 Merdingen
T: +49 7668 2570 160, info@weingut-baermann.com
weingut-baermann.com

Ab-Hof-Verkauf: nach Vereinbarung
Kellermeister: Frank Bärmann
Ansprechpartner: Frank Bärmann
Flaschen/Hektar: 19.000 (50 % weiß, 40 % rot, 10 % Rosé, 10 % Schaumwein)/3 ha

Frank Bärmann schreibt uns: »Wir sind ein kleiner Betrieb, der mit Herzblut Weine erzeugt. Qualität entsteht durch Handwerk im Weinberg, nicht im Keller.« Die Weine, die wir verkosten konnten, bestätigen das hohe Ethos und den Einsatz, mit dem der Winzer ans Werk geht. Es sind grundsolide gebaute Burgunder – weiß, grau und rot – die ihre Herkünfte am Kaiserstuhl und am Tuniberg auf schmackhafte und kulinarisch wertvolle Weise ins Glas bringen. Die Scheurebe »Orange« fällt aus der Reihe, ist aber ebenfalls gelungen. Wir gratulieren zum zweiten Stern.

91 2020 Merdingen Bühl Weißburgunder tr.
Frische Aprikosen, roter Apfel, Zitronenbutter und Mandelmus in der Nase. Am Gaumen cremiger Schmelz, würzig, stoffig, leicht salzig, gut integrierte Säurestruktur, schöne Dichte, lang am Gaumen. Vielseitiger Speisenbegleiter. 13 Vol.-%, NK, €€

91 2020 »Orange unfiltriert« trocken
In der Nase kandierte Orange, Fenchel, Salbei, Oregano, Limettenzesten, Schwarztee. Am Gaumen saftig, kernige Phenole, Würze, gut integrierte Säure, sehr ausgewogener Orange Winc, gutc Länge. 13 Vol.-%, NK, €€

91 2020 Merdingen Bühl Pinot Noir trocken
Ansprechende Nase von Sauerkirschen, Waldbeeren, Salbei, Lorbeer, Wacholderbeeren, Rote Bete, leicht nach Pfeffer, dunkle Schokolade. Am Gaumen saftige Frucht, lebendige Säure, samtiges Tannin, frisch, mineralische Würze, schöne Länge. 13,5 Vol.-%, NK, €€€

90 2020 Ihringen Fohrenberg Pinot Noir tr.
In der Nase Wildbeeren, Sauerkirschen, Rote Bete, Holzwürze, Zartbitterschokolade. Am Gaumen saftig, merkliches Tannin, gut eingebundene Säure, mittlerer Extrakt, betont trocken, würzig. Ein guter, unaufdringlicher Speisenbegleiter. 13,5 Vol.-%, NK, €€

91 2020 Merdingen Bühl Grauburgunder tr.
In der Nase würzig, leicht pfeffrig, Karamellbonbon, roter Apfel, Pfirsich, Wiesenkräuter, Nussschale. Am Gaumen stoffig, saftig, mineralische Würze, gut integrierte Säure, cremiger Kern, stimmig, ausgewogen. Guter Speisenbegleiter. 13 Vol.-%, NK, €€

★★★

WEINGUT AXEL BAUER

Erlenstraße 38, 77815 Bühl
T: +49 7223 8301227, info@weingut-axel-bauer.de
weingut-axel-bauer.de

Ab-Hof-Verkauf: Mi bis Fr 13–17 Uhr und nach Vereinbarung
Kellermeister: Torsten Klein
Ansprechpartner: Axel Bauer
Flaschen/Hektar: 160.000 (55 % weiß, 39 % rot, 5 % Rosé, 1 % Schaumwein)/29 ha

Im vergangenen Jahr gab es kaum eine Falstaff-Sortentrophy, in der das Weingut Axel Bauer nicht überzeugt hat, sogar mit Viognier konnte das Weingut punkten. Das außergewöhnliche Engagement von Axel Bauer und Betriebsleiter Torsten Klein ist auch in jedem einzelnen der Weine zu spüren, die wir für diesen Guide verkostet haben. Man erkennt in der Präzision und Dichte der Weine den akribischen Weinbau, in ihrer unforcierten Art die stilistische Reife der Weinbereitung. Wir honorieren das mit dem dritten Stern. Und wer weiß, vielleicht geht es auch noch weiter nach oben.

94 2020 »Grande Cuvée Blanc« trocken WB/CH/SB
Sowohl Reduktions- als auch Neuholznoten in der Nase, wodurch die Frucht im Hintergrund bleibt. Am Gaumen taucht aber nicht nur sie wieder auf, fast schmerzhafte Dichte und Konzentration auf allen Ebenen: Birne, Säure, Holz, Mineralik. Für das nächste Jahrzehnt. 13 Vol.-%, NK, €€€€

94 2020 »Grand Vin« Weißer Burgunder tr.
Überraschend fein in der Nase, Baumblüte, Zitronenschale, trotz 15 Monaten Barrique nur zarter Holztouch. Auch am Gaumen bleibt dieses Feingliedrige, aber unterschwellig Energische bestehen. Verdichteter, mineralischer Wein mit viel Tiefe – ein Stil-Statement! 13,5 Vol.-%, NK, €€€

93 2020 »Premiere Cuvée« trocken ME/MA/CS
Ein Duft von Schwarzkirsche, Himbeere, reifer Brombeere sowie Veilchen. Am Gaumen folgt eine leichte Kräuternote bei markanter Säure, feinem Extrakt, guter Textur, eher jungem Gerbstoff und einem Hauch Gewürznelken aus gelungenem Ausbau. Ein Wein mit Potential! 13,5 Vol.-%, NK, €€€€

93 2020 »Premier Vin« Pinot Noir trocken
Mittlere Intensität im Duft. In der Nase Schwarze Johannisbeere, Cranberry, Kirsche und Holunderblüten. Am Gaumen mit attraktiver Struktur bei gut integrierter Säure, gutem Saft und feinem Tannin, eine feine Rauchnote führt in den langen Nachhall. 12,5 Vol.-%, NK, €€€

91+ 2020 »Alte Reben« Pinot Noir trocken

91+ NV »Maison Blanc« trocken
Ein »Meisterstück« als Einstieg! Fruchtfreie Nase bei der zu zwei Dritteln aus Weißburgunder bestehenden Cuvée, spürbare Phenolik, grüne Mandeln, zarte Baumblüte. Am Gaumen zunächst weniger karg wirkend dank leichter Fruchtsüße, bleibt aber mineralisch und mit feinem Grip. 12,5 Vol.-%, NK, €€

★★

BECKSTEINER WINZER

Weinstraße 30, 97922 Beckstein
T: +49 9343 500-0, info@becksteiner-winzer.de
becksteiner-winzer.de

Ab-Hof-Verkauf: Mo bis Sa 9–18 Uhr, So 10–16 Uhr
Kellermeister: Florian Döller
Ansprechpartner: Michael Braun
Hektar: 230 ha

Im kleinen, weinbaulich oft übersehenen Taubertal muten die 230 Hektar der Becksteiner Genossenschaft gigantisch an, doch vergleicht man diese Fläche mit anderen Kooperativen aus Baden (oder Württemberg oder Franken), kommt einem die Produktion schon fast wieder familiär vor. Sicher ist, dass das Team um Michael Braun und Florian Döller mit Freude und Geschick an ihren Weinen arbeiten, und das schmeckt man. Das Sortiment hält auch dieses Jahr wahre Perlen bereit, wie die mundwässernd elegante Schwarzriesling »Reserve« 2020. Eine verlässliche Quelle feiner Weine!

91+ 2021 »Kilian« Königheim Weißer Burgunder trocken
Dezente, feine Holzwürze, weiße Blüten, Frühlingswiese. Im Mund zeigt sich ein stiller, völlig in sich ruhender Wein, dicht, stoffig, aber auch nicht schwer, mit elegantem, gleichermaßen geschmeidigem wie frischem Bau. Kulinarisch gedacht! 12,5 Vol.-%, DV, €

91+ 2021 »Alte Reben« Gerlachsheim Herrenberg Silvaner trocken
Kräuterwürzig und leicht floral im Duft, mit Luftkontakt hat der Wein auch ein Aroma von Darjeeling-Tee. Im Mund zeigt sich einige Tiefe, die alten Reben beweisen ihre Substanz, mineralische Noten und lebendige Säure harmonieren mit Stoffigkeit. 13,5 Vol.-%, DV, €€

91+ 2020 »Reserve« Gerlachsheim Herrenberg Chardonnay Barrique trocken
Im Duft nimmt man eine reife Gelbfrucht wahr, Mandeln, Butter, Haselnuss. Etwas Luft tut dem Wein sehr gut. Im Mund hat er ein mittleres Volumen, guten stoffigen Grip, lebendige Säure, sehr gut ist das mineralische Fundament. Wirkt insgesamt noch sehr jung und reifebedürftig. 14 Vol.-%, DV, €€€

93 2020 »Reserve« Gerlachsheim Herrenberg Schwarzriesling Barrique trocken
Dezentes Holz, und leicht rauchige dunkelbeerige Aromen, viel Saftigkeit, feinkörniges Tannin, sehr dicht, sehr lang, durchdringende mineralische Noten. Steht knapp vor den besten Burgundern. 13,5 Vol.-%, NK, €€€

91 2021 »Selektion« Gerlachsheim Herrenberg Grauer Burgunder trocken

90 2021 »Selektion« Gerlachsheim Herrenberg Weißer Burgunder trocken

89+ 2021 »Selektion« Gerlachsheim Herrenberg Chardonnay Barrique trocken

89+ 2021 »Kilian« Gerlachsheim Riesling tr.

89 2021 Sauvignon Blanc trocken

91 2020 »Selektion« Gerlachsheim Herrenberg Spätburgunder Barrique tr.

90 2021 »Selektion« Gerlachsheim Herrenberg Chardonnay Auslese

92+ 2020 »Alte Reben« Gerlachsheim Herrenberg Spätburgunder Barrique tr.
Ein »wilder«, leicht minziger dunkelbeeriger Duft, Ziparte. Am Gaumen erscheint ein seidiger, aber auch gut saftender Gerbstoff, die nuancierte Gaumenfrucht und das feine Säurespiel geben dem Wein trotz seiner Dichte Eleganz. Stilvoll mit exzellenter Länge. 14 Vol.-%, NK, €€

★★★★

WEINGUT BERCHER

Mittelstadt 13, 79235 Vogtsburg
T: +49 7662 212, info@weingutbercher.de
weingutbercher.de

Ab-Hof-Verkauf: Mo bis Sa 9–11.30 Uhr und 13.30–17 Uhr
Kellermeister: Arne Bercher, Werner Rehbein
Ansprechpartner: Arne und Martin Bercher
Flaschen/Hektar: 200.000 (55 % weiß, 45 % rot)/27 ha

Die Cousins Martin und Arne Bercher sind mittlerweile aus der Klassikerriege des deutschen Weinbaus nicht mehr wegzudenken. Alle Weine sind präzise vinifiziert und dabei angenehm unaufdringlich. Bereits bei unserem Tipp, dem Weißburgunder-Ortswein für weniger als zehn Euro, kommen die Stärken der beiden zum Tragen. Wer Wein primär zum Essen trinkt, wird seine helle Freude an den gleichzeitig dichten und im Alkohol schlank gehaltenen Weinen haben. An der Spitze zeigen die Grauburgunder-GGs, wie unterschiedlich benachbarte Spitzenlagen schmecken können. Faszinierend!

93+ 2021 Burkheim Feuerberg Haslen Weißburgunder GG
Noch nicht sehr offen im Duft, etwas Holz und burgunderbeerige Töne, auch Sandelholz und Anis, Piment. Im Mund hat der Wein eine fein texturierte Fülle, die Phenole harmonieren zum geschmeidigen und mineralischen Hintergrund, die Säure ist perfekt integriert. 12,5 Vol.-%, NK, €€€

93+ 2021 Burkheim Feuerberg Haslen Grauburgunder GG
Holzbeeinflusste Nase mit Haselnuss und etwas Nougat, völlig anders als der Villinger. Am Gaumen treffen sich die nussigen Aromen mit Birne und Senfmehl, fest gewobener Körper, aber bereits präsentere Würze. Wie alle Bercher-Weine mit Reifegarantie. 12,5 Vol.-%, NK, €€€

92+ 2021 Burkheim Schlossgarten Villinger Grauburgunder GG
Feinfruchtige, nicht vom Holz geprägte Nase, Apfelnoten, etwas Heu, straff wirkend. Am Gaumen kommt dann mehr Viskosität, aber trotzdem bleibt alles in einen engen, phenolisch grundierten Rahmen eingebunden. Spannender stilistischer Ansatz, der Flaschenreife erfordert! 12,5 Vol.-%, NK, €€€

93+ 2020 Burkheim Feuerberg Kesselberg Spätburgunder GG
Spannende, vielschichtige Nase, bei der die schwarzkirschigen Noten zunächst im Hintergrund agieren, dazu Kaminnoten, Leder, eher kühl gehalten. Am Gaumen bleibt der Wein schlank, leicht rauchig, präsentes Tannin, sehr präziser Stil, wird sich gut entwickeln. 12,5 Vol.-%, NK, €€€

92 2021 »1G« Sasbach Limburg Weißburgunder trocken

92 2020 »SE« Chardonnay trocken

91+ 2021 »1G« Burkheim Feuerberg Grauburgunder trocken

91 2021 Scheurebe & Chenin Blanc trocken SÄ/CB2

90 2021 Burkheim Grauburgunder trocken

92 2018 »1G« Sasbach Limburg Spätburgunder trocken

90+ 2019 »1G« Jechtingen Eichert Spätburgunder trocken

91 2021 Burkheim Weißburgunder trocken
Apfel, Walnuss, etwas Knollensellerie, feine Würze, attraktive, sortentypische Nase. Am Gaumen mit schöner Stoffigkeit und einer Pikanz, die sich aus der Kombination von Phenolik und Säure ergibt. Gleichzeitig gehaltvoller und raffinierter Speisenbegleiter, der niemanden enttäuscht. 12,5 Vol.-%, DV, €

★★

WEINGUT BIMMERLE

Kirchstraße 4, 77871 Renchen-Erlach
T: +49 7843 654, info@wein-bimmerle.de
wein-bimmerle.de

Ab-Hof-Verkauf: Mo bis Fr 8–12 und 13–17 Uhr, Sa 9–13 Uhr
Kellermeister: Philipp Milke
Ansprechpartner: Siegbert Bimmerle
Flaschen/Hektar: 1.333.000(40 % weiß, 60 % rot)/153 ha

Respekt vor der Leistung von Siegbert Bimmerle und seinem Team: Ein Weinberg von 153 Hektar ist ein ziemlich großer Garten, dort an jedem Eck sein Auge zu haben, keine leichte Aufgabe. Aber dennoch scheinen uns die Weine Jahr für Jahr an Profil zu gewinnen, am besten sieht man das an den Burgundern, die keine Speckröllchen haben und deren Holzeinsatz inzwischen recht fein dosiert ist. Erstaunt hat uns der feinherbe Riesling Kabinett: Einen solchen Weintyp erwartet man eher an der Mosel als in Baden – aber der Wein ist gelungen und macht richtig Spaß. Weiter so!

91+ 2019 »Réserve 500« Chardonnay trocken
Kräftiges Neuholz, buttrige Töne, auch Quitte und Reneklode in der Nase. Im Mund zeigt sich der Wein mit festem Säuregerüst und guter Stoffigkeit, die kräftige Konzentration trägt den Wein recht lange – und macht ihn zum vielseitigen Sparringspartner bei Tisch. 13,5 Vol.-%, NK, €€€

91 2019 »Réserve 500« Weißburgunder tr.
Im Duft findet man einen dezenten Holzton und eine reife Frucht: Quitte, Orangenkonfitüre, auch Sesam und Strohblumen. Im Mund hat der Wein eine schöne Fülle, ist reich an Körper, hat aber auch stoffige Bündelung. Schöne erste Reife, wird sich aber noch weiter entfalten. 13,5 Vol.-%, NK, €€€

90+ 2021 »Porphyr« Riesling trocken
Ein nuancierter Sortenduft entsteigt dem Glas mit Noten von Pfirsich, Mango, Zitrone. Im Mund hat der Wein eine weit gefasste Struktur, feste Säure dominiert den Körper, die zurückhaltend gesetzte Süße gibt dem leicht mineralisch gefärbten Wein eine kulinarische Anmutung. 12 Vol.-%, DV, €€

92 2017 »Réserve« Spätburgunder trocken
Der Duft ist rauchig, röstig, hat eine Frucht von kleinen roten Beeren und Süßkirsche. Im Mund hat der Wein ein auf milde Weise körniges, handwerklich wirkendes Tannin, die Säure ist fest und leitet in einen eleganten, leicht mineralisch begleiteten Abgang. 13,5 Vol.-%, NK, €€€

90 2021 Grauer Burgunder Kabinett trocken

90 2021 Riesling Spätlese trocken

89+ 2021 Weißer Burgunder Kabinett trocken

89 2021 Sauvignon Blanc Spätlese trocken

88+ 2021 Auxerrois Kabinett trocken

89 2019 Spätburgunder trocken

88+ 2019 Pinot Noir Merlot Cabernet Sauvignon trocken PN/ME/CS

90+ 2021 Riesling Kabinett feinherb
Im Duft Pfirsich, Pfirsichkern, Bergamotte, Zitrone und Hefe. Im Mund entfaltet der Wein ein gutes Spiel, die lebendige, forsche Säure wird von gut dosierter Süße pariert, der Wein endet saftig, schlank und mit kitschfreier Fruchtigkeit. 11,5 Vol.-%, KK, €€

★★

WINZERGENOSSENSCHAFT BISCHOFFINGEN-ENDINGEN

Bacchusstraße 20, 79235 Vogtsburg-Bischoffingen
T: +49 7662 9301-0, info@wg-bischoffingen.de
wg-bischoffingen.de

Ab-Hof-Verkauf: Mo bis Fr 8.30–12 Uhr und 13.30–17 Uhr, Sa 9–13 Uhr
Kellermeister: Norbert Kuhn
Ansprechpartner: Thomas Weiler
Flaschen/Hektar: 1.900.000 (58 % weiß, 42 % rot)/256 ha

Wir staunen: Die Genossenschaft aus Bischoffingen und Endingen wendet sich handwerklichen Weinbereitungstechniken zu, die man aus Top-Weingütern kennt, etwa dem Verzicht auf jegliches Pumpen bei den Spätburgundern »One« und »Steinbuck unfiltriert«. Die Gerbstoffqualität dieser Weine hat uns begeistert. Bei den Weißen unterstreicht die Weiß- und Grauburgunder-Cuvée »Pino Magma« mit dezenter Fassreife und komplett durchgegorenem Geschmack die stilistische Neuausrichtung, auch die »Réserven« bieten sehr hohes Niveau. Sehen wir hier bald einen dritten Stern?

91+ 2019 »Pino Magma Réserve« trocken PG/WB
Ein helles Goldgelb in der Farbe. Im Duft zeigt sich eine im großen Holzfass zur Entfaltung gebrachte Burgunderfrucht, beerig, ganz leicht röstig, auch steinig. Im Mund hat der Wein Gewicht und Dichte, eine milde, aber gut integrierte Säure und eine kulinarische Anmutung. 13,5 Vol.-%, DV, €€

91 2019 »Réserve« Bischoffingen Steinbuck Grauer Burgunder trocken
Geröstete Haselnuss, Hefe und ein Touch Vanille – riecht fast wie ein reifer Meursault. Am Gaumen wirkt der Wein recht komplett, er zeigt einiges Feuer, aber auch stoffige Kraft und eine gut eingebundene Säure, gute Länge. Ein Sommelier-Wein! 14 Vol.-%, DV, €€

93 2020 »Pinot One« Bischoffingen Spätburgunder trocken
Im Duft bereichert dezentes Neuholz eine Burgunderfrucht, die mit pflaumigen Anklängen neben den Beerenaromen sehr reifes Lesegut andeutet, auch pfeffrige Terroir-Noten sind da. Im Mund rollt sich ein Seidentuch aus, die Fülle des Weins kommt sehr vornehm daher, Saft und Nerv sind eingebunden. 13 Vol.-%, NK, €€€

92 2020 »Réserve unfiltriert« Bischoffingen Steinbuck Spätburgunder trocken
Rauchiges Neuholz, Sauer- und Schwarzkirsche, Pfeffer. Im Mund hat der Wein einige Tiefe, reifes, mürbes Tannin und einen Säurebogen, der dem dichten, aber nicht adstringierenden Bau Spannung gibt, toller mineralischer Unterbau. Sehr hochwertiger Burgunder. 13 Vol.-%, DV, €€€

91 2018 »Réserve« Bischoffingen Enselberg Chardonnay trocken

90 2020 »Pino Magma« trocken PG/WB

89+ 2021 Bischoffingen Enselberg Grauburgunder Kabinett trocken

89 NV Bischoffingen Weißer Burgunder & Chardonnay trocken

88 2021 »BB-Alte Rebe« Bischoffingen Weißer Burgunder trocken

90 NV »20.000 BC Réserve« Cuvée trocken

89+ 2019 »BB-Alte Rebe« Bischoffingen Spätburgunder trocken

90+ 2021 »BB-Alte Reben« Bischoffingen Grauer Burgunder trocken
Dezente Pinot-Beeren im Duft, auch etwas Charentais-Melone, nicht sehr offen, aber mit erkennbar guten Anlagen. Im Mund hat der Wein viel Substanz, die Struktur lebt von Spannung und Frische, zeigt den Sortentyp aber auch mit einer Schicht Geschmeidigkeit. 13 Vol.-%, DV, €

★★★

WEINGUT BLANKENHORN

Basler Straße 2, 79418 Schliengen
T: +49 7635 82000, info@gutedel.de
weingut-blankenhorn.de

Ab-Hof-Verkauf: Mo bis Fr 9–12 Uhr und Mo,Di, Do und Fr 14–17 Uhr
Kellermeister: Yvonne Männer
Ansprechpartner: Martin Männer
Flaschen/Hektar: 110.000 (55 % weiß, 45 % rot)/24 ha

Seit der Übernahme des traditionsreichen Weinguts im Jahr 2014 haben Yvonne und Martin Männer den Weinen immer mehr Schliff verliehen, dabei schmeißt die gebürtige Pfälzerin und studierte Geisenheimerin Yvonne Männer den Keller mit »Bravoure« (so auch der Name des würzigen Syrah). Die Burgunder weißer und roter Farbe haben Struktur und »kühlen Pinot-Charme«, wie unsere Verkoster beim Sonnenstück Spätburgunder des – Hitzejahrs! – 2018 formulierten – ausgezeichnet! Auch die Gutedel müssen sich nicht verstecken, der Schliengener Ortswein ist unser Tipp.

92+ 2019 Schliengen Sonnenstück Chardonnay trocken
In der Nase Holzwürze, Röstaromen wie geröstete Pinienkerne, frische Zitronen, roter Apfel, Aprikosen, Honigmelone, Hefenoten. Am Gaumen stoffig mit Zug, saftig, reife Säurestruktur, gut integrierter merklicher Holzeinsatz, kernige Phenolik, gute Dichte. Hat Reifepotenzial.
13,5 Vol.-%, NK, €€€

92 2019 »Courage« Schliengen Chasselas tr.
Dezent rauchig in der Nase, saftige Äpfel und Birnen, Hefenoten, Kräuterwürze. Am Gaumen dicht im Extrakt, mineralisch, salzig, saftig, spannungsgeladen, reife Säurestruktur, feine Phenolik, komplex, trinkanimierend, lang am Gaumen. 13,5 Vol.-%, DIAM, €€€

93 2018 Schliengen Sonnenstück Pinot Noir GG
Balsamisch-würzig in der Nase mit reifer Kirsche, Brombeere, Cassis und etwas Zimt, feiner Rauch. Kräftige Struktur, betont trocken, etwas Sauerkirsche und Salz, viel Konzentration, Dichte und Mineralik, dabei mit kühlem Pinot-Charme, jugendliches Tannin. 13 Vol.-%, DIAM, €€€

92 2019 »Bravoure« Schliengen Syrah tr.
Würzig in der Nase, dezent nach Rauch, schwarzer Pfeffer, Minze, Waldbeeren, Cassis, Muskatnuss, dunkle Schokolade. Am Gaumen saftige dunkle Früchte, gut integrierte Säure, griffiges, reifes Tannin, schöne Länge. Guter Speisenbegleiter zu rotem Fleisch. 13,5 Vol.-%, DIAM, €€€

91+ 2020 »Le Clocher« Schliengen Chasselas trocken

90 2019 Schliengen Roggenbach Grauburgunder trocken

89+ 2021 »Markgräfler« Gutedel trocken

89 2021 »Markgräfler« Grauburgunder tr.

92 2018 Schliengen Ölacker Spätburgunder trocken

92 2019 »Postillon« Schliengen trocken CS/ME

90 2019 Schliengen Pinot Noir trocken

90+ 2020 Schliengen Gutedel trocken
Hefegeprägte Nase, Brotkruste, kräutrige Noten wie Oregano, Zitronenmelisse, Limettenzesten, Orangen, frisch gemähtes Wiesengras. Am Gaumen saftig, belebende Säure, cremiger Kern, feine Würze, feine Phenolik, trinkanimierend. 12 Vol.-%, DV, €€

★★★★

LANDWEINGUT BRENNEISEN

Am Weiler Weg 2, 79588 Egringen
T: +49 7628 800987, info@weingut-brenneisen.de
weingut-brenneisen.de

Ab-Hof-Verkauf: nach Vereinbarung
Kellermeister: Dirk Brenneisen
Ansprechpartner: Dirk Brenneisen
Flaschen/Hektar: 30.000 (70 % weiß, 30 % rot)/8 ha

Dirk Brenneisen hat sich nicht nur unter den badischen Landwein-Winzern einen guten Namen gemacht. Er hat zwar noch nicht den Bekanntheitsgrad seines viel gerühmten Nachbarn Hanspeter Ziereisen, aber mit seinen kompromisslos trockenen Weinen tritt er immer öfter ins Rampenlicht. Der Winzer, ein Markgräfler aus Überzeugung, schaut auch gerne über den eigenen Tellerrand hinaus, in seinen Weinbergen zähmen bretonische Ouessant-Schafe den Pflanzenwuchs. Wir können nur empfehlen, sich diesen Weinen mit Ruhe und Geduld zu widmen: Man wird reichlich belohnt.

94+ 2018 »Juri« Chardonnay trocken
Feiner Rauch, Hefe, Birnenschale und Quitte, Haselnuss, Feuerstein. Kraftvoll am Gaumen in fester Struktur, extraktreich und dicht, mit reifem, eng anliegendem Säurenerv, etwas Schmelz, Salzzitrone, sehr feine Phenole, die Mineralik übernimmt die Regie, bleibt lange am Gaumen. 13 Vol.-%, €€€€

92 2018 »Molassefels« Chardonnay trocken
Feiner Rauch liegt über etwas Zitronenschale, Apfelschale, kleinen grünen Birnen, Puder und Feuerstein. Setzt weich an am Gaumen mit relativ weit gefasstem Volumen, strammer Säurenerv, feine Phenolik, ungekünstelt trocken, feine Kalkmineralik, mittlere Komplexität. 12,5 Vol.-%, NK, €€

91 2019 »Chätsch« Gutedel trocken
Etwas Bienenwachs in der Nase mit Hefenoten, Apfel, zitrische Aromen, feines Holz, Puder, Kalk. Schlank und fest gebaut am Gaumen mit guter Energie und Spannung, milde Säure, betont trocken, feine phenolische Pixel, kalkmineralisch unterfüttert. Country-Rock und kein Schmuse-Pop. 11,5 Vol.-%, NK, €€€

92+ 2019 »Molassefels« Pinot Noir trocken
Vielschichtiger Duft mit reifen dunklen Beeren, Brombeeren, schwarze Kirschen, balsamische Würze, etwas schwarzer Pfeffer. Auf weich ansetzendem Hintergrund entwickeln sich erstaunlich viel Tannindruck, Dichte und mineralische Spannung, gut eingewobene Säure. Viel Pinot! 13,5 Vol.-%, NK, €€

90+ 2017 Pinot Blanc brut

89+ 2021 »Pet Nat« brut

89+ 2021 »Musketier« trocken

89+ 2020 Grauer Burgunder trocken

89 2021 Gutedel trocken

89 2020 Weißer Burgunder trocken

89+ 2019 Blauer Burgunder trocken

90 2020 Chardonnay trocken
Die leichte Hefenote verbindet sich mit Apfel, Aprikose und Birne, auch etwas zitrische Anklänge sind dabei, etwas Kreide. Betont trocken und saftig am Gaumen in einer kompakten Struktur, kalkig, mineralisch, pur, reduziert, auf alles Überflüssige wird verzichtet. Landwein de luxe. 12 Vol.-%, DV, €

★★

BURKHEIMER WINZER AM KAISERSTUHL

Winzerstraße 8, 79235 Vogtsburg-Burkheim
T: +49 7662 93930, info@burkheimerwinzer.de
burkheimerwinzer.de

Ab-Hof-Verkauf: Mo bis Fr 9–12 Uhr und 13.30–18 Uhr, Sa 9–16 Uhr, So 10–16 Uhr
Kellermeister: Dominik Schweizer
Ansprechpartner: Wolf Klingenmeier
Flaschen/Hektar: 1.333.000 (60 % weiß, 30 % rot, 7 % Rosé, 1 % süß, 3 % Schaumwein)/120 ha

Auch wenn die Burkheimer Genossen durchaus positiv überrascht haben mit einem Rotwein aus der Rioja-Sorte Tempranillo: Das Pfund, mit dem sie wuchern können, bleiben die Burgunder. Die weißen Burgundersorten flankieren ihren jeweiligen Sortentyp mit Mineralik, die roten besitzen Frucht und reifes Tannin. Als wir die trockene Spätburgunder Beerenauslese sahen, waren wir erst skeptisch, aber siehe da: Mit seiner Konzentration pariert dieser Wein den Alkohol, der unausweichlich hoch ist, wenn man Rosinen zu einem trockenen Wein vergärt. Wirklich apart!

91 2020 »Vini Grande« Burkheim Schlossgarten Chardonnay trocken
Goldgelb in der Farbe. Intensiv und sortentypisch im Duft: gelber Apfel, Ananas, Limettenschale, Geißblatt, Vanillenote. Am Gaumen mit einem feinen Touch von Zitronenmelisse, reifer Frucht und gut balancierender Säure. Ein spannender Wein mit Potenzial. 13,5 Vol.-%, NK, €€

92+ NV Burkheim Schlossgarten Spätburgunder Beerenauslese trocken
Reife, intensive Aromatik mit Schwarzkirsche, Brombeere, Cassis, Lakritze, etwas Pflaumenlikör, Holzwürze. Konzentriertes Elixier am Gaumen mit Stoff und eingewobener Säure, die Restsüße fügt sich ein, kompakter und reifer Gerbstoff, dicht und mit guter Länge. Sommelier-Wein. 17 Vol.-%, NK, €€€

90 2020 »Vini Grande« Burkheim Schlossgarten Tempranillo trocken
Noch Purpur in der Farbgebung. Im Glas ein Bukett von Schwarzkirsche, dunklen Waldbeeren, Pastrami und Zeder. Am Gaumen viel Würze bei saftiger Frucht, geschmeidigem, jungem Tannin, passend eingebundener, moderater Säure und attraktivem Nachhall. 13,5 Vol.-%, NK, €€

93 2018 Burkheim Feuerberg Ruländer Trockenbeerenauslese
Goldgelb. Würziger Duft nach getrockneten Früchten, kandierte Orange, Rosinen, Datteln, feine Kräuter und Blütenhonig. Am Gaumen likörartig, sehr dicht, schmelzende Süße, Karamell, fein austarierte Säure, Papayasaft, Vanille, üppig und lang, mit Potenzial. 6,5 Vol.-%, NK, €€€

89 2021 Burkheim Schlossgarten Auxerrois tr.

88+ 2021 Burkheim Feuerberg Grauburgunder Spätlese trocken

88+ 2021 Burkheim Feuerberg Grauburgunder Kabinett trocken

88 2021 Burkheim Schlossgarten Chardonnay Kabinett trocken

90 2019 »Alte Rebe« Burkheim Schlossgarten Spätburgunder Spätlese tr.

90 2019 »Nachtwächter« Burkheim Feuerberg Spätburgunder trocken

89 NV »Jubiläumsedition 500 Jahre Lazarus« Cuvée trocken

91 2021 »Alte Rebe« Burkheim Schlossgarten Weißburgunder Spätlese tr.
Vielschichtig in der Nase, ein Duft von rohen Mandeln, Butter, Zitronenmelisse, weißem Pfirsich und nassem Gestein. Am Gaumen dicht im Extrakt, gut integrierte Säure, angenehme mürbe Phenolik, mineralische Würze, dabei saftig bei fruchtbetontem Abklang. 13,5 Vol.-%, NK, €

★★★

WEINGUT CLAUSS

Obere Dorfstraße 39, 79807 Nack
T: +49 7745 5492, info@weingutclauss.de
weingutclauss.de

Ab-Hof-Verkauf: Mo, Di, Do und Fr 10–12 Uhr und 14–18 Uhr, Sa 9–13 Uhr
Kellermeister: Berthold Clauß
Ansprechpartner: Susanne und Berthold Clauß
Flaschen/Hektar: 187.000 (40 % weiß, 45 % rot, 6 % Rosé, 1 % süß, 8 % Schaumwein)/19 ha

Ein ums andere Mal erstaunt uns – nein, begeistert uns –, was Susanne und Berthold Clauß aus der Rebsorte Müller-Thurgau zu machen verstehen, so viel Dichte und souveräne Würzigkeit wie ihr »Belemnit« hat manch ein Burgunder mit Adelsprädikat nicht. Aber die Sorte gehört nun mal zum Weinbau an Bodensee und Hochrhein wie die Möwen zur Schiffslände. Apropos Burgunder: Weiß-, Grau- und Spätburgunder sind eine ebenso große Passion des Nacker Weinguts. Die zuletzt etwas vorsichtiger dosierten Holznoten bekommen der Frucht dieser Weine ausgezeichnet.

91+ ⊖ NV »Pinot Rosé« brut
Eine kräftige Roséfarbe mit ziegelroten Nuancen. Im Duft mischen sich hefige Aromen, eine intensiv beerige Frucht und leichte Karamelltöne. Im Mund hat der Wein ein feines, kultiviertes Mousseux und eine Harmonie ohne allzu viel Restzucker. Der Abgang ist fruchtig und lang. 12,5 Vol.-%, NK, €€

92 2021 »Urbanus« Pinot Blanc trocken
Dezent in der Nase, saftige gelbe Früchte, Quitten, Aprikosen, Zitronenbutter, mineralische Würze. Am Gaumen schöne mineralische Würze mit Zug, salzig, saftige Frucht, cremiger Kern, gut eingebundene reife Säure, langes mineralisches Finish. 13,5 Vol.-%, NK, €€€

91+ 2021 »Urbanus« Pinot Gris trocken
Holzwürze in der Nase, Vanille, Kokosnuss-Chips, roter Apfel, reifer Pfirsich, gemahlene Mandeln, dezent nach Akazienhonig. Im Mund ausladend, dicht, viel Schmelz, saftige Frucht, feine Würze, gut integrierte Säure, lang am Gaumen. Hat Potenzial. 13,5 Vol.-%, NK, €€€

92 2019 »Belemnit Grand Réserve« Spätburgunder trocken
Ansprechende Nase, rote und dunkle Waldbeeren, Zwetschgen, Hagebutten, florale Noten, Zimt, Nelken, Zartbitterschokolade. Im Mund saftige Frucht, kerniges reifes Tannin, gute Säurestruktur, feine Würze. Hat Reifepotenzial. 13,5 Vol.-%, NK, €€

91 2021 Nack Muskateller trocken

91 2021 »Réserve« Nack Sauvignon Blanc tr.

89+ 2021 »Belemnit« Grauburgunder trocken

91 2018 »Urbanus« Pinot Noir trocken

90 2019 »Réserve« Nack Spätburgunder tr.

90 2019 »Belemnit« Merlot trocken

90 2020 Esslingen Schenkenberg Riesling Auslese

92 2021 »Belemnit Wildfang Réserve« Müller-Thurgau trocken
Noch verschlossen in der Nase, Rauch, Kalkgestein, dezente Röstnoten, Limettenabrieb, reife Birnen, Apfelschale, Kräuterwürze. Am Gaumen enorme mineralische Würze, salzig, feine Phenolik, saftig, geschmeidig mit viskosem Kern und lebendiger Säure. 12,5 Vol.-%, NK, €€

★★★

WEINGUT DÖRFLINGER

Mühlenstraße 7, 79379 Müllheim
T: +49 7631 2207, mail@weingut-doerflinger.de
weingut-doerflinger.de

Ab-Hof-Verkauf: Mo bis Fr 8–12.30 Uhr und 13.30–18.30 Uhr, Sa 9–16 Uhr
Kellermeister: Hermann Dörflinger
Ansprechpartner: Hermann Dörflinger
Hektar: 20 ha

Das sind die Restzucker-Werte der Weißweine aus dem Weingut Dörflinger, das im Markgräflerland 20 Hektar Reben bewirtschaftet: 0,3, 1,0, 1,2 und 1,4. Kompromisslos trocken ausgebaute Weißweine, das ist das Markenzeichen des Guts, das von Hermann Dörflinger junior geführt wird, der schon Erfahrungen an der Nahe, in der Pfalz, in Bordeaux, Burgund und Australien sammelte. Besonders forciert der Kellermeister den Ausbau der Rotweine, die uns beide mächtig imponierten. Unser Tipp ist der knochentrockene Chardonnay Kabinett, den man sich nicht entgehen lassen sollte. Stark!

92+ 2020 Müllheim Reggenhag Chardonnay Spätlese trocken
Reifer, würziger Duft nach Holzausbau, frisch gestoßene Wacholderbeere, reife Birne, Blaubeere, Ananas, gelbes Curry. Kräftig am Gaumen mit einer eher breit angelegten Struktur, der dichte Extrakt wird saftig und würzig begleitet, reife Säure, gepflegte Phenolik, mineralisch, gute Länge.
13,5 Vol.-%, NK, €€

92 2020 Müllheim Sonnhalde Grauer Burgunder Spätlese trocken
Die Farbe geht ins mittlere Goldgelb. Reifer, würziger Duft, Aprikose, Birne, etwas Marzipan, auch etwas sommerliche Kamille. Stoffige und gehaltvolle Spätlese, die ihren Namen verdient, substanzreich, füllig, beinahe etwas viskos, aber auch mit mineralischer Spannung. 14 Vol.-%, NK, €€

92+ 2020 Müllheim Pfaffenstück Spätburgunder trocken
Feines würziges Bukett mit reifer Kirsche, Mandelkern und Hagebutte, leicht erdige Noten, Rote Bete, Blutorange. Zeigt Kraft und Dichte am Gaumen mit gutem, fruchtgetragenem Extrakt, rot- und dunkelbeerig, würzig und mineralisch codiert, lang, mit viel Potenzial. 13,5 Vol.-%, NK, €€

92 2020 Badenweiler Römerberg Merlot tr.
Brombeere, schwarze Kirschen und Johannisbeeren in der dichten Nase, Mokka und dunkle Schokolade, feine Holzwürze, etwas Zedernholz. Füllig und rund am Gaumen mit reifer Frucht, dicht im Extrakt, mit saftiger Säure und reifem Gerbstoff, verbindet Substanz mit Gegenwärtigkeit, gute Länge.
14 Vol.-%, NK, €€€

89+ 2021 Müllheim Reggenhag Gutedel trocken

90 2021 Müllheim Reggenhag Chardonnay Kabinett trocken
Apfel, Birne und Aprikose in der Nase, Zitronenschale, Melone, etwas Hefe und Kräuter, Haselnuss. Saftig und vollmundig am Gaumen mit präsenter, ausgewogener Säure, guter Extrakt, wieder zitrische Noten, etwas Grapefruit und Apfel, trocken ausgebaut, klingt saftig aus.
12,5 Vol.-%, DV, €€

★★★

FREIHERR VON UND ZU FRANCKENSTEIN

Weingartenstraße 66, 77654 Offenburg
T: +49 781 34973
weingut@weingut-von-franckenstein.de
weingut-von-franckenstein.de

Ab-Hof-Verkauf: Mo bis Fr 9–12 Uhr und 14–18 Uhr, Sa 9–13 Uhr
Kellermeister: Stefan Huschle
Ansprechpartner: Stefan Huschle
Flaschen/Hektar: 100.000 (65 % weiß, 35 % rot)/18.5 ha

Seit dem Jahr 2008 hat Stefan Huschle nach dem Weinbaustudium in Geisenheim und ersten Erfahrungen in Neuseeland das traditionsreiche Weingut in der Ortenau gepachtet. Hier verbindet er zusammen mit seinem Familienteam gekonnt Geschichte mit moderner, nachhaltiger Wirtschaftsweise – getreu dem Motto: Tradition ist die Weitergabe des Feuers, nicht das Anbeten der Asche. Die angestellten Weine zeigen sich von konstant guter bis sehr guter Qualität, sind filigran gearbeitet und haben weiteres Potenzial – herausragend dabei der Spätburgunder aus dem Neugesetz.

92 2020 »Georg Arbogast« Zell-Weierbach Neugesetz Riesling GG
Ein feiner Duft nach Weinbergpfirsich, Steinobst, grünem Apfel und nassem Stein, komplex. Am Gaumen mineralisch bei markanter Säure, reife helle Früchte, etwas Zitrus, insgesamt dicht und gut balanciert, sehr gute Länge. Ein Wein mit schönem Reifepotenzial. 12,5 Vol.-%, NK, €€€

91 2020 »Zum Himmelreich« Berghaupten Schützenberg Weißburgunder GG
Vielschichtiger Duft nach Zitronenschale, Birne, reifem Pfirsich und Mandeln. Am Gaumen dann straff, Mirabelle gesellt sich zu den hellen Früchten, etwas Vanille kommt durch, lebendige Säure, hat Zug. Macht bereits Freude, kann aber noch weiter reifen. 13,5 Vol.-%, NK, €€€

91 2020 »Tannweg« Zell-Weierbach Abtsberg Grauburgunder GG
In der Nase ein Bukett von Grapefruit, reifer Birne und Kieselstein. Am Gaumen viel Extrakt, Aromen von reifem Pfirsich, Zitronenzesten, schöne Kräuterwürze und gut abgestimmter Holzeinsatz. Saftiger Grauburgunder mit genügend Druck und gutem Nachhall. 13,5 Vol.-%, NK, €€€

93 2017 »Marie« Zell-Weierbach Neugesetz Spätburgunder GG
Klassischer Pinot-Duft mit Aromen von Sauerkirsche, Preiselbeere, Gewürznelken und etwas Johannisbeerblatt. Am Gaumen herrlich saftig bei reifem, fein gewobenem Gerbstoff, gut integrierte Säure. Sehr balancierter, dichter Wein aus einer Tonlage, hat Reifepotenzial. 13 Vol.-%, NK, €€€

91 2020 Berghaupten Schützenberg Chardonnay Erste Lage trocken

91 2020 Lauf Gut Alsenhof Grauburgunder Erste Lage trocken
Nussig und kräutrig im Duft. Am Gaumen eine elegante Aromatik mit Limette, weißem Pfirsich, Mandarinenschale und Geißblatt, schöner Extrakt, dichte Struktur, fein eingewobene Säure, es scheint eine Spur Mineralik durch, zarte Raucharomen. Gut als Speisenbegleiter. 14 Vol.-%, NK, €€

★★★

STAATSWEINGUT FREIBURG

Merzhauser Straße 119, 79100 Freiburg
T: +49 761 40165-4320, staatsweingut@wbi.bwl.de
staatsweingut-freiburg.de

Ab-Hof-Verkauf: Vinothek Freiburg Mo bis Fr 10–19 Uhr, Sa 10–16 Uhr; Vinothek Ihringen Mo bis Fr 12–17 Uhr, Sommeröffnungszeiten weichen ab
Kellermeister: Benedikt Jehle
Ansprechpartner: Kolja Bitzenhofer
Hektar: 37 ha

Es sind gerade die Spätburgunder, die im Jahrgangsvergleich zeigen, wie akribisch im Staatsweingut Freiburg gearbeitet und geforscht wird: Das Große Gewächs aus 2020 wartet mit druckvoller Dichte auf, das aus 2019 mit kraftvoller Komplexität, und jenes aus 2014 schließlich demonstriert, wie nuancenreich und subtil sich die Mineralik der dunklen Vulkanverwitterungsböden auf Sicht entfaltet: Daran wird sich mit Sicherheit jeder Pinot-Fan delektieren. Die Weißweine stehen nicht groß nach, unser Tipp ist der Muskateller, der mehr ist als ein vergnüglicher Spaßwein.

93 2020 Ihringen Blankenhornsberg Doktorgarten Grauburgunder GG
Nuancierter Duft nach Apfel, Birne, Mirabelle und Haselnüssen, feiner Rauch, ein Hauch von Calvados. Zeigt sich am Gaumen geschmeidig mit reifer und präziser Säure, süßlicher Extrakt, gehaltvoll und vollmundig, dabei auch elegant. Zeigt die Größe der Lage. 14 Vol.-%, DV, €€€

94 2014 Blankenhornsberg Doktorgarten Spätbugunder GG
Kräutrige, würzige Noten stehen vor der Frucht, wenig Primäraromen, etwas Kirsche. Am Gaumen überwiegt die vulkanische Mineralik in einem kräftig gebauten Körper. Weicher, samtiger Fond, reife Gerbstoffe, gute Länge, mineralisch-würzig ausklingend. Groß. 14,5 Vol.-%, DV, €€€€

93+ 2020 Blankenhornsberg Doktorgarten Spätburgunder GG
Jugendlich verschlossen, Neuholz, Hefe, Weichselkirschen, Cassis, Brombeeren, Waldhimbeeren, Pflaumen. Zeigt sich am Gaumen mit präziser Kirschfrucht auf weichem, cremigem Fond, dicht, guter Extrakt-Druck, eng anliegende Säure, ein Reservoir griffigen Gerbstoffs. 14 Vol.-%, DV, €€€

93 2019 Blankenhornsberg Doktorgarten Spätburgunder GG
Würzige Holzaromen vom Barrique-Ausbau, reife Kirschen, Brombeeren und Maulbeeren, etwas Tinte, dunkle Schokolade. Opulent und komplex am Gaumen mit guter Substanz und auch Kraft, markantes, reifes Tannin, mineralisch unterfüttert, Länge und Substanz. 13,5 Vol.-%, DV, €€€

92+ 2020 Ihringen Blankenhornsberg Doktorgarten Chardonnay GG

92 2020 Blankenhornsberg Doktorgarten Weißburgunder GG

90 2019 »Pino Magma Réserve« trocken WB/PG

89+ 2020 »Pino Magma« trocken WB/PG

89+ 2021 Ebringen Johanniter trocken

91+ 2020 Freiburg Jesuitenschloss Spätburgunder Erstes Gewächs trocken

91 2018 Blankenhornsberg Cabernet Cortis tr.

90 2021 Blankenhornsberg Muskateller tr.
Schöner beeriger Duft nach reifen Muskateller-Trauben, dazu reife Mango, Rote Johannisbeeren, Stachelbeeren, auch floral. Vollmundig und saftig am Gaumen bei gleichzeitig guter Frische, präsente Säure, mineralisches Timbre, mehr als ein Spaßwein, gute Länge. 12 Vol.-%, DV, €€

STIFTUNGSWEINGUT FREIBURG

Jesuitenschloss, 79249 Merzhausen
T: +49 761 404714, info@stiftungsweingut-freiburg.de
stiftungsweingut-freiburg.de

Ab-Hof-Verkauf: Ja
Kellermeister: Kilian Hunn
Ansprechpartner: Stefan Steinheuer
Flaschen/Hektar: 93.000 (65 % weiß, 30 % rot, 5 % Rosé, 5 % Schaumwein)/16 ha

Das altehrwürdige Stiftungsweingut Freiburg, seit dem Mittelalter im Besitz der Heiliggeistspitalstiftung Freiburg und schon 1298 erstmals urkundlich erwähnt, macht ordentlich Betrieb: Das neue Team mit Kellermeister Kilian Hunn und Stefan Steinheuer legt eine rundum überzeugende Kollektion vor mit einem saftigen und würzigen Riesling vom Freiburger Schlossberg, einem vollmundig-eleganten Merlot und unserem Tipp, dem badischen Lokalmatador Gutedel, der mit Saft und Kräuterwürze wie gemacht ist, um einen Flammkuchen zu begleiten und zu veredeln. Da tut sich was!

89+ 2017 »Pinot« brut WB/PN
Ein feiner Blanc-de-Noir-Duft, Pinot und champagnerhafte Hefenoten. Den Gaumen erfrischt ein dynamisches Mousseux, die Säure wird von einer vergleichsweise kräftigen Dosage gepuffert, ehe eine leichte Phenolik in den abermals Pinot-würzigen Abgang trägt. 12,5 Vol.-%, NK, €€

91+ 2021 Freiburg Schloßberg Riesling tr.
Vielschichtiger Duft mit zitrischen Noten, Orangenschalen, Kumquats, Birne, auch Veilchen und Aprikose, Anis. Am Gaumen stoffig und getragen mit saftiger Würze und mineralischer Grundlage, da wirken Kräfte wie Sonne, Wind und Gneis. Trocken und charakterstark mit Länge.
12,5 Vol.-%, DV, €€

89+ 2021 Freiburg Pinot Noir Blanc de Noir tr.
Würze zeigt den Holzfassausbau, reife Himbeeren und Walderdbeeren mit kräutrigen Noten. Bei diesem Wein kann man nur an Essen denken: stoffig und würzig, feine Säureader und gute Substanz, die Gerbstoffe geben Grip, kräftige Phenole, handfester Blanc de Noir. 13,5 Vol.-%, DV, €

91 2019 Freiburg Schloßberg Merlot trocken
Dunkelbeerige, schön verwobene Nase mit Brombeere, Kirsche und Johannisbeere, auch ein Hauch Eukalyptus. Vollmundig und saftig am Gaumen mit feiner Würze, gutem Extrakt und Dichte, fester Kern, gute Balance, reife, griffige Gerbstoffe, saftig ausklingend, durchaus elegant.
13 Vol.-%, DV, €€

89+ 2021 Niederrimsingen Grauburgunder trocken

89+ 2021 Gutedel trocken
Würzige und kräutrige Noten treffen auf Apfel, Birne und Mandeln, Blumenwiese, auch Holunderblüte. Am Gaumen kompakt gebaut mit einer gut dosierten Stoffigkeit, aber auch frisch und saftig, mit feiner kräutriger Würze. Trinkig, bodenständig, ein Vergnügen zum Flammkuchen.
12,5 Vol.-%, DV, €

★★★

WEINGUT OTTO UND MARTIN FREY

Im Brühl 1, 79211 Denzlingen
T: +49 07666 5253, info@frey-weine.de
frey-weine.de

Ab-Hof-Verkauf: Do und Fr 9–12 Uhr und 14–19 Uhr, Sa 9–16 Uhr
Kellermeister: Martin Frey
Ansprechpartner: Martin und Barbara Frey
Flaschen/Hektar: 100.000 (60 % weiß, 40 % rot)/18 ha

Das malerische Glottertal gehört zu den weniger bekannten Weinbauregionen, das Gebiet ist halt recht klein – aber eben auch fein: Aus geologischer und kleinklimatischer Sicht gehören die dortigen Steillagen zum Spannendsten in Baden. Die Weine der Familie Frey zeigen dieses Terroir in all seiner Vielschichtigkeit. Dabei sind die Weine nicht verkopft oder sperrig, sie behalten stets die Eleganz und den Trinkfluss im Blick – mustergültig und preiswürdig umgesetzt in den Weinen der »Gneis«-Serie, zugespitzt bei den Lagenweinen. Eine exzellente Kollektion!

92 2020 Glottertal Eichberg Weißburgunder trocken
Dezentes Holz, und ein Sortenduft von weißen Blüten, Sesam, Birne und Haselnuss. Am auffälligsten am Gaumen ist die Geschmeidigkeit des Weins, eine weiche Fülle, die eine reife Säure ebenso nahtlos integriert wie eine Schicht feinster Phenole. Zarte Abgangsaromen. 12,5 Vol.-%, NK, €€€

91+ 2021 »Gneis **« Grauburgunder trocken
Der noch verschlossene Duft deutet auf eine Sortenfrucht ohne Überreifetöne. Im Mund zeigt sich der Wein stoffig, nachgerade adstringierend, dicht, pointiert. Dies ist kein Klischee-Grauburgunder, sondern ein potenzialreicher Burgunder weißer Farbe. 12,5 Vol.-%, DV, €€

93 2020 Glottertal Eichberg Spätburgunder trocken
Rauchiges Holz überlagert eine durchaus intensive dunkelbeerige Frucht. Die mineralisch fundierte Gaumenstruktur beweist große Ruhe: Die Gerbstoffe sind reif, dicht, sie lassen Frucht und Geschmeidigkeit erst einen Spalt breit in den stattlichen Bau. Großes Potenzial! 13 Vol.-%, NK, €€€

92 2020 Denzlingen Steinhalde Spätburgunder * trocken**
Nobles Neuholz und eine Frucht von Holunder über Pflaume bis Schattenmorelle. Im Mund entfaltet der Wein einen samtenen Gerbstoff, der auf fast schwerelose Weise den Gaumen auskleidet, die Tiefe der Substanz gerät fast aus dem Blick vor lauter Charme und Fülle. 13 Vol.-%, NK, €€€

91+ 2020 »Gneis **« Spätburgunder trocken

91 2021 »Gneis **« Weißburgunder trocken
Ein Duft von Heu, Lindenblüten und auch etwas Zitrus, frisch, aber auch nicht im Übermaß reduktiv. Im Mund hat der Wein eine schöne Saftigkeit, eine prägnante Säure, er zeigt sich ausgewogen bei mittlerem Extraktreichtum, kräftigem mineralischem Fundament und sehr guter Länge. 12,5 Vol.-%, DV, €€

★★

WEINGUT GEIGER

Baitenhauser Straße 3
88709 Meersburg-Riedetsweiler
T: +49 7532 9856, info@weingut-geiger.de
weingut-geiger.de

Ab-Hof-Verkauf: Ja
Kellermeister: Thomas Geiger
Ansprechpartner: Thomas Geiger
Flaschen/Hektar: 35.000 (75 % weiß, 25 % rot)/4 ha

Thomas Geiger beherrscht beides: geerdetes Handwerk, wie beim ausgezeichneten Müller-Thurgau, und ebenso ausgebufft Experimentelles, wie bei den als Jahrgangscuvées abgefüllten Weinen mit dem Namen »Fassvollendung«. Vor allem die weiße Version fanden wir sehr gelungen. Und wer gedacht hat, der eher kühle Jahrgang 2021 hätte in der Höhe des Bodenseeraums für ein Defizit an Reife gesorgt, der wird von Weiß- und Grauburgunder eines Besseren belehrt: Die Weine haben Substanz und fordern mit ihrer gediegenen Eleganz eine kulinarische Verwendung ein.

92+ NV »Fassvollendung Blanc« trocken
Dezenter Holzton, florale Untertöne, Weiße Johannisbeere, Haselnuss. Die Gaumenstruktur eröffnet geschmeidig, zarte Phenole kontrastieren den Weichteil, und ein eleganter Säurenerv durchzieht den gehaltvollen, geschmeidigen Körper. Sehr gut assembliert. 12,62 Vol.-%, NK, €€

92 2021 Meersburg Fohrenberg Grauburgunder trocken
Ein zurückhaltender, leicht nussiger Duft entströmt dem Glas, sehr präzise in der Reife, ohne Botrytis, doch reif. In der Gaumenstruktur ist der Wein ganz aus Stoffigkeit gebaut, in den Gaumenaromen noch komplett verschlossen. Da die Substanz ausgezeichnet ist, ist dies ein Versprechen für die Zukunft. 12,71 Vol.-%, NK, €€

90+ 2021 Meersburg Fohrenberg Weißburgunder trocken
Braucht etwas Luft und gewinnt dann eine pikante Blütenwürze. Der Gaumen zeigt sich seidig, mit guter Konzentration, einer Schicht phenolischem Extrakt und lebendiger, gut zum eleganten, leicht mineralisch getönten Bau passender Säure. Kulinarischer Wein. 12,4 Vol.-%, NK, €€

90 NV »Fassvollendung« Spätburgunder Rotwein trocken
Dunkle Farbe. Im Duft zeigen sich Noten von Dörrpflaume und buttrige Töne. Das Holz bleibt zurückhaltend. Körniges Tannin kleidet den Gaumen aus, der Wein ist extraktdominiert auf weichem Fond, die Säure wirkt gut eingebunden. Eher ein mediterraner Typus als ein typischer Spätburgunder. 13,64 Vol.-%, NK, €€

88+ 2021 »Edition« Spätburgunder Rosé feinherb

90 2021 »Edition« Meersburg Fohrenberg Müller-Thugau trocken
Zu Beginn hefig im Duft, dann kommt immer stärker eine rieslinghaft akzentuierte Sortenwürze durch. Im Mund zeigt sich der Wein saftig, leicht im Alkohol, aber kräftig im Extrakt, er verleiht der Höhenlage des Bodensees einen wirklich eleganten und fein nuancierten Ausdruck. 12,04 Vol.-%, NK, €

★★★

WEINGUT GREINER

Bürgler Straße 48, 79418 Schliengen
T: +49 176 32776202, info@weingut-greiner.com
weingut-greiner.com

Ab-Hof-Verkauf: Ja
Kellermeister: Maximilian Greiner
Ansprechpartner: Maximilian Greiner
Hektar: 1 ha

Maximilian Greiner, der einen Hektar Reben biodynamisch bewirtschaftet, zählt zur rührigen Szene der badischen Landweinwinzer, die mit eigenständigen Weinen von sich reden macht. »A biodynamic Landwein. Made with love« ist auf seinen Etiketten zu lesen. Der Geisenheim-Absolvent füllte 2017 seinen ersten Jahrgang, seitdem gewinnen seine Weine immer mehr an Profil, der Chardonnay mit seiner mineralischen Zuspitzung und der spannungsgeladene Pinot Noir »Vulkan« sind die starken Spitzen einer Kollektion, die wir gerne mit dem dritten Stern auszeichnen.

93+ 2020 Mauchen Sonnenstück Chardonnay tr.
In der Nase Rauch und Würze vom Holzausbau, Anisbrötchen, etwas Senfsaat, Aprikose und Birne. Setzt zunächst weich an am Gaumen, mit Saft und feiner Würze, zeigt dann auch seine athletisch geformte Muskulatur, guter Extrakt, reife Phenole und mineralische Zuspitzung. 12,5 Vol.-%, NK, €€€

92+ 2020 Obereggenen Sonnenstück Weißburgunder trocken
Dezente Noten vom Fassausbau, feine Holzwürze, sommerliche Kamille, Aprikose, gelbe Pflaume und Birne. Setzt kraftvoll an am Gaumen mit guter Substanz, dicht im Extrakt, geschmeidige Fülle, würzig, dazu eine Salzigkeit, die lange bleibt, mineralisch. Gutes Potenzial. 12,5 Vol.-%, NK, €€€

93+ 2020 »Vulkan« Feuerbach Steingässle Pinot Noir trocken
Die Frucht versteckt sich noch hinter holzwürzigen Noten, getrocknete Kräuter, auch ätherische Noten. Zeigt am Gaumen Kraft und Spannung, etwas Hagebutten, leicht metallisch, saftig, mit mineralischem Kern, die Gerbstoffe in guter Menge sind fest und geben Halt. Sehr jung. 12,5 Vol.-%, NK, €€€

93 2020 »Steinkreuz« Obereggenen Sonnenstück Spätburgunder trocken
Noch jugendlich verschlossen, Holz, Grillkohle, Hagebutten, reife Pflaume, getrocknete Kräuter, etwas Eukalyptus. Mit Volumen am Gaumen mit fester Säure, die von guter Substanz ummantelt wird, salzige Mineralik, etwas Sauerkirsche, kräftiges, junges Tannin. 13 Vol.-%, NK, €€€

91+ 2020 »Steinkreuz« Obereggenen Sonnenstück Gutedel trocken

90 2021 »Chasselas« Obereggenen Sonnenstück trocken
In der Nase feine Holzwürze, Hefe, Apfel, Birne, Gänseblümchen, kräutrige Noten, Mandeln. Kompromisslos trocken am Gaumen in einer schlanken und festen Struktur, saftig, präsente, gut eingewobene Säure, phenolische Pixel, kein Schmeichler, zeigt Charakter. 11,5 Vol.-%, DV, €

★

WINZERVEREIN HAGNAU

Strandbadstraße 7, 88709 Hagnau
T: +49 7532 1030, info@hagnauer.de
hagnauer.de

Ab-Hof-Verkauf: Ja
Kellermeister: Jochen Sahler
Ansprechpartner: Jochen Sahler
Flaschen/Hektar: 1.300.000/177 ha

Den 1881 gegründeten Winzerverein Hagnau, die älteste Winzergenossenschaft in Baden, besteht aus 52 Winzer-Familien. Dass man sich heute so taufrisch und quicklebendig präsentiert, liegt vor allem an einem bewährten Grundsatz: »Nur gemeinsam sind wir stark.« Dazu gehört das Miteinander von Jung und Alt, eine Erfahrung, gewachsen auf langer Tradition, gepaart mit innovativen Ideen. Das Resultat sind gut balancierte Weine in einigen Farbschattierungen und Gewichtsklassen, wie der stilvolle Sekt »Grand Pinot« oder der substanzvolle Grauburgunder »Farbenspiel« – Weine, die Lust auf mehr machen!

90+ 2020 »Grand Pinot« Hagnau brut
Lebendige Perlage, im reifen Duft Himbeere, Apfel und Aprikose, etwas Brioche und auch Passionsfrucht. Setzt cremig und stoffig an am Gaumen, gut kontrastiert von Frische und einer präsenten Säure, geschmeidiges Mousseux, feine Würze, gute Länge. Hat Stil. 12,5 Vol.-%, NK, €€

89 2021 Hagnau Spätburgunder Weißherbst Kabinett halbtrocken
Mit Puderzucker bestäubte Himbeeren im Duft, rote Kirschen und Mirabellen, auch etwas rote Grütze. Saftig, süß und weich am Gaumen mit ausgewogener Säure, feiner Gerbstoff, schlanke Form. Am Sonntagnachmittag zum Erdbeerkuchen oder gut gekühlt als Aperitif. 11 Vol.-%, DV, €

90 2018 »Bestes Fass« Hagnau Spätburgunder trocken
In der Nase reife rote und dunkle Kirschen, Brombeeren, Wacholderbeeren, Rauch, Lorbeerblatt und auch Unterholz. Geschmeidig und kraftvoll am Gaumen ansetzend mit gut dotiertem, reifem Tannin. Etwas Sauerkirsche, tragende Säure, kräftige Substanz und gute Länge. 13 Vol.-%, NK, €€€

92 2018 Hagnau Grauburgunder Beerenauslese
Sehr würziger Duft, Waldhonig, Nelke, satte Trockenfrucht, Kräuterwürze, intensiv. Am Gaumen mit satter Säure und druckvoller Süße, sehr würzig, Lebkuchengewürz, dunkler Honig, viskos und dicht, gute Struktur und Länge. Klassisch zum Dessert oder als Dessert. 11 Vol.-%, DV, €€€

88+ 2021 Hagnau Burgstall Weißburgunder trocken

90+ 2020 »Farbenspiel« Hagnau trocken
Zartes Goldgelb, nussige, würzige Noten, Birne, Quitte, gelbe Pflaume, auch etwas Rauch. Kräftig gebauter Burgunder mit fester Struktur und guter Substanz, saftig und geschmeidig im Fluss, mit reifen Phenolen, trocken ausgebaut. Kulinarisch prädestiniert. 13 Vol.-%, DV, €€

★★★★★

WEINGUT DR. HEGER

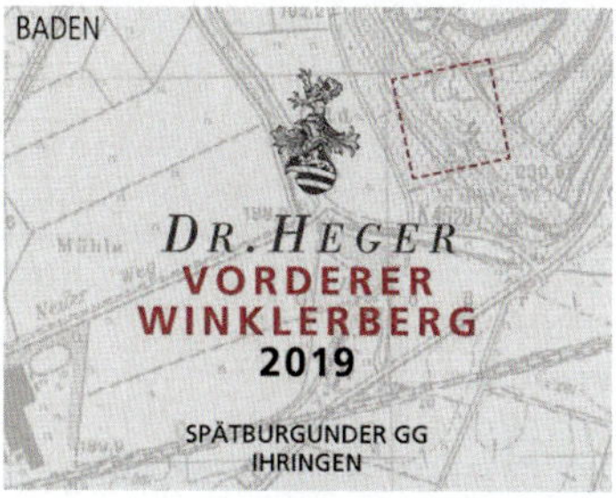

Bachenstraße 19/21, 79241 Ihringen
T: +49 7668 995110, info@heger-weine.de
heger-weine.de

Ab-Hof-Verkauf: Mo bis Fr 9–12 Uhr und 13.30–17.30 Uhr, Sa 10–14 Uhr
Ab-Hof-Verkauf:
Kellermeister: Team Dr. Heger
Ansprechpartner: Joachim Heger
Flaschen/Hektar: 200.000 (70 % weiß, 30 % rot)/35 ha

Das altehrwürdige, 1935 vom Landarzt und Hobbywinzer Dr. Max Heger gegründete Ihringer Weingut ist in blendender Form. Joachim Heger und Ehefrau Silvia stehen für Erfahrung und Kontinuität, die Töchter Katharina und Rebecca bringen Innovation und frischen Wind. Eine erfolgreiche Mischung! Schon die Ortsweine sind herausragend in ihrer Klasse – und die GGs steigern den Genuss noch Wein um Wein. Mit dem 2019er Spätburgunder vom Häusleboden im Winklerberg ist den Hegers ein Meisterwerk gelungen – die ganze würzige Pracht Burgunds in Südbaden.

93+ 2020 Ihringen Winklerberg Hinter Winklen Gras im Ofen Grauburgunder GG
Brillant in der Farbe und anfangs dezent im Duft: reife Mandeln, Zitronenzesten, gelber Apfel und Gesteinsmehl. Am Gaumen herrlich saftig, leicht salzig, komplexe Frucht, sehr gut integrierte Säure, elegante Phenolik und langer mineralischer Nachhall. 13 Vol.-%, NK, €€€

93+ 2020 Ihringen Winklerberg Hinter Winklen Gras im Ofen Weißburgunder GG
Im Duft dezent beerig, auch kräuterwürzig, zurückhaltender Holzeinsatz, geschmeidig ansetzend, kräftig im Körper und Alkohol, eine Schicht feiner Phenole auf weichem Fond, die reife Säure trägt den Körper im Verbund mit dem mineralischen Extrakt. 13,5 Vol.-%, NK, €€€

97 2019 Ihringen Winklerberg Wanne Häusleboden Spätburgunder GG
Komplex, etwas wild und wunderbar burgundisch im Duft, Aromen von roter Kirsche, Cranberry, Hibiskus und Veilchen. Am Gaumen eher dunkelwürzig, zart floral, rotbeerig, mit feinstem Tannin und ideal integrierter Säure, körperreich, konzentriert, fulminanter Nachhall. 13,5 Vol.-%, NK, €€€€

95+ 2019 Ihringen Vorderer Winklerberg Spätburgunder GG
Attraktiv würzig und floral im Duft: Veilchen, Kräuter, etwas schwarzer Pfeffer und Blutorange. Am Gaumen saftig, stoffig mit viel Grip bei klassisch roter Frucht. Noch junges, feines Tannin, gute Säure, mittelgewichtiger Körper und ein langer Nachhall. 13,5 Vol.-%, NK, €€€€

93+ 2019 Achkarren Schlossberg Weißburgunder GG

93 2020 Achkarren Schlossberg Grauburgunder GG

93 2020 Ihringen Winklerberg Hinter Winklen Gras im Ofen Chardonnay GG

92+ 2020 Ihringen Winklerberg Chardonnay Erste Lage trocken

91+ 2020 Ihringen Grauburgunder trocken

93+ 2019 Achkarren Schlossberg Spätburgunder GG

91 2019 »Mimus« Ihringen Winklerberg Spätburgunder Erste Lage trocken

92 2020 Ihringen Weißburgunder trocken
Sortentypisch und präzise im Duft: rohe Mandel, reife Birne, rosa Pfirsich, Sternfrucht, Zitrone. Am Gaumen folgen Honigmelone, Vanille, Gewürze und florale Akzente. Dabei saftig, cremig, finessenreich bei sehr gut eingebundener Säure und langem Nachhall. 13 Vol.-%, NK, €€

★★★

WEINGUT HEINEMANN

Mengener Straße 4, 79238 Scherzingen
T: +49 7664 6351, weingut-heinemann@t-online.de
weingut-heinemann.de

Ab-Hof-Verkauf: Mo bis Fr 10–18 Uhr, Sa 10–16 Uhr
Kellermeister: Lothar Heinemann
Ansprechpartner: Lothar Heinemann
Flaschen/Hektar: 120.000 (45 % weiß, 33 % rot, 10 % Rosé, 2 % süß, 10 % Schaumwein)/18 ha

Was das Markgräflerland zu leisten imstande ist, zeigen Lothar und Niklas Heinemann in diesem Jahr überdeutlich. Die Alkoholgehalte der sechs Weine bewegten sich zwischen elf und 12,5 Volumenprozent, der Restzucker überschritt kein einziges Mal die Ein-Gramm-Grenze. Wer jetzt mit mager-säuerlichen Tröpfchen rechnet, wird enttäuscht. Säure gibt es zwar, aber die Materie steht enorm fein und dicht im besten »Cool Climate«-Stil da. Großartige, postmoderne Weine. Wüssten wir jetzt noch, wie die Basisweine beschaffen sind, wäre der vierte Stern nicht mehr fern …

93 2020 »Selection SL Alte Reben« Ehrenstetten Oelberg Weißburgunder tr.
Kräftiges Zitronengelb im Glas. Schon in der Nase individuell, Kombination von zupackendem Apfel und Holz wie im Jura, leicht rauchig, etwas Anis. Am Gaumen gleichzeitig mit einem kräftigen Säurezug und einer eng gefassten, aber umso tieferen Materie. 12,5 Vol.-%, NK, €€€€

93 2021 »Selection SL Alte Reben« Scherzingen Batzenberg Chardonnay tr.
Kräftiges Gelb. In der Nase etwas holzbetonter und weiter angelegt als der Weißburgunder, dazu Zitronenschale und Fenchel. Am Gaumen mit einer kaum zu toppenden Stringenz, leicht im Alkohol, ungeheure Extraktdichte, engmaschig. Ein Statement-Wein. 12 Vol.-%, NK, €€€€

92+ 2021 »Selection SL Alte Reben« Scherzingen Batzenberg Gutedel trocken
Apfelschale, viel Mineralik, etwas Harz, Süße noch nicht einmal vom Holz – fast fühlt man sich an einen weißen Hermitage erinnert. Nur elf Vol.-% allerdings, feurig-mineralischer Abgang, beeindruckende Strukturdichte – komplett eigenständig! 11 Vol.-%, NK, €€€

94 2019 »Selection SL Alte Reben« Scherzingen Batzenberg Spätburgunder tr.
In der Nase etwas weicher und fruchtdichter als die »Réserve«, Schwarzkirsche, Himbeermark, Unterholz und Tiefe. Ausgesprochen feinkörniges und elegantes Tannin, darüber eine federleichte, aber intensive Fruchtaromatik. Cool Climate in Bestform! 12,5 Vol.-%, NK, €€€€

92 2019 »Selection SR Reserve« Scherzingen Batzenberg Spätburgunder trocken

91 2021 »Selection S« Scherzingen Gutedel tr.
Zitronenschale, Senfmehl, etwas Hartkäserinde, wird mit Luft immer komplexer. Am Gaumen bedeutet »trocken« richtig trocken. Dank der geringen Primärfrucht dominiert hier die Struktur, die Phenolik, weiter Senfmehl, würzig, laktische Töne – absolut konsequent! 11 Vol.-%, DV, €€

★★★

WEINGUT HEITLINGER

Am Mühlberg 3, 76684 Östringen-Tiefenbach
T: +49 7259 9112, info@weingut-heitlinger.de
weingut-heitlinger.de

Ab-Hof-Verkauf: nach Vereinbarung
Kellermeister: Daniel Rupp
Ansprechpartner: Claus Burmeister
Flaschen/Hektar: 580.000 (60 % weiß, 40 % rot)/80 ha

Der Name Heitlinger steht für eines der bedeutenden Weingüter Badens, das Schwesterweingut der Burg Ravensburg betreibt inmitten der 80 Hektar umfassenden Weinberge eine ganze »Genusswelt« mit Golf-Resort, Hotel und Restaurant. Trotz seiner Größe wirtschaftet das Weingut biologisch, inklusive Kompostherstellung und Pflanzenschutzdrohne – und erzeugt Weine auf konstant hohem Niveau. Die Weißen beeindrucken durch Aromatik und Länge. Toll, wie der Auxerrois mit den GGs mithalten kann – obwohl der VDP die Sorte nicht als GG-tauglich klassifiziert hat.

93 2019 Tiefenbach Spiegelberg Pinot Gris GG
Im Glas zartes Goldgelb mit Kupfernoten. In der Nase Rauch, verhaltene Frucht, dafür Kräuter, Brennnessel und Giersch. Im Mund saftig mit ordentlich Säure, Klarapfel, Reneklode. Dicht gewobener Wein mit viel Potenzial. 13 Vol.-%, DV, €€€

92+ 2019 Tiefenbach Schellenbrunnen Riesling GG
Zarter Petrolton mit Limettenabrieb in der Nase, auch Holunderblütenknospen. Im Mund überrascht die tolle Säure mit einem süßsaurem Spiel, der Petrolton wirkt mollig, ohne satt zu machen, die Frische zeigt sich prickelnd und saftig. 12 Vol.-%, DV, €€€

92 2019 Tiefenbach Heinberg Chardonnay GG
Eindrucksvolle Nase nach Vanille, Mandelkernen, Glaskirschen, auch Jod. Im Mund dann aparte Holznoten, sehr lang anhaltende cremige Stoffigkeit, weich und streng zugleich, feine bittere Noten, lang anhaltender Nachhall. 13,5 Vol.-%, NK, €€€

92 2017 Odenheim Königsbecher Pinot Noir GG
Mattes Granatrot im Glas. Elegante Nase nach reifen Pflaumen, Laub, es duftet fleischig und nach grünen Holzstängeln. Im Mund zarte, leicht süßliche Röstaromen, die spitzige Säure gibt ein gutes Gerüst mit viel Saft und Trinkfluss. Gutes Potenzial! 13 Vol.-%, DV, €€€

92 2019 Tiefenbach Hassapfel Auxerrois Erste Lage trocken

93 2019 Hilsbach Eichelberg Pinot Blanc GG
Üppiger Duft nach weißen Blüten und Veilchen, auch Papier und Lilien. Im Mund herrlich frische Mineralik mit Salzigkeit und einem Stoff, der flüssig und elegant wirkt. Limettenabrieb gibt Pep und eine zarte Bitternote Tiefe, sehr langer Nachhall. 13 Vol.-%, DV, €€€

WEINGUT HONOLD

Am Hummelberg 1, 76684 Östringen
T: +49 7253 278627, info@weingut-honold.de
weingut-honold.de

Ab-Hof-Verkauf: Mi bis Fr 15–18 Uhr, Sa 9–13 Uhr
Kellermeister: Ludwig Honold
Ansprechpartner: Ludwig Honold
Flaschen/Hektar: 67.000 (60 % weiß, 25 % rot, 10 % Rosé, 5 % Schaumwein)/8 ha

Inmitten der Östringer Weinberge liegt in idyllischer Lage das Weingut Honold. Ludwig Honolds Weine zeigen den Kraichgauer Wein von einer sorgsam ausgearbeiteten, harmonischen Seite, die Säuren schießen auch im Jahrgang 2021 nicht übers Ziel hinaus, und stets bringt die Frucht eine feine Süße mit ins Glas. Ein besonderes Händchen hat Honold für die PiWi-Sorten: für Neuzüchtungen, die man kaum spritzen muss, weil sie gegen Mehltau und Botrytis weitgehend resistent sind. In »Ludwigs Leidenschaft« ist die Leidenschaft spürbar – unser Tipp!

89+ 2021 Cabernet Blanc feinherb
Holunderblüte, Paprika und Stachelbeeren – sehr sortentypischer Duft. Im Mund zeigt sich der Wein leicht und unbekümmert, die vergleichsweise präsente Süße gibt der Frucht einen Kick, die Säure gibt Frische und hebt das Pfeffrige hervor. 11 Vol.-%, DV, €

89+ 2021 Sauvignon Blanc trocken
In der Nase Zitronengras, frischer grüner Pfeffer, Passionsfrucht und Stachelbeeren. Der Gaumen hat Kraft und macht Druck, die vergleichsweise moderate Säure ist gut eingebunden, der Wein klingt bei guter Länge ebenso aromatisch wie harmonisch ab. 12,5 Vol.-%, DV, €€

89+ 2021 »Réserve« Riesling trocken
Getrocknete Zitronenschale, Melisse, auch ein Anflug von Holz mit nussigen Tönen. Der Gaumen beginnt geschmeidig, mit feiner Holzfass-Charakteristik, ausgeglichen und weit, mit eher reifer Säure und (noch?) zurückhaltender Aromatik. 12 Vol.-%, DV, €€

91 NV »Louis Noir« trocken
Brombeere, Schwarze Johannisbeere, Blaubeere, florale Noten, getrocknete Kräuter, Tomatenrispe, etwas Espresso. Setzt weich am Gaumen an mit saftiger Opulenz und gut dosierter Stoffigkeit, süßlicher Extrakt, feinnervige Säure, reifer Gerbstoff, gut balanciert. 14 Vol.-%, DV, €€

89+ 2020 »Louis Blanc« trocken WB/CH

90 NV »Ludwigs Leidenschaft« trocken
Der Duft ist fruchtgetragen, erinnert an Mango und Nektarine, gezuckerte Walderdbeeren, auch eine Prise frisch geriebener Muskat ist dabei. Im Mund ist der Wein straff und stoffig, eine lebendige Säure gibt Drive und Spannung, eine Spur Süße versöhnt Harmonie-Trinker. 11,5 Vol.-%, DV, €

★★★★★

WEINGUT BERNHARD HUBER

Heimbacher Weg 19, 79364 Malterdingen
T: +49 7644 929722, info@weingut-huber.com
weingut-huber.com

Ab-Hof-Verkauf: nach Vereinbarung
Kellermeister: Julian Huber
Ansprechpartner: Barbara und Julian Huber
Flaschen/Hektar: 110.000 (30 % weiß, 65 % rot, 5 % Schaumwein)/28 ha

Julian Huber gehört zu jenen Winzern, die ihre Weine eher verteilen müssen als verkaufen – wir haben vor allem Weine verkostet, deren Verfügbarkeit unkritisch ist. Selbst mit diesem Ausschnitt aus dem Sortiment gelingt dem Breisgauer ein furioser Auftritt: Im roten Flight zeigt sich die Kelterung aus »Alten Reben« vertikal gebaut mit einiger Tiefe, straff und mineralisch. Die Sommerhalde hat mehr Großzügigkeit, die Alte Burg überzeugt mit stoffiger Dichte. Es hängt von der Trinkgelegenheit ab, was man bevorzugt. Auch die Weißen sind superb und rufen nach Kulinarik.

94 2020 »Alte Reben« Chardonnay trocken
Noch leicht verschlossener Duft, doch sind die feinen Aromen nach Rauch, Tabak, Vanille, zarten Holznoten und Pampelmuse schon deutlich zu erahnen. Am Gaumen saftig und frisch, alle Noten schön ausbalanciert präsent, schon feiner Trinkgenuss trotz der Jugend! 13 Vol.-%, NK, €€€

94 2020 »Alte Reben« Spätburgunder tr.
Eine frische, noch recht verschlossene Kirschfrucht entsteigt dem Glas. Im Mund zeigt der Wein eine sehr hohe Konzentration und eine durchdringende, fast elektrisierende taktile Mineralik. In seiner verschlossenen, aber ungemein dichten Art zeigt der Wein sehr großes Potenzial.
13,5 Vol.-%, NK, €€€

93+ 2020 Bombach Sommerhalde Spätburgunder trocken
Dezent rauchiges Holz, dunkle Beerenfrucht und leichte Kräuterwürze deuten kommende Entfaltung an. Im Mund hat der Wein eine gewisse Großzügigkeit, straffes Tannin, viel Saftigkeit in der Gaumenmitte sowie eine leicht süße Frucht im Abgang. Feine Mineralik. Braucht Zeit.
13,5 Vol.-%, NK, €€€€

93+ 2020 Köndringen Alte Burg Spätburgunder GG
Im insgesamt noch verschlossenen Duft nimmt man Aromen von Sauerkirschen und Tannenschösslingen wahr, auch leicht mineralische Noten. Im Mund zeigt sich eine gute Balance aus feinkörnigem Tannin mit saftigen und geschmeidigen Motiven. Gute Dichte, mineralisch begleitete Länge.
13,5 Vol.-%, NK, €€€€

92 2020 Malterdingen Spätburgunder tr.

93 2020 »Malterdinger« trocken CH/WB
Äußerst charmante Burgundersortennase, weich und cremig, leichte Holznoten, Tabak, auch Flieder und Heu. Am Gaumen enorm füllig mit viel Frische und Saftigkeit sowie einer fein ausbalancierten Säure, flüssiger und trinkiger Nachhall, jung und elegant! 13 Vol.-%, NK, €€€

★★★

WEIN- UND SEKTGUT HUMMEL, INHABER DANIEL RHEIN

Oberer Mühlweg 5, 69254 Malsch
T: +49 7253 27148, info@weingut-hummel.de
weingut-hummel.de

Ab-Hof-Verkauf: Mo bis Fr 17–19 Uhr, Sa 10–14 Uhr
Kellermeister: Daniel Rhein
Ansprechpartner: Daniel Rhein
Flaschen/Hektar: 48.000 (40 % weiß, 50 % rot, 2 % Rosé, 8 % Schaumwein)/7.5 ha

Seit mittlerweile sechs Jahren führt Daniel Rhein fort, was Bernd Hummel zuvor in über 30 Jahren auf den guten Lagen des Kraichgauer Ortes Malsch aufgebaut hatte: Hummel war für eigenständige, stets aromenstarke Weine bekannt, vom weißen trockenen Kabinett bis zu roten Auslesen im »Reserve«-Format. Und es gefällt uns Jahr für Jahr besser, wie Rhein diese Palette an Charakterweinen neu interpretiert. Zudem konzentriert sich Rhein nun auf die Erweiterung der Sektproduktion. Und er bildet heute selbst Azubis aus – das Feuer der Weinbegeisterung will weitergegeben sein!

92+ 2015 »Blanc de Noirs« Pinot Meunier brut

Lachsrosa mit orangetönigen Reflexen. In der Nase rotbeeriger Duft, Johannisbeeren, reife Erdbeeren, Granatapfel, Honig, dezent Patina. Am Gaumen saftig, frisch, gut eingebundene Säurestruktur, feines Mousseux, mineralische Würze, salzig, trinkanimierend. 13 Vol.-%, NK, €€€

92 2019 »Reserve« Malsch Ölbaum Chardonnay trocken

Röstnoten in der Nase, fleischiger Pfirsich, saftige Aprikosen, Zitronenbutter, Kräuterwürze, Fenchel, Salbei, Holzwürze, dezent nach Anis. Am Gaumen viel Schmelz, saftig, reife Säurestruktur, mineralisch-würzig, kerniger Gerbstoff, salzig bis ins Finish, lang am Gaumen. 14,5 Vol.-%, NK, €€€

92 2018 »Reserve« Malsch Rotsteig Lemberger trocken

Dunkle Schokolade, Schwarzkirsche, etwas Rauch und brauner Kardamom. Insgesamt ein sehr eleganter und »leiser« Wein seiner Art. Die Phenolik am Gaumen ist reif und geschmeidig und wird durch eine sanfte Säure durchbrochen. Sein Nachhall wirkt noch lange. 14 Vol.-%, NK, €€€

91 2018 Malsch Rotsteig Spätburgunder Spätlese trocken

Kirschig, Räucherspeck, schwarzer Pfeffer und Vanille hat man da in der Nase. Dabei ist der Spätburgunder eher auf der würzigen Seite. Ein ganz schönes Kraftpaket. Am Gaumen eine ziehende Säure und noch dominanter Gerbstoff mit einem langen Nachhall. 14 Vol.-%, NK, €€

89 2016 Pinot Meunier Rosé brut

90 NV Pinot Blanc brut

90 2021 »S« Malsch Ölbaum Chardonnay trocken

89+ 2021 Sauvignon Blanc Kabinett trocken

89 2021 Malsch Ölbaum Riesling Kabinett feinherb

89 2021 Pinot Meunier Rosé Kabinett trocken

90 2019 Malsch Rotsteig Merlot Spätlese trocken

92 2019 Malsch Rotsteig Syrah trocken

Die Frucht hält sich bei diesem Wein zurück, und es kommen vielmehr balsamisch-kräutrige Noten zum Vorschein, wie Oliven, Thymian, Teer und Balsamico. Am Gaumen ist er recht ausgewogen mit einer reifen Phenolik, frischer Säure und langem Nachhall. 13 Vol.-%, NK, €

★★

WEINGUT KILIAN HUNN

Rathausstraße 2, 79288 Gottenheim
T: +49 7665 6207, mail@weingut-hunn.de
weingut-hunn.de

Ab-Hof-Verkauf: Mo bis Fr 9–12.30 und 14–19 Uhr, Sa 9–12.30 und 14–18 Uhr
Kellermeister: Kilian Hunn
Ansprechpartner: Martina und Kilian Hunn
Flaschen/Hektar: 190.000 (75 % weiß, 20 % rot, 2 % Rosé, 3 % Schaumwein)/24 ha

Martina und Kilian Hunn zeigen mit ihren Weinen aus vier Jahrgängen, welches Reifepotenzial diese bergen und wie facettenreich ihr Sortiment bestückt ist: Die komplexe Chardonnay »Réserve« aus 2017 hat noch weitere Substanz zur Entwicklung, ebenso die würzige »Fumé Blanc Réserve« aus 2019. Gut machen sich auch die »Jungen Wilden« aus 2021, saftig und klar im Ausdruck. Die Söhne Jonas und Patrick erzeugen inzwischen unter dem Label »Patronas« eigenen Wein, ihr Weißer Burgunder konnte auf Anhieb bei unserer Trophy überzeugen. Da tut sich was!

92 2017 »Réserve« Chardonnay trocken
Feiner Rauch und dezente Holzwürze begleiten Aromen von Melone, Aprikose und Birne, auch getrocknete Kräuter. Mit guter Substanz, Konzentration und auch Komplexität am Gaumen, feine Säureader und schöne Würze. Entfaltet sich in Nuancen, gediegen. 13,5 Vol.-%, DV, €€

91+ 2019 »Fumé Blanc Réserve« trocken
Beim »Fumé« geht es nicht um laute, vordergründige Primärfrucht: feine Holzwürze, etwas Karamell mit reifer Mango. Saftig und würzig in einem breit angelegten Körper, der Holzausbau sorgt für Struktur, mineralische Grundierung, etwas grüne Walnuss. 13,5 Vol.-%, DV, €€

89+ 2021 »Junge Wilde« Auxerrois trocken
Birne, Melone und Quitte im aromatischen Duft, Haselnuss, Noten von Kräutern und Blüten. Mit Schmelz, Saft und Würze am Gaumen in einer kräftig gebauten Textur. Reife, saftige Säure, phenolischer Eintrag, ausgewogen in seiner Erscheinung. Kulinarisch gedacht. 13 Vol.-%, DV, €€

92 2016 »Réserve« Spätburgunder trocken
Intensiv im Duft, nach Gewürznelken, dunkler Kirsche, Hibiskus und Vanilleschote. Am Gaumen mit guter Kraft und Saft sowie Aromen von Blaubeere und Cranberry, reifes Tannin und eine gute Säurestruktur sprechen für weiteres Reifepotenzial, attraktiver Nachhall. 13,5 Vol.-%, DV, €€€

89+ 2021 »Junge Wilde« Sauvignon Blanc tr.

90 2021 »Junge Wilde« Grauburgunder tr.
Neben Birne kandierte Aprikose in der reichhaltigen Nase, Honigmelone, gelbe Blüten, etwas Kandis. Zeigt Substanz und Volumen am Gaumen, die tragende Säure sorgt für Gleichgewicht und Balance. Großzügig, saftig und würzig, trocken ausgebaut. 13,5 Vol.-%, DV, €

★★★★

WEINGUT HÖFFLIN SCHAMBACHHOF

Schambachhof, 79268 Bötzingen
T: +49 7663 1474, info@weingut-hoefflin.de
weingut-hoefflin.de

Ab-Hof-Verkauf: Mo 13–17 Uhr, Do und Fr 9–12 Uhr und 13–17 Uhr, Sa 10–16 Uhr
Kellermeister: Matthias Höfflin
Ansprechpartner: Matthias Höfflin
Flaschen/Hektar: 70.000 (75 % weiß, 25 % rot)/13 ha
Anbauweise: Bio

Matthias Höfflin ist ein Meister des Unkonventionellen – aber das Unkonventionelle kommt bei ihm stets mit handwerklicher Genauigkeit und mit einem untrüglichen Gefühl für Harmonie ins Glas. Diese Weine regen an, ohne zu verschrecken. Sie schmecken einfach gut – vom einfachen »Löss« Weißburgunder bis zum elaborierten »Prestige« Gewürztraminer. »Köstlich erfrischend«, so die Probennotiz zum »NApurTUR« – was könnte man Schöneres über einen phenolischen Weißwein sagen? Und ein Müller-Thurgau mit 92+ Punkten spricht ohnehin für sich. Strongly recommended!

92+ 2018 »Cuvée Prestige« extra brut PN/CH/PM
Zarter Kupfergoldton. Dichte beerige Nase, rauchig, malzig. Im Mund weiches Mousseux mit unterstreichender Säure, Saft und Kraft, feine Fruchtnoten, kerniger grüner Apfel, hefig, sehr lang anhaltender Nachhall. Ungemein erwachsen, schön gemacht! 12,5 Vol.-%, NK, €€€

94 2021 »Prestige« Gewürztraminer trocken
Elegante blasse Aprikosenfarbe im Glas. In der Nase herrlich parfümierte Noten von Veilchen und Lavendelsäckchen, auch dunkelbrauner Honig und Kölnisch Wasser. Im Mund stramme Dichte, kernige Säure, würzig und duftig, animierend und sehr erwachsen. Toll! 13 Vol.-%, NK, €€€

93 2019 »Prestige Schwarzkehlchen« Spätburgunder trocken
Sehr duftige Nase, verhalten zarte Blüten, rote Kirschen, dunkle Rosen. Im Mund dann weich und saftig, Himbeeren, Gewürze, Laub, sehr trocken, dabei saftig und filigran, sehr trinkig, mit rauchigen Noten im Nachhall. Braucht noch Zeit! 13 Vol.-%, NK, €€€

93 2019 »Prestige Rotkehlchen« Spätburgunder trocken
Herrlich dunkelbeerige Nase, Rauch, Schokolade, Himbeere und Mandarinenschale. Am Gaumen feinherb, leicht trocknend, dann Grafit, fleischig mit viel Saft und strammen Tanninen, sehr langer Nachhall mit viel Stoff. Braucht Zeit! 13,5 Vol.-%, NK, €€€

92+ 2020 »Prestige Bienenfresser« Sauvignon Blanc trocken

92 2020 »Prestige Phonolith« Grauer Burgunder trocken

91 2020 »Löss« Weißer Burgunder trocken

90+ 2020 »Löss/Lehm« Auxerrois trocken

92+ 2020 »Prestige« Müller-Thurgau trocken

92+ 2021 »NApurTUR« WB/PG

92+ 2019 »Rufus Cuvée Prestige« trocken ME/CS/CF

91+ 2020 »Löss« Grauer Burgunder trocken
Hübsche orangerote Reflexe im Glas, leicht trüb. In der Nase ist der Wein zart blumig, auch mit Noten von Jod und Thymian, Liebstöckel. Im Mund Kräuter und viel Saft, schöne pampelmusenartige Adstringenz, wirkt sehr trocken, aber mit gutem Trinkfluss. 13,5 Vol.-%, DV, €€

★

WINZERGENOSSENSCHAFT JECHTINGEN AMOLTERN AM KAISERSTUHL

Winzerstraße 1, 79361 Sasbach-Jechtingen
T: +49 7662 9323-0, info@jechtinger-wein.de
jechtinger-wein.de

Ab-Hof-Verkauf: Ja
Kellermeister: Jochen Glyckherr
Ansprechpartner: Jonathan Schäfer
Flaschen/Hektar: 2.500.000/240 ha

Die Weine der Winzergenossenschaft Jechtingen-Amoltern werden auf 240 Hektar auf warmen Vulkanböden angebaut. Zu den bekannten Lagen zählen in Jechtingen der Eichert, Hochberg und die Steingrube sowie die Amolterer Steinhalde. Das Team um die Kellermeister Jochen Glyckherr und Matthias Gehri keltert körperreiche Weine mit mediterranem Temperament, zum Teil sogar in Bio-Qualität. Besonders gefallen haben uns in einem ausgewogenen Sortiment die Spätlesen vom Grau- und Spätburgunder. Der elegante Weißburgunder Kabinett ist uns eine Empfehlung wert!

89+ 2020 Muskateller Sekt trocken
Duftet nach reifer gelber Frucht, Mango, Johannisbeeren und Passionsfrucht, mit Holunderblüten und feiner Würze. Die lebendige Säure versteht sich gut mit der merklichen Restsüße, zusammen ergibt sich ein stimmiges Bild, schöner Aperitif und auch zum Nachtisch. 12 Vol.-%, NK, €€

90 2021 Jechtingen Eichert Grauer Burgunder Spätlese trocken
Birne, Honigmelone und Walnuss bilden die typische Aromatik, kräutrige Noten, reife Aprikose und etwas Apfel. Mit Saft und schöner Würze im Mund, kräftig gebauter Körper, zeigt Schmelz und Saft, trocken ausgebaut, gut balanciert, klar definierte Spätlese. 13 Vol.-%, DV, €

90+ 2019 »Burg Sponeck Selektion« Jechtingen Eichert Spätburgunder Spätlese trocken
Erdbeere, Himbeere und Hagebutte in der feinfruchtigen Nase mit feiner Holzwürze und auch floralen Noten. Reife und süße Frucht am Gaumen, vor allem Erdbeere und Himbeere, trocken ausgebaut, die Gerbstoffe sind geschmeidig, die Mineralik sorgt für Profil. 13,5 Vol.-%, DV, €€

89+ 2020 Jechtingen Eichert Spätburgunder Spätlese trocken
Reife Erdbeeren und Himbeeren, Kirschen, etwas Himbeersirup, leicht rauchige Noten, ein Hauch von Rauchfleisch. Saftig und mit leicht süßlichem Extrakt am Gaumen, großzügiges Volumen, mittelgewichtig im Extrakt, reife, saftige Gerbstoffe, würzig und auch mineralisch. 14 Vol.-%, DV, €

88 2021 Jechtingen Spätburgunder Rosé trocken PN/RE

89 2021 Jechtingen Hochberg Weißer Burgunder Kabinett trocken
Helle Blüten im Duft, Apfel, Mandarine und Mirabelle, leicht zitronig, und auch Kräuter kommen dazu. Saftig am Gaumen mit feiner Würze und dezenter Phenolik in einem schlanken, kompakten Körper. Wird dem Attribut »Kabinett« gerecht, elegant, fließt geschmeidig. 12 Vol.-%, DV, €

KAISERSTÜHLER WINZERGENOSSENSCHAFT IHRINGEN

Winzerstraße 6, 79241 Ihringen
T: +49 7668 90360
info@winzergenossenschaft-ihringen.de
winzergenossenschaft-ihringen.de

Ab-Hof-Verkauf: Mo bis Fr 8–18 Uhr,
Apr. bis Dez. Sa 9–13 Uhr
Kellermeister: Werner Haßler
Ansprechpartner: Roland Jakob
Hektar: 300 ha

Im Jahr 1924 von 200 Winzerfamilien gegründet, verarbeitet und vermarktet die Ihringer Winzergenossenschaft heute den Ertrag von 600 Mitgliedern. Die aktuellen Weine punkten mit der Kernkompetenz des Kaiserstuhls, den Burgundern. Der Premium-Grauburgunder (äußerst fair: 7,70 Euro) ist unser Tipp. Doch das Sortiment gestattet sich auch erfolgreiche Ausflüge ins »Internationale«: mit einem traubig duftenden Sauvignon Blanc und einem Merlot aus dem Eichenfass, der ordentlich Dampf und Power besitzt. Originell und gelungen ist auch die süße Scheurebe.

89+ 2021 Ihringen Sauvignon Blanc trocken

Ein traubiger Duft, Stachelbeere, Pfeffer, ein fein nuancierter Sortentyp. Im Mund hat der Wein einige Power, vergleichsweise verhaltene Säure, gute Stoffigkeit und eine mittlere Intensität in den Abgangsaromen. Ein gut getroffener Sortentyp. 12,5 Vol.-%, DV, €

90+ 2018 »Uringa 962 Réserve« Ihringen Winklerberg Spätburgunder im Eichenfass gereift trocken

Reife und opulente Nase, Kirsche, Johannisbeere und Pflaume mit kräutrigen Noten und Holzwürze, kandierte Orangenschale. Verdient sich das Prädikat »Réserve« mit viel Substanz, Dichte und Würze, reifes, fleischiges Tannin, gute Länge. Zum Essen und am Kamin. 13,5 Vol.-%, NK, €€€

89+ 2019 »Uringa 962« Ihringen Fohrenberg Merlot im Eichenfass gereift trocken

Reife Johannisbeere, Kirsche, Brombeere und Pflaume mit Würze, etwas Tinte und auch Unterholz. Auf geschmeidigem Fond entwickeln sich ordentlich Kraft und auch Wucht, der Alkohol ist gut eingebunden, reife, kräftige Tannine, üppig und konzentriert. Am Kamin. 14 Vol.-%, NK, €€

91 2021 Ihringen Winklerberg Scheurebe Beerenauslese

Sattes Honiggelb, Duft nach Waldhonig, Trockenobst, Aprikosenmarmelade, dazu Maracuja, ausladend. Am Gaumen mit druckvoller Süße, fest zupackend, pikant, lebendige Säure, eingekochte Früchte, wieder Honig, sehr dicht, likörartig. Zum Weglegen, braucht Zeit. 8,5 Vol.-%, NK, €€

89 2021 Ihringen Grauer Burgunder Spätlese trocken

91 2021 »Premium« Ihringen Grauer Burgunder trocken

Ein fruchtiger, sehr klarer Duft nach Charentais-Melone, gesüßten Blaubeeren und Maroni-Püree. Im Mund eröffnet der Wein mit Seidigkeit und einer Spur Süße, eine jahrgangstypisch lebendige Säure gibt Balance und verschlankt den Wein, sehr gute aromatische Länge. 13 Vol.-%, NK, €

★★

WEINGUT GERHARD KARLE

Scherkhofenstraße 69, 79241 Ihringen
T: +49 7668 5252, info@weingut-gerhard-karle.de
weingut-gerhard-karle.de

Ab-Hof-Verkauf: Mo bis Fr 8–18 Uhr, Sa 9–16 Uhr und nach Vereinbarung
Kellermeister: Gerhard Karle
Ansprechpartner: Marita Karle-Schettler
Flaschen/Hektar: 120.000 (50 % weiß, 40 % rot, 5 % Rosé, 5 % Schaumwein)/14 ha

Die Verkostung der Weine von Marita Karle-Schettler und Gerhard Karle hat uns richtig Spaß gemacht. Die Weine, egal ob Burgunder oder Sauvignon, zeigen das Vulkan-Terroir des Winklerbergs in handwerklich tadellosem Format, sie wirken so unaufgeregt und ausgewogen, dass man sie sich als Begleiter für jede Lebenslage vorstellen kann, und sie sind noch dazu äußerst fair bepreist. Besonders herausheben möchten wir die Qualität des Silvaners, der – so lange ist das noch gar nicht her – einst die wichtigste Sorte in Ihringen war. Wir gratulieren zum zweiten Stern!

92 2021 »Alte Rebe« Ihringen Winklerberg Grauer Burgunder trocken

Wenn man ins Glas riecht, sieht man den Kaiserstuhl-Vulkan vor seinem geistigen Auge noch dampfen und rauchen. Ein Anflug von Blütenhonig deutet die Sorte an. Im Mund zeigt der Wein eine von Stoffigkeit im Zaum gehaltene Fülle, Spannung und Frische. Hat Potenzial. 13 Vol.-%, DV, €

91 2021 »Alte Rebe« Ihringen Winklerberg Sauvignon Blanc trocken

Der vielschichtige Duft startet nach etwas Luftzufuhr immer neue Aromaserien: Hinter etwas Hefe kommen rauchige Töne zum Vorschein (von der Sorte, aber auch vom Vulkanboden), Tropenfrucht, Zitrus, Blüten. Der Gaumen ist straff, saftig, die Säure sitzt – toll! 13 Vol.-%, DV, €

89+ 2021 Ihringen Winklerberg Grauer Burgunder trocken

Der Duft zeigt sich zu Beginn noch etwas hefig, belüftet sich dann aber rasch in Noten von Honigmelone, weißen Blüten und etwa Rauch. Im Mund hat der Wein eine gute Dichte und einige Stoffigkeit, eine lebendige Säure trägt in den saftigen Abklang. 12,5 Vol.-%, DV, €

92 2020 »Alte Rebe« Ihringen Winklerberg Spätburgunder trocken

Ein Duft von Roter Johannisbeere, Preiselbeere, ein Anflug Malz, aber auch Kräutertöne sind wahrnehmbar. Im Mund verbindet der Wein Fülle mit Saftigkeit und einem recht straffen Gerbstoffgerüst. Der Wein braucht noch etwas Zeit und hat dabei beste Perspektiven. 13,5 Vol.-%, NK, €€

90+ 2021 Ihringen Winklerberg Silvaner trocken

Ein Duft von Gesteinsmehl zeigt den Lagencharakter, aber auch der Sortentyp ist da, mit einer Note von Frühlingswiese und Blüten. Im Mund zeigt der Wein einen kabinettartigen Säurenerv, der schlanke Bau hat dennoch einige Substanz. Eleganter, mineralischer Silvaner. 12 Vol.-%, DV, €

★★★★

WEINGUT FRANZ KELLER

Badbergstraße 44, 79235 Vogtsburg-Oberbergen
T: +49 7662 93300, keller@franz-keller.de
franz-keller.de

Ab-Hof-Verkauf: Mo bis Fr 9–18 Uhr, Sa 10–18 Uhr, So 10–16 Uhr
Kellermeister: Uwe Barnickel
Ansprechpartner: Fritz Keller
Flaschen/Hektar: 200.000 (65 % weiß, 35 % rot)/35 ha

Der »Schwarze Adler« ist eine kulinarische und weinbauliche Institution, in der jede Generation – so sagt Fritz Keller – noch einen Schritt weiter gehen muss als die vorhergehende. Er selbst hat in den 1980er-Jahren den Barriqueausbau eingeführt, Burgunderklone gepflanzt und damit die Basis gelegt für die Schritte, die jetzt Friedrich Keller nicht minder beherzt geht. Das Weingut scheint uns dieses Jahr vor allem seine Bestseller geschickt zu haben – und unter diesen befinden sich qualitative Perlen wie der Oberrotweiler Orts-Spätburgunder. Superb!

92+ 2016 »Grande Cuvée« Brut nature

Im Duft entfaltet sich ein raffiniertes Spiel mit Hefe und ersten tertiären Aromen, dazu kommen Noten von Apfel und Heu. Das Mousseux eröffnet den Gaumeneindruck frisch und dynamisch, aber auch mit Feinheit. Die feste Säure macht Appetit, zumal ihr kein Zucker im Weg steht.
12 Vol.-%, NK, €€€

93 2020 Achkarren Schlossberg Grauburgunder GG

Zitrone, Mandarine, leicht röstiges Neuholz. Im Hintergrund ein Anflug Butter und Macadamianuss. Der Gaumen eröffnet mit einer strengen Phenolik und einer saftigen Säure, im Hintergrund zeigt sich allerdings auch der Schmelz der Lage, geschmeidig, rund. Ein Versprechen für die Zukunft!
12,5 Vol.-%, NK, €€€

94 2020 Jechtingen Enselberg Spätburgunder GG

Ein Duft von reifen Schwarzkirschen strömt aus dem Glas. Im Mund hat der Wein eine strahlende Eleganz, Saftigkeit und dichter, feiner Gerbstoff sind sehr intensiv miteinander verwoben, eine markante taktile Mineralik verstärkt den Eindruck der Frische. Zukunft! 12,5 Vol.-%, NK, €€€

91 2020 »vom Löss« Spätburgunder trocken

Der Duft zeigt sich ein klein wenig schokoladig, sogar mit rosinigen Untertönen. Im Mund hat der Wein Saftigkeit und einen sehr gut extrahierten, griffigen Gerbstoff, die Säure ist fein eingebunden, die Gaumenfrucht wirkt deutlich »kühler«, als der Duft erwarten ließ. Solider Pinot. 13 Vol.-%, NK, €€

91 2020 Oberbergen Pulverbuck Weißburgunder trocken

92+ 2020 Oberrotweil Spätburgunder tr.

Man riecht Waldbeeren, Sauerkirsche und Rauch im druckvollen Duft. Im Mund hat der Wein einen sehnigen, spannungsvollen, aber auch reifen Gerbstoff, er hat Nerv, eine saftige Frucht und auch geschmeidige Motive. Dichte und Mineralik stehen weit über Ortswein-Niveau.
12,5 Vol.-%, NK, €€€

★★★★

WEINGUT KLUMPP

Heidelberger Straße 100, 76646 Bruchsal
T: +49 7251 16719, info@weingut-klumpp.com
weingut-klumpp.com

Ab-Hof-Verkauf: Mo bis Fr 9–12 Uhr und 14–18 Uhr, Sa 9–13 Uhr
Kellermeister: Markus Klumpp
Ansprechpartner: Andreas und Markus Klumpp
Flaschen/Hektar: 180.000 (75 % weiß, 25 % rot)/32.4 ha
Anbauweise: Bio

Andreas und Markus Klumpp haben im Jahr 2021 auf zweierlei Weise Gigantisches geleistet: Zum einen pendelten sie mitsamt dem ganzen Team zwischen Bruchsal und Dernau, um nach der schrecklichen Flur an der Ahr im Weingut Meyer-Näkel auszuhelfen. Bekanntlich ist Markus Klumpp mit Meike Näkel verheiratet. Darüber haben sie die eigenen Weine nicht vernachlässigt, wie die aktuelle Kollektion unter Beweis stellt. Wir haben es im letzten Jahr schon als Möglichkeit angekündigt, und wir melden in diesem Jahr Vollzug: Herzliche Gratulation zum vierten Stern!

92+ 2020 Unteröwisheim Kirchberg Chardonnay trocken
Sahnebonbon, reife Birne und Ananas, gelbe Kiwi und Zitronenschale in der Nase. Die Aromen spiegeln sich weitgehend am Gaumen wider, die Textur des Weins ist cremig, wobei die Säure frisch und animierend hineinspielt und das Gesamtbild brillant und elegant macht. 13 Vol.-%, NK, €€€

92 2020 Unteröwisheim Kirchberg Weißburgunder trocken
In der Nase geradlinig, Wildblumenwiese, etwas nussig, außerdem Zitronenzesten, etwas Aprikose und weißer Pfeffer. Am Gaumen besitzt der Wein eine feingliedrige und geschliffene Säure, ist saftig, strukturiert und elegant, sein Nachhall hält noch lange an. 13 Vol.-%, NK, €€€

93+ 2019 Bruchsal Weiherberg Pinot Noir trocken
Elegante und delikate Nase, Süßkirsche, Himbeere, Lakritze, schönes Holz, etwas Minze, Leder. Am Gaumen dicht mit reifem Gerbstoff, griffiger und gut eingebundener Säure, die Struktur des Pinot Noir ist ebenso elegant und saftig, er bleibt noch lange am Gaumen. 13 Vol.-%, NK, €€€

92 2019 Bruchsal Rothenberg Spätburgunder trocken
Fruchtige, würzige Nase mit einem Bukett aus Amarenakirsche, dunkler Schokolade, Pflaume und einem Hauch von Rosenblättern. Am Gaumen mit Spannung und eleganter sowie dezenter Säure, sehr geschmeidige Phenolik, dabei saftig und fein ausbalanciert. 13 Vol.-%, NK, €€€

91 2021 »Muschelkalk« Bruchsal Chardonnay trocken

93+ 2020 Bruchsal Rothenberg Grauburgunder trocken
In der Nase geschliffen und geradlinig, nicht kitschig, allerdings noch verschlossen, der Duft erinnert an getrockneten Apfel, Zitrone, Minze und Cashewnuss. Am Gaumen mit toller Kombination aus präziser Phenolik und knackiger Säure, langer Nachhall. Deutliches Reifepotenzial! 13 Vol.-%, NK, €€€

★★★

WEINGUT KNAB

Hennengärtle 1a, 79346 Endingen
T: +49 7642 6155, info@knabweingut.de
knabweingut.de

Ab-Hof-Verkauf: Mo bis Fr 17–18.30 Uhr, Sa 10–14 Uhr
Kellermeister: Johannes Rinker
Ansprechpartner: Johannes Rinker
Flaschen/Hektar: 150.000 (70 % weiß, 30 % rot)/23 ha

Auf die Weine der Familie Rinker in Endingen im nördlichen Kaiserstuhl ist seit Jahren Verlass. Auf verwittertem Vulkangestein und kalkreichen Lössablagerungen gedeihen Reben für saftige Weine mit viel Mineralik – zum Beispiel unser Tipp: »Alte Reben« Weißer Burgunder trocken, ein guter kulinarischer Begleiter und Klassiker auf den Weinkarten deutscher Restaurants. Seit 2016 ist Junior-Chef Johannes Rinker für den Keller verantwortlich und führt dabei die Kunst seines Vaters fort, den Weinen im Barriquefass den letzten Schliff zu geben.

92+ 2021 Amoltern Steinhalde Grauer Burgunder* trocken**
Sehr fein und präzise im Duft, in der Nase entwickelt sich eine feine Kräuternote, es folgen florale und auch gelbfruchtige Aromen. Am Gaumen trägt die sehr feine Säure die Phenolik und eine reife gelbe Frucht, der lange Nachhall wird von Mineralik begleitet. 13,5 Vol.-%, NK, €€€

93 2020 »R« Amoltern Steinhalde Spätburgunder* trocken**
Straff und präsent in der Nase, ein Duft von Garrique, roter Waldbeere, Brombeere, Sauerkirsche und Zeder. Am Gaumen saftig, frisch, elegant, geschmeidiges Tannin, lebendige Säure, gewürzige Töne, guter mineralischer Zug und ein sehr bedeutender Nachhall. 13,5 Vol.-%, NK, €€€

92+ 2020 Endingen Wihlbach Spätburgunder* trocken**
Angenehm komplex und straff im Duft, dunkle Kirsche, Nelken, Blaubeere und ein Hauch Mandarinenschale. Am Gaumen erdig-mineralisch, reife rote Frucht, reifes Tannin und geschmeidige und zugleich prägnante Säure, langer Nachhall mit einem Hauch von Meersalz. 13 Vol.-%, NK, €€€

92+ 2020 Endingen Schlangeneck Spätburgunder* trocken**
Fast dunkel in der Farbe, dabei kühl im Duft von junger Cranberry, dunkelroter Kirsche und Johannisbeerblatt. Prägnante Säure, sehr feiner Gerbstoff und Saftigkeit prägen diesen Wein, der Nachhall wird von hellroter Frucht und etwas Grapefruitsorbet begleitet. 12,5 Vol.-%, NK, €€€

92 2021 Endingen Wihlbach Weißer Burgunder* trocken**

91+ 2021 »Alte Reben« Weißer Burgunder tr.
Brillantes Zitronengelb im Glas. Präzise im Duft, nasses Gestein, Zitronenschale und rosa Pfirsich. Am Gaumen saftig und mineralisch bei leichter Extraktsüße, dazu exotische Frucht, getragen von einer sehr guten Säure. Ein Wein mit viel Trinkfluss. 13,5 Vol.-%, NK, €€

★

WEINGUT KÖPFER

Dorfstraße 22, 79219 Staufen im Breisgau
T: +49 7633 5288, info@weingut-koepfer.de
weingut-koepfer.de

Ab-Hof-Verkauf: Ja
Kellermeister: Gabriel Köpfer
Ansprechpartner: Gabriel Köpfer
Hektar: 6 ha
Anbauweise: Bio

Im Weingut Köpfer treffen Tradition und Moderne aufeinander. Neben Etiketten, die ästhetisch die 1970er-Jahre repräsentieren, gibt es auch auffällige Entwürfe: Auf dem Label des »Orange« ist eine Guillotine bei der Arbeit zu sehen, der orangefarbene Saft fließt. Diesen rustikalen Humor traut man sich vermutlich nur zu, wenn man Köpfer heißt. Geisenheim-Absolvent Gabriel Köpfer ist inzwischen im Weingut, das seit 1978 biologisch arbeitet, für den Ausbau der handwerklich gearbeiteten Weine zuständig, die gutes Reifepotenzial besitzen. Guter Einstieg im Weinguide, gerne mehr davon!

91 2020 »Orange« trocken

Orangenschale und getrockneter Salbei in der Nase, etwas frischer Kümmel, Aprikose, auch in getrockneter Form. Zitrisch am Gaumen, Kumquats, wieder Orangenschale, die Phenole sind markant und reif, beschäftigt den Gaumen mit seiner zitrischen Herbe. 12,5 Vol.-%, NK, €€€

91+ 2019 Staufen Mannwerk Chardonnay trocken

Noch etwas vom Holzausbau geprägt, verhaltene Primärfrucht, feine rauchige Noten, Birne und Aprikose, etwas Melisse und Kamille. Stoffig und kräftig am Gaumen mit guter Substanz und feinem Schmelz, sehr feine Phenole, mineralischer Hintergrund, gute Länge. 13 Vol.-%, NK, €€€

91+ 2018 Kirchhofen Höllhagen Spätburgunder trocken

Feinwürziger Duft mit schwarzen und roten Kirschen, Kirschkern, geröstete Mandelsplitter, feiner Rauch, Kräuter. Kräftig gebaut, stoffig am Gaumen mit reifer Säure und guter Substanz, bildet das warme Jahr 2018 ab, ohne ins Extrem zu verfallen, würzig, auch mineralisch. 13 Vol.-%, NK, €€

91 2019 Kirchhofen Höllhagen Spätburgunder trocken

Kirsche und Johannisbeere in der kräftigen, fokussierten Nase, etwas Hagebutte und Zwetschge, Holzwürze. Am Gaumen stoffig und mit einer gut eingewobenen, präsenten Säure, zeigt Substanz und die Mineralik der Lage, reifer, griffiger Gerbstoff, mittlere Länge. 13 Vol.-%, NK, €€€

90+ 2018 Staufen Schlossberg Weißburgunder Tonneau trocken

89+ 2020 Sauvignon Blanc Kabinett trocken

Für die aromatischen Möglichkeiten der Rebsorte eine eher zurückhaltende Nase, ein wenig Passionsfrucht und Schwarze Johannisbeere. Auch am Gaumen kein lauter Wein, bodenständig und handwerklich spielt er seine Stärken aus, klare Frucht, feine Phenolik und Würze. 13 Vol.-%, NK, €

★★★★

WEINGUT KOPP

Ebenunger Straße 21, 76547 Sinzheim
T: +49 7221 803601, info@weingut-kopp.com
weingut-kopp.com

Ab-Hof-Verkauf: Mo bis Fr 14–18 Uhr, Sa 10–13 Uhr
Kellermeister: Johannes Kopp
Ansprechpartner: Johannes Kopp
Flaschen/Hektar: 150.000 (70 % weiß, 30 % rot)/32 ha

Auf dem Weingut Kopp ging es von Anfang an um mehr als um Reben. Nachdem die Familie exzellente, jedoch brachliegende und überwucherte Lagen erworben hatte, machte sie sich an deren Rekultivierung. Ihre Weinberge, durch die zottelige Hochlandrinder streifen, bewirtschaftet sie biodynamisch, seit August 2022 mit Demeter-Siegel. Die straffen, mineralisch geprägten Weine spiegeln die mineralischen Böden wider: Grauburgunder und Pinot Noir vor allem, aber auch Riesling vom Feigenwäldchen, aus dem Johannes Kopp auch einen überragenden Schaumwein gewinnt.

93 2018 Sinzheim Klostergut Fremersberg Feigenwäldchen Riesling brut
Zitronengelb mit sehr feiner Perlage. Frisch und kühl im Glas, elegante Aromatik, Zitronenzesten, grüner Apfel, Geißblatt und Weißbrot. Am Gaumen mit feinem Mousse, Zitronentarte, idealer Säure und brillantem Säurezug. Ein bedeutender Schaumwein dieser Region. 10,5 Vol.-%, NK, €€

94+ 2020 »Felsenstück« Varnhalt Klosterbergfelsen Chardonnay trocken
Tiefes Gelb im Glas. In der Nase deutliche Reduktionsnoten, Zitronentarte, etwas Rauch, Fenchel. Am Gaumen konsequent im Stil des »neuen deutschen Chardonnay«, dunklerer Holztouch, Zitronenschale, schöner Grip, große Länge. Ein Statement! 12,5 Vol.-%, NK, €€€

95 2018 »Felsenstück« Varnhalt Klosterbergfelsen Spätburgunder trocken
Ein attraktiver Duft von junger Himbeere, reifer Kirsche und würziger Waldheidelbeere. Im Mund straff, mit markanter Säure, reifem Tannin, dabei dicht mit dem idealen Spannungsbogen und langem Nachhall. Ein Wein mit Tiefe und sehr viel Potenzial. 12 Vol.-%, NK, €€€€

91+ 2018 Sinzheim Klostergut Fremersberg Feigenwäldchen Spätburgunder trocken
Intensiv im Duft, Fruchtpastillen, Cranberry, Kirschen und etwas Gewürznelken strömen aus dem Glas. Am Gaumen mit attraktiver Mineralik, guter Säure, reifem Gerbstoff und sauberer Frucht. Ein spannender Wein nur aus der Magnum, der zum direkten Genuss einlädt. 13,5 Vol.-%, NK, €€€€

91+ 2020 »Lösslehm« Weißburgunder trocken

91 2021 Rosé trocken
Der Rosé aus Spätburgunder zeigt ein sehr helles Lachsorange, »gris« würden die Franzosen sagen. In der Nase gedämpfte Frucht zwischen Pfirsich und Walderdbeere. Am Gaumen konsequent trocken, gleitend, passende Säure, individuell ohne Freak-Touch. Ganz stark! 11 Vol.-%, DV, €€

★★

WEINGUT KREBS

Birkenweg 48, 79589 Binzen
T: +49 7621 62141, info@weinkrebs.de
weinkrebs.de

Ab-Hof-Verkauf: Mo bis Do 12–19 Uhr, Fr 9–19 Uhr, Sa 9–14 Uhr
Kellermeister: Hans Krebs
Ansprechpartner: Hans Krebs
Flaschen/Hektar: 50.000 (65 % weiß, 35 % rot)/7 ha

Schon seit sechs Generationen baut Familie Krebs im Markgräflanderland Wein an, Hans und Margrit Krebs führen den Betrieb, unterstützt von Sohn Maximilian, der sich um den Außenbetrieb kümmert, aber auch im Keller seine Ideen einbringt. Die sonnigen Südwestlagen mit mineralischen, tiefgründigen Lehm-Löss-Böden sind ideale Voraussetzungen für fruchtige und gehaltvolle Weine, die zum fairen Preis gehandelt werden. Die Experimentierfreude kommt bei der substanzvollen »Johann-Jakob«-Linie zum Ausdruck, die als badischer Landwein deklariert wird. Sehr stimmige Kollektion!

90+ 2020 »Johann Jakob« Gutedel trocken
Spontan vergoren und unfiltriert als Landwein deklariert. Feine Holzwürze im Duft mit getrockneter Aprikose und Mango, angetrocknete Apfelschnitze, etwas Kamille. Schlanke, straffe Struktur, verknüpft Frische mit geschmeidiger Substanz und auch Komplexität, gut integriertes Holz. Jung. 11,5 Vol.-%, NK, €€

90+ 2020 »Johann Jakob« Weißburgunder trocken
Spontan vergoren und unfiltriert als badischer Landwein gefüllt. Mittleres Goldgelb. Feine Holzwürze mit reifer Birne, Aprikose und auch Ananas. Kräftig und fest gebaut am Gaumen mit Substanz, kräftigen, reifen Phenolen, terpenwürzig, betont trocken, gute Länge. Jung. 13 Vol.-%, NK, €€

90+ 2021 »Numme Nüt Huddle« Grauer Burgunder trocken
Feiner Rauch, nussige Aromen, Birne, Apfel und auch Quittenschale, etwas kandierte Melone. Zeigt eine gute Balance am Gaumen mit Schmelz, Saft, präsenter Säure und feiner Würze, vollmundig, ausgewogen. Guter Begleiter zu Gemüse, Fleisch und auch Käse. 12,5 Vol.-%, DV, €

90 2018 »B Numme Nüt Huddle« Spätburgunder trocken
In der kräftigen Nase würzige Holznoten, ein wenig Holzkohle, Schwarzkirsche, Brombeeren und Cassis, ein Hauch Pflaumenlikör. Gut balanciert am Gaumen mit ordentlich Kraft, Volumen und einer gut balancierenden Säure, die Tannine sind kräftig und reif, gute Länge. Zu Wild. 13,5 Vol.-%, NK, €€

89+ NV »Numme Nüt Huddle« Chardonnay trocken

88+ 2021 »Heimat« Gutedel trocken

88+ 2021 »Heimat« Weißer Burgunder trocken

88 2021 »Heimat« Blanc de Noirs trocken

88+ 2021 »Heimat« Spätburgunder Rosé halbtrocken

89 2019 »Numme Nüt Huddle« Spätburgunder trocken

90 2021 »Flüdenwein Numme Nüt Huddle« Gutedel trocken
Wiesenkräuter mit Apfelaromen, Mandelnoten, weißem Sesam, Birne, reifer Aprikose und reifer Zitrone. Zeigt am straff geformten Gaumen die Frische des Jahrgangs, trocken und würzig, mit Schmelz und Mineralik, zeigt die Rebsorte und Lokalkolorit. Gerne auch zum Essen. 12 Vol.-%, DV, €

★★★

WEINGUT LANDERER

Niederrotweil 3, 79235 Vogtsburg-Oberrotweil
T: +49 7662 1070, info@weingut-landerer.de
weingut-landerer.de

Ab-Hof-Verkauf: Ja
Kellermeister: Johannes Landerer
Ansprechpartner: Karin und Johannes Landerer
Hektar: 22 ha

Johannes Landerer konnte im Frühjahr 2022 die Falstaff Weißburgunder Trophy mit seinem 2020er Leiselheimer Gestühl gewinnen. Auch in Abwesenheit dieses Trophy-Siegers hinterlässt das Weingut einen starken Eindruck: Die Weißweine segeln oft am Vin-Naturel-Schema entlang, auch mit Phenolen spielt der Oberrotweiler Winzer gerne. Dabei bleiben die Weine aber trinkbar und zugänglich, diese stilistische Mischung gefällt uns ausnehmend gut. Auch die Rotweine haben Eleganz und Tiefe, wie man es sich von den Vulkanverwitterungslagen im Kaiserstuhl erträumt.

93 2020 Oberrotweil Henkenberg Chardonnay trocken
Brillantes Goldgelb. Ein Duft von Holz, Hopfen, Aprikose und etwas Mango. Präzise am Gaumen mit gutem Zug und feiner Säure, etwas Limette kommt zur reifen gelben Frucht, gute Dichte, herrlich saftig, die Gerbstoffe geben Rückgrat, langer Abgang. 13 Vol.-%, NK, €€€

91+ 2021 »Fumé« Sauvignon Blanc trocken
Anfangs dezente Nase mit Hefe und kräutrigen Noten, Apfelschale und Quitte, Noten von Spontangärung, keine klassische Sortentypizität im Duft. Mit Spannung am Gaumen unterwegs, kräftig gebaut, guter Extrakt und eine Säure, die vorwärts strebt. Spannend. 13 Vol.-%, NK, €€€

93 2020 Oberrotweil Eichberg Spätburgunder trocken
In der Nase ein intensiver Duft nach dunkler Kirsche, Blaubeere, Hibiskus und Piment. Am Gaumen komplex und ausdrucksstark. Reifes, elegantes Tannin, auch feine hellere rote Aromen, getragen von sehr guter Säure, langer Nachhall. Hat viel Potenzial. 13 Vol.-%, NK, €€€

91 2020 Oberrotweil Henkenberg Spätburgunder trocken
Fein und zugleich klassisch im Duft, Aromen von Brombeere, junger Sauerkirsche, Cranberry und Gewürznelken. Am Gaumen mit feinem jungem Gerbstoff und einer guten Säure, die den Roten durch einen komplexen Fruchtkorb wunderbar balanciert, guter Nachhall. 13 Vol.-%, NK, €€€

90 2020 »Schwarze Erde« Oberrotweil Pinot Noir trocken

91 2021 »Schwarze Erde« Oberrotweiler Grauburgunder trocken
Eher kühl im ersten Duft, es entwickeln sich Aromen von Zitronenschale, nassem Stein, weißem Pfirsich und junger Melone. Am Gaumen herrlich trocken, feiner Extrakt bei guter Textur und lebendiger Säure. Ein toller Wein für unkomplizierte Genussmomente! 12,5 Vol.-%, DV, €€

★★

WEINGUT PHILIPP LANG

Alter Weg 52, 79112 Freiburg im Breisgau
T: +49 7664 59283, info@lang-weine.de
lang-weine.de

Ab-Hof-Verkauf: Mo bis Sa 8–12 Uhr und 14–18 Uhr
Kellermeister: Philipp Lang
Ansprechpartner: Philipp Lang
Hektar: 10 ha

Der Tuniberg, ein Hügelgebiet bei Freiburg, zählt zu den wärmsten und sonnigsten Orten Deutschlands. An dessen Hängen stehen die Reben von Philipp Lang auf Löss-Lehm-Böden. Der Schwerpunkt des Winzers liegt auf den Burgundersorten. Für den Weinausbau im Keller, so betont er, seien Zeit und Geduld für ihn unschätzbar – und unersetzlich. Lang pflegt einen modernen Stil, seine Weine sind dabei angenehm unaufgeregt, solide – und exzellente Speisenbegleiter. Sehr schön auch der Rosé Sekt, den wir uns auch sehr gut als Aperitif vorstellen können.

90 NV »Pinot Rosé« brut
Lachsrosa im Glas. Hefenoten in der Nase, Brioche, getrocknete Himbeeren, Erdbeeren, Hagebutten, getrocknete Kräuter. Am Gaumen saftige Frucht, mittelkräftiges Mousseux, feingliedrige Säure, dezente Süße, schöner Aperitif, aber auch Speisenbegleiter. 12,5 Vol.-%, NK, €€

90+ 2019 Grauburgunder Spätlese Barrique trocken
Duftige Nase, Mango, Honigmelone, reife Mandarinen, getrockneter Pfirsich, Vanille, Kokos. Am Gaumen kraftvoll, cremiger Schmelz, schöne Würze und Röstaromen, saftige Frucht von Aprikosen, Mango und Karamell, schöne Länge. 14 Vol.-%, NK, €€

90 2021 Grauburgunder Spätlese trocken
Sortentypisch in der Nase, roter Apfel, Birne, saftiger Pfirsich, frisch gemahlene Mandeln. Im Mund mit Kraft, vollmundig, cremiger Schmelz, reife Säure, saftige reife Frucht mit merklicher Fruchtsüße, lange am Gaumen. Ein Wein, der auch kräftigeren Speisen standhält. 13,5 Vol.-%, DV, €

89+ 2021 Riesling Spätlese trocken
Fruchtig in der Nase, Pfirsich, grüner Apfel, Limettenzesten, Orangen, Wiesenkräuter. Am Gaumen lebendige Säure, klare Frucht von grünem Apfel, saftigem Pfirsich, Zitronen, mittelgewichtig im Körper, saftig, trinkanimierend. 12 Vol.-%, DV, €

89+ 2021 Weißburgunder Kabinett trocken

89 2021 Spätburgunder Rosé Kabinett trocken
Strahlendes Lachsrosa im Glas. In der Nase Hagebutten, Erdbeeren, Himbeeren, rote Kirschen, feine Würze. Am Gaumen lebendige Säure, frische Frucht, feine Würze, schlank im Körper, eine herrliche Sommererfrischung. 12,5 Vol.-%, DV, €

★★★

LÄMMLIN-SCHINDLER

Müllheimer Straße 4, 79418 Schliengen-Mauchen
T: +49 7635 440, weingut@laemmlin-schindler.de
laemmlin-schindler.de

Ab-Hof-Verkauf: Ja
Kellermeister: Gerd Schindler, Friedhelm Maier
Ansprechpartner: Gerd Schindler
Flaschen/Hektar: 140.000/19 ha

In Baden war 2021 auch kein einfaches Jahr, das feuchtwarme Wetter im Sommer erhöhte den Infektionsdruck durch Pilzkrankheiten, was gerade Bio-Betriebe vor große Herausforderungen stellte. Im Weingut Lämmlin-Schindler hat man diese gut gemeistert, dabei kam Gerd Schindler natürlich auch seine langjährige Erfahrung zugute. Während die Ortsweine jahrgangstypisch mit Frische punkten, zeigen sich die »Réserve«- und Lagenweine mit guter Substanz, Extrakt und auch Konzentration. Das GG Chardonnay geht voran, die »Réserve« Chasselas und das GG Spätburgunder sind dicht dahinter. Gut!

92+ 2020 Mauchen Frauenberg Chardonnay GG
Feine Holzwürze, leichter Rauch, Krokusblüte, Aprikose, Apfel und Melone, etwas Jasmin. Vollmundig, saftig und mit reifer Frucht (Apfel und Aprikose) am Gaumen, reife Säure, Würze, süßlicher Extrakt, mineralisch, gute Länge. Kein Poser, zeigt seine Qualität in Nuancen. 13 Vol.-%, NK, €€€

92 2021 »Réserve« Mauchen Chasselas trocken
Leichtes Goldgelb. Noch jugendlich und im Duft vom Holzausbau geprägt, Hefe, Karamell, auch etwas reife Banane und Kamille. Am Gaumen druckvoll ansetzend mit reifer, dabei selbstbewusster Säure, stoffig, Schmelz und feine Phenole, gefühlvoller Holzeinsatz, sehr jung. 12,5 Vol.-%, NK, €€

91+ 2021 Mauchen Sonnenstück Grauburgunder Erste Lage trocken
Goldgelb mit etwas Gris. Feine Holznoten mit Aprikose, Birne und einem Hauch frischem Kümmel. Etwas breiter angelegt am Gaumen, mit Saft und Schmelz, aber auch Druck und Spannung, entspannte Säure, feine Würze, gepflegte Phenolik, trocken und mit feiner Mineralik. 13,5 Vol.-%, NK, €€

92+ 2019 Mauchen Frauenberg Spätburgunder GG
Kräutrige Noten, Kirsche, Schwarze Johannisbeere, Tinte, etwas Hagebutte. Setzt frisch und saftig an am Gaumen mit einer präzisen Säureader, trocken, ungeschminkt, feine Herbe, etwas Sauerkirsche, griffiger, noch jugendlicher Gerbstoff, kompakt. Kann zulegen. 13 Vol.-%, NK, €€€

90+ 2020 »Weiß« brut nature WB/CH

91 2021 Mauchen Sonnenstück Weißburgunder Erste Lage trocken

89+ 2021 Mauchen Gutedel trocken

89+ 2021 Mauchen Chardonnay trocken

89+ 2021 Mauchen Sauvignon Blanc trocken

90+ 2017 »Alte Reben« Spätburgunder trocken

89 2018 Mauchen Merlot trocken

91+ 2020 Mauchen Sonnenstück Weißburgunder Erste Lage trocken
Einladender Duft mit hellen Blüten, Apfel, Aprikose, Mandarine und Mandarinenschale, alles fein nuanciert. Kräftige, kompakte Struktur, stoffig am Gaumen, mit feiner Würze grundiert, saftig, feste Säure, mineralische Tönung, gute Balance, natürlicher Charakter. 13 Vol.-%, NK, €€

★★

MAIER BIO WEINGUT

Karlsruher Straße 8, 76532 Baden-Baden
T: +49 7221 64197, info@weingutmaier.de
weingutmaier.de
Ab-Hof-Verkauf: Di bis Fr 9–12 Uhr und 15–18 Uhr, Sa 9–13 Uhr
Kellermeister: Volker Maier
Ansprechpartner: Volker Maier
Flaschen/Hektar: 55.000 (60 % weiß, 20 % rot, 10 % Rosé, 10 % Schaumwein)/9 ha
Anbauweise: Bio

Für Volker Maier scheint die Arbeit als Winzer die Fortsetzung seiner Sportlerkarriere mit anderen Mitteln zu sein, denn auch im Weinberg brauche es jede Menge Enthusiasmus und Selbstdisziplin. Seine Weine will der ehemalige Kugelstoßer ehrlich und charakteristisch. Seine zehn Hektar bewirtschaften der Winzer und seine Frau Iris ohne chemische Keule – und erzeugen zum Beispiel guten Riesling und Weißburgunder. Der Clou aber ist die rote Cuvée aus pilzwiderstandsfähigen Sorten, die nicht gespritzt werden müssen – Umweltbewusstsein vermählt mit Genuss!

91+ 2020 »SI« Neuweier Mauerberg Riesling trocken
Mineralische Noten in der Nase, Salzzitronen, reifer Pfirsich, kandierte Ananas, Melisse, Salbei. Am Gaumen eine ordentliche Portion mineralische Würze, salzig, gut integrierte reife Säure, schöner Extrakt, seidige Phenolik, saftig, mit Potenzial. 13,5 Vol.-%, DV, €€€

90 2019 »Passion« Riesling trocken
Dezentes Petrol in der Nase, weißer Pfirsich, Zitronenmelisse, grüner Apfel, mineralische Würze. Am Gaumen schlank, cremiger Kern, gut integrierte Säure, feine Würze, harmonisch ausbalanciert, schöner Aperitif. 12 Vol.-%, DV, €€

89+ 2021 Weißer Burgunder trocken
Duftige Nase, Aprikose, weiße Blüten, Orangenschalen, Karamell. Am Gaumen frisch, saftig, etwas Kohlensäure, saftige Frucht, lebendige reife Säure, mittelgewichtig im Körper, würziges Finish, unkompliziert, trinkanimierend.
13 Vol.-%, DV, €€

91 2029 »Re(d)volution« trocken CAC/CC/PO/MON
In tiefdunklem Rubinrot erstrahlt die PiWi-Cuvée im Glas. Würzige Nase, Pfeffer, Holz, dunkle Früchte wie Schwarze Johannisbeeren, Brombeeren. Am Gaumen mit Kraft, dicht, merkliches feinkörniges Tannin, reife Säure, zurückgenommene Frucht. Kaminwein oder zu kräftigeren Speisen. Hat Reifepotenzial. 13,5 Vol.-%, NK, €€€

88 ❺ 2019 Rosé extra trocken

89+ 2021 Scheurebe trocken
Stachelbeeren, rosa Grapefruit, Maracuja in der Nase, dezente mineralische Würze. Am Gaumen schönes Spiel von klarer Frucht, Süße, reifer Säure, saftig, schlank, feine Würze, schöner sommerlicher Erfrischer.
11,5 Vol.-%, DV, €€

★★★

WEINGUT MARKGRAF VON BADEN SCHLOSS STAUFENBERG

Schloss Staufenberg 1, 77770 Durbach
T: +49 781 42778, weingut@mbweinhaus.de
schloss-staufenberg.de

Ab-Hof-Verkauf: Di bis So 11–19 Uhr
Kellermeister: Frédéric Kirch
Ansprechpartner: Volker Faust
Hektar: 22 ha

Das Weingut bewirtschaftet zwei Standorte in Baden: Schloss Salem am Bodensee und in der Ortenau am Schwarzwald Schloss Staufenberg. Dessen Steillagen wurden spätestens seit dem 14. Jahrhundert für den Weinbau genutzt. Auf dem obersten Teil, dem »Klingelberg«, ließ Markgraf Carl Friedrich 1782 erstmals Riesling in Reinkultur anpflanzen – und schuf damit eine Marke. Mit der aktuellen Vorstellung setzt sich der Aufwärtstrend der letzten Jahre im Weingut fort. Wir führen Schloss Staufenberg jetzt auf unserer Anwärterliste für den vierten Stern.

93 2020 »Klingelberger K« Durbach Schloss Staufenberg Riesling GG

Pfirsichkern, feuchter Sand, etwas Zitrus, Kräuter, kein sehr offener, aber bereits komplexer Duft. Im Mund hat der Wein, von präsenter Süße unterstützt, eine ganz nahtlos runde Fülle und Cremigkeit, die Säure ist reif, trägt aber gut, begleitet von mineralischem Extrakt. 13,5 Vol.-%, NK, €€€

92+ 2020 Durbach Schloss Staufenberg Sauvignon Blanc Erste Lage trocken

Ein Anflug von Neuholz und eine verschlossene, eher gelbfruchtige Aromatik im Duft, auch Kräuter und mineralische Untertöne. Im Mund geprägt vom Granit, aromatisch mit pfeffrigen Noten und ebenso strukturell durch die stoffige, aber auch wuchtige Art, geschmeidiger Abklang. Gutes Potenzial. 14 Vol.-%, NK, €€

91 2020 Durbach Schloss Staufenberg Grauburgunder Erste Lage trocken

Etwas Hefe und eine »süße« Frucht, Honigmelone, kandierte Ananas, ein Hauch von Honig. Der Gaumen hat Schmelz und Fülle, die Säure gibt Halt, ohne zu stark ausgeprägt zu sein, etwas Granit-Mineralik unterstützt die spannungsvollen Motive. Ein runder, vollmundiger Wein. 13,5 Vol.-%, NK, €€

94 2019 Durbach Schloss Staufenberg Sophienberg Spätburgunder GG

Im Duft Zibarte, Schwarzkirsche, Reneklode, nur wenig Holz. Im Mund ist der Wein dicht mit feinkörnigem Gerbstoff besetzt, flankiert von einer intensiven, saftigen Frucht. Der Übergang zum Abgang gehört dem Granit im Boden mit einem kräftigen Ausdruck taktiler Mineralik.
13 Vol.-%, NK, €€€

90 2020 Durbach Schloss Staufenberg Chardonnay Erste Lage trocken

92 2019 Durbach Schloss Staufenberg Spätburgunder Erste Lage trocken

Rauchiges Holz, Sauerkirsche, Harznoten, Gesteinsmehl, brenzlig-mineralische Untertöne. Die Gaumenstruktur wird von einer eleganten Saftigkeit eröffnet, die mineralisch begleitet ist, das feine Gerbstoffkorn erzeugt eine unangestrengte Gaumenpräsenz. Stilvoller Wein!
13,5 Vol.-%, NK, €€€

★★

WEINGUT MARKGRAF VON BADEN SCHLOSS SALEM

Schloss Salem, 88682 Salem
T: +49 7553 81284, weingut@mbweinhaus.de
markgraf-von-baden.de

Ab-Hof-Verkauf: täglich 10–18 Uhr
Kellermeister: Manon Dague, Stephan Höhne
Ansprechpartner: Volker Faust
Hektar: 90 ha

Schloss Salem im Linzgau ist einer der beiden Weinbau-Standorte, die der Markgraf von Baden sein Eigen nennt. Während auf der Kuppe von Schloss Staufenberg in der Ortenau exzellenter Riesling gedeiht, kommen vom Bodensee vor allem Burgunder und Müller-Thurgau – typische Seeweine, die herrliche Speisenbegleiter sind und die man zum Beispiel bei einem Flammkuchen im Gutsausschank des Markgrafen bei der Birnau in großen Schlucken genießt. Beachtlich ist der Bermatinger Spätburgunder aus dem warmen Jahr 2018, der in die badische Spitzenklasse vorstößt.

91 2021 Birnau Weißburgunder trocken

Der Birnauer Weißburgunder riecht tatsächlich nach Birne, aber auch nach Kräutern, frischer Frühlingswiese und Kleeblüten. Im Mund hat der Wein einen mittleren Körper, eine gut in Geschmeidigkeit verpackte Säure, mineralische Töne und einen trockenen, kulinarischen Zuschnitt. 12,5 Vol.-%, DV, €€

89+ 2021 Birnau Grauburgunder trocken

Ein reifer Sortenduft mit Aromen von Blaubeerkompott und Marronipüree. Im Mund beginnt der Wein mit Geschmeidigkeit und Schmelz, dann steigert sich eine Prise Phenolik bis zu leichter Adstringenz in den Abgang hinein, begleitet von reifer Säure und mittelgewichtiger Frucht.
13,5 Vol.-%, DV, €€

93 2018 Bermatingen Leopoldsberg Buchberg Spätburgunder GG

Etwas Wildpflaume, Rote Johannisbeere, Schokolade. Im Mund ist der Wein weich grundiert, hat dann neben dem mürben, leicht körnigen Tannin eine schöne Salzigkeit, entfaltet dann einen milden, geradezu charmanten Druck und endet mit feiner Frucht. Hat weiteres Potenzial!
13,5 Vol.-%, NK, €€€

91 2018 Bermatingen Leopoldsberg Spätburgunder Erste Lage trocken

In der Nase schokoladiges Neuholz, Amarenakirsche. Der Gaumen eröffnet geschmeidig, dann greift ein körniges, leicht trockenes Tannin, das aber durch die weiche Grundierung gut eingebunden ist, harmonische Säure und gut ausgeprägte Abgangsfrucht zeigen den warmen Jahrgang.
13,5 Vol.-%, NK, €€€

89 2021 Birnau Müller-Thurgau trocken

90 2021 »Bodensee« Weißburgunder trocken

Im Duft: Apfelschale, Burgunder-Beeren, Birne. Im Mund hat der Wein eine geradlinige Art mit guter Dichte und elegantem Säurenerv. Die schöne Mischung aus Pikanz und Geschmeidigkeit prädestiniert den Wein für die gehobene Tafel. 12,5 Vol.-%, DV, €

★★

MARKGRÄFLER WINZER

Winzerstraße 2, 79588 Efringen-Kirchen
T: +49 7628 91140, h.ruedlin@markgraeflerwinzer.de
markgraeflerwinzer.de

Ab-Hof-Verkauf: Mo bis Fr 9–12.30 Uhr und 13.30–18 Uhr, Sa 9–13 Uhr
Kellermeister: Martin Leyh
Ansprechpartner: Hagen H. Rüdlin
Hektar: 900 ha

Die innovative Genossenschaft in Deutschlands südwestlichster Ecke schreitet weiter voran auf dem Weg der Qualität und eines Weinstils, der kulinarisch gedacht ist und darüber die Trinkfreude nicht zu kurz kommen lässt. Ein Sonderlob verdienen die Rotweine, die vom »G'meinwerk« angefangen bis zur Top-Cuvée »DER« reifen, handwerklich extrahierten Gerbstoff zeigen. Die Fraktion der Gutedel-Freunde im Verkostungsteam feierte zudem den mineralisch zugespitzten Isteiner Kirchberg, an dem man höchstens bekritteln könnte, dass er komplett ohne Restzucker noch besser wäre.

92 2019 »DER« Chardonnay trocken
Reife Gelbfrucht bestimmt den Duft, mehr noch als Holz und Hefe. Im Mund hat der Wein Stoff und Dichte, trotz der hohen Konzentration und der hintergründigen Geschmeidigkeit des Weins wirkt das Ensemble nicht schwerfällig. Beste Perspektiven! 13 Vol.-%, NK, €€

93 2019 »DER« Spätburgunder trocken
Rauchiges Neuholz und ein würziger Spätburgunder-Duft: Lorbeerblatt, Trockenfleisch, Süßmandel und Kirschkern. Im Mund flankiert der Wein ein gleichermaßen feinkörniges wie dichtes Tannin mit sehr viel Saftigkeit und taktiler Mineralik. Exzellentes Reifepotenzial. 13,5 Vol.-%, NK, €€€

92 2019 »Kunstwerk« Istein Kirchberg Spätburgunder trocken
Im vielschichtigen Duft findet man Aromen von Thymian und Minze, Feige, Maulbeere und Cocktailkirsche. Im Mund kleidet das seidige Tannin den Gaumen komplett aus, der Wein fließt saftig und rund, mit feinem Nerv und präsentem mineralischem Spiel im Abgang. 13,5 Vol.-%, DV, €€

91 2020 »Kunstwerk« Grenzach Hornfelsen Spätburgunder trocken
Dezentes Holz, Kräutertöne, Berglorbeer, Beifuß, Hagebuttenkonfitüre. Im Mund zeigt sich ein sehr feiner Gerbstoff auf fülligem, leicht viskosem Fond. Ein inhaltsreicher, aber dabei fein gewobener Burgunder, der zur Würze reifen wird. 13,5 Vol.-%, NK, €€

91 2020 »DER« Gutedel trocken

90+ 2020 »Kunstwerk« Ballrechten-Dottingen Castellberg Grauburgunder trocken

90 2021 »G'meinwerk« Grauburgunder trocken

89+ 2020 »G'meinwerk« Ehrenstetten Oelberg Weißburgunder trocken

89 2021 »G'meinwerk« Weißburgunder trocken

88 2021 »G'meinwerk« Gutedel trocken

90 2020 »G'meinwerk« Spätburgunder trocken

91 2021 »Kunstwerk« Istein Kirchberg Gutedel trocken
Im Duft ist dies ein idealtypisch traubiger Gutedel mit balsamischem Unterton und einer Prise pfeffriger Kalkwürze. Der Gaumen steht nicht nach: saftig, schlank, mit Biss und deutlich mineralischem Profil. Mineralische Größe in einem Alltagsformat – für Kenner eine Offenbarung! 11 Vol.-%, DV, €

★★

STAATSWEINGUT MEERSBURG

Seminarstraße 6, 88709 Meersburg
T: +49 7532 446744, info@staatsweingut-meersburg.de
staatsweingut-meersburg.de

Ab-Hof-Verkauf: Mo bis Fr 9–18 Uhr, Sa 9–16 Uhr, von April bis Okt. So 11–18 Uhr
Kellermeister: Johannes Brückner
Ansprechpartner: Dr. Jürgen Dietrich
Flaschen/Hektar: 480.000 (50 % weiß, 15 % rot, 30 % Rosé, 5 % Schaumwein)/63 ha

Das Staatsweingut Meersburg, seit 1952 im Besitz des Landes Baden-Württemberg, ist eines der ältesten deutschen Weingüter. »Seit über 800 Jahren leben wir in der Natur mit der Natur von der Natur«, so das Motto. Folgerichtig ist das Staatsweingut der erste zertifiziert nachhaltige Betrieb in Baden und der erste klimaneutrale in Baden-Württemberg. Das stilvolle Grauburgunder »Große Gewächs« vom Rieschen gibt in einer überzeugenden Kollektion den Takt vor, die man vor Ort mit einer famosen Aussicht über den Bodensee und auf die Schweizer Alpen genießen kann. Zu empfehlen!

92+ 2021 »Großes Gewächs« Meersburg Rieschen Grauburgunder trocken***
Feiner Rauch und Mandeln zeigen sich im ersten Duft, auch Aprikose und Birne, etwas Hefe und Karamell. Fülle und Volumen wird von einer präzisen Säure kontrastiert, weicher, geschmeidiger Hintergrund, auf der sich Spannung und phenolische Würze entwickeln, zeigt Stil und Potenzial. 13 Vol.-%, DV, €€€

92 2020 »Großes Gewächs« Meersburg Chorherrnhalde Chardonnay trocken***
Gelbe Pflaume, Apfel, etwas Birne und Honigmelone, auch ein Hauch Salbeibonbon und feine Holzwürze. Kompakter Bau, gute Substanz und auch Dichte, ohne die filigrane und lebendige Art zu vernachlässigen, reife Phenole, mineralische Tönung. Gutes Reifepotenzial. 12,5 Vol.-%, DV, €€€

90 2020 Meersburg Bengel Spätburgunder trocken
Ein Hauch von Hefe liegt über einem sehr klassischen Spätburgunder-Duft: Süßkirsche und Mandel. Im Mund hat der Wein Fülle, Geschmeidigkeit, leichte Süße, mürbes, aber dennoch dichtes Tannin. Ein fruchtgetragener Burgunder für die mittlere Reifestrecke. 13 Vol.-%, DV, €€

90 2020 »Cuvée Annette rouge« trocken RE/DF/PN
Wie die weiße Cuvée ist auch die rote der Dichterin und Winzerin Annette von Droste-Hülshoff gewidmet. Dunkle, beerige Frucht, Cassis und Brombeere, rauchige Noten, kräftige, feste Struktur, die feinkörnigen Gerbstoffe sind saftig, mittlere Komplexität, mit Stil. 13 Vol.-%, DV, €€

89+ 2020 Meersburg Jungfernstieg Weißburgunder trocken

89+ 2021 Meersburg Rieschen Riesling trocken

89+ 2021 Meersburg Chorherrnhalde Weißburgunder & Chardonnay trocken

89 2021 »Cuvée Annette blanc« trocken CB/MT/SOG

89 2021 Spätburgunder Rosé feinherb

89 2021 Meersburg Bengel Spätburgunder Weißherbst trocken

89+ 2020 Hohentwiel Olgaberg Spätburgunder trocken

89+ 2021 Meersburg Lerchenberg Müller-Thurgau trocken
Reifer Pfirsich in der kräftigen, fruchtigen Nase, Litschi und Passionsfrucht, frisch geschnittene Ananas. Am Gaumen zunächst grüner Apfel, dann auch Rhabarber und etwas Grapefruit, saftig, die lebendige Säure unterstreicht Frische und Filigranität. 12 Vol.-%, DV, €€

★★★

WEINGUT MICHEL

Winzerweg 24, 79235 Achkarren
T: +49 7662 429, info@weingutmichel.com
weingutmichel.com

Ab-Hof-Verkauf: Mo bis Fr 14–17 Uhr, Sa 10–13 Uhr
Kellermeister: Josef Michel
Ansprechpartner: Josef Michel
Flaschen/Hektar: 107.000 (70 % weiß, 25 % rot, 5 % Rosé)/13.5 ha

Ganz stark! Josef Michel, der inzwischen auch Sohn Robin an seiner Seite weiß, hat uns mit seinen 2020ern und auch mit den ersten gefüllten 2021ern begeistert. Wer die Reben-Amphitheater im Achkarrer Schlossberg kennt, wird bewundern, wie das Weingut den Burgundern aus diesem Backofen die Schwere nimmt, wie es aber gleichzeitig dennoch auch ihre Großzügigkeit und ihren mineralischen Reichtum wahrt. Und der Winklerberg Spätburgunder gehört zu den besten Pinots Badens und Deutschlands. Auf diesem Niveau ist der vierte Stern in Griffweite.

94 2020 Achkarren Schlossberg Chardonnay GG
Eine feine Reduktion in der Nase, dahinter zeigen sich Aromen von Popcorn, Hefe, Pfirsich und reifem Apfel. Am Gaumen wirkt der Wein saftig und dicht, da ist Extraktsüße hinter der Stoffigkeit, die intensive Mineralik und die lebendige Säure unterstreichen das Potenzial. 13 Vol.-%, NK, €€€

92+ 2021 Achkarren Schlossberg Grauburgunder GG
In der Nase dezentes Holz, Kokos, blondes Karamell, reife Charentais-Melone, Orangeat. Der Gaumen setzt weich an mit zartem Schmelz, dann greift eine fein gewobene, sich im Gaumenverlauf steigernde Phenolik, feste Säure stützt, der Nachhall ist fruchtgetragen (Orangenkonfitüre). 13 Vol.-%, NK, €€€

95 2020 Ihringen Winklerberg Hinter Winklen Spätburgunder GG
Fein in der Nase, florale Noten, Veilchen, Rosen, Hagebutten, Sauerkirschen, Rote Bete, feine Würze. Am Gaumen kühl, saftig, sehr elegant, feine Säure, saftige rote Frucht, griffiges Tannin, sehr gute Länge. Hat Reifepotenzial – ist aber auch jetzt schon sehr gut zu trinken. 13,5 Vol.-%, NK, €€€

94 2020 Achkarren Schlossberg Spätburgunder GG
Angenehm duftig in der Nase, Waldbeeren, Sauerkirschen, Rote Bete, florale Noten wie Veilchen, feine Würze. Am Gaumen saftig, aus einem Guss, schöner Säurefluss, samtiges Tannin, saftige Frucht, feine mineralische Würze, dicht, lang am Gaumen. 13,5 Vol.-%, NK, €€€€

92 2020 »Tephrit« Achkarren Spätburgunder trocken

92 2021 »Tephrit« Achkarren Grauburgunder trocken
Röstig in der Nase, Mandarine, reife Birne, Banane und weiße Blüten, duftet elegant und dezent. Am Gaumen eine knackige und stoffige Art und auf den Punkt getroffen, salziges Finish. Manch einer wäre froh, so etwas als GG im Keller zu haben. Chapeau! 13 Vol.-%, NK, €€

★

BIOWEINGUT MISSBACH

Schönbergstraße 32, 79285 Ebringen
T: +49 7664 6513, info@bioweingut-missbach.de
bioweingut-missbach.de

Ab-Hof-Verkauf: Ja
Kellermeister: Ralph Mißbach
Ansprechpartner: Petra Mißbach
Flaschen/Hektar: 53.000 (50 % weiß, 30 % rot, 5 % Rosé, 15 % Schaumwein)/8 ha

Die Wurzeln des Bioweinguts Mißbach in Ebringen reichen bis ins Jahr 1758 zurück. Schon 1994 stellte die Winzer-Familie auf biologischen Anbau um und kann als Vorreiter in Baden gelten. »Lange Hefelagerung, Zeit und Liebe, keine Schönungen und Eingriffe im Keller, unfiltrierte Abfüllung mit geringer Schwefelgabe, dies sind die Eckpunkte unserer Weinphilosophie«, sagen Petra und Ralph Mißbach. Ihre Weine sind echte »Charakterköpfe«, in kleiner Stückzahl mit Handwerk und viel Akribie erzeugt, sie zeigen natürlichen Charakter und bereichern auch jedes Menü. Gutes Debüt im Weinguide!

91+ 2018 »Charakterköpfe« Grauburgunder trocken
Feine Holzwürze, Rauch und nussige Noten im Duft, Walnuss, Birne und Pfirsich. Ein »Charakterkopf«, der in der breit angelegten Struktur Substanz und auch Kraft zeigt neben Schmelz und Fülle, feine Würze. Reife Phenole und Gerbstoffe. Gut balanciert, schöner Sortentyp. Zum Essen. 14 Vol.-%, DIAM, €€

90+ 2019 »Charakterköpfe« Chardonnay trocken
Fruchtgetragene Nase, feine Holzwürze, Orangenschale, Anisbrötchen, Aprikose, gelber Apfel. Kompakt gebaut am Gaumen mit fester Struktur, saftiger Hintergrund mit feiner Herbe, Apfelschale, reife Phenolik, entwickelt Druck, gut tragende Säure, Orange im Ausklang. 12,5 Vol.-%, DIAM, €€

91 2018 »Charakterköpfe« Pinot Noir trocken
Zeigt das warme Jahr mit reifer schwarzer Kirsche, Schwarzer Johannisbeere und auch Pflaume, etwas Holzwürze. Am Gaumen kraftvoll mit Volumen und Substanz, der Alkohol ist gut integriert, balancierende Säure, dunkle Schokolade, eine Menge reifer Gerbstoffe, gute Länge. 15 Vol.-%, DIAM, €€€

90+ 2018 »Herr Rossi« Cabernet Carol & Pinot Noir trocken CBC/PN
Etwas Cassis und Kirsche in der Nase, auch Blaubeere, etwas Lorbeerblatt, feiner Rauch. Am Gaumen weit angelegt mit Volumen und guter Substanz, griffige Gerbstoffe, die weiteres Potenzial bergen, zeigt Kraft und auch Wucht, die sich in ein stimmiges Konglomerat einfügen. 14 Vol.-%, DIAM, €€€

89+ ❸ 2019 Crémant brut PN/CH

90 2020 »Im Einklang« Weißburgunder trocken
Aprikose und etwas Zitronenmelisse im Duft, Orangenschale und reife Mandarine, Apfel. Kräftig gebaut am Gaumen, ohne in die Breite zu gehen, saftig mit zitrischen Noten, etwas Pampelmuse, tragende Säure, betont trocken, natürlich im Ausdruck. Auch kulinarisch gedacht. 13 Vol.-%, DIAM, €

★★

WEINGUT MOOSMANN

Schwarzwaldstraße 78, 79183 Waldkirch-Buchholz
T: +49 7681 7574, genuss@weingut-moosmann.de
weingut-moosmann.com

Ab-Hof-Verkauf: Mo bis Fr 8–18.30 Uhr, Sa 8–16 Uhr
Kellermeister: Georg Moosmann und Timo Käppele
Ansprechpartner: Michaela Moosmann
Flaschen/Hektar: 187.000 (45 % weiß, 45 % rot, 10 % Schaumwein)/25 ha

In Baden lohnt es sich, immer wieder auch abseits der ausgetretenen Wege auf die Suche nach Spitzenweinen zu gehen – das Weingut Moosmann ist mit seiner erfreulichen Kollektion wieder einmal Kronzeuge dafür. Georg Moosmanns Weine aus den besten Lagen des Breisgaus vom Rande des Schwarzwalds sind dezent; die Stilistik des Hauses zeigt sich am deutlichsten in den Weißburgundern, am besten in der 2021er Spätlese, einem eleganten Wein. Dass der Betrieb auch den Muskateller in Szene zu setzen versteht, hat uns besonders gefreut: Das kann ja nicht jeder.

93 2020 »Riddele« Buchholz Sonnhalde Grauburgunder Spätlese trocken
Goldgelbe Farbe mit rötlichen Reflexen. Quittenduft. Ernsthafter, komplexer Geschmack, im Hintergrund unterstützende Säure, steinig, leicht salzig, hält lange vor, vergeht sehr langsam, wie wenn ein Blatt in den staubigen Boden sinkt. Sehr schön. 14 Vol.-%, NK, €€

92 2021 Weißburgunder Spätlese trocken
Ein dezenter Wein, der die Verächter dieser Rebsorte versöhnen sollte. Akazienduft, feine Zitrustöne im Geschmack, fein geschliffene Säure, eine wohldosierte, geradezu hingetupfte Süße, Frische bis ganz zum Schluss. Präzision und Poesie im Glas. 13 Vol.-%, DV, €€

93 2019 »Alte Reben« Spätburgunder trocken
Vielversprechender Duft mit rauchigen Noten, Kirsche, Johannisbeere, Sandelholz. Moderner Stil, anspruchsvoll und nicht mollig oder wuchtig, herausfordernde, aber wohltuende Tannine, belebende Säure, guter Trinkfluss. Bitte noch ein Glas! 13,5 Vol.-%, NK, €€

91+ 2020 »Opal*S«
Sattes Goldgelb. Intensiver Duft nach Muskatblüten, Rosinen und Holunder, etwas Honig, sehr dicht. Am Gaumen hohe Viskosität, likörartig, balancierende Säure, druckvolle Süße, sehr konzentriert, süße Birne, Honig. Aus getrockneten Trauben gekeltert, ein Unikat. 9,5 Vol.-%, DV, €€€

90 2019 »Pinot« brut WB/PN

88 2016 «Pinot Réserve« extra brut WB/PG/PN

90 2021 Chardonnay Spätlese trocken

88 2019 »Reichenbächle« Sexau Sonnhalde Chardonnay Spätlese trocken

89 2020 »Riddele« Buchholz Sonnhalde Weißburgunder Spätlese trocken

88 2021 Grauburgunder Spätlese trocken

90 2018 Spätburgunder Rotwein Barrique trocken

90 2021 Muskateller trocken
Sortenspezifischer, aber dezenter Duft, etwas Birne und Blumenwiese. Am Gaumen eine balancierte Komposition mit sanfter Säure, steiniger Mineralik und überzeugendem Schmelz. Nicht plakativ, sondern durchdacht. 12,5 Vol.-%, DV, €

★

OBERROTWEILER WINZERVEREIN

Bahnhofstraße 31, 79235 Oberrotweil
T: +49 7662 93200, info@oberrotweiler.de
oberrotweiler.de

Ab-Hof-Verkauf: Mo bis Fr 8–12.30 Uhr und 13.30–17.30 Uhr, Sa 8.30–12.30 Uhr
Kellermeister: Leopold Laible
Ansprechpartner: Roland Leininger
Hektar: 408 ha

Es sind überwiegend Burgunderreben, die die 120 Winzerfamilien des Oberrotweiler Winzervereins anbauen, Kellermeister Leopold Laible keltert daraus Weine unterschiedlicher Güteklassen, die allesamt den Charme haben, dem Gelegenheitstrinker ebenso gut zu schmecken wie dem Kenner. Und nicht zu vergessen: Der Winzerverein bietet Weine für Preisbewusste. Die besten Ergebnisse kommen von Lagen wie Käsleberg und Henkenberg, etwa der trockene Weißburgunder Kabinett, der unser Tipp ist. Auch das Markenkonzept »Pino Magma« und der Spätburgunder Réserve überzeugen.

90+ 2020 »Pino Magma« Oberrotweil trocken PG/WB
Im Duft: Orangenkonfitüre, Hefe, Heu, Zitronat, Lindenblüten. Im Mund entfaltet der Wein eine kräftige Stoffigkeit, die feste, aber auch reife Säure trägt einen gebündelten, nicht überbordenden, leicht mineralisch getönten Bau. Ganz auf Reifefähigkeit angelegt! 13 Vol.-%, DV, €

89+ 2020 Oberrotweil Muskateller extra trocken
Ein sehr offen würziger, ja parfümierter Duft, Muskat und Lavendel, Rosmarinblüten. Im Mund besitzt der Wein ein Süße-Säure-Spiel, die Würze bestimmt den Gaumen, eine leichte Öligkeit (aromatische Monoterpene!) liegt hinter dem feinen Mousseux. Originell und stimmig. 12,5 Vol.-%, NK, €€

90+ 2018 »Réserve« Oberrotweil Blauer Spätburgunder trocken
Reife rote Kirsche, Blaubeere und auch Pflaume im kräftigen und getragenen Duft, etwas balsamische Würze. Auch getragen und stoffig am Gaumen, kräftiges, breit angelegtes Format mit mürbem Gerbstoff, die Kraft ist gut eingebunden, mineralische Würze. Kann reifen. 14 Vol.-%, NK, €€

92 2018 Oberrotweil Henkenberg Ruländer Trockenbeerenauslese
Bernsteinfarben. Duft nach Waldhonig, Bienenwachs, getrocknete Aprikose, Dörrobst, etwas feiner Rauch. Am Gaumen viskos, likörartig, wieder Honig, eingekochte Birne, dicht und satt, intensive Süße, Karamell, Vanille, eher verhaltene Säure, druckvolles Finale. 10,5 Vol.-%, NK, €€

87 2021 Oberrotweil Käsleberg Grauburgunder Spätlese trocken

90 2021 Oberrotweil Käsleberg Weißburgunder Kabinett trocken
Ein nuancierter Weißburgunder-Duft: Klee, Wiesenkräuter, Strohblumen. Der Gaumen hat Schliff und Kabinett-typischen Drive, der Wein ist schlank, hat aber dennoch Intensität und Länge. Die mineralische Tönung und der Säurefaden machen den Abklang pointiert und saftig. 12 Vol.-%, DV, €

★★

WEINGUT SCHLOSS ORTENBERG

Am St. Andreas 1, 77799 Ortenberg
T: +49 781 93430, info@wso-wein.de
wso-wein.de

Ab-Hof-Verkauf: Mo bis Fr 8–12 Uhr und 13–17 Uhr, Sa 9–12 Uhr
Kellermeister: Hanspeter Rieflin
Ansprechpartner: Matthias Wolf
Flaschen/Hektar: 333.000 (65 % weiß, 19 % rot, 10 % Rosé, 1 % süß, 5 % Schaumwein)/45 ha

Die neue Kollektion von Schloss Ortenberg gehört zu jener Art von Überraschungen, die uns am liebsten ist: Durch das Weingut muss ein Ruck gegangen sein. Die neuen Weine haben eine Strahlkraft auf Augenhöhe mit dem herausragenden Lagenbesitz – Spannung, Frische, Saftigkeit. Vielleicht ist dieser Aufschwung aber auch keine gar so große Überraschung, denn seit Mai 2021 ist Top-Hotelier Thomas Althoff neuer Pächter des Weinguts. Wir honorieren den Neubeginn mit einem zweiten Stern und sehen bei einer Bestätigung des aktuellen Niveaus auch den dritten nicht weit entfernt.

92 2021 »Grosses Gewächs« Ortenberg Steingrube Weißburgunder trocken
Im Duft dominiert derzeit noch ein würziger Holzton. Im Mund hat der Wein eine geschmeidige Fülle, zeigt sich ausladend und großzügig, wirkt aber auch durch seine frische, salzige Mineralik elegant und belebend. Dürfte auf der Flasche komplex ausreifen. 13 Vol.-%, NK, €€

91+ 2021 »Erstes Gewächs« Ortenberg Andreasberg Weißburgunder trocken
Ein beeriger Weißburgunderduft strömt aus dem Glas, dazu kommen Aromen von frischer Butter, kandierten Orangenschalen und Heu. Im Mund zeigt sich der Wein recht vertikal, stoffig, mit kultiviert wirkendem Säurerückgrat, das nach kulinarischer Begleitung verlangt. 12,5 Vol.-%, DV, €€

92+ 2020 »Grosses Gewächs« Ortenberg Schlossberg Spätburgunder trocken
Im Duft zeigt sich neben rauchigem Holz auch eine natürliche Frucht: Amarenakirsche, Rote Johannisbeere, Preiselbeere, etwas Pfeffer. Im Mund zeigt sich ein dichtes, feinkörniges Tanningerüst, Mineralik, Saftigkeit und Säure geben dem Bau trotz seiner Dichte Eleganz. 14 Vol.-%, NK, €€€

91 2019 »Furore« trocken CS/PN/SY
Halbbitterschokolade, reife Pflaume, Schwarze und Rote Johannisbeere, ein Anflug von Malz. Im Mund zeigt der Wein körnigen Gerbstoff in mittlerer Dosis, viel Saft und abermals eine pikante Johannisbeerfrucht. Gehaltvoll, Frucht und Struktur in guter Harmonie. 13,5 Vol.-%, NK, €€

90+ 2021 Sauvignon Blanc et Sauvignon Gris trocken SB/SG

90 2021 »Granit« Riesling trocken
Pfirsich und Wachs, aber auch etwas leicht Pfeffriges, das man als Andeutung des Granits verstehen kann. Im Mund ist der Wein saftig und ausgewogen, die Säure ist sehr gut eingebunden, der Wein endet mit einer Prise Salzigkeit. Stilvoller Gutsriesling! 12 Vol.-%, DV, €

★★

PFAFFENWEILER WEINHAUS

Weinstraße 40, 79292 Pfaffenweiler
T: +49 07664 97960, info@pfaffenweiler-wein.de
pfaffenweiler-wein.de

Ab-Hof-Verkauf: Mo bis Fr 8–12 Uhr und 13–17 Uhr, Sa 9–12 Uhr
Kellermeister: Stephan Kusser
Ansprechpartner: Stefan Männle
Flaschen/Hektar: 933.000 (71 % weiß, 11 % rot, 18 % Rosé, 22 % süß, 8 % Schaumwein)/95 ha

Die Genossenschaft aus Pfaffenweiler im Markgräflerland gehört zu den kleinsten Badens: 95 Hektar bewirtschaften die Mitgliedsbetriebe. Die vergleichsweise kleine Rebfläche hilft dabei, individuelle Wein-Charaktere zu formen: die Weine der »Sancta Clara«-Serie etwa, die von einer reifen, vollen Spätlesefrucht geprägt sind. Auch der »Arenit«-Chasselas (dessen Name auf ein aus feinen Kalkpartikeln aufgebautes Gestein anspielt), ist eigenständig: mineralisch und dabei nachgerade ölig. Unser Favorit indes ist der delikate Muskateller Kabinett. Kitschfrei und stilvoll!

90+ 2021 »Sancta Clara« Pfaffenweiler Sauvignon Blanc trocken
Der Duft zeigt rauchige Sortenaromen, Stachelbeere, alles mit guter Klarheit. Im Mund zeigt sich ein dynamischer Wein mit straffem Gerüst, die Säure ist frisch, die sortentypischen Grüntöne sind gut integriert, der Wein klingt druckvoll und aromatisch ab. 12,5 Vol.-%, DV, €

89+ 2021 »Sancta Clara« Pfaffenweiler Weißburgunder trocken
Birne, Haselnuss und frische Butter in der Nase. Im Mund verbindet der Wein eine leicht phenolische Stoffigkeit mit ge schmeidigem Körper, die Säure ist frisch, aber auch gut eingebunden, die weitgehend trockene Abstimmung prädestiniert den Wein für die gehobene Speisenbegleitung. 13 Vol.-%, DV, €

89+ 2021 »Arenit« Pfaffenweiler Chasselas trocken
Im Duft zeigt sich eine sehr reife Spätlesefrucht, Banane und Aprikose, mit leicht »steinigen« mineralischen Untertönen. Im Mund erscheint eine geschmeidig-runde Struktur, füllig, fast schon ölig, mit stoffigem Hintergrund und guter Länge. Markanter Gutedel, viel Wein fürs Geld. 12,5 Vol.-%, DV, €

90+ 2020 »Brillant« Pfaffenweiler Gewürztraminer Auslese
Duft nach feiner Rose, sortentypisch, dazu auch etwas Muskatnuss und Aprikose, etwas Papaya, feine Aromatik. Am Gaumen mit milder Säure, Süße entwickelt sich über Rosen-Aromen, dazu etwas Würze, eine Spur exotische Frucht, gute Struktur, passt zum Dessert und ist eines. 9 Vol.-%, DV, €€

89 2021 »Klassik« Pfaffenweiler Grauburgunder Kabinett trocken

91 2021 »Klassik« Pfaffenweiler Muskateller Kabinett feinfruchtig
Duft nach Muskat, Pfirsichfrucht, Orange und reifen Trauben. Im Mund hat der Wein eine unaufdringliche, fast leichtgewichtige Art, weder Würze noch Fülle schlagen über die Stränge, das Kabinett-Prädikat ist mit feinnerviger Art und zarter Süße eingelöst. 11 Vol.-%, DV, €

PIEPER BASLER WEINGUT

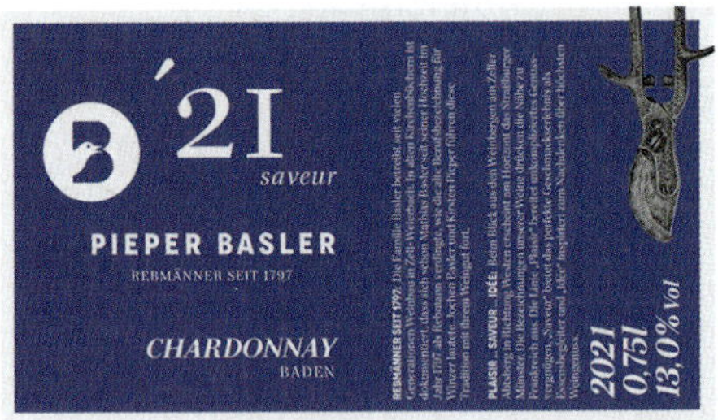

Weierbächle 1, 77654 Offenburg-Zell-Weierbach
T: +49 160 96863544, weingut@pieperbasler.de
pieperbasler.de

Ab-Hof-Verkauf: Ja
Kellermeister: Jürgen von der Mark
Ansprechpartner: Jochen Basler
Flaschen/Hektar: 33.000 (75 % weiß, 10 % rot, 10 % Rosé, 5 % Schaumwein)/5.5 ha

Ein Neuzugang ganz nach unserem Geschmack: Das 2015 gegründete Weingut Pieper Basler ist in einem alten Fachwerkhaus untergebracht, die Weine – darunter zwei Viogniers und ein Naturwein – werden im Keller von Jürgen von der Mark in Bad Bellingen ausgebaut. Die Familie von Jochen Basler betreibt schon seit Generationen Weinbau, »Rebmänner« lassen sich seit 1797 nachweisen. Die Wein-Linie »Plaisir« soll unkomplizierten Genuss bereiten, »Saveur« das perfekte Geschmackserlebnis als Speisenbegleiter bieten und »Idée« zum Nachdenken über höchsten Weingenuss inspirieren: Gelingt bestens!

91+ 2020 »Idée« Viognier trocken
Reife Frucht, Mango und Birne, etwas Litschi, feines Holz, dezente Holzwürze, Gewürze wie Anis und Kardamom. Beschäftigt den Gaumen mit viel Substanz, Kraft und Würze, gute Balance der Elemente, gefühlvoller Holzeinsatz, salzige, mineralische Noten, lang. Kann reifen.
14,5 Vol.-%, DV, €€€

91 2020 »Nature« Riesling trocken
Kräutriger, ungeschminkter Geruch nach Apfelschalen, ein wenig Cidre, Hefe, Aprikosen-Tarte, etwas Kümmel. Geschmeidig am Gaumen mit feinem Saft und feinnerviger Säure, ruht in sich, baut entspannt Druck auf mit feiner Phenolik, betont trocken. Vin Naturel mit Stil. 12 Vol.-%, DV, €€

92+ 2020 »Idée« Weißburgunder trocken
Feine rauchige Noten mit reifem Apfel und Aprikose, Orangenschalen, kräutrige Anklänge, geröstete Haselnüsse. Erwachsener Weißburgunder mit Substanz, guter Dichte und Kraft, Gerbstoff und reife Phenole stärken die Struktur, balancierende Säure, Länge, gutes Potenzial.
14,5 Vol.-%, DV, €€€

90+ 2020 »Saveur« Viognier trocken
Feine Würze in der Nase mit reifer Aprikose, Pfirsich, Ananas und Mango, Orangenschale, feiner Rauch. Setzt breit und stoffig an am Gaumen, da ist ordentlich Kraft und Volumen vorhanden, tragende Säure, viel Würze, trocken ausgebaut, lang. Hat einiges zu bieten. 14,5 Vol.-%, DV, €€

89 2021 »Plaisir« Grauburgunder trocken

89+ 2021 »Plaisir« Sauvignon Blanc trocken
Ein für die Rebsorte zurückhaltender Duft, gelbe Stachelbeeren, florale Noten, Tomatenrispe, auch Melone. Erinnert von seiner Struktur her an Burgundersorten, geschmeidig und mit feinnerviger Säure, etwas salzig, betont trocken, gut balanciert, würzig. Kulinarischer Typ.
13 Vol.-%, DV, €

★★★

WEINGUT BURG RAVENSBURG

Am Mühlberg 3, 75056 Sulzfeld
T: +49 7259 91120, weingut@burg-ravensburg.de
weingut-burg-ravensburg.de

Ab-Hof-Verkauf: Vinothek in Tiefenbach
Kellermeister: Daniel Rupp
Ansprechpartner: Claus Burmeister
Flaschen/Hektar: 300.000 (60 % weiß, 40 % rot)/38 ha

Die Ravensburg liegt auf der Kuppe eines Bergs, an dem vermutlich schon die Römer Wein anbauten. Das Burg-Gut ist mit bald 800 Jahren eines der ältesten Deutschlands. Um die südlichen Hänge gedeihen auf mineralstoffreichem, kalkigem Keuper kraftvolle Weine. Die Einzellagen tragen berühmte Namen wie »Husarenkappe«, »Kapellenberg« und »Dicker Franz«. Auf dem »Löchle« gedeiht einer der besten deutschen Burgunder. Die neue Kollektion ist stark – der Wettstreit mit dem nahen Schwesterweingut Heitlinger scheint beide Betriebe zu beflügeln.

93 2019 Sulzfeld Löchle Weißburgunder GG
Dezent in der Nase, frische Zitronen, Orangenschale, Klee, Narzissen, Hyazinthen. Am Gaumen vollmundig, dicht, cremiger Schmelz, reife, konzentrierte Säure, feine Phenolik, schöne Würze, salzig im Nachhall, schöne Länge.
13,5 Vol.-%, NK, €€€

92+ 2019 Sulzfeld Husarenkappe Riesling GG
Zitrusnoten in der Nase, Grapefruit, Zitronenzesten, saftiger Pfirsich, weiße Blüten. Geschmeidig am Gaumen, kräftig, cremiger Kern, gut integrierte Säure, saftig, Zitrusnoten im Nachhall, feine Würze. Gutes Reifepotenzial.
13 Vol.-%, NK, €€€

92+ 2017 Sulzfeld Löchle Pinot Noir GG
Würzig in der Nase, Unterholz, Laub, Nelken, dunkle Waldbeeren, Schwarzkirschen, dunkle Schokolade. Am Gaumen frische, saftige Frucht, gut integrierte Säure, merklicher kerniger, aber reifer Gerbstoff, feine Würze, schöne Länge.
13 Vol.-%, NK, €€€

92 2017 Sulzfeld Dicker Franz Blaufränkisch GG
Vielschichtig in der Nase, dunkle Beeren, dunkle Pflaumen, Schattenmorellen, ätherische Noten wie Latschenkiefer, balsamisch, kräuterwürzig, Pfeffer, frischer Tabak. Am Gaumen kräftig, dicht, zupackender Gerbstoff, feingliedrige Säure, feine Würze. Gut zu deftigeren Speisen.
13,5 Vol.-%, NK, €€€

91+ 2019 Eichelberg Kapellenberg Riesling GG

93 2019 Sulzfeld Löchle Grauburgunder GG
Strahlendes Kupfergold im Glas. Schöne Nussaromatik in der Nase, rote Äpfel, Karamell, Earl Grey, Kräuterwürze. Am Gaumen stoffig, geschmeidig, cremiger Kern, gut integrierte Säurestruktur, schöne Würze, satte Frucht, guter Extrakt, feine Phenolik, trinkanimierend. Hat Reifepotenzial. 13,5 Vol.-%, NK, €€€

★★

WEINGUT HANS REBHOLZ

Bergstraße 1, 78315 Radolfzell-Liggeringen
T: +49 7732 13811, info@rebholz-wein.de
rebholz-wein.de

Ab-Hof-Verkauf: Mo bis Fr 17–20 Uhr, Sa 9–14 Uhr
Kellermeister: Hans Rebholz
Ansprechpartner: Hans Rebholz
Flaschen/Hektar: 40.000 (40 % weiß, 50 % rot, 8 % Rosé, 2 % Schaumwein)/7 ha

Es sei ein »steiniger Weg« gewesen zum eigenen Weingut, sagt Hans Rebholz aus Liggeringen, der den Weinbau – gegen alle Bedenken – an den Untersee zurückgebracht hat. Rebholz, der davor für eine Schweizer Genossenschaft arbeitete, musste 60 Verträge aushandeln, um Parzellen am Bohlinger Galgenberg zu erwerben, wo er 2002 erste Reben anlegte – ein Kraftakt, der sich gelohnt hat. Die Reben stehen auf über 400 Metern Seehöhe auf vulkanischem Verwitterungsboden – erstklassiges Terrain für seine mineralischen, tiefgründigen Burgunder. Auf Anhieb eine Bereicherung für den Guide!

92+ 2020 Bohlingen Galgenberg Spätburgunder trocken
Rote Kirsche, Schwarze Johannisbeere und Minze, Frische und Reife treffen zusammen. Zeigt sich am Gaumen auf unangestrengte Art verdichtet, guter Extrakt, der von purer Kirschfrucht abgedeckt wird, feinkörniger Gerbstoff in guter Menge, mineralisch abklingend. 13 Vol.-%, NK, €€€

91+ 2020 Weiler Im Bühl Spätburgunder trocken
Dunkle und auch rote Kirschen mit Blaubeeren und feiner Holzwürze, etwas Lebkuchengewürz und Gewürznelken. Stoffig, üppig und würzig am Gaumen auf weichem Fond mit süßlichem Extrakt, Substanz, gut balanciert durch die feine Säureader, trocken ausgebaut, mineralisch.
13 Vol.-%, NK, €€€

90+ 2018 »Selektion R« Bohlingen Spätburgunder trocken
Etwas Holzwürze und Rauch mit reifer Kirsche und auch Pflaume, etwas Gewürznelken, ein Hauch Sanddorn. Kräftig und auch mit einer gewissen Wucht am Gaumen, wieder Pflaume, reife Säure, Würze, kräftiges, reifes Tanningerüst, reizt seine Möglichkeiten aus. 13,5 Vol.-%, DIAM, €€€

92+ 2007 »Charly's Likörwein« PN/CI
Farbe wie ein Tawny. Der Duft hat Noten von Toffee und getrockneten Orangenschalen, Walnuss, dazu eine feine, nuancenreiche Oxidation. Am Gaumen zeigen sich cremige Süße und straffe Säure, der Alkohol ist gut eingebunden. Ein origineller Genuss – etwa zur Zigarre. 17 Vol.-%, DIAM, €€

89+ NV Crémant brut

90+ 2020 »vom Vulkan« Bohlingen Weißburgunder trocken
Reife Frucht mit würzigem Neuholz, rauchiges Ambiente mit Aprikose und Apfel, etwas Quitte, anklingende Mineralik. Stoffig und würzig am Gaumen, kompakte, feste Struktur, süßlicher Extrakt, reife, gut eingewobene Säure, zeigt die Mineralik des Standorts. Noch jung.
12,5 Vol.-%, DIAM, €€

★

JOHANN AUGUST SACK WEINGUT IM TAUBERTAL

Bahnhofstraße 30, 97922 Lauda-Königshofen
T: +49 9343 622113, info@sack-wein.de
sack-wein.de

Ab-Hof-Verkauf: Ja
Kellermeister: Sack Johannes
Ansprechpartner: Sack Karlheinz
Flaschen/Hektar: 60.000 (60 % weiß, 30 % rot, 7 % Rosé, 3 % Schaumwein)/8.6 ha

Natürlichkeit ist für Johann August Sack ein Kernbegriff: Seine Rebflächen liegen in der naturbelassenen Kulturlandschaft des mittleren Taubertals, auf den besten Lagen Laudaer Altenberg und Oberlaudaer Steinklinge reifen die Trauben in intakten Biotopen. Im Keller verlässt sich der Winzer auf traditionelle Methoden und unverfälschte Ergebnisse: Seine Weine sind ohne Chichi straff, elegant und regionaltypisch trocken. Auch die feinherben Weine funktionieren ausgezeichnet, der frischen Taubertäler Säure wegen. Ein erfreulicher Neuzugang in unserem Guide!

90 2020 Lauda Chardonnay trocken
Floral und zitrusfruchtig, etwas Butter, Macadamianuss, auch Haselnuss, aber vermutlich kein Holz. Im Mund verfügt der Wein über eine getragene Geschmeidigkeit, aber auch über einen guten, in einem komplett trockenen Geschmacksbild harmonisch eingebetteten mineralischen Kern. 12,5 Vol.-%, DV, €

90 2021 Lauda Müller-Thurgau feinherb
Aus dem Glas strömt ein fruchtbetonter Duft nach Ananas, dazu kommen ein klein wenig Minze und Muskat. Im Mund hat der Wein eine saftige Süße, reife Säure, einige Geschmeidigkeit und trotz der Süße eine erfreulich unverkitschte Anmutung. 11 Vol.-%, DV, €

90 2021 Lauda Souvignier Gris trocken
Ein Duft von reifer Birne und Heidelbeere entsteigt dem Glas, dazu auch eine Note wie von feuchtem Stein. Im Mund hat der Wein eine straffe Struktur, die Gaumenmitte wird von lebendiger Säure und Stoffigkeit unter Spannung gesetzt, dazu kommen mineralische Seiten. 12,5 Vol.-%, DV, €

91 2020 Königshofen Kirchberg Zweigelt Barrique gereift trocken
Süßkirsche, Kirschkern, ein fein nuancierter, nur ganz zurückhaltend von Holz beeinflusster Duft. Im Mund zeigt sich der Rote von einer seidigen, fein ziselierten Art, dabei dichter als nur mittelgewichtig im Extrakt, mit feiner saftiger Abgangsfrucht. Subtil! 13 Vol.-%, DV, €€

89+ 2021 »Ein Sack für jeden Tag« Rosé trocken TS/SW/AC

90 2021 Lauda Riesling feinherb
Der anfangs reduktive Duft belüftet sich relativ schnell, Noten von Pfirsich und Zitrone bestimmen einen sehr aufgeräumten Duft. Im Mund imponiert die rasierklingenscharfe Säure, die aber von feiner Süße in Schwebe gehalten wird. Tolles Spiel! Fruchtiger Abklang. 10,5 Vol.-%, DV, €

★★★★★

WEINGUT SALWEY

Kirchweg 11, 79235 Oberrotweil
T: +49 7662 384, weingut@salwey.de
salwey.de

Ab-Hof-Verkauf: Mo bis Fr 14–18 Uhr (Jan. und Febr. bis 17 Uhr), Sa 11–17 Uhr
Kellermeister: Konrad Salwey
Ansprechpartner: Philipp Hettich
Flaschen/Hektar: 150.000 (60 % weiß, 40 % rot)/23 ha

Wo nimmt Konrad Salwey nur diese tiefenentspannte Stilsicherheit her? Die Konstanz, mit welcher der Oberrotweiler Winzer Kaiserstühler Burgunder-Monumente schafft, ist atemberaubend. Dabei gibt es manchmal auch Neues: So rivalisiert seit Kurzem der Steingrubenberg – ein Gewann, das bis 1971 selbstständig war und danach der Lage Henkenberg zugeschlagen wurde – mit dem Kirchberg um die Krone des dichtesten und mutmaßlich auch langlebigsten Weißburgunders im Betrieb. Phänomenal sind auch die Grau- und Spätburgunder vom Henkenberg ausgefallen. Chapeau!

96 2019 Oberrotweil Steingrubenberg Weißburgunder GG

Pflanzliche Noten im Duft, Klee, Blattgrün, Wiesenkräuter. Im Mund ist der Wein großzügig und zugleich hoch differenziert, dicht mit mineralischem Extrakt besetzt und von saftiger Säure durchzogen. In seiner Hintergründigkeit und unprätentiösen Fülle auf dem Niveau größter Weißburgunder. 13 Vol.-%, NK, €€€

95 2019 Oberrotweil Kirchberg Weißburgunder GG

In der Nase etwas Holz, hefige Noten, dazu eine intensive Frucht: Blutorange und Orangenblüten. Im Mund hat der Wein eine hohe Dichte, einen ganz vertikalen Bau mit saftiger Säure und kräftiger Stoffigkeit, die taktile Mineralik ist durchdringend. Der Wein strotzt vor Energie und Potenzial. 13 Vol.-%, NK, €€€€

95 2019 Oberrotweil Henkenberg Grauburgunder GG

In der Nase würziges Holz, Kräuter, Minze, Burgunderbeeren, Blütenhonig. Im Mund schmilzt der Wein geradezu, butterzarte Phenole, die Säure steht passgenau zum Körper, die mineralische Tönung gibt dem Wein zusätzlich Eleganz und Finesse, langer, fruchtgetragener Abklang. 14 Vol.-%, NK, €€€

94 2020 Oberrotweil Henkenberg Spätburgunder GG

Tolle frische Frucht im Duft, Sauerkirsche. Im Mund hat der Wein einen durch und durch burgunderhaften Bau, die reifen fleischigen Gerbstoffe sind an taktil-mineralische Wahrnehmungen gekoppelt, die Säure ist passgenau in den Körper eingebunden, die noch jugendliche Frucht hallt lange nach. 14 Vol.-%, NK, €€€

93+ 2019 Oberrotweil Eichberg Grauburgunder GG

92 2019 »RS« Oberrotweil Spätburgunder trocken

Minze, Süßkirsche und Mandeln, Zitrustrester und Darjeeling, ein vergleichsweise traditioneller deutscher Spätburgunder-Duft mit einer zusätzlichen Dimension Frische. Im Mund hat der Wein eine saftig-dichte, fast adstringierende Textur, zugleich aber auch Frucht und Mineralik. 14 Vol.-%, NK, €€€

★★★★

WEINGUT AM SCHLIPF SCHNEIDER

2019

SCHLIPF
WEIL AM RHEIN

Weingut am Schlipf Schneider

Lörracher Straße 4, 79576 Weil am Rhein
T: +49 7621 72817, info@weingut-am-schlipf.de
weingut-am-schlipf.de

Ab-Hof-Verkauf: Di bis Fr 9–12 Uhr und 14.30–18.30 Uhr, Sa 9–14 Uhr
Kellermeister: Johannes Schneider
Ansprechpartner: Christoph Schneider
Hektar: 15 ha

Johannes und Christoph Schneider wurden 2022 von der vielköpfigen Falstaff-Jury zu den Newcomern des Jahres gewählt. Sehr verdient! Das zeigen auch die aktuellen Weine. Aus der innovativen »Haus Gupi«-Serie der beiden Youngster bekamen wir zwar nur ein Exemplar zu probieren, aber auch dieses zeigt den Fokus auf idealtypische Weise: ein Maximum an Ausdruck bei einem Minimum an Alkohol (und Kellertechnik). Bei den klassischen Spätburgundern bewundern wir die still in sich ruhende Eleganz des Ortsweins, und dann wird es Stufe um Stufe voller und kräftiger. Wunderbar!

91+ 2020 »Haus Gupi El Fayoum« Gutedel trocken
Trübes tiefes Gold im Glas. In der Nase reife Mirabelle, Heu, Quitte, etwas Apfelmost. Primär gelbfruchtig auch im Mund, Quitte, Wiesenkräuter, spürbares, aber nicht grobes Tannin, keinerlei Restsüße, sehr schlank, aber Aroma und Grip besetzen alle Plätze. 9 Vol.-%, NK, €€€

92+ 2020 Weil am Rhein Schlipf Chardonnay trocken
Frisch geöffnet mit spürbarer Reduktion, Zündplättchen, Rauch, Mineralik, zart angedeutete Gelbfrucht. Während derzeit die Ausbaunoten noch dominieren, zeigt sich eine dichte Fruchtmitte, leicht laktisch beeinflusst. Eindeutiger Lagerwein! 12,5 Vol.-%, NK, €€€

94 2020 Weil am Rhein Kapf Spätburgunder trocken
Riecht burgundisch, aber auch kräuterwürzig und nach ätherischen Ölen, Dill, Minze und Wacholder, fast Eukalyptus. Im Mund zeigt der Wein eine extraktsüß unterlegte Seidigkeit, der Alkohol ist nahtlos von Frucht, Würze und Mineralik abgedeckt. Ein Rolls-Royce von Pinot. 13 Vol.-%, NK, €€€

93+ 2020 »Alte Reben« Spätburgunder trocken
Ein burgundischer, komplexer Duft: Holunder, Blaubeere und Schwarzkirsche, ein Hauch von Pflaume, Zibärtle. Im Mund hat der Wein einen festen, straffen, aber auch reifen Gerbstoff, das ist harmonisch und dennoch nicht weichgespült. Hat ausgezeichnetes Potenzial. 12,5 Vol.-%, NK, €€€

91+ 2020 Weil am Rhein Chardonnay & Weißer Burgunder trocken CH/WB

93 2019 Weil am Rhein Spätburgunder trocken
Im Duft dominieren noch die hefigen Töne, aber auch eine Pinot-beerige Frucht gibt sich bereits zu erkennen. Im Mund ist der Wein rund und harmonisch mit viel Saftigkeit, einem feinen Säurenerv und einem mit Augenmaß extrahierten frischen Tannin. Ausgezeichneter Villages mit Potenzial! 13 Vol.-%, NK, €€

★★★

PRIVAT-WEINGUT SCHLUMBERGER-BERNHART

Weinstraße 19, 79295 Sulzburg-Laufen
T: +49 7634 8992, info@schlumbergerwein.de
schlumbergerwein.de

Ab-Hof-Verkauf: Mo bis Fr 9–12 und 14–18 Uhr, Sa 10–14 Uhr
Kellermeister: Ulrich Bernhart
Ansprechpartner: Ulrich Bernhart
Flaschen/Hektar: 50.000 (70 % weiß, 30 % rot)/9 ha

Ein Wein der vorgestellten Kollektion aus dem Privat-Weingut Schlumberger-Bernhart stammt aus der Hand von Johanna Bernhart: Der im Barrique ausgebaute »Kracher«, den die junge Winzerin im Rahmen ihrer Bachelorarbeit gekeltert hat, ist eine ungewöhnliche und auch mutige Interpretation der Gutedel-Traube, die noch am Anfang ihrer Entwicklung steht. Ulrich Bernhart arbeitet wie gewohnt mit der ihm eigenen millimetergenauen Präzision und Akribie: Die Großen Gewächse von Chardonnay und Pinot Noir können auch im überregionalen Vergleich bestehen. Starker Auftritt!

93+ 2019 Laufen Wingerte Chardonnay GG
Gelbe Frucht in der Nase, Mirabelle und Aprikose, roter Apfel, feine Würze, etwas Heu, zurückhaltendes Holz. Am Gaumen aus einem Guss, straffe, animierende Säure, gute Substanz und Differenzierung, feiner Schmelz, Mineralik, fein eingewobenes Holz, gute Länge und frischer Nachgeschmack. 13 Vol.-%, NK, €€€

92 2019 Laufen Wingerte Weißburgunder GG
Noch etwas verschlossen im Duft, Gesteinsmehl, etwas Staub, Banane, gelbe Pflaume, Sternfrucht, auch feine Würze. Schöner Säurenerv am Gaumen, der sich bis ins Finale durchzieht, gute Spannung, präzise, trocken, wieder Sternfrucht, feine Herbe, mittlere Länge. 12,5 Vol.-%, NK, €€€

91+ 2020 »Kracher« Laufen Altenberg Gutedel Erstes Gewächs trocken
In der Nase Röstnoten, deutliche Holzwürze, die noch etwas die Frucht maskiert, etwas Banane, etwas Rote Johannisbeeren, auch Karamell. Startet am Gaumen füllig und cremig, gute Substanz, strukturgeprägt, Würze, im Ausklang belebt die Säure. Noch jugendlich. 12 Vol.-%, NK, €€€

94 2018 Laufen Wingerte Pinot Noir GG
Klare Kirsche, Waldbeeren, feiner Rauch, frische Blumenerde, Bergamotten-Öl, Earl Grey. Kleidet den Gaumen aus mit viel Extrakt, präzise, gut eingebundene Säure, das reife Tannin ist eng verwoben, Schwarze Johannisbeeren, ein Hauch dunkle Schokolade. Elegant. 13 Vol.-%, NK, €€€

91+ 2018 Laufen Altenberg Pinot Noir Erstes Gewächs trocken

91+ 2020 Muggardt Berg Chardonnay Erstes Gewächs trocken
Im Duft gelbe Pflaumen, Kaffee, gemahlene Haselnuss, Zitronenbutter, spürbares, aber dezentes Holz. Am Gaumen frisch und saftig, die Säure ist gut eingebunden, knochentrocken, mit guter Substanz, leichte Herbe, etwas Grapefruit, nicht sättigend. Stilvoll. 13,5 Vol.-%, NK, €€

★★★★

WEINGUT KONRAD SCHLÖR

Martin-Schlör-Straße 22
97877 Wertheim-Reicholzheim
T: +49 9342 4976, info@weingut-schloer.de
weingut-schloer.de

Ab-Hof-Verkauf: nach Vereinbarung
Kellermeister: Konrad Schlör
Ansprechpartner: Konrad und Monika Schlör
Flaschen/Hektar: 32.000 (45 % weiß, 45 % rot, 10 % Schaumwein)/6 ha

Konrad Schlör eilt von Erfolg zu Erfolg – wir können nicht anders, als dem passionierten Winzer aus dem Taubertal den vierten Stern umzuhängen. Herzlichen Glückwunsch! Schon seit Langem ist Schlör dafür bekannt, dass er es meisterlich beherrscht, die Burgunder-Gene des Schwarzriesling aka Pinot Meunier zum Vorschein zu bringen. Mit seinem 2019er »Fyerst 1476« aus der oft unterschätzten Sorte schießt er den Vogel ab, denn dieser Wein ist dem ebenfalls herausragend guten Spätburgunder ebenbürtig. Ein verlässlicher, in höchstem Maße empfehlenswerter Erzeuger.

92 2021 Reicholzheim Oberer First Weißburgunder GG
Glänzend und mit grünen Reflexen fließt der Wein ins Glas. Die Nase verrät einen zarten Holzausbau, auch duftet er nach gebranntem Zucker und Weißen Johannisbeeren. Am Gaumen dann dicht mit trinkiger Säure, überraschend weich, langer Nachhall. Fein gemacht! 13 Vol.-%, NK, €€€

94+ 2019 »Fyerst 1476« Schwarzriesling trocken
Zuerst duftarm, dann strömt es kräftig würzig aus dem Glas: reife rote und schwarze Beeren, Heu, Piment, Safran. Im Mund viel frischer als erwartet, gute tragende Säure, ungemein saftig, ein eindrucksvolles Tanningerüst, elegant und nicht zu straff, fein! 14 Vol.-%, NK, €€€€

94+ 2020 Reicholzheim Oberer First Spätburgunder GG
Grafit! Sehr schön der erste Eindruck, dann ein Füllhorn an Aromen: rote Beeren, schwarze Kirschen, eingeweckte Pflaumen. Im Mund saftig mit einer feinen Weichheit, spielerische Leichtigkeit gepaart mit saftiger Wucht und Nachhall. 14,5 Vol.-%, NK, €€€

93+ 2020 »R« Schwarzriesling trocken
Granatrote Farbe, wirkt fast unfiltriert, sehr saftig, beerige Nase nach gekochten Holunderbeeren, Brombeeren und schwarzen Kirschen. Im Mund dicht und dunkel mit Saft und Kraft, feine weiche, den Mund toll auskleidende Säure, eine Fülle mit Frische. 14,5 Vol.-%, NK, €€€

89 2021 Reichholzheim First Weißburgunder trocken

92 2021 Reichholzheim First Silvaner trocken
Auch hier das schöne grüne Glitzern im Glas! Die Nase eher duftarm, etwas Zitrusnoten vielleicht. Im Mund überraschend salzig, diese feine Weichheit im Mund, herrlich! Eine elegante Säure bildet ein gutes Gerüst für den saftigen Nachhall. Guter Speisenbegleiter. 13 Vol.-%, DV, €€

★★★

WEINGUT SCHNEIDER-PFEFFERLE

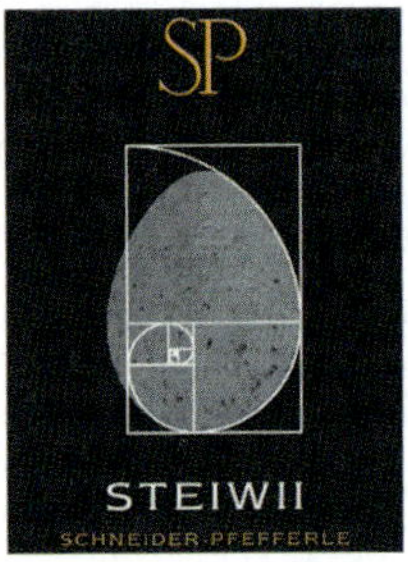

Kolpingstraße 7, 79423 Heitersheim
T: +49 7634 2836,
info@weingut-schneider-pfefferle.de
weingut-schneider-pfefferle.de

Ab-Hof-Verkauf: nach Vereinbarung
Kellermeister: Katharina Pfefferle
Ansprechpartner: Katharina Pfefferle
Hektar: 7.5 ha

Im vergangenen Jahr verliehen wir dem Weingut Schneiderle-Pfefferle den dritten Stern, den Kellermeisterin Katharina Pfefferle und ihr Mann Mathias eindrucksvoll bestätigen: Die aktuelle Kollektion ist facettenreich und auf eine wohltuende Art unkonventionell, die Weine kommen ohne anbiedernde Restsüße aus. Der spannungsvolle Naturwein »Pur« lag zwölf Monate auf der Maische, der mineralische »Steiwii« wurde im Betonfass ausgebaut. Zum Weingut gehört auch ein Schlafgut und eine Straussi mit bestem Blick auf den Schwarzwald: Hier ist man gut aufgehoben!

92 2018 »Pur« Weißer Burgunder trocken
Bernsteinfarben, zwölf Monate auf der Maische, seitdem im gebrauchten Barrique. In der Nase getrocknete Aprikose, Wermutkraut, Rauch, leicht ätherisch. Am Gaumen zunächst saftig und vollmundig mit gepflegten, reifen Phenolen, entwickelt Spannung und Komplexität. Verdient sich seinen Namen. 13 Vol.-%, DV, €€

91+ 2021 »Steiwii« Weißer Burgunder trocken
Duftet nach Apfelblüte, Mandarine, Limettenschale, Apfel und Mirabellen, leicht florale Anklänge. Setzt am Gaumen entspannt und saftig an, kräftig gebaut, geschmeidig im Mundgefühl und mit guter Körperspannung, mineralisch unterlegt, sehr feine Phenole, lang. 13,5 Vol.-%, DV, €€

90+ 2021 »Fumé« Sauvignon Blanc trocken
Gepflegtes Duftbild mit feinem Rauch, etwas Papaya und Maracuja, Cassis und ein Hauch Paprika, feinwürzig. Straff und sehnig gebaut im Mund mit Substanz, ausgewogener Säure, Saft und auch Schmelz, betont trocken und ungeschminkt, mit feinen Phenolen, charaktervoll.
12,5 Vol.-%, DV, €€

90+ 2020 »S« Cabernet Sauvignon trocken
Fokussierter Duft, Holzwürze, Cassis, dunkle Kirschen, Schwarze Johannisbeeren, erdige Noten, Rote Bete und Paprika. Druckvoll am Gaumen mit Kraft und dabei engmaschiger Textur, präsente Säureader, griffige, feinkörnige Gerbstoffe, noch leicht rappig, saftige Frucht, jung.
13,5 Vol.-%, DV, €€

90 2021 »S« Sauvignon Blanc trocken

90+ 2021 »S« Grauer Burgunder trocken
Nussige, leicht rauchige Noten im ersten Duft, Melone, Birne und auch Quitte gesellen sich dazu, etwas Aprikose. Kräftig gebauter Burgunder mit fester Struktur, bringt Substanz, Saft und auch Schmelz ein, der trockene Ausbau unterbindet zu viel Harmonie. Zum Essen. 13 Vol.-%, DV, €€

★★

WEINGUT LOTHAR SCHWÖRER

Waldstraße 6, 77971 Kippenheim
T: +49 7825 7411, mail@weingut-lothar-schwoerer.de
weingut-lothar-schwoerer.de

Ab-Hof-Verkauf: Mo bis Fr 16–19 Uhr, Sa 9–15 Uhr
Kellermeister: Lothar Schwörer
Ansprechpartner: Lothar Schwörer
Flaschen/Hektar: 73.000 (50 % weiß, 48 % rot, 2 % Rosé, 10 % Schaumwein)/10 ha

Der Breisgauer Winzer versieht einige seiner besten Weine mit dem Namen »Kalksteinfels«: Dieser Name ist natürlich Programm: Die Weine spiegeln in ihrer fein gewobenen mineralischen Art die kalkreichen Böden von Kippenheim und Umgebung wider, die nicht selten auch auf einem Kalkstein-Sockel aufsitzen. Natürlich denkt man bei solchen Böden zuerst an Burgunder, und tatsächlich hat Lothar Schwörer die ganze Pinot-Familie im Sortiment. Wir empfehlen diese angenehm zurückhaltenden, mit einer passenden Prise Holz bereicherten Weine nicht zuletzt als Speisenbegleiter.

91+ 2020 »Kalksteinfels*« Chardonnay trocken**
Feinduftig in der Nase mit Birnenschnitz, Pfirsichblüten, Haselnuss, Salzmandeln. Am Gaumen trägt das vom Kalkstein geprägte Säureskelett den erfrischend unprätentiösen und doch ernsthaften Wein, cremig am mittleren Gaumen, spannende Phenolik. 12,5 Vol.-%, NK, €€

91 2020 »Kalksteinfels*« Weißburgunder trocken**
Dezente Holunderblüten, Aprikose, Mirabelle, weißer Pfirsich und würziger Holzeinfluss, der die Frucht unterlegt. Jugendlich, schlank mit guter Stoffigkeit und Länge, Haselnuss und feine Mineralik im Finish. Zeigt Substanz und Potenzial. 12,5 Vol.-%, NK, €€

91 2019 »Alte Reben*« Kippenheim Haselstaude Spätburgunder trocken**
Kirsche, Cassis, Hagebutte, ergänzt um feine balsamische Noten und mit Holz gekonnt unterlegt. Saftig am Gaumen, mittelgewichtig mit griffigen Gerbstoffen, die zusammen mit der animierenden Säure Struktur geben, gute Länge. Toller Speisenbegleiter. 13 Vol.-%, NK, €€€

90 2019 »Kalksteinfels*« Spätburgunder trocken**
Kirsche, etwas Hagebutte, Rauch, Nelke und leichte Kräuterwürze. Kein Schwergewicht, sondern ein frischer Trinkwein mit Anspruch. Elegant mit seidigem Tannin und guter Struktur macht er bereits jetzt Freude. Mittlere Länge, würziges Finish. 13 Vol.-%, NK, €€€

89+ 2020 »Kalksteinfels*« Grauburgunder trocken**

89 2020 Sauvignon Blanc trocken**
Erfrischend gradlinig mit eindeutiger Sortencharakteristik: grasige Noten, Passionsfrucht, Kiwi, Brennnessel mit etwas Feuerstein treffen hier auf eine glasklare, animierende Säure. Mittlere Länge am Gaumen mit guter Struktur und viel Trinkspaß. 12,5 Vol.-%, DV, €

★★★★

WEINGUT SEEGER

Rohrbacher Straße 101, 69181 Leimen
T: +49 6224 72178, info@seegerweingut.de
seegerweingut.de

Ab-Hof-Verkauf: Mi, Do und Fr 15–18 Uhr, Sa 10–14 Uhr
Kellermeister: Thomas Seeger
Ansprechpartner: Susanne Seeger
Flaschen/Hektar: 70.000 (50 % weiß, 50 % rot)/11 ha

Thomas Seeger ist seit vielen Jahren der Platzhirsch an der Badischen Bergstraße. In Leimen, kurz vor den Toren Heidelbergs erzeugt der Tüftler und Perfektionist auf kalkreichen Böden Burgunder und Blaufränkische, die mit Dichte, Proportion und gekonntem Holzeinsatz aufwarten. Auch die aromatische Klaviatur des Sauvignon Blanc weiß er wie wenige andere zu spielen: Die Tönung vereint »grüne« und »gelbe« Komponenten zu einem animierenden Duftbild. Gut reifen können die Weine obendrein, und vielseitige Speisenbegleiter sind sie auch. Was will man mehr?

93 2021 »RR« Chardonnay trocken

Fein in der Nase, roter Apfel, Honigmelone, Salzzitrone, in Butter geschwenkter frischer Mais, Holzwürze, Vanille, Röstnoten. Am Gaumen mit Kraft, viel Würze, saftige Frucht, cremiger Schmelz mit lebendigem Säurezug, feine Phenolik, salzig im langen Nachhall. 14 Vol.-%, NK, €€€

92 2021 Leimen Oberklam Weißer Burgunder GG

Holzwürze in der Nase, Williamsbirne, Weinbergpfirsich, gebackene Banane, Wiesenkräuter, dezent rauchig, kalkige Kühle. Am Gaumen saftig frisch, cremiger Kern, reife Säure, mineralische Würze, feine Phenolik, salziges Finish sowie Grapefruit, schöne Länge. 13,5 Vol.-%, NK, €€€

92 2020 »R« Sauvignon Blanc trocken

Sortentypisch in der Nase, rote Stachelbeeren, Maracuja, gegrillte gelbe Paprika. Am Gaumen würzig, dicht, gut integrierte reife Säure, saftige Frucht von roter Stachelbeere, Maracuja, Nektarine, feine Phenolik, cremiger Kern, lang am Gaumen. 13 Vol.-%, DV, €€€

93 2020 »RR« Leimen Oberklam Spätburgunder GG

Holzwürze in der Nase, Röstnoten, Waldbeeren, rote und dunkle Sauerkirschen, Rote Bete, Unterholz, Gewürznelken, dunkle Schokolade, Nougat. Am Gaumen reife Frucht, Waldbeeren, Sauerkirschen, reifes kerniges Tannin, lebendige Säure, feine Würze, saftig, harmonisch, schöne Länge. 13,5 Vol.-%, NK, €€€€

91 2021 Leimen Oberklam Grauburgunder GG

93 2020 »R« Leimen Spermen Blaufränkisch GG

Duftige Nase, Waldbeeren, dunkle Kirschen, Pflaumen, ätherische Noten, Minze, Menthol, Pfeffer, Wacholder, Lorbeer, Veilchen. Im Mund saftig, gut ausbalanciert, gut integrierte lebendige Säure, feingliedriges Tannin, schöne Frucht, guter Holzeinsatz, lang am Gaumen. 13 Vol.-%, NK, €€€

★★★★

SHELTER WINERY

Salzmatten 1, 79341 Kenzingen
T: +49 7644 927663, espe@shelterwinery.de
shelterwinery.de

Ab-Hof-Verkauf: nach Vereinbarung
Kellermeister: Hans-Bert Espe und Silke Wolf
Ansprechpartner: Hans-Bert Espe und Silke Wolf
Flaschen/Hektar: 20.000 (5 % weiß, 95 % rot)/5 ha

Silke Wolf und Hans-Bert Espe sind immer für ein Ausrufezeichen gut. Letztes Jahr staunten wir, wie spielend die beiden den Hitzejahrgang 2018 gemeistert hatten, und schon seit Langem betonen wir, welch superben Wert ihre Weine der Einstiegspreisklasse darstellen. Dieses Jahr schickte der Rosé ein Raunen durch die Reihen der Verkosterinnen und Verkoster: Wären doch bloß mehr Rosés so ausgewachsen und ernsthaft wie dieser! Aber das ist der Betriebsstil: solide und grundgut, mit einem Auge dafür, was Sinn macht und Geschmack hat. Die Shelter Winery ist auf dem Weg zum Klassiker.

93 2021 »Rosé de Noir« trocken

Ein Rosé mit Profil. Klar und unmissverständlich im Duft: Walderdbeere, Holunder, Johannisbeere und Kräuterwürze. Am Gaumen mit feiner Mineralik und ideal eingebundener Säure, dabei kraftvoll, animierend und kompromisslos trocken. Attraktiver Nachhall.
12 Vol.-%, DV, €€

95 2020 »N114« Pinot Noir trocken

Dieser Wein besitzt eine burgundische Eleganz. Wenn auch noch jugendlich, so besticht er durch Komplexität der Aromen von feinster Frucht und edlen Kräutern in großer Präzision. Ideal gewählt auch der Ausbau ohne eine laute Komponente von Holz bei sehr guter Säurestruktur. Ein Wein mit ganz viel Potenzial. 13,5 Vol.-%, DV, €€€€

93+ 2020 Pinot Noir trocken

Bereits burgundisch im Duft. Feinste Aromen von reifer Himbeere, Roter Johannisbeere, Hibiskus und Piment. Hochkomplex bei idealer Säurestruktur, Präzision und Eleganz, dennoch so kraftvoll bei perfekter Struktur. Ein großer Wein mit sehr langem Nachhall. 13,5 Vol.-%, DV, €€€

93 2012 Pinot Noir trocken

Granatrot im Farbton und reif im Duft. Ein Bukett von Pilzen, Cranberry, Hibiskus und Gewürznelken. Am Gaumen fein gewoben, aber auch noch in gesundem Maße fest. Die gute Säure und der Gerbstoff tragen den Wein in einen attraktiven Nachhall. Jetzt im Trinkfenster. 13,5 Vol.-%, DV, €€€

92 2020 Chardonnay trocken

91+ 2020 Spätburgunder

Anfangs verschlossen in der Nase, bald entwickeln sich feine Aromen von Kirsche, Cranberry, Hibiskus und Kräuterwürze. Am Gaumen elegant bei reifem Tannin, reifer Frucht und sehr gut integrierter Säure, ausdrucksstark und lang. Als Piraten in eine Chambolle-Blindprobe stellen? 13,5 Vol.-%, DV, €€

★★★★

WEINGUT FRITZ WASSMER

Lazariterstraße 2, 79189 Bad Krozingen-Schlatt
T: +49 7633 3965, mail@weingutfritzwassmer.de
weingutfritzwassmer.de

Ab-Hof-Verkauf: Mo bis Fr 9–18 Uhr, Sa 10–16 Uhr
Kellermeister: Fritz Waßmer
Ansprechpartner: Fritz Waßmer
Flaschen/Hektar: 186.000 (35 % weiß, 65 % rot)/38 ha

Das Weingut bringt mit großer Konstanz Spitzenweine hervor: Weißweine mit einer Extraportion Cremigkeit, aber eben auch mit Stoff für lange Jahre der Entfaltung. Die besten Roten wetteifern mit den Grands Crus aus dem Burgund. Wir möchten aber auch das Scheinwerferlicht auf den Basis-Pinot richten: So viel Burgunder für 9,80 Euro, das ist ein – vorsichtig formuliert – ziemlich attraktives Angebot. Auch bei den Weißweinen ist das Burgund nah: Der Chardonnay vom Herbolzheimer Kaiserberg hat mineralische Würze und Extraktreichtum, dass es eine Freude ist.

94+ 2020 Herbolzheim Kaiserberg Chardonnay trocken
In der Nase gerösteter Sesam, gelbe Blüten, Klee, saftiger Apfel, nasses Gestein. Am Gaumen saftig, frisch, guter Extrakt, mineralische Würze, salzig, dezent pfeffrig, guter Zug, feine Säurestruktur, feine Phenolik, schöne Länge. Hat Reifepotenzial, macht aber auch jetzt schon Spaß. 12,5 Vol.-%, NK, €€€€

93 2020 Bombach Sommerhalde Grauer Burgunder trocken
Würzige Nase, gemahlene Mandeln, Orangenschale, Quitten, Birne, dezent nach Honigwabe, Holzwürze. Am Gaumen frisch, cremiger Fond, mineralische Würze, lebendige Säure, saftige Frucht, salzig, feine Phenolik, dicht, schöne Länge. 12,5 Vol.-%, NK, €€€€

95 2020 Herbolzheim Kaiserberg Spätburgunder trocken
Herbstlaub in der Nase, Wilderdbeeren, Sauerkirschen, Waldbeeren, Rote Bete, Unterholz, Gewürznelken. Am Gaumen spannungsgeladen, elegant, guter Extrakt, kerniges Tannin, feingliedriger Säurezug, mineralische Würze, schöne Länge. Hat Reifepotenzial. 13,5 Vol.-%, NK, €€€€

93+ 2020 Kenzingen Roter Berg Spätburgunder trocken
Waldspaziergang in der Nase, saftige rote und dunkle Waldbeeren, Wilderdbeeren, Unterholz, Eukalyptus, Nougat-Praliné. Am Gaumen stoffig, reife Säurestruktur, mineralische Würze, feine Phenolik, cremiger Kern, saftige rote Beeren, dunkle Schokolade, schöne Länge. 13,5 Vol.-%, NK, €€€€

92+ 2020 Staufen Schlossberg Chardonnay trocken

92+ 2020 Staufen Schlossberg Weißer Burgunder trocken

92+ 2020 Herbolzheim Kaiserberg Weißer Burgunder trocken

92 2020 Kenzingen Roter Berg Chardonnay trocken

92+ 2020 »CCL« Spätburgunder trocken

92+ 2020 Bombach Sommerhalde Spätburgunder trocken

91 2020 »Alte Reben« Spätburgunder tr.

90 2020 Spätburgunder trocken
Fruchtig in der Nase, Sauerkirschen, Himbeeren, Erdbeeren, Kräuterwürze, dunkle Schokolade. Am Gaumen saftige Frucht, gut integrierte Säure, samtiges Tannin, schön ausbalanciert. Ein Wein, der jeden Tag Freude schenkt. 13 Vol.-%, DV, €

★★★★

WEINGUT MARTIN WASSMER

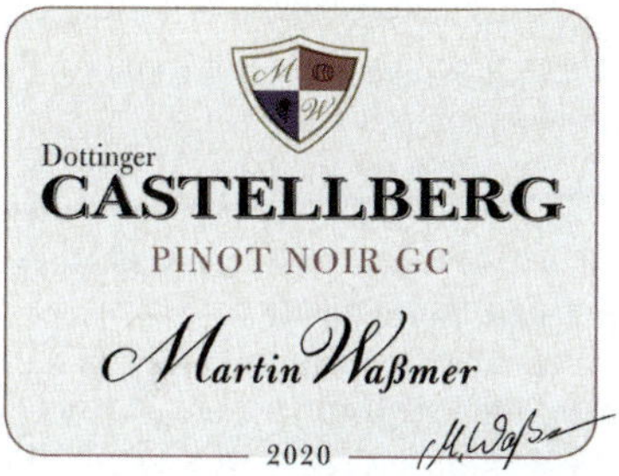

Am Sportplatz 3, 79189 Bad Krozingen-Schlatt
T: +49 7633 15292, info@weingut-wassmer.com
weingut-wassmer.de

Ab-Hof-Verkauf: Mo bis Fr 9–18 Uhr, Sa 10–16 Uhr, So 10–16 Uhr (Apr. bis Juni)
Kellermeister: Martin Waßmer, Stefan Beck
Ansprechpartner: Martin Waßmer
Flaschen/Hektar: 190.000 (40 % weiß, 60 % rot)/38 ha

Die Erfolgsgeschichte des Weinguts von Martin Waßmer ist ebenso steil wie kurz. Erst im Jahr 1997 gegründet – zu dem Zeitpunkt befanden sich bereits einige erstklassige Lagen in Familienbesitz –, gehört der Betrieb heute zur badischen Spitze. Eine gewisse Sehnsucht nach großen Burgundern sei damals ein Antrieb gewesen, heißt es. Diese Sehnsucht kann Martin Waßmer mittlerweile mit den eigenen exzellenten Chardonnays und Pinot Noir aus dem Dottinger Castellberg stillen – und wenn es etwas Abwechslung braucht, greift er einfach zum großartig gelungenen Syrah.

94 2020 »GC« Dottingen Castellberg Chardonnay trocken
Goldgelb. Fast kühl im Duft, Kräuterwürze, Aromen von junger Ananas, gelbem Apfel und Passionsfrucht kommen dazu. Am Gaumen mineralisch, sehr saftig, leichte Holzwürze, gut strukturiert. Ein attraktiver Säurebogen sowie feine Phenolik führen in einen langen Ausklang. 13,5 Vol.-%, NK, €€€€

93 2020 »GC« Dottingen Castellberg Grauer Burgunder trocken
Golden in der Farbgebung. Im Duft mit eleganten Aromen von Zitronenzesten, rosa Pfirsich, gelbem Apfel, kühlem Scholler und junger Mandel, dazu Röstaromen. Am Gaumen druckvoll und voluminös, cremiger Schmelz, alles von guter Säure abgefedert und in einem langen Abklang endend. 13,5 Vol.-%, NK, €€€

94+ 2020 »GC« Dottingen Castellberg Pinot Noir trocken
Rubinrot. Im Glas entwickeln sich intensive Aromen von Piment, Waldbeere, Himbeere und ein Hauch Vanille. Am Gaumen Süßkirsche, Rauchnoten sowie Gewürznelke. Hochwertiges, junges Tannin und feine Säure, viel Zug und Spannung, könnte auch Oregon sein. Groß und lang. 13,5 Vol.-%, NK, €€€€

94 2020 »GC« Schlatt Maltesergarten Pinot Noir trocken
Rubinrot. Im Duft mit Aromen von Johannisbeerblatt, Schwarzkirsche, Waldbrombeere und Zeder. Am Gaumen dann auch Hibiskus und Weihrauch, ein lebendiger Säurebogen und feine Mineralik tragen die Frucht, junges, feines Tannin, sehr langer Nachhall. Hat Potenzial. 13,5 Vol.-%, NK, €€€€

93 2020 »GC« Auggen Letten Grauer Burgunder trocken

92+ 2020 »GC« Dottingen Castellberg Weißer Burgunder trocken

92 2020 Staufen Schlossberg Weißer Burgunder trocken

94 2020 Dottingen Castellberg Syrah trocken

93 2020 »GC« Ehrenstetten Ölberg Spätburgunder trocken

93 2020 »GC« Glottertal Roter Bur Spätburgunder trocken

93 2020 Bad Krozingen Steingrüble Spätburgunder trocken

92 2021 »SW« Sauvignon Blanc trocken
Im Duft mit Aromen von reifer Stachelbeere, weißem Pfirsich, etwas Cassis, Passionsfrucht und Veilchen. Am Gaumen zeigt der Wein Kraft und Saft, lebendiges Säurekorsett, Zitrusaromen, wieder Johannisbeere, sortentypisch und doch eigenständig, sehr gelungen. 13,5 Vol.-%, NK, €€

★★★★

WEINGUT WÖHRLE

Weinbergstraße 3, 77933 Lahr
T: +49 7821 25332, info@woehrle-wein.de
woehrle-wein.de

Ab-Hof-Verkauf: Mo bis Fr 17–19 Uhr, Sa 10–14 Uhr
Kellermeister: Markus Wöhrle
Ansprechpartner: Tanja und Markus Wöhrle
Flaschen/Hektar: 100.000 (75 % weiß, 25 % rot)/15 ha
Anbauweise: Bio

Zu den lauten Winzerpaaren, die für sich selbst trommeln, gehören Tanja und Markus Wöhrle in Lahr überhaupt nicht. Trotzdem hat es sich herumgesprochen, dass hier Jahr für Jahr außergewöhnliche Qualitäten auf die Flasche kommen: Dichte und mineralische Große Gewächse von Burgundern in Weiß und Rot, elegante Weine mit pointierter Säure aus ersten Lagen wie Kirchgasse und Kronenbühl. Ein Wein ragt aus dem Portfolio heraus: Der Chardonnay Teufelslochgasse mit seidiger Textur und feiner Phenolik, der unangestrengt Spannung und Kraft aufbaut. Ziemlich groß!

94+ 2020 Lahr Teufelslochgasse Chardonnay tr.
Im Duft wird Balance angesagt: feiner Rauch, Mineralik, gut dosierte Frucht, Aprikose, Melone. Am Gaumen zeigt sich sehr viel Feingefühl, seidige Textur, die Spannung und Kraft einfängt und auch wieder loslässt, enorm feine Phenolik und Mineralik, wird noch größer. 13 Vol.-%, NK, €€€

93 2020 Lahr Kirchgasse Grauburgunder GG
Mittleres Goldgelb, würziger, rauchiger Duft mit Birne, Melone, gelber Pflaume und Quitte, geröstete Haselnuss, anklingende Mineralik. Kräftig und kompakt gebaut am Gaumen, gute Substanz, reife, gut tragende Säure, feine Phenolik, mineralische Grundierung. 13,5 Vol.-%, NK, €€€

92+ 2020 Lahr Herrentisch Weißburgunder GG
Rauch, mit etwas Luft gelbe Blüten, Aprikose, Apfel, auch Birne und Lindenblüten. Mit guter Konzentration am Gaumen, Aprikose, weißes Nougat, saftig, präzise, gut balancierende Säure, kompakt. Ist so angelegt, dass er Komplexität mit Eleganz verbinden wird. 13 Vol.-%, NK, €€€

93+ 2020 Lahr Kirchgasse Spätburgunder GG
Jugendlich verschlossen, Holzwürze, Veilchen, rote Kirsche, Schwarze Johannisbeere, Mandelkern. Setzt am Gaumen geschmeidig an mit weichem Fond, präzise Säure, saftige Kirsche, feinkörniger Gerbstoff, gute Balance der Elemente, gute Länge, viel Potenzial. 13,5 Vol.-%, NK, €€€

91 2021 Lahr Kronenbühl Grauburgunder Erste Lage trocken

91+ 2021 Lahr Kronenbühl Weißburgunder Erste Lage trocken
Feiner Rauch in der Nase mit Apfel, Zitronenmelisse und Mirabelle, etwas Kürbisschale, kräutrige Noten. Kräftig und kompakt gebaut am Gaumen, Melone und Apfel, gut eingewobene Säure, gepflegte Phenolik. Wirkt noch jugendlich, wird sich weiter entfalten. 13 Vol.-%, NK, €€

★★★

WEINGUT ZÄHRINGER

Johanniterstraße 61, 79423 Heitersheim
T: +49 7634 504890, info@weingut-zaehringer.de
weingut-zaehringer.de

Ab-Hof-Verkauf: Mo bis Mi 9–12 und 14–17 Uhr, Do und Fr 9–18 Uhr, Sa 10–13 Uhr
Kellermeister: Simon Höre
Ansprechpartner: Fabian Zähringer
Hektar: 50 ha

Es waren die Umstellung auf biologischen Anbau und die Entscheidung für Qualität vor Masse, die 1987 das alte Familienweingut vor der Bedeutungslosigkeit retteten. Seit 2010 wirtschaftet der Betrieb mit seinen immerhin 50 Hektar nach strengen Demeterregeln, und seine Weine besitzen seither wachsendes Renommee. Heute führt Fabian Zähringer in sechster Generation das Unternehmen. Die Weine haben im Vergleich zum Vorjahr noch einmal zugelegt. Überraschend, wie sehr sich der Viognier im Markgräflerland bereits zu Hause fühlt, grandios der stoffige 2020 »Orange« Weißburgunder.

94 2020 »Orange« Weißburgunder trocken
Feine dunkelorange Farbe, zart getrübt. Duftige Nase nach kandierten Orangenzesten, Kräutern, Birkensaft und reifem Most. Im Mund dicht, saftig, adstringierend, Kokosnuss, geriebener Apfel, füllige Säure mit tragendem Tannin, fordernd und doch ungemein trinkig. 13 Vol.-%, NK, €€€

93 2020 »Amber« Souvignier Gris trocken
Dickflüssig und mit goldgelbem Amberton fließt der Wein ins Glas. In der Nase rauchig, auch rohe Preiselbeeren und gerupfte Blätter. Im Mund beginnt der Wein weich, dann greifen eine feste Säure und eine milde, seidige Phenolik, geradezu explosiv würzige Gaumenaromen. 13,5 Vol.-%, NK, €€

93 2020 Dottingen Castellberg Viognier tr.
Brillant glitzernd fließt der Wein ins Glas. In der Nase feine Noten von hellem Tabak, getrockneten Grashalmen, auch Blüten wie Veilchen und Forsythien. Im Mund dann eine cremige Fülle mit eher verhaltener Säure, aber enormer Wucht im Nachhall. Braucht Essen. 14,5 Vol.-%, NK, €€€

92+ 2020 »SZ« Chardonnay trocken
Zuerst fällt eine leicht pudrige und vanillige Nase auf, dann feine nussige Noten wie weiße Haselnüsse. Im Mund eine saftige, gut eingebundene Zitrussäure, frisch und mollig zugleich, filigraner, eleganter Trinkfluss, sehr gut gemacht, langer Nachhall. 12,5 Vol.-%, NK, €€€

91 2020 »Pur« Pinot Noir trocken

91 2020 Heitersheim Sonnhohle Weißburgunder trocken

90+ 2019 »Crémant Baden« extra brut CH/PN

90 2020 »Pinot Rosé« brut PN/PM

92 2018 Heitersheim Sonnhohle Pinot Noir trocken

92 2020 »Réserve« Cabernet Franc trocken

91 2020 »Réserve« Merlot trocken

90 2021 Grauburgunder trocken
Glitzernder Wein mit duftiger Nase nach zarten Blüten, gelben Mirabellen, auch Heu. Am Gaumen kühl und saftig, dabei dicht gewoben und mit feiner harmonischer und ausbalancierter Säure. So wünscht man sich einen Einstiegs-Grauburgunder! 12,5 Vol.-%, DV, €€

★

WEINGUT ZIMMERMANN

Bürgelnblick 1, 79418 Schliengen
T: +49 7635 665, info@zimmermann-wein.de
zimmermann-wein.de

Ab-Hof-Verkauf: Ja
Kellermeister: Karl-Ernst Zimmermann
Ansprechpartner: Karl-Ernst Zimmermann
Flaschen/Hektar: 80.000 (75 % weiß, 25 % rot)/10.5 ha

Karl-Ernst Zimmermann pflegt gute zehn Hektar Weinberge in den sonnenverwöhnten Hanglagen von Schliengen, Mauchen, Bad Bellingen und Niedereggenen. Die angestellten Weine lassen sich in zwei Segmente gliedern: Die vollmundigen und substanzreichen Roten aus den Jahren 2018 und 2019 sowie die frischen und fruchtigen Weißweine aus 2021, von denen wir besonders den feinwürzigen Roten Gutedel empfehlen können. Die Weine können auch in der gutseigenen Weinschenke auf dem Schliengener Berg verkostet werden, wo auch Markgräfler Spezialitäten angeboten werden: ein malerischer Platz!

89+ 2021 »Kapellenberg Rhine Hill« Grauburgunder trocken
Zunächst Holzwürze und etwas Rauch in der Nase, dazu reife Birne, auch Pfirsich, getrocknete Gartenkräuter. Kräftiger Wein mit Kraft und Saft, die typische Säure aus 2021 steuert Frische und Balance bei, würzig, mit Schmelz. Ein Burgunder, der zum Essen gedacht ist. 14 Vol.-%, DV, €€

91 2018 »Angel Hill« Cabernet Franc trocken
Leicht rauchiges, würziges Ambiente, reife Schwarze Johannisbeeren, Kirschen und Pflaumen, erdige Noten. Vollmundig und einnehmend am Gaumen mit süßlichem Extrakt, Kakaopulver, dunkle Schokolade, seidiger Fond, feine Säure, geschmolzene Gerbstoffe, kultiviert. 14 Vol.-%, DV, €€€

90+ 2018 »Angel Hill« Syrah trocken
Reife Brombeeren, Kirschen, begleitet von feiner Holzwürze, etwas Gewürznelken, pfeffrige Noten. Saftig und geschmeidig im Mund, die Stoffigkeit und das Volumen zeigen das warme Jahr, würzig, schokoladig, gute Balance, kultivierter, reifer Gerbstoff, pfeffrig. 14 Vol.-%, DV, €€€

90+ 2019 »Angel Hill« Merlot trocken
Kirschen, Schwarze Johannisbeeren und Zwetschge in der satten und würzigen Nase, kräutrige Noten, auch rauchige Würze. Auf weichem und geschmeidigem Hintergrund mit Saft und Würze, gut eingebundene Säure, etwas dunkle Schokolade, erdige Noten, Substanz und Länge. 14 Vol.-%, DV, €€€

89 2021 »Happy Hill« Sauvignon Blanc tr.

89+ 2021 »Ölacker Rhine Hill« Roter Gutedel trocken
Gris in der Farbe. Dezente Holzwürze in der Nase, Apfel, auch Mirabelle und Aprikose, Kräuter. Klar gefasst am Gaumen in einer schlanken, kompakten Struktur, saftig, mit feiner Würze und mineralischen Anklängen, feine Herbe, nicht zu süß abgeschmeckt. 12,5 Vol.-%, DV, €€

Lindau am Bodensee

GASTGEBER AUS LEIDENSCHAFT

Gemeinsam mit den Winzern der Region – als uneingeschränkten Experten, was das leibliche Wohl anbelangt – hat Falstaff die besten Genussadressen in Sachen Kulinarik sorgfältig ausgewählt und zusammengestellt.

Heckerstuben im Wasserschloss

74918 Angelbachtal

Robert Petermann und Isabel Landsgesell sind seit Jahrzehnten ein eingespieltes Team. Monatlich wechselt die Speisekarte ihres Restaurants, badische Klassiker und internationale Einflüsse ergeben ein attraktives Angebot. Tolle Weinkarte!

Schloßstraße 1
+49 (7265) 499907
www.heckerstuben.de

SO

Empfohlen von: **Wein- und Sektgut Hummel, Inhaber Daniel Rhein, Weingut Burg Ravensburg**

Der Erck Dein Restaurant

76669 Bad Schönborn

Heimatküche ist das Thema in dem ansprechend gestylten Restaurant. Entspannt und locker geht es hier zu, der freundliche Service serviert Kreatives mit saisonalen Akzenten: mal aus regionalen Produkten zubereitet, mal über den Tellerrand geschaut.

Heidelberger Straße 22
(725) 3 977910
www.dein-erck.de

SO

Empfohlen von: **Wein- und Sektgut Hummel, Inhaber Daniel Rhein**

76530 Baden-Baden

Der Kleine Prinz

Zentral gelegen, beherbergt das familiengeführte Hotel auch ein schickes Restaurant, das sich der klassischen französischen Küche verschrieben hat. Gourmet-Gerichte in gemütlicher Atmosphäre, dazu eine gut sortierte Weinkarte.

Lichtentaler Straße 36
+49 (7221) 346600
www.derkleineprinz.de

SO

Empfohlen von: **Weingut Axel Bauer**

76530 Baden-Baden

Maltes Hidden Kitchen

»Casual Dining« heißt das Restaurantprogramm, das Ambiente ist perfekt darauf abgestimmt. Die talentierte Küche setzt ausdrucksstarke aromatische Akzente. Place to be für Feinschmecker jeden Alters!

Gernsbacher Straße 24
+49 (7221) 7025020
exquisite-concepts.com

Empfohlen von: **Weingut Kopp**

76530 Baden-Baden

Le Jardin de France

Umgezogen in das alte Stahlbad mit Wintergarten, ist sich die Küche trotz des Standortwechsels treu geblieben. Klassisch französisch, ohne Chichi, raffiniert ausgefeilt und immer auf der Gourmetseite.

Augustaplatz 2
+49 (7221) 3007860
www.lejardindefrance.de

Empfohlen von: **Weingut Axel Bauer**

Heidelberg

Foto: beigestellt, Shutterstock

76530 Baden-Baden

RIZZI The Restaurant

Asiatische Einflüsse in einer mediterran ausgerichteten Küche? Das funktioniert gut, wie das angesagte Szene-Restaurant beweist. Man speist facettenreich und kreativ, dazu lockt eine gut sortierte Auswahl an nationalen und internationalen Weinen.

Augustaplatz 1
+49 (7221) 25838
www.rizzi-baden-baden.de

SO

Empfohlen von: **Weingut Kopp**

77815 Bühl

Burg Windeck

Hoch über den Dächern der Stadt Bühl wird im gemütlichen Burg-Restaurant mit Panoramablick authentische badische Küche zelebriert, hier und da gekonnt verfeinert mit mediterranen Einflüssen. Die Weinkarte bietet dazu die passenden Gewächse.

Kappelwindeckstraße 104
+49 (7223) 94920
www.burg-windeck.de

SO

Empfohlen von: **Weingut Axel Bauer**

77815 Bühl

Jägersteig

Allein die Lage mit grandiosem Fernblick ist beeindruckend. Bei einem guten Glas Wein – vornehmlich aus Baden und Württemberg – und einer Küche, die auf hohem regionalem Niveau wandelt, kann man entspannt in die Welt schauen.

Kappelwindeckstraße 95a
+49 (7223) 98590
www.jaegersteig.de

P SO

Empfohlen von: **Weingut Axel Bauer**

77815 Bühl

Schwanen

Hausgemacht ist in dem zünftigen Wirtshaus fast alles, was auf die Teller kommt, hier werden bodenständige Gerichte in handfesten Portionen angeboten. Dazu kann man sich aus der gut sortierten Weinkarte das passende Gewächs aussuchen.

Schwanenstraße 4
+49 (7223) 9791530
www.schwanen-buehl.de

SO

Empfohlen von: **Weingut Axel Bauer**

79211 Denzlingen

Delcanto

Im schicken, modern gestylten Ambiente direkt am See kann man gut die Seele baumeln lassen. Die Küche, die gerne mit regionalen Produkten arbeitet, unterstützt das entspannte Wohlbefinden mit gut zubereiteten mediterran geprägten Gerichten.

Stuttgarter Straße 30
+49 (7666) 881020
www.kultur-und-buergerhaus.de

SO

Empfohlen von: **Weingut Otto und Martin Frey**

79802 Dettighofen

Hofgut Albführen

Ein kleiner Geheimtipp ist das im Landhausstil eingerichtete Restaurant des Hofguts. Die Küche ist ambitioniert und gibt ihren gutbürgerlichen Gerichten immer eine kleine Portion Gourmetpfiff mit.

Albführen
+49 (7742) 92960
www.albfuehren.de

Empfohlen von: **Falstaff-Redaktion**

79346 Endingen

Merkles Restaurant

Dass es seinen Gäste gut geht, ist das Credo von Thomas Merkel. Dafür wandelt die ambitionierte Küche sicher auf den Pfaden der Haute Cuisine, ohne aber regionale kulinarische Bezüge zu verlieren.

Hauptstraße 2
+49 (7642) 7900
www.merkles-restaurant.de

€€€

Empfohlen von: **Weingut Friedrich Kiefer**

79588 Efringen-Kirchen

Rebstock Egringen

Seit sieben Generationen im Familienbesitz – das bürgt für kontinuierliche Qualität. Die Küche ist dabei Dreh- und Angelpunkt, saisonale Speisen und Wild-Gerichte sind hier das Aushängeschild der gemütlichen Gastwirtschaft. Gutes Weinangebot!

Kanderner Straße 21
+49 (7628) 90370
www.rebstock-egringen.de

Empfohlen von: **Weingut Blankenhorn**

79356 Eichstetten am Kaiserstuhl

Gasthof Rebland

Dass die Speisekarte ständig aktualisiert wird, hält die Spannung in der Küche hoch. Regionale und saisonale Produkte, immer frisch zubereitet, sind das Credo des gastlichen Familienbetriebes. Natürlich werden hier badische Weine ausgeschenkt.

Nimburger Straße 15
+49 (7663) 2511
www.gasthof-rebland.de

Empfohlen von: **Weingut Friedrich Kiefer**

77723 Gengenbach

Reichsstadt

Die blumengeschmückte Terrasse ist rasch ausgebucht. Badischer Genussstil gelingt mit Gänseleberterrine, Duett vom Kalb auf Schupfnudeln und Rhabarbertarte mit Eis. Der Weinkeller ist gut bestückt.

Engelgasse 33
+49 (7803) 96630
www.die-reichsstadt.de

Empfohlen von: **Bärmann**

Foto: beigestellt, Shutterstock

79286 Glottertal

Zum Goldenen Engel

Im prächtigen Landhotel im Schwarzwaldstil wird regional gekocht, Glottertaler Schwein, Rind und Wein spielen die Hauptrollen. Auch Kalbskopf und Bries werden serviert. Schönes vegetarisches Menü.

Friedhofweg 2
+49 (7684) 250
www.goldener-engel-glottertal.de

P SO

Empfohlen von: **Falstaff-Redaktion**

79286 Glottertal

Zur Sonne

Die bodenständige Küche passt perfekt zur malerischen Landschaft. Highlights sind neben Fisch und Wild auch hausgemachte Spätzle und Schmorgerichte aus dem Ofen. Gewürzt wird mit eigenen Kräutern.

Talstraße 103
+49 (7684) 242
www.sonne-glottertal.de

SO

Empfohlen von: **Weingut Otto und Martin Frey**

Schwabentor in Freiburg

69120 Heidelberg

Mensurstube

Urige Studentenromantik in der gemütlichen historischen Gaststube. Serviert werden hier stilechte regionale hausgemachte Spezialitäten. In Sachen Weinauswahl kann man getrost dem Service vertrauen.

Hirschgasse 3
+49 (6221) 4540
www.hirschgasse.de

SO

Empfohlen von: **Wein- und Sektgut Hunmel, Inhaber Daniel Rhein**

69117 Heidelberg

Zum Nepomuk

Traditionell, regional, frisch und alles in bester Qualität: Im schönen Wirtshaus-Ambiente wird das gekonnt umgesetzt, die Küche glänzt mit gutbürgerlichen Gerichten und schaut dabei auch über den Tellerrand. Gut sortierte Weinauswahl!

Obere Neckarstraße 2
+49 (6221) 739130
hotel-zur-alten-bruecke.de

SO €€

Empfohlen von: **Falstaff-Redaktion**

88090 Immenstaad am Bodensee

Heinzler am See

Dass die Produkte aus der Region kommen, ist für Thomas Henzler selbstverständlich. Frisch und unkompliziert sind seine bodenständigen Gerichte: regionale Spezialitäten wie internationale Klassiker.

Strandbadstraße 3
+49 (7545) 93190
www.heinzleramsee.de

Empfohlen von: **Weingut Aufricht**

79341 Kenzingen

Scheidels Restaurant zum Kranz

Das Haus blickt auf eine lange Familientradition zurück, traditionelle Werte vertritt auch die Küchenlinie. Fisch in Rieslingsauce auf Ratatouille, Lamm oder Kalbsteak gelingen fein. Große Weinkarte.

Offenburger Straße 18
+49 (7644) 6855
www.scheidels-kranz.de

Empfohlen von: **Shelter Winery**

77694 Kehl

EssZimmer

Das klassische Brasserie-Interieur ist die passende Kulisse für die Speisen, die hier aufgetischt werden. Elsässer Sauerbraten, Tatar, Schnitzel, Lamm und Fisch in herzhaften und mediterranen Varianten.

Hauptstraße 183
+49 (7851) 91040
www.rebstock-kehl.de

Empfohlen von: **Weingut Kopp**

78464 Konstanz

Ophelia

Neben Zutaten aus der ganzen Welt setzt Dirk Hoberg in der Jugendstilvilla auch Produkte aus dem Bodensee und der Region in Szene. Mit filigransten Techniken kreiert er herausragende Geschmackserlebnisse.

Seestraße 25
+49 (7531) 363090
www.hotel-riva.de

Empfohlen von: **Weingut Lanz**

Foto: beigestellt, Shutterstock

79807 Lottstetten

Zum Kranz

Eine lange Tradition und moderne Ideen sind im Familienbetrieb bestens vereint. Die Küche schaut gekonnt über den regionalen Tellerrand und bietet internationale Restaurantklassiker und Spezialitäten.

Dorfstraße 23
+49 (7745) 7302
www.gasthof-zum-kranz.de

P SO

Empfohlen von: **Weingut Clauß**

79379 Müllheim

Taberna

In Südafrika und England liegen die Wurzeln der beiden Gastgeber. Doch ihre Küche wandelt auf Markgräfler und badischen Pfaden, gewürzt mit Tradition, teils modern interpretiert. Ein tolles Konzept!

Marktplatz 7
+49 (7631) 174884
www.taberna-restaurant.de

Empfohlen von: **Weingut Blankenhorn**
Weingut Rieger

79291 Merdingen

Dialekt

Jeden Mittag ein anderes Gericht zu einem moderaten Preis, abends dann die Speisekarte mit einem durchdachten, saisonal geprägten Angebot, bei dem auch Vegetarier glücklich und satt werden. Marktfrisch eingekauft, kommt alles frisch auf die Teller.

Kleinsteinen 11
+49 (7668) 9960550
www.ins-dialekt.de

SO

Empfohlen von: **Bärmann**

88457 Oberopfingen

Löwen

Schlemmerrestaurant, so nennt Alexander Uhland seine sympathische Gastwirtschaft, und er wird nicht müde, gekonnt mit asiatischen und mediterranen Akzenten seine weltläufige Küche raffiniert zu bereichern.

Kirchdorfer Straße 8
+49 (8395) 667
www.loewen-oberopfingen.de

P SO €€

Empfohlen von: **Falstaff-Redaktion**

Eschendorfer Lump

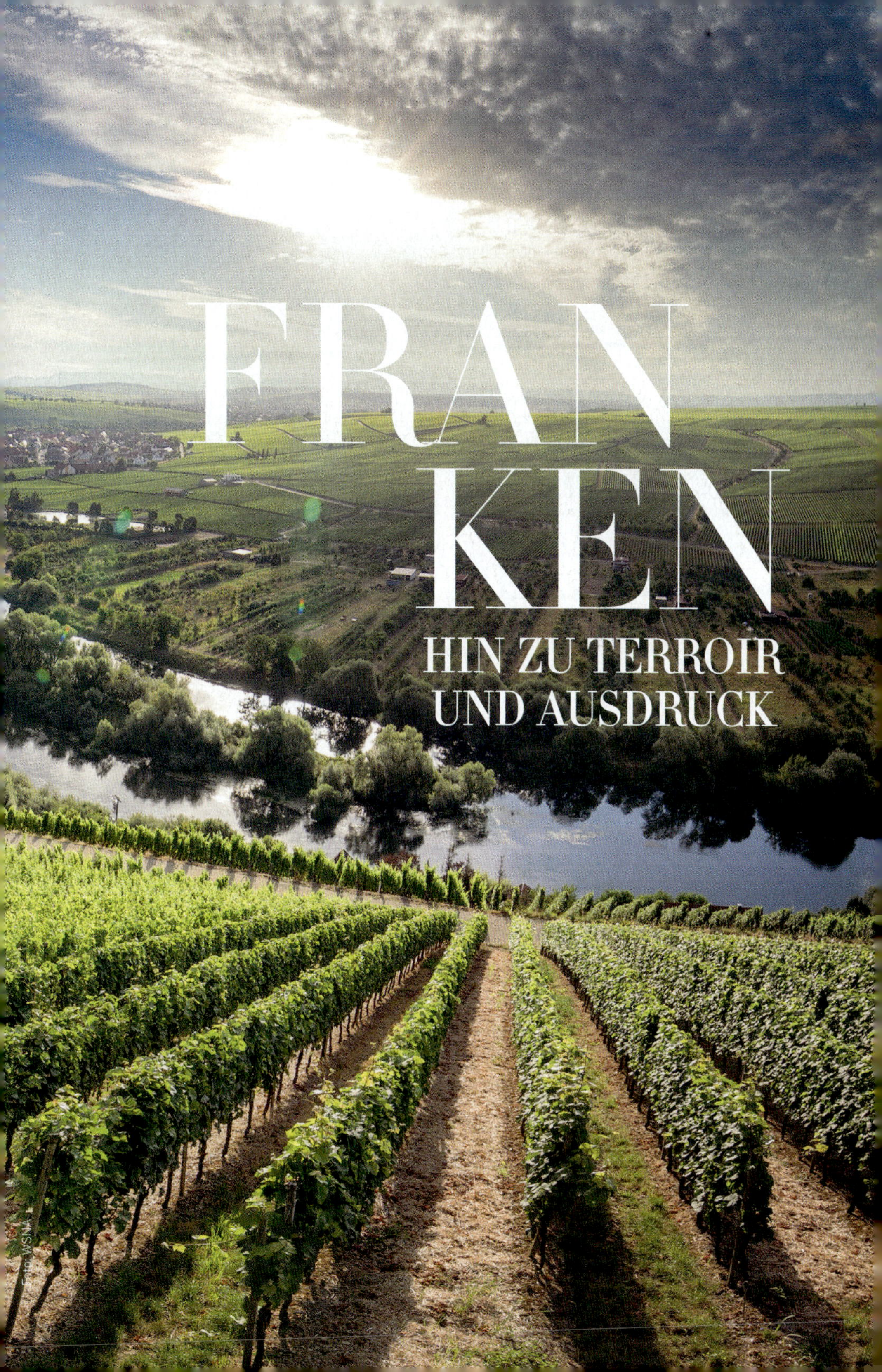

FRANKEN

HIN ZU TERROIR UND AUSDRUCK

Foto: WSNA

Franziskanerkloster Engelberg bei Großheubach

VON LEUCHTTÜRMEN, FRUCHTBOMBEN UND ANARCHISTEN

Wein braucht Kontext, das Verstehen des »Wer, wann, wo, wie und warum« kann zusätzliche Dimensionen beim Weinerlebnis erschließen. Das gilt insbesondere auch für jene Regionen, die etwas abseits der allgemeinen Wahrnehmung liegen. Unser Autor Thomas Curtius zeigt deshalb seine ganz persönliche Sicht auf und hinter die Dinge zwischen Spessart, Rhön, Steigerwald und Taubertal.

TEXT THOMAS CURTIUS, MW

Franken und ich, das war eine schwierige Geburt – buchstäblich. Als ich im Juni 1969 mit Blick auf den Würzburger Stein das Licht der Welt erblicken sollte, wehrte ich mich zum Leidwesen meiner Mutter und der Ärzte beharrlich. Doch schon im zarten Alter von fünf Jahren habe ich einer Abtsleite Spätlese genüsslich zugesprochen. Der Curtius'schen Familienchronik zufolge schleckte ich nach der Taufe meines kleinen Bruders heimlich sämtliche Weingläser unserer Gäste aus. Danach schlief ich satt und selig. Gottlob war COVID noch kein Thema.

Ich denke auch an die Bürgerspital Riesling Beerenauslese aus dem Würzburger Stein von 1976, die ich jüngst mit Freunden teilen durfte. Dunkles Gold im Glas; Firne, Petrol, Honig, Bienen- und Bohnerwachs in der Nase; öliger Schmelz am Gaumen. Man ahnte die Hitze jenes Sommers und einen gesättigten Geist der Zeit. An unseren Hochzeitswein erinnere ich mich dagegen nicht. War ich zu aufgeregt, der Wein nicht aufregend genug, oder ist's einfach zu lange her? Egal, ein trockener Weißer war's. Wahrscheinlich aus dem Hofkeller, wo wir damals den Bund fürs Leben gefeiert haben.

Fotos: beigestellt, WSNA, Weingut Horst Sauer, Weingut Rudolf Fürst

Wir sind uns bis heute zugetan: meine Frau, ich und der fränkische Wein.
Allen voran sind da jene packenden Kollektionen, die wie Leuchttürme in die Weinwelt strahlen. Sie kommen mir auch als Erstes in den Sinn, wenn Andreas Göpfert von »Nischensternchen« spricht. »Wir sind Nische mit unseren 6.000 Hektar und werden das auch bleiben«, so der Frankenland-Marketingleiter. »Gleichzeitig wollen wir strahlen in unserer fränkischen Nische.« Im Churfränkischen sind es etwa die Spätburgunder von Paul und Sebastian Fürst, die weithin sichtbar leuchten – sie spielen fast in einer eigenen Liga: geschliffen, präzise und ausdrucksstark. Erstklassige Lagen, multipliziert mit Können, Leidenschaft, Strategie und dem richtigen Timing, lautet die Zauberformel. »Warme Jahre wie 2018 bis 2020 haben uns ziemlich Dampf gemacht«, erzählt Sebastian Fürst. Durch die schnelle Entwicklung im Weinberg halbiere sich teilweise die Zeit, die zum Lesen bleibe. »2018 haben wir beispielsweise in fünf Tagen 80 Prozent unseres Spätburgunders ernten müssen.« Weiter westlich berühren mich unter anderem die Weine von Sandra

Sandra Sauer,
Weingut Horst Sauer

und Horst Sauer, insbesondere ihre edelsüßen Rieslinge und Silvaner, die so finessenreich und scheinbar mühelos den Escherndorfer Lump ins Glas bringen.

SILVANER: BALANCIERT MIT SPANNENDER PHENOLIK

Ach ja, der Silvaner, die weiße Leitsorte der Region. Engagierte Winzer haben ihm

Familie Fürst,
Weingut Rudolf Fürst

WEINBAUGEBIET FRANKEN

Anbaufläche ca. 6100 Hektar
Aufteilung 216 Einzellagen
Wichtigste Rebsorten Silvaner, Riesling, Müller-Thurgau, Spätburgunder

Verband
Frankenland GmbH,
Hertzstraße 12, 97076 Würzburg
www.frankenwein-aktuell.de

: Weinbau
Stg.: Steigung
Hm: Höhenmeter

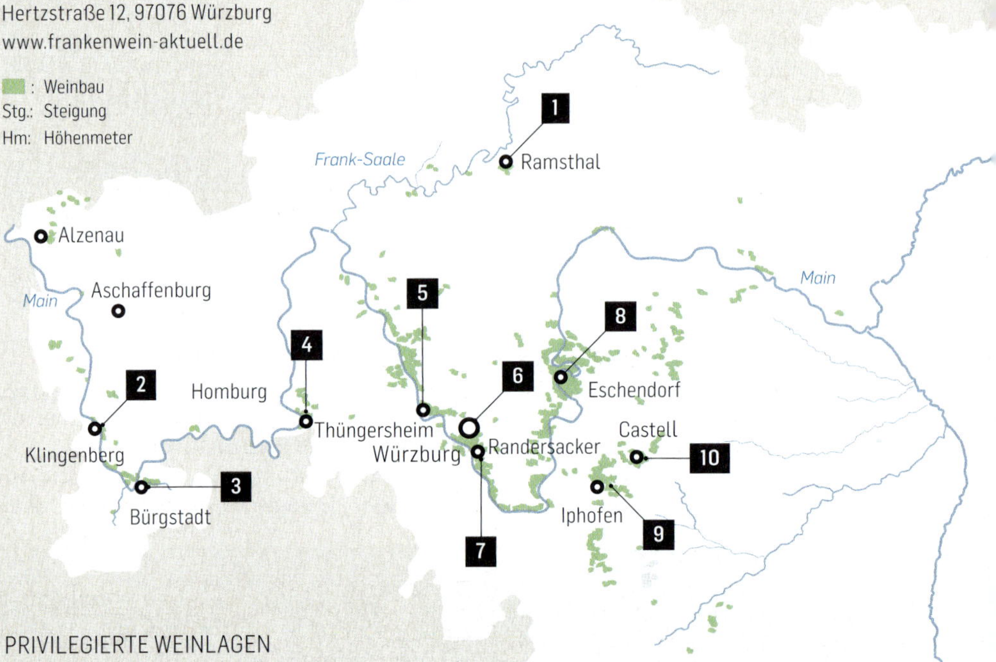

PRIVILEGIERTE WEINLAGEN

1 **Ramsthal St. Klausen**
33,9 ha, 25–70 % Stg.,
Muschelkalk

2 **Klingenberg Schlossberg**
27 ha, 120–230 Hm, 50–90 % Stg.,
Buntsandstein, roter Ton

3 **Bürgstadt Centgrafenberg / Hundsrück**
75,1 ha, 150–250 Hm, 10–40 % Stg.,
roter Buntsandstein

4 **Homburg Fürstlicher Kallmuth**
43 ha, 140–240 Hm, 40–74 % Stg.,
Buntsandstein, Muschelkalk

5 **Thüngersheim Rothlauf**
8 ha, 190–300 Hm,
Buntsandstein, Muschelkalk

6 **Würzburg Stein-Berg / Stein-Harfe**
76 ha, 210–300 Hm, 30–75 % Stg.,
Muschelkalk, hoher Gesteinsanteil

7 **Randersacker Pfülben**
19 ha, 185–270 Hm, 30–70 % Stg.,
Muschelkalk, toniger Feinboden

8 **Escherndorf Lump**
37 ha, 190–270 Hm, 40–70 % Stg.,
Muschelkalk, Lettenkeuper

9 **Iphofen Julius-Echter-Berg**
47 ha, 270–370 Hm, 15–65 % Stg.,
Keuperboden, Schilfsandstein

10 **Castell Schlossberg**
4,5 ha, 300–390 Hm, 40–70 % Stg.,
graublauer, grusiger Tonstein, Gipskeuper

Privilegierte Weinlage Castell Schlossberg

längst seine interessante, eigenständige Seite zurückgegeben. »Hin zu Terroir und Ausdruck, weg von Apfel, Birne, Heu und Pfeffer«, fasst es Thorsten Kiss vom Weindistributeur Schlumberger treffend zusammen. Spannungsreich, balanciert mit spannender Phenolik und ideal als ernsthafte Speisenbegleiter, könnte ich hinzufügen. Rudolf May aus Retzstadt gehört zu denen, die sich diesem »anderen« Silvaner verschrieben haben. Seine Weine flüstern vom Muschelkalk und Buntsandstein. Sie schweben meilenweit über den austauschbaren Weinen zum »Schoppen oder Spargel«, die jedes Jahr durch LEH und Außengastronomie schwappen.

Dass sich Größe und Klasse nicht ausschließen, beweisen unter anderem die Spitäler und Stiftungen. Ihre Strukturen mögen sie zwar weniger kompromisslos, pointiert und agil unterwegs sein lassen als andere. Doch gehen hier Tradition, Innovation und Ambition gerade in der Spitze eine ganz eigene, spannende Symbiose ein. Ihre Silvaner und Rieslinge vom Stein, Julius-Echter-Berg oder Pfülben tragen ihre stolzen Lagennamen in der Regel endlich wieder zu Recht.

DIE JUGEND IST EXPERIMENTIERFREUDIG

Gleichzeitig sind es junge Ehrgeizige, die aufmerken lassen – etwa der Falstaff-Newcomer-Kandidat Nicolas Olinger aus Iphofen. Auch er ist lieber Bodenbotschafter als Fruchtbombenbastler. Und dann gibt es da Laura Burkhardt und Se-

Thilo Heuft, Weingutsleitung des Staatlichen Hofkellers Würzburg

Fotos: beigestellt, Staatlicher Hofkeller Würzburg

Manfred Rothe,
Weingut Manfred Rothe

bastian Schür. Vor zehn Jahren machten sich die beiden Sekt-Verrückten auf, um in Bürgstadt großartige Schaumweine zu komponieren. Mission erfüllt, wird wohl jeder sagen, der ihre Kollektion schon einmal verkostet hat.

Natürlich sorgen die Unangepassten für besonders viel Gesprächsstoff innerhalb unserer Weinblase: Laura Seuferts anarchischer, auf der Maische vergorener Silvaner mit tropischem Fruchteinschlag und phenolischem Griff am Gaumen – oder Stephan und Simone Krämers Naturweine, die sie naturtrüb und mit wenig Schwefel abfüllen: wild, fordernd, ungewöhnlich, nichts für Schönwettertrinker. So lieben es die Sommeliers zwischen Sansibar und Tegernsee. Fast arriviert kommt da inzwischen Nachbar Christian Stahl daher, auch wenn seine Chenin Blancs und Grünen Veltliner nicht wirklich regionaltypisch sind und sein nächstes »Projekt« wahrscheinlich schon im Keller schlummert.

Apropos »im Keller schlummern«: Ich liebe es, wenn die Franken den Dingen Zeit geben, wie eben jener 1976er Beerenauslese. Wovon wohl die diesjährigen Trauben aus dem Stein in 46 Jahren flüstern werden? Wir sind gespannt. Ich bin dann gerade einmal 98 Jahre jung und freue mich schon jetzt aufs Lauschen.

Weitere Infos über den Autor finden Sie im Kapitel »Verkostungsteam« ab S. 12.

Weingut Schloss Sommerhausen

Fotos: beigestellt, Weingut Manfred Rothe, Weingut Schloss Sommerhausen

★★

WEINGUT JOHANN ARNOLD

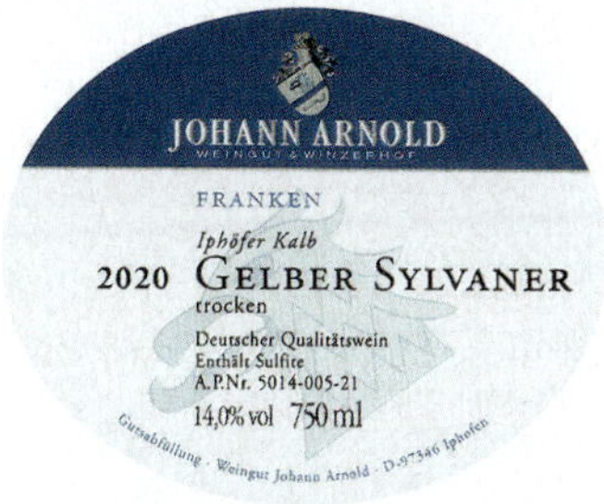

Lange Gasse 26–28, 97346 Iphofen
T: +49 9323 89833, mail@weingut-arnold.de
weingut-arnold.de

Ab-Hof-Verkauf: Mo bis Sa 8–18 Uhr
Kellermeister: Johannes Arnold
Ansprechpartner: Johannes Arnold
Flaschen/Hektar: 67.000 (84 % weiß, 16 % rot)/10 ha

Johannes Arnold unterrichtet Weinbau an der Berufsschule und hat auch schon chinesische Betriebsleiter in naturnahem Weinbau geschult. Von jemandem wie ihm darf man Weine mit Idee erwarten. Und das Iphöfer Weingut liefert. Der Echterberg aus dem Granitfass besitzt eine Phenolik, die den latenten Bittertönen des Silvaners nicht aus dem Weg geht, im Gegenteil. Super! Nicht minder überraschend: die »Alten Reben« der Lage Kalb. Trockener Silvaner mit neun Gramm Restzucker führt bei unseren Verkostern meist zu Naserümpfen, aber hier fühlt man sich fast an der Mosel. Chapeau!

93 2021 »Granitfass« Iphofen Julius-Echter-Berg Sylvaner Erste Lage trocken
Würzig-reduktiv im Duft, etwas Mandel, Apfel, Kräuternoten, ein Hauch Balsamisches. Im Mund offenbart sich eine straffe phenolische Struktur, aparte Bittertöne, hefige Mandelnoten plus Keuper-Würzigkeit, taktile Mineralik kontrastiert den geschmeidigen Fond. Zukunft! 14,5 Vol.-%, DV, €€€

91+ 2021 »Alte Reben« Iphofen Kalb Sylvaner Erste Lage trocken
Der Duft ist archetypisch Keuper: kräuterwürzig, pfeffrig-steinig, dazu die Wiesenblüten-Aromen des Silvaners. Der Gaumen eröffnet recht süß, dadurch entsteht ein fast rieslinghaftes Spiel, zusammen mit der mineralischen Tiefe und der schlanken Anlage funktioniert die Süße gut.
11,5 Vol.-%, DV, €€

90 2021 Scheurebe feinherb
Im Duft findet man Grapefruitnoten und leicht mineralische Töne. Im Mund ist der Wein leichtgewichtig, spielt mit Süße und Säure, die Würze bleibt zurückhaltend. Ein verkappter Kabinett! Absolut ungewöhnlich, aber in sich völlig stimmig.
12,5 Vol.-%, DV, €

90 2021 Riesling feinherb
Im Duft Melisse, Rosmarinblüten, Zitronenschale, Mirabelle. Der Gaumen entfaltet ein saftiges Spiel, der Wein ist leicht im Alkohol, aber gut mit aromatischen Terpenen und sonstigem Extrakt dotiert, der Abklang ist noch jugendlich-kompakt. 12,5 Vol.-%, DV, €

89+ 2021 Weißburgunder trocken

90+ 2021 Iphofen Silvaner trocken
Der noch jugendlich-zurückhaltende Duft zeigt sich von einer mineralisch fokussierten, fast etwas kreidigen Art. Dieselbe kreidige Art findet man auch am Gaumen, der kompromisslos fränkisch trocken abgestimmt ist. Ein saftig-pikanter, sehr gut seine Herkunft zeigender Silvaner.
12,5 Vol.-%, DV, €€

WEINGUT BAUMANN

Handthal 30, 97516 Handthal
T: +49 9382 1341, info@weingut-baumann.de
weingut-baumann.de

Ab-Hof-Verkauf: Ja
Kellermeister: Manfred und Felix Baumann
Ansprechpartner: Felix Baumann
Flaschen/Hektar: 80.000 (65 % weiß, 20 % rot, 5 % Rosé, 2 % süß, 8 % Schaumwein)/13 ha

Von Wäldern umgeben, liegt das Weingut Baumann am Rand des Steigerwalds. Auf den verschiedenen Schichten des Keupers bewirtschaftet man 13 Hektar Weinberge, die mit »fränkischen Helden« wie Silvaner, Bacchus und Burgundersorten bestockt sind. Südhang, Steilstlagen und der kühlende Einfluss des Waldes lassen hier Trauben wachsen, aus denen kräftige, kräutrige, mineralische und komplexe Weine entstehen. Im Keller verwirklichen sich mit Manfred Baumann und Sohn Felix zwei Generationen. Die Naturweine »Nakkt und glücklich« punkten mit feiner Phenolik. Vielversprechendes Debüt!

92 2018 »Nakkt und bunt« Weißburgunder trocken
Leicht bernsteinfarben. In der Nase Fenchelkraut, Apfelschale, Cidre, etwas Kümmel, Orangenöl, Jasmintee. Saftig und elegant am Gaumen, im Hintergrund formieren sich kräutrige und etwas herbe, pfeffrige Noten, feine Phenole, hat Stil und dabei einen natürlichen Charakter. 13,5 Vol.-%, NK, €€

91 2020 »Signatur« Silvaner trocken
Reifer gelber Apfel, Birne und auch getrocknete Mangospalten, Wiesenkräuter, auch etwas Bienenwachs. Mit saftiger Würze am Gaumen ansetzend, Birne und auch Melone, kompakter Bau, fest in der Struktur, gute Substanz, reife Säure, phenolische Schichtung. 12 Vol.-%, DV, €€

91+ 2018 Handthal Stollberg Frühburgunder trocken
Johannisbeere, Kirsche, etwas Hagebuttentee, Rauch, getrocknete Kräuter, etwas Salbei und Thymian. Würzig, leicht pfeffrig und saftig am Gaumen, weicher Fond, süßlicher Extrakt, kompakte Struktur, gepflegter, weicher Gerbstoff, mineralisch, endet würzig. 13 Vol.-%, DV, €€

91+ 2019 »Vogelweide« Spätburgunder trocken
Schwarze Kirsche, Brombeere und Holunderbeere im Bukett, etwas Himbeere, leicht ätherischer Nachklang. Mit guter Substanz am Gaumen, würzig unterlegte beerige Frucht, saftige Schwarzkirsche, Brombeere, reife, tragende Säure, mineralische Anklänge, gute Länge. 13,5 Vol.-%, DV, €€

89+ 2021 »Blinker« Bacchus trocken

93 2021 »Nakkt und glücklich« Silvaner trocken
Cidre, Wermutkraut, Apfelschale, Pannacotta, Cheesecake, getrocknete Aprikose. Mit saftiger Herbe am Gaumen, Cidre, eine Menge reifer Phenole, feiner Gerbstoffgrip, mineralisch. Macht einen Ausflug in die wilde Natur und kehrt mit spannenden Facetten zurück.
12 Vol.-%, NK, €€

★★

WEINHAUS BOESSNECK

Lange Gasse 26/28, 97346 Iphofen
T: +49 175 8225394, weinhaus@boessneck.com
boessneck.com

Ab-Hof-Verkauf: nach Vereinbarung
Kellermeister: Mathias Meimberg
Ansprechpartner: Mathias Meimberg
Flaschen/Hektar: 4.000/3 ha

Zunächst als kleines, feines Sekthaus bekannt geworden, macht der junge Betrieb nun auch als Produzent ausgezeichneter Stillweine von sich reden. Sie sind allesamt Individualisten und erheischen Aufmerksamkeit – Weine für Erwachsene eben. Namentlich die Silvaner zeigen das Überraschungspotenzial der Rebsorte, zumal dieser Betrieb über Parzellen in bester Lage verfügt: am Iphöfer Julius-Echter-Berg. Besonders angetan waren wir vom 2016er: ein Charakterwein, der auch für 25 Euro letztlich preiswert ist. Der Lohn ist unsere Watchlist für den dritten Stern.

95 NV »resolut« brut
Honiggelb im Glas. Reduktive Nase. Feines, kraftvolles Mousseux. Leicht animalischer Geschmack, aber angenehm, mit guter Säure und einem Touch Schwarzbrot, deutliche Süße, im Nachgeschmack reifer Apfel. Kann ein komplettes Menü begleiten. 12,5 Vol.-%, NK, €€€€

92 2015 Sylvaner trocken
Deutlich süßer und schwerer als der 2016er. Mit Lakritztönen und gutem Extrakt. Der hohe Alkoholgehalt passt zu diesem Wein, der sich als Begleiter von Käsespezialitäten eignet. Ein sehr individueller Franke, auch als Solitär zu genießen. 15 Vol.-%, DV, €€€

92 2014 Spätburgunder trocken
Dezentes Holz im Duft sowie Noten von Milchschokolade, Sandelholz, Minze und gedörrter Feige. Im Mund hat der Wein eine sehnige Spannung, die ihre Energie aus Säure und taktiler Mineralik bezieht. Der Abgang zeigt sich leicht kräutrig mit reifer Frucht. Zum Essen! 14 Vol.-%, NK, €€€

91+ 2012 Spätburgunder trocken
Reif und würzig im Duft, getrocknetes Lorbeerblatt, Chinarinde, Kräuter. Im Mund beeindruckt zuerst die Wucht des Weins, der Alkohol markiert stark, da sind aber auch geschmeidige Motive und ein hochwertiges, noch immer junges, festes Tannin. Weiter lagern? 15 Vol.-%, NK, €€€€

96 2016 Sylvaner trocken
Aus dem Julius-Echter-Berg: überreifer Apfel, Bittertöne, Wachs, Kreuzkümmel – hochinteressante Kombination von Aromen. Nicht everybody's Darling, vielmehr ein Wein mit ausgeprägtem Charakter. Von wegen Sylvaner ergibt neutrale Weine! 14 Vol.-%, DV, €€€

★★

WEINGUT BRENNFLECK

Papiusgasse 7, 97320 Sulzfeld am Main
T: +49 9321 4347, info@weingut-brennfleck.de
weingut-brennfleck.de

Ab-Hof-Verkauf: Mo bis Fr 8–17 Uhr, Sa 10–16 Uhr
Kellermeister: Hugo Brennfleck
Ansprechpartner: Susanne und Hugo Brennfleck
Flaschen/Hektar: 333.000/31 ha

Winzer-Familie Brennfleck kann auf ein absolut sattelfestes Fundament bauen: Der Weinbau lässt sich zurück bis ins Jahr 1591 verfolgen, in der 13. Generation wird das Gut von Susanne und Hugo Brennfleck geführt, die »Traditionelles bewahren, Werte erhalten und Modernes sanft und behutsam integrieren wollen«. Dazu zählt die Weinlinie »JHB«, in der Elemente wie Spontan- und Maischegärung praktiziert werden. Die wichtigste Rebsorte ist der Silvaner, der Bodentypen wie Muschelkalk und Keuper gekonnt übersetzt. In dieser Form ist es nicht mehr weit zum dritten Stern.

92 2020 »Himmelsleiter GG« Escherndorf Lump Riesling trocken
Vielschichtiger Duft nach Pfirsich, Birne und Aprikose, kräutrig, steinig, warmer Sommertag im Lump. Zeigt Kraft und Struktur am Gaumen, aber auch saftige Eleganz, Aprikose, mit kultivierter Säureader, die kalkige Mineralik bestimmt den Verlauf am hinteren Gaumen. 13,5 Vol.-%, DV, €€€

91+ 2021 »JHB S« Sulzfeld Maustal Sylvaner trocken
Riecht nach Spontangärung mit Kräutern, auch etwas Rauch vom Holzausbau, Birne und Quitte, aufgeschnittener Kürbis. Kompaktes Format am Gaumen mit fester Struktur und guter Dichte, phenolisch, jung und noch verschlossen, mit guten Anlagen zur weiteren Entwicklung. 12,5 Vol.-%, DV, €€

91 2020 »Mönchshöflein GG« Sulzfeld Maustal Sylvaner trocken
Reifer Duft nach Apfel, gelber Stachelbeere, Papaya, frischer Zwetschge, Blumenwiese, steinige Anklänge. Saftig am Gaumen mit reifer Säure, leicht zitrisch, stoffig, mittelgewichtig im Extrakt, Phenole stützen die kräftige Struktur, im Hintergrund mineralische Substanz. 13 Vol.-%, DV, €€€

90+ 2021 »JHB S« Escherndorf Lump Riesling trocken
Feine kräutrige Noten, Pfirsich, Aprikose, warmer Weinberg, kreidige Noten. Zeigt sich am Gaumen gar nicht so »wild«, wie das Etikett ankündigt: saftiger, entspannter Gaumenverlauf mit harmonischer Balance, reife Säure, gepflegte Phenole, kalkmineralisch unterlegt. 13 Vol.-%, DV, €€

90+ 2021 »Muschelkalk S« Sulzfeld Maustal Silvaner trocken

92 2021 »Keuper S« Iphofen Kammer Silvaner trocken
Noch etwas verschlossen im Duft, kräutrig, auch blumig, etwas Kresse, Apfel, Reneklode, Gesteinsmehl. Kräftig und kompakt gebaut am Gaumen, saftig, gelbfruchtig, wirkt homogen, feste Struktur, dicht mit phenolischer Schichtung und keuperiger mineralischer Spannung. Jung. 13 Vol.-%, DV, €€

★★★★

BÜRGERSPITAL ZUM HL. GEIST

Theaterstraße 19, 97070 Würzburg
T: +49 931 3503441, weingut@buergerspital.de
buergerspital.de

Ab-Hof-Verkauf: Mo 9–18 Uhr, Di bis Sa 9–22 Uhr, So 11–18 Uhr
Kellermeister: Robert Haller, Karl Brand, Elmar Nun
Ansprechpartner: Robert Haller
Flaschen/Hektar: 820.000 (85 % weiß, 10 % rot, 5 % süß)/120 ha

Auf diese Zuverlässigkeit und Präzision, mit der das Bürgerspital Jahr für Jahr großartige Kollektionen erstellt, wären wohl selbst Schweizer Uhrmacher neidisch. Dass Robert Haller und sein Team mit ihren GGs von Silvaner und Riesling erneut zur nationalen Spitze zählen, überrascht nicht. Aber was das Bürgerspital als Erste Lagen anbietet, dürfte manchen Konkurrenten frustrieren: enorm saftig, frisch, mit der Reife punktgenau geernteter Trauben und mineralisch definiert – eine Terroir-Lehrstunde der gehobenen und genussvollen Art! Da sollte man sich schnell den Keller vollpacken.

95 2021 Würzburg Stein-Harfe Silvaner GG
Im Duft imponieren zunächst balsamische Noten, Muschelkalk pur, dann kommen auch würzige Töne von Salzlakritze bis getrocknete Orangenschalen. Im Mund hat der Wein eine rare Großzügigkeit, feine taktile Mineralik, seidige Phenole, ein nahtlos runder Fluss mit großer Länge. 13,5 Vol.-%, DV, €€€

94 2021 Würzburg Stein-Berg Riesling GG
Im Duft zeigt sich ein sehr präzise gelesener Riesling: frisch, kräutrig, zitrisch und deutlich kalkmineralisch. Der Gaumen hat Kern und weiche Motive, saftige Jahrgangssäure trifft auf zurückhaltende Süße, die Bühne gehört der Mineralik und einer frischen Aromatik. 12,5 Vol.-%, DV, €€€

93 2021 Randersacker Pfülben Riesling GG
Vielschichtiger Duft, Steinobst, Aprikose, Zitrusfrucht, würzige und kräutrige Noten, weiße Mandeln. Saftig und großzügig im Mund, mit süßlichem Extrakt und mineralischem Fingerabdruck der Lage, die pointierte Säure sitzt nahtlos. Jung, öffnet weite Perspektiven. 12,5 Vol.-%, DV, €€€

92+ 2021 Würzburg Stein Silvaner Erste Lage trocken
Eng verwobener Duft mit Birne, Apfel, Mirabelle und Reneklode, leicht rauchiges und steiniges Ambiente. Hinter der saftigen und leicht stoffigen Textur mit reifen Phenolen baut sich die Mineralik der Lage auf, die den Gaumen ausfüllt, die Frucht trägt bis ins respektabel lange Finale. 13 Vol.-%, DV, €€

92+ 2021 »RR« Randersacker Teufelskeller Riesling Erste Lage trocken

92 2021 Würzburg Pfaffenberg Silvaner Erste Lage trocken

92 2021 Würzburg Stein Weißer Burgunder Erste Lage trocken

90 2021 Würzburg Silvaner trocken

92 2021 Würzburg Stein Chardonnay Erste Lage trocken

91+ 2021 Würzburg Innere Leiste Silvaner Erste Lage trocken

91 2020 »R« Veitshöchheim Sonnenschein Spätburgunder Erste Lage trocken

92+ 2021 Würzburg Stein Riesling Erste Lage tr.
Saftige gelbe Frucht, Pfirsich und Mirabelle mit Aprikose und floralen, kräutrigen Noten, Weinbergkräuter. Am Gaumen enorm saftig, zugänglich, eng verwobener Säurestrang, zunehmende Komplexität und kühle Mineralik, dicht und lang. Hat Potenzial. 12,5 Vol.-%, DV, €€

★★★★

FÜRSTLICH CASTELL'SCHES DOMÄNENAMT

Schlossplatz 5, 97355 Castell
T: +49 9325 60160, weingut@castell.de
castell.de

Ab-Hof-Verkauf: Mo bis Fr 10–18 Uhr, Sa 10–16 Uhr
Kellermeister: Christian Frieß
Ansprechpartner: Peter Geil
Flaschen/Hektar: 450.000 (86 % weiß, 14 % rot)/70 ha

Wo Castell draufsteht, da ist Tradition drin: Die fürstliche Familie ist mittlerweile in der 26. Generation aktiv, Weinbau wird seit bald 800 Jahren betrieben, damit ist die Domäne eins der ältesten Weingüter des Landes. Bereits 1659 wurden hier Deutschlands erste Silvaner-Reben gepflanzt. Die heimische Rebsorte steht bis heute im Mittelpunkt des Weingutes. In den Einzel- und Monopollagen zeigt sie ihr ganzes Potenzial – und dass sie hervorragend reifen kann, wie der mineralische und balancierte 2017er Schlossberg eindrucksvoll belegt.

93 2017 Castell Schlossberg Silvaner GG
Strohgelb in der Farbe. Reif im Duft, Aromen von nassem Laub, etwas Gras, reifer weißer Pfirsich, dazu Limette und Geißblatt. Am Gaumen kommt Steinobst dazu, sehr gut balanciert in Frucht und Säurestruktur. Feine Phenolik bei leichter Mineralik. Auf den Punkt reif. 13,5 Vol.-%, DV, €€€

92+ 2019 »6. Apriles anno 1659« Silvaner trocken
Dicht und zugleich kühl im Duft. Quitte, Orangenblüte, Zitronenschale und Johannisbeerblatt zeigen sich. Am Gaumen mit guter Spannung, schönem Extrakt und gelungenem Holzeinsatz, dicht gewoben, lebendige Säure, attraktiver langer Nachhall. 13,5 Vol.-%, DV, €€€

91 2019 »Granit« trocken
Diese Cuvée zeigt sich im blassen Goldgelb. Anfangs Duft nach frischen Kräutern, es folgen etwas Tomatenblatt, aber auch Lavendel und reifer Pfirsich. Am Gaumen mit schöner Textur, lebendiger Säure und komplexer Fruchtaromatik, langer, feiner Nachhall. 13 Vol.-%, DV, €€€

91 2021 Castell Kirchberg Weißburgunder Erste Lage trocken
Im Duft zeigen sich Noten einer Spontanvergärung wie Quitte, aber auch Frühlingswiese, Kleeblüten und Sesam sind dabei. Am Gaumen geschmeidig und getragen, raumgreifend, ein feiner Säurenerv und ein mineralischer Unterton sorgen für Eleganz, schöner Nachhall. 12,5 Vol.-%, DV, €€

90+ 2021 Castell Hohnart Silvaner Erste Lage trocken

90 2021 Schloss Castell Scheurebe trocken

90 2021 Schloss Castell Weißburgunder trocken

89+ 2021 Schloss Castell Silvaner trocken

91 2020 Castell Reitsteig Spätburgunder Erste Lage trocken

90 2018 »Cuveé C« trocken ME/CS

92 2021 Castell Kugelspiel Silvaner Erste Lage trocken
Duft von grünem Apfel, Zitronengras, Birnenschale, Kamille und nassem Stein. Am Gaumen mit toller Saftigkeit sowie einer Melange aus Frucht und Kräutrigkeit bei feiner und lebendiger Säure. Hier wird der Boden ideal repräsentiert. Schöner Trinkfluss. DV, €€

WEINGUT DAHMS

August-Borsig-Straße 8, 97526 Sennfeld
T: +49 9721 69123, info@weingut-dahms.de
weingut-dahms.de
Ab-Hof-Verkauf: Weinladen – der Winzer Dahms, Brückenstraße 23, 97421 Schweinfurt
Do und Fr 12–18 Uhr, Sa 11–15 Uhr
Kellermeister: Jürgen Dahms
Ansprechpartner: Alexander und Jürgen Dahms
Flaschen/Hektar: 150.000 (84 % weiß, 14 % rot, 1 % süß, 1 % Schaumwein)/9.5 ha

Bei Schweinfurt führen Alexander und Jürgen Dahms ihr Familienweingut in dritter Generation. Die Familie bemüht sich um einen schonenden Umgang mit der Natur, aber ebenso um Gemütlichkeit – auch eine Weinstube gehört zum Betrieb –, die Weine sollen entschleunigen. Das gelingt ihnen ausgezeichnet: Von Scheurebe bis Rondo sind es sortentypische, meist mittelgewichtige Tropfen, die zu fairen Preisen viel Vergnügen bereiten. 2021 punktet das Weingut Dahms besonders mit seinen Silvanern, die noch etwas besser ausgefallen sind als im Vorjahr.

91+ 2021 »Steillage« Mainberg Schlossberg Silvaner Spätlese trocken
In der Nase etwas Gelbfrucht, kalkwürzige Töne, balsamisch und pfeffrig. Im Mund hat der Wein einen Spätlese-Körper, leicht viskos und extraktsüß grundiert, die Säure ist fest, aber gut eingebunden, eine kräftige Prise Phenolik gibt dem Wein Aussicht auf eine Entwicklung zur Fülle.
12 Vol.-%, DV, €€

91+ 2018 »Fass Nr°1« Sylvaner trocken
Ein helles Goldgelb in der Farbe. Der ausladende Duft hat buttrige Töne, reife Aromen von kandierten Früchten, etwas Kräuter und auch einen ganz leisen Hauch von Entwicklung. Der geschmeidige, ja ölige Gaumen wirkt rund und geschmolzen, die reifen Abgangsaromen haben Charme.
12,5 Vol.-%, NK, €€

90 2021 Silvaner trocken
Ein Tick Spontangärung und ein Aroma von frischen Wiesenkräutern und getrockneter Zitronenschale. Im Mund baut der Wein eine schöne Spannung auf aus lebendiger Säure und einer Prise Gerbstoff, der Wein hat Substanz und Länge und wirkt in seiner gebündelten Art sehr erfrischend.
12 Vol.-%, DV, €

90 2021 Scheurebe feinherb
In der Nase Cassis und rauchige Aromen, Grapefruit. Im Mund beweist der Wein guten Extrakt, Süße und Säure halten sich in schönem Spiel die Waage, die Aromatik ist würzig und gleichwohl unaufdringlich. 11 Vol.-%, DV, €

89 2021 Rondo trocken

90+ 2021 »Steillage« Schweinfurt Peterstirn Silvaner Kabinett trocken
Eine recht duftige, florale Nase nach Lindenblüten, Frühlingswiese, Dotterblume. Der Gaumen löst das Kabinett-Prädikat mit schlankem Bau und saftiger Säure ein, gleichzeitig verfügt der Wein aber auch über eine recht dichte Phenolik, die ihm Struktur und Potenzial gibt.
11,5 Vol.-%, DV, €

★★

DIVINO NORDHEIM THÜNGERSHEIM

Langgasse 33, 97334 Nordheim
T: +49 9381 80990, info@divino-wein.de
divino-wein.de

Ab-Hof-Verkauf: täglich 10–18 Uhr
Kellermeister: Felix Reich
Ansprechpartner: Gerald Wüst
Flaschen/Hektar: 4.667.000 (84 % weiß, 16 % rot)/ 360 ha

Unter dem Namen Divino schlossen sich in den 1950er-Jahren Winzer an der Volkacher Mainschleife zusammen, vor zehn Jahren stieß die Genossenschaft von Thüngersheim dazu. Heute bewirtschaften 284 Winzer einige der herausragendsten Lagen Frankens – darunter Escherndorfer Lump, Thüngersheimer Johannisberg und Nordheimer Vögelein. Im Keller entsteht eine große Palette regionaltypischer Weine, mit gelungenen Cuvées und – selbstverständlich für die Franken – schönen Silvanern, unter denen der Retzstädter Benediktusberg »Charakter F. – Terrasse & Granit« hervorsticht.

91+ 2018 »Primo Cuvée Weiß« trocken WB/CH/RR
Brillantes Zitronengelb. Im Duft zu Beginn vom Ausbau geprägt bei feiner reifer Frucht wie Melone, Birne, rosa Pfirsich und Zitrone. Am Gaumen von guter Säure getragen und von attraktiver Mineralik in einem mittelgewichtigen Körper begleitet, tief und lang. 13,5 Vol.-%, NK, €€€

91 2021 »Charakter F. - Terrasse & Granit« Retzbach Benediktusberg Silvaner Spätlese trocken
Komplex in der Nase, Pfirsich, Quitte, grüner Apfel, Aprikose, Thymian sowie Kräuterwürze. Am Gaumen auch Orangenblüte und Zitronenzesten, dabei herrlich saftig mit gut integrierter Säure, mineralische Noten, viel Trinkfluss und attraktiver Nachhall. 13 Vol.-%, DV, €€

90+ 2019 »Großes Gewächs« Weißer Burgunder trocken
In der Nase ein spannender Duft nach gelbem Apfel, reifen Zitrusfrüchten, weißem Pfirsich, reifer Ananas und rohen Mandeln. Am Gaumen von guter Säure balanciert, mineralischer Touch, eine feine Cremigkeit führt in einen guten Nachhall. 13,5 Vol.-%, NK, €€

90+ 2019 »Großes Gewächs« Pinot Noir Rosé tr.
Lachsrosa. Aus dem Glas entwickelt sich ein ausdrucksstarkes Bukett von Cranberry, Himbeer- und reifer Erdbeerfrucht. Am Gaumen auch Hibiskus, junge Pflaume und leichte Kräuterwürze, feine Phenolik, sehr gute Säure und guter Saft führen in den attraktiven Nachhall. 13,5 Vol.-%, NK, €€

90 2019 »Charakter F.- Steillage« Escherndorf Lump Riesling Spätlese tr.

90 2019 »Großes Gewächs« Chardonnay tr.

89+ 2020 Silvaner extra trocken

89 2021 »Terroir« Nordheim Vögelein Sylvaner trocken

89 2021 »Terroir« Thüngersheim Johannisberg Grauburgunder & Weißburgunder trocken PG/WB

87 2021 »Juventa« Grauer Burgunder tr.

92 2020 »Edel & Süss« Traminer Eiswein

90 2020 »Charakter F. - Alte Reben« Thüngersheim Johannisberg Silvaner tr.
Blaßes Zitronengelb. Ein Duft von Pfirsich, Passionsfrucht, Zitronenschale, Quitte und Thymian. Am Gaumen auch Schotter und sehr reifer gelber Apfel bei gut eingebundener Säure, dazu ein Hauch Mineralik, guter Abgang, trinkanimierend. Hat Potenzial. 13 Vol.-%, DV, €€

★★

SCHLOSS FRANKENBERG

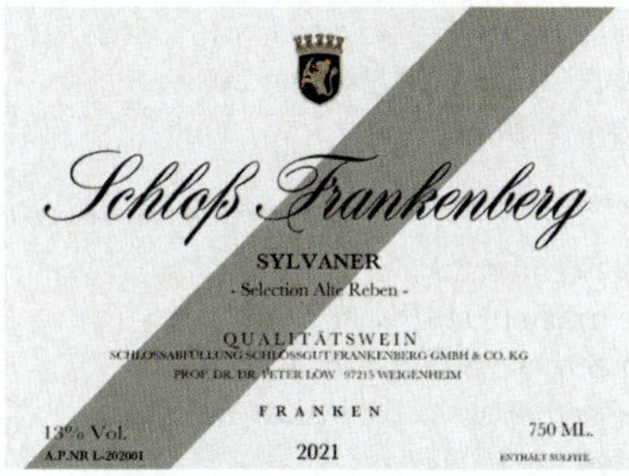

Schloss Frankenberg 1, 97215 Weigenheim
T: +49 9339 97140, czeppel@schloss-frankenberg.com
schloss-frankenberg.de

Ab-Hof-Verkauf: Di 9–17 Uhr, Do und Fr 9–21 Uhr, Sa und So 11–21 Uhr
Kellermeister: Maximilian Czeppel
Ansprechpartner: Maximilian Czeppel, Remo Letrari
Hektar: 22 ha

Schloss Frankenberg in Weigenheim zählt momentan zu den ambitioniertesten Wein-Projekten in Franken: Erst 2014 wurde das historische Schlossanwesen vom derzeitigen Besitzer übernommen und begonnen, ihm aufwendig wieder zu Glanz zu verhelfen. Zum Schloss gehören 22 Hektar Weinberge, darunter auch die Monopollagen Louisenberg und Wolfsgrube. Nach einem guten Debüt im vergangenen Jahr hat Kellermeister Maximilian Czeppel stoffige, würzige Weine gekeltert, die von den Keuperböden geprägt sind und Zeit brauchen, um ihre Substanz zu zeigen. Im Aufwind!

92 2021 »Selection Alte Reben« Schloß Frankenberg Sylvaner trocken
Feine Holzwürze im konzentrierten Duft, Heu, Apfel, etwas Banane und Reneklode, getrocknete Kräuter. Auch konzentriert am Gaumen, kräftiger Bau, feste Struktur und gute Verdichtung, geschmeidiger Fluss, substanzreich, elegant, mineralisch. Gutes Potenzial. 13 Vol.-%, NK, €€€

91+ 2021 »Selection Florian Löw« Schloß Frankenberg Riesling trocken
Vielschichtiger Duft mit hellen Blüten, Steinobst, Pfirsich, Aprikose, dazu feine Würze, feiner Rauch, Mineralik. Zeigt sich am Gaumen wie eine klassische trockene Spätlese, die Richtung Großes Gewächs tendiert: dicht, mit Salz, Schmelz und mineralischem Timbre. 13 Vol.-%, NK, €€€

91+ 2021 »Selection Lara Löw« Schloß Frankenberg Weißburgunder tr.
Reifes, vielschichtiges Duftbild, Mirabelle, Nashi-Birne, Mandeln, auch weißes Nougat, Apfelblüten, feine Holzwürze. Macht weit auf am Gaumen mit kräftiger Struktur und viel Volumen und Substanz, vollmundig, konzentriert, würzig, mineralisch. Jung, kann sich entwickeln. 13 Vol.-%, NK, €€€

91+ 2021 »Selection Livia Löw« Schloß Frankenberg Riesling Spätlese
Eleganter Duft nach reifer Zitrusfrucht, etwas getrocknete Aprikose, Honigmelone und Minze kommen dazu, dann noch Limettenschalen. Am Gaumen mit feinem Schmelz, lebendige Säure sorgt für Frische und Zug, Limettensaft, Papaya, lebendig und griffig. Hat Reifepotenzial. 8 Vol.-%, NK, €€

91+ 2021 Schloß Frankenberg Louisenberg Silvaner trocken

91 2021 Schloß Frankenberg Louisenberg Weißburgunder trocken

90+ 2021 Schloß Frankenberg Louisenberg Blauer Sylvaner trocken

90+ 2021 Schloß Frankenberg Louisenberg Riesling trocken

89 2021 Schloß Frankenberg Silvaner tr.

88+ 2021 »Louise« Schloß Frankenberg Cuvée Weiß trocken GS/BC/SÄ/RR/WB

90 2021 Schloß Frankenberg Riesling Kabinett

89+ 2021 Schloß Frankenberg Riesling tr.
Zitrische Noten im frischen Duft, Grapefruit, etwas Bergamotte, Pfirsich, Aprikose und auch Passionsfrucht. Saftig und mit verspielter Eleganz am Gaumen, die feine Fruchtsüße wird von präsenter Säure getragen. Schlanker Bau, feine Mineralik im Hintergrund. 12 Vol.-%, DV, €

WEINGUT FREIHOF

Maintorstraße 4, 97334 Sommerach
T: +49 9381 6791, info@weingut-freihof.de
weingut-freihof.de

Ab-Hof-Verkauf: Ja
Kellermeister: Franz Kram
Ansprechpartner: Familie Kram
Flaschen/Hektar: 128.000 (90 % weiß, 10 % rot, 1 % Rosé, 1 % süß)/12 ha

Zum ersten Mal vertreten ist das Weingut Freihof der Familie Kram in Sommerach, das in vierter Generation Weinbau betreibt und zwölf Hektar Weinberge in Nordheim und Sommerach kultiviert. Das Weingut ist in einem historischen Gebäude aus dem 14. Jahrhundert untergebracht. Kellermeister Franz Kram keltert rebsortentypische Weine, die die Frucht klar herausstellen, wie die animierende und vergnügliche Scheurebe. Ein Griff in die experimentelle Kiste ist der stoffige, im Barrique ausgebaute »Wild-Grape«. Ein gelungener, vielversprechender Anfang!

90+ 2019 »Wild-Grape« Sommerach Katzenkopf trocken GS/TR
Mitteltiefes Goldgelb, vom Ausbau im Barrique geprägt. In der Nase Rauch, getrocknete Aprikose, Orangenschalen, Rosenblätter, karamellisierter Ingwer. Intensiv am Gaumen mit viel Würze und Substanz, stoffig, trocken ausgebaut, ausgewogene Säure, reife Phenolik. Viel Wein. 13,5 Vol.-%, DV, €€€

90+ 2021 »Rossbach« Sommerach Katzenkopf Gewürztraminer trocken
Mittleres Goldgelb, im üppigen Duft mit Rosenblättern, Mango, Maracuja, Litschis und karamellisierten Nüssen. Kräftig gebaut mit viel Substanz und Würze, stoffig und dicht und mit konzentrierter Gelbfrucht, asiatisches Gewürzregal, unbedingt zum Essen. 14,5 Vol.-%, DV, €€

89+ 2020 Nordheim Vögelein Weißer Burgunder trocken
Intensive Nase nach reifer Frucht und gelben Blüten, Aprikose, Mandarine, Stachelbeeren, etwas Anis, feiner Rauch. Kräftig und auch wuchtig am Gaumen mit viel Substanz und Extrakt, der Alkohol ist gut eingebunden. Jung und für kulinarische Ideen offen. 14,5 Vol.-%, DV, €€

92 2021 Nordheim Vögelein Rieslaner Auslese
Duft nach kandierten Früchten, Blütenhonig und Dörrobst, dazu animierende Zitrusaromen. Am Gaumen von ausladender Üppigkeit, dabei mit lebendiger Säure, hat Zug, Limettensaft, Honigmelone, feine Phenole, griffig, gute Länge. Hat noch weiteres Potenzial. 7,5 Vol.-%, DV, €

89 2020 Sommerach Silvaner trocken

89+ 2021 Scheurebe trocken
Da zeigt die Nase schon an, dass es nicht um das stille Kämmerchen geht: expressiv nach Johannisbeeren, Holunderblüten und Passionsfrucht. Die Fruchtsüße wird von der quirligen 2021er-Säure aufgenommen und getragen, etwas Grapefruit. Animierend, macht Spaß. 11,5 Vol.-%, DV, €

★★★★★

WEINGUT RUDOLF FÜRST

Hohenlindenweg 46, 63927 Bürgstadt
T: +49 9371 8642, info@weingut-rudolf-fuerst.de
weingut-rudolf-fuerst.de

Ab-Hof-Verkauf: Ja
Kellermeister: Sebastian Fürst
Ansprechpartner: Paul und Sebastian Fürst
Flaschen/Hektar: 120.000 (40 % weiß, 60 % rot)/21 ha

Paul und Sebastian Fürst haben abermals eine geschlossene Kollektion auf höchstem Niveau vorgelegt: Die Weine bestechen durch die Bank durch ihre dichte, straffe Art, die von weinbaulicher Akribie und Präzision bei der Kelterung zeugt. Dabei schwingen auf dem Buntsandstein Churfrankens selbstredend die Spätburgunder obenaus: Hundsrück, Centgrafenberg und Schlossberg sind Pinots von internationalem Format. Eine ähnliche Komplexität und Perspektive besitzen übrigens auch die Rieslinge, und die Basisweine ragen quer durchs Sortiment in ihrer Preisklasse heraus.

94 2020 »R« Chardonnay trocken
Fein abgestimmt und komplex im Duft, Zitronenmelisse, gelbe Frucht, Weiße Johannisbeere, Rauch und etwas Kalk. Am Gaumen mit famosem Säurebogen bei schlankem Auftritt, volle Spannung, salzig-mineralische Ader, dicht gewoben und lang. Großer Wein mit viel Potenzial. 12,5 Vol.-%, NK, €€€€

93+ 2021 Bürgstadt Centgrafenberg Riesling GG
Komplexer Duft, etwas Rauch, junge Aprikose, reifer gelber Apfel, Zitrusfrüchte, feine Kräuternote. Am Gaumen dicht gewoben, viel Extrakt, reife, gut integrierte Säure, eng gewoben, mineralisch durchzogen, dazu Zitrusfrucht, Eleganz und Kraft, langer Nachhall. 12 Vol.-%, NK, €€€€

96+ 2020 Bürgstadt Hundsrück Spätburgunder GG
Elegant, kühl und fein im Duft, Gesteinsmehl, schwarze Waldbeeren und Kirsche. Am Gaumen auch Wacholderbeeren, Blaubeeren, Garriquenote, feiner, sehr delikater Gerbstoff, taktile Mineralik, elegante Säure, dicht, sehr lang. Hedonistischer Wein mit großem Potenzial. 13 Vol.-%, NK, €€€€

95 2020 Klingenberg Schlossberg Spätburgunder GG
Ein Duft von wilder Himbeere, Johannisbeere und Lorbeerblatt, balsamische Kräuter. Am Gaumen Waldbeeren, Veilchen, reife süße Kirsche, feinkörniges Tannin und ein nahtlos integrierter Säurebogen formen zusammen mit dem geschmeidigen Fond einen Wein von höchster Eleganz. Hat Potenzial. 13 Vol.-%, NK, €€€€

93+ 2020 Bürgstadt Berg Chardonnay trocken

93+ 2020 Astheim Chardonnay trocken

92 2020 »R« Weißer Burgunder trocken

91 2021 »pur mineral« Riesling trocken

94 2020 Bürgstadt Centgrafenberg Spätburgunder GG

92+ 2020 »R« Frühburgunder trocken

92 2020 Bürgstadt Berg Spätburgunder tr.

92 2020 »Tradition« Spätburgunder tr.
Intensiv im Duft, sonnenverwöhnte dunkle Kirschen, reife Waldbeeren und eine feine Kräuternote. Am Gaumen dicht und druckvoll bei guter Säure und reifem Tannin, saftig mit attraktiver Würze und mineralischem Zug. Bietet direktes, unverstelltes Trinkvergnügen. 13 Vol.-%, NK, €€

WEINGUT HULLER

Maintalstraße 11, 97855 Homburg am Main
T: +49 9395 780 95 20, info@weingut-huller.de
weingut-huller.de

Ab-Hof-Verkauf: Mo, Mi und Fr 13–18 Uhr und nach Vereinbarung
Kellermeister: Michael Huller
Ansprechpartner: Isabella und Michael Huller
Hektar: 8 ha

Isabelle und Michael Huller sind mit dem Jahrgang 2021 gut zurechtgekommen: Gerade der Blaue Silvaner aus dem Homburger Kallmuth belegt die Vorzüge des Jahres mit einer einnehmenden Melange aus Substanz, Frische und Lagen-Mineralik. Überhaupt konstatieren wir eine größere stilistische Souveränität, der Holzeinsatz ist gefühlvoll und gut dosiert, wie beim stoffigen und würzigen Silvaner »Luna« aus 2019. Eine erstaunliche Entwicklung, wenn man bedenkt, dass Michael Huller, der auch schon Paul Fürst über die Schultern schauen konnte, als Quereinsteiger zum Wein kam.

90+ 2021 Homburg Kallmuth Rieslaner trocken
Dezentes Goldgelb, reife Birne und Passionsfrucht in der kräftigen Nase, gelbe Blüten, mineralische Anklänge. Am Gaumen stoffig und mit Schmelz, wieder Passionsfrucht, lebendige Säure, auch etwas Kohlensäure als Rückgrat, elegant und mineralisch getönt. 13,5 Vol.-%, DV, €€

90+ 2019 »Luna« Silvaner trocken
Dezentes Goldgelb. »Luna« bringt noch etwas Holzwürze vom Ausbau im Eichenfass mit, feiner Rauch zu Birne und Apfel. Stoffig und saftig am Gaumen, ein einnehmender Charakter mit kräftiger und fester Struktur, feine Würze, vielschichtig, gute Länge. 13,5 Vol.-%, DV, €€

90+ 2020 »Alte Reben« Homburg Kallmuth Silvaner trocken
Opulenter Duft nach reifer Birne und gelbem Apfel, gelbe Blüten, Honigwabe, würzige Noten, etwas Cidre und Met. Zeigt sich auch am Gaumen opulent mit guter Substanz und merklicher Restsüße, stoffig, cremig, kalkige Mineralik, bleibt lange am Gaumen. Viel Wein. 13,5 Vol.-%, DV, €€

89+ 2019 »Alma« Blanc de Noir trocken
Rauchige und holzwürzige Noten in der Nase, dahinter zeigen sich Himbeeren und Kirschen, auch etwas gelbe Frucht. Saftig und mit Zug und guter Spannung am Gaumen, frische, gut eingewobene Säure, die Fruchtsüße wirkt charmant, anspruchsvoller Blanc de Noir. 13 Vol.-%, DV, €€

89 2021 Homburg Weißer Burgunder trocken

91+ 2021 Homburg Kallmuth Blauer Silvaner trocken
Eine feine Holznote liegt über Aromen von Birne, Apfel und getrockneten Kräutern, auch Aprikose. Stoffig und saftig am Gaumen, unterlegt von Würze und mineralischen Noten, kräftig und vollmundig, die präsente Säure schafft Balance. Blauer Silvaner mit Charakter. 13 Vol.-%, DV, €€

★★★★

WEINGUT JULIUSSPITAL

Klinikstraße 1, 97070 Würzburg
T: +49 931 3931400, weingut@juliusspital.de
juliusspital-weingut.de

Ab-Hof-Verkauf: Mo bis Fr 10–18 Uhr, Sa. 10–16.00 Uhr
Kellermeister: Nicolas Frauer
Ansprechpartner: Tanja Strätz
Flaschen/Hektar: 1.300.000 (86 % weiß, 14 % rot)/185 ha

Juliusspital-Direktor Horst Kolesch und sein Team haben dieses Jahr eine großartige Kollektion präsentiert: Wir möchten dabei als Kronzeugen die Ersten Lagen aus dem Würzburger Stein hervorheben, die eigentlich GG-Qualität besitzen. Die offiziellen GGs setzen dann noch eines drauf. Wie gut sie reifen, belegte überdies der 2012er Silvaner aus dem Stein. Man kann nur appellieren: Bitte trinkt solche Weine nicht zu früh! Last, but not least war das Juliusspital immer schon eine Hochburg des Edelsüßen. Die 2016er Riesling Beerenauslese aus dem Stein ist eine Wucht!

94 2012 Würzburg Stein Silvaner GG
Eine Sache, die jeder einmal in seinem Leben probieren sollte, ist gereifter Silvaner. Der Würzburger Stein bringt in diesem Fall einen hervor, der nach Waldhonig, Dörrfeigen und etwas Rauch duftet. Schmecken tut er würzig, wobei ihm die knackige Säure Frische gibt. Ganz toll! 14 Vol.-%, DV, €€€

93+ 2020 Würzburg Stein-Berg Silvaner GG
In der Nase ein wenig Holz, dann auch Litschi, Brotkruste und ein Hauch von Flieder. Im Mund hat der Weine eine geradezu kreidige, intensiv kalkmineralische Struktur, die filigrane, gut eingebundene Säure gibt dem kräftigen Körper Eleganz, der Nachhall ist lang. 13,5 Vol.-%, DV, €€€

93+ 2020 Würzburg Stein-Berg Riesling GG
Auch wenn Franken als Silvaner-Land bekannt ist, kann es sehr wohl auch Riesling. Dieser hier besitzt vor allem Noten von Zitrusfrüchten, außerdem von weißem Pfeffer und Quitte. Die Säure des Weins ist reif, und sein Geschmack hallt noch lange nach. Sein Entwicklungspotenzial ist als hoch einzuschätzen. 12,5 Vol.-%, DV, €€€

97 2016 Würzburg Stein Riesling Beerenauslese
Golden mit grünlichen Reflexen. Im Duft eine beginnend reife Rieslingwürze, Nektarine, Orangenkonfitüre, tropische Früchte, Mango. Im Mund geschmeidig ansetzend, dann mit tiefem Extrakt, durch und durch würzig, cremig und dennoch nicht weich. Stilistisch auf den Punkt gebracht.
6,5 Vol.-%, DV, €€€€

93 2020 Iphofen Julius-Echter-Berg Silvaner GG

92 2020 Volkach Karthäuser Weißer Burgunder GG

92 2021 Würzburg Stein Riesling Erste Lage trocken

90+ 2021 Würzburg Abtsleite Muskateller Kabinett halbtrocken

90 2021 Würzburg Stein Weißer Burgunder Erste Lage trocken

89 2021 Sauvignon Blanc trocken

91+ 2021 Rieslaner Auslese

92 2021 Würzburg Stein Silvaner Erste Lage tr.
Steinig ist der Duft, nasser Stein, das bringt Mineralik ins Spiel, außerdem sind da gelbe Früchte, Aprikose und Pfirsich. Das Mineralisch-Salzige zeigt sich auch am Gaumen und wird von einer eher sanften Säure begleitet, die dennoch den Eindruck der Saftigkeit hervorruft.
12,5 Vol.-%, DV, €€

★

WINZERHOF KRAUSS ABTSWIND

Hauptstraße 13, 97355 Abtswind
T: +49 151 41664165,
info@winzerhof-krauss-abtswind.de
winzerhof-krauss-abtswind.de

Kellermeister: Michael Krauß
Ansprechpartner: Michael Krauß
Hektar: 4 ha

Dieses Weingut ist ein Neuling: Michael Krauß stammt aus einer passionierten Winzerfamilie, 2020 startete er gerade einmal 18-jährig im unterfränkischen Abtswind seinen eigenen Betrieb mit einem halben Hektar Anbaufläche. 2022 sind es bereits vier Hektar, auf denen der Jungwinzer vor allem Müller-Thurgau und Silvaner anpflanzt. Wir freuen uns über den gelungenen Einstand und die appetitlichen Weine aus dem Steigerwald. Diese sind für wahre Kenner – da mit einem Restzucker nahe null wahrlich fränkisch trocken – ein herrlicher Trinkspaß!

90+ 2021 Abtswind Altenberg Silvaner trocken
Der Geruch erinnert an Limettenabrieb und Weinbergpfirsich. Am Gaumen wirkt der Wein trotz seiner komplett trockenen Abstimmung ausgewogen und harmonisch, wozu der dichte Extrakt und eine feine Salzigkeit ebenso beitragen wie eine aparte Prise sortentypischer Bitternis. 13 Vol.-%, DV, €€

90 2020 Abtswind Altenberg Müller-Thurgau trocken
Eine dezente Würze steigt aus dem Glas: ein Hauch Muskat, aber auch Feuerstein und Minze. Im Mund besitzt der Wein eine straffe Struktur, Stoffigkeit und ein lebendiges Säuregerüst geben der Würze Spannung, dazu treten leicht taktil-mineralische Wahrnehmungen. 12,5 Vol.-%, DV, €

89+ 2020 Abtswind Altenberg Silvaner trocken
Im Duft gelbe Pflaume, vollreife Nektarine und Williams-Christ-Birne, schwarzer Pfeffer. Am Gaumen sehr trocken, die Frucht kommt trotzdem gut zur Geltung, es bleibt ein herber Geschmack auf der Zunge. Insgesamt unkompliziert mit gutem Preis-Leistungs-Verhältnis. 12,5 Vol.-%, DV, €

90+ 2021 Greuth Rosé trocken
Die Farbe wie eine Erdbeere. Rote Johannisbeeren, etwas Joghurt, vollreife Himbeeren, schwarzer Pfeffer und kandierte Zitronen tummeln sich in der Nase. Eher ein erwachsener Rosé mit mittlerem Körper und sanftem Gerbstoff. Als Speisenbegleiter durchaus denkbar. 12,5 Vol.-%, DV, €

89+ 2021 Abtswind Silvaner trocken

90+ 2021 Abtswind Müller-Thurgau trocken
Das Bukett ist blumig-frisch, es duftet nach Margeriten und Gras, Mirabelle und Orange. Am Gaumen dann staubtrocken und mit schöner Textur, die Säure ist wunderbar eingebunden und gibt dem Müller-Thurgau einen zusätzlichen Frischekick. 12,5 Vol.-%, DV, €

★★

BIO-WEINGUT LAUDENS BACH

Segnitzerstraße 35, 97252 Frickenhausen am Main
T: +49 9331 3286, wein@laudensbach.de
laudensbach.de

Ab-Hof-Verkauf: nach Vereinbarung
Kellermeister: Steffi Fröhlich
Ansprechpartner: Reiner und Rolf Laudenbach
Flaschen/Hektar: 47.000 (90 % weiß, 3 % rot, 5 % Rosé, 1 % süß, 2 % Schaumwein)/5.1 ha
Anbauweise: Bio

Anders als ihr Markenzeichen, der dudelsackende Schafbock »Laudens Bach«, sind die Brüder Laudenbach leibhaftige Erdenbürger. Als alte Frickenhäuser erfüllten sie sich den Traum, ein kleines Weingut auf die Beine zu stellen, in dem Stefanie Fröhlich Keller und Geschäft, Valentin Reinhard hingegen den Außenbetrieb in den Händen hält. Wie man es bei einem wiedererweckten Fabelwesen des 15. Jahrhunderts vermuten würde, brauchen auch die Weine Zeit (und Luft) zur Entfaltung, erst bei Tisch kommen sie richtig in Fahrt. Besonders gelungen war diesmal der Blaue Silvaner.

90 2020 Frickenhaus Kapellenberg Gelber Muskateller extra brut
Etwas Muskat, Rauchnoten, eine intensive Fruchtigkeit von Orangen, dazu ein mineralisch belegter Hauch wie Gips. Der Gaumen zeigt sich aromatisch, kernig in der Säure mit dezenter Süße, das Mousseux ist relativ forsch und mündet in hefige Abgangsaromen. 11,5 Vol.-%, NK, €€

91 2021 »Flurstück # 1645« Blauer Silvaner trocken
Der Blaue Silvaner aus einem einzelnen »Flurstück« im Frickenhäuser Kapellenberg benötigt viel Luft, um in der Nase geschmeidige Noten von rotbackigem Apfel und Rhabarber freizugeben. Am Gaumen völlig trocken, schöne Mundfülle und gleitende Dichte bei moderatem Alkohol. In diesem Jahrgang der Primus. 12 Vol.-%, DV, €€

90+ 2021 »Alte Rebe Flurstück # 972, 973, 975« Silvaner trocken
Junge Birnenfrucht in der Nase, dazu leicht Hopfen, Süßholz, mit einer spürbar höheren Dichte als das »Flurwerk« ausgestattet. Am Gaumen bleibt die Birne dominant, Walnussschale und etwas Kümmel gesellen sich dazu. Macht Appetit! 12,5 Vol.-%, DV, €€

89 2021 »Flurwerk« Silvaner trocken
Ähnlich wie die beiden anderen »Flurwerkler« zeigt auch der Silvaner hefige Anklänge, ebenso eine feine, helle Frucht zwischen Birne und gelbem Apfel. Die sich leicht andeutende Erdigkeit bringt am Gaumen dann mehr Würze, die Säure steht jahrgangstypisch straff. 11,5 Vol.-%, DV, €

88 2021 »Flurwerk« Weißburgunder trocken

89 2021 »Flurwerk« Riesling trocken
Sehr jugendliche Nase mit vielen Apfelnoten und einer fast süßlich anmutenden Hefenuance. Am Gaumen ist der »Flurwerk«-Riesling weiter apfeldominiert, dazu kommen Brennnessel und Baumblüte. In der Restsüße bewusst trocken gehaltener Riesling-Typ für den Tisch. 12 Vol.-%, DV, €

★

WEINGUT LEININGER

Theilheimer Weg 3, 97246 Eibelstadt
T: +49 9303 2209, info@weingut-leininger.de
weingut-leininger.de

Ab-Hof-Verkauf: Ja
Kellermeister: Florian Engelmann
Ansprechpartner: Monika, Dirk und Florian Engelmann
Flaschen/Hektar: 67.000 (95 % weiß)/10.5 ha

Die Eibelstadter Mönchsleite ist aus der Vogelschau betrachtet eigentlich nur ein schmales Band, das sich nach Südwesten ausgerichtet am Main entlangzieht. Erst vor Ort wird deutlich, wie steil es hier zugeht. Florian Engelmann holt all seine Spitzenweine aus der Mönchsleite und zeigt dabei eine enorme Silvaner-Bandbreite auf. Das geht vom Sekt über die Ortsweine, die »Alten Reben« bis hin zum »Unikat« aus dem GG-Gewann »Altenberg 1172«. Traubenreife ist immer dabei. Flaschenreife kann dabei vor allem das holzwürzige und vielversprechende »Unikat« vertragen. In zehn Jahren ganz oben, ohne Übertreibung.

90 2018 Eibelstadt Mönchsleite Silvaner brut
Der trockene Silvanersekt aus dem heißen Jahr startet mit einer interessanten Kombination aus Mandel, Roggenbrot und Zitronenzesten in der Nase. Beginnt und endet am Gaumen mit Kräuternoten, in der Mitte ahnt man eine reife Gelbfrucht, die sich noch stärker durchsetzen wird. 12,5 Vol.-%, NK, €€

92+ 2020 »Unikat Altenberg 1172« Eibelstadt Mönchsleite Silvaner trocken
Deutlich Neuholz in der Nase, Kokosnoten, Zeder, dahinter grüne Walnuss und gedämpfte Apfelfrucht. Am Gaumen eine wunderbar gleitende, ausgewogene Materie, salzige Spuren, würzig-dicht ohne Überreife, weiter Holztöne. Sehr vielversprechend, man sollte ihm aber Zeit zur Harmonisierung gönnen. 13,5 Vol.-%, DV, €€€

90+ 2021 »Alte Reben Meisterwerk« Eibelstadt Mönchsleite Silvaner trocken
Die »Alten Reben« zeigen frisch geöffnet zunächst überraschende Grapefruitnoten in der Nase, biegen dann aber auf einen ruhigeren, nussbetonten Weg ein. Am Gaumen spürt man im Abgang eine beginnende Gelbwürzigkeit. Getragener als der Ortswein, kann zulegen. 13,5 Vol.-%, DV, €€

90+ 2020 »Handwerk Reserve« Eibelstadt Silvaner trocken
Interessante Nase mit zunächst rauchigen Anklängen, die dann in eine hopfige Kräutrigkeit übergehen. Am Gaumen reif und mit dichter Frucht, Birne, würziger Senf, mit zunehmender Luft durchaus komplex. Wird von weiterer Flaschenreife sogar noch profitieren. 13,5 Vol.-%, DV, €

90 2021 »Handwerk« Eibelstadt Silvaner trocken
Ein urtypischer Franken-Silvaner in der Nase, Klarapfel, Walnuss, Kümmel, auch ein erdiger Touch. Am Gaumen geht es so weiter: sehr ausgewogen, schöner Ausgleich zwischen fränkisch trockener Materie und jahrgangstypischer Frische. Guter Speisenwein! 13 Vol.-%, DV, €

★★★★

WEINGUT RUDOLF MAY

Im Eberstal 1, 97282 Retzstadt
T: +49 9364 5760, info@weingut-may.de
weingut-may.de

Ab-Hof-Verkauf: Mo bis Fr 13–18 Uhr
Kellermeister: Benedikt May
Ansprechpartner: Petra May
Flaschen/Hektar: 91.000 (88 % weiß, 12 % rot)/16 ha
Anbauweise: Bio

Rudolf »Rudi« May definiert als Ziel seines Tuns »mineralisch geprägte Silvaner von alten Weinbergen, im Holzfass ausgebaut«. Das ist kurz und bündig formuliert, treffend und dennoch auch ein wenig »understated«: Immerhin stammen zwei der sieben besten Silvaner aus den Verkostungen zu diesem Weinguide vom Retzstädter Winzer. Es ist bewundernswert, wie May den Weinen Fülle und Struktur aus dem Holzfass mitgibt und wie er es schafft, sie dennoch elegant und spannungsvoll-saftig zu halten. Diese Quadratur des Kreises ist ihm auch mit den aktuellen Weinen wieder gelungen!

94+ 2021 Thüngersheim Rothlauf Silvaner GG
Anfangs noch verschlossene Nase, dann öffnend mit Apfel, Aprikose, gelben Blüten, Kamille, Brotrinde und Jod. Am Gaumen ist der Wein frisch, dicht, saftige Frucht, feine Säurestruktur, mineralische Würze, außergewöhnlicher Extrakt, dabei elegant und sehr lang am Gaumen.
12,5 Vol.-%, DV, €€€€

94 2021 Retzstadt Himmelspfad Silvaner GG
Reduktive Noten in der Nase, braucht etwas Luft, Quitten, Birne, Kräuter, dezent nach Kümmel. Im Mund saftig, cremiger Schmelz, kraftvoll, reife Säurestruktur, mineralische Würze vom Muschelkalk, salzig, feine Phenolik, schöne Länge. Hat Reifepotenzial. 12,5 Vol.-%, DV, €€€€

93 2020 »Reserve« Retzstadt Der Schäfer Silvaner trocken
Bratapfel mit Vanillesauce in der Nase, saftige Birne und Quitte, Orangenschalen, kräutrige und mineralische Würze. Am Gaumen kräftig, stoffig, dicht, saftige Frucht, viel Schmelz, gut integrierte lebendige Säure und mineralische Würze sorgen für Spannung. Hat Reifepotenzial.
13 Vol.-%, DV, €€€

91+ 2021 Retzbach Benediktusberg Silvaner trocken
Strahlendes Goldgelb im Glas. Hefenoten in der Nase, frische Zitronen, saftiger reifer Apfel, Quitten, Orangenschale, mineralische und kräutrige Würze, Heu. Am Gaumen geschmeidig, dicht, feine Säurestruktur, mineralische Kühle, saftige Frucht, Würze, trinkanimierend. 12,5 Vol.-%, DV, €€€

91 2019 Retzbach Benediktusberg Spätburgunder trocken

93+ 2021 Retzstadt Der Schäfer Silvaner trocken
Komplex in der Nase, reife gelbe Früchte, gelbe Blüten, Kalkgestein, Kräuterwürze, dezent jodig. Am Gaumen cremig, feingliedrige Säure, mineralische kräutrige Würze, saftige gelbe Frucht, lang am Gaumen, salzig im Nachhall. Trinkfluss garantiert. 13 Vol.-%, DV, €€€

MEIMBERG WEINKELLEREI

Ahlintel 51, 48282 Emsdetten
T: +49 175 8225394, info@weinkellerei-meimberg.de
weinkellerei-meimberg.de

Ab-Hof-Verkauf: nach Vereinbarung
Kellermeister: Mathias Meimberg
Ansprechpartner: Mathias Meimberg
Flaschen/Hektar: 4.000/3 ha

Mathias Meimberg ist ein engagierter Winzer und Gastronom, der auf vielen Kanälen vertreten ist: Neben zwei Wein-Projekten in Franken führt er auch noch ein Restaurant im nordrhein-westfälischen Emsdetten. Darüber hinaus engagiert er sich noch für den Artenschutz, vom Kaufpreis seines lebendig-animierenden Bacchus fließt ein Teil in den Erhalt der Lemuren, von denen einer auf dem Etikett abgebildet ist – der Wein ist allemal eine Spende wert. Gelungener Auftritt mit würzigen und mineralischen Silvanern und einer vielschichtigen Riesling-Auslese!

90+ 2020 »Aus der Perle« Wiesenbronn Wachhügel Silvaner trocken
Reife Aprikose, auch etwas Passionsfrucht, dazu reife Birne, Mandarinenschale, feine Würze. Schlank gehalten am Gaumen, trocken im Ausdruck, saftig, mit salzigen Untertönen und einer reifen Säure. Geschmeidig, mittlere Spannung, feine Herbe im Ausklang. 12,5 Vol.-%, DV, €€

90+ 2021 Escherndorf Fürstenberg Silvaner trocken
Vielschichtiger Duft, der Noten von Kräutern, Steinobst und Apfel zeigt, leicht brenzlig, mineralische Anklänge. Am Gaumen betont trocken mit Frische und klarem Herkunftsausdruck, feine Herbe, etwas Quitte und Algen. Schlankes Format, reichhaltig gefüllt. 12,5 Vol.-%, DV, €€

89+ 2021 Wiesenbronn Wachhügel Silvaner trocken
Kräutrige Noten mit Apfel, Birne und etwas Hopfenblüte und Senfsaat, sortentypischer Duft. Animierend saftig und mit schöner Frische und ausgewogener Säure am Gaumen, ergänzt durch feine Cremigkeit, feine Herbe, ein Hauch Wasabi, auch mineralisch. 12,5 Vol.-%, DV, €

90 2020 Riesling Auslese
Duft nach Zitrusfrüchten, Limette, Mandarine, dazu Minze, animierend. Am Gaumen mit sehr viel Druck, lebendiger Säure und rassiger Frucht, eine Spur Rose, verhaltene Süße für eine Auslese, dicht, feurig im Abgang, unkonventioneller Stil, zu scharfen Gerichten. 12 Vol.-%, DV, €€

89 2021 Müller-Thurgau trocken

89+ 2021 »Artenschutzwein für die Lemuren« Bacchus trocken
Expressiver Duft nach Stachelbeere, Holunderblüte und Schwarzer Johannisbeere, auch nach Mango und Passionsfrucht. Saftig und gut balanciert, lebendige Säure, animierende Art, klare Frucht, florale Noten und feinsalzig. Dafür lohnt es sich zu spenden. 12,5 Vol.-%, DV, €€

★★

WEINGUT NEDER

Urbanusweg 9, 97729 Ramsthal
T: +49 9704 5692, wein@weingut-neder.de
weingut-neder.de

Ab-Hof-Verkauf: Mo bis Fr 14–18 Uhr, Sa 9–16 Uhr
Kellermeister: Lorenz Neder
Ansprechpartner: Lorenz Neder
Flaschen/Hektar: 53.000 (85 % weiß, 15 % rot)/11 ha

Wer ungekünstelte fränkisch trockene Weine mit Ecken und Kanten zu fairen Preisen schätzt, ist beim Weingut Neder an der fränkischen Saale bestens aufgehoben. Die Winzer-Familie bewirtschaftet elf Hektar Reben auf kargen Muschelkalkböden, zwei Hektar der Steillagen wurden 2021 querterrassiert und auch die Böschungen begrünt. Das Markenzeichen der Weine ist eine kräutrige Würze und Herbe. Das Weingut zählt auch zur Gruppierung Ethos, die einen ressourcenschonenden Weinbau mit Haltung betreibt. Ein dritter Stern ist hier nicht mehr allzu weit entfernt.

92 2021 Wirmsthal Scheinberg Silvaner trocken
Frische und auch druckvolle Nase mit Apfel, Wiesenkräutern und steinigen Noten, auch Apfelschale und Kümmel. Lebendig und würzig am Gaumen, kompaktes Format, fränkisch trocken, ungeschliffen und echt, mittelgewichtig im Extrakt, mineralisch unterlegt. 12 Vol.-%, DV, €

92 2021 Ramsthal St. Klausen Silvaner trocken
Reife Aprikose, Apfel und gelbe Pflaume in der Nase, etwas Netzmelone, auch feine Wiesenkräuter. Stoffig am Gaumen mit präsenter Säure und feiner, salziger Grundierung, mineralisch, würzig, mittelgewichtig im Extrakt, echt und ungekünstelt, viel Silvaner. 12 Vol.-%, DV, €

90+ 2018 Ramsthal St. Klausen Weißburgunder Barrique trocken
Zartes Goldgelb in der Farbe, würziges Neuholz, Rauch, etwas Kamille, Aprikose und Birne, auch pfeffrig. Mit guter Substanz am Gaumen, kräftige Struktur, saftig, stoffig und würzig, etwas grüne Walnuss, mineralisch unterlegt. Wirkt noch jung und kann weiter zulegen. 14,5 Vol.-%, DV, €€

89+ 2018 Ramsthal St. Klausen Domina trocken
Holunder, dunkle Kirsche, Brombeere, dunkle Schokolade, etwas Rauch, auch eine feine laktische Note. Eröffnet am Gaumen mit Saft und Schmelz, herbe dunkle Schokolade, kräftig gebaut, gute Substanz, Stoffigkeit und Frische halten sich die Waage, fränkisch trocken. 13,5 Vol.-%, DV, €

89+ 2021 »Frankens Saalestück« Müller-Thurgau trocken

90+ 2021 Wirmsthal Scheinberg Riesling trocken
Mandarine und Grapefruit mit Pfirsich und Apfel in der Nase, feine kräutrige Noten, steinige Anklänge. Saftig und mineralisch am Gaumen ansetzend mit präsenter, gut eingewobener Säure, betont trocken, zitrische Herbe, Limettenschale, mittelgewichtig, guter Zug. 12,5 Vol.-%, DV, €

★★

WEINGUT AM ÖLSPIEL

Schleifweg 13, 97286 Sommerhausen
T: +49 9333 221, info@weingut-am-oelspiel.de
weingut-am-ölspiel.de

Ab-Hof-Verkauf: nach Vereinbarung
Kellermeister: Christian Schwarz
Ansprechpartner: Reinhold Schwarz
Flaschen/Hektar: 67.000 (80 % weiß, 20 % rot)/10 ha

Während sich die Ölspielstraße oberhalb von Sommerhausen den Hang entlangzieht, ist der Name der Weinlage mittlerweile nur noch als »Großlage« auf beiden Ufern des Mains gebräuchlich. Das Weingut am Ölspiel ficht das aber nicht an. Wer seit 1651 Wein im Muschelkalk hinter dem Ort anbaut, ruht in wahrhaftiger Tradition. Die Weine der Inhaberfamilie Schwarz passen da exakt ins Bild. Das Original-Retro-Etikett beim Silvaner »Tradition« ist ebenso wenig Zufall wie der gelassene Stil der Weine. Höhepunkt ist der »Schönleite«-Silvaner aus dem Steinzeuggefäß.

92 2020 »Großes Gewächs« Sommerhausen Schönleite Silvaner trocken

Zurückhaltend in der Nase, etwas Senfmehl und Knollensellerie, mineralischer Anklang. Am Gaumen in der Textur leicht viskos gleitend, aber mit viel Säurepikanz, Gesteinsmehl, hellfruchtig, weiße Birne, Mandeln, hohe Spannung, sehr straighte Aromatik. Derzeit fast puristisch, aber mit viel Potenzial! 13 Vol.-%, DV, €€

90+ 2021 »Tradition« Silvaner trocken

Alter Bocksbeutel und Etikett aus der Nachkriegszeit – bereits visuell traditionell. In der Nase mit Kümmelnoten, etwas Apfel, relativ dezent. Am Gaumen sehr ruhig gehalten, gleitend, reife Birne, Walnuss, Zitronenschale. Vielseitiger Speisenbegleiter! 12,5 Vol.-%, DV, €

90+ 2021 Riesling Kabinett feinherb

Der feinherbe Riesling gibt sich in der Nase ausgesprochen floral, Lindenblüten, Ligusterblüten, Klarapfel, alles hell gehalten. Am Gaumen dann mit einer schönen Saftigkeit, Apfel, Zitronenschale, etwas Pfirsich, sehr animierend, unverkennbar Muschelkalk. 11 Vol.-%, DV, €

90 2018 Sommerhausen Ölspiel Frühburgunder trocken

Würzige, leicht süße Brombeere in der Nase, Kirschkerne, Unterholz, Holundermark, schwarzer Pfeffer. Am Gaumen bleibt die Würze dominierend, fast hat man das Gefühl, der heiße Jahrgang hat die Beeren waldiger, dickschaliger und saftreduzierter werden lassen. Ideal zu Wild.
13,5 Vol.-%, DV, €€

90 2021 Sommerhausen Ölspiel Scheurebe trocken

91 2021 Sommerhausen Ölspiel Gelber Muskateller trocken

Expressiv in der Nase, dominante Traubigkeit, sehr rebsortentypisch. Am Gaumen mit eher fruchtfrischem als öligem Spiel, leichtfüßig, schöner Säurebogen, als Gegengewicht mit etwas Senfmehl im Abgang, Würze und Floralität ergänzen sich ausgezeichnet. 12,5 Vol.-%, DV, €€

★★

WEINGUT OLINGER

Holzgasse 1, 97346 Iphofen
T: +49 9323 89940, hallo@olingerwein.de
olingerwein.de

Ab-Hof-Verkauf: Ja
Kellermeister: Nicolas Olinger
Ansprechpartner: Nicolas Olinger
Flaschen/Hektar: 107.000 (96 % weiß, 1 % rot, 1 % Rosé, 1 % süß, 1 % Schaumwein)/17 ha

Nicolas Olinger hat vor Kurzem den elterlichen Betrieb übernommen – da erfreut es doppelt, dass wir bei unserer Verkostung den Eindruck bekamen, die Weine zeigten einen beeindruckenden Grad an stilistischer Reife. Die 2021er Lagenweine sind alle auf lange Sicht angelegt – gibt man ihnen Zeit und etwas Sauerstoff, entfalten sie sich schon jetzt zu feiner Würze. Selbst der Guts-Silvaner ist ein ganz erwachsener Wein, der seine Herkunft zeigt. Wir gratulieren – siehe auch weiter vorne im Buch – zur Nominierung als Falstaff »Newcomer des Jahres«!

93 2021 Iphofen Kronsberg Sylvaner trocken
Kräuterwürzig, sehr mineralisch im Duft. Am Gaumen noch sehr in sich gekehrt, salzig, aber mit toller Konzentration, Geschmeidigkeit, aber auch Stoff, intensive Mineralik, aber auch eine gewisse Weite. Gewinnt mit etwas Sauerstoff ungemein an Komplexität. 13 Vol.-%, DV, €€

92+ 2021 Iphofen Julius-Echter-Berg Riesling trocken
Anfangs noch deutlich hefig im Duft, braucht sehr viel Luft, dann nuanciert Pfirsich und Keuperwürze. Im Mund stoffig, dicht, hat etwas fast burgunderhaft Weites und Getragenes. Ein Wein zum Kaufen – aber auch zum Lagern. Eine spannende Version von Echter-Berg. 12,5 Vol.-%, DV, €€

91+ 2021 Iphofen Kalb Sylvaner trocken
Vergleichsweise kräftige Farbe. Gelbfruchtige Aromen, ein Hauch von Holz. Im Mund von feiner Phenolik getragen, kräftiger Körper, deutlich taktil-mineralisch, reife Säure, gehaltvoll und deutlich vom Terroir geprägt. 13 Vol.-%, DV, €€

90 2021 Riesling trocken
Im Duft Pfirsich und etwas Wachs. Im Mund mit guter Dichte, gradeaus gebaut, sehr trocken, dennoch ist die Säure gut eingebunden, ein fester Bau mit inneren Werten. Ganz bestimmt kein Wein, der schnell getrunken werden muss. 12 Vol.-%, DV, €

89 2021 Iphofen Kronsberg Chardonnay tr.

90 2021 Grüner Sylvaner trocken
Etwas Kräuterwürze im Duft, deutliche Keuper-Charakteristik, sehr klar und mineralisch. Im Mund hat der Wein eine schöne Balance, eine strukturierte Fülle, Saftigkeit, gute Säure, Trinkanimation. Bringt die Iphöfer Fülle mit viel Eleganz ins Glas. 12,5 Vol.-%, DV, €

★★

WEINGUT RÖMMERT

Erlachhof 1, 97332 Volkach
T: +49 9381 718320-0, info@weingut-roemmert.de
weingut-roemmert.de

Ab-Hof-Verkauf: Vinothek Mo bis Fr 10–18 Uhr, Sa und So 9–16 Uhr
Kellermeister: Christoph Ruck
Ansprechpartner: Christoph Ruck
Flaschen/Hektar: 200.000 (60 % weiß, 20 % rot, 10 % Rosé, 2 % süß, 8 % Schaumwein)/25 ha

Seit Christoph Ruck im Sommer 2020 die Betriebsleitung im Volkacher Weingut Römmert übernommen hat, tut sich da einiges: Während die zugängliche Basislinie auch das Eventspektrum mit Veranstaltungen im Weingut bedient, zu dem auch noch ein Hotel gehört, zeigen die Lagenweine und gehobeneren Etiketten, was hier noch möglich ist: Der Silvaner aus dem Eschendorfern Lump zeigt Extrakt und Mineralik, der Chardonnay »XY« bei guter Balance Substanz und Würze, der Spätburgunder »XX« gefällt mit Schmelz und weichem Tannin. Der Volkacher Silvaner spielt seinen Charme aus – unser Tipp!

92 2021 Escherndorf Lump Silvaner trocken
Noch feine rauchige Noten und etwas Holzwürze vom Ausbau, Melone und Birne, kräutrige Anklänge, Haselnuss. Feste und kräftige Struktur am Gaumen, präsente, gut eingewobene Säure, auch reife Phenole stützen das Profil, dicht und mit gutem Extrakt. Mineralisch, Potenzial. 12 Vol.-%, DV, €€

92 2020 »XY« Chardonnay trocken
Reichhaltig mit rauchiger Holzwürze, reife Birne, sommerliche Kamille, Mirabelle und Cantaloupe-Melone. »XY« ist ambitioniert angelegt am Gaumen mit Substanz und Kraft, guter, leicht süßlicher Extrakt, saftig, mit feiner Würze und Mineralik, zeigt Tiefe und Länge, jung. 13 Vol.-%, DV, €€€

89+ 2021 »Denkfreiheit« trocken MT/BC/RR/GS/SÄ
Unaufgeregter und dabei auch vielschichtiger Duft mit hellen Blüten, Apfel, Birne, gelber Pflaume, Mirabelle. Schlank und kompakt gebaut im Mund mit Charme, saftiger Frische und gutem Trinkfluss, leicht zitrisch, nicht zu kompliziert, nie banal wirkend, gut abgestimmte Proportionen. 12 Vol.-%, DV, €

90 2019 »XX« Spätburgunder trocken
Der Ausbau im Holzfass prägt noch den würzigen Duft, kräutrig, reife Kirsche, Brombeere, etwas Hagebutte. Gut und kräftig gebaut im Mund, zeigt auf weichem Hintergrund Substanz, Würze und auch Schmelz, die Gerbstoffe sind reif, leichte Adstringenz, jugendlich. 13 Vol.-%, DV, €€€

89 NV »Secco Soleil« brut

88+ 2021 »Secco Soleil Zero«

89+ 2021 Volkach Scheurebe feinherb

89+ 2021 »Signature« Riesling halbtrocken

89 2021 Volkach Weißburgunder trocken

89 2021 Bacchus feinherb

89+ 2021 Volkach Silvaner trocken
Reifer gelber Apfel und Birne, kräutrige Noten, etwas Fenchelkraut und Artischocke, auch Aprikose. Kräftiger und charmanter Silvaner mit fester Struktur und Substanz, präsente Säure, feines Salz, reife süßliche Frucht. Schöner Sortenvertreter mit Profil. 12,5 Vol.-%, DV, €

★★★

WEINGUT ROTHE

Heerweg 6, 97334 Nordheim
T: +49 9381 8479530, info@weingut-rothe.de
weingut-rothe.de

Ab-Hof-Verkauf: Mo bis Sa 9–12 und 13–18 Uhr, So 9–12 Uhr
Kellermeister: Manfred Rothe
Ansprechpartner: Manfred Rothe
Flaschen/Hektar: 80.000 (70 % weiß, 30 % rot)/12 ha
Anbauweise: Bio

Gerne hätten wir Manfred Rothe zur Entdeckung des Jahres ernannt, was schwer möglich ist, wenn einer seit 40 Jahren Wein macht. Aber man traut sich kaum, von Spätwerk zu reden, denn Rothes Weine beweisen, wie jung er im Kopf geblieben ist. Der lebenserfahrene Öko-Winzer, der schon als Restaurator, Möbelschreiner und Koch gearbeitet hat, zieht ganz groß auf. Zu seinem famosen 2019er Silvaner »Grande« schrieb einer der Verkoster: »Dass Silvaner so burgundisch sein kann!« Wäre Rothe Fußballer, müsste man Plakate aufhängen: Manni, du Fußball-Gott.

94 2015 »Indigenius« Silvaner trocken
Intensives Goldgelb, reife Aprikose, getrocknete Mangospalten, Shiitake-Pilze, etwas Weihrauch. Entfaltet Intensität auf unangestrengte Art, viel Würze und Saft auf weichem, seidigem Fond, sehr gepflegte Phenole, feine Schärfe, mineralisch, immer noch jung. 13 Vol.-%, DV, €€€

93+ 2019 »Indigenius« Silvaner trocken
Mittleres Goldgelb, etwas Bernstein. Reduktiv, viel Hefe, Kräutergarten, Wermutkraut, Hopfen und Rauch. Baut in einer festen Struktur Druck auf, würzig mit ausgeprägter reifer Phenolik, saftig, feine Herbe, zum nächsten Schluck animierend, Tiefe und Länge. 13 Vol.-%, DV, €€€

92 2019 »Grande« Scheurebe trocken
Etwas Zitronengras, Ingwer und Stachelbeere, auch Aprikose gesellt sich dazu. Relaxt und ohne Hektik am Gaumen, der Wein entfaltet sich mit feiner, präziser Säure, reife, seidige Phenole unterfüttern die kompakte Struktur, saftige, salzige Würze im Finish. 13 Vol.-%, DV, €€

91 2020 »Grande« Müller-Thurgau trocken
Vor allem Apfel im eher verhaltenen Duft, dazu feine holzwürzige Anklänge, Wiesenkräuter, etwas rosa Ingwer. Schlank gebaut mit einer klar definierten Kontur, saftige Säure, leicht mürbe, mehlige Phenole. Animierend, aber auch entspannt, natürlich. 12 Vol.-%, DV, €€

90 2020 »M2« trocken MT/MS

93 2019 »Grande« Silvaner trocken
Reduktiv, Hefe, feiner Rauch, Muschelschale, grüne Walnuss, Apfel, Kräuter, kalkige Mineralik. Selbstbewusst am Gaumen mit kräftiger Struktur, guter Extrakt, reife Phenolik, trocken, ausgeprägte Kalkmineralik bildet das Rückgrat, große Tiefe, eben »Grande«. 13,5 Vol.-%, DV, €€

• Rotwein • Roséwein • Weißwein • Orange-Wein • Süßwein

falstaff-Tipp

★

WEINBAU RUPPENSTEIN

Steiggasse 5, 97516 Oberschwarzach
T: +49 9382 90703, info@wein-von-ruppenstein.de
wein-von-ruppenstein.de

Ab-Hof-Verkauf: Ja
Kellermeister: Robert Ruppenstein
Ansprechpartner: Robert und Simon Ruppenstein
Hektar: 3 ha

Die Winzer-Familie Ruppenstein betreibt ihr Weingut in Oberschwarzach und bewirtschaftet im Steigerwald naturnah drei Hektar Weinberge, die in Handthal und Oberschwarzach liegen. Besonders gut gefallen hat uns der imposante, mineralwürzige Silvaner aus dem Geiersknuck, einem »ganz besonderen Stückchen Erde und Juwel. Die Neigung des Hangs fängt die Sonnenstrahlen ein bis zum Sonnenuntergang. Wir pflegen diesen Weinberg aus vollem Herzen«, sagen die Ruppensteins, die mit ihren fair kalkulierten Weinen auf Anhieb überzeugen können. Willkommen im Weinguide!

91 2021 Oberschwarzach Geiersknuck Silvaner trocken
Feiner Rauch begleitet in der Nase reife Frucht, Mirabelle, Apfel und Birne, auch gelbe Stachelbeeren, würzige Anklänge. Kräftiger und imposanter Silvaner mit fester Struktur und Dichte, reife, gut tragende Säure, mineralisch grundiert, saftig abklingend, gute Länge. 13 Vol.-%, NK, €€€

89+ 2021 Kerner halbtrocken
Ein würziger Sortenduft mit Noten von Pfirsich und Kräutern der Provence. Im Mund imponiert die schlanke, elegante Anlage, die Säure zieht kräftig los, die Süße bleibt dezent und schmälert nicht Frische und Trinkfluss, die Riesling-Gene des Kerner sind deutlich schmeckbar! 12,5 Vol.-%, DV, €

89 2021 Oberschwarzach Herrenberg Silvaner trocken
Reife Birne und Apfel im sortentypischen Duft, begleitet von Garten- und Wiesenkräutern, auch Steinobst. Zugänglich am Gaumen, schlank gehaltene Struktur, saftig und würzig, mittelgewichtig im Extrakt, verbindet Geschmeidigkeit mit Herkunftsausdruck. 12 Vol.-%, DV, €

90 2019 Spätburgunder Barrique trocken
Rauchige Noten, Holzwürze, getrocknete Kräuter, dunkle und rote Kirschen, pfeffrige Noten, schwarzer Pfeffer. Kräftiger, strukturgeprägter Spätburgunder mit guter Substanz, präsente Säure, feine Würze und auch Mineralik, trocken, etwas Schattenmorelle. Jung. 13,5 Vol.-%, DV, €€

89 2021 »Trockener Humor« trocken BC/MT

88+ 2021 Silvaner trocken

87 2021 »egal« halbtrocken MT/BC

86 ❺ 2021 »Secco« halbtrocken

89 2021 Rosé trocken

89 2018 Spätburgunder trocken

88+ 2018 »Sebastianus rot« trocken CO/PN

89+ 2019 »Sebastianus weiß« trocken GS/MT
Leichtes Goldgelb in der Farbe, reife Mirabelle, Apfel, Birne und Mandarine, Marzipan, getrocknete Kräuter und Blumenwiese. Saftig und stoffig am vollmundigen Gaumen, kräftiger Bau, mittlere Komplexität, schöne Griffigkeit. Zum Essen immer eine gute Wahl. 13 Vol.-%, DV, €

★★★★★

WEINGUT HORST SAUER

Bocksbeutelstraße 14, 97332 Escherndorf
T: +49 9381 4364, mail@weingut-horst-sauer.de
weingut-horst-sauer.de

Ab-Hof-Verkauf: Mo bis Fr 9–12 Uhr und 13–18 Uhr, Sa 11–17 Uhr
Kellermeister: Sandra Sauer
Ansprechpartner: Sandra Sauer
Flaschen/Hektar: 180.000/20 ha

Wir waren lange unschlüssig, ob wir den geradezu noblen Müller-Thurgau oder die raffiniert mit Süße spielende Scheurebe zum Falstaff-Tipp machen wollen. Beide Weine setzen zu moderatem Tarif eine unterschätzte Rebsorte in Szene. Schließlich siegte der Exotismus der Scheurebe, weil ihr kulinarischer Horizont weiter reicht – hin zu Currys oder anderen orientalisch gewürzten Speisen. Eine Macht sind auch dieses Jahr die Süßweine. Wenn die natürlichen Privilegien des Lump auf den Fleiß und den Sachverstand der Sauers treffen, dann kann nur etwas Großes entstehen.

93+ 2021 Escherndorf am Lumpen 1655 Riesling GG

Floral und zitrisch, ein nuancierter Duft, der mit Luftkontakt auch gelbfruchtige Aromen annimmt. Im Mund ist der Wein geschmeidig und mit einer gewissen Großzügigkeit grundiert, dann greift der stramme Säurenerv, der im Gleichklang mit der Mineralik lange, sehr lange nachhallt.
13 Vol.-%, DV, €€€

92+ 2021 Escherndorf am Lumpen 1655 Silvaner GG

Kandierte Früchte, Cassata, auch florale Töne, etwas Eisbonbon, reife Frucht. Im Mund wirkt der Wein sehr direkt und mit seiner geradlinigen Stoffigkeit auf Potenzial vinifiziert, kräftige Säure, im Abgang blitzen die Gärester durch, aber das wird sich im Lauf der Flaschenreife geben. 13 Vol.-%, DV, €€€

97 2021 Escherndorf Lump Riesling Beerenauslese

Getrocknete Früchte, Earl Grey, rauchig, etwas malzig, zitrusfruchtig, sehr klar in der Nase, Blutorange. Am Gaumen mundwässernd, frisch, mit elektrisierender Säure, sehr sauber in der Konzentration, pfeffrig-staubige Gesteinsnote vom Lump, üppig, vornehm. 7 Vol.-%, DV, €€€

96 2021 Escherndorf Lump Silvaner Eiswein

Deutliche Kräuterwürze im Duft, sehr typisch Silvaner, ein Hauch von Botrytis. Im Mund trifft eine fast rieslingartige Säure auf reiche Süße, Frische und Spannung sind außergewöhnlich, die Länge ebenfalls, mit konzentrierten gelbfruchtigen Aromen. 7 Vol.-%, DV, €€€€

91+ 2021 Escherndorf Fürstenberg Müller-Thurgau trocken

91+ 2021 Escherndorf Lump Riesling trocken

91+ 2021 Escherndorf Fürstenberg Weißer Burgunder trocken

91 2021 Escherndorf Lump Silvaner trocken

90 2021 Escherndorf Silvaner trocken

90 2021 Escherndorf Riesling trocken

88 2021 »Just« Silvaner trocken

91+ 2021 Escherndorf Lump Scheurebe Spätlese feinherb

Duft nach reifer Schwarzer Johannisbeere, gequetschte Stachelbeere, dahinter liegt etwas Mandarine, apart. Am Gaumen mit prägnanter Säure, verhaltene Süße, wieder Johannisbeere, aber auch etwas Mango, zart schmelzend, elegant, zu pikanten Gerichten ideal. 11,5 Vol.-%, DV, €€

★★★★

WEINGUT RAINER SAUER

Bocksbeutelstraße 15, 97332 Escherndorf
T: +49 9381 2527, info@weingut-rainer-sauer.de
weingut-rainer-sauer.de

Ab-Hof-Verkauf: Mo bis Fr 9–12 Uhr und 13–18 Uhr, Sa 10–17 Uhr
Kellermeister: Rainer und Daniel Sauer
Ansprechpartner: Rainer, Helga und Daniel Sauer
Flaschen/Hektar: 124.000 (98 % weiß, 2 % rot)/15 ha

Mit den Weinen von Daniel Sauer muss man sich im sicher nicht ganz einfachen Jahrgang 2021 ein wenig länger beschäftigen – nicht etwa deshalb, weil sie qualitativ kontrovers wären, sondern weil sie frisch geöffnet eine ungewöhnliche Zurückhaltung an den Tag legen, die immer weiter schwindet, je mehr Luft und Zeit man ihnen gibt. Die Silvaner sind dabei noch dezenter und dürften ohne Übertreibung erst in beinahe zehn Jahren ihren absoluten Höhepunkt erreicht haben. Großartig präsentieren sich in diesem Jahr die Rieslinge mit ihrer kontinentaleuropäischen Stoffigkeit bei wenig Alkohol.

93+ 2021 Escherndorf am Lumpen 1655 Riesling GG

Wenig Primärfrucht in der Nase, Walnuss, Korianderkörner, ganz zart ist etwas Orangenschale spürbar. Am Gaumen treten Orangen- und Aprikosennoten stärker hervor, ruhiger Fluss, gut eingebundene Säure, mehr Substanz und Tiefe als der »einfache« Lump – ein Langstreckenläufer. 12,5 Vol.-%, DV, €€€

93+ 2021 Escherndorf am Lumpen 1655 Silvaner GG

Wie alle Sauer-Silvaner in diesem Jahr äußerst dezent im Duft, das Holz tritt nicht spürbar hervor, leichte Kräuterwürze, braucht viel Luft. Am Gaumen mit einer spannenden Mischung aus pikantem Kräuterbiss und mineralisch grundierter Gelbfruchtigkeit. Intensiv und reifeaffin.
13 Vol.-%, DV, €€€

92+ 2021 Escherndorf Lump Riesling Erste Lage trocken

Ungewöhnlich floral in der Nase, Jasmin, Akazienblüte, Apfelschale und etwas Kümmel, weit weg von tropenfruchtigen Exemplaren. Salzige Mineralik an der Zunge, ausgesprochen feinfruchtig, Senfmehl, etwas Aprikose, trocken und mit vielversprechendem Potenzial. 12,5 Vol.-%, DV, €€

92+ 2021 »Rainer Sauer L« Silvaner trocken

Apfelgeprägte Noten in der Nase, leichte Kümmelnoten, deutlich zurückhaltend. Am Gaumen dann mit verblüffender Stoffigkeit, sehr strukturdicht, weiterhin eher verschlossene Aromatik, wird mit Luft immer schöner. 13 Vol.-%, DV, €€

91+ 2021 Escherndorf Lump Silvaner Erste Lage trocken

90 2021 »Muschelkalk« Escherndorf Silvaner trocken

Bereits in der Nase kein primärfruchtiges Wässerchen, sondern Mandel, Walnuss und eine spürbare Strukturdichte. Am Gaumen ruhig, gewisse Viskosität, Mandel und Birne, richtig trocken. Ein ungemein vielseitiger Speisenbegleiter. 12 Vol.-%, DV, €€

★★★★

WEINGUT SCHMITT'S KINDER

Am Sonnenstuhl 45, 97236 Randersacker
T: +49 931 7059197, info@schmitts-kinder.de
schmitts-kinder.de

Ab-Hof-Verkauf: Mo bis Fr 8–18 Uhr, Sa 9–17 Uhr
Kellermeister: Martin Schmitt
Ansprechpartner: Martin, Karl und Renate Schmitt
Flaschen/Hektar: 100.000 (83 % weiß, 10 % rot, 4 % Rosé, 1 % süß, 2 % Schaumwein)/13.7 ha

Wie immer bei Martin Schmitt besitzen die Weine auch dieses Jahr wieder ein sehr hohes Niveau. Tatsächlich scheinen uns die Rieslinge jedoch durchgehend ein My über den Silvanern, was vielleicht in Randersacker mit seiner großen Riesling-Tradition auch nicht ganz ungewöhnlich ist. Wie auch immer: Die grundsoliden Silvaner werden Freude bereiten, der salzige Marsberg ist ein Wein für alle Lebenslagen, das Pfülben GG dürfte nach gebührender Reifezeit bei Tisch eine gute Figur machen. Die Stars aber sind die »Erste Lage«-Rieslinge – umwerfende Eleganz!

93 2020 Randersacker Spielberg Riesling Erste Lage trocken
Aus dem Spitzengewann im Marsberg. In der Nase noch sehr zurückhaltend, Anis und Kümmel, lässt eine feste Struktur erahnen. Am Gaumen animierend und zugänglich, leicht phenolischer Touch, reifer Apfel, Melisse, Lindenblüten. Sollte noch ein wenig reifen. 12,5 Vol.-%, DV, €€€

92+ 2021 Randersacker Pfülben Riesling GG
Im Duft etwas wie von Leder, dann aber auch Kräuter, Funkenschlag. Im Mund ist der Wein mittelgewichtig im Volumen, aber dennoch gut im Extrakt, hat eine straffe Phenolik, derzeit noch wenig Gaumenfrucht, leichte Grüntöne. Insgesamt ein straffes GG. 13 Vol.-%, NK, €€€

92+ 2021 Randersacker Pfülben Silvaner GG
Im Duft nimmt man etwas Leder wahr, Kräuter und auch eine Feuersteinnote. Im Mund ist der Wein mittelgewichtig im Volumen, aber dennoch gut im Extrakt, straffe Phenolik, derzeit noch wenig Gaumenfrucht und noch eine strenge Anmutung. 13 Vol.-%, NK, €€€

91+ 2021 Randersacker Marsberg Silvaner Erste Lage trocken
Frisch und eher pflanzlich orientiert in der Nase, Kümmel, Korianderkörner, Baumblüte, erst dahinter etwas gelbe Frucht und erdige Nuancen. Am Gaumen dann mit erstaunlich salziger Pikanz, dichter Stoff, schöne Phenolik. Wird mit Flaschenreife weiter zulegen. 12,5 Vol.-%, DV, €€

91 2021 Randersacker Sonnenstuhl Erste Lage Silvaner trocken

92 2021 Randersacker Sonnenstuhl Riesling Erste Lage trocken
»Fränkische« oder vielleicht auch muschelkalkige Aromatik in der Nase, die den Riesling immer etwas floraler und gleichzeitig erdgebundener wirken lässt. Am Gaumen mit schöner Säurepikanz, dabei aber wenig aggressiv, Akazienblüten, saftiger Klarapfel. Wunderbar trinkig. 12,5 Vol.-%, DV, €€

★★

WEINGUT TROCKENE SCHMITTS

Maingasse 14a/Flecken 1, 97236 Randersacker
T: +49 931 700490, info@naturreine-weine.de
durchgegorene-weine.de

Ab-Hof-Verkauf: Mo bis Fr 8–18 Uhr, Sa 9.30–16 Uhr
Kellermeister: Bruno und Lothar Schmitt
Ansprechpartner: Bruno Schmitt
Flaschen/Hektar: 127.000 (90 % weiß, 10 % rot)/17 ha

Das Weingut hat es sich zum Ziel gesetzt, Rebsorte, Terroir und die Besonderheit des Jahrgangs konsequent im Weincharakter wirken zu lassen. Der Name ist dabei Programm: Die trockenen Schmitts produzieren ausschließlich durchgegorene naturreine Wein ohne jeglichen Zusatz. Ihrem Namen machen sie alle Ehre: Ihre Weine sind auf unter ein Gramm Restzucker vergoren und gleichzeitig ausdrucksstark – und hochinteressant. Besonders beeindruckt hat uns der Alte Fränkische (Misch-)Satz aus der Randersackerer Lage Pfülben mit seiner ausgeprägten Würze.

91+ 2021 Randersacker Pfülben Alter Fränkischer Satz trocken

In so einem »Alten Satz« wachsen verschiedene Rebsorten durcheinander – eine Herausforderung hinsichtlich ihrer Reife. Gut gelöst, das zeigt der Duft: würzig und reif, nach Birne und Pfirsich. Am Gaumen hat der Wein eine ausgeprägte Säure und eine stoffige, konzentrierte Struktur. 13 Vol.-%, DV, €€

91+ 2020 »R Großes Gewächs« Randersacker Sonnenstuhl Silvaner tr.

So als Rebsorte ist der Silvaner massiv unterschätzt – immer noch. Hier wieder ein tolles Exemplar. In der Nase weißer Pfirsich und etwas gemüsig nach Gurke, außerdem Kamille – sehr interessant. Am Gaumen steht er stark da und besitzt eine schön eingebundene Säure und leichte Bitterkeit. 13,5 Vol.-%, DV, €€€

91 2020 »R Großes Gewächs« Randersacker Sonnenstuhl Riesling tr.

Der Geruch formt sich aus einer zarten Zitronennote, weißen Blüten und saftigem Weinbergpfirsich und entwickelt sich fortlaufend. Im Mund ist der Wein dann vielschichtig, die Aromen spiegeln sich wider und werden begleitet von einer saftigen und ausdrucksstarken Textur. 13 Vol.-%, DV, €€€

90+ 2019 Randersacker Sonnenstuhl Spätburgunder Spätlese trocken

Dunkle Kirsche, Tabak, Salbei und ein Hauch Vanille bilden ein typisches Spätburgunder-Bukett. Am Gaumen ist der Wein angenehm leicht und besitzt eine feine Tanninstruktur und angenehme Säure, die ihm etwas Tiefe verleiht. Unkompliziert und elegant. 13 Vol.-%, NK, €€

89 2021 Randersacker Lämmerberg Gewürztraminer Spätlese trocken

91 2021 »Alte Reben« Randersacker Sonnenstuhl Sylvaner Spätlese trocken

Wie saftig dieser Sylvaner ist, lässt sich schon am Geruch erahnen, nach Honigmelone und vollreifer Birne duftet er, angenehm und frisch. Am Gaumen bestätigt sich der erste Gedanke, und dazu kommt eine sanfte Säure und Extraktsüß, was in einen sehr trinkigen Gesamteindruck mündet. 13 Vol.-%, DV, €€

★★

WEINGUT NICO SCHOLTENS

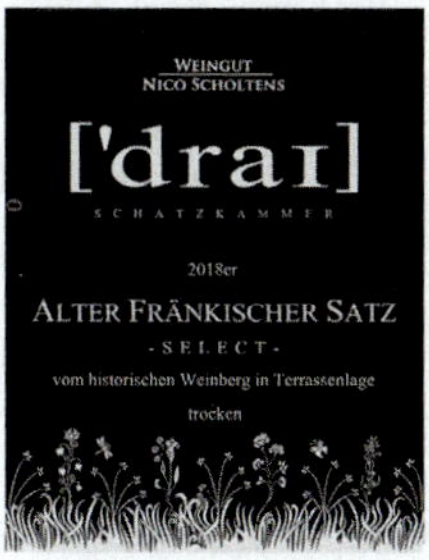

Rieneckstraße 6, 97514 Oberaurach
T: +49 9529 326, info@weingut-scholtens.com
weingut-scholtens.com

Ab-Hof-Verkauf: ja
Kellermeister: Nico Scholtens
Ansprechpartner: Nico Scholtens
Flaschen/Hektar: 30.000 (70 % weiß, 30 % rot)/5 ha

Nico und Noel Scholtens stechen unter den fränkischen Winzern heraus: In einem Anbaugebiet, das trockene Weine zum Programm erhoben hat, wollen sie ihre Weine komplett durchgegoren mit dem Ziel 0,0 Gramm Restzucker keltern – das ist selbst für Franken radikal. Die Winzer bewirtschaften ausschließlich Steil- und Terrassenlagen und pflegen vier historische Parzellen mit Altem Fränkischem Satz und wurzelechten Reben, die aufwendig in reiner Handarbeit restauriert und gepflegt werden. Die Weine sind eigenständig wie die Winzer, es lohnt sich, sich mit ihnen zu beschäftigen!

90+ 2018 »['drai]« Silvaner trocken
Dezentes Goldgelb, kräutrig in der Nase, Honig, Salbeibonbon, Stachelbeeren und Apfel, feine Würze. In einem kompakten Format mit Saft, reifer, gelber Frucht und guter Konzentration, in der Gaumenmitte beinahe etwas mollig, die Mineralik schafft Profil. 13,5 Vol.-%, NK, €

90 2018 »['drai]« Riesling trocken
Reifes Steinobst, Aprikose, feine kräutrige Noten, frischer Salbei, Thymian, etwas Holzwürze, auch Sahnekaramell. Saftig und mit guter Konzentration am mittleren Gaumen, Würze und merkliche Phenole, reife, gut eingewobene Säure, kompromisslos trocken. 13 Vol.-%, NK, €€

91+ 2018 »['drai] Select« Schwarzriesling tr.
Intensiv konzentrierter Duft nach Brombeeren und schwarzen Kirschen, auch etwas Holunderlikör, Holzwürze, getrocknete Kräuter. »Select« ist auch am Gaumen konzentriert und mächtig, der kräftige Alkohol ist eingebunden, eine Menge reifer Gerbstoffe. Kamin-Wein. 15,5 Vol.-%, NK, €€€

90+ 2018 »['drai]« Schwarzriesling trocken
Etwas Blutorange zur süßen Brombeere und Himbeere, Blüten, Veilchen und feine rauchige Holzwürze. Weich und samtig ansetzend am Gaumen mit schöner Würze und etwas Pfeffer und Ingwer, kräftig, gute Substanz, feinkörniger Gerbstoff, ungeschminkter Charakter. 14 Vol.-%, NK, €€

90 2019 »['drai]« Spätburgunder trocken

91 2020 »['drai]« Johanniter trocken
Reife Zitrusfrucht im gehaltvollen Duft, Sternfrucht, Zitronenschalen, gelbe Pflaumen, Blüten und etwas Anis. Setzt am Gaumen relativ breit und kräftig an mit schöner Würze und auch Substanz, die Säure ist reif und trägt gut, feine Phenolik, wieder zitrisch, gute Länge. 14 Vol.-%, NK, €€

★★★

WEINGUT SCHWAB

Bühlstraße 17, 97291 Thüngersheim
T: +49 9364 89183, info@weingut-schwab-franken.de
weingut-schwab-franken.de

Ab-Hof-Verkauf: Mo bis Fr 9–12 Uhr und 13–18 Uhr, Sa 9–12 Uhr
Kellermeister: Thomas Schwab
Ansprechpartner: Andrea Schwab
Flaschen/Hektar: 80.000 (85 % weiß, 15 % rot)/13 ha

Thomas und Martin Schwab verstehen es, auf unaufgeregte, aber vollauf überzeugende Art das Terroir des »Thüngerheimer Sattels« in ihren Weinen zum Ausdruck zu bringen. Schon die Ortsweine zeigen Sortentypizität und Stil, wie der Weißburgunder, aufsteigend in der Qualitätshierarchie bilden Extrakt und mineralische Würze die nächsthöhere Ebene, wie beim Silvaner Johannisberg. Oben steht das fokussierte Silvaner GG Rothlauf. Dass Familie Schwab auch Rotwein kann, beweist der Spätburgunder aus dem Jahr 2019 mit geschmeidigem Tannin. Tadellose Kollektion!

92+ 2020 Thüngersheim Rothlauf Silvaner GG
Kräutrige, würzige Noten, Apfel, nussige Aromen, etwas Fenchelkraut und Birne. Die kräftige Struktur wird patent ausgefüllt mit Extrakt, reifer Säure und würziger Mineralik. Vollmundig und saftig im Mundgefühl, dabei fokussiert in linearer Entwicklung. 13,5 Vol.-%, DV, €€€

91+ 2021 Thüngersheim Johannisberg Silvaner Erste Lage trocken
Schön verwobener Duft mit Apfel, Birne, Reneklode und Wiesenkräutern, auch erdige und steinige Noten. Saftig und würzig mit mineralischer Grundierung am Gaumen, schlanker Bau, reife, ausgewogene Säure. Fränkisch trocken, lauft unaufgeregt zu Form auf. 13 Vol.-%, DV, €€

90 2021 Thüngersheim Scheurebe trocken
In der fruchtigen und würzigen Nase Stachelbeeren, Johannisbeeren, Maracuja, feine Kräuter, auch reife Bine kommt dazu. Schwungvoll und saftig am Gaumen, ausgestattet mit einer für den Jahrgang charakteristischen Säure, wieder Maracuja und auch Mango, feine Salzigkeit. 12 Vol.-%, DV, €

90 2019 Thüngersheim Johannisberg Spätburgunder Erste Lage trocken
Würzig, nach Kirschen, Heidelbeeren, getrockneten Kräutern, Kakao und etwas Toffee, feine Holzwürze, schwarzer Pfeffer. Kräftig in der Struktur, saftig und vollmundig mit reifer, feinnerviger Säure und geschmeidigen Gerbstoffe. Mineralisch, mittlere Länge. 13,5 Vol.-%, DV, €€

89 2021 Thüngersheim Silvaner trocken

90 2021 Thüngersheim Weißburgunder tr.
Schöne Burgunder-Nase mit Apfel, Aprikose und Mandarine, würzige und florale Anklänge, Kräuter, auch Tomatenrispe. Saftig und mit angemessener Stoffigkeit am Gaumen, reife Säure, feine Würze, trocken ausgebaut, leicht zitrischer Unterton. Auch gerne bei Tisch. 13 Vol.-%, DV, €

★★

WINZER SOMMERACH DIE GENOSSENSCHAFT

Zum Katzenkopf 1, 97334 Sommerach
T: +49 9381 80610, info@winzer-sommerach.de
winzer-sommerach.de

Ab-Hof-Verkauf: Mo bis Fr 9–18 Uhr, Sa und So 10–18 Uhr
Kellermeister: Stefan Gerhard
Ansprechpartner: Frank Dietrich
Flaschen/Hektar: 1.867.000 (75 % weiß, 20 % rot, 5 % Rosé)/195 ha

Der ältesten Winzergenossenschaft Frankens gehören 90 kleine Familienbetriebe an, die ihre eigenen Weinberge von oft weniger als 1.000 Quadratmetern seit Generationen in Handarbeit bewirtschaften – und das nachhaltig, mit möglichst wenig Chemie, mit anständiger Entlohnung für die Winzer und mit viel Idealismus. Bei der Vinifizierung ihrer traditionellen, regionaltypischen Sorten gilt: »Die Abfüllung eines guten Weines beginnt im Weinberg.« Der für die Genossenschaft typischste heißt Katzenkopf, und das diesjährige Sortiment aus dieser Lage ist überragend gut gelungen.

93 2021 Sommerach Katzenkopf Wilm Silvaner trocken
Rauchige Nase, gewinnt mit Luft, gelbe Frucht, Gestein, würzige Noten wie Zitronenmelisse, Sesam, Safran, florale Noten. Am Gaumen dicht, saftig mit Zug, mineralische Würze, salzig, mürber Gerbstoff, lebendige Säure, dezente Frucht, Kräuter, jung, gutes Reifepotenzial. 13 Vol.-%, NK, €€€

93 2021 Sommerach Katzenkopf Im tiefen Thal Silvaner trocken
Dezent in der Nase, gelbe Früchte, Orangen, Wiesenkräuter, Holunderblüten, mineralische Würze. Am Gaumen saftig, gradlinig, würzig, salzig, lebendige Säure, feine Phenolik, guter Zug, trinkanimierend. Noch jung, gutes Reifepotenzial. 13 Vol.-%, NK, €€€

93 2021 Sommerach Katzenkopf Wilm Traminer trocken
Sortentypisch in der Nase, Litschi, Rosenblätter, rauchig, dezente Hefenoten wie Brotrinde. Am Gaumen kraftvoll, dicht, geschmeidig mit lebendiger Säure und mineralischer Würze, salziges Finish. Hervorragend zu gewürzten Gerichten, Speisen mit Schärfe oder kräftiger Sauce oder klassisch zum Munsterkäse. 13 Vol.-%, NK, €€€

92 2021 Sommerach Katzenkopf Weißburgunder trocken
In der Nase mineralische Würze, gelbe Früchte wie Pfirsich, Mirabellen, Nussbutter. Am Gaumen saftig, frisch, mineralische Würze, lebendige Säure mit Zug, feine Phenolik, geschmeidiger Kern, salzig im Abgang, trinkanimierend. 13 Vol.-%, NK, €€€

91 2021 Sommerach Katzenkopf Silvaner tr.

91 2021 Sommerach Katzenkopf Riesling tr.

91 2021 Sommerach Katzenkopf Sauvignon Blanc trocken

90 2021 Wiebelsberg Dachs Silvaner trocken

89+ 2021 »Familiengewächs« Grauburgunder tr.

89 2021 Escherndorf Lump Riesling trocken

89 2018 »Supremus« Sommerach Katzenkopf Spätburgunder trocken

90 2021 »Familiengewächs« Silvaner tr.
In der Nase Orangen, Quitten, Zitronenabrieb, Wiesenkräuter, dezent nach Holunder, Kalkgestein. Am Gaumen saftige Frucht, geschmeidiger Kern, gut integrierte Säure, feine Würze, mittelgewichtig im Körper, in sich stimmig. 12,5 Vol.-%, DV, €

★★★

WEINGUT SCHLOSS SOMMERHAUSEN MARTIN STEINMANN

Hauptstraße 25, 97286 Sommerhausen
T: +49 9333 260, mst@sommerhausen.com
sommerhausen.com
Ab-Hof-Verkauf: Mo bis Fr 10–18 Uhr, Sa 10–16 Uhr, So 10–14 Uhr
Kellermeister: Martin Steinmann
Ansprechpartner: Martin Steinmann
Flaschen/Hektar: 120.000 (90 % weiß, 10 % rot, 13 % Rosé, 25 % Schaumwein)/20 ha
Anbauweise: Bio

In Martin Steinmanns diesjähriger Kollektion stehen reife Weine ganz vorne – und dies im sprudelnden Genre, bei dem sich Schloss Sommerhausen immer mehr zu einer Bank und einem stilistischen Vorbild entwickelt, ebenso wie beim Stillwein. Wer bei Silvaner die Nase rümpft, sofern er nicht aus dem jüngsten Jahrgang stammt, dem (oder der) empfehlen wir, sich auf ein Glas oder eine Flasche Silvaner »R« aus 2016 einzulassen: Eine solche Komplexität hat kein junger Wein. Jungweine sind indes auch bestens vertreten, die herrlich saftige 21er Scheurebe ist unser Tipp.

93+ 2012 »avec pläsier Le Grand Riesling« brut
Apfelschale, Pomeranze, kandierter Ingwer, eine komplexe, würzig-reife Rieslingfrucht, ein Anflug von Blütenhonig und Hefe. Im Mund entfaltet sich ein sehr feines Mousseux, reife, aber tragende Säure, feine Frucht, der Abgang fließt voller Charme und Finesse. 12,5 Vol.-%, DIAM, €€€

93 2017 »avec pläsier La Grande Cuvée« PN/CH/WB/AU
Hellgolden. Viel Pinot im Duft: beerig, Hagebutte, Apfelmus, Pfeffer. Im Mund zeigt sich ein gradliniger, knochentrockener Sekt mit fester Säure und bereits etwas mild gewordenem Mousseux, mit großem Spannungsbogen, deutlich mineralischen Komponenten und mit kompaktem, pointiertem Abklang. 12,5 Vol.-%, DIAM, €€€

92+ 2015 »avec pläsier Le Grand Blanc« brut nature
Helles Goldgelb mit grünlichen Reflexen. Im Duft eine feine, reife Hefewürze, Apfel und Apfelschalentee. Im Mund hat der Wein eine frische, aber auch reichhaltige Struktur, die kultivierte Säure und das in seiner Dynamik zurückhaltende Mousseux geben dem geschmeidigen Bau Spannung. 12,5 Vol.-%, DIAM, €€€

92 2016 »R« Sommerhausen Steinbach Silvaner Erste Lage trocken
Im Duft komplex, Aromen von reifer Limette, Passionsfrucht, Thymian, gelbem Apfel, Mandarine und Gesteinsmehl. Am Gaumen betont zitrisch, Kräuternoten, wiederum feine reife Frucht, dabei saftig, geschmeidig und trinkanimierend. 12,5 Vol.-%, DV, €€

91+ 2014 avec pläsier Le Grand Rosé

91+ NV »avec pläsier Riesling Pur« brut

91 NV »avec pläsier Blanc de Blancs« brut

90+ 2021 Sommerhausen Steinbach Riesling Erste Lage trocken

90+ 2021 Sommerhausen Muskateller trocken

90 2021 Sommerhausen Steinbach Silvaner Erste Lage trocken

89+ 2021 Sommerhausen Gewürztraminer tr.

90+ 2021 Sommerhausen Steinbach Scheurebe Erste Lage trocken
Brillant in der Farbe und sehr attraktiv im Duft. Aromen von Holunder, Pink Grapefruit, Stachelbeere, Passionsfrucht und junger Birne. Am Gaumen feine Frucht, herrlich saftig, feine Mineralik, gut eingebundene prägnante Säure. Ein Wein mit viel Trinkfluss. 12 Vol.-%, DV, €€

★★★

WEINGUT AM STEIN LUDWIG KNOLL

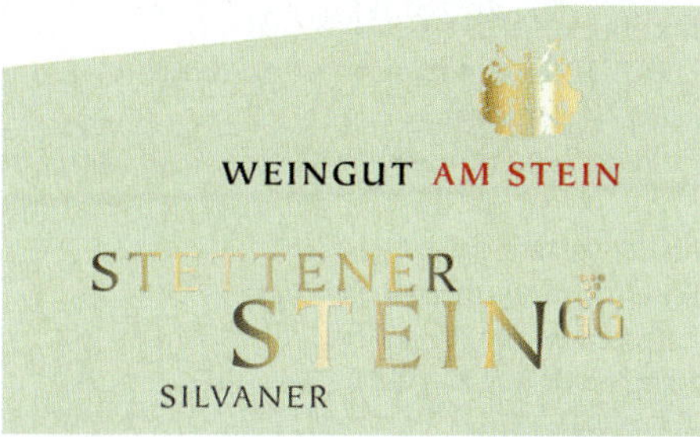

Mittlerer Steinbergweg 5, 97080 Würzburg
T: +49 931 25808, mail@weingut-am-stein.de
weingut-am-stein.de

Ab-Hof-Verkauf: Ja
Kellermeister: Dominik Diefenbach
Ansprechpartner: Sandra Knoll
Flaschen/Hektar: 250.000/37 ha

Mit dem Würzburger Stein, der Inneren Leiste und dem Stettener Stein verfügt das Weingut von Sandra und Ludwig Knoll über einige der besten Weinlagen in ganz Franken. Das Winzerpaar bewirtschaftet seine Steillagen biodynamisch ohne Chemie, mit Pflanzenvielfalt und viel Handarbeit. Einige Weine bauen sie in Holzfässern aus. Doch im Steinkeller reifen die Großen Gewächse und die Weine der Serie »Vinz alte Reben« in futuristischen Beton-Eiern. Die Weine, die wir dieses Jahr verkosten konnten, sind durch die Bank prägnant, dicht und angenehm salzig – super!

93 2020 Stetten Stein Silvaner GG
Pfeffrig in der Nase, gelbe Früchte, Quitten, Birnen, Äpfel, kräutrige Würze, Fenchel, Salbei, Senfsaat, Gesteinsmehl. Am Gaumen spannungsgeladen, cremiger Kern, lebendige Säure, deutliche Würze, feine Phenolik, guter Extrakt, schöne Länge. 13,5 Vol.-%, DV, €€€

92 2020 Stetten Stein Riesling GG
Vielschichtig in der Nase, Zitronenzesten, Orangen, weißer Pfirsich, Wiesenkräuter, weiße Blüten, kühles Kalkgestein. Am Gaumen saftig, frisch, schlank, lebendige Säure, feine Phenolik, mineralische Würze, Salzzitronen, schöne Länge. 12,5 Vol.-%, DV, €€€

91+ 2021 »Montonia Fumé« Rosé trocken
Leichtes Lachsrosa. In der Nase rauchige Noten, Hagebutte, Himbeere, Erdbeere und Kirsche, auch feine kräutrige Noten. Mit Zug und Spannung am Gaumen, gute Dichte und Extrakt, zielgerade Säure, ungeschminkt trocken, feine Gerbstoffe, salzige Untertöne, konsistent. 12,5 Vol.-%, DV, €€€

92 2019 »Montonia« Spätburgunder trocken
Rote Kirsche, erdige Noten, etwas Waldboden, Tannennadeln, Blutorange, Hefe, Holzwürze vom Barriqueausbau. Saftig und mit feiner, charmanter Würze am Gaumen, präsente, gut eingewobene Säure, feinkörniger Gerbstoff in guter Menge, trocken, schöner Fluss, saftiger Ausklang. 13 Vol.-%, DV, €€€

91 2020 »Vinz Alte Reben« Silvaner trocken

91+ 2020 »Vinz Alte Reben« Scheurebe tr.
Sortentypisch, jedoch nicht zu laut in der Nase, Mango, Orangenzesten, Schwarze Johannisbeere, dezent nach Anis. Am Gaumen elegant, saftige Frucht, feine Würze, gut integrierte Säurestruktur, Gesteinsmehl, langes salziges Finish, eigenständig in seiner Stilistik. 12,5 Vol.-%, DV, €€€

★★★★

WEINGUT STEINTAL

Wilhelmstraße 107, 63911 Klingenberg
T: +49 9372 2438, info@weingut-steintal.de
weingut-steintal.de

Ab-Hof-Verkauf: Ja
Kellermeister: Philipp Aufderheide
Ansprechpartner: Jonas Hirn
Flaschen/Hektar: 27.000 (10 % weiß, 90 % rot)/11 ha
Anbauweise: Bio

Es ist viel darüber geredet und geschrieben worden, wohin sich das Weingut Steintal nach dem Weggang von Mastermind Benedikt Baltes bewegen würde. Mit etwas zeitlicher Distanz lässt sich resümieren, dass Philipp Aufderheide und Jonas Hirn die großen Fußstapfen bestens ausfüllen. Auf den ökologisch bewirtschafteten Terrassen um Klingenberg entstehen mineralische und puristische Spätburgunder, die in fränkischer Eiche zu großem Format heranreifen können: Das GG Hundsrück 2020 ist ein filigran in Szene gesetzter Gigant, Schlossberg steht ihm kaum nach. Chapeau!

94+ 2020 Bürgstadt Hundsrück Spätburgunder GG
Kirsche, Blaubeere, frischer Salbei, etwas Blutorange, feiner Rauch, Holzwürze, nasses Laub. Schon zugänglich am Gaumen mit feinnerviger Säure, gutem Extrakt, der sich elegant entfaltet, mineralisch, behutsam extrahierter Gerbstoff, Intensität filigran inszeniert. 12,5 Vol.-%, NK, €€€€

94 2020 Klingenberg Schlossberg Spätburgunder GG
Hefig im Duft, kräutrig, rauchig, Holz, Schwarze Johannisbeere, Kirsche, Weinbergkräuter. Fließt mit feinem Saft linear am Gaumen, feste Säure, gebündelter Bau, elegant, eindrucksvoll. Vermeidet Opulenz, ist dennoch dicht und stoffig. Mineralisch, auf Potenzial ausgerichtet. 12,5 Vol.-%, NK, €€€€

92+ 2020 »Alte Reben« Klingenberg Spätburgunder trocken
Verschlossen im Duft, Schwarze Johannisbeere, dunkle Kirsche, feiner Rauch, kräutrig, etwas Veilchenpastille. Saftig und würzig am Gaumen mit feiner Säure, die gut durch die kräftige Textur führt, mittelgewichtig im Extrakt, mineralische Würze, saftig ausklingend. 12,5 Vol.-%, NK, €€€

92+ 2020 Klingenberg Cabernet Franc trocken
Cassis in der frischen, noch jungen Nase, Brombeere, etwas Preiselbeere, feine Würze und Rauch, auch Bleistiftmiene. Saftig und mit schöner Würze am Gaumen, klare Frucht, guter Zug, griffiger Gerbstoff. Elegant und animierend, eigenständige Interpretation. 12,5 Vol.-%, NK, €€€

90+ 2020 »Buntsandstein« Spätburgunder trocken

91 2021 »Buntsandstein« Blanc de Noir trocken SW/PN
Etwas reduktiv, Hefe, Kräuter, Walnuss, rauchige Noten, Himbeere und Johannisbeere. Mit Frische, Saft und Zug am Gaumen, betont trocken und puristisch, phenolische Schichtung, feiner Gerbstoff, salzige Mineralik, animierende feine Herbe. Macht Spaß. 11,5 Vol.-%, NK, €€

★★

WEINGUT VON DER TANN

Birklinger Straße 1, 97346 Iphofen
T: +49 9323 89970, info@weingut-vondertann.de
weingut-vondertann.de
Ab-Hof-Verkauf: Do und Fr 8–18 Uhr, Sa 9–18 Uhr und nach Vereinbarung
Kellermeister: Steffen von der Tann
Ansprechpartner: Maggie Schauner und Steffen von der Tann
Flaschen/Hektar: 16.000 (80 % weiß, 15 % rot, 4 % Rosé, 1 % Schaumwein)/2.5 ha

In Iphofen hat sich neben den etablierten Betrieben eine Weinszene entwickelt, die Impulse setzt und von sich reden macht. Mittendrin ist das von Maggie Schauner und Steffen von der Tann geführte Weingut von der Tann (Motto: »Jung, kreativ, experimentierfreudig«), das 2,5 Hektar Rebfläche am Rande des Steigerwalds in der Lage Iphöfer Kronsberg bewirtschaftet. Die Weine fallen mal klassisch fränkisch aus wie der »e'fach Müller«, mal wilder wie der maischevergorene »OMG«, immer zeigen sie die würzige Mineralik des Gipskeuper. Dafür vergeben wir gerne den zweiten Stern!

91 2019 »Blondschopf« Müller-Thurgau trocken
Der Barrique-Ausbau gibt dem »Blondschopf« auch dunklere würzige Noten, neben Apfel und Mirabelle etwas Anis. Am Gaumen mit weicher, cremiger Textur, feine Extraktsüße, gepflegte Phenole, Würze, gut eingewobene Säure, jede Sommelière, jeder Sommelier freut sich. 13 Vol.-%, NK, €€

90 2020 »Silvaner halt!« Silvaner trocken
Würzige und kräutrige Noten in der Nase, Apfel, Birne, Wiesenkräuter, auch etwas Malz und Holunderblüten. Im schlanken Format saftig und würzig, trocken, mit gepflegten Phenolen, Apfelschale, mittelgewichtig im Extrakt, klar und natürlich im Ausdruck. 12 Vol.-%, DV, €

89+ 2021 »e'fach Müller« Müller-Thurgau trocken
Fruchtig und direkt in der Nase mit Apfel, Birne, etwas Mirabellen, Wiesenkräutern und auch Eisbonbon. Im schlanken Format mit Saft und Zug, lebendige Säure, feine Würze, etwas Fruchtsüße, kräutrig, etwas Kümmel. Zeigt die Vorzüge der Rebsorte auf direkte Art. 12 Vol.-%, DV, €

90+ 2019 »Rotbart« trocken
Dunkle Kirsche, Brombeere und auch Holunder in der fruchtig-würzigen Nase, Rauch und feine Holzwürze. Saftig mit frischer Brombeere am Gaumen, kompakter, schlank gehaltener Bau, geschmeidiger Extrakt, griffiger, feinkörniger Gerbstoff in mittlerer Menge, schöner Fluss. 12 Vol.-%, NK, €€

89+ 2020 »Sommer in Pink« Rosé trocken

90+ 2019 »OMG« Müller-Thurgau trocken
Reichhaltiger Duft, reifer Apfel, auch etwas Bratapfel, kräutrig von der Maischegärung, auch zitrisch, würzig. Saftig und mit merklicher reifer Phenolik am Gaumen, fränkisch trocken, reife Säure, gute Substanz, kräutrige Herbe, mittlere Länge. 12 Vol.-%, €

★

WINZERGEMEINSCHAFT FRANKEN

Alte Reichsstraße 70, 97318 Kitzingen
T: +49 9321 70050, info@gwf-frankenwein.de
gwf-frankenwein.de

Ab-Hof-Verkauf: Ja
Kellermeister: Cornelius Lauter
Ansprechpartner: Cornelius Lauter
Flaschen/Hektar: 14.667.000 (80 % weiß, 18 % rot, 2 % Rosé, 1 % süß, 1 % Schaumwein)/1.250 ha

Die 1959 gegründete GWF bezeichnet sich selbst als die »größte Winzerfamilie Frankens«. Dabei ist sie ein gigantisches Unternehmen und mit weit über 2.000 Winzern sowie mehr als 1.200 Hektar Rebflächen in ganz Franken eine der größten Winzergenossenschaften in Deutschland. So ist es naheliegend, dass das Spektrum ihrer Weine sämtliche fränkischen Rebsorten von Silvaner über Müller-Thurgau bis Schwarzriesling abdeckt. Dabei hält der Großbetrieb durchweg ein gutes bis sehr gutes Niveau. Uns überzeugten vor allem die trockenen Weißen im Oberfeld – beachtlich!

92 2020 Frickenhausen Kapellenberg Silvaner trocken
Im Duft: viel Kräuter, würzige Noten. Im Mund hat der Wein große Spannung, immense Dichte, reife Stoffigkeit, intensive taktile Mineralik. Ein gut gebündelter, kompakt gebauter, lange und homogen präsenter Wein mit sehr gutem Potenzial. 13 Vol.-%, DV, €€

91+ 2020 Königheim Kirchberg Grauer Burgunder trocken
Ein vielschichtiger, klarer Duft: Mandarine, getrocknete Orangenschale, Burgunder-Beeren, Honigbonbon. Im Mund hat der Wein Wucht und Schmelz, eine feste Säure durchzieht den geschmeidigen Körper, leichte Süße stützt die Frucht. Ein stattlicher Grauburgunder für die mittlere Reifedauer. 13 Vol.-%, DV, €€

91 2021 »Kellermeisterauswahl« Sauvignon Blanc trocken
Im Duft findet man Mango und Nektarine, sehr reife rote, aber auch knapp reife grüne Stachelbeeren. Am Gaumen hat der Wein eine feste Struktur, gut eingebundene Säure, der satte Extrakt gibt Rückhalt und Länge. Ein charaktervoller Sortentyp. 12 Vol.-%, DV, €€

91 2019 »1er Traube« Retzstadt Langenberg Spätburgunder trocken
Holzwürze mengt sich mit Noten von roten Kirschen, Schwarzen Johannisbeeren, Pflaume und getrockneten Kräutern, auch rauchig. Am Gaumen mit sehr guter Balance, Saft und Säure fließen eng verbunden, trotz etwas Schattenmorelle geschmeidig, geschmolzenes Tannin, gute Länge. 13,5 Vol.-%, DV, €€€

91 2020 Iphofen Kalb Silvaner trocken

90+ 2020 Zeil Eulengrund Riesling trocken

89+ 2021 »Kellermeisterauswahl« Chardonnay trocken

89 2021 Wipfeld Zehntgraf Weißer Burgunder Spätlese trocken

88+ 2021 »Tilman« Grauer Burgunder trocken

88+ 2021 »Tilman« Muskateller halbtrocken

89+ 2021 Großlangheim Kiliansberg Spätburgunder trocken

90 2021 Stetten Stein Silvaner Kabinett tr.
Eine leicht rauchige Muschelkalknase strömt aus dem Glas. Dazu kommen Aromen von Heu und Wiesenkräutern. Der Gaumen hat einen saftigen Säurezug, eine mineralische Tönung, mittelgewichtigen Extrakt und eine kabinettartige Leichtigkeit in der Anmutung. Frisch und elegant. 11,5 Vol.-%, DV, €

★★★★

WEINGUT HANS WIRSCHING

Ludwigstraße 16, 97346 Iphofen
T: +49 9323 87330, info@wirsching.de
wirsching.de

Ab-Hof-Verkauf: Mo bis Fr 8–18 Uhr, Sa 9–18 Uhr, So 10–12.30 Uhr
Kellermeister: Dr. Klaus-Peter Heigel
Ansprechpartner: Andrea Wirsching
Flaschen/Hektar: 650.000 (85 % weiß, 15 % rot)/90 ha

Die Konstanz des Iphöfer Weinguts ist beeindruckend: Die Großen Gewächse gehören Jahr für Jahr zur Spitze Frankens – aber damit geben sich Andrea Wirsching und ihr Team noch lange nicht zufrieden. Die wahre Klasse des Betriebs zeigt sich auch an scheinbar »kleineren« Weinen wie dem stilsicheren Iphöfer Silvaner Ortswein. Eine zusätzliche Dimension Individualität besitzen die »Sister Act«-Weine, die Lena und Andrea Wirsching spontan im Holzfass vergären. Und selbst in einem Jahr wie 2021 gibt es eine TBA als »cherry on the cake«. Strongly recommended!

94 2020 Iphofen Julius-Echter-Berg Silvaner GG
Gelbfruchtig zunächst, Aprikose, Stachelbeere, Apfel, zunehmend vielschichtig, kräutrig, Keuperwürze, etwas Sesam. Saftig ansetzend im Mund, guter, dichter Extrakt, eng am Körper anliegende Säure, die Mineralik spannt den Bogen bis ins Finale. Stark. 13,5 Vol.-%, NK, €€€

93 2020 Iphofen Julius-Echter-Berg Riesling GG
Vielschichtige Nase mit Aprikose, Pfirsich, etwas Zitronenschale und kräutrigen, mineralischen Noten, die an Intensität zunehmen. Saftige Ouvertüre im Mund, guter Extrakt, frische, delikate Säure. Zieht seine Spannung aus der Mineralik, kann sich entwickeln. 13,5 Vol.-%, NK, €€€

92+ 2020 »Sister.Act« Silvaner trocken
Eleganter, gepflegter Duft, feine Kräutrigkeit zu Apfel, Birne, Quitte und gelber Pflaume, leicht rauchiger Anklang. Fokussiert und linear am Gaumen, kompakte Textur, guter Extrakt, feine Phenole und Mineralik. Lässt die häusliche Tradition hinter sich. 13 Vol.-%, NK, €€€

98 2021 Iphofen Julius-Echter-Berg Riesling Trockenbeerenauslese
In der Nase Aprikose, Weinbergpfirsich, sehr klare Botrytis. Am Gaumen seidige Textur, selbstbewusste Säure, kräuterwürzig, kreidig, zeigt Lagen-Charakter, feine Phenolik, klare Riesling-Aromatik mit etwas Ananas und Zitrus, hochkonzentriert, auch in der Süße. Groß! 6 Vol.-%, NK, €€€€

92+ 2021 »Alte Reben« Iphofen Kronsberg Riesling trocken

92 2021 »Alte Reben« Iphofen Kronsberg Scheurebe trocken

92 2021 Iphofen Julius-Echter-Berg Riesling Erste Lage trocken

92 2021 »Alte Reben« Iphofen Kronsberg Silvaner trocken

91+ 2021 Iphofen Julius-Echter-Berg Silvaner Erste Lage trocken

90+ 2020 »Alte Reben« Iphofen Kronsberg Chardonnay Erste Lage trocken

91+ 2019 Iphofen Kronsberg Spätburgunder trocken

90 2021 Iphofen Silvaner trocken
Aus dem Glas steigt ein kräutriger, pflanzlicher Iphöfer Duft mit deutlicher Keuper-Komponente (pfeffrige Kalk- und balsamische Gesteinsmehlnoten). Im Mund besitzt der Wein eine animierend saftige, leichtfüßige Art, die elegante Säure ist mineralisch umspielt und sehr gut eingebunden. 12 Vol.-%, DV, €

★★★

WEINGUT STAATLICHER HOFKELLER WÜRZBURG

Residenzplatz 3, 97070 Würzburg
T: +49 931 3050923, hofkeller@hofkeller.de
hofkeller.de

Ab-Hof-Verkauf: Mo bis Fr 9–18 Uhr, Sa 10–14 Uhr
Kellermeister: Stefan Schäfer, Klaus Kuhn, Norbert Winkler
Ansprechpartner: Thilo Heuft
Flaschen/Hektar: 800.000 (87 % weiß, 13 % rot)/120 ha

Im vergangenen Jahr konnten wir schon beim Staatlichen Hofkeller in Würzburg eine merkliche Steigerung loben, dieser Aufwärtstrend geht weiter und manifestiert sich mit dem Jahrgang 2021: Die Weine aus Ersten Lagen zeigen ihre Herkunft mit subtiler Raffinesse. Die Großen Gewächse, höher im Extrakt dotiert, spielen in Franken wieder ganz oben mit, wie der Silvaner Stein-Berg mit Dichte und tragender Mineralik. Der Riesling aus derselben Lage mit kalkmineralischer Definition freilich folgt ihm dicht auf den Fersen. Mit dem Hofkeller kann man wieder rechnen!

93+ 2021 Würzburg Stein-Berg Silvaner GG
Typische Rauchigkeit, Apfel, Birne, Reneklode, frisches Fenchelkraut und feiner Kümmel. Stoffig und saftig ansetzend am Gaumen mit Dichte und gutem Extrakt, tragende Säure, Würze und tragende Mineralik. Wird der großen Lage gerecht, gutes Potenzial! 13,5 Vol.-%, DV, €€€

93 2021 Würzburg Stein-Berg Riesling GG
Pfirsich, feine Aprikose und etwas weißes Nougat, dezent anklingende Würzigkeit und Mineralik. Kompakter, linearer Bau, klar definierte Struktur, saftig und mit gutem Extrakt, reife Säure, schöne kalkmineralische Grundierung. Zeigt Herkunft und Stil. 12,5 Vol.-%, DV, €€€

93 2020 Würzburg Stein-Berg Weißer Burgunder GG
Feine Holzwürze, nussige Aromen, auch etwas grüne Walnuss, Aprikose, Apfel und gelbe Blüten, reife Sonnenblumen. Kräftig gebaut am Gaumen, feste Struktur durch den Holzausbau, gute Dichte, feste Säure, saftig und würzig, betont trocken ausgebaut, mineralisch. Noch jung, gutes Potenzial. 13,5 Vol.-%, DV, €€€

92+ 2020 Großheubach Bischofsberg Spätburgunder GG
Etwas Neuholz, viel Würze, Wacholderbeeren, dunkle und rote Kirschen, auch Zedern- und Unterholz. Saftig am Gaumen mit frischen roten Kirschen, dicht und engmaschig strukturiert, präzise Säure, griffiges, feinkörniges Tannin. Das wird was! 12,5 Vol.-%, NK, €€€

92 2021 Randersacker Pfülben Riesling GG

91 2021 Würzburg Stein Silvaner Erste Lage trocken

90+ 2021 Randersacker Teufelskeller Silvaner Erste Lage trocken

90+ 2021 Würzburg Innere Leiste Riesling Erste Lage trocken

90+ 2021 Würzburg Innere Leiste Silvaner Erste Lage trocken

90+ 2020 Würzburg Stein Spätburgunder Erste Lage trocken

90+ 2021 Würzburg Stein Rieslaner Erste Lage

91+ 2021 Würzburg Stein Riesling Erste Lage tr.
Würzige, kräutrige Noten, Thymian, eingelegte Zitronenschalen, Zitronenmelisse, Aprikose, rauchige Mineralik. Auch mit zitrischen und kräutrigen Noten am Gaumen, lebendig und mineralisch mit präsenter Säure, stimmig in der Balance, zeigt die Lage mit Stil. 12,5 Vol.-%, DV, €€

★★★

WEINGUT ZEHNTHOF FAMILIE WEICKERT

Hauptstraße 17, 97334 Sommerach
T: +49 9381 2830, info@zehnthof-weickert.de
zehnthof-weickert.de

Ab-Hof-Verkauf: täglich 8–20 Uhr
Kellermeister: Tobias Weickert
Ansprechpartner: Gertrud Weickert
Flaschen/Hektar: 50.000 (90 % weiß, 5 % rot, 5 % Rosé)/7 ha

Das Gemäuer aus dem 17. Jahrhundert, in dem die Winzerfamilie Weickert wohnt, war einmal ein Kloster, an das die Bauern der Umgebung den Zehnten zu entrichten hatten – daher der Name. Schon damals bauten die Mönche Wein an. Heute werden hier vor allem duftige Bukett-Sorten wie Traminer und Müller-Thurgau gekeltert. Doch besonders an einer Rebsorte hat Tobias Weickert, der das Gut von seiner Großmutter übernahm, einen Narren gefressen: der Scheurebe. Dieses Jahr präsentiert er gleich fünf verschiedene trockene Exemplare, alle großartig gelungen.

92+ 2021 Volkach Kirchberg Scheurebe Spätlese trocken
Grünliche Reflexe im Glas. In der Nase noch verschlossen, Rauch, Feuerstein, Grapefruit, saftige Birne, traubige Noten, Honigmelone. Am Gaumen saftig, geschmeidig, cremiger Kern, gut integrierte lebendige Säure, feine Würze, gut ausbalanciert. 12,5 Vol.-%, DV, €€

92+ 2021 Sommerach Katzenkopf Traminer Spätlese trocken
Leicht rauchig in der Nase, dahinter Rosenblätter, Orangenblüten, Blutorange, Muskatwürze, kalkige Kühle. Am Gaumen kraftvoll, saftig, cremiger Kern, Schmelz, feine Phenolik, erfrischender Säurenerv, mineralische Würze, schöne Länge. Als Solist oder Speisenbegleiter, z. B. zu einem Curry. 13,5 Vol.-%, DV, €€

92 2021 Sommerach Katzenkopf Scheurebe Spätlese trocken
Duftige Nase, Obstkorb von Mango, Orangen, Aprikosen, Honigmelone und Zitronen, dazu Wiesenkräuter, weiße Blüten, Heu. Am Gaumen saftig, cremiger Schmelz, lebendige Säure, mineralische Würze, kühl, elegant. Schön als Solist oder zu leichten Speisen, z. B. zu gedünstetem Fisch. 12,5 Vol.-%, DV, €€

91+ 2021 Obervolkach Landsknecht Scheurebe Spätlese trocken
In der Nase Limettenschale, Cassis, Grapefruit, Honigmelone, Orange. Am Gaumen stoffig, geschmeidig, weich, gut integrierte Säure, feine Phenolik, mineralische Würze, ausgewogen, lang am Gaumen. 13 Vol.-%, DV, €€

91 2021 »Stettenburg« Obervolkach Landsknecht Scheurebe Spätlese trocken

91 2021 Obervolkach Landsknecht Blauer Silvaner Spätlese trocken

90+ 2021 »Alte Rebe« Sommerach Katzenkopf Silvaner Spätlese trocken

89 2021 Obervolkach Landsknecht Riesling Kabinett trocken

89 2021 »Alte Rebe« Obervolkach Landsknecht Kerner Spätlese trocken

91 2021 Sommerach Katzenkopf Traminer Spätlese feinherb

89 2021 Volkach Kirchberg Scheurebe Spätlese feinherb

93 2021 Astheim Karthäuser Scheurebe Spätlese trocken
Grünliche Reflexe im Glas. In der Nase noch verschlossen, Kräuternoten, Zitronenabrieb, Grapefruit, Orangenschale, Anis. Am Gaumen frisch, elegant, saftig, animierende Säure, seidiger, cremiger Kern, feine Bitternoten, mineralische Würze, lang am Gaumen, salziger Nachhall. Hat Reifepotenzial. 12,5 Vol.-%, DV, €€

★★★

ZEHNTKELLER IPHOFEN HOTEL & WEINGUT

Bahnhofstraße 12, 97346 Iphofen
T: +49 9323 8440, info@zehntkeller.de
zehntkeller.de

Ab-Hof-Verkauf: Ja
Kellermeister: Johannes Weickert
Ansprechpartner: Johannes Weickert
Flaschen/Hektar: 180.000 (85 % weiß, 14 % rot, 1 % Rosé, 1 % süß, 7 % Schaumwein)/27 ha
Anbauweise: Bio

Johannes Weickert, der Betriebsleiter und Kellermeister im Zehntkeller, ist ein Meister des trockenen Kabinetts. Selbst wenn diese Bezeichnung demnächst von den Etiketten verschwinden sollte, kann man gewiss sein, dass das Iphöfer Bioweingut seinen Stil beibehält, der stets die Kulinarik und die Trinkfreude im Blick hat. Die Küche im zugehörigen Hotel und Restaurant und die flüssigen Gaben des Weinbergs sind wie geschaffen füreinander: Wer würde nicht gern ein Glas Echter-Berg Silvaner zum Kalbsbries-Ragout mit Pfifferlingsravioli trinken?

91+ 2020 »Alte Reben« Iphofen Julius-Echter-Berg Silvaner trocken
In der Nase findet man Aromen von Zitronenmelisse, rotem Apfel, Quitten, Orangen, Wiesenkräutern, Heu. Am Gaumen ist der Wein kraftvoll, saftig, hat mineralische Würze, einen guten Säurezug und Konzentration. Eher ein Speisenbegleiter als ein Solist. 13,5 Vol.-%, DV, €€

91 2021 Iphofen Julius-Echter-Berg Silvaner Kabinett trocken
Frisch und würzig im Duft, Wiesenkräuter und Gesteinsmehl, auch Gelbfrucht. Im Mund macht der Wein mit schlanken Mitteln viel Druck, die Lage zeigt sich in geschmeidigem Hintergrund und reifer Säure und das Prädikat in Frische und Saftigkeit, mineralisch pointierter Abklang. 12,5 Vol.-%, DV, €

91 2021 Iphofen Kalb Riesling Kabinett tr.
Im Duft frische Zitronen, weiße Blüten, Melisse, Wiesenkräuter. Am Gaumen dicht, mineralische Würze, guter Säurezug, cremiger Kern, schlank im Körper, salziges Finish, trinkanimierend, schöne Länge. 12 Vol.-%, DV, €€

94 2020 Iphofen Steinweg Silvaner Trockenbeerenauslese
Silvaner-Duft, Kräuterwürze, etwas Spargel, wilder Thymian, gelber Apfel. Auch im Mund sehr aromatisch, Küchenkräuter wie Oregano, enorme Konzentration, der Extrakt ist beinahe zum Kauen, kraftvoll, Honigwürze, mittlere Viskosität, baut viel Druck auf. 7,5 Vol.-%, DV, €€€€

90+ 2019 Iphofen Julius-Echter-Berg Riesling Spätlese trocken

90 2021 Iphofen Kalb Müller-Thurgau Kabinett trocken

90 2021 Iphofen Kalb Weißer Burgunder Kabinett trocken

90 2021 Iphofen Kalb Silvaner Kabinett tr.

89 2021 Iphofen Kalb Chardonnay Kabinett tr.

90 2020 Iphofen Kalb Spätburgunder trocken

90 2018 Iphofen Kronsberg Cabernet Sauvignon trocken

92 2021 Rödelsee Küchenmeister Silvaner Kabinett trocken
Kräuterwürze in der Nase, Melisse, Salbei, leicht balsamisch, frische Zitronen, Lindenblüten, weiße Blüten. Am Gaumen saftige Frucht, etwas Kohlensäure, frisch, lebendige Säure, mineralische Würze, schlank im Körper, mittlerer Extrakt, schöne Länge. 11,5 Vol.-%, DV, €

GASTGEBER AUS LEIDENSCHAFT

Gemeinsam mit den Winzern der Region – als uneingeschränkten Experten, was das leibliche Wohl anbelangt – hat Falstaff die besten Genussadressen in Sachen Kulinarik sorgfältig ausgewählt und zusammengestellt.

97708 Bad Bocklet

Kunzmann's

Das Traditionshotel hat sich auf Ayurveda spezialisiert. In der Küche geht es herzhaft zu, Wild kommt aus dem Revier, die Rhönforelle und Bioobst aus eigenem Anbau. Der Bogen spannt sich vom Hochlandrindgulasch bis zum Kichererbseneintopf.

An der Promenade 6
+49 9708 780
kunzmanns.de

Empfohlen von: **Weingut Neder**

97705 Burkardroth-Stralsbach

Landgasthof Zum Weißen Rössl

Eines der ältesten Gasthäuser der Region. Familie Hergenröder hat sich auf moderne Rhöner Küche spezialisiert. Einer der Favoriten ist das geschmorte Schaufelstück vom Rhöner Rind. Die guten Obstbrände kommen aus der eigenen Brennerei.

Von-Henneberg Straße 15
+49 09734 201
weisses-roessl-rhoen.de

Empfohlen von: **Weingut Neder**

Foto: beigestellt, Shutterstock (c) Werner Spremberg

97340 Marktbreit

Alter Esel

Mit einem wöchentlich wechselnden Menü punktet die Marktbreiter Eselsküche in stets stabiler Struktur bei originellen Variationen. Innen und außen, to go und to stay: ein Allrounder für viele Geschmäcker.

Marktstraße 10
+49 (9332) 5949477
www.alteresel-marktbreit.de

SO €€

Empfohlen von: **Bürgerspital zum Hl. Geist**

97332 Fahr am Main

Brauner Bär & Weiße Taube

Zum Familienweingut gehört auch eine Gastwirtschaft, in der Geselligkeit großgeschrieben wird. Urig ist das Ambiente, herzhaft und fränkisch deftig die Küche, die zum Frankenwein natürlich auch regionale Klassiker im Programm hat.

Blütenstraße 22
+49 (9381) 80730
www.weingut-braun.de

SO

Empfohlen von: **Falstaff-Redaktion**

97340 Marktbreit

Michels Stern

In dieser Region eher spärlich zu finden ist der »Schwabentopf«: mit Käse überbackenes Schweinegeschnetzeltes mit Spätzle plus Segnitzer – und ein Stern geht auf an einem Himmel, von dem es Spätlese regnet.

Bahnhofstraße 9
+49 (9332) 1316
www.michelsstern.de

P SO €

Empfohlen von: **Bürgerspital zum Hl. Geist**

97346 Iphofen

Iphöfer Kammer

Sehr viel idyllischer als vor den von Wein und Rosen umrankten Holzfensterläden kann man vermutlich nicht sitzen. Zumindest nicht bei Rehmedaillon, Kartoffel-Sellerie-Püree und einem Glas Silvaner.

Marktplatz 24
+49 (9323) 8772677
www.kammer-iphofen.com

€€

Empfohlen von: **Weingut Hans Wirsching**

Foto: beigestellt, Shutterstock

96181 Rauhenebrach

Hofmann

Ob aus dem Wald, dem Wasser oder von der Wiese: Hier finden regionale Produkte ihre Veredelung. Zelebriert wird der Abend mit ausgezeichneten fränkischen Destillaten von der Zwetschge bis zur Zibarte.

Schindelsee 1
+49 (9549) 98760
www.schindelsee.de

SO €€

Empfohlen von: **Weingut Baumann**

97291 Thüngersheim

Zum Bären

Fränkische Tradition wird hier großgeschrieben, schließlich gibt es das Haus schon seit mehr als 470 Jahren. Aktuell wie eh und je sind bei Dieter Oppel die regionalen Klassiker und herzhaften Spezialitäten, serviert mit passenden Franken-Weinen.

Kirchgasse 1
+49 (9364) 7267
zum-baeren.franken-regio.de

SO

Empfohlen von: **Weingut Schwab**

97348 Rödelsee

Gasthaus Winzerstube

Ein urgemütliches Wirtshaus mitten in der fränkischen Weinregion. Traditionelle Speisen, regionale Klassiker, Fische aus dem Umland und herzhafte Wildgerichte machen die attraktive Speisekarte aus. Bier und Wein sind dazu die idealen Begleiter.

Wiesenbronner Straße 2–4
+49 (9323) 5222
www.gasthaus-winzerstube.de

SO

Empfohlen von: **Winzer Sommerach – Die Genossenschaft**

97070 Würzburg

Alte Mainmühle

Fränkische Gastlichkeit in stimmungsvoller Atmosphäre direkt an der historischem Mainbrücke: Jahreszeitlich inspiriert, serviert die Küche alle regionalen und traditionellen Klassiker in handfesten Portionen. Ein Muss für Würzburg-Besucher!

Mainkai 1
+49 (931) 16777
www.alte-mainmuehle.de

SO €€

Empfohlen von: **Bürgerspital zum Hl. Geist**

97286 Sommerhausen

Philipp

Zwar glänzen Heike und Michael Philipp besonders mit Entitäten, die aus dem Wasser, von der Weide, vom Feld oder von der Wiese kommen, doch dabei bleibt es nicht. Chic ohne »shabby«, High End ohne Hochmut.

Hauptstraße 12
+49 (9333) 1406
www.restaurant-philipp.de

SO €€€

Empfohlen von: **Weingut Schloss Sommerhausen Martin Steinmann**

Würzburg, Blick auf die Festung Marienberg

97877 Wertheim

Orangerie Kloster Bronnbach

Von der Terrasse hat man das Kloster im Blick und genießt authentische Gerichte in ungezwungener Atmosphäre. Sehr fein sind hausgeräucherter Lachs mit Quinoa und Erdnuss oder Rostbraten mit Spätzle, es gibt auch vegetarische und vegane Variationen.

Bronnbach 10
+49 9342 935210
hotel-kloster-bronnbach.de

Empfohlen von: **Weingut Konrad Schlör**

97080 Würzburg

Reisers

Nur noch bis April 2023 wird Bernhard Reiser sein Restaurant im Weingut am Stein betreiben. Bis dahin kann man noch seine ausgetüftelten und bemerkenswerten Kreationen genießen, die nie die fränkische Bodenhaftung verloren haben.

Mittlerer Steinbergweg 5
+49 (931) 286901
www.der-reiser.de

P €€€

Empfohlen von: **Falstaff-Redaktion**

97070 Würzburg

Bürgerspital-Weinstuben

Von der Fränkischen Mostsuppe zur Stärkung über das Schäufele bis zum zeitlosen Winzerteller ist alles dabei und bietet eine grundsolide Grundlage zum »Schöppeln« in Weinbar oder Gewölbe.

Theaterstraße 19
+49 (931) 352880
www.buergerspital-weinstuben.de

SO €€

Empfohlen von: **Bürgerspital zum Hl. Geist**

97070 Würzburg

Stachel

Das Haus gilt mit 600 Jahren als ältester Gasthof Würzburgs. Das Team um Rolf Schulz pflegt bodenständige fränkische Küche. Die Stammgäste freuen sich über Sauerbraten und geschmorte Lammhaxe. Schöne Weinkarte mit einigen fränkischen Schätzen.

Gressengasse 1
+49 0931 52770
weinhaus-stachel.de

Empfohlen von: **Weingut Rainer Sauer**

Foto: beigestellt

Oelsberg bei Oberwesel

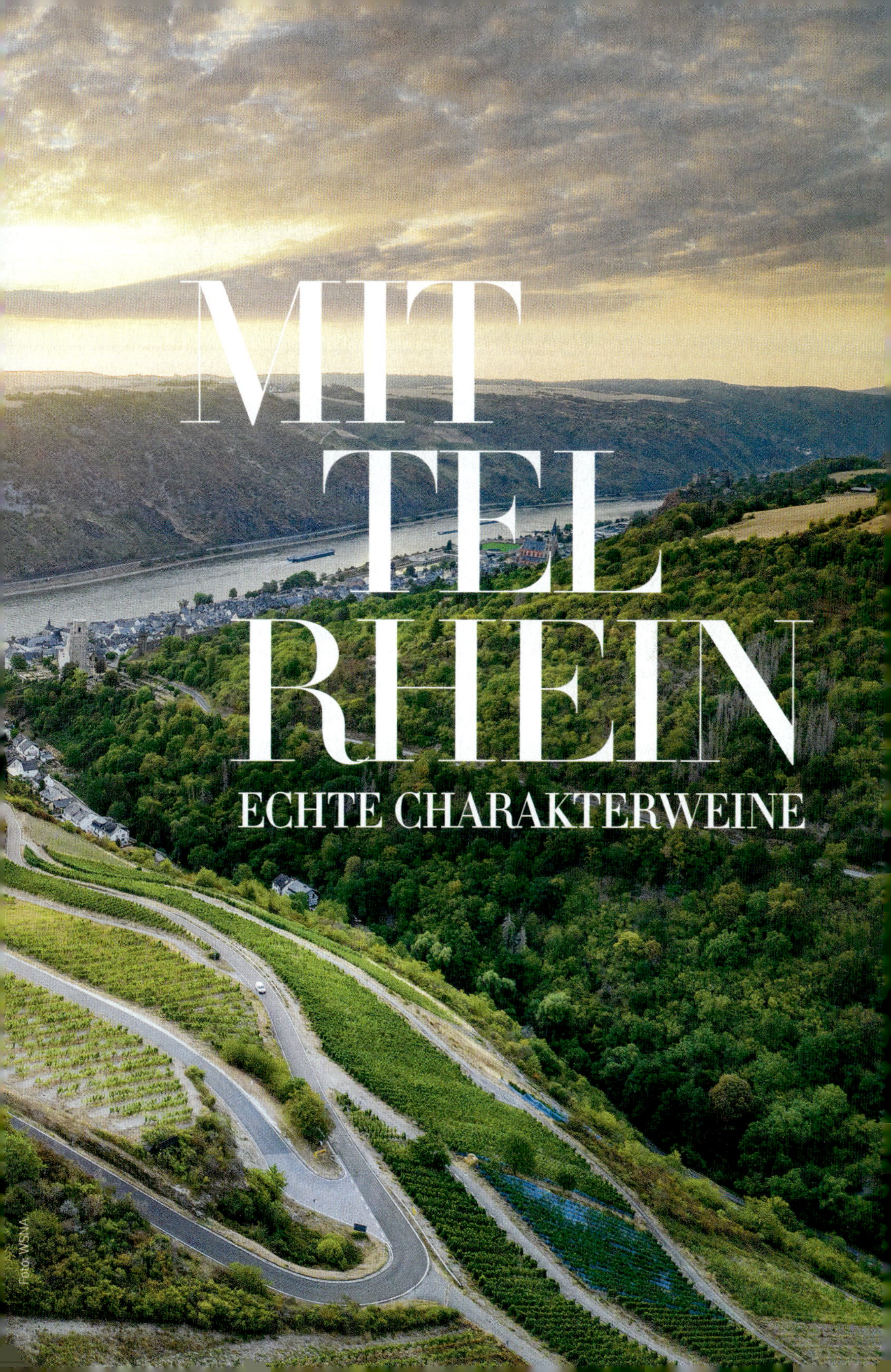
MIT
TEL
RHEIN
ECHTE CHARAKTERWEINE
Foto: WSNA

AUFSCHWUNG, NEUSTART, IMAGEWANDEL

Vor ein paar Jahren noch Sorgenkind des deutschen Weinbaus, hat sich der Mittelrhein inzwischen zu einem Kraftzentrum gewandelt: An allen Ecken und Enden passieren Dinge, die aufhorchen lassen.

TEXT ULRICH SAUTTER

Als der Bacharacher Winzer Jochen Ratzenberger im Jahr 2017 bekannt gab, dass er auf einen Schlag zehn Hektar Steillage übernehmen werde, war diese Pioniertat eine Sensation – und dem Falstaff eine Online-Meldung wert. Da die Veröffentlichung der Meldung zufällig auf den 1. April fiel, kamen damals innerhalb weniger Stunden die ersten E-Mails von Leserinnen und Lesern, die schrieben: »Hahaha, was für ein gelungener Aprilscherz!« So unglaubwürdig war es noch vor wenigen Jahren, dass jemand umfangreich in den Weinbau des Mittelrheins investieren könnte.

Inzwischen aber werden mehr und mehr solcher Projekte sichtbar, teils kleinere, teils große, teils schon vor einiger Zeit begonnene, teils brandneue. Im Sommer 2021 etwa verkaufte der Winzer (und ausgebildete Bariton) Friedrich Bastian, ebenfalls aus Bacharach, sein Weingut an einen Investor, der hier in den kommenden Jahren aus Bastians Lagen und weiteren Akquisitionen ein komplett neues Weingut aufbauen möchte. Jochen Ratzenberger hat derweil in der 2017 übernommenen Steillage am Oberdiebacher Fürstenberg vier Hektar neu bepflanzt und in diesen sowie in den übernommenen alten Reben 15 Kilometer Bewässerungsschläuche verlegt. Gespeist werden kann die Tröpfchenbewässerung von einer eigenen Zisterne oberhalb des Weinbergs: »500.000 Liter Wasser, das ist so wertvoll, das können

Fotos: beigestellt, WSNA, Weingut Goswin Lambrich, Weingut Ratzenberger

Sie sich gar nicht vorstellen«, begeistert sich der Winzer. Der Reifeunterschied von bewässerten und unbewässerten Parzellen könne seiner Erfahrung nach bis zu 20 Oechsle betragen, berichtet Ratzenberger. Für die Versorgung der mageren Schieferböden mit Kompost steht ihm zudem in Zusammenarbeit mit einem örtlichen Landwirt ein Stall mit 14 Pferden zur Verfügung.

Matthias Lambrich, Weingut Goswin Lambrich

DER NORDEN HOLT AUF

Während in den bekannten Weinbaugemeinden wie Bacharach, Oberwesel oder Boppard natürlich der Riesling die Grundlage aller Überlegungen ist, nützen die Weingüter am nördlichen Ende des Tals den Spielraum, der aus ihrer – derzeit noch – geringeren Bekanntheit erwächst. Auch hier steht der Riesling auf Platz eins, doch die hier vorhandene Vielfalt der Böden und die Experimentierfreude der Winzer gibt auch Ungewöhnlichem eine Bühne. Georg Scheidgen aus Hammerstein beispielsweise hat für diesen Guide einen Gewürztraminer vorgestellt, der 92 Punkte bekam und damit in der bundesweiten Elite mitspielt. »Das ist ja unerhört«, freut sich Scheidgen auf die Mitteilung hin, »der Gewürztraminer wächst zwar nur auf einer Fläche von 1.500 Quadratmetern, 2021 gab es gerade mal etwa 200 Flaschen, wirtschaftlich hat sich das kaum gelohnt, aber das ist natürlich eine super Werbung.« Scheidgen erwähnt auch die enge Verbindung der Gegend zur Ahr. »Hier im unteren Mittelrheintal haben wir alle auch etwas Spätburgunder.« Umgekehrt besitzen viele Ahrwinzer in Leutesdorf und Umgebung ein paar Parzellen mit Riesling oder anderen Sorten – eine Sortimentserweiterung, die schon vor der Flut im Ahrtal willkommen war und die seither nochmals an Bedeutung gewonnen hat.

Familie Ratzenberger, Weingut Ratzenberger

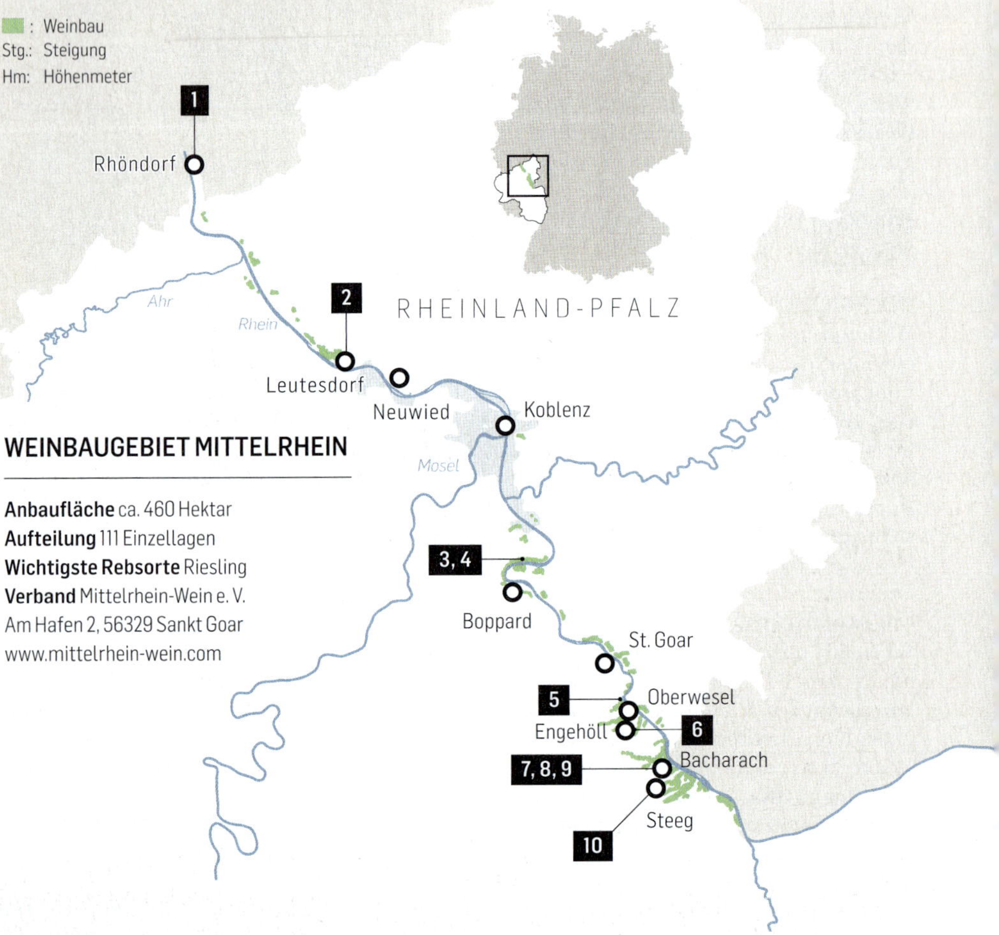

WEINBAUGEBIET MITTELRHEIN

Anbaufläche ca. 460 Hektar
Aufteilung 111 Einzellagen
Wichtigste Rebsorte Riesling
Verband Mittelrhein-Wein e. V.
Am Hafen 2, 56329 Sankt Goar
www.mittelrhein-wein.com

PRIVILEGIERTE WEINLAGEN

1 **Rhöndorf Domkaule**
1 ha, Trachytverwitterung, Grauwacke

2 **Leutesdorf Gartenlay**
84 ha, 100–200 Hm, 45–60 % Stg., Lehm, Devonschiefer, Bimsstein

3 **Boppard Hamm Feuerlay**
16,4 ha, 70–150 Hm, 40–65 % Stg., Grauschiefer mit blauschwarzen Einschlüssen, verwitterter Schiefer

4 **Boppard Hamm Mandelstein**
10,6 ha, 70–170 Hm, 0–70 % Stg., Devonschieferverwitterungsboden

5 **Oberwesel Oelsberg**
5,8 ha, 70–150 Hm, 60–70 % Stg., Buntsandstein, verwitterter Schiefer, Löss

6 **Engehöll Bernstein**
10,7 ha, 80–220 Hm, 40–60 % Stg., Hunsrückschiefer, Ton- und Siltstein

7 **Bacharach Hahn**
6 ha, 80–210 Hm, 55–70 % Stg., Devonschiefer

8 **Bacharach Posten**
4 ha, 150–230 Hm, 15–65% Stg., verwitterter Devonschiefer mit geringen Sandsteineinschlüssen

9 **Bacharach Wolfshöhle**
10 ha, 120–220 Hm, 0–65 % Stg., Devonschiefer

10 **Steeg St. Jost**
6 ha, 120–200 Hm, 0–60 % Stg., Devonschiefer

Drachenfels in Königswinter

Nicht von der Ahr, aber aus Königswinter bei Bonn, also von einem noch nördlicheren Punkt aus, hat auch Felix Pieper ein Auge auf die Leutesdorfer Lagen: Sein Gartenlay Sauvignon Blanc spielt in einer ähnlichen Liga wie derjenige des Ahrwinzers Marc Josten, der mit seinem Gartenlay im Jahr 2020 die Falstaff Sauvignon Blanc Trophy gewinnen konnte. Bahnt sich also auf den Böden bei Leutesdorf, wo es nicht nur Schiefer, sondern auch vulkanischen Bimsstein gibt, eine Konjunktur für Riesling-Alternativen an? Martin Sturm hat jetzt sogar Syrah in seinen hiesigen Weinbergen stehen, der erste von ihm produzierte Jahrgang ist eine Werbung für weitere Versuche.

Felix Pieper wiederum hat schon 2014 auf den Trachyt-Böden bei sich vor der Haustür am Drachenfels Grünen Veltliner gepflanzt: »So anders sind die Bedingungen in der Wachau auch nicht«, sagt der passionierte Tüftler, »allerdings bin ich bei der Vinifikation immer noch in der Experimentierphase, wie ich das Pfefferl am besten rauskitzeln kann.« Diesen Herbst, sagt Pieper, sei er besonders gespannt, wie der Wein werde, da habe es schon während der Gärung intensiv nach Pfeffer gerochen.

BLOSS KEINE FLUCHT IN DEN MAINSTREAM

Noch weiter mit seinen Experimenten geht Kay Markus Thiel vom Weingut Kay Weine, ebenfalls aus Königswinter. Bekannt ist er bereits für seinen raren »gelben Malinger«, eine frühreife Weißweinsorte, die im 19. Jahrhundert von einem französischen

Anika Josten, Weingut Marc Josten

Fotos: beigestellt, WSNA, Weingut Marc Josten, Weingut Pieper

Gärtner namens Malingre gezüchtet wurde und die am nördlichen Mittelrhein einen echten Charakterwein ergibt. Thiel, der allerdings ebenso unterstreicht, dass er einen »Riesenspaß« daran habe, auf drei unterschiedlichen Böden drei unterschiedliche Rieslinge zu erzeugen – Leutesdorf Schiefer, Dattenberg Grauwacke, Dollendorf Lehm –, hat jetzt gerade einen Mischsatz mit fast ausgestorbenen uralten Sorten wie Blauem Arbst und Schwarzblauem Riesling angelegt. »Die sind im Zuge der kleinen Eiszeit ausgestorben, aber jetzt könnten sie wieder passen.«

Und Thiel scheut auch nicht davor zurück, mit gebräuchlicheren Sorten ungebräuchliche Wege zu gehen – so hat er beispielsweise 2020 aus einem Frühburgunder einen PetNat produziert: »11,5 Volumenprozent und knochentrocken, den kann man nur echten Weinkennern vorsetzen.« Das sei eine »bekloppte Sache«, amüsiert sich Thiel und zeigt dann doch, dass ihm damit ernst ist: »Von einem bin ich überzeugt, eine Flucht in den Mainstream wäre für uns hier am Mittelrhein komplett falsch.«

Das vielleicht Schönste an der derzeitigen Dynamik des Mittelrheins ist, dass sie für beides Platz lässt: für den wohlverstandenen, durchdachten Mainstream und ebenso für die Experimente, die spannend zu verkosten und genussvoll zu trinken sind – und die ganz nebenbei dem Mainstream immer wieder einen Denkanstoß geben sowie den Impuls und den Mut, sich fortzuentwickeln.

Kay Thiel, Kay Weine

Nähere Informationen über den Autor finden Sie im Kapitel »Verkostungsteam« ab S. 12.

Felix Pieper, Weingut Pieper

Fotos: beigestellt, Kay Weine, Weingut Pieper

★★★★

WEINGUT TONI JOST HAHNENHOF

Oberstraße 14, 55422 Bacharach
T: +49 6743 1216, weingut@tonijost.de
tonijost.de

Ab-Hof-Verkauf: Sa 14–17 Uhr und nach Vereinbarung
Kellermeister: Cecilia Jost
Ansprechpartner: Cecilia und Peter Jost
Flaschen/Hektar: 100.000 (80 % weiß, 10 % rot, 5 % Rosé, 5 % Schaumwein)/15 ha

Cecilia Jost bekam dieses Jahr für ihre Kabinett-Weine den meisten Zuspruch: Der fruchtige Kabinett aus der Lage Hahn vibriert vor Säure und spielt mit der Süße, dass es eine Freude ist. Auch das feinherbe Pendant aus der Ortswein-Kategorie gefällt mit einem vertikalen, dichten Bau. Toll auch die Spätburgunder, die in die Zukunft weisen: Ganz sicher wird das Talent des Mittelrheins für dunkle Trauben mit dem Fortschreiten der Erderwärmung immer wichtiger werden. Bei den trockenen Rieslingen schiebt sich der »Devon S« zwischen Große und Erste Lage.

92+ 2021 Bacharach Im Hahn Riesling GG
Kräutrige Nase ohne Primärfruchtaromatik, Anis, Kümmel, verblühter Holunder, entwickelt sich mit Luft weiter. Hohe Spannung am Gaumen, Säure, Frucht und Materie liefern sich ein Wettrennen und bilden den Jahrgang ideal ab, Cassisnoten, Ingwerwürze, Pikanz. 13,5 Vol.-%, DV, €€€

91+ 2021 »Devon S« Riesling trocken
Idealtypische Riesling-Nase mit einem Panoptikum an grünem Apfel, Zitrone, Anis und Korianderkörnern. Am Gaumen setzt der »Devon S« das fort, was seine kleinen Mittelrhein-Brüder angedeutet haben, nur in höherer Intensität. Deutscher Riesling aus dem Lexikon. 12,5 Vol.-%, DV, €€

92 2018 Bacharach Hahn Spätburgunder trocken
Erdbeere und Himbeere, Walderdbeere, dunkelwürzig im Hintergrund, Thymian, kräuterwürzig, Zartbitterschokolade. Saftig und würzig am Gaumen mit gut dosierter Stoffigkeit, ausgewogener Säure und intensiver Mineralik, gute Länge, klarer Herkunftsausdruck. Erste Flaschenreife. 13,5 Vol.-%, DV, €€€

91+ 2021 Bacharach Hahn Riesling Kabinett feinherb
Zurückhaltende Nase mit zarter Apfelfrucht, Mandeln und steinigen Anklängen. Am Gaumen expressiv mit attraktiver Pikanz dank der lebhaften Säure bei dezenter Süße. Ein klassischer, sehr gelungener feinherber Typus. 9 Vol.-%, DV, €€

91 2021 Bacharach Hahn Riesling Erste Lage trocken

90+ 2020 »Alte Reben« Riesling trocken

90 2021 Bacharach Riesling trocken

89+ 2021 »Toni Jost« Weißburgunder trocken

89 2021 »Toni Jost« Riesling trocken

90 2020 Bacharach Spätburgunder trocken

91 2021 Oberdiebach Am Schloßberg Riesling Spätlese

92 2021 Bacharach Hahn Riesling Kabinett
Ein Duft von geriebener Zitronenschale mit Schieferwürze und einem Anflug von Blütenhonig. Im Mund entfaltet sich ein elegantes Spiel, die rassige Säure ist von passender Süße gekontert, zurück bleibt ein Eindruck von typischer Kabinett-Eleganz. 9 Vol.-%, DV, €€

★★★

WEINGUT DR. KAUER

Mainzer Straße 21, 55422 Bacharach
T: +49 6743 2272, info@weingut-dr-kauer.de
weingut-dr-kauer.de
Ab-Hof-Verkauf: nach Anmeldung Do bis Sa 11–17 Uhr und nach Vereinbarung
Kellermeister: Dr. Randolf Kauer
Ansprechpartner: Anne Kauer
Flaschen/Hektar: 24.000 (88 % weiß, 2 % rot, 8 % Rosé, 2 % Schaumwein)/4 ha
Anbauweise: Bio

Das Obere Mittelrheintal ist seit mittlerweile 20 Jahren Teil des Weltkulturerbes der UNESCO. Noch einmal 20 Jahre früher begannen Randolf und Martina Kauer, ihren Teil dazu beizutragen, dass Kultur und Natur sich auch fürderhin auf Augenhöhe begegnen. Biozertifizierter Weinbau in Steil- und Steilstlagen ist immer noch die Ausnahme in Deutschland. Dass sich der Aufwand aber lohnt, zeigen die Kauers seit Jahren mit ihren Kollektionen – so wie auch mit dem Jahrgang 2021! Wer auf der Suche nach dem Mittelrhein-Idealtyp ist, wird bei Randolf Kauer und Tochter Anne gleich mehrfach fündig.

92 2021 »Alte Reben« Oberwesel Oelsberg Riesling Spätlese trocken
Die Spätlese aus dem Oelsberg braucht traditionell etwas mehr Luft als die anderen Kauer-Weine, punktet aber dann in der Nase mit einer eleganten Traubigkeit. Trockener und dichter als das Fürstental, spürt man am Gaumen eine dezente Noblesse bei deutlichem Reifepotenzial. 12,5 Vol.-%, DV, €€

91 2021 »Alte Reben« Bacharach Kloster Fürstental Riesling Spätlese trocken
Die mittlerweile 52 Jahre alten Reben aus dem Kloster Fürstental präsentieren sich dezenter in der Nase als der Kabinett, gelber Apfel, weinige Noten. Am Gaumen gibt es feine grünliche Akzente, Limonenschale, Zitronenmelisse, alles harmonisch abgestimmt. 12,5 Vol.-%, DV, €€

90 2021 Bacharach Kloster Fürstental Riesling Kabinett trocken
Sehr animierender, frischer Duft, grüner und gelber Apfel, Zitronenschale, Ligusterblüten. Am Gaumen zeigt der Fürstental-Kabi weiterhin apfelige Einflüsse, viel Blütigkeit, Leichtigkeit und ein ausgewogenes Süße-Säure-Verhältnis mit grünen Pikanzspitzen. 11 Vol.-%, DV, €€

90 2021 Oberdiebach Fürstenberg Riesling Spätlese
Im Duft reife Zitrusfrüchte, Orangenblüten, kandierte Limette kommt dazu, schöne Frische. Am Gaumen mit einem schönen Süße-Säure-Spiel, fein austariert, saftige Zitrusfrucht, Papaya, geschmeidig. Elegante Spätlese, die viel Freude macht. 8,5 Vol.-%, DV, €

90 2021 Bacharach Kloster Fürstental Riesling Spätlese feinherb

91+ 2021 Bacharach Wolfshöhle Riesling Kabinett trocken
In der Nase präsentiert sich die Wolfshöhle etwas geerdeter, mineralischer als ihr florales Pendant aus dem Fürstental. Am Gaumen gelingt das Kunststück von gleichzeitiger Leichtigkeit und Dichte, Birne und Mandel. Nicht nur ein Solokünstler! 11,5 Vol.-%, DV, €€

★★

KAY WEINE

Bergstraße 45, 53639 Königswinter
T: +49 170 4173317, hallo@kay-weine.de
kay-weine.de

Ab-Hof-Verkauf: Ja
Kellermeister: Kay Thiel
Ansprechpartner: Kay Thiel
Flaschen/Hektar: 13.000 (80 % weiß, 10 % rot, 5 % Rosé, 5 % Schaumwein)/2.5 ha
Anbauweise: Bio

Kay Thiel begann den Weinbau vor Jahren als Hobby nahe Bonn, inzwischen ist er auf 35 Rheinkilometern in kleinsten Parzellen vertreten. Alle Weine zeichnen sich durch eine im reflektierten Wortsinn traditionelle Art aus: Tradition nach Art von Urgroßvaters Zeiten, und stets begleitet von Experimentierfreude. Der Ausbau im Holzfass trägt dazu bei, dass den schlanken Rheinweinen eine ruhige Eleganz innewohnt. Größte Besonderheit ist sicher der Malinger, wie die aus Frankreich stammende historische Rebsorte hierzulande heißt. Eine qualitativ ungemein ausgewogene Kollektion!

90 2020 »#3« Niederdollendorf Heisterberg Pfaffenröttchen Elbling brut
Dezente, feinfruchtige Nase, Klarapfel, etwas Baguettekruste. Im Mund zeigt sich eine lebendige Perlage, weiter etwas Apfel, aber auch Orangenschale im Abgang. Nicht ausschließlich leicht und säuerlich-süffig gehalten, sondern durchaus mit Gehalt. 12 Vol.-%, NK, €€

91+ 2019 »#2« Niederdollendorf Heisterberg Pfaffenröttchen Riesling trocken
In der Nase geprägt von der Kombination aus zitrischen Tönen und einer mineralischen Würze. Am Gaumen präsentiert sich das Pfaffenröttchen gut entwickelt mit einer schönen Balance zwischen Reife und pikanten Limettennoten. Feine Eleganz dank Holzfassausbau. 12 Vol.-%, DV, €€

90 2020 »#1« Leutesdorf Gartenlay Riesling feinherb
In der Nase interessanterweise etwas weniger pikant als die trockenen Vertreter, aromatisch mehr rotbackiger Apfel als Zitrone. Am Gaumen werden die 15 Gramm Restsüße von der Mittelrheinsäure aufgefangen, dazu kommt eine Prise Phenolik. 11 Vol.-%, DV, €€

90 2019 »#6 Cuvée Henry« Niederdollendorf Heisterberg Pfaffenröttchen trocken PN/FB
Helles Granatrot im Glas bei dieser Cuvée aus Spät- und Frühburgunder. In der Nase neben eingelegten Süßkirschen vor allem eher ätherische kräutrige Noten. Herzhafte Säure am Gaumen, die gut zu dem auf angenehme Weise altmodischen Aromenprofil passt. 12 Vol.-%, DV, €€

90 2020 »#1« Dattenberg Gertrudenberg Riesling trocken

90 2020 »#1« Niederdollendorf Heisterberg Pfaffenröttchen Gelber Malinger trocken
Dezente Noten in der Nase, grüne Walnuss, kandierte Angelika, leicht erdiger Touch, Daikon. Im Mund dann mit einer überraschend hohen Viskosität, reif, aber fest, dazu etwas Ananas, Holzlaktik und eine kräutrige Würze. Ein Wein, so einmalig wie die Rebsorte. 12,5 Vol.-%, DV, €€

★★

WEIN- UND SEKTGUT GOSWIN LAMBRICH

Auf der Kripp 3, 55430 Oberwesel-Dellhofen
T: +49 6744 8066, info@weingut-lambrich.de
weingut-lambrich.de
Ab-Hof-Verkauf: Mo bis Fr 8.30–12.30 und 14–18 Uhr, Sa 9–12.30 Uhr
Kellermeister: Christiane Lambrich-Henrich
Ansprechpartner: Matthias Lambrich und Christiane Lambrich-Henrich
Flaschen/Hektar: 93.000 (80 % weiß, 3 % rot, 10 % Rosé, 1 % süß, 6 % Schaumwein)/16 ha

Sehr erfreulich, was uns Christiane Lambrich-Henrich und ihr Bruder Matthias Lambrich vorstellen: In den letzten Jahren bekamen nicht nur die Etiketten eine Runderneuerung, sondern auch die Weine gewinnen Schritt um Schritt an Klarheit und Ausdruck. Dieses Jahr setzen sich die trockenen Lagenweine aus Oelsberg und St. Martinsberg an die Spitze, gefolgt von einem Roten Riesling, dessen rasierklingenscharfe Säure jeden Rieslingliebhaber begeistern wird. Auch die Auslese hat Format. Wir werden mit großer Neugier verfolgen, wie es hier weitergeht.

92+ 2020 Oberwesel Oelsberg Riesling tr.
Im Duft ist der Wein komplex, schieferwürzige und hefige Aromen doppeln sich mit kräutrigen Rieslingaromen. Im Mund zeigt sich die Wärme der Lage mit weich grundierter Fülle, die Säure und Mineralik sind mit Schmelz umhüllt, der Extrakt sorgt für Intensität und Länge. 13 Vol.-%, DV, €€€

92 2020 Oberwesel St. Martinsberg Riesling trocken
Frisch und vielschichtig im Duft: Pfirsich, Wachs, Zitronenmelisse. Im Mund hat der Wein einiges Volumen, die zart restsüße Abrundung gibt ihm Geschmeidigkeit und eine nachgerade seidige Textur, die Säure ist nahtlos eingebunden. Ein Riesling mit Fülle und Feinheit. 13 Vol.-%, DV, €€€

90+ 2021 Dellhofen St. Wernerberg Riesling Kabinett feinherb
Ein fruchtgetragener Duft: Weinbergpfirsich, kandierte Ananas, Rauch, fast schon im Spätlese-Stil. Im Mund löst eine »Hallo wach!«-Säure das Versprechen »Kabinett« ein. Die Süße ist zurückhaltend gesetzt, so dass ein Eindruck von Schliff und schlanker Saftigkeit entsteht. 10,5 Vol.-%, DV, €€

92+ 2021 Oberwesel Oelsberg Riesling Auslese
Im Duft zeigt sich eine gute Botrytis, Noten von kandiertem Pfirsich, Sultanine, Orangenkonfitüre. Im Mund hat der Wein eine konzentrierte zackige Säure und eine Süße, die fein balanciert und spielt, ohne im Geringsten kitschig zu werden, gute Länge. 8 Vol.-%, DV, €€

90 2021 »Blauschiefer« Oberwesel Riesling trocken

90 2021 Oberwesel Sauvignon Blanc trocken

89+ 2021 Riesling trocken

89+ 2021 »Vollsteil« Oberwesel Riesling feinherb

89 2021 »Cuveé Gowin« Gewürztraminer & Riesling feinherb TR/RR

89 2021 Riesling halbtrocken

89+ 2018 »Cuvée Gowin« trocken CD/PN

91 2021 Oberwesel Roter Riesling trocken
Dem Glas entströmt eine reife (aber nicht überreife) Gelbfrucht mit schieferwürzigen Aromen, Ananas, weißfleischiger Pfirsich. Der Gaumen wird von einem markanten Säurebogen unter Spannung gesetzt, der Wein hat genug Frucht und Schmelz als Gegengewicht – und Mineralik! 12,5 Vol.-%, DV, €€

★★★

WEINGUT LANIUS-KNAB

Mainzer Straße 38, 55430 Oberwesel
T: +49 6744 8104, weingut@lanius-knab.de
lanius-knab.de

Ab-Hof-Verkauf: täglich 9–18 Uhr
Kellermeister: Jörg Lanius
Ansprechpartner: Jörg Lanius
Flaschen/Hektar: 55.000 (90 % weiß, 10 % rot)/10.5 ha

Jörg Lanius liefert wie stets beides in bester Qualität: Pflicht und Kür. Zur Pflicht rechnen wir dabei Weine wie die Gutsrieslinge in trockener und feinherber Geschmacksrichtung, die beide den Jahrgangstyp 2021 in herrlichen Trinkfluss umsetzen: Der trockene »Rheinschiefer« tut es salziger, der feinherbe »Rheingold« fruchtiger. In der Abteilung »Kür« gehen die beiden ausgezeichneten Rieslinge (GG und fruchtige Spätlese) aus der Engehöller Lage Bernstein voran, aber auch der samtige Spätburgunder verdient Beachtung: Zum Wild ist der ein Hochgenuss!

93 2020 Engehöll Bernstein Am Lauerbaum Riesling GG
Mineralisch in der Nase, nasses Gestein, Brennnessel, Salbei, saftige reife Ananas, Weinbergpfirsich, Zitronenzesten. Am Gaumen kraftvoll, saftig, mineralische Würze, salzig, Wiesenkräuter, Grapefruit, Weinbergpfirsich, schöne Länge. Guter Speisenbegleiter – auch zu kräftigeren Speisen. 13 Vol.-%,

92 2021 »S« Engehöll Bernstein Riesling trocken
Schieferwürze in der Nase, nasses Gestein, Salzzitronen, Brennnesseln, Salbei, sonnenverwöhnte reife Aprikosen, gar kandierte Aprikosen. Im Mund mineralisch, salzig, reife Säure, saftige Frucht, gut im Extrakt, lang am Gaumen. 13 Vol.-%, €€

90 2021 »Rheingold« Riesling feinherb
Würzig in der Nase, nasses Gestein, dezent pfeffrig, Ananas, Weinbergpfirsich, Zitronenzesten, Salbei, Melisse. Am Gaumen saftige Frucht mit Süße, Pfirsich, Aprikosen, Blütenhonig, gut integrierte Säure, feine Würze. 12 Vol.-%, €€

91+ 2021 Engehöll Bernstein Riesling Spätlese
Feiner mineralischer Duft, Feuerstein, Kräuterwürze, Limettenabrieb, nasser Stein, anregend. Am Gaumen mit delikater Frucht, Pfirsich, reife Orange, Papaya, schönes Süße-Säure-Spiel, mit Saft und schönem Schmelz, immer balanciert bleibend, großes Trinkvergnügen. 8,5 Vol.-%,

89+ 2021 Riesling trocken

89+ 2021 Riesling feinherb

89 2021 Spätburgunder Blanc de Noir feinherb

90 2020 Engehöll Bernstein Spätburgunder trocken

90+ 2021 »Rheinschiefer« Riesling trocken
In der Nase Salzzitronen, saftiger roter Apfel, Aprikosen, gelbe Pflaumen, weiße Blüten, Wiesenkräuter, Schieferwürze. Am Gaumen geschmeidig, gut ausbalanciert, saftige Frucht von Aprikosen und Grapefruit, reife Säure, salzig, schöne Länge, trinkanimierend. 13 Vol.-%, €€

★★

WEINGUT LITHOS

LÍTHOS
RIESLING
ENGEHÖLLER GOLDEMUND

Am Weinberg 78, 55430 Oberwesel-Weilerboppard
T: +49 6744 9491031, info@weingutlithos.de
weingutlithos.de

Ab-Hof-Verkauf: nach Vereinbarung
Kellermeister: Christos Christian Theodoropoulos
Ansprechpartner: Christos Christian Theodoropoulos
Flaschen/Hektar: 10.000 (70 % weiß, 20 % rot, 10 % Rosé)/2.5 ha

Christos Christian Theodoropoulos wirkt mittlerweile seit 2015 in dem 350 Jahre alten Gut und ringt den 2,5 Hektar Steillagen beachtliche Weine ab. In der aktuellen Kollektion haben uns die leicht restsüßen Rieslinge besonders gefallen. Sie sind durchweg balanciert und bieten großen, unverstellten Trinkgenuss – und zeigen dabei einen feinen Terroir-Ausdruck. In gewisser Weise dienen sie als Plädoyer für diesen Weintyp. Aber natürlich kann es der Deutsch-Grieche auch trocken, das zeigt beispielsweise der Engehöll Bernstein Spätburgunder.

90 2021 Engehöll Goldemund Riesling Kabinett
Feiner Duft von Schieferwürze, Pfirsich, gelbem Apfel und Bienenwachs. Am Gaumen eine feine, sehr reife Frucht mit zitrischem Einfluss. Diese reife Süße wird von sehr guter Säure getragen, das ist balanciert und ausgewogen. Saftig im Nachhall mit Reifepotenzial. 10 Vol.-%, DV, €€

89+ 2021 Riesling feinherb
In der Nase entwickelt sich ein intensiver Duft von reifem gelbem Apfel, reifem Pfirsich, Ringlotte, reifer Limette und Gesteinsmehl. Am Gaumen zeigt sich ein interessanten Süße-Säure-Spiel in einem schlanken Körper, Zitrusfrucht scheint durch, bleibt lange am Gaumen. 10 Vol.-%, DV, €

89 2021 Riesling halbtrocken
Zunächst dezent im Duft, fast kühl, dabei mineralisch, zitrische Aromen kommen durch, fein. Am Gaumen mit guter Spannung und lebendiger Säure, erkennbare Süße, alles ist balanciert, eher schlanker Körper, Limette schwingt nach. Lädt zum direkten Genuss ein. 10,5 Vol.-%, DV, €

89+ 2020 Engehöll Bernstein Spätburgunder trocken
Duft nach roten Früchten, Kirsche, etwas Rauch. Am Gaumen dann von dunkler Frucht geprägt, Brombeere, viel Extrakt, alles balanciert von einer lebendigen Säure, feines Gerbstoffgerüst, eher mittelgewichtiger Körper, guter Nachhall, macht Freude, gut zum Essen. 12,5 Vol.-%, DV, €€

88+ 2021 Blanc de Noir trocken

89 2021 Riesling trocken
Präziser Duft nach reifem Apfel, Zitronenzesten, Aprikose und Gesteinsmehl. Am Gaumen mit sortentypischer Aromatik, Zitrusaromen dominieren, aber auch Pfirsich ist dabei, ganz zarte Süße im feinen Spiel mit lebendiger Säure, schlank gebaut, guter Trinkfluss. 11 Vol.-%, DV, €

★

WEINGUT AUGUST PERLL

Oberstraße 77–81, 56154 Boppard
T: +49 6742 3906, post@perll.de
perll.de

Ab-Hof-Verkauf: nach Vereinbarung
Kellermeister: Thomas August Perll
Ansprechpartner: Thomas August Perll
Hektar: 10 ha

An der Rheinschleife Bopparder Hamm liegen felsige Steillagen mit bis zu 80 Prozent Steigung. Hier stehen auf zehn Hektar in praller Südexposition die Rebstöcke des Weinguts Perll mit seinem 1606 erbauten Stammhaus. Der Bopparder Hamm gehört zu den absoluten Spitzenlagen des Mittelrheintals, der Schiefer speichert tagsüber Wärme für die Nacht und verleiht den Weinen Mineralik. Die meisten Arbeitsschritte geschehen von Hand, die Lese sowieso. Thomas August Perll, Inhaber und Kellermeister, schafft traditionelle klassische Rieslinge von feiner Würze und Frucht.

90+ 2021 Boppard Hamm Fässerlay Roter Riesling Auslese trocken
Strahlendes Goldgelb im Glas. Sonnenverwöhnte reife Aprikosen, Pfirsiche, Äpfel in der Nase, Zitronenzesten, Wiesenkräuter, Schieferwürze. Am Gaumen frisch, lebendige Säurestruktur, saftige Frucht an der Gaumenmitte, mineralische Würze im Nachhall. 13 Vol.-%, KK, €€

90+ 2021 Boppard Hamm Feuerlay Riesling Kabinett trocken
In der Nase Zitruszesten, Wiesenkräuter, dahinter gelber Apfel, knackiger Pfirsich, Schieferwürze. Am Gaumen saftig, frisch, lebendige Säure, schöne Würze, Kräuter, Steinobst, schöne Länge, trinkanimierend. Als Solist oder vielseitiger Speisenbegleiter. 12,5 Vol.-%, KK, €€

90 2021 Boppard Hamm Feuerlay Riesling Spätlese halbtrocken
Honig in der Nase, getrocknete Aprikosen, getrockneter Apfel, Salbei. Am Gaumen durch eine gut integrierte Säure passend ausbalancierte Süße, feine Würze, saftige Frucht, ausgeglichen, in sich stimmig. 12,5 Vol.-%, KK, €€

89 2021 Boppard Hamm Feuerlay Riesling Kabinett
In der Nase reife Pfirsiche, reife Äpfel, Zitronenzesten, Waldhonig. Am Gaumen deutliche Süße, dicht, viskos, schöne reife Frucht, stoffig, gut integrierte Säure, dezente mineralische Würze, lang am Gaumen. 9,5 Vol.-%, KK, €

89 2021 Boppard Hamm Ohlenberg Riesling Spätlese trocken

90 2021 »Hochgewächs« Boppard Hamm Feuerlay Riesling trocken
Goldgelb im Glas. In der Nase reife gelbe Früchte, Aprikosen, saftiger Apfel, dezente Schieferwürze, nasses Gestein. Am Gaumen saftig, cremiger Kern, dezente Süße, feine Würze, lebendige, gut integrierte Säure, schöne Frucht, gut ausbalanciert, schöne Länge. 12,5 Vol.-%, KK, €

★★★

WEINGUT PIEPER

Hauptstraße 458, 53639 Königswinter
T: +49 2223 22650, info@weingut-pieper.de
weingut-pieper.de

Ab-Hof-Verkauf: Di bis Sa ab 16.30 Uhr, So ab 12 Uhr
Kellermeister: Felix Pieper
Ansprechpartner: Felix Pieper
Flaschen/Hektar: 75.000 (90 % weiß, 10 % rot)/9.3 ha

Inzwischen muss Felix Pieper vermutlich kaum noch erklären, warum er in Nordrhein-Westfalen und an einer der nördlichsten Stellen des Mittelrheintals Wein anbaut. Zu stark waren seine Weine in den letzten Jahren, als dass ihre Tugenden der Weinszene verborgen geblieben wären. Auch die 21er stehen nicht zurück: Die Rieslinge flankieren die Spannung des Jahrgangs mit so viel Stoff, dass die Balance unkritisch ist. Der Sauvignon Blanc hat sogar kleine Pausbacken. Und der Spätburgunder aus 2019 rang selbst einem unserer kritischsten Verkoster ein »beachtlich« ab.

93 2021 »Septimontium« Königswinter Drachenfels Riesling trocken

Ein wenig Holz und eine intensive Terpenwürze. In der Nase, Rosenholz, Bergamotte, Feuerstein. Am Gaumen hat der Wein eine gute Dichte, eine schöne Pikanz mit strahlender Säure und harmonischer Fruchtsüße, strukturiert, voller Spannung. 12,5 Vol.-%, DV, €€

92+ 2021 »Fumé« Leutesdorf Gartenlay Sauvignon Blanc trocken

Kräftige Farbe, opulentes Bukett: Man findet reife Aprikose und rote Stachelbeere, Kiwi, eine Note wie von Dextro Energy. Im Mund ist der Wein geschmeidig und voll, er hat bei aller Fülle aber auch ein feines phenolisches Gerüst, reife Säure, Länge und ausgezeichnete Perspektiven. 12,5 Vol.-%, DV, €€

93 2019 Rhöndorf Drachenfels Spätburgunder trocken

Dunkel für einen Spätburgunder, zwischen tiefem Granat und Rubin. In der Nase sehr von Kirsche dominiert, aber nicht nur Fruchtfleisch, sondern auch Schale und Kerne. Auch im Mund Schwarzkirsche, viel dunkle Substanz, leichter Holztouch, beachtliche Dichte. 13 Vol.-%, DV, €€

91+ 2021 Königswinter Drachenfels Riesling Spätlese

Sehr junge Nase mit primär apfelorientierten Noten. Am Gaumen wunderbar säurefrisch für eine Spätlese, keine Spur von schwermütigem Zucker, langsam beginnende Würze. Die noch kaum entwickelte Aromatik lädt jedoch zu einer weiteren Flaschenlagerzeit ein. 8,5 Vol.-%, DV, €€

89 2020 Crémant brut CH/PN/PM

91 2021 »Domkaule« Rhöndorf Riesling tr.

90+ 2021 Königswinter Drachenfels Chardonnay Barrique trocken

89 2021 Königswinter Drachenfels Grüner Veltliner trocken

88 2021 Rhöndorf Drachenfels Riesling feinherb

91 2021 »Steingasse« Königswinter Drachenfels Riesling Kabinett

90+ 2021 Rhöndorf Drachenfels Ehrenfelser Spätlese

91 2021 Königswinter Drachenlay Riesling Kabinett

Anis und Zitrone dominieren die Nase dieses südlich von Königswinter direkt am Rhein gewachsenen Weins. Sehr jung noch im Mund, geprägt von der reschen 2021er Säure mit ihrem leicht grünlichen Touch, die auch höhere Zuckerwerte spielerisch schluckt. Tolle Pikanz! 8,5 Vol.-%, DV, €

★★★★

WEINGUT RATZENBERGER

Blücherstraße 167, 55422 Bacharach
T: +49 6743 1337, weingut-ratzenberger@t-online.de
weingut-ratzenberger.de

Ab-Hof-Verkauf: nach Vereinbarung
Kellermeister: Jochen Ratzenberger
Ansprechpartner: Jochen Ratzenberger
Hektar: 20 ha

Mit dem Weinanbau hat die Familie Ratzenberger in den 1950er-Jahren mit zwei Hektar klein angefangen. Heute führt Jochen Ratzenberger das Weingut in dritter Generation. Sein mutiger Schritt, 2017 in einer fast vergessenen Lage zehn Hektar am Stück zu übernehmen, erweist sich nun als goldrichtig, wie der Riesling Erste Lage Diebach Schloss Fürstenberg zeigt. Dem Winzer ist eine starke und vielseitige Vorstellung gelungen: Sekt, trockener Riesling, Spätburgunder und die superb gereifte Auslese aus dem Jahr 2002 überzeugen gleichermaßen.

91 2016 Bacharach Spätburgunder brut
Strahlendes Goldgelb im Glas. In der Nase rote Beeren, Hagebutten, roter Apfel. Am Gaumen vollmundig, saftige Frucht, cremiger Kern, mineralische Würze, feines Mousseux, angenehme Phenolik, gut integrierte Säure, Schieferwürze, gute Länge. 12,5 Vol.-%, NK, €€€

93 2021 Steeg St. Jost Riesling GG
Gesteinsmehl in der Nase, Salzzitrone, reifer Apfel sowie Apfelschale, Kräuterwürze. Am Gaumen dicht, saftige reife Frucht, Pfirsich, Zitrone, Honigwabe, die Extraktsüße ist gut ausbalanciert durch eine reife Säurestruktur und mineralische Würze, feine Phenolik. 12 Vol.-%, NK, €€€

92+ 2018 Bacharach Wolfshöhle Spätburgunder GG
Dezent in der Nase, Wacholder, Waldbeeren, Rote Bete, Mandeln, mineralische Würze, Teer, dunkle Schokolade. Am Gaumen saftige Frucht, elegant, samtiges Tannin, gut integrierte Säure, mineralische Würze, mittelgewichtig im Extrakt. 13,5 Vol.-%, NK, €€€

93+ 2002 Bacharach Wolfshöhle Riesling Auslese
Goldgelb. Fein gereifte Nase, etwas Bienenwachs, getrocknete Limettenschale, ganz zarter Petrolton, etwas Blütenhonig, edel. Am Gaumen komplett homogen, immer noch lebendige Säure, reife Früchte, kandierte Orange, dicht und lang. Großartig gereift. 7 Vol.-%, NK, €€€

90 2017 Bacharach Riesling brut

92 2021 Steeg St. Jost Riesling Erste Lage trocken

91+ 2021 Diebach Schloss Fürstenberg Riesling Erste Lage trocken

90+ 2021 Bacharach Riesling Kabinett feinherb

90 2021 Bacharach Weißburgunder trocken

90 2021 Bacharach Grauburgunder trocken

91 2016 Bacharach Spätburgunder trocken

91 2021 Bacharach Riesling trocken
Feine Zitrusnoten in der Nase, Pfirsich, Wiesenkräuter, Gesteinsnoten. Am Gaumen zeigt sich saftige Frucht, Pfirsich, Zitronen, mineralische Würze, angenehm herb, erfrischende Säure, schöne Länge. Macht Spaß, ein zweites Glas bitte! 11,5 Vol.-%, NK, €€

★

WEINGUT SCHEIDGEN

Hauptstraße 10, 56598 Hammerstein
T: +49 2635 2329, winzer@weingut-scheidgen.de
weingut-scheidgen.de

Ab-Hof-Verkauf: Ja
Kellermeister: Georg Scheidgen
Ansprechpartner: Georg Scheidgen
Flaschen/Hektar: 187.000 (80 % weiß, 5 % rot, 5 % Rosé, 5 % süß, 5 % Schaumwein)/25 ha

Neu dabei im Weinguide ist das Weingut Scheidgen, das am Fuß der Burgruine Hammerstein liegt und von Georg Scheidgen in siebter Generation geführt wird. Neben seinem hohen Anspruch an die Wein-Qualität liegt dem Winzer auch die Erhaltung der Kulturlandschaft Mittelrhein am Herzen, die er durch die Rekultivierung aufgegebener Steillagen unterstützt. Wir sind auf Anhieb angetan von den stilvollen Rieslingen und dem großartigen Gewürztraminer, von dem nur 186 Flaschen gefüllt wurden. Die Weine können auch in der modernen Vinothek aus Grauwacke verkostet werden.

92 2021 Gewürztraminer Spätlese trocken
Leichtes Goldgelb. Schöner, intensiver Gewürztraminer-Duft mit Rosenblättern, Orangenschalen und getrockneter Mango, Ananas, Litschi und etwas Moschus. Gehaltvoll am Gaumen mit Substanz und einer beschwingten, jahrgangstypischen Säure, zieht würzig ins lange Finale. 13 Vol.-%, DV, €€€

91 2021 »Bestes Fass« Leutesdorf Gartenlay Riesling feinherb
Dezentes Goldgelb. Riecht nach reifem Weinbergpfirsich und gelber Pflaume, dazu Apfel mit würzigen, steinigen Noten. Saftig am Gaumen mit guter Substanz und einem Zusammenspiel von lebendiger Säure und fruchtiger Süße, die etwas die Oberhand behält. Mineralisch, wird gut reifen. 12,5 Vol.-%, DV, €€€

89+ 2021 »Edition« Weißburgunder trocken
Leichtes Goldgelb, fließt beinahe viskos ins Glas. Reife Frucht, Aprikose, Apfel, feine Würze, etwas Kaffeebohne, Marzipan. Getragen am Gaumen, kräftiger Bau, saftige Würze, gestützt von präsenter Säure, abgerundet durch feine Fruchtsüße. Kulinarischer Typ. 13 Vol.-%, NK, €

90 2019 Spätburgunder Barrique trocken
Rote Kirsche in der Nase, etwas Hibiskusblüten und Orangenschalen, dazu Holzwürze vom Barrique-Ausbau. Getragen am Gaumen mit guter Substanz und ruhigem, ausgeglichenem Charakter, für Profil sorgt die mineralische Spannung, die Gerbstoffe sind reif und tragen. 13 Vol.-%, NK, €€

89 2021 »Edition« Grauburgunder trocken

90 2021 »Meisterstück« Hammerstein In den Layfelsen Riesling trocken
Voller Duft nach rotem Apfel, Weinbergpfirsich und Zitrusfrüchten, Blüten und steinige Würze. Vollmundig, saftig und auch stoffig am Gaumen mit kräftiger Struktur, präsente, eingepasste Säure, wieder Apfelnoten, etwas Grapefruit, mineralische Würze, gute Länge. 13 Vol.-%, DV, €€

★★★

WEINGUT MARTIN STURM

Im Rosenberg 3, 56599 Leutesdorf
T: +49 151 26714118, info@sturm-weingut.de
sturm-weingut.de

Ab-Hof-Verkauf: nach Vereinbarung
Kellermeister: Martin Sturm
Ansprechpartner: Martin Sturm
Flaschen/Hektar: 20.000 (70 % weiß, 20 % rot, 5 % süß, 5 % Schaumwein)/4 ha
Anbauweise: Bio

Das Weingut Sturm wurde 2011 gegründet und erzeugt von Anbeginn ausschließlich ökologische Steillagenweine. Winzer Martin Sturm war zunächst Wirtschaftsredakteur von Beruf, absolvierte dann neben dem Job eine Winzerlehre am Mittelrhein und an der Ahr. Schließlich traf er die Entscheidung zur Existenzgründung im besonders wenig bekannten Teil des Mittelrheintales. Das Terroir hier ist komplex, neben Schiefer gibt es auch Bims. Natürlich wächst hier hervorragender Riesling, aber mindestens ebenso gut gedeihen Chardonnay, Pinot Noir und – eine Premiere am Mittelrhein – Syrah.

92 2020 »Reserve« Chardonnay trocken
Sehr würziger und vollfruchtiger Charakter, feine Bourbon-Vanille, vollreifer Pfirsich und etwas eingelegte Rosinen prägen den Duft. Am Gaumen prescht die Phenolik mit aller Kraft vor und wird begleitet von einer straffen Säure. Insgesamt ein vielschichtiger Wein. 13,5 Vol.-%, NK, €€€

92+ 2020 »Reserve« Pinot Noir trocken
Vanille, Herzkirsche, Blaubeere, schwarzer Pfeffer und etwas Leder im Geruch. Der Körper ist schlank und besitzt ein straffes Tannin und eine frische Säure, die den Pinot zu einem interessanten Speisenbegleiter macht. Hat noch Potenzial, kann aber jetzt schon etwas. 12,5 Vol.-%, NK, €€€

92+ 2020 Syrah trocken
Wildkirsche, Leder, Schwarze Johannisbeere, Minze. Im Mund hat der Wein mürbe, reife, aber dennoch auch frische Gerbstoffe, viel saftige Frucht in einem dichten, aber im Alkohol moderat gehaltenen Bau, der fein untermalende Säurenerv ist sehr gut integriert. 11 Vol.-%, NK, €€€

92+ 2021 »Kurve« Riesling
Trauben, Lindenhonig, grüne Passionsfrucht und Grapefruit. Am Gaumen mit messerscharfer Säure, die mit der Süße ausbalanciert ist, in der Textur cremig und viskos. Generell ist viel los am Gaumen, was den Namen Sturm zu einem passenden macht. Sehr ausgefallen. 7,5 Vol.-%, DV, €€

91+ 2021 Sauvignon Blanc trocken

90+ 2021 »vom Schiefer« Riesling trocken
Eine schöne Leichtigkeit im Duft: ganz zart nach Grapefruit, Ginseng, weißem Pfeffer und dem Abrieb einer Zitrone. Am Gaumen dann sehr ausgewogen hinsichtlich Säure und Süße. Wirkt frisch und verspielt, aber dennoch erwachsen. Eine interessante Stilistik. 10 Vol.-%, DV, €€

• Rotwein • Roséwein • Weißwein • Orange-Wein • Süßwein

falstaff-Tipp

Schloss Marksburg

GASTGEBER AUS LEIDENSCHAFT

Gemeinsam mit den Winzern der Region – als uneingeschränkten Experten, was das leibliche Wohl anbelangt – hat Falstaff die besten Genussadressen in Sachen Kulinarik sorgfältig ausgewählt und zusammengestellt.

55422 Bacharach

Altkölnischer Hof

Viel Geschichte steckt in dem herausgeputzten Fachwerkhaus, einem historischen Schmuckstück in Familienbesitz. Serviert wird hier gutbürgerliche Küche, auch der klassische Rheinische Sauerbraten steht auf der Karte. Dazu: Weine vom Mittelrhein.

Blücherstraße 2
+49 (6743) 94778
www.altkoelnischer-hof.de

Empfohlen von: **Falstaff-Redaktion**

Foto: beigestellt, Shutterstock

55422 Bacharach

Stübers

Dort, wo das Rheintal besonders romantisch ist, hat Andreas Stüber sein Restaurant mit Blick auf den Fluss. Hier kocht er einfallsreich und mit einem kulinarischen Augenzwinkern regionale Spezialitäten. Vom Feinsten!

Langstraße 50
+49 (6743) 1243
www.rhein-hotel-bacharach.de

P SO €€

Empfohlen von: **Weingut Toni Jost – Hahnenhof**

53639 Königswinter

Bungertshof Weinstube

Inmitten der Weinberge erstrahlt der historische Bungertshof in neuem Glanz. Im urigen und gemütlichen Ambiente der Weinstube bestellt man gerne den hausgemachten Flammkuchen oder ordert die Matjes-Spezialitäten und die feine Käseauswahl.

Heisterbacher Straße 149
+49 (2223) 3010
www.bungertshof.com

Empfohlen von: **Weingut Pieper**

55430 Oberwesel

Auf Schönburg

Die sehenswerte Burg bietet nicht nur einen grandiosen Blick ins romantische Rheintal. In dem historischen Gemäuer kann man richtig gut essen. Die Küche serviert fein gemachte gutbürgerliche Gerichte, die passenden Weine kommen vom Mittelrhein.

Auf Schönburg 1
+49 (6744) 93930
www.hotel-schoenburg.com

SO €€

Empfohlen von: **Wein- und Sektgut Goswin Lambrich**

53639 Königswinter

Jesuiter Hof

Gutbürgerliche Gerichte, mal traditionell, mal modern interpretiert. Die ambitionierte Küche arbeitet vorwiegend mit regionalen und saisonalen Produkten – und mit Leidenschaft am Herd. Weine gibt es aus dem eigenen Weingut, das passt!

Hauptstraße 458
+49 (2223) 22650
nicht verfügbar

P SO

Empfohlen von: **Weingut Pieper**

53424 Remagen

Interieur No. 253

Im klassizistischen, umfassend renovierten ehemaligen Bahnhofsgebäude trifft man sich heute zum Kaffee, auf ein Glas Wein oder zu einem guten Essen aus der jungen Küche, die ihre regional und internationalen Kreationen immer einfallsreich auf die Teller bringt.

Hans-Arp-Allee 1
+49 2228 911111
interieur-no253.de

Empfohlen von: **Weingut Nikolaus Köwerich**

55430 Oberwesel

Zum Kronprinzen

Das Landhotel liegt im romantischen Mittelrheintal, nur wenige Kilometer von der berühmten Loreley entfernt. In stilvoller Atmosphäre des Restaurants werden bodenständige Klassiker aufgetischt, Spezialität sind die Kronprinzen-Pfanne und das saftige Rumpsteak.

Rheinhöhenstraße 45
+49 6744 94319
hotel-kronprinzen.de

€€

Empfohlen von: **Wein- und Sektgut Goswin Lambrich**

55413 Oberheimbach

Weinberg-Schlösschen

Das romantische Mittelrheintal lohnt immer einen Abstecher, im Familienhotel von Marc und Florian Lambrich kann man bestens übernachten. Auch das Restaurant ist mit seiner regional und saisonal ausgerichteten Frischeküche eine Empfehlung wert.

Hauptstraße 2
+49 6743 9471840
weinberg-schloesschen.de

€€

Empfohlen von: **Weingut Weber**

Schloss Schönburg, Oberwesel

55413 Trechtingshausen

Puricelli

Eine grandiose Kulisse, in deren historischem Gemäuer modern aufgetischt wird. Die Küche orientiert sich an internationalen Klassikern, inspiriert von der französischen und italienischen Kochkunst.

Burgweg 24
+49 (6721) 6117
www.burg-reichenstein.com

SO €€

Empfohlen von: **Falstaff-Redaktion**

Bernkasteler Graben vor Bernkastel-Kues

MOSEL

WELTWEIT ANERKANNT

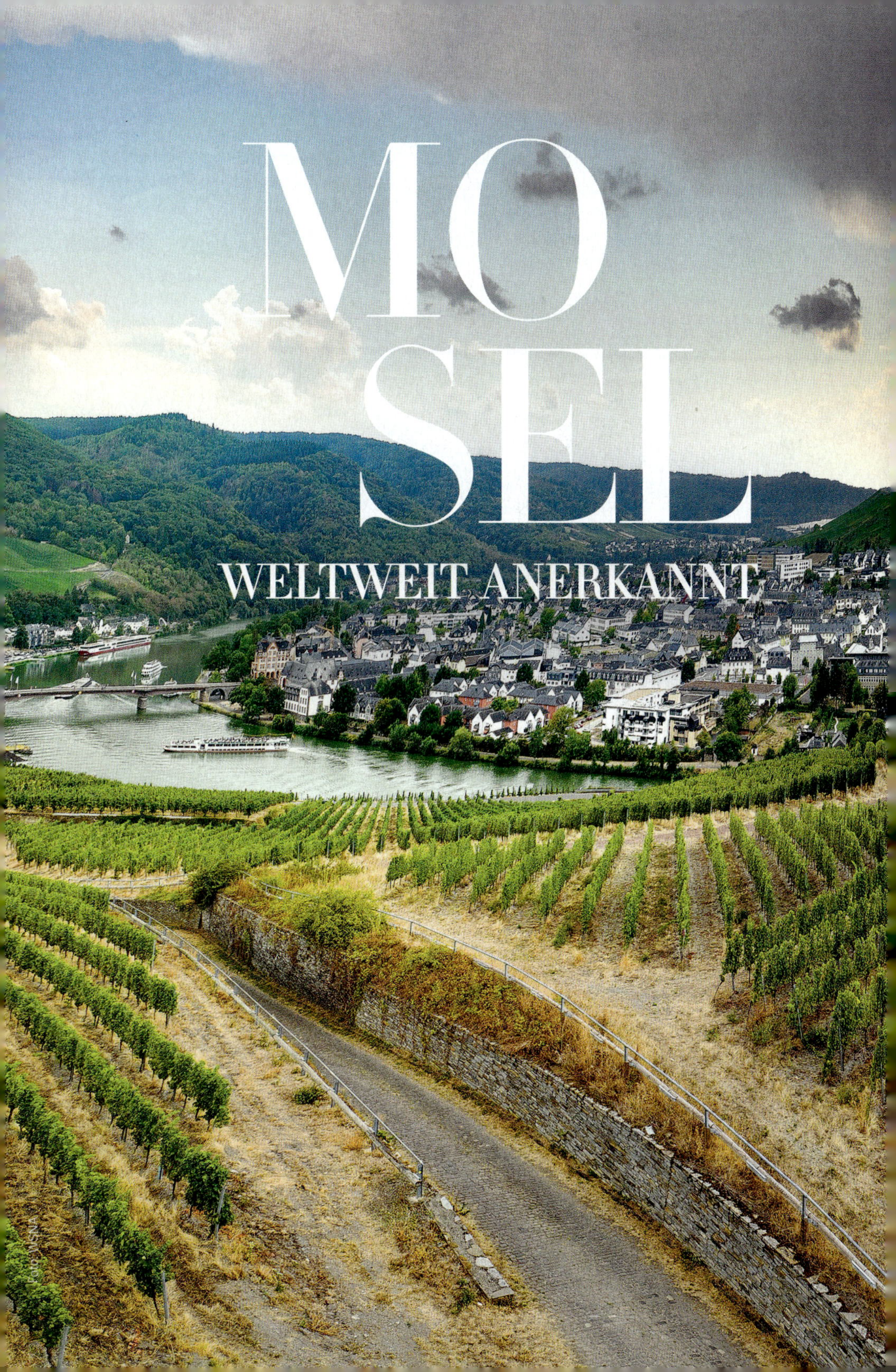

ALTE TRADITIONEN UND NEUE TRENDS

Wenn die Winzer an Mosel, Saar und Ruwer ihren Kurs halten, dann sieht die Zukunft rosig aus. Selbst in schwierigen Jahren erzeugen sie Weltklasse-Rieslinge. Dabei haben sie aktuell noch mit weiteren Herausforderungen zu kämpfen.

TEXT DIRK TENBROCK

Um es gleich vorwegzunehmen: Die Mosel hält ihre hohe Qualität und damit ihre herausragende nationale und internationale Stellung. Das ist nichts Neues, heißt aber nicht, dass sich in den tiefen Schiefertälern und Muschelkalk-Meeren in Rheinland-Pfalz önologisch nichts bewegt. Aber es schwingt hier eine Ambivalenz mit, die keine ungetrübte Freude zulässt. Zu viele Baustellen – die meisten davon unerwartet und ungewohnt – haben die Winzer gerade zu beackern, und das im wahrsten Sinn des Wortes.

Der Klimawandel macht ihnen zu schaffen. Vier der vergangenen fünf Jahre waren im Südwesten des Landes viel zu trocken, im Jahr 2021 dann Wasser im Überfluss, was in warmen Sommernächten vielerorts zu Pilzbefall führte. Wer allerdings im Selektions-Jahr 2021 diese mit viel Aufwand und Mühe durchführte und zudem den richtigen Lesezeitpunkt erwischte, wurde mit fruchtigen, prägnanten Weinen mit viel Potenzial belohnt. Die teils doch etwas spitze Säure im Griff zu behalten, war eine der Herausforderungen.

Apropos Aufwand und Mühe: Alle Top-Winzer machen sich viel Arbeit, mehr als je zuvor, um den klimatischen Herausforderungen zu trotzen und so den Anforderungen des Marktes zu genügen. Hinzu kommen die Erschwernisse durch die Corona-Pandemie und Russlands Angriffskrieg gegen die Ukraine. Das kostet die Moselwinzer Geld: Explodierende Energiepreise, knappe Rohstoffe (Glas) und der kräftig ge-

Fotos: beigestellt, WSNA, Weingut Dr. Wagner, Weingut Willems-Willems

stiegene Mindestlohn (den die Erntehelfer in den Steillagen sich sicher verdient haben) machen betriebswirtschaftlich schwierige Zeiten noch schwieriger.
Es ist daher damit zu rechnen, dass wegen der Inflation auch die Weinerzeuger ihre Preise nach oben korrigieren müssen. Einige Konsumforscher sagen voraus, dass Kunden sich in Zurückhaltung üben werden, auch was den Wein-Konsum angeht – der Verbrauch könnte also sinken. Wein als Luxusgut, auf das verzichtet werden kann? Wohl eher nicht. Denn Weinhändler sagen, dass einige Moselwinzer aktuell eher zu wenig Wein haben, manches werde knapp zugeteilt, es gebe Lieferschwierigkeiten. Denn der deutsche Wein ist im Qualitätsbereich im internationalen Vergleich immer noch preiswert.
Doch genug von Krisen, Kriegen und Katastrophen. Die Weine von Mosel, Saar und Ruwer sind trotzdem gefragt und weltweit anerkannt. Deutliches Zeugnis dafür sind die vielen Sommeliers und Weinhändler aus aller Welt, von Washington bis Melbourne und von Helsinki bis Kapstadt, die sich auf den großen Wein-Events wie dem »Saar-Riesling-Sommer« oder dem Festival »Mythos Mosel« alljährlich tummeln. Sie sorgen für hohes Renommee und steigende Export-Quoten.

Die Villa des Weinguts Dr. Wagner in Saarburg

Der 2021er präsentiert sich als ein Kabinett-Jahrgang wie in alten, klimatisch kühleren Zeiten, mit feinherben und restsüßen Reparatur-Weinen, an denen man sich – im besten Fall – wieder nüchtern trinken kann. Paradebeispiele kommen von Christian Ebert auf Schloss Saarstein und Max von Kunow (von Hövel). Ein Trend geht jedoch unvermindert in die trockene Richtung, behutsam stellen vor allem die jungen Weinmacherinnen wie Catherina Grans (Grans-Fassian) in Leiwen

Carolin Hofmann, Weingut Willems-Willems

WEINBAUGEBIET MOSEL

Anbaufläche ca. 8.800 Hektar
Aufteilung 524 Einzellagen
Wichtigste Rebsorten
Riesling, Weißburgunder, Spätburgunder

Verbände
Mosel-Wein e. V., Gartenfeldstraße 12a,
54295 Trier, www.weinland-mosel.de
Bernkasteler Ring e. V., Auf der Trift 29,
54470 Bernkastel-Kues,
www.bernkasteler-ring.de

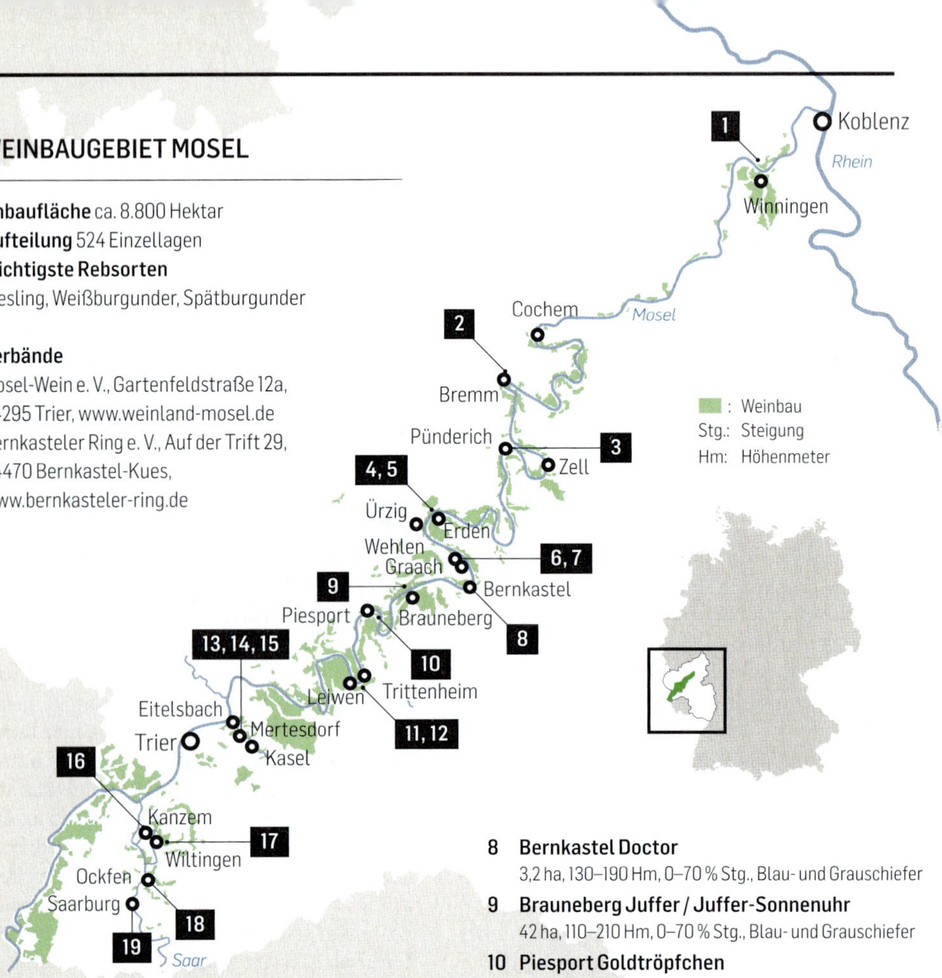

PRIVILEGIERTE WEINLAGEN

1 **Winningen Uhlen**
7 ha, 75–210 Hm, 50–70 % Stg., grauer und blauer Schiefer

2 **Bremm Calmont**
33 ha, 120–380 Hm, 0–65 % Stg., Tonschiefer-Verwitterungsgestein

3 **Pünderich Marienburg**
18 ha, 110–190 Hm, 50–70 % Stg., Grau-, Blau- und Rotschiefer

4 **Erden Prälat**
1,5 ha, 110–220 Hm, 0–65 % Stg., verwitterter roter Tonschiefer

5 **Ürzig Würzgarten**
53 ha, 110–220 Hm, 0–65 % Stg., Vulkan- und Schieferboden

6 **Wehlen Sonnenuhr**
44 ha, 110–320 Hm, 0–70 % Stg., grauer Devonschiefer

7 **Graach Himmelreich**
57 ha, 110–325 Hm, 45–65 % Stg., Blau- und Grauschiefer

8 **Bernkastel Doctor**
3,2 ha, 130–190 Hm, 0–70 % Stg., Blau- und Grauschiefer

9 **Brauneberg Juffer / Juffer-Sonnenuhr**
42 ha, 110–210 Hm, 0–70 % Stg., Blau- und Grauschiefer

10 **Piesport Goldtröpfchen**
70 ha, 120–200 Hm, 40–90 % Stg., Devonschiefer

11 **Trittenheim Apotheke**
72 ha, 150–200 Hm, 40–60 % Stg., Devonschiefer

12 **Leiwen Laurentiuslay**
35 ha, 130–180 Hm, 40–80 % Stg., grauer Devonschiefer

13 **Maximin Grünhaus Abtsberg**
13,9 ha, 150–250 Hm, 50–70 % Stg., blauer Devonschiefer

14 **Eitelsbach Karthäuserhofberg**
19 ha, 160–275 Hm, 0–45 % Stg., Devonschiefer

15 **Kasel Nies'chen**
16,8 ha, 195–260 Hm, 40–57 % Stg., Blau- und Buntschiefer

16 **Kanzem Altenberg**
18,7 ha, 145–260 Hm, 50–85 % Stg., Schiefer verschiedener Farben

17 **Wiltingen Scharzhofberg**
28 ha, 190–310 Hm, 30–70 % Stg., Grauschiefer

18 **Ockfen Bockstein**
60 ha, 180–320 Hm, 38–80 % Stg., Devonschiefer

19 **Saarburg Rausch**
12 ha, 160–295 Hm, 35–75 % Stg., Devonschiefer

Das Team vom Weingut Van Volxem rund um Roman Niewodniczanski (r.) bei der Wiederaufstockung des Ockfener Geisbergs

oder Dorothee Zilliken in Saarburg ihre Sortimente neu auf. Auffällig ist, dass viele der Jungen bewusst auf traditionellen Ausbau mit viel Handarbeit, gepaart mit frischen Ideen setzen. Dass sich dabei die Winzerinnen besonders hervortun, verwundert nicht. Dazu gehören neben den oben genannten (ohne Anspruch auf Vollständigkeit oder gar Objektivität): Eva Clüsserath aus Trittenheim, Carina Curman (Dostert, Nittel), Christiane Wagner aus Saarburg, Christina Thanisch (Witwe Thanisch, Bernkastel-Kues) und Anna Reimann (Cantzheim, Kanzem). Vielleicht sind sie dazu auserkoren, die Mosel in Zeiten von Klimawandel, Pandemie und Krieg mit Intuition und Sensibilität in die Zukunft zu führen. Die Stichworte dazu könnten lauten: Auflockerung und Begrünung der Böden, Ausrichtung und Pflege der Rebzeilen, Einsatz genügsamer Klone und innovative Bewässerungskonzepte – so wie im Ruwertal, wo Wasser-Rückhaltebecken (die in den feuchten Monaten per Pumpen aus dem Fluss gespeist werden) im Sommer über Tröpfchenbewässerung für das nötige Nass sorgen sollen.
Klar im Vorteil, und da wären wir schon bei einem Ausblick auf das historische Dürrejahr 2022, sind die alten, tief verwurzelten Reben, denen selbst einige Hitzejahre nichts ausmachen – oder Weinberge wie der altehrwürdige und unter der Ägide von Saar-Mogul Roman Niewodniczanski (Van Volxem, Wiltingen) wiedererstandene Ockfener Geisberg. Der verfügt von Natur aus über ausreichend unterirdisches Wasser, überirdisch präsentiert er seinen 21er Geisberg Kabinett aus ganz jungen Reben.

Maximin und Amelie von Schubert, Weingut Maximin Grünhaus

Fotos: beigestellt, Van Volxem, Weingut Maximin Schubert

Catherina Grans, Weingut Grans-Fassian

Ein weiterer Trend, der vor allem bei jungen Weintrinkern und den oben erwähnten internationalen Fachleuten gut ankommt: nachhaltige, biologische und vegane Weinerzeugung. Carmen von Nell aus Kasel an der Ruwer sagt dazu lakonisch: »Das wird im Burgund schon seit Jahrhunderten sehr erfolgreich so gemacht.« Und: Die Marketing-Welle rollt. Aline und Josephine Knodt (Knodt-Trossen, Kröv) haben fast 60.000 Follower auf TikTok, wo sie sich und ihre Weine in kurzen und witzigen Videos präsentieren. Kaum ein Weingut kommt ohne ansprechende Präsentation in den sozialen Netzwerken aus. Besonders spannend präsentiert sich auch die Initiative »Saarkind« mit zehn innovativen Saarwinzern.

2022 wird eine Wundertüte: Nach monatelanger Dürre hat es Anfang September dann doch noch erklecklich geregnet, und das Lesegut, zumal in den alten Rebanlagen, präsentiert sich gesund und schmackhaft. Ein weiteres gutes Jahr mit allerdings wohl geringerer Menge steht bevor. Oder, wie es Riesling-Doyen und VDP-Präsident Carl von Schubert (Maximin Grünhaus, Ruwer) augenzwinkernd formuliert: »Wir haben noch jedes Jahr etwas Anständiges in den Keller gebracht.«

Dirk Tenbrock ist von Haus aus Gastronom, Küchenmeister und Sommelier, war in den 1990er-Jahren sogar mit einem Michelin-Stern dekoriert, was er aber heute »nicht mehr erwähnenswert« findet. Seit 15 Jahren wirkt er als freier Journalist mit Themenschwerpunkt Kultur, Lebensart, Genuss und Wein. Er lebt seit 20 Jahren in der Nähe von Trier und schreibt seine Texte bevorzugt mit Garten-Blick am Fuße der Ayler Kupp.

Dorothee, Hanno und Philipp Zilliken vom Weingut Forstmeister Geltz-Zilliken erreichten 100 Punkte für die 2021er »Goldkapsel« Saarburg Rausch Riesling Auslese

Fotos: beigestellt, (c) Andreas Durst, Weingut Grans-Fassian

★

BIOWEINGUT BECK-WINTER

Im Stolzenwingert 27a, 54453 Nittel
T: +49 170 7752851, weingut@beck-winter.de
beck-winter.de

Kellermeister: Daniel Beck
Ansprechpartner: Hans-Walter und Daniel Beck
Anbauweise: Bio

Daniel Beck führt in fünfter Generation das Weingut an der Südlichen Weinmosel, das sein Vater Hans-Walter schon 1982 auf biologischen Weinbau umgestellt hat – eine Expertise, die in jedem der natürlich wirkenden Weine zu schmecken ist. Der Schwerpunkt liegt im Anbau von Piwis, Burgundern und von Elbling, der Leib-und-Magen-Sorte der Gegend. Ob Klassiker oder Naturwein: Daniel Beck versucht sich auf verschiedenen Terrains, um seine »Vision von fruchtigen, leichten und unkompliziert zu trinkenden Weinen zu verwirklichen«. Gelungenes Debüt in diesem Guide!

90+ ❶ 2020 »PetNat« brut nature
Fließt naturgemäß trüb ins Glas mit lebendiger Perlage. Hefig im Duft mit Noten von Apfel, Apfelschale, Aprikose und Johannisbeere. Lebendig am Gaumen mit guter Frische und stabilem Mousseux, saftig und mit griffigen Gerbstoffen. Unkitschig und natürlich.
12 Vol.-%, VK, €€

89+ 2021 Sauvignac trocken
Reifer Apfel, Schwarze Johannisbeeren und Aprikose, zitrische Noten, auch Limettenschale. Setzt am Gaumen saftig an mit Apfelnoten, dazu ein weiche, eher zurückgenommene Säure, auch zitrische Noten, etwas Salzzitrone. In sich ruhender Sauvignac mit feiner Mineralik. 12 Vol.-%, DV, €

88+ 2021 Souvignier Gris feinherb
Duftet nach Klarapfel, Mirabelle, Stachelbeere und Johannisbeere sowie nach hellen Blüten und Wiesenkräutern. Schlank gebaut am Gaumen mit schöner Frische und lebendiger Säure, die gut mit der merklichen Restsüße harmoniert. Feine Phenole, Schmelz, natürlicher Charme.
11,5 Vol.-%, DV, €

88+ 2021 Cabernet Rosé trocken
Rebsortentypischer fruchtiger Duft nach Cassis, Waldhimbeere, Brombeere und auch Kirsche, dazu florale Noten. Saftig, fruchtig, cremig und mit Schmelz im Mund, etwas Restsüße, ausgewogene Säure und feine Gerbstoffe bilden eine Einheit, klarer Ausdruck. 12,5 Vol.-%, DV, €

88+ 2021 »Rosa« Chardonnay feinherb

89+ ❶ 2019 »Pinot Crémant« extra brut CH/SW/PN
Kräftiges Goldgelb, feine Perlage. Intensiver Duft nach gelben Blüten, reifen Himbeeren, Aprikose, getrockneter Mango und Cidre. Kräftige Struktur mit präsenter Säure und feinem Mousseux, saftig und mit Schmelz. Eignet sich bestens zur Speisenbegleitung. 13 Vol.-%, NK, €

★★★

WEINGUT BEFORT

Schulstraße 17, 54453 Nittel
T: +49 6584 422, weingut@befort.de
befort.eu

Ab-Hof-Verkauf: Sa 10–17 Uhr
Kellermeister: Hans-Jörg Befort
Ansprechpartner: Ruth und Marcel Befort
Hektar: 5 ha

Das Weingut Befort, das von den Geschwistern Ruth, Hans-Jörg und Marcel Befort geführt wird, überrascht uns mit einem aufwendig vinifizierten Rosé »S«, der sich stilistisch an der Provence orientiert: sehr gelungen – unsere Empfehlung! Alle Weine zeigen Struktur und gute Substanz und weisen auch etwas Restsüße auf, wie etwa der elaborierte, aromatische Sauvignon Blanc. Diese Tropfen zielen auf Flaschenreife ab. Wir sind uns sicher: Wer etwas Geduld aufbringt, wird mit substanzvollen Weinen belohnt, die kulinarisch allemal ein Gewinn sind.

91+ 2021 »S« Nittel Leiterchen Pinot Blanc trocken WB/CH
Zitrusfrucht, Birne und Quitte in der Nase, Brennnessel, auch etwas karamellisierte Haselnüsse. Schlankes Format mit viel Inhalt und guter Substanz, schöne Würze, präsente Säure und Fruchtsüße, kräftig, rund, der Muschelkalk bringt Mineralik. Wird gut reifen. 12 Vol.-%, NK, €€

90 2021 Sauvignon Blanc
Duftet nach reifen Stachelbeeren, Kiwi, Grapefruit und Holunder, keine laute, überdrehte Nase, präzise Aromatik. Am Gaumen mit guter Substanz und eleganter Stilistik. Die Restsüße steht noch über der Frische, der präsenten Säure und Würze. Wird weiter zulegen. 12,5 Vol.-%, DIAM, €

89 2021 Pinot Blanc trocken
Apfelblüten in der Nase, Apfel, Nektarine und Mirabellen, feine Kräuter kommen dazu, auch helle Blüten. Saftig und mit schöner Würze und Frische am Gaumen, abgepuffert durch eine merkliche Restsüße, die präsente Säure trägt gut, viel Wein in diesem Format. 12 Vol.-%, DIAM, €

90 2020 »S« Pinot Noir trocken
In der Nase balsamische Würze mit reifer dunkler Kirsche und Schwarzen Johannisbeeren, Pflaumen, Wacholderbeeren, Lakritze. Breit angelegtes Format mit Substanz und Wucht, der Alkohol ist gut eingebunden. Dicht im Extrakt, viel Würze. Pinot Noir für die kalten Monate vor dem Kamin. 15 Vol.-%, NK, €€€

89 2021 Grauburgunder trocken

91 2021 »S« Pinot Noir & Cabernet Sauvignon Rosé trocken PN/CS
Fruchtige Nase nach Schwarzer Johannisbeere, Kirsche und Himbeere, auch eine feine würzige, rauchige Note. Saftig und geschmeidig am Gaumen mit klarer Frucht, Himbeere und Johannisbeere, präsente, reife Säure, Substanz. Stilvoller Rosé, der auch bestens zum Essen passt. 14,5 Vol.-%, DIAM, €€

★★

WEINGUT RICHARD BÖCKING

Schottstraße 12-14, 56841 Traben-Trarbach
T: +49 6541 9385, riesling@weingut-boecking.de
weingut-boecking.de

Ab-Hof-Verkauf: Ja
Kellermeister: Philipp Buchkremer
Ansprechpartner: Sandra Weber-Westphal
Flaschen/Hektar: 20.000 (95 % weiß, 5 % Rosé)/4.5 ha

Beim Weingut Richard Böcking ist es erlaubt, erst einmal einen Blick in die Vergangenheit zu werfen: Familie Böcking dominierte bis Anfang des 20. Jahrhunderts den Weinhandel an der Mosel und betrieb auch Weinbau im ältesten Weingut der Stadt Traben-Trabach. Nach einer langen Phase des Niedergangs übernahmen Nachfahren der Familie 2012 das Weingut und hauchen ihm seitdem neues Leben ein. Die handwerklich erzeugten Weine aus den Spitzenlagen der Mittelmosel legen nahe, dass die positive Entwicklung in diesem Traditionshaus noch nicht abgeschlossen ist.

91 2020 Traben-Trarbach Ungsberg Riesling trocken
Kräftiger Duft mit dunkler, schiefriger Würze, Tannennadeln, Heidelbeeren und Pfirsich, Rosmarin-Öl. In einem schlank gehaltenen Format mit guter Substanz, reife, ausgewogene Säure, reife Phenolik, saftig, mineralische Würze. Kann sich weiterentwickeln. 12 Vol.-%, NK, €€

90+ 2020 Traben-Trarbach Burgberg Riesling trocken
Reichhaltiger Duft mit reifem Pfirsich, ein Hauch Petrol und auch Waldhonig, kräutrige Würze, ätherische Anklänge. Reifes Steinobst auch am Gaumen, füllig, saftig und geschmeidig, fein ziselierte Säure, mineralisch, leicht salzig, etwas Salzzitrone. 12 Vol.-%, NK, €€

90 2020 Traben-Trarbach Schlossberg Riesling halbtrocken
Riecht ein wenig nach Fuder, reifem Weinbergpfirsich und gelbem Apfel, Schieferwürze. Filigran gebauter Riesling mit Saft, süßer Frucht, Würze und Mineralik, tragende Säure, fester, fruchtig getragener Kern, gute Balance, würzig, stoffig und saftig im Ausklang. 12,5 Vol.-%, NK, €€

90+ 2020 »M« Traben-Trarbach Schlossberg Riesling Spätlese
Duft nach hellen Früchten, Birne, Aprikose, dazu zarter Blütenhonig, Ananas, Orangenmarmelade. Am Gaumen mit schönem Schmelz, exotische Frucht, Mangosaft, griffig und fest, lebendige Säure. Spätlese, die exzellent zu einem pikanten Essen passt. 10 Vol.-%, NK, €€€

88+ 2020 »Böcking« Riesling feinherb

89+ 2020 »Devon« Riesling trocken
Viel Mosel und Schieferwürze in der Nase mit kräutrigen Noten, weißem Pfirsich und auch zitrischen Anklängen. Der Gaumen lässt an traditionelle, handwerklich erzeugte Mosel-Rieslinge denken, saftig, würzig, mineralisch und mit reifen Phenolen, in sich stimmig. 11,5 Vol.-%, DV, €

★

WEINGUT BOLLIG²

Moselweinstraße 86, 54349 Trittenheim
T: +49 6507 9989112, info@bollighoch2.de
bollighoch2.de

Ab-Hof-Verkauf: Ja
Kellermeister: Lukas Bollig
Ansprechpartner: Moritz & Lukas Bollig
Hektar: 15 ha

Moritz und Lukas Bollig haben im Jahr 2021 das Weingut Lukashof ihres Vaters übernommen. Unter neuem Namen und neuem Design führen die beiden das Weingut nun weiter. Das »hoch 2« steht dabei in erster Linie für die Brüder Lukas und Moritz: Lukas, der sich der Arbeit im Keller und dem Verkauf widmet, Moritz, der sich um die Weinberge kümmert. Bereits im ersten Jahr wissen die Brüder zu überzeugen: Die saftigen und gut strukturierten trockenen Rieslinge sind elegant und nuanciert, die edelsüße Trittenheimer Apotheke ist balanciert und vielseitig. Ein starkes Debüt!

91 2021 »Alte Reben« Riesling trocken

Blasse goldgelbe Farbe. Komplex im Duft mit Aromen von Limette, Litschi, Jasmin und nassem Stein. Diese Aromatik setzt sich am Gaumen fort und wird von feiner Säure ergänzt, dichte Struktur, schöne Länge. Ein Wein, der Lust auf das nächste Glas macht. 11,5 Vol.-%, DV, €

91 2021 Dhron Riesling trocken

In der Nase gelbe Früchte, Aprikosen, roter Apfel, Wiesenkräuter, feine Würze. Am Gaumen saftige Frucht, guter Zug, lebendige Säure, balanciert mit einer sehr dezenten Fruchtsüße, feine mineralische Würze, schlanker Körper, insgesamt elegant und fein nuanciert mit schöner Länge. 11,5 Vol.-%, DV, €

91 2021 »In der Sängerei« Dhron Hofberg Riesling feinherb

Duft von weißem Pfirsich, feinen Kräutern, Mirabelle, Apfel und Schieferwürze. Attraktive Kombination aus der typischen lebendigen Jahrgangssäure und der klassischen Mosel-Riesling-Restsüße, feine Frucht mit ausgeprägter Schiefer-Würze, guter Nachhall. 10 Vol.-%, NK, €€

90+ 2021 Trittenheim Riesling feinherb

Klassisch und authentisch im feinen Duft, Aromen von Aprikose, Zitrone, Litschi und nassem Stein. Gelungenes Süße-Säure-Spiel in einem schlanken Körper, bereitet am Gaumen mit seiner Frucht viel Spaß, guter Trinkfluss. Filigraner Riesling mit Potenzial. 10 Vol.-%, DV, €

90+ 2021 »Buntes B« feinherb MT/RR/TR/BC

91 2021 »In den Sonnseiten« Trittenheim Apotheke Riesling

Eher blass in der Farbe. Intensiv im Duft, Aromen von reifem Apfel, Limette und Aprikose. Am Gaumen kommt getrocknete Birne dazu, Mango und Ananas, balanciert, getragen von der authentischen Säure der Mosel. Ideal auch als Begleiter pikanter Speisen und als Aperitif. 7 Vol.-%, NK, €€

★

BURGENWEIN ALEXANDER HÄSSLER

Zum Kirchberg 4, 54472 Burgen
T: +49 162 2878707, ah@burgenwein.de
burgenwein.de

Ab-Hof-Verkauf: nach Vereinbarung
Kellermeister: Alexander Häßler
Ansprechpartner: Alexander Häßler
Hektar: 2 ha

Burgen, ein Dorf mit 600 Einwohnern, liegt in einem idyllischen Seitental der Mosel, direkt am alten Lauf des Flusses. Hier betreibt Alexander Häßler Weinbau auf zwei Hektar Rebfläche, die sich auf die drei Lagen Burgener Hasenläufer, Kirchberg und Römerberg verteilen. »Die lange Reifephase in den sonnendurchfluteten Steilhängen holt das Optimum aus dem Untergrund heraus«, sagt der Winzer, der den Riesling auch in einer »Orange«-Variante interpretiert, die mit reifen Phenolen gefällt. Auch der Spätburgunder mit fein extrahiertem Gerbstoff und Schieferwürze zeigt Format. Schön!

91 2020 »Orange« Riesling trocken
Wie der Name, so die Farbe. Riecht nach kandierter Orangenschale, grünem Apfel und getrockneter Aprikose, dazu Salbei. Am Gaumen mit Zug und einer vorwärts strebenden Säure, saftig, mit Schmelz, aber auch feiner Herbe und einer guten Dosis reifer Phenole, leicht salzig. 12 Vol.-%, VK, €€

89+ 2019 »Alte Reben« Riesling trocken
Würzige und kräutrige Noten, weißer Pfirsich in der Nase, Aprikose und auch Apfel, dazu ein Hauch von Petrol. Schlank gebauter und filigraner Riesling mit saftiger Frucht, feiner Würze und auch Mineralik, ausgewogene Säure. Gut balancierter Riesling, elegant. 12 Vol.-%, NK, €€

89 2019 Riesling trocken
Feine Würze in der Nase, reife Frucht, Pfirsich und Aprikose, auch zitrisch und kräutrig, ein Hauch von Petrol zeigt sich. Am Gaumen saftig und wieder mit feiner Würze, ausgewogene, gut tragende Säure, mineralische Anklänge, zitrisch, etwas Limettensaft im Finish. 12 Vol.-%, DV, €

91 2019 Pinot Noir trocken
Die Holzwürze überdeckt noch etwas die rote Frucht mit Kirsche und Johannisbeere, getrockneter Rosmarin. Am Gaumen mit einer präsenten Säure, die gut trägt, trocken, mit gut extrahierten Gerbstoffen, Kirsche und Sauerkirsche als Fruchteintrag, feine mineralische Note. 13 Vol.-%, NK, €€

88+ NV »Anna« Rosé Secco trocken

90 2019 »Alte Reben« Riesling feinherb
Reifer Pfirsich in der Nase, feine Würze, florale, blumige Noten, auch etwas Zitrusfrucht, steinige Anklänge. Schlanker Bau am Gaumen, saftiger und geschmeidiger Ansatz, feine Würze und mineralische Noten, ausgewogene Säure, etwas süß-säuerlich, Guave, kultiviert. 12 Vol.-%, NK, €€

★★★★★

WEINGUT CLEMENS BUSCH

Kirchstraße 37, 56862 Pünderich
T: +49 06542 1814023, weingut@clemens-busch.de
clemens-busch.de

Ab-Hof-Verkauf: nach Vereinbarung
Kellermeister: Johannes und Clemens Busch
Ansprechpartner: Clemens Busch
Flaschen/Hektar: 120.000 (100 % weiß)/18 ha

Hätten wir Clemens Busch nicht schon vor drei Jahren (anlässlich des Weinguides 2020) mit einer »Kollektion des Jahres« geehrt, er wäre auch dieses Jahr wieder ein aussichtsreicher Kandidat auf diesen Titel gewesen. Was den Pündericher Winzer und seine gesamte Familie auszeichnet, ist eine große Sensibilität dabei, die Bedingungen in den verschiedenen Gewannen der Lage Marienburg so zu lesen, dass ausdrucksstarke Weine mit wahrer Bodenhaftung entstehen. Ihnen allen sind Dichte und Balance zu eigen, große Klarheit und immenses Reifepotenzial. Superb!

98 2019 »Reserve« Pünderich Marienburg Rothenpfad Riesling trocken

Attraktive intensive Nase, feinste Aromen von Weinbergpfirsich, Mango-Lassi, grüner Papaya und Orangenzesten. Am Gaumen körperreich bei größter Eleganz, ideale Säure bei feinster Fruchtkonzentration. Tief, lang, viel Struktur und unendliches Reifepotenzial. 12,5 Vol.-%, NK, €€€€

97+ 2020 »GL« Pünderich Marienburg Raffes Riesling trocken

Hochkomplex im Duft, intensives Aroma von Schiefergestein, Limetten, Weißen Johannisbeeren und Wiesenblüten. Am Gaumen Aprikose, Popcorn, dabei eng gewoben, konzentriert, salzig-mineralisch, feinste Phenolik, gute Säure und lang. Eine »Ultra-Version« des Falkenlay. 12,5 Vol.-%, NK, €€€€

97+ 2020 »Felsterrasse« Pünderich Marienburg Riesling trocken

In der Nase Noten von nassem Schiefer, gelbem Apfel, Zitrone, Melone und junger Nektarine. Am Gaumen körperbetont und doch so elegant, der fein justierte Säurenerv balanciert die reife Frucht und führt in viel Komplexität und Tiefe, langer Nachhall. Verfügt über weiteres Potenzial. 13 Vol.-%, NK, €€€€

97 2021 Pünderich Marienburg Fahrlay-Terrassen Riesling GG

In der Nase Hefe, Mandeln, frische Trauben, florale Töne. Im Mund terpengeprägt, knackige Säure, mineralischer Stoff und zurückhaltende Süße geben dem Gaumen Zunder, die Extraktspannung garantiert Verfeinerung für Jahrzehnte, eine Extraportion Frische und balsamische Würze setzen den i-Punkt. 12,5 Vol.-%, NK, €€€€

97 2019 »Reserve« Pünderich Marienburg Fahrlay Riesling trocken

96+ 2020 Pünderich Marienburg Fahrlay-Terrassen Riesling GG

95+ 2021 Pünderich Marienburg Fahrlay Riesling GG

94+ 2021 Pünderich Marienburg Rothenpfad Riesling GG

94+ 2021 Pünderich Marienburg Falkenlay Riesling GG

93+ 2021 Pünderich Marienburg Riesling GG

92 2021 »vom blauen Schiefer« Riesling

93 2020 Pünderich Nonnengarten Riesling tr.

Blass in der Farbe und so komplex im Duft: Aromen von grünem Tee, Wildblütenhonig, Aprikose und gelben Früchten. Am Gaumen folgt eine Kräuternote, alles balanciert von feiner, gut integrierter Säure, attraktive innere Spannung und bedeutender Nachhall. 11,5 Vol.-%, NK, €€€

★★★

WEINGUT CASPARI-KAPPEL

Am Steffenberg 29, 56850 Enkirch
T: +49 6541 6348, info@caspariwein.de
caspariwein.de

Ab-Hof-Verkauf: Mo bis Fr 8–12.30 Uhr und 14–18 Uhr
Kellermeister: Uwe Jostock
Ansprechpartner: Nico Caspari und Uwe Jostock
Flaschen/Hektar: 85.000 (90 % weiß, 10 % rot)/10 ha
Anbauweise: Bio

Was Nico Caspari und Kellermeister Uwe Jostock aus dem Jahr 2021 präsentieren, gefällt uns richtig gut: Die Weine zeigen die lebendige Säure, für die man diesen Jahrgang in Erinnerung behalten wird. Ob trocken oder feinherb: Die Rieslinge zeigen ihre Herkunft aus den Steillagen von Enkirch, wie die markant und kühl anmutenden »Alten Reben« aus der Ellergrub, und vermitteln jede Menge Trinkfreude auf hohem Niveau. Während wir auf edelsüße Rieslinge verzichten mussten, springt der schiefermineralische Spätburgunder beeindruckend in die Bresche. Das ist uns drei Sterne wert!

92+ 2021 »von alten Reben« Enkirch Ellergrub Riesling trocken
Fruchtige, leicht duftige Nase, Apfelblüten, reifer Weinbergpfirsich, Schieferwürze. In einer schlanken Form auf entspannte Art konzentriert und verdichtet mit lässiger Säureader und tiefgründiger Mineralik. Da spricht der Weinberg und hat was zu erzählen. 12 Vol.-%, NK, €€

92+ 2021 »100« Traben Gaispfad Riesling feinherb
Die auf attraktive Art verdichtete Nase lässt auf Komplexität schließen mit gediegenem Steinobst und Schiefer-Mineralik. Die quirlige Säure fließt am Gaumen, vermittelt Frische und Gegenwart, im Hintergrund ist viel Substanz und Geschichte: Gaispfad »100«. 11 Vol.-%, NK, €€€

91+ 2021 »von alten Reben« Enkirch Zeppwingert Riesling feinherb
Feine Nase nach Pfirsich und Aprikose, dazu Blüten und auch etwas rötliche Frucht, flankiert von Schiefer. Die Säure, die der Jahrgang 2021 mitgebracht hat, nimmt am Gaumen Fahrt auf, die süßliche Frucht hakt sich ein, würzig, schiefrig, echt und schön. 11 Vol.-%, NK, €€

91+ 2020 Enkirch Steffensberg Spätburgunder trocken
Reife Kirsche mit Blutorange und auch Pflaume, erdige und würzige Noten, etwas Salbei und Schiefer. Setzt breit an am Gaumen mit weichem Fond, voluminöses Format, reife, stabile Säure, Schiefermineralik, Kraft und auch eine gewisse Wucht, eindrücklich. 14 Vol.-%, NK, €€€

91 2021 Burg Schlossberg Weißer Burgunder trocken

89+ 2021 »vom Schiefer« Riesling
Heißt »vom Schiefer« und riecht nach Schiefer, nach warmer Steillage, kräutrig, wilder Thymian, Steinobst. In einem schlanken und filigranen Format mit quirliger Säure und gut assistierender Fruchtsüße. Schöner Fluss, viel Trinkspaß auf gehobenem Niveau! 11,5 Vol.-%, DV, €

★★★★

WEINGUT ANSGAR CLÜSSERATH

Spielesstraße 4, 54349 Trittenheim
T: +49 6507 2290, weingut@ansgar-cluesserath.de
ansgar-cluesserath.de

Ab-Hof-Verkauf: nach Vereinbarung
Kellermeister: Eva Clüsserath-Wittmann
Ansprechpartner: Eva Clüsserath-Wittmann
Hektar: 5 ha

Warum Eva Clüsserath-Wittmann aus dem Trittenheimer Weingut Ansgar Clüsserath vom »Falstaff« zur »Winzerin des Jahres 2022« gewählt wurde, erschließt sich auf Anhieb beim Verkosten ihrer sechs angestellten Weine aus der aktuellen Kollektion: Die sind von einer stilistischen Souveränität geprägt, über die man lange sinnieren könnte. Um es auf den Punkt zu bringen: Ob im trockenen oder fruchtsüßen Bereich, so wird Riesling zum unverzichtbaren Kulturgut mit moselanischem Akzent. Wie schrieb einer unserer Verkoster entzückt über die Apotheke: »So großartig kann Kabinett sein.«

93+ 2021 Trittenheim Apotheke Riesling trocken
Zurückhaltend im Duft, dezente Noten von Spontangärung, feine Kräuter, Hefe, zitrisch, nasser Schiefer. Am Gaumen mit einer kargen Bündelung und Konzentration, gute, von Extrakt und Säure getragene Spannung, betont trocken, phenolische Schichtung, mineralische Diktion. 11,5 Vol.-%, NK, €€€

93 2021 Dhron Hofberger Riesling trocken
Apfelschale, feine Reduktionsnote, Zündplättchen, Hefe und Weinbergkräuter in der Nase, Pfirsich, Schiefer. Setzt eher gemächlich und ruhig an am Gaumen, weicher, saftiger Hintergrund, reife Säure, die durchdringende Mineralik setzt Akzente bis ins Finish. 11,5 Vol.-%, NK, €€€

92+ 2021 Trittenheim Apotheke Riesling Kabinett
Im Duft feine, prägnante Mineralik, dazu Limettenschale, Zitrusfrucht, sehr ziseliert. Am Gaumen mit einem subtilen Süße-Säure-Spiel, griffig, fest, Zitrusfrucht, dazu lebendige Mineralik, fest gewoben, aber elegant bleibend. So großartig kann Kabinett sein. 8 Vol.-%, NK, €€

92+ 2021 Trittenheim Apotheke Riesling Spätlese
Duft nach reifen hellen Früchten, Mandarinenschale, Würze, alles unterlegt von feiner Mineralik. Am Gaumen mit viel Schmelz, sehr lebendige Säure, Zitrusfrüchte, dicht und fest, viel Kräuterwürze kommt dazu, feiner Fluss, balanciert und delikat. Hat Potenzial. 8 Vol.-%, DV, €€

92 2021 Neumagen Rosengärtchen Riesling Kabinett

92+ 2021 »Steinreich« Trittenheim Riesling trocken
Kräutrige Noten einer gepflegten Spontangärung, Apfel, Apfelschale, Pfirsich, schiefrige Noten, feiner Kümmel. Schlank gebaut und mit Spannung am Gaumen, die straffe Säure hat das Sagen, flankiert von Würze und Mineralik, trocken, phenolisch, linearer Verlauf, fokussiert. 11 Vol.-%, NK, €€

★★

WEINGUT CLÜSSERATH-WEILER

Brückenstraße 9, 54349 Trittenheim
T: +49 6507 5011, info@cluesserath-weiler.de
cluesserath-weiler.de

Ab-Hof-Verkauf: Mai bis Okt. täglich 10–12 Uhr, Mo bis Fr 14–18 Uhr
Kellermeister: Helmut und Verena Clüsserath
Ansprechpartner: Familie Clüsserath
Flaschen/Hektar: 50.000 (90 % weiß, 10 % Schaumwein)/6.5 ha

Das Weingut Clüsserath-Weiler in Trittenheim, das seit 2015 von Verena Clüsserath geführt wird, setzt auf 100 Prozent Riesling, der auf guten sechs Hektar Steillagen in Trittenheim, Mehring und Neumagen wächst. Wir halten große Stücke auf die Winzerin, die wieder eine rundum überzeugende Kollektion vorgelegt hat mit schieferwürzigen Weinen von trocken bis edelsüß. Ehemann Raphael Ianniello, der als Koch in der Spitzengastronomie gearbeitet hat, bietet auf dem Weingut auch Kochkurse an: Dann wird mit den Rieslingen des Hauses der Genuss auf die Spitze getrieben.

92 2021 »Primus GG« Trittenheim Apotheke Riesling trocken

Gut verdichteter und vielschichtiger Duft mit Pfirsich, Passionsfrucht und Aprikose, die Schieferwürze markiert den Standort. Mit der lebendigen Säure und Fruchtsüße ist der »Primus GG« auf Langlebigkeit angelegt, die Substanz dafür bringt er mit. Jugendlich. 12,5 Vol.-%, NK, €€€

91 2021 Neumagen Rosengärtchen Riesling trocken

Kräutrige Noten treffen auf reife Gelbfrucht, Aprikose und Schieferwürze. Öffnet sich großzügig und saftig am Gaumen, zeigt aber auch etwas Dynamik und Spannkraft, ohne ins Extreme zu verfallen, ausgewogen, mit mineralischer Tiefgründigkeit und Würze. Hat noch etwas vor. 12,5 Vol.-%, NK, €€

93+ 2021 Trittenheim Apotheke Riesling Beerenauslese

Sattes Goldgelb. Intensiver Duft nach Waldhonig, kandierte Zitrusfrucht, Papaya, feine Würze. Am Gaumen mit dichter Süße, viel Schmelz, lebendige Säure, Lebkuchengewürz, wieder Honig und exotische Frucht, dicht und satt, langer Nachhall. Wird schön reifen. 7,5 Vol.-%, NK, €€€€

92 2021 Neumagen Rosengärtchen Riesling Auslese

Duft nach getrocknetem Apfelring, dazu Schiefer, Kräuter, konfierte Papaya, etwas Rosenholz. Am Gaumen feine Süße, Muskatblüte, viel Würze, etwas Unterholz, exotische Frucht, Akazienhonig, saftig mit feiner Säure, gute Struktur und Länge, würziges Finale. 7,5 Vol.-%, NK, €€€

90+ 2021 Trittenheim Apotheke Riesling feinherb

89+ 2021 »HC« Trittenheim Riesling trocken

Zum gelben Steinobst passen die kräutrigen Aromen gut, wie auch die feine Schieferwürze, die sich entwickelt. Setzt charmant und saftig an am Gaumen mit animierender Säure und harmonierender Fruchtsüße, etwas Guave zum Steinobst, mineralischer Hintergrund, schön. 11,5 Vol.-%, DV, €€

★★★

WEINGUT MARTIN CONRAD

Moselweinstraße 133, 54472 Brauneberg
T: +49 6534 93980, info@martinconrad.de
martinconrad.de

Ab-Hof-Verkauf: nach Vereinbarung
Kellermeister: Martin Conrad
Ansprechpartner: Martin Conrad
Flaschen/Hektar: 36.000 (93 % weiß, 2 % süß, 5 % Schaumwein)/5.5 ha

Kurz nachdem Mönche aus dem Burgund ihr Weinbauwissen an die Mosel gebracht hatten, begann die Familie Conrad als eine der ersten, Riesling zu pflanzen. Von der Tradition profitiert Martin Conrad ebenso, wie von den hervorragenden Schiefersteillagen, etwa der nach Süden ausgerichteten Juffer Sonnenuhr. Martin Conrad verlässt sich auf naturnahe Pflege – das Weingut ist seit diesem Jahr biozertifiziert – und Handlese, im Keller auf Spontanvergärung mit Naturhefe. Seine dichten, gehaltvollen Rieslinge beweisen eindrucksvoll, dass er die drei Sterne verdient.

93 2020 »Reserve« Brauneberg Juffer Riesling trocken
Goldgelb im Glas. In der Nase Hefenoten, reife gelbe Früchte, Mirabellen, Aprikosen, Amalfi-Zitronen, Schieferwürze. Am Gaumen saftig, cremiger Kern, gut integrierte reife Säurestruktur, feine Phenolik, mineralische Würze, lang am Gaumen, gute Balance. Hat Reifepotenzial. 12,5 Vol.-%, NK, €€€

93 2020 »Goldkapsel« Brauneberg Juffer-Sonnenuhr Riesling trocken
In der Nase Schieferwürze, reifer Pfirsich, Zitronenabrieb, Wiesenkräuter. Am Gaumen saftig, würzig, gut integrierte Säure, feine Phenole, guter Extrakt, elegant, lang am Gaumen, salziger Nachhall. Hat Reifepotenzial.
12 Vol.-%, NK, €€€

93 2019 »Alte Reben« Veldenz Kirchberg Riesling Auslese
Duft nach dichter, reifer Frucht, Weinbergpfirsich, Blütenhonig, Kräuterwürze, Minze, Rosinen, üppig. Am Gaumen mit viel Schmelz und Druck, kandierte Früchte, Honig, satte Säure, gut eingebaute Süße, griffig und dicht, langer Nachhall. Hat Reifepotenzial. 8,5 Vol.-%, NK, €€€

91+ 2021 Brauneberg Juffer Riesling Spätlese
Duft nach feiner mineralischer Würze, heißer Stein, getrocknete Aprikose, Limettenschale, etwas Anis. Am Gaumen mit belebender Säure, griffig, Zitrusaromen, Limone, Zitronensaft, frisch, gute Struktur, elegant. Toll zu pikantem Essen. 8 Vol.-%, NK, €€

91+ 2021 »Goldkapsel« Brauneberg Juffer Riesling feinherb

92 2020 »Alte Reben« Veldenz Kirchberg Riesling trocken
In der Nase ein Korb voller sonnenverwöhnter Früchte, Aprikosen, Äpfel, Pfirsiche, dazu Wiesenkräuter und Schieferwürze. Am Gaumen dicht, saftige Frucht, fokussierte reife Säure, geschmeidige Phenolik, mineralische Würze, lang am Gaumen. 12 Vol.-%, NK, €€

★

WEINGUT KLOSTER EBERNACH

Sehler Anlagen 36, 56812 Cochem
T: +49 2671 2324256, info@weingut-ebernach.de
weingut-ebernach.de

Ab-Hof-Verkauf: März bis Okt. Mo, Mi und Fr 9–17 Uhr, Di 13–17 Uhr, Do 9–14.30 Uhr, Sa 11–17 Uhr
Kellermeister: Christian Kruft
Ansprechpartner: Heinz-Rudolf Zenzen
Flaschen/Hektar: 53.000 (87 % weiß, 4 % rot, 5 % Rosé, 4 % Schaumwein)/8 ha

Das »N« im Namen ist auf dem Etikett signalfarben rot gefärbt, eine weise Entscheidung, die Verwechslungen mit »Eberbach« vorbeugen möge. Auf den Weinbergen des Klosters entstehen moseltypische Rieslinge, aber nicht nur sie. Unser Tipp ist in diesem Jahr ein Weißburgunder, weil auch er wie ein echter Moselaner daherkommt: zugewandt, unprätentiös, sinnlich. Den Moselcharakter, vom Schiefer geprägt, drückt auch der Goldberg Riesling »Alte Reben« aufs Feinste aus, ebenso die Spätlese aus der Lage – kann dieser Name überraschen? – Bischofsstuhl.

90 2021 »Alte Reben« Pommern Goldberg Riesling trocken
»Schiefergör« nennen sie an der Mosel die terroirtypische Würze. Sie prägt den Duft. Mineralisch dominierter Geschmack, die kaum merkliche Süße fügt den Schmelz hinzu. Der Wein ist trocken, auch wenn der Begriff auf dem Etikett nicht vermerkt ist. 12 Vol.-%, DV, €€

89+ 2021 Pommern Sonnenuhr Riesling Kabinett trocken
Durch und durch erfrischend ist dieser Riesling, stramm und vibrierend, und doch ist seine Säurestruktur eher filigran. Feine Frucht, in der Pause zwischen zwei Gläsern ein angenehmes Echo der Geschmackseindrücke. Gut geeignet als Aperitif. 11 Vol.-%, DV, €€

89 2021 Riesling & Pinot Noir Rosé feinherb
Himbeere und Grapefruit spielen die Hauptrollen. Erfrischende Säure, ganz im Hintergrund verspielte Süße. Ein Wein für Sommernachmittage, an denen unkompliziertes Vergnügen gesucht wird. Warum nicht ein bisschen Charcuterie dazu? 9,5 Vol.-%, DV, €

90+ 2021 Cochem Bischofsstuhl Riesling Spätlese
Der Duft lässt an Zitronat denken. Im Mund ein kurzer zuckriger Auftakt, sodann ein Auftritt saftiger Säure wie im Vorjahr, guter Extrakt, gute Länge. Kühl serviert zu deftigen Häppchen oder Gerichten mit Teriyaki-Sauce wird er viel Freude bereiten. 9 Vol.-%, DV, €€

87+ 2021 »Burgunder Cuvee« trocken WB/PG

89+ 2021 Cochem Klostergarten Weißburgunder trocken
Ein Anflug von grünem Pfeffer im Duft, auch etwas Thymian und Aprikose. Leicht pfeffrig auch der Geschmack, begleitet von einer Erinnerung an Vanilleeis, behutsamer Holzeinsatz. Alles einladend und freundlich wie ein frisch bezogenes Bett. 11 Vol.-%, DV, €€

WEINGUT H&B EIFEL-PFEIFFER

Moselweinstraße 70, 54349 Trittenheim
T: +49 6507 926214, info@eifel-pfeiffer.de
eifel-pfeiffer.de

Ab-Hof-Verkauf: Ja
Kellermeister: Anne Eifel-Spohr
Ansprechpartner: Tanja Görgen-Eifel
Hektar: 8 ha

Im Mosel-Dorf Trittenheim tut sich eine ganze Menge, und das liegt auch an den zahlreichen Winzer-Familien namens Eifel, über deren genaue verwandtschaftliche Beziehungen uns nichts bekannt ist. Eines aber wissen wir: Was uns das Weingut Eifel-Pfeiffer mit Kellermeisterin Anne Eifel-Spohr zur Verkostung vorgelegt hat, das hat Hand und Fuß. Die Rieslinge zeigen mineralische Würze und Tiefe wie »Der Wurzelechte«, Eleganz und Schmelz wie die Spätlese aus der Sonnenuhr oder Zug und Trinkfluss wie der »Q4T«. Ein vielversprechendes Debüt im Weinguide!

91+ 2021 »Der Wurzelechte« Graach Domprobst Riesling trocken
Intensiver würziger Duft mit Pfirsich und auch Aprikose, Weinbergkräutern und Schiefer. Schlank und kompakt gebaut mit viel Inhalt, Saft, Würze und Mineralik, pointierte Säure, entspannt und doch gebündelt und tiefgründig, gepflegte Phenolik, gute Substanz. 12 Vol.-%, NK, €€

91+ 2021 Trittenheim Apotheke Riesling trocken
Kräutrige Noten von Spontangärung, Weinbergpfirsich, Apfel, etwas Hanf, schieferwürzige Noten, leicht rauchig. Schlank gebaut und filigran am Gaumen, zitrische Anklänge, Grapefruit, phenolische Noten, kräutrig, lebendige Säure, gut eingewobene Süße, lang. 11,5 Vol.-%, NK, €€

90+ 2021 Bernkastel Badstube Riesling Kabinett feinherb
Pfirsich, leicht brenzlige Noten, warmer Weinberg mit Schiefer, feine Würze und auch kräutrig. Schwungvoll und gut balanciert am Gaumen mit einer selbstbewussten, leicht stahligen Säure und passender Restsüße als Pendant. Saftige, klare Frucht, schieferwürzig. 10,5 Vol.-%, DV, €€

91 2021 Wehlen Sonnenuhr Riesling Spätlese
Anfangs noch verhalten im Duft, dann reife Zitrusfrucht, Mango, Papaya, Würze, mineralischer Zug. Am Gaumen mit viel Schmelz, geschmeidig, helle Früchte, Pfirsich, Mango, Säure und Süße in schönem Einklang, fein und elegant. Wird gut reifen, vielseitig einsetzbar. 7,5 Vol.-%, NK, €€

89 2021 Trittenheim Altärchen Riesling Kabinett

89+ 2021 »Q4T« Riesling trocken
Die Nase deutet auf Spontangärung mit kräutrigen Noten, dazu Weinbergpfirsich und feine Schieferwürze. Saftig und geschmeidig am Gaumen mit lebendiger Säure und würziger Mineralik, schlank gebaut und linear unterwegs, zitrische Noten, phenolisch. Probieren! 12 Vol.-%, DV, €

★★

WEINGUT CHRISTOPH EIFEL

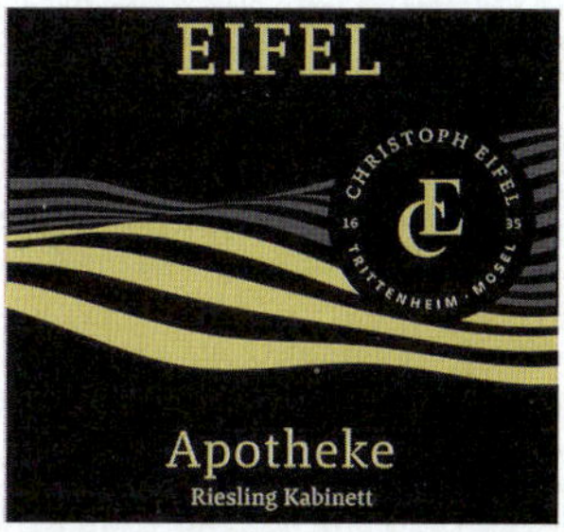

Johannes-Tithemius-Straße
21, 54349 Trittenheim
T: +49 6507 2632, info@weinguteifel.de
weinguteifel.de

Ab-Hof-Verkauf: nach Vereinbarung
Kellermeister: Christoph Eifel
Ansprechpartner: Christoph Eifel
Hektar: 7 ha

Als Christoph Eifel 2021 das Weingut seines Vaters Ernst übernahm, änderte er nicht nur den Namen, ihm gelang aus dem Stand bei seinen Rieslingen auch eine neue Stilistik. Dabei profitiert der Jungwinzer von seinen Lehrmeistern Nik Weis, Thomas Haag und Philipp Wittmann – aber auch von der langen Tradition seiner Familie und ihren Spitzenlagen: Altärchen, Apotheke, Goldtröpfchen. Hier gedeihen auf rund sieben Hektar vornehmlich die Trauben, aus denen Christoph Eifel ausschließlich frucht- und edelsüße Weine macht – und was für welche!

95+ 2021 Trittenheim Apotheke Riesling Beerenauslese ***

Nicht extrem viel Botrytis im Duft, Bergamotte, Earl Grey und Darjeeling. Am Gaumen gute Dichte, speichelziehende Säure, tolles Süße-Säure-Spiel, feine Mineralik. Ungemein stilvolle Beerenauslese, klebt nicht, hat eine stille Balance und großes Potenzial. 6,5 Vol.-%, NK, €€€

95 2021 »Juwel« Trittenheim Altärchen Riesling Eiswein

Eine terpenwürzige Moselnase, Bergamotte, Zitronengras. Im Mund mit saftiger, lang anhaltender Säure, konzentriert, hat eine große Klarheit und erfüllt dadurch das Eiswein-Prädikat, die Süße ist nicht überakzentuiert, gibt aber Länge in der Frucht. 6,5 Vol.-%, NK, €€€

93 2021 Trittenheim Apotheke Riesling Auslese

Duft nach Zündholz, Schieferwürze, feine Mineralik, dann reife Orange, etwas Mango, ganz zarter Honig. Am Gaumen druckvoll, lebendige, fast fordernde Säure, Limettensaft, Schieferwürze, griffig, ganz auf Eleganz vinfiziert, tolle Länge. Hat Potenzial. 7,5 Vol.-%, NK, €€

92+ 2021 »Alte Reben« Trittenheim Apotheke Riesling Spätlese

Frische Ananas, weißer Pfeffer, Quitte, Rauchnoten und Johannisbeeren. Am Gaumen ist die Spätlese filigran, aber stoffig, die Säure hat Zug und vereint sich mit der ausgeprägten Süße zu einer frischen Gesamtkomposition, die vor allem als Begleiter zu Speisen schön ist. 7,5 Vol.-%, NK, €€

91+ 2021 Piesport Goldtröpfchen Riesling Auslese

92+ 2021 Trittenheim Apotheke Riesling Kabinett

Knackige grüne Birne, Minze, Physalis und nasser Stein in der Nase. Die Säure ist griffig und balanciert sich wunderbar mit der feinen Süße aus. Ein Kabinett, bei dem man durchaus versucht sein könnte, einen Strohhalm in die Flasche zu stecken, so gut ist der. 8 Vol.-%, NK, €

★★★★

WEINGUT FORSTMEISTER GELTZ-ZILLIKEN

Heckingstraße 20, 54439 Saarburg
T: +49 6581 2456, info@zilliken-vdp.de
zilliken-vdp.de

Ab-Hof-Verkauf: nach Vereinbarung
Kellermeister: Hans-Joachim und Philipp Zilliken
Ansprechpartner: Dorothee Zilliken
Flaschen/Hektar: 100.000 (100 % weiß)/13.6 ha

Dorothee Zilliken, Vater Hanno, Mutter Ruth und Ehemann Philipp haben auch dieses Jahr wieder Teamwork vom Feinsten geleistet. Ihre wahrlich sensationelle 2021er »Goldkapsel« Auslese öffnet einem die Augen über die subtile Noblesse dieses Jahrgangs. Aber auch die anderen Weine sind außergewöhnlich in ihrem jeweiligen Format, von der Basis über die fruchtigen Kabinett-Weine bis zum Großen Gewächs. Und wie die 2009er Rausch Auslese einmal mehr belegt, sind diese feinen Saarweine Langstreckenläufer. Es kommt eben nicht auf Lautstärke an, sondern auf innere Werte!

93+ 2021 Saarburg Rausch Riesling GG
Ein vielschichtiger, trotz seiner Jugendlichkeit schon sehr komplexer Wein. Die Mineralik und der Extrakt, unterlegt von substanzieller Säure, verleihen ihm Ernsthaftigkeit, und seine Harmonie macht ihn groß. Ein Wein mit Potenzial. 12 Vol.-%, NK, €€€

100 2021 »Goldkapsel« Saarburg Rausch Riesling Auslese Versteigerung AP 1-22
Rauchig im Duft, Bergamotte, Rosine, sehr viel Schiefer, feinste Botrytis. Im Mund seidig, rund und geschmeidig, eine Terroir-Auslese, nicht einmal extrem süß, feiner Säurenerv, pure Delikatesse, durchdringend mineralisch. Wie kriegt man nur so viel Stein in eine Beere? 7 Vol.-%, NK

94 2009 Saarburg Rausch Riesling Auslese
Apfelgrün im Glas. Dezenter Zitrusduft, anschließend Geschmacksüberfall mit reifem Pfirsich und Marillen, strukturiert von glänzender Säure und unterlegt mit ordentlich Extrakt, der sorgt auch für die Länge, den krönenden Abschluss. Anstrengungslos. 7,5 Vol.-%, NK, €€€€

93+ 2021 Saarburg Rausch Riesling Auslese
Delikat und sahnig kommt diese blutjunge Auslese daher, tut unschuldig mit ihrer schmeichelnden Süße und hat es doch faustdick hinter den Ohren: Volumen, Mineralik und Druck. Der Springinsfeld hat alle Anlagen zu einem großen Wein. 7,5 Vol.-%, NK, €€€€

92 2021 Saarburg Riesling trocken

92 2021 »Alte Reben« Saarburg Riesling trocken

90 2021 Saarburg Riesling feinherb

90 2021 »Butterfly« Riesling feinherb

93 2021 Saarburg Rausch Riesling Kabinett

91+ 2021 Saarburg Riesling Kabinett

90+ 2021 Ockfen Bockstein Riesling Kabinett

91+ 2021 »Zilliken« Riesling trocken
Feiner Duft mit etwas Litschi, grünem Apfel, Grapefruit. Gut gelaunte Attacke auf die Zunge, viel Frische und Kräuterwürze. Tolle Mineralik, so lieben wir die Weine von der Saar. Dermaßen viel Spaß für wenig Geld, das gibt's nicht alle Tage! 12 Vol.-%, DV, €€

★★

WEINGUT GEHLEN-CORNELIUS

Weingartenstraße 33, 54472 Brauneberg
T: +49 6534 496, mail@gehlen-cornelius.de
gehlen-cornelius.de

Ab-Hof-Verkauf: Ja
Kellermeister: Daniel Gehlen
Ansprechpartner: Familie Gehlen
Hektar: 24 ha

Da machte sich am Verkostungstisch erst großes Erstaunen breit, das bald in zustimmende Begeisterung überging: Von der Mosel entfaltete sich im Glas ausgerechnet ein Syrah, der auf einer steilen, heißen Parzelle auf Schiefer steht und viel Substanz, pfeffrige Würze und rauchige Mineralik mitbringt. Groß! Auch der schiefermineralische Blaufränkisch ist famos und unser Tipp. Aber Kellermeister Daniel Gehlen weiß auch genau, wie guter Riesling geht. Für uns eine große Entdeckung an der Mittelmosel! Dafür spendieren wir gerne auf Anhieb zwei Sterne.

91+ 2021 Brauneberg Juffer Riesling trocken

Würzige, mineralische Noten begleiten reifen Pfirsich und Aprikose, warmer Weinberg mit Kräutern. Gute Substanz am Gaumen in einer kompakten Struktur, die lebendige Säure führt Regie, die reife Frucht sorgt für ein geschmeidiges Mundgefühl, schöne Mineralik. 12,5 Vol.-%, DV, €€

94 2020 Syrah trocken

Dunkle, würzige Nase mit Cassis, Schokolade, Pflaumen, schwarzem Pfeffer und Leder, dazu Veilchen-Pastillen. Mit viel Substanz am Gaumen und einer großen Menge reifer, feinkörniger Gerbstoffe, dicht im Extrakt, würzig, mit mineralischer Spannung, intensiv und lang. 14 Vol.-%, DV, €€€

91 2020 Merlot trocken

Reife Kirsche, Cassis und Pflaume, kräutrige und würzige Noten, etwas Holzkohle. Saftig mit einem breit angelegten, voluminösen Körper, süßlicher Extrakt, klare, reife Frucht, ein wenig Kirschlikör, geschmeidiges Tannin, mineralisch unterlegt. 14 Vol.-%, DV, €€

91 2021 Wintrich Ohligsberg Riesling Spätlese

Im Duft frische Limettenschale, Zitrusfrucht, Würze, nasser heißer Stein, frisch und animierend. Am Gaumen mit zupackender Säure, viel Zitrusfrucht, Honigmelone, Pfirsich, Minze, dichte Struktur, feurig im Abgang, schöne Länge, wird gut reifen, bereitet Freude. 7,5 Vol.-%, DV, €€

91 2021 Wintrich Ohligsberg Riesling trocken

92 2020 Blaufränkisch trocken

Johannisbeere, Kirsche, Blaubeere, Blutorange, florale Noten, Schieferwürze. Breit und kräftig angelegt am Gaumen mit feinkörnigen Gerbstoffen und feinnerviger Säure, präzise Kirschfrucht, etwas Pfeffer, die Schiefer-Mineralik schafft Profil. 14 Vol.-%, DV, €€

★★

WEINGUT GEIERSLAY

Moselweinstraße 1, 54487 Wintrich
T: +49 6534 18211, weingut-geierslay@t-online.de
geierslay.de

Ab-Hof-Verkauf: täglich 9–18 Uhr
Kellermeister: Max Kilburg
Ansprechpartner: Max Kilburg
Flaschen/Hektar: 80.000 (85 % weiß, 15 % rot)/15 ha

Max Kilburg verdient sich die Goldmedaille im modernen Mosel-Fünfkampf. Trockene Rieslinge: delikat. Kabinette und Spätlesen: spielerisch. Auslese: wow! Weiße Burgunder: kulinarisch. Rotweine: verblüffend. Der erst 33-jährige Winzer belegt mit seinen Weinen, dass er auch schon Auslandserfahrung sammeln konnte – anders wäre ein so sattelfester Merlot (!) kaum zu erklären. Gleichzeitig präsentiert Kilburg aber auch die einheimischen Klassiker erfreulich frisch und durchdacht, vom Staub einer falsch verstandenen Tradition befreit – und dennoch typisch. Bravo!

93 2020 Wintrich Ohligsberg Riesling trocken

Im Duft rauchig-schieferwürzig, Pulverdampf, balsamische Töne. Dazu eine Frucht von getrockneter Orangenschale. Im Mund fließt der Wein seidig und geschmeidig, die reife Säure ist komplett mit den weichen Anteilen verwoben, dabei hat der Wein auch ausgezeichnete Substanz. 12,5 Vol.-%,

93 2019 »BDX« Merlot trocken

Ein intensiver Duft: weißer Pfeffer, Schwarzkirsche, dezentes Holz. Im Mund viel Saft, hochwertiges feinkörniges, sandiges Tannin, gut integrierte Säure und deutliche taktile Mineralik, der Abklang zeigt eine ebenso nuancierte wie dichte Gaumenfrucht. 14 Vol.-%,

93+ 2021 »Alte Reben« Piesport Falkenberg Riesling Auslese

Intensiver Duft nach exotischen Früchten, Ananas, Mango, kandierte Orangenschalen, mineralisch unterlegt, dazu Minze. Druckvoll am Gaumen, viel Zug, lebendige Säure, schmelzende Süße, Flut süßer Früchte, Birne, Mango, Orange, balanciert und griffig. Viel Potenzial. 7,5 Vol.-%, €€

92 2021 Wintrich Ohligsberg Riesling Spätlese

Intensiver Duft nach Schieferwürze und Zündholz, dazu Limettenabrieb, Orangenblüten, mineralisch durchzogen, vielschichtig. Am Gaumen mit lebendigem Süße-Säure-Spiel, griffig und frisch, viel Energie, süße Zitrusfrucht, mineralisch, trinkanimierend. 8 Vol.-%,

89+ 2020 »Blanc de Blanc« Chardonnay brut

90+ 2021 Auxerrois trocken

90 2021 Riesling trocken

90+ 2018 »SAX« Spätburgunder trocken

91 2021 Wintrich Ohligsberg Riesling Kabinett

90 2021 Wintrich Geierslay Riesling Kabinett

90 2021 Piesport Goldtröpfchen Riesling Kabinett

91 2021 Riesling feinherb

Floral im Duft, Lavendel, Zitronenblüten, auch etwas Schieferwürze. Der Gaumen zeigt sich recht dicht für einen Gutsriesling, mit Terpen-bedingter Öligkeit und taktil-mineralischem Kern, die Süße tritt nicht isoliert in Erscheinung, die Säure gibt Länge. 10,5 Vol.-%, €

★★★★

WEINGUT GRANS-FASSIAN

Römerstraße 28, 54340 Leiwen
T: +49 6507 3170, weingut@grans-fassian.de
grans-fassian.de

Ab-Hof-Verkauf: nach Vereinbarung
Kellermeister: Catherina Grans
Ansprechpartner: Catherina Grans
Hektar: 13 ha

Gewiss, Catharina Grans hat uns dieses Jahr ausschließlich Weine zur Verkostung geschickt, die schon von der Papierform her Hochkaräter sind. Aber auch GGs, Spät- und Auslesen muss man erst einmal auf ein solch herausragendes Niveau bringen, wie wir es schließlich im Glas vorgefunden haben. Statt einen Wein herauszuheben, konstatieren wir, dass Grans' Handschrift, Extrakt und geschmeidige Feinheit ineinanderzuweben, Jahr für Jahr noch präziser und deutlicher in den Weinen erscheint. Die Balance der 2021er ist von umwerfender Natürlichkeit. Höchste Anerkennung!

94 2021 Dhron Hofberg Riesling GG

Zitrusfrucht in der Nase, auch kandierte Zitronenschale und florale Obertöne. Der Gaumen beginnt mit einer leicht süß getönten Saftigkeit, die Säure hat Drive und bleibt dennoch fein, eine mineralisch getönte, nur dezent phenolische Stoffigkeit leitet aus. Sehr elegant! 12,5 Vol.-%, NK, €€€

94 2021 Trittenheim Apotheke Riesling GG

Der schieferwürzig dominierte Duft hat auch eine traubige Frucht, Noten von Orangenzesten und Kurkuma. Der Gaumen zeigt sich geschmeidig und feingliedrig, eine zarte Süße gibt der beerigen Frucht Volumen, der Wein fließt ganz rund und seidig und verströmt hohe Eleganz.
12,5 Vol.-%, NK, €€€

93 2021 Piesport Goldtröpfchen Riesling GG

Im Duft gehen die typischen Schiefer- und Gesteinsmehlaromen der Lage mit Zitrusaromen einher. Im Mund hat der Wein einen cremigen Fond und eine gut zum Körper passende Extraktfüllung, der Abgang ist zudem intensiv von mineralischem Extrakt geprägt. 12,5 Vol.-%, NK, €€€

95 2021 Trittenheim Apotheke Riesling Auslese

Würzig-mineralischer Duft, Schiefernoten, Zitrusfrucht, extrem klar und frisch, animierend, strahlend. Am Gaumen mit lebendiger Säure und dichter, konzentrierter Frucht: Zitrus und Pfirsich, etwas Mango. Sehr griffig, alles mineralisch geprägt, Eleganz und Kraft. Exzellent! 7 Vol.-%, NK, €€€

92 2021 Leiwen Laurentiuslay Riesling GG

93+ 2021 Trittenheim Apotheke Riesling Spätlese

Der Duft vereint Schieferwürze und eine nicht überreife, eher zitrische Spätlesefrucht mit den Attributen von Frische und Präzision. Im Mund hat der Wein eine ausgezeichnete Spannung, statt überbordender Süße bildet mineralischer Extrakt das Rückgrat des Weins – und seiner Zukunft.
7,5 Vol.-%, NK, €€€

★★★

WEINGUT HAIN

Am Domhof 5, 54498 Piesport
T: +49 6507 2442, info@weingut-hain.de
weingut-hain.de

Ab-Hof-Verkauf: Mo bis Fr 9–18 Uhr
Kellermeister: Gernot Hain
Ansprechpartner: Gernot und Susanne Hain
Flaschen/Hektar: 107.000 (87 % weiß, 3 % rot, 5 % Rosé, 5 % Schaumwein)/11.5 ha

Ein Mann und seine Lage: Gernot Hain, Winzer mit Familientradition, die bis ins 17. Jahrhundert zurückreicht, hat sich über die Jahre als der Spezialist schlechthin für die Piesporter Einzellage »Goldtröpfchen« profiliert. Der Winzer trägt die gesamte Verantwortung sowohl im Weinberg als auch beim Ausbau im Keller. Aus seinen Trauben, die auf stark verwittertem Devonschiefer gedeihen, versteht er es, tiefgründige, intensiv schieferwürzige Weine zu schaffen, die in den Disziplinen trocken, feinherb und fruchtsüß gleichermaßen gut sind.

93+ 2021 »Großes Gewächs« Piesport Goldtröpfchen Riesling
Der Wein hat eine balsamische Schieferwürze im Duft, auch florale Töne, Zitronenblüte. Im Mund zeigen sich feine Phenole, absorbiert von einem großzügigen, geschmeidigen Fond, Süße und Säure umspielen einander, der Abgang gehört der kräfitgen taktilen Mineralik. 12,5 Vol.-%, NK, €€€

92 2021 »Alte Reben« Piesport Goldtröpfchen Riesling feinherb
Die »Alten Reben« präsentieren sich dezenter in der Nase als das »einfache« feinherbe Goldtröpfchen, schlummernder gelber Apfel, leicht hefig noch. Am Gaumen dann mit einer ideal ausgewogenen Materie, innere Strukturdichte trifft auf leichten Alkohol – ein Klassiker im allerbesten Sinne. 11 Vol.-%, NK, €€

93 2021 »Felsterrassen« Piesport Goldtröpfchen Riesling Spätlese
Duft nach heller Frucht, Pfirsich, Aprikose, etwas Minze, aber auch exotische Früchte, unterlegt von feiner Mineralik. Am Gaumen exzellent balanciert, Süße und Säure im Einklang, fließende Frucht, Limette, zupackend, saftiger Nachhall. Hat weiteres Potenzial. 7,5 Vol.-%, NK, €€

92 2021 Piesport Goldtröpfchen Riesling Spätlese
Duft nach reifen hellen Früchten, Pfirsich, Melone, etwas Mango, würzig unterlegt. Am Gaumen fein ziseliert, lebendige Säure, süße, schmelzende Frucht, Orange, Mirabelle, alles balanciert und fein, dicht gewoben, elegante Spätlese mit Potenzial. 7,5 Vol.-%, NK, €€

91+ 2021 »Alte Reben« Piesport Goldtröpfchen Riesling Kabinett

90+ 2021 Piesport Goldtröpfchen Riesling Kabinett feinherb
Apfel und Zitronenschale in der Nase, dazu ein Hauch Ligusterblüten. Am Gaumen zeigt sich der feinherbe Kabinett idealtypisch für die Mosel, die Fruchtsüße wird gepuffert von einer grünlichen Ader und einer traubenschaligen Phenolik. Kann noch gut reifen! 10 Vol.-%, DV, €

★★

WEINGUT HEINRICHSHOF

Chur-Kölner-Straße 23, 54492 Zeltingen-Rachtig
T: +49 6532 3151, Mosel@Weingut-Heinrichshof.de
weingut-heinrichshof.de

Ab-Hof-Verkauf: Di bis Sa 14–19 Uhr
Kellermeister: Peter und Ulrich Griebeler
Ansprechpartner: Peter Griebeler
Flaschen/Hektar: 93.000 (90 % weiß, 10 % rot)/8 ha

Das ist die bislang spannendste Kollektion der Brüder Peter und Ulrich Griebeler vom Heinrichshof, wobei es gerade die im »Zulast«, dem traditionellen 500-Liter-Fass an der Mosel, ausgebauten Rieslinge aus 2021 sind, die uns trotz ihrer Jugendlichkeit mit fester Struktur, müheloser Verdichtung und Mineralik überzeugt haben. Die stoffige »Réserve« vom Weißburgunder steht am Anfang ihrer Entwicklung, der unverstellte, animierende »Pet Nat« ist unser Falstaff-Tipp. Die Weine können auch in der neuen, preisgekrönten Vinothek verkostet werden. Man ist auf einem guten Weg!

92+ 2021 »Zulast Réserve« Zeltingen Schlossberg Riesling trocken
Jugendlich verhalten, Blüten, Jasmin, Apfel, feine Noten von Weinbergpfirsich, reife Aprikose, Schieferwürze. Saftig, elegant und mit pfeffriger Würze am Gaumen, mühelose, unangestrengte Verdichtung, mineralische Unterfütterung, salzig, sehr jugendlich. 12,5 Vol.-%, DV, €€

92+ 2021 »Zulast Réserve« Zeltingen Sonnenuhr Riesling trocken
Florale Noten, gelbe Blüten, Aprikose, Pfirsichtarte, jugendlich verschlossen, warmer Weinberg. Setzt saftig und geschmeidig an in einem eher breiten Format, reife, nahtlos eingewobene Säure, reife Phenolik, tiefgründige Mineralik, pfeffrig. Steht am Anfang. 13 Vol.-%, NK, €€€

92 2021 »Réserve« Weißburgunder trocken
Rauchiges Ambiente liegt noch über Aprikose und Mandarine, zitrisch, auch grüne Walnuss. Stoffig in schlanker, fester Struktur, betont trocken ausgebaut, ohne süßliche Pölsterchen, präsente, gut eingepasste Säure, patenter Holzeinsatz, mineralisch, jugendlich. 13 Vol.-%, NK, €€

92 2021 »110°« Zeltingen Sonnenuhr Riesling Auslese
Würziger Duft, Blütenhonig, getrocknete Orangenschalen, Dörraprikose, reichhaltig und animierend. Am Gaumen mit viel Schmelz, etwas Phenolik, insgesamt satt und dicht, Mandarine und Honigsüße scheinen durch, dazu ein feiner Säurezug, sehr saftig. Hat Potenzial. 7,5 Vol.-%, NK, €€

91+ 2021 »Tonneau« Riesling trocken

91+ 2021 Zeltingen Sonnenuhr Rotlay Riesling trocken

89+ 2021 Zeltingen Schlossberg Riesling trocken

89 2021 »Römische Kapelle« Riesling trocken

91 2020 »Réserve« Spätburgunder trocken

90 2021 Zeltingen Spätburgunder trocken

91+ 2021 Zeltingen Schlossberg Riesling Auslese

90 ❶ 2021 »Pet Nat« brut
Herbe Apfelnoten in der Nase, Apfelschale, Birne, Hefe, kräutrig und pfeffrig, etwas Trester. Am Gaumen frisch, gegenwärtig mit saftiger Stoffigkeit, unverstellte, natürliche Wirkung ohne Filter, da blickt einem der »Pet Nat« direkt ins Gesicht. Schön! 12 Vol.-%, VK, €€

★★

CLASSISCHES WEINGUT HOFFRANZEN

Schulstraße 22, 54346 Mehring
T: +49 6502 8441, info@weingut-hoffranzen.com
weingut-hoffranzen.com

Ab-Hof-Verkauf: nach Vereinbarung
Kellermeister: Carolin Hoffranzen, Martin Schu-Hoffranzen, Hans Hoffranzen
Ansprechpartner: Carolin Hoffranzen
Hektar: 10 ha

Seit 1601 befindet sich das Classische Weingut Hoffranzen mit seinen Schiefer-Steillagen bei Mehring in Familienbesitz. Mit Carolin Hoffranzen und ihrem Mann Martin ist die 17. Generation am Steuer. Vor drei Jahren übernahm die Jungwinzerin die Verantwortung für den Keller und konnte sich seither stetig steigern. Ihre terroirgeprägten Weine entstehen durch Spontangärung, und auch sonst bleibt das Weingut mit seinen klassischen Weinen der Tradition verpflichtet. Bestes Beispiel dafür ist der federleichte 2021er Riesling Kabinett, der unser Tipp ist.

91+ 2021 »Contur« Risling feinherb
Grüngoldene Reflexe blitzen im Glas. In der Nase zarte Zitrusaromen, weiße Blüten, auch Jod und schmelzender Zucker. Saftig im Mund mit knackiger Säure, fein gepuffert durch einen auf elegante Weise restsüßen Abgang. Köstlicher Trinkfluss mit sehr animierendem Nachhall.
12 Vol.-%, NK, €€

91 2021 Mehring Layterrassen Layet Riesling trocken
Duftige Nase nach gebranntem Zucker, Kokosnuss, dann weiße Blüten und Mirabelle. Im Mund ungemein saftig, feines Säurespiel mit erdigen und rauchigen Aromen, sehr markanter und beeindruckender Nachhall. Ein idealer Speisenbegleiter! 12 Vol.-%, NK, €€

91 2021 Mehring Riesling trocken
Schöne Grünreflexe im Glas. In der Nase ein feiner Duft nach weißen Blüten, dazu Jod und eine kühle Meeresbrise. Am Gaumen frisch und salzig, erst nach und nach kommen Aromen von Weißen Johannisbeeren, Pomeranze und Limettenabrieb durch den feinen Säurevorhang zum Tragen. Fein! 11,5 Vol.-%, DV, €

91 2019 Mehring Blattenberg Riesling Auslese
Duft nach getrockneten Früchten, Waldhonig, etwas Unterholz und Rauch, getrocknete Aprikose, dazu etwas Rosmarin. Am Gaumen mit prägnanter Säure, Zitrusfrüchte, kandierte Limone, griffig, gut integrierte Süße. Anregende Auslese, gute Trinkigkeit. 7 Vol.-%, NK, €€

90 2021 Detzem St. Maximiner Klosterlay Riesling feinherb

90 2021 »Tradition« Riesling Kabinett
Im Duft Kandiszucker, kandierte Mandarine, Ananas, Pfeffer. Im Mund hat der Wein die traditionelle Leichtigkeit des Prädikats, dabei durchaus auch Schmelz, eine nahtlos integrierte Säure und neben gelbfruchtigen Aromen leicht schieferwürzige Töne im Abgang. 7,5 Vol.-%, NK, €

★★★★

WEINGUT VON HÖVEL

Agritiusstraße 5–6, 54329 Konz-Oberemmel
T: +49 6501 15384, info@weingut-vonhoevel.de
weingut-vonhoevel.de

Ab-Hof-Verkauf: Mo bis Sa nach Vereinbarung
Kellermeister: Maximilian von Kunow
Ansprechpartner: Maximilian von Kunow
Flaschen/Hektar: 160.000 (100 % weiß)/20 ha

Max von Kunow hat sich im Winter 2021/22 mit Wolfgang Mertes einen namhaften Stellvertreter an seine Seite geholt: Mertes war lange Jahre kongenialer Kellermeister bei der unvergessenen Annegret Reh-Gartner von Reichsgraf zu Kesselstatt. Jetzt darf man gespannt sein, wie das Duo von Hövel-Mertes durchstartet. Die 2021er sind Weine von klassischer Stilistik: Das Versteigerungs-GG aus dem Hörecker (einer Enklave im Kanzemer Altenberg) gehört zu den besten trockenen Saarweinen des Jahres, und der Scharzhofberger Versteigerungskabinett ist eine Delikatesse.

94 2021 Kanzem Hörecker Riesling GG Versteigerung
Im Duft grüner und roter Apfel sowie intensiv schiefermineralische Aromen. Im Mund beginnt der Wein mit einiger Weite, leichtem Schmelz und leichter Süße, die mineralische Würze ist auch am Gaumen früh präsent, Saftigkeit und Nuancenreichtum zeichnen diesen sehr stilvollen Wein aus. 12 Vol.-%, NK,

92 2021 Oberemmel Hütte Riesling GG
Zarte florale Nase, frisch geschnittenes Gras, schmelzender Zucker und frische Birnenspalten. Am Gaumen zuerst pur und knapp, dann macht sich eine sehr erfrischende saftige Säure mit hoher Mineralik bemerkbar. Insgesamt ungemein knackig mit sehr viel Entwicklungspotenzial. 12 Vol.-%, NK, €€€

93 2021 Wiltingen Scharzhofberg Riesling Kabinett Versteigerung
Der Versteigerungswein glitzert sehr besonders im Glas. In der Nase feine Kräuternoten und Limettenabrieb, kühl und frisch. Im Mund köstliche Balance zwischen Süße und Säure, weiße Blüten, nicht ganz reife Erdbeeren. Ungemein trinkig und sehr elegant! 7,5 Vol.-%, NK,

92 2021 Wiltingen Scharzhofberg Riesling Spätlese
Weißer Flieder entströmt dem Glas, Mandarine, auch Litschi. Am Gaumen leicht hefig, auch frisch und saftig mit ausgeprägt kräftigen floralen Noten, schöner Trinkfluss, die elegante Süße wird vortrefflich von der Säure gestützt. 8 Vol.-%, NK, €€€

91 2021 Krettnach Riesling trocken

91 2020 Wiltingen Scharzhofberg Riesling feinherb

90 2020 Oberemmel Hütte Riesling feinherb

89+ 2021 »R« Weißburgunder trocken

92 2021 Wiltingen Scharzhofberg Riesling Kabinett

91+ 2021 »Saar S« Riesling Kabinett

90+ 2021 Oberemmel Hütte Riesling Kabinett

91+ 2021 »Saar« Riesling Kabinett
Eine typisch blasse hellgrüne Farbe im Glas. In der Nase reife gelbe Pflaumen, Glaskirschen. Im Mund entfaltet sich ein saftiges Süße-Säure-Spiel, der Wein ist lebendig und ungemein animierend, langer Nachhall. Ein Kabinett, wie er im Buche steht. 8 Vol.-%, DV, €€

★★★

WEINGUT NIKOLAUS KÖWERICH

Maximinstraße 11, 54340 Leiwen
T: +49 6507 4282, info@weingutkoewerich.de
weingutkoewerich.de

Ab-Hof-Verkauf: nach Vereinbarung
Kellermeister: Nick Köwerich
Ansprechpartner: Nick und Annette Köwerich
Flaschen/Hektar: 100.000 (97 % weiß, 3 % süß)/10 ha

Gleich drei Varianten seiner Spätlese mit dem feinen Namen »Für Träumer und Helden« hat Nick Köwerich zur diesjährigen Verkostung eingesandt. Was für eine Freude, erneut bestätigt zu bekommen, was wir eigentlich schon wussten: Die Weine dieses Weinguts reifen exzellent! Ob man lieber die jugendliche Frische mag oder die etwas gesetzteren Töne eines bereits gereiften Weins bevorzugt, ist dabei persönliche Geschmacksache. Was jedoch bleibt, ist der eindringliche Appell: Bitte legen Sie stets ein paar von den schönen Flaschen zur Seite!

93 2021 »Für Träumer und Helden« Leiwen Laurentiuslay Riesling Spätlese
Blass im Goldton. Äußerst konzentriert im Duft: sehr reifer Apfel, Aprikose, kandierte helle Frucht, gelbe Pflaume, Mango und Ananas. Am Gaumen balanciert der feste, elegante Säurebogen diese konzentrierte Aromatik, gute Dichte und ausgeprägte Spannung. 8 Vol.-%, DV, €€€€

92 2016 »Für Träumer und Helden« Leiwen Laurentiuslay Riesling Spätlese
Konzentrierter Duft nach kandiertem Apfel, Zitronenzesten und Waldhonig. Am Gaumen cremig und seidig mit feingliedrigem Säurenerv, bleibt trotz des satten Spätlesevolumens fein nuanciert mit guter Saftigkeit und mineralischer Tönung, langer Nachhall, toll gereift. 8,5 Vol.-%, NK, €€

92 2011 »Für Träumer und Helden« Leiwen Laurentiuslay Riesling Spätlese
Blasses Goldgelb. Fein und konzentriert im Duft mit Aromen von Aprikose und Pfirsich, tropische Akzente, Honig und Bienenwachs, dazu noch eingekochte Limone. Tolles Süße-Säure-Spiel, gute Spannung, dicht. Großartig gereift, könnte jetzt auf dem Punkt sein. 8,5 Vol.-%, NK, €€€

90 2021 »Fräulein Mosel« Leiwen Laurentiuslay Riesling Kabinett
Reif und konzentriert im Duft mit Aromen von Veilchen, Zitronenmelisse und Grapefruit. Am Gaumen feine Süße mit zitrischer Note bei gut abgestimmter Säure und leicht mineralischem Touch. Saftig, guter Trinkfluss, hohe Spannung. Bereits jetzt im Trinkfenster. 8 Vol.-%, DV, €€

90 2021 »Fräulein Mosel« Klüsserath Bruderschaft Riesling Kabinett

90 2021 »Herr Mosel« Köwerich Laurentiuslay Riesling trocken
In der Nase entwickeln sich Aromen von Zitronenmelisse, Limette, Veilchen, Wiesenkräutern und nassem Schiefer. Am Gaumen mit zitrischen Noten, mineralisch unterlegt. Saftig bei reifer Säure und kräuterwürzigen, balsamischen Noten im Nachhall. Insgesamt mit schönem Trinkfluss. 11,5 Vol.-%, DV, €€

★★★★★

WEINGUT SCHLOSS LIESER

Am Markt 1, 54470 Lieser
T: +49 6531 6431, info@weingut-schloss-lieser.de
weingut-schloss-lieser.de

Ab-Hof-Verkauf: Mo bis Fr 10–17 Uhr, Sa 10–15 Uhr
Kellermeister: Thomas Haag
Ansprechpartner: Thomas Haag
Hektar: 26 ha

Bei der Preisverleihung zum Titel »Falstaff Winzer des Jahres«, die im Juni 2021 coronabedingt online erfolgte, sagte der frischgebackene Titelträger Thomas Haag sinngemäß: »Heute Abend freuen wir uns über diesen Erfolg, aber morgen früh gilt es von Neuem, da geht es wieder in den Weinberg, um das Beste für den nächsten Jahrgang zu geben.« Wir konnten die 2021er Weine nicht verkosten, ohne diese Worte im Ohr zu haben. Und wer hätte es von dieser Familie anders erwartet: Der Einsatz ist auch in diesem Jahr zu schmecken. Das Einzige, was man braucht, ist ein wenig Geduld.

93+ 2021 Lieser Niederberg Helden Riesling GG
Etwas Karamell und Orangenzesten im Duft, gute Reife. Im Mund hat der Wein einen fülligen, leicht viskosen Reichtum und eine gute Stoffigkeit, die Säure ist fest, der Körper kräftig, das Ensemble ist harmonisch und inhaltsreich mit guter Verfeinerung. 12 Vol.-%, NK, €€€

93+ 2021 Wehlen Sonnenuhr Riesling GG
Sehr schönes hellgrünes Glitzern im Glas. In der Nase Honignoten, Zitrusfrüchte und leicht nach Grafit, frisch geriebener Cox-Apfel. Am Gaumen besticht eine knackige Säure, dazu rauchig-mineralische Noten und weiche beerige Aromen. Wirkt sehr jung mit viel Saftigkeit! 12 Vol.-%, NK, €€€

91+ 2021 Piesport Goldtröpfchen Riesling feinherb
Das ist ein richtiges Goldtröpfchen: brillante Farbe. Im Duft köstlich saftig, frisch, mit zarten Honignoten, überzeugendes Säuregerüst, langer appetitlicher Nachhall, leichte Schiefernoten, etwas floral. Überzeugend bekömmlich! 10,5 Vol.-%, NK, €€

91+ 2021 »Heldenstück« Lieser Riesling trocken
Feine Riesling-Nase nach weißem Honig, frischem Heu, zarten Orangenblüten und Jasmin. Am Gaumen saftig und frisch, nicht besonders langer Nachhall, dadurch aber leichtfüßig und trinkig. Macht Lust auf ein Glas mehr! 12 Vol.-%, NK, €€

91 2021 Brauneberg Juffer Riesling Kabinett

92 2021 Wehlen Sonnenuhr Riesling Kabinett
Duft nach prägnanter Schieferwürze, Zündholz, dahinter reife Zitrusfrüchte, auch Minze, vielschichtig. Am Gaumen schöner Schmelz, wieder Limette und Mandarine, saftig und griffig, lebendige Säure, sehr gut balanciert, tolle Länge. Eleganter Kabinett! 7 Vol.-%, NK, €€

★★★★

WEINGUT CARL LOEWEN

Matthiasstraße 30, 54340 Leiwen
T: +49 6507 3094, mail@weingut-loewen.de
weingut-loewen.de

Ab-Hof-Verkauf: nach Vereinbarung
Kellermeister: Karl Josef und Christopher Loewen
Ansprechpartner: Karl Josef und Christopher Loewen
Flaschen/Hektar: 167.000 (100 % weiß)/17 ha

Die Rieslinge von Karl Josef und Christopher Loewen zeichnen sich durch große Komplexität, Tiefe und wunderbare Balance aus – daran hat sich auch in diesem Jahr nichts geändert. In ihrer Arbeit können die beiden auf einen extrem alten Rebbestand zurückgreifen – die ältesten Pflanzungen stammen aus dem Jahr 1896 und liefern hoch konzentrierte Trauben. Herausragend erneut der »1896« Longuich Maximin Herrenberg Riesling, der alles hat, was ein großer Wein braucht: Kraft, Eleganz und Potenzial. Ebenfalls großartig: der delikate Eiswein aus dem Leiwener Klostergarten.

94 2021 »1896« Longuich Maximin Herrenberg Riesling

Im Duft feiner Rauch, Kräuter, dazu reifer Pfirsich und Grapefruit, komplex. Am Gaumen dichte Frucht, Weinbergpfirsich, Aprikose, etwas tropische Frucht, dichte Struktur, balanciert von markanter Säure. Ein großer Wein aus 125 Jahre alten wurzelechten Reben, hat Potenzial! 11,5 Vol.-%, NK, €€€€

93+ 2021 »1896« Longuich Maximin Herrenberg Riesling trocken

Elegant, saftig und filigran im Duft. Gelbe Frucht, dazu Blumenwiese, alles mineralisch unterlegt, komplex. Am Gaumen von markanter Säure und viel Kraft geprägt, Mineralik und feine Frucht, große Länge und Tiefe. Repräsentiert seine Herkunft und die 125 Jahre alten Reben. 12 Vol.-%, NK, €€€

95 2021 Leiwen Klostergarten Riesling Eiswein

Intensiver klarer Duft, reife Grapefruit, Mandarine, auch blumige Untertöne sind mit dabei, Zitrusfrucht kommt durch. Im Mund dann Süße und Säure in einem anregenden und intensiven Austausch, eindringlich, ungemein stoffig. Noch sehr jung, wird toll reifen. 7 Vol.-%, NK,

93+ 2021 »Goldkapsel« Longuich Maximin Herrenberg Riesling Auslese

Im Duft kandierte Ananas, Bergamotte, reife Grapefruit und Blutorange, frisch geriebene Zitronenschalen. Am Gaumen mit einer dichten, konzentrierten Säure, reife Zitrusfrüchte, leichte Viskosität, tolles Süße-Säure-Spiel, elegant und sehr konzentriert. 7 Vol.-%, NK, €€€

93 2021 »GG« Longuich Maximin Herrenberg Riesling trocken

93+ 2021 »GG« Thörnich Ritsch Riesling trocken

Im Duft zart, filigran und leichtfüßig, dabei viel Fruchtaromen von Litschi, weißem Pfirsich und Limette, vielschichtig. Am Gaumen mit Druck und deutlichem Säurezug, Zitrusfrüchte, sehr guter Extrakt, dicht und balanciert, langer Nachhall. Viel Potenzial! 12 Vol.-%, NK, €€€

★★★★★

WEINGUT DR. LOOSEN

St. Johannishof, 54470 Bernkastel-Kues
T: +49 6531 3426, info@drloosen.de
drloosen.de

Ab-Hof-Verkauf: nach Vereinbarung
Kellermeister: Bernhard Schug
Ansprechpartner: Ernst F. Loosen
Flaschen/Hektar: 400.000 (100 % weiß)/55 ha

Ernst F. Loosen ist ein Vorreiter darin, das Reifepotenzial trockener Moselweine nicht nur zu proklamieren, sondern es auch mit eigenen Weinen unter Beweis zu stellen. Für das 2018 verkostete Prälat »Réserve« GG aus dem Jahr 2012 vergab Falstaff damals 100 Punkte, die neuen »Réserve«-Weine, jetzt aus dem Jahrgang 2017, stehen kaum nach. Und die »normalen« GGs aus 2021 sind so mundwässernd saftig, dass man ihnen sofort den Korken ziehen möchte. Kurz: Das Weingut ist weiter in Top-Form, auch die verkosteten frucht- und edelsüßen Tropfen haben vollauf befriedigt.

98 2017 »Réserve« Erden Prälat Riesling GG
In der Nase Noten von Bienenwachs, dazu Rosinen und roter Apfel, brenzlige Gesteinsnoten. Im Mund cremig und seidig, zarte Phenolik, sehr dicht und geschmeidig, extraktreich, aber auch »understated«, in der mineralischen Komponente intensiv und anhaltend, ganz fein wie Gesteinsmehl. Wirkt wie aus einem Guss. 12,5 Vol.-%, NK, €€€€

97 2017 »Réserve« Ürzig Würzgarten Unterst Pichter Riesling GG
Offen fruchtige Nase, roter Apfel, Weinbergpfirsich, feuchter Sand. Im Mund druckvoll, intensiv taktil-mineralisch, erste Reifenoten, dicht, saftig, lebendige Säure, gutes Gewicht im Mund, viel Geschmeidigkeit, im Stoff mittelhoch dotiert, aber mineralisch durchdrungen, sehr lang. 12,5 Vol.-%, €€€€

96 2017 »Réserve« Graach Sonnenuhr Im Laychen Riesling GG
In der Nase Hefe, Korianderkörner, Kardamom, Pfirsich, mit Luftkontakt immer mehr Pulverdampf und brenzlige Mineralik. Im Mund getragen und seidig, feine Säure, feingliedrig, dezente Mineralik, geschmeidig grundiert, sehr fein in allen Komponenten. Leicht zu unterschätzen. 12,5 Vol.-%, €€€€

96 2021 »Goldkapsel« Erden Prälat Riesling Auslese
Intensive würzige Nase, Kräuterwiese, Lindenblüten, zarter Blütenhonig, dahinter kandierte Zitrusfrucht, mineralisch. Am Gaumen dicht und komplex, feines Spiel von Süße und Säure, tiefgründig, Papaya kommt durch, mineralisch durchzogen, Saft und Extrakt, aber immer fein und frisch, groß. 8 Vol.-%, NK, €€€€

93+ 2021 »Alte Reben« Wehlen Sonnenuhr Riesling GG

93 2021 Erden Treppchen Riesling Auslese

92+ 2021 Ürzig Würzgarten Riesling Spätlese

92 2021 Erden Treppchen Riesling Spätlese

91+ 2021 Wehlen Sonnenuhr Riesling Kabinett

91+ 2021 Ürzig Würzgarten Riesling Kabinett

91 2021 Bernkastel Lay Riesling Kabinett

95 2021 »Alte Reben« Ürzig Würzgarten Riesling GG
Kräuterwürzig im Duft, Gesteinsmehl, der Lagentyp auf dem Silbertablett. Der Gaumen setzt geschmeidig an, dann greift eine superfeine Phenolik, der taktil-mineralische Extrakt gibt Spannung, die intensive Säure findet ein reiches süßes Gegengewicht. Größe ohne Schwere – und so dicht! 12,5 Vol.-%, NK, €€€

★★

WEINGUT LORENZ

Neustraße 6, 54340 Detzem
T: +49 6507 3802, info@lorenz-weine.com
lorenz-weine.com

Ab-Hof-Verkauf: Mo bis Sa 11–18 Uhr
Kellermeister: Tobias Lorenz
Ansprechpartner: Tobias Lorenz
Hektar: 10 ha

Mit seinen 2,03 Metern Körpergröße behält Tobias Lorenz in seinen zehn Hektar Steillagen immer den Überblick. Wir schätzen den Winzer mit der Basketballer-Figur dafür, dass er das traditionelle Winzerhandwerk hochhält: Tobias Lorenz ist am liebsten in den Steilhängen bei seinen Reben, im Keller hält er sich vornehm zurück. Als er 2013 das Weingut von seinen Eltern übernahm, konnte er noch ein paar der über 70 Jahre alten 1.000-Liter-Fuder retten, in denen er seine Weine gerne ausbaut. Die erzählen davon, wie ungekünstelt und natürlich Mosel schmecken kann.

91+ 2020 »Alte Reben GG« Pölich Held Riesling trocken
Leicht rauchige Schieferwürze im Duft mit reifem gelbem Steinobst, Aprikose, Weinbergpfirsich, Orange. Entspannt und getragen am Gaumen mit der Gelassenheit und Tiefgründigkeit der »Alten Reben«, konzentriert im schlanken Format, feinnervige Säure, mineralisch. 12,5 Vol.-%, NK, €€

89 2021 Detzem Riesling trocken
In der Nase kräutrige Noten von Spontangärung, Apfel, Apfelschale, etwas Kümmelsaat, auch pfeffrige Noten, Pfirsich. Frisch und saftig am Gaumen mit gutem Zug und Trinkfluss, straffe Säure, die auch etwas Restsüße trocken erscheinen lässt, Würze, ungekünstelt. 12 Vol.-%, DV, €

89 2021 »Blauschiefer« Riesling feinherb
Riecht nach Schieferwürze und Moselfuder, weißer Pfirsich, Mirabelle und gelber Apfel, auch helle Blüten. Die straffe und selbstbewusste Säure geht gerne das Zusammenspiel mit der merklichen Fruchtsüße ein, die Schieferwürze ist der Hintergrund für ein stimmiges Bild. 10,5 Vol.-%, DV, €

91 2021 »Alte Reben« Thörnich Ritsch Riesling Spätlese
Duft nach reifen exotischen Früchten, dazu etwas Honig, auch getrocknete Aprikose kommt durch, feiner mineralischer Ton. Am Gaumen mit frischer Zitrusfrucht, schmelzende Süße und eine lebendige Säure, mittlere Struktur, aufgeweckt, frischer Nachhall. 8,5 Vol.-%, NK, €€

88 2021 Weißburgunder trocken

91 2021 Trittenheim Apotheke Riesling trocken
Konzentrierter Duft mit reifem Weinbergpfirsich und Aprikose, kräutrige Noten, etwas Hopfenblüte, gepflegte Spontangärung. Stellt den Lagencharakter auf klassische Art heraus, die gegenwärtige Säure verknüpft sich mit feiner Fruchtsüße, die Schiefermineralik gewinnt das Spiel. 12,5 Vol.-%, DV, €€

★★★★★

MAXIMIN GRÜNHAUS WEINGUT DER FAMILIE VON SCHUBERT

Maximin Grünhaus 1, 54318 Mertesdorf
T: +49 651 5111, info@maximingruenhaus.de
maximingruenhaus.de

Ab-Hof-Verkauf: Mai bis Okt. Mo bis Fr 8–17 Uhr, Sa 10–16 Uhr
Kellermeister: Stefan Kraml
Ansprechpartner: Maximin von Schubert
Flaschen/Hektar: 150.000 (96 % weiß, 4 % rot)/34 ha

Man sollte es nicht glauben: Das namhafte Weingut der Familie von Schubert hat uns dieses Jahr gleich drei Weißburgunder zur Verkostung geschickt. Ist die Ruwer etwa das neue Burgund? Da wir auch die Spätburgunder des Betriebs kennen und schätzen, würden wir eine solche Idee nicht komplett verwerfen. Wenngleich: Der König in den Grünhäuser Weinbergen bleibt der Riesling. Weine wie die Auslesen aus dem warmen Jahrgang 2018, der knackige 2021er Abtsberg Kabinett oder die beiden hochkarätigen 2021er Ortsweine zeigen, wo der Hammer hängt.

93+ 2020 Maximin Grünhaus Abtsberg Riesling GG
Helle Nase, sowohl traubig als auch floral, Ligusterblüten, Zitrone, mineralisch. Am Gaumen beeindruckt das GG aus dem Abtsberg mit einer ungemeinen Eleganz. Pikante Säure und kräutrige Nuancen sind an der Ruwer nie das Problem, hier kommt zusätzlich Noblesse. 12 Vol.-%, NK, €€€

94+ 2018 »Nr. 64« Maximin Grünhaus Abtsberg Riesling Auslese Versteigerungswein
Im Duft: Mango, Schiefer, getrocknete Zitronenschale, Pampelmuse. Im Mund durchdringend »kühl«, feste Säure, schieferwürzig, stoffig, fast ein Anflug Phenole, kräftige taktile Mineralik. Der Jahrgang zeigt sich in einer Extraportion Schmelz und Süße. 7,5 Vol.-%, NK

93+ 2018 »Nr. 59« Maximin Grünhaus Herrenberg Riesling Auslese
Tropische Früchte, Papaya und Mango im reichhaltigen Duft, im Hintergrund schiefrige Würze. Getragen am Gaumen, geschmeidig, vollmundig, Honigwürze, etwas Nougat, zeigt das warme Jahr in der etwas verhaltenen Säure, gute Konzentration, extraktreich, mittlere Länge. 8 Vol.-%, NK, €€€€

92+ 2021 Maximin Grünhaus Abtsberg Riesling Kabinett
Ähnlich wie bei den GGs präsentiert sich der Abtsberg als Kabinett eher im hellfruchtigen Bereich: Apfel mit Schale, leicht Hefe noch, Anis, nur ganz dezente Würze. Im Mund nicht zu schnell schlucken, der Wein wird komplexer, fächert auf, prägende Säure, langlebig! 7,5 Vol.-%, NK, €€€

92+ 2020 Maximin Grünhaus Herrenberg Riesling GG

92 2021 »Grünhäuser« Maximin Grünhaus Riesling feinherb

91+ 2021 »Grünhäuser« Maximin Grünhaus Riesling trocken

91+ 2019 »Réserve« Maximin Grünhaus Pinot Blanc trocken

90 2021 Maximin Grünhaus Pinot Blanc tr.

89+ 2021 »Maximin« Pinot Blanc trocken

89 2021 »Maximin« Riesling

90 2021 »Schloss« Maximin Grünhaus Riesling trocken
Junge Nase, grüner Apfel, helle Zitrone, etwas Brennnessel, definitiv auf der frischen Seite. Im Mund mit beachtlicher Dichte und einer harmonischen Restsüße, die sich gegen den Säurepunch behauptet, weiter Klarapfel. Große Harmonie auf hohem Pikanzniveau. 11,5 Vol.-%, DV, €€

★★★★★

WEINGUT MARKUS MOLITOR

Haus Klosterberg, 54470 Bernkastel-Wehlen
T: +49 6532 954000, info@markusmolitor.com
markusmolitor.com

Ab-Hof-Verkauf: täglich 10–17 Uhr
Kellermeister: Markus Molitor
Ansprechpartner: Markus Molitor
Flaschen/Hektar: 467.000 (97 % weiß, 3 % rot)/120 ha

Für Weinfreaks ist es eine Freude, durch den Lagenkatalog von Markus Molitor mit seinen differenzierten Abstufungen nach Süße und Sternen zu navigieren – gut, für Neulinge mag es etwas komplex sein, aber die Mühe lohnt sich auf jeden Fall. Egal, ob trocken, feinherb oder süß: Die Weine sind ein Genuss. Alles fließt, alles ist balanciert, fein und aromatisch. Das gilt für die verdichteten Top-Weine genauso wie für die federleichten Kabinette, die allen ans Herz gelegt seien, die sich einen Zugang zur wunderbaren Weinwelt des Markus Molitor verschaffen wollen.

95+ 2020 »Weiße Kapsel« Zeltingen Sonnenuhr Riesling Auslese* trocken**

Die dreisternige übertrifft die zweisternigen Auslese noch einmal: ein dichteres Farbspiel im Glas, brillante Viskosität. In der Nase Rauch und Üppigkeit, kühl und tiefgründig. Am Gaumen im besten Sinne vollmundig, hochelegant, ein dicht gewebter Aromenteppich, tolle Schieferwürze. 12 Vol.-%, NK, €€€€

94 2020 »Weiße Kapsel« Zeltingen Sonnenuhr Riesling Auslese trocken**

In der Nase anfänglich leicht verhalten, dann zarte Mineralik, auch Jod, frische Brise Seeluft und Zitrusfrüchte. Am Gaumen stoffig und dicht mit Anklängen von Rauch und frischem Heu, große Saftigkeit mit üppigem Trinkfluss, sehr erwachsen und köstlich! 12 Vol.-%, NK, €€€

95 2021 »Goldene Kapsel« Kinheim Hubertuslay Riesling Auslese**

Intensiver Duft nach getrockneten reifen Früchten, Orangenblüten, kandierte Limone und Ananas, würzig unterlegt, reichhaltig und fein. Am Gaumen mit schmelzender, harmonischer Süße, delikate Säure, pikant und dicht, Extrakt und Saft, etwas Honig, lang, sehr viel Potenzial. 7,5 Vol.-%, NK

94 2021 »Goldene Kapsel« Ürzig Würzgarten Riesling Spätlese

Feinwürziger Duft, mineralische Frische, zarter Rauch, Minze, dann Orange und exotische Frucht, Papaya. Am Gaumen fest und auskleidend, lebendige Säure, griffig, feine Zitrustöne, mineralisch, zarte Phenole, dichte Struktur, total balanciert, gute Länge, viel Reifepotenzial. 7,5 Vol.-%, NK, €€

93 2021 »Grüne Kapsel« Bernkastel Badstube Riesling Auslese* feinherb

92+ 2021 »Grüne Kapsel« Zeltingen Himmmelreich Riesling Kabinett feinherb

92 2021 »Grüne Kapsel« Graach Himmelreich Riesling Spätlese feinherb

90+ 2020 »Weiße Kapsel« Wehlen Klosterberg Riesling Kabinett trocken

92 2021 »Goldene Kapsel« Zeltingen Sonnenuhr Riesling Spätlese

91+ 2021 »Goldene Kapsel« Ockfen Bockstein Riesling Kabinett

91+ 2021 Wehlen Sonnenuhr Riesling Kabinett

94 2020 »Weiße Kapsel« Ockfen Bockstein Riesling Spätlese trocken

Elegante kühle Nase nach Grafit, Rauch, auch ganz zartes Petrol, harzige Kräuter wie Rosmarin. Am Gaumen weich und saftig, auskleidend, fast üppig mit einer wunderbaren Großzügigkeit, dabei balanciert und finessenreich. Ein großartiger Speisenbegleiter! 11 Vol.-%, NK, €€

★

WEIN+GUT OSTER

Bachstraße 11, 56814 Ediger-Eller
T: +49 2675 220, info@weingut-oster.de
weingut-oster.de

Ab-Hof-Verkauf: nach Vereinbarung
Kellermeister: Daniel Oster
Ansprechpartner: Daniel Oster
Hektar: 5 ha

Jeder Wein eine Entscheidung: So macht es dieses Weingut von der Terrassenmosel. Daniel Oster verleiht seinen Geschöpfen jeweils ein unverkennbares Profil. Besonders ausgeprägt zeigt sich dieses Herangehen beim »Calmont Spontanée«, einem hochinteressanten Wein. Der Weißburgunder ist ebenfalls gelungen. Doch die Palme gebührt diesmal dem Auxerrois, einem genetischen Verwandten des Weißburgunders. Dieser hier erinnert an Luxemburger Gewächse und ist unser Tipp.

91 2020 »Calmont Spontanée« Riesling trocken

Traubiger Duft, aber die Harmlosigkeit täuscht, denn im Geschmack lösen ungewöhnliche, interessante Nuancen einander ab. Sie erinnern an Unterholz und Birnenschalen, Akazien und Mais. Was bleibt, ist ein lang anhaltender Eindruck.
13 Vol.-%, KK, €€

89+ 2021 Weißer Burgunder trocken

Kathrin und Daniel Oster haben der Versuchung widerstanden, Weißburgunder zu blumig werden zu lassen: Bravo! Stattdessen Eleganz im Glas, mit einem Anflug von schmeichelnder Süße, alles wohlproportioniert. Ein ungetrübtes Vergnügen.
12 Vol.-%, DV, €

89 2021 »Fine« feinherb

Kraftvoll im Stil des Hauses, schöne Frucht, vom Extrakt eingebunden, Schmelz und Charakter, unaufdringlich in Szene gesetzt von Säure und Süße. Gut gekühlt ist er ideal für einen Picknickkorb mit regionaler Charcuterie oder vegetarischen Antipasti. 11,5 Vol.-%, KK, €

88+ 2021 »Paul« Riesling trocken

»Paul« bringt Power ins Glas. Nussiger Geschmack mit angenehmen Bittertönen, guter Extrakt. Kraftvoller Wein, der mit deftigen Speisen mithalten kann, wie sie nicht nur an der Mosel gern gegessen werden. Sanft und zart sind wir dann ein andermal. 12 Vol.-%, KK, €

88 2021 »Vereinte Vielfalt« Cuvée trocken RR/WB/MT

91 2021 Auxerrois trocken

Duftiges, abwechslungsreiches und noch leicht hefiges Bukett, sehr ansprechend. Am Gaumen von überschwänglicher Fülle, auskleidend und anschmiegsam. Ein weicher, aber entschiedener Wein, mit diesem Stil hat Auxerrois an der Mosel Zukunft. 12,5 Vol.-%, KK,DIAM, €

★★★★

WEINGUT VON OTHEGRAVEN

Weinstraße 1, 54441 Kanzem
T: +49 6501 150042, info@von-othegraven.de
von-othegraven.de

Ab-Hof-Verkauf: Ja
Kellermeister: Swen Klinger
Ansprechpartner: Grit Schedlinski
Flaschen/Hektar: 100.000 (100 % weiß)/16 ha

Ganz stark! Dass die fruchtigen Othegraven-Spätlesen vom Kanzemer Altenberg eine Klasse für sich sind, ist seit Langem bekannt. Doch mit den 2021ern hat das Weingut die Latte noch mal höher gelegt. Auch die anderen Fruchtsüßen einschließlich der fünf (!) verkosteten Kabinett-Weine stellen unter Beweis, dass hier die Naturbedingungen und menschliche Stilsicherheit wie ein Rädchen ins andere greifen. Uns scheint, dass Günther Jauch grundsätzlich immer mehr Wert auf klassische Saar-Süße legt als auf trockenen Ausbau. Kein Wunder bei solcher Eleganz!

95 2021 Kanzem Altenberg Riesling Spätlese Versteigerung AP 8/22
In der Nase kandierte Mandarine, balsamische Schieferwürze, ein Hauch von Holzfass. Der Gaumen setzt schlank an, saftig, mit Säurebiss und dezent wirkender Süße, der Wein ist in allen Komponenten edel, nachgerade erhaben in seiner fein ziselierten, mineralisch durchwirkten Komplexität. 7,5 Vol.-%

94+ 2021 »Alte Reben« Kanzem Altenberg Riesling Spätlese
In der Nase Schieferwürze und Gartenkräuter, Kresse, zurückgenommene Frucht. Im Mund hat der Wein eine große Strahlkraft, Frische, Spannung und mineralische Tiefe, der Säurezug hält lange und dominiert die Süße. Ein großer Terroirwein. 7,5 Vol.-%, NK, €€€

94 2021 Kanzem Altenberg Riesling Auslese
Pikanter Terroirduft, Schiefer, nasser Stein, dahinter Jod, dann reife Zitrusfrucht, auf der mineralischen Seite. Am Gaumen mit einem brillanten Süße-Säure-Spiel, dicht gewoben, fließende Frucht, sehr klar, Mango, Maracuja, mineralisch unterlegt, perfekt balanciert. 7,5 Vol.-%, NK, €€€

93+ 2021 Ockfen Bockstein Riesling Auslese
Noch eher verschlossene Nase, Honig, leichter Ton von Trockenfrüchten, Schiefer, tiefgründig. Am Gaumen saftig und druckvoll, dabei elegant bleibend, lebendige Säure, exzellent balanciert, Zitrusfrüchte. Frische Auslese mit Substanz und Potenzial, bereitet viel Trinkfreude. 7,5 Vol.-%, NK, €€€

93 2021 Kanzem Altenberg Riesling Kabinett AP 5/22

93 2021 Ockfen Bockstein Riesling Spätlese

92+ 2021 Kanzem Altenberg Riesling Spätlese AP 7/22

92 2021 Kanzem Kupp Riesling Kabinett

91+ 2021 Kanzem Altenberg Riesling Kabinett AP 4/22

91 2021 »Monopollage« Wawern Großer Herrenberg Riesling Kabinett

91 2021 Ockfen Bockstein Riesling Kabinett

90+ 2021 Wawern Riesling feinherb
Schieferwürze in der Nase, Feuerstein, Zitrusfrucht, Brennnessel, leicht balsamisch. Am Gaumen geschmeidig, mineralische Würze, milde Süße, feste Säure, saftige gelbe Früchte, guter Extrakt, ausgewogen, trinkanimierend. So ist »feinherb« keine Verlegenheitslösung. 11 Vol.-%, NK, €€

★★

WEINGUT PAULINSHOF

Paulinstraße 14, 54518 Kesten
T: +49 6535 544, info@paulinshof.de
paulinshof.de

Ab-Hof-Verkauf: Mo bis Fr 9–18 Uhr, Sa 9–17 Uhr
Kellermeister: Oliver Jüngling
Ansprechpartner: Familie Jüngling
Flaschen/Hektar: 75.000 (100 % weiß)/9 ha

Der Paulinshof in Kesten kann auf erstklassige Lagen bauen wie Brauneberger Juffer und Juffer-Sonnenuhr. Die Brauneberger Kammer, mit 3.800 Quadratmetern eine der kleinsten Einzellagen an der Mosel, hält das Gut sogar im Alleinbesitz. Oliver Jünglich, der für den Ausbau der Weine zuständig ist, weiß dieses formidable Lagenpotenzial in dichte und mineralisch geprägte Rieslinge umzusetzen, denen es auch nicht an Würze und Eleganz fehlt und die hervorragend reifen können. An der Spitze einer anspruchsvollen Kollektion stehen die beiden GGs – beeindruckend!

92 2020 »GG« Kesten Paulinshofberger Riesling trocken
Dezentes Goldgelb. Reifer, dichter Duft nach reif gelesenem Pfirsich und Aprikose, ein Hauch Marzipan und getrocknete Minze. Bietet am Gaumen eine Menge: guter Extrakt, beinahe zum Kauen, vollmundig und würzig mit dem mineralischen Schiefer-Profil der Lage. 12,5 Vol.-%, NK, €€€

91+ 2020 »GG« Brauneberg Kammer Riesling trocken
Reife balsamische Würze, helles Karamell, auch etwas Malzbonbon, reifes Steinobst, Pfirsich und Verbene. Konzentriert und großzügig am Gaumen mit süßlichem Extrakt, geschmeidiger, cremiger Fond, reife Säure, mineralisch, im Stil einer klassischen Spätlese. Viel Wein. 12,5 Vol.-%, NK, €€€

91 2021 Brauneberg Juffer-Sonnenuhr Riesling Spätlese trocken
Der Duft deutet auf reif gelesene Frucht, Pfirsich, Mango, Aprikosentarte, etwas Ahornsirup und steinige, mineralische Noten. Schöpft auch am Gaumen die aromatischen Möglichkeiten von reifem Steinobst aus, vollmundig, stoffig, mineralisch, gut verdichtet, lang. 12,5 Vol.-%, NK, €€

91+ 2021 Brauneberg Juffer Riesling Spätlese
Reife exotische Frucht, etwas Muskat, kandierte Limonenschale, mineralische Noten, heißer Stein. Am Gaumen mit finessenreichem Spiel, Zitrusfrucht, lebendige Säure, Pfirsich, zarte Phenolik, eleganter Bau, subtile Spätlese, sehr gute Trinkigkeit. 9,5 Vol.-%, NK, €€

90 2021 Brauneberg Kammer Riesling Spätlese feinherb

89+ 2021 Brauneberg Juffer Riesling Kabinett
Duft nach frischen Zitrusfrüchten, feine Kräuterwürze, Melone, helle Früchte, Pfirsich. Am Gaumen saftig, mit lebendiger Säure, reife Zitrusfrucht, Papaya, elegant gebaut, dennoch griffig, gut strukturiert, lebensfroher Kabinett, toll zu pikant gewürzten Speisen. 10 Vol.-%, DV, €€

★★★

WEINGUT DR. PAULY-BERGWEILER

Gestade 15, 54470 Bernkastel-Kues
T: +49 6531 3002, info@pauly-bergweiler.com
pauly-bergweiler.com

Ab-Hof-Verkauf: Mo bis Sa 14–18 Uhr
Kellermeister: Carl Debus
Ansprechpartner: Stefan Pauly
Flaschen/Hektar: 130.000 (99 % weiß, 1 % rot)/16 ha

Das Familienweingut, dessen Geschichte ins 16. Jahrhundert zurückreicht, verfügt über Spitzenlagen in Bernkastel und in den Nachbarorten der mittleren Mosel. Auf den Schiefer-Steillagen entstehen neben mineralischen trockenen Weinen hervorragende frucht- und edelsüße Rieslinge, deren Reifevermögen uns das Weingut vor Augen geführt hat, indem es uns 2001er und den 2002er aus der »Alten Badstube am Doctorberg« geschickt hat. Wer solche Pretiosen verkostet, gewinnt eine Fantasie davon, wie sich die jüngeren im Sortiment entwickeln werden.

92+ 2021 »Großes Gewächs« Bernkastel Alte Badstube am Doctorberg Riesling trocken
Blasses Goldgelb. In der Nase ein Hauch von Schiefer, Zitronenzesten, roter Apfel, Birne und weißer Pfeffer. Am Gaumen eine gute Dichte in einem eher schlanken Körper bei komplexer Frucht, guter Säure und langem, mit Mineralik unterlegtem Nachhall. 12 Vol.-%, DV, €€€

93+ 2021 »Alte Reben« Bernkastel Alte Badstube am Doctorberg Riesling Auslese
Duft nach exotischen Früchten, konfierte Limonenschale, Mandarine, süße Melone, ein Hauch Blütenhonig, vielschichtig. Am Gaumen mit lebendiger Säure, feine Süße, griffig, sehr dicht, Zitrusnoten, unterlegt mit Mineralik, lang, hat Potenzial. 7,5 Vol.-%, DV, €€€

93 2010 »Alte Reben« Bernkastel Alte Badstube am Doctoberg Riesling Spätlese
Zitronengelb mit grünlichen Reflexen. Der Duft ist würzig und voll entfaltet: mit Curry-artigen Aromen, röstigen Tönen und einer Frucht von kandiertem Pfirsich und reifer Nektarine. Der Gaumen setzt geschmeidig, fast ein wenig ölig an, das Süße-Säure-Spiel gibt Spannung und Länge. Komplex! 8,5 Vol.-%, NK, €€

92+ 2021 »Alte Reben« Bernkastel Alte Badstube am Doctorberg Riesling Spätlese
Etwas Hefewürze im Duft, balsamische Töne, Schiefer und gelbfleischiger Pfirsich. Im Mund saftig, guter Extrakt und gute Süße-Säure-Balance, deutlich taktil-mineralische Noten und ein noch kompaktes Finish. Zukunft! 8 Vol.-%, DV, €€

91 2021 »Großes Gewächs« Ürzig Goldwingert Riesling trocken

90 2021 Bernkastel Alte Badstube am Doctorberg Riesling feinherb

89 2021 »Alte Reben« Bernkastel Alte Badstube am Doctorberg Riesling trocken

92+ 2002 »Alte Reben« Bernkastel Alte Badstube am Doctorberg Riesling Spätlese

91 2001 »Alte Reben« Bernkastel Alte Badstube am Doctorberg Riesling Kabinett

90 2021 Wehlen Sonnenuhr Riesling Spätlese

89+ 2021 Wehlen Sonnenuhr Riesling Kabinett

90 2021 Ürzig Würzgarten Riesling trocken
Goldgelb in der Farbgebung. Ein Duft von sehr reifer Frucht, verbunden mit einer feinen floralen Note und leichter Mineralik. Am Gaumen eine attraktive Süße, die von der sortentypischen Moselsäure ideal balanciert wird. Saftig, animierend bei viel Trinkfluss. 12 Vol.-%, DV, €€

★

WEINGUT ÖKONOMIERAT PETGEN-DAHM

Winzerstraße 3–7, 66706 Perl-Sehndorf
T: +49 6867 309, info@petgen-dahm.de
petgen-dahm.de

Ab-Hof-Verkauf: Ja
Kellermeister: Ökonomierat Ralf Petgen
Ansprechpartner: Ökonomierat Ralf Petgen
Flaschen/Hektar: 120.000 (70 % weiß, 10 % rot, 10 % Rosé, 1 % süß, 10 % Schaumwein)/17 ha

An den Hängen der Obermosel mit ihren Kalkmuschelböden baut Ralf Petgen zahlreiche Rebsorten an, darunter Burgunder und Elbling. Zum Familienweingut gehören auch Schiefersteillagen an der Saar, in der berühmten Ayler Kupp. Hier soll Riesling »im Stil der berühmten Saarweine aus der Zeit um 1900« entstehen. Anspruch und Ambition sind insgesamt deutlich erkennbar. Die Weine zeigen im trockenen Geschmacksbild merkliche Süße. Überrascht hat uns der Cabernet Sauvignon, den man am Oberlauf der Mosel nicht vermuten würde – feiner Gerbstoff, bravo!

90+ 2020 »Grande Réserve« Grauer Burgunder Auslese trocken
In der Nase treffen dezent röstige Noten vom Holz auf eine reife burgunderbeerige Frucht, Noten von Charentais-Melone und einen leicht kalkwürzigen Unterton. Der kraftvolle Bau ist stoffig unterfüttert, die sehr gut integrierte Säure stützt, der Wein verbindet Fülle mit Frische.
12 Vol.-%, NK, €€€

91+ 2018 »Grande Réserve« Cabernet Sauvignon trocken
Mit erkennbar geringem Schwefel vinifiziert, Kirsche und Schwarze Johannisbeere in der Nase. Im Mund hat der Wein sehr viel Eleganz, ein sehr feines Tannin und süße Frucht, viel Saft und Nerv sowie einen deutlich mineralischen Einschlag. Fein! 13 Vol.-%, NK, €€€

92 2020 Riesling Eiswein
Duft nach hellen Früchten, klar, Pfirsich, Aprikose, etwas Apfelschalen. Am Gaumen mit pikanter Säure und feiner Süße, reife Zitrusfrucht, Mandarinensaft, kandierte Limone, mineralische Würze, immer elegant bleibend, gute Länge. Etliche Jahre zur Seite legen. 8 Vol.-%, NK, €€€€

91 2020 »Goldkapsel« Ayl Kupp Riesling Auslese
Duft nach reifer Quitte, Pfirsichgelee und kandierten Zitrusfrüchten, alles unterlegt von mineralischer Würze. Am Gaumen ausgewogen und elegant, würzig, Melone, Papaya, Mandarinensaft, schöne Struktur, Blütenhonig im langen Abgang. Hat noch weiteres Potenzial. 8,5 Vol.-%, NK, €€€

89 ❸ 2020 Viognier Sekt brut

89+ 2020 Sauvignon Blanc Auslese halbtrocken
Anfangs recht hefig im Duft, dann dringen die fruchtigen Sortenaromen durch, Grapefruit, grüne Stachelbeere, Apfel. Im Mund zeigt sich ein ganz nahtlos runder, fülliger, geradezu cremiger Wein, eine reife Säure trägt den kraftvollen Bau, gute Länge. 12,5 Vol.-%, NK, €€

★★★

WEINGUT S. A. PRÜM

Uferallee 25–26, 54470 Bernkastel-Wehlen
T: +49 6531 3110, info@sapruem.com
sapruem.com

Ab-Hof-Verkauf: Mo bis Fr 8–12 Uhr und 13–17 Uhr, Sa 10–16 Uhr
Kellermeister: Eryk Franzen
Ansprechpartner: Saskia A. Prüm
Flaschen/Hektar: 100.000 (100 % weiß)/13 ha

Saskia Andrea Prüm weiß sehr wohl, dass eine große Tradition immer auch den Anspruch beinhaltet, etwas Besonderes zu leisten. Um dem gerecht zu werden, konzentriert sich das Weingut ganz auf seine großartigen Lagen – insgesamt 13 Hektar entlang der Mittelmosel. Die Steillagen mit ihrem einzigartigen Schieferboden bieten für die Erzeugung von Weltklasse-Riesling allerbeste Voraussetzungen. Das zeigt sich ganz besonders bei den edelsüßen Weinen, die auf ganzer Linie überzeugen. Sie vereinen Saft und Kraft und zeigen eine fast schwebende Eleganz.

91 2021 Graach Domprobst Riesling GG
Floral und duftig, feine Schiefertöne und eine nuancenreiche Zitrusfrucht wie von getrockneter Orangenschale. Im Mund zeigt sich der Wein ebenso delikat, der nicht im Übermaß stramme Säurenerv ist gut von Süße balanciert, es entsteht eine Harmonie mittlerer Länge. 12,5 Vol.-%, NK, €€€

90 2021 Wehlen Riesling trocken
Im Duft Kandiszucker, Schieferwürze und Küchenkräuter, ein Hauch von Honig. Am Gaumen zeigt sich der Wein leichtgewichtig im Extrakt und im Alkohol, im Stil eines trocknen Kabinetts, mit überraschend dezenter Säure. 12 Vol.-%, NK, €€

93 2021 »Fass 28« Graach Domprobst Riesling Auslese
Würzig-mineralischer Duft, reife Zitrusfrüchte, Kräuter, Schiefer kommt durch, Papaya, pikant und vielschichtig. Am Gaumen mit fließender Frucht, Mandarine, etwas Honigwürze, Melone, lebendige Säure, schönes Gleichgewicht. Elegante Auslese, tolle Trinkigkeit. 7,5 Vol.-%, NK, €€

93 2021 »Fass 32« Wehlen Sonnenuhr Riesling Auslese
Würziger Duft, Limettenschale, Minze, dann Blutorange, etwas Mango, dahinter mineralische Würze, fein und differenziert. Am Gaumen elegant und griffig, zarte helle Früchte, feine Phenole, Säure und Süße im intensiven Spiel, noch sehr jung, macht aber schon Spaß. 7,5 Vol.-%, NK, €€

90 2021 Wehlen Sonnenuhr Riesling Kabinett

92+ 2021 »Fass 34« Wehlen Sonnenuhr Riesling Spätlese
Duft von reifen Früchten, Mandarine, etwas Papaya, würzig unterlegt, Schieferwürze kommt durch. Am Gaumen mit schönem Schmelz, Säure und Süße sind perfekt verbunden, griffig, Zitrusfrucht und exotische Frucht, sehr elegant, fast schwebend, gute Länge. 8 Vol.-%, NK, €€

★★★

REBENHOF, JOHANNES SCHMITZ

Hüwel 2–3, 54539 Ürzig
T: +49 6532 4546, info@rebenhof.de
rebenhof-schmitz.de

Ab-Hof-Verkauf: Mo, Fr und Sa 10–18 Uhr, So 10–13 Uhr und nach Vereinbarung
Kellermeister: Johannes Schmitz
Ansprechpartner: Johannes Schmitz
Flaschen/Hektar: 50.000 (100 % weiß)/6 ha

Johannes Schmitz hat sich in seinem kleinen, aber feinen Weingut ganz dem Riesling verschrieben, der in seinen exzellenten Lagen im Ürziger Würzgarten Jahr für Jahr exzellente Ergebnisse liefert – daran hat sich auch im Jahr 2021 nichts geändert. Erneut zeigt sich die fruchtsüße Spätlese mit dem schönen Namen »Urglück« als wunderbar komplex und tief, die lebendige Säure sorgt für die Mosel-typische Spannung. Bei den trockenen Weinen überzeugt die Spätlese »Von Alten Reben« ganz besonders, wobei bei Johannes Schmitz alt wirklich alt bedeutet – in Zahlen ausgedrückt: 60 bis 100 Jahre.

91+ 2021 »Von Alten Reben« Ürzig Würzgarten Riesling Spätlese trocken
Brillantes Goldgelb. Ein Duft von Schieferwürze, reifer Zitrone, Mirabelle und grünem Apfel. Am Gaumen mit Druck, animierender Mineralik, markanter Säure und vielschichtiger Struktur. Sehr guter Nachhall und ein entsprechendes Reifepotenzial. 12 Vol.-%, DV, €€€

91 2021 Erden Treppchen Riesling Spätlese trocken
Ein Duft von nassem Schiefer, Aprikose, weißem Pfirsich und etwas Petrol. Am Gaumen herrlich saftig, getragen von der typischen Moselsäure, die Extrakt und feine Frucht balanciert. Dabei durchaus mit Druck am Gaumen, leichte Salzigkeit bei guter Länge. 12 Vol.-%, DV, €€

90+ 2021 »Von Wurzelechten Reben« Ürzig Würzgarten Riesling Kabinett trocken
Zitronengelb in der Farbe, kräuterwürzig im Duft. Es folgen Zitrone, Limette und grüner Apfel, aber auch eine feine Mineralik. Der Wein wird von einer sehr gut integrierten Säure getragen, dichte Struktur in einem eleganten Körper, schöne Länge, guter Nachhall. 11 Vol.-%, DV, €€

89+ 2021 »Vom Roten Schiefer« Ürzig Würzgarten Riesling Kabinett feinherb
Duft nach reifen Früchten, Maracuja, Pfirsich, Zitrone und auch Aprikose. Am Gaumen eher mittelgewichtig mit einer gut abgestimmten, lebendigen Säure, die feine Süße passt dazu perfekt, im Nachhall kommt eine leichte Mineralik hinzu, fein und elegant. 10,5 Vol.-%, DV, €€

88+ 2021 »Vom Vulkangestein« Riesling trocken

92 2021 »Urglück« Ürzig Würzgarten Riesling Spätlese
Attraktiv und komplex im Duft mit einer Melange aus Nektarine, reifer Zitrone, rosa Pfirsich und Schieferwürze. Am Gaumen wird die Spätlese-Süße von feiner, durchaus markanter Säure begleitet, alles fein balanciert, gute Länge. Hat Reifepotenzial. 9 Vol.-%, DV, €€

★★★

WEINGUT F. J. REGNERY

Mittelstraße 39, 54340 Klüsserath
T: +49 6507 4636, mail@weingut-regnery.de
weingut-regnery.de

Ab-Hof-Verkauf: Sa 10–18 Uhr und nach Vereinbarung
Kellermeister: Peter Regnery
Ansprechpartner: Peter Regnery
Flaschen/Hektar: 53.000 (58 % weiß, 38 % rot, 2 % Rosé, 2 % Schaumwein)/8.5 ha

Seit den 1970er-Jahren bewirtschaftet das Familienweingut aus dem 17. Jahrhundert beste Parzellen in der Klüsserather Bruderschaft, einer Rebenwand, die einem »weiten, natürlichen Amphitheater« gleicht und bis zu 83 Prozent Hangneigung aufweist. Einfach großartig fanden wir den pikanten Wein aus dieser Steilstlage, der von sage und schreibe über hundertjährigen Riesling-Reben stammt. Eine Spezialität im Hause Regnery sind auch die Spätburgunder, im Jahrgang 2019 zeigen sie sich mild und wuchtig – selbst an der Mosel ist »Cool Climate« Vergangenheit.

91 2020 »Großes Gewächs« Klüsserath Bruderschaft Riesling trocken

Spürbare Mineralik in der Nase, etwas Apfelschale, feine Zitronennoten, auch weißfleischiger Pfirsich. Am Gaumen derzeit recht massiv, deutliches Zuckerschwänzchen, reife Ananas, weniger frisch als die »Alten Reben«, braucht noch Zeit. 12,5 Vol.-%, NK, €€€

90 2021 »Edition Michelskirch« Riesling feinherb

Apfel in der Nase, zerstoßene Korianderkörner, ein wenig Erdnuss, insgesamt ein eher zurückhaltender Auftritt. Am Gaumen präsentiert der feinherbe Riesling halbreifen Pfirsich, spürbar phenolisch eingefangen. Wirkt derzeit noch ein wenig statisch. 12 Vol.-%, DV, €€

91 2019 »Grosses Gewächs« Klüsserath Bruderschaf Pinot Noir trocken

Eine gleichermaßen frische und reife dunkelbeerige Frucht, kräuterwürzige Anklänge, etwas Feige, zurückhaltendes Holz. Im Mund beeindruckt die Seidigkeit des Gerbstoffs, der Extrakt ist cremig grundiert, bei milder Säure zeigt sich der Wein ganz rund und geschmeidig. 13,5 Vol.-%, NK, €€€

90+ 2020 Klüsserath Bruderschaft Riesling Spätlese

Goldgelb. Würziger Duft, Schiefergestein, kandierte Limone, Orangenschale, feine Würze, reichhaltig. Am Gaumen satt und voll, Blütenhonig, Kräuterwürze, kandierte Früchte, Muskatnuss, reife Säure, hat Kraft und Saft. Schön zum Dessert – oder als Dessert. 8 Vol.-%, NK, €€

90 2019 Klüsserath Bruderschaft Pinot Noir im Barrique gereift trocken

92+ 2021 »Alte Reben« Klüsserath Bruderschaft Riesling trocken

Mittlerweile haben die Rebstöcke ihren 100. Geburtstag gefeiert, was wohl fast überall auf der Welt eine große Sensation wäre. Feinfruchtige Pfirsichnase, etwas Lindenblüten. Am Gaumen von wunderbarer Saftigkeit, typische Moselpikanz, »moseltrocken«, ein Klassiker. 12 Vol.-%, NK, €€

★

WEINGUT REH

Weierbachstraße 12, 54340 Schleich
T: +49 6507 99110, weingut-reh@t-online.de
weingut-reh.de

Ab-Hof-Verkauf: nach Vereinbarung
Kellermeister: Lukas und Winfried Reh
Ansprechpartner: Lukas Reh
Hektar: 10 ha

Das Weingut Reh bewirtschaftet zehn Hektar Weinberge an der Moselschleife, vor allem in den Mehringer Lagen Blattenberg und Zellerberg. Etwa die Hälfte der Weinberge befinden sich in Steil- und Steilstlagen, die Parzelle Layet im Blattenberg ist mit wurzelechten Reben aus dem Pflanzjahr 1900 bestockt – das Herzstück des Besitzes. Geisenheim-Absolvent Lukas Reh kümmert sich mit seinem Vater Winfried um den Ausbau der Weine. Aus dem Jahr 2021 überzeugen vor allem vom Riesling die Auslese »Zenit« und die Spätlese »Alte Reben«: Mosel-Klassik auf hohem Niveau.

90 2021 Mehring Blattenberg Layet Riesling Spätlese trocken

Reichhaltige Nase, reifer Weinbergpfirsich, Schiefer, kräutrig. Am Gaumen mit jahrgangstypischer lebendiger Säure, merkliche Restsüße, mittelgewichtig im Extrakt und Körper, schieferwürzige, mineralische Noten, mit klarer Herkunftscharakteristik. 12,5 Vol.-%, NK, €€

89+ 2021 »Schieferterrassen« Riesling trocken

Heißt »Schieferterrassen« und riecht auch so, etwas Fuder, Pfirsich und Weinbergkräuter, attraktiver Duft. Die Mineralik zeigt sich auch am Gaumen, schlanker Körper, frische Säure und Restsüße, mittlerer Extrakt. Nicht kompliziert, aber macht ordentlich Spaß. 12 Vol.-%, DV, €

92 2021 »Zenit« Riesling Auslese

Reife Frucht in der Nase, Würze, getrocknete Aprikose, Mango, zarter Blütenhonig. Am Gaumen mit lebendiger Säure, gut integrierte Süße, eleganter Schmelz, viel Würze, Kräuter, wieder etwas Honig und getrocknete Zitrusfrucht, gute Struktur und Länge, schöne Trinkigkeit. 8,5 Vol.-%, NK, €€

91+ 2021 Riesling Spätlese

Im Duft getrocknete Zitrusfrüchte, etwas Blütenhonig, süße Birne, mineralischer Unterton bei schöner Reife. Am Gaumen animierende Säure und eine balancierte Süße, Zitrus steht im Vordergrund, mineralisch unterlegt, schöne Spannung, hat Zug, dichte Struktur, saftig. 7,5 Vol.-%, NK, €€

88 2021 Weißburgunder trocken

91+ 2021 »Alte Reben« Mehringen Zellerberg Riesling Spätlese feinherb

Aparte Nase mit Pfirsich und feiner Schieferwürze, Aprikose, etwas Mango, karamellisierte Frucht. Am Gaumen eine sehr passende Kombination aus quirliger Säure, frischer, süßer Frucht, etwas Restzucker und Schieferwürze, mit der Tiefgründigkeit der »Alten Reben«. Passt!
11,5 Vol.-%, NK, €€

★

RINKE WEINE

Hauptstraße 4, 54318 Mertesdorf
T: +49 151 18305335, info@rinke-weine.com
rinke-weine.com
Ab-Hof-Verkauf: Fr 15–19 Uhr, Sa 14–18 Uhr und nach Vereinbarung
Kellermeister: Dr. Marion Rinke, Alexander Rinke, önologische Beratung Alexander Strohschneider
Ansprechpartner: Alexander Rinke
Flaschen/Hektar: 29.000 (75 % weiß, 6 % rot, 4 % Rosé, 15 % Schaumwein)/4.6 ha

Das Weingut Rinke ist für einen dezidierten »Low Tech«-Zugang zur Weinbereitung bekannt. Das bedingt, dass man keine mit allerlei Pülverchen gebrauchsfertig gemachten Instant-Weine erwarten kann, vielmehr lohnt es sich, den Gewächsen Zeit zu geben. Dann erscheinen recht zuverlässig hinter einer hefigen Fassade eine substanzreiche Würze und eine Gaumenstruktur mit natürlichen Proportionen. Dieses Jahr haben uns die Rotweine überrascht, wobei wir den 2020er aus dem Langsurer »Muschelkalk« vorne sehen. Wir setzen das Weingut auf die Watchlist für einen zweiten Stern.

92 2018 »S« Langsur Brüderberg Terrassen trocken CH/PG/WB/VI
Im Duft etwas »warm«, ein Hauch Ester, aber auch kräuterwürzige und zitrische Töne. Im Mund beginnt der Wein mit präsenter Süße, die Säure ist nahtlos eingebunden, der Wein hat Fülle und Schmelz, im Abgang zeigen sich eine reife, konzentrierte Beerenfrucht und hefige Töne. 13 Vol.-%, KK, €€

91+ 2020 »Alte Reben Limited Edition 1963« Wiltingen Klosterberg Riesling unfiltriert tr.
Spontangärungsgeprägt im Duft, Kräuter, Melisse, Rosmarin und Bergamotte, Honig und Hefe. Stoffiger Gaumen, festes, aber nicht aggressives Säurerückgrat, der Wein versöhnt Kernigkeit und Fülle. Hat bei seinem mineralischen Hintergrund gutes weiteres Potenzial. 10 Vol.-%, DV, €€

91 2020 »Muschelkalk« Langsur Brüderberg trocken CH/WB/PG/VI
Hefige Noten, balsamisch-kalkwürzige Töne, etwas Gelbfrucht, Flachs, ein Hauch von Blütenhonig. Im Mund hat der Wein einen feinen Phenoldruck, reife Säure, eine wunderbar »kühle« Anmutung und dennoch auch Fülle und harmonischen Ausdruck. Kulinarisch! 12,5 Vol.-%, DV, €€

91+ 2020 »S Muschelkalk« Langsur Brüderberg Pinot Noir unfiltriert trocken
Brombeere, Hagebuttenmark, Schattenmorelle – ein einerseits »kühler«, andererseits aber auch von reifer, balsamisch gewürzter Frucht getragener Duft. Im Mund hat der Wein eine schöne saftige Eleganz, mürbes, körniges Tannin in passender Menge und gute Länge. Sehr gutes Potenzial. 12,5 Vol.-%, NK, €€€

90+ 2020 »Alte Reben« Oberemmel Altenberg Riesling

90 2020 »Alte Reben« Wiltingen Klosterberg Riesling

89+ 2020 »Schiefergestein« Pinot Gris trocken

89 2019 »Blanc des Blancs« brut CH/RR/WB/PG/VI

89 2021 »Fumé« Sauvignon Blanc trocken

87+ 2020 »Alte Reben« Saar Riesling

90+ 2019 »Réserve Vom Schiefer« Pinot Noir unfiltriert trocken

89 2017 »Passion Saar« Riesling brut nature
Hefige Nase, Brioche, Apfelschale, Aprikose, reduktiv. Am Gaumen mit frischer, Saar-typischer Säure, füllig, weiche Gaumenstruktur, recht feines Mousseux, trocken, würzige Herbe, durchaus komplex, eigener Charakter, gewinnt in der Karaffe. 12,5 Vol.-%, NK, €€€

★★

WEINGUT RÖMERHOF

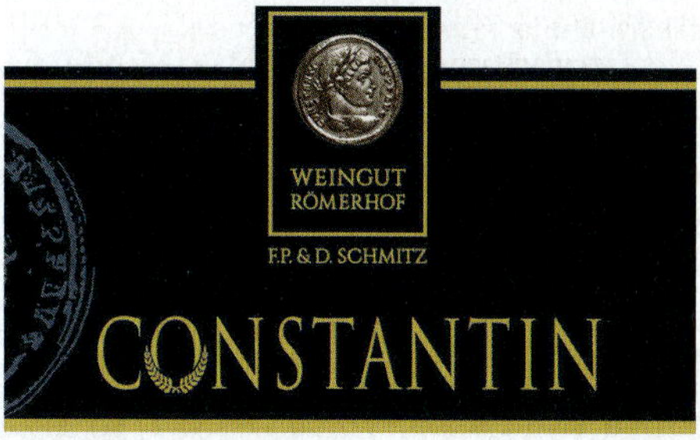

Burgstraße 2, 54340 Riol
T: +49 6502 2189, mail@weingut-roemerhof.de
weingut-roemerhof.de

Ab-Hof-Verkauf: Jan. bis März Sa 10–17 Uhr, April bis Dez. Fr 13–18 Uhr, Sa 10–17 Uhr
Kellermeister: Franz-Peter und Daniel Schmitz
Ansprechpartner: Franz-Peter und Daniel Schmitz
Flaschen/Hektar: 100.000 (80 % weiß, 20 % rot)/11 ha

Mehr Anbau in neu erworbenen Steillagen, konsequente Qualitätssteigerung: Franz-Peter Schmitz und sein Sohn Daniel haben ihr altes Familienweingut in jüngerer Zeit Schritt für Schritt vergrößert und modernisiert. Bereits im vergangenen Jahr konnten wir eine Verfeinerung feststellen, filigrane Finesse tritt neben dichte Würze. Dabei liegt das Gut bei seinen wunderbar spielenden frucht- und edelsüßen Weinen auf der Traditionslinie der Mosel, probiert aber mit der trockenen Auslese »Constantin« und ihrem gelungenen Ausbau im Eichenfass auch neue Wege.

91+ 2021 »Constantin« Mehring Zellerberg Riesling Auslese trocken

Ein Tick Eichenholz integriert sich gut in das Auslese-Bukett mit seiner Frucht von Aprikose, gelbem Pfirsich und sehr reifer Ananas. Im Mund zeigt sich eine ganz seidige und runde Gaumenstruktur, die durch die mineralische Tönung dennoch nichts Schweres hat. Raffiniert! 12,5 Vol.-%, NK, €€

93+ 2019 »Beerenauslese 131°« Riesling

Würziger Duft nach tropischen Früchte, kandierte Orangenschalen, viel Würze, feiner, pikanter Waldhonig, vielschichtig. Am Gaumen mit einem finessenreichen Süße-Säure-Spiel, zarte Phenolik, saftiger reifer Pfirsich, Papaya, getrocknete Aprikose, sehr balanciert und lang. 7,5 Vol.-%, NK, €€€

93 2021 Riesling Auslese

Duft nach getrockneten Früchten, etwas Blütenhonig, getrocknete Limonenschale, durchzogen von mineralischer Würze. Am Gaumen mit prägnanter Säure, Zitrusfrüchte, mineralischer Faden, mundfüllend, dicht, Süße perfekt eingebaut, herrliche Frische für eine Auslese, lang.
7,5 Vol.-%, NK, €€

91+ 2021 »No.1« Longuich Maximiner Herrenberg Riesling

Pikanter Duft nach reifen Früchten, Aprikose, Pfirsich, dazu mineralische Würze. Am Gaumen mit einem exzellenten Süße-Säure-Spiel, Mandarine, Papaya, schöne Würze, griffig, sehr balanciert, gute Länge. Macht dem Namen »No.1« alle Ehre, wird schön reifen. 8 Vol.-%, DIAM, €€

90+ 2021 »vom grauen Tonschiefer« Riesling feinherb

91 2021 »Alte Reben« Riesling trocken

Die »Alten Reben« zeigen sich pikant schieferwürzig im Duft, dazu kommen Aromen von Orange und Zuckeraprikose. Im Mund hat der Wein eine hohe Dichte, die aber sehr fein aufgelöst ist: Da ist nichts Massives an diesem Wein, die Säure ist gut integriert. Wird sehr fein reifen.
12,5 Vol.-%, DIAM, €€

★★

WEINGUT VON SCHLEINITZ

Kirchstraße 15–17, 56330 Kobern-Gondorf
T: +49 2607 972020, info@vonschleinitz.de
vonschleinitz.de

Ab-Hof-Verkauf: nach Vereinbarung
Kellermeister: Martin Gerlach
Ansprechpartner: Martin Gerlach
Flaschen/Hektar: 130.000 (80 % weiß, 20 % rot)/20 ha

Martin Gerlach hat dem traditionellen Weingut von Schleinitz wieder Leben eingehaucht. Er keltert Weine mit filigraner Struktur, die maximal elf Volumenprozent Alkohol erreichen und denen es an nichts mangelt. Seine Rieslinge, angeführt von den Lagenweinen aus dem Uhlen, betonen die unbeschwerte Art der Mosel. Auf dem Label des »Dangerous Rieslings« spielt der Winzer auf die Deklarationswut der EU an: »Aus unserer Sicht ist Wein ein jahrtausendealtes Kulturgetränk, das man nicht mit modernen Alkoholika gleichsetzen darf.« Kann man ruhig so stehen lassen.

91 2021 »R« Kobern Uhlen Riesling
Aprikose und Weinbergpfirsich im vollen, reifen Duft, würzige Schiefermineralik stellt sich dagegen. Großzügig und elegant am Gaumen mit reifem Pfirsich, saftiger Restsüße und Schieferwürze, gute Substanz, aus einem Guss, die pointierte Säure führt Regie. 11 Vol.-%, NK, €€

90 2021 Kobern Uhlen Riesling trocken
Riecht nach Spontangärung, kräutrig, Hefe, Apfel, Apfelschale, etwas Hopfenblüten, Weinbergpfirsich und Aprikose. Filigranes Format, schön verweben sich Frucht, Schmelz, Süße und die aufgeweckte Säure, feine Schiefermineralik, mittlere Länge, in sich stimmig. 11 Vol.-%, DV, €€

89 2021 Riesling feinherb
Kräutrig im Duft mit schiefriger Würze, Pfirsich und Apfel zeigen sich, auch etwas weißer Pfeffer. Die straffe 2021er-Säure lässt den Wein trockener erscheinen, als er ist. Saftig, mit schiefermineralischer Würze, etwas Apfelschale und Zitrusfrucht. 10 Vol.-%, DV, €

89 2021 Weißburgunder trocken
Getrocknete Wiesenblumen, Heu, Mirabellen, Zitronenmelisse, ein wenig Apfeltarte kommt dazu, auch ein Hauch von frischen Himbeeren. Schlankes Format am Gaumen, Saft und Schmelz, mit präsenter, ausgewogener Säure, wieder etwas Himbeere. Fein balancierter Burgunder. 11 Vol.-%, DV, €

89 2021 Grauburgunder trocken

89+ 2021 »Dangerous« Riesling feinherb
Gefährlich riechen tut er auf keinen Fall: feiner Weinbergpfirsich mit Mirabelle und Apfel, dezente würzige Anspielungen. Die straffe Säure lässt sich auf ein lustvolles Spiel mit der saftig fundierten Restsüße ein, filigran und elegant unterwegs, etwas zitrisch. 11 Vol.-%, DV, €

★★

SORENTBERG

Fischelstraße 26, 56861 Reil
T: +49 173 6541352, info@sorentberg-riesling.de
sorentberg-riesling.de

Ab-Hof-Verkauf: Ja
Kellermeister: Tobias Treis
Ansprechpartner: Tobias Treis und Ivan Giovanett
Hektar: 3 ha

To make a long story short: Die Studienfreunde Tobias Treis und Ivan Giovanett begannen vor etwa zehn Jahren, eine brach liegende Steillage in einem Seitental der Mosel wieder urbar zu machen. 1.000 alte Rebstöcke, die noch an einem Ende des Hangs wuchsen, seit Jahren und Jahrzehnten sich selbst überlassen, konnten sie wieder aufpäppeln. Ihr Wein ist eine Exklusivität und nimmt einen mit auf eine geradezu sentimentale Zeitreise. Drei weitere Hektar sind neu bestockt. Dank Global Warming und Rotschieferböden verdienen auch diese Weine eine nachdrückliche Empfehlung.

93 2019 »Von 1000 Alten Reben« Riesling feinherb
In der Nase etwas Fuder-Patina und eine reife Würze, Kardamom, ein Hauch Petrol, dann auch roter Apfel, balsamisch-mineralische Noten. Im Mund hat der Wein eine druckvolle Struktur mit feinen Phenolen, reifer Säure, kräftiger Mineralik und vergleichsweise präsenter Süße.
12,5 Vol.-%, NK, €€€€

91+ 2020 »Rotschiefer« Riesling feinherb
Blutorange und Mandarine in der Nase, florale Motive, kandierter Ingwer. Im Mund hat der Wein Druck und Spannung, eine feine Phenolik erfüllt den geschmeidig grundierten Gaumen, das elegante, aber auch eindringliche Säurerückgrat ist von feiner Süße in Balance gehalten. 12 Vol.-%, NK, €€

93 2018 »Rotschiefer« Riesling Auslese
Bereits fein gereifter Duft, Blütenhonig, Trockenfrüchte, getrocknete Aprikose, dazu etwas würzige Blumenwiese. Am Gaumen balanciert, süße Zitrusfrucht, Waldhonig, Aprikosengelee, lebendige Säure und ein feiner Säurefaden, vielschichtig, würzig und lang. 7,5 Vol.-%, NK, €€€

91+ 2020 »Rotschiefer« Riesling Kabinett
Mineralisch im Duft, Schiefer, nasser Stein, dazu Grapefruit und kandierte Orangenschalen, reif. Am Gaumen mit feinem Schmelz und zarter Phenolik, reife, präsente Säure, lebendige Zitrusfrucht, Limette, Mandarine, sehr saftig, hat Spannung. Anspruchsvoller Kabinett! 9 Vol.-%, NK, €€

★★★★

WEINGUT WWE. DR. H. THANISCH ERBEN MÜLLER-BURGGRAEF

Junkerland 14, 54470 Bernkastel-Kues / Andel
T: +49 6531 9179010, office@dr-thanisch.de
dr-thanisch.de

Ab-Hof-Verkauf: nach Vereinbarung
Kellermeister: Maximilian Ferger, Edgar Schneider
Ansprechpartner: Maximilian Ferger
Flaschen/Hektar: 90.000 (95 % weiß, 5 % rot)/16 ha

Dank des napoleonischen Erbrechts gibt es zwei Weingüter Witwe Dr. H. Thanisch: Erben Thanisch und Erben Müller-Burggraef. Letzterer Betrieb, um dessen Weine es hier geht, hat mit dem gebürtigen Bremer Maximilian Ferger einen önologischen Wirbelwind im Keller: Ferger vergärt spontan und lässt den Weinen alle Zeit, die sie benötigen. Dadurch schafft er markante Weine, die den Fingerabdruck ihrer – meist, aber nicht ausschließlich – Bernkasteler Herkunftslagen in sich tragen. Zudem kann Ferger beides: trocken und restsüß. Eine sehr gelungene Kollektion!

93 2020 »Grosses Gewächs« Bernkastel Lay Riesling trocken
Der Duft hat Volumen, mischt gelbfruchtige, fast etwas honigartige und balsamische Noten. Im Mund hat der Wein eine seidige Textur und eine lebendige Säure, eine hohe Konzentration aller Komponenten kommt in sehr feinem, mineralisch durchdrungenem Gewand daher. 12 Vol.-%, NK, €€€

92+ 2020 »Grosses Gewächs« Bernkastel Graben Riesling trocken
Balsamisch-würzig im Duft, Noten von Schiefer, Pfeffer, Blutorange und kandierter Mandarine. Im Mund ist der Wein saftig und elegant, mit feinen Phenolen, reifer Säure und einer gleichermaßen getragenen wie fein ziselierten Anmutung. 12 Vol.-%, NK, €€€

92+ 2021 Bernkastel Graben Riesling Spätlese
Üppige, reife gelbe Frucht, getrocknete Aprikose, zarter Blütenhonig, Maracuja, dahinter liegt feine Mineralik. Am Gaumen dicht und fest, reife Früchte, lebendige Säure, Zug und Druck, aber immer elegant bleibend, delikate Spätlese, endet lang und würzig. 7,5 Vol.-%, NK, €€

91+ 2021 Bernkastel Doctor Riesling Kabinett
Feiner Duft nach reifen hellen Früchten, Pfirsich, Aprikose, feine Schieferwürze, Limone und Orange. Am Gaumen sehr ausgewogen, feine Säure, saftige Frucht, Papaya, Minze, insgesamt fein und delikat, gute Struktur, tolle Länge, sehr erwachsener Kabinett. 7,5 Vol.-%, NK, €€€

91+ 2020 »Alte Reben« Bernkastel Lay Riesling Spätlese feinherb

91 2020 Bernkastel Badstube Riesling Kabinett feinherb
Der Wein ist balsamisch und schieferwürzig im Duft, hat Noten von Kardamom, Piment und getrockneten Zitronenschalen. Im Mund zeigt sich ein seidiger Gaumen, in Struktur und Dichte schon fast in Richtung Spätlese gehend, aber mit delikater mineralischer Feinheit.
10,5 Vol.-%, DV, €€

★★★★★

VAN VOLXEM

Zum Schlossberg 347, 54459 Wiltingen
T: +49 6501 802290, office@vanvolxem.com
vanvolxem.com

Ab-Hof-Verkauf: Vinothek Di bis So 11–18 Uhr
Kellermeister: Christoph Friedrich
Ansprechpartner: Roman Niewodniczanski
Flaschen/Hektar: 450.000 (100 % weiß)/80 ha

Seit der Übernahme durch Roman Niewodniczanski im Jahr 2000 hat Van Volxem eine steile Entwicklung erlebt – äußerlich sichtbar auch an der spektakulären Manufaktur. Aber natürlich schauen wir primär auf die inneren Werte, und die sind durchweg überzeugend, und zwar egal, ob trocken oder edelsüß, ob Toplage oder Gutsriesling. Besonders stark ist erneut der Scharzhofberger Riesling GG, der das Schiefer-Terroir auf das Beste abbildet. Empfehlenswert auch die feinen edelsüßen Weine wie der Kabinett aus dem Ockfener Geisberg, der wunderbar elegant und fließend daherkommt.

94 2021 Wiltingen Scharzhofberger Riesling GG
Im Duft Melisse, Kräuterwürze, reife Zitrusfrucht und sogar etwas Karamell. Am Gaumen mit feiner süßer Frucht, feingliedrige, lebendige Säure, dicht gewobene Struktur, extraktreich, mineralisch gewoben, immer fein und charmant bleibend, gute Länge. Ein großer Genuss.
12,5 Vol.-%, NK, €€€

93+ 2021 Ayl Schonfels Riesling GG
Zu Beginn fast kühl im Duft, dann kommen reife Aprikose, gelbe Birne, Zitronenmelisse und wilde Kräuter dazu. Am Gaumen feuchter Schiefer und saftige Aprikose, tolle Spannung, gut integrierte Säure, feinster Extrakt, wunderbar trinkanimierend, tolle Länge. 12,5 Vol.-%, NK,

92+ 2021 Kanzem Riesling trocken
In der Nase würzig mit Aromen von Zitrusfrüchten, Meyer-Zitrone, gelbem Apfel, Honigmelone und nassem Schiefer. Am Gaumen herrlich saftig, lebendige Säure, tolle Balance, dabei dicht in einem eher schlanken Körper. Ein hochattraktiver Ortswein mit Potenzial. 12 Vol.-%, NK, €€

90 2021 Weißburgunder trocken
Duftig mit Aromen von Strohblumen, Heu, Birne und etwas Butter. Im Mund zeigt sich der Wein rund und ausgewogen, etwas Apfel und zarte Mandel sind präsent, mittelgewichtiger Körper, durchweg balanciert, guter, sehr vielseitig einsetzbarer Speisenbegleiter. 12,5 Vol.-%, NK, €€

90 2021 »Saar« Riesling trocken

91+ 2021 Ockfen Geisberg Riesling Kabinett
Würzig-mineralischer Duft, dazu Limone, Kräuterwürze, ein Anflug getrockneter Früchte, tiefgründig. Am Gaumen sehr balanciert, griffig, lebendige Säure, süße Zitrusfrucht, etwas Papaya, zarte Phenolik, dicht gewoben, dabei elegant bleibend. Hat Potenzial, bereitet viel Trinkfreude.
9 Vol.-%, NK, €€€

★★★★

WEINGUT DR. HEINZ WAGNER

Bahnhofstraße 3, 54439 Saarburg
T: +49 6581 2457, info@weingutdrwagner.de
weingutdrwagner.de

Ab-Hof-Verkauf: Mo bis Fr 9.30–12 Uhr und 13.30–17 Uhr, Sa 9.30–13 Uhr
Kellermeister: Christiane Wagner
Ansprechpartner: Christiane Wagner
Flaschen/Hektar: 67.000 (95 % weiß, 5 % Schaumwein)/8 ha

Saar-Riesling kann so schön sein: leicht und kristallin, geradezu durstlöschend mit brillanter Säure und der salzigen Anmutung eines Mineraliencocktails im Glas. Christiane Wagners Rieslinge aus besten Saarburger und Ockfener Lagen sind lehrbuchmäßige Illustrationen dieser Faszination. Dabei setzt der Wagner-Stil selbst bei den fruchtsüßen Weinen staubtrockene Akzente: Die superbe Spätlese »Josef Heinrich« aus der Saarburger Rausch beispielsweise hat nur 36 Gramm Restzucker. In anderen Betrieben hat selbst der Kabinett doppelt so viel!

92+ 2020 Saarburg Kupp Riesling GG
Würzig in der Nase, nasses Gestein, dezent pfeffrig, dahinter grüner Apfel, Zitronenzesten, Pfirsich, Kräuter wie Melisse, Brennnessel. Am Gaumen mit Zug, elegant, saftige Frucht, Zitrone, grüner Apfel, lebendige Säure, mineralische Würze, trinkanimierend. 12 Vol.-%, NK, €€€

91+ 2021 Saarburg Kupp Riesling Kabinett feinherb
Schieferwürze in der Nase, nasses Gestein, dezent nach Rauch, dahinter feine Frucht von grünem Apfel, Pfirsich und Aprikose, dazu weiße Blüten. Am Gaumen dicht, kompakt, feines Süß-Säure-Spiel, saftiger Kern, mit Frucht umspielt, von mineralischer Würze, schöne Länge. 9,5 Vol.-%, DV, €€

93 »Josef Heinrich« Saarburg Rausch Riesling Spätlese
Feinduftig in der Nase, saftiger reifer Pfirsich, kandierte Ananas, frische Zitronen, Wiesenkräuter, Schieferwürze. Am Gaumen saftige sonnenverwöhnte Frucht, finessenreiches Süß-Säure-Spiel, mineralische Würze, salzig, pfeffrig, konzentriert, mit viel Trinkfluss. 9 Vol.-%, NK, €€

92 2021 »Laurentius« Saarburg Riesling Kabinett
Fein in der Nase, Kräuterwürze, grüner Apfel, Birne, Pfirsich, Salzzitrone, florale Noten. Am Gaumen enorm saftig, elegant, eine ideal ausgewogene Süße-Säure-Balance, feine Würze, schöne Dichte, aus einem Guss, lang am Gaumen. Bereitet große Trinkfreude. 8 Vol.-%, NK, €€

92 2021 Ockfen Bockstein Riesling Spätlese

90 2021 »Saar« Riesling trocken
Sortentypisch in der Nase, Steinobst wie Pfirsich, grüner Apfel, Zitronenabrieb, Schieferwürze, nasses Gestein. Am Gaumen frisch, saftig, guter Säurezug, mineralische Würze, dezent in der Frucht, Steinobst, Zitrusfrucht, schlank im Körper, trinkanimierend. 10,5 Vol.-%, DV, €€

★★★★

WEINGÜTER WEGELER GUTSHAUS MOSEL

Martertal 2, 54470 Bernkastel-Kues
T: +49 6531 2493, info@wegeler.com
wegeler.com

Ab-Hof-Verkauf: nach Vereinbarung
Kellermeister: Norbert Breit
Ansprechpartner: Richard Grosche
Flaschen/Hektar: 80.000 (100 % weiß)/13 ha

Die Brüder Wegeler erstanden schon im Jahr 1900 einen bedeutenden Anteil am Berncasteler Doctor, der berühmtesten Lage an der Mittelmosel. Bis heute ist der Großteil dieser Rebstöcke wurzelecht. Und auch im Jahrgang 2021 überstrahlten die Doctor-Weine die anderen großartigen Flaschen aus dem Hause Wegeler. Dabei scheint uns das gesamte Sortiment dieses Jahr besonders mutig und unbekümmert vinifiziert, mit noch mehr Fokus auf Frische und Mineralik – die ersten kleinen, aber bedeutsamen Veränderungen nach dem Einstieg des Verlegers Ralf Frenzel?

96 2020 Bernkastel Doctor Riesling GG
Schwer, voll, dicht und mit deutlicher Geschmacksnuance von schwarzer Schokolade tritt dieser Riesling aus legendärer Lage wie eine Majestät auf. Noch kann der junge Prinz die Krone nicht tragen, er muss reifen. Der Thron ist ihm sicher. 13 Vol.-%, NK, €€€€

94 2021 Bernkastel Doctor Riesling Auslese
Feiner Pfirsich in der Nase, ein wenig Zitrusfrucht, Aprikose, auch getrocknete Aprikose, Minze. Schöne Stoffigkeit, extraktreich, verspielt, kleine Fruchtbläschen, dicht und würzig, gekonnt balancierende, kühle Säure, großes Potenzial. Wird noch größer. 8 Vol.-%, NK, €€€

93+ 2021 Bernkastel Doctor Riesling Spätlese
Der Duft hält sich zurzeit zurück, doch der Geschmackseindruck ist schon jetzt betörend. Im Vordergrund steht Aprikose, aber Extrakt und Mineralik lassen erahnen, welche Aromenfülle die Reifung dieses noch sehr jungen Weines hervorbringen wird. 8 Vol.-%, NK, €€€€

93+ 2021 Bernkastel Doctor Riesling Kabinett
Ein Duft von Darjeeling lädt zur Beschäftigung mit diesem lebendigen Wein ein, dessen Geschmack an Beerenschalen und Kürbiskerne denken lässt. Die Säure hält die Dramaturgie zusammen, nuancierte Süße fügt etwas Schmelz hinzu, alles gut balanciert. 8 Vol.-%, NK, €€€

92+ 2021 Bernkastel Lay Riesling Kabinett feinherb

90 2021 »Slate« Riesling feinherb

90 2021 Bernkastel Riesling trocken

90 2021 Graach Riesling feinherb

89+ 2021 »Slate« Riesling trocken

91 2021 Bernkastel Badstube Riesling Kabinett

90 2021 Bernkastel Riesling Kabinett

93+ 2021 Wehlen Sonnenuhr Riesling Spätlese
Duftet nach Thymian, Zitronenmelisse und Orangenschalen, zart hingetupft. Läuft zuckrig über die Zungenspitze, doch dieser Eindruck wird sofort überspielt von einer Geschmacksvielfalt, deren Leitmotiv reife Blutorangen sind. Denkwürdige Aromatik. 8 Vol.-%, NK, €€€

★

WEINGUT WEICH

Bahnhofstraße 17, 54340 Riol
T: +49 6502 2648, weingut-weich@t-online.de
weingut-weich.de

Ab-Hof-Verkauf: Ja
Kellermeister: Bernhard Weich
Ansprechpartner: Bernhard Weich
Flaschen/Hektar: 80.000 (60 % weiß, 15 % rot, 20 % Rosé, 5 % Schaumwein)/8.5 ha

Das Weingut Weich in Riol bewirtschaftet beinahe neun Hektar Rebfläche, die mit Riesling, Sauvignon Blanc, Rivaner, Merlot und den Burgundersorten bepflanzt sind. Den obersten Grundsatz, »der Natur so wenig wie möglich ins Handwerk zu pfuschen«, verfolgt Winzer Bernhard Weich auch im Keller, wo die Trauben möglichst schonend behandelt werden. Gerade die saftigen und schieferwürzigen Rieslinge zeigen, dass hier gutes Potenzial vorhanden ist. Zum Weingut gehören auch ein Gästehaus und eine Weinstube. Eine Premiere, auf der sich aufbauen lässt.

89 2021 »Vom Roten Stein« Riesling trocken

Duftet nach reifen Früchten, Weinbergpfirsich, Birne und roter Apfel, auch Papaya und anklingende Schieferwürze. Am Gaumen schlank und kompakt gebaut, die straffe Säure steht in guter Verbindung mit der fruchtigen Süße, Schiefermineralik erdet den Gaumen. 12 Vol.-%, DV, €

88+ 2021 »Rotschiefer« Riesling feinherb

Leicht belegter Duft mit Pfirsich und Apfel, auch kräutrige Noten und steinige, schiefrige Anklänge. Schlank gebaut am Gaumen mit weichem Fond und milder Säure, die Restsüße stellt sich in den Vordergrund, schiefermineralischer Hintergrund. 12 Vol.-%, DV, €

88 2021 Spätburgunder Rosé trocken

Fruchtiger Duft nach Himbeere, Johannisbeere und Aprikose, Walderdbeere, florale Noten, Blumenstängel, Himbeerbonbon. Trinkiger und unkomplizierter Rosé, der die bewährte Kombination von lebendiger Säure und fruchtiger Süße mit Spätburgunder-Trauben umsetzt. 12 Vol.-%, DV, €

89+ 2021 Mehring Zellerberg Riesling Spätlese

Duft nach reifer Pampelmuse, Limette, Mirabelle, unterlegt von mineralischer Würze. Am Gaumen mit frischer Säure, zitrische Aromen überwiegen, Limone, auch Mandarine, mittelgewichtige Spätlese, die auch zu einem pikanten Essen sehr gut passt. 10,5 Vol.-%, DV, €

88 2021 Weißburgunder trocken

89+ 2021 »Meisterstück« Riesling feinherb

Das »Meisterstück« wartet mit typischem Mosel-Duft auf: Weinbergpfirsich, Apfel und Aprikose, kräutrig, schiefrige Würze. Saftiger Riesling, der Geschmeidigkeit und Volumen durch die merkliche Restsüße bekommt, die Schieferwürze sorgt mit der präsenten Säure für Balance. 11,5 Vol.-%, DV, €

★★★★

WEINGUT NIK WEIS ST. URBANS-HOF

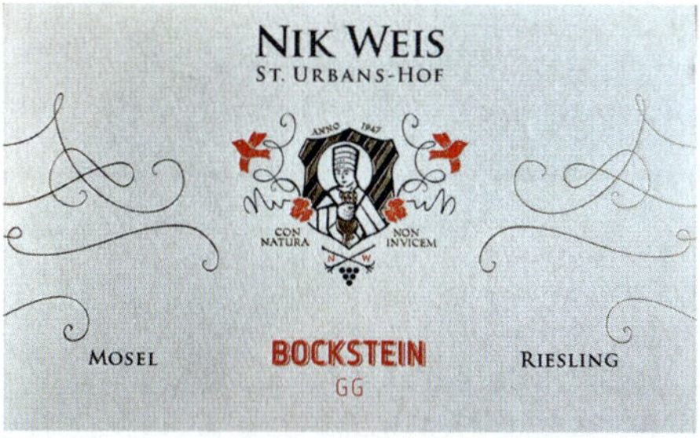

Urbanusstraße 16, 54340 Leiwen
T: +49 6507 93770, info@nikweis.com
nikweis.com

Ab-Hof-Verkauf: Mo bis Fr 8–12 Uhr und 13–17 Uhr, Sa nach Vereinbarung
Kellermeister: Kai Hausen
Ansprechpartner: Nik Weis
Flaschen/Hektar: 333.000(95 % weiß)/40 ha

An der Mosel beschwingt, straff an der Saar: Der Riesling-Winzer Nik Weis kann beides und noch viel mehr, seine Weine sind vielschichtig und oft überraschend, jenseits aller Klischees. Unser Tipp ist diesmal ein Kabinett-Riesling, der nicht die Bank sprengt, aber Hochgenuss verspricht: der 2021er Bockstein Kabinett. Die Ortsweine mit dem Zusatz »Alte Reben« bieten ebenfalls ein gutes Preis-Leistungs-Verhältnis. Kurz und gut: Wenn »Nik Weis – St. Urbans-Hof« auf dem Etikett steht, hat man als Konsument nichts falsch gemacht.

92 2021 »Alte Reben« Wiltingen Riesling feinherb
Feiner Kräutergartenduft, Lavendel, nasser Stein. Gut integrierte Geschmacksnoten, Säurerückgrat, Schmelz, der Nachgeschmack lässt nacheinander noch einmal die Aspekte dieses Weins aufscheinen, der edel und erinnerungswürdig ist. 11 Vol.-%, NK, €€

90 2021 Ockfen Riesling trocken
Reifer Apfel, Nashi-Birne und Zitrusfrucht im Duft, dezent und verheißungsvoll. Im Mund ein prominentes Säuregerüst und mittlerer Extrakt. Der Wein bietet sich an als Begleiter mediterraner Gerichte, doch einem Wiener Schnitzel wird er auch Paroli bieten können. 12 Vol.-%, NK, €€€

92+ 2021 Ockfen Bockstein Riesling Spätlese
Der Duft lässt an gezuckerte Wassermelone denken. Am Gaumen kraftvoll, aber nicht überladen, ein gleichseitiges Dreieck aus Süße, Säure und Kräuterwürze. Jung getrunken ein Solitär, dürfte er nach langer Reifung ein guter Speisenbegleiter werden. 8 Vol.-%, NK, €€€

92+ 2021 Piesport Goldtröpfchen Riesling Kabinett
Fruchtwürziger Duft. Beispielgebender Umgang mit der Süße, die sich nicht vordrängelt und doch stets präsent ist, gute Säurestruktur, delikater Nachhall. Hochgefährlicher Trinkfluss, denn man sollte diesen jugendlichen Wein eigentlich reifen lassen. 8 Vol.-%, NK, €€

89+ 2021 »Alte Reben« Mehring Riesling trocken

94 2021 Ockfen Bockstein Riesling Kabinett
Überraschender, angenehmer Duft nach Kräutertee und weißem Pfirsich, noch etwas hefig. Seidig im Mund, rund und geschmeidig, durchaus fordernd, aber positiv beeindruckend mit Saft und Extrakt, Apfelaromen, ein Nachhall zum Nachdenken und Nachsinnen. 8 Vol.-%, NK, €€

WEINGUT WEY

Moselstraße 49, 54518 Rivenich
T: +49 6508 9193235, info@wey-weine.de
wey-weine.de

Ab-Hof-Verkauf: Ja
Kellermeister: Tim Wey
Ansprechpartner: Susanne und Tim Wey
Hektar: 30 ha

»Wein von wurzelechten Moselkindern – und das bereits seit 1795«, schreiben uns Susanne, Tim und Günter Wey. Wir sind nicht ganz sicher, ob sie sich selbst oder ihre Rebstöcke als »wurzelechte Moselkinder« verstehen. Vermutlich Ersteres – denn fest steht, dass die Familie seit 1795 auf den Rotschieferböden bei Rivenich ein paar Kilometer vom Fluss entfernt Wurzeln geschlagen hat. Die Weine sind unkompliziert, am besten haben uns die fruchtsüßen Prädikate gefallen, das ist echte Mosel-Klassik. Neben dem Kernsortiment gibt es auch Sekt und Obstbrände.

89 2021 Weißburgunder trocken

Viel frische und animierende Frucht in der Nase hat der Weißburgunder zu bieten, gelber Apfel, Birne, auch Zitrone. Am Gaumen geschmeidig, spürbar mit Restsüße gepuffert, sehr sortentypische Birnennoten. Unkomplizierter, gut gemachter Wein für jeden Tag. 11,5 Vol.-%, DV, €

88+ 2021 Grauburgunder

Deutlich reifere, aber ebenso fruchtbetonte Aromen in der Nase als beim Weißburgunder, reife Birne, Quitte, etwas Orange. Am Gaumen geschmeidig, Orangenschale, Aprikose, ein bisschen Würze, mit Fruchtsüße gepuffert, aber ohne explizit feinherben Charakter. 12 Vol.-%, DV, €

88 2021 Rosé feinherb

Ein reiner Spätburgunder mit hellem Lachsorange kommt ins Glas. Sehr zart angelegt in der Nase, etwas Erdbeere, leicht nach Pfirsich. Am Gaumen samtig, feine Kräuternoten, Erdbeere, deutliche Süße, sauber gemacht, dürfte vermutlich auch eiskalt funktionieren. 10,5 Vol.-%, DV, €

90+ 2019 Riesling Auslese

Im Duft sehr reife Frucht, süße Orange, exotische Früchte, aber auch Trockenfrüchte, etwas Rosinen, alles vor würzigem Hintergrund. Am Gaumen satt und dicht, Papaya, Mango, Pfirsich, Säure und Süße in guter Balance, griffig, gute Länge, klassischer Stil. 9,5 Vol.-%, DV, €€

88 2021 »Weyn« feinherb PG/WB

90 2021 Riesling Spätlese

Der fruchtsüße Moselaner zeigt sich fein und dezent in der Nase, etwas Apfel, dazu eine zitrische Ader. Am Gaumen recht dicht, viel Saft, der durch einen pikanten limettigen Touch nicht langweilig wird. Schöne Typizität, erfüllt Spätlese-Erwartungen! 8,5 Vol.-%, DV, €€

★

WEINGUT UDO WILLEMS

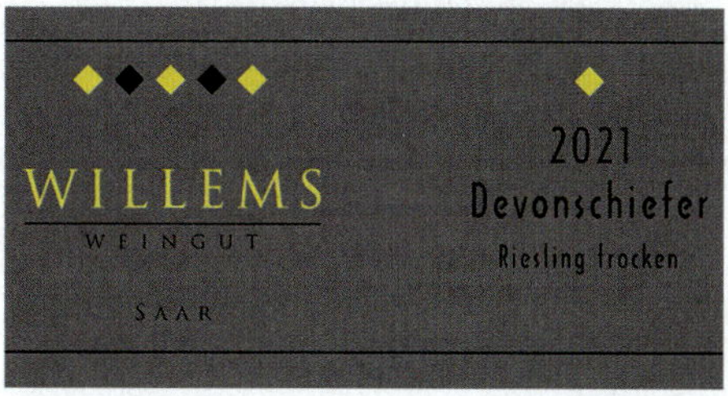

Am Großschock 6, 54329 Konz
T: +49 6501 18933, u.willems@willemshof.de
willemshof.de

Ab-Hof-Verkauf: nach Vereinbarung
Kellermeister: Udo und Martin Willems
Ansprechpartner: Familie Willems
Flaschen/Hektar: 45.000/10 ha

Schon in der sechsten und siebten Generation betreibt die Winzer-Familie Willems Weinbau an der Saar, Udo Willems und sein Sohn Martin teilen sich inzwischen die Verantwortung im Keller. Zehn Hektar bewirtschaftet das Weingut im Konzer Tälchen, auch in renommierten Lagen wie dem Krettnacher Euchariusberg und dem Krettnacher Altenberg. Die Rieslinge gefallen mit viel Saar-Typizität, die selbstbewusste Säure wird gerne von feiner Restsüße begleitet, ein Zusammenspiel, das aufgeht. Überrascht haben der Grüne Veltliner und vor allem der Blaufränkisch. Spannend!

89 2021 »Saar Devonschiefer« Riesling trocken
Feine Schieferwürze eröffnet im Duft, riecht, als ob er im Fuder ausgebaut worden wäre, Pfirsich, florale Noten. Schlanker Körper, die präsente Säure begleitet die Restsüße in einem adretten Zusammenspiel, schieferwürziger Hintergrund. Typisch für die Saar. 12 Vol.-%, DV, €

89 2021 »Saar« Riesling Spätlese feinherb
Duft nach reifer Zitrusfrucht, dazu rote Grapefruit, Mandarine, gelber Pfirsich. Am Gaumen mit einer lebendigen Säure, es zeigt sich Zitrusfrucht, kandierte Limettenschale, zarte Kräuterwürze kommt dazu, griffig, feine Phenole. Sehr gut zu pikant gewürzten Speisen. 10,5 Vol.-%, DV, €

89 2021 »Saar Unikat« Grüner Veltliner trocken
Apfel und Zitrusfrucht mit feinen Kräutern in der Nase, auch gelbe Frucht kommt dazu, würzig. Schlank und kompakt gebaut mit der typischen Würze und Mineralik, harmonisch abgestimmt mit merklicher Restsüße. Zeigt durchaus Sortentypizität, pfeffrig im Finale. 12 Vol.-%, DV, €

90 2020 »Saar MW« Blaufränkisch trocken
Ein durchaus sortentypischer Duft entströmt dem Glas: Süßmandel, Kirschkern, Sauerkirsche, Wacholder. Im Mund hat der Wein einen straffen Gerbstoff, eine frische, leicht süße Frucht und einen Säurebogen, der klarmacht, dass wir an der Saar sind. Spannendes Experiment. 13 Vol.-%, NK, €€

88+ 2021 »Saar« Weißburgunder trocken

90 2021 »Saar MW No.4« Riesling feinherb
Kräuterwürzig mit Apfel, Apfelschale und Pfirsich, etwas Thymian und Zitronenmelisse. Saftig und geschmeidig am Gaumen mit einer präzisen, kühl wirkenden Säureader. Feinherb abgestimmt, mineralisch, wirkt geradlinig im schlanken Format. 11 Vol.-%, DV, €

★★★

WEINGUT WILLEMS-WILLEMS

Mühlenstraße 13, 54329 Konz-Oberemmel
T: +49 6501 15816, info@weingut-willems.de
schiefer-trifft-muschelkalk.de

Ab-Hof-Verkauf: Mo bis Sa 9–17 Uhr
Kellermeister: Miguel Louro
Ansprechpartner: Carolin Hofmann
Flaschen/Hektar: 73.000 (70 % weiß, 10 % rot, 20 % süß)/7 ha

Der Name der Website »schiefer-trifft-muschelkalk.de« sagt alles über die Familienverhältnisse auf diesem Weingut: Jürgen Hofmann aus Appenheim im Epizentrum des rheinhessischen Muschelkalks und seine an der Saar aufgewachsene Frau Carolin pendeln zwischen zwei Anbaugebieten und erzeugen an beiden Orten Herausragendes. In der Vergangenheit hatte oft der Muschelkalk qualitativ die Nase vorn, aber inzwischen holt der Schiefer mächtig auf. Wenn sich diese präzise, knackige Stilistik weiter verstetigt, dann strahlt bald auch über Konz ein vierter Stern.

93 2021 Oberemmel Altenberg Riesling feinherb
Schwarzer Pfeffer, Netzmelone, Zitronenabrieb und ein Kräuterbukett. Fast schon begeistert wird man durch die straffe Säure, die sich am Gaumen ausbreitet, der Geschmack ist würzig und von Zitrusfrüchten geprägt und wird durch die sanfte Süße aufgelockert. 9,5 Vol.-%, DV, €€€

92+ 2021 Niedermennig Herrenberg Riesling trocken
Der Schiefer macht sich deutlich in der Nase bemerkbar, außerdem frische Zitronenzesten und reife Mango. Am Gaumen leicht bitter mit brillanter Säure und dabei wunderbarer Balance. Der Gesamteindruck ist erwachsen, durchaus eigenwillig und mit komplexer Mineralik. 11,5 Vol.-%, DV, €€€

93 2021 Niedermennig Herrenberg Riesling Kabinett
Eine ausgeprägte Schieferwürze und Noten von Walderdbeere, gelbem Apfel und Limette tummeln sich in der Nase. Die Balance zwischen animierender Säure und feiner Süße passt wunderbar zum saftigen Geschmack nach Mango und roten Früchten. Hat noch Reifepotenzial, ist aber auch jetzt schon sehr trinkig. 8 Vol.-%, DV, €€

92 2021 Oberemmel Karlsberg Riesling Spätlese
Duft nach reifen Zitrusfrüchten, Mango, Papaya, satt und dicht, elegante Schieferwürze kommt dazu. Am Gaumen mit zupackender Säure, Saft und Kraft, Zitrusfrüchte, Limonensaft, mineralisch geprägt, dicht und fest. Hat Potenzial, macht aber schon jetzt Spaß. 7 Vol.-%, DV, €€

89+ 2021 Oberemmel Altenberg Riesling Kabinett

94 2021 Krettnach Euchariusberg Riesling Kabinett
Uff, ganz schön gut! Es ist beeindruckend, wie so ein Kabinett-Wein gleichzeitig fein süß und messerscharf sein kann. In der Nase noch ganz leise und zart, nach Birne und Limone sowie Schieferwürze. Am Gaumen dicht und würzig, wobei sich Süße und Säure ausbalancieren. Das hat Potenzial. 7,5 Vol.-%, DV, €€

★★

WEINGUT WÜRTZBERG

Würtzberg 1, 54455 Serrig
T: +49 6581 9200992, office@weingut-wuertzberg.de
weingut-wuertzberg.de

Ab-Hof-Verkauf: Mo bis Fr 13–17 Uhr, Sa 11–17 Uhr
Kellermeister: Felix Heimes
Ansprechpartner: Felix Heimes
Flaschen/Hektar: 80.000 (95 % weiß, 4 % rot, 1 % Schaumwein)/17 ha

Die jungen Geschwister Annalena und Felix Heimes führen das 2016 aus dem vormaligen Weingut Dr. Siemens entstandene Weingut gemeinsam mit ihrer Mutter Dorothee. Felix Heimes, der 2018 sein Studium in Geisenheim abgeschlossen hat, gibt erkennbarerweise richtig Gas, die aktuelle Kollektion ist die beste, die wir bislang verkosten durften, wobei uns bereits die Basis-Etiketten »Rotschiefer« und »Blauschiefer« mit ihren saftigen Säuren begeistert haben. Auch die fruchtigen Prädikate haben eine schöne Harmonie. Unser Tipp aber ist – Überraschung! – der Weißburgunder.

93 2021 »Rotschiefer« Riesling trocken
In der Nase intensiv floral, Blumenladen, Rote Johannisbeere, Limette, Zitrone, nasses Gestein, Kräuter. Auch intensiv am Gaumen, einnehmend intensiv, die lebendige Säure sitzt perfekt, Steinobst, schieferwürzig, ganz feine Mineralik. Intensität filigran umgesetzt. 12 Vol.-%, DV, €€

91+ 2021 »Blauschiefer« Riesling feinherb
Schöne Schieferwürze in der Nase, kräutrige Aromen einer gepflegten Spontangärung. Am Gaumen setzt sich die lebendige Säure in Szene, etwas Kohlensäure, schönes Süße-Säure-Spiel, gelbe Frucht, Maracuja, auch Grapefruit, endet schieferwürzig. 11 Vol.-%, DV, €€

92 2020 Pinot Noir trocken
Reifes Duftbild, Karamell, Dörrpflaume, Kirsche, Zimt. Am Gaumen mit eher zarter Struktur, floral, Veilchen, hat Substanz, die aber filigran vermittelt wird, gut integrierte reife Säure, reifes feinkörniges Tannin, Mineralik, Schieferwürze. Muss nicht lagern. 13 Vol.-%, NK, €€

92+ 2021 »Goldstück« Riesling Kabinett
Im Duft kräutrige, würzige Noten, Thymian, Salbei, Schiefer, weißer Pfeffer, Weinbergpfirsich. Am Gaumen würzig und mit feiner süßer Schärfe, mineralisch, saftig, lebendige Saar-Säure, Apfel, am Ende pfeffrig. Schönes Spiel von Süße, Säure und Würze! 9 Vol.-%, DV, €€

91+ 2021 »GG« Serrig Würtzberg Riesling trocken

91+ 2021 »Alte Reben« Riesling Kabinett feinherb

90+ 2021 »Scivaro« Riesling feinherb

92 2021 Serrig Herrenberg Riesling Spätlese

91+ 2021 Serrig Würtzberg Riesling Kabinett

90+ 2021 »Finntastisch« Riesling Kabinett

92 2021 Pinot Blanc trocken
Sortentypischer Duft, weißer Pfeffer, Weinbergpfirsich, Honigmelone. Schlank gebaut, mit gutem Extrakt, rund und füllig, die dezente Süße ist gut eingewoben, etwas Curry, saftig, geschmeidig, die Säure ist lebendig, harmonisch im positiven Sinn. Zum Essen. 11,5 Vol.-%, DV, €

Schloss Eltz

GASTGEBER AUS LEIDENSCHAFT

Gemeinsam mit den Winzern der Region – als uneingeschränkten Experten, was das leibliche Wohl anbelangt – hat Falstaff die besten Genussadressen in Sachen Kulinarik sorgfältig ausgewählt und zusammengestellt.

56332 Alken

Burg Thurant

Mit Blick auf die Moselpromenade sitzen die Gäste im liebevoll gestalteten Gastraum, genießen die schmackhafte Landhausküche und die dazu passenden Weine. Empfehlenswert sind das Rumpsteak und die Spitzen vom Eifler Schweinefilet.

Moselstraße 15
+49 2605 8498580
turmgasthaus.de

Empfohlen von: **Weingut Schneiders-Moritz**

54441 Ayl

Linden

Im gemütlich ausstaffierten Restaurant wird eine regional ausgerichtete Frischeküche angeboten. Zu den Hausklassikern gehören neben dem Rehschnitzel in Kräuterpanade auch das zarte Rinderfilet. Die Weinkarte bietet viele Mosel-Gewächse.

Neustraße 2
+49 6581 4105
pension-linden.de

€€

Empfohlen von: **Weingut Würtzberg**

Foto: beigestellt, Shutterstock

54470 Bernkastel-Kues

Graacher Tor Leckerbissen Restaurant

Michael Mast bietet in seinem gemütlichen Restaurant ein buntes kulinarisches Programm, bei dem der Riesling nicht nur im Glas eine wichtige Rolle spielt. Er verfeinert auch das Rahmsauerkraut und wird zur Moselländischen Weincreme verarbeitet.

Graacher Straße 3
+49 (6531) 4659
www.graacher-tor.de

SO

Empfohlen von: **Falstaff-Redaktion**

56812 Cochem

Moselromantik Hotel Weißmühle

Für eine kleine Mosel-Tour ist das Hotel der ideale Ausgangspunkt. Gut essen kann man hier auch, Spezialität sind – neben saftigen Rumpsteaks – die fangfrischen Forellen aus eigenen Teichen. Beim Wein hält man sich an Mosel-Gewächse.

Wilde Endert 2
+49 (2671) 8955
www.hotel-weissmuehle.de

P

Empfohlen von: **Weingut Kloster Ebernach**

54413 Bescheid

Zur Malerklause

Familie Lorscheider ist mit Leib und Seele Gastgeber, im besonderen Flair ihres Restaurants fühlt man sich einfach wohl. Gekocht wird sehr ambitioniert, alle Gerichte haben einen gekonnten Touch von Gourmet-Küche. Durchdachte Weinauswahl.

Im Hofecken 2
+49 (6509) 558
www.malerklause.de

P SO €€€

Empfohlen von: **Falstaff-Redaktion**

56332 Brodenbach

Mühle Vogelsang

Eingebettet zwischen Wald und Wiesen, wird in der alten Mühle eine wunderbar herzhafte Landhausküche angeboten. Viele Gerichte sind mit Kräutern aus dem Mühlengarten oder Wildkräutern gekonnt verfeinert. Kleine, aber gut sortierte Weinauswahl.

Rhein-Mosel Straße 63
+49 (2605) 1437
muehle-vogelsang.de

P

Empfohlen von: **Falstaff-Redaktion**

56812 Cochem

NEOS

Schick in Holz eingerichtet, ist die gute Stube Bühne für eine moderne Küche, die regionale Produkte als Basis verwendet. Unkompliziert, schmackhaft, auch vegetarisch – und immer handwerklich perfekt zubereitet. Dazu natürlich Weine von der Mosel!

Liniusstraße 4
+49 (2671) 9153370
neos-restaurant.com

SO

Empfohlen von: **Weingut Kloster Ebernach**

56332 Dieblich

Halferschenke

Im schmucken Mosel-Landhaus setzen Christoph und Carina Schmah auf Herzlichkeit, elegante Tafelkultur und schnörkellose Topküche (Kaninchenkeule mit Cassoulet), vorwiegend aus regionalen Produkten.

Hauptstraße 63
+49 (2607) 7499154
halferschenke-dieblich.de

Empfohlen von: **Falstaff-Redaktion**

54647 Dudeldorf

Torschänke

Familiär speisen im Wohnzimmerambiente. Die Gäste fühlen sich hier richtig wohl, was natürlich auch an der weltläufig-attraktiven Speisekarte liegt, die kaum einen bodenständigen Klassiker auslässt.

Philippsheimer Straße 1
+49 (6565) 2024
www.torschaenke-dudeldorf.de

SO

Empfohlen von: **Weingut Wey**

56814 Ediger-Eller

Wein+Raum

Typische Mosel-Weine, frisch und saftig, sind die Begleiter zu herzhaften Kleinigkeiten, die von Mai bis August jeweils von Donnerstag bis Samstag im puristischen und dennoch modernen Ambiente des Wein-Raums angeboten werden.

Bachstraße 11
+49 (2675) 220
www.weingut-oster.de

Empfohlen von: **Falstaff-Redaktion**

54340 Leiwen

Lex

Peter Lex kennt sich in der Spitzengastronomie bestens aus, nach Wanderjahren ist er jetzt zu seinen Wurzeln zurückgekehrt. Im eigenen Restaurant kocht er bemerkenswert unkompliziert, modern und dennoch klassisch bodenständig. Richtig gut!

Euchariusstraße 15
+49 (6507) 939055
www.restaurant-lex.de

Empfohlen von: **Weingut Carl Loewen, Weingut Grans-Fassian**

Foto: beigestellt, Shutterstock

54340 Leiwen

vierzehn85

Astrid und Norbert Schmitz betreiben ihr Restaurant in einem herausgeputzten Fachwerkhaus. Ein besonderes Flair, dazu strotzt die Weinkarte von ausgewiesener Kennerschaft. Aus der Küche kommen saisonale und regionale Gerichte. Einfach Klasse!

Euchariusstraße 10-12
+49 (6507) 9393901
vierzehn85.de

Empfohlen von: **Weingut Reh, Weingut Grans-Fassian**

66620 Nonnweiler

Paulus

Slow Food at it's best. In der ländlichen Gourmetküche ist alles hausgemacht und das meiste regional. Das loben die Gäste und freuen sich über die umfangreiche Weinkarte mit Spitzengewächsen aus aller Welt.

Prälat-Faber-Straße 2-4
+49 (6873) 91011
www.landgasthof-paulus.de

P SO €€

Empfohlen von: **Falstaff-Redaktion**

54486 Mülheim an der Mosel

Richtershof 1809

Ein Hauch Romantik umweht das ganze Anwesen, auch im Restaurant ist das besondere Flair zu spüren. Der Service kümmert sich freundlich um die Gäste und serviert die schmackhaften Gerichte, zubereitet aus besten Produkten. Tolle Weinkarte.

Hauptstraße 81
+49 (6534) 9480
www.weinromantikhotel.com

SO

Empfohlen von: **Falstaff-Redaktion**

66706 Perl-Nennig

Victor's Fine Dining

Christian Baus Handschrift ist unverwechselbar: Er vereint französische und japanische Küche und schafft damit einzigartige Kreationen, die alle Sinne ansprechen. Oberste Maxime: kompromisslose Qualität.

Schloßstraße 27-29
+49 (6866) 79118
www.victors-fine-dining.de

P SO

Empfohlen von: **Weingut Ökonomierat Petgen-Dahm**

54426 Naurath

Rüssels Landhaus

Was sich hinter der »Neuen Deutschen Küche« verbirgt, zeigt Harald Rüssel im gemütlich-schicken Restaurant. Eine Gourmetliaison aus heimischen und internationalen Produkten, geradlinig zubereitet.

Büdlicherbrück 1
+49 (6509) 91400
www.landhaus-st-urban.de

P SO

Empfohlen von: **Schlossgut Liebieg**

Heim's Restaurant im Hotel Reiler Hof

56861 Reil

Alles dreht sich um frische saisonale Produkte und Zutaten. Aus denen kocht Christoph Heim seine unkomplizierten Gerichte, herzhaft-lecker, aber immer um raffinierte Akzente bereichert. Einfach gut!

Moselstraße 27
+49 (6542) 2629
www.reiler-hof.de

SO €€€

Empfohlen von: **Weingut Clemens Busch**

54338 Schweich

Mittler's

Willi Mittler steht schon lange am Herd und bringt viel Erfahrung mit, die er in seine gut gemachte, bodenständig ausgerichtete Küche einbringt. Was manchmal einfach klingt, ist raffiniert zubereitet und hat kulinarischen Schwung.

Brückenstraße 1
+49 (6502) 995190
www.mittlers-restaurant.de

SO

Empfohlen von: **Weingut Reh**

54518 Rivenich

Landgasthof Wey

Natascha und Sebastian Wagner führen ihren Landgasthof mit viel Herzblut. Schick eingerichtet, ist der Gastraum ein Ort zum Wohlfühlen und Genießen. Bodenständige Gerichte vom Feinsten sind hier angesagt, dazu die passenden Weine. Perfekt!

Moselstraße 47
+49 (6508) 9999 111
www.wey-landgasthof.de

Empfohlen von: **Weingut Wey**

56253 Treis-Karden

Petry

Familie Bell bietet einiges in ihrem Schloss-Hotel an der Mosel. Einkehren kann man hier mittags und abends, auf der umfangreichen Speisekarte findet jeder Geschmack sein passendes Gericht, auch Veganer und Vegetarier.

St.-Castor-Straße 80
+49 (2672) 9340
www.schloss-hotel-petry.de

P

Empfohlen von: **Falstaff-Redaktion**

Reichsburg in Cochem

54290 Trier

Das Weinhaus

Viel Rang und Namen stehen auf der umfassenden Weinkarte. Die Küche ist klassisch ausgerichtet und bietet vom Flammkuchen bis zum Rumpsteak alles, was sich zu einem Schoppen trinken lässt.

Brückenstraße 7
+49 (651) 1704924
www.weinhaus-trier.de

SO €

Empfohlen von: **Falstaff-Redaktion**

Foto: beigestellt, Shutterstock

54290 Trier

Schlemmereule

Die guten kulinarischen Ideen gehen dem ambitionierten Team des Restaurants nie aus. Inspiriert von Luxemburg und Frankreich, sind exquisite Gerichte wie Jakobsmuscheln oder Barbarie-Ente zu bekommen.

Domfreihof 1b
+49 (651) 73616
www.schlemmereule.com

Empfohlen von: **Falstaff-Redaktion**

54487 Wintrich

Altes Kelterhaus

In regelmäßigen Abständen wechselt das Weinangebot des Traditionshauses, ausgesuchte Gewächse von der Mosel stehen dabei immer im Fokus. Denn sie passen gut zur Küche von Markus Plein, der mit seinen Gerichten ebenfalls auf Regionalität setzt.

Am Martinergarten 13
+49 (6534) 949667
www.altes-kelterhaus.de

SO

Empfohlen von: **Weingut Reh**

54290 Trier

Weinwirtschaft Friedrich Wilhelm

Einst büffelten hier Schüler bis zum Abitur, heute ist in den Räumen des ehemaligen Gymnasiums ein schickes Restaurant untergebracht. Kreativ und mit Raffinesse wird hier gekocht, hausgemachte Tapas zählen zu den Spezialitäten. Gute Weinkarte!

Weberbach 75
+49 (651) 99474800
www.weinwirtschaft-fw.de

Empfohlen von: **Dr. Marion und Alexander Rinke GbR**

54349 Trittenheim

Wein- und Tafelhaus

Mit Blick auf die Rebberge punktet das ländlich gestaltete Restaurant. Die Küche geht einen Schritt weiter und verfeinert gekonnt ihre Landküche mit Gourmeteinflüssen und aromatischen Ausrufezeichen.

Moselpromenade 4
+49 (6507) 702803
www.wein-tafelhaus.de

P SO

Empfohlen von: **Weingut Grans-Fassian**

54492 Zeltingen

Zeltinger Hof

Der Weinkeller im Traditionshaus ist gut gefüllt, die Küche bestens aufgestellt. »Gutbürgerlich, regional und bodenständig« lautet die Devise. Je nach Jagdsaison werden auch Wildgerichte angeboten.

Kurfürstenstraße 76
+49 (6532) 93820
www.zeltinger-hof.de

P SO €€

Empfohlen von: **Weingut S. A. Prüm, Weingut Markus Molitor**

Privilegierte Weinlage Kupfergrube bei Schlossböckelheim

NAHE

HERAUSRAGENDE QUALITÄT

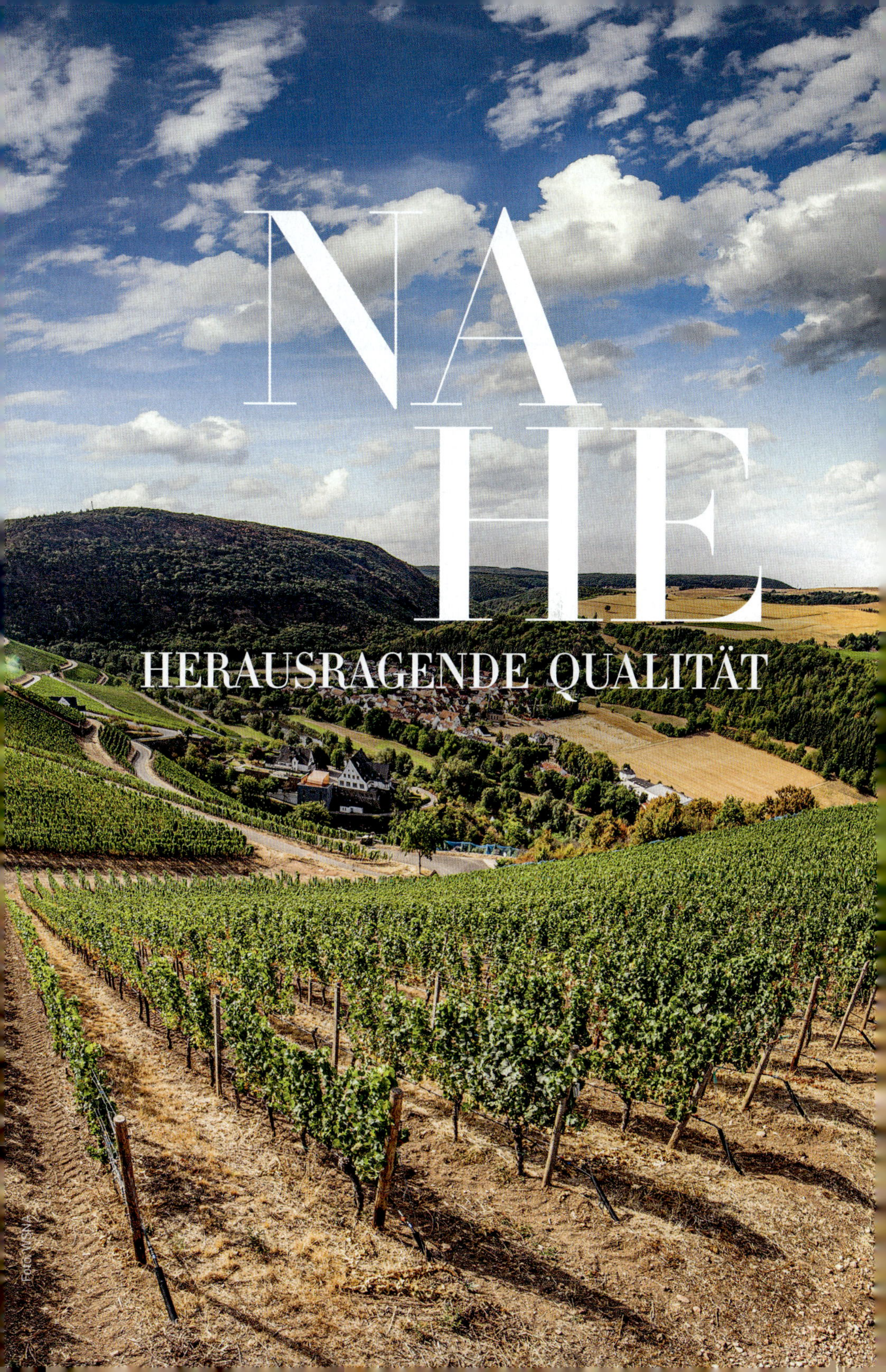

Foto: WSNA

Blick auf die Burg Ebernburg und die Lage Schlossberg in Bad Münster

SENSATIONELLE RIESLINGE AUS 2021

Selten hat sich die Meinung über einen Jahrgang so gedreht wie diejenige über 2021: Befürchtete man noch im Sommer 2021 ein unreifes Fehljahr, so rettete der Herbst nicht nur die Ernte, er überraschte mit herausragenden Qualitäten. Ganz vorn: die Nahe.

TEXT ULRICH SAUTTER

Sensationelle 98 Punkte für die Hermannshöhle von Dönnhoff, 97 für das Felseneck von Schäfer-Fröhlich, 96 für die Kupfergrube von Dr. Crusius und 95+ Punkte für den Felsenberg von Gut Hermannsberg: Damit ist die Nahe nicht nur bundesweit mit dem Jahrgang 2021 ganz weit vorne, sie hat auch einen bemerkenswerten Twist geschafft: Wer im Sommer 2021 solche Resultate vorhergesagt hätte, dem hätte man vermutlich den Vogel gezeigt, denn es war regnerisch und sehr viel kühler, als man es die letzten Jahre gewöhnt war, da machte das Wetter an der Nahe keinen Unterschied zu anderen deutschen Anbaugebieten. Aber wie kommt es, dass sich gerade an der Nahe die Spitzenresultate häufen?

»Im Grunde war es gar kein schwieriges Jahr«, sagt Tim Fröhlich vom Weingut Schäfer-Fröhlich. »Späte Lese war wichtig, es durfte halt nicht viel drinhängen, gute alte Weinberge haben ausgezeichnete Ergebnisse gebracht.« Auf den steinigen Schiefer- und Vulkanböden seien auf diese Weise extrem präzise Weine entstanden, resümiert Fröhlich. »Die 2021er haben diese gletscherwasserklare Stilistik, sie sind klar wie ein Gebirgsbach.« Entscheidend dafür seien die letzten Wochen gewesen: »Wir hatten einen Spätherbst mit schönem Wetter und mit kühlen Nächten, die die Eleganz des Rieslings bewahrt und den Grip und die Feinheiten rausgekitzelt haben.«

DAS GLÜCK DER SPÄTEN REIFE

Karsten Peter von Gut Hermannsberg spricht vom »Glück der späten Reife«, das

Fotos: beigestellt, Shutterstock, Weingut In den Zehn Morgen, Weingut Schäfer-Fröhlich

die Nahe habe: »Das war auch schon 2010 so, als andere Regionen früh lesen mussten, und hier an der Nahe war die Reife noch nicht weit genug für starken Botrytisdruck. Auch 2021 zeigte sich, dass die letzten sechs Wochen über den Jahrgang entscheiden, der Herbst hat alles gerettet.«

Auch Cornelius Dönnhoff ist von den 2021ern begeistert: »Es sind vom Extrakt her sehr konzentrierte Weine bei moderatem Alkohol und hoher physiologischer Reife, der pH-Wert ist niedrig, die Lagerfähigkeit schätze ich riesig ein, das ist wie gemacht zum Weglegen.« Dönnhoff benennt auch eine weinbauliche Bedingung für den Erfolg: Die Laubarbeit musste 2021 skrupulös gemacht werden. »Die Reben mussten bilderbuchmäßig dastehen ohne Verdichtungen in der Laubwand, das war der Schlüssel für einen guten Jahrgang.«

Neben den Stars der letzten Dekade haben offensichtlich auch erfreulich viele andere Weingüter diese Arbeit geschultert, auch die junge Rebecca Crusius gehört dazu, die seit 2019 Seite an Seite mit ihrem Vater Peter arbeitet. Dutzende andere Rieslinge mit hohen Bewertungen kommen beispielsweise von Laura Weber, von Heiko Bamberger, Martin Korrell, Henning Mathern, Andi Schneider (K. H. Schneider), Wilhelm Sitzius und Sebastian Schäfer (Johann Baptist Schäfer). Andere Betriebe haben erst noch ihre 2020er vorgestellt, etwa die Brüder Bicking, das Weingut In den Zehn Morgen, das Weingut Forster – man darf gespannt sein, wie sich die 2021er im nächsten Jahr verkosten werden.

Stefan Schmidt, Weingut In den Zehn Morgen

Auch auf Gut Hermannsberg lagern noch 2021er im Keller, wie üblich werden Kupfergrube, Hermannsberg und Bastei erst später gefüllt. »Der Jahrgang schreit nach Hefelager. Es kann auch Mai, Juni 2023

Tim Fröhlich, Weingut Schäfer-Fröhlich

WEINBAUGEBIET NAHE

Anbaufläche ca. 4.150 Hektar
Aufteilung 310 Einzellagen
Wichtigste Rebsorten
Riesling, Weißburgunder, Spätburgunder
Verband
Weinland Nahe e. V.
Burgenlandstraße 7
55543 Bad Kreuznach
www.weinland-nahe.de

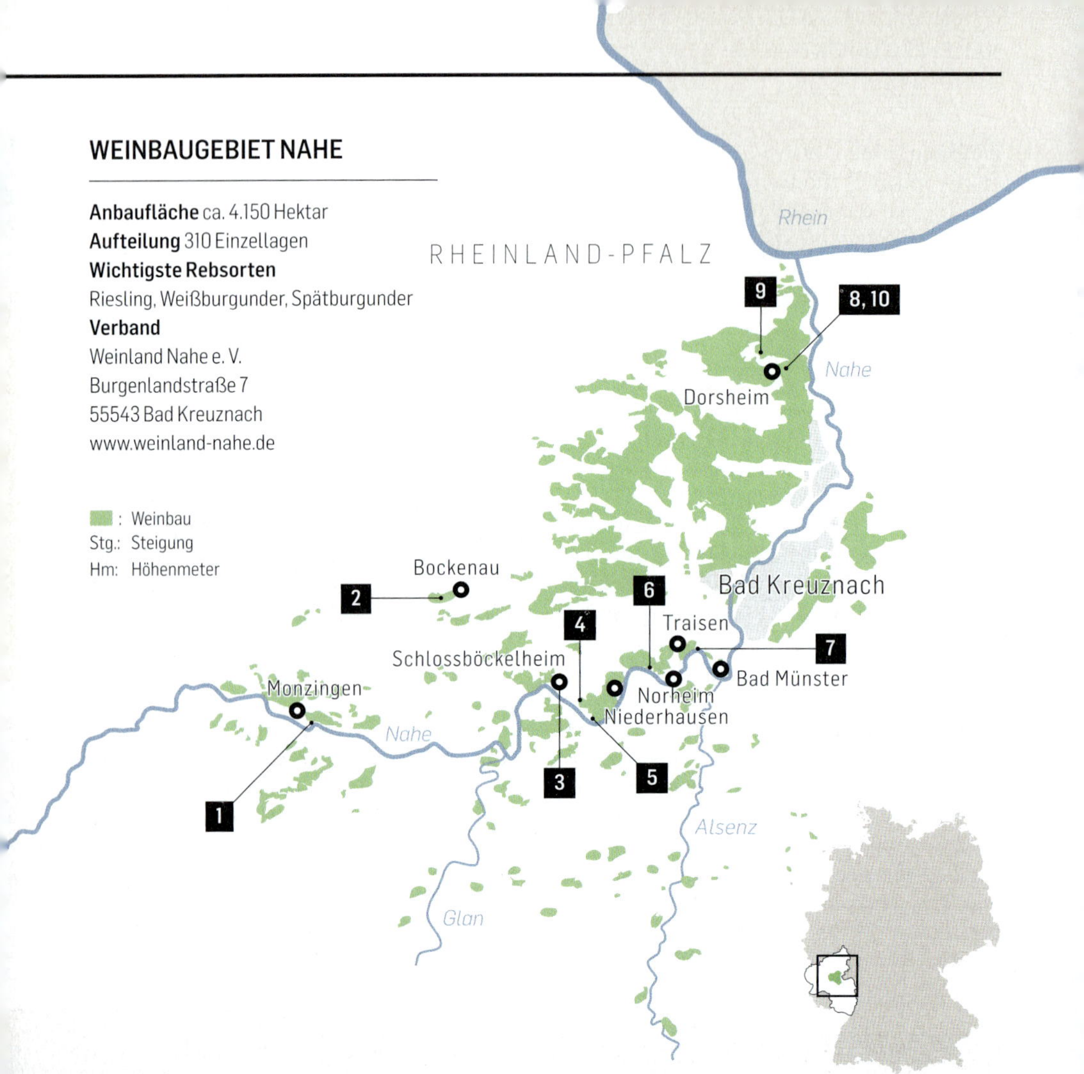

PRIVILEGIERTE WEINLAGEN

1 **Monzingen Halenberg**
7,7 ha, 160–240 Hm, 20–70 % Stg., grauer Schiefer, Quarzit, Kies

2 **Bockenau Felseneck**
8,8 ha, 250–310 Hm, 30–70 % Stg., Devonschiefer, Quarzit

3 **Schlossböckelheim Felsenberg**
10 ha, 25–200 Hm, 45–60 % Stg., Melaphyr, vulkanischer Porphyr

4 **Schlossböckelheim Kupfergrube**
13 ha, 140–265 Hm, 30–60 % Stg., vulkanische Porphyr- und Melaphyrverwitterung

5 **Niederhausen Hermannshöhle**
8 ha, 130–175 Hm, 0–60 % Stg., gesteinsreicher Schieferboden

6 **Norheim Dellchen**
2,6 ha, 140–220 Hm, 50–70 % Stg., Schieferboden

7 **Traisen Bastei**
1,5 ha, 120–140 Hm, 40–60 % Stg., Rhyolith

8 **Dorsheim Goldloch**
12 ha, 140–210 Hm, 15–55 % Stg., Kiesel, Lehmschicht

9 **Dorsheim Pittermännchen**
6 ha, 150–290 Hm, 40–55 % Stg., Tonschiefer, Kiesel

10 **Dorsheim Burgberg**
4 ha, 190–290 Hm, 0–60 % Stg., Schiefergeröll, Taunusquarzit, Kieseln, hoher Lehmanteil

Hermannshöhle bei Niederhausen

werden mit der Abfüllung«, blickt Karsten Peter in die Zukunft. Am Ende der Lese der 2022er kann er sich auch einen Vergleich der Jahrgänge 2021 und 2022 nicht verkneifen: »Also die Trauben jetzt in der 2022er Lese waren genau, wie man sie sich wünscht. Aber im Sommer 2022 habe ich mir manchmal den Sommer 2021 zurückgewünscht, ich persönlich habe es einfach nicht gern, wenn es so heiß ist, und dem Riesling geht es ganz ähnlich. Er wächst langsamer und besser in einem kühlen Jahr wie 2021. Schließlich ist so ein Riesling ja kein Kaktus.«

Weitere Infos über den Autor finden Sie im Kapitel »Verkostungsteam« ab S. 12.

Cornelius Dönnhoff, Weingut Dönnhoff

Fotos: beigestellt, Weingut Dönnhoff

★★★

WEINGUT CHRISTIAN BAMBERGER STEINHARDTER HOF

Kreuznacher Straße 2
55566 Bad Sobernheim-Steinhardt
T: +49 6751 6048, info@cb-wein.de
cb-wein.de
Ab-Hof-Verkauf: Mo bis Fr 10–12 und 14–17 Uhr, Sa 10–14 Uhr sowie nach Vereinbarung
Kellermeister: Christian Bamberger
Ansprechpartner: Christian Bamberger
Flaschen/Hektar: 200.000 (60 % weiß, 30 % rot, 10 % Rosé)/21 ha

Christian Bamberger ist ein Winzer mit Weitblick: Seit er 2006 das Weingut übernahm, konnte er 15 Hektar Lagen in Waldböckelheim und Schloßböckelheim erwerben, darunter die höchstgelegenen und windoffenen Weinberge auf rund 300 Metern. Damit will der ideenreiche Winzer auch dem Klimawandel begegnen. Erstmals mit dem Jahrgang 2020 konnte er seine Premium-Kollektion »7« vollständig aus den von Vulkangestein geprägten Lagen vinifizieren, »ein wichtiger Meilenstein in unserer langen Familientradition«, wie er sagt. Glückwunsch dazu und zu einer beeindruckenden Kollektion!

90+ 2020 »Vulkangestein« Grauburgunder trocken
Zartes Goldgelb, Rauch und feine Würze, Maronen-Püree, reife Birne, Honigmelone, kandierte Nüsse. Saftig und betont trocken am Gaumen, gehaltvoll, feste Struktur mit Substanz und einer kühlen Aura, reife Phenole, mittlerer Extrakt, mineralisch unterlegt. Noch jung. 13,5 Vol.-%, NK, €€

93 2020 »Cuvée R Réserve« trocken CS/CC/CD
Blickdicht im Glas, sehr konzentriert mit Cassis, Brombeere und feiner Holzwürze. Am Gaumen im großen, breit angelegten Format mit kräftiger Struktur und viel Substanz, gute Balance mit ausgewogener Säure und feinkörnigem Tannin. Gutes Reifepotenzial. 14 Vol.-%, NK, €€€

92+ 2020 »QX« Spätburgunder trocken
Würzige Holznote, dunkle Schokolade, Kakaopulver, Schwarze Johannisbeere, Brombeere und Kirsche. Saftig und geschmeidig am Gaumen mit guter Balance von kräftiger Substanz, Extrakt und fruchtiger Frische, festes Gerüst von feinkörnigem Gerbstoff. Noch jung. 13,5 Vol.-%, NK, €€€

92+ 2020 »Vulkangestein - 7« Spätburgunder trocken
Schwarze Kirschen im würzigen und mineralischen Ambiente, feiner Rauch, etwas Blutorange. Stellt am Gaumen die Mineralik des »Vulkangesteins« heraus, betont trocken ausgebaut, präsente Säure, saftig, in einem kompakten Format mit reifen, präzisen Gerbstoffen. 13 Vol.-%, NK, €€€

90+ 2020 »Fumé« Sauvignon Blanc trocken

89+ 2021 »Sorgenfrei« trocken RR/WB

89 2021 Sauvignon Blanc trocken

89 2021 »Don't be shy« Scheurebe trocken

89+ 2021 »Lichtblick« Rosé trocken CD/CS/CC

90 2020 »Machtlust« trocken CD/ME/CC

89 2020 Spätburgunder trocken

90+ 2021 »Ü30 Alte Reben« Silvaner trocken
Reifer gelber Apfel und Birne mit frischen Wiesenkräutern und getrockneten Blumen, ein wenig Heu. Gehaltvoll und vollmundig am Gaumen mit saftigem Apfel und schöner mineralischer Würze, die präsente Säure ist gut eingebunden. Sehr stimmiges Plädoyer für Silvaner!
12,5 Vol.-%, DV, €

★★★

WEIN- UND SEKTGUT BAMBERGER

Römerstraße 10, 55566 Meddersheim
T: +49 6751 2624, kontakt@weingut-bamberger.de
weingut-bamberger.de

Ab-Hof-Verkauf: Mo bis Fr 8–12 Uhr und 14–18 Uhr, Sa 9–16 Uhr
Kellermeister: Heiko Bamberger
Ansprechpartner: Familie Bamberger
Flaschen/Hektar: 133.000 (58 % weiß, 10 % rot, 10 % Rosé, 2 % süß, 20 % Schaumwein)/15 ha

Das »deutsche Sektwunder« kam nicht für jeden überraschend, denn es gab Vorreiter. Zu denen gehört ganz klar Heiko Bamberger. Seit einem Vierteljahrhundert arbeitet der Nahe-Winzer mit traditioneller Flaschengärung und langem Hefelager und hat sich einen Platz an der Spitze der deutschen Sektkultur erworben. Sein »Decade Riesling brut nature« ist Legende. Doch das Haus Bamberger verfügt nicht nur über herausragende Sektkompetenz, auch seine Stillweine bieten viel, wie unser Tipp, der apart-herbe »Frühlingsplätzchen« Riesling beweist.

93+ 2011 »Grande Réserve Decade« Riesling brut nature
In der Nase Apfelschale, Zitrusfrucht, unglaublich frisch trotz des langen Hefelagers, Brioche. Im Mund mit einer gewissen Süße, dazu Schmelz, Geschmeidigkeit, Volumen, reif und rund, eleganter Bau, nussiger Abklang. 13 Vol.-%, NK, €€€€

93 2016 »Prestige« Riesling brut nature
Der Duft schreit nach Riesling und ist geprägt von gelben Früchten wie vollreifer Mango und Grapefruit, ein wenig Dörrpflaume. Die Perlage ist kräftig. Der Geschmack animiert zum Weitertrinken, herb, stoffig, knackige Säure, staubtrocken. Auch zum Essen ganz toll. 12,5 Vol.-%, NK, €€

92+ 2021 »Réserve« Meddersheim Altenberg Riesling trocken
Steiniger Duft, Quitte, grüne Birne, Zitronenmelisse und Kräuterwiese, ein bisschen Rauch. Am Gaumen ein intensiver Säurezug und mineralische Salzigkeit, ein kleines Feuerwerk im Mund, der Nachhall bleibt lange am Gaumen bestehen. 12,5 Vol.-%, NK, €€

94 2007 Meddersheim Rheingrafenberg Riesling Eiswein
Bernsteinfarben. Im Duft Kräuterwürze, Quittenmus, Bienenwachs, Waldhonig, getrocknete Früchte, Rosinen, Dörrpflaume, reif und schön. Am Gaumen würzig, gut integrierte Süße, lebendige Säure, Dörrobst, Feige, Muskat, vielschichtig und dicht, toll gereift. Jetzt perfekt. 7 Vol.-%, NK, €€€

92+ 2013 »Grande Réserve Grand Pinot« brut nature PN/WB/PG

90+ 2020 »Tradition« Blanc de Blanc extra brut WB/RR

92 2017 »Prestige Pinot« Rosé brut nature PN/WB

91 2021 Meddersheim Altenberg Riesling tr.

90+ 2021 Meddersheim Rheingrafenberg Grauburgunder trocken

92 2018 »Réserve« Meddersheim Rheingrafenberg Spätburgunder trocken

91 2018 Meddersheim Altenberg Spätburgunder trocken

91 2021 Monzingen Frühlingsplätzchen Riesling trocken
Tropisch anmutende Aromen wie Honigmelone und Ananas sowie ein wenig Basilikum und Zitronenzesten. Die Säure am Gaumen hat Biss und gliedert sich recht gut in die feine Süße des Weines ein, eine sanfte Bitterkeit bildet das i-Tüpfelchen des Rieslings. 12 Vol.-%, DV, €€

★★

WEINGUT BICKING & BICKING

Hauptstraße 33, 55595 Wallhausen
T: +49 6706 279, weingut@bickingundbicking.de
bickingundbicking.com

Ab-Hof-Verkauf: Mo bis Fr 9–11 Uhr und 13–17 Uhr, Sa 11–17 Uhr
Kellermeister: Lukas Bicking
Ansprechpartner: Achim und Lukas Bicking
Hektar: 10 ha

Die Brüder Lukas und Achim Bicking gehen weiter ihren Weg an der Nahe. Im letzten Jahr regelrecht abgefeiert wegen ihres Rieslings aus der weitgehend unbekannten Spitzenlage Wallhäuser Pastorenberg, waren wir sehr gespannt auf den neuen Jahrgang. Und der enttäuscht ganz und gar nicht. Bereits beim Gutsriesling zeigt sich, dass diese Rebsorte für die Bickings eine ganz eigene Welt darstellt. Die »Alten Reben« und der »Schiefer« bieten extrem viel für kleines Geld. Der »Pastorenberg« und in diesem Jahr besonders das »Felseneck« offenbaren das große Potenzial.

93+ 2020 Wallhausen Felseneck Riesling trocken
In der Nase hell und blütig, Apfel, Lindenblüten, spürbare Mineralik bereits frisch nach dem Öffnen. Am Gaumen mit einer enorm dichten, feinmaschigen Textur in der Mitte, noch völlig unentwickelt, aber mit einem ungemein großen Potenzial. 12 Vol.-%, NK, €€

93 2020 Wallhausen Pastorenberg Riesling trocken
Aus der überregional weitgehend unbekannten Spitzenlage östlich des Ortes. Wachsige Nase, Petrol, Apfelschale, ein wenig gedeckt. Am Gaumen dann deutlich spannungsreicher, viel limettige Frische, schöne Substanz, etwas nachhaltiger, aber weniger fein als sein Bruder vom Felseneck. 12,5 Vol.-%, NK, €€

92+ 2020 »Alte Reben« Riesling trocken
Sehr spannende Nase mit eher ungewöhnlichen Komponenten: Ligusterblüte, geschrotete Melonenkerne, leichter Petroltouch, aber ohne Alterungsnoten. Am Gaumen straff und konsequent, ganz trocken und mit viel pfeffriger Würze im Abgang. Beeindruckt nachhaltig. 12,5 Vol.-%, DV, €€

91 2021 Riesling trocken
In der Nase Apfel und Anis, eher kräutrig und zurückhaltend. Ganz anders dann am Gaumen: einerseits pikant mit limettigen Spitzen, andererseits mit einer runden, gleitenden Mitte und einer schönen Stoffigkeit. Viel Riesling fürs Geld in dieser Kategorie! 11,5 Vol.-%, DV, €

90+ 2021 Weißburgunder trocken

90 2020 »Blanc de Blanc« trocken SB/PG/WB

90 2021 Sauvignon Blanc trocken

90 2021 Grauburgunder trocken

89+ 2021 »Brüderchen« Cuvée trocken BC/MT/RR/GS

89+ 2021 »Bruderherz« Rosé trocken PN/DF

89+ NV »Roter Berg« trocken

92+ 2020 »Vom Schiefer« Riesling trocken
Duftige Nase mit schiefermineralischen und floralen Komponenten, Apfel und frischem Zitronenabrieb. Am Gaumen hohe Saftigkeit, dazu mit einer fast schneidenden Pikanz wie ein intensiver Moselriesling, Zitrone, etwas Kardamom und Brennnessel. Ganz stark! 12 Vol.-%, DV, €€

★★★★

WEINGUT DR. CRUSIUS

Hauptstraße 2, 55595 Traisen
T: +49 671 33953, info@weingut-crusius.de
weingut-crusius.de

Ab-Hof-Verkauf: nach Vereinbarung Mo bis Sa 9–12 Uhr und 13.30–17 Uhr
Kellermeister: Peter Crusius und Rebecca Crusius
Ansprechpartner: Peter und Birgitta Crusius, Rebecca Crusius
Flaschen/Hektar: 180.000 (95 % weiß, 5 % rot)/30 ha

Rebecca Crusius prägt mit ihrer Handschrift immer stärker die Weine des Weinguts, wobei sie immer noch kundig von Vater Peter Crusius unterstützt wird. Sahen wir im letzten Jahr das Große Gewächs Felsenberg als Primus an, hat sich dieses Mal die hochelegante, schieferwürzige Kupfergrube vorbeigeschoben. So oder so: Es ist wieder eine der besten Kollektionen an der Nahe, wobei man bei Weinen wie dem Weißburgunder »Kaffel« etwas Geduld mitbringen sollte, bis sich die Elemente vollkommen miteinander verbunden haben. Unser Tipp mit klarem Verspechen: der Riesling »Top of the Rock«.

96 2021 Schloßböckelheim Kupfergrube Riesling GG
Ein Duft mit pflanzlichen Noten von Melisse, Kresse, Zitronenschale, aber auch mit deutlicher Schieferwürze. Der Gaumen ist fest und kompakt, dicht mit sehr feinen Phenolpixeln besetzt, begleitet von einem sehr eleganten Säurebogen und geschmeidig eingebettet. 12,5 Vol.-%, NK, €€€

94 2021 Schloßböckelheim Felsenberg Riesling GG
Eine feine mineralische Würze im Glas, dazu auch etwas Blütenhonig und Mandarine. Der Gaumen ist von feinen Phenolen texturiert, die Säure ist reif, und eine gut eingepasste Süße gibt der Frucht und dem ganzen Wein Volumen. 12,5 Vol.-%, NK, €€€

94+ 2021 »GK« Traisen Bastei Riesling Auslese
Intensiver Duft nach getrockneten Früchten, Blütenhonig, reife exotische Frucht, Papaya, komplex. Am Gaumen mit druckvoller Süße, pikante Würze, Honig, Limettensirup, Orange, feine Säure, sehr dicht gewoben, steht ganz am Anfang seiner Entwicklung, langes, druckvolles Finale, mineralisch. 8 Vol.-%, NK, €€

93 2021 Schloßböckelheim Felsenberg Riesling Auslese
Feiner Duft nach exotischen Früchten, etwas Akazienhonig, Lindenblüten, Kräuterwürze, fein und vielschichtig, Holunder kommt dazu. Am Gaumen dicht und balanciert, Maracuja, Orangeat, feine Säure, dichte Struktur. Spätlese aus einem Guss und mit viel Potenzial. 8 Vol.-%, NK, €€

93 2021 Traisen Bastei Riesling GG

92+ 2021 Niederhausen Felsensteyer Riesling Erste Lage trocken

92 2021 Traisen Mühlberg Riesling GG

92 2021 »Kaffel« Weißburgunder trocken

92 2021 Traisen Rotenfels Riesling Erste Lage trocken

91 2021 »Vom Fels« Riesling trocken

90+ 2021 »RC« Weißburgunder & Chardonnay trocken WB/CH

93 2021 »Top of the Rock« Riesling trocken
Florale Noten, Wiesenkräuter, Blattgrün, Brunnenkresse, Aprikose, Zitronenschale, auch etwas Rhabarber. Mit guter Spannung am Gaumen, präsente, eng anliegende Säure, Saft, phenolische Pixel, mineralische Tönung, feine Fruchtsüße, langes, feinwürziges Finale. 13 Vol.-%, NK, €€

★★

WEINGUT DISIBODENBERG

Am Disibodenberg 1, 55571 Odernheim
T: +49 170 8150150, mail@weingut-disibodenberg.de
weingut-disibodenberg.de

Ab-Hof-Verkauf: Do bis So 10–16 Uhr und nach Vereinbarung
Kellermeister: Thomas Zenz
Ansprechpartner: Uta Armbruster-Held
Flaschen/Hektar: 147.000 (75 % weiß, 25 % rot)/21 ha

Der Name Disibodenberg ist eng mit demjenigen von Hildegard von Bingen verknüpft: Die mittelalterliche Dichterin lebte und arbeitete mehr als drei Jahrzehnte in dem Kloster, zu dem das Weingut ursprünglich gehörte. Reben wurden in diesem Gebiet bereits angebaut, bevor die Römer den Weinbau hier systematisch betrieben. Heute spielt der Riesling die Hauptrolle, aber Disibodenberg steht auch für Burgunder – eine Ausnahme an der Nahe – und für Sekt und Süßes. Die Weine neigen zum kraftvollen Stil, und viele sind für die Speisenbegleitung gedacht.

92+ 2020 »u.b.F.« Odernheim Kloster Disibodenberg Riesling trocken
Feines Zitronengelb. In der Nase ein Duft von Limette, Apfel und Zitronenzesten. Am Gaumen ist der Wein herrlich saftig, die markante Säure balanciert die Frucht, guter Extrakt bei mineralischen Noten und langem Nachhall. 13 Vol.-%, NK, €€€

93 2020 Odernheim Langenberg Spätburgunder trocken
In der Nase schokoladiges Holz und eine sehr reife Frucht, die Rosinentöne anklingen lässt, Trockenfrüchte, Cassata. Im Mund hat der Wein einen sehr feinen Gerbstoff, eine lebendige, gut stützende Säure und einen ausladend fruchtigen, fast exotischen Abgang. Ein Échezeaux von der Nahe. 13 Vol.-%, NK, €€

92+ 2020 Odernheim Kapellenberg Frühburgunder trocken
Eine ausleseartige Nase, hoch konzentriert mit Aromen von Wachs und gekochten dunklen Beeren und Amarenakirschen. Im Mund füllt der Wein sein großes Volumen mit süßer Frucht und einem reifen, körnigen, mengenmäßig gut dotierten Tannin, gute Saftigkeit, sehr gute Länge. 13,5 Vol.-%, NK, €€

94 2021 »Extrakt« Riesling Eiswein
Klarer Duft nach hellen Früchten, dazu eingekochte Südfrucht, süße Limone, Mandarinenschale, mineralisch unterlegt. Am Gaumen homogen und dicht, lebendige Säure, pikante Frucht, Zitrus dominiert, geschliffen und balanciert, tolle Länge, elegant und lang. 7,5 Vol.-%, NK, €€€

91+ 2020 »Alte Reben« Odernheim Kloster Disibodenberg Riesling trocken

91+ 2020 Odernheim Montfort Weißburgunder trocken

91 2020 Odernheim Montfort Chardonnay & Weißburgunder trocken CH/WB

90 2020 Odernheim Kapellenberg Grauburgunder trocken

88 2021 »W'21« Weißburgunder trocken

91 ❶ 2018 Odernheim Montfort Pinot Noir Rosé brut

89 2019 »The Lucky Punch« RR

90 2021 »R'21« Riesling trocken
Blasses Zitronengelb. In der Nase entwickelt sich ein Duft von jungem Pfirsich, Limette, Veilchen und nassem Stein. Am Gaumen wiederum floral bei grüner Frucht, sehr lebendige Säure in einem eher schlanken Körper, frisch und knackig. Zum direkten Genuss. 11,5 Vol.-%, DV, €

★★★★★

WEINGUT DÖNNHOFF

Bahnhofstraße 11, 55585 Oberhausen an der Nahe
T: +49 6755 263, weingut@doennhoff.com
doennhoff.com

Ab-Hof-Verkauf: Mo bis Fr 8.30–12 Uhr und 13.30–17 Uhr, Sa nach Vereinbarung
Kellermeister: Cornelius Dönnhoff
Ansprechpartner: Cornelius Dönnhoff
Hektar: 28 ha

Cornelius Dönnhoff und sein Team präsentieren einen Jahrgang 2021, der uns sprachlos macht. Bekanntlich war dieses Jahr im Weinberg mehr als fordernd, es war feucht, der Mehltau galoppierte, die Winzer mussten kämpfen. Davon spürt man nichts. Stattdessen schaffen die Weine mit spielerischer Leichtigkeit den Spagat von filigranen Zwischentönen zu straffer Struktur, von klirrender Mineralik zu einem freundlichen, geradezu anmutigen Antlitz. Muss man einen Wein herausheben? Unmöglich! Bemerkenswert allerdings ist, dass auch die Burgunder immer besser werden.

98 2021 Niederhausen Hermannshöhle Riesling GG
Im Duft zeigen sich reife Zitrusaromen, kandierte Orangenschale, Kumquats und Schiefernoten. Die Gaumenstruktur entfaltet eine noble Adstringenz, in der knackige Säure, perfekt austarierte Stoffigkeit und tiefgründige Mineralik ineinandergewoben sind. 13 Vol.-%, NK, €€€€

97 2021 Schloßböckelheim Felsenberg Riesling GG
Traubig im Duft, getrocknete Zitronenschalen, im Glas immer floraler werdend. Im Mund zeigt der Wein eine umwerfende Salzigkeit, der tiefgründige Extrakt ist in sehr feiner Form aufgelöst, die Säure strahlt, ohne zu beißen. Furios! 13 Vol.-%, NK, €€€

96 2021 Norheim Dellchen Riesling GG
Leicht reduktiv beginnend, sehr verschlossen. Im Mund erscheint ein völlig in sich ruhender, hoch differenzierter, in seinem edlen Extrakt mit äußerst feinen Mitteln Druck machender Wein. Mineralisch durchdrungen, läuft der Wein seidig und homogen in ein sehr langes Finale. 13 Vol.-%, NK, €€€€

95 2021 Niederhausen Hermannshöhle Riesling Spätlese
Der Wein hat sich zurzeit bequem in seiner Primärfrucht eingerichtet, weshalb man ihn unterschätzen könnte, aber Extrakt und Säure deuten darauf hin, dass da etwas Großes entsteht. Ihn zu bewerten heißt, eine Prognose zu treffen – und die ist glänzend. 8,5 Vol.-%, NK, €€€

92 2021 »S« Chardonnay trocken

91+ 2021 Roxheim Höllenpfad Riesling Erste Lage trocken

91 2021 »S« Grauburgunder trocken

91 2021 »S« Weißburgunder trocken

90 2021 »Tonschiefer« Riesling trocken

94 2021 »Monopol« Oberhausen Brücke Riesling Spätlese

92+ 2021 Niederhausen Klamm Riesling Kabinett

93+ 2021 Oberhausen Leistenberg Riesling Kabinett
Appetitlicher Duft mit Sauerampfer, Rucola und allerlei Gräsern. Frisches Gemüse, Tomaten und überhaupt einen ganzen Wochenmarkt schmecken wir, zwischendurch kecke Süße. Das ist das Spiel, das Kabinett heißt, so was gibt extra Spaßpunkte. 8,5 Vol.-%, DV, €€

WEINGUT EMMERICH-KOEBERNIK

Hauptstraße 44, 55596 Waldböckelheim
T: +49 6758 426, weingut@emmerich-koebernik.de
emmerich-koebernik.de

Ab-Hof-Verkauf: Mo bis Sa 8–12 Uhr und 13–19 Uhr
Kellermeister: Christiane Koebernik
Ansprechpartner: Christiane Koebernik
Flaschen/Hektar: 120.000 (75 % weiß, 25 % rot)/15 ha

Winzerin und Kellermeisterin Christiane Koebernik ist auch passionierte Jägerin, darauf spielt die Weinlinie »Bock auf« an, die für unkomplizierten Weingenuss stehen soll. Gemeinsam mit ihren Eltern Doris und Ernst-Günter Koebernik bewirtschaftet sie an der Nahe 14 Hektar Rebfläche um Waldböckelheim. Besonders gefallen haben uns die saftigen, mineralischen Rieslinge mit der lebendigen Säure aus dem Jahr 2021, unser Favorit ist der »Riesling vom Tonschiefer«, gefolgt von »Bock auf Riesling«. Um in der Diktion des Weinguts zu bleiben: Wir haben Bock auf diese Weine!

90 2020 »Bock auf Riesling« trocken
Reife Aprikose und Weinbergpfirsich im fruchtigen Duft, auch etwas Maracuja und Mango kommen dazu. Schlank gebaut, frisch mit lebendiger Säure am Gaumen, saftige, gelbe Frucht, etwas geschmeidige Restsüße, mineralisch unterfüttert. Trinkspaß mit Anspruch. 12,5 Vol.-%, DV, €

89+ 2021 »vom Rotliegenden« Grauburgunder trocken
Fruchtige und florale Noten, nussige Würze, Mandeln, Birne und etwas Quitte, auch steinige Anklänge. Hat das Zeug zum Publikumsliebling, saftig und geschmeidig mit klarer Frucht, ausgewogen abgeschmeckt. Als Kontrast die mineralischen Noten des Rotliegenden. Passt. 12,5 Vol.-%, DV, €

89+ 2021 »Das Böcklein« Riesling feinherb
Feiner Duft nach Mandarinenschale, Limette, etwas Minze und Nektarine, elegant. Am Gaumen mit lebendiger Säure, würzig, Zitrusfrüchte dominieren, dazu etwas Papaya, sehr lebhaft, gut integrierte Süße, griffig, hat schönes Potenzial, zu Asia-Food ideal. 10,5 Vol.-%, DV, €

90 2020 »vom Löss-Lehm« Spätburgunder trocken
Feine Würze in der eher getragenen Nase, etwas Holz, leicht rauchig, reife rote Kirschen, Brombeeren, dunkle Schokolade. Weich und samtig am Gaumen mit feiner Säure, geschmeidiger Gerbstoff, stoffig, ohne breit zu werden, etwas Schattenmorelle im Finish. 12,5 Vol.-%, DV, €

89 2021 »Bock auf Weiß & Grau« feinherb WB/PG

90+ 2021 »vom Tonschiefer« Riesling trocken
Zitrische Noten im Duft mit Limettenschale und Grapefruit, auch Guave und Apfel, leicht rauchig, etwas Schieferwürze. Zeigt im Mund zum einen saftige Fülle mit dezenter Restsüße, zum anderen lebendige Säure und Frische. Für Profil sorgt die feine Mineralik. 12 Vol.-%, DV, €

★★

WEINGUT FORSTER

Burg-Layer-Straße 20, 55452 Rümmelsheim
T: +49 6721 45123, mail@weingutforster.de
weingutforster.de

Ab-Hof-Verkauf: Do und Fr 14–18 Uhr, Sa 10–15 Uhr
Kellermeister: Johannes Forster
Ansprechpartner: Georg, Margit und Johannes Forster
Hektar: 25 ha
Anbauweise: Bio

Das Weingut Forster ist einer der wenigen Bio-Betriebe des Nahetals. Boden sei nicht vermehrbar, sagt Johannes Forster, jede Generation habe die Pflicht, ihn gesund zu halten. Für den Winzer ist dies die Grundlage schlechthin für ausdrucksstarke Weine. Bereits im vergangenen Jahr legte das Rümmelsheimer Weingut mit Rieslingen, die schlank und fokussiert die unterschiedlichen Terroirs zeigen, eine beeindruckende Kollektion vor. Diese starke Leistung wiederholt Johannes Forster in diesem Jahr: Seine Weine erzielten durch die Bank 90 Punkte und mehr.

92 2020 »Bergsteiger« Riesling trocken
Dezent in der Nase, reifer Pfirsich, Zitronenzesten, Wiesenkräuter, mineralische Würze, dezent nach Honig. Am Gaumen saftige Gelbfrucht, mineralische Würze, angenehm herb, feingliedrige Säure, salzig im Finish, charaktervoll, lang am Gaumen. 12,5 Vol.-%, NK, €€

91+ 2020 »Seefahrer« Riesling trocken
In der Nase Zitronenzesten, weißer Pfirsich, reifer Apfel und auch Apfelschale, Wiesenkräuter, mineralische Würze. Am Gaumen schlank im Körper mit Zug, lebendige reife Säure, saftige frische Frucht von Zitronen, Pfirsich, würzig, salzig, feine Phenolik, trinkanimierend.
11 Vol.-%, NK, €€

91 2020 »Réserve« Grauburgunder trocken
Hefenoten in der Nase, roter Apfel, Kräuterwürze, Gesteinsnoten, gemahlene Mandeln, dezent nach Honig. Am Gaumen kraftvoll, cremiger Kern, mineralische Würze, saftige Frucht, dezente Fruchtsüße, aber auch angenehm herb, reife Säure, schöne Länge. 14,5 Vol.-%, NK, €€

90 2020 Burg Layen Johannisberg Frühburgunder trocken
In der Nase würziges Pflaumenmus, Brombeeren, Walderdbeeren, Waldbeeren, Veilchen, würzige pflanzliche Noten. Am Gaumen kräftig gebaut, satte dunkle Früchte, feinkörniges Tannin, feingliedrige Säure, dicht, schöne Länge. Hervorragender Speisenbegleiter. 15 Vol.-%, NK, €€

90 2021 Riesling trocken

90 2021 Riesling feinherb
Fruchtige Nase, saftiger Pfirsich, Maracuja, reife Zitronen, dezent nach Ingwer, Kräuterwürze. Am Gaumen saftig, elegant, feines Süße-Säure-Spiel, mineralische Würze, schlank im Körper bei gutem Extrakt, schöne Länge. Bitte nachschenken! 11,5 Vol.-%, DV, €

★★★★

GUT HERMANNSBERG

Ehemalige Weinbaudomäne, 55585 Niederhausen
T: +49 6758 92500, info@gut-hermannsberg.de
gut-hermannsberg.de

Ab-Hof-Verkauf: März bis Okt. Di bis Fr 10–18 Uhr, Sa und So 12–18 Uhr, Nov. bis Feb. Di bis Sa 10–18 Uhr
Kellermeister: Karsten Peter
Ansprechpartner: Achim Kirchner
Flaschen/Hektar: 150.000 (85 % weiß, 5 % süß, 10 % Schaumwein)/30 ha

Als noch niemand von »Naturwein« sprach, verzichtete Kellermeister Karsten Peter bereits auf Hefezugaben und Schönungen. Seine Weine brauchen Zeit im Keller und auf der Flasche. Selbst die 2017er »Reserven« aus der diesjährigen Kollektion sollte man sich lieber noch etwas hinlegen, diese Weine fangen gerade erst an, sich zu entfalten. Die 2021er strafen die Mär Lügen, es handle sich um einen schwachen Jahrgang. Man wundert sich im Übrigen immer wieder, wie wenig bekannt die Nahe-Rieslinge sind. Was die können, zeigt das Gut Hermannsberg auf höchstem Niveau.

95+ 2021 Schloßböckelheim Felsenberg Riesling GG
Reduktive Nase, Pulverdampf. Substanziell bis zur Schmerzgrenze, ist dies ein Riesling, der reifen will – und wird. Extrakt und ein cremiges Substrat, auf dem Säurespitzen blinken, Noten von Orange und Ananas kommen hinzu. Großer Wein, aus einem großen Glas zu trinken. 12,5 Vol.-%, NK, €€€

94 2017 »Reserve« Schloßböckelheim Kupfergrube Riesling GG
Dicht verwobenes Bukett, etwas Petrol, Kräuterwürze, auch überreife Frucht. Beeindruckender Extrakt am Gaumen, packende Säure und trotz der festen Struktur dann ein geschmeidiger Abgang. Dieser letztlich noch junge Wein geht stramm seiner Vervollkommnung entgegen. 12,5 Vol.-%, NK, €€€€

92+ 2017 »Reserve« Niederhausen Hermannsberg Riesling GG
Ein Korb vollreifen Obstes im Bukett, auch Schwarzbrotrinde. Dem Geschmack gibt die Säure die Richtung, sie wird ihn während der weiteren Reife kongenial begleiten, der Höhepunkt ist noch immer nicht erreicht, mittlere Länge. 13 Vol.-%, NK, €€€€

92 2021 Altenbamberg Rotenberg Riesling Kabinett
Dezenter Duft mit Aprikose und weißem Pfirsich. Im Geschmack auch eine Andeutung von weißem Pfeffer, aber noch dominieren natürlich die Primäraromen diesen jungen Wein. Extrakt, Säure, Grip und straffer Nachgeschmack verraten sein Reifepotenzial. 9,5 Vol.-%, NK, €€

92+ 2020 Traisen Bastei Riesling GG

92 2021 »Vom Schiefer« Niederhausen Riesling trocken

92 2021 Altenbamberg Rotenberg Riesling GG

92 2021 Niederhausen Steinberg Riesling GG

91 2021 »7 Terroirs« Riesling trocken

90 2021 »Vom Vulkan« Schloßböckelheim Riesling trocken

93 2021 Niederhausen Steinberg Riesling Spätlese
Feiner Duft mit Nuss und Kumquats. Limette im Geschmack, etwas Apfelkern, sahniger Hintergrund, lächelnde Säure, große Finesse. Ein poetischer Wein von engelhafter Zartheit, deren Zauber selbst am dritten Tag nach Öffnung der Flasche nicht verfliegt. 8 Vol.-%, NK, €€

★

WEINGUT HAACK

Burg Layen 3, 55452 Burg Layen
T: +49 6721 497 80 16, info@weingut-haack.de
weingut-haack.de

Ab-Hof-Verkauf: nach Vereinbarung
Kellermeister: Lasse Haack
Ansprechpartner: Lasse Haack
Hektar: 9.4 ha

Wandlung ist notwendig wie die Erneuerung der Blätter im Frühling«: Dieses Zitat Vincent van Goghs könnte auch das Drehbuch liefern für die Genese und Weiterentwicklung des erst 2015 gegründeten Weinguts Haack, das in einem Dreiseithof aus dem Jahr 1732 untergebracht ist und beinahe zehn Hektar in Spitzenlagen der Nahe kultiviert. Lasse Haack kümmert sich nach abgeschlossenem Geisenheim-Studium nun um Weinberge und Kellerwirtschaft. Die Weine – und sie sind der Kraftstoff hinter dieser Entwicklungsgeschichte – gewinnen von Jahr zu Jahr an Profil. Wir bleiben gerne dran.

91+ 2015 Burg Layen Schlossberg Riesling extra brut
Zartes Goldgelb, riecht nach 65 Monaten Hefelager nach Gebäck, Anisbrötchen, Pfirsich, gelben Blüten, weißen Mandeln und Apfel. Mit cremigem Mousseux am Gaumen, saftig und mit feiner Würze, verbindet Frische mit Substanz auf gediegene Art. Auch zum Menü. 12 Vol.-%, NK, €€€

91 2020 Dorsheim Pittermännchen Riesling trocken
Leicht rauchige Würze, Aprikose, Apfel, hefig, leicht pfeffrig. Am Gaumen duellieren sich in einem kräftigen, kompakten Format mineralische und geschmeidige Elemente, Würze und süßliche Frucht. Reife Säure, Apfel, kräftige Phenole, gute Spannung, saftiger Ausklang. 12,5 Vol.-%, DV, €€€

90 2020 Laubenheim Riesling feinherb
Würze und Kräutrigkeit von der Spontangärung, etwas Hopfenblüten, Apfelschalen, Apfel und Aprikose. Saftig mit präsenter und vergnüglicher Säure und merklicher Restsüße, kräftige Phenole stehen dagegen. Schlanke Form, gut verdichtet, gute Ambitionen. 11,5 Vol.-%, DV, €€

91 2019 Dorsheim Pittermännchen Riesling Auslese
Würziger, gereifter Duft, Waldhonig, Trockenfrüchte, gedörrte Aprikose, Kräuterwürze, pikant, erdige Untertöne, etwas Noilly Prat. Am Gaumen mit druckvoller Süße, milde Säure, Waldhonig, getrocknete Beeren, hat viel Schmelz. Kräftig, gut zum Dessert. 9,5 Vol.-%, NK, €€

89+ 2021 Weißer Burgunder trocken

91+ 2020 Burg Layen Riesling trocken
Spontanvergärungsnoten in der Nase, kräutrig, Apfel, Hefe, Apfelschale, etwas Honig und kandierte Ananas kommen dazu. Entfaltet sich klar am Gaumen mit zitrischer Frucht, lebendiger, saftiger Säure und gepflegter Phenolik, gute Bündelung, individuell. 13 Vol.-%, DV, €€

★★★

KORRELL

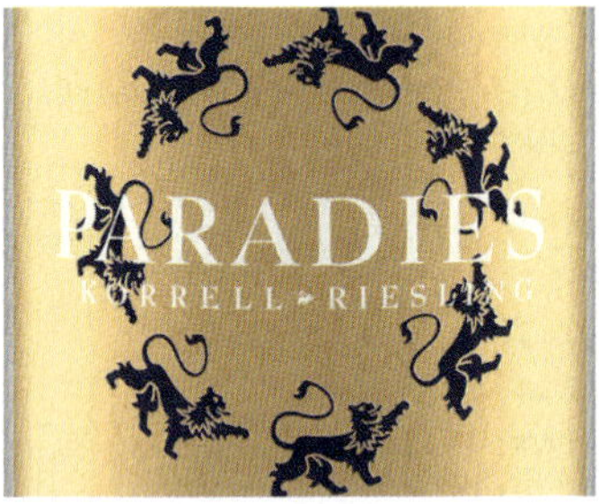

Görzstraße 7, 55545 Bad Kreuznach-Bosenheim
T: +49 671 63630, weingut@korrell.com
korrell.com

Ab-Hof-Verkauf: Mo bis Fr 14–18 Uhr, Sa 10–15 Uhr
Kellermeister: Martin Korrell
Ansprechpartner: Martin Korrell
Flaschen/Hektar: 180.000 (80 % weiß, 20 % rot)/29 ha

Martin Korrells Weine gedeihen auf hervorragenden Lagen, darunter der Norheimer Kirschheck, die älteste urkundlich erwähnte Lage der Nahe. Kein Wunder, dass sie klaren Terroircharakter besitzen! Die gesamte Kollektion fällt – wie stets – fruchtbetont, aromatisch und druckvoll aus, dabei aber auch balanciert und gut strukturiert. Der saftige, für seine Preisklasse erstaunlich vielschichtige Gutsriesling ist unser Falstaff-Tipp. Derzeit werden die Weinberge auf biologischen Anbau umgestellt, mit der Lese 2023 wird es dann das Bio-Zertifikat geben.

92+ 2021 Bad Kreuznach Paradies Riesling trocken
Würzig, sauberer, feiner Duft von reifem gelbem Apfel, frischer Zitrone, Limette und nassem Stein. Am Gaumen komplex mit reifer Frucht, auch Papaya, Mandarine, etwas salzig, ideal eingebundene Säure, attraktive Mineralik und Zug, langer Nachhall. Hat Potenzial. 13,5 Vol.-%, NK, €€€

92 2021 Norheim Kirschheck Riesling trocken
Eher dezent im Duft von Limette, Aprikose, grünem Apfel, weißen Blüten und Melisse. Am Gaumen balanciert die lebendige Säure feine Aromen von Limone, Minze und Zitronenmelisse. Bei guter Struktur und leichter Phenolik zeigt der Wein Mineralik und einen langen Nachhall.
13 Vol.-%, NK, €€€

91+ 2021 »Steinmauer Burgundercuvée« trocken PG/WB/CH
Warm im Duft: reifer Apfel, reife Aprikose, Birne und Zeder vom Ausbau in komplexer Art verwoben. Am Gaumen elegante Cremigkeit bei feinem Säurenerv und guter Textur, ebenfalls Steinobst und leichte Mineralik, Kraft und Saft führen in einen attraktiven Abgang. 13 Vol.-%, DV, €€

92 2021 Bad Kreuznach Paradies Riesling Auslese
Duft nach exotischen und getrockneten Früchten, Papaya, Ananas, getrocknete Orangenschale, Honig. Am Gaumen schöne Balance zwischen sehr frischer Säure und schmelzender Süße, Zitrusfrische, feine Phenole, saftig, elegante Auslese, die den Jahrgang zeigt. 8 Vol.-%, NK, €€

91 2021 »Von den Großen Lagen« Riesling trocken

90+ 2021 Riesling trocken
In einem Zitronengelb präsentiert sich dieser Wein. Sauber und sortentypisch im Duft, ein aromatisches Bukett von grünen Äpfeln, sonnengereiften Limetten und Gesteinsmehl. Am Gaumen sehr gut balanciert mit Schmelz und Struktur, feine Säure begleitet den Nachhall.
12,5 Vol.-%, DV, €

★★

WEINGUT MATHERN

Winzerstraße 5–7, 55585 Niederhausen
T: +49 6758 6714, info@weingut-mathern.de
weingut-mathern.de

Ab-Hof-Verkauf: nach Vereinbarung
Kellermeister: Henning Mathern
Ansprechpartner: Gloria Mathern
Flaschen/Hektar: 70.000 (80 % weiß, 10 % rot, 10 % Rosé)/12 ha

An der engsten Stelle des Nahetals liegt das Weingut Mathern: elf Hektar bester Steillagen mit Dutzenden von Bodenarten, auf denen bis zu siebzig Jahre alte Rebstöcke stehen. Als die gesetzt wurden, hatte die Familie sich längst von der Landwirtschaft ganz auf Weinanbau verlegt. Heute ist Henning Mathern für Berg und Keller verantwortlich und arbeitet aus Überzeugung naturnah. Der junge, ehrgeizige Winzer hat auch 2021 aus seinen Terroirs tolle mineralische und filigrane Rieslinge geholt. Wir sind gespannt auf die weitere Entwicklung.

92 2021 Niederhausen Hermannshöhle Riesling trocken
Vielschichtig in der Nase, Duft von rotem Apfel, frischer Zitrone, Aprikose, Wiesenkräutern und weißen Blüten. Am Gaumen jugendlich, gute Frische, erkennbare Spannung, zarte Süße, trinkanimierend, mit lebendige Säure. Charmante Interpretation des Terroirs. 12,5 Vol.-%, NK, €€

92 2021 Niederhausen Klamm Riesling feinherb
Komplex in der Nase, Aromen von nassem Stein, rotem Apfel, frischer Zitrone und Aprikose. Am Gaumen auch Limettenschale und reifer Weinbergpfirsich, getragen von guter Säure in einem eher schlanken Körper. Leichtigkeit und Mineralik prägen den Nachhall. 11 Vol.-%, NK, €€

92 2021 Norheim Dellchen Riesling trocken
Mineralische Würze, Limettenschale, gelber Apfel und reifer rosa Pfirsich im Duft. Im Mund sehr saftig und cremig – geschmeidig mit balancierender Säure und feiner leichter Phenolik. Attraktive Mineralik sowie eine Zitrusnote begleiten den Abgang. 12,5 Vol.-%, NK, €€

90+ 2021 Schloßböckelheim Felsenberg Riesling trocken
Eher reif und leise im Duft. Weinbergkräuter, gelber Apfel, Limette, Aprikose und nasser Stein. Am Gaumen dicht, ebenfalls süßer weißer Pfirsich und reife Aprikose, getragen von ausreichender Säure. Gute Struktur, ein Wein zum direkten Trinkvergnügen. 12,5 Vol.-%, NK, €€

89 2021 »vom Rotliegenden« Riesling trocken

89+ 2021 Niederhausen Rosenheck Riesling Kabinett
Lebendiger Duft nach reifen Zitrusaromen, Mango und Papaya, Mandarine und getrocknete Limettenschale. Am Gaumen mit frischer Säure, dazu leichte Phenolik, helle Früchte, Pfirsich, Aprikose, exotische Früchte. Klassischer Kabinett, gut zu pikanten Speisen. 8,5 Vol.-%, DV, €€

★

WEINGUT MEES

Hackenheimer Straße 21, 55545 Bad Kreuznach
T: +49 671 73244, info@weingut-mees.de
weingut-mees.de

Ab-Hof-Verkauf: nach Vereinbarung
Kellermeister: Roland und Lukas Mees
Ansprechpartner: Dagmar Mees
Hektar: 15 ha

Im Weingut Mees in Bad Kreuznach tut sich was, die Winzerfamilie unternimmt zahlreiche Anstrengungen in den Weinbergen und im Keller, ganz nach dem Motto: »Ständige Qualitätsoptimierung ist unser oberstes Gebot.« Jungwinzer Lukas Mees setzt inzwischen Akzente im Betrieb und baut einen Anteil der Rot- und auch Weißweine im Barrique aus. Die Etiketten wurden neu gestaltet und schon mit einem Design-Preis ausgezeichnet. In diesem Jahr gefallen uns die würzig-mineralischen Rieslinge am besten. Wir sind gespannt auf die weitere Entwicklung!

89 2021 Bad Kreuznach Rosenberg Chardonnay trocken
Birne, Melone und Aprikose, florale Noten, gelbe Blüten, Zitrus und Würze, etwas Holz, nussige Aromen. Setzt auch am Gaumen würzig an auf einem saftigen und geschmeidigen Fond, schlanker und kompakter Bau, harmonisch abgestimmt mit etwas Restsüße. 12 Vol.-%, DV, €

89 2021 Bad Kreuznach Rosenberg Grauer Burgunder trocken
Süße Birne in der Nase, Pfirsich, Honigmelone, kandierte Nüsse und feine Holzwürze kommen dazu. Setzt stoffig an in einem kräftig gebauten Körper, Saft und Schmelz sorgen für Charme, die merkliche Restsüße für Abrundung. Zeigt schöne Sortentypizität. 13 Vol.-%, DV, €

89 2021 »Blanc de Blanc« trocken WB/SB
Etwas Holzwürze mit gelber Frucht und auch Zitrusfrucht, Melone, Birne, Aprikose und Johannisbeere. Kompakt und fest gebaut im Mund, reife Säure, saftiger Schmelz, feine Würze und fruchtige Süße formen sich zur Einheit, rosa Grapefruit sorgt für Frische. 12 Vol.-%, DV, €

90+ 2020 Bad Kreuznach Paradies Riesling Auslese
Im Duft dominieren reife Früchte, Trockenobst ist mit dabei, gedörrte Aprikosen, kandierte Orangenschalen. Am Gaumen dann mit viel Würze und Druck, griffig, lebendige Säure, präsente Süße, sehr reife Früchte, Pfirsich, Papaya, üppiger Stil, klassisch. 8 Vol.-%, NK, €€

88+ 2021 Bad Kreuznach Rosenberg Weißburgunder trocken

90+ 2021 Bad Kreuznach Paradies Riesling trocken
Steinobst in der Nase mit zitrischem Beiklang, Pfirsich, Aprikose und Pomelo, helle Blüten, mineralische Töne. Saftig und geschmeidig am Gaumen in einem schlank gehaltenen Format, ausgewogene Säure, etwas Salzzitrone, mineralische Tönung, würzig im Finale. 12 Vol.-%, DV, €

★★

WEINGUT MEINHARD

Kirchstraße 13, 55545 Bad Kreuznach
T: +49 671 43030, info@weingut-meinhard.de
weingut-meinhard.de

Ab-Hof-Verkauf: Mo bis Fr 8–17 Uhr, Sa 10–13 Uhr
Kellermeister: Steffen Meinhard und Matthias Schabler
Ansprechpartner: Steffen Meinhard
Flaschen/Hektar: 160.000/15.5 ha

Das Weingut Meinhard wird von Steffen und Angela Meinhard geführt, mit Neffe Matthias Schabler steht die nächste Generation in den Startlöchern. Mit handwerklichem Können und Geschick werden von gut 15 Hektar Weinbergen regionaltypische Nahe-Weine erzeugt, wie die mineralisch geprägten Rieslinge. Der Claim »Leben für besondere Weine und Gastfreundschaft« wird mit Überzeugung umgesetzt, zum Weingut gehört eine Weinstube, die von Sohn David Meinhard geführt wird. Im vergangenen Jahr konnten wir den zweiten Stern vergeben, der gute Eindruck wird vollauf bestätigt!

91 2021 »Roter Sandstein« Bad Kreuznach St. Martin Riesling trocken
Klassischer Riesling-Duft mit Pfirsich und Aprikose, etwas Heidelbeere, Blüten und feine Kräuter. Saftig und mit Substanz am Gaumen, vollmundig, reife, süßliche Gelbfrucht, reife Säure, die Mineralik sorgt für Profil. Erwachsener Wein mit Herkunftscharakter. 12,5 Vol.-%, NK, €€

90 2021 »S« Winzenheim Berg Weißburgunder trocken
Fruchtige und würzige Nase, Birne, Apfel und Aprikose, Haselnuss-Krokant, Blumenwiese im Frühjahr. Die kräftige Substanz wird im Mund von lebendiger Säure belebt, saftiger Schmelz, Würze, merkliche Phenolik, die sich einfügt, zitrische Noten im Ausklang. 13 Vol.-%, DV, €

89 ❶ 2019 »Pinot« brut PN/WB
Feine Hefe im Duft, Himbeere, Walderdbeere, Pfirsich und rote Kirsche, auch kräutrig, feine Würze. Saftig und vollmundig am Gaumen mit geschmeidiger Fruchtsüße, frische Säure, präsentes, mittelfeines Mousseux. Kann mit seiner Substanz auch Gerichte begleiten. 12,5 Vol.-%, DIAM, €

90 2019 »S« Bretzenheim Pastorei Spätburgunder trocken
Rote Kirsche im Duft, auch Himbeere, feiner Rauch, etwas Wacholderbeere, Lorbeerblatt, erdige, mineralische Anklänge. Kräftig am Gaumen in einer eher breit angelegten Struktur mit guter Substanz, Würze und Mineralik, kräftige, reife Gerbstoffe, gute Länge. 13,5 Vol.-%, NK, €

89 2021 »S« Winzenheim Berg Grauburgunder trocken

90 2021 »S Beste Lagen« Riesling trocken
Reifer Pfirsich mit Honignoten, auch Aprikose und etwas Mango, etwas staubig, getrocknete Blumen. Erweitert am Gaumen das Aromenspektrum um zitrische Noten, Grapefruit, kompakt gebaut, geschmeidige Entfaltung, saftig, feine Würze, phenolisch, auch mineralisch. 12 Vol.-%, DV, €

★★★

WEINGUT SASCHA MONTIGNY

Weidenpfad 46, 55452 Laubenheim
T: +49 6704 1468, sascha.montigny@montigny.de
montigny.de

Ab-Hof-Verkauf: Mo bis Fr 14–18 Uhr, Sa 10–14 Uhr
Kellermeister: Frank Knoth
Ansprechpartner: Sascha Montigny
Flaschen/Hektar: 55.000 (50 % weiß, 30 % rot, 10 % Rosé, 10 % Schaumwein)/8 ha

Sascha Montigny arbeitet seit vielen Jahren auf einem konstant hohen Niveau – seine Weine sind durchweg balanciert, von schöner aromatischer Klarheit, und sie spiegeln den Jahrgang auf gekonnte Art wider. Der bescheiden auftretende Winzer, der den elterlichen Betrieb 1994 übernommen hat, beweist mit dem aktuellen Jahrgang, dass die eigentlich viel weiter im Süden beheimateten Rebsorten Merlot und Viognier mittlerweile an der Nahe exzellent gedeihen – beide Weine ergänzen das Portfolio sehr gut. Erneut vortrefflich gelungen sind auch die Rieslinge und Spätburgunder.

90 2018 Riesling brut
Ein Duft von frischen Zitrusaromen, Pampelmuse, Limette, aber auch Pfirsich. Am Gaumen feines Mousseux und griffige Säure, es dominieren Zitrusaromen, unterlegt mit heller Frucht, harmonisch abgestimmt, gute Länge, belebend. Ein sehr schöner Aperitif. 12 Vol.-%, NK, €€

91+ 2021 Laubenheim Krone Riesling trocken
Im Duft mit Aromen von Pfirsich, gelbem Apfel, Zitrusfrüchten und Kräutern. Am Gaumen mit guter Struktur und einem stabilen Säurezug, reife gelbe Frucht, dazu eine leichte Mineralik, saftig und animierend, gute Länge. Bereitet bereits viel Genuss. 12 Vol.-%, NK, €€

92+ 2020 »Cuvée Mariage« Laubenheim Krone trocken PN/SL/DU
Sonnenverwöhnte Frucht in der Nase, Bourbonvanille, Johannisbeeren, Blaubeeren und Orangenzesten. Am Gaumen Schwarze Johannisbeeren, Himbeeren, dabei feinkörniges Tannin, gut integrierte Säure, dicht, stoffig und herrlich saftig. Ein Wein mit Lagerpotenzial. 13,5 Vol.-%, NK, €€€

92 2020 »R« Laubenheim Krone St. Laurent trocken
Purpur in der Farbe. Attraktiver Duft: Tabaknoten, Johannisbeere, Preiselbeere, Himbeere und ein Hauch von Garrique. Am Gaumen dann Pfeffer, Nelke, dunkle reife Frucht, guter Gerbstoff, lebendige Säure. Im guten Maß trinkanimierend, spannender Wein. 13,5 Vol.-%, NK, €€€

91 2021 Laubenheim Spätburgunder Blanc de Noir trocken

91 2021 Laubenheim Karthäuser Riesling trocken

90 2021 Laubenheim Karthäuser Grauburgunder trocken

89+ 2021 Laubenheim Weißburgunder trocken

92 2020 Laubenheim Krone Frühburgunder trocken

92 2020 Laubenheim Merlot trocken

90+ 2020 Laubenheim Spätburgunder trocken

91 2021 Laubenheim Viognier trocken
Durchaus sortentypisch im Duft mit Aromen von Rose, rosa Pfirsich, Mandarine, Mango und Geißblatt. Am Gaumen angenehm unaufgeregt mit leiser, aber feiner Säurestruktur, sauberer, klarer Frucht in einem mittelgewichtigen Körper, ausgewogen. Ein spannender Ansatz. 13 Vol.-%, NK, €€

★★

REICHSGRAF VON PLETTENBERG

Im Wingert 2, 55545 Bad Kreuznach
T: +49 671 2251, falk@weingutplettenberg.de
weingutplettenberg.de

Ab-Hof-Verkauf: nach Vereinbarung
Kellermeister: Falk Albrecht Graf von Plettenberg
Ansprechpartner: Falk Albrecht Reichsgraf von Plettenberg
Hektar: 30 ha

Die Weine des Bad Kreuznacher Weinguts haben ihre stilistische Heimat in einem harmonischen Geschmacksbild, das keine Angst vor einer Schippe zusätzlichen Restzuckers hat. Da Falk Albrecht Reichsgraf von Plettenberg das Spiel mit der Süße beherrscht und dabei stets den gesamten Wein im Blick behält, rutscht das aber niemals ins Banale ab – im Gegenteil: Die neuen Weine haben, am merklichsten beim Weißburgunder aus der Narrenkappe, eine zarte Salzigkeit hinter ihrem fein gewobenen, milden Körper. Das gibt ihnen Appeal und Eigenart. Mehr davon, bitte!

90 2021 Bad Kreuznach Brückes Riesling Spätlese feinherb
Ein nuancenreicher Duft: frischer Zitrusabrieb, Blutorange, auch kräuterwürzige Aromen. Der Gaumen eröffnet mit recht merklicher Süße, die Säure steht etwas defensiv dagegen, eine leichte Viskosität unterstreicht den Spätlesecharakter. Ein Riesling am süßeren Ende des Spätlese-Spektrums. 11,5 Vol.-%, DV, €€

90 2020 Bad Kreuznach Narrenkappe Riesling Spätlese trocken
Eine leicht gereifte Würze mit Petrolton im Duft, aber auch noch frische Motive: Ingwer und Melisse, Majoran. Im Mund zeigt der Wein ein trockenes Geschmacksbild der eher milderen Art, die reife Säure und geschmeidige Motive sorgen für Abrundung. 12 Vol.-%, DV, €€

89+ 2021 Bad Kreuznach Hinkelstein Chardonnay Spätlese trocken
Ein duftiger Chardonnay mit nachgerade muskatierenden Untertönen. Im Mund hat der Wein Stoff, Fülle, eine straffe Säure, die den Eindruck der Stoffigkeit verstärkt, ein Hauch von Salzigkeit im Abgang deutet den Lagencharakter an. 13 Vol.-%, DV, €€

89+ 2021 Weißburgunder trocken
Duftig mit ersten Reifenoten, Heu und weiße Blüten, auch beerige Aromen. Im Mund hat der Wein eine feine Seidigkeit und strahlt innere Ruhe und Ausgeglichenheit aus, erst ganz zuletzt kommt die Süße etwas kräftiger zum Vorschein. 12 Vol.-%, DV, €

89 2021 Blanc de Noir Spätburgunder trocken

90+ 2021 Bad Kreuznach Narrenkappe Weißburgunder Spätlese trocken
Im Duft noch etwas Eisbonbon, aber auch bereits sortentypische Noten von Heu, frischer Butter und Sesamkrokant. Im Mund hat der Wein ein sehr eigenes Spiel aus Süße, Säure und Salzigkeit. Eine Schicht seidiger Phenole gibt dem Wein Struktur und bereichert die Fülle. 12,5 Vol.-%, DV, €€

★★★

POSS

Goldgrube 20–22, 55452 Windesheim
T: +49 6707 342, info@weingut-poss.de
weingut-poss.de

Ab-Hof-Verkauf: Mo bis Sa 10–17 Uhr und nach Vereinbarung
Kellermeister: Karl-Hans Poss und Nikolay Poss
Ansprechpartner: Karl-Hans und Harald Poss
Flaschen/Hektar: 70.000 (90 % weiß, 10 % rot)/13 ha

Im Weinbaugebiet Nahe, das bekannt ist für seinen Rieslinganbau, gehen die Brüder Poss seit Jahren eigene Wege. Sie haben sich als Spezialisten für Burgundersorten einen Namen gemacht. Die Berge rund um Windesheim sind die Domäne von Harald Poss, Bruder Karl-Hans und Sohn Nikolay sind für die Vinifizierung im Keller verantwortlich. Alle ihre Weine – auch die weißen – sind deutlich auf Stoffigkeit und Dichte gearbeitet. Aus der gelungenen Kollektion ragt, wie schon im Vorjahr, ein Chardonnay mit dem treffenden Namen »Euphoros« heraus.

92 2018 »Euphoros« Chardonnay trocken

In der Nase weißer Pfirsich, Mango, Vanille und eine Spur von Rauch. Am Gaumen dann saftig, mit dezenter Säure und leicht herb, viel Substanz und elegante Cremigkeit in der Struktur des Weins, wobei sein Körper durchaus mit Kraft daherkommt. 13,5 Vol.-%, NK, €€€

91 2019 Winzenheim Berg Grauer Burgunder trocken

Gelbgoldene Farbe. Frische Birne, etwas Banane, ein wenige Kamille und Sahnekaramell. Zusammenfassend also ein durchdachter, eher klassischer Grauburgunder. Am Gaumen fallen eine angenehme salzige Mineralik, leichte Cremigkeit und feingliedrige Säure auf. 13,5 Vol.-%, NK, €€€

90+ 2020 Windesheim Römerberg Weißer Burgunder trocken

Die Farbe geht in Richtung helles Goldgelb. Im Duft Weinbergpfirsich, Toffee, Blütenhonig und getrocknete Aprikose. Geschmeidig, extraktreich und unaufgeregt im Mund, erfrischend, dezente Säure, herb, ein bisschen salzig und insgesamt elegant. Reifepotenzial ist da. 13 Vol.-%, NK, €€

93 2018 Windesheim Saukopf Spätburgunder trocken

Würzige und fruchtige Nase, Sauerkirsch, Brombeere, Waldbeerenjoghurt, Salbei und Pfeffer. Im Mund hat der Wein Nerv und eine präsente, noch herbe Phenolik. Der Körper ist recht kräftig und komplex. Braucht Zeit – und wird ein guter Speisenbegleiter. 14 Vol.-%, NK, €€€

89 2020 »S« Weißer Burgunder trocken

89 2021 Grauer Burgunder trocken

Eisbonbon und dezent nach Ananas im Duft, dazu etwas Kerbel. Am Gaumen sehr saftig und mit leichter Cremigkeit und gut spürbarer Extraktsüße, die Säure hält sich eher zurück. Insgesamt ein geradliniger und trinkiger Grauburgunder. 13 Vol.-%, DV, €

★

SM SEKTMANUFAKTUR

Große Heide 2, 55444 Waldlaubersheim
T: +49 6707 9141820, info@sm-sektmanufaktur.de
sm-sektmanufaktur.de

Ab-Hof-Verkauf: Mo bis Fr 6.30–12 Uhr und 12.30–15 Uhr
Kellermeister: Kai Maschtschenko und Matthias Schreml
Ansprechpartner: Kai Maschtschenko und Matthias Schreml

Die SM Sektmanufaktur ist das einzige Weingut an der Nahe, das sich ganz auf Schaumweine spezialisiert hat. Seit vielen Jahren sind Kai Maschtschenko, der seit 1995 in der Versektung arbeitet, und Matthias Schreml, Erbe der Sektmanufaktur Schreml, ein eingespieltes Team. Die beiden arbeiten mit klassischen Rebsorten wie Riesling, Weißburgunder, Chardonnay, Spätburgunder oder Schwarzriesling und setzen auf traditionelle Flaschengärung. Ihre gelungene Kollektion wird von dem stilistisch eigenständigen 2016 »Blanc de Noirs« brut nature angeführt.

92 ● 2016 »Blanc de Noirs« brut nature
Eine würzige Nase, Lakritze, Minze, Koriander, ein Hauch Hefe. Am Gaumen ist der Wein schlank, feingliedrig, sehr trocken, das Mousseux ist fein und dennoch auch lebendig, die Abgangswürze lässt tatsächlich den Sortentyp durchscheinen. Originell und gelungen. 12,5 Vol.-%, DIAM, €€

91+ ● 2015 Pinot Blanc brut
Ein reifer Gelbton in der Farbe. Der Wein entfaltet einen üppigen Duft, buttrige Noten, Strohblumen, aber auch frische florale Töne, Raps und Sonnenblume. Das Mousseux ist fein und hat Volumen und Spiel, die Säure gibt Spannung. Der Wein wirkt gut ausgewogen, nicht zu süß, kulinarisch.
12,5 Vol.-%, DIAM, €€

91 ● 2016 »Grande Cuvée Reserve« brut nature CH/SW/PN
Ein dezenter Duft von weißem Pfeffer, roten Beeren, Mais, Hefe, auch etwas Pfirsich. Im Mund ist der Wein kernig angelegt, mit feinem, aber auch dynamischem Mousseux und einer prägnanten Säure, keine Süße, aber durchaus einige Geschmeidigkeit im Hintergrund, zarte Mineralik. Stilvoll.
12,5 Vol.-%, DIAM, €€€

90 ● 2018 Chardonnay brut
Im Duft zeigen sich buttrige Töne, Noten von Polenta und Flachs. Im Mund ist der Wein eher breit angelegt, das Mousseux bleibt mild bei mittelgroßen Bubbles, die reife Säure wird von zurückhaltend dosierter und dennoch präsenter Süße harmonisiert. 12,5 Vol.-%, DIAM, €€

89+ ● 2016 »Dosage Zero« brut nature

91 ● 2019 »Pinot Blanc de Noirs« brut
In der Farbe ein heller, rötlich getönter Goldton. Ein klarer, noch recht frischer beeriger Duft strömt aus dem Glas. Im Mund ist der Wein geradlinig gebaut, hat frisches Mousseux, eine dezent spielende Süße neben einem feinen Säurenerv, präsente Gaumenfrucht und eine Prise Phenolik.
12,5 Vol.-%, DIAM, €€

★

WEINGUT SCHILD

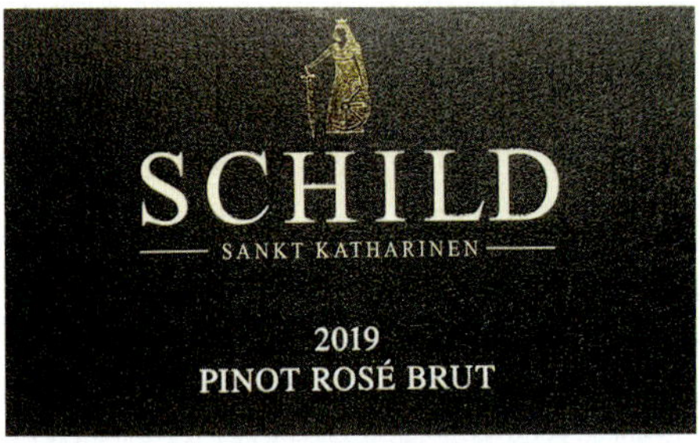

Klosterstraße 7, 55595 Sankt Katharinen
T: +49 6706 447, info@schild-weingut.de
schild-weingut.de

Ab-Hof-Verkauf: Mo bis Sa 9–20 Uhr nach Voranmeldung
Kellermeister: Johannes & Thomas Schild
Ansprechpartner: Johannes Schild
Flaschen/Hektar: 93.000 (40 % weiß, 25 % rot, 15 % Rosé, 10 % süß, 10 % Schaumwein)/12 ha

Thomas Schild und sein Sohn Johannes, der in Geisenheim Weinbau studierte, führen gemeinsam das Weingut mit zwölf Hektar Rebfläche in Sankt Katharinen. Die Weinberge werden naturnah bewirtschaftet und nur organisch gedüngt. Im vergangenen Jahr lobten wir das Weingut für ein gelungenes Debüt im Weinguide, in diesem Jahr können wir noch mal eine Steigerung feststellen, die Weine, wie die Riesling-Spätlese, bieten viel fürs Geld. Der maischevergorene Muscaris »Orange« unterstreicht die Experimentierfreude der Winzer. Der zweite Stern rückt näher!

89+ 2019 »Pinot« Rosé brut

Reife Himbeeren und Aprikose mit feiner Hefe im fruchtigen Duft, auch Erdbeere kommt dazu. Auf weichem, saftigem Hintergrund zeigt die selbstbewusste Säure, wo es langgeht. Unterlegt mit feiner Würze, verbindet sich reife Frucht mit animierender Frische. 12,5 Vol.-%, DIAM, €

91 2020 »Orange« Muscaris trocken

Mittlere Bernsteinfarbe. Orangeat, Weihnachten lässt grüßen, britische Orangenmarmelade, ordentlich Salbei. Setzt breit und gelassen an am Gaumen mit merklicher Phenolik und aparter Herbe, reife Säure, gute Substanz, kein Leichtgewicht. Gerne zum Essen. 14 Vol.-%, DIAM, €€

89 2021 »Fumé« Sauvignon Blanc trocken

Rauchige »Fumé«-Noten umspielen sortentypische Schwarze Johannisbeeren, reife Stachelbeeren und Mango. Zeigt am Gaumen erstaunlich viel Frische, eher gering im Extrakt, dadurch wirkt der Wein leichter, als er ist. Würze, auch vom Holzausbau, grüne Walnuss. 13,5 Vol.-%, DIAM, €€

89 2021 »Drei Morgen« Grauburgunder tr.

Haselnuss und Birne, auch Honigmelone und gelber Apfel, Apfelblüten, rauchige Noten vom Ausbau. Geschmeidig und saftig am Gaumen mit feiner Würze, die präsente Säure unterbindet das Gefühl von Molligkeit, harmonisch abgerundet. Sichere Wahl zum Essen. 13 Vol.-%, DV, €

89 2021 Sauvignon Blanc trocken

90 2021 Bad Kreuznach Hofgarten Riesling Spätlese trocken

Reife Spätlese-Frucht, Pfirsich, Aprikose, Apfel, auch etwas Passionsfrucht, würzige Noten. Schlankes Format, klassische Spätlese mit Stil, würzig und mineralisch mit tragender Säure, mittlerer Körper, ausgewogene Balance. Hat einiges zu bieten fürs Geld. 11,5 Vol.-%, DV, €

★★

WEINGUT K.H. SCHNEIDER

Meddersheimer Straße 29, 55566 Bad Sobernheim
T: +49 6751 2505, info@weingut-schneider.com
weingut-schneider.com

Ab-Hof-Verkauf: Mo bis Fr 10–12 Uhr und 13–18 Uhr, Sa 10–16 Uhr
Kellermeister: Andi Schneider
Ansprechpartner: Andi Schneider
Flaschen/Hektar: 70.000 (90 % weiß, 10 % rot)/14.5 ha

Die Nahe kann keinen majestätischen Fluss wie Rhein oder Mosel vorweisen, dafür aber eine unglaubliche geologische Vielfalt – und einige der schönsten Weinlagen Deutschlands. Die Brüder Andi und Christoph Schneider, die in dritter Generation das Weingut ihrer Eltern weiterführen, verfügen über einen beachtlichen Lagenschatz. Aus den eigentlichen Heimatlagen in Bad Sobernheim kommen bereits äußerst vielversprechende klassische Nahe-Rieslinge. Ein My darüber, weil derzeit etwas freundlicher, sehen wir die Erzeugnisse aus den spektakulären Schloßböckelheimer Porphyrlagen. Ein Betrieb, bei dem man blind zugreifen kann!

92+ 2021 Schloßböckelheim Königsfels Riesling trocken
Dicht und reif in der Nase, Aprikose und Orange, wirkt von allen Lagenweinen am zugänglichsten. Am Gaumen mischen sich Frucht und salzige Mineralik, äußerst ausgewogen, zeigt sowohl Cremigkeit als auch Säurepikanz. Eleganz mit Potenzial. 12,5 Vol.-%, NK, €€

92 2021 Schloßböckelheim Felsenberg Riesling trocken
Minimale Reduktion frisch geöffnet in der Nase, dazu eine helltraubige Note als Alleinstellungsmerkmal. Am Gaumen verschlossener als der »Königsfels«, ziemlich straight, Kümmel, Senf, kräutrige Mineralik. Ein Wein, der bei Tisch am meisten brilliert. 12,5 Vol.-%, NK, €€

91 2021 Bad Sobernheim Domberg Riesling trocken
In der Nase erst etwas Anis, Holunderblüten und Zitronenabrieb, noch relativ verschlossen. Am Gaumen dann mit einer deutlich kräutergeprägten Note, Estragon, Kerbel, sogar ein fein pointierter leicht bitterer Anklang. Bietet sich sehr als anspruchsvoller Speisenbegleiter an. 12,5 Vol.-%, NK, €€

90+ 2021 Bad Sobernheim Marbach Riesling trocken
Derzeit deutlich verschlossener in der Nase als die Ortsweine, Lindenblüten, Korianderkörner, die apfelige und aprikosige Frucht erst dahinter. Am Gaumen ruhig gehalten, Zitrone, etwas Küchenkräuter und eine beginnende Würze. Wird definitiv zulegen! 13 Vol.-%, NK, €€

90+ 2021 »Roter Tonschiefer« Bad Sobernheim Riesling trocken

90+ 2021 »Vulkanstein« Schloßböckelheim Riesling trocken
In der Nase gleichzeitig ein wenig rauchiger als der »Tonschiefer« und mit wärmeren Fruchtnoten in Richtung Orange. Am Gaumen Pfirsich und Orange, pikant, ausgewogen, schöner Extrakt, etwas offener und reicher als sein gleichwertiger Sobernheimer Bruder. 12,5 Vol.-%, NK, €€

★★★★

WEINGUT JOH. BAPT. SCHÄFER

Burg Layen 8, 55452 Rümmelsheim
T: +49 6721 43552, schaefer@jbs-wein.de
jbs-wein.de

Ab-Hof-Verkauf: nach Vereinbarung
Kellermeister: Sebastian Schäfer
Ansprechpartner: Sebastian Schäfer
Flaschen/Hektar: 60.000 (95 % weiß, 5 % Rosé)/8 ha

Sebastian Schäfer besitzt Anteile an den besten Lagen rund um Rümmelsheim, dort bringt er Rieslinge hervor, die mit ihrer geerdeten handwerklichen Art zur Spitze der Naheweine zählen. Das Jahr 2021 packte der Ausnahmewinzer beim Schopf und nutzte die jahrgangstypische Säure, um straffe Charakterweine entstehen zu lassen. Die Vielschichtigkeit seiner Gewächse ließ dies nur umso stärker hervortreten, am erfrischendsten im Pittermännchen Kabinett, am eindrücklichsten im Goldloch GG. Das sind Weine, die in zwei Zeiten zugleich leben: jetzt und in der Zukunft.

94 2021 Dorsheim Goldloch Riesling GG

Weißer Pfirsich, Blumenwiese, Physalis und etwas Heu im Duft. Fordernd und stoffig im Mund, mit strammer Säure und kräftigem Zug. Nacheinander treten vielversprechende Aromen auf, etwa Rote Johannisbeere und im Nachgeschmack Darjeelingtee. 12,5 Vol.-%, NK, €€€

93 2021 Burg Layen Schlossberg Riesling trocken

Gelbe Früchte im Duft, auch ein bisschen Eisenkraut. Der Geschmack beginnt fast dunkel, mit Nuancen von Brot und Nüssen über der durchgehenden blanken Säure, sehr dramatisch, viel Extrakt, mineralischer Nachgeschmack. Man sollte ihn reifen lassen. 12,5 Vol.-%, NK, €€€

92+ 2021 Dorsheim Pittermännchen Riesling GG

Der noch verschlossene Duft lässt traubige Noten anklingen, Rebblüte und etwas Pfirsich. Im Mund ist der Wein fein ziseliert, mittelgewichtig im Extrakt, mit einem lebendigen, drahtigen Säurerückgrat und mineralischen Noten. Eine Delikatesse mit sehr guter Länge. 12,5 Vol.-%, NK, €€€

91 2021 Dorsheim Riesling trocken

Würziger, erwachsener Duft. Im Geschmack ein Anflug von Hefetönen, ein wenig Holzsüße und durchgehend eine kraftvolle, vielschichtige Säure, die dem Wein Format verleiht. Die Primärfrucht setzt sich dann im Nachgeschmack durch. Tolle Dramaturgie! 12,5 Vol.-%, DV, €€

91 2021 »Kieselstein« Rümmelsheim Riesling trocken

92+ 2021 Dorsheim Pittermännchen Riesling Kabinett

Vielversprechendes würziges Bukett. Im Geschmack kündigt gleich zu Beginn die Vermählung feinster Säure und Süße an, was noch kommt: ein hochgradig integrierter Kabinettwein, der bis ganz zum Schluss alle seine Aspekte zeigt. Sehr kultiviert. 8,5 Vol.-%, NK, €€

★★★★★

WEINGUT SCHÄFER-FRÖHLICH

Schulstraße 6, 55595 Bockenau
T: +49 6758 6521, info@weingut-schaefer-froehlich.de
weingut-schaefer-froehlich.de

Ab-Hof-Verkauf: nach Vereinbarung
Kellermeister: Tim Fröhlich
Ansprechpartner: Familie Fröhlich
Flaschen/Hektar: 120.000 (99 % weiß, 1 % rot)/21 ha

Es ist noch gar nicht lange her, da konnte man die Rieslinge von Tim Fröhlich untrüglich an Reduktionsnoten und markanten Zündholztönen erkennen: Für manchen Weintrinker galten sie sogar als Gütemerkmal. Inzwischen scheint die Phase des plakativen Ausdrucks vorbei zu sein, in den Weinen darf sogar Primärfrucht aufscheinen, sie wirken dadurch etwas klassischer – was ihrer Größe im Jahrgang 2021 keinen Abbruch tut. Das GG Halenberg kann mit grandioser Säure symbolisch für die Brillanz des Jahres stehen, das Felseneck liegt mit seiner Mineralik ein wenig vorne. Groß!

97 2021 Bockenau Felseneck Riesling GG
Vielschichtiges Duftbild, kräutrig, etwas Malz, balsamische Würze, weißer Pfirsich, getrocknete Zitronenschale, etwas Anis. Am Gaumen bauen sich nach und nach Druck und mineralische Spannung auf, salzig-zitrischer Hintergrund, gekonnte Balance, aus einem Guss, hat noch einiges vor. 12,5 Vol.-%, NK, €€€€

95 2021 Monzingen Halenberg Riesling GG
Leichte Reduktionsnote, kräutrige Noten, Fliederblüten, Krokus, Mirabelle, Apfel, eingelegter Ingwer. Schlankes Format, das viel Inhalt bietet und Entwicklung verspricht: feinnervige Säure, die eng am Körper liegt, saftige Frucht, die Süße und Herbe verbindet, mineralische Schichtung. 12,5 Vol.-%, NK, €€€€

94+ 2021 Schloßböckelheim Felsenberg Riesling GG
Im Duft etwas Karamellbonbon, florale Töne und kandierte Zitronenschale. Im Mund dicht gewoben, sehr feine, edle Phenolik, prägnante und lang anhaltende Säure, in der Auflösung saftig und pikant taktil-mineralisch. Bleibt lang am Gaumen. 12,5 Vol.-%, NK, €€€€

94 2021 »Goldkapsel« Bockenau Felseneck Riesling Spätlese
Feiner Duft nach Gesteinsmehl, etwas Zündholz, kandierte Limone, etwas Rauch, mineralisch-fruchtig, komplex, exotische Früchte zeigen sich. Am Gaumen mit lebendiger Säure, Zug und Saft, Zitrusaromen, perfekt balancierte Süße, sehr dicht, mineralischer Zug, lang. 7,5 Vol.-%, NK, €€€

94 2021 Schloßböckelheim Kupfergrube Riesling GG

93+ 2021 Bockenau Stromberg Riesling GG

93 2021 Monzingen Frühlingsplätzchen Riesling GG

91+ 2021 »Vulkangestein« Riesling trocken

91+ 2021 »S« Weißer Burgunder trocken

93+ 2021 Bockenau Felseneck Riesling Spätlese

92+ 2021 Bockenau Felseneck Riesling Kabinett

92 2021 »Schiefergestein« Bockenau Riesling trocken
In der Nase etwas Feuerstein mit Orangeat, reifer Aprikose und grünem Apfel, Mandarinenschale, rosa Pfeffer. Die Lebendigkeit und der Schwung mit einer selbstbewussten Säure werden am Gaumen gut abgepuffert mit Saft und Substanz, die mineralische Würze und Finesse toppt. 12 Vol.-%, NK, €€€

★★

WEINGUT SITZIUS

SITZIUS

2021
BLACK LABEL
RIESLING SPÄTLESE
TROCKEN

Naheweinstraße 87, 55450 Langenlonsheim
T: +49 6704 1309, weingut@sitzius.de
sitzius.de

Ab-Hof-Verkauf: Mo bis Fr 10–17 Uhr
Kellermeister: Wilhelm Sitzius
Ansprechpartner: Sonja und Wilhelm Sitzius
Flaschen/Hektar: 100.000 (80 % weiß, 20 % rot)/15 ha

Vermutlich folgt Wilhelm Sitzius mit seinen Weinen keinem Trend, aber er trifft punktgenau den Zeitgeist: Der Inhaber und Kellermeister im Langenlonsheimer Weingut, das immerhin schon stolze 462 Jahre Weinbau an der Nahe betreibt, keltert trockene, schlanke Rieslinge, wie sie heiß begehrt sind. Dass sie das Prädikat »Spätlese« tragen, zeigt wiederum, dass die Winzer-Familie etwas auf ihre Tradition hält. Zum Weingut gehört auch eine Weinwirtschaft, in der die Kollektion verkostet werden kann. Die können wir uneingeschränkt empfehlen!

91 2021 »Goldkapsel« Langenlonsheim Rothenberg Riesling Spätlese trocken

Pfirsich, Aprikose und Maracuja, auch würzige und leicht brenzlige Aromen. Saftig gelbfruchtig am Gaumen, auch etwas zitrisch begleitet. Ausgewogene Säure, mittelgewichtig im Extrakt, weicher Hintergrund, mineralisch akzentuiert. Klassische Stilistik. 11 Vol.-%, NK, €€

90+ 2021 Langenlonsheim Königsschild Riesling trocken

Reife Fruchtnoten, Mandarine, Mandarinenschale und Apfel, Weinbergpfirsich, kräutrige und würzige Noten. Saftig und cremig ansetzend am Gaumen, von lebendiger Säure getragen, auch Zitrone, abgerundet durch etwas Süße, mineralisch abklingend. 12 Vol.-%, NK, €

90+ 2021 »Black Label« Riesling trocken

Zitrische Noten in der Nase, Grapefruit und Mandarine, Orangenöl, Pfirsich und kräutrige Noten, warmer Stein. Die straffe und lebendige Säure führt durch einen schlank gehaltenen Körper, für geschmeidige Balance sorgt etwas Restsüße, mineralisch im Finish. 11 Vol.-%, NK, €€

89 2021 Riesling feinherb

Reifer Weinbergpfirsich, Mirabelle, Apfel und auch Aprikose, kräutrige Noten. Gelungenes Zusammenspiel am Gaumen von saftiger Süße und frischer Säure in einem schlanken Format. Linear im Trinkfluss, feine Würze im Ausklang, in sich stimmig. 11,5 Vol.-%, NK, €

89 2021 Sauvigion Blanc trocken

91+ 2021 Oberhausen Kieselberg Riesling Spätlese trocken

Reife Fruchtnoten im Duft, Pfirsich, Apfel und Passionsfrucht, helle Blüten, leicht rauchige Mineralik, Würze. Schlankes, klar definiertes Format, vollmundig und saftig am Gaumen, präsente Säureader, etwas Limettensaft, feine mineralische Tönung, ausbalanciert. 11 Vol.-%, NK, €

★★

WEINGUT WEBER

Soonwaldstraße 41, 55569 Monzingen
T: +49 6751 3278, info@weingut-udo-weber.de
weingut-udo-weber.de

Ab-Hof-Verkauf: Mo bis So 8–12.30 und 13.30–19 Uhr
Kellermeister: Laura und Udo Weber
Ansprechpartner: Laura und Sabine Weber
Hektar: 15 ha

Laura Weber hat ihre Farbe gefunden. Das gilt nicht nur für die Etiketten in ihren marinen Cyantönen. Das gilt auch für ihren Ansatz im elterlichen Weingut, das sie nicht etwa auf den Kopf stellt, aber Schritt für Schritt auf die Zukunft ausrichtet. Biodiversität im Weinberg, Spontangärung und Holzfasseinsatz im Keller, gewannorientierte Weine, einige nur in kleinen Mengen hergestellt. Der entsprechend limitierte Riesling von der »Ley« kaschiert seine Tiefe derzeit noch mit spürbarer Restsüße, der mineralischere Bruder aus dem Halenberg ist da schon weiter. Unbedingt im Auge behalten!

92+ 2021 »Großer Genuss« Monzingen Halenberg Riesling trocken
Im Gegensatz zur »Ley« vollkommen fruchtfreie Nase, mineralisch, Anisnoten, etwas Lindenblüte. Am Gaumen weiterhin mineralisch grundiert, aber mit großer Ausgewogenheit, vollkommen balanciert zwischen Süße und Säure, Frucht und Materie. Hat derzeit die Nase vorne. 12 Vol.-%, NK

91+ 2021 Monzingen Frühlingsplätzchen Auf der Ley Riesling trocken
»Auf der Ley« – ein großer Name, das Gewann schwebt auf der Kuppe über dem Halenberg. Mehr Frucht in der Nase als der Halenberg, Zitrone, etwas Aprikose, Lindenblüte. Am Gaumen dann flächig, erstaunlich milder Säureeindruck, nicht vollkommen trocken bei saftiger Reife. Da schlummert noch etwas ... 12 Vol.-%, NK

89+ 2021 »No. 53« Monzingen Frühlingsplätzchen Riesling feinherb
Sehr zurückhaltend präsentiert sich die feinherbe Spätlese in der Nase, nur Apfel und zarte Minze scheinen durch. Am Gaumen lebendig, höher in der Restsüße als erwartet, Apfel, etwas Orangenschale. Ein Wein, dem man idealerweise noch ein wenig Zeit zwecks Harmonisierung gibt. 10 Vol.-%, DV, €

92+ 2021 Riesling Eiswein
Intensive Frucht in der Nase, Limette, Engelwurz, Verbene, grüner Apfel, Dosenananas. Am Gaumen hochviskos, fast schmerzhaft intensiv, weder Ausbau noch Pilznoten spielen eine Rolle. Eiswein ist eine aussterbende Gattung, nicht nur des Klimas wegen, in kleinen Mengen genossen aber schlicht fabulös. 11 Vol.-%, NK, €€€

89 2021 »Duo Surprise No.1« Sauvignon Blanc & Scheurebe trocken SB/SÄ

90+ 2020 »No. 5« Monzingen Frühlingsplätzchen Chardonnay trocken
Dass die »No. 5« aus dem Frühlingsplätzchen stammt, verrät das Seitenetikett. Haselnuss und Kokosholz in der Nase, mit etwas Luft auch feine apfelige Noten. Mittelgewichtig am Gaumen, schön eingebundene Säure, taktil schmeichelnd, viel Würze. Ein Wein mit Zukunft! 13 Vol.-%, DV

★★★

WEINGUT IN DEN ZEHN MORGEN

WEINGUT IN DEN
ZEHN MORGEN

In den Zehn Morgen 41, 55559 Bretzenheim
T: +49 671 48313040, info@indenzehnmorgen.de
indenzehnmorgen.de

Ab-Hof-Verkauf: Mo bis Fr 8–17 und nach Vereinbarung
Kellermeister: Stefan Schmidt
Ansprechpartner: Steffen Montigny, Stephan Pompejus
Hektar: 40 ha

Das junge Weingut setzt die Aufbauarbeit und auch den qualitativen Aufschwung fort. Im Weinberg steht die Umstellung auf Bioweinbau kurz vor dem Abschluss, und der Weinstil scheint uns immer deutlicher den Terroir-Ausdruck in den Fokus zu nehmen. Bestes Beispiel ist der furios gelungene Riesling »Aufm Schlossberg«, dessen reichhaltige Anlage eine große mineralische Tiefe einschließt. Im alltäglicheren Format zeigt diesen Brückenschlag von Potenzial zu Zugänglichkeit der Bad Kreuznacher Ortsriesling. Wir sind schon jetzt gespannt aufs nächste Jahr.

94 2020 Bad Kreuznach Aufm Schlossberg Riesling trocken
Im Duft zeigt sich eine komplexe, volle Gelbfrucht. Kalk, Wachs, balsamische Noten. Im Mund ist der Wein sehr dicht, straff, mineralisch, tief und stoffig, noch sehr kompakt und in sich gekehrt, mit öligem Hintergrund und ausgezeichnetem Potenzial. 12,5 Vol.-%, NK, €€€

93 2020 Bretzenheim Pastorei Chardonnay trocken
Der Wein hat eine kräftige Farbe. In der Nase ein kräftiger Duft mit würzigen Holznoten und kandierter Zitrusfrucht. Im Mund großzügig, mit hintergründiger Geschmeidigkeit, aber auch viel Stoff, tolle Spannung und eben zugleich auch eine Anlage zur Fülle. 13 Vol.-%, NK, €€€

92 2020 Bad Kreuznach Krötenpfuhl Riesling trocken
Im Duft gelber Pfirsich und Zitronenschalen. Im Mund zeigt der Wein eine deutliche Phenolik und eine recht rassige Säure, bei betont trockener Abstimmung wirkt er sehr jung und kompakt, im Abgang nimmt man kräuterwürzige Anklänge wahr. 12,5 Vol.-%, NK, €€€

91+ 2019 Bad Kreuznach Hofgarten Pinot Noir trocken
Im Duft Schokolade, süßes Steinobst, Renekloden und Pflaumen aus dem Glas, kräuterwürzige Noten. Im Mund hat der Wein feinkörniges, frisches Tannin in passender Menge, eine süße Frucht, reife Säure, der vergleichsweise kräftige Alkohol ist gut eingebunden. 13 Vol.-%, NK, €€€

92 2019 »Blanc de Blancs« brut nature

91+ 2020 »Monopol« Bad Kreuznach Steinberg Riesling trocken

91+ 2021 Bretzenheim Chardonnay trocken

91 2021 Bad Kreuznach Grauer Burgunder tr.

90 2021 »vom Kalkstein« Bretzenheim Chardonnay trocken

89+ 2021 »vom Sandstein« Weißer Burgunder trocken

90 2020 Bad Kreuznach Pinot Noir trocken

91 2021 Bad Kreuznach Riesling trocken
Kandierte Zitronenschale, Cassis, Rosenholz und gelber Pfirsich, komplex und offen. Im Mund zeigt sich der Wein mit guter Bündelung, strammem Säuregerüst, substanzreich und dennoch auch zugänglich mit toller Frische. 11,5 Vol.-%, DV, €€

Blick auf den Kurpark von Bad Kreuznach

GASTGEBER AUS LEIDENSCHAFT

Gemeinsam mit den Winzern der Region – als uneingeschränkten Experten, was das leibliche Wohl anbelangt – hat Falstaff die besten Genussadressen in Sachen Kulinarik sorgfältig ausgewählt und zusammengestellt.

55545 Bad Kreuznach

Im Gütchen

Seit vielen Jahren die beste kulinarische Adresse in Bad Kreuznach. Jan Treutles Küche ist verlässlich gut, abwechslungsreich und hat auch für Vegetarier durchdachte Gerichte auf der Speisekarte.

Hüffelsheimer Straße 1
+49 (671) 42626
www.im-guetchen.com

P SO €€€

Empfohlen von: **Weingut Gebert, Weingut Sascha Montigny**

55545 Bad Kreuznach

Im Kittchen

Die Tagesempfehlungen aus der Küche stehen auf der großen Wandtafel der gemütlichen Weinstube. Immer eine gute Wahl ist das Überraschungsmenü im Tapasformat, ideal mit der kompetenten Weinbegleitung.

Alte Poststraße 2
+49 (671) 9200811
imkittchen.de

€€

Empfohlen von: **Weingut Gebert, Weingut Sascha Montigny**

55583 Bad Münster am Stein-Ebernburg

Schneider

Jasmin und Viola Schneider sind liebenswerte Gastgeber, ihr kleines Weinhotel beherbergt auch ein gemütliches Restaurant, das nicht nur Hotelgästen offensteht. Gekocht wird hier herzhaft und bodenständig, vorwiegend mit regionalen Produkten.

Gartenweg 2
+49 (6708) 2043
weinhotel-schneider.jimdosite.com

Empfohlen von: **Weingut Schild**

55585 Niederhausen

Hermannshöhle

Mit einem klassisch zusammengestellten Menü von Küchenchef Wigbert Weck fährt man immer gut. Die sorgfältig zubereiteten und hübsch arrangierten Gerichte haben einen gekonnten Touch von Gourmetküche.

Hermannshöhle 1
+49 (6758) 6486
www.hermannshoehle-weck.de

P SO €€

Empfohlen von: **Weingut Sascha Montigny, Wein- und Sektgut Bamberger**

55452 Windesheim

Stempel

Von außen eher unscheinbar, verbirgt sich hinter der schlichten Fassade ein Restaurant, das Jens Stempel zu einer empfehlenswerten Adresse gemacht hat. Seine Kreationen sind beeindruckend schmackhaft, die Weinauswahl erfreulich durchdacht.

Hauptstraße 32-33
+49 6707 91310
stempel-windesheim.de

P €€

Empfohlen von: **Falstaff-Redaktion**

55590 Meisenheim

Meisenheimer Hof

Im historischen Gemäuer präsentiert Markus Pape eine zeitgenössische, weltoffene Küche, deren Wurzeln in der französischen Kochkunst liegen. Auch regionale Klassiker sind auf der Speisekarte zu finden.

Obergasse 33
+49 (6753) 1237780
www.meisenheimer-hof.de

P SO €€€

Empfohlen von: **Weingut Disibodenberg**
Weingut Dr. Crusius

55444 Waldlaubersheim

Quartier Linde

Das kleine Erholungsrefugium bietet drei kuschelige Zimmer und eine Ferienwohnung zum Übernachten. Das kleine Restaurant eignet sich hervorragend für Familienfeiern oder ein gemütliches Beisammensein und kann auf Wunsch gemietet werden.

Genheimer Straße 7
+49 6707 9683137
quartier-linde.de

Empfohlen von: **Weingut Forster**

Foto: beigestellt

DIE ZWÖLF
SCHÖNSTEN WEINREISEN
falstaff
Die 12 schönsten Weinreisen
CHIANTI CLASSICO | PIEMONT | BORDEAUX |
BURGENLAND | WACHAU | SÜDSTEIERMARK |
RIBERA DEL DUERO | MOSEL | PFALZ |
12 GENUSSREISEN IN DIE SCHÖNSTEN WEINREGIONEN
Kommen Sie mit uns auf eine vinophile Reise durch Europa.
Jeweils drei Tage tauchen wir tief in die Seele jeder Region,
mit den besten Weinen, Winzern, Restaurants & Hotels.
falstaff
GENIESSEN WEIN ESSEN REISEN
Jetzt einzeln oder
als Prämie im Abo bestellen:
falstaff.com/abo
@falstaff.magazin

Kropsburg bei der südpfälzischen Weinbaugemeinde St. Martin

PFALZ

WAHRE WEINBEGEISTERUNG

Foto: WSNA

St.-Anna-Kapelle in Burrweiler an der Südlichen Weinstraße

BACCHUS' WIEDERKEHR

Die Pfalz kann beides: Riesling und Burgunder. Und damit hat es noch lange nicht sein Bewenden.

TEXT ULRICH SAUTTER

»Als Bacchus«, schreibt Ernst Hornickel in seiner *Weinbibliothek* aus dem Jahr 1972, »einer alten römischen Legende zufolge auf die würdigsten Gebiete des Imperiums Reben regnen ließ, müssen ihm über der Pfalz die Füllhörner entglitten sein, und es muss – wie in Aquitanien, dem heutigen Bordelais und der Charente – zu einem Wolkenbruch gekommen sein.« Statistiker hätten berechnet, so Hornickel weiter, dass der Pfälzer Boden 150 Millionen Reben trage. Dieses schöne Bild ließe sich erweitern, man könnte anfügen: Und wer immer die Talente und den Weinverstand auf Erden unter den Menschen verteilt hat, muss ebenfalls über der Pfalz die Kontrolle über sein Gießkännchen verloren haben. Denn eine solche Ballung von Sachverstand und wahrer Weinbegeisterung wie auf den 23.700 Hektar des Pfälzer Weinbaus findet man nicht so schnell ein zweites Mal. Dabei hat der Pfälzer Wein, zumal der Pfälzer Riesling, an dieser Einschränkung führt kein Weg vorbei, auf eine gewisse Weise weniger internationale Strahlkraft als die Pendants von Mosel und Rheingau. Ein Indiz dafür ist die englischsprachige Weinliteratur: Die neuste Ausgabe des Weinatlas von Hugh Johnson und Jancis Robinson beispielsweise räumt der Mosel sieben Seiten ein, der Pfalz drei. In der Online-Datenbank von Robert Parker liefert die Suche nach »Mosel-Riesling« der letzten fünf Jahrgänge 2.552 Treffer, die nach »Rheingau-Riesling« 531, die nach »Pfalz-Riesling« 435. Allerdings ist bei alledem die Einschränkung wesentlich, dass der Pfälzer Riesling »auf eine gewisse Weise« weniger internationale

Fotos: beigestellt, (c) Fabian Pellegrini, (c) Hardy Mueller, WSNA

Strahlkraft besitze: Denn betrachtet man nicht nur das allgemeine Image, sondern die konkret bezahlten Preise, dann müssen sich die Pfälzer vor keinem Peer geschlagen geben. Ein Forster Kirchenstück ist bei den VDP-Betrieben kaum unter 100 Euro zu haben – in dieser Preisklasse spielen auch an der Mosel und im Rheingau nur sehr, sehr wenige Weine, eigentlich fast ausschließlich Versteigerungsabfüllungen, Parzellenselektionen oder Late-Release-Rieslinge in Reserve-Qualität.

RIESLING UND BURGUNDER

Möglicherweise ist die Wahrnehmung der Pfalz dadurch geprägt, dass – anders als an der Mosel und im Rheingau – König Riesling nicht uneingeschränkt herrscht. Er muss sich den Thron mit den Burgundern teilen. Nicht in Forst zwar, aber bereits im Nachbarort Deidesheim – und erst recht ein paar Kilometer weiter nördlich und südlich. Interessant ist in diesem Zusammenhang der Blick, den ein französischer Weingeograf bereits im 19. Jahrhundert auf die Pfalz warf. In André Julliens *Topographie de tous les vignobles connus* von 1815 ist Königsbach einer der

David Hochdörffer, Weingut Villa Hochdörffer

wenigen Pfälzer Orte, die der Autor etwas eingehender charakterisiert, und dies überraschenderweise im Zusammenhang mit Spätburgundern. Über die Rotweine der Pfalz schreibt Jullien, sie blieben in der Regel hinter der Qualität der Weißweine etwa aus Deidesheim, Forst oder Ungstein zurück, daher produziere man sie nur in geringen Mengen, »cependant on en fait de fort bons dans les vignobles

Volker, Stephan und Werner Knipser, Weingut Knipser

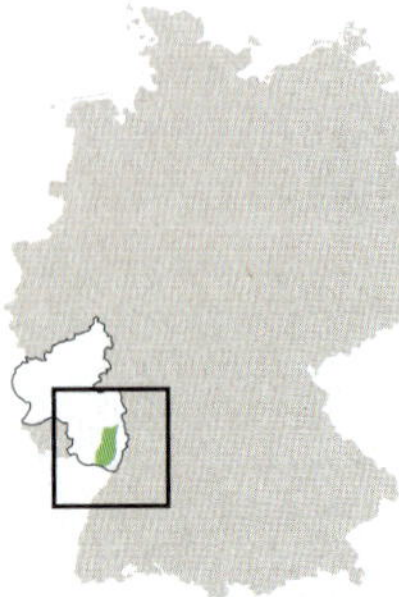

: Weinbau
Stg.: Steigung

WEINBAUGEBIET PFALZ

Anbaufläche ca. 23.400 Hektar
Aufteilung 323 Einzellagen
Wichtigste Rebsorten Riesling, Weißburgunder, Spätburgunder
Verband Pfalzwein e. V., Martin-Luther-Straße 69
67433 Neustadt an der Weinstraße
www.pfalz.de

PRIVILEGIERTE WEINLAGEN

1 **Zell Schwarzer Herrgott**
11,04 ha, 40 % Stg., Kalkmergel, Kalkfels, toniger Kalk

2 **Laumersheim Steinbuckel**
35 ha, 10–15 % Stg., Löss, Lösslehm über Kalkfels

3 **Laumersheim Kirschgarten**
48 ha, 10–15 % Stg., Lösslehm über Kalkfels, Kalkmergel

4 **Kallstadt Saumagen**
40,2 ha, 10–25 % Stg., Kalkmergel

5 **Forst Pechstein**
18 ha, 10–15 % Stg., lehmiger Sand, Basalt

6 **Forst Jesuitengarten**
7 ha, 5–15 % Stg., sandiger Lehm, Sandsteingeröll

7 **Forst Kirchenstück**
3,7 ha, 5–15 % Stg., mit Ton gebundener Gesteinsmix, Kalkbank in zwei Meter Tiefe

8 **Forst Ungeheuer**
32 ha, 5–10 %Stg., Buntsandstein, Kalk

9 **Deidesheim Kalkofen**
5 ha, 7–15 % Stg., Sand, Lehm mit Kalkmergel

10 **Deidesheim Grainhübel**
5 ha, 0–4 % Stg., sandiger Lehm

11 **Königsbach Idig**
18 ha, 10–25 % Stg., Kalkmergel

12 **Burrweiler Schäwer**
7,2 ha, Schiefer

13 **Birkweiler Kastanienbusch**
63,8 ha, 15–40 % Stg., Rotliegend

14 **Ilbesheim Kalmit**
112 ha, Kalkgestein, Landschneckenkalk

15 **Schweigen Sonnenberg Rädling**
8 ha, Kalkmergel, Kalkfels (franz. Staatsgebiet)

16 **Schweigen Sonnenberg Kammerberg**
4 ha, 10–30 % Stg., Kalkmergel (franz. Staatsgebiet)

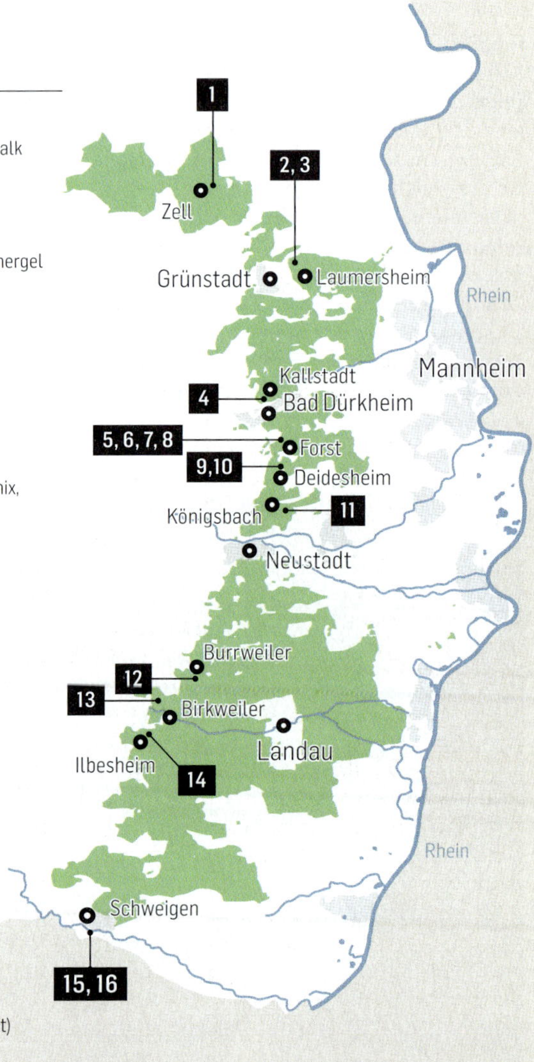

Birkweiler Kastanienbusch

de Koenigsbach, à une lieue un quart de Neustadt« – »allerdings macht man ausgesprochen gute in den Weinbergen von Königsbach, eineinviertel Meilen von Neustadt entfernt.« Sophie und Steffen Christmann können sich bestätigt fühlen.

DIE QUAL DER WAHL

Was ist nun also die Pfälzer Kernkompetenz: Riesling oder Burgunder? – Thomas Pfaffmann vom Weingut Wageck hat dieses Jahr für den Falstaff Weinguide ausschließlich Weine aus Burgundersorten angestellt, obwohl er auch vorzügliche Rieslinge erzeugt. »Ganz ehrlich, wenn man über den Export spricht, dann ist das schon nach wie vor noch Riesling. Aber im Inland liegt der Schwerpunkt ganz klar bei den Burgundern. Wir haben den Kalk hier im Norden der Pfalz, darum machen viele Betriebe mit ihren Burgundern von sich reden. Das ist anders als in Forst und Deidesheim mit dem Buntsandstein.«
Auch Philipp Kuhn, dessen Chardonnay in diesem Guide einer der höchstbewerteten Pfälzer Weine ist, beantwortet die Frage, ob Riesling oder Burgunder für die Pfalz zentraler sei, mit einer Eloge auf den Riesling: »Wir Pfälzer lieben Riesling über alles, ich bin ein großer Rieslingfan.« Doch dann geht er schnell dazu über, seinen Sortenspiegel zu schildern: »Wir haben im Betrieb fast zwölf Hektar Riesling und elf Hektar Spätburgunder. Weißburgunder ist auch stark, und Chardonnay wird immer stärker.« Kuhn, der auch als einer der Ersten Sauvignon Blanc

Yvonne Libelli und Martin Lucas, Margarethenhof Forst

Fotos: beigestellt, WSNA, Margarethenhof Forst

Philipp Kuhn, Weingut Philipp Kuhn

pflanzte – oder noch ungewöhnlichere Sorten wie Viognier, Blaufränkisch und Cabernet Franc –, fährt fort: »Und jetzt habe ich auch den Sangiovese auf die Karte genommen, mittlerweile klappt der fast jedes Jahr. Andere sammeln Schallplatten, ich sammle Rebsorten.«

Dass südliche Rebsorten mittlerweile in der Pfalz kaum noch Probleme haben auszureifen, bestätigt auch David Hochdörffer vom Weingut Villa Hochdörffer, dessen Cabernet-Merlot-Syrah-Cuvée »Applaus, Applaus« im vergangenen Jahr die Falstaff Trophy für Rotweincuvées gewinnen konnte. »Meine Eltern haben schon in den frühen 2000er-Jahren mit diesen Sorten experimentiert. Damals konnten die nur in wenigen Jahren wirklich ausreifen, mittlerweile passen sie aber sehr gut ins Klima der Pfalz und sind für mich fast schon genauso heimisch wie Spät- oder Grauburgunder.«

Vielleicht ist es am Ende auch die Vielseitigkeit, die die weinbauliche DNA der Pfalz ausmacht. Schaut man auf die jüngste Rebsortenstatistik, dann haben auch Sorten wie die beiden pilzresistenten Weißweinsorten Souvignier Gris und Sauvignac hohe Zuwachsraten, und auch Grüner Veltliner, Tempranillo und Syrah werden kräftig gepflanzt. Bacchus hat halt nicht nur einmal sein Füllhorn mit Reben über Pfälzer Grund und Boden ausgeschüttet. Wie wir alle macht er gerne immer wieder einen Ausflug dorthin und lässt es dabei jedes Mal neue Sorten regnen.

Weitere Infos über den Autor finden Sie im Kapitel »Verkostungsteam« ab S. 12.

Thomas und Frank Pfaffmann, Weingut Wageck Pfaffmann

Fotos: beigestellt, Weingut Philipp Kuhn, Weingut Wageck Pfaffmann

★

ALTES SCHLÖSSCHEN

Maikammerer Straße 7, 67487 Sankt Martin
T: +49 6323 94300, info@altes-schloesschen.com
altes-schloesschen.com

Ab-Hof-Verkauf: Mo bis Fr 10–18 Uhr, Sa 10–17 Uhr, So 10–12 Uhr
Kellermeister: Markus Schneider
Ansprechpartner: Ralf Schneider
Flaschen/Hektar: 853.000 (60 % weiß, 21 % rot, 14 % Rosé, 5 % Schaumwein)/72 ha

Die Schneiders sind eine Winzer-Familie, die in Sankt Martin dem Weinbau mit Passion nachgeht und dabei das an Traditionen hochhält, was sie für erhaltenswert erachtet. Im Weingut, wo Markus und Ralf Schneider den Takt vorgeben, wird freilich auch zeitgemäße Technik eingesetzt. So entstehen sorgfältig vinifizierte Weine mit klassischer Stilistik, wie die »Alten Reben« vom Riesling aus dem Kastaniengarten. In der gelebten Alltagskultur des »Alten Schlößchens« sind Weine immer auch kulinarisch bestimmt, wie gerade die Burgundersorten unterstreichen.

90+ 2020 »Alte Reben« Edenkoben Kastaniengarten Riesling trocken
In der Farbe leichtes Goldgelb. Reife Frucht zeigt sich in der Nase, Aprikose und Pfirsich, auch kandierte Aprikose. Kräftig gebaut am Gaumen mit viel Inhalt und reifer Frucht im Stil einer klassischen Spätlese, auch mineralisch und mit Würze. Kann weiter zulegen. 13,5 Vol.-%, NK, €€

89+ 2020 »König« Weißburgunder trocken
Gelbe Blüten mit würzigen Noten, reifem Apfel, Aprikose und Mango, auch etwas getrocknete Datteln, leicht laktisch. Der »König« gibt sich klassisch mit kräftiger Statur, gutem Volumen und reifer, süßer Spätlese-Frucht, dazu Schmelz, reife Säure und Würze. 13,5 Vol.-%, NK, €€

90 2019 »Königs-Cuvée« trocken CD/PN/DF
Tiefes Purpur. Ein Duft von Zeder und Muskatnuss, dazu Schwarze Johannisbeere und Schwarzkirsche. Am Gaumen ein noch junger Gerbstoff in einem gewichtigen Körper, von guter Säure getragen. Der lange Nachhall wird von einer attraktiven Kräuterwürze begleitet.
14,5 Vol.-%, NK, €€

90 2019 »König« Spätburgunder trocken
Rubinrot in der Farbe. Ein attraktiver Duft aus reifer dunkelroter Frucht und attraktiver Holzwürze. Am Gaumen auch Kirsche, Cranberry und Gewürznelken in einem mittelgewichtigen Körper mit starker Textur bei leicht rustikalen Gerbstoffen und guter Säure. 14,5 Vol.-%, NK, €€

89 2021 »Turm« Grauburgunder trocken

90 2021 »Turm« Riesling trocken
Riesling-Aromatik mit Steinobst, vor allem Pfirsich, sowie würzigen, floralen Noten, auch Apfel und zitrisch. Apfel zeigt sich auch am Gaumen, lebendige Säure mit gutem Schwung, schönes Säure-Süße-Spiel, gute Balance, zeigt anschaulich den Jahrgang. 13 Vol.-%, DV, €€

★★★

WEINGUT MICHAEL ANDRES

Hauptstraße 33a, 67152 Ruppertsberg
T: +49 6326 8667, info@andres-wein.de
andres-wein.de

Ab-Hof-Verkauf: nach Vereinbarung
Kellermeister: Michael Andres,
Ansprechpartner: Michael Andres,
Anbauweise: 53.000 (85 % weiß, 15 % rot)/7 ha

Bei Biodynamiker Michael Andreas dürfen die Moste im Keller noch machen, was sie wollen. Spontangärung ist ohnehin klar, aber auch der BSA wird nicht aufgehalten. Der Ausbau im Holzfass bei der »N-Linie« – auch die großen Lagenrieslinge kommen ins Tonneau – bringt dann eine zusätzliche strukturgebende Komponente mit hinein. Das Ergebnis sind Weine ohne Primärfrucht, die sich aber genau deshalb auch heute schon ausgezeichnet als Speisenbegleiter eignen. Ihr wahres Potenzial dürften die enorm stabilen Gewächse allerdings erst in einigen Jahren offenbaren.

92+ 2021 »N-Linie« Ruppertsberg Reiterpfad Hochseel Riesling trocken
Laktisch bestimmte Aromen in der Nase, Walnuss, Korianderkörner, etwas schwarzer Rettich. Am Gaumen im gedämpften Gutsstil in der Mitte, während an den Seiten pikante Noten von Engelwurz und Senf durchschlüpfen. Sehr individueller Ansatz, enormer Langstreckenläufer. 13 Vol.-%, NK, €€

92+ 2021 »N-Linie« Deidesheim Kieselberg Riesling trocken
Sehr dezente Nase, die nicht auf Primärfrucht setzt, trotz Ausbau im Tonneau aber auch keine spürbaren Holznoten zeigt. Diese zeigen sich dann am Gaumen, und zwar als würzig-substanzielle Rückgratunterstützung. Vollkommen trocken, ein Potenzialwein für den Tisch. 13 Vol.-%, NK, €€

92 2021 »N-Linie« Chardonnay trocken
Primär nussige Noten in der Nase, Mandel, Walnussschale, dazu ein Touch Malolaktik. Am Gaumen mit dichter Mitte, dazu aber eine würzige Pikanz an der Seite, die nicht von der Fruchtsäure stammt. Kein frischer Typus, sondern elegant, lang anhaltend. Weit von seinem Höhepunkt entfernt. 13 Vol.-%, NK, €€

91 2021 Deidesheim Mäushöhle am Kirchenberg Riesling trocken
Apfelnoten in der Nase, dazu etwas leicht Pudriges, Zitronentarte, schmeichelnde Eleganz. Am Gaumen ist die Mäushöhle in der Dichte angenehm leicht gehalten, straffes Säuregerüst, etwas weniger floral als der »Ferus«, pikante Limette im Abgang. 13 Vol.-%, DV, €€

91 2021 »N-Linie« Grauburgunder trocken

91 2021 »Ferus« Riesling trocken
Lagencuvée, die hell in der Nase wirkt, Lindenblüten, Apfelschalen, Anisnoten dazu. Am Gaumen weiterhin floral, dazu Zitrone, Orangenschalen und Senfmehl, gut komponiert. Definitiv ein Wein, der auch in höheren Ligen mitspielen könnte. 12,5 Vol.-%, DV, €€

★★★

WEINGUT ANDRES

Weinstraße 6, 67146 Deidesheim
T: +49 6326 7708, info@andres-deidesheim.de
andres-deidesheim.de

Ab-Hof-Verkauf: Mo bis Fr 9.30–12.30 Uhr und 14–18.30 Uhr, Sa 9–16 Uhr, So 9–12 Uhr
Kellermeister: Michael Andres
Ansprechpartner: Michael und Thomas Andres
Flaschen/Hektar: 120.000/22 ha

Welch eine Bereicherung der Mittelhaardt! Uns beeindruckt von Jahr zu Jahr mehr, wie Michael und Thomas Andres die würzige Kraft der Rieslinge aus Deidesheim, Forst und Königsbach in einem geradezu leichtgewichtig wirkenden Format ins Glas bringen. Das ist Pfälzer Power, umgesetzt mit seidiger Phenolik und Mineralik von großer Strahlkraft. Da auch die Chardonnays stilsicher wirken und der Deidesheimer Ortsriesling Hochgenuss zu einem fairen Preis liefert, verleihen wir mit herzlichem Glückwunsch den dritten Stern. Wir sind schon sehr neugierig auf alles Kommende!

94 2020 Forst Ungeheuer Riesling trocken
Im Duft florale Noten, Schwarze Johannisbeeren, fern am Horizont ein Hauch von Petrol. Im Mund ist der Wein straff, feinnervig, gut mit einer Schicht Phenole dotiert, er verbindet Frische und eine nachgerade leichte Anmutung mit (mineralischer) Substanz. Zitrus im Abgang. 12,5 Vol.-%, NK, €€€

93+ 2020 Deidesheim Kieselberg Riesling tr.
Dezenter Holzeinsatz, wirkt fast burgunderhaft im Duft. Am Gaumen imponiert dann zunächst eine straffe Rieslingsäure. Phenolische und mineralische Griffigkeit gehen Hand in Hand. Aus der hohen Verdichtung löst sich eine feinnervige Saftigkeit. Noch sehr jung! 12,5 Vol.-%, NK, €€€

93 2020 Haardt Herzog Chardonnay trocken
Der noch verschlossene Duft deutet kommende Komplexität an: buttrige Töne, Dotterblume, Rosine, gut eingebundenes Holz. Im Mund hat der Wein Dichte und Tiefe, markante Säure, Stoff und Mineralik balancieren den extraktsüßen Bau, sehr gute Länge. Wird zur Eleganz reifen. 13 Vol.-%, NK, €€€

92 2020 Königsbach Ölberg Riesling trocken
Ein Duft mit im doppelten Sinn reifen Komponenten: üppige Gelbfrucht, Ananas und Mirabelle, aber auch eine erste würzige Patina. Im Mund fließt der Wein leichtfüßig und elegant, mit saftiger, aber reifer Säure und mittlerem Gewicht. 12,5 Vol.-%, NK, €€€

91 2021 Haardt Chardonnay trocken

91 2020 Deidesheim Riesling trocken
Blutorange und frischer Zitrusabrieb, sehr fein und frisch. Im Mund saftig, leichtgewichtig, aber auch mit einer Prise Phenolik. Die lebendige Säure zeigt einen beispielhaft positiven, leichten und eleganten Jahrgangstyp – mineralisch gewürzt, ohne schroff zu wirken. 12,5 Vol.-%, DV, €€

★★★

WEINGUT SANKT ANNABERG

St.-Anna-Straße 203, 76835 Burrweiler
T: +49 6323 949260,
v.lergenmueller@lergenmueller.de
sankt-annaberg.com

Ab-Hof-Verkauf: nach Vereinbarung
Kellermeister: Victoria Lergenmüller
Ansprechpartner: Victoria Lergenmüller
Flaschen/Hektar: 32.000 (98 % weiß, 2 % rot)/7 ha
Anbauweise: Bio

Hoch über Burrweiler liegt das Hotel Sankt Annagut mit seinem idyllischen Blick über die Reben und auf die drunten liegende Ortschaft. Rund ums Haus wachsen die Reben für den nach den Höhenmetern benannten Riesling »355 NN«, der dieses Jahr seines saftig ausbalancierten Süße-Säure-Spiels wegen unser Tipp ist. Aber auch aus anderen Spitzenlagen der Region, aus dem Burrweiler Schäwer (= Schiefer) und der Ilbesheimer Kalk-Lage Kalmit keltert Victoria Lergenmüller Rieslinge, die eine nachdrückliche Empfehlung verdienen: Sie sind auch dieses Jahr wieder sehr gut balanciert.

92+ 2021 Ilbesheim Kalmit Riesling trocken
Ausdrucksstarke Kräuternase, Brennnessel, Giersch, dann zarter Blütenduft nach Rosen und Jasmin. Am Gaumen flüssig, kühl, auch Rauch, leichte und elegante Herbheit, Limettenabrieb, langer saftiger Nachhall. Ein ungemein appetitanregender Wein. 12,5 Vol.-%, NK, €€€

92+ 2021 »Edition Johanniskreuz« Riesling tr.
Leicht rauchig und kräutrige Noten im Glas, ganz zart nach weißen Blüten. Am Gaumen dann eine knackige Säure mit viel Saft und Zug, der Nachhall ist enorm lang und kühl, aber noch lange nicht rund, dazu braucht es noch etwas Zeit! 12,5 Vol.-%, NK, €€€

92 2021 Burrweiler Schäwer Riesling trocken
Die Nase ist erst einmal überraschend zart, der gewohnte Schieferton eher verhalten. Im Mund dann leicht mineralisch, saftig, frisch, auch Feuerstein, der Wein trinkt sich flüssig, weich und fast cremig, der Abgang zeigt eine leichte Süße. 12,5 Vol.-%, NK, €€€

92 2021 Gleisweiler Hölle Riesling trocken
Ein feiner Duft nach Orangenblüten entströmt dem Glas, auch Limette, Heu, Clementine. Am Gaumen hat der Wein eine frische Saftigkeit mit weicher und abgepufferter Süße, zusammen mit den aromatischen Zitrusnoten ergibt sich ein genussreicher Trinkfluss. 12 Vol.-%, DV, €€

91 2021 »Terrassenlage« Riesling trocken

91+ 2021 »355 NN« Riesling feinherb
Köstlicher Duft nach gebräuntem Zucker im Glas, weißer Honig, Rapsfelder. Am Gaumen ein saftig ausbalanciertes Süß-Säure-Spiel, köstlich flüssiger Trinkgenuss mit viel Saft und Druck. Der ideale Nachmittagswein! 11,5 Vol.-%, DV, €€

★★★

WEINGUT EMIL BAUER UND SÖHNE

Walsheimer Straße 18, 76829 Landau-Nußdorf
T: +49 6341 61754, info@bauerwein.de
bauerwein.de

Ab-Hof-Verkauf: Mo bis Fr 9–12 Uhr und 14–18 Uhr, Sa 9–16 Uhr
Kellermeister: Alexander Bauer & Stefan Jung
Ansprechpartner: Martin Bauer
Flaschen/Hektar: 400.000/42 ha

Die Familie Bauer traut sich immer was, das gilt für den Anbau eigentlich in Italien beheimateter Rebsorten wie Nebbiolo und Barbera genauso wie für die oft ungewöhnliche und nicht selten sehr witzige Namensgebung ihrer Weine. Aber hinter dem vollmundigen Auftritt steckt auch viel: Der Sauvignon Blanc »insomnia« hat eine wunderbare Spannung und eine tolle Dichte. In diesem Jahr belegen die Bauers obendrein, dass ihre Weine absolute Langstreckenläufer sein können, denn sie haben ihre Top-Cuvées aus dem Jahr 2016 eingeschickt – was sollen wir sagen: Sie bereiten durchweg großen Genuss!

92 2021 »insomnia« Sauvignon Blanc trocken
Blasses Zitronengelb. Ein Duft von reifer Paprika, Honigmelone, Stachelbeeren und Lemon Curd, etwas Johannisbeere kommt dazu. Am Gaumen lebendige Säure, frische Früchte, Zitrusnoten dominieren, dicht und fest. Ein Wein mit Spannung und gutem Nachhall. 12 Vol.-%, DV, €€€

93 2016 »Servator« trocken NE/BA
Im Duft Zedernholz, balsamische Noten, reife Kirschen, gebackene Tomaten und ein Hauch Oregano. Am Gaumen saftig bei feinkörnigem Tannin, dunkle Fruchtnoten, eine Spur Gewürznelken, animierende Säure und langer Nachhall, toll gereift, elegant mit Trinkfluss. 13,5 Vol.-%, NK, €€€

92 2016 »Altor« trocken SN/CS/CF
Rubin in der Farbe. Individuell im Duft mit getrockneter Tomate, Gewürznelken und reifen dunklen Beeren. Am Gaumen zeigt sich süße Kirsche, leicht balsamisch mit gut integrierter Säure, reifer Gerbstoff, dabei druckvoll und saftig, langer Nachhall. 13,5 Vol.-%, NK, €€€

92 2016 »Amator« trocken GN/SY/MV
Elegant und zugleich wild im Duft, Kirschen, gebackene Pflaume, getrocknete Kräuter und Heidelbeeren. Am Gaumen eine herrliche Saftigkeit, gepaart mit dunkler Frucht, feiner Säure und feinkörnigem Gerbstoff. Mittelgewichtiger Körper und guter Nachhall. 13,5 Vol.-%, NK, €€€

91 2021 »sky & sand« Birkweiler Mandelberg Chardonnay trocken

91+ 2016 »Cultor« trocken CS/ME/CF/MA/CA/PV

90+ 2020 »Meisterstück« trocken CS/ME/CF/MA/NE/PV

91 2020 »redemption« Riesling trocken
Zitronengelb in der Farbe. Im Duft Zitronenmelisse, auch etwas Aprikosenschalen, roter Apfel und Wiesenkräuter. Am Gaumen zeigt sich eine leichte Röstnote, dazu eine komplexe Frucht und reife Säure. Insgesamt mit gutem Spannungsbogen und attraktivem Nachhall, wunderbar individuell. 12,5 Vol.-%, DV, €€€

★★★★★

WEINGUT FRIEDRICH BECKER

Hauptstraße 29, 76889 Schweigen-Rechtenbach
T: +49 6342 290, wein@friedrichbecker.de
friedrichbecker.de

Ab-Hof-Verkauf: Fr 14–16 Uhr, Sa 12–16 Uhr
Kellermeister: Friedrich Wilhelm Becker
Ansprechpartner: Friedrich Wilhelm Becker
Hektar: 29 ha

Das Weingut Friedrich Becker steht seit vielen, vielen Jahren für exzellente Weiß- und Rotweine aus der südlichen Pfalz; Weine, die allerhöchsten Ansprüchen genügen – und nein, daran hat sich mit dem aktuellen Jahrgang rein gar nichts geändert. Die Beckers verstehen es perfekt, den Holzeinsatz zu dosieren und die Qualität ihrer Lagen in die Flaschen zu bringen. Vor allem die Rotweine – eine ganz besondere Passion der Familie – sind erneut herausragend gelungen. Vom einfachen Spätburgunder trocken bis zum Heydenreich Pinot Noir GG glänzen sie alle – mehr Burgund geht fast nicht in Deutschland.

94+ 2020 »Mineral« Chardonnay trocken
Goldgelb. In der Nase ein feiner Duft von gelbem Apfel, Ananas, Bourbon-Vanille, Physalis und etwas Birnenkompott. Am Gaumen voller Spannung, mineralisch und salzig, elegante Phenolik, feine, sehr gut integrierte Säure, dicht und komplex, langer Nachhall. Hat viel Potenzial.
13,5 Vol.-%, DV, €€€

96 2019 Schweigen Heydenreich Pinot Noir GG
In der Nase Aromen von reifen dunklen Waldbeeren, Schattenmorelle, nasser Erde und Weihrauch, komplex und dicht. Am Gaumen geschmeidig, seidiges Tannin, eng gewobene Struktur, voller Energie und Spannung, leichte Salzigkeit, sehr lang und druckvoll im Abgang. 13,5 Vol.-%, NK, €€€€

95 2019 »KB« Schweigen Spätburgunder GG
Feiner Duft nach Cranberry, Sauerkirsche, sich aufhellende Waldbeeren und Schießpulver. Am Gaumen frisch mit einer dichten, engmaschigen Struktur, feines Tannin, lebendige Säure, große Tiefe. Hat viel Saft und Energie, tolle Länge, sehr gelungen, Potenzial! 13,5 Vol.-%, NK, €€€€

95 2019 Schweigen Sankt Paul Spätburgunder GG
Komplex, zart und duftig in der Nase mit Aromen von Himbeere, dunkler Kirsche, Gewürznelken und getrockneten Kräutern. Am Gaumen zeigt sich Sauerkirsche, alles salzig-mineralisch unterlegt, dabei herrlich saftig mit feinkörnigem Tannin, voller Finesse, lang. 13,5 Vol.-%, NK, €€€€

94 2019 »Réserve« Grauer Burgunder tr.

94 2021 Schweigen Chardonnay trocken

92 2021 »Kalkmergel« Schweigen-Rechtenbach Grauburgunder trocken

91 2021 »Kalkgestein« Weißer Burgunder tr.

90+ 2021 Riesling trocken

90 2021 Grauburgunder trocken

91 2018 Spätburgunder trocken
Fast kühler Duft mit Aromen von Himbeere, Walderdbeere, Kirsche, Hibiskus, Gewürznelken und wilden Kräutern. Am Gaumen kommt auch Tabakblatt dazu, saftig-reifes Tannin, dichte Struktur, gut integrierte Säure und attraktiver Nachhall. Jetzt auf dem Punkt! 13,5 Vol.-%, DV, €€

★★

WEINGUT KARLHEINZ & DOMINIK BECKER

Hauptstraße 34, 76831 Heuchelheim-Klingen
T: +49 6349 5328, info@beckersweine.de
beckersweine.de

Ab-Hof-Verkauf: nach Vereinbarung
Mo bis Fr 18–20 Uhr, Sa 13–17 Uhr
Kellermeister: Dominik Becker
Ansprechpartner: Dominik Becker
Hektar: 16 ha

Das ist die beste Kollektion, die wir vom Weingut Karlheinz und Dominik Becker je verkostet haben. Konnten wir schon im vergangenen Jahr eine Steigerung feststellen, so haben die Beckers noch einmal eine Schippe draufgelegt: Der Riesling »Weißer Kalk« ist lebendig und mineralisch geprägt, der im Eichenfass ausgebaute Chardonnay zeigt Substanz und Würze, der Silvaner »Alte Reben« Saft und Schmelz, der Weißburgunder »Schwarzer Ton« Eleganz und Charme – und auch der Pinot Noir kann mit griffigen Gerbstoffen überzeugen. Dafür vergeben wir gerne den zweiten Stern.

91+ 2020 Appenhofen im Käferflug Chardonnay trocken
Noch vom Ausbau im Eichenfass geprägt, Würze, Rauch und Vanille, Ananas, reife Birne und Passionsfrucht. Kräftig und vollmundig mit gutem Volumen am Gaumen, feste Struktur, saftig, cremig und mit schöner Würze, trocken ausgebaut. Gutes Potenzial, kulinarisch gedacht. 13,5 Vol.-%, DV, €€

91 2021 »Schwarzer Ton« Weißburgunder trocken
Gehaltvoller Duft mit Mandarine, gelbem Apfel, Reneklode und zitrischen Anklängen, Orangenschale. Kraftvoll am Gaumen mit guter Substanz und fester Struktur, vollmundig mit schönem Schmelz und feiner, würziger Grundierung, mineralisch und elegant. 13 Vol.-%, DV, €€

91 2021 »Alte Reben« Silvaner trocken
Wiesenkräuter und etwas Heu in der würzigen Nase, Birne, Apfel, Quitte und Aprikose kommen dazu. Gehaltvoll und vollmundig am Gaumen mit Schmelz und Saft, kompakter, kräftiger Körper, präsente, gut eingewobene Säure, würzig und auch tiefgründig. In sich stimmig. 13 Vol.-%, DV, €€

91+ 2020 Appenhofen im Käferflug Pinot Noir trocken
Kirsche und Blutorange, feine rauchige Holzwürze, etwas Gewürznelken und schwarzer Pfeffer. Kräftig und fest gebaut am Gaumen, saftig, mit filigraner, eng am Körper anliegender Säure, dicht und würzig, griffige Gerbstoffe guter Qualität, mittlere Länge. 13,5 Vol.-%, NK, €€€

90+ 2021 »Weißer Kalk« Grauburgunder tr.

90 2021 »Weißer Kalk« Riesling trocken
Helle Blüten, Pfirsich und auch Maracuja, Aprikose und etwas Limettenschale, florale Noten, weiße Mandeln. Setzt am Gaumen schwungvoll an mit selbstbewusster Säure, saftig, animierend, schlanker, linearer Bau, kalkmineralische Grundierung und Würze. Elegant. 12,5 Vol.-%, DV, €€

★★★★

WEINGUT BERGDOLT ST. LAMPRECHT

Dudostraße 17, 67435 Neustadt an der Weinstraße
T: +49 6327 5027, lamprecht@t-online.de
weingut-bergdolt.de
Ab-Hof-Verkauf: Mo bis Fr 8–12 Uhr und 14–18 Uhr, Sa 10–16 Uhr
Kellermeister: Carolin Bergdolt
Ansprechpartner: Carolin und Rainer Bergdolt, David Golitko
Hektar: 24 ha
Anbauweise: Bio

Carolin Bergdolt war im vergangenen Jahr nominiert als »Falstaff Winzerin des Jahres« – und auch dieses Jahr ist der Pfälzerin eine Kollektion gelungen, die eine solche Ehrung rechtfertigen würde. Uns fasziniert stets von Neuem, wie Bergdolt die Weißburgunder-Tradition des Familienbetriebs hochhält und mit welchem Talent sie zugleich daran arbeitet, dass Riesling, Spätburgunder und Chardonnay zur Qualität der Traditionssorte aufschließen. Den i-Punkt bilden die Sekte, die so geschliffen und distinguiert wirken, als läge Duttweiler in der Champagne.

96 2015 »Fluxus« brut nature
Vielschichtig und animierend in der Nase, Brioche, weißes Nougat, zitrisch, Apfel, Mirabelle. Leichte Phenolik am Gaumen, feiner Gerbstoff, superber Säurezug, vibrierend, das Mousseux hat Volumen und bleibt cremig, exzellente Balance, aus einem Guss, sehr lang. 12,5 Vol.-%, DIAM, €€€

94+ 2020 Mandelberg Weißburgunder GG
Duftet nach Zitrone, junger Birne, roher Mandel, Jod, Wiesenkräutern, weißen Blüten und Pfirsich. Die komplexe Frucht findet ihre Entsprechung in einer vielschichtigen Gaumenstruktur: seidig texturiert, reife Säure, dichter Extrakt, saftig. Im langen Nachhall auch mineralisch grundiert. 13 Vol.-%, DIAM, €€€

93 2021 Ruppertsberg Reiterpfad Riesling GG
Reif und fein im Bukett von Orangenzesten, Aprikose, weißem Pfirsich und Grapefruit. Am Gaumen vielschichtig, feiner Extrakt aus gelber Frucht, getragen von reifer Säure, saftig und trinkig, langer Nachhall mit ideal kompensierender Mineralik. 13 Vol.-%, DIAM, €€€

93+ 2020 Duttweiler Kalkberg Spätburgunder GG
Rubinrot. Dezent und komplex im Duft, Aromen von dunklen Beeren, Schwarzen Johannisbeeren und ein wenig Rauch. Am Gaumen saftige reife Frucht, geschmeidiges Tannin, sehr gut integrierte Säure bei guter Spannung, dennoch unaufgeregt bei attraktivem Nachhall. 13,5 Vol.-%, DIAM, €€€

92+ 2020 »Tempus« Chardonnay trocken

91+ 2021 »Lössriedel« Duttweiler Mandelberg Weißburgunder trocken
Anfangs floral und zitrisch im Duft. Es folgen Gesteinsmehl, junge Mandeln und weißer Pfirsich. Am Gaumen saftig, fein phenolisch geprägt mit gelber Frucht und ideal integrierter Säure, gutes Extrakt, geschmeidig, lang und trinkanimierend. 13 Vol.-%, DIAM, €€

★★

WEINGUT BERGDOLT-REIF UND NETT

Dudostraße 2, 67435 Neustadt-Duttweiler
T: +49 6327 2803, info@weingut-brn.de
nett-weine.de

Kellermeister: Christian Nett
Ansprechpartner: Christian Nett
Hektar: 30 ha

Christian Nett hat Weine aus drei Jahrgängen vorgestellt – sicher auch, um deren Reifevermögen zu demonstrieren. Davon konnten wir uns hinreichend überzeugen, wie etwa beim würzigen Riesling »Avantgarde« aus 2018 oder den Weißburgundern aus 2019, die mit Substanz, Kraft und Saft zu gefallen wissen. Wie kompetent der Winzer mit Holz umzugehen weiß, stellt er mit seinen Spätburgundern unter Beweis, deren süßlicher Extrakt und saftigen, reifen Gerbstoffe zu Geschmeidigkeit und Eleganz beitragen. So ist Christian Nett eine sichere Bank in der Pfalz!

91 2019 »Re Barrique« Weißburgunder tr.
Leichtes Goldgelb. Riecht nach reifem Apfel, Mandarine, Ananas und Mirabelle, gelbe Blüten. Am Gaumen kraftvoll und vollmundig mit Saft und Würze, kräftige, leicht herbe Säure, reife Gaumenfrucht, Aprikose, Ananas und Blutorange. Trocken, lang, zu kräftigen Speisen. 13,5 Vol.-%, DV, €€€

90+ 2021 »Avantgarde« Grauburgunder tr.
Feiner Rauch trifft im Duft auf Birne, Aprikose und Quitte, auch etwas Passionsfrucht, kräutrige Noten. Verbindet am Gaumen Substanz mit frischer, saftiger Frucht (Aprikose und Birne), die präsente Säure sorgt für Balance und Länge. Elegant und gerne zum Essen. 13,5 Vol.-%, DV, €€

91+ 2019 »Re Barrique« Spätburgunder tr.
Würzige, kräftige Nase mit dunklen Beeren, Brombeere, Schwarze Johannisbeere, Schwarzkirsche, Tinte, Rauch. Saftig und geschmeidig am Gaumen mit gutem Volumen und Fülle, zugänglich mit süßlichem Extrakt und reifen Gerbstoffen, getragen von fester Säure. 13,5 Vol.-%, DV, €€€

90 2019 »Avantgarde« Spätburgunder Rotwein trocken
Dichtes Bukett mit roter Kirsche, Schwarzer Johannisbeere und Pflaume, dazu rauchige, holzwürzige Noten, getrockneter Rosmarin, Schokolade. Vollmundig und füllig am Gaumen mit süßlichem Extrakt und reifen, saftigen Gerbstoffen, balancierende Säure, gepflegter Holzeinsatz. 13,5 Vol.-%, DV, €€

90 2018 »Avantgarde Becken« Riesling trocken

90+ 2019 »Avantgarde« Weißburgunder trocken
Dezentes Goldgelb in der Farbe, sortentypische Würze, etwas Rauch, Apfel, Ananas und gelbe Blüten im Duft. Kräftig gebauter Weißburgunder, der Substanz mitbringt, saftig, gut integrierte Säure und ausgewogene Balance, Apfelnoten, reife Ananas, gute Länge. 13,5 Vol.-%, DV, €€

★★★★

WEINGUT BERNHART

Hauptstraße 8, 76889 Schweigen-Rechtenbach
T: +49 6342 7202, info@weingut-bernhart.de
weingut-bernhart.de

Ab-Hof-Verkauf: Mo bis Fr 9–13 Uhr und 14–17 Uhr, Sa 9–16 Uhr
Kellermeister: Gerd Bernhart
Ansprechpartner: Gerd Bernhart
Flaschen/Hektar: 110.000/17 ha

Gert Bernhart ist ein Winzer, der in sich ruht, auch weil er schon reichlich Lebenserfahrung sammeln konnte: Der Südpfälzer bezeichnet sich als »Grenzgänger«, weil ein Großteil seiner Reben auf französischem Boden steht. Das habe ihn geprägt: »Wer über Grenzen hinweg lebt und arbeitet, geht offen um mit unterschiedlichen Lebensarten.« Gert Bernhart zählt auch zu den versiertesten Interpreten des Schweigener Kalkterroirs, das er mit seiner aktuellen Kollektion erneut großartig in Szene setzt. Sohn Marius steht inzwischen in den Startlöchern, um das Weingut in die Zukunft zu führen.

93 2021 »RG« Schweigen Sonnenberg Weißburgunder GG
In der Nase Kräuterwürze, Quitten, Honigmelone, Pfirsich, kreidige Mineralik. Am Gaumen entfaltet sich ein Wechsel aus Cremigkeit und Stoff, dicht im Extrakt, mineralische Würze, salzig, leicht pfeffrig, schöne Frucht, elegant, noch sehr jung, und bereits lang am Gaumen. 13 Vol.-%, NK, €€€

94 2019 »RG« Schweigen Sonnenberg Spätburgunder GG
Im Duft noch nicht weit entwickelt, vielversprechende Vielschichtigkeit, Konzentration und Mineralik. Die würzige Kalkigkeit prägt den Gaumen, druckvoll und salzig, mit Salzzitrone, Sauerkirsche, festes Tanningerüst, Tiefe, Substanz für Jahrzehnte. Weglegen. 13 Vol.-%, NK, €€€

94 2019 »WB« Schweigen Sonnenberg Spätburgunder trocken
Würzig in der Nase, schwarzer Pfeffer, Nelken, Zimt, Brombeeren, dunkle Kirschen, Tabak, dunkle Schokolade, Süßholz. Am Gaumen druckvoll, lebendige Säure, feste Phenolik, saftige rote Früchte, kalkige Kühle, elegant, gute, fruchtgetragene Länge. Hat Reifepotenzial. 13,5 Vol.-%, NK, €€€

93+ 2019 »KT« Schweigen Sonnenberg Spätburgunder GG
Eher zurückgenommen im Duft, noch verschlossen, Kirschen, Johannisbeeren, feinkräutrig, mineralischer Anklang. Konzentriert am Gaumen mit gutem Extrakt, gut eingewobener Säure und viel Kalkmineralik, da spricht der Weinberg, fester Tannindruck. Wird groß. 13 Vol.-%, NK, €€€

93 2021 Schweigen Sonnenberg Riesling GG

92 2021 »EG« Schweigen Sonnenberg Riesling trocken

92 2021 »FG« Schweigen Sonnenberg Grauburgunder trocken

91+ 2021 »WB« Schweigen Sonnenberg Weißburgunder trocken

90+ 2020 »Tonmergel« Schweigen Chardonnay trocken

90 2021 »Kalkmergel« Schweigen Grauburgunder trocken

90 2019 »Kalkmergel« Schweigen Spätburgunder trocken

93 2019 »FG« Schweigen Sonnenberg Spätburgunder trocken
Dezent nach Rauch in der Nase, sonnenverwöhnte rote Kirschen, Waldbeeren, Granatapfel, Gesteinsmehl, Unterholz. Am Gaumen saftig, frisch, elegant, feingliedriges Tannin, lebendige Säure, mineralischer Zug, frische Früchte, dunkle Schokolade, Kräuterwürze. 13,5 Vol.-%, NK, €€€

★★★

WEINGUT BREMER

Brückenstraße 2, 67308 Zellertal
T: +49 6355 8639166, m.g.acker@weingutbremer.de
weingutbremer.de

Ab-Hof-Verkauf: Mi bis Fr 14–18 Uhr, Sa 11–17 Uhr und nach Vereinbarung
Kellermeister: Michael Acker
Ansprechpartner: Rebecca Bremer, Brigitte Acker
Flaschen/Hektar: 60.000 (60 % weiß, 40 % rot)/15 ha

Kalkmergel ist die vorrangige Bodenbeschaffenheit des Zellertals im Nordwesten der Pfalz, eine gute Grundlage für Burgundersorten. Doch auch die für Riesling bevorzugte Lage »Schwarzer Herrgott« zählt zum Portfolio des Weinguts: Einmal mehr entstand dort ein dichter und vibrierender Riesling. Aus der Spätburgunderlage »Apotheker« wiederum stammt ein Wein von beeindruckender Ernsthaftigkeit. Unser Tipp ist der erstaunlich preisgünstige feinherbe Ortsriesling, der den Mund in ein Lustspieltheater verwandelt.

93 2021 Zell Schwarzer Herrgott Riesling trocken
Eine dicht verwobene Aromenvielfalt zeichnet diesen Wein aus. Die vibrierende Säurespannung, der Schmelz und die elegante Frucht werden auch dann auf sich aufmerksam machen, wenn bei Tisch angeregte Gespräche geführt werden. Und reifen wird er auch. 12,5 Vol.-%, NK, €€€

92+ NV »Grande Affaire« Rosé brut
Helle Lachsfarbe, recht kräftiges Mousseux. Rosenduft, auch Marzipan im Bukett. Geschmacksleitende Säure, alles schön glatt und stahlig, appetitanregend. So soll ein Aperitif sein – angesichts dieser Qualität verblüfft der Preis. 12,5 Vol.-%, NK, €€

92+ 2020 Niefernheim Apotheker Pinot Noir trocken
Der Duft erinnert an eine frisch hochgezogene Mauer. Der Geschmack vermeidet die Falle trivialer Fruchtigkeit, ist ernsthaft und sogar streng, glatter Fluss, zusammengehalten von stimmiger Phenolik, zum Schluss ein Hauch schwarzer Lakritze. 13 Vol.-%, NK, €€€

92 2020 Zell Kreuzberg Philippsbrunnen Pinot Noir trocken
Rauchiger Duft, etwas Kakao, sehr delikat und einladend. Würziger Geschmack, Sauerkirsche, im Nachgeschmack doch ein wenig adstringierend. Stabil gebauter Wein, der Schluss fällt recht kurz aus, für das Bukett hingegen gibt es einen Extrapunkt. 13 Vol.-%, NK, €€€

91+ 2021 Zell Königsweg Chardonnay trocken

88+ 2020 Kleinkarlbach Gelber Muskateller tr.

89 NV »Petit Affaire« Rosé brut

88 2021 Rosé trocken

88 2021 »Selection Madame« Rosé trocken

89 2019 Zellertal Pinot Noir trocken

89 2018 »Palatinello« Kleinkarlbach Merlot trocken

91+ 2021 Zellertal Riesling feinherb
Feiner Duft und dann eine fast zuckrige Attacke im Mund, begleitet von gut gelaunter Säure, mineralisch und ziseliert. Ein Wein für Erwachsene, positiver Gesamteindruck, ein spannungsreicher Riesling für viele Gelegenheiten – und kleines Geld. 12 Vol.-%, DV, €

★★★★

WEINGUT REICHSRAT VON BUHL

2020 UNGEHEUER RIESLING GG

Weinstraße 18–24, 67146 Deidesheim
T: +49 6326 96500, info@von-buhl.de
von-buhl.de

Ab-Hof-Verkauf: Mo bis So 10–19 Uhr
Kellermeister: Simone Frigerio
Ansprechpartner: Dennis Geller
Flaschen/Hektar: 450.000 (80 % weiß, 20 % rot)/56 ha
Anbauweise: Bio

Wir haben es uns nicht leicht gemacht. Nachdem wir die Bewertung des namhaften Deidesheimer Weinguts im Vorjahr ausgesetzt haben, starten wir die Bewertung nun neu mit vier Sternen, das ist einer weniger als vor zwei Jahren. Um mit dem Positiven zu beginnen: Pechstein und Kirchenstück haben uns ausgezeichnet gefallen, die Weine haben Spannung und eine profunde Mineralik. Leider können wir aber auch nicht daran vorbei, dass sich eine deutliche und in unseren Augen zu große Kluft zu Lagen wie Ungeheuer, Kieselberg oder Herrgottsacker auftut.

95 2020 Forst Kirchenstück Riesling GG
Deutliches Neuholz im Duft, florale Untertöne, Melisse, Schwarze Johannisbeere. Im Mund hat der Wein eine gute Spannung, verfügt über taktile Mineralik und hohe Dichte, ist auf fast schon adstringierende Weise stoffig, bei guter Aromadecke und kräftigem Alkohol. 13 Vol.-%, NK, €€€€

94 2020 Forst Pechstein Riesling GG
Man findet tuffige und zitrische Noten in einem insgesamt noch verschlossenen, von Hefe und einer Spur Holz eingefassten Duftbild. Im Mund zeigt sich ein dichter, salziger und zugleich auch geschmeidig grundierter Wein, der die körnigen Phenole gut absorbiert. 12,5 Vol.-%, NK, €€€

93 2020 Forst Jesuitengarten Riesling GG
Der Duft ist fruchtgetragen, gelbe Frucht, Mirabelle, Mispel, etwas Holz. Im Mund wirkt der Wein muskulös und stoffig, die Phenole haben eine gewisse Sprödigkeit, die Säure ist fest, der Wein zielt auf die Mächtigkeit ab, mit merklich werdendem Alkohol. 12,5 Vol.-%, NK, €€€

93+ 2014 »Rosé Prestige« brut
Hellorange in der Farbe mit goldenen Reflexen. Im Duft Apfelschale, Cranberry und Brioche, alles mit einer zarten Reifepatina. Im Mund eröffnet der Wein mit sehr feinem, mildem Mousseux, der lebendige Säurenerv wird von etwas Süße kontrastiert. Auch die Pinot-Beerenfrucht des Abgangs wirkt süß, begleitet wird sie zuletzt von stoffigen und leicht salzigen Wahrnehmungen. 12,5 Vol.-%, NK, €€€€

92 NV »Blanc de Noir Prestige« brut

92+ 2020 Forst Ungeheuer Riesling GG

92 2020 Deidesheim Kieselberg Riesling GG

91 2020 Deidesheim Mäushöhle Riesling tr.

91 2020 Deidesheim Leinhöhle Riesling tr.

90+ 2020 Deidesheim Herrgottsacker Riesling trocken

89+ 2021 Riesling trocken

90 2021 Deidesheim Riesling trocken
Rauchige Mineralnoten, frisch geriebene Zitronenschale. Im Mund hat der Wein eine knackige Säure, einen aromatischen, leicht viskosen Gehalt an Monoterpenen, die Gaumenmitte hat Substanz und ist intensiv, der Abklang ist noch kompakt, verschlossen, herb. 12,5 Vol.-%, DV, €€

★★★★★

WEINGUT A. CHRISTMANN

Peter-Koch-Straße 43, 67435 Neustadt-Gimmeldingen
T: +49 6321 66039, info@weingut-christmann.de
weingut-christmann.de

Ab-Hof-Verkauf: Di bis Fr 8–12 Uhr und 13–18 Uhr, Sa 10–16 Uhr, Mo nach Vereinbarung
Kellermeister: Steffen und Sophie Christmann
Ansprechpartner: Steffen und Sophie Christmann
Flaschen/Hektar: 120.000 (75 % weiß, 25 % rot)/19 ha

Das namhafte Gimmeldinger Weingut, ohnehin schon ganz vorne dabei in der Pfälzer Weinwelt, hat sein Profil nochmals geschärft: Jetzt zählen nur noch Erste und Große Lagen zum Weinbergsportfolio – folgerichtig tragen die (hervorragenden!) Gutsweine aus Riesling und Spätburgunder die Bezeichnung »aus den Lagen«. Auch bei den Weinen zeigt sich das Vater-Tochter-Duo Steffen und Sophie Christmann in Höchstform. Große Vorfreude haben zudem die ersten beiden Sekte aus dem Schwestergut »Christmann & Kauffmann« erweckt, die wir außer Konkurrenz verkosten konnten.

95 2021 Königsbach Idig Riesling GG
Der Duft deutet hinter Hefenoten kommende Komplexität an: mit zitrischen und curryartigen Aromen sowie mit balsamischen Kalknoten. Im Mund hat der Wein eine hohe Dichte, die Säure strahlt, ist nahtlos mit Extrakt und taktiler Mineralik verbunden. Großes Potenzial! 12,5 Vol.-%, DIAM, €€€€

93+ 2021 Neustadt Vogelsang Riesling GG
Blumig, duftig, kandierte Orangenschale in der Nase. Im Mund ist der Wein geschmeidig grundiert, hat eine feine Schicht reifer Phenole, ein festes Säurerückgrat und dezente Mineralik, die hier allerdings nicht die größte Pointe ist – das ist die feinfruchtige, florale Aromatik.
12,5 Vol.-%, DIAM, €€€€

95 2020 Königsbach Idig Spätburgunder GG
Etwas rauchig im Duft, Neuholz, dunkle Himbeere, Herzkirsche, Pinot-Beeren. Kraftvoller Gerbstoff, dicht, komplett auf Potenzial gekeltert, mit reifer, gut tragender Säure, aber auch mit geschmeidigem Fond und hohem Aromenpotenzial in der saftigen Abgangsfrucht. 13 Vol.-%, NK, €€€€

92+ 2020 »Aus den Lagen« Spätburgunder trocken
Duftig in der Nase, Kirsche und Kirschkern, etwas Baumharz, dezenter Holzeinsatz, ein Hauch von Marzipan. Im Mund hat der Wein Saftigkeit und mürben, körnigen Gerbstoff in mittlerer bis mittelhoher Dosis, die Fruchtdecke passt, der kompakte Abklang bürgt für sehr gutes Potenzial.
12,5 Vol.-%, DIAM, €€€

92+ 2021 Gimmeldingen Kapellenberg Riesling Erstes Gewächs trocken

92 2021 »Aus den Lagen« Pfalz Riesling Gutswein trocken
Zarte Hefetöne geben in der Nase relativ rasch eine noch jugendliche Rieslingwürze frei mit Noten von Melisse, getrockneter Zitronenschale, Rosmarin. Im Mund hat der Wein Zug und Spannung, pfeffrig-mineralische Aromen kommen auf, Stoff und Geschmeidigkeit sind in völliger Balance. 12 Vol.-%, DIAM, €€

★★

WINZERVEREIN DEIDESHEIM

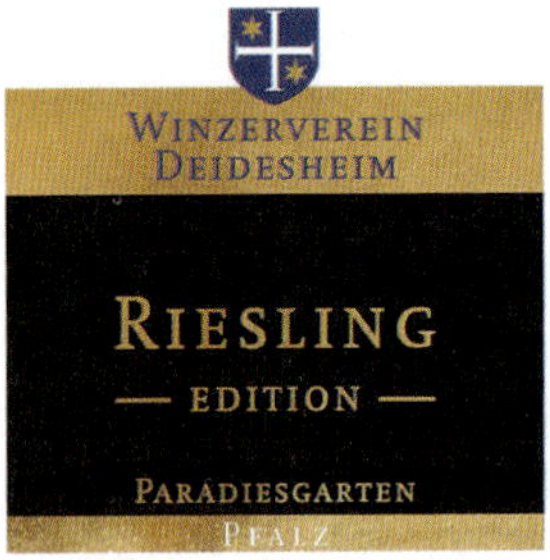

Prinz-Rupprecht-Straße 8, 67146 Deidesheim
T: +49 6326 96880, info@winzervereindeidesheim.de
winzervereindeidesheim.de

Ab-Hof-Verkauf: Mo bis Sa 9–18 Uhr, So 10–18 Uhr
Kellermeister: Bruno Klüpfel
Ansprechpartner: Steven Kärgel
Flaschen/Hektar: 1.494.000 (70 % weiß, 20 % rot, 5 % Rosé, 5 % Schaumwein)/150 ha
Anbauweise: Bio

Es täuscht nicht: Bei fast allen Weinen des altehrwürdigen Winzervereins Deidesheim mit seiner 125-jährigen Geschichte hatten wir ihre Eignung als Speisenbegleiter hervorgehoben. Tatsächlich überzeugen nicht nur die einfacheren Qualitäten in dieser Hinsicht, sondern auch die eleganten Lagen-Rieslinge, allen voran das Exemplar aus dem Kieselberg. Dabei hilft, dass eine vordergründige Aromatik den Deidesheimer Weinen weitgehend fremd ist. Erfreulich auch die ersten Erzeugnisse der 2020 erfolgten Bio-Zertifizierung. Die Cuvée »Tête-à-tête« war uns dabei einen Tipp wert.

91+ 2020 »Edition« Deidesheim Kieselberg Riesling trocken
Ausgesprochen dezent in der Nase, ganz wenig hervorstechende Primärfrucht, leicht nach Aprikose und etwas Senfsaat. Auch am Gaumen dominiert die fein gleitende Textur die Aromatik, gut eingebundene flächige Säure, wenig Süße. Eleganter Riesling für den Tisch. 12,5 Vol.-%, DV, €€

91 2020 »Edition« Deidesheim Grainhübel Riesling trocken
Etwas zitronenpudriger und cremiger in der Nase wirkend als der »Paradiesgarten«, Anis und Kümmel gesellen sich dazu. Im Mund ausgewogen, kein Mangel an Substanz, bereits in aprikosige Bereiche hineinlugend. Schlicht ein gut gemachter Pfälzer Riesling. 12,5 Vol.-%, DV, €€

90+ 2020 »Edition« Deidesheim Paradiesgarten Riesling trocken
Deutlich mehr Spannung als die »einfache« Deidesheim-»Edition«. Im Duft Limette, etwas grüne Pflaume, schöne Mineralik. Deutlich dichter und reifer dann am Gaumen, höhere Viskosität, harmonisch trocken. Kann noch an Präzision gewinnen. 12,5 Vol.-%, DV, €€

90 2020 »Edition« Chardonnay im Eichenfass gereift trocken
Wie bei fast allen Weinen der Deidesheimer Winzer gibt es auch hier in der Nase nichts Brachiales, sondern nur einen vergleichsweise dezenten Holztouch, dazu Lindenblüten und eine erdige Komponente. Am Gaumen dann eine gewisse Viskosität, ruhig gehalten. Ein guter Begleiter bei Tisch. 13 Vol.-%, DV, €€

90 2021 Gewürztraminer Kabinett trocken

89+ 2021 Goldmuskateller feinherb

89 2020 »Edition« Deidesheim Riesling tr.

89 2021 Riesling trocken

88+ 2020 Forst Mariengarten Riesling trocken

89+ 2019 Cabernet Sauvignon im Eichenfass gereift trocken

89 2019 »Edition« Pinot Noir im Eichenfass gereift trocken

90 2021 »Tête-à-tête Cuvée« feinherb RR/TR
Die Cuvée aus Riesling und Gewürztraminer zeigt sich frisch und fruchtbetont in der Nase, Zitronentarte, geschmeidig wirkend, nicht zu parfümiert. Am Gaumen kommt die Riesling-Säure ungebremst ins Spiel, der Gewürztraminer steuert den Körper bei. Sehr erfreulich! 11,5 Vol.-%, DV, €

★★★

WEINGUT DENGLER-SEYLER

Weinstraße Süd 6, 67487 Maikammer
T: +49 6321 5103, info@dengler-seyler.de
dengler-seyler.de
Ab-Hof-Verkauf: Mo bis Fr 9–12 Uhr und 13–18 Uhr, Sa 9–17 Uhr und nach Vereinbarung
Kellermeister: Matthias Seyler
Ansprechpartner: Eva Seyler
Flaschen/Hektar: 133.000 (60 % weiß, 15 % rot, 2 % Rosé, 5 % Schaumwein)/18 ha
Anbauweise: Bio

Es ist wahr, die Lagen in und um Maikammer haben nicht den Grad an Bekanntheit, den sie verdienen. Eva und Matthias Seyler vom Weingut Dengler-Seyler schicken sich an, das zu verändern: Schon in den vergangenen Jahren waren wir beeindruckt von der »kühlen«, stoffigen, und doch harmonischen Art der Rieslinge. Und auch dieses Jahr zeigen die Weine wieder Proportion, mineralischen Ausdruck, eine Weinbereitung, die auf Reifefähigkeit abzielt, und häufig auch eine ausgesprochen kulinarische Ader. Wir gratulieren zum wohlverdienten dritten Stern!

92+ 2021 Alsterweiler Kapellenberg Weißburgunder trocken
Frische mineralische Nase, der Wein duftet nach hellem Steinobst und Glaskirschen. Am Gaumen dicht, stoffig, recht vertikal gebaut, eine cremige Textur puffert die gute Säurestruktur ab, fulminanter fülliger Nachhall. Dieser Wein ist ein toller Speisenbegleiter! 13 Vol.-%, NK, €€

92 2021 Maikammer Im Obern Weinsper Riesling trocken
Am Anfang duftarm, doch dann entwickelt sich schnell ein feines Aroma von zarten Blüten, Grasschnitt und warmer Butter. Am Gaumen eine kräftige Säure mit sehr verhaltenen Aromen, wenngleich der Wein eine Menge Fülle hat, leicht salziger, adstringierender Nachhall. 12,5 Vol.-%, NK, €€€

92 2021 Maikammer Am Heiligen Berg Riesling trocken
Florale Nase, Grasschnitt, auch rauchig, eine Spur erdig. Am Gaumen hat der Wein eine appetitanregende punktgenaue Säure mit herber pampelmusenartiger Adstringenz. Ein sehr saftiger Speisenbegleiter mit langem Nachhall. 12,5 Vol.-%, NK, €€€

93 2020 Maikammer Heiligenberg Spätburgunder trocken
Brombeerrot im Glas, in der Nase fein beerig, auch Grafit und schwarze Holunderbeeren. Am Gaumen frisch, kühl, saftig, auch erdig und mit Noten von schwarzen Kirschen und Heidelbeeren. Der Wein ist nicht unbedingt verspielt, aber jugendlich-kompakt und dabei geerdet. 13 Vol.-%, NK, €€€

91+ 2021 Maikammer Heiligenberg Riesling trocken

92 2021 Maikammer Schlangengässel Riesling trocken
Beeindruckendes Grüngold im Glas. In der Nase Kräuter und Rauch, der Wein riecht tief und floral. Am Gaumen sowohl knackig als auch füllig, eine spannende Mischung, grüner Apfel, Himbeeren, Heu und eine schöne stabile Säure machen Vergnügen. 12,5 Vol.-%, NK, €€€

★★

WEIN- UND SEKTGUT-DESTILLERIE ANDREAS DIEHL

Eisenbahnstraße 3a, 67483 Edesheim
T: +49 6323 93893, info@diehl-wein.de
diehl-wein.de

Ab-Hof-Verkauf: Mo und Di 8–16 Uhr, Mi 8–12 Uhr, Do und Fr 8–18 Uhr, Sa 10–14 Uhr
Kellermeister: Andreas Diehl
Ansprechpartner: Andreas und Alexandra Diehl
Flaschen/Hektar: 400.000 (75 % weiß, 25 % rot)/45 ha

Das Wein- und Sektgut Andreas Diehl setzt ein klar definiertes Konzept konsequent um: Für die Weinlinie »Eins zu Eins« werden sortentypische, zugängliche Weine gekeltert, die klar im Ausdruck und harmonisch abgestimmt sind. Im gehobenen Segment »Superior« finden sich trockener ausgebaute Weine mit guter Substanz und kulinarischer Eignung aus der Burgunder-Familie. Die animierenden Sekte und Rotweine mit kultiviertem Gerbstoff sollte man freilich nicht vergessen. Besonders gut gefallen hat uns der maischevergorene Graue Burgunder »Superior«. Beeindruckend!

90 2020 »Pinot« brut nature WB/PN
Hefe mit Mirabelle, Apfel, Himbeere und Aprikose, Mandarine und Mandarinenschale. Saftig und mit schöner Cremigkeit am Gaumen, feiner Schaum, »brut nature« sorgt für Griffigkeit und Grip, feine Herbe mit Stachelbeeren und Rhabarber im Ausklang. Ausgewogen. 12,5 Vol.-%, NK, €€

91 2020 »Superior Maische« Grauer Burgunder trocken
Sehr attraktives Lachsorange im Glas. In der Nase phenolisch, Hagebutte, Holzterpene, getrocknete Orangenschale. Am Gaumen trotz mächtiger Substanz patent eingefasst durch die Maische, dafür weniger gleitend, mutig, verlangt Beschäftigung, ein Kaminwein. 14,5 Vol.-%, DV, €€€

90+ 2020 »Superior« Grauer Burgunder trocken
Spannender Stilvergleich beim Grauburgunder: Der »normale Superior« besitzt farblich bereits deutliche Orange-Reflexe, in der Nase kandierte Orangenschalen, phenolisch, etwas Trockengebäck, Ingwer. Enorme Viskosität am Gaumen, hochreif, wenig Säure, Grip, Würze. 14,5 Vol.-%, DV, €€

90 2020 »Superior« Spätburgunder trocken
Balsamische Würze mit reifer Kirsche, Waldhimbeere, Johannisbeere und Brombeere, Pfeifentabak. Setzt breit am Gaumen an mit weichem, seidigem Mundgefühl, trocken und mit feiner Würze, die Tannine sind weich, entspannter Charakter, gute Länge. 13,5 Vol.-%, DV, €€

89 2020 Sauvignon Blanc brut

90 2020 »Superior« Weißer Burgunder trocken

89+ 2021 »Eins zu Eins« Riesling trocken

89 2021 »Eins zu Eins« Chardonnay trocken

88+ 2021 »Vegan« Weißer Burgunder trocken

89 2021 »Eins zu Eins« Sauvignon Blanc trocken

88 2021 »Eins zu Eins« Weißer Burgunder trocken

89+ 2019 »Eins zu Eins« Syrah trocken
Würzige und pfeffrige Nase, ganz rebsortentypisch, Schwarze Johannisbeeren und Brombeeren mit schwarzen Kirschen, feine Holzwürze. Stoffig und kräftig, aber auch betont trocken ausgebaut mit kühler Aura, feinnerviger Säure und feinkörnigem Tannin, sehr kultiviert. 13,5 Vol.-%, DV, €€

WEINGUT MATTHIAS ECHTER

Eistalstraße 3, 67269 Asselheim
T: +49 6359 2289, mail@wein-echter.de
wein-echter.de

Ab-Hof-Verkauf: Mo bis Fr 9–12 Uhr und 13–18 Uhr, Sa 9–12 Uhr
Kellermeister: Matthias Echter
Ansprechpartner: Matthias Echter
Flaschen/Hektar: 133.000 (60 % weiß, 15 % rot, 20 % Rosé, 5 % Schaumwein)/10 ha

Matthias Echter, der im Leiningerland sein Weingut mit zehn Hektar Rebfläche führt, hat zwei Weine und einen Schaumwein angestellt, die er im letzten Jahr schon präsentiert hatte: Unsere Einschätzung können wir bestätigen, Riesling-Sekt, Pinot Noir und »Orange de Sylvaner« führen wieder die Kollektion an. Der im Barrique ausgebaute Chardonnay aus 2020 lässt an das nächste Essen denken, die beiden Weißweine aus 2021 zeigen sich zugänglich und frisch. Vermutlich hat Matthias Echter schon einige Asse im Ärmel, die er dann im kommenden Jahr ziehen kann.

90+ 2018 »Orange de Sylvaner« trocken
Duftet nach getrocknetem Salbei, Mandelmus und gedörrten Aprikosen- und Mangospalten, feiner Rauch. Frisch und animierend am Gaumen mit saftiger Gelbfrucht und gepflegten Phenolen, etwas Kohlensäure nimmt Fahrt auf, würzig und mit aparter Herbe. Gerne nachschenken.
12,5 Vol.-%, DV, €€

89+ 2020 Chardonnay Barrique trocken
Leichtes Goldgelb in der Farbe. Etwas Holzwürze legt sich über reife Aprikose, Birne und Honigmelone. Stoffig und würzig am Gaumen mit guter Substanz, auch gut balanciert durch die ausgewogene Säure, abgerundet mit fruchtiger Süße. Kulinarisch bestimmter Wein. 13,14 Vol.-%, DIAM, €€

89 2021 Asselheim Goldberg Sauvignon Blanc trocken
Reduktiv in der Nase mit grünen Aromen, frisch geschnittenes Gras, Brennnessel und grüne Paprika, auch Schwarze Johannisbeere. Saftiger und geschmeidiger Wein mit schöner Würze und Frische, abgerundet mit etwas Fruchtsüße, auch wieder grünlich-florale Noten. 12,5 Vol.-%, DV, €

91 2019 Albsheim Benn Pinot Noir trocken
Rote Kirsche und weißes Nougat im Duft, dazu Himbeere, etwas Lorbeerblatt und Wacholder, feine Holzwürze. Geschmeidig und elegant am Gaumen ansetzend mit gut eingewobener, feiner Säure, die Gerbstoffe sind feinkörnig, von hoher Güte, Kraft, Wucht und Alkohol gut integriert.
14,5 Vol.-%, DIAM, €€

88+ 2021 Sylvaner feinherb

90+ ❸ 2017 Asselheim St. Stephan Riesling brut
Sattes Gelb. Der Duft zeigt sich noch hefig, etwas Brioche, auch Butter, dann Grapefruit und Kumquats. Die Gaumenstruktur nimmt die reife Rieslingfrucht wieder auf, dezent dosierte Süße umspielt den Säurekern und das feingliedrige Mousseux. In sich stimmig, viel Sekt fürs Geld.
12,38 Vol.-%, NK, €€

★★

WEINGUT ECK

Leinsweiler Straße 31, 76831 Ilbesheim
T: +49 6341 32046, info@weingut-eck.de
weingut-eck.de

Ab-Hof-Verkauf: Mo bis Sa nach Vereinbarung
Kellermeister: Jasmin und Jürgen Eck
Ansprechpartner: Jasmin Eck
Hektar: 13.5 ha

Im Weingut Eck sind zwei Generationen für den Ausbau der Weine zuständig und pflegen einen intensiven Meinungsaustausch: der erfahrene Winzermeister Jürgen Eck und seine Tochter Jasmin, Bachelor für Weinbau und Oenologie, die für frische Ideen im Weingut sorgt. Im vergangenen Jahr lobten wir eine blitzsaubere Kollektion mit Tiefgang, und auch dieses Mal sind wir sehr angetan von dem, was das Vater-Tochter-Duo geleistet hat: Die kalkmineralischen Lagen-Weine aus dem Kalmit gefallen uns am besten, vom frischen und würzigen Silvaner konnten wir nicht genug bekommen.

92 2021 Ilbesheim Kalmit Weißer Burgunder trocken

Noch jugendlich verschlossen im Duft, kräutrige Noten von Spontangärung, etwas Hefe, dazu Apfel. Am Gaumen unkitschig und ausdrucksstark, betont trocken mit präsenter Säure, gut abgedeckt von Extrakt und saftiger Fülle. Stellt das kalkige Terroir heraus, jugendlich. 12,5 Vol.-%, DV, €€

91+ 2021 Ilbesheim Kalmit Riesling trocken

Fokussierter Duft mit Pfirsich, Grapefruit, Guave, etwas Zitronenschale, auch kräutrig und steinige Anklänge. Auch am Gaumen mit guter Spannung und fester, straffer Säure, trocken ausgebaut, mit kalkmineralischer Prägung, wieder Grapefruit, zeigt seine Herkunft. 12,5 Vol.-%, DV, €€

90+ 2021 Ilbesheim Rittersberg Chardonnay trocken

Feiner Rauch und Würze zu Melone, Birne, Aprikose und auch etwas aufgeschnittener Kürbis, kräutrig. Am Gaumen mit Saft und gut dosierter Stoffigkeit, feste, kräftig gebaute Struktur, gut eingebundene Säure, feine Salzzitrone. Hat gute Anlagen zur Flaschenreife. 13 Vol.-%, DV, €

90 2020 Göcklingen Kaiserberg Frühburgunder trocken

Reife Himbeeren, rote Kirschen, ein wenig Veilchenduft und würzige Holznoten, getrockneter Rosmarin. Setzt geschmeidig an am Gaumen mit Saft von roten Beeren und reifer, ausgewogener Säure. Trocken, griffiges, leicht trocknendes Tannin, mineralisch, gute Länge. Kann noch zulegen. 12,5 Vol.-%, DV, €

89 2019 Ilbesheim Rittersberg Spätburgunder trocken

90 2021 Grüner Silvaner trocken

Getrockneter Thymian, Birne und Apfel, auch frische Gartenkräuter und etwas Salbeibonbon. Am Gaumen überwiegt der Eindruck von fruchtiger Frische, die jahrgangstypische Säure geht voran, saftig mit reifem gelbem Apfel, schöne kalkige Würze. Fast zu schade zum Vesper. 13 Vol.-%, DV, €

★

WEINGUT ESTELMANN

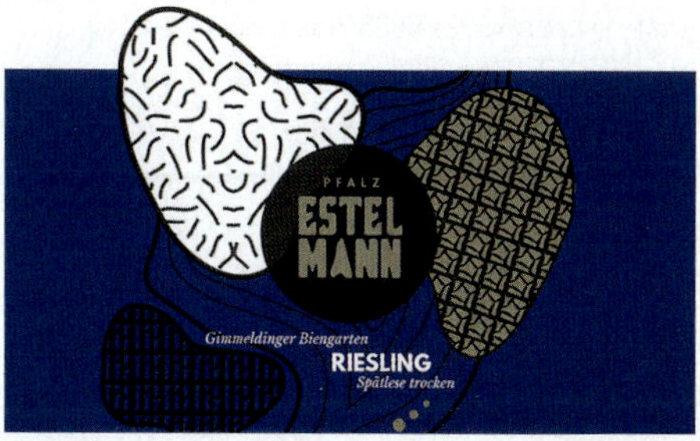

Kurpfalzstraße 76, 67435 Neustadt-Gimmeldingen
T: +49 6321 6173, info@weingut-estelmann.de
weingut-estelmann.de

Ab-Hof-Verkauf: Ja
Kellermeister: Felix Estelmann
Ansprechpartner: Felix Estelmann

Ein mehr als respektables Debüt von Felix Estelmann! Der junge Winzer betreibt das Familien-Weingut mit seinen Eltern Stefanie und Karl-Ludwig. Zum Weingut gehört auch ein Gästehaus. Im 1599 erbauten Gutshaus befindet sich auch der Gewölbekeller, in dem hauptsächlich die Rotweine ausgebaut werden. Der Spätburgunder 2019 hat uns mit seiner saftigen Substanz und seinem feinen Gerbstoff ebenso imponiert wie die ungekünstelten Rieslinge der Jahrgänge 2020 und 2021. Auch der mineralische Chardonnay zeigt die Ambitionen des Betriebs. Hier kann man noch einiges erwarten!

91 2020 Gimmeldingen Biengarten Riesling trocken
Dezentes Goldgelb. Reifer Pfirsich in der Nase, Stachelbeeren, Apfel, mit floralen Noten, kräutrig, auch mineralisch. Saftig und mit feiner Würze am Gaumen, Apfel, etwas Zitrusfrucht, Salzzitrone, kräftig gebaut, passender Extrakt, mineralisches Finale. 13 Vol.-%, NK, €€

90+ 2020 Mußbach Glockenzehnt Chardonnay trocken
Feiner Rauch begleitet Apfel, Aprikose und Birne, gelbe Pflaumen, etwas Minze, sogar ein Hauch Lavendel. Zeigt sich am Gaumen elegant mit weichem Fond und einer fein ziselierten Säure, leicht salzig, reife Phenole, mittelgewichtig im Extrakt, mineralisch unterlegt. 13 Vol.-%, NK, €€

89+ 2021 Mußbach Eselshaut Weißburgunder trocken
Feine Holzwürze, auch rauchige Noten, Aprikose, Apfel und Kräuter, gelbe Blüten, etwas Melisse. Feste Struktur am Gaumen, wo sich der Holzausbau bemerkbar macht mit Würze und etwas grüner Walnuss, präsente, ausgewogene Säure. Kann noch zulegen, gerne zum Essen. 12,5 Vol.-%, NK, €€

91+ 2019 Haardt Herzog Spätburgunder trocken
Schwarzkirsche, etwas Gewürznelken, Blaubeere, rauchige Noten, etwas Blutorange, Schwarztee und frischer Salbei. Saftig und frisch am Gaumen mit guter Substanz und fein ziselierter Säure, in der Gaumenmitte auch füllig, feinkörniger Gerbstoff, gekonnter Holzeinsatz. 12,5 Vol.-%, NK, €€

89 2021 Gimmeldingen Mandelgarten Grauburgunder trocken

90 2021 Königsbach Ölberg Riesling trocken
Helle Blüten in der Nase, Aprikose und Apfel, auch etwas Guave, florale Noten, Wiesenkräuter, feine Würze. Saftiger und würzig unterlegter Riesling mit präsenter Säure, saftiger Pfirsich, mineralisch, trocken ausgebaut und ungekünstelt, zeigt Herkunft und Stil. 12,5 Vol.-%, NK, €

★★

WEINGUT FADER

Theresienstraße 62, 76835 Rhodt unter Rietburg
T: +49 6323 5193, info@wein-fader.de
wein-fader.de

Ab-Hof-Verkauf: Mo bis Sa 8–12 Uhr und 13–18 Uhr
Kellermeister: Knut Fader
Ansprechpartner: Knut Fader
Hektar: 16.5 ha

Knut Fader ist immer für eine Überraschung gut. Diesmal hatten wir viel Spaß mit seinem Gelben Muskateller, der sich vor den großen Brüdern in Österreich nicht zu verstecken braucht. Wer das kann, wird auch ein Händchen für Weißburgunder haben, oder? Bingo! Auch der 2021 »Réserve« Rhodt Rosengarten Weißer Burgunder war die reine Freude. Riesling kann das Weingut ebenfalls, wie zum Beispiel der Rhodter Schloßberg aus alten Reben zeigt, und so war eben die ganze Kollektion ein Erfolg. Man hat den Eindruck, hier habe jemand Freude an seinem Beruf.

91 2021 »Alten Reben« Rhodt Schloßberg Riesling trocken
Helles Goldgelb, intensiver Duft, mit Andeutungen von Ananas und Gesteinsmehl. Der muskulöse, erdige Stil – die Tiefe der alten Reben! – setzt sich im Geschmack fort, mit Noten von Honigmelone und etwas Stachelbeere, Lebkuchen im Nachgeschmack. 12,5 Vol.-%, DV, €

90+ 2021 »Réserve« Rhodt Rosengarten Weißer Burgunder trocken
Als Erstes fällt die Delikatesse auf, die dieser Rebsorte entspricht. Ein Hauch von Karamell am Gaumen lädt dazu ein, dem Wein länger nachzuspüren, der anhaltende Nachgeschmack macht's möglich, die wohldosierte Säure gibt dem Wein Spannung. 13,5 Vol.-%, DV, €€

89 2021 »Réserve« Rhodt Rosengarten Grauer Burgunder trocken
Einladender Duft, an Chicken Tikka erinnernd. Pfefferkuchen im Geschmack, selbstbewusst und überzeugend, dicht und stoffig, im Nachgeschmack leicht bitter. Ein charaktervoller Wein für gesellige Abende, der nach kräftigen Speisen verlangt. 13,5 Vol.-%, DV, €€

90 2019 »Réserve« Rhodt Schlossberg Pinot Noir trocken CS/ME
Ein Aroma von Johannisbeerkonfitüre dominiert das Bukett, später treten rauchige Noten und Kirscharomen hinzu. Der Geschmack ist eher streng, Schwarze Johannisbeere, die Gerbstoffe halten Süße und Säure im Zaum, der Nachgeschmack fällt fruchtig aus. 13,5 Vol.-%, NK, €€

89 2021 »Réserve« Weyher Michelsberg Riesling trocken

92 2021 Rhodt Gelber Muskateller trocken
Hinreißender Duft mit den sortentypischen exotischen Fruchtaromen. Es folgt ein ausgeglichener, gut balancierter Geschmack, mineralisch und sogar etwas salzig, alles sehr fein und einladend, wohldosierte Säure. Viel Spaß für kleines Geld! 12 Vol.-%, DV, €

★

WEINGUT STEFAN FISCHER

Kirchstraße 2, 76889 Schweighofen
T: +49 6342 7197, info@stefan-fischer-weingut.de
stefan-fischer-weingut.de

Ab-Hof-Verkauf: Di bis Fr 13–19 Uhr, Sa und So 10–18 Uhr und nach Vereinbarung
Kellermeister: Stefan Fischer
Ansprechpartner: Birgit Fischer
Hektar: 40 ha

Stefan Fischer, der mit seiner Frau Birgit 40 Hektar Weinberge im Süden der Pfalz bewirtschaftet, hat sich einer Weinstilistik verschrieben, die eine hohe Traubenreife, Balance und Ausgewogenheit in den Mittelpunkt stellt. Dabei entstehen Weine, die auch den Alltag verschönern können und immer auch einen kulinarischen Gedanken entstehen lassen, wie der substanzvolle und würzige Pinot Noir aus 2020. Unsere Empfehlung ist der gehaltvolle und cremige Riesling »Edition S« – verschulden muss man sich übrigens nicht, um den Keller mit Fischer-Weinen aufzufüllen.

89 2021 Sauvignon Blanc trocken
Reife Frucht und Sortenwürze in der Nase, Schwarze Johannisbeeren, Mango und gelbe Stachelbeeren, keine grüne Aromatik. Setzt am Gaumen mit Saft und feiner Würze an, mittelgewichtig, schöne Frische durch die präsente Säure, die dem Wein auch Länge verleiht. 13,5 Vol.-%, DV, €

89 2021 Chardonnay trocken
Im kräftigen Duft Noten von reifer Birne, gelbem Apfel, Ananas, Maracuja und Honigmelone, es müssen reife Trauben gewesen sein. Der fruchtige Schmelz wird im Mund gekontert von einer präsenten Säure, saftig mit feiner Würze, mittelgewichtig, auch zitrische Noten. Gerne zum Essen.
13 Vol.-%, DV, €

88+ 2021 »Cuvée Steinacker« feinherb
Kerner dominiert die Cuvée, die nach reifer Maracuja, Schwarzen Johannisbeeren, Apfel und Birne riecht, dazu Gewürze. Saftig und mit Schmelz am Gaumen, die merkliche Fruchtsüße sorgt für Volumen und Geschmeidigkeit, die Säure für Frische, auch würzige Noten. Bereits zugänglich.
12,5 Vol.-%, DV, €

89 2020 Pinot Noir trocken
Leicht brenzliger Duft nach roten Kirschen und Gewürznelken, auch Blutorange und kräutrige Noten, Rosenblätter. Kräftig gebauter Spätburgunder, der nicht am Inhalt spart, Substanz, süßliche Frucht und Würze, der Alkohol ist integriert. Körperreich und zugänglich, zum Essen.
14 Vol.-%, DIAM, €

88+ 2021 Grauburgunder feinherb

89+ 2020 »Edition S« Riesling trocken
Dezentes Goldgelb in der Farbe zeugt von reifen Trauben, Aprikose, Pfirsich und Passionsfrucht, auch Ananas, ein Hauch Petrol. Gehaltvoll und vollmundig am Gaumen im Stil einer klassischen Spätlese mit reifer Säure, Schmelz und Würze, auch zitrisch, endet mit Grapefruitnoten.
13 Vol.-%, DV, €

★★★

WEINGUT FITZ-RITTER

Weinstraße Nord 51
67098 Bad Dürkheim an der Weinstraße
T: +49 6322 5389, johann.fitz@fitz-ritter.de
fitz-ritter.de

Ab-Hof-Verkauf: Mo bis Fr 9–18 Uhr, Sa und So 11–17 Uhr
Kellermeister: Achim Eberle
Ansprechpartner: Johann Fitz und Achim Eberle
Hektar: 25 ha
Anbauweise: Bio

Wir haben uns sehr gefreut, als wir die neuen Weine des Weinguts Fitz-Ritter verkostet haben: Das ist seit Langem die beste Kollektion dieses Betriebs. Das Dürkheimer Weingut punktet quer durch alle Rebsorten und Stile: Beim Sekt, der seit jeher ein Schwerpunkt der Produktion ist, scheint das neue VDP.Prestige-Statut noch mal einen qualitativen Schub gegeben zu haben. Aber auch die stillen Rieslinge erstrahlen dieses Jahr in einer Saftigkeit und einer von zarter Phenolik unterstrichenen Spannung, die aufhorchen lässt. Den i-Punkt setzen zwei edelsüße 2021er. Bravo!

92+ 2018 »Prestige« Bad Dürkheim Herrenberg brut nature
In der Nase reifer Apfel, Zitronen, Waldhonig, Wildblüten, Brioche, Kräuterwürze. Am Gaumen viel Würze, saftige Frucht, Pfirsich, reifer Apfel, Grapefruit, feine Perlage, schöne Länge. Als Solist oder auch zu Speisen. 12 Vol.-%, NK, €€€

93+ 2021 Bad Dürkheim Herrenberg Riesling GG
Wiesenkräuter in der Nase, Weinbergpfirsich, Aprikosen, Salzzitronen, Gesteinsmehl, dezent nach Rauch. Im Mund feinwürzig, salzig, ebenfalls Pfirsich, Zitronen, Grapefruit, gut integrierte Säure mit Zug, feine Phenolik, saftig, lang am Gaumen. Hat Reifepotenzial. 13 Vol.-%, NK, €€€

94+ 2021 Bad Dürkheim Hochbenn Riesling Eiswein
Im Duft klare, feine Frucht, Zitrusfrüchte, süße Limone, kandierte Orangenzesten, mit Kräuterwürze und Mineralik unterlegt, vielschichtig. Am Gaumen mit schmelzender Süße und lebendiger Säure, Limonengelee, griffig, voller Kraft und Saft, endet lang und frisch. Bitte weglegen! 7 Vol.-%, NK, €€€€

94 2021 Riesling Beerenauslese
Intensiver Duft nach getrockneten Früchten, zarter Waldhonig, kandierte Limone, Orangenblüten, dicht und animierend. Am Gaumen cremig und dicht, lebendige Säure, druckvolle Süße, exotische Früchte, Grapefruit, zupackend, feine Frische bewahrend, lang. Hat weiteres Potenzial. 7,5 Vol.-%, NK, €€€

92 2018 »Prestige« Chardonnay brut nature

90+ 2019 Bad Dürkheim Hochbenn Riesling brut

93 2021 Bad Dürkheim Michelsberg Riesling GG

91 2021 Bad Dürkheim Fuchsmantel Riesling trocken

91 2021 Bad Dürkheim Spielberg Chardonnay trocken

89 2021 Wachenheim Weißer Burgunder tr.

91 2018 »MB« Pinot Noir trocken

92 2021 Bad Dürkheim Abtsfronhof Gewürztraminer
Kräftiger, sortentypischer Duft nach Rosenblatt und zarter Muskatwürze, dazu etwas Traubensaft und Kräuterwürze. Am Gaumen mit verhaltener Säure, viel Schmelz, Rosenwasser, etwas Speck, satt und griffig, sehr typisch, ausgewogen, gute Länge. Toll zum Gugelhupf. 10 Vol.-%, DV, €€

★

WEINGUT FRIEDRICH

Winzerstraße 27, 67434 Neustadt an der Weinstraße
T: +49 6321 81602, info@weingut-friedrich.de
weingut-friedrich.de

Ab-Hof-Verkauf: Ja
Kellermeister: Felix Ullrich Friedrich
Ansprechpartner: Felix Ullrich Friedrich
Flaschen/Hektar: 80.000 (50 % weiß, 30 % rot, 15 % Rosé, 5 % Schaumwein)/8.5 ha
Anbauweise: Bio

Das Weingut Friedrich liegt am Fuß des geschichtsträchtigen Hambacher Schlosses, die Winzer-Familie betreibt schon seit 1840 Weinbau. Die acht Hektar Weinberge, in denen der Buntsandstein überwiegt, werden seit 1994 nach den Richtlinien des kontrolliert umweltschonenden Weinbaus kultiviert. Für den Ausbau der lebendigen und natürlich wirkenden Weine ist Felix Ullrich Friedrich verantwortlich, das »Hochgewächs« vom Riesling gefällt mit Balance und Finesse, der geschmeidige Weißburgunder-Sekt mit feinem Mousseux, der Cabernet Sauvignon mit geschmolzenen Gerbstoffen.

89+ ❶ NV Weißburgunder brut
Im Duft steht der Wein noch stark unter dem Einfluss der Hefe, aber auch florale und nussige Sortenaromen sind bereits da, und auch eine Würze wie von Wermut. Im Mund zeigt sich eine gewisse Fülle, nachgerade spätleseartig in den Aromen und in der Geschmeidigkeit, feines Mousseux, süßer Abklang. 12,5 Vol.-%, NK, €

88+ 2021 Sauvignon Blanc trocken
Reife Maracuja in der Nase, auch Mango, Birne und Schwarze Johannisbeeren, frisch geschnittenes Gras. Frisch und saftig am Gaumen mit lebendiger, gut eingewobener Säure, schlanker, linearer Bau, geschmeidig und ausgewogen abgerundet, zitrische Anklänge. 12 Vol.-%, DV, €

90 2020 Cabernet Sauvignon im Barrique gereift trocken
Feine Würze, Schwarzkirsche, Schwarze Johannisbeeren und auch Holunderbeeren, etwas Lakritze und rosa Pfeffer. Ausgewogener und kräftig gebauter Cabernet Sauvignon mit weichem, geschmolzenem Gerbstoff, gut balanciert, die feine Fruchtsüße rundet ab, klingt saftig aus.
13,5 Vol.-%, NK, €€

89 2020 Merlot im Barrique gereift trocken
Kräftiger Duft nach reifer Schwarzkirsche und Schwarzer Johannisbeere, auch Brombeere und feine Würze vom Barriqueausbau. Saftig und fruchtig am Gaumen mit süßlichem, mittelgewichtigem Extrakt, zugänglich im Charakter, auch Frische. Zeigt Sortentypizität. 13 Vol.-%, NK, €€

88 2021 »Fritzl Bio Rosé« feinherb PN/RE

89 2020 »Hochgewächs« Riesling trocken
Reifes Steinobst im Duft, Aromen von Pfirsich, Apfel und Aprikose, florale Noten, Blumenwiese und auch Trockenblumen. Das »Hochgewächs« zeigt sich ausgewogen am Gaumen, die reife Säure ist verspielt genug, um für Balance und Eleganz zu sorgen, saftig, runder Fluss. 13 Vol.-%, DV, €

★

GP WINERY

Friedelsheimerstraße 15, 67098 Bad Dürkheim
T: +49 174 1679355, g_stepp@yahoo.de

Ab-Hof-Verkauf: Ja
Kellermeister: Gerd Stepp
Ansprechpartner: Gerd Stepp

Der Pfälzer Gerd Stepp arbeitete jahrelang im Einkauf für ein britisches Einzelhandelsunternehmen und machte sich auch als »Flying Winemaker« mit Einsätzen auf mehreren Kontinenten einen Namen. In seiner Heimatstadt Bad Dürkheim erzeugt der Winzer eigene Weine, die stilistisch seine internationalen Erfahrungen reflektieren: Der stoffige Chardonnay verbindet die Neue Welt mit der Pfalz, die Rieslinge wie der saftige Saumagen zeigen Mineralik und Lagen-Charakter, die Rotweine Eleganz und polierte Gerbstoffe. Stimmige Kollektion, da weiß einer genau, was er tut!

91 2020 Chardonnay trocken

Rauch und etwas Holzwürze, Melone, etwas Kürbisschale und Birne, auch Bananenschale, Kardamom. Stoffig am Gaumen mit Saft, Schmelz und Würze, gute Substanz, die feste Säure trägt, feine Salzigkeit, etwas grüne Walnuss. Verknüpft stilistisch die Neue Welt mit der Pfalz.
12,5 Vol.-%, DV, €€

90+ 2021 Kallstadt Saumagen Riesling trocken

Fein nuancierter Duft mit Pfirsich, Mandarine, grünem Apfel, dazu feine Hefe, kreidig, nasser Kalk. Schlank gehaltenes, kompaktes Format am Gaumen, saftig mit gepflegter Säure, geschmeidig abgerundet, merkliche kalkiger Mineralik, auch florale Herbe. Elegant mit Lagen-Profil. 12,5 Vol.-%, DV, €€

91+ 2020 »vom Buntsandstein« Pinot Noir trocken

Beerige Frucht, Schwarze Johannisbeere und Schwarzkirsche im rauchigen Ambiente, auch Waldbeere, Orangenöl. Zeigt am Gaumen Substanz, Kraft und Fülle, ohne dabei Eleganz und Finesse vermissen zu lassen. Feinkörniges Tannin, mineralische Anklänge, bis zum Finale von Frucht begleitet.
13,5 Vol.-%, DV, €€€

91+ 2020 Cabernet Franc trocken

Cassis, feine Holzwürze, Rauch, gegrillte rote Paprika, etwas Eukalyptus, Brombeere, Orangenschale, Tannennadeln. Saftig und stoffig am Gaumen mit klarer Frucht und gutem Zug, süßlicher Extrakt, feinkörniges, geschliffenes Tannin, etwas dunkle Schokolade, elegant. 14 Vol.-%, DV, €€€

89+ 2021 Sauvignon Blanc trocken

90 2021 Wachenheim Königswingert Riesling trocken

Reifer Pfirsich und kandierte Zitronenschale, Kräuter, auch Hefe und etwas grüne Walnuss im Duft. Saftig und vollmundig am Gaumen mit süßer Gelbfrucht und leicht herben Noten, präsente, gut eingewobene Säure, die feine Süße sorgt für Abrundung und Volumen.
12,5 Vol.-%, DV, €€

★★★

WEINGUT GABEL

Weinstraße 45, 67273 Herxheim
T: +49 6353 7462, wein@weingut-gabel.de
weingut-gabel.de

Ab-Hof-Verkauf: Mo bis Fr 13–17 Uhr, Sa 10–16 Uhr
Kellermeister: Oliver Gabel
Ansprechpartner: Oliver Gabel
Flaschen/Hektar: 160.000 (60 % weiß, 40 % rot)/21 ha
Anbauweise: Bio

Um mit der Türe ins Haus zu fallen: Wir gratulieren Oliver Gabel zum dritten Stern. Seine aktuellen Weine haben uns die Entscheidung leicht gemacht: Der Weißburgunder aus dem Herxheimer Kirchenstück hat uns mit seiner Dichte und seiner mineralischen Salzigkeit fasziniert, der Spätburgunder aus der Lage mit dem schönen Namen »Honigsack« ist ein höchst gelungener Gegenentwurf zum Klischee der Pfälzer Wucht: Dieser Wein ist ungemein fein ziseliert und hat dabei zugleich Statur und Länge. Auch die Sekte werden immer besser. Wir freuen uns schon aufs nächste Jahr.

92+ ❶ 2016 »Hommage« Riesling brut nature
Strahlendes Gold im Glas. In der Nase Hefenoten von Brioche, reife gebe Früchte wie Aprikosen, getrockneter Apfel, Zitronenzesten, Kamille, Kalkgestein. Am Gaumen komplex, feine Würze, salzig, gut integrierte Säure, feines Mousseux, schöne Länge. Als Solist oder Speisenbegleiter.
12 Vol.-%, NK, €€€

94 2020 Herxheim Kirchenstück Weißburgunder trocken
Komplex in der Nase, saftige Aprikosen, reifer Apfel, Wiesenkräuter, Zitronenmelisse, Estragon, Kamille, Holzwürze, Gesteinsmehl. Am Gaumen mit Druck, mineralisch-salzig, reifer Säurezug, guter Extrakt, dicht, elegant, spannungsgeladen. Macht jetzt sowie in einigen Jahren noch Freude.
13 Vol.-%, NK, €€€

92 2021 Bissersheim Steig Weißburgunder trocken
In der Nase reifer Apfel, Mirabellen, Zitronenbutter, Wiesenkräuter, florale Noten, Holzwürze, Vanille, Brioche. Im Mund saftig, würzig, reife Säurestruktur, mineralisch-salzig, cremiger Kern, gelbe Früchte, Vanille, gute Substanz, lang am Gaumen. Ein Wein mit Reifepotenzial. 13 Vol.-%, NK, €€

92+ 2020 Herxheim Honigsack Spätburgunder tr.
Neuholz in der Nase, Würze, Gewürznelken, Rauch, Leder, Kirschen, Himbeeren, Blutorangen. Am Gaumen schlank, gut integrierte lebendige Säure, kerniges Tannin, saftige Frucht, frisch, elegant, mineralische Würze, schöne Länge.
12,5 Vol.-%, NK, €€

91 2020 Kirchheim Steinacker Spätburgunder trocken

91+ ❶ NV »Blanc de Blancs« brut nature
Rauch in der Nase, mineralische Würze, dahinter zurückgenommene Frucht sowie florale Noten, reifer Apfel, Brioche. Am Gaumen frisch, lebendige Säurestruktur, feines Mousseux, saftige Zitronen, cremiger Kern mit Apfel, Brotteig, leicht nussig, salziger Nachhall. Schöner Aperitif.
11,5 Vol.-%, NK, €€

★★

WEINGUT GALLER

Bissersheimer Straße 13
67281 Kirchheim an der Weinstraße
T: +49 6359 919391, mail@weingut-galler.de
weingut-galler.de

Ab-Hof-Verkauf: nach Vereinbarung
Kellermeister: Ansgar Galler
Ansprechpartner: Katja und Ansgar Galler
Flaschen/Hektar: 100.000 (60 % weiß, 40 % rot)/13 ha
Anbauweise: Bio

Das Kirchheimer Weingut geht seit 2012 einen komplett eigenen Weg: Gepflanzt werden nur noch PiWis, also pilzwiderständige Neuzüchtungen, die kaum gespritzt werden müssen. Aus diesen neuen Sorten wiederum erzeugen Katja und Ansgar Galler ganz und gar traditionsverhaftete Weine, die uns einmal mehr überzeugt haben. Da deutlich wird, wie weit das Weingut bereits gekommen ist bei der Erkundung stilistischer Ideen für Sorten wie Satin Noir, Johanniter oder Cabernet Blanc, verleihen wir flugs den zweiten Stern – und sind bereits sehr gespannt auf die Zukunft.

92 2020 »Feodora« Sauvignac trocken
Helles Goldgelb in der Farbe. Ein Hauch Neuholz und reife, eher würzige als zitrische Muskat-Aromen. Im Mund hat der Wein Volumen und Gehalt, eine Schicht seidiger Phenole harmoniert gut mit dem geschmeidigen Hintergrund und der reifen, aber doch festen Säure. Vereint Würze und Struktur. 12,59 Vol.-%, NK, €€

91+ 2020 »Friedrich« Johanniter trocken
Etwas Grapefruit im Duft, dazu leicht pfeffrige Töne. Im Mund setzt der Wein geschmeidig an, die lebendige Säure ist gut in Schmelz und Charme verpackt, der mittelgewichtige Bau zeigt gute Proportion und endet auf taktil-mineralischen Komponenten. 12,5 Vol.-%, NK, €€

93+ 2018 »Grand Vin« Satin Noir trocken
Rauchig, röstig, Holundermark, Brombeeren, schwarzer Pfeffer. Im Mund sehr dicht mit feinkörnigem Tannin besetzt, macht ziemlich Druck mit feinen Mitteln, wirkt noch sehr jung, ganz still und in sich ruhend, mit ausleitender Saftigkeit, die eine Reife zur Frucht garantiert. 13 Vol.-%, NK, €€€

93 2018 »Cuvée Catharina« trocken /CC
Ein reichhaltiger Duft mit Aromen von Sandelholz und Milchschokolade, dazu Rosinen, Brombeer- und Cassiskonfitüre. Im Mund zeigt der Wein mürben, reifen Gerbstoff auf geschmeidigem Fond, die gut eingebundene Säure spendet Frische, die komplexe Frucht hallt lange nach.
12 Vol.-%, NK, €€€

90+ 2016 »Feodora« Sauvignac Sekt brut

90+ 2020 »Heinrich« Cabernet Blanc trocken
Ein pikanter Sortenduft mit etwas (aber nicht ausschließlich) grüner Paprika, Mispel, Reneklode. Im Mund zeigt der Wein die Sorte von einer ungewöhnlich fülligen Art, seidig, mit reifer Säure. Der Abgang schmeckt traubig, auch leicht kräuterwürzig, bleibt lange voll und homogen.
13 Vol.-%, NK, €€

★★

DER GLÜCKSJÄGER

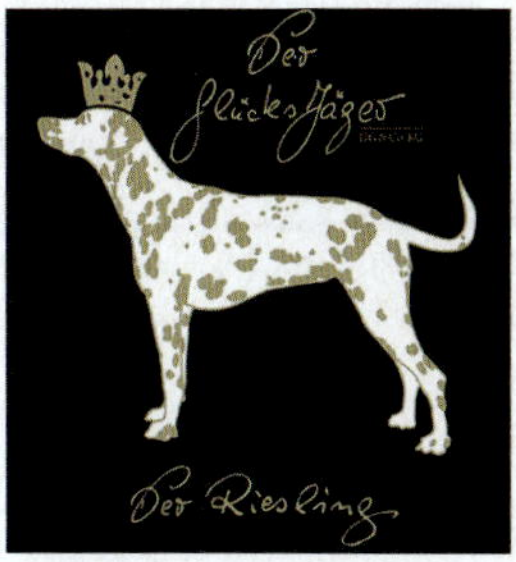

Raiffeisenstraße 5, 67482 Venningen
T: +49 6323 5505, info@derglueckjaeger.de
derglueckjaeger.de

Ab-Hof-Verkauf: nach Vereinbarung
Kellermeister: Andreas Pfaffmann-Wiedemann
Ansprechpartner: Andreas Pfaffmann-Wiedemann
Flaschen/Hektar: 20.000 (70 % weiß, 30 % rot)/4 ha

Die Etiketten des Weinguts mit dem Dalmatiner sind ein Hingucker und sorgen für einen hohen Wiedererkennungswert. Letzteres lässt sich auch über den Inhalt der Flaschen sagen: Andreas Pfaffmann-Wiedemann hat ein Faible für Vinifikationen im Stil des »Vin Nature«. Die handwerkliche Fertigkeit, die er sich in diesem Genre erworben hat, erkennt man beispielhaft im Riesling, der einzig den Artikel »Der« als Zusatzbezeichnung trägt. Der Wein ist wirklich beispielhaft und einzigartig! Aber auch die konventionelleren Weine haben uns ausgezeichnet gefallen.

92 2021 Chardonnay trocken
Anfangs eine sehr verschlossene Nase, dann Kräuter, weiße Blüten und Beeren, kühl, frisch geschnittenes Gras. Im Mund dicht und maskulin, cremige Säure mit feinen herben Noten, es entwickelt sich eine elegante saftige Stoffigkeit. 12,5 Vol.-%, DIAM, €€

92 2020 »Der« Riesling trocken
Sonnengelbe Farbe. Kühle Nase nach Jod und Steinobst, markant und cremig. Im Mund kühl, wenig Frucht, dafür ungemein facettenreich: herb und frisch, knackige Säure, aber auch geschmeidige Rundungen, salzig und rauchig, dicht gewoben und dabei trinkig. Spannend! 13 Vol.-%, NK, €€€

92 2020 »Grand Reserve« Cabernet Sauvignon trocken
Tiefes Rubin in der Farbgebung. Ein Duft von Paprika, Schwarzer Johannisbeere, reifer Waldbeere und Lorbeerblatt. Am Gaumen mit guter Spannung, dabei pfeffrig, saftig, leicht trockner Gerbstoff, sehr gute Säure, guter Nachhall mit mineralischem Zug. 13 Vol.-%, DIAM, €€€€

90+ 2020 »Reserve« Pinot Noir trocken
Anfangs dezent in der Nase, dann folgt ein Duft von Himbeere, Kirsche, Gewürznelke und leichtem Rauch. Am Gaumen saftig, frisch, junges Tannin, lebendige Säure, mineralischer Zug, frische Früchte, der gute Trinkfluss führt in einen mittleren Nachhall. 12,5 Vol.-%, DIAM, €€€

90 2021 Grüner Veltliner trocken

93 2021 »Fumé« Sauvignon blanc trocken
Brillant glitzernd im Glas. In der Nase rauchig, Stachelbeeren und blonder Tabak, Giersch und Schachtelhalm. Im Mund frisch, fast frech, fein animierende Säure mit Saft und Kraft, auch Kieselstein, elegant und dicht, ohne zu stoffig zu sein. Herrlich! 12,5 Vol.-%, DIAM, €€

★★

WEINGUT GRAF VON WEYHER

Borngasse 7, 76835 Weyher
T: +49 6323 98 00 64, info@graf-von-weyher.de
graf-von-weyher.de

Ab-Hof-Verkauf: Do und Fr 15–21 Uhr, Sa und So 12–21 Uhr
Kellermeister: Jürgen und Peter Graf
Ansprechpartner: Jürgen und Peter Graf
Flaschen/Hektar: 180.000 (65 % weiß, 25 % rot, 5 % Rosé, 3 % süß, 2 % Schaumwein)/16 ha

Graf lautet der Nachname, man lebt in Weyher, also heißt das Weingut »Graf von Weyher« – nun, warum denn nicht? Gut gelaunt sind auch die Weine, allesamt belebend und ideal für gesellige Abende. Unser Tipp ist diesmal ein PiWi-Wein, also das Resultat der Züchtung pilzwiderständiger Reben, die weniger Pflanzenschutz verlangen: Dieser Cabernet Blanc eifert nicht klassischen Sorten nach, sondern ergibt etwas vollkommen Eigenständiges – und bietet ein in jeder Hinsicht unbekümmertes Trinkvergnügen. Mutige und richtige Entscheidung!

91 2021 »Schiefer« Burrweiler Altenforst Riesling trocken
Lockender frischer Duft, noch ein bisschen CO_2 auf der Zunge; indes hinter der spielerischen Fassade wartet ein ernsthafter Riesling auf seinen großen Moment. Schon jetzt deutet er Tiefe an, Schiefer eben, und zwar mit Potenzial. 13 Vol.-%, DV, €€

90 2021 »Kalkmergel« Weyher Michelsberg Riesling trocken
Dezenter Duft von Pfirsich und Aprikosensorbet. Im Geschmack ein belebendes und auch dauerhaftes Spiel von Primäraromen und Säurestruktur, mineralisch, saftig, mit Trinkfluss. Verdient Aufmerksamkeit, kein Zechwein! 13 Vol.-%, DV, €€

90 2020 »Buntsandstein« Weyher Michelsberg Riesling trocken
An Traubenkerne erinnerndes Bukett. Zitronat und Orangeat im Geschmack, fruchtig und mineralisch zugleich, alles passt zusammen, bleibt frisch am Gaumen. Ruft nach dem nächsten Glas, idealer Aperitif. 13 Vol.-%, DV, €€

89 2021 »Granit« Burrweiler Altenforst Riesling trocken
Vorzugsweise jung zu trinken, bevor das leichte Mousseux ganz verschwindet. Doch auch danach kann dieser Spaßwein zu vielen Gelegenheiten eingesetzt werden, er tänzelt über die 13 Vol.-% Alkohol lächelnd hinweg und zeigt schöne Säure und Mineralik. 13 Vol.-%, DV, €€

88 2021 Riesling Kabinett halbtrocken

89 2021 Cabernet Blanc trocken
Ein Duft von Rhabarber und grüner Paprika macht den Auftakt. Im Geschmack dann erst recht Rhabarberkuchen, aber mit Sahne und sehr intensiv. Es macht bestimmt Spaß, passende Speisen zu finden, vielleicht Chicken Tikka. 12,5 Vol.-%, DV, €

★

WEINGUT HAGENBUCH

Weinstraße 63, 76835 Hainfeld
T: +49 6323 2770, info@weinguthagenbuch.de
weinguthagenbuch.de

Ab-Hof-Verkauf: nach Vereinbarung
Kellermeister: Stefan Hagenbuch
Ansprechpartner: Tobias Hagenbuch
Hektar: 25 ha

Stefan und Tobias Hagenbuch schreiben uns: »Wir lieben unsere Pfalz und den unkomplizierten Weingenuss!« Nach der Verkostung der Weine halten wir beide Teile dieser Aussage für im höchsten Maß glaubwürdig. Den Lokalpatriotismus erkennen wir daran, dass sich bei den Hagenbuchs eine schwierige Sorte wie der Rieslaner im Pfälzer Klima bewähren darf. Und die Trinkfreude, die diese Weine auslösen, ist mit Händen zu greifen – allesamt sind sie unbeschwerlich und elegant. Es sind schmackhafte, reelle Alltagsweine zu ausgesprochen fairen Preisen.

90+ 2021 Grauer Burgunder Spätlese trocken
Der Duft zeigt sich ausdrucksstark mit beerigen und honigwürzigen Tönen, Mandarinenkonfitüre. Am Gaumen zeigt sich ein runder, voller Spätlesetypus, der aber von einer reifen Säure und von einem Hauch Gärungskohlensäure zur Eleganz geführt wird. 12 Vol.-%, DV, €

90 2021 Scheurebe
Im Duft nimmt man Aromen von frisch gepresstem Zitronensaft und rosa Grapefruit wahr, im Mund hat der Weinen einen saftigen, leichten Zuschnitt mit einer lebendigen Säure und gut gesetzter Süße (26 Gramm) als Balance. Das ist ein Kabinett-Gaumen! 10,5 Vol.-%, DV, €

89+ 2021 Sauvignon Blanc trocken
Fruchtbetont im Duft, recht intensiv: Schwarze Johannisbeere, Mango und rote Stachelbeere. Am Gaumen ist der Wein straff gebaut, Körper, Stoff und Säure bilden eine fest gefügte Einheit. Ein erfrischender Wein mit mittellangem Abgang. 12 Vol.-%, DV, €

89+ 2021 Chardonnay trocken
Ein dezent würziger Sortenduft: Noten von gebratener Polenta, Orangenschale, Butter. Der Gaumen eröffnet mit Geschmeidigkeit und Schmelz, eine merkliche Süße balanciert den festen Säurenerv, eine Prise Stoffigkeit leitet in den mittelgewichtigen Abklang. 12 Vol.-%, DV, €

89 2021 »Blanc de Noir« Merlot trocken

90+ 2020 Rieslaner
Ein intensiver Duft nach rotem Apfel, Williams-Christ-Birne, Pfirsichkern, Pomelo und frischer Traube. Im Mund hat der Wein eine runde Anlage, Spätlesefrucht und -schmelz treffen auf reife Säure und eine eher moderat eingesetzte Süße. Angenehm, unbeschwerlich, zum Curry.
10,5 Vol.-%, DV, €

★

WEINHAUS FRANZ HAHN

Kirchstraße 16-17, 76857 Albersweiler
T: +49 6345 3421, info@weinhaus-franzhahn.de
weinhaus-franzhahn.de

Ab-Hof-Verkauf: Mo bis Fr 7.30–12 Uhr und 14–17 Uhr, Sa nach Vereinbarung
Kellermeister: Martin Hochdörffer
Ansprechpartner: Martin Hochdörffer
Ab-Hof-Verkauf: 300.000 (60 % weiß, 40 % rot)

Martin Hochdörffer vom Weinhaus Franz Hahn in Albersweiler verfolgt ein ungewöhnliches Betriebskonzept: »Unsere Philosophie mag für viele gewöhnungsbedürftig sein, aber für uns ist sie genau das Richtige. Unsere Stärke sind der Keller und der Ausbau der Weine«, sagt der Kellermeister. Deshalb kommen die Trauben aus Weinbergen, die von Familienmitgliedern und Freunden bewirtschaftet werden. Uns überzeugt diese Strategie: Die Weine transportieren reife, klare Frucht, wie etwa die Auslese und Spätlese vom Riesling oder der saftige rote Dakapo.

89+ 2020 Weißburgunder Spätlese trocken

Kräftiger, würziger Duft nach Birne, Steinobst, Blüten und Kräutern, Honigwaffel, auch zitrische Noten kommen auf. Klassische Spätlese mit Substanz und reifer Frucht am Gaumen, wieder Birne und auch Aprikose, süßliche Frucht, harmonisch abgestimmt, würzig. 12,5 Vol.-%, DV, €

88+ 2020 Chardonnay Spätlese trocken

Mittleres Goldgelb. Reife Spätlese-Frucht mit Birne und süßer Aprikose, florale und würzige Noten, etwas Geißblatt. Üppig und intensiv am Gaumen mit merklicher Restsüße, wieder reife Frucht bei verhaltener Säure, für Freunde des harmonischen Weingenusses. 13 Vol.-%, DV, €

89 2020 Dakapo trocken

Rotbeerig in der Nase, Holunder, auch dunkle Frucht, Schwarzkirsche, Mokka und dunkle Schokolade, etwas Rote-Bete-Saft. Saftig am Gaumen, wieder schwarze Kirsche, pur im Ausdruck, feinkörniges Tannin in eher geringer Dosis, harmonisch abgerundet. 13 Vol.-%, DV, €€

90 2020 Riesling Auslese

Im Duft rauchig, etwas Zündholz, nach Belüftung reife helle Frucht, dazu Limone und etwas Mango, mineralisch unterlegt. Am Gaumen balanciert, lebendige Frische, Mandarine, Nektarine, Süße schiebt nach vorne, griffig, mittlere Länge. Passend zum Obstdessert. 7,5 Vol.-%, DV, €€

89+ 2021 Riesling Spätlese trocken

Mittleres Goldgelb in der Farbe. Kandierter Pfirsich, reife Stachelbeere und florale, kräutrige Noten, ein Hauch Petrol. Am Gaumen saftig mit Substanz und mit einem schönen Zusammenspiel von präsenter Säure und fruchtiger Süße. Da wird was geboten fürs Geld. 13 Vol.-%, DV, €

★★★

WEINGUT HAMMEL

Weinstraße Süd 4, 67281 Kirchheim
T: +49 6359 86401, info@weinhammel.de
weinhammel.de

Ab-Hof-Verkauf: Mo bis Fr 8–18.30 Uhr, Sa 9–18 Uhr, So 13–16 Uhr
Kellermeister: Christoph Hammel
Ansprechpartner: Christoph Hammel
Flaschen/Hektar: 1.067.000 (44 % weiß, 20 % rot, 30 % Rosé, 1 % Schaumwein)/45 ha

Christoph Hammel gehört zu den dynamischsten und erfindungsreichsten Personen in der an Charakterköpfen nicht armen Pfalz. Aber er ist auch ein richtig guter Winzer: Seine Weine mögen in einem etwas zugänglichen Stil gehalten sein, aber verlässlich sind sie dabei immer – und nie banal. Und Hammel bringt auch immer etwas Neues: Diesmal hat uns die Scheurebe »Zwei Herzen Weegmüller-Scherr & Hammel« begeistert. Stefanie Weegmüller war im eigenen Weingut stets eine glühende Verfechterin dieser Rebsorte, und auch jetzt im Unruhestand kann sie wohl nicht von ihr lassen. Daumen hoch!

92 2020 »Zwei Herzen Retter & Hammel« Grüner Veltliner trocken
Der Duft zeigt sich hefig und nussig, dazu kommen Noten von Kochbirne und Pfeffer. Der Gaumen hat Geschmeidigkeit und guten Extrakt, die Säure ist fest, aber gut integriert. Schmatzig und schmackhaft – und originell: »Doppelherz« als Nerventonikum. 12,5 Vol.-%, DV, €€€

90+ 2021 Sausenheim Klostergarten Grauburgunder trocken
Ein opulenter, fruchtgetragener Duft, gelbe Pflaume, Honig, Feigenkompott. Im Mund flankiert eine kräftige Dosis Phenole einen stattlichen, fülligen, aber durch Säure und Spritzigkeit auch gut balancierten Körper. Gut gemachte postmoderne Pfalz mit Kraft und Kernigkeit. 13 Vol.-%, DV, €€

91 2019 Kleinkarlbach Herrenberg Spätburgunder trocken
Wird in der Nase noch vom ordentlichen Holzausbau geprägt, Wacholderbeeren, dunkle Kirschen, Brombeeren, Pfeifentabak. Saftig und geschmeidig am Gaumen mit reifem weichem Gerbstoff, herbe dunkle Schokolade, zeigt auch seine Herkunft mit feiner Mineralik. 13,5 Vol.-%, DV, €€€

90+ 2020 Dirmstein Mandelpfad Cabernet Sauvignon trocken
Dichte, kompakte Nase mit viel Cassis, Schwarzkirsche, Zimtstange, feine Gewürznelken und Holzwürze. Die Balance steht hier im Vordergrund: Substanz, Volumen und Würze werden getragen von der festen Säure, die Gerbstoffe sind reif, mittlere Länge. Trinkig. 14,5 Vol.-%, DV, €€

90+ 2021 Bissersheim Goldberg Sauvignon Blanc trocken

90 2020 »Liebfraumilch – Schwarze Madonna / Edition Meta Hiltebrand« feinherb RR/MT/SÄ/TR

89+ 2021 »Rock Me Amadeus« Sauvignon Blanc & Grüner Veltliner trocken SB/GV

89 2021 »Tag am Meer« Sauvignon Blanc tr.

90 2021 »Von der Senn« Rosé trocken PN/CS

90 2019 »Tonneau« Sankt Laurent trocken

89+ 2019 »Tonneau« Portugieser trocken

91+ 2021 »Zwei Herzen Weegmüller-Scherr & Hammel« Scheurebe trocken
Helles Goldgelb. Der Duft wirkt leise, zeigt aber mit Noten von Grapefruit, Blutorange und einem Hauch von Kräutern eine gewisse Ernsthaftigkeit. Im Mund ist der Wein stoffig und von fester Säure getragen, im Abgang zeigen sich mineralische Komponenten und aromatische Terpene. 12,5 Vol.-%, DV, €

★★★

WEINGUT HANEWALD-SCHWERDT

Pochelstraße 37, 67098 Bad Dürkheim
T: +49 6322 63206, info@hanewald-schwerdt.de
hanewald-schwerdt.de

Ab-Hof-Verkauf: Mo bis Fr 9–12 Uhr und 13–18 Uhr, Sa 9–17 Uhr und nach Vereinbarung
Kellermeister: Thomas Hanewald und Stephan Schwerdt
Ansprechpartner: Stephan Schwerdt
Hektar: 27 ha

Auch wenn Thomas Hanewaldt und Stephan Schwerdt keine Weine aus dem Jahrgang 2021 angestellt haben, stärken die Cousins von Jahrgang zu Jahrgang ihr Profil als Riesling- und Spätburgunder-Spezialisten: Die Rieslinge aus 2020 und 2019, angeführt vom Herzfeld mit mineralischer Spannung, stellen den Herkunftsgedanken in den Mittelpunkt. Der kalkmineralisch definierte Spätburgunder aus 2019 unterstreicht die Ambitionen des Winzer-Duos. Welches Potenzial die Weine besitzen, zeigt der sieben Jahre alte Burgunder aus dem Kalkofen. Sehr schöne Kollektion!

92 2019 Leistadt Herzfeld Riesling trocken
Kräutrige Noten finden zu Pfirsich und Mirabelle, steinige Noten, nasser Kalk. Weich und beinahe etwas mollig am Gaumen ansetzend, dann zunehmende mineralische Spannung, die den Charakter prägt, feine Würze, reife Phenole. Lagen-Riesling mit Stil und Potenzial. 13 Vol.-%, DV, €€€

91 2020 Leistadt Herrenmorgen Riesling trocken
Reifer Pfirsich, Ananas, ein Hauch Petrol, auch brenzlige Aromen in der Nase, kräutrig und würzig. Kräftig gebaut am Gaumen, angemessene Stoffigkeit und Dichte, schöner Fluss, kalkmineralisch unterfüttert und mit kühler, eleganter Aura. Abbild des Jahres und der Lage. 13 Vol.-%, DV, €€

92 2019 Leistadt Herzfeld Spätburgunder trocken
Schöner Pinot-Duft mit roter Kirsche, Blaubeere, getrockneten Kräutern und Noten von Kalkstein. Auch am Gaumen deutlich von Kalkmineralik geprägt, dem Rückgrat des Burgunders, kräftig gebaut, feinnervige Säure, die Gerbstoffe sind griffig, kühle Aura. 13,5 Vol.-%, NK, €€€

91+ 2015 Leistadt Kalkofen Spätburgunder trocken
Adrettes Pinot-Parfüm mit roter Kirsche, feiner Würze und etwas Schattenmorelle, mineralische Anklänge. Auf weichem Fond zeigen sich klare Kirschfrucht, feinnervige, eng am kräftigen Körper liegende Säure, kalkmineralische Grundierung und feinkörniges Tannin. 13,5 Vol.-%, NK, €€€

89+ 2019 Bad Dürkheim Hochbenn Riesling trocken

91+ 2020 Ruppertsberg Reiterpfad Riesling trocken
Kräutrige und würzige Noten im Duft, Steinobst zeigt sich, Weinbergpfirsich und Aprikose, auch mineralisch. Saftig und mit dezenter Stoffigkeit am Gaumen ansetzend, präsente Säure zur reifen, süßlichen Gelbfrucht, etwas salzig unterlegt. Zeigt Herkunft. 12,5 Vol.-%, DV, €€

★

WEINGUT HELLMER

Meckenheimer Straße 1
67435 Neustadt an der Weinstrasse
T: +49 6321 66027, info@weingut-hellmer.de
hellmer-wein.de

Ab-Hof-Verkauf: Ja
Kellermeister: Tim Hellmer
Ansprechpartner: Tim Ortlieb
Flaschen/Hektar: 107.000 (65 % weiß, 30 % rot, 10 % Rosé)/10 ha

Es ist eine beachtliche Premiere, die das Weingut Hellmer aus Neustadt-Mußbach im Weinguide hinlegt: Der Betrieb, der zehn Hektar Weinberge in einigen renommierten Lagen der Pfalz bewirtschaftet, kann auf 300 Jahre Weinbautradition zurückblicken. Die Akzente aber setzt die junge Generation mit Kellermeister Tim Hellmer, der gerade mit seinen im Holz ausgebauten Lagen-Rieslingen aus dem Königsbacher Ölberg und Ruppertsberger Nußbien die Ambitionen des Weinguts unterstreicht. Auch der Schaumwein »Blanc de Blancs« reiht sich da ein – wir sind gespannt, wie es weitergeht.

90 2020 »Blanc de Blancs« brut nature CH/WB/AU
Etwas Heu und Hefe im Duft, Noten von Brioche. Im Mund hat der Wein eine trockene Anmutung, das Mousseux ist noch jugendlich forsch, aber nicht grob, die Säure gut integriert. Ein schöner Aperitif, dem man allerdings etwas mehr Reifezeit auf der Hefe gewünscht hätte. 11,5 Vol.-%, NK, €€

91+ 2020 Königsbach Ölberg Riesling trocken
Feine rauchige Noten, Apfel, Aprikose, Zitrusfrucht, florale Noten, getrocknete Blumen, mineralische Noten. In der festen Struktur zeigt sich der Holzausbau, vielschichtig, auch komplex, mit guter Dichte, phenolische Schichtung. Steht am Anfang seiner Entwicklung. 12,5 Vol.-%, NK, €€€

91+ 2020 Ruppertsberg Nußbien Riesling trocken
Vielschichtiger Duft mit Pfirsich und Aprikose, etwas rosa Grapefruit, florale Noten, Tomatenrispe, mineralische Anklänge. Mit guter Substanz am Gaumen, feste Struktur, merkliche, reife Phenolik, gute Spannung, eng anliegende Säure, mineralisch. Noch jung. 12,5 Vol.-%, NK, €€€

90 2020 »Réserve« Chardonnay trocken
Feine Holzwürze und Rauch, Melone, Aprikose und Birne, Apfel, gerösteter weißer Sesam und Nüsse. Entfaltet sich kräftig und stoffig am Gaumen in einem breiter angelegten Format, gut eingewobene Säure, Gerbstoffe geben Halt, etwas grüne Walnuss. Kulinarisch gedacht. 13 Vol.-%, NK, €€

89 2021 Ruppertsberg Riesling trocken

89 2021 Mußbach Chardonnay trocken

88+ 2021 Weißburgunder trocken

88+ 2021 Grauburgunder feinherb

88 2021 Cabernet Cubin Rosé feinherb

89 2018 Merlot trocken

89 2021 Gewürztraminer

89+ 2021 Mußbach Riesling trocken
Aprikose und Pfirsich in der fruchtigen, rebsortentypischen Nase, klare Frucht, frisches Ambiente. Geradliniger und sehniger, schlank gebauter Riesling, der ohne Ballast unterwegs ist. Betont trocken, mit animierender Säure, merkliche Phenolik, ungekünstelt. 11 Vol.-%, DV, €

★

WEINGUT HOLZ-WEISBRODT

Leistadter Straße 25, 67273 Weisenheim am Berg
T: +49 6353 93610, info@holz-weisbrodt.de
holz-weisbrodt.de

Ab-Hof-Verkauf: Mo 9–12 Uhr und 13–16 Uhr, Di bis Fr 10–12 Uhr und 13–18 Uhr, Sa und So 10–18 Uhr
Kellermeister: Sebastian Weisbrodt
Ansprechpartner: Sebastian Weisbrodt
Hektar: 90 ha

Oberhalb der Deutschen Weinstraße, geschützt durch den Pfälzerwald, liegt der Haardtrand. Hier betrieb der Küfer Karl Holz – wie so viele in der Region – nebenbei ein wenig Weinbau. Daraus wurde in vier Generationen ein großes Weingut. Gastronomie gehörte früh dazu, heute gibt es direkt neben dem Stammhaus in Weisenheim am Berg das »Atrium« und die »Secco-Hütte«, wo zu leichten Speisen die hauseigenen trockenen Weine ausgeschenkt werden: Weine von üppigem Aroma, die auch von Spielfreude zeugen, wie der Goldmuskateller oder der Manzoni Bianco.

89 2021 Goldmuskateller trocken

So ein Goldmuskateller schmeckt wie der König der Muskateller: noch etwas expressiver, als die Aromarebsorte bereits ist. Man riecht allerlei Blumen, Rosen, Orangenblüten und Holunder. Am Gaumen mit extrem viel Geschmack nach eben denselbigen und leichter Extraktsüße sowie ausgleichender Säure. 11,5 Vol.-%, DV, €

89 2021 Merlot Blanc de Noir trocken

Der Geruch erinnert an Joghurt mit Pfirsich-Maracuja-Geschmack und etwas Banane. Am Gaumen schmeckt er ähnlich, etwas süß mit einer feinen Säure und schlankem Körper. Sehr ungewöhnlich, für experimentierfreudige Weinfreunde genau die richtige Wahl. 12 Vol.-%, DV, €

89 2021 »Saignée« Cabernet Sauvignon Rosé trocken

»Ein Rosé für Entdecker« schreibt das Weingut auf das Etikett – da muss man ihm recht geben. Er duftet nach gerösteter Paprika, Liebstöckel und Schwarzer Johannisbeere. Eine leichte Süße am Gaumen wirkt schick, und durch die feine Säure wird der Cabernet frisch. 11,5 Vol.-%, DV, €

90 2019 Cabernet Franc trocken

In der Nase fruchtig-würzig, grüne Paprika, Sternanis, ein wenig Karamell und Vanille. Im Körper opulent und schwergewichtig, wiederum wirkt er leicht süßlich und cremig durch seinen kräftigen Alkohol, schön ist die sanfte Säure, die etwas auflockernd wirkt. 14,5 Vol.-%, NK, €€

89 2019 Merlot trocken

90+ 2021 Manzoni Bianco trocken

In der Nase sehr aromatisch, nach gelber Kiwi, Honigmelone, vollreifer Birne und ungerösteter Haselnuss. Am Gaumen dann erfreulich saftig mit einem ausgewogenen Süße-Säure-Spiel. Der Wein ist verspielt und unkompliziert und vor allem für Fans von Aromasorten ein Highlight. 12,5 Vol.-%, DV, €

★

WEINGUT JOHLER

Heustraße 159, 67363 Lustadt
T: +49 170 4968441, info@wein-johler.de
wein-johler.de

Ab-Hof-Verkauf: nach Vereinbarung
Kellermeister: Patrick Johler
Ansprechpartner: Patrick und Gerd Johler
Hektar: 16 ha

Hier findet jeder das Passende für seinen Geschmack«, schreibt das Weingut. Am Rande der Südlichen Weinstraße produzieren Kellermeister Patrick Johler und sein Vater Gerd, der für die Rebstöcke zuständig ist, einige Weine im feinherben Geschmacksbild, sie hegen aber auch ein Faible für lieblichen Rosé und Rotwein. Dass sie sich auch auf die trockene Geschmacksrichtung verstehen, zeigt ihr 2021er Grauburgunder. Daneben machen sie Secco und Sekt, Glühwein, Säfte und sogar Dosenperlwein – allesamt für den unkomplizierten Genuss und dabei fair kalkuliert.

89 2021 Spätburgunder Rosé trocken
Lachsorange in der Farbe. Im Duft zeigen sich Erdbeertöne, reife Beerenfrucht, etwas Honig. Im Mund erweist sich der Wein als stoffig, die jahrgangstypische Säure gibt ihm Frische und Schwung, der Abgang hat eine natürliche Frucht bei recht guter Länge. 12 Vol.-%

87+ 2020 Cabernet Sauvignon Rosé lieblich
Duft nach reifer und gekochter Erdbeere, Himbeergelee, eingelegte Süßkirsche, etwas reife Pflaume. Am Gaumen mit eher verhaltener Säure, reife, süße rote Frucht, Pflaumen und Süßkirsche sind dabei, dazu etwas Holundersirup, mittlere Struktur und Länge. 9,5 Vol.-%

88+ 2020 Dunkelfelder trocken
Im Duft nimmt man dunkle Schokolade und Kräuter wahr, etwas Fernet Branca, auch Dörrpflaume. Im Mund hat der Wein weniger Gerbstoff, als die schwarzrote Farbe vermuten lässt, kräftige Süße untermalt die Frucht und gibt dem wuchtigen Bau Abrundung. 14,5 Vol.-%

88 2021 Gewürztraminer
Duft nach zarter Rose, etwas Muskatnuss, frisch gepresster Traubensaft, sortentypisch. Am Gaumen mit verhaltener Säure, wieder etwas Rosenwasser, erneut Traubensaft, dazu etwas Pfirsich, endet frisch. Sehr zugänglich, gut als Aperitif einsetzbar. 9 Vol.-%

87+ 2021 »Cuvée Theo« lieblich

89+ 2021 Grauburgunder trocken
In der Nase eine beerige Grauburgunderfrucht, etwas Kandiszucker. Im Mund erweist sich der Wein als sehr ausgewogen, die Säure ist gut in den straffen Körper eingebunden, der Wein hat bei moderatem Alkohol guten Extrakt und einen sehr guten, aromatischen Nachhall. 11 Vol.-%,

★★★★

WEINGUT JÜLG

Hauptstraße 1, 76889 Schweigen-Rechtenbach
T: +49 6342 919090, info@weingut-juelg.de
weingut-juelg.de

Ab-Hof-Verkauf: Mo bis Fr 9–17 Uhr, Sa 10–15 Uhr
Kellermeister: Johannes Jülg und Sören Söllner
Ansprechpartner: Werner und Johannes Jülg
Flaschen/Hektar: 200.000 (65 % weiß, 35 % rot)/23 ha

Es lebe die deutsch-französische Freundschaft! Fast die Hälfte der Jülg'schen Weinberge liegt auf französischem Gebiet, was etikettenrechtlich manchmal zu Hakeleien führt, vor allem bei der Nennung von Parzellennamen. Doch was sind schon bürokratische Hürden gegen das vinophile Schönheitsideal eines Winzers wie Johannes Jürg! Seine Weine sind teils erhaben, teils von schwebender Eleganz. Frankreich schwingt immer mit – und zugleich die Pfälzer Tradition. Die beiden Spätburgunder setzen Maßstäbe. Formidables Programm!

93+ 2021 Schweigen Sonnenberg Weißburgunder GG
Im Duft geröstete Haselnuss, Zitrone, etwas Holz und Hefe. Im Mund imponieren stoffige Tiefe und appetitanregende Säurestruktur, im Geschmack hat man Zitrusfrüchte und ein wenig Vollmilchnougat, Extraktsüße unterstützt die federnde Delikatesse. 12,5 Vol.-%, NK, €€€

93 2021 Schweigen Sonnenberg Riesling GG
Substanzreicher Typ, im Geschmack Walnuss und grüner Apfel. Die nachgerade stahlige Säure schneidet dem Wein wie ein Gravierstichel ein feines Geschmacksprofil ein. Im Mund verbleibt lange Zeit ein erfrischender aromatischer Eindruck. 12,5 Vol.-%, NK, €€€

95 2020 »KB« Schweigen Sonnenberg Spätburgunder GG
Intensiver Kirschduft, auch etwas Kakao und Menthol. Im Mund auf Anhieb Süße, dann filigrane junge Tannine in präziser Dosierung, zum Schluss eine Idee von Marzipan, sehr lang anhaltender Eindruck mit einander abwechselnden Gewürznuancen. 13 Vol.-%, NK, €€€

94+ 2020 »KT« Schweigen Sonnenberg Spätburgunder GG
Würziger Duft von Sandelholz und Sauerkirsche. Im Geschmack Szechuanpfeffer und Frucht, die Gerbstoffe greifen gut an, straff und vibrierend. So lange er jung ist, kühl zu trinken – vielversprechendes Reifepotenzial. 13 Vol.-%, NK, €€€

93 2021 Rechtenbach Pfarrwingert Chardonnay trocken

96 2021 »Opus-Oskar« Chardonnay trocken
Der Duft offenbart das angestrebte Ideal: die großen Weißweine der Bourgogne. Und der Geschmack löst das Versprechen ein: Eine wie aus Damaszener Stahl geschmiedete Säure weist den Geschmacksnoten aus Frucht und Holz ihre Plätze zu. Einfach groß! 13 Vol.-%, NK, €€€€

★★

WINZERGENOSSENSCHAFT KALLSTADT

Weinstraße 126, 67169 Kallstadt
T: +49 6322 97 97 97, info@wg-kallstadt.de
wg-kallstadt.de

Ab-Hof-Verkauf: Mo bis Fr 8–18 Uhr, Sa 9–18 Uhr, So 10–18 Uhr
Kellermeister: Joachim Janß-Schaad
Ansprechpartner: Axel Messer
Flaschen/Hektar: 1.733.000 (54 % weiß, 30 % rot, 10 % Rosé, 1 % süß, 5 % Schaumwein)/250 ha

Tradition verpflichtet, Fortschritt muss sein, Qualität hat Vorrang«: Das ist die Devise der schon 1902 gegründeten Winzergenossenschaft Kallstadt, die 250 Hektar Reben bewirtschaftet, darunter auch im Kallstadter Saumagen, einer der renommiertesten Lagen im Land. Die Genossenschaft hat sich vor allem ihrem »kulturellen Erbe«, dem Riesling verschrieben, der auf dem Kalkmergel Eleganz, Fülle und eine charakteristische Mineralik ausbildet – zum äußerst fair kalkulierten Preis, da sollte man sich rechtzeitig bevorraten. Empfehlenswert auch der elegante Schaumwein vom Chardonnay!

91 2020 »Edition« Kallstadt Saumagen Riesling Spätlese trocken
Dezentes Goldgelb. Reifer Pfirsich und Mango, reife Zitrone und auch Grapefruit, nasser Stein, florale Noten. Elegant am Gaumen mit seidigem Hintergrund und saftiger, gut sitzender Säure, Fruchtsüße sorgt für Volumen und Geschmeidigkeit, kalkige Mineralik für Charakter. 13 Vol.-%, DV, €€

89+ 2020 Kallstadt Saumagen Riesling Kabinett trocken
Einladender, fruchtiger Riesling-Duft mit Pfirsich, Mirabelle und Aprikose, florale Noten, Blattwerk und mineralische Anklänge. Am Gaumen saftig mit klaren Steinobstnoten, ausgewogene, kristalline Säure, kalkmineralisch unterfüttert, geschmeidig abgerundet. 12,5 Vol.-%, DV, €

89+ 2019 »Edition« Cabernet Sauvignon Merlot trocken CS/ME
Dichte, würzige dunkelbeerige Nase mit Cassis, Brombeere, Holunder, herber Schokolade und dunklem Tabak. Zeigt sich zugänglich am Gaumen mit frischer Frucht und geschmeidigem Gerbstoff in mittlerer Dosierung, herbe Schokolade mit Holunderbeere. Gerne zum Steak. 13 Vol.-%, NK, €€

89+ 2021 Kallstadt Kobnert Kerner Auslese
Duft nach Muskatnuss, Blütenhonig, Würze, kandierte Orangenschalen, etwas Ananas. Am Gaumen mit schmelzender Süße, Ananas, Pfirsichnektar, eher verhaltene Säure, Muskatwürze kommt dazu, ausgewogen, endet würzig, mittlere Länge. Gut zum Dessert. 9 Vol.-%, DV, €

89+ 2020 Kallstadt Saumagen Riesling Kabinett feinherb

89+ 2020 »Edition« Weißburgunder trocken

89+ 2020 »Edition« Grauburgunder trocken

89 2020 »Edition« Chardonnay Spätlese tr.

89 2021 Pinot Meunier & Pinot Noir Rosé trocken PM/PN

88 2021 Kallstadt Kobnert Spätburgunder Rosé Spätlese

89 2020 Acolon trocken

91 ❸ 2019 »Edition« Chardonnay brut
Ein Duft von Hefe, Dotterblume und Flachs. Im Mund hat der Wein ein frisches, kultiviertes Mousseux, eine lebendige, Eleganz und Frische unterstützende Säure und eine erfreulich moderat gesetzte Dosage, zuletzt deutlich kalkmineralisch. Preis-Leistungs-Tipp! 12,5 Vol.-%, NK, €€

★★

WEINGUT KASSNER-SIMON

Am Musikantenbuckel 7, 67251 Freinsheim
T: +49 6353 989320, info@kassner-simon.de
kassner-simon.de

Ab-Hof-Verkauf: Mo bis Sa 13–18 Uhr, So 10–12 Uhr und nach telefonischer Vereinbarung
Kellermeister: Thomas Simon
Ansprechpartner: Thomas Simon
Flaschen/Hektar: 133.000 (70 % weiß, 10 % rot, 10 % Rosé, 1 % süß, 9 % Schaumwein)/18.3 ha

Weine aus drei Jahrgängen präsentiert Thomas Simon vom Freinsheimer Weingut Kassner-Simon, und alle zeigen die gewohnte Qualität und die Typizität des jeweiligen Jahrgangs. Den Weißweinen aus dem Jahrgang 2021 wie der eleganten Riesling-Spätlese aus dem Oschelskopf steht die lebendige Säure gut. Das Pendant aus 2020 besticht mit seiner klassischen Art, die rote Cuvée »Kostbar« wirkt anziehend mit würzigem Parfüm und guter Substanz. Gut, dass es in unruhigen Zeiten verlässliche Konstanten wie die unaufgeregten Weine von Thomas Simon gibt!

90+ 2021 Freinsheim Oschelskopf Riesling Spätlese trocken
Steinobst in der feinfruchtigen Nase, reife Aprikose, zitrische Noten, etwas Mango und Guave. Kompakt gebaut am Gaumen, reife, gut tragende Säure. Saftig und mineralisch, mittelgewichtig im Extrakt, feine Würze, gelbe Spätlese-Frucht. Elegant und animierend. 12,5 Vol. %, DV, €

90+ 2020 Freinsheim Oschelskopf Auf dem vorderen Groß Riesling Spätlese trocken
Recht intensiver Duft mit reifer Aprikose, Rosinen und auch etwas Petrol. Kräftig gebaut, auch am Gaumen reife gelbe Frucht mit einer ausgewogenen Säure, salzige Anklänge. Mittelgewicht im Extrakt. Klassischer Spätlese-Typ mit mineralischem Hintergrund. 13 Vol.-%, NK, €€

91+ 2019 »Kostbar« trocken CF/ME/CS
Würzige, vielschichtige Nase nach Cassis und reifer Paprika, schöne Würze, Zeder, etwas Gewürznelken. Am Gaumen kräftig mit guter Substanz und gekonntem Holzeinsatz, süßlicher Extrakt, dabei trocken ausgebaut, reifes, stützendes Gerbstoffgerüst. Großzügig, jung. 14 Vol.-%, NK, €€

90 2020 Freinsheim Oschelskopf Merlot trocken
In der Nase nach roten und schwarzen Kirschen, etwas Pflaume, feine Holzwürze und auch etwas Rauch. Sehr saftig am Gaumen mit klar herausgestellter Frucht und feiner pfeffriger Würze, kräftig und mit Substanz, mit griffigen Gerbstoffen, feinnervige Säureader, gute Balance. 14 Vol.-%, DV, €€

90 2021 Chardonnay & Weißburgunder Spätlese trocken CH/WB

90 2021 Freinsheim Musikantenbuckel Sauvignon Blanc trocken
Schwarze Johannisbeeren, Passionsfrucht und auch Grapefruit, etwas frisch geschnittenes Gras. Frisch mit einer lebendigen Säure, die den Gaumen bestimmt, schlanker Bau, saftig, elegant mit zitrischen Noten, etwas Salzzitrone, in guter Balance. 12 Vol.-%, DV, €

★★

WEINGUT ÖKONOMIERAT JOHANNES KLEINMANN

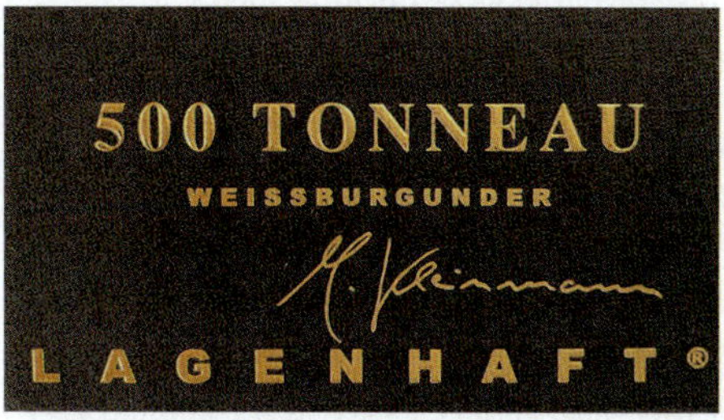

Hauptstraße 17, 76831 Birkweiler
T: +49 6345 3547, info@weingut-kleinmann.de
weingut-kleinmann.de

Ab-Hof-Verkauf: Mo, Di, Do und Fr 9–12 Uhr und 14–18 Uhr, Sa 10–16 Uhr
Kellermeister: Mathias Kleinmann
Ansprechpartner: Edith Kleinmann
Hektar: 17 ha

Mathias Kleinmann, der auch in Spitzenlagen wie Birkweiler Kastanienbusch und Mandelberg begütert ist, zählt zu den Weißburgunder-Spezialisten. In seiner Stilistik duldet er auch gerne etwas Restsüße, der Güte seiner Weine tut das keinen Abbruch – zumal die präsente 2021er Säure der ideale Katalysator dafür ist. Trotzdem gefallen uns die trockener ausgebauten »Muschelkalk Natur« und » 500 Tonneau« am besten. Der dunkelfruchtige Pinot Noir zeigt Fülle und Dichte. Mit dieser Kollektion hält Mathias Kleinmann direkt Kurs in Richtung dritter Stern.

92+ 2020 »Muschelkalk Natur« Pinot Blanc trocken
Dezente Noten von Spontangärung mit rauchigen Anklängen, Würze, Hefe, Kräuter, dazu gelbfruchtige Noten. Großes Volumen am Gaumen, das patent gefüllt wird, weicher Fond, würzige, mineralische Entfaltung, gepflegte Phenolik. Trocken ausgebaut, hat Länge und Potenzial. 14 Vol.-%, NK, €€€

91+ 2021 »500 Tonneau« Weißburgunder trocken
Feiner Rauch in der Nase mit Birne, Aprikose und gelber Pflaume, getrocknete Kräuter, gerösteter Sesam. Kräftige, feste Struktur am Gaumen, saftig und vollmundig, die lebendige Säure hält aktiv dagegen, Zug und gute Spannung, feine Würze und Mineralik. 13,5 Vol.-%, NK, €€€

91 2020 »Kingsize« Weißburgunder & Chardonnay trocken WB/CH
Feiner Rauch und dezente Holzwürze, Melone, Birne und Mirabelle als Fruchteintrag, auch etwas Lakritze. Saftige und kultivierte Entfaltung am Gaumen, kräftig und substanzvoll mit gutem Extrakt, gekonnter Holzeinsatz, geschmeidige Abrundung, gute Länge. 13,5 Vol.-%, NK, €€€

92 2019 Pinot Noir trocken
Balsamische Würze mit reifer roter und auch schwarzer Kirsche, feiner Rauch, etwas Gewürznelken, Orangenschale. Stoffig und mit guter Fülle am Gaumen, die reife Kirschfrucht kleidet den Gaumen aus, dicht im Extrakt, kräftiger, reifer Gerbstoff. Gutes Potenzial. 13,5 Vol.-%, NK, €€

90+ 2021 »Signatur« Weißburgunder trocken

89+ 2021 Godramstein Münzberg Weißburgunder trocken
Feine Würze im Duft, florale Noten, ein wenig Feuerstein, Nektarine und Mirabellen, auch etwas brenzlige Noten. Setzt saftig und geschmeidig am Gaumen an, präsente Säure, feine würzige Mineralik, feine Abrundung durch etwas Fruchtsüße, elegant und in sich stimmig. 13 Vol.-%, DV, €€

★★★★★

WEINGUT KNIPSER

Hauptstraße 47, 67229 Laumersheim
T: +49 6238 742, mail@weingut-knipser.de
weingut-knipser.de

Ab-Hof-Verkauf: Mo bis Fr 10–12 Uhr und 14–18 Uhr, Sa 10–16 Uhr
Kellermeister: Stephan Knipser und Cathrin Daut
Ansprechpartner: Familie Knipser
Flaschen/Hektar: 667.000 (50 % weiß, 50 % rot)/90 ha

Was soll man über eine legendäre Weinfamilie schreiben, die von sich selbst sagt: »Wir machen Weine und keine großen Worte. Trends überlassen wir anderen.« Wobei das mit den Trends so eine Sache ist: Klar, die Familie ist vor allem berühmt für große Rieslinge und Spätburgunder – aber Weitblick und Vision sind hier ebenfalls zu Hause. Das zeigt sich nicht nur daran, dass die Knipsers in den 1990er-Jahren wohl den ersten Syrah in Deutschland angebaut haben, mit dem sie die nördliche Rhône in ihre Heimat geholt haben. Mittlerweile glänzen sie auch mit einem feinen Tempranillo – auch Rioja-Feeling geht in der Pfalz.

94 2020 Dirmstein Mandelpfad Riesling GG

Blasses Goldgelb. Im Duft feine und präzise Aromatik von Zitronenmelisse, gelbem Apfel, Wiesenkräutern und nassem Gestein. Am Gaumen dann wunderbar saftig und konzentriert, sehr lebendige Säurestruktur, schöner Extrakt, mineralisch durchzogen, langer Abgang. 12,6 Vol.-%, NK, €€€

93+ 2020 Laumersheim Steinbuckel Riesling GG

Attraktiver Duft aus reifer gelber Frucht, nassem Gestein und mineralischer Würze. Am Gaumen Aromen von gelbem Apfel, reifer Limette, Kräuterwürze, dabei lebendige Säure, gute Spannung bei feiner Phenolik, ausgewogen und charmant, langer Nachhall. 12,5 Vol.-%, NK, €€€

94 2018 »Cuvée X« trocken CF/CS/ME

Klassisch Médoc in Farbe und Duft. Diese Cuvée präsentiert sich dunkel und mit präziser Frucht mit Aromen von Cassis, Tabak, Kaffee und Zeder. Am Gaumen konzentriert, mit reifem Gerbstoff bei gut integrierter Säure. Im langen Nachhall auch Kalk und Kräuterwürze. Viel Potenzial.
14,5 Vol.-%, NK, €€€

94 2018 Tempranillo trocken

Tief in der Farbgebung und komplex im Duft: Zeder, getrocknete Feige, Sauerkirsche, Gewürznelke und Pastrami. Am Gaumen mit jugendlichem, feinem Tannin, ideal eingebundener Säure in einem mittelgewichtigen Körper. Ein sehr spannender Wein mit langem Nachhall. 14,3 Vol.-%, NK, €€€€

93+ 2018 Laumersheim Kirschgarten Spätburgunder GG

92+ 2017 Chardonnay*** trocken

Goldgelb. Röstaromen, gelber Apfel, Weinbergpfirsich und leichter Rauch im Duft. Am Gaumen geschmeidig und dicht, sehr feiner Gerbstoff, reife, elegante Säure, auch gelbfruchtig, zugleich mineralisch, Struktur und langer Nachhall sprechen für ein langes Leben.
13,3 Vol.-%, NK, €€€

★

WEINGUT KNÖLL & VOGEL

Klingweg 3, 76887 Bad Bergzabern
T: +49 6343 1246, weingut@knoell-vogel.de
knoell-vogel.de

Ab-Hof-Verkauf: Mo bis Fr 8–18 Uhr, Sa 9–13 Uhr
Kellermeister: Sandra Vogel
Ansprechpartner: Nicole und Sandra Vogel
Flaschen/Hektar: 1.000.000/80 ha

Es ist ein ziemlich großes Rad, das im Weingut Knöll & Vogel in Bad Bergzabern gedreht wird, schließlich werden stattliche 80 Hektar Weinberge im Bad Bergzaberner Land von drei Generationen bewirtschaftet – angeführt von Manfred Vogel, dem »Big Boss«, wie der Winzermeister im Betrieb genannt wird. Für den Ausbau der ausgewogen balancierten Weine ist Tochter Sandra Vogel zuständig. Die »Fumé«-Linie gefällt mit Substanz, Würze und gepflegtem Holzeinsatz, der Muskateller ist ein ausgesprochener Gute-Laune-Wein, da leert sich die Flasche im Nu.

90+ 2021 »Fumé« Grauer Burgunder trocken
Die Nase hält, was der Name verspricht: Da ist einiges an »Fumé« im Spiel, dazu reife Birne, Honigmelone, etwas grüne Walnuss. Kräftig gebaut am Gaumen, viel Saft, schöne Würze, präsente Säure, beinahe trocken ausgebaut, leicht süßlicher Extrakt. Viel Wein. 12,5 Vol.-%, DV, €€

90 2021 »Fumé« Sauvignon Blanc trocken
Mittleres Goldgelb, intensive Nase mit ordentlich »Fumé« und reifer Frucht wie Stachelbeeren, Johannisbeeren und Mango. Kräftig gebaut am Gaumen mit viel Würze und einer präsenten Säure, die für Balance sorgt, die dezente Restsüße ist gut eingewoben. Jung. 12 Vol.-%, DV, €€

89 2021 Bergzabern Altenberg Chardonnay trocken
Zitrusnoten, gerösteter Sesam, feiner Rauch, Birne, Orangenschalen, etwas Mango und frisch geschnittene Ananas im kräftigen Duft. Saftig am Gaumen mit reifer Säure, Würze, abgerundet durch etwas Restsüße. Schlank in der Struktur, mit guten Anlagen ausgestattet. 12 Vol.-%, DV, €

89+ 2019 »Sagenhaft« Cuvée Rot trocken CS/ME/PN/CI
In der Nase Kirschen, Schwarze Johannisbeeren, Blaubeeren und feiner Rauch, auch leichte Laktik. Kräftiger Bau, fruchtig und beerig am Gaumen mit Kirschnoten, würziger Hintergrund, abgerundet mit etwas Restsüße. Kräftiges Tannin in guter Menge, feine Fruchtsäure. 13,5 Vol.-%, DV, €

88+ 2021 »Classic« Riesling trocken

89+ 2021 Gelber Muskateller trocken
Expressive Nase nach Schwarzen Johannisbeeren, reifer Mango und Holunderblüten, rosa Grapefruit mischt mit. Saftig und mit reifer Frucht (vor allem Mango) am Gaumen, beflügelt von einer quirligen Säure. Animierender Gute-Laune-Wein, da leert sich die Flasche. 11 Vol.-%, DV, €

★

WEINGUT DR. JOSEF KÖHR

Hauptstraße 68, 67152 Ruppertsberg
T: +49 6326 8909, hof-info@weingut-koehr.de
weingut-koehr.de

Ab-Hof-Verkauf: nach Vereinbarung
Kellermeister: Dr. C. K. Josef Köhr
Ansprechpartner: Dr. C. K. Josef Köhr
Hektar: 16 ha

Nach Abschluss seines Studiums und Aufenthalten in Frankreich, Italien und Australien setzt Dr. C. K. Josef Köhr die Familientradition seit 2019 in vierter Generation fort und prägt dabei den Stil des Hauses. Seine Leidenschaft gilt kraftvollen, aromaintensiven Weinen, die er durch die Ernte vollreifer Trauben und den traditionellen Ausbau im Holzfass gewinnt. Gute Beispiele für diese Stilistik sind der saftige Spätburgunder »Réserve« sowie der druckvolle »Casamero«. Aber auch die spannungsreichen Rieslinge gefallen mit ihrer vielschichtigen Aromatik.

90+ 2021 »Fumé« Ruppertsberg Nußbien Sauvignon Blanc Spätlese trocken
Goldgelb in der Farbe, vielschichtiger Duft mit Aromen von Birnenschale, tropischer Frucht, etwas Paprika, Cassis und Vanille. Am Gaumen mit reifer Frucht, leichte Röstnoten, mittelgewichtiger Körper bei sehr gut abgestimmter Säure und attraktivem Nachhall. 14 Vol.-%, NK, €€€

91+ NV »Réserve« Ruppertsberg Nußbien Spätburgunder Spätlese unfiltriert tr.
Tief in der Farbgebung. Duft mit Aromen von roten sowie schwarzen Waldbeeren, Lebkuchen, dunkle Kirsche und Gewürznelken kommen dazu. Am Gaumen mit saftiger Frucht, Zeder, Hibiskus, geschmeidiges Tannin, lebendige Säure, ausbalanciert bei attraktivem Nachhall. 13,5 Vol.-%, NK, €€€

91 2019 »Casamero« trocken CS/ME
Rubinrot in der Farbe. Die Cuvée aus Bordeaux-Rebsorten duftet nach Schwarzer Johannisbeere, Pflaume, Schwarzkirsche, Vanille, Zartbitterschokolade und Grafit. Am Gaumen kommen getrocknete Kräuter und Pfeffer dazu, reifes Tannin, feiner Säurenerv und attraktiver Nachhall.
13,5 Vol.-%, NK, €€€

90+ 2020 Merlot unfiltriert trocken
Tiefe Farbe. Würzig in der Nase mit Aromen von Brombeere, Kirsche, etwas Süßholz und Tabak. Am Gaumen kommt süße, dunkle Pflaume dazu, sehr saftig bei lebendiger, gut integrierter Säure, reifes Tannin, Wein mit guter Spannung und einem attraktiven Nachhall. 14 Vol.-%, NK, €€€

90 2019 »Goldschmied« Ruppertsberg Nußbien Riesling Spätlese trocken

90+ 2020 Ruppertsberg Hoheburg Riesling Réserve unfiltriert Spätlese trocken
Goldgelb in der Farbgebung. Attraktiver Duft mit Aromen von Mango-Lassi, Vanille, jungem Apfel, Zitrusfrüchten und grüner Birne. Am Gaumen dann mit einer guten, lebendigen Säure, es zeigen sich auch getrocknete Früchte, insgesamt sehr saftig, feiner Extrakt, gute Länge.
13,5 Vol.-%, NK, €€€

★★★★

WEINGUT KRANZ

Mörzheimer Straße 2, 76831 Ilbesheim
T: +49 6341 939206, info@weingut-kranz.de
weingut-kranz.de
Ab-Hof-Verkauf: Mo bis Mi 8–12 Uhr,
Do und Fr 8–12 Uhr und 14–18 Uhr, Sa 9–16 Uhr
Kellermeister: Boris Kranz
Ansprechpartner: Boris Kranz
Flaschen/Hektar: 120.000 (70 % weiß, 25 % rot, 5 % Schaumwein)/25 ha
Anbauweise: Bio

Der im Jahr 1948 gegründete Betrieb startete als Fassweinbetrieb, erst in den 1970er-Jahren begann die Familie, den Wein selbst abzufüllen und zu vermarkten. Mit der Zeit kamen neue Weinbergslagen, Weinkeller sowie neues technisches Gerät dazu. Inzwischen führt Boris Kranz das Weingut gemeinsam mit seiner Frau Kerstin in vierter Generation. Die beiden führten den Betrieb endgültig in die Spitzengruppe der Pfälzer Weingüter – und auch dieses Jahr überzeugen sie mit mineralischen, balancierten Rieslingen und mit griffigen Spätburgundern.

94 2021 Ilbesheim Kalmit Riesling GG

Im Duft noch geprägt von der Hefe und eher verschlossen mit zarter Mineralik. Am Gaumen zeigt sich ein unaufgeregter, stiller, getragener Bau, sehr belebende Säure, griffig und voller Spannkraft, schöne Phenolik, kreidige Mineralik, großes Potenzial. 12 Vol.-%, NK, €€€

93+ 2021 Ilbesheim Kalmit Weißburgunder trocken

Kräftiges Neuholz, Bleistift, im Hintergrund kommen Blütenaromen und Kalk dazu. Am Gaumen mit geschmeidigem Beginn, getragen und fest, schöner Schmelz, die Gaumenmitte steht im Zeichen straffer Phenole, der Abklang zeigt sich extraktsüß, delikate Säure, lang. 13 Vol.-%, NK, €€€

92 2021 Ranschbach Seligmacher Riesling trocken

Blasses Gold. Feiner Duft nach Aromen von gelbem Apfel, Zitronenmelisse und Gesteinsmehl vom Rotliegenden. Am Gaumen mit einer präzisen, lebendigen Säure, feine Frucht zeigt sich, klare Zitrusaromen, alles balanciert und ausgewogen zusammengefügt, gute Länge. 12 Vol.-%, DIAM, €€€

92 2019 Arzheim Am Fürstenweg Spätburgunder trocken

Elegant und würzig in der Nase. Aromen von Gewürznelke, Zeder, reifer dunkler Kirsche, roter Waldbeere und Hibiskus. Am Gaumen auch Schwarze Johannisbeere, guter Extrakt bei feinem Gerbstoff und einem balancierenden Säurerückgrat, attraktiver Nachhall. 13,5 Vol.-%, DIAM, €€€

91 2021 Arzheim Klingenwingert Weißer Burgunder trocken

93 2021 Ilbesheim Westerberg Riesling trocken

Im Duft mit zitrischen Aromen, es folgen reifer Apfel, gelber Pfirsich und kalkiges Gesteinsmehl, elegant. Am Gaumen mit viel Grip sowie einer feinen Balance aus Säure und einer sehr dezenten Fruchtsüße. Aus einer Brise Meersalz entwickelt sich ein langer Abgang. 12 Vol.-%, DIAM, €€€

★★★

WEINGUT KREBS

Großkarlbacher Straße 10, 67251 Freinsheim
T: +49 6353 3149, info@weingut-krebs.eu
weingut-krebs.eu

Ab-Hof-Verkauf: Mo bis Fr 10–12 und 14–18 Uhr, Sa 10–16 Uhr
Kellermeister: Jürgen Krebs
Ansprechpartner: Jürgen Krebs
Flaschen/Hektar: 107.000 (50 % weiß, 50 % rot)/20 ha
Anbauweise: Bio

Jürgen Krebs hat ein feines Händchen für die besonders an der Rhône angebaute Rebsorte Viognier, die es trocken und warm mag. Am Südhang des Freinsheimer Musikantenbuckels findet sie beste Voraussetzungen, um eine füllige und kultivierte »Réserve« zu erzeugen. Der Winzer versteht sich aber genauso kompetent auf Riesling, der aus dem Oschelskopf verbindet unaufgeregt Saft, Schmelz und Spannung. Unbedingt empfehlen müssen wir auch die Spätburgunder von Jürgen Krebs, der aus dem Herxheimer Himmelreich imponiert mit druckvollen Gerbstoffen und tiefgründiger Mineralik: ziemlich groß!

92+ 2021 Freinsheim Oschelskopf Auf dem mittleren Gross Riesling trocken
Kräutrige Noten, Hefe, Apfelschale und Feuerstein mit Mirabelle und Pfirsich, Mandarinenschale. Setzt am Gaumen geschmeidig und saftig an, reife und noble Phenole, unterlegt von einem mineralischen Kern und Kraftfeld, gut eingewobene Säure, klingt würzig und saftig aus. 13 Vol.-%, NK, €€

92 2020 »Réserve« Viognier trocken
Leichtes Goldgelb, intensiver Duft nach gelben Blüten, Rosen, reifer Zitrone, Pfirsich, Litschi und Kardamom. Breit angelegt am Gaumen mit kuschelweichem Fond und saftigem Schmelz, reife, kultivierte Säure, noble Phenolik, füllig und rund, feine Würze, lang. 13 Vol.-%, NK, €€

91+ 2021 Herxheim Himmelreich Riesling trocken
Im Duft buhlen verschiedene Aromen um ihren Platz, Birnenschale, rosa Grapefruit, Pfirsich und Himbeere. Kompakt und sehnig gebaut mit gutem Extrakt, saftigen und stoffigen Anteilen, die von lebendiger Mineralik kontrastiert werden. Phenolisch, leichte Herbe im Ausklang. 12,5 Vol.-%, NK, €€€

93 2019 Herxheim Himmelreich Spätburgunder trocken
Dunkelbeerig in der Nase, auch getrocknete Kräuter, feine Holzwürze, Schwarze Johannisbeere und Kirsche. Zeigt sich am Gaumen mit guter Substanz in einer kräftig geformten Struktur, Spannung, druckvolle Gerbstoffe, tiefgründig mineralisch, Länge und Perspektive. 13,5 Vol.-%, NK, €€€

90 2021 »Kalkfels« Riesling trocken

91+ 2019 »Glimmer« Spätburgunder trocken
Kirsche, feine Würze und etwas Gewürznelke in der fein nuancierten Nase, ein wenig Rauch und Blutorange. »Glimmer« zeigt sich saftig und mit einem guten Verhältnis von Frische und Stoffigkeit mit mürbem Gerbstoff und mineralischem Hintergrund, in sich stimmig. 13 Vol.-%, NK, €€

★

KATHARINA KRIEGER WEINE

Theresienstraße 22, 76835 Rhodt unter Rietburg
T: +49 6323 81372, info@katharina-krieger.de
katharina-krieger.de

Kellermeister: Katharina Krieger
Ansprechpartner: Katharina Krieger
Hektar: 40 ha

»Es muss von Herzen kommen, was auf Herzen wirken soll«: Auf ihrer Homepage zitiert Katharina Krieger Johann Wolfgang von Goethe und den französischen Schriftsteller Henry Bordeaux. Dass sich die Winzerin viele Gedanken macht, davon erzählen auch ihre Weine mit der schwarzen Katze auf dem Etikett, die uns bei der Guide-Premiere sofort überzeugten: Die drei Rieslinge stellen die unterschiedlichen Bodenarten gekonnt heraus, wobei uns der mineralische, terpenwürzige »Schiefer« am besten gefiel. Chardonnay und Spätburgunder belegen das große Talent der jungen Winzerin!

91 2020 Rhodt Rosengarten Chardonnay trocken
Birne und Orangenschale in der Nase, etwas Limettenabrieb, rauchige Noten vom Barrique-Ausbau. Schlank und kompakt gebauter Chardonnay mit Fülle und Schmelz, feinem Gerbstoff, gefühlvoller Säure und mineralischem Hintergrund, trocken und mit guter Länge. 12,5 Vol.-%, NK, €€

90 2021 »Kalkstein« Riesling trocken
Weißer Pfirsich, Aprikosenkern, feine florale Noten, helle Blüten, Apfelblüten, auch kreidige Noten. Setzt am Gaumen kraftvoll an in einer schlanken und kompakten Struktur, saftiges, cremiges Mundgefühl mit mineralischen Untertönen, die den Wein bis ins Finale begleiten. 12,5 Vol.-%, DV, €€

89+ 2021 »Buntsandstein« Riesling trocken
Gelbe Frucht in der duftigen Nase, Pfirsich und Mirabelle, gelber Apfel und auch Aprikose. Eleganter und feingliedrig strukturierter Riesling mit saftiger Gelbfrucht und einer kultivierten Säure, die auch für Länge sorgt, nicht zu süß abgestimmt und patent balanciert. 12,5 Vol.-%, DV, €€

91 2019 Rhodt Rosengarten Spätburgunder trocken
Das Bukett öffnet mit rauchigen und holzwürzigen Noten, die Schwarze Johannisbeeren und dunkle Kirschen umrahmen, dunkle Schokolade. Kompakt gebauter und kräftiger Spätburgunder mit Saft und Würze, entwickelt Spannung und mineralisches Timbre, griffiger Gerbstoff, gute Länge. 12,5 Vol.-%, NK, €€

89 2021 Spätburgunder Rosé trocken

91 2021 »Schiefer« Riesling trocken
Pfirsich, Apfel und süßlich-säuerliche Noten, Guaven, schieferwürzige Noten. Wirkt am Gaumen zunächst etwas robust, was der merklichen schiefrigen Mineralik und Phenolik geschuldet ist, füllig, terpenwürzig, Rosmarin, Melisse, nicht glatt gebügelt, wird weiter zulegen. 12,5 Vol.-%, DV, €€

★★

WEINGUT THORSTEN KRIEGER

Theresienstraße 71, 76835 Rhodt unter Rietburg
T: +49 6323 704998, info@weingut-thorsten-krieger.de
weingut-thorsten-krieger.de

Ab-Hof-Verkauf: nach Vereinbarung
Kellermeister: Thorsten Krieger
Ansprechpartner: Thorsten Krieger, Eva König
Hektar: 26 ha

In Rhodt unter Rietburg – einer der schönsten Ortschaften der Pfalz – sowie in den Nachbarorten Edenkoben und Burrweiler pflegt Thorsten Krieger seine Reben. Deren Ertrag keltert der studierte Weinbetriebswirt und staatlich geprüfte Sommelier zu harmonischen Weinen, die den Pfälzer Sonnenschein einfangen – und ihn auf Flaschen gefüllt selbst in klimatisch weniger begünstigte Ecken des Landes tragen. In einem durchwegs sehr guten Sortiment ist dieses Jahr die trockene Weißburgunder-Spätlese unser Favorit – so viel Frische! Ein wahrlich genussfreudiger Wein.

91+ 2021 »S« Rhodt Rosengarten Weißburgunder Spätlese trocken

Im Duft zeigt sich ein nussiger, dezent holzbeeinflusster Sortentyp, auch etwas Kalk-Würze glaubt man zu erkennen. Der gut mit Extrakt dotierte Gaumen vereint seidige Phenole und einen prägnanten Nerv zu großer Intensität, der Wein klingt frisch, trocken und pointiert ab. 13 Vol.-%, DV, €€

91 2021 »S« Edenkoben Bergel Riesling Spätlese trocken

Im Duft zeigt sich ein leicht hefig angehauchter zitrischer Duft wie von kandierten Zitronenschalen und Melisse. Im Mund hat der Wein einen guten Extrakt, die lebendige Riesling-Säure verleiht dem Wein Spannung und hebt die mineralischen Komponenten hervor. 13 Vol.-%, DV, €€

89+ 2020 Spätburgunder trocken

Der Duft ist sehr intensiv, neben etwas Neuholz steht eine rotbeerige Frucht im Zentrum, auch Minze, fast Primitivo-artige Beeren, Pflaume. Mürbes, aber auch ganz leicht vegetales Tannin und reife Säure geben dem Wein am Gaumen eine gewisse Weite. 13 Vol.-%, DV, €

91 2021 Gewürztraminer Auslese

Duft nach Rosen und etwas Blütenhonig, typisch und üppig, im Hintergrund Orangenmarmelade. Am Gaumen mit einer schönen, fließenden Säure, wieder Rosen und reife Zitrusfrucht, Mandarine, gut balanciert, nicht zu laut, sehr schön zu ein paar Weihnachtskeksen. 8 Vol.-%, DV, €€

90 2021 »S« Rhodt Rosengarten Grauburgunder Spätlese trocken

89+ 2021 Sauvignon Blanc trocken

In der Nase Kiwi und grüne Stachelbeeren, dazu frische Mango. Im Mund hat der Wein Schmelz und Fülle, die lebendige Säure balanciert, die volle, süße Frucht hat bereits in der Gaumenmitte Intensität und hallt lange nach. 12 Vol.-%, DV, €

★★★★

WEINGUT PHILIPP KUHN

Großkarlbacher Straße 20, 67229 Laumersheim
T: +49 6238 656, info@weingut-Philipp-Kuhn.de
weingut-philipp-kuhn.de

Ab-Hof-Verkauf: Mo bis Fr 10–12 Uhr und 13.30–17 Uhr, Sa 10–12 Uhr und 13.30–16 Uhr
Kellermeister: Philipp Kuhn
Ansprechpartner: Lars Lander und Philipp Kuhn
Flaschen/Hektar: 267.000 (50 % weiß, 50 % rot)/38 ha

Alle Achtung! Philipp Kuhn bleibt nicht stehen, das Erreichte, so viel es ist, genügt ihm nicht, und er entwickelt seine Weine immer weiter. Die aktuelle Kollektion hat Klasse – und überzeugt in allen Aspekten. Es sagt viel aus, dass unsere Verkostungsnotiz dem Kirschgarten Spätburgunder ein »burgundisches Trinkfenster« attestiert: also 20 Jahre plus. Auch der Chardonnay aus der »Ersten Lage« Kapellenberg ist so ein Monument für Jahre und Jahrzehnte. Die Rieslinge haben große mineralische Tiefe. In dieser Form merken wir den Laumersheimer für einen fünften Stern vor.

95 2021 Zell Schwarzer Herrgott Riesling GG
Der Duft stellt Feuerstein und Hefe in den Vordergrund, gibt jedoch zu diesem Zeitpunkt nur wenig Frucht frei, etwas Mandarine. Die Gaumenstruktur ist straff und »kühl«, bündelt einen festen Kern und recht dichte Phenolik mit taktiler Mineralik. Exzellentes Potenzial!! 12,5 Vol.-%, NK, €€€

94 2021 Kallstadt Saumagen Riesling GG
Der Hefeton im Duft geht in pfeffrig-kalkige, feuersteinartige Töne über, und es folgen reiffruchtige Aromen, Reneklode, Orange. Der Gaumeneindruck ist getragen, reich und weich grundiert, dazu kommen eine weitmaschige Phenolik, kreidige Mineralnoten und ein von Terpen getragener Abklang. 12,5 Vol.-%, NK, €€€

94 2021 Laumersheim Kirschgarten Riesling GG
Das Aromenspektrum der Nase reicht von Gesteinsmehl über geriebene Zitronenschale bis Orangenblüte und Rainier-Kirsche. Der Gaumen beginnt mit einem cremigen Moment, dann packen Stoffigkeit und feste Säure zu und geben dem Wein auf beeindruckend homogene Weise Tiefe und Länge. 13 Vol.-%, NK, €€€

94+ 2018 Laumersheim Kirschgarten Pinot Noir GG
Komplexes Bukett aus dunkler Kirsche, Brombeere, Pflaume und Himbeere, dazu ein Hauch Bourbon-Vanille. Am Gaumen werden das feine junge Tannin und die sehr komplexe Fruchtaromatik von einer prägnanten Säure balanciert. Viel Potenzial mit einem burgundischen Trinkfenster. 13,5 Vol.-%, NK, €€€

94 2018 Laumersheim Steinbuckel Pinot Noir GG

95 2020 »Réserve« Laumersheim Kapellenberg Chardonnay trocken
Rauchig im Duft, Melone und Birne, kräutrige Noten, Flachs. Im Mund hat der Wein eine enorme Energie und Dichte, die Säure trägt gut und weit, vielschichtig und nuanciert, deutliche Mineralik, phenolisch unterfüttert. Muskulöser Wein, trotzdem finessenreich, hat großes Potenzial. 12,5 Vol.-%, NK, €€€

★★★

WEINGUT LANGENWALTER

Bahnhofstraße 45, 67256 Weisenheim
T: +49 6353 7390, info@weingut-langenwalter.de
weingut-langenwalter.de

Ab-Hof-Verkauf: Mo bis Di und Fr 10–12 Uhr und 14–18 Uhr, Sa 10–15 Uhr
Kellermeister: Thorsten Langenwalter
Ansprechpartner: Thorsten Langenwalter
Flaschen/Hektar: 200.000 (55 % weiß, 36 % rot, 4 % Rosé, 5 % Schaumwein)/30 ha

Weine aus vier Jahrgängen legte Thorsten Langenwalter vor, Weißweine aus 2021 und 2020, Rotweine aus 2019 und 2018. Der Winzer kultiviert 30 Hektar in Weisenheim und auch Freinsheim. Die Reifezeit hat gerade dem Cabernet Sauvignon und dem St. Laurent gutgetan, die beide patent balanciert sind und im Gleichgewicht stehen. Bei den Weißen imponiert uns der im großen Holz ausgebaute Riesling aus dem Burgweg – fest in der Struktur, mineralisch, mit gepflegter Phenolik. Die Chardonnays belegen, dass sich das Weingut weiter in guter Form befindet. Wieder ein starker Auftritt!

92 2021 Weisenheim am Sand Burgweg Riesling trocken
Kein Riesling-Standard-Duft: Limettenschale, Tomatenrispe, etwas Orangenöl und Zitronenmelisse, grüner Apfel, frischer Thymian. Am Gaumen patentes Zusammenspiel der Elemente, saftige, eng anliegende Säure, feine mineralische Würze, gepflegte Phenolik, jung. 12,5 Vol.-%, NK, €€

91+ 2020 »R« Freisenheim Musikantenbuckel Chardonnay trocken
Feine Holzwürze und kalter Rauch, Aprikose, Melone, Nashi-Birne, gerösteter Sesam und Popcorn. Vollmundig am Gaumen mit Saft, Schmelz und Würze, zeigt Kraft und Substanz, gute Balance, patenter Holzeinsatz, feine Säureader, mineralische Noten, gute Länge. 13,5 Vol.-%, NK, €€

90+ 2018 Weisenheim am Sand Goldberg Cabernet Sauvignon trocken
Balsamische Würze und reife Frucht in der Nase, etwas Holzpatina, dunkler Tabak, Cassis, Brombeere und dunkle Kirsche. Kräftig und vollmundig am Gaumen, die Fülle wird von intensiver Würze grundiert, guter Extrakt, saftiger, reifer Gerbstoff. Bleibt lange am Gaumen. 14,5 Vol.-%, NK, €€€

90 2019 Weisenheim am Sand Halde St. Laurent trocken
Kräftige Nase mit reifer Schwarzer Johannisbeere, Brombeere und Pflaume, etwas Holz-Patina und Tinte. Kräftig und stoffig am Gaumen mit präsenter Säure, wieder Johannisbeere und Pflaume, etwas herbe Schokolade, hält das Gleichgewicht zwischen Reife und Präzision.
13,5 Vol.-%, NK, €€

90+ 2020 Weisenheim am Sand Halde Chardonnay trocken

90 2021 »Auf dem Kalkstein« Weißburgunder trocken
Mirabelle, Mandarine und Passionsfrucht, Apfelblüten, Haselnuss und auch feiner Rauch. Kompakt gebaut am Gaumen mit fester Struktur, lebendige, gut eingebundene Säure, saftig, cremig, etwas Zitrusfrucht, mittelgewichtig im Extrakt, feine Würze im Ausklang. 13 Vol.-%, DV, €€

★★★★

WEINGUT LEINER

Arzheimer Straße 14, 76831 Ilbesheim
T: +49 6341 30621, info@weingut-leiner.de
weingut-leiner.de

Ab-Hof-Verkauf: Sa 10–16 Uhr und nach Vereinbarung
Kellermeister: Sven Leiner
Ansprechpartner: Sven Leiner
Flaschen/Hektar: 120.000 (70 % weiß, 30 % rot)/16 ha

Sven Leiner gehört zu den Biodyn-Pionieren in der Pfalz und weit darüber hinaus, vor allem aber ist der Ilbesheimer Winzer ein reflektierter Zeitgenosse, der den Naturbedingungen im Weinberg und im Keller der Weinwerdung der Trauben mit erkennbar großem Respekt gegenübertritt. So strahlen all seine Weine etwas Ruhiges, Unerzwungenes aus. Da Leiner auf alle Nebensächlichkeiten verzichtet – es gibt kein Holzparfüm, keine Gäraromen und keine »dienende« Restsüße –, sind die Weine leicht zu unterschätzen. Doch wer sich neugierig auf sie einlässt, wird reich entlohnt!

94 2019 »Kapelle« Riesling trocken
Ein eigenständiger Typ: stoffig, vielschichtig und abseits des Mainstreams. Terroirwürze, Steinobst, Zitrus, Tabak, Curry. Dicht, balanciert, mit einer exzellenten Länge. Öffnet sich im Glas weiter, zeigt viel Potenzial für weitere Jahre der Flaschenreife. 12,5 Vol.-%, €€€

93 2019 »Kapelle« Weißer Burgunder trocken
Im Duft: Wiesenblumen, Kamille, Heu, Tabak und Senfkraut. Frisch am Gaumen mit viel Zug und Extrakt, mineralische Untertöne, die raffinierte Phenolik erzeugt zusätzliche Spannung, sehr gute Länge und ein feiner, eleganter Nachhall. Deutliches Potenzial! 13 Vol.-%, €€€

92+ 2021 »Ton.Boden« Chardonnay trocken
Gelbe Birne, Apfelschale, Weißdorn, Kamille, gut eingebundenes Holz mit Noten von Haselnüssen und Cashews. Die präsente Säure trägt gekonnt den mittleren Körper und gibt klare Richtung. Feine Cremigkeit. Vielschichtig und ansprechend mit Potenzial. 12,5 Vol.-%, €€€

91 2021 »Kalk.Boden« Spätburgunder tr.
Geradliniger und zugleich eleganter Vertreter seiner Art: präzise Nase, kühle Kirsche, Walderdbeere, balsamische Noten, Würze und Mineralik, die vom Kalk spricht. Die belebende Säure sorgt für Spannung am Gaumen, mittlere Komplexität, gute Länge. Ein toller Gastro-Wein. 12 Vol.-%, €€€

89 2021 »Handwerk« Grauer Burgunder tr.

92 2021 »Lehm.Boden« Gewürztraminer tr.
In der Nase Apfelschale, Rose, Litschi, weißer Pfeffer, Muskatwürze, alles noch von der Hefe geprägt. Spannende Phenolik mit feinen Bitternoten am Gaumen, die mit der frischen Säure harmonisch interagieren, vielschichtig, sehr gute Länge, salziges Finish. 12,5 Vol.-%, €€

• Rotwein • Roséwein • Weißwein • Orange-Wein • Süßwein ▭ falstaff-Tipp

★★

WEINGUT LERGENMÜLLER

Weinstraße 16, 76835 Hainfeld
T: +49 6323 949260, info@lergenmueller.de
lergenmueller.com

Ab-Hof-Verkauf: Nach Vereinbarung
Kellermeister: Jürgen Lergenmüller
Ansprechpartner: Stefan und Jürgen Lergenmüller
Flaschen/Hektar: 750.000 (50 % weiß, 50 % rot)/85 ha

Die Weine des Weinguts Lergenmüller sind echte Pfälzer: Lebensfroh und deftig, verfügen sie durchaus über eine Extraportion Wumms, bleiben dabei aber auch auf dem Boden, und integrieren unüberschmeckbar mineralische Komponenten in ihre fruchtgetragenen, ausdrucksstarken Gaumenstrukturen. Unser Favorit in diesem Jahr ist der Weißburgunder »Muschelkalk«, der etwas introvertierter als die anderen Weine ist, ohne darüber schüchtern zu wirken: Zum passenden Gericht auf dem Teller wird dieser nuancenreiche und stoffige Wein zur Höchstform auflaufen.

90+ 2021 »Buntsandstein« Grauer Burgunder trocken
Der Duft hat beerige und leicht laktische Komponenten. Im Mund zeigt sich der Wein straff und feinnervig bei mittlerer Fülle, er ist deutlich taktil-mineralisch geprägt und wirkt dadurch schlanker, als es die Grauburgunder-Gene (und technische Daten) erwarten lassen. 13 Vol.-%, NK, €€

90 2021 »Feuerstein« Sauvignon Blanc trocken
Frischfruchtig und würzig: Kiwi, Stachelbeere und Cassis, auch schwarzer Pfeffer und krause Minze. Im Mund hat der Wein einen druckvollen Körper, eine dezente Phenolik und einen festen, sich im Abgang intensivierenden Säurekern, mineralische Komponenten geben Eleganz. 12 Vol.-%, NK, €€

91 2019 »Handschrift« Cuvée trocken CS/TE
Der Duft zeigt sich schokoladig, mit Noten von Amarenakirsche, schwarzem Pfeffer, Thymian. Im Mund hat der Wein einen mächtigen Körper, aber auch Salzigkeit, sehr feines Tannin, ein kräftiger mineralischer Untergrund und feste Säure geben dem Wein viel Dynamik. 14,5 Vol.-%, NK, €€

90 2019 »Angiolino« Spätburgunder trocken
Im Duft Nuss-Nougat, Schokoladenpulver, Cocktailkirsche. Im Mund hat der Wein Power, mürbes, körniges Tannin, reife Säure, geschmeidigen Fond, der Alkohol ist gut eingebunden, im Abgang zeigen sich kalkmineralische Komponenten. 14,5 Vol.-%, NK, €€

89+ 2020 »Urgewalt« Dornfelder trocken

91 2021 »Muschelkalk« Weißer Burgunder trocken
Der Duft ist zum Verkostungszeitpunkt sehr zurückhaltend, zeigt dezent rauchige Noten und Blütenaromen. Im Mund hat der Wein eine sehr gut proportionierte Anlage, eine Prise Phenole und ein straffes Säuregerüst sorgen für einen vertikalen Bau. Braucht noch etwas Zeit. 13 Vol.-%, NK, €€

★★★

WEINGUT MARGARETHENHOF

Wiesenweg 4, 67147 Forst an der Weinstraße
T: +49 6326 8302, info@margarethenhof-forst.de
margarethenhof-forst.de

Ab-Hof-Verkauf: Mo, Mi bis Sa 9–12 und 14–18 Uhr
Kellermeister: Martin Lucas und Yvonne Libelli
Ansprechpartner: Yvonne Libelli
Flaschen/Hektar: 147.000 (83 % weiß, 2 % rot, 12 % Rosé, 3 % Schaumwein)/17 ha

Der Margarethenhof ist seit vielen Jahren Garant für sehr gute und bezahlbare Weine. Das Geschwisterpaar Yvonne Libelli und Martin Lucas, beide exzellent ausgebildet, hat sich dem Riesling und dem heimischen Terroir verschrieben – unterstützt werden sie von den Eltern. Großartig gelungen ist ihnen der dichte Pechstein, aber auch Jesuitengarten und Ungeheuer zeigen Tiefe und Würze. Was der Familie noch wichtig ist: Der Hinweis auf den kleinen, aber feinen Wohnmobilstellplatz. Kein Wunder: Sie selbst sind auch gerne unterwegs, der Vater am liebsten mit dem Motorrad.

95 2021 »Große Lage« Forst Pechstein Riesling trocken
Anfangs kühl und floral im Duft, Zitronenmelisse, junge Aprikose, gelber Apfel sowie etwas Gesteinsmehl zeigen sich. Am Gaumen balanciert eine feste Säure die große Stoffigkeit, zitrische Aromen dominieren, feine Mineralik. Ein Wein mit großer Länge und Potenzial. 13 Vol.-%, DV, €€€

93 2020 »Große Lage« Forst Jesuitengarten Riesling trocken
Im Duft kräutrige und fruchtige Aromen: Gras, Schwarze Johannisbeere, Limette, mineralisch gestützt. Am Gaumen viel Steinobst, aber auch Zitrusfrüchte, gut integrierte Säure, feiner Extrakt, eng gewobene Struktur, elegant und balanciert, langer Nachhall. 13 Vol.-%, DV, €€€

92+ 2020 »Große Lage« Forst Ungeheuer Riesling trocken
Komplexes Bukett von Zitronenmelisse, Grapefruit, Aprikose, Pfirsich, dazu etwas Gras und Geißblatt. Am Gaumen mit taktiler Mineralik und markanter Säure, reife zitrische Frucht, Pfirsich ist aber auch mit dabei, angenehme leichte Phenolik, gute Länge. 13 Vol.-%, DV, €€€

90 2021 Forst Riesling trocken
Duft nach reifem gelbem Apfel, weißem Pfirsich, frischer Limette und Aprikose. Am Gaumen schöne Balance von sehr lebendiger Säure und reifer gelber Frucht, auch Zitrusnoten sind mit dabei, insgesamt mit schöner Länge. Sehr guter Speisenbegleiter. 13 Vol.-%, DV, €€

89 2021 »Kernstück« Sauvignon Blanc trocken

91 2021 »Erste Lage« Forst Stift Riesling trocken
Markanter Duft nach rotem Apfel, Aprikose, Zitronenmelisse und Gesteinsmehl. Am Gaumen durchweg balanciert, reife, lebendige Säure, feine Früchte zeigen sich, Zitrus dominiert, alles mineralisch unterlegt, exzellenter Trinkfluss, schöne Länge. Macht Freude. 13 Vol.-%, DV, €€

★★

WEINGUT MEIER

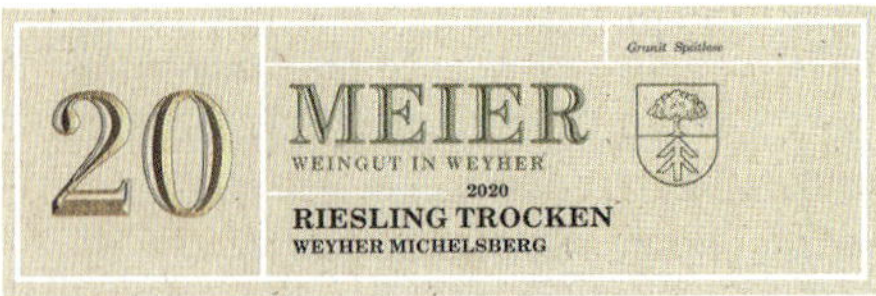

Hübühl 9, 76835 Weyher in der Pfalz
T: +49 6323 988599, info@wein-meier.de
wein-meier.de

Ab-Hof-Verkauf: Mo bis Fr 14–18 Uhr, Sa 9–16 Uhr
Kellermeister: Georg Meier
Ansprechpartner: Georg Meier
Flaschen/Hektar: 200.000 (70 % weiß, 30 % rot)/21 ha

Georg Meier hat eine ganz eigene und auffällige Stilistik entwickelt: Seine Rieslinge zeigen in der Aromatik reife Noten, am Gaumen wird es dann als Kontrastprogramm lebendig, da entwickeln sich Zug und mineralische Spannung. Der Riesling »2G«, der auf Granitböden wuchs und im Granitfass ausgebaut wurde, treibt die Stilistik auf die Spitze mit Noten von reifem Steinobst, stahliger Säure und mineralischem Drive. Auch die beiden Rotweine zeigen Profil und Ambitionen, gerade der substanzreiche, würzige Spätburgunder: Georg Meier steht auf unserer Watchlist für den dritten Stern.

90+ 2020 »Schiefer« Riesling trocken
Mittleres Goldgelb, Honigwabe, reife und getrocknete Aprikose im ziemlich reifen Duft, intensiv, schieferwürzig, getrocknete Kamille. Am Gaumen mit Zug und lebendiger Säure, steht im Kontrast zum reifen Duftbild, merkliche Phenolik, Schieferwürze, etwas Cidre. Unorthodox.
11,5 Vol.-%, NK, €€€

91+ 2019 Burrweiler Altenforst Riesling trocken
Leichtes Goldgelb. Ziemlich reife Frucht in der Nase, Pfirsich, Mango, Ananas, Bienenwachs, etwas Marzipan, auch zitrisch, Petrol. Schlank am Gaumen mit lebendiger Säure und auch mineralischer Spannung, saftig, würzig, mit zitrischen Noten, Grapefruit, feine Herbe. Individuell. 12 Vol.-%, NK, €€€

90+ 2020 Weyher Michelsberg Riesling trocken
Bienenwachs und Kamille in der Nase mit reifem Pfirsich und angetrockneter Aprikose, auch etwas Petrol. Kräftig gebaut und breit angelegt am Gaumen mit mittlerem Extrakt und einer Säure, die sich gut ausbreitet, schöne Würze, mineralischer Hintergrund. 13,5 Vol.-%, NK, €€

91+ 2019 Hainfeld Letten Spätburgunder trocken
Reife Waldhimbeeren, auch Erdbeeren und rote Kirschen in der fruchtigen, feinwürzigen Nase, Espresso-Duft, auch balsamische Würze. Relativ breit angelegt am Gaumen mit weichem Hintergrund, gute Substanz, reife, saftige Säure und Frucht, mineralische Grundierung. Ambitioniert.
13,5 Vol.-%, NK, €€€

90 2017 Weyher Michelsberg St. Laurent trocken

92+ 2019 »2G« Riesling trocken
Reifer Pfirsich und Aprikose, auch etwas angetrocknete Mangoschnitze, Grapefruit, steinige Noten. Am Gaumen mit lebendiger, stahliger Säure und mineralischem Drive, zeigt Zug und Spannung, phenolisch, feine Würze und lineare Entwicklung, hält sich lange am Gaumen.
13 Vol.-%, NK, €€€

★★★★

WEINGUT HERBERT MESSMER

Gaisbergstraße 5, 76835 Burrweiler
T: +49 6345 2770, messmer@weingut-messmer.de
weingut-messmer.de
Ab-Hof-Verkauf: Mi bis So 13–19 Uhr in der Vinothek, Weinstraße 6, Burrweiler
Kellermeister: Jonas Bosch, Bernd Henninger
Ansprechpartner: Martin Meßmer
Flaschen/Hektar: 170.000 (70 % weiß, 20 % rot, 2 % Rosé, 1 % süß, 7 % Schaumwein)/30 ha
Anbauweise: Bio

Das Team im Weingut Meßmer ist sich sicher, dass Musik förderliche Spuren in seinen Weinen hinterlässt, deshalb erklingen in seinen Kellern Mozart und Miles Davis. Geschadet hat das keinesfalls: Die Südpfälzer Klassiker sind mit aromatischer Klarheit und Nuancenreichtum ausgearbeitet. Eine ganz neue Seite des Weinguts, das nachhaltig und biologisch wirtschaftet, zeigt der Muskateller »Standzeit«: Vor dem Pressen blieben die angequetschten Beeren für kurze Zeit stehen – das Ergebnis: tolle Phenole und eine besonders traubige Würze.

92+ 2021 Burrweiler Schäwer Riesling GG
Hefewürzig im Duft, brenzlige Noten, eine Ahnung von Zitrusfrucht, aber insgesamt nur wenig Frucht. Im Mund hat der Wein mittleren bis mittelhohen Extrakt und ist geschmeidig grundiert, zarte Süße gibt dem Weichteil zusätzlich Volumen, momentan in den Abgangsaromen noch verschlossen. 12 Vol.-%, NK, €€€

92+ 2021 Weyher Michelsberg Riesling GG
Im Duft findet man zitrische wie tropische Fruchtaromen, Guave, Ananas und Blutorange. Den Gaumen eröffnet eine feine Geschmeidigkeit, von dezenter Süße und reifer Säure untermalt, der Wein hat Schmelz und Struktur – und er endet, wie er duftet: komplex fruchtig. 12 Vol.-%, NK, €€€

92 2021 Burrweiler Schlossgarten Chardonnay trocken
Bereits in der Nase geschmeidig wirkend, feiner Holztouch, Zitronentarte, Walnuss. Am Gaumen bietet der Chardonnay viel an: Da ist die Holzwürze, da sind aber auch florale Noten, Orangenblüten, ebenso eine pikant grüne Kante, die für Spannung sorgt. Kann reifen! 12,5 Vol.-%, NK, €€

91+ 2020 Gleisweiler Hölle Grauburgunder trocken
Der Grauburgunder präsentiert birnige und leicht laktische Noten in der Nase. Am Gaumen weiter viel Birne mit beachtlicher Würze und kräftigem Körper, das Ganze aber mit einer feinen Phenolik als Kontrapunkt. Für Speisen, die nach einem kräftigen Weißen verlangen. 13 Vol.-%, NK, €€€

91+ 2020 Burrweiler Schlossgarten Weißburgunder trocken

91 2021 »Granit« Hainfeld Riesling trocken

91 2021 »Schiefer« Burrweiler Riesling tr.

91 2021 Burrweiler Altenforst Riesling tr.

90 2021 Riesling trocken

90 2019 Spätburgunder trocken

91 2010 »Schiefer« Riesling Spätlese

90 2021 »Standzeit« Muskateller trocken
Eine neue Welt öffnet sich im Weingut Meßmer: maischevergoren, hefetrüb, leicht im Alkohol und dennoch knochentrocken. In der Nase mit der typischen Muskateller-Traubigkeit. Am Gaumen dann sehr ruhig, Apfelschale, Trauben, leicht gerbig. Als Apéro oder für Kreative in der Küche! 9,5 Vol.-%, VK, €€

★★★

WEINGUT STEFAN MEYER

Edesheimer Straße 17, 76835 Rhodt unter Rietburg
T: +49 6323 2348, weingut@meyer-rhodt.de
meyer-rhodt.de

Ab-Hof-Verkauf: Mo bis Fr 13–18 Uhr, Sa 10–16 Uhr
Kellermeister: Stefan Meyer
Ansprechpartner: Stefan Meyer
Flaschen/Hektar: 95.000 (50 % weiß, 50 % rot)/17 ha
Anbauweise: Bio

Seine Unverwechselbarkeit verdanke ein Wein im Wesentlichen seinem Terroir – das ist das Motto, mit dem Stefan Meyer zu Werke geht. Zwar kann der Winzer auch unkomplizierte Weine, wie den geradezu unheimlich animierenden Cremant Rosé, von dem die Verkoster nur widerwillig lassen konnten. Doch es sind seine gehobenen Stillweine, in denen er den Terroir-Gedanken zur Wirklichkeit werden lässt und die das Weingut von seiner besten Seite zeigen: Ein Pfund sind nicht zuletzt die ausgezeichneten Spätburgunder: muskulös und für die Flaschenreife gemacht.

91 2019 Crémant Rosé brut
In der Nase sahnig, Erdbeere, grüne Kardamomkapseln, Limonenabrieb, wirkt präzise. So auch am Gaumen, bissig in der Säure in positiver Hinsicht, die Perlage ist weich und trägt zu einer angenehm frischen Textur bei. Da möchte man gerne ein paar Gläser trinken. 12 Vol.-%, NK, €€

92 2021 »Aus Rhodt« Weißer Burgunder tr.
Im Duft geschälte Mandeln, Mandarine, leicht zitrisch und mineralisch nach Stein. Gar nicht unspannend, muss man sagen. Weiter geht es am Gaumen mit schmelziger Textur und dichter Struktur, eine gut eingebundene Säure rundet den frischen und cremigen Weißen Burgunder letztlich ab. 12,5 Vol.-%, NK, €€

93 2020 Rhodt Rosengarten Pinot Noir tr.
Dörrpflaume, Lebkuchen, Orange, Veilchen, Schwarze Johannisbeere, etwas animalischer in der Nase, superwürzig und fein floral, der Holzeinsatz wirkt gekonnt. Die Tannine am Gaumen sind fein und leicht körnig, die Säure bindet sich wunderbar ein, komplex und interessant. 25 Vol.-%, NK, €€€

92+ 2020 Edenkoben Schwarzer Letten Pinot Noir trocken
Der Duft wird geprägt von Schattenmorellen, Zartbitternoten, intensiver Vanille, getoastetem Holz, dabei nicht überladen. Der Gerbstoff zieht sich den Gaumen entlang und ist dabei sehr geschmeidig und elegant, die Säure geschliffen und gut eingebunden. Tosendes Finale. 25 Vol.-%, NK, €€€

91 2020 »Aus Rhodt« Spätburgunder trocken

91+ 2021 »Aus Rhodt« Chardonnay trocken
Zu Beginn Grapefruit in der Nase, dann kommt etwas Ätherisches, Rosmarin, Estragon, Pfeffer, die Basis bildet eine Zitronenaromatik. Im Mund gefällt die Struktur, die Säure zeigt sich dabei vordergründig und bildet zusammen mit einer feinherben Note ein stimmiges Finish. 12,5 Vol.-%, NK, €€

★★★★

WEINGUT THEO MINGES

Bachstraße 11, 76835 Flemlingen T: +49 6323 93350,
info@weingut-minges.com, weingut-minges.com
Ab-Hof-Verkauf: Mo bis Fr 9–12 Uhr und 13–17 Uhr, Sa 10–17 Uhr
Kellermeister: Theo Minges, Regine Minges, Fritz Hohlreiter
Ansprechpartner: Theo und Regine Minges
Flaschen/Hektar: 180.000 (60 % weiß, 30 % rot, 10 % Schaumwein)/25 ha
Anbauweise: Bio

Puh, da konnte einem für einen Augenblick schon die Luft wegbleiben, als der Riesling vom Burrweiler Schäwer am Gaumen seine fulminante Mineralik und Spannung ausspielte – das Große Gewächs kann man für den vergleichsweise kleinen Preis von 26 Euro erstehen. Überhaupt merkt man, dass Theo Minges mit seiner Tochter Regine und Schwiegersohn Fritz Hohlreiter ein gut eingespieltes Team bildet. Die Kollektion bietet einige spannende Facetten wie die beiden auf der Maische vergorenen und im Tonneau ausgebauten »Wurzelfieber«-Weine vom Grauburgunder und Gewürztraminer. Bravo!

95 2021 Burrweiler Schäwer Riesling GG
Leichtes Goldgelb. Reifer Pfirsich mit würzigen Noten, kräutrig, mineralische, steinige Noten. Am Gaumen großzügig angelegt, auf saftig-weichem Hintergrund entwickeln sich schnell Würze, Spannung und eine Mineralik, die den Wein prägt und ihm Länge und Potenzial verleiht. Stark! 12,5 Vol.-%, NK, €€€

93+ 2021 Böchingen Rosenkranz Im untern Kreuz Weißburgunder GG
Fein verwobener Duft mit Mirabelle, Apfel und Aprikose, etwas Jasmintee, frische Himbeere und Mandeln. Verwandelt am Gaumen Spannung in ein weiches, saftiges Mundgefühl, schlanker, präziser Bau, kultivierte Säure, sehr feine Phenole und auch Tannine, mineralisch, gute Länge. 12,5 Vol.-%, NK, €€€

93 2021 Gleisweiler Hölle Unterer Faulenberg Riesling GG
Gepflegter, reifer Duft nach Steinobst, Pfirsich und dazu Mandarine, reife Zitrone, florale und steinige Noten. Am Gaumen mit viel Schwung und zitrischen Noten, die saftig überführen in feine Würze, mineralisch, feine Phenolik, dicht und auch vielschichtig. 12,5 Vol.-%, NK, €€€

92+ 2019 Böchingen Rosenkranz Zinkelerde Spätburgunder GG
Reife rote und dunkle Kirschen, feine balsamische Würze, Mandelkern, Lorbeerblatt, auch Blutorange. Zeigt Statur und Kraft am Gaumen, nicht gerade niedrig dotiert im Alkohol, aber balanciert. Kräftiger, noch jugendlicher Gerbstoff, gute Anlagen, die zur Entfaltung reifen können. 14 Vol.-%, NK, €€€

92 2020 »Wurzelfieber - TM« Gewürztraminer trocken

92 2021 Gleisweiler Hölle Im oberen Letten Riesling Erste Lage trocken

91+ 2021 Gleisweiler Hölle Riesling Erste Lage trocken

91 2021 »Kalkmergel« Chardonnay trocken

90+ 2021 »Muschelkalk« Grauburgunder tr.

92 2019 »Kalkmergel« Spätburgunder tr.

91+ 2019 Böchingen Rosenkranz Spätburgunder Erste Lage trocken

92+ 2020 »Wurzelfieber - TM« Grauburgunder trocken
Helles Ziegelrot. Hagebuttenmarmelade, Orangeat, warme, überraschend geschmeidige Anmutung, die feinen, aber auch gerbigen Phenole sind präsent. Lebendige Säure, zarte taktile Mineralik, trotz des kräftigen Körpers ein subtiles Geschöpf, das sich hin zur Feinheit entwickeln wird. 14 Vol.-%, NK, €€

★★★★

WEINGUT GEORG MOSBACHER

Weinstraße 27, 67147 Forst
T: +49 6326 329, info@georg-mosbacher.de
georg-mosbacher.de

Ab-Hof-Verkauf: Mo bis Fr 9–12 Uhr und 13.30–18 Uhr, Jan. bis März Sa 10–13 Uhr, Apr. bis Dez. Sa 10–16 Uhr
Kellermeister: Jürgen Düringer
Ansprechpartner: Sabine Mosbacher-Düringer
Hektar: 22 ha
Anbauweise: Bio

Sabine Mosbacher-Düringer und Jürgen Düringer stehen für Mittelhaardt-Klassik der besonders geerdeten Art. Die Rieslinge werden in der Regel im großen Holzfass ausgebaut und bewahren dabei eine phänomenale Frische, während sich ihre Aromatik verfeinert und öffnet. Unser diesjähriger Tipp stammt allerdings aus dem Edelstahl: Die Charakteristika der kühlen Deidesheimer Lage Paradiesgarten, am Waldrand in der Höhe gelegen, sollten so pur wie möglich in die Flasche kommen – und das ist großartig gelungen. Auch die anderen Weine überzeugen. Eine sympathische Adresse!

93 2021 Forst Ungeheuer Riesling GG

Archetypisch im Duft, Gelbfrucht, Noten von Buntsandstein, kandierte Orangenzesten. Im Mund hat der Wein eine straff gebündelte, saftige Spannung, auch eine Schicht terpenigöligen Extrakts, elegante Säure und sehr gute Länge. 12,5 Vol.-%, NK, €€€

92+ 2021 Wachenheim Gerümpel Riesling trocken

Reif- und gelbfruchtig im Duft, anfangs mineralisch, es folgen reifer Pfirsich, Limette, Aprikose, Weinbergpfirsich und Gesteinsmehl. Am Gaumen elegant, balancierte präzise Säure und feine reife Frucht, attraktive Kühle im langen Nachhall. Ein Wein mit Potenzial. 13 Vol.-%, NK, €€

92 2021 Forst Musenhang Riesling trocken

Im Duft präsentiert sich ein feiner sortentypischer und das Terroir repräsentierende Wein, Aromen von rotem Apfel, frischer Zitrone, gelbem Pfirsich und nassem Gestein. Am Gaumen reife zitrische Frucht, mineralische Würze, gute Säure, langer Nachhall. 12,5 Vol.-%, NK, €€

90 2021 »Vinothekenfüllung« Weißburgunder trocken

Glasklar. Ein Duft von junger Aprikose, Birne, gelbem Pfirsich, roher Mandel und Gesteinsmehl. Am Gaumen zeigt sich der Wein saftig mit angenehmer Säure, guter reifer Frucht, etwas Phenolik in einem noch schlanken Körper. Guter Abgang mit Trinkfluss. 13 Vol.-%, DV, €

91 2019 Wachenheim Goldbächel Spätburgunder trocken

92+ 2021 Deidesheim Paradiesgarten Riesling trocken

Zitronengelb in der Farbe. Im Duft fein und nuanciert, Aromen von Zitronenschale, gelbem Apfel, rosa Pfirsich und Gesteinsmehl. Am Gaumen mit viel Saftigkeit, dabei feine und präzise Frucht in einem eleganten Körper. Ein hochattraktiver Wein. 12 Vol.-%, DV, €€

★★★

WEINGUT EUGEN MÜLLER

Weinstraße 34a, 67147 Forst
T: +49 6326 330, kontakt@weingut-eugen-mueller.de
weingut-eugen-mueller.de

Ab-Hof-Verkauf: Mo bis Fr 8–12 Uhr und 13.30–18 Uhr
Kellermeister: Stephan Müller, Andreas Hammerstein und Alexander Rupp
Ansprechpartner: Stephan Müller
Flaschen/Hektar: 145.000 (90 % weiß, 10 % rot)/17 ha

Das Weingut Eugen Müller ist noch vergleichsweise jung: Stephan Müllers Großvater war Weinküfer, sein Vater gründete das Weingut. Mit einem Besitz von 40 Ar Kirchenstück, 50 Ar Jesuitengarten, anderthalb Hektar Pechstein und über zwei Hektar Ungeheuer kann die Familie aus dem Vollen schöpfen – und stellt dabei die Genießer auf die Probe: Welche Abfüllung wird zum Lieblingswein: das majestätische Kirchenstück oder der vor Würze überströmende Jesuitengarten? Zum Glück ist das kein striktes Entweder-oder, denn ein treues Abbild ihrer Herkunft geben diese Weine alle.

94 2020 »GL Réserve« Forst Kirchenstück Riesling trocken
Komplex in der Nase, mineralische Würze wie Salzstein, gelbe Früchte, Wiesenkräuter, Zitruszesten. Am Gaumen saftig, gehaltvoll und dennoch seidig, elegant. Reife Säurestruktur, tolle Mineralik, guter Extrakt, lang am Gaumen, mineralische Würze. Hat Reifepotenzial. 12,5 Vol.-%, NK, €€€

93+ 2021 »GL« Forst Kirchenstück Riesling trocken
Vielschichtige und duftige Nase, weiße Blüten, frische gelbe Früchte, Zitronenzesten, mineralische Noten. Am Gaumen mineralisch zupackend, lebendige Säure, angenehm herb, frisch, schlank im Körper, salzig, langer Nachhall. Hat Reifepotenzial. 13 Vol.-%, NK, €€€

93 2021 »Amphore« Riesling trocken
Vielschichtig in der Nase, Zitronenzesten, Wiesenkräuter, Kalkgestein. Am Gaumen saftig, mit Zug, reife Säurestruktur, tolle Mineralik, langer salziger Nachhall, feine Phenole, angenehm herb, sehr harmonischer Amphoren-Wein, trinkanimierend. 12,5 Vol.-%, NK, €€€

89+ 2021 »Alte Reben« Sauvignon Blanc trocken
Sortentypisch duftige Nase, Stachelbeeren, Maracuja, grüne Paprika. Am Gaumen saftig, gehaltvoll, cremiger Schmelz, gut integrierte Säurestruktur, feine Würze, schöne Länge. Ein hervorragender und vielseitiger Speisenbegleiter. 12,5 Vol.-%, €€

94+ 2021 »GL« Forst Jesuitengarten Riesling trocken
Saftiges Steinobst in der Nase, Pfirsich, Aprikosen, weiße Blüten, Jasminblüten, Wiesenkräuter. Am Gaumen saftig, elegant, ausgewogen, mineralische Würze, gut integrierte Säurestruktur, Kräuter, saftige Zitrone, enorm extraktreich, schöne mineralische Länge. Hat Reifepotenzial. 13 Vol.-%, NK, €€€

★★★★

WEINGUT MÜNZBERG

Böchinger Straße 51, 76829 Landau-Godramstein
T: +49 6341 60935, wein@weingut-muenzberg.de
weingut-muenzberg.de

Ab-Hof-Verkauf: Mo bis Fr 8–12 Uhr und 14–18 Uhr, Sa 10–15 Uhr
Kellermeister: Nico Keßler und Friedrich Keßler
Ansprechpartner: Gunter Keßler
Flaschen/Hektar: 120.000 (69 % weiß, 18 % rot, 5 % Rosé, 2 % süß, 6 % Schaumwein)/18 ha

Im vergangenen Jahr konnten wir dem namhaften Godramsteiner Weingut den vierten Stern verleihen, und dieses Jahr finden wir diese Einschätzung weitgehend bestätigt. Wahre Delikatessen sind die Spätburgunder aus dem Jahrgang 2019, die den guten Rotweinjahrgang nicht in Wucht und Fülle umgesetzt haben, sondern in Nuancenreichtum und Finesse. Die Weißweine des Jahrgangs 2021 zeigen sich noch recht jugendlich und mit einer Struktur, die das kühlere Klima dieses Jahres widerspiegelt. Sie werden schon bald sehr schöne Speisenbegleiter sein.

93+ 2019 Godramstein Münzberg Spätburgunder Schlangenpfiff GG
Fein in der Nase, Rote Johannisbeeren, Himbeeren, Minze, erdige Noten. Am Gaumen sehr elegant, feingliedrige Säure, feinkörniger Gerbstoff, rote Beeren, mineralische Würze, mittelkräftig im Körper. Hat Reifepotenzial. 13,5 Vol.-%, NK, €€€

93 2019 Godramstein Affolter Spätburgunder Erste Lage trocken
Duftige Nase, Himbeeren, Erdbeeren, dunkle Kirschen, Eukalyptus, Nelken, Milchschokolade. Am Gaumen saftig, lebendige reife Säure, feine Tannine, rote Früchte, mineralische Würze, mittelgewichtig im Körper, schöne Länge.
13,5 Vol.-%, NK, €€€

93 2021 Godramstein Stahlbühl Chardonnay Erste Lage trocken
Dezenter Rauch in der Nase, reife Ananas, Honigmelone, Zitronenmelisse, Kamille, Bourbonvanille, Karamell. Am Gaumen kraftvoll, cremig, saftig, gelbe Früchte, Bourbonvanille, Brioche, feine Phenolik, mineralische Würze, guter Säurezug. Hat Reifepotenzial. 13 Vol.-%, NK, €€€

93 2021 Godramstein Münzberg Weißer Burgunder Schlangenpfiff GG
Dezent in der Nase, gelbe Früchte, reife Ananas, Zitronenzesten, gelbe Blüten. Am Gaumen saftige Frucht, gut integrierte Säure, griffige Phenolik, taktil-mineralische Komponenten. Ein vielseitiger Speisenbegleiter. 13 Vol.-%, NK, €€€

92+ 2021 »Kalkmergel« Godramstein Chardonnay trocken

92 2021 Godramstein Ochsenloch Weißer Burgunder Erste Lage trocken

91+ 2021 »Kalkgestein« Godramstein Weißer Burgunder trocken

91 2021 Godramstein Schneckenberg Grauer Burgunder Erste Lage trocken

91 2019 »Kalkgestein« Godramstein Chardonnay trocken

90 2021 Weißer Burgunder trocken

90 2021 »Kalkmergel« Godramstein Grauer Burgunder trocken

91+ 2021 »Löß-Lehm« Godramstein Weißer Burgunder trocken
Duftige Nase, weiße Blüten, frische Aprikosen, Zitronen, Karamell, Wiesenkräuter, Heu, dezente Haselnuss. Am Gaumen cremiger Kern, lebendige feine Säurestruktur mit Zug, salzig im Nachhall, schöne Länge. Macht Lust auf ein zweites Glas. 13 Vol.-%, DV, €€

★★

WEINGUT MUSSLER

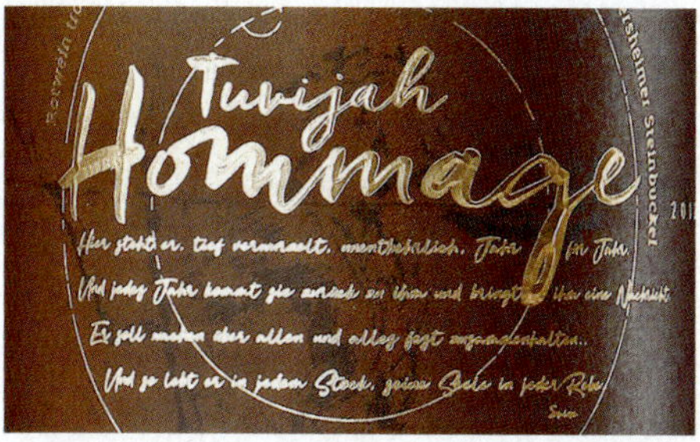

Am Goldberg 6, 67281 Bissersheim
T: +49 6359 2490, info@weingut-mussler.de
weingut-mussler.de

Ab-Hof-Verkauf: Mo bis Fr 8–12 Uhr und 13–18 Uhr, Sa 10–17 Uhr
Kellermeister: Steffen Mickley
Ansprechpartner: Sabine Mußler
Flaschen/Hektar: 667.000 (50 % weiß, 50 % rot)/55 ha

Tolle Spätburgunder bestimmen das aktuelle Programm dieses traditionsreichen Weinguts, das seit Jahren konstante Qualität liefert. Der Bissersheimer Goldberg bezauberte mit Vielfalt, Seidigkeit und Eleganz, der Laumersheimer Kirschgarten ist ein Versprechen für die Zukunft. Die verkosteten Weine sind jeder für sich eine eigene Persönlichkeit, da gibt es nichts, was sich an einem standardisierten Geschmack ausrichtet. Besonders auf den Sauvignon Blanc trifft das zu, der die eingefahrenen Gleise verlässt und eine selbstbewusste Interpretation dieser Rebsorte darstellt.

93 2019 Laumersheim Kirschgarten Spätburgunder trocken
Im Duft nach Kirsche. Im Mund regiert Saftigkeit das Programm: Zu Beginn zeigt sich eine schöne weiche Frucht mit Noten von Nougat, dann greifen die noch immer jugendlich-frischen Gerbstoffe, die dem Wein im Verbund mit der lebendigen Säure Struktur geben. Ein Wein mit Reifepotenzial. 12,5 Vol.-%, NK, €€€

92 2019 Bissersheim Goldberg Spätburgunder trocken
Kakaotöne in Duft und Geschmack, Sandelholz, Herbstblätter. Auf der Zunge Fruchtsüße und seidige Tannine, unterstützende Säure, frischfruchtiger Nachgeschmack mit pfeffriger Schlussnote. Passend zur Taubenbrust oder zu getrüffelten Schwarzwurzeln. 13 Vol.-%, NK, €€€

90 2018 »Tuvijah Hommage« Laumersheim Steinbuckel trocken ME/CF/CS
Opakes Dunkelrot. Im Duft nimmt man zunächst etwas Rumtopf wahr, Pflaume und rote Früchte. Zuerst weich auf der Zunge, sich langsam verbreiternd, dann treten straffe Tannine auf den Plan, der Abgang zeigt ein Aroma von Pralinen aus schwarzer Schokolade. 14,5 Vol.-%, NK, €€€

89 2019 Laumersheim Steinbuckel Cabernet Sauvignon trocken
Tiefdunkel mit hellem Rand. Etwas Menthol und Fichtennadeln im Duft. Deutlich süßer Auftakt am Gaumen, eher flache Säure, etwas adstringierende Tannine, dazwischen Sauerkirsche. Ein Wein, der nach kräftigen Speisen ruft, am besten vom Grill. 14 Vol.-%, NK, €€€

88 2021 Großkarlbach Riesling trocken

92 2021 Sauvignon Blanc trocken
Charmanter, geradezu sahniger Duft. Das Weingut hat der Versuchung widerstanden, einen fruchtbetonten Sauvignon Blanc wie alle anderen herzustellen, stattdessen schmeckt dieser cremig und weist Nuancen von Birne und weißem Pfirsich auf. 12,5 Vol.-%, DV, €

★★

WEINGUT NAUERTH-GNÄGY

Müllerstraße 5, 76889 Schweigen-Rechtenbach
T: +49 6342 919042, info@nauerth-gnaegy.de
nauerth-gnaegy.de
Ab-Hof-Verkauf: Sa 9–17 Uhr, Mo bis Fr nach Vereinbarung
Kellermeister: Michael Gnägy und Mareen Nauerth
Ansprechpartner: Nauerth-Gnägy
Flaschen/Hektar: 180.000 (58 % weiß, 30 % rot, 9 % Rosé, 3 % Schaumwein)/29.5 ha
Anbauweise: Bio

Mit großer Konstanz und Beharrlichkeit arbeiten Mareen Nauerth und Michael Gnägy, die beinahe 30 Hektar Weinberge biologisch bewirtschaften, die Charakteristik des einzigartigen Kalk-Terroirs der Schweigener Lagen heraus: Im Vordergrund – wie könnte es anders sein – stehen dabei natürlich die Burgunder-Sorten. Einige der Weine, wie den würzigen, substanzreichen Spätburgunder oder den kalkmineralisch geprägten Grauburgunder, sehen wir schon auf Drei-Sterne-Level. Und wir trauen es dem Weingut durchaus zu, den nächsten Schritt nach vorne zu machen.

90+ 2021 »ng.3« Schweigen-Rechtenbach Lorch Weißer Burgunder trocken
Würzige Aromen, grüner Apfel, Zitrus, Aprikose und puderiger Kalk, kräutrige und pfeffrige Noten, auch rauchig. Füllig, mit Schmelz und Würze und guter Spannung am Gaumen, die Kalkmineralik bildet im Kern das Rückgrat des Burgunders, entspannte Säure. 13 Vol.-%, DV, €€

90 2021 »ng.3« Schweigen-Rechtenbach Herrenwingert Chardonnay trocken
Holzwürze und auch Neuholz zeigen sich mit Popcorn, Melone, Pfirsich und Birne, kräutrig. Füllig und eher breit angelegt am Gaumen mit Saft, Würze und einer reifen, präsenten Säure, Aprikose, Zitrusfrucht, etwas Salz, grüne Walnuss, Konzentration in der Gaumenmitte. 13,5 Vol.-%, DV, €€

91+ 2017 Schweigen-Rechtenbach Eisenbart Spätburgunder trocken
Der Duft ist noch vom Holzausbau geprägt, viel Rauch, Räucherkammer, dunkle Kirschen, Wacholderbeeren, Unterholz. Strukturgeprägter Burgunder, der hinter der kräftigen, festen Struktur seine zukunftsorientierte Seite zeigt: kalkige Mineralik und markante Tannine. 13,5 Vol.-%, NK, €€€

90 2019 Schweigen Sonnenberg Merlot trocken
Blickdicht im Glas, am Rand leichte Aufhellung, schwarze Kirschen, Brombeeren, etwas Holunder, dunkle Schokolade, Holzwürze, Pfeffer. Weich, saftig und würzig am Gaumen mit guter Substanz und balancierender Säure, fleischiges Tannin, herbe, dunkle Schokolade. 14 Vol.-%, NK, €€

89+ 2021 »ng.2« Schweigen-Rechtenbach Gewürztraminer trocken

91 2021 »ng.3« Schweigen-Rechtenbach Pfarrwingert Grauer Burgunder trocken
Noch etwas hefig, kräutrig, etwas frischer Kümmel, schwarzer Sesam, nasser Kalk, Birne und Orangenschalen. Großzügig und füllig am Gaumen auf eine nuancierte Art, weicher Fond, reife Säure, etwas Restsüße, die gegen die Würze steht, die Kalkmineralik gewinnt. 13,5 Vol.-%, DV, €€

★★

WEINGUT NEHB

Im Auweg 44, 67269 Grünstadt-Asselheim
T: +49 6359 6437, info@weingut-nehb.de
weingut-nehb.de

Ab-Hof-Verkauf: Mo bis Sa 8–12 Uhr und 13–18 Uhr
Kellermeister: Sascha Nehb
Ansprechpartner: Sascha Nehb
Flaschen/Hektar: 133.000 (50 % weiß, 50 % rot)/15 ha

Die Etiketten von Sascha Nehb mit Engelsflügeln und Teufelshörnern sind immer wieder ein Blickfang, aber seine Weine bestehen auch locker ohne diese auffälligen Elemente: Die Weißweine zeigen Eleganz, klare Frucht und Harmonie, wie etwa der Graue Burgunder oder der Chardonnay. Die Rotweine aus 2018 mit massivem Tannin haben sich weiterentwickelt. Am besten gefällt uns aber der Schwarzriesling »Terrain calcaire« aus 2021 mit präziser Frucht, feinkörnigem Gerbstoff und Mineralik. Man sollte nicht lange überlegen bei den überaus fair kalkulierten Preisen!

89+ 2021 Grauer Burgunder trocken
Würzige Anklänge in der Nase, viel Sortentypizität mit Birne, Walnuss und Kräutern, auch karamellisierte Maronen. Zeigt sich am Gaumen weich und geschmeidig mit viel Saft, reifer, zurückhaltender Säure und präsenter Süße. Harmonisch abgestimmt und elegant. 12 Vol.-%, DV, €

89+ 2020 Chardonnay Spätlese trocken
Reife Zitrusfrucht in der Nase, Ananas, Maracuja, Aprikose und Birne, getrocknete gelbe Blüten, feine Würze. Saftig und mit süßer Frucht am Gaumen ansetzend, reife, kultivierte Säure, kräftiger, kompakter Bau. Elegante, nicht zu opulente Spätlese mit Stil. 13 Vol.-%, DV, €

89 2021 Blanc de Noir trocken
Riecht nach Himbeere und Walderdbeere, auch etwas Kirsche kommt dazu, florale und würzig Anklänge. Schlank gebaut mit guter Frische und präsenter Säure, klare Frucht, wieder Himbeere und Erdbeere, die Fruchtsüße sorgt für Geschmeidigkeit. Schöner Sommerwein. 11,5 Vol.-%, DV, €

90 2018 Dornfelder Barrique trocken
Schwarzkirsche, Aronia-Beere und Holunder, viel frische Frucht in der Nase, kräutrige Noten, feine Holzwürze. Kräftig gebaut am Gaumen, auch da steht die unverstellte Frucht weit vorne, markanter Gerbstoff, feine Restsüße, dezente Herbe hält dagegen. Passt. 13,5 Vol.-%, NK, €€

88+ 2018 Asselheim St. Stephan Cabernet Mitos trocken

90 2021 »Terrain calcaire« Schwarzriesling trocken
Beerige Nase nach Himbeeren, Brombeeren und Holunder, auch Holunderblüten und etwas Hagebutte. Auf weichem, samtigem Hintergrund zeigt sich wieder schöne, klare Frucht, gepflegter Gerbstoff, feine Säure, mineralisch, klar im Ausdruck, mittlerer Körper, elegant. 13 Vol.-%, NK, €

★★★

WEINGUT AM NIL

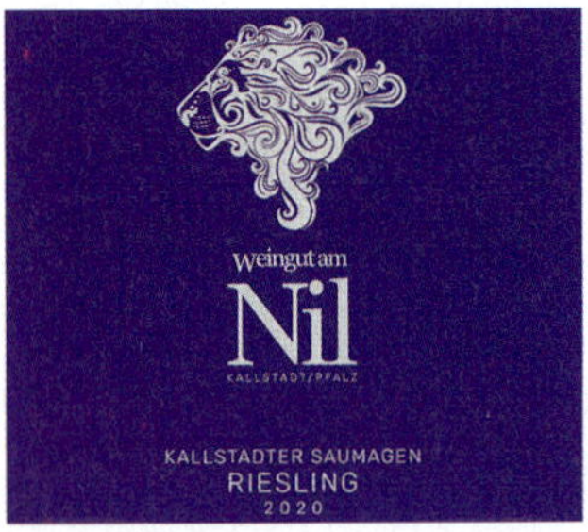

Neugasse 21, 67169 Kallstadt
T: +49 6322 95791000, info@weingutamnil.de
weingutamnil.de

Ab-Hof-Verkauf: Mo bis Fr 10–12 und 13–17 Uhr, Sa und So 12–18 Uhr
Kellermeister: Till Tempel
Ansprechpartner: Christine Ludt
Flaschen/Hektar: 320.000 (75 % weiß, 25 % rot)/32 ha

Mit Christine Ludt, die 2020 die Geschäftsführung übernahm, ist neuer Schwung im Weingut am Nil eingekehrt. Gemeinsam mit Till Tempel, der die Position des verantwortlichen Kellermeisters nach dem Weggang von Johannes Häge übernahm, soll das Potenzial der erstklassigen Lagen noch präziser herausgearbeitet werden: Allein im renommierten Kallstadter Saumagen hält das Weingut 3,8 Hektar Rebfläche. Die gestiegenen Ambitionen zeigen sich im kalkmineralischen Spätburgunder und den erstklassigen Rieslingen. Mit dem Weingut am Nil ist zu rechnen!

93 2020 Kallstadt Saumagen Riesling trocken
Eher verhalten im Duft, Apfel, etwas Zitrusfrucht, Pfirsich und Aprikose kommen dazu, Saumagen-Steinigkeit. Komplex am Gaumen, öffnet sich nuanciert in einer straffen Struktur mit geschmeidiger Säure und gutem Extrakt, die kalkige Mineralik setzt Akzente. 12,5 Vol.-%, NK, €€€

92 2020 Ungstein Weilberg Riesling trocken
Feiner Pfirsichduft, Aprikose, Kräuter, Apfel, auch rötliche Frucht, Himbeere, steinige Noten. Setzt saftig an am Gaumen mit kultivierter Säure und zunehmendem mineralischem Akzent, reife Phenole, würzig, kräutrig. Zeigt die Lage auf tiefgründige Art. 12,5 Vol.-%, NK, €€€

91+ 2020 Ungstein Herrenberg Riesling trocken
Zitrusfrucht, grüne Kiwi, Apfel, Papaya und steinige Anklänge. Am Gaumen mit ausgewogener Säure, cremig, zunehmende mineralische Spannung am mittleren Gaumen mit kräutrigen Noten, saftig, mit feinem Salz, das Terroir zeigt sich auf unaufdringliche Art. 12,5 Vol.-%, NK, €€€

92+ 2018 Kallstadt Saumagen Spätburgunder trocken
Feines Holz, Rauch, Kirsche und nasser Kalk im Duft, Kirschkern, auch florale Anklänge. Auf saftiger Grundlage entfaltet sich Substanz und Volumen, entspannt mit feiner Säure, Druck entsteht durch feinkörnigen, aber festen Gerbstoff, kalkmineralisch. Noch immer jung. 13,5 Vol.-%, NK, €€€

89+ 2021 Kallstadt Chardonnay trocken

90+ 2020 Kallstadt Riesling trocken
Feinwürzig, Pfirsich, Aprikose, Zitronenabrieb, Apfel und nasser Stein, auch etwas rauchig. Saftig am Gaumen in einer schlanken und kompakten Struktur, geschmeidiger Extrakt mit der ortstypischen Kalkmineralik, ausgewogene Säure, in sich stimmig. 12,5 Vol.-%, DV, €€

★★

WEINGUT OBERHOFER

Am Linsenberg 1, 67483 Edesheim
T: +49 6323 944911, info@weingutoberhofer.de
weingutoberhofer.de

Ab-Hof-Verkauf: Vinothek Di bis Fr 13–20 Uhr, Sa 12–20 Uhr, So 12–19 Uhr
Kellermeister: Pascal Oberhofer
Ansprechpartner: Pascal Oberhofer
Flaschen/Hektar: 25 ha
Anbauweise: Bio

Es sind grundsolide Weine, die Biowinzer Pascal Oberhofer aktuell im Angebot hat: Die Spätburgunder beweisen Feingefühl bei der Gerbstoff-Extraktion, sie haben eine schöne Frucht und ein Potenzial zur würzigen Entfaltung im Lauf der Flaschenreife. Der Chardonnay übertreibt es nicht mit dem Barrique-Einsatz und ist eher schlank gehalten, bei Tisch kann man ihn sich gut zu Fettfischen vorstellen oder zu vegetarischen Gerichten. Unser Tipp ist der Edesheim Forst Gewürztraminer: Der Jahrgang 2021 flankiert die aromatische Tiefe mit animierender Frische. Wunderbar!

90+ 2020 Edesheim Chardonnay trocken
Im Duft ist der Wein recht intensiv mit einer dominanten Note von süßem Popcorn und etwas Butter und Haselnuss im Hintergrund. Im Mund hat der Wein Saftigkeit und einen strammen Nerv, zarte Phenolik gibt dem alles in allem eher schlanken Bau Struktur und Volumen. 12,5 Vol.-%, NK, €€

92+ 2020 Edesheim Rosengarten Spätburgunder trocken
Himbeere und Neuholz im Duft, auch etwas Nougat und Harznoten. Am Gaumen zeigt sich ein feinkörniger, in der Menge vorsichtig extrahierter Gerbstoff, eine leichte Öligkeit grundiert, Saftigkeit leitet in den langen, salzig begleiteten Abgang. Elegant mit gutem Potenzial. 13 Vol.-%, NK, €€€

92 2019 Edesheim Kirchberg Spätburgunder trocken
Im Duft präsentes Neuholz, Süßkirsche, Zigarrenkiste, Himbeere. Im Mund hat der Wein viel Saftigkeit und einen reifen, leicht trockenen Gerbstoff, die kompakte, jugendlich wirkende Gaumenmitte integriert mineralische Komponenten und reife Säure. Hat Potenzial! 13 Vol.-%, NK, €€

89+ 2021 Riesling Kabinett
Feiner Duft nach reifen Zitrusfrüchten, etwas Mango und Papaya sind mit dabei, attraktiv und animierend, würzig unterlegt. Am Gaumen mit einer belebenden Säure, griffig, Zitrusaromen dominieren, zupackend, eher verhaltene Süße, toll zu pikanten Speisen. 8,5 Vol.-%, DV, €

89+ 2020 Edesheim Spätburgunder trocken

91 2021 Edesheim Forst Gewürztraminer trocken
Ein komplexes Duftbild: Rosenholz und Rosenwasser, Zitrone und Blutorange, sehr pur und klar. Im Mund hat der Wein kräftigen Extrakt und aromatische Tiefe, dazu kommen intensive mineralische Empfindungen und eine jahrgangstypische Säure, die dem Bau Spannung und Frische gibt. 12,5 Vol.-%, DV, €€

★★

WEINGUT KARL PFAFFMANN ERBEN

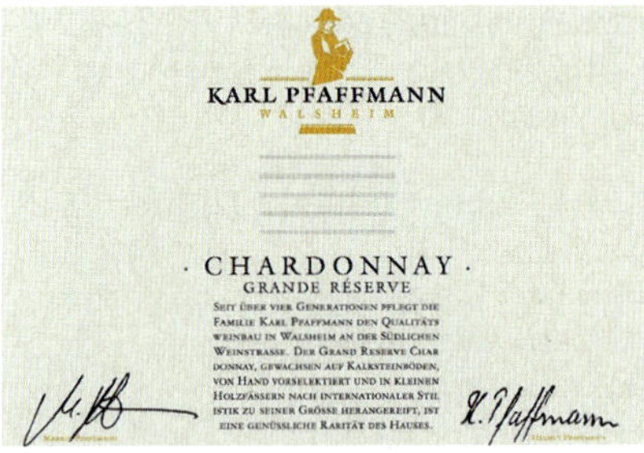

Allmendstraße 1, 76833 Walsheim
T: +49 6341 969130, info@karl-pfaffmann.de
karl-pfaffmann.de

Ab-Hof-Verkauf: Mo bis Fr 8–12 Uhr und 13–18 Uhr, Sa 10–16 Uhr
Kellermeister: Markus Pfaffmann
Ansprechpartner: Markus Pfaffmann
Flaschen/Hektar: 400.000 (75 % weiß, 25 % rot)/60 ha

Bei Markus Pfaffmann, der mit seiner Familie stattliche 60 Hektar Reben in bekannten Walsheimer, Knöringer und Nußdurfer Lagen anbaut, weiß man, was man bekommt: Wenn Weißburgunder oder Riesling auf dem Etikett steht, kann man sicher sein, dass der Wein die Vorzüge der Rebe in ihrer ganzen Typizität vorführt. Die »Grande Réserve«-Weine bringen Volumen und Substanz mit, eignen sich zur Reifung und zur kulinarischen Begleitung. Wer die Vinothek des Weinguts in Walsheim besucht, ist mittendrin im prallen Pfälzer Leben: natürlich mit einem vollen Glas Wein in der Hand.

91+ 2019 »Grande Réserve« Walsheim Silberberg Chardonnay trocken
Ein opulenter Duft nach Butter, Popcorn und reifer Gelbfrucht (Mirabelle, Aprikose). Im Mund hat der Wein Volumen und eine feine Geschmeidigkeit und dezente Süße, es entsteht geradezu ein Eindruck der Cremigkeit, mürbe Phenole und feine Säure tragen den kräftigen Bau.
13,5 Vol.-%, NK, €€€

91 2021 »Pauline Réserve« Grauburgunder tr.
Im Duft zeigt sich eine offene, beerige Frucht: kleine rote Beeren, Heidelbeeren, feuchter Sand, buttrige und nussige Noten. Im Mund hat der Wein einen kompakten, straffen Bau, kräftige Phenolik mit vitaler Säure. Sehr gutes Reifepotenzial. 13,5 Vol.-%, NK, €€

91+ 2018 »Lara Grande Réserve« Cabernet Sauvignon & Merlot trocken
Großzügige, reife Frucht, Cassis, Brombeeren und dunkle Kirschen, Preiselbeeren, ein wenig Blutorange, feuchte Erde, Tinte, Rauch. Mächtige und wuchtige Cuvée, die nicht mit ihren Reizen geizt, würzig, dicht, die Gerbstoffe sind reif und versprechen weitere Entwicklung. 14,5 Vol.-%, NK, €€€

91 2018 »Charlotte Grande Réserve« Walsheim Silberberg Pinot Noir trocken
Johannisbeere, Kirsche und Zwetschge, Holznoten, getrocknete Kräuter, Waldboden, gerösteter Kaffee. Auf weichem Fond geschmeidige Entfaltung mit süßlichem Extrakt, vollmundig, gut stützender Gerbstoff, mineralische Noten, Reserven zur weiteren Entwicklung. 13,5 Vol.-%, NK, €€€

90+ 2021 »Selection« Knöringen Hohenrain Weißburgunder trocken

91 2021 »Selection« Walsheim Silberberg Riesling trocken
Riecht nach gelbfleischigem Pfirsich und Orangenkonfitüre, nach Traubenzucker und Apfel. Im Mund hat der Wein die runde Fülle einer Spätlese, aber auch einen stoffigen, feinnervig unterlegten Kern, der Mastigkeit verhindert. Ein straffer, potenzialreicher Riesling. 13,5 Vol.-%, DV, €

★★★★

WEINGUT PFEFFINGEN

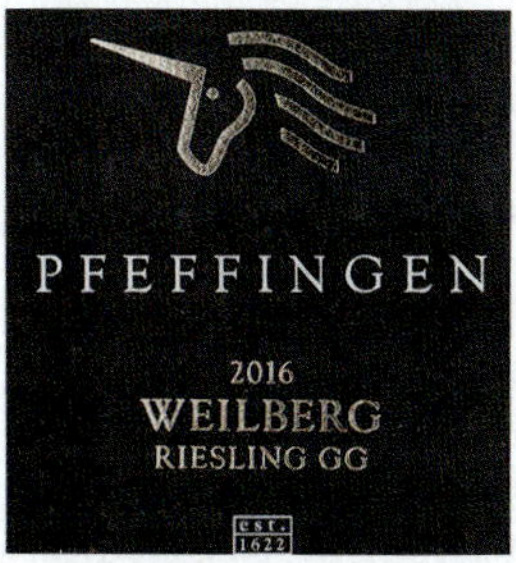

Pfeffingen 2, 67098 Bad Dürkheim
T: +49 6322 8607, info@pfeffingen.de
pfeffingen.de

Ab-Hof-Verkauf: Mo bis Fr 8–12 Uhr und 13–18 Uhr, Sa 9–12 und 13–16 Uhr
Kellermeister: Rainer Gabel
Ansprechpartner: Doris, Jan und Karin Eymael
Flaschen/Hektar: 133.000 (85 % weiß, 15 % rot)/17 ha

Ein Familienweingut mit Geschichte, die Familie baut seit rund 250 Jahren Pfälzer Weine an. Heute lassen Jan und Doris Eymael sowie ihr Kellermeister Rainer Gabel zeitgenössische Weine entstehen, schlank und rank, elegant und wohlbalanciert. Der Riesling vom Ungsteiner Herrenberg GG hat einen geradezu dramatischen Auftritt, sein bewundernswertes Pendant aus Weißem Burgunder wiederum ist der Inbegriff von Harmonie. Die Neuigkeit: Das Weingut produziert mittlerweile seinen eigenen Strom, Ladestation für Elektroautos inklusive.

93+ 2021 Ungstein Herrenberg Riesling GG
Zartes, jetzt schon hochdifferenziertes Bukett. Die Säure schießt wie ein Laserstrahl durch die ausgeglichene Aromenlandschaft: sehr schön, trotz aller Dramatik eine Erfrischung. Mit Sicherheit gutes Lagerpotenzial – man muss sich also beherrschen. 13,5 Vol.-%, NK, €€€

93 2021 Ungstein Herrenberg Weißburgunder GG
Zitronengelb mit grünen Reflexen. Zurückhaltender frisch-blumiger Duft. Ausgeglichener Geschmack, durchaus Extrakt, sanfte Säure, begleitet von einer Andeutung weißer Schokolade, sortentypisch und harmonisch. Ein Wein für das sprichwörtliche Mahl »Entr'amis«. 13,5 Vol.-%, NK, €€€

92 2021 Ungstein Weilberg Riesling GG
Aus einem Guss: blitzsauber, stahlig, mineralisch. Die Säure gibt dem Wein die Richtung, alle anderen Aromen schmiegen sich an, der Wein ist schlank und appetitanregend. Ideal zu frühlingshaften Vorspeisen oder zur Seezunge mit Krabbensauce. 13 Vol.-%, NK, €€€

91+ 2021 »SP« Ungstein Scheurebe trocken
Schönes Blond im Glas. Sehr aromatischer Duft, tropisch. Stoffig am Gaumen, konzentriert, die Tannine geben Struktur, der hohe Alkoholgehalt ist spürbar. Ein aromatischer Wein für ein Glas zur Begleitung eines Menügangs, vielleicht ähnlich einzusetzen wie ein Traminer. 14 Vol.-%, NK, €€

90 2020 »SP« Ungstein Spätburgunder trocken

93 2021 Ungstein Nussriegel Riesling Erste Lage trocken
Heu im Bukett, auch etwas Thymian, reicher Duft. Sehr harmonischer Geschmack, Säure und Süße schmiegen sich aneinander, auch die Frucht ordnet sich ein, anstatt hervorzustechen, alles perfekt integriert, langer Nachgeschmack. 12 Vol.-%, NK, €€

★★

WEINGUT REINHARDT

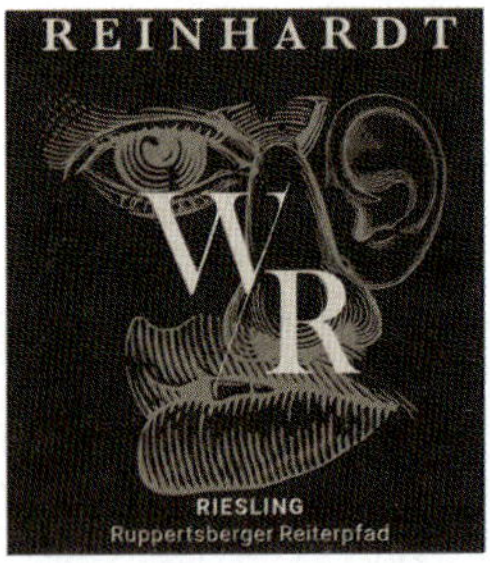

Hof am Deidesheimer Weg, 67152 Ruppertsberg
T: +49 6326 8372, info@weingut-reinhardt.de
weingut-reinhardt.de

Ab-Hof-Verkauf: Ja
Kellermeister: Lukas Reinhardt
Ansprechpartner: Lukas Reinhardt
Hektar: 17 ha
Anbauweise: Bio

»Wir sind die junge Generation!« Das ist der Slogan der Geschwister Anna und Lukas Reinhardt, die inzwischen im Weingut ihrer Eltern in Ruppertsberg den Takt vorgeben. Anna kümmert sich um Vertrieb und Kunden, Lukas um die 17 Hektar biologisch kultivierte Weinberge und den Keller. Die Schaumweine haben uns sehr gut gefallen, und uns fiel auch auf, wie behutsam die 2019er Rotweine extrahiert wurden. Bei Weinen wie dem mineralischen Riesling aus dem Deidesheimer Herrgottsacker zeichnet sich schon ein dritter Stern am Horizont ab. Dann mal weiter so, young generation!

92+ 2017 »Réserve« Chardonnay brut nature
Sattes, strahlendes Gold im Glas. Hefegeprägte Nase, Brioche, saftiger reifer Apfel, leichte Röstaromen. Am Gaumen saftig, würzig, reifer Apfel, Zitronenzesten, dunkle Brotkruste, stürmisches Mousseux, das sich schnell integriert, schöne reife Säurestruktur. 12 Vol.-%, NK, €€€

91+ 2020 Ruppertsberg Reiterpfad Riesling trocken
Leichtes Goldgelb, reife Fruchtnoten, Pfirsich, Apfel, Birne, Pomelo, auch Ananas und eine dezente Petrolnote. Setzt saftig und füllig an am Gaumen mit reifer, eng anliegender Säure, weicher Fond, auf dem sich Spannung entwickelt, mineralische Färbung, würziges Finish. 13 Vol.-%, NK, €€€

91+ 2019 Niederkirchen Schlossberg St. Laurent trocken
Schwarze Kirsche, Cassis, Zwetschge und Holunder in der fruchtigen Nase, etwas herbe Schokolade. Am Gaumen patent balanciert und aus einem Guss mit einer guten Dosis reifen Gerbstoffs, feiner, gut eingewobener Säure und gutem Extrakt, die saftige Fruchtdecke zieht sich bis zum Finale. 14 Vol.-%, NK, €€€

91+ 2019 Ruppertsberg Nußbien Spätburgunder trocken
Kirsche, Blaubeere und Himbeere mit feinem Rauch und etwas Holzkohle, auch Orangenschale und Tannennadeln. Kräftig gebaut am Gaumen, mit saftiger und geschmeidiger Entfaltung, weicher Fond, reife Säure, geschmolzener Gerbstoff, würzig und mineralisch, langer Nachhall. 13,5 Vol.-%, NK, €€€

91+ 2017 Rosé Prestige brut nature PN/WB

91 NV Riesling brut

91 2020 Deidesheim Nonnenstück Weißer Burgunder trocken

89+ 2021 »Fumé« Sauvignon Blanc trocken

89+ 2021 Deidesheim Weißer Burgunder tr.

89 2021 Deidesheim Riesling trocken

91 2020 »Pur« Riesling trocken

92 2020 Deidesheim Herrgottsacker Riesling trocken
Steinobst und Zitrusfrucht zunächst im Duft, Aprikose, Pfirsich, Guave und Limette, auch Apfel und leicht rauchige, mineralische Anklänge. Gut balancierter Herrgottsacker, der in Nuancen seine Facetten zeigt: Eleganz, filigran, mit Extrakt, Spannung und mineralischem Profil. 12,5 Vol.-%, NK, €€

★★

WEINGUT RINCK

Klingbachstraße 11, 76831 Heuchelheim-Klingen
T: +49 6349 8542, info@weingut-richard-rinck.de
weingut-richard-rinck.de

Ab-Hof-Verkauf: Mo bis Fr 9–12 Uhr und 14–18 Uhr, Sa 9–16 Uhr
Kellermeister: Niko Leonhard & Annette Rinck
Ansprechpartner: Niko Leonhard und Annette Rinck
Hektar: 13.5 ha

Es zählt zum Spannendsten im Weinjournalismus, die Entwicklung eines vielversprechenden Projekts zu beobachten und zu begleiten: Der junge Niko Leonhard, der das Weingut Rinck mit Annette Rinck in Heuchelheim-Klingen in der Südpfalz leitet, klettert auf der Qualitäts-Leiter weiter nach oben. Die puristisch ausgebauten Weine – darunter gleich zwei Sylvaner – überzeugen mit ihren inneren Werten, marktschreierische Attitüden sind ihnen fremd. Bei den Rotweinen sind die Gerbstoffe behutsamer und feiner extrahiert als zuvor, dafür vergeben wir gerne den zweiten Stern.

91+ 2021 Klingen Herrenpfad Riesling trocken
Pfirsich, Honigmelone und Aprikose mit würzigen Noten, etwas rauchiges Holz, Kräuter und auch Himbeeren. Gut und kompakt gebaut am Gaumen mit linearer, fester Kontur, saftig, gut tragende Säure, phenolische Anklänge, gute Spannung, mineralischer Hintergrund. 12,5 Vol.-%, DV, €€

90+ 2021 »Herdstein« Sylvaner trocken
Kräutrig-würzige Nase mit starken floralen Noten, etwas Hopfenblüten, Rauch, Apfelschalen, reifer Apfel und Birne. Frisch am Gaumen mit lebendiger Säure, auch etwas Kohlensäure, trocken ausgebaut, kräutrig, aufkommende Mineralik, gute Anlagen. Noch jugendlich. 12,5 Vol.-%, DV, €

90+ 2021 Mörzheim Pfaffenberg Weißburgunder trocken
Gelber Apfel, Birne und Aprikose in der kräftigen Nase mit Blüten und auch feinen rauchigen Noten. Stoffig, saftig und würzig am Gaumen in einer kräftig geformten Struktur, Aprikose und Mandarine, präsente, ausgewogene Säure, feine Salzigkeit, trocken ausgebaut. 13 Vol.-%, DV, €€

90+ 2020 »Tal« Portugieser trocken
Riecht nach Cassis, Himbeere und Kirsche, feiner Rauch und dezente Holzwürze, auch Pfeffer und Nelken. Mit schöner Würze und betont trocken am Gaumen, kräftige, klar konturierte Struktur, feinnervige Säureader, griffiger, noch jugendlicher Gerbstoff, endet pfeffrig. 13 Vol.-%, NK, €€

90 2020 Klingen Herrenpfad Spätburgunder trocken

90+ 2021 »Alte Reben« Sylvaner trocken
Etwas Holzwürze, feines rauchiges Ambiente, Birne, Melone, etwas geschnittener Kürbis, auch erdige Noten. Saftige Würze bestimmt den Gaumen, schlank gehaltener Bau, schöne Tiefgründigkeit und auch Mineralik, die reife Säure trägt ins würzige Finale. Viel Wein. 12,5 Vol.-%, DV, €

★★

SOPS DAMBACH

Hinterbergstraße 50, 67098 Bad Dürkheim
T: +49 6322 7909740, info@dambach-wein.de
dambach-wein.de

Ab-Hof-Verkauf: Ja
Kellermeister: Sven Ohlinger & Philipp Seeger
Ansprechpartner: Sven Ohlinger & Philipp Seeger
Flaschen/Hektar: 53.000 (72 % weiß, 14 % rot, 12 % Rosé, 2 % Schaumwein)/8 ha

Sven Ohlinger und Philipp Seeger, die einige Jahre die Kellerarbeit im Weingut Knipser verantworteten, gründeten zunächst ihr Garagenweingut SOPS, bevor sie das Weingut Dambach in Bad Dürkheim übernehmen konnten. Inzwischen bewirtschaften sie acht Hektar Rebfläche, die sich in Umstellung auf biologischen Weinbau befinden. Alles, was das Duo anfasst, hat Hand und Fuß: ob der auf Langlebigkeit hin vinifizierte Riesling Burgweg, der saftige Syrah oder – unsere Empfehlung – der beschwingte Riesling »vom Kalk«. Für dieses vielversprechende Debüt vergeben wir zwei Sterne!

92 2020 Großkarlbach Burgweg Riesling trocken

Zurückhaltend in der Primärfrucht, würzige Noten vom Fassausbau, etwas Stachelbeere, Johannisbeere, Apfel. Saftig und mit feiner Würze am Gaumen ansetzend, schlanke, fest verwobene Struktur mit präsenter, gut eingewobener Säure, dicht im Extrakt, mineralisch, gute Länge.
12,5 Vol.-%, NK, €€€

91+ 2020 Chardonnay trocken

Dezente Noten vom Barrique-Ausbau, Rauch, Birne, Aprikose und Mandarine, auch getrocknete Gartenkräuter. Setzt breit an am Gaumen, kräftig gebaut mit gutem Extrakt und geschmeidiger Fülle, frisch, trocken, ein wenig grüne Walnuss, mineralische Würze, gute Länge. 13,5 Vol.-%, NK, €€

92+ 2019 »Réserve« Spätburgunder trocken

Anfangs verschlossen im Duft, viel Hefe und kräftige Holzwürze, Tinte, getrocknete Kräuter, Blutorange, Rote Bete. Ist auch von seiner Substanz her auf Langlebigkeit hin vinifiziert, kräftiger Bau, dichter Extrakt, festes, hochwertiges Tannin, tragende Säure, lang, jung. 13 Vol.-%, NK, €€€

92 2020 Syrah trocken

In der Nase Schwarze Johannisbeere, Brombeere und Pflaume, feine Holzwürze, erdige Noten, kräutrig, Pfeffer. Saftig und kraftvoll am Gaumen mit würzig unterlegter reifer Frucht, die Fülle wird von einer präsenten Säure getragen, der Gerbstoff ist feinkörnig und präzise, gute Länge.
13 Vol.-%, NK, €€€

89+ 2021 Sauvignon Blanc

90 2021 »vom Kalk« Riesling trocken

Grüner Apfel und zitrische Noten in der Nase, Limettenschale, Mirabelle, feine Kräuter, Kreide, kalkige Noten. Beschwingt am Gaumen mit der lebendigen Säure des Jahres, die feine Fruchtsüße fügt sich gut ein, schlank gebaut, mit Zug, kalkmineralische Grundierung. 12 Vol.-%, DV, €€

★★

WEINGUT FAMILIE SAUER

Aublickstraße 1, 76829 Landau-Nussdorf
T: +49 6341 61175, info@weingut-sauer.com
weingut-sauer.de

Ab-Hof-Verkauf: Mo bis Fr 9–18 Uhr, Sa 10–17 Uhr
Kellermeister: Heiner Sauer und Felix Haertel
Ansprechpartner: Heiner Sauer
Flaschen/Hektar: 180.000 (70 % weiß, 30 % rot)/32 ha
Anbauweise: Bio

Heiner Sauer ist ein Pionier des biologischen Weinbaus: Seit 1987 wirtschaftet sein Familienweingut nach den strengen Bioland-Richtlinien. In dieser Zeit wuchs die Anbaufläche von 2,5 auf 32 Hektar. Bei der Vinifizierung arbeiten Heiner Sauer und Kellermeister Felix Haertel erfolgreich an der Spontangärung, 2020 sind fast alle Weine auf diese Weise entstanden. Ihre gute Kollektion zeigt fein ausgearbeitete, vielschichtige Sortentypen ohne vorlaute Töne. Eine Spezialität ist die historische, fast ausgestorbene Rebsorte »Grünfränkisch«.

91 2020 »Fumé« Sauvignon Blanc trocken
Sortentypisch, jedoch eher »leise« in der Nase, Maracuja, dezent nach Stachelbeere, dazu Cassis, nasses Gestein, leicht rauchig. Am Gaumen dicht, saftig, stoffig, guter Extrakt, gut eingebundene lebendige Säure, würzig, cremiger Kern, schöne Länge. 13,5 Vol.-%, DV, €€

90 2021 »Steinreich« Godramstein Münzberg Riesling trocken
Goldgelb im Glas. Reife Früchte in der Nase, Pfirsich, Aprikose, Golden-Delicious-Apfel. Am Gaumen ebenfalls saftige sonnenverwöhnte Frucht, gut integrierte erfrischende Säurestruktur, angenehm dezent bitter im Nachhall, unkompliziert, ausgewogen, lang am Gaumen. 12 Vol.-%, DV, €€

90 2020 Böchingen Rosenkranz Grünfränkisch trocken
Strahlendes Goldgelb im Glas. Leicht rauchig in der Nase, gelbe Früchte, laktische Noten, Zitronenbutter. Am Gaumen zeigt sich der Wein stoffig, mit saftiger Frucht, cremigem Schmelz, gut eingebundener Säure und feiner Würze. Sehr eigenständig! 13,5 Vol.-%, DV, €€

91 2020 Nußdorf Kaiserberg Spätburgunder trocken
Würzig in der Nase, leicht nach Grafit, dazu Sauerkirschen, reife Erdbeeren, Waldbeeren, Rote Bete, Unterholz, dunkle Schokolade. Am Gaumen kräftig, würzig, saftig, reifer Gerbstoff, gut integrierte Säure, schöne Länge. 14 Vol.-%, NK, €€

90+ 2020 Godramstein Münzberg Weißburgunder trocken
Goldgelb im Glas. Leicht rauchig in der Nase, saftige Nektarine, Zitronenbutter, gemahlene Haselnuss. Am Gaumen saftig, stoffig, Schmelz, lebendige reife Säure, schöne Würze, feine Phenolik, lang am Gaumen. 13,5 Vol.-%, DV, €€

★★★

WEINGUT KARL SCHAEFER

Weinstraße 30, 67098 Bad Dürkheim
T: +49 6322 2138, info@karl-schaefer.com
weingutschaefer.de

Kellermeister: Johann Seibt
Ansprechpartner: Dr. Job von Nell, Marianne von Nell
Hektar: 18 ha

Mit den Weinen des Bad Dürkheimer Weinguts waren wir auch dieses Jahr zufrieden: Marianne und Dr. Job von Nell halten gemeinsam mit ihrem Kellermeister Johann Seibt am geradlinigen, auf Reifevermögen (und Reifebedürftigkeit) hin konzipierten Stil fest. In der aktuellen Kollektion gehen die Spitzenlagen Pechstein und Weilberg voran, mit respektvollem Abstand folgen die anderen GGs. Und eine Erste Lage hängt sich den Großen Lagen an die Fersen: Die Lage Gerümpel aus Wachenheim ist unser Tipp – immerhin eine Nachbarlage des Pechsteins.

93+ 2020 Forst Pechstein Riesling GG
Im Duft zeigt sich beginnende Reife: etwas Karamell, Orangenblüte, Calendula. Im Mund ist der Wein salzig, mit guter Dichte und feiner, aber anhaltender Phenolik. Ein noch verschlossener und in sich gekehrter Wein mit gutem Potenzial. 12,5 Vol.-%, NK, €€€

93 2020 Ungstein Weilberg Riesling GG
Pfirsich, Netzmelone, Orangenschale und etwas Jasmin gehen einher mit Honig, Tabak und nassem Stein. Die Säure rahmt den Körper mit seiner leichten Cremigkeit und seiner attraktiven Stoffigkeit gut ein, sehr gute Länge mit einem feinen salzigen Finish.
12,5 Vol.-%, NK, €€€

92 2020 Ungstein Herrenberg Riesling GG
Limette, Zitrone, eine Spur von Blutorange, Grapefruit, würzige Mineralik. Kühl und frisch im Glas. Straff, mittlere Dichte, gute Länge, mineralisches Finish, elegant und unaufdringlich im Gesamtauftritt. Sehr guter Speisenbegleiter.
12,5 Vol.-%, NK, €€€

91+ 2020 Bad Dürkheim Michelsberg Riesling GG
Reife Frucht und Kräuterwürze im Einklang, Zitrone, Aprikosenschale, Honig, weiße Blüten, Wiesenblumen und Tabak, Safran und Kurkuma mit zunehmendem Luftkontakt. Stoffig am Gaumen mit gut eingebundener Säure, solide Länge mit salzigem Finish. 12,5 Vol.-%, NK, €€€

90+ 2020 Bad Dürkheim Fuchsmantel Riesling trocken

91 2020 Wachenheim Gerümpel Riesling trocken
Kühl und zugleich reif im Duft. Aromen von gelbem Apfel, Amalfi-Zitrone, Wiesenkräuter und Veilchen. Am Gaumen vielschichtig, feine saftige Frucht, reife, lebendige Säure, viel Extrakt und Schmelz, attraktiver, von Mineralik geprägter Nachhall. 12,5 Vol.-%, NK, €€

★

WEINGUT SCHERR

Karl-Stein-Straße 9, 76835 Hainfeld
T: +49 6323 3777, mail@weingut-scherr.de
weingut-scherr.de

Ab-Hof-Verkauf: Ja
Kellermeister: Andreas Scherr
Ansprechpartner: Andreas Scherr
Flaschen/Hektar: 333.000 (53 % weiß, 20 % rot, 30 % Rosé, 2 % süß, 5 % Schaumwein)/25 ha

»Unser Wein trägt die Signatur der Landschaft: offen und frisch, aber auch markant und nachhaltig«, sagt Familie Scherr, die sich seit 1782 dem Winzerhandwerk widmet. Einige der gut erhaltenen Eichenholzfässer sind über 170 Jahre alt und sind noch immer im Gewölbekeller im Einsatz. Heute bewirtschaftet Andreas Scherr mit seiner Frau Karin 25 Hektar am Haardtrand nach den Kriterien von FAIR'N GREEN. Aus der ausgewogenen Kollektion heben sich die »Prestige«-Weine ab – mit Struktur und Würze. Von diesem Weingut darf man noch einiges erwarten. Guter Einstand!

90+ 2020 »Prestige« Riesling trocken
Duftet nach reifem Pfirsich und Aprikose, auch Papaya und etwas Mango, feine Kräutrigkeit, auch etwas rauchige Holzwürze. Feste Struktur am Gaumen, gut eingewobene Gerbstoffe und reife Phenole, ausgewogene, stabile Säureader, leicht salzig, gut balanciert. 12,5 Vol.-%, DV, €€

90+ 2020 »Prestige« Chardonnay trocken
Blasses bis mittleres Goldgelb, getragener Duft nach reifer Birne und Melone, Walnuss, rauchige Würze vom Barrique-Ausbau. Breit angelegt am Gaumen mit guter Substanz und seidigem Extrakt, leichte Süße fügt sich ein, schöne Würze. Kann sich weiter entwickeln. 13 Vol.-%, DV, €€

89 2021 »vom Schiefer« Riesling feinherb
Kräutrige, schieferwürzige Noten mit gelbem Steinobst, Pfirsich und Aprikose. Frische ist die erste Empfindung im Mund, verbunden mit Saftigkeit, Schmelz und mineralischer Tönung. Die quirlige Säure übernimmt die Regie, die Süße fügt sich ein. 11,5 Vol.-%, DV, €

90 2019 »Prestige« Pinot Noir trocken
Blasses Purpur, saftige Kirschen im Duft mit dosierter Holzwürze, kräutrig, auch etwas Gewürznelken. Kräftig gebaut mit Substanz und einer präsenten Säure, kompetenter Holzeinsatz, eine passende Menge feinkörniger Tannine, vollmundig, gute Länge. 13,5 Vol.-%, NK, €€

88+ 2021 Grauer Burgunder trocken

88+ 2021 Sauvignon Blanc trocken

88 2021 Weißer Burgunder trocken

88+ 2021 Spätburgunder Rosé trocken

88+ 2021 Merlot Rosé trocken

89 2018 Spätburgunder trocken

88+ 2021 »Ida« Scheurebe Spätlese

89 2021 Scheurebe trocken
Stachelbeere, Johannisbeere, Aprikose und Maracuja in der frischen und fruchtigen Nase. Saftig, feine Würze am Gaumen, frische Gaumenfrucht und jahrgangstypische, lebendige Säure. Animierend, geradlinig, sauber vinifiziert, sortentypisch. 12,5 Vol.-%, DV, €

★

WEINGUT SCHLOSS JANSON

Schlossweg 8, 67278 Bockenheim an der Weinstraße
T: +49 6359 4148, info@schloss-janson.de
schloss-janson.de

Ab-Hof-Verkauf: Mi bis Fr 9–17 Uhr, Sa 10–17 Uhr, Juni bis Aug. So 12–18 Uhr
Kellermeister: Kurt Janson
Ansprechpartner: Kurt Janson
Flaschen/Hektar: 133.000 (60 % weiß, 20 % rot, 19 % Rosé, 1 % Schaumwein)/25 ha

Das junge Team auf dem alteingesessenen Familienbetrieb scheint uns das Sortiment sehr geschickt in etwas gewagtere und etwas konventionellere Kelterungen zu unterteilen. Aus der etwas »wilderen« Fraktion hat uns der vermutlich mit geringem Schwefeleinsatz erzeugte Auxerrois überzeugt, der völlig in sich zu ruhen scheint und den würzigen Charme der Sorte wie in einer feineren, transponierten Tonart zum Ausdruck bringt. Die konventionelleren Weine wie Riesling und Spätburgunder sind weit entfernt von 08/15-Geschmack – hier kann schon bald ein zweiter Stern erstrahlen.

91 2021 Bockenheim Riesling trocken
Duftige Nase, Pfirsichblüten, geriebene Zitronenschale, auch ein klein wenig Lavendel. Im Mund hat der Wein eine gute Substanz, ohne dabei fett zu werden, die straffe Säure gibt ihm Energie, gradewegs strebt er auf den pointierten, dezent phenolisch unterlegten Abgang zu. 12 Vol.-%, DV, €

89+ 2021 Bockenheim Sauvignon Blanc tr.
Rote Stachelbeere, Schwarze Johannisbeere, ein fruchtgetragener Duft. Im Mund zeigt der Wein Spannung und Saftigkeit, ein festes Säuregerüst und CO_2-Frische, die positive Adstringenz und die erfreulich trockene Abstimmung verleihen dem Wein Trinkanimation. 11,5 Vol.-%, DV, €

89+ 2021 Bockenheim Blanc de Noir Cabernet Sauvignon trocken
In der Farbe »Gris« mit orangetönigem Einschlag. Der Gaumen beginnt kohlensäurefrisch, baut Spannung auf (auch mineralische Spannung), endet mit pikantem Säurenerv, guter Stoffigkeit und einer ganz gut gereiften, Cabernet-beerigen Frucht. Ein knackiger Durstlöscher. 12 Vol.-%, DV, €

91+ 2020 »aus dem Vogelsang« Bockenheim Spätburgunder trocken
Rote Kirschfrucht im Duft, auch Pflaume, etwas balsamische Würze und rauchige Noten, Veilchen. Stoffig am Gaumen mit kräftiger Substanz und einer gewissen Wucht, bewahrt dabei aber auch seine Frische, hochwertiger Gerbstoff. Der »Vogelsang« hat noch was vor sich. 14 Vol.-%, NK, €€

89+ 2021 Bockenheim Chardonnay trocken

91 2021 Bockenheim Auxerrois trocken
Ein Touch von »Vin Nature« im Duft, Birnenkompott, Williams Christ, etwas Blütenhonig, Karamell. Im Mund wirkt der Wein leichtgewichtig im Alkohol, aber doch recht strukturiert, mit zarter Phenolik, reifer Säure, viel Saftigkeit zuletzt. Ungekünstelter Wein. 11,5 Vol.-%, DV, €

★

WEINGUT SCHWARZTRAUBER

Lauterbachstraße 20
67435 Neustadt an der Weinstraße
T: +49 6321 968561, weingut@schwarztrauber.com
schwarztrauber.com

Ab-Hof-Verkauf: Ja
Kellermeister: Gerhard Schwarztrauber
Ansprechpartner: Frauke Mohr
Flaschen/Hektar: 200.000/20 ha
Anbauweise: Bio

Die Weinmanufaktur Gerhard Schwarztrauber liegt, umgeben von Rebstöcken, zwischen Neustadt an der Weinstraße und Deidesheim an der Mittelhaardt. Gegründet wurde sie 1959 von Walter und Gerlinde Schwarztrauber, 1981 stieg Gerhard Schwarztrauber in den Betrieb ein. Als einer der ersten Winzer in der Pfalz verschrieb er sich dem ökologischen Weinbau, schon seit 1986 gehört das Weingut dem Verband Bioland an. Wir verkosteten eine Kollektion auf durchgehend hohem Niveau: Die Weinmanufaktur ist zum ersten Mal im Weinguide dabei und auf Anhieb eine große Bereicherung!

91 ❸ 2018 »Emily« Chardonnay brut
Feine Perlage, etwas Hefe in der Nase, Brioche, Apfelschale und Birne, kandierte Orangenschale, Haselnüsse. Im schlanken Format cremig ansetzend mit Schmelz und einer stabilen Säure, präsentes, angenehmes Mousseux, feine Herbe mit reifen zitrischen Noten. 11,5 Vol.-%, NK, €€€

93 2021 Haardt Herzog Riesling trocken
Der im Tonneau ausgebaute »Herzog« bietet eine noble pfirsich- und haselnussdominierte Nase. Große Ausgewogenheit am Gaumen, wiederum Pfirsich und Orange, deutlich pikanter in der Säurestruktur als der Kapellenberg. Ausgesprochen vielversprechend! 12,5 Vol.-%, NK, €€

90+ 2018 »Red Opium« trocken CF/ME
Würzige Cabernet-Nase mit Cassis, Kirsche und Pflaume, etwas Orangenschale, auch erdige Noten. Recht getragen am Gaumen mit guter Substanz und Kraft, auf weichem Fond zeigen sich Würze und reife Frucht, die geschmeidigen Gerbstoffe sind von hoher Güte. 13,5 Vol.-%, NK, €€€

90+ 2021 »Edition Papillon« Muscaris
Traubiges Parfüm in der Nase, Melone und ein deutlicher, leicht seifiger Rosenton. Sauber und ausgesprochen frischtraubig am Gaumen, in Verbindung mit der Fruchtsüße im oberen Kabinettbereich glaubt man fast, den unvergorenen Traubensaft zu trinken. Sehr reizvoll! 9,5 Vol.-%, DV, €

89 ❸ 2018 »Blanc de Blancs« extra trocken RR/MS

91+ 2021 Gimmeldingen Kapellenberg Riesling trocken

90+ 2021 »Edition Papillon« Chardonnay trocken

90 2021 »Edition Papillon« Mußbach Glockenzehnt Grauburgunder trocken

90 2021 »Edition Papillon« Gelber Muskateller halbtrocken

89 2021 »Edition Papillon« Auxerrois trocken

90 2018 Mußbach Glockenzehnt Blaufränkisch trocken

92+ 2021 Mußbach Eselshaut Chenin blanc trocken
Attraktive Nase, in der sich sortentypisch reifer Apfel und Zitronenschalen mit feinen Holzausbaunoten mischen. Am Gaumen schöne Dichte und Struktur, ausgewogen, nachhaltig, Quitte, Aprikose, Pikanz. Ein Wein mit Potenzial, der jetzt schon einiges zu bieten hat! 13 Vol.-%, NK, €€

★★★★

WEINGUT SECKINGER

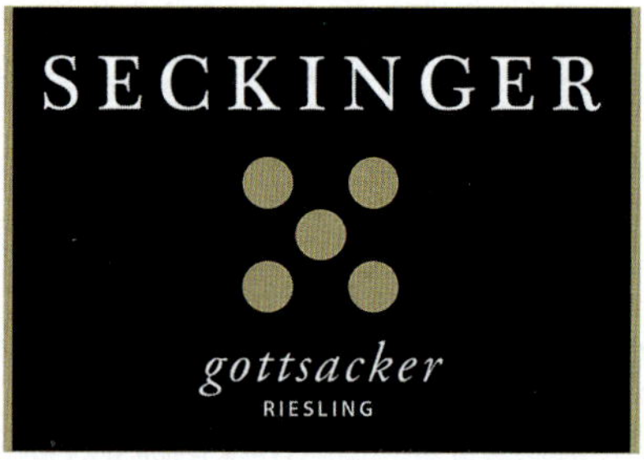

Hintergasse 26, 67150 Niederkirchen
T: +49 6326 980217, info@weingut-seckinger.de
weingut-seckinger.de

Ab-Hof-Verkauf: nach Vereinbarung
Kellermeister: Jonas Seckinger
Ansprechpartner: Philipp, Lukas und Jonas Seckinger
Flaschen/Hektar: 280.000 (90 % weiß, 10 % rot)/27 ha
Anbauweise: Bio

Auch wenn der Riesling »1 Tal«, dessen Aromatik schwer mit oxidativen Noten ringt, für kontroverse Diskussionen sorgte: Die Seckinger-Brüder haben eine fulminante Riesling-Kollektion aus 2020 vorgelegt, die sich nicht um Konventionen schert, es aber faustdick hinter den Ohren hat. Kellermeister Jonas Seckinger lebt dabei sein Faible für Naturwein aus, Primärfrucht ist für ihn ein entbehrliches Element in der Riesling-Formel. Dafür zeigen Weine wie »Wurzelecht« und der Langenmorgen sehr feine Phenolik, Spannung und enorme Mineralik. Dafür vergeben wir gerne den vierten Stern.

94 2020 »Wurzelecht« Deidesheim Kieselberg Riesling trocken

Gepflegte Spontangärung, feine Kräuter, Jasmintee, Mandeln, Birne, Birnenschalen und feine Hefe. Eine Balance am Gaumen, die Finesse, Komplexität und Mineralik zusammenführt, elegant wirkende Kraft, lebendig wirkende Tiefgründigkeit, sehr feine Phenolik, lang. 12,5 Vol.-%, NK, €€€€

94 2020 Deidesheim Langenmorgen Riesling trocken

Würzige, leicht rauchige Noten vom Holzausbau, Wacholderbeeren, Apfelschale und Apfel, Kumquats, getrockneter Rosmarin. Entfaltet eine Kraft und Spannung, die man beim ersten Probeschlückchen nicht vermuten würde. Gute Substanz, enorme Mineralik, kompromisslos und dabei elegant. 12,5 Vol.-%, NK, €€€

93 2020 Ruppertsberg Reiterpfad Riesling trocken

Leicht oxidativ in der Nase, Hefe und Kümmel, Aprikose und Hefegebäck, Apfel und rosa Ingwer, auch Anis. Zeigt sich zunächst entspannt am Gaumen, baut aber langsam Druck auf, feiner Saft, schöne Würze und phenolische Unterfütterung, mineralisch, auch pfeffrig. Jung. 12,5 Vol.-%, NK, €€€

93 2020 Königsbach Ölberg Riesling trocken

Im Duft Noten von reifer Zitrusfrucht, Orangenschale, Orangenöl, Quitte und Pfirsich, kräutrig und feiner Rauch. Setzt am Gaumen entspannt an mit gelbfruchtigen Noten, reife, tragende Säure, etwas Zitronensalz, mineralisch, feine, reife Phenolik, tiefgründig. 12,5 Vol.-%, NK, €€€

92+ 2020 Deidesheim In der oberen Petershöhle Riesling trocken

92+ 2020 »gottsacker« Deidesheim Herrgottsacker Riesling trocken

92+ 2020 Maikammer Kapellenberg Chardonnay trocken

92+ 2020 Deidesheim Paradiesgarten Weißburgunder trocken

92 2020 Deidesheim Am Kirchenberg Riesling trocken

91+ 2020 »Linse« Chardonnay trocken

89+ 2020 »1 Tal« Riesling trocken

91+ 2020 »R Pure« Chardonnay trocken

Um Frucht geht es hier nicht, viel Würze und Kräutrigkeit in der Nase, von Hopfen über Miso bis zu Sojasauce. Am Gaumen saftig, lebendig und linear, Quitte zeigt sich mit phenolischen Pixeln, die Säure belebt auch Phlegmatiker, feines Zitronensalz, das fließt. 12 Vol.-%, NK, €€

★★★

WEINGUT GEORG SIBEN ERBEN

Weinstraße 21, 67146 Deidesheim
T: +49 6326 989363, info@weingut-siben.de
weingut-siben.de

Ab-Hof-Verkauf: Di bis Sa 10–12 Uhr und 14–17 Uhr
Kellermeister: Andreas Siben
Ansprechpartner: Andreas und Nadine Siben
Flaschen/Hektar: 80.000 (95 % weiß, 5 % rot)/12 ha
Anbauweise: Bio

Zwölf trockene Rieslinge desselben Weinguts, nur von unterschiedlichen Lagen, sind schon eine Herausforderung für Verkoster. Tatsächlich aber zieht sich der Siben'sche Gutsstil durch die gesamte Kollektion. Tropisch reif, primärfruchtig oder gar banal ist hier nichts. Der Jahrgang 2021 betont stattdessen die pflanzlich-kräutrige Seite der Weine mit fester Struktur und viel Entwicklungspotenzial. Zum Glück fallen bereits die nominell kleinen Weine in diese Kategorie, so auch unser Tipp, der Riesling »Vom Kalk«. An der Spitze stehen Gainhübel und Ungeheuer, sie künden von ihren großen Terroirs.

93 2021 Deidesheim Grainhübel Riesling GG
Sehr zurückhaltend in der Nase, fast keine Primärfrucht, noble Eleganz. Am Gaumen deutlich reicher als der Langenmorgen, beginnende Gelbfruchtigkeit, keine spitze Säureanmutung. Der präzise Gutsstil gibt aber auch hier den Weg vor – sicheres Reifepotenzial. 12,5 Vol.-%, NK, €€€

93 2013 Deidesheim Grainhübel Riesling GG
Wohin die Reise der jung oft etwas strikten Siben-Weine gehen kann, zeigt das 2013er GG: intensiv kamilliges Gelb im Glas, etwas Petrol, vor allem aber viel reife Quitte in der Nase. Am Gaumen ideal entwickelt, ein wenig gelbe Mango und Kurkumawürze als Gegengewicht zur Riesling-Pikanz. 13 Vol.-%, NK, €€€

93 2021 Forst Ungeheuer Riesling GG
Der Gutsstil mit seiner straffen Zurückhaltung in der Nase prägt alle Weine enorm. In der Nase deutet das »Ungeheuer« etwas mehr Gelbfrucht an, wirkt dann aber vor allem am Gaumen nussiger, würziger als die Deidesheimer Kollegen. Schon jetzt weiter in der Entwicklung. 12,5 Vol.-%, NK, €€€

92+ 2021 Deidesheim Langenmorgen Riesling GG
Würze in der Nase, viel Anis, Kardamom, etwas Sellerie, definitiv kein Tropenriesling. Am Gaumen zeigt der Langenmorgen dann eine helle Frucht, grüner Apfel, Zitronenschale, viel Pikanz bei mittlerem Gewicht und einer schön gleitenden Materie. Braucht und verdient noch Zeit. 12,5 Vol.-%, NK, €€€

92 2021 Deidesheim Kieselberg Riesling GG

92 2021 Deidesheim Kalkofen Riesling GG

91+ 2021 Deidesheim Paradiesgarten Riesling Erste Lage trocken

91+ 2021 Ruppertsberg Reiterpfad Riesling Erste Lage trocken

91+ 2021 Deidesheim Leinhöhle Riesling Erste Lage trocken

91 2021 Deidesheim Herrgottsacker Riesling Erste Lage trocken

90+ 2021 »Vom Kiesel« Riesling trocken

90+ 2021 »Vom Kalk« Riesling trocken
Heller, saftiger, unmittelbar zugänglicher in der Nase als sein Pendant »Vom Kiesel«. Am Gaumen gibt es weiterhin viel Frucht, Apfel, Zitrone, harmonisch trocken. Ein Wein, der sich auch für große Schlucke eignet, aber dennoch mit einer pikanten Note endet. 12,5 Vol.-%, DV, €€

★★★

WEINGUT STERN

Hauptstraße 199, 76879 Hochstadt
T: +49 6347 700580, info@weingut-stern.de
weingut-stern.de

Ab-Hof-Verkauf: Mo bis Fr 9.30–12 und 13.30–18 Uhr, Sa 10–16 Uhr
Kellermeister: Dominic Stern
Ansprechpartner: Dominic und Anne-Sophie Stern
Flaschen/Hektar: 133.000 (40 % weiß, 30 % rot, 10 % Rosé, 10 % süß, 10 % Schaumwein)/12 ha

Dominic Stern führt das zwölf Hektar große Weingut konsequent mit dem Anspruch, exzellente Weine zu keltern und das Terroir optimal zu nutzen. Exemplarisch steht dafür das 2021er Forster Ungeheuer: Der Riesling ist voller Spannung und Dichte und verfügt über großes Potenzial. Aber auch die charmanten, druckvollen Chardonnays haben uns überzeugt, sie glänzen als vortreffliche Speisenbegleiter. Insgesamt macht die Kollektion einen erstklassigen Eindruck, und es gilt, was wir bereits vergangenes Mal bemerkt haben: Dominic Stern ist noch einiges zuzutrauen.

93 2021 Forst Ungeheuer Riesling * trocken**
Blass in der Farbe. Komplexer Duft mit feiner Mineralik, nasser Stein, Passionsfrucht, Ananas, Limette, grüner Apfel und Sternanis, vielschichtig. Am Gaumen von einer markanten Säure getragen, voller Spannung, feine Phenolik, geprägt von mineralischen Noten. Viel Potenzial. 12,5 Vol.-%, DV, €€€

92 2021 Hochstadt Weidenberg Chardonnay * trocken**
Blasses Goldgelb. Im Duft Quitte, Sternfrucht, Bourbonvanille und Limettenschalen, attraktiv. Am Gaumen dicht und fein strukturiert, rauchige Aromen, etwas Mandel, Birne, lebendige Säure. Ein Wein mit Extrakt und Konzentration, der von Lagerung profitieren wird. 13 Vol.-%, DV, €€€

91+ 2019 Deidesheim Kieselberg Riesling * trocken**
Duft nach Pfirsich, Limette und grünem Apfel, dazu attraktive Kräuterwürze sowie eine aparte Mineralik. Am Gaumen zeigt der Wein Kraft und Saft, Zitrusaromen dominieren, guter Säurezug, insgesamt griffig. Ein Wein mit Spannung und Charakter, toll zum Essen. 12,5 Vol.-%, DV, €€€

91 2021 »Réserve« Chardonnay trocken ***
Attraktiver Duft nach Limettenschalen, Ananas, reifem Apfel und etwas Vanille, zarter Rauch. Am Gaumen reife helle Früchte, dazu Mandeln und verhaltene Röstaromen. Gut strukturierter Chardonnay, wird von feiner Säure getragen, idealer Speisenbegleiter. 13 Vol.-%, DV, €€

91 2021 Ruppertsberg Reiterpfad Riesling trocken

90 2021 Zeiskam Klostergarten Riesling trocken ***
Duft nach sortentypischen Aromen wie Zitrone, Aprikose, Pfirsich und nassem Stein, offen und einladend. Am Gaumen von einer lebendigen Säure getragen, Aromen von Grapefruit und Ananas, Basilikum und Minze sind auch dabei. Saftig und gut strukturiert, schöner Nachhall. 12,5 Vol.-%, DV, €€

★

WEINGUT STURM ILBESHEIM

Hauptstraße 6, 76831 Ilbesheim bei Landau in der Pfalz
T: +49 6349 9966817
info@weingut-sturm-ilbesheim.de
weingut-sturm-ilbesheim.de

Ab-Hof-Verkauf: Ja
Kellermeister: Sabrina Sandt
Ansprechpartner: Sabrina Sandt
Hektar: 20 ha

Haben Sie schon mal etwas vom Weißen Lagler oder Schwarzurban gehört? Das Weingut Sturm in Ilbesheim hat sich auf historische Rebsorten spezialisiert, die im Versuchsanbau kultiviert werden. Das klingt ein wenig nach Improvisation und: Wir schauen mal, wie es läuft. Hier aber steht ein absolut stimmiges Konzept dahinter, Kellermeisterin Sabrina Sandt überrascht auch mit ungewöhnlichen Ideen: Der Rote Veltliner »S« wurde in Eiche, Akazienholz und in einer original georgischen Quevri ausgebaut. Eine spannende Bereicherung für den Weinguide!

92 2021 »S« Roter Veltliner trocken
Rauchig, Birnenschale, getrocknete Aprikose, leicht grünliche Bananenschale, etwas Anis. Schlank im Format, reich an Inhalt: füllig und vollmundig am Gaumen, ohne satt zu machen, saftig, schöne Würze, etwas Tanningrip, reife Phenole, mineralisch. Ungewöhnlich. 11,5 Vol.-%, DV, €€€

91 2021 Weißer Lagler trocken
Zitrische Anklänge, rosa Grapefruit, süßlich-säuerlich, Guave, Limette, auch Honigmelone. Saftige Würze prägt den Gaumen, gut dosierte Stoffigkeit und Cremigkeit, reife, gut tragende Säure, pfeffrig, phenolischer Grip, bleibt lange am Gaumen. Spannend. 11,5 Vol.-%, DV, €€

89+ 2021 Roter Veltliner trocken
Reife Birne, Honigmelone, Orangenschale, Nelken, auch etwas Rauch im Duft, frisch gestoßene Wacholderbeeren. Setzt saftig und geschmeidig am Gaumen an, gut dosierte Fülle, reife, kultivierte Säure, Würze und Grip sorgen für Profil, klingt mit zitrischen Noten aus. 12 Vol.-%, DV, €€

89+ 2021 »Sonnenrot« Spätburgunder trocken
Herzkirschen in der fruchtbestimmten, klaren Nase, Himbeeren und Walderdbeeren, Mandelkern. Die Frucht steht auch am Gaumen im Mittelpunkt, kein Holzeinsatz, frisch und zugänglich mit feinkörnigem Gerbstoff in eher geringer Dosierung. Saftig, trocken, ungekünstelt. 12,5 Vol.-%, DV, €

88+ 2021 »Sommersonne« Rosé trocken SL/DF

90 2021 Schwarzurban Rosé trocken
Rote Kirschen, Himbeeren und Walderdbeeren, Kräutergarten, Rosenblätter und Veilchenpastillen. Kompakt strukturiert am Gaumen, auffällig sind die präsenten Gerbstoffe, die für feinen Grip sorgen. Saftig, präsente Säure, betont trocken, feine, aparte Herbe. 12 Vol.-%, DV, €€

★

WEINGUT PETER STÜBINGER

Hauptstraße 12, 76829 Leinsweiler
T: +49 6345 1572, info@weingut-stuebinger.de
weingut-stuebinger.de

Ab-Hof-Verkauf: nach Vereinbarung
Kellermeister: Peter Stübinger
Ansprechpartner: Peter Stübinger
Hektar: 19 ha

Wir sind erneut erstaunt darüber, wie viel Wein man für sein Geld im 19-Hektar-Weingut Peter Stübinger bekommt: Die Preise sind äußerst konsumentenfreundlich kalkuliert. Wir hatten Freude am »Muskateller Sekt« mit einem schönen Süße-Säure-Spiel, der Weißburgunder aus dem Ilbesheimer Sonnenberg zeigt Profil und mineralische Würze, der Riesling »Kalkstein« Saft, Schmelz und feine Salzigkeit. Der Merlot Rosé ist ein gehaltvoller Vertreter seiner Kategorie und zum Essen eine Wucht – unser Tipp. Der zweite Stern scheint so nicht mehr weit entfernt zu sein.

90+ 2020 Muskateller Sekt trocken

Reife Aprikose, Papaya, Apfel und Muskatblüten, auch etwas rauchige Würze kommt dazu. Am Gaumen nimmt die selbstbewusste Säure die fruchtgetragene Süße gut auf, feines Mousseux, wirkt trotz der schlanken Statur gehaltvoll und üppig – und bleibt dabei frisch. 11,5 Vol.-%, NK, €€

91 2021 Ilbesheim Sonnenberg Weißburgunder trocken

Jugendlich verschlossen im Duft, helle Blüten, Apfel, Mirabelle, Gartenkräuter, nussige Aromen, Rauch. Kompakter Bau, saftig und mit feiner Herbe, mineralische Würze, fest eingewobene Säure, trocken in der Anmutung, kräftige Phenole, gut proportioniert. Noch jung. 13 Vol.-%, DV, €

90 2020 »Kalkstein« Riesling trocken

Reife Gelbfrucht wie Pfirsich und Aprikose, gedörrte Mangospalten, Orangenblüten und Orangenschale, leicht rauchig. Setzt am Gaumen geschmeidig an mit Saft und Schmelz, die feste Säureader bringt Frische, kalkmineralisch unterlegt, salzige Noten. Viel Wein fürs Geld. 12,5 Vol.-%, DV, €

89+ 2021 Sauvignon Blanc trocken

Zartes Goldgelb, intensiver Duft nach Cassis, Stachelbeeren und reifer Mango, auch feine Würze, etwas grüne Paprika. Hält am Gaumen die Balance zwischen saftiger Fülle und frischer Würze. Kompakter Bau, präsente Säure, feine Salzigkeit, etwas Salzzitrone. 12,5 Vol.-%, DV, €

88+ 2021 Ilbesheim Weißburgunder trocken

90 2021 Merlot Rosé trocken

Mittleres Lachsrosa mit Orangetönen. Etwas Rosenblätter, Veilchen und Hagebutte, auch gelbfruchtig, Aprikose. Gehaltvoller und stoffiger Rosé, der nicht in die Kategorie Sommerwein fällt, frische Säure, feine Herbe und Tannine sorgen für Profil. Gerne zum Essen. 13 Vol.-%, DV, €

★

WEINGUT ULLRICH

Schäfergasse 25, 76889 Pleisweiler-Oberhofen
T: +49 6343 2312, post@weingut-ullrich.de
weingut-ullrich.de

Ab-Hof-Verkauf: Ja
Kellermeister: Alexander Ullrich Friedrich
Ansprechpartner: Evi Ullrich-Friedrich
Flaschen/Hektar: 67.000 (65 % weiß, 20 % rot, 10 % Rosé, 5 % Schaumwein)/8.5 ha
Anbauweise: Bio

Dass bei unserer Verkostung der alkoholfreie Schaumwein »Fly Dry« die Bestnote eingefahren hat, soll nicht bedeuten, dass die anderen Weine durchgefallen wären. Es ist lediglich ein Argument dafür, dass alkoholfreie Alternativen an Bedeutung gewinnen und dass Evi Ullrich-Friedrich und ihr Sohn Alexander Ullrich-Friedrich ihr Handwerk auch in diesem Segment verstehen. Das Winzerduo bewirtschaftet 8,5 Hektar Weinberge biologisch, die Weine zeigen Frische und Frucht zum fairen Preis. Schön, dass Bukettsorten wie Gewürztraminer und Gelber Muskateller einen hohen Stellenwert besitzen!

90 2021 »Fly Dry« MT/GM
Ein recht kräftiger Muskatduft entströmt dem Glas, dazu Noten von Lavendel, aber auch Ananas. Im Mund hat das »schäumende Getränk aus alkoholfreiem Wein« eine gute Säure und ein nicht im Übermaß süßes Gegengewicht, ein intensives, aber nicht grobes Mousseux, eine recht kohärente Gaumenstruktur mit guter Länge. Ganz erwachsen! DIAM, €€

89 2021 Sauvignon Blanc trocken
Sortentypischer Duft nach Schwarzen Johannisbeeren, reifer Mango und Pfirsich, dazu würzige Noten, steht auf der gelben Seite der Sauvignon-Aromatik. Klar, saftig und mit schönem Trinkfluss am Gaumen, feine Würze, die lebendige Säure trägt bis ins fruchtige Finale. 12 Vol.-%, DV, €

88+ 2021 Roter Riesling feinherb
Reifer Pfirsich und roter Apfel im fruchtigen Duft, florale, würzige Noten, Blattwerk, auch etwas frisch gestossene Wacholderbeere. Geschmeidig und stoffig am Gaumen mit reifer Säure und Fruchtsüße, die etwas die Oberhand gewinnt. Harmonisch abgerundet. 13 Vol.-%, DV, €

88+ 2020 Spätburgunder trocken
Reife Erdbeere und Himbeere in der fruchtigen Nase, rote Kirsche und feiner Rauch kommen dazu, getrocknete Kräuter. Zugänglicher Spätburgunder mit süßlicher Gaumenfrucht und ausgewogener Säure, mittelgewichtig im Extrakt, nicht zu komplex, mit kulinarischer Eignung. 12 Vol.-%, DV, €

88+ 2021 Gewürztraminer trocken

89 2021 Gelber Muskateller feinherb
Muskatblüten mit Passionsfrucht und auch Mango in der fruchtigen Nase, etwas Kardamom tritt auf, feiner gelber Curry. Beschwingt am Gaumen mit lebendiger Säure, die sich gut versteht mit der saftigen Fruchtsüße, klar im Ausdruck, animierend, leicht salzig. 12 Vol.-%, DV, €

★

VIERMORGEN

Hauptstraße 36a, 76889 Niederhorbach
T: +49 173 9939406, info@viermorgen-wein.de
viermorgen-wein.de

Ab-Hof-Verkauf: nach Vereinbarung
Kellermeister: Dr. Boris Peter
Ansprechpartner: Axel Becht und Dr. Boris Peter
Flaschen/Hektar: 10.000/1.4 ha

Im kleinen Pfälzer Weindorf Niederhorbach betreiben die beiden »Schrägeinsteiger« Axel Becht und Dr. Boris Peter ihre Weinkooperative Viermorgen mit einer Rebfläche, die sie »in ungefähr vier Minuten umrunden« können. Während der frische, würzige Liter-Riesling zum sofortigen Trinken und Vespern animiert, brauchen die anderen Weißweine aus 2021 noch ein wenig, bis sich Säure und Restsüße verbunden haben. Die beiden Rotweine aus 2019 und 2018 imponieren mit Substanz und Kraft: Der Shiraz sei »Heavy Metal am Gaumen«, schwärmte einer unserer Verkoster.

89+ 2021 »Weißburgunder 500« trocken
Würze vom 500-Liter-Holzfass, helle Blüten, Apfel, Aprikose und nussige Aromen, getrocknete Kräuter. Wirkt noch jugendlich, die Elemente am Gaumen werden noch besser zusammenfinden, die frische Säure sich noch weiter ein- und mit der Fruchtsüße verbinden. 13 Vol.-%, DV, €

89 2021 »Chardonnay 500« trocken
Die Frucht steht noch ein wenig hinter der Holzaromatik zurück, Melone, Mais, Birne und Trockenkräuter. Braucht noch Zeit, um seine Stärken auszuspielen, im Moment treffen eine frische Säure und eine merkliche Restsüße aufeinander, saftige Frucht, stimmige Textur. Abwarten!
13 Vol.-%, DV, €

89 2021 Rose feinherb CF/SY/ME
Kräftig in der Nase mit Noten von Schwarzen Johannisbeeren, Waldhimbeeren und roten Kirschen, auch Aprikose, florale Würze. Die feinen Gerbstoffe treffen am Gaumen auf eine selbstbewusste Säure, die von weicher Fruchtsüße ummantelt wird, die saftige Frucht führt bis ins Finale.
11,5 Vol.-%, DV, €

90 2019 »Cuvée No.1« trocken SY/CF/ME
Reife dunkle Frucht, Brombeere, Cassis, schwarze Kirsche, auch etwas herbe Schokolade und Maulbeere. Am Gaumen stoffig, mit Frucht und feiner Herbe, dazu lebendige Fruchtsäure, gut eingearbeitetes Tannin, etwas dunkle, herbe Schokolade, Blutorange, würzig. 13,5 Vol.-%, DV, €€

88 2021 Riesling Liter trocken

90+ 2018 Shiraz trocken
Kräftige, üppige Nase mit viel reifer dunkler Frucht, Cassis und Brombeere, geröstete Kaffeebohnen, herbe dunkle Schokolade und Leder. Im Mund voluminös und mit Kraft, stämmige Gerbstoffe, viel Substanz, die sich entfaltet: Heavy Metal am Gaumen! 13,5 Vol.-%, NK, €€

★★

WEINGUT VILLA HOCHDÖRFFER

Lindenbergstraße 79, 76829 Landau in der Pfalz
T: +49 6341 649630, info@weingut-villa.de
weingut-villa.de

Ab-Hof-Verkauf: Mo bis Sa 8–12 Uhr und 14–18.30 Uhr, So 9–12 Uhr
Kellermeister: David Hochdörffer
Ansprechpartner: Lieselotte Hahn-Hochdörffer
Hektar: 45 ha

Lieselotte und Hans Hochdörffer haben ihren kleinen Nebenerwerbsbetrieb im Laufe der Jahre in ein großes Weingut mit 45 Hektar ausgebaut. Mittlerweile ist Sohn David Hochdörffer für die Vinifizierung verantwortlich. »Weine mit Ecken und Kanten, richtige Charaktere« will er machen. Und es gelingt: Seine 2019er Cuvée »Applaus, Applaus« hat 2021 die Falstaff Trophy für Rotweincuvées gewonnen. Wie seine Eltern experimentiert der Jungwinzer mit Caberet und Syrah. Seine Weißen und Grauen Burgunder empfehlen sich als elegante Speisenbegleiter.

90+ 2020 Nußdorf Kaiserberg Weißer Burgunder trocken
In der Nase saftige Äpfel, Honigmelonen, Aprikosen, Zitronenbutter, Wiesenkräuter. Am Gaumen cremiger Schmelz, saftige Frucht, gut integrierte Säure, dezent mineralische Würze, im Nachhall angenehm herb, Grapefruit. 13,5 Vol.-%, DV, €€

90+ 2018 Nußdorf Kirchenstück Grauer Burgunder trocken
Tiefes Goldgelb. In der Nase reife Ananas, Mango, Kamille, getrocknete Kräuter, Holzwürze, Vanille, Röstnoten. Am Gaumen gehaltvoll, dicht, saftige reife Früchte, Aprikosen, Mango, Ananas, Schmelz, gut integrierte Säure, Würze, langer Nachhall. Ein guter Speisenbegleiter. 14 Vol.-%, DV, €€

94 2019 »Applaus, Applaus« Cuvée trocken CI/ME/PN
Würzig in der Nase, Pfeffer, Kardamom, Schwarze Johannisbeeren, Brombeeren, dunkle Pflaumen, Tabak. Am Gaumen mineralische Würze, frisch, lebendige reife Säure, satte Gaumenfrucht, samtiges Tannin. Sehr gelungene Assemblage. 14 Vol.-%, NK, €€€

92 2019 Nußdorf Kaiserberg Spätburgunder trocken
Amarenakirsche in der Nase, Pflaumen, Nelken, Fichtennadeln, ätherische Noten. Am Gaumen kraftvoll, kerniger Gerbstoff, gut integrierte Säure, mittlerer Extrakt, dezent in der Frucht, schöne Länge. Hat Reifepotenzial. 13 Vol.-%, NK, €€€

90 2021 Godramstein Münzberg Chardonnay trocken

89 2020 »Muschelkalk« Chardonnay trocken

89 2021 »Löß« Weißer Burgunder trocken

89 2021 »Letten« Sauvignon Blanc trocken

89 2021 »Löß« Grauer Burgunder trocken

88+ 2021 »Kalkstein« Riesling trocken

90 2019 Spätburgunder Muschelkalk trocken

91 2019 Frankweiler Biengarten Syrah trocken
In der Nase nimmt man Noten wahr von Pfeffer, Cassis, frischen Kräutern wie Minze, Rosmarin, Muskat, Zimt und dunkler Schokolade, auch Rauchiges wie Speck. Am Gaumen ist der Wein saftig, elegant, gut integrierte Säurestruktur, feingliedriges Tannin, schöne Würze. 13 Vol.-%, NK, €

★

WEINLAND WACHTENBURG

Weinstraße 2, 67157 Wachenheim an der Weinstraße
T: +49 06322 979820, info@weinland-wachtenburg.de
weinland-wachtenburg.de

Ab-Hof-Verkauf: Mo bis Fr 9–18 Uhr Sa 10–17 Uhr, So 11–16 Uhr
Kellermeister: Theo Bassler
Ansprechpartner: Albert Kallfelz
Flaschen/Hektar: 2.667.000 (62 % weiß, 17 % rot, 16 % Rosé, 1 % süß, 4 % Schaumwein)/335 ha

Wachtenburg zählt zu den ältesten Genossenschaften der Pfalz und wurde schon vor über 120 Jahren gegründet. Auf 335 Hektar Rebfläche kultivieren 24 Winzer-Familien rund 30 Rebsorten um die Wachtenburg. »Die Erfahrung kommt von den Älteren, die Leichtigkeit von den Jüngeren«, lautet das Pfälzer Erfolgsrezept. Wir sind angetan von so viel Teamgeist der Generationen und dem Resultat, blitzsauberen Rieslingen, würzigen Burgundern und substanzreichen Rotweinen! Halten die Wachtenburger weiterhin Kurs, sollte der zweite Stern bald in Sichtweite kommen.

90 2021 »Junge Winzer« Grauburgunder trocken

Nussige und würzige Aromen in der Nase, dazu Birne, feiner Rauch als Ambiente, auch gelber Apfel und Melone. Kräftig gebaut am Gaumen, stoffig und würzig, dezent in der Süße, mit präsenter Säure und etwas Gerbstoff. Sorgfältig gearbeiteter Burgunder, gerne zum Essen. 13 Vol.-%, DV, €

89+ 2021 Wachenheim Gerümpel Riesling Spätlese trocken

Gelbes Steinobst, Pfirsich und Aprikose, begleitet von steinig-mineralischen Anklängen. Saftig am Gaumen mit Aprikose und Apfel in einer schlanken Struktur, ausgewogene, delikate Säure, mit mineralischer Grundierung. Ein Riesling mit Stil und Herkunft. 12,5 Vol.-%, DV, €€

90 2018 »Edition Premium Réserve unfiltered« Merlot trocken

Vielschichtiger Duft nach reifen Schwarzkirschen, Johannisbeeren und Preiselbeeren, Würze und Rauch. Am Gaumen konzentriert und intensiv mit viel Würze und Substanz, die kultivierte Säure hält die Balance, satter, reifer Gerbstoff, Schokolade und Würze im Finish. 15 Vol.-%, NK, €€

89 2019 »Edition SL« Spätburgunder trocken

In der Nase Kirsche, Pflaume und Erdbeere mit kräutrigen und erdigen Noten, dazu getrockneter Rosmarin, Rauch, etwas geröstete Kaffeebohnen. Saftig, schöne Würze und reife Säure am Gaumen, Kraft und Substanz stehen im Einklang. Viel Wein fürs Geld. 14 Vol.-%, DV, €

88+ 2021 Wachenheim Fuchsmantel Riesling Spätlese trocken

90+ 2021 »Crafted« Weißburgunder & Chardonnay trocken

Feiner Rauch liegt über gelbfruchtigen Aromen, Aprikose, Apfel, Birne und Melone, Popcorn, geröstete Haselnüsse. Schlank gehalten am Gaumen mit einer präsenten Säure, gut eingewobene Restsüße, kontrastiert von feiner Salzigkeit, weiches, seidenes Mundgefühl. 12,5 Vol.-%, DV, €

★★★★

WEINGUT WAGECK PFAFFMANN

Luitpoldstraße 1, 67281 Bissersheim
T: +49 6359 2216, info@wageck-weine.de
wageck-weine.de

Ab-Hof-Verkauf: nach Vereinbarung
Kellermeister: Thomas und Frank Pfaffmann
Ansprechpartner: Thomas Pfaffmann
Flaschen/Hektar: 350.000 (50 % weiß, 50 % rot)/39 ha

Hier geht's burgundisch zu, und doch sind die Weine keine Kopien ihrer französischen Brüder und Schwestern. Frank und Thomas Pfaffmann führen das Weingut in vierter Generation. Der Betrieb hat sich Schritt für Schritt in die obersten Sphären des deutschen Weinbaus emporgearbeitet. Finesse und mineralische Intensität charakterisieren nach wie vor das Programm. Darin findet sich namentlich ein großer Spätburgunder vom Geisberg, dessen Fülle gleichwohl nicht erschlägt. Und dann der Chardonnay vom unteren Geisberg – was für eine Freude!

94 2020 »Fumé« Sauvignon Blanc trocken
Im Duft teilt sich die Spontanvergärung mit. Leicht cremig am Gaumen, Küchenkräuter aller Art lassen sich herausschmecken, außerdem Petits Fours mit Pistazienmarzipan, frischer Nachgeschmack, der Lust auf das nächste Glas macht. 13,5 Vol.-%, NK, €€€

93+ 2020 Bissersheim Am unteren Geisberg Chardonnay trocken
Reicher Duft, der an die großen Brüder in der Bourgogne denken lässt. Im Geschmack recht präsente Holzsüße, feine Säure und Zitronenaromen. Extrakt, der die beschwingte Leichtigkeit gleichwohl nicht beeinträchtigt, mineralisch und gut gelaunt. 13,5 Vol.-%, NK, €€€

95 2019 Bissersheim Geisberg Pinot Noir trocken
Der Duft ist komplex: Minze, Baumharz, Rote Johannisbeere, dunkle Beeren, auch florale und würzige Noten. Im Mund zeigen sich ein ganz entspannter, dichter, aber auch mürber Tanninkern, reife Säure und eine Schicht Geschmeidigkeit, deutlich kalkmineralisch. 13,5 Vol.-%, NK, €€€€

94 2012 »Réserve« St. Laurent trocken
Duft von frischen Zweigen und roten Beeren. Im Geschmack Kirsche und Nougat, im Mund ist der Wein seidig, elegant, schlank und doch substanziell, geradezu burgundisch und doch eigenständig, ein Nachgeschmack zum Hinterhersinnen. 13,5 Vol.-%, NK, €€€

93 ❶ 2015 »Cuvée« extra brut CH/PN/SW

93 2020 Bissersheim Links am Sülzner Weg Chardonnay trocken

91 2021 »Tertiär« Chardonnay & Weißburgunder trocken CH/WB

93+ 2019 Bissersheim Goldberg Spätburgunder trocken

92+ 2019 »Cuvée Wilhelm Réserve« trocken PV/CS/ME/CF

92+ 2019 Großkarlbach Burgweg Spätburgunder trocken

89 2019 »Fundament« Spätburgunder tr.

91 2021 »Tertiär« Grauer Burgunder tr.
Lockender, elfenhafter Duft, Blumenwiese. Ernsthafter Geschmack mit dunklen Aspekten, auch ein wenig Salzlakritz, ordentlich Saft und schönem, traubig-salzigem Nachklang. Ein balancierter, substanzieller Grauburgunder jenseits aller Klischees. 13,5 Vol.-%, DV, €€

★

WEINGUT WAMBSGANSS

Kirchhohl 10, 76829 Landau in der Pfalz
T: +49 6341 61990, info@eugen-wambsganss.de
eugen-wambsganss.de

Ab-Hof-Verkauf: Mo bis Fr 8–12 Uhr und 14–17 Uhr, Sa 9.30–12 Uhr und 14–14.15 Uhr
Kellermeister: Christian Estelmann
Ansprechpartner: Christian Estelmann
Flaschen/Hektar: 200.000 (70 % weiß, 15 % rot, 15 % Rosé, 15 % Schaumwein)/16.3 ha

Nußdorf, wo das Weingut Wambsganss zu Hause ist, liege »dort, wo die Pfälzer Landschaft der Toskana am nächsten kommt«, schreibt uns der Betrieb. Überdies liege die Pfälzer Version von Lifestyle in der Lebensfreude, die von Weinen für alle Lebenslagen ausgeht, und so bietet man Weine für alle Anlässe: »leichte und kraftvolle, elegante und süffige, frische, fruchtige und manchmal auch wuchtige, zum Essen und zum Trinken«. Diese Verheißung finden wir vollständig eingelöst: Die Rieslinge sind Pfälzer Frohnaturen, die Burgundersorten haben Trinkfluss. Wer will da noch in die Toskana?

90+ 2019 Nußdorf Kirchenstück Riesling trocken
Goldgelb in der Farbe. Deutliche Petrolnote im Duft, vollreife Mango, Physalis, Feige und schwarzer Pfeffer. Am Gaumen mit aparter bitterer Note, der Riesling wirkt sehr trocken und besitzt eine ausgeprägte Säure, begleitet von einer feinen Schmelzigkeit. 12 Vol.-%, DV, €€

90 2020 Godramstein Münzberg Riesling trocken
Intensiver Duft nach Petrol, Ananas, Pfirsich, weißen Blüten, etwas Holunder. Am Gaumen relativ prägnant, ausgeprägte Bitterkeit, eher im Hintergrund liegende Säure und dezente Phenolik, mittelschwerer Körper. Als Speisebegleitung gut denkbar. 12,5 Vol.-%, DV, €€

89 2021 Nußdorf Grauburgunder trocken
In der Nase frische Haselnuss, Pfirsich, Butter und ein Hauch von weißen Blüten, ein bisschen frische Minze, ein guter Sortentyp. Im Mund dann straff mit animierender Säure und leicht herbem Geschmack, in der Textur schmelzig und von mittlerer Schwere. 12,5 Vol.-%, DV, €

89 2021 Nußdorf Rosé trocken
Blasses Lachsrosa. Ein Duft von Erdbeere, Himbeere, Birne, etwas Zitronenmelisse. Am Gaumen frisch mit einer fein cremigen Textur und zurückhaltender Säure, im Körper sehr schlank. Ein unkomplizierter und leichter Wein für den Sommer. 11,5 Vol.-%, DV, €

88+ 2021 Nußdorf Chardonnay trocken

89 2021 Nußdorf Weißburgunder trocken
Frische Frucht in der Nase, Melone, Sternfrucht, Birne und frische Mandeln. Am Gaumen ist der Wein lebendig, mit deutlicher Säure, aber auch mit Extraktsüße, es dominiert ebenfalls die saftige Fruchtigkeit, der Körper ist eher schlank. Ein angenehmer Alltagswein. 12 Vol.-%, DV, €

★★

WEINGUT WEEGMÜLLER

Mandelring 23, 67433 Neustadt-Haardt
T: +49 6321 83772, info@weegmueller.de
weegmueller.de

Ab-Hof-Verkauf: Ja
Kellermeister: Gregor Hofer
Ansprechpartner: Jan Kubat
Flaschen/Hektar: 133.000 (75 % weiß, 7 % rot, 11 % Rosé, 2 % süß, 5 % Schaumwein)/15 ha

Nachdem Familie Weegmüller elf Generationen lang dem namhaften Haardter Weingut vorstand, übernahm im Sommer 2021 der junge Gregor Hofer die Leitung. Seinen Erstlingsjahrgang haben wir mit großer Neugier verkostet – und stellen einen stilistischen Turn um 180 Grad fest: Wo Stefanie Weegmüllers Kreszenzen einst mit Power und intensiver Frucht wucherten, scheinen uns die neuen Weine zuweilen fast etwas schüchtern. Allerdings haben sie ihre eigenen Tugenden: eine der Tendenz nach schlanke Anlage und Salzigkeit. Wir sind gespannt auf die nächsten Jahre.

92 2021 Grauer Burgunder trocken (weißes Etikett)
Im Duft feuchter Stein, Kastanienhonig, Heidelbeere, etwas Hefe, im Hintergrund auch kandierte Früchte. Der Gaumen hat Volumen und Textur, eine feine Phenolik und leicht viskose Schichten ergeben einen reizvollen Kontrast, die Säure ist gut eingebunden, begleitet von salzigen Noten. 12,5 Vol.-%, NK, €€€

91+ 2021 Weißer Burgunder trocken (weißes Etikett)
Beerig im Duft, auch kräuterwürzig, Minze, Liebstöckel, Frühlingswiese, Heu. Der Wein beginnt schlank, leicht salzig, hat in der Gaumenmitte eine gut extrahierte Phenolik, wirkt insgesamt noch verschlossen mit sehr gutem Reifepotenzial. 12,5 Vol.-%, NK, €€€

91 2021 Scheurebe trocken (weißes Etikett)
Ein dezenter Holzfasseinfluss gibt dem würzigen Bukett Aufschluss und Fassung: Noten von Grapefruit, Schwarzer Johannisbeere und Brennnesseltee, ein Hauch von Hefe und Mandel. Im Mund ist der Wein zart texturiert, ein feiner Säurefaden gliedert, der Abgang bleibt eher kurz. 12,5 Vol.-%, NK, €€€

90 2021 »Cuvée Rosé« trocken PN/ME
Lachsrosa. Dem Glas entströmen rotbeerige Aromen, dazu eine leicht pfeffrige Note. Im Mund hat der Wein eine knackige, saftige Säure und eine auf moderate Weise die Frucht hervorhebende Süße, der Abgang ist lang und fruchtgetragen. Ein inhaltsreicher Rosé mit klarem Ausdruck. 12,5 Vol.-%, DV, €€

88 2021 Secco trocken RR/TR/MT

90+ 2021 Grauburgunder trocken (grünes Etikett)

90+ 2021 Weißer Burgunder trocken (grünes Etikett)

90 2021 »Upgrade« Cuvée trocken RR/TR/MT

90 2021 Grüner Veltliner trocken

89 2021 Scheurebe trocken (grünes Etikett)

88+ 2021 Riesling trocken (Liter)

89+ 2021 Rosé trocken (Liter)
Lachsrosa. Der Duft zeigt Aromen von Erdbeere und Süßkirsche, einen Anflug Rose, Quitte, Eisbonbon. Im Mund offenbart der Wein Pfälzer Power, leicht viskose Schichten und eine knackige Säure, trotz der Kraft ist auch die Frische da. Ein überzeugender Literwein. 12,5 Vol.-%, DV, €

★★★

WEINGUT KARL WEGNER

Am Neuberg 4, 67098 Bad Dürkheim
T: +49 6322 989327, info@weingut-wegner.de
weingut-wegner.de

Ab-Hof-Verkauf: Mo bis Fr 9–12 Uhr und 13–18 Uhr, Sa 9–17 Uhr
Kellermeister: Joachim Wegner
Ansprechpartner: Joachim Wegner
Flaschen/Hektar: 100.000 (60 % weiß, 25 % rot, 12 % Rosé, 3 % Schaumwein)/11.5 ha

Karl Wegner ist ein Forschender unter den Winzern, der die Reifung seiner Weine ergründet und perfektioniert, damit sie ihr Potenzial ultimativ entfalten können. Als Gründungsmitglied des Pfälzer Barrique-Forums war er früh an der Qualitätssteigerung deutscher Rotweine beteiligt – hin zu mehr Individualität und zu internationalem Niveau. Seine Erfahrung im Umgang mit dem neuen Eichenholz ist deutlich spürbar, und er wendet sein Wissen auch gekonnt auf Weißweine an – etwa den 2021er Herrenberg Riesling aus dem Tonneau, der uns begeistert hat.

92+ 2021 Ungstein Herrenberg Riesling Tonneau trocken

Wiesenkräuter in der Nase, Klee, Melisse, Pfirsich, Apfelschale, Salzzitronen. Am Gaumen cremiger Kern, lebendige Säurestruktur, feine Phenolik, schöne Würze, reife Frucht, gut im Extrakt, angenehm herb, lang am Gaumen. Trinkanimierend. 13 Vol.-%, NK, €€€

91 2021 »Lunatic« Ungstein Herrenberg Riesling trocken

Kräftiges Goldgelb im Glas. In der Nase sonnenverwöhnte gelbe Frucht, Aprikosen, Apfel, Mandarinen, Wiesenkräuter, Gesteinsmehl. Am Gaumen schöne Würze, saftige Frucht, lebendige reife Säure, feine Phenolik, mittelgewichtig im Körper, schöne Länge. 13 Vol.-%, NK, €€

91 2021 »Augenstern« Ungstein Weilberg Chardonnay trocken

Holzwürze in der Nase, Vanille, Karamell, sonnenverwöhnte reife Frucht, Ananas, Apfel, Zitronen. Am Gaumen cremiger Schmelz, saftige Frucht, gut integrierte lebendige Säure, feine Würze, mittelgewichtig im Körper, schöne Länge. 13 Vol.-%, NK, €€

91 2020 »Fumé Blanc« Bad Dürkheim Nonnengarten Sauvignon Blanc trocken

Kräftiges Goldgelb im Glas. Duftige Nase, reife, gar getrocknete Aprikosen, Maracuja, Litschi, Salbeihonig, Holzwürze. Am Gaumen unheimlich dicht, konzentriert, gut im Extrakt, schlank im Körper, saftige Frucht, gut integrierte Säure, schöne Würze, gute Länge. 12 Vol.-%, NK, €€

91 2016 »Kleinod« Bad Dürkheim Fronhof Spätburgunder trocken

90 2021 »Vision« Ungstein Herrenberg Riesling trocken

In der Nase Zitronenschale, Wiesenkräuter, Salbei, gelbe Früchte wie Aprikosen, Apfel. Am Gaumen saftige Frucht, wieder Aprikosen und Apfel, Zitronen, feine Würze, dezente Süße, gut ausbalanciert durch lebendige Säure, in sich stimmig, schöne Länge. 13 Vol.-%, DV, €€

★★

WEIN. GUT. PAN THOMAS PFAFFMANN

Lindenbergstraße 36, 76829 Landau-Nußdorf
T: +49 6341 969187, info@vinopan.de
vinopan.de

Ab-Hof-Verkauf: Mo bis Fr 9–12 Uhr und 14–18 Uhr, Sa 9–18 Uhr
Kellermeister: Thomas Pfaffmann
Ansprechpartner: Thomas und Theobald Pfaffmann
Hektar: 16 ha

In der weit verzweigten Weinbaufamilie Pfaffmann ist Thomas Pfaffmann aus Nußdorf derjenige mit den eigenwilligsten Weinen – im besten Wortsinn: Pfaffmann scheut nicht davor zurück, den Abfüllungen seinem Willen gemäß Zeit zu geben: So stammt sein aktueller »PAN Noir« aus dem Jahrgang 2018 – und zeigt sich jugendlich und zukunftsorientiert. An den beiden Sekten aus 2014 und 2011 sieht man, welche Harmonie voll ausgereifte Weine erlangen. Wenn Pfaffmann einigen jüngeren Weinen den Namen »Zeitlos« gibt, dann hört man darin ein Versprechen!

92 2011 »Blanc de Blancs« Chardonnay brut
Goldgelb in der Farbe. Im Duft hat der Wein buttrige Noten und eine Rosinenfrucht. Die Gaumenstruktur zeigt sich rund und voll, mit kräftiger taktiler Mineralik, festem Säuregerüst und extraktsüß unterlegter Frucht. Das Mousseux ist in seiner Dynamik bereits mild geworden. 12,5 Vol.-%, NK, €€€

91+ 2014 »PAN Pinot« brut WB/PN
Strahlendes Goldgelb im Glas. In der Nase Salzzitronen, Nussbutter, getrockneter Apfel, Heu. Am Gaumen feines Mousseux, saftiger cremiger Kern, gut integrierte lebendige Säure, würzig nussig im Nachhall, schöne Länge. 12,5 Vol.-%, NK, €€

92+ 2018 »PAN Noir« trocken CS/CF/ME
Holzgeprägt im Duft, rauchige Noten und Karamell-Aromen, dann aber auch Dörrpflaume, Wachs, Menthol. Im Mund kontrastiert ein öliger Hintergrund das straff gebaute Tannin, eine noch verschlossene, aber kommende Intensität andeutende Frucht weckt Fantasie für die Flaschenreife. Jung! 14 Vol.-%, NK, €€€

91+ 2019 Pinot Noir trocken
Im Duft nussiges Neuholz und ein Zusammenspiel von Frucht (Herzkirsche, getrocknete Tomate) und Kräutertönen (Minze, Dill). Körniges Tannin füllt den voluminösen Gaumen, reife, aber feste Säure untermalt die noch kompakte, in der Tönung »warme« Abgangsfrucht. 13,5 Vol.-%, NK, €€€

90+ 2020 »Zeitlos« Weißer Burgunder trocken

91+ 2020 »Zeitlos« Riesling trocken
Dezent in der Nase, Zitronensorbet, Wiesenkräuter, dezent Kamille, steinige Noten. Am Gaumen druckvoll mit Zug, feingliedrige Säure, mineralische Würze, feine Phenolik, cremiger Fond, schöne Länge. 12,5 Vol.-%, NK, €€

★★

WEINBIET MANUFAKTUR

An der Eselshaut 57, 67435 Neustadt an der Weinstraße
T: +49 6321 67970, info@weinbiet.de
weinbiet.de

Ab-Hof-Verkauf: Mo bis Fr 9–18 Uhr, Sa 10–16 Uhr
Kellermeister: Patrick Öttl
Ansprechpartner: Dr. Bastian Klohr
Flaschen/Hektar: 3.333.000 (67 % weiß, 33 % rot)/ 330 ha

Auf den besten Etiketten ist ein Herr mit mächtigem Schnurrbart zu sehen: Es ist Philipp Bassler, einer der 54 Gründer der Weinbiet Manufaktur, der sich wie kein anderer der Steigerung der Weinqualität verschrieben hatte. Inzwischen führen 45 Winzer seine Mission fort und keltern unter der Regie von Kellermeister Patrick Öttl aus 330 Hektar Rebfläche in den besten Lagen der Mittelhaardt Weine mit klarer Handschrift. Dass sich die von der Bassler-Linie herausheben, ist dabei Ehrensache: Der Riesling von wurzelechten Reben ist ein richtig erwachsener Wein. Kompliment an die rührige Manufaktur!

91+ 2020 »Philipp Bassler Wurzelecht« Riesling trocken
Mittleres Zitronengelb mit grünen Reflexen. Würzige Nase, unterlegt mit Pfirsichschalen, Grapefruit, gelbem Apfel und Birnennoten. Straff und komplex am Gaumen, kreidig-mineralisches Finish mit feiner Frucht, Kräuterwürzigkeit und gutem Abgang. Ein Wein mit Potenzial. 13,5 Vol.-%, NK, €€

91 2020 »Philipp Bassler Fumé« Sauvignon Blanc trocken
Blasses Goldgelb. Ein Duft von Stachelbeere, Honigmelone, Papaya und Weihrauch. Am Gaumen wird diese sehr reife Aromatik von selbstbewusster Säure sehr gut getragen. Der Wein zeigt Textur, Struktur und präsentiert sich als idealer Speisenbegleiter. 13 Vol.-%, NK, €€

90 2020 »Philipp Bassler Grosses Gewächs« Riesling trocken
Riesling mit Frucht und Frische, Limette, Zitrus, Grapefruit, weißer Pfirsich und etwas Gesteinsmehl. Am Gaumen kommen reife Noten der Aprikose und Feuerstein hinzu, insgesamt fokussiert und frisch, definierte Säure, gute Substanz und Länge. Viel Trinkfluss. 13 Vol.-%, DV, €€

91+ 2020 »Gründerwein« trocken
Die Nase erinnert beinahe an einen australischen Roten: Aromen von Menthol und Eukalyptus, Cassiskonfitüre und schwarzem Pfeffer. Im Mund setzt der Wein geschmeidig an, holzunterstützt, karamellig, dann greift eine gute Dosis körnigen Tannins, dicht, wuchtig, originell. 14,5 Vol.-%, NK,

89+ 2020 »Philipp Bassler Grosses Gewächs« Chardonnay trocken

89+ 2020 »Philipp Bassler Grosses Gewächs« Grauburgunder trocken

88+ 2020 Haardt Schlossberg Riesling trocken

88+ 2021 »Von Ersten Lagen« Weißburgunder & Chardonnay trocken WB/CH

88+ 2021 »Von Ersten Lagen« Merlot Rosé tr.

90 2020 »Philipp Bassler Grosses Gewächs« Spätburgunder trocken

89+ 2020 »Von Ersten Lagen« Merlot & Cabernet Sauvignon trocken ME/CS

89 2020 Haardt Herrenletten Riesling tr.
Mirabelle und weißer Pfirsich im Duft, auch Apfel und Limettenschale, Kräuter, florale Noten und feine Würze. Saftig und geschmeidig am Gaumen mit ausgewogener Säure und etwas Fruchtsüße, mineralische Würze schafft Akzente, mittlere Komplexität, endet zitrisch. 12,5 Vol.-%, DV, €

★★★

WEIN- UND SEKTGUT WILHELMSHOF

Queichstraße 1, 76833 Siebeldingen
T: +49 6345 919147, info@wilhelmshof.de
wilhelmshof.de
Ab-Hof-Verkauf: Mo bis Fr 8–12 Uhr und 13–18 Uhr, Sa 9–16 Uhr
Kellermeister: Thorsten Ochocki
Ansprechpartner: Familie Roth-Ochocki
Flaschen/Hektar: 73.960 (45 % weiß, 10 % rot, 3 % Rosé, 42 % Schaumwein)/18.6 ha
Anbauweise: Bio

Der Wilhelmshof feierte 2021 das Jubiläum seiner lange gereiften »Patina«-Sekte – der älteste lag stolze 25 Jahre auf der Hefe! Familie Roth-Ochocki könnte man zwar als Bewahrer einer im besten Sinne klassischen Wein-Stilistik betrachten, das würde aber der Dynamik nicht gerecht, die den Wilhelmshof bewegt: Als erstes Pfälzer Weingut trat es der Bewegung »Zukunftsweine« bei, die den ökologischen und klimafreundlichen Weinbau forciert. Als »Zukunftsrebe« setzt der Wilhelmshof künftig auch auf Cabernet Blanc, der die gewohnt hochwertigen Sekte und Weine flankiert.

93 2017 »Pinot B Privé« brut PN/WB
Ein nuancierter Duft von roten Beeren, balsamische Reifenoten. Im Mund hat der Wein ein ganz seidiges Mousseux, fließt feingliedrig und dennoch voll und rund, belebt von einer sehr feinen Säure und mit zurückhaltender, passender Dosage abgerundet. Ein sehr elaborierter, kultivierter Sekt. 12,5 Vol.-%, NK, €€€

92 2020 »Alte Reben« Weißer Burgunder tr.
Reifes Steinobst wie Aprikose und Mirabelle, Mandarine, etwas Vanille und feiner Rauch kommen dazu. Kräftig gebaut mit fester Struktur am Gaumen, süßlicher Extrakt und etwas Holzwürze, trocken ausgebaut, feiner Gerbstoff-Grip, gute Länge. Wird gut reifen. 14,5 Vol.-%, NK, €€

92 2020 »Alte Reben« Grauer Burgunder tr.
Walnüsse, Honigmelone, Aprikose und reife Birne werden von feinem Rauch und Holzwürze flankiert. Kräftig gebaut, stoffig mit gutem Extrakt und fester Holzstütze, reife Säure, viel Würze, relativ trocken in der Anmutung, auf Langlebigkeit vinifiziert. 14 Vol.-%, NK, €€

92+ 2019 »Wilhelm Alte Reben« Spätburgunder trocken
Vielschichtig mit roten und dunklen Kirschen, etwas Brombeere, Gewürznelken und Unterholz, Orangenschalen. Kompakt gebaut, betont trocken mit kühler Aura und einer guten Menge feinkörniger Gerbstoffe, tiefgründig und mineralisch, etwas Sauerkirsche. Noch jung. 13 Vol.-%, NK, €€€

91 2020 »Alte Reben« Riesling trocken

91 2021 Siebeldingen Im Sonnenschein Weißer Burgunder Spätlese trocken
Reife Aprikose und gelbe Blüten im Duft, dazu Mango und auch getrocknete Mangospalten, etwas rosa Grapefruit. Kräftig gebauter und eleganter Weißburgunder, der zeigt, warum man die trockene Spätlese nicht abschreiben sollte. Stoffig, feine Würze, ausbalanciert. 13 Vol.-%, DV, €€

★★★

WEINGUT KATRIN WIND

Nauweg 6, 76829 Arzheim
T: +49 6341 33339, info@weingut-wind.eu
weingut-wind.eu

Ab-Hof-Verkauf: nach Vereinbarung
Kellermeister: Katrin Wind
Ansprechpartner: Katrin Wind
Flaschen/Hektar: 33.000 (60 % weiß, 20 % rot, 20 % Rosé)/7.5 ha

Innerhalb weniger Jahre hat Katrin Wind das kleine Hobby-Weingut ihres Vaters in einen äußerst respektablen Betrieb verwandelt, der mittlerweile immerhin auf 7,5 Hektar angewachsen ist. Das ist im Vergleich mit anderen immer noch wenig, beinhaltet aber doch schon einen erheblichen Zuwachs an Flächen. Qualitativ bewegt sich Katrin Wind weiter auf sehr gehobenem Niveau – vor allem der Riesling »Kapellenstück« hat uns mit seinem Saft und seinem mineralischen Kern begeistert. Immer wieder ein Tipp ist der »NackteRiesling«, der sehr viel Wein für recht kleines Geld bietet.

93+ 2021 »Kapellenstück« Arzheim Kalmit Riesling trocken

Duft nach etwas Apfelschale, dann kommen Grapefruit, Zitronenzesten, gelber Pfirsich und Orange dazu. Am Gaumen dicht gewoben mit einer zarten Phenolik, sehr feine Säure, hat viel Druck und Saft, zeigt sich mineralisch und salzig im sehr attraktiven Nachhall. 12 Vol.-%, NK, €€€

91+ 2021 »Fumé« Sauvignon Blanc trocken

In der Nase rauchige Noten, wie vom Namen angekündigt, dazu Kiwi, Stachelbeere und gelbfruchtige Noten, Mirabelle. Am Gaumen in einer klar definierten, schlanken Struktur saftig ansetzend mit ausgewogener, kristalliner Säure, dicht, trocken, ohne kosmetische Süße, pur und echt im Ausdruck. 12,5 Vol.-%, €€

91 2021 »vom Landschneckenkalk« Riesling trocken

In der Nase intensiv mit Aromen von Aprikose, Meyer-Zitrone, gelbem Apfel, Nektarine und nassem Gestein. Am Gaumen mit feiner Zitrusaromatik, lebendige Säure, attraktive Saftigkeit, getragen von leichter Phenolik, hat viel Trinkfluss. Ein guter Speisenbegleiter. 12 Vol.-%, DV, €€

94 2019 Frühburgunder trocken

Rubinrot, attraktiver Duft mit einer eleganten Beerenfrucht, Kirsche, Kräuterwürze und einem Hauch von weißem Pfeffer. Am Gaumen Brombeere, Schwarze Johannisbeere und eine dezente Rauchnote, reifes Tannin, feine Säure, insgesamt balanciert und dicht, sehr gelungen. 12,5 Vol.-%, NK, €€€

91 2021 »vom Landschneckenkalk« Weißburgunder trocken

92 2021 »NackteRiesling« trocken

Attraktiver Duft mit Aromen von Limettenschale, grünem Apfel, Gesteinsmehl und einem Hauch Bienenwachs. Am Gaumen dann mit markanter Säure, hat viel Grip und Frische, die zitrische Frucht dominiert, feine Würze. Ein Wein mit einer schönen Länge, macht Spaß. 11 Vol.-%, DV, €

★★★★★

WEINGUT VON WINNING

Weinstraße 10, 67146 Deidesheim
T: +49 6326 966870, weingut@von-winning.de
von-winning.de

Ab-Hof-Verkauf: Mo bis Fr 8–18 Uhr, Sa und So 10–18 Uhr
Kellermeister: Kurt Rathgeber
Ansprechpartner: Stephan Attmann
Flaschen/Hektar: 500.000 (97 % weiß, 3 % rot)/64 ha

Leopold von Winning (1841–1914), Schwiegersohn von Dr. Andreas Deinhard, war ein Qualitätsfanatiker, unter anderem auch Gründungsmitglied des VDP. Auf seinen Spuren wandeln heute Stephan Attmann und sein Team. Zur Erläuterung schreibt das Weingut: »Trüb und ohne künstliche Kühlung vergären unsere Spitzenweine warm im Holz. So bewahren wir die wertvollen, aromenprägenden Phenole, die unseren Weinen ihre Komplexität verleihen.« Minimal Winemaking nennt man das – für einen maximal natürlichen Ausdruck von Lagen und Sorten. Ein Erfolgsrezept!

94+ 2020 Forst Pechstein Riesling GG
Ein Duft von kandierter Orangenschale, Anisplätzchen, Kumquats, auch Feuerstein. Die Gaumenstruktur lädt mit mürben, mehligen Phenolen zum Kauen ein, reife Säure und taktile Mineralik laufen eng an einem leicht viskosen Körper entlang. Der Wein hat Dichte und Feuer, aber auch Anmut. 13 Vol.-%, NK, €€€€

94 2020 Forst Ungeheuer Riesling GG
In der Nase röstiges Neuholz, Mirabelle, gelbe Pflaume. Im Mund zeigt sich eine enorme Konzentration, Extraktsüße und taktile Mineralik wetteifern mit der Säure um die Dominanz im Mundgefühl, dabei ist der Alkohol diszipliniert, die Bündelung geht einher mit großer Länge. 13 Vol.-%, NK, €€€

93+ 2020 »500« Sauvignon Blanc trocken
Im Duft zeigt der Wein ein röstiges, nussiges Holz, dazu Noten von Grapefruit, Cassis und Pomelo, Erdnuss. Der Gaumen vereinigt Geschmeidigkeit und Stoff, das Holz ist sehr gut integriert, ebenso die Säure, alles steht auf einem Fundament von taktiler Mineralik. 12,5 Vol.-%, NK, €€€

94+ 2019 Ruppertsberg Reiterpfad An den Achtmorgen Pinot Noir GG
Rauchiges Neuholz, balsamisch-würzige Untertöne, auch Kirsche in verschiedenen Reifegraden, auch kandiert, mit Luftkontakt auch Kräuter. Im Mund hat der Wein eine feine, aber auch immens druckvolle, lang anhaltende Tanninstruktur, mineralisch gekoppelt, sehr gut in Saftigkeit auflösend, reife Säure und feingliedrige Frucht vervollständigen das potenzialreiche Bild. 12,5 Vol.-%, NK, €€€€

93 2020 Deidesheim Kalkofen Riesling GG

91+ 2020 »Imperiale« Sauvignon Blanc tr.

91 2021 Ruppertsberg Reiterpfad Riesling Erste Lage trocken

91 2021 Deidesheim Mäushöhle Riesling Erste Lage trocken

91 2021 Forst Riesling trocken

91 2020 »Imperiale« Weißer Burgunder tr.

90 2021 »II« Sauvignon Blanc trocken

93+ 2021 Königsbach Ölberg Riesling Erste Lage trocken
Im Duft frisch geriebene Zitrone, Weihrauch, Blutorange. Im Mund zeigt sich der Wein saftig und pikant, mit reichem Terpen-Gehalt auf geschmeidigem Fond, aber auch mit dieser tollen saftigen Eleganz aus dem Säurezug. Erste Lage auf GG-Niveau. 12,5 Vol.-%, NK, €€€

★

WEINGUT WISSER

Herrengartenstraße 9, 76831 Billigheim-Ingenheim
T: +49 6349 1562, weingut.wisser@t-online.de
weingasthaus-wisser.de

Ab-Hof-Verkauf: Ja
Kellermeister: Michael Wisser
Ansprechpartner: Michael Wisser
Hektar: 18 ha

Heiner und Heike Wisser haben ihr Weingut in Billigheim aufgebaut, er leitet den Außenbetrieb des Weinguts mit 18 Hektar Rebflächen in Lagen wie Sauschwänzel, Pfaffenberg und Herrenpfad, sie die Weinstube, in der es Spezialitäten gibt wie Pfälzer Tapas, Rebknorzenspieß oder Gerichte vom heimischen Wild. Jungwinzer Michael Wisser ist für den Ausbau der Weine zuständig, die zu sehr zivilen Preisen einen guten Gegenwert liefern und auch bei Tisch getrunken werden sollten. Wohin die weitere Reise gehen könnte, zeigen der trinkige Riesling und der saftig-frische Dornfelder.

89 2019 »Pinot« brut WB/PN
Eine intensive Gelbfrucht entströmt dem Glas, Pfirsich, auch Ananas. Im Mund hat der Wein ein dynamisches, leicht burschikoses Mousseux, abermals eine intensive Frucht, die auch von leichter Süße begleitet ist, reife Säure und einen geschmeidigen, runden Abklang. 12,5 Vol.-%, NK, €€

89 2021 »geistesblitz« Riesling trocken
Reifer gelber Apfel und Reneklode im Duft, Pfirsich stellt sich ein, auch Noten von Blumenwiese, gelbe Blüten. Der »geistesblitz« setzt auf das Zusammenspiel von Frische und saftiger Fruchtsüße, die straffe Säure übernimmt die Regie, etwas Grapefruit, leicht salzig, trinkig. 12 Vol.-%, DV, €

88+ 2021 »geistesblitz« Chardonnay trocken
Saftiger und frischer Chardonnay, der nach Apfel, Aprikose und reifen Mirabellen riecht, auch reife Zitrone. Zeigt im Mund guten Trinkfluss, saftig, mit reifer gelber Frucht, getragen von der vitalen Säure aus 2021. Eher leichtgewichtig, macht sich auch zum Vesper gut. 12,5 Vol.-%, DV, €

88+ 2021 »geistesblitz« Weißer Burgunder halbtrocken
Dass der 2021er vom Weißen Burgunder halbtrocken ausgebaut ist, zeigt schon der Duft mit süßlicher Gelbfrucht, Noten von Mandeln und süßer Mandarine. Gegen die Restsüße stellt sich am Gaumen die selbstbewusste Säure, saftige Frucht, so ergibt sich ein stimmiges Gesamtbild. 11,5 Vol.-%, DV, €

88+ 2021 »geistesblitz« Grauburgunder tr.

90 2021 »geistesblitz« Dornfelder trocken
Wie zu erwarten, sehr dunkel in der Farbe. Zwetschge, florale Noten, Veilchen, Brombeeren und Holunder, im Duft könnte man ihn für einen Primitivo halten. Im Mund hat der Wein ebenfalls viel Frucht, aber auch eine gebündelte, straffe Struktur mit gutem Nerv und guter Frische. 12,5 Vol.-%, DV, €

★★★

WEINGUT ZELT

Binsenstraße 2, 67229 Laumersheim
T: +49 6238 3281, info@weingutzelt.de
weingutzelt.de

Ab-Hof-Verkauf: Mo bis Fr 10–12 Uhr und 14–18 Uhr, Sa 10–16 Uhr
Kellermeister: Lotte Iglhaut
Ansprechpartner: Mario Zelt
Flaschen/Hektar: 133.000 (50 % weiß, 50 % rot)/20 ha

Neues Kelterhaus, neue Kellermeisterin – ob das auch Einfluss auf den Stil im Hause Zelt haben wird? Ganz lässt sich das noch nicht abschätzen, denn die Jahrgänge 2020 und erst recht 2021 brachten automatisch eine Frische in die »kleineren« Weißweine, die ihnen gut zu Gesicht steht. In dieser Linie steht auch unser Tipp, der sortentypische, säurefrische Muskateller. Die »großen« Weißen sind noch ausbaugeprägt, zeigen jedoch ebenso Potenzial wie der Spätburgunder aus dem Kirschgarten, der seinem Namen alle Ehre macht. Sehr überzeugende Kollektion!

92+ 2020 »Grande Reserve« Chardonnay trocken
In der Nase Zitronentarte, Vanille vom Holzeinfluss, etwas Kokosmakrone, ein relativ hell ausgerichteter, offener Chardonnay-Typus. Der Kokostouch bleibt auch am Gaumen bestehen, sehr geschmeidig, gute Säurestruktur, noch etwas zu stark holzbetont, aber mit viel Potenzial. 13 Vol.-%, DIAM, €€€

92 2020 Laumersheim Kirschgarten Riesling trocken
Weniger primärfruchtige als vielmehr würzige Nase, Anis, Kümmel, Lindenblüten, leicht nach Pfirsich. Am Gaumen dann mit viel Druck, Mineralik, mehr in Richtung Aprikose und Orange hineingleitend, auch hier konsequent trocken. Ein anspruchsvoller Begleiter bei Tisch.
12,5 Vol.-%, DIAM, €€€

92 2020 »Fumé« Sauvignon Blanc trocken
Komplex in der Nase mit Noten vom Holzausbau, von der Hefe und von der zart stachelbeerigen Traubencharakteristik – ein mehrstimmiger Chor, der sich finden wird. Taktil weich am Gaumen, aber mit viel Würze. Ein vielschichtiger Sauvignon, weit weg von Aroma-Lautsprechern. 12,5 Vol.-%, DIAM, €€

92+ 2019 Laumersheim Kirschgarten Spätburgunder trocken
Junges helles Purpurrot. In der Nase Unterholz, leichte Kräutrigkeit, reife Sauerkirsche, Himbeergelee, Ausbauspuren. Am Gaumen ist das ein sehr schön samtiger Wein mit weichem Fruchtkern (tatsächlich kirschdominiert) und unterschwelliger Pikanz. 13 Vol.-%, DIAM, €€€

90+ 2021 »Kalkstein« Laumersheim Riesling trocken

90 2021 Muskateller trocken
Typisch traubig parfümierte Muskateller-Nase, dazu Holunderblüten. Am Gaumen sehr lebendig, weiter viel Traubigkeit, ein bisschen Kumquats, richtig trocken wirkend, wozu auch die herzhafte Säure beiträgt. Ein Frühlingswein für den ersten Ausflug ins Grüne. 11,5 Vol.-%, DV, €

★★★

WEINGUT ZIMMERMANN

Grabenstraße 5, 67157 Wachenheim
T: +49 6322 2384, info@wein-zimmermann.de
wein-zimmermann.de

Ab-Hof-Verkauf: nach Vereinbarung
Kellermeister: Jürgen Zimmermann
Ansprechpartner: Jürgen Zimmermann
Flaschen/Hektar: 80.000 (90 % weiß, 10 % rot)/12 ha

Es grenzt an ein Wunder, dass das familiär geführte Weingut Zimmermann immer noch ein Insider-Tipp geblieben ist. Dabei gehört Jürgen Zimmermann seit Jahren zur Spitze in der Mittelhaardt, zuverlässig gelingt es ihm, die Besonderheiten der exzellenten Riesling-Lagen rund um Wachenheim präzise herauszuarbeiten. Ob Altenburg, Fuchsmantel oder Gerümpel: Es sind allesamt elegante und individuelle Pfälzer Terroir-Rieslinge – und dies zu überraschend günstigen Preisen. Eine Top-Empfehlung für alle, die nicht hinter Etiketten, sondern hinter gutem Wein her sind.

92+ 2021 Wachenheim Altenburg Riesling trocken
Kräftig wirkende Nase, Pfirsich, Engelwurz, auch grünliche Reflexe mischen sich mit hinein. Am Gaumen dicht, ausgewogen, vollkommen trocken, mit Pikanzspitzen, die den Körper in Bewegung halten. Deutliches Reifepotenzial, komplex und mit Anspruch. 13 Vol.-%, NK, €€€

92+ 2021 Wachenheim Gerümpel Riesling trocken
Mit ein bisschen Luft entfaltet sich ein feinfruchtiges Potpourri, Apfel, auch Reneklode, alles aber zart gehalten. Fast leichtfüßig wirkt der erste Eindruck im Mund, eingefasst von einer spürbaren Phenolik, Lindenblüten, Brennnessel, mineralisch grundiert. 13 Vol.-%, NK, €€€

91+ 2021 Wachenheim Fuchsmantel Riesling trocken
Äußerst dezent kommt der Fuchsmantel frisch geöffnet daher. In der Nase unterschwellige Mineralik, Apfelschale, etwas Anis. Feinfruchtig am Gaumen, helltönig, Klarapfel und Mandel, milder abgestimmt mit ein wenig verbliebener Restsüße. Hat spürbares Potenzial. 12 Vol.-%, NK, €€

92 2021 Wachenheim Fuchsmantel Riesling Auslese
Duft nach reifen hellen Früchten, Blütenhonig, kandierte Früchte, Orangeat. Am Gaumen dicht und voll, stabile Säure, sehr wach, exotische Früchte, Zitrusfrüchte, Honigwürze, alles komplex verwoben, hat viel Saft und Kraft, endet kräuterwürzig. Wird gut reifen. 7,5 Vol.-%, NK, €€€

91+ 2021 Wachenheim Schloßberg Riesling trocken

90 2021 Wachenheim Luginsland Riesling trocken
Würzig-erdige Nase, Apfelschale, Daikon, ein Riesling als echter Erdenbürger. Am Gaumen dann mit einer schönen Saftigkeit, Apfel, Zitrone, Walnuss, dazu weiterhin die pflanzlichen Komponenten und eine feine Phenolik. Sehr beachtlich für zehn Euro! 12 Vol.-%, DV, €€

GASTGEBER AUS LEIDENSCHAFT

Gemeinsam mit den Winzern der Region – als uneingeschränkten Experten, was das leibliche Wohl anbelangt – hat Falstaff die besten Genussadressen in Sachen Kulinarik sorgfältig ausgewählt und zusammengestellt.

76835 Burrweiler

Burrweiler Mühle

Michaela und Christian Wiss sind leidenschaftliche Gastgeber, ihr gemütlich eingerichtetes Landrestaurant ist ein Hort des guten Pfälzer Geschmacks. Entsprechend werden hier regionale Klassiker serviert, begleitet von Weinen aus umliegenden Rebhängen.

Burrweiler Mühle 202
+49 (6323) 980751
www.burrweilermuehle.de

P SO

Empfohlen von: **Weingut Scherr, Weingut Stefan Meyer**

76835 Burrweiler

Ritterhof zur Rose

Feine Regionalküche, das war schon immer die Stärke von Florian Winter. Der setzt auch auf frische saisonale Produkte aus dem Umland, aus denen er mit handwerklicher Perfektion empfehlenswerte Gerichte zaubert. Großartige Weinauswahl!

Weinstraße 6a
+49 (6345) 407328
www.ritterhofzurrose.de

P

Empfohlen von: **Weingut Kranz, Weingut Herbert Meßmer**

Foto: Shutterstock

67146 Deidesheim

Siben's Gutsküche

Aus einem ehemaligen Pferdestall wurde ein schönes Gutsrestaurant. Natürlich hat hier die herzhafte Pfälzer Küche Heimvorteil, auch leckere Wildgerichte und vegetarische Speisen stehen auf der Karte.

Weinstraße 21
+49 (6326) 989363
www.weingut-siben.de

P SO €€

Empfohlen von: **Falstaff-Redaktion**

76857 Dernbach

Schneider

Echter Pfälzer Gasthausklassiker mit gemütlicher Stube, in der gutbürgerliche Küche den gelungenen Auftritt hat. Alles frisch gekocht und hausgemacht, natürlich auch die beliebte Gänseleberterrine.

Hauptstraße 100
+49 (6345) 8348
www.schneider-dernbachtal.de

P SO

Empfohlen von: **Wein- und Sektgut Wilhelmshof Weingut Kranz, Weingut Katrin Wind**

Madenburg bei Eschbach

79868 Feldberg (Schwarzwald)

Schlehdorn Stuben

In dem familiengeführten Schwarzwald-Hotel strahlt der Heimatgedanke bis ins gemütliche Restaurant. Möglichst regionale und saisonale Produkte von heimischen Bauern sind die Basis, auf der die feinen bodenständigen Gerichte zubereitet sind.

Am Sommerberg 1
+49 (7655) 91050
www.schlehdorn.de

Empfohlen von: **Bärmann**

67147 Forst an der Weinstraße

Zum Schockelgaul

Cordon bleu mit knusprigen Bratkartoffel und Salat ist nur einer der beliebten Klassiker der gemütlichen Weinstube, in der die Chefin am Herd steht. Hier bestellt man deftige Gerichte, dazu Weine aus der Region. Pfälzer Lebensart pur!

Weinstraße 96
+49 (6326) 5669
www.schockelgaul.de

Empfohlen von: **Weingut Margarethenhof**

67251 Freinsheim

Freinsheimer Hof

Ein restaurierter Winzerhof ist der schöne Rahmen des Gasthauses, in dem regionale Hausmannskost und mediterran inspirierte Speisen serviert werden. Eine schöne Veranstaltungslocation mit guten Weinen.

Breite Straße 7
+49 (6353) 5080410
www.freinsheimerhof.com

SO

Empfohlen von: **Weingut Kassner-Simon**

76833 Frankweiler

Robichon

Ein echter Franzose mitten in der Pfalz. In Wohnzimmerambiente kommt das auf die Teller, was Frankreichs Küche groß und weltweit berühmt gemacht hat – und das zu moderaten Preisen. Auch die Weinkarte ist beachtlich.

Orensfelsstraße 31
+49 (6345) 3268
www.restaurant-robichon.de

SO

Empfohlen von: **Weingut Katrin Wind, Wein- und Sektgut Wilhelmshof**

76833 Frankweiler

Weinstube Brand

Pfälzer Gastlichkeit in der unprätentiösen Weinstube. Favorit der vielen Stammgäste sind der Blut-Leberwurst-Strudel und das Rumpsteak, je nach Saison bietet Christian Knefler auch Wildgerichte an.

Weinstraße 19
+49 (6345) 959490

€€

Empfohlen von: **Wein- und Sektgut Wilhelmshof Weingut Katrin Wind**

67251 Freinsheim

Atable im Amtshaus

Sybille und Swen Bultmann sind liebenswerte Gastgeber, ihr Restaurant ein gemütlicher Ort zum Genießen. Der Küchenstil ist klassisch französisch und wird hervorragend ergänzt von den dazu gereichten Weinen.

Hauptstraße 29
+49 (6353) 5019355
www.amtshaus-freinsheim.de

P

Empfohlen von: **Weingut Pfeffingen, Weingut Philipp Kuhn**

Foto: beigestellt, Shutterstock

76835 Hainfeld

Am Dorfbrunnen

Im ehemaligen Dorfschulhaus genießt man gut gemachte regional und saisonal inspirierte Gerichte – immer herzhaft zubereitet und in handfesten Portionen serviert. Die dazu angebotenen Weine kommen von Winzern in der unmittelbaren Umgebung.

Weinstraße 28
+49 (6323) 980734
www.dorfbrunnen-hainfeld.de

SO

Empfohlen von: **Weingut Scherr**

67169 Kallstadt

Fleischmann

Holger Fleischmann bewirtet seine Gäste mit uriger Geselligkeit. Ein Ort zum Wohlfühlen, dafür sorgt die Küche mit saftigen Steaks und mit Pfälzer Spezialitäten. Dass der ausgeschenkte Wein aus der Pfalz kommt, ist selbstverständlich!

Weinstraße 123
+49 (6322) 2644
www.weinkabinett-fleischmann.de

SO

Empfohlen von: **Winzergenossenschaft Kallstadt**

76831 Ilbesheim

Hubertushof

Ein Pfälzer Wirtshaus mit Kultstatus. Denn hier tauchen die Gäste in ein urgemütliches Ambiente ein, können zwischen regionalen und internationalen Gerichten wählen und bekommen dazu passende Weine.

Arzheimer Straße 5
+49 (6341) 930239
www.restaurant-hubertushof-ilbesheim.de

€€

Empfohlen von: **Weingut Kranz, Weingut Katrin Wind**

67169 Kallstadt

Kallstadter Hof

Ein denkmalgeschützter Winzerhof, in dem die Pfälzer Weine die erste Geige spielen. Dazu wird eine sehr gute regional geprägte Küche angeboten, die kaum Klassiker auslässt und alle Gerichte mit einem modernen Touch auf die Teller bringt. Klasse!

Weinstraße 102
+49 (6322) 6001090
www.kallstadter-hof.de

SO

Empfohlen von: **Winzergenossenschaft Kallstadt**

Wachtenburg,
Forst an der Weinstraße

67169 Kallstadt

Winzerstuben Weick

Deftiger Saumagen aus der eigenen Wurstküche ist der Renner in den gemütlichen Winzerstuben. Dazu trinkt man natürlich Wein aus der Lage Saumagen. Doch auch andere Pfälzer Spezialitäten werden angeboten, alles in ordentlichen Portionen.

Weinstraße 126
+49 (6322) 5300
www.weick-kallstadt.de

Empfohlen von: **Winzergenossenschaft Kallstadt**

67466 Neustadt an der Weinstraße

Urgestein

Unterm Kreuzgewölbe des historischen Gemäuers arrangiert Köchin Heidi Rink mit feinen Gourmetgerichten ein schmackhaftes kulinarisches Treffen von Pfälzer Produkten mit Zutaten aus der ganzen Welt.

Rathausstraße 6
+49 (6321) 489060
www.restaurant-urgestein.de

Empfohlen von: **Falstaff-Redaktion**

67487 Maikammer

Zum Winzer

Dirk und Christina Albers servieren in ihrem Gasthaus mit südländischem Flair wechselnde saisonale und mediterrane Gerichte auf Basis regionaler Produkte. Ausgeschenkt werden gutseigene Weine.

Weinstraße Süd 8
+49 (6321) 5410
www.gasthaus-zum-winzer.de

SO €€

Empfohlen von: **Weingut Dengler-Seyler**

67433 Neustadt an der Weinstrasse

WeinGUT Wein & Tapas

Gewächse aus den besten Weingütern der Pfalz sind hier in allen Preisklassen zu finden. Ein Dorado für Weinfreunde, die dazu ideenreiche Tapas-Varianten und kleine Leckereien schätzen, die zum Wein angeboten werden.

Turmstraße 3
+49 (06321) 4879090
www.weingut-tapas.de

SO

Empfohlen von: **Weingut Graf von Weyher**

67433 Neustadt an der Weinstrasse

Quetschekuche Stubb

Pfälzer Gastlichkeit im historischen Gemäuer. Die Küche ist modern ausgerichtet, bedient sich vorwiegend regionaler Produkte und kocht mit Bravour bodenständig gut. Pfälzer Weine sind gesetzt, auch überregionale Gewächse kommen in die Gläser.

Mandelring 163
+49 (06321) 9595 490
www.quetsche-kuche-stubb.de

Empfohlen von: **Weingut Margarethenhof**

Foto: beigestellt, Shutterstock

76835 Rhodt unter Rietburg

Rhodter Adler

Vielfältig, regional, bodenständig und unkonventionell: So lässt sich die Küche im Adler am besten umschreiben. Das junge ambitionierte Team macht Dampf auf der Speisekarte, auch Veganes gehört zum Angebot – und natürlich regionale Weine!

Weinstraße 10
+49 (6323) 9492770
www.rhodter-adler.de

SO

Empfohlen von: **Weingut Stefan Meyer**

67152 Ruppertsberg

Hofgut Ruppertsberg

Für seine traditionelle, aber raffinierte Küche, die immer mal wieder in die Gourmetkiste greift, verwendet Jean-Philippe Aiguier ausschließlich Bioprodukte. Erstaunlich, was er aus Gemüse zaubert!

Obergasse 2
+49 (6326) 982097
www.dashofgut.com

P SO €€

Empfohlen von: **Falstaff-Redaktion**

67487 St. Martin

Kirchstübel

Urig, rustikal, gemütlich: Zum Ambiente passt die Speisekarte, die sich bevorzugt um herzhafte klassische Pfälzer Spezialitäten, Flammkuchen in vielen Varianten und Gerichte aus Omas Kochbuch dreht.

Kirchstraße 9
+49 (6323) 949131
www.kirchstuebel.de

SO €

Empfohlen von: **Falstaff-Redaktion**

76833 Siebeldingen

Verum. Das Restaurant

Lisa Schröder und Ferdinand Kretz gehen die kulinarischen Ideen nicht aus. Die beiden ambitionierten Köche halten ihr schick gestyltes Restaurant mit aromastarken Gerichten und einem Touch Gourmet in der Gunst der Gäste ganz oben.

Queichstraße 1
+49 (176) 62262600
www.verum-dasrestaurant.de

SO

Empfohlen von: **Wein- und Sektgut Wilhelmshof**

Foto: beigestellt, Shutterstock

Mäuseturm bei Bingen vor der
Burgruine Ehrenfels in den Rüdesheimer Weinterrassen

RHEIN GAU

FRISCHER, PRÄZISER STIL

Assmannshausen Höllenbe

ROTER RHEINGAU: SPÄTBURGUNDER-TRADITION IM HÖLLENBERG

Der Stellenwert des Rheingauer Rieslings ist so enorm, dass man ein weiteres Rheingauer Terroirprodukt leicht übersieht: den Spätburgunder, der in Assmannshausen eine lange, ruhmreiche Tradition besitzt.

TEXT MATTHIAS NESKE

Rheingau ist Riesling-Land. Das ist keinesfalls eine gefühlte Wahrheit, denn bemüht man die aktuelle deutsche Wein-Statistik, wird dort ausgeworfen, dass auf 78 Prozent der Rebfläche im Rheingau Riesling steht. Umso bemerkenswerter wird diese Zahl im Vergleich mit anderen Anbaugebieten. Der Mittelrhein auf Platz zwei bringt es gerade einmal auf 65 Prozent, die Mosel liegt bei 62 Prozent, in der Pfalz sind wir gar bei 25 Prozent angekommen. Ähnlich aber wie beim kleinen gallischen Dorf gibt es auch im Rheingau einen statistisch abgehängten, aber keinesfalls zu unterschätzenden Widersacher, welcher der Riesling-Übermacht Paroli bietet. Die Rede ist vom Spätburgunder. Und dieses Widerstandsnest mit seinem Zentrum im Assmannshäuser Höllenberg ist keinesfalls das Ergebnis des deutschen Rotweinbooms der 2000er-Jahre.

Wann es im Höllenberg erstmals rote Trauben gegeben hat, darüber streiten sich die Gelehrten. Zum einen wurden bis tief ins 19. Jahrhundert hinein Weinberge sehr selten reinsortig angelegt. Zum anderen entstanden die ersten

Fotos: beigestellt, Shutterstock (c) Willy Groten, Weingut Solveigs, Weingut Diefenhardt

Schriften zur Bestimmung von Rebsorten, die von der botanischen Taxonomie Carl von Linnés angeregt waren, erst Ende des 18. Jahrhunderts. Ampelograf Andreas Jung vermutet anhand seiner Studien der ersten rebbotanischen Standardwerke, dass die roten Rebsorten in Assmannshausen andere gewesen seien als der heute gerühmte Pinot. Verbrieft ist der Anbau von Rotweinsorten erst für das Jahr 1740. Mitte des 19. Jahrhunderts gab es in der Gemarkung Assmannshausen jedenfalls bereits ebenso viele Rot- wie Weißweinreben.

Zur zeitgenössischen Spitze zählten die roten Rheingauer damals jedoch nur eingeschränkt. Auf der Weinkarte des Wiesbadener Kurhauses wurden zwar die besten Assmannshäuser Rotweine geführt. Deren teuerster, der 1893er der Königlich-Preußischen Domäne, war mit neun Mark allerdings deutlich günstiger als vergleichbare Riesling-Auslesen oder gar »echte« Burgunder.

ROTER AUFSCHWUNG IN ASSMANNSHAUSEN

Für einen gewissen Aufschwung des Assmannshäuser Rotweins sorgte Kaiser Wilhelm II., der ein großer Liebhaber der dortigen Gewächse war. Eine wirklich neue Ära läutete dann allerdings die Staatsdomäne Assmannshausen mit dem State-of-the-Art-Neubau des Kellereigebäudes im Jahr 1924 ein. Gleichzeitig übernahm der überaus talentierte Kellermeister Ewald Schug die Leitung der Domäne Assmannshausen, die er bis zum Jahr 1959 in neue Dimensionen führen sollte.

Jens Heinemeyer, Weingut Solveigs

Peter und Julia Seyffardt, Weingut Diefenhardt

WEINBAUGEBIET RHEINGAU

Anbaufläche ca. 3100 Hektar
Aufteilung 129 Einzellagen
Wichtigste Rebsorten
Riesling, Spätburgunder
Verbände
Rheingauer Weinwerbung GmbH
Kloster Eberbach-Pfortenhaus
www.kulturland-rheingau.de

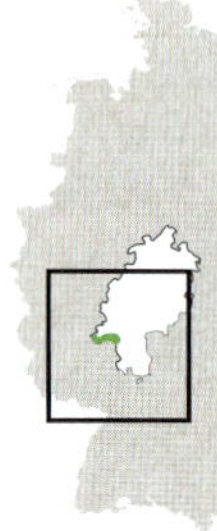

: Weinbau
Stg.: Steigung
Hm: Höhenmeter

PRIVILEGIERTE WEINLAGEN

1 **Assmannshausen Höllenberg**
46 ha, 140–160 Hm, 30–60 % Stg., Ton- und Phyllitschiefer

2 **Rüdesheim Berg Schlossberg**
22 ha, 90–170 Hm, 0–70 % Stg., Quarzit und (teils roter) Schiefer

3 **Rüdesheim Berg Roseneck**
24 ha, 160–200 Hm, 0–60 % Stg., Schiefer, Taunusquarzit

4 **Rüdesheim Berg Rottland**
31 ha, 90–140 Hm, 0–33 % Stg., roter Schiefer, Quarzit

5 **Geisenheim Rothenberg**
20 ha, 135–145 Hm, 0–40 % Stg., Quarzit, Eisenoxid

6 **Schloss Johannisberg**
50 ha, 110–180 Hm, 0–45 % Stg., Schiefer, Quarzit

7 **Oestrich Doosberg**
100 ha, 110–130 Hm, 0–30 % Stg., karbonhaltiger Lösslehm

8 **Hattenheim Steinberg**
34 ha, 200–270 Hm, 20–60 % Stg., Ton, Schiefer

9 **Erbach Marcobrunn**
6,7 ha, 90–100 Hm, 0–25 % Stg., glimmerführender Mergel

10 **Kiedrich Gräfenberg**
11 ha, 120–160 Hm, 40–60 % Stg., Phyllitschiefer

11 **Rauenthal Baiken**
15 ha, 135–210 Hm, 0–20 % Stg., Phyllit, Quarzit, Lösslehm

12 **Rauenthal Nonnenberg**
6 ha, 110–180 Hm, 30–55 % Stg., Phyllitschiefer, Quarzit

13 **Hochheim Kirchenstück**
15,1 ha, 100–120 Hm, 0–30 % Stg., Kalk, Löss, Tonmergel

Auch am Rüdesheimer Schlossberg wird die regionaltypische Rotweinsorte Spätburgunder gekeltert

Einen Eindruck der Schug'schen Roten vermittelte eine überaus erhellende Verkostung der Höllenberg-Weine, die im Mai 2022 im Schloss Biebrich stattfand. Bis ins Jahr 1882 zurück reichten die Flaschen, die die heutigen Hessischen Staatsweingüter Kloster Eberbach zur Verfügung gestellt hatten. Organisiert wurde die Probe von Verleger Ralf Frenzel, der als neuer Mitinhaber der Weingüter Wegeler auch die roten Assmannshäuser Legenden des Weinguts Krone verantwortet. Wie haben sich also die Spätburgunder aus dem Höllenberg gehalten? Erst einmal muss man konstatieren, dass die rote Farbe die Jahrzehnte nicht überdauert hat. Die ein Jahrhundert alten Rotweine präsentierten sich amberfarben und dufteten oft weniger nach verwelkter Rose als vielmehr nach Cassonade, Küchenkräutern und Malz. Hinter dieser ungewöhnlichen Fassade verbargen sich ebenso ungewöhnliche Getränke von einer teilweise betörenden Zartheit, einer lebendigen Säure und gelegentlichen Fruchtanklängen nach Himbeere und gelber Pflaume.

SPÄTBURGUNDER ANNO 2023

Dass es auch aktuelle Jahrgänge einst auf dieses beinahe biblische Alter bringen werden, dafür legt das Schatzkammer-Team um den Geschäftsführer der Staatsweingüter, Dieter Greiner, die Voraussetzungen. Aktuell und in entsprechend jugendlichem Stadium verkostet, brauchen

Günter Schulz, Weingutsgründer von Chat Sauvage

Fotos: beigestellt, Shutterstock, Chat Sauvage

sich die roten Rheingauer jedenfalls nicht vor den Preziosen der Vergangenheit zu verstecken. Kellermeisterin Kathrin Puff gelingt es in jedem Jahr besser, einen frischeren, präziseren Stil in den Höllenberg-Spätburgunder zu bringen.
Wenn von großen Rotweinen aus dem Höllenberg die Rede ist, müssen natürlich auch die anderen hier begüterten Erzeuger erwähnt werden, die einen immer größeren Ehrgeiz an den Tag legen. Dies gilt für die erwähnte Krone als Höllenberg-Gralshüter ebenso wie für etablierte Betriebe wie jene von August Kesseler, Corvers-Kauter, Gunter Künstler oder dem Bischöflichen Weingut in Rüdesheim. Relative Newcomer mit spektakulären Ergebnissen sind auch Chat Sauvage und Jens Heinemeyers »Solveigs«, die beide ihre Spitzenweine aus der Nachbarschaft im Lorcher Bodental-Steinberg holen.
Auch mit den Frankenthal-Gewächsen der Georg-Müller-Stiftung oder – bereits weit den Rhein aufwärts – dem Schlenzenberg von Diefenhardt, Urban Kaufmanns Hassel und Balthasar Ress' »Caviar« aus derselben Lage weist die Region Spätburgunder auf, die heutzutage jede Restaurantkarte zum Leuchten bringen würden. Kurzum: Wer sich für deutschen Wein interessiert, sollte den Rheingauer Roten in jedem Fall eine oder besser gleich mehrere Mußestunden zukommen lassen.

Dieter Greiner, Geschäftsführer von Kloster Eberbach

Weitere Infos über den Autor finden Sie im Kapitel »Verkostungsteam« ab S. 12.

Peter Winter und Tim Lilienström, Weingut Georg Müller Stiftung

Fotos: beigestellt, (c) Michael Braunschädel, Weingut Georg Müller Stiftung

★★★

WEINGUT FRITZ ALLENDORF GEORGSHOF

Kirchstraße 69, 65375 Oestrich-Winkel
T: +49 6723 91850, allendorf@allendorf.de
allendorf.de

Ab-Hof-Verkauf: Ja
Kellermeister: Max Schönleber
Ansprechpartner: Ulrich Allendorf
Flaschen/Hektar: 500.000 (85 % weiß, 15 % rot)/70 ha

Die Familie Allendorf ist tief im Rheingau verwurzelt, seit dem 18. Jahrhundert bauten die Landwirte Reben an. Ein eigenes Weingut entstand erst 1955, mittlerweile ist es auf 70 Hektar angewachsen. Stilistisch sind es klassische Rheingauer. Vom Rüdesheimer Berg haben wir ein dichtes Großes Gewächs verkostet, vom mittleren Rheingau fruchtsüße Weine mit Spiel. Der stets exquisite Höllenberg-Spätburgunder wurde in diesem Jahr zwar nicht angestellt, doch mit der Nachbarlage Frankenthal gibt es eine kühlere, nicht minder spannende Variante.

93 2020 Winkel Hasensprung Riesling GG
Ganz zarte und feine Nase nach Lavendel, dabei kühle und frische Noten nach Limettenabrieb und Jasminknospen. Im Mund saftig und frisch, spannend auch Kölnisch Wasser, die Säure ist fast grün mit hoher Animierung, ein toller Speisenbegleiter! 12 Vol.-%, DV, €€€

93 2020 Rüdesheim Berg Roseneck Riesling GG
Elegante hellgrüngoldene Reflexe. Duftige Nase nach zarten Blüten, Heu, feine Mineralik, leicht reife Noten, die auch am Gaumen zum Tragen kommen, feine rauchige Töne ergänzen die saftige Säure äußerst positiv, der Nachhall ist lang und fast cremig. 12 Vol.-%, NK, €€€

92+ 2019 Assmannshausen Frankenthal Spätburgunder trocken
Ein attraktiver Duft von dunkler Süße, Schwarzkirsche, Hibiskus, Pflaume und Veilchen. Am Gaumen herrlich saftig, getrocknete Cranberry, leichte Kräuterwürze, Brombeere. Dabei präzise Säure, reifes Tannin und wunderbare Balance. Im Nachhall eher kühl bei großer Finesse. 12,5 Vol.-%, NK, €€€

93 2021 Winkel Hasensprung Riesling Spätlese
Zuerst duftarm, dann Pomeranze, Jasmin, auch hier etwas Lavendel. Im Mund eine köstlich zarte und elegante Süße, ganz frisch und saftig. Nach kurzer Zeit entwickelt sich eine animierende Adstringenz, die den Trinkfluss richtig anstachelt. Toller Wein! 8,5 Vol.-%, DV, €€€

91+ 2020 Winkel Jesuitengarten Riesling GG

90 2021 Winkel Riesling trocken

90 2021 Roter Riesling trocken

90 2021 Rüdesheim Riesling halbtrocken

91 2019 »Quercus« Pinot Noir trocken

92+ 2021 Riesling Kabinett

92 2021 Winkel Hasensprung Riesling Auslese

90 2020 »Charta« Riesling feinherb
»Charta«-Weine sind ja rar geworden, dieser besticht schon mal mit zarter Nase nach Birnen, Limetten und frischem Gras. Am Gaumen sehr saftig, frisch, feine, nicht satt machende Süße, kühl wie nasse Kieselsteine, angenehm animierend. 11,5 Vol.-%, DV, €€

★★★

SEKTKELLEREI BARDONG

Bahnstraße 7, 65366 Geisenheim
T: +49 6722 47136, info@bardong.de
bardong.de

Ab-Hof-Verkauf: nach Vereinbarung
Kellermeister: Norbert Bardong
Ansprechpartner: Renate und Norbert Bardong

Als Norbert und Renate Bardong Mitte der 1980er-Jahre ihre Sektmanufaktur gründeten, setzten sie mit Flaschengärung und langem Hefelager ganz auf Qualität. Damit leisteten sie Pionierarbeit in Deutschland. Die Leidenschaft für den edlen Schaumwein brachte Norbert Bardong aus der Champagne mit, alles andere bietet das heimatliche Anbaugebiet. Trauben aus den besten Rheingauer Weinberge bilden die Basis, so entstehen Lagensekte, die – wie der Marcobrunn Riesling oder der Rote (!) aus Assmannshausen – auch hervorragend ein Essen begleiten können.

93 ❺ 2014 Erbach Marcobrunn Riesling extra brut

Zartes Goldgelb, leicht balsamisch im komplexen Duft, Pfirsich, Aprikose. Vollmundig am Gaumen, gute Frische, Mineralik, die Säure zeigt sich wie ein Laserstrahl, mittelfeines Mousseux, sehr schöne Würze, gut balanciert, gute Länge. Kulinarischer Typ. 12,5 Vol. %, NK, €€€

93 ❺ 2016 Erbach Honigberg Riesling extra brut

Sehr sortentypische Nase, weiße Blüten, etwas Honig, auch rauchige Noten, gebrannter Zucker. Im Mund dann junge Aprikosen, Weiße Johannisbeeren und Cassis, ungemein saftig mit animierend knackiger Säure, wunderbar eingebundenes Mousseux. Ein guter Speisenbegleiter. 12 Vol.-%, NK, €€

91 ❺ 2016 Assmannshausen Hinterkirch Spätburgunder blanc de noir brut

Beeindruckende kühle Nase mit Noten wie beim Abschluss der Getreideernte, gefolgt von zarten Zitrus- und Rauchnoten. Im Mund dann beerig, frisch und saftig, eine zarte Süße im Nachhall rundet das Mousseux ab. Ein fein ziselierter Pinot. 12,5 Vol.-%, NK, €€€

92 ❺ 2016 Assmannshausen Frankenthal Spätburgunder extra brut

Schöne rubinrote Farbe mit einer zarten beerigen Nase. Im Mund dann die klassische feine Assmannshäuser Bittermandelnote, animierender Gerbstoff, die reifen Noten passen fein zur deutlichen Säure. Ein herrlicher Begleiter zu einem kräftigen Essen! 12,5 Vol.-%, NK, €€€

91 ❺ 2016 Chardonnay brut

92 ❺ 2016 Hallgarten Jungfer Riesling brut

Mirabelle, rosa Grapefruit, Eukalyptus und eine feine Riesling-Würze in der Nase. Am Gaumen mit feiner, breiter Perlage, der Geschmack leicht bitter, mit animierender Säure und kräftigen Aromen, die deckungsgleich dem Geruch schmecken. 12,5 Vol.-%, NK, €€

★★★

WEIN- UND SEKTGUT BARTH

Bergweg 20, 65347 Eltville-Hattenheim
T: +49 6723 2514, mail@weingut-barth.de
weingut-barth.de

Ab-Hof-Verkauf: Mi bis Fr 14–18 Uhr, Sa 11–16 Uhr
Kellermeister: Sarah Broschart
Ansprechpartner: Mark Barth
Flaschen/Hektar: 267.000 (53 % weiß, 17 % rot, 30 % Schaumwein)/22 ha
Anbauweise: Bio

Absolut bewundernswert, was Marc Barth für Sekte erzeugt! Riesling-Sekt als »brut nature«, also ohne jeden Zusatz von süßer Dosage, das ist die hohe Schule. Barth gelingt der Spagat meisterlich, die Weine Riesling-typisch nervig zu halten und ihnen dabei ohne jede Süße Harmonie zu verleihen. Außerdem sind die Lagensekte präzise, deutliche Abbilder ihrer Herkünfte. Angesichts solch herausragender Kunstfertigkeit kann es fast nicht anders sein, als dass die Stillweine ein wenig im Schatten der Sekte stehen. Aber auch sie haben ihre Tugenden und verdienen unsere Empfehlung.

94 2016 Hattenheim Schützenhaus Riesling brut nature

Ein sehr stiller Riesling-Duft, dezent beerig, Hefe, weiße Schokolade. Im Mund ungemein fein ziseliert, ein ganz delikates und dennoch lebendiges Mousseux, ein Hauch Holz, sehr viel Spiel und Finesse, der Gaumen bleibt frisch und geputzt zurück. Sehr kultiviert. 12 Vol.-%, DIAM, €€€

94 2015 Hattenheim Hassel Riesling brut nature

Zartes Goldgelb. In der Nase Apfelschale, helles Karamell, Brioche, etwas Waldhimbeere, beerig, floral, Mandelschale, Bratapfel. Das Mousseux ist lebhaft, am Anfang dynamisch, dann cremig und seidig, ein komplexer, kräftiger Wein mit guter Balance und weinigem Charakter, sehr lang. 12,5 Vol.-%, DIAM, €€€€

92 2020 Hattenheim Schönhell Riesling GG

Die Nase des Großen Gewächses ist vielschichtig, rauchig und fruchtig, rote Früchte, außerdem reife Aprikosen und ein bisschen Pfeffer. Am Gaumen elegant mit ausbalancierter Säure und Extraktsüße, der Gerbstoff stützt den schlanken Körper, wobei der Geschmack noch lange nachhallt. 12,5 Vol.-%, DV, €€€

91 2020 »Singularis« Riesling trocken

In der Nase Vanille und Minze, auch Balsamico und würzige Kräuter. Am Gaumen stoffig und feingliedrig. Mit kräftigem Geschmack und merkbarer Viskosität durch die deutliche Extraktsüße, der Körper des Rieslings ist überraschend fein mit gut eingebundener Säure. Als Begleiter zum Essen vermutlich sehr interessant. 12,5 Vol.-%, DV, €€€

91 2021 Hattenheim Schützenhaus Riesling Erste Lage trocken

90+ 2021 Oestrich Lenchen Riesling Kabinett

Exotisch in der Nase, nach Ananas, Physalis und Zitronengras. Ganz leichtfüßig wirkt der Riesling aus der Großen Lage, seine Süße am Gaumen dominiert deutlich die Säure und verschiebt so die Proportionen etwas hin zu einem mittelschweren Körper. 9 Vol.-%, DV, €€

★★

WEINGUT HANS BAUSCH

Waldbachstraße 103, 65347 Hattenheim
T: +49 6723 999203, info@weingut-hans-bausch.de
weingut-hans-bausch.de

Ab-Hof-Verkauf: Mo bis Fr 9–17 Uhr, Sa 11–16 Uhr
Kellermeister: Katharina Bausch
Ansprechpartner: Hans Bausch
Flaschen/Hektar: 73.000 (84 % weiß, 4 % rot, 5 % Rosé, 5 % süß, 2 % Schaumwein)/17 ha

Wir sind Winzer, durch und durch«, schreibt uns Hans Bausch. Das handwerkliche Geschick, so der Hattenheimer Winzer, sei auch auf seinen Sohn Maximilian übergegangen, der sich um die Weinbergsarbeiten kümmert – und ebenso auf Tochter Katharina, die nach einem Studium in Geisenheim den Keller betreut. Die Weine sind typische Rheingauer Rieslinge, die auch im trockenen Geschmacksbild eine schmeckbare Süße haben. So werden auch an einem großen Tisch, um den sich viele unterschiedliche Weingeschmäcker versammelt haben, am Ende alle zufrieden ihre Gläser leeren.

91+ 2021 »RGG« Kiedrich Gräfenberg Riesling trocken
Im Duft Pfirsich und Pfirsichkern, etwas Hefe, auch leichte Schiefernoten. Am Gaumen hat der Wein eine mittelgewichtige Struktur, gute Spannung, mineralischen Extrakt, die stramme Säure ist von Süße gepuffert, der Abgang zeigt noch deutlich hefige Noten. 13 Vol.-%, DV, €€€

90+ 2021 »RGG« Hattenheim Engelmannsberg Riesling trocken
Der Duft ist noch hefedominiert, dahinter geben sich zitrusfruchtige Aromen zu erkennen. Im Mund zeigt sich eine furiose Säure, großzügig dosierte Süße und Hefekomponenten puffern den stahligen Bau, die Aromenbegleitung ist noch verschlossen. 13 Vol.-%, DV, €€€

90 2021 Hattenheim Schützenhaus Riesling trocken
Pfirsich im Duft, etwas Zitronenblüten, floral. Im Mund ist der mittelgewichtige Wein sehr ganz gebaut, eine knackige Säure zieht sich vom Auftakt bis in den Abgang. Ein spannungsvoller und erfrischender Wein. 12 Vol.-%, DV, €€

92 2011 Hattenheim Engelmannsberg Riesling Beerenauslese
Bernsteinfarben. Duft nach kandierter Ananas, Kräuter, etwas Unterholz, viel Würze, gereifte Aromen. Am Gaumen mit viel Schmelz, in Würde gereift, etwas Tabak, gute Konzentration, eingekochte Früchte, eher verhaltene Säure, individuell, sehr gut zu einem Dessert. 10 Vol.-%, NK, €€€

89 2019 Hattenheim Wisselbrunnen Riesling Spätlese

89+ 2021 Hattenheim Riesling trocken
Eine archetypische Rheingauer Rieslingnase mit Pfirsichfrucht und leichten Kräuternoten. Im Mund setzt der Wein mit Geschmeidigkeit und Süße an, dann greift eine markante Säure, etwas Kohlensäure erfrischt, ehe abermals runde und geschmeidige Komponenten in den Abgang leiten. 12 Vol.-%, DV, €

★★★★

BISCHÖFLICHES WEINGUT RÜDESHEIM

Marienthaler Straße 3, 65385 Rüdesheim
T: +49 6722 910560, info@bischoefliches-weingut.de
bischoefliches-weingut.de

Ab-Hof-Verkauf: Mi bis Fr 14–17 Uhr
Kellermeister: Peter Perabo
Ansprechpartner: Peter Perabo, Elise Wieliczko
Flaschen/Hektar: 50.000 (75 % weiß, 25 % rot)/9.1 ha

Das Bischöfliche Weingut Rüdesheim gehört zum Bistum Limburg und darf nicht mit dem Bischöflichen Weingut Trier verwechselt werden, das viel mehr Fläche hat und – bei allem Respekt – leider nicht ganz das qualitative Niveau der Rheingauer Glaubensbrüder erreicht. Betriebsleiter Peter Perabo ist ein ebenso fleißiger wie kundiger Arbeiter im Weinberg des Herrn, seine klassisch strukturierten beerigen Rieslinge zeigen ihre Herkunft vom Rüdesheimer Berg sehr gut. Bei den Spätburgundern wird es etwas »wilder« und stilistisch komplett eigenständig. Laudamus!

92+ 2020 Rüdesheim Berg Roseneck Riesling trocken
Intensiver, würziger Geschmack. Die Säure ist herausfordernd, aber keinesfalls aggressiv, ihr ausgleichendes Gegenüber ist der Extrakt aus dem Lesegut. Ob sich da die Löss-Anteile des Roseneck-Bodens bemerkbar machen? Jedenfalls ein Charakterwein. 12,5 Vol.-%, NK, €€€

94 2019 Assmannshausen Höllenberg Pinot Noir trocken
Delikater Duft. Tolle Frucht und Würze, seidige Tannine, Grafit, feine Mineralik, dezent eingebundenes Holz – alles stimmt. Der Wein präsentiert das Potenzial des legendären Höllenbergs. Stilistisch eine Punktlandung: Liszt statt Wagner. 13,5 Vol.-%, NK, €€€

93+ 2019 »S« Assmannshausen Pinot Noir tr.
Schönes, sortentypisches Bukett, schwarze Beeren, Wacholder, Gewürznelken. Stramme Tannine, gute Mineralik, Würze, alles nahtlos ineinandergefügt und auf lange Reifezeit ausgelegt. Der Wein verspricht Hochgenuss in ein paar Jahren. 13,5 Vol.-%, NK, €€€

93 2020 Assmannshausen Pinot Noir trocken
Feiner Kirschdurft. Auch der Geschmack zeigt Finesse, seidige Tannine, die Frucht ist schön in die Säurestruktur integriert. Ein Wein aus einem Guss, der sicherlich noch eine längere Reifestrecke vor sich hat. Man sieht sich hoffentlich wieder! 13,5 Vol.-%, NK, €€€

92 2017 Rüdesheim Berg Rottland Riesling tr.

92 2021 »Episcopus« Rüdesheim Riesling tr.

91+ 2020 »1960« Rüdesheim Berg Rottland Riesling trocken

91+ 2020 Rüdesheim Berg Schlossberg Katerloch Riesling trocken

91 2021 Rüdesheim Berg Rottland Riesling tr.

89+ 2021 »A Priori« Riesling feinherb

92 2020 Rüdesheim Pinot Noir trocken

90 2021 »Laudate« Rüdesheim Riesling trocken
Das zunächst wilde, ungezügelte Bukett wird im Glas zahmer und lässt Kräuteraromen frei. Den Geschmack dominiert eine frische Säure, durchaus mit Spitzen, die an Kumquats denken lassen, der Nachgeschmack hält gut an und zeigt einen Haselnusston. 12 Vol.-%, DV, €€

★★★★★

WEINGUT GEORG BREUER

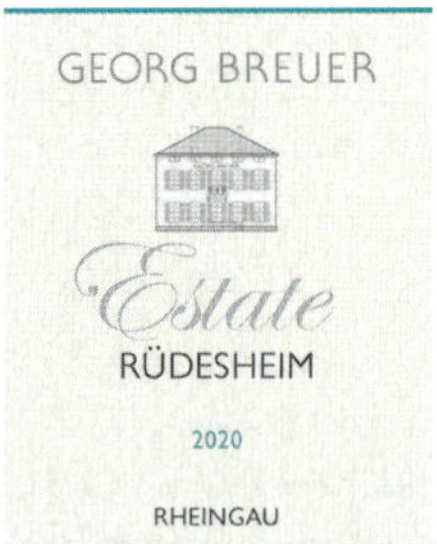

Grabenstraße 8, 65385 Rüdesheim am Rhein
T: +49 6722 1027, info@georg-breuer.com
georg-breuer.com

Ab-Hof-Verkauf: täglich 10–18 Uhr
Kellermeister: Hermann Schmoranz & Markus Lundén
Ansprechpartner: Theresa Breuer
Flaschen/Hektar: 267.000 (85 % weiß, 10 % rot, 3 % Rosé, 1 % süß, 1 % Schaumwein)/38.5 ha

Theresa Breuers Sortiment und ebenso ihre Weine sind durchdrungen von Klarheit. Das beginnt bei den Weinen der »Estate«-Serie, die den geschmacklichen Markenkern der Ortschaften Rüdesheim, Rauenthal und Lorch auf dem Silbertablett präsentieren. Daran ist nichts Konstruiertes, alles wirkt wie von selbst so geworden. Sicher steckt eine Herkulesarbeit hinter solcher Souveränität – überall im Team. Die Lagenweine steigern dann noch den Ausdruck, den Extrakt, das Reifevermögen. Aber auch sie halten stets Maß und bewahren die Ästhetik der Proportion. Groß!

97+ 2020 Rüdesheim Berg Schlossberg Riesling trocken

Erste Würze im Duft: Kümmel, Anis, Piment, getrocknete Orangenschale, weißer Pfirsich. Im Mund hat der Wein feine, dennoch Druck aufbauende Phenole, reife Säure und einen weit gefassten, geschmeidigen Hintergrund. Dichte und Volumen garantieren 20 Jahre der Reife oder mehr. Im Abgang kehrt die Würze des Dufts wieder, noch leicht hefig variiert. 13,5 Vol.-%, DV, €€€

96+ 2021 Rauenthal Nonnenberg Riesling trocken

Im Duft Amalfi-Zitrone und Blutorange, dezent kräutrige Noten, merklich mineralisch unterlegt. Im Mund entfaltet sich eine Essenz des Rheingauer Rieslings: eine stahlige Eleganz, die von Mineralik flankiert ist und delikat, verspielt, aus einem Guss wirkt. Großes Potenzial! 11,5 Vol.-%, NK, €€€€

94 2021 Lorch Pfaffenwies Riesling trocken

Im Duft Mandarine und pfeffrige Schiefernoten, noch sehr jung. Im Mund hat der Wein Spannung, knackige Säure, Saftigkeit, eine schlanke Bündelung, ein dichter stoffiger Kern macht den Abgang kompakt und straff. Mittelrhein-Mineralik mit Rheingau-Finesse. 11,5 Vol.-%, NK, €€€€

92+ 2021 »Terra Montosa« Riesling trocken

Hefe und Feuerstein im Duft, Mandarine. Am Gaumen zeigt sich der Wein stoffig und noch ganz in sich gekehrt, die Säure ist fest, aber reif, eine geschmeidige Schicht bindet die Struktur ein. Die Struktur des Weins hat bereits Länge, die Aromen werden mit Flaschenreife kommen. 11,5 Vol.-%, NK, €€€

91 2021 »Estate« Rauenthal Riesling trocken

91+ 2021 »Estate« Lorch Riesling trocken

Im Duft frische Zitrusfrucht und schieferige Noten. Im Mund hat der Wein eine saftige, nachgerade speichelziehende Säure, eine sehr elegante Balance, spielerisch und leichtgewichtig, aber auch mineralisch geprägt. Was für ein Trinkspaß! 11,5 Vol.-%, DV, €€

★★★★★

WEINGUT CHAT SAUVAGE/SCHULZ & SCHÖTTLE

Chat Sauvage

Pinot Noir

Rüdesheim Drachenstein

Hohlweg 23, 65366 Johannisberg
T: +49 6722 9372586, pinot@chat-sauvage.de
chat-sauvage.de

Ab-Hof-Verkauf: Vinothek Mo bis Fr 8–16.30 Uhr, Sa 12–17 Uhr, Dez. So 12–17 Uhr und nach Vereinbarung
Kellermeister: Verena Schöttle
Ansprechpartner: Verena Schöttle
Flaschen/Hektar: 24.000 (20 % weiß, 80 % rot)/8 ha

In dem für Riesling weltberühmten Rheingau hat sich Chat Sauvage ganz dem Pinot Noir und dem Chardonnay verschrieben. Auf den großen Jahrgang 2018 folgt mit 2019 ein weiterer erinnerungswürdiger: Angeführt von »Le Schulz«, der im fein austarierten Gleichgewicht Kraft und Eleganz vereint, folgen Pinot Noirs von unterschiedlichen Terroirs mit derselben gekonnten Handschrift: Punktet Drachenstein mit Konzentration, reüssiert Schlossberg mit präziser Frucht und griffiger Mineralik: Chat Sauvage ist ein Monolith in der deutschen Burgunder-Topografie.

95+ 2019 »Le Schulz« Pinot Noir trocken
Würzig, Grafit, Minze, komplex, mit einigem Zukunftsversprechen. Zeigt am Daumen eine enorme Verdichtung und Konzentration, eine große Menge an feinkörnigem Tannin, noch in Reserve, selbstbewusste, gekonnt eingewobene Säure. Gemacht für Jahrzehnte. 13 Vol.-%, NK, €€€€

94 2019 Lorch Schlossberg Pinot Noir trocken
Kirsche, Blaubeere, Holzwürze, Thymian, erdige Noten, grüner Pfeffer. Zeigt am Gaumen bei guter Substanz eine kühle Aura mit griffiger Mineralik, eng am Körper anliegende Säure, behutsam extrahiertes Tannin, präzise, gut auskleidende Frucht mit Sauerkirsche. Noch jung. 13,5 Vol.-%, NK, €€€€

93+ 2019 Rüdesheim Drachenstein Pinot Noir trocken
Holzwürze im satten Bukett mit dunkler Kirsche, Cassis, Himbeeren, Wacholderbeeren und auch Gewürznelken. Breit und kräftig angelegt am Gaumen mit weichem Fond, zunehmende mineralische Spannung, konzentrierte Frucht, viel Würze, fester Tannindruck, noch verschlossen. 13,5 Vol.-%, NK, €€€€

93 2019 Johannisberg Hölle Pinot Noir trocken
Reife Kirsche, kräutrig, etwas Orangenschale, merkliche Holzwürze, Wacholderbeere. Setzt weich an mit einer reifen, delikaten Säure, saftige Frucht, fester Tanninkern, markante Mineralik belebt den kräftigen Körper, gute Länge, salziger Nachhall. 13,5 Vol.-%, NK, €€€€

92+ 2019 Lorch Pinot Noir trocken

92 2019 »Selection Schulz« Rheingau Pinot Noir
Kirsche, Blaubeere, etwas Mandeln, feine Würze, Kräuter und Rauch. Am Gaumen entwickeln sich Kraft und Substanz, grundiert von Mineralik, getragen von einer selbstbewussten Säure, präzise Frucht, die Struktur ist von jugendlichem, festem Tannin geprägt. 13,5 Vol.-%, NK, €€€

★★★★

WEINGUT DR. CORVERS-KAUTER

Rheingaustraße 129, 65375 Oestrich-Winkel
T: +49 6723 2614, info@corvers-kauter.de
corvers-kauter.de

Ab-Hof-Verkauf: Apr. bis Okt. Mi bis Fr 17–23 Uhr, Sa und So 15–23 Uhr
Kellermeister: Matthias Corvers
Ansprechpartner: Matthias und Brigitte Corvers
Flaschen/Hektar: 253.000 (85 % weiß, 15 % rot)/37 ha
Anbauweise: Bio

Kellermeister Matthias Corvers versteht es in dem Traditionsweingut, das auf eine etwa 250-jährige Geschichte zurückblickt, vortrefflich, die Eigenheiten des Rheingauer Terroirs herauszuarbeiten. Neben den beiden trockenen Top-Rieslingen aus dem Erbacher Marcobrunn – dieser Wein ist ungemein frisch und mineralisch geraten – und dem saftigen Rüdesheimer Berg Schlossberg haben uns dieses Jahr die Trockenbeerenauslesen besonders beeindruckt, vor allem jene aus dem Marcobrunn. Welche Kraft, welche Eleganz, welche Komplexität, welch großartiges Reifepotenzial – Glückwunsch!

93+ 2021 Erbach Marcobrunn Riesling trocken
Fein in der Nase, mineralische Noten, gelber Apfel, weißer Pfirsich, Salzzitronen, Grapefruit, Orangen, Klee, Senfmehl, Feuerstein. Am Gaumen mit Zug, lebendige Säure, mineralisch-salzig, dezent in der Frucht, Grapefruit, saftig, schlank im Körper, elegant, spannend. 12 Vol.-%, DV, €€€

93+ 2020 Assmannshausen Höllenberg Pinot Noir trocken
Würzig in der Nase, Unterholz, Rote Johannisbeeren, Himbeeren, Walderdbeeren, Rote Bete, ätherische Noten wie Kiefer und Eukalyptus. Am Gaumen saftige rote Frucht, lebendige Säure, feingliedriges reifes Tannin, pfeffrige Würze, schöne Länge, elegant. Hat Reifepotenzial. 13,5 Vol.-%, NK, €€€€

95+ 2020 Erbach Marcobrunn Riesling Trockenbeerenauslese
Extrem konzentrierter Duft, Rosinen, Waldhonig, getrocknete Früchte, unterlegt mit Kräuterwürze. Am Gaumen fast likörartig viskos, druckvolle Süße, feine Säure, süße Orange, Pfirsichgelee, wieder Honig, sehr extraktreich, sehr lang, endet auf kandierter Limone. Für die Ewigkeit gemacht. 6 Vol.-%, DV, €€€€

96+ 2021 Erbach Marcobrunn Riesling Trockenbeerenauslese
Sattes Goldgelb. Intensiver Duft nach Waldhonig, getrockneten und kandierten Früchten, voll, dicht, vielschichtig, unterlegt mit feiner Würze. Am Gaumen viskos, delikates Spiel von druckvoller Süße und lebendiger Säure, Minze, Ananas, Papaya, extraktreich, griffig, extrem lang. Große Zukunft! 7,5 Vol.-%, DV, €€€€

93+ 2021 Rüdesheim Berg Schlossberg Riesling trocken

92+ 2021 Rüdesheim Berg Rottland Riesling trocken

92 2021 Rauenthal Baiken Riesling trocken

90 2021 Oestrich Doosberg Riesling trocken

93 2020 Rüdesheim Drachenstein Pinot Noir trocken

94+ 2018 Oestrich Doosberg Riesling Trockenbeerenauslese

94 2021 Oestrich Doosberg Riesling Trockenbeerenauslese

90 2021 »R3 Remastered« Rheingau Riesling trocken
In der Nase reifer gelber Apfel, Zitronenzesten, Pfirsich, Wiesenkräuter, Anis, dazu auch weiße Blüten. Am Gaumen dicht, reife gelbe Früchte, Pfirsich, Aprikosen, Grapefruit, viel mineralische Würze, salzig noch lang im Nachhall, Trinkfluss garantiert. 12 Vol.-%, DV, €

★★★

WEINGUT DIEFENHARDT

Hauptstraße 9–11, 65344 Eltville-Martinsthal
T: +49 6123 71490, weingut@diefenhardt.de
diefenhardt.com

Ab-Hof-Verkauf: Di bis Sa 10–12 Uhr und 14–20 Uhr
Kellermeister: Julia Seyffardt
Ansprechpartner: Julia Seyffardt
Flaschen/Hektar: 133.000 (85 % weiß, 15 % rot)/18 ha

Julia Seyffardt, inzwischen Mitinhaberin und für den Ausbau der Weine im Weingut Diefenhardt verantwortlich, zieht die Zügel an: Die Weine erscheinen im schicken neuen Design, das reduzierter und aufgeräumter wirkt als zuvor. Die Rieslinge zeigen mehr Strahlkraft und Ausstrahlung, vor allem die roten Burgunder überzeugen mit ihrer kühlen Art, saftigen Frucht und fein extrahierten Gerbstoffen – da kommt die Expertise zum Ausdruck, die sich die Winzerin bei Aufenthalten im Burgund zugelegt hat. Wir freuen uns, dass das traditionsreiche Weingut von neuen Ideen belebt wird!

92+ 2020 Martinsthal Schlenzenberg Riesling GG
Vielschichtiger Duft, zitrische Noten zu Steinobst, Weinbergpfirsich, Grapefruit, etwas Himbeeren, kräutrige Noten. Startet saftig und mit feinen Kräutern am Gaumen, weicher Fond, verdichtet sich in der Gaumenmitte mit mineralischer Würze und auch Tiefe, nuanciert. 12,5 Vol.-%, DV, €€€

91 2021 Rauenthal Rothenberg Erste Lage Riesling trocken
Blüten und Blumen in der feinduftigen Nase, auch Mirabelle und Gesteinsmehl, alles in Nuancen. Mit feiner Würze und hintergründiger Mineralik am Gaumen, Apfelnoten, reifer, saftiger Säurestrang, rosa Ingwer, gepflegte, reife Phenole, gute Balance. 12,5 Vol.-%, DV, €€

92+ 2019 Martinsthal Schlenzenberg Spätburgunder GG
Feines Duftspektrum mit hellen roten Früchten, Himbeeren und Rote Johannisbeeren, rosa Pfeffer, Kakaopulver, dezente Holzwürze. Behutsam extrahiert, feinkörnige Gerbstoffe, feinnervige Säure, präsente Frucht, präzise gearbeitet, Kraft und Finesse gehen zusammen, gute Länge. 13 Vol.-%, NK, €€€

91 2019 Martinsthal Wildsau Pinot Noir trocken
Holzwürze, röstige Aromen, schwarze Kirschen und Brombeeren im Duft, erdige Noten, getrocknete und frische Kräuter. Entwickelt Spannung und Druck am Gaumen mit einer präsenten, gut eingewobenen Säure, fokussiert, klare Kirschfrucht, saftiges und griffiges Tannin. 13 Vol.-%, NK, €€

90+ 2021 »Charta« Riesling trocken

90 2021 »Alte Reben« Martinsthal Riesling trocken
Feine Aromen von Steinobst in der Nase, Pfirsich, helle Blüten, Aprikosen, auch kräutrige Noten, Zitrusnoten. Schlank, aber athletisch und straff gebaut, präsente, geradlinige Säure, saftig, eher zurückhaltend in der Frucht, mineralisch-salzig, gute Länge. 12 Vol.-%, DV, €€

★★★

DOMDECHANT WERNERSCHES WEINGUT

Rathausstraße 30, 65239 Hochheim
T: +49 6146 855037, mauritz@domdechantwerner.com
domdechantwerner.com

Ab-Hof-Verkauf: Mo bis Fr 8–16 Uhr und nach telefonischer Vereinbarung
Kellermeister: Michael Bott
Ansprechpartner: Franz Werner Michael
Hektar: 13 ha

Das angesehene Hochheimer Weingut wurde 1780 von Johann Baptista Werner erworben, heute führen es Dr. Franz Michel in 7. und Catharina Mauritz in 8. Generation. Der namengebende Domdechant war der Sohn des Unternehmensgründers Dr. Franz Werner, der sich nach preußischem Beschuss um den Wiederaufbau des Mainzer Doms verdient machte. Die Weine sind Textbuch-Hochheimer: mit rasanter Säure, aber auch genug Körper, um die Balance zu wahren. Das Weingut verweist mit berechtigtem Stolz darauf, dass es ausschließlich Trauben aus eigenen Weinbergen keltert.

92 2020 Hochheim Kirchenstück Im Stein Riesling GG
Goldgelb in der Farbe. Eleganter Duft mit komplexen Aromen von Aprikosenschale, Pfirsich, rotem Apfel, Zitronenmelisse und nassem Stein, dazu ein Hauch Mineralik. Am Gaumen leichte Phenolik, feine Frucht und noch tragende Säure bei sehr gutem Nachhall. 12,5 Vol.-%, DV, €€€

91 2021 Hochheim Domdechaney Riesling Erste Lage trocken
Blasses Goldgelb in der Farbgebung. Attraktive Reife im Duft, reifer gelber Apfel, Mirabellen, Pfirsich, Aprikose und ein Hauch von Gesteinsmehl. Am Gaumen trägt die gute Säure sowohl die leichte Phenolik als auch die Fruchtsüße, süß-mineralischer Nachhall. 12,5 Vol.-%, DV, €€

90 2021 Hochheim Kirchenstück Riesling Erste Lage trocken
Brillant in der Farbgebung. Ein sehr reifer Duft in der Nase, nach Aprikose, rosa Pfirsich, Nektarine und reifer Limette. Am Gaumen angenehm saftig, die gute und lebendige Säure balanciert die reife Süße, trinkanimierend und attraktiv im Nachhall. 12,5 Vol.-%, DV, €€

92+ 2021 Hochheim Stielweg Riesling Auslese
Prägnanter Duft nach exotischen Früchten, Melone, Pfirsich, reife Birne und etwas Blütenhonig, dazu kandierte Orange, würzig und vielschichtig. Am Gaumen mit Saft und Zug, lebendige Säure, Restsüße exzellent integriert, süße Zitrusfrucht, wieder Würze, gute Länge. 8,5 Vol.-%, DV, €€€

89 2021 Hochheim Frühburgunder Rosé trocken

91 2021 Hochheim Riesling trocken
Blasses Zitronengelb. Fein im Duft, Aromen von Zitronenmelisse, Mandarinenschale, grünem Apfel und nassem Gestein. Am Gaumen dicht, dabei saftig und mineralisch bei gut integrierter Säure. Ein würdiger Vertreter der Region, offenbart viel Trinkgenuss. 12,5 Vol.-%, DV, €€

★★★★

KLOSTER EBERBACH

Kloster Eberbach, 65346 Eltville
T: +49 6723 60460, weingut@kloster-eberbach.de
kloster-eberbach.de

Ab-Hof-Verkauf: nur in der Vinothek im Kloster Eberbach, 65346 Eltville, Mo bis So 10–18 Uhr
Kellermeister: Bruno Nagele & Chefönologin Kathrin Puff
Ansprechpartner: Dieter Greiner, Dirk Sewe
Flaschen/Hektar: 2.300.000 (85 % weiß, 15 % rot)/ 238 ha

Mit Chefönologin Kathrin Puff und Außenbetriebsleiter Max Schaefer hat Gutsdirektor Dieter Greiner zwei junge, engagierte Kräfte an den gigantisch großen Staatsbetrieb gebunden. Der Qualitätsschub wird in der aktuellen Kollektion zuerst an den Spätburgundern aus Rüdesheim und Assmannshausen sichtbar, die ohne Frage an den Ruhm der Vergangenheit anknüpfen (siehe hierzu auch die Rheingau-Einleitung). Besonders augenfällig ist auch der Aufschwung bei der preislichen Mittelklasse, wie bei den Erste-Lage-Rieslingen aus Neroberg und Baiken.

93+ 2020 Rüdesheim Berg Roseneck Riesling trocken
In der Nase Melisse, rauchige Gesteinsnoten, Apfel, getrocknete Zitronenschale. Der Gaumen eröffnet mit leichter Geschmeidigkeit, webt dann mineralischen Extrakt und eine sehr feste Säure in den Körper, die defensiv gesetzte Süße unterstützt, ohne isoliert in Erscheinung zu treten. 12,5 Vol.-%, DV, €€€

93+ 2020 Erbach Marcobrunn Riesling GG
Leicht petrolig im Duft, auch zitrusfruchtig, mit Luftkontakt auch Rose. Im Mund wird der Wein von dezenter Phenolik und markanter Säure getragen, intensive taktile Mineralik bereichert den terpenwürzigen, noch kompakten Abklang. 13 Vol.-%, DV, €€€

96+ 2019 Assmannshausen Höllenberg Spätburgunder trocken
Ein überströmender Duft von »Mara des Bois«-Erdbeere, Walderdbeere. Im Hintergrund sind auch Kräutertöne, dazu ein Hauch von hochreifer Frucht, auch Mineralik. Der Gaumen grundiert weich und setzt ein forderndes trockenes, sogar rappiges Tannin darauf. Für die Langstrecke! 13 Vol.-%, DV, €€€€

94 2020 Rüdesheim Berg Schlossberg Spätburgunder trocken
Im Duft noch nicht sehr offen, aber bereits andeutungsweise komplex: Cranberry, Leder, Pinot-Beeren. Der Gaumen vereint Saftigkeit und Cremigkeit, zeigt ein leicht trockenes Tannin, das aber reif ist und Potenzial garantiert, der Abgang ist beerig und mineralisch. 13 Vol.-%, DV, €€€

91 2021 »Crescentia« Wiesbaden Neroberg Riesling trocken

90 2021 »Steinberger« Riesling trocken

89+ 2021 Heppenheim Centgericht Grauburgunder trocken

89 2021 Wiesbaden Riesling trocken

89 2021 Riesling trocken

91 2019 »Crescentia« Assmannshausen Höllenberg Spätburgunder trocken

92 2021 »Crescentia« Rauenthal Baiken Riesling Spätlese

91+ 2021 »Crescentia« Rauenthal Baiken Riesling trocken
Ein mineralisch geprägter Duft entsteigt dem Glas, Schiefer, auch Zitrusfrucht, Pfirsich, ein Hauch Auslese. Am Gaumen entfaltet sich eine kernige, stoffige Kraft, die durchdringend pikante Säure setzt den Gaumen unter Spannung, verstärkt von taktiler Mineralik. 12 Vol.-%, DV, €€

★

WINZER VON ERBACH

Ringstraße 28, 65346 Erbach im Rheingau
T: +49 6123 62414, info@winzer-von-erbach.de
winzer-von-erbach.de

Kellermeister: Steve Eberding
Ansprechpartner: Ronald Müller-Hagen
Hektar: 33 ha

»Klein, aber fein« ist das Motto der Winzer von Erbach, die 33 Hektar Rebfläche in bekannten Erbacher, Kiedricher und Rauenthaler Lagen bewirtschaften. Die 31 Mitgliedswinzer arbeiten eng und in familiärer Atmosphäre zusammen, das lässt sich auch in den Weinen schmecken, wie in den fruchtbetonten, mineralischen Rieslingen und dem würzigen Spätburgunder Barrique. Kellermeister Steve Eberding hat auch ein Händchen für feinherbe Weine, von denen aus dem Jahrgang 2021 gleich drei vorgestellt wurden – vom Cabernet Blanc, Riesling und Goldmuskateller. Stimmige Kollektion!

89+ 2021 Goldmuskateller feinherb
Klarer, intensiver Duft nach Muskatblüten, Honigmelone, Pfirsich, Orangenblüten und Bratapfel. In der filigranen Textur überwiegt der Eindruck von Süße, der durch die präzise Säure und zitrischen Fruchtnoten etwas kontrastiert wird. Großzügig, elegant. 10,6 Vol.-%, DV, €

89 2021 Grauburgunder trocken
Eher verhalten im Duft, Birne und Apfel, auch gelbfruchtige Anklänge, helle Blüten, feine Würze im Hintergrund. Kompakter Bau am Gaumen, saftig und mit Schmelz, feine Abrundung, ausgewogene, gut eingebundene Säure, feine Würze. Schöner Sortenvertreter. 12,5 Vol.-%, DV, €

89 2021 Cabernet Blanc feinherb
Zitrische Noten im Duft, rosa Grapefruit, Pomelo, auch etwas grüner Apfel und feine Kräutrigkeit. Geschmeidig, weich und durch die Restsüße abgerundet am Gaumen, die Säure ist gut eingewoben, filigrane Textur, wieder zitrische Fruchtnoten, elegant. 11,4 Vol.-%, DV, €

91+ 2019 Spätburgunder Barrique trocken
Kirsche im feinwürzigen Ambiente, feiner Rauch, etwas Gewürznelken, getrocknete Kräuter, auch Pflaume. Stoffig und würzig am Gaumen, die gute Substanz wird von einer pointierten Säure akzentuiert, Kirsche, etwas Sauerkirsche, die Gerbstoffe sind reif, feine Mineralik. 12,5 Vol.-%, NK, €€

88+ 2021 Blanc de Noir trocken

89+ 2021 Erbach Steinmorgen Riesling Kabinett feinherb
Pfirsich und Apfel, florale Noten, Wiesenkräuter und feine Würze, auch anklingende Mineralik. Wird dem Attribut Kabinett sehr gerecht: schlanker Bau, verspielte Süße-Säure-Kombination, wobei die Fruchtsüße etwas die Oberhand behält, feine Mineralik. 10,3 Vol.-%, DV, €

★★★

WEINGUT AUGUST ESER

Friedensplatz 19, 65375 Oestrich-Winkel
T: +49 6723 5032, mail@eser-wein.de
eser-wein.de

Ab-Hof-Verkauf: Mo bis Fr 9–12 Uhr und 13–17 Uhr, Sa 9–12 Uhr
Kellermeister: Désirée Eser Freifrau zu Knyphausen
Ansprechpartner: Désirée Eser Freifrau zu Knyphausen und Dodo Freiherr zu Knyphausen
Flaschen/Hektar: 70.000 (90 % weiß, 10 % rot)/11 ha

Désirée Eser Freifrau zu Knyphausen stellt auch dieses Jahr wieder Weine vor, für deren klaren und unaufgeregt klassischen Stil wir große Sympathie empfinden. Die Weine vermeiden eine allzu vorlaute Fruchtigkeit und spielen eher mit Kräuterwürze und zitrischen Aromen – das macht sie zu ungekünstelten Sortentypen und echten Riesling-Charakteren. Der Jahrgang 2021 scheint dem Betriebsstil in die Karten gespielt zu haben – wir sind gespannt auf die Großen Gewächse, die zum Zeitpunkt unserer diesjährigen Verkostung noch nicht freigegeben waren.

92 2020 Oestrich Doosberg Riesling GG

Anfangs verhalten im Fruchtansatz, deutlich kräutrig und auch etwas Petrol in der Nase. Am Gaumen wird der leicht süßliche Ansatz der Frucht von guter Säure getragen, es folgen Mineralik und auch ein Hauch von Bienenwachs vor dem attraktiven Nachhall. 13,5 Vol.-%, NK, €€€

91+ 2020 Hattenheim Wisselbrunnen Riesling GG

Anfangs pflanzlich bis kräutrig im Duft, danach folgen Aromen von grünem Apfel, Limette und Geißblatt. Am Gaumen Holunderbeere und Zitrone, getragen von markanter Säure, der Nachhall wird sowohl von einer mineralischen Note als auch von leichter Phenolik begleitet. 13 Vol.-%, NK, €€€

91 2021 Hattenheim Engelmannsberg Riesling Erste Lage trocken

Zitronengelb im Farbton. Kräutrig-würzig im Duft, dezente sortentypische Aromen von Aprikose, Zitrone und nassem Stein. Am Gaumen mit viel Mineralik und markanter Säure bei wiederum eher dezenter Frucht. Noch schüchtern, aber mit Potenzial ausgestattet. 12 Vol.-%, NK, €€

90 2021 Rauenthal Riesling feinherb

Im Duft entwickelt sich eine Trilogie aus floraler, kräutriger und fruchtiger Aromatik. Am Gaumen folgen Aprikose, Zitronenschale und nasser Stein mit feiner Fruchtsüße und gut eingebundener Säure. Ein Wein mit gutem Trinkfluss, der auf mittlere Sicht noch an Genüsslichkeit gewinnen wird. 12 Vol.-%, DV, €

89+ 2021 Winkel Riesling trocken

90 2021 »Vom Löss« Riesling trocken

Kühl und dezent im Duft, feine Aromen von Geißblatt, Zitronenzesten, gelbem Apfel, Aprikose und nassem Stein. Am Gaumen saftig und eher schlank, zur eher gelben Frucht gesellt sich eine attraktive Kräuternote bei guter Struktur, balanciert von lebendiger Säure. 11,5 Vol.-%, DV, €

★★★★

WEINGUT JOACHIM FLICK

In der Straßenmühle, 65439 Flörsheim-Wicker
T: +49 6145 7686, info@flick-wein.de
flick-wein.de

Ab-Hof-Verkauf: Mo bis Fr 8–13 Uhr, Sa 10–14 Uhr
Kellermeister: Matteo Betteto und Reiner Flick
Ansprechpartner: Reiner Flick
Flaschen/Hektar: 180.000 (78 % weiß, 8 % rot, 10 % Rosé, 1 % süß, 3 % Schaumwein)/20 ha

Das traditionsreiche Weingut nahm seinen großen Aufschwung, als Reiner Flick im Jahr 1992 die Geschäfte komplett übernahm. Seitdem hat er den Betrieb an der Spitze des Rheingaus etabliert. Auch mit dem aktuellen Jahrgang bieten seine Weine wieder großen Trinkgenuss und zeigen sich wunderbar balanciert und fein. Besonderes Lob gilt dabei dem »F. vini et vita«-Riesling, einem Einstiegs- und Alltagswein mit Statur und Format zu einem sehr erschwinglichen Preis. Wer mehr Komplexität sucht, findet die bei Reiner Flick natürlich auch – beispielsweise bei den Rieslingen aus dem Nonnberg.

93 2020 »Vier Morgen« Wick Nonnberg Riesling GG
Attraktiv kalkwürzig im Duft, danach Zitronenmelisse, Mandarinenschale und auch reifes Steinobst. Am Gaumen mit Dichte und Konzentration, feiner, balancierender Säure und guter innerer Spannung, mittelgewichtiger Körper und ein sehr langer Nachhall. 13,5 Vol.-%, DV, €€€

92 2021 Wick Nonnberg Riesling trocken
Zitronengelb, sehr zitrisch im Duft, dazu feine Aromen von gelbem Apfel, nassem Stein, Grapefruit und Geranie. Am Gaumen mit sehr attraktiver Säure, die sowohl die präzise Frucht als auch die feine Süße balanciert, sehr schöner Trinkfluss, vielseitig einsetzbar. 12,5 Vol.-%, DV, €€

91 2021 Hochheim Königin Victoriaberg Riesling trocken
Mittleres Goldgelb. In der Nase entwickelt sich ein Duft von rosa Aprikosen, reifen gelben Birnen, grünem Apfel, Ananas und feiner Würze. Am Gaumen eine gute Balance aus prägnanter Säure und vollreifer Frucht. Gute Länge. Viel Genuss- und Trinkpotenzial. 12,5 Vol.-%, DV, €€

91 2019 Wick Nonnberg Fuchshohl Spätburgunder trocken
Ein Duft nach attraktiver dunkler Frucht, Zedernholz und ein wenig Cassis sind auch mit dabei. Am Gaumen saftig, süße Kirsche, Waldbeeren, reife dunkle Pflaume, alles balanciert von guter, lebendiger Säure, feiner Gerbstoff und attraktiver Abgang. 14,5 Vol.-%, NK, €€€

91 2021 Hochheim Königin Victoriaberg Riesling Kabinett

90 2021 »F. vini et vita« Riesling trocken
Brillant in der Farbgebung. Präzise und reif im Duft, Aromen von reifem gelbem Apfel, Limettenschalen, Pfirsich und Quitte. Am Gaumen saftig und frisch mit sehr gut integrierter Säure, die eine feine Fruchtsüße balanciert. Toller Wein für den täglichen Genuss. 12,5 Vol.-%, DV, €

★★

WEINGUT PETER FLICK

Holger-Crafoord-Straße 4, 65239 Hochheim
T: +49 6146 6590, info@wein-vom-flick.de
wein-vom-flick.de

Ab-Hof-Verkauf: nach Vereinbarung
Kellermeister: Peter Flick
Ansprechpartner: Peter Flick
Flaschen/Hektar: 87.000 (65 % weiß, 5 % rot, 15 % Rosé, 10 % süß, 5 % Schaumwein)/10 ha

Das Weingut Peter Flick erzählt eine erfolgreiche Entwicklungsgeschichte: 2012 startete es mit zwei Hektar Rebfläche, die inzwischen auf zehn Hektar aufgestockt wurden. Eine weitere Vergrößerung ist geplant, »da die Nachfrage nach meinen Weinen immer größer wird«, wie der junge Winzermeister sagt. Das können wir gut nachvollziehen, zumal die Preise für Rheingau-Verhältnisse sehr fair kalkuliert sind. Die Weißweine zeigen eine gute Balance von lebendiger Säure und feiner Fruchtsüße, der Spätburgunder »Verflickst« unterstreicht die Ambitionen im roten Bereich. Spannend!

91 2021 Kostheim Weiss Erd Riesling trocken
Reifer Pfirsich mit kräutrig-würzigen Noten, roter Apfel, steinige Anklänge. Zeigt sich im Mund vielschichtig und gut balanciert mit Saft, feiner Würze und mineralischer Tönung, guter Extrakt, die reife Säure trägt und sorgt für Länge, die Fruchtsüße für Geschmeidigkeit. 12,5 Vol.-%, DV, €€

90 2021 »Verflickst« Wicker Mönchsgewann Riesling trocken
Im Duft finden sich zitrische Noten, Apfel, Pfirsich, Aprikose und feine Kräuter, auch etwas Gesteinsmehl. Kompakt gebaut am Gaumen mit passendem Extrakt, der die knackige Säure unterfüttert, die den Wein trockener erscheinen lässt, als er ist, saftig, elegant, mineralisch. 12,5 Vol.-%, DV, €€

91 2019 »Verflickst« Hochheim Stein Spätburgunder trocken
Reife Aromatik mit reifer Kirsche, Pflaume und etwas Eukalyptus, etwas Mandel, auch leicht pfeffrig. Zeigt am Gaumen Kraft und Volumen, die präsente Säure sorgt für Gleichgewicht, würzig, saftig, mit reifem, mittelkörnigem Tannin, mineralisch unterlegt. 14 Vol.-%, DV, €€

91+ 2021 Wicker Mönchsgewann Riesling Auslese
Duft nach getrockneten Früchten, etwas Blütenhonig, kandierte Orangenschale, etwas Rosinen. Am Gaumen mit druckvoller Süße, belebende Säure, wieder Honigwürze, griffig, Mangosaft, Papaya, dicht und kompakt, dabei balanciert bleibend, gute Länge. Hat Potenzial. 7 Vol.-%, DV, €€€

89 2021 Hochheim Riesling trocken

89 2021 »Classic« Riesling

88+ 2021 Scheurebe trocken

88+ 2021 Wicker Riesling trocken

88+ 2021 Grauburgunder trocken

90+ 2021 Wicker Stein Riesling Spätlese

89 2021 Wicker Stein Riesling Kabinett

90+ 2021 »Alte Reben« Hochheim Hölle Riesling trocken
Riecht nach Apfel und Apfelschale, dazu Kräuter wie frischer Rosmarin, weißer Pfirsich zeigt sich, Rote Johannisbeeren. Saftig und auch stoffig am Gaumen mit ausgewogener Säure auf weichem Fond, mittelgewichtig im Extrakt, mit feiner Würze und mineralischer Tiefgründigkeit. 12,5 Vol.-%, DV, €

★★★

WEINGUT EVA FRICKE

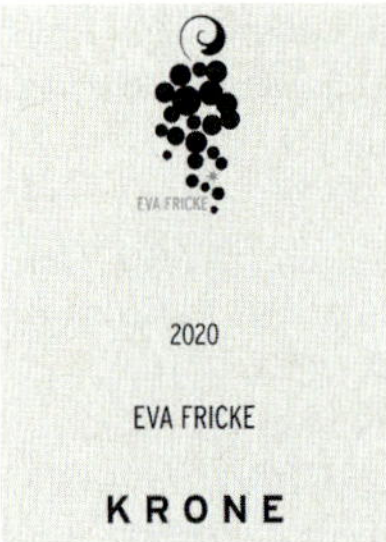

Elisabethenstraße 6, 65343 Eltville
T: +49 6123 703658, info@evafricke.com
evafricke.com

Ab-Hof-Verkauf: Mi bis Fr 12–17 Uhr
Kellermeister: Oliver Schmid
Ansprechpartner: Eva Fricke
Flaschen/Hektar: 107.000 (100 % weiß)/17 ha
Anbauweise: Bio

Eva Frickes Weg zum eigenen Weingut war lang und steinig, doch inzwischen hat sich die 44-Jährige einen internationalen Namen für ihre Rieslinge von Top-Lagen gemacht. Ihr Weinideal ist Deutlichkeit: Puristisch und rein sollen die Weine sein, dabei ausdrucksstark und elegant. Tatsächlich zeigt auch die neue Kollektion, wie rund und kraftvoll der Stil der gebürtigen Norddeutschen ist. Die Weine aus Lorch besitzen dabei generell eine etwas kräftigere Süße, deshalb sollte man den feinherben Typen wie dem Lorcher Schlossberg unbedingt Flaschenreife angedeihen lassen.

93+ 2021 »Mélange« Riesling trocken
In der Nase saftige gelbe Früchte, Mango, Apfel, Aprikosen, Zitronenzesten, Klee, Minze. Am Gaumen cremiger Kern, umspielt von einer lebendigen reifen Säure, taktil-mineralische Würze, feine Phenolik, dicht, saftige Frucht, gut im Extrakt, lang am Gaumen. 12,5 Vol.-%, NK, €€€

93 2021 Lorch Schlossberg Riesling feinherb
Dezent in der Nase, Salzzitronen, Jasminblüten, reifer Apfel, Wiesenkräuter, dezente Hefenoten. Am Gaumen weich, voller Schmelz, fließt aus einem Guss, gut integrierte Säure umspielt die Süße, saftige reife Frucht, feine Phenolik, lang am Gaumen. Hat Reifepotenzial. 12 Vol.-%, NK, €€€€

92 2021 Kiedrich Riesling trocken
In der Nase reifer Apfel, Salzzitronen, Wiesenkräuter, Limettenschale. Am Gaumen weicher Kern, reifer Säurezug, mineralische Würze, salzig, feine merkliche Phenolik, saftige Frucht von reifen Zitronen, Apfel, angenehm herb im Nachhall, schöne Länge. 12 Vol.-%, DV, €€

91 2021 Lorch Riesling trocken
Angenehm duftig in der Nase, grüner Apfel, weißer Pfirsich, Orangenzesten, Kräuterwürze wie Brennnessel, Salbei, mineralische Noten. Am Gaumen geschmeidiger Kern, gut integrierte Säure, mineralische Würze, salzig, saftige Frische, dezente Süße, feine Phenolik, gut ausbalanciert. 12,5 Vol.-%, DV, €€

91 2021 »Rheingau« Riesling trocken
In der Nase zitrische Noten, frische Zitronen, Grapefruit, Limettenzesten, Wiesenkräuter, saftiger Apfel, Weinbergpfirsich. Am Gaumen saftig, mit Zug, lebendige Säurestruktur, Zitrusfrüchte, Äpfel, weißer knackiger Pfirsich, mineralisch-salzig im Nachhall, trinkanimierend.
12 Vol.-%, DV, €€

★★★

WEINGUT JÖRN GOZIEWSKI

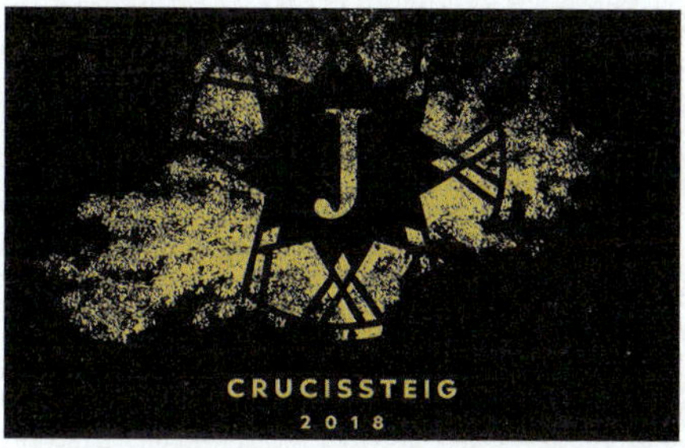

Bahnstr. 2, 65366 Geisenheim
T: +49 172 4776942, wein@joernwein.de
joernweinshop.de

Ab-Hof-Verkauf: Ja
Kellermeister: Jörn Goziewski
Ansprechpartner: Jörn Goziewski

Jörn Goziewski hat inzwischen zwei önologische Standbeine: Das eine steht im Rheingau – für diesen Teil der Produktion nominierte Falstaff den Winzer 2019 für den Titel »Newcomer des Jahres«. Doch seither hat der 41-Jährige auch Weinberge in Thüringen unter seine Fittiche genommen. Spannend, was dort heranwächst! Bei den drei Rheingauer Crus konnte das Team gar nicht aufhören, die Weine nacheinander immer wieder zu probieren. Alle drei sind irgendwie »orange«, aber das auf extrem unterschiedliche Weise. Ist einer »besser« als die anderen? Nein. Alle drei sind stark und völlig eigen.

94 2020 Rüdesheim Berg Roseneck Riesling trocken
Orange-Stilistik auf den Punkt gebracht: in der Nase getrocknete Bitterorange, roter Apfel, Noten von Oloroso, grüne Walnüsse, Tabak, Darjeeling-Tee. Am Gaumen fester Säuregriff und Mengen an noch ungestümen Gerbstoffen, straff, toller Druck, exzellente Länge. 13 Vol.-%, NK, €€€

94 2020 Rüdesheim Berg Rottland Riesling trocken
Gekonnt auf der Schale in die Flasche gebracht. Goldgelbe Farbe. In der Nase Apfel, Bitterorange, Kardamom, Darjeeling, Tabak. Der Gaumen ist ein Wechselspiel aus Aromatik und Textur, Beef Jerky, Wiesenkraut, Orange, dazu eine großartige fordernde Phenolik. 13 Vol.-%, NK, €€

94 2020 »Stückfass« Winkel Hasensprung Riesling trocken
In der Nase Kamille, Orangenschale, grüne Walnuss, Wiesenblumen, Heu, Feuerstein, Safran. Frische Säure am Gaumen, sehnig, schlank mit exzellentem Druck, die Phenolik sorgt für Spannung und Grip, gekonnt eingesetzter Schalenkontakt, sehr gute Länge. Chapeau! 13 Vol.-%, NK, €€

92 2019 Weimar Poetenweg Grauburgunder trocken
Helles Orange im Glas. Aromatik und Textur sind von der Zeit auf der Maische geprägt. In der Nase Aprikosenschale, Bitterorange, Safran, getrockneter Weinbergpfirsich. Frische Säure am Gaumen, elegante Struktur, sehr gute Dichte, die Tannine packen zu, sind aber gut integriert. 12 Vol.-%, NK, €€€

91 2018 »Crucissteig« trocken BZ/FB/RE

90+ 2019 Weimar Poetenweg Cuvée trocken RR/PG
Die längere Zeit auf der Maische definiert die Stilistik: Orange in der Farbe. In der Nase getrocknete Rosenblätter, Quitte, Pfirsichhaut, Bitterorange, Tee. Animierende Säure, schlank und mit mittlerer Konzentration am Gaumen, griffiges Tannin. 12 Vol.-%, NK, €€

★★★

WEINGUT PRINZ VON HESSEN

Grund 1, 65366 Geisenheim-Johannisberg
T: +49 6722 409180, weingut@prinz-von-hessen.com
prinz-von-hessen.com

Ab-Hof-Verkauf: Ja
Kellermeister: Sascha Huber
Ansprechpartner: Bärbel Weinert
Flaschen/Hektar: 300.000 (95 % weiß, 5 % rot)/37 ha

Johannisberg im Rheingau ist ein Rieslingort mit großer Tradition – oben am Schloss soll bekanntlich 1775 die Spätlese entdeckt worden sein. Am Fuß des Hangs wurde 1957 das Weingut Prinz von Hessen gegründet, und auch wenn wir dieses Jahr den gleichermaßen cremigen und salzigen Weißburgunder zum Falstaff-Tipp gemacht haben: Natürlich ist der Riesling der Ausgangspunkt aller Überlegungen, die Direktorin Bärbel Weinert anstellt. Ihre diesjährige Kollektion zeichnet sich durch Frische und sehr schönes Säurespiel aus, der Trend zeigt ganz klar nach oben.

92 ❸ 2016 Winkel Hasensprung Riesling brut
Herrlich frische und duftige Nase, Kräuter und reifer Apfel, auch etwas Minze. Am Gaumen rauchig, feines, elegantes Mousseux, cremig, mollig, dicht gewoben, mineralisch und salzig, sehr erwachsen, perfekt animierende Bitternoten. Gut komponiert! 13 Vol.-%, NK, €€

93 2010 Johannisberg Klaus Riesling Erstes Gewächs trocken
Sehr zart entströmt dem Glas eine leichte reife Note nach Apfelquitte, Heu, gebranntem Zucker. Im Mund eine angenehme milde Säure, saftige Sanftheit, elegante Fruchtigkeit und Frische, fast noch jugendlich, perfekter filigraner Wein zum Dahinträumen. 13 Vol.-%, DV, €€€

92 2020 Johannisberg Klaus Riesling GG
Feine duftige Nase nach jungen Äpfeln, weißen Blüten, hellgrünen Mirabellen, zarten Kräutern. Im Mund dann knackigfrische Säure, ungemein lang anhaltend und fast dominierend, erst nach und nach kommen grünes Getreide, weiße Blüten und Kernobst dazu. 13 Vol.-%, DV, €€€

92 2021 Johannisberg Riesling trocken
Kräftige Nase nach Kräutern und Gewürzen wie Piment, weißer Honig und Quitte. Im Mund mollige Saftigkeit, knackige Säure mit viel Frische, feine Apfelnote nach Golden Delicious, auch rote Stachelbeeren und reife Zitronen. Animierend lange auf der Zunge. 12 Vol.-%, DV, €€

91+ 2020 »Dachsfilet« Riesling trocken

89+ 2021 Riesling trocken

89+ 2021 Rüdesheim Riesling trocken

89+ 2021 »Classic« Riesling feinherb

88+ 2021 »Royal« Kabinett Riesling trocken

90 2021 Rosé feinherb PN/ME

91+ 2021 »Steckenpferd« Riesling Spätlese

91+ 2021 Weißburgunder trocken
Duftiger Wein nach gebranntem Zucker und Kräutern, weiße Blüten, auch Lilien, etwas Rauch. Im Mund frisch mit mineralischen Anklängen, gut strukturierte Säure, cremig und saftig zugleich, ungemein dicht gewobener Nachhall, leicht salzig. 12 Vol.-%, DV, €€

★★★★

SCHLOSS JOHANNISBERG

Schloss Johannisberg, 65366 Geisenheim-Johannisberg
T: +49 6722 70090, info@schloss-johannisberg.de
schloss-johannisberg.de

Ab-Hof-Verkauf: Ja
Kellermeister: Gerd Ritter
Ansprechpartner: Stefan Doktor
Flaschen/Hektar: 320.000 (90 % weiß, 10 % süß)/50 ha

Schloss Johannisberg hat eine große Geschichte. Seit 1720 wird hier ausschließlich Riesling angebaut, und die Legende will es, dass an diesem Ort die Spätlese erfunden wurde. Nicht immer haben Orte mit großer Geschichte auch eine große Gegenwart, doch auf Schloss Johannisberg kann man diese Übereinstimmung feststellen – sogar mehr denn je: Das Team um Stefan Doktor hat zuletzt wirklich Herausragendes geleistet. Die aktuelle Kollektion überzeugt quer durch alle Stile und Prädikate – sie ist unsere »Kollektion des Jahres«. Mehr darüber weiter vorne im Buch.

98 2019 »Goldlack« Schloss Johannisberg Riesling trocken
Terpene in der Nase, etwas nach Rosinen, Leder, sehr blumig, fast ein Tick Traminer, Wachs, dezentes Holz, Karamell, beerige Note. Im Mund sehr dicht, vom ersten Augenblick an phenolisch, hat Tiefe und Konzentration, alles enorm jung, packend mineralisch, im Hintergrund viskoser Extrakt, aber die Stoffigkeit dominiert. 13 Vol.-%, NK, €€€€

98 2020 »Blaulack« Riesling Trockenbeerenauslese
Im Duft konzentriert gelbfruchtig, Cassata. Im Mund ölig, dicht, schon in der Attacke würzig, pfeffrig, Gesteinsmehl, viskos, eindringlich im Süße-Säure-Spiel, in dem die Säure die größere Länge hat, enorme Konzentration, im Abgang kandierte Frucht, Fenchelpollen, Datteln. 6 Vol.-%, NK, €€€€

97 2021 »Purpurlack« Riesling Beerenauslese
Feine Botrytiswürze, getrocknete Feige und Aprikose in der Nase. Im Mund cremig, ölig, der Wein hat Schmelz und Volumen, eine markante, aber sehr gut integrierte Säure und eine konzentrierte Salzigkeit, sehr homogen mit ausgezeichneter Länge, im Abgang mit feiner Würzigkeit und sehr guter Frische. 6,5 Vol.-%, NK, €€€€

97 2021 »Ex bibliotheca subterranea Fass Nr.374« Riesling Auslese
Eine typische Johannisberg-Nase mit floralen und vor allem beerigen Aromen, dazu ein Touch Karamell und Rosinen. Im Mund eine Prise Phenolik, dichter Extrakt, Volumen gebende Süße, sehr gut eingebundene Säure, mineralischer Extrakt, fast zum Kauen im Abgang. Eine Auslese mit ungemeiner Tiefe. 7,5 Vol.-%, NK, €€€€

96 2019 »Ex bibliotheca subterranea« Riesling trocken

94+ 2020 »Silberlack« Schloss Johannisberg Riesling GG

92 2021 »Bronzelack« Schloss Johannisberg Riesling trocken

92 2021 »Rotlack« Schloss Johannisberg Kabinett feinherb

90+ 2021 »Gelblack« Schloss Johannisberg Riesling trocken

94 2021 »Grünlack« Schloss Johannisberg Riesling Spätlese

93 2021 »Rosalack« Schloss Johannisberg Riesling Auslese

91 2021 »Gelback« Schloss Johannisberg Riesling feinherb
Ein duftiger, blumiger Riesling mit reifer Beerenfrucht in der Nase. Im Mund hat der Wein Saft und Spiel, ist sehr elegant, gradeaus gebaut mit guter, frischer Balance, im Extrakt stattlich, sehr gute Länge. Ein lebendiger und zugleich gehaltvoller Wein. 12,5 Vol.-%, NK, €€

★★★

WEINGUT JOHANNISHOF

Grund 63, 65366 Johannisberg
T: +49 6722 8216, info@weingut-johannishof.de
weingut-johannishof.de

Ab-Hof-Verkauf: Mo bis Fr 8–12 Uhr und 13–18 Uhr
Kellermeister: Johannes Eser
Ansprechpartner: Johannes und Sabine Eser
Flaschen/Hektar: 155.000 (100 % weiß)/18 ha

Auch wenn das legendäre Gebäude oben auf dem Berg sitzt und alle zu ihm aufschauen: Der Ort Johannisberg ist beileibe mehr als das Schloss. Diese einfache Weisheit wird am genussreichsten von Sabine und Johannes Eser verkörpert, deren schmackhafte Weine seit Jahren konstant verlässlich sind. Die aktuellen Weine machen da keine Ausnahme, die GGs zeigen ihre Herkünfte mit großer Deutlichkeit: Der Berg Rottland betont Seidigkeit und balsamische Würze, die Johannisberger Hölle spannungsreiche Mineralik. Wenn man einem dieser Etiketten begegnet, ist man in besten Händen.

93 2020 Rüdesheim Berg Rottland Riesling GG
Würziger Riesling-Duft: Bratapfel, Rosmarin und balsamische Obertöne. Im Mund seidig und saftig, fein texturiert, auf Delikatesse und nicht auf Effekt abzielend, die Säure bleibt bei aller Intensität fein, die Süße dezent. Sehr feiner Rottland. 12,5 Vol.-%, DV, €€€

93 2020 Johannisberg Hölle Riesling GG
Dicht und intensiv in der Nase, geprägt von Würze, Zitrus und reifem Pfirsich. Tabak und Kardamom am Gaumen, stoffig, die gekonnt integrierte Phenolik sorgt für zusätzliche Spannung, sehr gute Länge und ein schieferwürzig-salziges Finish. 12,5 Vol.-%, DV, €€€

90+ 2021 Johannisberg Auf der Höll Riesling Erste Lage trocken
Zitronenkuchen, Orangenschalen, feine Tabakwürze und ein Hauch Honig dominieren im Duft. Lineare Säurestruktur mit gekonnt integriertem Schmelz, viel Trinkfluss, sehr gute Frische und ein dezent salziges Finish. 10,5 Vol.-%, DV, €€

90 2021 Rüdesheim Ramstein Riesling Erste Lage trocken
Elegante Zitrusnoten, Grapefruit, Honigmelone und Geißblatt in der Nase, dazu Anklänge an Honig. Dezente Würze am Gaumen, gut eingebundene, animierende Säure, die zitrusgeprägten Fruchtnoten sind unterlegt von einem feinen Schmelz. 11,5 Vol.-%, DV, €€

90 2020 »Charta Fass 97« Riesling trocken

91 2021 »V« Johannisberg Riesling Kabinett
Typischer frischer Kabinett-Stil mit Limette, weißem Pfirsich und kräutrigen Noten in der Nase. Gelungenes Süße-Säure-Spiel, viel Limette und Grapefruit am Gaumen, gute Komplexität, animierender Trinkfluss, gute Länge. Ein Textbuch-Kabinett. 8 Vol.-%, DV, €€

★★★

WEINGUT JAKOB JUNG

Eberbacher Straße 22, 65346 Erbach
T: +49 6123 900620, info@weingut-jakob-jung.de
weingut-jakob-jung.de

Ab-Hof-Verkauf: Mo bis Fr 13–18 Uhr, Sa 10–17 Uhr
Kellermeister: Alexander Jung
Ansprechpartner: Alexander Jung
Flaschen/Hektar: 160.000 (75 % weiß, 10 % rot, 10 % Rosé, 5 % Schaumwein)/20 ha

Der Jahrgang 2021 ist Alexander Jung vom Weingut Jakob Jung trefflich gelungen, die lebendige Säure und die korrespondierende, fein abgestimmte Fruchtsüße steht seinen Rieslingen gut, die Vitalität und auch Spannung mitbringen: Die nehmen vom Gutsriesling aufsteigend bis zum eng verwobenen, eleganten »Charta« zu. Auch die fruchtsüße Spätlese aus dem Erbacher Michelmark überzeugt mit diesem Bauprinzip. An der Spitze des Sortiments stehen freilich die Großen Gewächse aus 2020, die mit ihrer Substanz und mineralischen Prägung reüssieren. Ein tadelloser Auftritt!

93 2020 Erbach Siegelsberg Riesling GG
Vielschichtig in der Nase, neben Pfirsich und Apfel auch würzige Noten, Mineralik, auch Koriander. Zeigt am Gaumen, was man von einem Großen Gewächs erwartet: geschmeidig in der Anlage, reife, tragende Säure, mineralische Prägung, feine Phenolik, bleibt lange am Gaumen. 12,5 Vol.-%, DV, €€€

93 2020 Erbach Hohenrain Riesling GG
Feiner Rauch vom Holzausbau, dezente Kräutrigkeit, Mirabelle, Pfirsich, auch etwas Hanfsamen. Zeigt am Gaumen Spannung und Zug, feste Struktur, vielschichtig, reife Phenole, merkliche mineralische Grundierung, reife Säure, die bis ins lange Finale trägt. 12,5 Vol.-%, DV, €€€

91 2021 Erbach Steinmorgen Riesling Erste Lage trocken
Reifes Steinobst mit feinen kräutrigen Noten, Pfirsich und auch Aprikose, steinige Anklänge, etwas Grapefruit. Saftig und würzig am Gaumen mit mineralischer Prägung, vielschichtig und auch dicht mit mittlerer Komplexität und Länge. Schöne Miniatur der Lage. 12 Vol.-%, DV, €€

92 2021 Erbach Michelmark Riesling Spätlese
Duft nach reifen Früchten, Aprikose, Pfirsich, süße Birne, etwas kandierte Orangenschale, dazu feine Würze. Am Gaumen mit einer schmelzenden Süße, dazu frische Zitrusaromen, lebendige Säure, hat Zug, sehr saftig, dicht, etwas Blütenhonig zeigt sich im Abgang. 8,5 Vol.-%, DV, €€

90+ 2021 »Alte Reben« Riesling trocken

90+ 2021 Erbach Steinmorgen Riesling feinherb

90 2021 Erbach Riesling trocken

89+ 2021 Sauvignon Blanc trocken

89+ 2021 Weißburgunder & Chardonnay trocken WB/CH

89 2021 Riesling trocken

90 2021 Erbach Michelmark Riesling Kabinett

91 2021 »Charta« Riesling trocken
Pfirsich und rosa Ingwer im ersten Duft, auch Apfelnoten und etwas Grapefruit kommen dazu. »Charta« weist gerne eine höhere Restsüße auf, die im 2021er sehr gut mit der lebendigen Säure harmoniert. Elegant, dabei straff und eng verwoben am Gaumen, mineralisch fundiert.
11,5 Vol.-%, DV, €€

★★

WEINGUT GRAF VON KANITZ

Rheinstraße 49, 65391 Lorch
T: +49 6726 346, info@weingut-kanitz.de
weingut-kanitz.de

Ab-Hof-Verkauf: Mo, Mi, Do, Fr und Sa 12–16 Uhr, Nov. bis März nur am letzten Samstag im Monat
Kellermeister: Marc Leitis
Ansprechpartner: Marc Leitis
Flaschen/Hektar: 67.000/14 ha
Anbauweise: Bio

Lorch wird immer mehr zu einem Rheingauer Hotspot – und das Weingut Graf von Kanitz hat seinen Anteil daran: Seitdem der junge Betriebsleiter Marc Leitis dort das Heft in der Hand hat, gewinnen die Weine merklich an Substanz und Ausdruck. Bei den 2021ern konnten wir zwei »Erste Lagen« in einem Punktbereich bewerten, der sonst eher für »Große Gewächse« typisch ist. Der Vorteil für uns Trinker ist schnell ersichtlich: Als GGs wären diese Weine rasch um zehn Euro teurer. Umso mehr hat sich das Weingut Applaus verdient: Wir setzen es auf die Watchlist für den dritten Stern.

93 2021 »Alte Reben« Lorch Krone Riesling Erste Lage trocken
Grünliche Reflexe im Glas. Dezent in der Nase, Zitrusnoten, weißer Pfirsich, Kräuter wie Salbei, Melisse, nasses Gestein. Am Gaumen geschmeidiger Kern, reife Säurestruktur mit Zug, toller Extrakt, feine Phenolik, mineralische Würze, leicht salzig, elegant. Hat Reifepotenzial. 12,5 Vol.-%, DV, €€

92+ 2021 Lorch Bodental Steinberg Riesling Erste Lage trocken
Grünliche Reflexe im Glas. Schieferwürze in der Nase, Feuerstein, Kräuter, grüner Apfel, Zitrusnoten, weiße Blüten. Am Gaumen saftig, geradlinig, frisch, lebendige Säure mit Zug, dezente Süße, guter Extrakt in der Körpermitte, mineralische Kühle und Würze, schöne Länge. 12,5 Vol.-%, DV, €€

92 2021 Lorch Pfaffenwies Gewürztraminer Auslese
Duft nach getrockneten Rosenblättern, dazu reife Früchte, Mandeln, etwas Speck, getrocknete Aprikose, dicht. Am Gaumen mit gut integrierter Säure, die viel Frische gibt, wieder etwas Rose, aber auch Muskatnuss und reife Zitrusfrucht, mittlere Struktur. Elegante Auslese. 8 Vol.-%, DV, €€

91 2021 Lorch Pfaffenwies Riesling Spätlese
Duft nach Passionsfrucht, Pfirsich, reifer Birne und Melone, vielschichtig und animierend. Am Gaumen frische Säure, griffig, helle Früchte, gut eingebundene Süße, Mandarine, Quitte, ganz auf Eleganz ausgerichtet. Toll zu scharf gewürzten Speisen oder als Aperitif. 7 Vol.-%, DV, €€

90+ 2021 Lorch Pfaffenwies Riesling Erste Lage trocken

91 2020 Spätburgunder trocken
In der Nase Heidelbeere, Kirsche, Mandel und Wacholder, etwas Hefe und Kräutrigkeit, schwarzer Pfeffer, Grafit. Straff und fokussiert am Gaumen mit kompakter Struktur, präzise Frucht, griffiges Tannin, die Säure weiß, was sie zu tun hat, betont trocken. Schön! 13 Vol.-%, DV, €€

★★★★★

WEINGUT AUGUST KESSELER

Lorcher Straße 16, 65385 Assmannshausen
T: +49 6722 9099200, info@august-kesseler.de
august-kesseler.de

Ab-Hof-Verkauf: nach Vereinbarung
Kellermeister: Max Himstedt
Ansprechpartner: August Kesseler, Simon Batarseh
Flaschen/Hektar: 250.000 (65 % weiß, 35 % rot)/33 ha

Dieses Jahr bekamen wir aus dem namhaften Assmannshäuser Weingut keine weißen Großen Gewächse zur Verkostung geschickt – doch August Kesseler und seine Nachfolger Max Himstedt und Simon Batarseh bügeln das rasch mit einem Erste-Lage-Riesling »Lorch Schlossberg« aus, der auch schon GGhafte 93 Punkte wert ist. Die fruchtige Goldkapsel-Spätlese »Rüdesheim Berg Schlossberg« ist ein Monument für 30 Jahre Flaschenreife, und die Spätburgunder unterstreichen auch mit dem aktuellen Jahrgang 2019, dass sie ihren weltweiten Ruhm verdienen. So darf es weitergehen.

92 2021 »Alte Reben« Rüdesheim Berg Roseneck Riesling feinherb
Aprikosenduft. Im Geschmack exotische Früchte, dezent angedeutete Süße, sehr weich, schmeichelnd, durchaus mit Extrakt. Im Nachgeschmack ein herber Ton als Kontrapunkt. Die Harmonie wird mit den Jahren der Reifung zunehmen. 13 Vol.-%, NK, €€€

96+ 2019 Assmannshausen Höllenberg Pinot Noir GG
Im Duft etwas Mandel, Rote Johannisbeere, Preiselbeere, dezentes Holz, getrocknete Tomate, auch Schieferwürze. Der Gaumen beginnt cremig und entfaltet dann ein körniges, makellos reifes Tannin, die hohe Dichte löst sich saftig und auch fruchtig auf. Alles noch enorm jung, 20 Jahre weglegen! 14 Vol.-%, NK, €€€€

95 2019 »Cuvée Max« trocken PN/PN
Komplexer Duft, facettenreich, gebündelt, Gewürznelken, chinesisches Lackkästchen, Schwarze Johannisbeere, Schokolade. Geschmack mit Kaneel und schöner Frucht, straff zusammengezogen, mineralisch. Kurz vor dem Übergang zur beginnenden Flaschenreife. 13,5 Vol.-%, NK, €€€€

94 2021 »GK« Rüdesheim Berg Schlossberg Riesling Spätlese
Frischer, würziger Duft. Eine elegante, perfekt balancierte Spätlese, fruchtsüß, mineralisch, mit vielfältigem Nachgeschmack. Trinkfluss, pure Freude. Zwei Tage nach Öffnen der Flasche zeigt der Wein beeindruckende Tiefe. Gewaltiges Potenzial. 10,5 Vol.-%, NK, €€€

93 2021 Lorch Schlossberg Riesling Erste Lage trocken
Duft von Honigmelone und nassem Stein. Am Gaumen eine frische, angreifende Säure, Rote Johannisbeere, leichte Schärfe, zum Zeitpunkt der Probe noch ein bisschen Kohlensäure. Ein stilsicher gelesener und ausgebauter Riesling mit Strahlkraft anstelle von Schwere. 13 Vol.-%, NK, €€€

WEINGUT KLEPPER

Georgstraße 14, 65201 Wiesbaden
T: +49 611 429958, tobias@weingut-klepper.de
weingut-klepper.de

Ab-Hof-Verkauf: Ja
Kellermeister: Tobias Klepper
Ansprechpartner: Tobias Klepper
Flaschen/Hektar: 87.000 (67 % weiß, 15 % rot, 10 % Rosé, 4 % süß, 4 % Schaumwein)/8.1 ha

Im Weingut Klepper im Wiesbadener Vorort Frauenstein packt die ganze Familie an: Winzermeister Walter Klepper und sein Sohn Tobias, staatlich geprüfter Techniker für Weinbau und Önologe, sind zuständig für den An- und Ausbau der Weine, während Alexandra Klepper und ihre Tochter Sabrina den Gutsausschank bewirtschaften. Die Rieslinge, die in die traditionelle Rheingau-Flöte gefüllt werden, sind frisch und saftig, der Orange Wine »Red Sunshine« dokumentiert die Experimentierfreude der Familie und eignet sich kulinarisch ausgezeichnet. Gerne mehr davon!

89+ 2020 Weißer Burgunder brut nature
Apfel und Pfirsich mit Mirabelle und Birne, gelbe Blüten, Brioche, auch angetrocknete Aprikose. Vollmundig und saftig am Gaumen mit frischer Säure und eher zurückhaltendem Mousseux, feiner Schmelz, »brut nature« steht ihm gut, mittlere Länge. Auch zum Essen.
13 Vol.-%, DIAM, €€

89+ 2020 »Alte Reben« Riesling trocken
Reife Fruchtaromatik im Duft, Pfirsich und Aprikose, auch Maracuja kommt dazu, florale Noten, warmes Gewächshaus. Mit guter Frische und straffer Säure am Gaumen, mittelgewichtig im Körper, mineralisch geerdet, saftig und mit feiner Würze, Grapefruit im Finale. 12,5 Vol.-%, DV, €

88+ 2021 Riesling trocken
Pfirsich und Apfel in der fruchtigen Nase, Apfelblüten, dazu florale Noten, etwas Blattgrün, auch Mandarinenschalen. Saftiger Gutswein mit lebendiger Säure und zitrischen Noten neben gelbem Steinobst, geradlinig und nicht zu kompliziert, mit gutem Trinkfluss. 12 Vol.-%, DV, €

89+ 2020 Spätburgunder Spätlese im Barriquefass gereift trocken
Kräftige, warme Nase mit reifer dunkler Frucht, Pflaume, Blaubeer-Muffin, auch Pflaumenlikör. Hat am Gaumen einiges zu bieten, viel Substanz, Kraft und auch Wucht, reife, mollige Frucht, viel Holzwürze, geschmolzene Gerbstoffe, Schokolade und auch Alkohol. Am Kamin. 15,5 Vol.-%, DV, €€

88+ 2021 Spätburgunder Rosé halbtrocken

90+ NV »Red Sunshine 5-Jahres-Cuvée« tr.
Leichtes Orange mit ziegelroter Einfärbung. Riecht nach Malzbonbon, Hagebutte, dunklem Karamell und getrocknetem Salbei. Am Gaumen geschmeidig und in sich ruhend mit merklicher Phenolik und Gerbstoff, leicht adstringierend, saftig. Sehr gute kulinarische Eignung.
12 Vol.-%, DV, €

★★★★

WEINGUT KRONE ASSMANNSHAUSEN

Niederwaldstraße 2, 65385 Assmannshausen
T: +49 6722 2525, info@weingut-krone.de
weingut-krone.de

Ab-Hof-Verkauf: Fr 16–18 Uhr, Sa 14–18 Uhr, So 13–18 Uhr
Kellermeister: Michael Burgdorf und Team
Ansprechpartner: Michael Burgdorf
Flaschen/Hektar: 25.000 (14 % weiß, 80 % rot, 3 % Rosé, 2 % Schaumwein)/6 ha

Wir beginnen mit einem Stilbruch, denn aus der aktuellen Kollektion des Gralshüters des Assmannshäuser Spätburgunders möchten wir die Weißweine hervorheben. Vom Jahrgang 2021 beeindruckt der Hallgartener Weißburgunder mit einer neuen Interpretation: ein Tick mehr Holz als zuvor und eine noch kulinarischere Gaumenstruktur. Die Rieslinge »Alte Reben« wiederum sind mit ihrer mineralischen Tiefe würdige Peers der Spätburgunder, die ja oft wie verflüssigter Schiefer wirken. Muss man über die Roten noch viel Worte machen? Jeder weiß, dass sie herausragen in ihrer Eigenständigkeit.

92+ 2021 »Krone Alte Reben« Riesling trocken
Ein noch verschlossener, aber vor allem zur Würze gehender Duft, Melisse, getrocknete Zitronenschale, mit Luftkontakt auch Gesteinsmehl. Im Mund hat der Riesling mineralische Tiefe, dichte Stoffigkeit, Salz und Spannung. Ein Wein mit ausgezeichneter Lebenserwartung. 12,5 Vol.-%, DV, €€

96 2015 »Juwel« Assmannshausen Spätburgunder trocken
Cassis und Kräuter im allmählich reif werdenden Duft, schieferwürzige Töne, ein Anflug von Malz. Im Mund täuscht die saftige Eleganz etwas über den vorhandenen Extraktreichtum hinweg, die reife Säure trägt, und der Wein löst im Abgang intensiv mineralische Empfindungen aus.
13,5 Vol.-%, NK, €€€€

94+ 2017 Assmannshausen Höllenberg Spätburgunder GG trocken
Dunkle Beeren im Duft, Schiefer, Minze und etwas nachgerade Petroliges. Im Mund zeigt der Wein eine noch komplette verschlossene, jugendliche Struktur mit kräftigem, geradezu fleischigem Gerbstoff und fester, aber reifer Säure, die hohe Dichte bürgt für Jahrzehnte der Reife. 12,5 Vol.-%, NK, €€€

94 2013 Assmannshausen Höllenberg Spätburgunder trocken
Harzige Aromen im Duft, Preiselbeere, dezentes Holz. Im Mund hat der Wein einen geschmeidigen, leicht süßen Auftakt, viel Saftigkeit, mürbe, aber dennoch gut Halt gebende Gerbstoffe und ein feingliedriges, mineralisch getöntes Finale. Hat bei aller Eleganz noch Reserven! 13 Vol.-%, NK, €€€

91 2020 Hallgarten Weißburgunder trocken

90 2021 »Krone Nice« Weißburgunder trocken

92+ 2018 Assmannshausen Spätburgunder trocken

91 2019 »Krone« Spätburgunder trocken
Ein recht feingliedriger Duft: Süßmandel, Himbeere und ein Anflug von Fuder-Patina. Auch im Mund setzt sich die feingliedrige Art fort: mit sehr viel Saftigkeit, zartem, aber nicht weichem Gerbstoff, mit delikatem Säurenerv und nuancierter Abgangsfrucht. Toller Speisenbegleiter.
12 Vol.-%, NK, €€

★★★★★

WEINGUT PETER JAKOB KÜHN

Mühlstraße 70, 65375 Oestrich-Winkel
T: +49 6723 2299, info@weingutpjkuehn.de
weingutpjkuehn.de

Ab-Hof-Verkauf: Mo bis Fr 9–12 und 13–17 Uhr, Sa 11–17 Uhr
Kellermeister: Peter Bernhard Kühn
Ansprechpartner: Peter Bernhard Kühn
Hektar: 20 ha

Was Angela und Peter Jakob Kühn begonnen haben, führen Viktoria und Peter Bernhard Kühn auf kongeniale Weise fort – vielleicht sogar mit noch einem My mehr an Stringenz. Dabei sehen wir mit großer Aufmerksamkeit, dass der kühl in der Höhe Hallgartens liegende Hendelberg in die Phalanx der ausgezeichneten Großen Gewächse vordringt. All diesen Weinen gemein ist, dass man viel Genuss verschenkt, wenn man sie zu früh trinkt. Sie sind so angelegt, dass sich die Komplexität erst nach Jahren voll entfaltet. Das gilt übrigens auch für einen Ortswein wie den »Quarzit«!

95 2020 Mittelheim St. Nikolaus Riesling GG
Im Duft entfalten sich Noten von Spontangärung, Kräutern, Zitrus und feuchtem Stein. Im Mund zeigt sich eine straffe, dichte Struktur, feste Säure und kultivierte Phenole geben Grip, der Wein hat Saftigkeit und Zug. Verfügt über ein außergewöhnliches Potenzial zur würzigen Entfaltung.
12,5 Vol.-%, NK, €€€€

94 2020 Hallgarten Hendelberg Riesling trocken
Feinkräutrig in der Nase, Brennnessel, Melisse, reifer gelber Apfel, Zitronenzesten, Kamillenblüten, leicht balsamisch. Spannungsgeladen am Gaumen, mineralische Würze, feingliedriger Säurezug, feine Phenolik, schöne Dichte, saftig, viel Substanz, dabei sehr eleganter Extrakt.
12,5 Vol.-%, NK, €€€

93+ 2020 Oestrich Doosberg Riesling GG
Reifer Apfel und Pfirsich in der Nase, dazu Kräuterwürze. Am Gaumen geschmeidig, reife Säure, cremiger Körper, saftig, tolle Mineralik, salzig, mit schönem Extrakt und feiner Phenolik, alles aus einem Guss. Hat Reifepotenzial.
12,5 Vol.-%, NK, €€€€

92+ 2020 Oestrich Klosterberg Riesling trocken
In der Nase Nase reife Aprikosen, saftiger Pfirsich, Zitronenmelisse, Klee, Apfelschale. Am Gaumen cremiger Kern, reife Säurestruktur, mineralische Würze bis in den Nachhall, feine Phenolik, lang am Gaumen, saftiger Trinkgenuss.
12,5 Vol.-%, NK, €€€

91 2021 »Alte Reben« Hallgarten Riesling trocken

92 2021 »Quarzit« Oestrich Riesling trocken
In der Nase saftiger Apfel, frische Zitrone, Melisse, Salbei, Kamillenblüten, balsamische Noten, dezent nach Anis. Am Gaumen saftig, lebendige Säure, Zitrusfrüchte in allen Ausführungen, mineralische Würze, salzig, schlank-athletisch im Körper, guter Extrakt, trinkanimierend.
12 Vol.-%, NK, €€€

★★★★★

WEINGUT KÜNSTLER

Geheimrat-Hummel-Platz 1a, 65239 Hochheim
T: +49 6146 83860, info@weingut-kuenstler.de
weingut-kuenstler.de

Ab-Hof-Verkauf: Mo bis Fr 8–12 Uhr und 13–18 Uhr, Sa 10–16 Uhr, So 11–16 Uhr
Kellermeister: Gunter Künstler, Rolf Schregel
Ansprechpartner: Monika Künstler
Flaschen/Hektar: 347.000 (75 % weiß, 15 % rot, 5 % Rosé, 2 % süß, 3 % Schaumwein)/60 ha

Seitdem Gunter Künstler das Weingut von seinem Vater im Jahr 1992 übernommen hat, arbeitet er beständig an der Verbesserung der Weinqualität – und greift zu, wenn er erstklassige Lage in der Region erwerben kann. Der Lohn der Mühe und Arbeit sind eine beständig hohe Qualität und ein brillanter Lagenausdruck in den Weinen. Das zeigt sich nicht nur im kraftvollen und cremigen Riesling Rüdesheimer Berg Schlossberg, sondern genauso im Spätburgunder aus dem Assmanshäuser Höllenberg, von dem der 2018er schon viel Klasse zeigt, aber noch über enormes weiteres Potenzial verfügt.

94+ 2020 Rüdesheim Berg Schlossberg Riesling GG
Zitronengelb. Feiner Duft nach gelben Früchten, Gesteinsmehl kommt dazu, mineralischer Zug. Am Gaumen dann Mandarine, gelber Apfel und reife Aprikose. Insgesamt präzise in der Frucht mit feinnerviger, saftiger Anlage, cremig und kraftvoll. Im Nachhall mit großer mineralischer Spannung, lang. 12,5 Vol.-%, DV, €€€€

94+ 2020 Hochheim Hölle Riesling GG
In der Nase eine spannende Kombination aus Präzision und Komplexität, Frucht und Mineralik. Am Gaumen mit lebendiger Säure, reife, feine Frucht, spürbare Phenolik, sehr gut balanciert, vollmundig, aber nicht schwer. Langer Nachhall mit einer Prise Meersalz. 12,5 Vol.-%, DV, €€€

94 2020 Hochheim Kirchenstück Riesling GG
Zitronengelb. Intensiver Duft von Limone, Grapefruit, Aprikosenblüte und Lavendel. Am Gaumen kraftvoll und saftig, dabei immer elegant bleibend, dicht gewoben, deutlicher Extrakt bei feiner, gut balancierender Säure. Langer Nachhall mit salziger Mineralik. Viel Potenzial. 12,5 Vol.-%, DV, €€€

94 2018 Assmannshausen Höllenberg Spätburgunder GG
Eleganter Duft mit etwas Rauch, Gewürznelke, Kirsche, Brombeere und einer Spur Garrique. Am Gaumen saftige Himbeerfrucht, Kräuterwürze, reife Säure, junges, festes Tannin in einem geschmeidig abgerundeten Körper, langer Nachhall. Braucht Zeit, hat viel Potenzial. 14 Vol.-%, DV, €€€€

93 2020 Rüdesheim Berg Rottland Riesling GG

92 2021 Hochheim Hölle Im Neuenberg Riesling Erste Lage trocken

92 2021 Hochheim Domdechaney Riesling Erste Lage trocken

91 2021 Hochheim Im Falkenberg Chardonnay trocken

91 2021 Flörsheim Herrnberg Riesling Erste Lage trocken

93+ 2021 Erbach Marcobrunn Riesling Auslese

92+ 2020 Hochheim Hölle Riesling Spätlese

92 2021 »Alte Reben« Hochheim Stielweg Riesling Erste Lage trocken
In der Nase Aromen von Aprikose, gelber Stachelbeere und weißen Blüten, durchaus komplex. Am Gaumen dann ebenfalls Mandarine, grüner Apfel und Zitronenschale, lebendige Säure, viel Schmelz, körperreich mit attraktiver innerer Spannung, saftig, gute Länge. 13 Vol.-%, DV, €€

• Rotwein • Roséwein • Weißwein • Orange-Wein • Süßwein

falstaff-Tipp

★★

WEINGUT LAQUAI

Gewerbepark Wispertal 2, 65391 Lorch
T: +49 6726 830838, kontakt@weingut-laquai.de
weingut-laquai.de

Ab-Hof-Verkauf: Mi bis Fr 8–18 Uhr und Sa 8–17 Uhr nach Anmeldung
Kellermeister: Gilbert Laquai
Ansprechpartner: Gundolf Laquai
Flaschen/Hektar: 100.000 (65 % weiß, 25 % rot, 4 % Rosé, 2 % süß, 4 % Schaumwein)/24 ha

Das Traditionsgut mit seiner 300-jährigen Geschichte geht unter Führung der jüngsten Generation Gundolf und Gilbert Laquai neue Wege: Während der vergangenen 15 Jahre haben die Brüder wahre Pioniertaten vollbracht, indem sie lang brachliegende Rebflächen rekultiviert und uralte Trockenmauern restauriert haben. Mit der Querterrassierung ihrer Steillagen schaffen sie ökologisch wertvolle Böschungen und verändern auch Wasserhaushalt und Mikroklima zum Positiven. Die aktuellen Weine belegen mit ihrer mineralisch-würzigen Kraft, dass dieser Weg Früchte trägt.

91 2020 »Rheingau Grosses Gewächs« Lorch Schloßberg Riesling trocken

In der Nase sonnenverwöhnter reifer Pfirsich, kandierte Ananas, Wiesenkräuter, Schieferwürze. Am Gaumen ist der Wein kompakt, dicht, hat eine saftige Frucht, merkliche Phenolik, dezente Süße, wirkt gut ausbalanciert mit mineralischer Würze und reifer Säure. 12,5 Vol.-%, NK, €€€

90+ 2021 »vom Schiefer« Riesling trocken

Schieferwürze in der Nase, feinfruchtig, Zitronen, weißer Pfirsich, Wiesenkräuter. Am Gaumen schlank im Körper, elegant, Zitrusfrucht, cremiger Kern, dezente Fruchtsüße, ausbalanciert von einer reifen Säurestruktur sowie mineralischer Würze. 12 Vol.-%, DV, €

90 2021 »vom Quarzit« Riesling feinherb

Feinfruchtige Nase, Pfirsich, reife saftige Aprikosen, weiße Blüten, nasses Gestein, Wiesenkräuter. Am Gaumen feine Restsüße, getragen von saftiger Frucht und mineralischer Würze, lebendige Säure, trinkanimierend.
11,5 Vol.-%, DV, €

91 2019 »RGG« Lorch Bodental-Steinberg Spätburgunder trocken

Rote und dunkle reife Beerenfrucht, Schwarzkirschen, Gewürznelken, Holzwürze, dunkle Schokolade. Am Gaumen kraftvoll, saftige Beerenfrucht, merkliches reifes Tannin, gut integrierte Säure, viel Extrakt und Würze, gut zu kräftigen Speisen oder vor dem Kamin. 13,5 Vol.-%, NK, €€€

89 2021 »Rosa« Chardonnay trocken

92 2020 Auxerrois trocken

In der Nase reifer Apfel, Apfelschale, Salbei, Brennnessel, getrocknete Aprikosen. Am Gaumen saftig, elegant, feine kernige Phenolik, gut im Extrakt, cremiger Schmelz, feingliedrige Säure, mineralische Würze, lang am Gaumen.
12,5 Vol.-%, NK, €€

★

WEINGUT LAMM-JUNG

Eberbacher Straße 50, 65346 Eltville am Rhein
T: +49 6123 7059300, info@lammjung-wein.de
lammjung-wein.de

Ab-Hof-Verkauf: Ja
Kellermeister: Paul Will
Ansprechpartner: Paul Will
Hektar: 17 ha

Das Weingut Lamm-Jung besitzt Weinberge in renommierten Lagen des Rheingaus wie Assmannshäuser Höllenberg, Kiedricher Sandgrub, Erbacher Hohenrain und Michelmark, Rüdesheimer Roseneck, Schlossberg und Drachenstein – ein Vorteil, den Kellermeister Paul Will zu nutzen weiß, der davor in den Sekthäusern Solter und Schloss Vaux arbeitete. Inhaber des traditionsreichen Weinguts ist Günther Weisel, der es 2016 übernahm. Mit 80 Prozent nimmt Riesling die Hauptrolle ein, es sind auch die Weine, die auf Anhieb überzeugten. Ein Debüt im Weinguide, das noch einiges erwarten lässt!

89+ ❺ 2017 Riesling brut
Würzig im Duft, reife Honignoten, Gelbfrucht, auch Noten von Curry und Korianderkorn, roter Apfel, Wachs. Im Mund mild und geschmeidig angelegt, mit merklicher Süße, das mittelfeine Mousseux ist in einen recht stattlichen Körper eingepasst, die Säure bleibt eher dezent. 12,5 Vol.-%, NK, €€

89 ❺ 2016 Cuvée brut RR/TR/MT/PG/WB
Der Duft reiht beerige, gelbfruchtige und hefig-würzige Noten nebeneinander. Im Mund zeigt sich der Wein gut proportioniert, mittelgewichtig, das Mousseux hat Präsenz und erzeugt ein dynamisches Perlen, im Abgang hat der Wein Süße und einen Anflug Phenole. 12,5 Vol.-%, NK, €€

91+ 2017 »Premium Steillage« Lorch Riesling trocken
Der Ausbau im großen Holzfass hinterlässt noch feine Holzwürze, ziemlich reifer Pfirsich, auch ein Hauch Petrol. Saftig und mit Schmelz im Mund, feine, präzise Säureader, reifer in der Frucht als im Frischestatus, eher leichtgewichtig, mineralisch und mit Finesse. 12 Vol.-%, DV, €€

91+ 2017 »Premium Alte Reben« Erbach Riesling trocken
Dezentes Goldgelb. Feine Holzwürze verbindet sich im Duft mit reifer Spätlese-Frucht, Pfirsich und Maracuja, auch Honigwabe. Am Gaumen erstaunlich frisch mit kristalliner Säure in einem schlanken Format, saftige gelbe Gaumenfrucht, mineralisch getönt. Elegant! 11,5 Vol.-%, DV, €€

89 2021 Weißer Burgunder trocken

89 2021 Riesling & Chardonnay feinherb RR/CH

89 2017 Spätburgunder Weißherbst trocken

88+ 2021 Riesling trocken

88+ 2021 Blanc de Noir Spätburgunder feinherb

88+ 2021 Riesling feinherb

88+ 2021 Rosé Spätburgunder feinherb

90 2021 »Meisterwein« Riesling feinherb
Feine Riesling-Nase mit Weinbergpfirsich, Mirabelle und Aprikose, florale Noten, steinige, mineralische Anklänge. Filigran gebauter und feinsaftiger Riesling mit adrettem Zusammenspiel von feiner Süße und präziser Säure, entfaltet sich elegant in Nuancen. 11 Vol.-%, DV, €€

★★★★

WEINGUT LEITZ

Rüdesheimer Straße 8A, 65366 Geisenheim
T: +49 6722 9999-100, johannes.leitz@leitz-wein.de
leitz-wein.de

Ab-Hof-Verkauf: Mo bis Fr 8–17 Uhr
Kellermeister: Johannes Leitz, Manuel Zuffer
Ansprechpartner: Johannes Leitz
Hektar: 160 ha

Johannes Leitz, der den Familienbetrieb, dessen Wurzeln bis ins Jahr 1744 zurückgehen, 1985 übernommen hat, erzeugt auf seinen rund 160 Hektar durchweg konstant erstklassige Qualität. Das beginnt bei seinem sehr soliden, animierenden Riesling trocken und endet in der Spitze bei den herausragenden Großen Gewächsen und feinen, restsüßen Auslesen. Dieses Mal hat uns der Riesling Berg Schlossberg Ehrenfels besonders begeistert, der ungemein komplex und sehr gelungen ist. Wie so oft ist der sehr trinkanimierende »Magic Mountain« eine besondere Empfehlung.

95 2020 Berg Schlossberg Ehrenfels Riesling GG
Duft von reifer Frucht und Feuerstein. Am Gaumen hohe Komplexität, feine reife Frucht, Gesteinsmehl, kristallin mit leichter Phenolik, die reife Säure balanciert den feinen Extrakt nahezu perfekt, Konzentration und leichte Salzigkeit führen in einen sehr langen Nachhall. 12,5 Vol.-%, NK, €€€

93+ 2020 Rüdesheim Berg Roseneck Katerloch Riesling GG
Komplexes Bukett aus feiner Frucht, Würze und Mineralik. Am Gaumen folgen eine leichte Kräuternote, Limettenschalen, junger Pfirsich und grüner Apfel. Der sehr elegante und zugleich getragen-opulente Wein verabschiedet sich mit einem langen, mineralisch getönten Nachhall. 13 Vol.-%, NK, €€€

93 2020 »Terrassen« Rüdesheim Berg Kaisersteinfels Riesling GG
Im Duft würzig, mineralisch und konzentriert, mit Aromen von Lakritze, grünem Apfel, Aprikose und nassem Stein. Am Gaumen ein voller Körper, dabei elegant, gelungene Balance aus markanter Säure und Frucht, langer, geschmeidiger und mineralisch gewürzter Nachhall. 12,5 Vol.-%, NK, €€€

93 2020 Rüdesheim Berg Rottland Hinterhaus Riesling GG
Ein tiefes und komplexes Bukett aus feinen reifen Früchten, dennoch angenehm kühl. Am Gaumen intensiv, raffiniert durch die attraktive Mineralik, reife Säure, feine Phenolik, der Abgang ist intensiv und spannungsreich, feine Salzigkeit. Ein Wein mit viel Potenzial. 13 Vol.-%, DV, €€€

93 2020 »Monopol« Rüdesheim Rosengarten Riesling GG

90 2021 »Eins-Zwei-Dry« Sauvignon Blanc tr.

90 2021 »W« Weißburgunder trocken

90 2021 »C« Chardonnay trocken

89 2021 »Eins-Zwei-Dry« Riesling trocken

89 2021 Rüdesheim Riesling trocken

92 2018 Rüdesheim Drachenstein Riesling Auslese

91 2021 »Magic Mountain« Rüdesheim Riesling trocken
Im Duft opulent und kühl zugleich, ein wenig Brioche sowie gelber Apfel, Mango, Papaya und Rosmarin, vielschichtig. Am Gaumen auch Mango, balanciert, belebende Säure bei guter Dichte, eine sehr feine Kräuternote führt in einen attraktiven Nachhall. 12,5 Vol.-%, DV, €€

★

MEHRLEIN

Rieslingstraße 49, 65375 Oestrich-Winkel
T: +49 6723 2934, info@weingut-mehrlein.de
weingut-mehrlein.de

Ab-Hof-Verkauf: nach Vereinbarung
Kellermeister: Thorsten Mehrlein
Ansprechpartner: Thorsten Mehrlein
Flaschen/Hektar: 1.133.000 (97 % weiß, 2 % rot, 1 % Rosé)/62 ha

Auf dem Etikett seines Rieslings »Gentleman« zeigt Thorsten Mehrling einen schick gekleideten Dandy mit Stil und Geschmack, es könnte auch symbolisch stehen für die Stilistik des Winzers, der 62 Hektar Rebfläche bewirtschaftet, darunter renommierte Lagen wie Oestricher Klosterberg oder Winkler Hasensprung. Star im Weingut ist mit 97 Prozent Anteil der Riesling, der Jahrgang 2021 ist Thorsten Mehrlein gut gelungen, mit gekonnt balancierten Weinen – eben mit Stil und Geschmack. Wird dieses Niveau gehalten, könnte bald der zweite Stern aufleuchten.

91 2021 Oestrich Klosterberg Riesling trocken
Pfirsich und Apfel mit kräutrigen Noten, hellen Blüten und mineralischen Anklängen. Entfaltet sich geschmeidig am Gaumen mit reifer Säure und feiner süßlicher Gelbfrucht, Akzente setzt die Mineralik am mittleren Gaumen, endet würzig, gute Länge, Potenzial. 12 Vol.-%, DV, €€

90 2021 Winkel Hasensprung Riesling trocken
Feinfruchtiger Duft nach Weinbergpfirsich, Aprikose kommt hinzu, leicht kräutrig, etwas Grapefruit, Orangenschale. Fein balancierter und eleganter Riesling, saftig, mit ruhigem Fluss und ausgewogener Säure, mit feiner Mineralik im Hintergrund. Viel Wein fürs Geld. 12 Vol.-%, DV, €

89+ 2021 »Gentleman« Riesling trocken
Orangenblüten, etwas heller Tabak, gemahlener Koriander, Weinbergpfirsich, auch Passionsfrucht. Die reife, gut tragende Säure versteht sich mit der süßlichen Frucht am Gaumen, schlanker Bau, feinwürzig grundiert. Geschmeidiger Riesling mit Stil. 11,5 Vol.-%, DV, €

89 2021 Mittelheim Edelmann Riesling trocken
Gelbfruchtig im Duft, Pfirsich und Aprikose, auch etwas Apfel und helle Blüten, kräutrige Noten. Schlank gebaut, am Gaumen saftig und mit süßem Pfirsich, würzige und mineralische Anklänge, ausgewogene Säure. Gut balancierter und eleganter Riesling. 11,5 Vol.-%, DV, €

89 2021 Pinot Noir Rosé trocken

90+ 2021 »Alte Reben Prestige« Riesling trocken
Feine Würze in der Nase, Kräuter, Zitrusfrucht wie Grapefruit, Pfirsich und auch Apfeltarte. Schlanker Bau, viel Inhalt auch am Gaumen mit feiner Würze, Mineralik, präsente Säure und süßliche Frucht (Pfirsich und Maracuja) bilden eine stimmige Einheit. 12 Vol.-%, DV, €€

★★

BIO-WEINGUT MITTER-VELTEN

Frankfurter Straße 31, 65239 Hochheim am Main
T: +49 6146 9101, weingut-mitter@gmx.de
weingut-mitter.de
Ab-Hof-Verkauf: Di u. Do 10–12.30 u. 14–18.30 Uhr, Mi 10–12.30 Uhr, Fr u. Sa 10–12.30 u. 16–22 Uhr, So 15.30–22 Uhr
Kellermeister: Martin Mitter
Ansprechpartner: Martin Mitter
Flaschen/Hektar: 60.000 (60 % weiß, 20 % rot, 20 % Rosé)/8 ha
Anbauweise: Bio

Wir werden nicht müde, darauf hinzuweisen, dass es im Weingut Mitter-Velten in Hochheim am Main feine Weine zu sehr fair kalkulierten Preisen gibt – und das in Bio-Qualität! Man kann getrost auf das vertrauen, was Martin Mitter Jahr für Jahr auf die Flaschen bringt: 2021 sind es frische Weißweine mit feiner Fruchtaromatik wie der Riesling »Premium No. 9« mit guter Balance und mineralischer Grundierung. Der Spätburgunder aus der Hochheimer Hölle verspricht eine gute Entwicklung. Die Weine können auch in der modern gestalteten Vinothek verkostet werden.

90 2021 Flörsheim Herrnberg Riesling trocken
Vielschichtig im Duft mit Pfirsich und Mirabellen, etwas Himbeeren, feine, kräutrige Noten und auch mineralische Anklänge. Gut balancierter Riesling mit vergnüglichem Spiel von lebendiger Säure und fruchtiger Süße, kompakt und fest in der Struktur, mineralisch. 12 Vol.-%, DV, €

89 2021 Weißburgunder trocken
Helle Blüten, Mirabelle, Apfel und Mandarine, auch florale Noten, Tomatenrispe, Blumenwiese. Saftig und mit feiner Würze am Gaumen auf einem gut dosierten stoffigen Fond, tragende Säure, feine Abrundung mit etwas Fruchtsüße, natürlicher Ausdruck, auch zum Essen. 12 Vol.-%, DV, €

89 2021 Sauvignon Blanc trocken
Steht aromatisch eher auf der grünen Seite der Sauvignon-Aromatik mit grüner Paprika, grüner Stachelbeere und frisch geschnittenem Gras. Am Gaumen leicht gebaut, zielt auf Frische und Filigranität ab, trägt kein Gramm zu viel am sehnigen Körper, leicht salzig. 11,5 Vol.-%, DV, €

90+ 2021 Hochheim Hölle Spätburgunder trocken
Dunkelbeerig in der Nase, Wacholderbeere, schwarze Kirsche und Brombeere, feine Holzwürze, etwas Gewürznelken. Stoffig und würzig am Gaumen, kräftige Struktur, die lebendige und stabile Säure verspricht Entwicklung, markante, noch jugendliche Tannine, mineralisch. 13,5 Vol.-%, DV, €

89 2021 Spätburgunder Weißherbst halbtrocken

91 2021 »Premium No. 9« Hochheim Kirchenstück Riesling Spätlese trocken
Neben Pfirsich auch etwas Maracuja und rosa Grapefruit, kräutrige und florale Noten, Mineralik. Saftig und vielschichtig am Gaumen, wieder Grapefruit, salzig, gut tragende Säure, begleitet von feiner Fruchtsüße, vollmundig, mineralisch grundiert, erwachsen. 12,5 Vol.-%, DV, €€

★★★

WEINGUT GEORG MÜLLER STIFTUNG

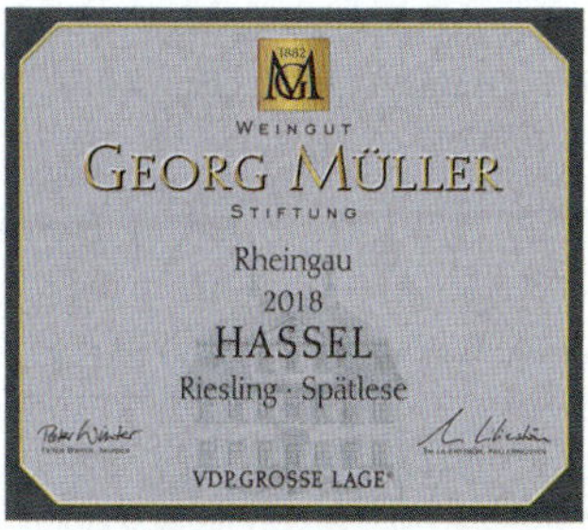

Eberbacher Straße 7–9, 65347 Hattenheim im Rheingau
T: +49 6723 2020, info@georg-mueller-stiftung.de
georg-mueller-stiftung.de

Ab-Hof-Verkauf: Mo bis Fr 9–12 und 14–17 Uhr
Kellermeister: Tim Lilienström
Ansprechpartner: Peter Winter
Flaschen/Hektar: 133.000 (65 % weiß, 20 % rot, 4 % Rosé, 10 % süß, 1 % Schaumwein)/19.5 ha

Tim Lilienström, Betriebsleiter und Kellermeister im Weingut Georg Müller Stiftung, legt eine Kollektion vor, bei der es schwerfällt, das Feine vom noch Feineren zu trennen: Da wären die Großen Gewächse vom Riesling aus 2020, die Dichte und Schliff verknüpfen, die Pinot Noirs aus 2019, von denen die »Hommage à Georg« mit ihrer balsamischen Würze und Vielschichtigkeit überzeugt, die »Artist Edition« mit elaboriert-kultiviertem Ausdruck. Das Jahr 2021 wiederum hat die Grundlage für zwei ausgezeichnete Süßweine geliefert, die mit Druck, Würze und Eleganz imponieren – gekonnt!

93 2020 Hattenheim Wisselbrunnen Riesling GG

Neben gelbem Steinobst finden in der vielschichtigen und feinwürzigen Nase auch Quitte, Birnenschale und rosa Ingwer zusammen. Auch am Gaumen reife, saftige Fruchtnoten, gute Verdichtung in der Gaumenmitte, mineralische Tönung, feine Phenolik, Länge und Potenzial. 12,5 Vol.-%, NK, €€€

93+ 2019 »Hommage à George« Pinot Noir trocken

Balsamische Würze zu reifer Kirsche, feine Holzpatina, etwas Rauch und Wacholderbeere. Auf weichem Fond schöne Würze, süßlicher Extrakt, die Umsetzung von Kraft in Eleganz gelingt gut, präsenter, feinkörniger Gerbstoff in guter Dosis, kultiviert, gute Länge. 13,5 Vol.-%, NK, €€€€

93 2021 Hattenheim Nussbrunnen Riesling Auslese

Duft nach reifer, eingetrockneter Frucht, Blütenhonig, Mango, Papaya, feingliedrige Würze, getrocknete Aprikose, etwas Rosinen. Am Gaumen dicht und viskos, pikante Säure, Waldhonig, Quittengelee, kandierte Orange, viel Würze, druckvoll, griffig und lang, Potenzial. 8,5 Vol.-%, NK,

93 2021 Hattenheim Wisselbrunnen Riesling Beerenauslese

Zurückhaltend im Duft, Pfirsich und Aprikose, getrocknete Aprikose, Dörrfrucht, etwas Datteln, zurückhaltende Botrytis. Beginnt mit lebendiger Säure, die sich dann etwas hinter der Konzentration zurückzieht, viskos, rund, etwas rosinig, würzig und reichhaltig. 7,5 Vol.-%, NK,

92 2020 Erbach Siegelsberg Riesling GG

92 2019 »Artist Edition« Pinot Noir trocken

Präzise rote Frucht, Himbeere und Kirsche, sehr feine Holzwürze, nicht aufdringlich. Der unverstellte Fruchtausdruck zeigt sich auch am Gaumen mit reifem, süßlichem Kern, fein extrahierter Gerbstoff, kultivierter Ausdruck, klingt mit pfeffriger Würze aus. 13,5 Vol.-%, NK, €€€

★★

WEINGUT HEINZ NIKOLAI

Ringstraße 16, 65346 Erbach
T: +49 6123 62708, weingut@heinz-nikolai.de
heinz-nikolai.de

Ab-Hof-Verkauf: Mo bis Sa 10–18 Uhr, So 10–14 Uhr
Kellermeister: Frank Nikolai und Andreas Dormann
Ansprechpartner: Katharina Nikolai
Flaschen/Hektar: 160.000 (75 % weiß, 10 % rot, 10 % Rosé, 5 % Schaumwein)/16 ha

Die Familie Nikolai betreibt seit 1824 Weinbau. Wenn es um die eigene Handschrift als Winzer geht, vermeiden Frank und Katharina Nikolai – dankenswerterweise – das Wort »Philosophie«. Sie sprechen vielmehr von ihrem eigenen »Stil ohne Überdrehungen«, ein Nikolai-Wein müsse vor allem schmecken, und das sei Ergebnis aller Faktoren – von Boden und Lage über die Pflege der Reben bis zur Reife der Weine im Keller. Zum Hausstil gehört es auch, dass die rundum überzeugenden Lagenrieslinge aus Erbach und Hallgarten zu äußerst fairen Preisen angeboten werden. Wunderbar!

92 2021 »Großes Gewächs« Erbach Steinmorgen Riesling trocken
Sonnengoldene Reflexe im Glas, in der Nase Aprikose, weiße Blüten und Lindenblüten. Im Mund herrlich saftig, ganz weich legt sich die ausbalancierte Säure über die feinen Noten nach Limettenabrieb und frischen Äpfeln, der Nachhall hat mächtig Wums. Großartig! 13 Vol.-%, DV, €€

91 2021 »Großes Gewächs« Erbach Siegelsberg Riesling trocken
Auch hier eine schöne würzige und pfeffrige Nase, Thymian, Piment, Zitronenmelisse, alles ganz fein komponiert. Im Mund setzt sich die Würze fort, die Säure schmeichelt und unterstützt den ungemein saftigen Trinkfluss. 13 Vol.-%, DV, €€

90 2021 »Alte Reben« Erbach Steinmorgen Riesling feinherb
Sehr zarte, fast duftarme Nase. Der erste Schluck zeigt dafür mehr: feine Kräuternoten, passende Süße mit auch leicht herben Anklängen, die einen spannenden Bogen zu der saftigen Säure entwickeln, üppiger Trinkfluss. 12 Vol.-%, DV, €

90 2020 »Johann Jakob Alte Reben« Spätburgunder trocken
Zarte Nase nach schwarzen Kirschen, gekochten Zwetschgen, auch Brombeere und Laub. Auf der Zunge dann eine feine Süße mit päsentem Alkohol, es entfaltet sich eine kühle und flüssige saftige Trinkigkeit mit langem Nachhall und zarten Röstnoten. 14 Vol.-%, DIAM, €€

90 2021 »Filetstück« Erbach Michelmark Riesling trocken

89+ 2021 Goldmuskateller trocken

89+ 2021 Weißburgunder trocken

89 2021 Hallgarten Jungfer Riesling feinherb

89 2021 Sauvignon Blanc trocken

88+ 2021 Erbach Michelmark Riesling trocken

88 2021 Hallgarten Schönhell Riesling trocken

90+ 2021 »Primus Maximus« Riesling trocken
Schön glitzernder Wein mit hellgrünen Reflexen. In der Nase feine Zitrusnoten und auch Jod. Im Mund überraschend salzig mit cremiger Fülle, feine Pfirsichnoten und Limettenabrieb. Frisch und mollig zugleich, schöner Spannungsbogen. 12,5 Vol.-%, DV, €

★★★

WEINGUT PRINZ

Im Flachsgarten 5, 65375 Hallgarten
T: +49 6723 999847, info@prinz-wein.de
prinz-wein.de

Ab-Hof-Verkauf: nach Vereinbarung
Kellermeister: Fred Prinz
Ansprechpartner: Sabine, Florian und Fred Prinz
Flaschen/Hektar: 67.000 (93 % weiß, 6 % rot, 1 % Rosé)/11.5 ha
Anbauweise: Bio

Es ist eine Binse, dass man sich die Basisweine als Visitenkarte eines Weinguts anschauen soll. Was sagt es uns über das Weingut Prinz, wenn bereits der Gutsriesling mit 91 Punkten aus unserer Verkostung hervorgeht? Nun ist es nicht neu, dass das Hallgartener Bioweingut sauberes Handwerk abliefert und stilistisch durchdachte Weine. Die Großen Gewächs am anderen Ende der Preisliste besitzen große aromatische Komplexität und werden zu einer klassischen Statur mit einer Extraportion Eleganz reifen. Zuletzt sind hier auch immer die fruchtigen Kabinettweine ein Tipp!

93+ 2021 Hallgarten Schönhell Riesling GG
Großartiger Duft nach Heu und weißen Blüten, danach entwickelt sich eine elegante Note von Mandarine in der Nase. Am Gaumen kräftige, fast adstringierende Säure, die aber sehr schön von saftigen Aromen wie Glaskirschen und Weißen Johannisbeeren getragen wird. 13 Vol.-%, NK, €€€

92+ 2021 Hallgarten Jungfer Riesling GG
Ein zart duftiger, fast zurückhaltender erster Eindruck in der Nase, dann ein sehr feiner leichter Weihrauchduft mit kühler Frische, wenig Frucht. Im Mund dicht und mollig, gepaart mit guter Säure und auch einem süßen Eindruck, sehr saftig und fein fließend. 13 Vol.-%, NK, €€€

92 2021 Hallgarten Hendelberg Riesling tr.
In der Nase kräftige, fast röstige Aromen, würzige Kräuter wie Thymian und Estragon, Heu, Leder, auch Rauch. Am Gaumen zuerst weicher als gedacht, es entfaltet sich eine schöne markante Mineralik mit stabiler tragender Säure, lang anhaltender kühler Nachhall. 13 Vol.-%, NK, €€

91+ 2021 Hallgarten Jungfer Kabinett
Duft nach reifen Zitrusfrüchten, Mandarine, etwas Pfirsich, Nektarine. Am Gaumen mit belebender Säure, fließende Frucht, Orange, kandierte Zitrusfrucht, gut integrierte Süße, fein strukturiert, balancierter Kabinett mit viel Saft, gute Länge. 8,5 Vol.-%, DV, €€

91 2021 Hallgarten Riesling trocken

91 2021 Riesling trocken
In der Nase frische und duftige Zitrusnoten, auch kräutrig. Am Gaumen setzen sich die Zitrusaromen fort, saftig, kühl und klar, eine schöne Paarung von Molligkeit und zart bitterem Nachhall. Außerordentlich aromatisch und appetitanregend! 12 Vol.-%, DV, €€

★★★

WEINGUT QUERBACH

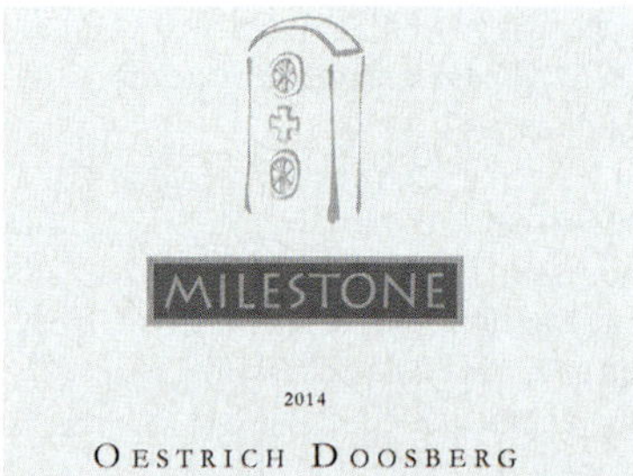

Lenchenstraße 19, 65375 Oestrich-Winkel
T: +49 6723 3887, mail@querbach.com
querbach.com

Kellermeister: Peter Querbach
Ansprechpartner: Peter Querbach
Hektar: 10 ha

Peter Querbach hat seinen eigenen Kopf und geht gerne eigene Wege. Das sieht man bereits an den Flaschen, die der Oestricher Winzer seit rund 20 Jahren mit einem selbst entwickelten Kronkorken verschließt. Aber auch was unter diesem – technisch übrigens absolut patenten – Verschluss schlummert, ist stilistisch eigenständig: meist eher auf der feinherben als auf der trockenen Seite der Skala, aber dabei stets gut balanciert – und dank der ausgezeichneten Substanz der Weine auf Lagerfähigkeit ausgerichtet. Eine entdeckenswerte Facette des Rheingaus!

93 2020 »Q 1« Oestrich Lenchen Riesling trocken

Der Wein ist im Duft noch reduktiv getönt, doch auch mineralische, balsamische Untertöne treten hinzu. Am Gaumen entfaltet sich ein beeindruckendes Extrakt-Paket, dicht, vibrierend mineralisch, saftig, sehr gut balanciert, mit ausgezeichnetem Potenzial. 12 Vol.-%, VK, €€€

92 2018 »Milestone« Oestrich Doosberg Riesling trocken

Eine erste Entfaltung im Duft lässt karamellige und florale Töne anklingen, Lavendel, Thymian, auch Earl Grey. Im Mund zeigt sich der Wein rund und reif, der warme Jahrgang brachte eine dezente Säure, die aber dennoch trägt und der konzentrierten Abgangsfrucht Fassung gibt. 12 Vol.-%, VK, €€€

91+ 2020 »Milestone« Oestrich Doosberg Riesling trocken

Frische Zitrusfrucht im Duft, frisch geriebene Orangenschale, Blutorange. Im Mund zeigt sich der Wein seidig und ausgeglichen, mit geschmeidiger Anlage und ersten leichten Karamelltönen im Abklang, die eine Entwicklung der Flaschenreife hin zur Milde andeuten. 12 Vol.-%, VK, €€€

91 2020 Hallgarten Riesling trocken

Der noch verschlossene Duft zeigt kräuterwürzige Aromen, Melisse, Zitronenthymian, einen Hauch Bittermandel. Die Gaumenstruktur wirkt leichtfüßig, saftig, mit einer beschwingten, heiteren Art. Die fürs trockene Geschmacksbild reichlich dosierte Süße wird der Flaschenreife guttun. 12 Vol.-%, VK, €€

91 2020 »Edition« Riesling trocken

90 2019 »Schoppen« Riesling trocken

Limette, Bergamotte, auch leicht »steinige« Noten. Im Mund kontert der Wein eine speichelziehende Säure mit reichhaltiger Süße, der Wein hat Frische und Spannung sowie eine für einen »Schoppen« ungewöhnlich deutlich ausgeprägte Mineralik. 12 Vol.-%, VK, €

★★★

WEINGUT BALTHASAR RESS

Rheinallee 7, 65347 Eltville-Hattenheim
T: +49 6723 91950, info@balthasar-ress.de
balthasar-ress.de

Ab-Hof-Verkauf: Ja
Kellermeister: Stephan Sänger
Ansprechpartner: Christian Ress
Flaschen/Hektar: 330.000 (90 % weiß, 10 % rot)/55 ha
Anbauweise: Bio

Christian Ress schreibt die über 150-jährige Geschichte des Familienweinguts nicht nur fort, sondern fügt ihr immer neue Aspekte hinzu. Eine wichtige Wegmarke war dabei 2016 die Umstellung auf ökologischen Weinbau – bei einer Betriebsgröße von 55 Hektar ein ambitioniertes Unterfangen, das sich aber in weiteren Qualitätssteigerungen bemerkbar macht. Neben dem spannungsreichen, komplexen 2019er Riesling Berg Rottland haben uns die dichten, würzigen Pinot Noirs besonders beeindruckt, die viel Schmelz und Struktur bieten und sich exzellent zur Lagerung eignen.

93+ 2019 Rüdesheim Berg Rottland Riesling GG
Sehr spannender, komplexer Duft nach reifen Limetten, Geranie und Aprikosen, dazu Kräuterwürze. Am Gaumen folgt eine merkliche Mineralik, dazu feine Noten von Brioche, auch zarte Blumen sind dabei, sensorisch trocken bei ideal eingebundener Säure, gutem Zug und langem Nachhall.
12 Vol.-%, DV, €€€

91 2021 Hallgarten Hendelberg Riesling trocken
Blasses Goldgelb. Ein Duft von Aprikose und Pfirsich, dicht und mit schönem mineralischem Unterton. Am Gaumen spiegelt der Wein das Rüdesheimer Terroir sehr gut wider, kraftvoll, fast etwas ungestüm, lebendige Säure, viel gelbe Frucht, langer, attraktiver Nachhall. 12,5 Vol.-%, DV, €€€

93+ 2018 »Caviar de Pinot Noir« trocken
Im Duft balsamisch, Minze und Basilikum, dazu Gewürznelken, erdig, dunkle Himbeeren. Am Gaumen mit saftigem Ansatz, sehr feine Gerbstoff-Extraktion, fließt rund, viel Schmelz, rote Früchte, Kirschen, die reife Säure ist sehr gut integriert, langer Nachhall. 13,5 Vol.-%, DV, €€€€

90+ 2020 Assmannshausen Pinot Noir trocken
Duft nach Waldboden, Rauch, Kirsche und Johannisbeeren. Am Gaumen mit guter Textur, reifem Tannin und sauberer dunkler Beerenfrucht, die von lebendiger Säure balanciert wird. Ein Wein, der sich bereits in sein Trinkfenster bewegt, sehr schön zum Essen. 12,5 Vol.-%, DV, €€€

90+ 2021 »Von Unserem« Riesling trocken

90+ 2021 Hattenheim Engelmannsberg Riesling trocken

90+ 2021 Hattenheim Riesling feinherb

90 2021 Rüdesheim Riesling trocken

90 2021 Hattenheim Schützenhaus Riesling Kabinett

90 2021 Oestrich-Winkel Schloss Reichartshausen Riesling Spätlese

91 2021 »Rheingau Held« Riesling trocken
Attraktiver Duft mit Aromen von Aprikose, Limette und Geißblatt. Am Gaumen herrlich saftig mit komplexer Aromatik, Zitrusfrüchte sind dabei, aber auch etwas Preiselbeeren, unterlegt von Kräuterwürze und feinen floralen Aromen. Eine feine, gut balancierende Säure führt in einen langen Abgang. 11,5 Vol.-%, DV, €€

★

WEINGUT SCHREIBER

SCHREIBER'S
SEIT 1749
HOCHHEIM IM RHEINGAU

Johanneshof 2, 65239 Hochheim am Main
T: +49 6146 9171, info@weingut-schreiber.de
weingut-schreiber.de

Ab-Hof-Verkauf: Mo bis Fr 10–19 Uhr, Sa 10–16 Uhr
Kellermeister: Simon Schreiber
Ansprechpartner: Simon Schreiber
Flaschen/Hektar: 133.000 (75 % weiß, 5 % rot, 8 % Rosé, 2 % süß, 10 % Schaumwein)/14.5 ha
Anbauweise: Bio

Familie Schreiber betreibt schon seit 1749 Weinbau – wir wollen aber nicht in der Vergangenheit verweilen, denn die Gegenwart hat einiges zu bieten: Inzwischen werden 14 Hektar in Hochheimer Lagen biologisch bewirtschaftet. Simon Schreiber ist für den Ausbau der Weine zuständig, die klare Frucht und mineralische Würze zeigen, wie z. B. der Riesling Kirchenstück. Sehr gut gelungen ist ihm auch der saftige Merlot mit präziser Frucht. Die Weine können auch in der modern gestalteten Vinothek genossen werden. Wir nehmen das Weingut auf unsere Watchlist für den zweiten Stern.

91 2021 Hochheim Kirchenstück Riesling tr.
Zitrusnoten und ein Hauch Limoncello verbinden sich im Duft mit reifem Pfirsich und Mandarine, steinige Anklänge, Gewürze wie Anis. Vielschichtig am Gaumen mit Substanz und auch Komplexität, tragende Säure, reife Frucht und Phenolik, Würze, mineralischer Hintergrund. 13,5 Vol.-%, DV, €€

90 2021 Hochheim Hölle Riesling trocken
Die Hölle riecht sehr angenehm nach Pfirsich und Mirabelle, feine mineralische, steinige Würze, Tomatenstängel. Hat am Gaumen einiges zu bieten zum fairen Tarif: gute Balance mit delikater Säure, saftiger, feiner Fruchtsüße und mineralischem Lagencharakter. 13,5 Vol.-%, DV, €

89+ 2021 Hochheim Roter Riesling trocken
Weinbergpfirsich und Aprikose im kräftigen, fruchtigen Duft, Stachelbeeren, roter Apfel, florale Noten, sommerlicher Weinberg. Saftige Stoffigkeit bestimmt den Gaumen, reife, zurückgenommene Säure, entspannter Charakter, der seine Bahn zieht. Würzig, konsistent. 12,5 Vol.-%, DV, €

91 2020 Hochheim Hölle Merlot trocken
Beerige Nase nach Schwarzkirsche und Schwarzer Johannisbeere, ein Hauch Eukalyptus liegt darüber, feine Holzwürze. Erwachsener Merlot mit Substanz und mit kräftiger und vom Holzausbau geprägter Struktur, feste, präsente Säure, klare, präzise Frucht, würzig, gute Länge. 13,5 Vol.-%, NK, €€

89+ 2020 Riesling brut

89+ 2021 Hochheim Sauvignon Blanc trocken

89 2021 Hochheim Weißburgunder trocken

89 2021 »Unterm Storchennest« Cuvée trocken SOG/CBL

88+ 2021 Hochheim Riesling trocken

88+ 2021 Spätburgunder Rosé feinherb

88+ 2021 Hochheim Riesling Kabinett

90+ 2020 »Alte Reben« Hochheim Reichestal Riesling trocken
Schöne Würze eröffnet den kräftigen Duft, reifer Pfirsich, etwas Stachelbeeren und Johannisbeeren, Pfefferminzöl, zitrische Noten. Würzig entfaltet sich auch der Gaumen mit guter Balance der Elemente, saftige Stoffigkeit, zunehmende Mineralik, feine Abrundung. 12,5 Vol.-%, DV, €

★★

WEINGUT SOHNS

Nothgottesstraße 33, 65366 Geisenheim
T: +49 6722 8940, info@weingut-sohns.de
weingut-sohns.de

Ab-Hof-Verkauf: Mo bis Fr 9–12 Uhr und 14–18 Uhr, Sa 10–15 Uhr
Kellermeister: Pascal Sohns
Ansprechpartner: Pascal Sohns
Flaschen/Hektar: 93.000 (65 % weiß, 15 % rot, 13 % Rosé, 3 % süß, 7 % Schaumwein)/10 ha

In den vergangenen Jahren hat sich viel getan bei der Winzerfamilie Sohns in Geisenheim: 2017 wurde das neue Weingut mit Vinothek gebaut, das einen großartigen Blick auf den Rhein erlaubt. Pascal Sohns feilt als Kellermeister weiter an der Stilistik seiner Weine, gehaltvoller, dichter Spätburgunder und mineralisch getönter Rieslinge mit reifer Frucht. Ein weiterer Schritt nach vorne ist für uns der Riesling »Baci«, ein unfiltrierter Naturwein mit minimaler Schwefelgabe und Künstleretikett von Maya Roth, der sich auf Drei-Sterne-Niveau bewegt. Stark!

92+ 2020 »Baci« Geisenheim Kläuserweg Riesling trocken
Komplexe, kräutrige Nase, reifer Pfirsich, Apfelschale, etwas Salbei, auch getrocknete Aprikose. Gut verdichtet am Gaumen mit phenolisch geprägter Struktur, reife Säure, guter Extrakt, würzige Mineralik drückt den Stempel auf, gute Länge, eigene Handschrift. 13 Vol.-%, NK, €€€

92 2020 »Rhg Großes Gewächs« Geisenheim Kläuserweg Riesling trocken
Reifer Pfirsich in der konzentrierten Nase, Aprikose und Apfelblüten, schiefrige Würze und Honigwaben. Konzentriert und stoffig auch am Gaumen, mit gutem Extrakt und reifer Säure, Würze und leicht rauchiger Mineralik, phenolisch, herbe Apfelschalen, gute Länge. 13 Vol.-%, DV, €€

91+ 2019 »M« Geisenheim Mäuerchen Spätburgunder trocken
Reife Kirsche, Schwarze Johannisbeere und auch Pflaume im würzigen, rauchigen Ambiente, getrocknete Kräuter. Das Mäuerchen ist eher eine Mauer, was die Substanz angeht: füllig, kräftig mit viel reifem Gerbstoff, konsistent, mineralisch und auch lang. 14 Vol.-%, NK, €€

91+ 2020 Geisenheim Mönchspfad Spätburgunder trocken
Dunkle Kirsche, Cassis und auch Pflaume, feine Holzwürze zeigt sich mit getrockneten Kräutern. Zeigt am Gaumen Kraft und auch Wucht, ohne an Eleganz zu verlieren, dicht in Extrakt und Tannin, mineralische Tönung, gute Länge. Hat Reifepotenzial. 14 Vol.-%, NK, €€

90+ 2020 Winkel Hasensprung Riesling trocken

91 2020 Lorchhausen Seligmacher Riesling trocken
Reife Spätlese-Frucht, Pfirsich, Aprikose, ein wenig Petrol, auch Apfel, kräutrig, mineralisch. Schlanke, kompakte Struktur, saftige, reife Säure, die Delikatesse vermittelt, verdichtet in der Gaumenmitte, mineralische Würze, die sich ins Finish zieht. 12,5 Vol.-%, DV, €€

★★★★

SOLVEIGS

Rheinstraße 7c, 65366 Geisenheim
T: +49 6701 2024183, mail@solveigs.de
solveigs.info

Ab-Hof-Verkauf: nach Vereinbarung
Kellermeister: Jens Heinemeyer
Ansprechpartner: Jens Heinemeyer
Hektar: 2 ha
Anbauweise: Bio

Jens Heinemeyer besetzt im Hauptberuf eine ungewöhnliche Nische: Er berät Weingüter in Norddeutschland und in Skandinavien beim Aufbau und in der Bewirtschaftung. Seine besondere Passion gehört jedoch den Steillagen von Assmannshausen und Lorch, wo Heinemeyer zwei Hektar Reben pflegt. Die Burgunder, die hier entstehen, sind vom Schiefer geprägt und verstecken ihren gewaltigen Extrakt hinter einer cremigen Anlage. Wie der bemerkenswerte 2014er »Phyllit« zeigt, reifen sie ausgezeichnet. Auf Anhieb überzeugt hat der »brut nature«-Sekt, ein Neuzugang im Sortiment.

96 2019 »Present« Pinot Noir trocken
Schwarze Johannisbeere und balsamische Schiefernoten, helles Karamell, Minze und Waldmeister. Im Mund hat der Wein sandiges Tannin, das cremig eingebunden ist, fein ziselierte Säure, der Wein lädt zum Kauen ein, endet saftig mit nuancierter Frucht. Unforciert und delikat!
14 Vol.-%, NK, €€€€

95 2019 »Micke« Pinot Noir trocken
Eine intensive Frucht, Waldhimbeere, Herzkirsche, Minze. Die Gaumenstruktur weist eine enorme Dichte auf, wirkt aber dennoch saftig und elegant, geradezu zart trotz des satten und potenzialreichen Extrakts, intensive Mineralik, Tabaknoten im Abgang. Großes Potenzial! 14 Vol.-%, NK, €€€€

93+ 2019 »Steil« Pinot Noir trocken
Der Duft ist schieferwürzig und dunkelbeerig, auch leicht floral, Schlehe. Im Mund zeigt sich ein immens dichter Wein mit feinkörnigem Tannin, kräftiger taktiler Mineralik, saftigem Hintergrund und pfeffrigen Noten im Abgang. Potenzialreicher Wein. 13,5 Vol.-%, NK, €€€

93 2019 »Phyllit« Pinot Noir trocken
Der Duft mischt balsamische, mineralische Töne mit Kräuteraromen, mit Wildkirschfrucht, Noten von Minze und Roter und Schwarzer Johannisbeere. Mürbes, körniges Tannin kleidet den Gaumen aus, feingliedrige Säure, Saftigkeit und Mineralik sorgen bei aller Dichte für Eleganz.
13 Vol.-%, NK, €€€

92 2014 »Phyllit« Pinot Noir trocken

92+ ❸ 2017 »Brut vom Steil« brut nature
Goldgelb mit rötlichen Nuancen. Im Duft Apfelschale, balsamisch-mineralische Noten, beerige Aromen, Aprikose. Der Gaumen eröffnet schlank, mit dynamischem, feinem Mousseux, Frucht und Nerv tragen die Gaumenmitte, mineralische Komponenten den Abgang. 11,5 Vol.-%, NK, €€€

★★★★

WEINGUT JOSEF SPREITZER

Rheingaustraße 86, 65375 Oestrich-Winkel
T: +49 6723 2625, info@weingut-spreitzer.de
weingut-spreitzer.de

Ab-Hof-Verkauf: Mo bis Fr 9–12 Uhr und 13.30–18.30 Uhr, Sa 10–16 Uhr
Kellermeister: Andreas Spreitzer
Ansprechpartner: Bernd Spreitzer
Flaschen/Hektar: 190.000 (95 % weiß, 5 % rot, 5 % Rosé, 5 % Schaumwein)/28 ha

Das Weingut Spreitzer ist nicht nur eines der ältesten in Oestrich – die Wurzeln reichen zurück ins 17. Jahrhundert –, sondern es ist auch seit vielen Jahren eins der zuverlässigsten in der Region. Seit 1997 führen Andreas und Bernd Spreitzer die lange Familientradition fort. Ihre Weine sind filigran und finessenreich und dennoch konzentriert. Vor allem sind sie wunderbar balanciert – das gilt für die trockenen Rieslinge genauso wie für die restsüßen Varianten. Dieses Jahr hat uns der Riesling St. Nikolaus mit seinem cremigen Kern begeistert. Immer wieder großartig ist der »303«, der großen Trinkspaß vermittelt.

94 2021 Mittelheim St. Nikolaus Riesling GG
Dezent in der Nase, weiße Blüten, frische Zitronen, Wiesenkräuter, Bienenwachs, dezente Röstnoten, Holzwürze. Am Gaumen stoffig mit Zug, saftige Frucht, tolle Phenolik, cremiger Kern, guter Säurezug, mineralische Würze, dicht, schöne Länge. 13 Vol.-%, NK, €€€

93+ 2021 Hattenheim Wisselbrunnen Riesling GG
Dezent in der Nase, frische Zitronen, grüner Apfel, Aprikosen, Wiesenkräuter. Am Gaumen kraftvoll und dennoch elegant, dezent in der Frucht, Grapefruit, Zitronen, fester Säurezug, enorme mineralische Würze, langes salziges Finish. Trinkanimierend jetzt und auch in einigen Jahren. 13 Vol.-%, NK, €€€

96 2021 Oestrich Lenchen Eiserberg Riesling Trockenbeerenauslese
Duft nach konzentrierten getrockneten Früchten, dazu gelbe Früchte, aber auch Mango und Papaya, etwas heller Honig, komplex. Am Gaumen dicht und getragen, sehr homogen, Ananas, zarte Phenolik, aber auch cremig, belebende Säure, Saft und Zug, tolle Länge, viel Potenzial. 6 Vol.-%, NK, €€€€

94 2021 Oestrich Lenchen Riesling Trockenbeerenauslese
Konzentrierter Duft nach Trockenfrüchten, Waldhonig, Quittengelee und reifer Mango, vielschichtig, mineralisch durchzogen. Am Gaumen balsamisch, wieder Waldhonig, Dörrpflaume, Birnenkompott, feine Säure, sehr dicht, aber fein bleibend, balanciert, großes Potenzial. 6 Vol.-%, NK, €€€€

92+ 2021 Oestrich Rosengarten Riesling GG

91 2021 »Alte Reben« Oestrich Doosberg Riesling trocken

91 2021 »Alte Reben« Oestrich Klosterberg Erste Lage trocken

91 2021 »Alte Reben« Winkel Jesuitengarten Riesling feinherb

90 2021 »Buntschiefer« Hallgarten Riesling trocken

92+ 2021 »303« Oestrich Lenchen Eiserberg Riesling Spätlese

92 2021 Oestrich Lenchen Riesling Auslese

90+ 2021 »Muschelkalk« Oestrich Riesling tr.
Feinduftig in der Nase, Zitronen, weißer Pfirsich, Lindenblüten, Klee, frische Mandeln, Gesteinsmehl. Am Gaumen frisch, cremiger Kern umspielt von einer feinen Säurestruktur, saftige reife Frucht, feine Würze, gut im Extrakt, schöne Länge. 11,5 Vol.-%, DV, €€

★★★★

WEINGÜTER WEGELER GUTSHAUS RHEINGAU

Friedensplatz 9-11, 65375 Oestrich-Winkel
T: +49 6723 99090, info@wegeler.com
wegeler.com

Ab-Hof-Verkauf: Ja
Kellermeister: Michael Burgdorf, Andreas Holderrieth
Ansprechpartner: Richard Grosche
Hektar: 45 ha

Im traditionsreichen Weingut werden die ersten Veränderungen sichtbar und schmeckbar, die sich durch den Einstieg von Verleger Ralf Frenzel und durch Richard Grosches Geschäftsführung ergeben. Uns scheinen die 2021er Weine kompakter und gebündelter als die Vorgänger, was allerdings auch am Jahrgangstyp liegen kann. Ein Zeichen setzt auf jeden Fall der neue Gutsriesling namens »Löss«, dessen Pikanz uns neugierig darauf macht, was das Weingut an 2022ern präsentieren wird – aus dem ersten zu 100 Prozent unter neuer Führung entstandenen Jahr.

94 2020 Geisenheim Rothenberg Riesling GG
Etwas Holzfass im Duft, reife Frucht, Orangenkonfitüre, aber auch Kräuter, Basilikum, eine erste Entfaltung. Im Mund ist der Wein durchdringend mineralisch, knackig in der Säure, durch die zurückhaltende Süße liegt der Fokus ganz auf Mineralik. Ein pikanter und langlebiger Wein.
13 Vol.-%, NK, €€€€

92+ 2020 »Geheimrat J« Riesling trocken
Zitrisch im Duft, Melisse, ein Hauch Gelbfrucht, florale Noten – ein strahlender Rheingau-Riesling per excellence. Im Mund wird der satte Extrakt von einem festen Säurerückgrat flankiert. Ein Bilderbuch-Riesling mit ausgezeichnetem Reifepotenzial. 12,5 Vol.-%, NK, €€€

93+ 2021 Geisenheim Rothenberg Riesling Auslese
Sehr feiner, differenzierter Duft, süße Zitrusfrucht, Papaya, dazu viele Kräuter und ein eleganter, mineralischer Faden, nach Belüftung gedörrte Früchte. Am Gaumen mit Saft und viel Spiel, Mango, Orangenschale, dichte Struktur, elegant. Ein Wein mit Potenzial. 8 Vol.-%, NK, €€€

92 2021 Rüdesheim Berg Schlossberg Riesling Kabinett
Der Duft ist schieferwürzig und zeigt eine Frucht von Zitronat, weißem Pfirsich und Rosmarinblüten. Im Mund hat der Wein ein schönes Spiel, die seidige Süße trifft auf einen feingliedrigen Säurenerv, der Wein verbindet den Reichtum der Lage mit Kabinett-Eleganz. 8,5 Vol.-%, DV, €€

91 2021 Oestrich Riesling trocken

91 2021 Johannisberg Riesling feinherb

91 2021 Geisenheim Morschberg Riesling Kabinett

90 2021 »Löss« Riesling feinherb

90 2021 Geisenheim Riesling Kabinett feinherb

92 2021 Rüdesheim Berg Rottland Riesling Spätlese

90 2021 »Löss« Riesling trocken
Floral im Duft, Zitronenblüten, frisch und mit würzigen Untertönen. Im Mund entfaltet der Wein guten Druck, die jahrgangstypisch frische Säure ist gut von Extrakt gepuffert, die Substanz des Weins bewegt sich auf Ortswein-Niveau. 12 Vol.-%, DV, €€

★★★★★

WEINGUT ROBERT WEIL

Mühlberg 5, 65399 Kiedrich
T: +49 6123 2308, info@weingut-robert-weil.com
weingut-robert-weil.com

Ab-Hof-Verkauf: Mo bis Fr 8–17.30 Uhr, Sa 10–17 Uhr, So 11–17 Uhr
Kellermeister: Christian Engel, Fabian Kretschmer
Ansprechpartner: Wilhelm Weil, Jochen Becker-Köhn
Flaschen/Hektar: 650.000 (100 % weiß)/90 ha

Es ist schon bemerkenswert, mit welcher Konstanz und Zuverlässigkeit Wilhelm Weil und sein Team arbeiten. Gleich wie herausfordernd ein Jahrgang auch sein mag: Am Ende gibt es eine Gräfenberg Trockenbeerenauslese nahe der Perfektion. Dieselbe geradezu zeitlose Güte stellen wir auch bei anderen Weinen fest, dem Gräfenberg GG beispielsweise oder dem Kiedricher Ortsriesling, den wir hier schon zum wiederholten Mal als Preis-Genuss-Tipp anführen. Den Ortswein für gleich, das Gräfenberg GG in fünf oder zehn Jahren: Das wäre eine Diät nach unserem Geschmack.

94 2021 Kiedrich Gräfenberg Riesling GG
Komplex in der Nase, Kamille, roter Apfel, traubig, nasses Gestein, Zitronenmelisse. Am Gaumen dicht im Extrakt, gut integrierte Säurestruktur, mürbe, angenehme Phenolik, saftig, mineralische Würze, salzig, trinkanimierend, elegant, lang am Gaumen. Hat Reifepotenzial. 13 Vol.-%, NK, €€€

99 2021 Kiedrich Gräfenberg Riesling Trockenbeerenauslese
Gesteinsmehl und Schiefer im Duft, im Hintergrund zitrisch, feine Botrytis. Im Mund ungemein edel und ausgewogen, furios von Extrakt getragen, packend und spannungsvoll in der Gaumenmitte, Tiefe, Viskosität, Säure und Stoff sind dicht ineinandergewoben. Ein Monument! 7,5 Vol.-%, NK, €€€€

97 2021 Kiedrich Turmberg Riesling Beerenauslese
Pfirsich in der konzentrierten Nase, Aprikose, etwas Dattel, Feige und Blutorange. Am Gaumen mit viel Schmelz und Extrakt, Spiel und superber Konzentration, gekonnt austarierte, balancierte Struktur, enorme Länge. Monumental, hat Substanz für Jahrzehnte. 8 Vol.-%, NK, €€€€

96 2021 »Goldkapsel« Kiedrich Gräfenberg Riesling Auslese
Noch verschlossen, Pfirsich, beerig, rosinig, auch getrocknete Bananenchips. Am Gaumen Ananas und Passionsfrucht, lebendige, gut eingewobene Säure, mundwässernd, saftig, druckvoll, große Dichte, vielschichtig und aus einem Guss. Ein stilvolles Muskelpaket. 8,5 Vol.-%, NK,

92 2021 Kiedrich Turmberg Riesling Erste Lage trocken

91+ 2021 Kiedrich Klosterberg Riesling Erste Lage trocken

90 2021 Riesling trocken

94+ 2021 Kiedrich Turmberg Riesling Auslese

93+ 2021 Kiedrich Gräfenberg Riesling Auslese

93 2021 Kiedrich Gräfenberg Riesling Spätlese

92+ 2021 Kiedrich Turmberg Riesling Spätlese

91 2021 Kiedrich Riesling trocken
Leicht reduktiv in der Nase, Schieferwürze, Brennnessel, frische Zitronen, Aprikosen, grüner Apfel, weiße Blüten. Am Gaumen saftig, tolle mineralische Schieferwürze, salzig, lebendige Säurestruktur, Frucht von Pfirsich, Zitronen, angenehm herb, trinkanimierend. 12,5 Vol.-%, DV, €€

★★★

WEINGUT IM WEINEGG

Kirchstraße 38, 65239 Hochheim am Main
T: +49 6146 9072229, f.schmidt@weingut-weinegg.de
weingut-weinegg.de

Ab-Hof-Verkauf: Mo 9–11 Uhr, Mi 9–11 und 18–20 Uhr, Fr 18–20 Uhr, Sa 12–14 Uhr, So 15–17 Uhr
Kellermeister: Fabian Schmidt
Ansprechpartner: Fabian Schmidt
Anbauweise: 87.000 (75 % weiß, 10 % rot, 10 % Rosé, 3 % süß, 2 % Schaumwein)/12.4 ha

Fabian Schmidt hat sich mit seinem Weingut Im Weinegg in Hochheim am Main zu einer festen Größe in der an Attraktionen reichen Rheingauer Weinszene entwickelt. Sein Werdegang ist umso beachtlicher, wenn man weiß, dass er als Quereinsteiger zum Wein kam. Wir hatten ihm im vergangenen Jahr den dritten Stern in Aussicht gestellt, den wir nun gerne verleihen – für eine starke Kollektion mit fein balancierten Rieslingen, die zu feiner Eleganz reifen können, und einem puristisch vinifizierten Merlot, der die Mineralik betont. Glückwunsch nach Hochheim!

92+ 2021 Hochheim Kirchenstück Riesling trocken
Kräutrige Noten, Würze, Hefenoten und Apfelschalen lassen auf Spontangärung schließen, rauchiges Ambiente. Kräftig gebaut mit fester Struktur am Gaumen, reife Phenolik, saftige Frucht, reife, tragende Säure, stützender Extrakt, die Mineralik gibt den Kick. 13 Vol.-%, NK, €€

92 2021 Hochheim Domdechaney Riesling trocken
Blasses Goldgelb, reife Mango und Maracuja, kräutrig, balsamische Würze, etwas Cidre und Apfelschalen. Geschmeidige Fülle trifft am Gaumen auf eine Kühle vermittelnde Säureader, kompakter Bau, reife Gaumenfrucht, feine Phenole, mineralische Würze. Hat Potenzial. 12,5 Vol.-%, NK, €€

91+ 2020 Hochheim Reichestal Merlot trocken
Oliven in der Nase, ätherische Noten, Pflaume, Sauerampfer, pfeffrig, Schwarzkirsche und Sauerkirsche. Das Terroir setzt den manchmal etwas gemächlichen Merlot unter Spannung, mineralisches Timbre auf geschmeidigem Hintergrund. Reduziertes Weinmaking, pur. 14 Vol.-%, NK, €€

91 2021 Hochheim Reichestal Riesling
Duft nach Zitronenschale, Mandarine und feiner Kräuterwürze, ein Hauch Lavendel. Am Gaumen sehr harmonisch, tänzelnd, aber doch mit guter Spannung und Struktur, reife Zitrusfrüchte dominieren, Honigmelone, eine Spur Honig, vielschichtig, gute Länge. 8 Vol.-%, DV, €

91 2021 Hochheim Hölle Riesling trocken

91+ 2021 Hochheim Stielweg Riesling trocken
Reifer Pfirsich im Duft mit feiner Kräuterwürze, Mandarinenschalen und auch Maracuja, mineralische Noten. Setzt weich am Gaumen an mit seidenem Extrakt und reifer, gut eingewobener Säure, saftig, feinfruchtig, mineralisch geprägt. Elegant, kann auch reifen. 12,5 Vol.-%, DV, €€

★★★★

GRIESEL & COMPAGNIE

Grieselstaße 34, 64625 Bensheim
T: +49 6251 8696890, info@griesel-sekt.de
griesel-sekt.de

Ab-Hof-Verkauf: Do bis Fr 15–18 Uhr, Sa 10–14 Uhr
Kellermeister: Rachele Crosara
Ansprechpartner: Niko Brandner
Flaschen/Hektar: 85.000 (100 % weiß)/15 ha

Welch ein Feuerwerk! Bekanntlich wurde das Sekthaus Griesel 2013 gegründet. Und bekanntlich spielt beim Sekt der Faktor Zeit eine große Rolle: Zum einen bleiben die besten Jahrgangssekte vor dem Verkauf jahrelang auf der Hefe liegen. Und einen Anteil reiferer Weine benötigt man auch, um jahrgangslosen Cuvées das letzte Quäntchen Etwas zu geben. Nach einer Dekade beginnt sich jetzt nach und nach die Aufbauarbeit zu zeigen. Und das ist atemberaubend! Der »Granit« Blanc de Noirs etwa aus dem Jahrgang 2016 ist ein stilistisches Manifest in Flaschen. Glückwunsch zum vierten Stern.

95 2017 »Grande Cuvée Exquisit Dosage Zero« PN/CH/PM

Vielschichter, nobler Duft mit Brotkrume, Mandeln, rotbeerig, Himbeere. Am Gaumen kompakt gebaut mit lebendiger Säure, sehr feines Mousseux, komplex, zeigt Kraft, Schmelz und eine umwerfende Eleganz. Sehr gute Balance, langer Nachhall, bleibt lange am Gaumen. 12,5 Vol.-%, NK, €€€

94 NV »Réserve perpétuelle« Riesling extra brut

In der Nase Erdbeeren und Waldhimbeeren, feine Patina, Brioche, Mandeln, getrocknete Aprikose. Erwachsen im Mund und weinig, kräftige Struktur, gereiftes Mousseux, feine Phenolik, stoffig, feine Süße passt sich ein, hat Kraft und dabei eine lebendige Säure bis zum Schluss. 12,5 Vol.-%, NK, €€€€

93+ 2014 »Grande Cuvée Réserve« extra brut PN/CH/PM

In der Nase Mandeln, noble Reduktionsnote, Apfelschale, Röstnoten, heller Tabak, Strohblumen. Auch am Gaumen Röstaromen, ein Hauch Mokka und Sherry, mittlere Komplexität und Länge, sehr individuell. Kein Aperitif, eher kurz vor der Zigarre, für Liebhaber gereifter Champagner. 12,5 Vol.-%, NK, €€€€

94+ 2016 »Granit F« Pinot Noir extra brut

Sattes Goldgelb im Glas. In der Nase rote Beeren, Hagebutten, Limettenzesten, Apfelschale, Wiesenkräuter, dezente Hefenoten wie Brioche, dezente Patina. Am Gaumen gradlinig, knackige, lebendige Säure, guter Zug, feine Phenolik, tolle Mineralik, terroirgeprägt, spannend. Hat Reifepotenzial. 12 Vol.-%, NK, €€€€

92 2018 »Riesling Prestige« extra brut

91 2019 »Blanc de Noirs Tradition« brut PN/PM

91 2018 »Prestige« Pinot Blanc brut nature

90 2019 »Blanc de Blancs Tradition« brut CH/WB

90 2019 »Riesling Tradition« brut

92+ 2018 »Rosé Prestige« extra brut

91 2018 »Pinot Prestige« brut nature

92 2019 »Rosé Tradition« brut PN/PM

Tolle kupfergoldene Farbe im Glas. Sehr schön aromatische Nase nach Großmutters Himbeergrütze! Im Mund ein üppiges Mousseux, sehr saftig und animierend, ungemein frisch, fast ungebändigt, der Geschmack dann positiv reif und dabei kühl zugleich. 12 Vol.-%, NK, €€

★★★

WEINGUT SCHLOSS SCHÖNBERG

Lahnstraße 27–29, 64625 Bensheim
T: +49 151 21239484, info@schloss-schoenberg.com
schloss-schoenberg.com

Ab-Hof-Verkauf: Ab Winter 2019 im eigenen Standort: Zwischen den Bächen 23–25, 64625 Bensheim
Kellermeister: Rabea Trautmann
Ansprechpartner: Rabea Trautmann
Hektar: 13 ha

Bereits vor zwei Jahren kamen wir zu dem Schluss, dass Schloss Schönberg mit der jungen Kellermeisterin Rabea Trautmann ein echter Glücksgriff gelungen ist – das können wir nur bestätigen. Die Weine sind durchweg balanciert und würzig. Und sie bringen die einzelnen Lagen im kleinsten deutschen Weinbaugebiet gut zur Geltung. Besonders angetan waren wir erneut von den exzellenten Spätburgundern, die dicht und elegant sind und sich über ein paar Jahren Flaschenreife freuen – das gilt ganz besonders für den Auerbacher Fürstenlager, der aus der homogenen Kollektion heraussticht.

91+ 2020 Schönberg Weißburgunder trocken
Goldgelb in der Farbgebung. Im Duft Aromen von frischer Birne, etwas Apfelschale und Mandel, angenehm. Am Gaumen erneut Birne, dazu weißer Pfirsich und rohe Mandel, feine Säure, griffig mit attraktiver Phenolik und feinem Schmelz, langer, würziger Nachhall. 12,5 Vol.-%, DV, €€

91+ 2021 »vom Granit« Riesling trocken
Blasses Zitronengelb. Im Duft mit würzig-kräutrigen Aromen, auch etwas Rauch ist dabei und vor allem Zitrusaromen. Am Gaumen salzig-mineralisch mit präziser reifer gelber Frucht, Pfirsich zeigt sich, alles getragen von prägnanter Säure, langer, feiner Nachhall.
11,5 Vol.-%, DV, €€

94 2020 Auerbach Fürstenlager Spätburgunder trocken
Attraktiver Duft von Cranberry, junger Himbeere, dunkler Kirsche sowie Nelke. Am Gaumen fein gewobener Gerbstoff, delikate rote Frucht, insgesamt von guter Säure getragen, saftig mit einer guten Spannung, sehr langer Nachhall. Hat weiteres Reifepotenzial. 13,5 Vol.-%, NK, €€€

92 2020 »vom Löss« Spätburgunder trocken
Würzig im Duft mit Aromen von roter Waldbeere, Himbeere, dunkler Kirsche, Kräuterwürze und Zeder. Am Gaumen druckvoll, sehr saftige Frucht, geschmeidige Tannine, gut integrierte, durchaus prägnante Säure, feine Textur und langer Nachhall. Macht viel Spaß. 13 Vol.-%, NK, €€

91 2021 Riesling Kabinett

92 2020 »vom Granit« Spätburgunder trocken
Intensiver Duft mit Aromen von Himbeere, dunkler Kirsche und Gewürznelken, insgesamt elegant und animierend. Am Gaumen komplex mit reifer dunkelroter Frucht, dazu eine sehr feine Säure, schön mürber Gerbstoff. Griffiger Wein mit Spannung, toll zum Essen. 13 Vol.-%, NK, €€

Burg Eltville

GASTGEBER AUS LEIDENSCHAFT

Gemeinsam mit den Winzern der Region – als uneingeschränkten Experten, was das leibliche Wohl anbelangt – hat Falstaff die besten Genussadressen in Sachen Kulinarik sorgfältig ausgewählt und zusammengestellt.

65343 Eltville

Baiken

Der Blick von der Terrasse ins Rheintal macht das Gutsrestaurant zu einem beliebten Ausflugsziel. Dazu hat Miguel Sattler ein Händchen für Fleischgerichte, die er mit hausgemachten Beilagen serviert.

Wiesweg 86
+49 (6123) 900345
www.baiken.de

P SO €€

Empfohlen von: **Falstaff-Redaktion**

65343 Eltville

Jean

Das Hotel am Bahnhof beherbergt in der ehemaligen Weinstube ein Restaurant, in dem Johannes Frankenbach seine vorwiegend gehobene klassische französische Küche zelebriert. Auf der Weinkarte stehen nationale und internationale Gewächse.

Wilhelmstraße 13
+49 (6123) 9040
www.hotel-frankenbach.de

P SO €€€

Empfohlen von: **Weingut Chat Sauvage/ Schulz & Schöttle**

65343 Eltville

Piccolo Mondo

Gino Anselmo ist eine Institution im Rheingau, und zwar eine italienische. Dabei bestellt man hier weder Pizza noch Pasta, sondern am besten mediterrane Gerichte rund um Fisch und Meeresfrüchte. Beim Wein sind Rheingau und Italien gleichberechtigt.

Schmittstraße 1
+49 (6123) 2124
www.osteria-piccolomondo.de

SO

Empfohlen von: **Weingut Chat Sauvage/Schulz & Schöttle**

65346 Eltville am Rhein

Schwarzes Häuschen

Vom »Schwarzen Häuschen« im Steinberg, dem legendären Hausweinberg der Eberbacher Zisterzienser, schweift der Blick über die Weinberge des Rheingaus. Hier werden klassische Rieslinge ausgeschenkt und dazu kleine Vesper-Gerichte angeboten.

Domäne Steinberg
+49 (6123) 9997065
www.kloster-eberbach.de

SO

Empfohlen von: **Kloster Eberbach**

65366 Geisenheim

Schlossschänke Johannisberg

Vom Johannisberg schweift der Blick durch die Panoramafenster der Gutsschänke weit ins Rheintal hinein. Ausgeschenkt werden nur Weine aus dem eigenen Betrieb, begleitet von kalten und warmen Klassikern der gutbürgerlichen Küche.

Schloss Johannisberg
+49 (6722) 96090
schloss-johannisberg.de

SO

Empfohlen von: **Falstaff-Redaktion**

65366 Geisenheim

Burgrestaurant Schwarzenstein

Romantische Eleganz bestimmt das Restaurant im historischen Gemäuer. Küchenchef Marco Stenger verwöhnt seine Gäste mit Rinderroulade, Lammrücken, Kalbsleber, Sauerbraten und vegetarischen Gerichten.

Rosengasse 32
+49 (6722) 99500
www.burg-schwarzenstein.de

SO €€€

Empfohlen von: **Weingut Chat Sauvage/ Schulz & Schöttle**

65347 Hattenheim

Adler Wirtschaft

Ein Wirtshaus wie aus dem Bilderbuch mit klassisch-bodenständiger Küche. Familie Keller tischt Fleisch vom eigenen Hof auf, alle Zutaten sind ausschließlich nach Qualität ausgesucht. Tolle Weinkarte.

Hauptstraße 31
+49 (6723) 7982
www.franzkeller.de

P €€

Empfohlen von: **Wein- und Sektgut Barth, Weingut Chat Sauvage/Schulz & Schöttle**

65347 Hattenheim

Zum Krug

Hinter der Fachwerkfassade verbirgt sich ein Gasthaus wie aus dem Bilderbuch. Die Küche glänzt mit gutbürgerlichen Gerichten, durchweg hausgemacht und von bester Qualität. Tolle Weinkarte mit Raritäten.

Hauptstraße 34
+49 (6723) 99680
www.zum-krug-rheingau.de

P SO €€

Empfohlen von: **Wein- und Sektgut Barth**
Weingut Sohns

65375 Oestrich-Winkel

Brentanohaus

Am schönsten sitzt man im weitläufigen Garten des historischen Anwesens, genießt Rieslinge aus dem Familienweingut Allendorf und bestellt Gerichte mit regionalem Bezug sowie herzhafter Bodenhaftung.

Am Lindenplatz 2
+49 (6723) 8854070
www.brentanohaus.de

P SO €€

Empfohlen von: **Weingut Fritz Allendorf - Georgshof**

65375 Oestrich

Allendorf am Rhein

Die Lage direkt am Rhein ist großartig, von allen Plätzen des Ausflugslokals hat man einen schönen Blick auf den Fluss. Rheingau maritim, auch die Küche hält einiges an Fisch und Muscheln bereit, dazu Weine aus dem Familienweingut.

B42
+49 (6723) 6044120
www.allendorf-amrhein.de

P

Empfohlen von: **Weingut Fritz Allendorf - Georgshof**

65385 Rüdesheim am Rhein

Bees Restaurant

Die Speisekarte ist nach Geschmacksrichtungen geordnet, das Ambiente modern, der Service freundlich. Das Restaurant auf dem ehemaligen Asbach-Gelände ist der neue gastronomische Hotspot im Rheingau.

Am Rottland 6
+49 (6722) 4191916
beesrestaurant.de

SO

Empfohlen von: **Weingut Leitz**

RHEINHESSEN

NEU BEWERTETES PRESTIGE

St.-Rochus-Kapelle am Scharlachberg bei Bingen

Foto: WSNA

ORTSWEIN: ERSTE LAGEN UND ZWEITE SORTEN

Nachdem der VDP Rheinhessen die Kategorie »VDP.aus Ersten Lagen« erfunden hat, fährt der Ortswein in Rheinhessen zweigleisig, denn bei der Neukreation handelt es sich zwar dem Anspruch nach um Lagenweine, dem Etikett nach aber um Ortsweine. Wie kann man das verstehen? Vor allem aber: Was macht das mit dem »normalen« Ortswein?

TEXT ULRICH SAUTTER

Der Ortswein (französisch »Villages«) ist eine Kategorie, die dem Weinhandel am Beginn der Neuzeit eine Daseinsberechtigung gab: Der wohlhabende Kunde im fernen Paris beispielsweise wollte wissen, ob sein Burgunder aus Chambolle oder aus Gevrey stammte. Der Weinhändler seines Vertrauens stieg darauf ein – und verbürgte sich, dass der von ihm gelieferte Gevrey nach Gevrey schmeckte: etwas robuster und würziger als der feinere und duftigere Chambolle. Mit der Einrichtung der kontrollierten Ursprungsbezeichnung seit den 1930er-Jahren ließ sich außer dem gewünschten Geschmacksmuster dann auch die faktische Herkunft verbürgen. Auf diesen Pfaden wandelt der VDP Rheinhessen, wenn er seit 2019 dem Ortswein besonderes Augenmerk widmet: Sein Schritt, neben normalen Ortsweinen auch solche »aus Ersten Lagen« zu definieren, hat anfangs einige Häme ausgelöst. Zum einen kann man sich natürlich fragen: Ja was denn nun? Ortswein oder Lagenwein? Und es ist sicher ein Paradoxon, dass es der VDP Rheinhessen, anders als andere Regionalverbände, unterlassen hat, erst einmal Lagenweine aus Ersten Lagen zu definieren, bevor er Ortsweine aus Ersten Lagen aus der Taufe gehoben hat.

Fotos: beigestellt, (c) Melhubach Photographie, (c) David Mauerer, Weingut Wittmann, Weingut Hiestand

Muss man das verstehen? Um Karl Valentin abzuwandeln: Müssen tut man vielleicht nicht, aber man kann sich trotzdem trauen, es zu versuchen. Denn die windschiefe Konstruktion der Rheinhessen dient in erster Linie dazu, eine andere Schieflage zu vermeiden: diejenige, aus einer inhomogenen Lage wie etwa dem Westhofener Morstein eine »Erste Lage« machen und im Anschluss innerhalb des Morsteins einzelne Parzellen als »Große Lagen« herausheben zu müssen – möglicherweise noch mit Fantasienamen à la »hinter der Mauer«, »unterm Himmel« oder so ähnlich. Also bleibt in der Logik des VDP Rheinhessen der Morstein formell Große Lage; und jene Parzellen, die nicht gut genug für diese Auszeichnung sind, werden zu den Ursprungsparzellen für »VDP. aus Ersten Lagen«. Auf dem Etikett erscheint dann aber nur der Ortsname Westhofen und kein Lagenname.

Das ist alles schrecklich verwirrend und auch kaum zu schildern, ohne dass man ins Stolpern kommt. Aber man muss zur Ehrenrettung des Rheinhessischen VDP zweierlei berücksichtigen: Zum einen kommen die Ungereimtheiten nicht in erster Linie durch die Weinbezeichnungen in die Welt, sondern

Gunter Hiestand, Weingut Hiestand

sie existieren draußen in den Weinbergen und in ihrer Abgrenzung. Wäre die Lage Morstein heute noch in ihren ursprünglichen Grenzen definiert, wäre alles viel einfacher. Zweitens gibt es auch im Burgund beispielsweise einen Gevrey Premier Cru ohne Lagenbezeichnung, was von Winzern gerne genützt wird, wenn sie den Ertrag aus verschiedenen Premier Crus der Gemeinde als Assemblage abfüllen wollen – oder um den

H. O. Spanier und Carolin Spanier-Gillot, Weingut Kühling-Gillot

WEINBAUGEBIET REHEINHESSEN

Anbaufläche ca. 26.500 Hektar
Aufteilung 414 Einzellagen
Wichtigste Rebsorten
Riesling, Silvaner, Weißburgunder, Spätburgunder
Verband
Rheinhessenwein e.V.
Otto-Lilienthal-Straße 4
55232 Alzey
www.rheinhessenwein.de

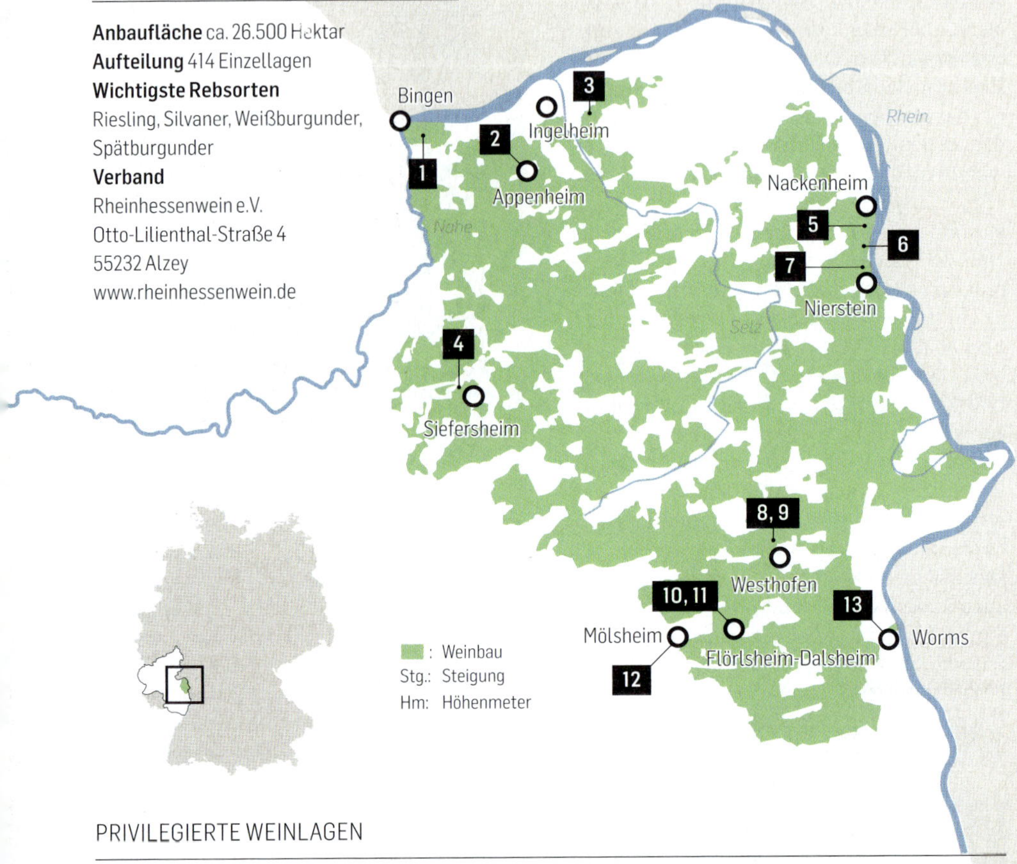

PRIVILEGIERTE WEINLAGEN

1 **Bingen Scharlachberg**
25 ha, 110–200 Hm, 0–60 % Stg., Schieferverwitterungsböden mit signifikantem Eisenoxidanteil

2 **Appenheim Hundertgulden**
26,3 ha, 160–235 Hm, 20–38 % Stg., tertiärer Kalkstein mit Kalkmergel- und Tonmergel-Auflage

3 **Ingelheim Pares**
10 ha, 127–185 Hm, 0–20 % Stg., Kalkstein

4 **Siefersheim Heerkretz**
56 ha, 160–280 Hm, 20–80 % Stg., Rhyolith

5 **Nackenheim Rothenberg**
16 ha, 80–140 Hm, 0–75 % Stg., roter Tonschiefer

6 **Nierstein Pettenthal**
31 ha, 50–170 Hm, 0–70 % Stg., roter Tonschiefer, Sandstein, Lehm und Ton

7 **Nierstein Hipping**
23 ha, 80–170 Hm, 30–60 % Stg., roter Schiefer

8 **Westhofen Morstein**
144 ha, 140–280 Hm, 0–20 % Stg., Kalkstein, Tonmergel

9 **Westhofen Brunnenhäuschen**
31 ha, 180–240 Hm, Tonmergel, Kalkstein, hoher Eisenanteil

10 **Flörsheim-Dalsheim Bürgel**
84 ha, 150–260 Hm, 20–35 % Stg., Muschelkalk

11 **Flörsheim-Dalsheim Hubacker**
35 ha, 190–220 Hm, 25–30 % Stg., skelettreicher Löss, Tonmergel, Kalksteinfels, sandiger Lehm

12 **Mölsheim Zellerweg am Schwarzen Herrgott**
56 ha, 100–275 Hm, 0–50 % Stg., Kalkstein

13 **Worms Liebfrauenstift-Kirchenstück**
13 ha, 95–100 Hm, kiesiger Lehm

Blick auf Nierstein

Ertrag junger Reben aus einer Grand-Cru-Lage abzustufen, ohne einen Lagennamen auf dem Etikett nennen zu müssen.

QUALITATIVER AUFSCHWUNG

Etwas weniger verwirrend ist die Sache, wenn man sie von der Verkostung der Weine aus betrachtet: Die »VDP.aus Ersten Lagen«-Abfüllungen reichen in ihren Bewertungen bis in einen Bereich hinein, der sonst eher für Große Gewächse typisch ist: Philipp Wittmanns Westhofener Ortswein aus Ersten Lagen etwa (auch mit »1G« gekennzeichnet) – gekeltert aus Morstein und Brunnenhäuschen – ging mit 93 Punkten aus der Verkostung. Mit 26,50 Euro trägt dieser Riesling allerdings auch ein Preisschild wie andernorts ein GG. Gunderlochs (93+ Punkte) und Kühling-Gillots (93 Punkte) Niersteiner »1G«-Rieslinge könnten in jeder Pettenthal-Blindprobe bestehen. Da stellt sich die Frage: Wie weit sind angesichts solcher Spitzen die »normalen« Ortsweine abgehängt, also solche, die nicht aus Ersten Lagen stammen oder aus Betrieben, die keine VDP-Mitglieder sind?

Dazu ist festzustellen, dass die meisten VDP-Betriebe offenbar zumindest beim Riesling nur noch den Erste-Lagen-Ortswein im Sortiment haben. Was uns aber bei den Verkostungen zum diesjährigen Weinguide aufgefallen ist, sind die vielen Ortsweine aus Nicht-VDP-Betrieben, die durchaus in die Güteklasse der VDP-Erste-Lagen-Ortsweine vordringen – selbst mit Sorten, die oft als nachrangig angesehen werden. So hat beispielsweise Gunther

Ralf und Heike Hungermüller, Weingut Hungermüller

Fotos: beigestellt, Weingut Hungermüller

Hiestand einen 2020er Guntersblumer Orts-Silvaner vorgestellt, der mit seiner ausgegorenen Stilistik, seiner kulinarischen Eignung und 91+ Punkten besser bewertet ist als einige Erste-Lagen-Ortsrieslinge. Frank und Felix Hemmes haben uns einen Viognier (!) als Bingener Ortswein auf den Probentisch gestellt, der mit seiner Würze, mit seiner Mineralik und mit 92 Punkten wahrlich mondäne Töne anschlägt: Man fühlt sich fast an die Nordrhône versetzt. Das Weingut Heiligenblut hat einen fruchtigen Riesling Kabinett als Weinheimer Ortswein (91 Punkte) im Sortiment, dessen saftige Frische und mineralisches Spiel beispielhaft für das Prädikat sind, ohne es dabei mit der Süße zu übertreiben. Familie Gehring wiederum erweitert das Modell des Ortsweins und flaggt gleich ortsübergreifend einen »Roter Hang«-Riesling aus, der mit reifer Frucht, 91+ Punkten und einem Preis von unter zehn Euro ein Ausrufezeichen setzt. In dieser ganzen Reihe von außergewöhnlichen Weinen ist der bemerkenswerteste vielleicht derjenige, den Heike und Ralf Hungermüller eingereicht haben: Ihr Dittelsheimer Müller-Thurgau aus dem Jahrgang 2019 hat uns mit seiner würzigen Feuerstein-Nase, mit Extraktreichtum und perfekter Proportion begeistert – 92 Punkte. Keine Erste Lage und in gewissem Sinn sogar eine zweitrangige Sorte – aber Spaß macht das ohne Ende. Keine Frage: Dem Ortswein tut es gut, dass er qualitativ Zunder bekommt. Eine Neubewertung seines Prestiges hat er mehr als verdient.

Matthias und Christian Runkel, Weingut Bischel

Weitere Infos über den Autor finden Sie im Kapitel »Verkostungsteam« ab S. 12.

Frank und Felix Hemmes, Weingut Hemmes

Fotos: beigestellt, Weingut Bischel, Weingut Kühling-Gillot

★★★★

WEINGUT ST. ANTONY

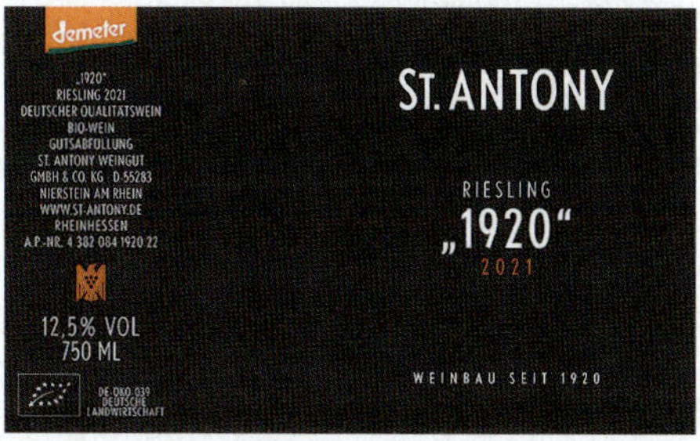

Wilhelmstraße 4, 55283 Nierstein
T: +49 6133 509110, info@st-antony.de
st-antony.de

Ab-Hof-Verkauf: Mo bis Fr 9–18 Uhr, Sa 11–17 Uhr, So 12–18 Uhr
Kellermeister: Robert Borenstein
Ansprechpartner: Dirk Würtz
Flaschen/Hektar: 200.000 (70 % weiß, 10 % rot, 20 % Rosé)/60 ha

Gut 100 Jahre nach seiner Gründung gehört St. Antony, einst von der »Guten Hoffnungshütte« in Nierstein gegründet, zu den Topbetrieben in Rheinhessen, die sich immer weiter verbessern und nie nachlassen, an den Stellschrauben zur Verbesserung der Qualität zu drehen. Bereits seit 2006 arbeitet das Gut ökologisch, seit 2018 ist es »Demeter«-zertifiziert, 2019 wurden sämtliche Maschinenarbeiten in den Steillagen eingestellt – hier wird nun alles von Hand gemacht. Der Aufwand zahlt sich aus: Die aktuelle Kollektion bewegt sich auf konstant hohem Niveau, die Weine haben Tiefgang und Charakter – ein großer Spaß!

94 2021 Nierstein Pettenthal Riesling GG
Sehr intensiver Duft, expressiv mit Hagebutte, kandierter Orangenschale und schieferwürzig-brenzligen Aromen, etwas Süßkirsche. Am Gaumen feine Cremigkeit und getragener Extrakt, reife Säure und reife Frucht, charmant und zugänglich. Hat weiteres Reifepotenzial. 13 Vol.-%, DV, €€€

93+ 2021 Nierstein Hipping Riesling GG
Mineralisch-brenzlig im Duft, intensiv würzig, Blutorange. Im Mund mit einer straffen Textur und einer lebendigen, stabilen Säure, dazu spürbare Phenolik, Zitrusaromen zeigen sich, alles dicht und mineralisch geprägt, hat Druck und weiteres Reifepotenzial. 13 Vol.-%, DV, €€€

93 2021 Nierstein Zehnmorgen Riesling GG
Der Duft mit gelbfruchtigen Aromen und Zitrusfrische, derzeit aber noch eher verschlossen. Im Mund zeigen sich ein straffer, mineralisch fundierter Extrakt, ein festes Säurerückgrat und zur Kräuterwürzigkeit tendierende Aromen, straff und mit weiterem Potenzial. 12,5 Vol.-%, DV, €€€

93+ 2020 Nierstein Paterberg Pinot Noir GG
Feiner Duft nach Kirschen, es folgen Blaubeeren, Cranberry und ein Hauch Gewürznelken. Am Gaumen auch mit hellroten Früchten, saftig, hat Spannung und viel Zug, der noch junge, feine Gerbstoff wird von feinster Säure balanciert, gute Länge. Wird noch besser mit der Zeit. 13 Vol.-%, NK, €€€

93 2021 Nierstein Brudersberg Riesling GG

90 2021 Nierstein Riesling trocken
Ein vollfruchtiger Duft entströmt dem Glas: Nektarine, gelbfleischiger Pfirsich, etwas Zitrusfrucht. Im Mund ist der Wein geschmeidig, der Extrakt ist mittelgewichtig, die Säure steigert sich im Gaumenverlauf, gelbe Früchte und Zitrus, mit gutem Volumen im Abgang. 13 Vol.-%, DV, €€

★★★★★

WEINGUT BATTENFELD-SPANIER

Bahnhofstraße 33, 67591 Hohen-Sülzen
T: +49 6243 906515, kontakt@battenfeld-spanier.de
battenfeld-spanier.de

Ab-Hof-Verkauf: Weinverkauf nur im Weingut Kühling-Gillot
Kellermeister: Hans Oliver Spanier, Axel Thieme, Christopher Full
Ansprechpartner: Hans Oliver Spanier & Carolin Spanier-Gillot
Hektar: 45 ha
Anbauweise: Bio

Dramatische Rieslinge kommen in diesem Programm daher, die untereinander zu vergleichen schwerfällt. Hans-Oliver (»H. O.«) Spanier hat Monumente und Schmeichler, ausgeglichene Zeitgenossen und junge Wilde im Programm, jeder auf seine Art überzeugend. Zellertal und Zellerweg, das braucht noch ordentlich Zeit, ja sogar der Hohen-Sülzen, ein Ortsriesling »aus Ersten Lagen«, will erst heranreifen, um sich zu entfalten. Um so besser! Ein beeindruckendes Programm, in dem jeder Wein seiner jeweiligen Herkunft präzisen Ausdruck verleiht.

93+ 2021 Mölsheim Zellerweg am Schwarzen Herrgott Riesling GG
Sehr verhaltener Duft, von weither ein Anflug indischer Küche. Mineralisch dominierter Geschmack, steinig, alles fest zusammengefügt, nur die Säure wirkt am Schluss so, als wollte sie ausbrechen. Alles nur Momentaufnahmen, der Wein braucht Zeit. 12,5 Vol. %, NK, €€€€

93 2021 Hohen-Sülzen Kirchenstück Riesling GG
Würziger Duft. Im Mund schön mineralisch und ausgeglichen, Säurezug und Grip. Nichts zu viel, nichts zu wenig, ein gelungener Wein der Mitte und daher gut geeignet für einen Abend mit Gästen, die einmal wissen wollen, was Riesling alles kann. 12,5 Vol.-%, NK, €€€€

92 2021 Nieder-Flörsheim Frauenberg Riesling GG
Intensiver Duft nach Bergamotte, Ananas und Hefe. Sanfter Einstieg im Mund, dann ein Crescendo von Säure und Tanninen, ganz am Ende des lang anhaltenden Nachgeschmacks wird's etwas staubig – mit einem Hauch Orangenschale. Das Drehbuch hat es in sich. 12 Vol.-%, NK, €€€€

91 2021 »Aus Ersten Lagen« Mölsheim Riesling trocken
Honigmelone und andere sortentypische Aromen im Duft machen Lust auf den ersten Schluck. Es offenbart sich ein sanfter Vertreter der Rieslingwelt mit geschmeidiger, einladender Säure, die niemandem wehtut, schöne Frucht, auch ein bisschen Kreide. 12 Vol.-%, NK, €€€

90+ 2021 »Aus Ersten Lagen« Hohen-Sülzen Riesling trocken

94 2021 Zellertal Riesling trocken
Sattes Goldgelb. Beeindruckender Orangenduft mit reduktiven Noten. Zitrusfrüchte bestimmen den Geschmack, seidige Textur. Wegen der jugendlichen Frische schon jetzt ein Hochgenuss, aber es deutet sich eine Tiefe an, die erst die Reife ausloten wird. 12 Vol.-%, NK, €€€

★

WEINGUT BECKER

Hauptstraße 10, 67582 Mettenheim am Rhein
T: +49 6242 2845, beckerwein@t-online.de
beckerwein.de

Ab-Hof-Verkauf: Ja
Kellermeister: Amadeus Becker
Ansprechpartner: Amadeus Becker
Flaschen/Hektar: 67.000 (65 % weiß, 30 % rot, 3 % Rosé, 1 % süß, 1 % Schaumwein)/6.7 ha

Stilsicher hat Amadeus Becker in seinen Weißweinen die Vorzüge des Jahres 2021 herausgearbeitet: Es sind sehr sauber vinifizierte Vertreter ihrer Rebsorte mit saftiger Frucht, Frische, lebendiger Säure und klarem Ausdruck – unsere Empfehlung, der Weißburgunder, steht exemplarisch dafür. Von den Lagenweinen konnten wir lediglich den substanzreichen 2020er Chardonnay aus dem Mettenheimer Hellborn verkosten, der auch belegt, welches Potenzial dieses Segment birgt: Wir freuen uns jedenfalls darauf, die Lagenweine aus dem Jahrgang 2021 kennenzulernen.

90 2020 Mettenheim Hellborn Chardonnay tr.
Leichtes Goldgelb. Kräftiges Duftbild mit würzigen, rauchigen Holznoten, reifer Ananas und Aprikose. Stoffig und würzig am Gaumen, wieder mit reifer gelber Frucht und süßlichem Extrakt, gute Substanz, reife Säure, getragene Art, gute Länge. Kann reifen. 13,5 Vol.-%, NK, €€

89 2021 Riesling trocken
Riecht nach Pfirsich mit etwas Puderzucker, Mirabelle und auch Apfel, feinfruchtige und unaufdringliche Nase. Filigran gebauter und mittelgewichtiger Riesling mit schöner Frische und klarem Fruchtausdruck, feine Würze und Fruchtsüße, beschwingt und elegant. 11,5 Vol.-%, DV, €

89 2021 Chardonnay trocken
Gelbfruchtiger, würziger Duft, Aprikose, Passionsfrucht und frisch geschnittene Ananas, florale Noten. Eröffnet im Mund mit Saft und Würze, reife Fruchtnoten, Aprikose und etwas Zitrusfrucht, gut eingewobene Säure, zeigt Rebsorten-Charakter, endet würzig. 12 Vol.-%, DV, €

88+ 2021 Grauburgunder trocken
Leichtes Goldgelb. In der Nase würzige und rauchige Noten, Pfirsich und Birne, gelbe Blüten, auch warmes Gewächshaus. Geschmeidiger und zugänglicher Grauburgunder mit ausgewogener Balance, saftig, würzig, feine Fruchtsüße und genügend Frische. Gut zum Essen. 12 Vol.-%, DV, €

88+ 2021 Chardonnay & Weißburgunder trocken CH/WB

89 2021 Weißburgunder trocken
Helle Blüten, Mandarine, Apfel und Mirabelle im feinfruchtigen Duft, florale Noten, Sonnenblumen. Schlank und straff gebaut am Gaumen, saftig und mit feiner Würze, die lebendige Säure bestimmt das Tempo, trocken ausgebaut, schöner Vertreter der Rebsorte. 12 Vol.-%, DV, €

★★

WEINGUT BEISER

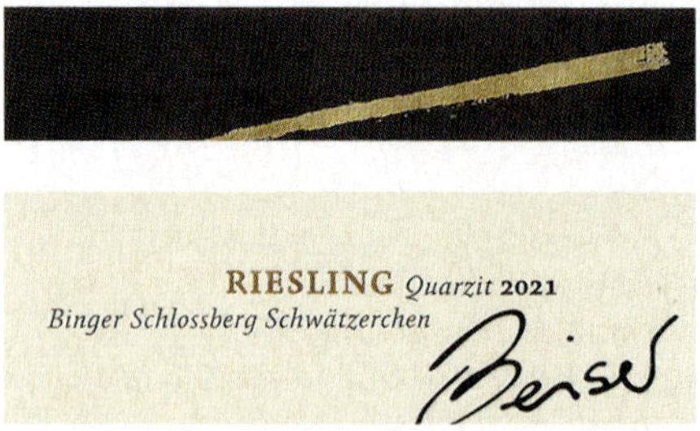

Außerhalb 1, 55578 Vendersheim
T: +49 6732 8732, weingutbeiser@t-online.de
weingut-beiser.de

Ab-Hof-Verkauf: Mo bis Sa 9–12 Uhr und 13–19 Uhr, So 11–14 Uhr
Kellermeister: Simon Beiser
Ansprechpartner: Familie Beiser
Flaschen/Hektar: 100.000 (70 % weiß, 30 % rot)/39 ha

Die besten Weine des Weinguts kommen aus dem Gewann Schwätzerchen im Binger Schlossberg. Aber die starke Mineralik aus den Quarzitböden lässt diese Weine in Tat und Wahrheit gar nicht »schwätzen«, sie sprechen wohl artikuliert und sinnhaft und berichten von ihrer Herkunft, so etwa der kraftvolle Silvaner, der ein superber Tischgenosse sein wird, oder der Riesling, dessen Tiefe für ein langes Leben garantiert. Auch Sauvignon und Burgundersorten haben uns gut gefallen, und der pfeffrige Grüne Veltliner, der zudem sehr fair bepreist ist, ist unser Tipp.

92 2021 »Quarzit - Aus der Steillage« Bingen Schlossberg Schwätzerchen Riesling tr.
Der Duft setzt sich zusammen aus tropischen Früchten wie Sternfrucht, Maracuja und unreifer Banane und ist sehr fein und geradlinig. Die Mineralik am Gaumen, gepaart mit der scharfen Säure, ist bemerkenswert und macht den Riesling zu einem komplexen Wein. 13 Vol.-%, DV, €€

91 2020 »Quarzit« Bingen Schlossberg Schwätzerchen Silvaner trocken
Grüner Apfel, schwarzer Pfeffer, Maracuja und eine leise Vanillenote bilden in der Nase ein interessantes Bukett. Am Gaumen ist der Wein von Alkohol getragen und eher cremig mit niedriger Säure. Mit Sicherheit ein würdiger und vielseitiger Speisenbegleiter. 13 Vol.-%, DIAM, €€

90 2020 »Kleines Fass« Vendersheim Chardonnay trocken
Das kleine Holzfass zeigt sich deutlich im Duft des Chardonnays. Das Bukett besteht aus Vanille, einer Rauchigkeit und eingelegten Mandarinen. Am Gaumen ist er saftig, die Säure ist geschliffen und der Körper des Weines kräftig mit einem leichten Schmelz. 13 Vol.-%, DV, €€

90 2021 »Muschelkalk« Wallertheim Sauvignon Blanc trocken
Ganz der Typizität eines reifen Sauvignon Blanc entsprechend ist der Duft nach grüner Passionsfrucht. Außerdem Limonenzesten und Melone. Nicht ganz trocken, sondern mit leichter Süße wird die bissige Säure am Gaumen ausbalanciert, was ihn zu einem frischen Sommerwein macht. 13 Vol.-%, DV, €

89+ 2021 »Muschelkalk« Vendersheim Riesling trocken

91 2021 »Kalkstein« Vendersheim Grüner Veltliner trocken
Der Duft setzt sich zusammen aus Noten von Apfel, Nektarine, Limette und einem Hauch von weißem Pfeffer. Am Gaumen zeigt sich der 2021er in voller Pracht, indem die ausgeprägte Säure den Wein interessant wirken lässt und den kräftigen Körper auflockert. 13 Vol.-%, DV, €

★★★★

WEINGUT BISCHEL

Sonnenhof 15, 55437 Appenheim
T: +49 6725 2683, info@weingut-bischel.de
weingut-bischel.de

Ab-Hof-Verkauf: Mo bis Sa 9–18 Uhr
Kellermeister: Matthias und Christian Runkel
Ansprechpartner: Matthias und Christian Runkel
Hektar: 150.000 (80 % weiß, 18 % rot, 2 % süß)/20 ha

Die Aufwertung auf vier Sterne hatte sich bereits angebahnt – in diesem Jahr ist es nun so weit. Und zur Feier des Tages haben uns Matthias und Christian Runkel einen besonders beeindruckenden Riesling aus dem Scharlachberg zur Verkostung geschickt. Viel besser geht es kaum: dicht, voller Spannung, dabei klar und vibrierend – in diesem Wein kristallisiert sich die exzellente Arbeit der vergangenen Jahre. Das Weingut Bischel gehört – da gibt es keinen Zweifel – zur rheinhessischen Winzerelite. Übrigens: Neben dem Scharlachberg sind auch die anderen Weine toll gelungen. Glückwunsch!

96 2021 Bingen Scharlachberg Riesling GG
Balsamisch im Duft, dabei fein und präzise, Limonenschale, Apfel, dazu Kräuterwürze und exotische Früchte. Am Gaumen dicht und mit immenser Spannung, wieder Zitrusfrucht, mineralischer Zug, kristallklar, vibrierend und lang. Noch ganz am Anfang, hat sehr viel Potenzial. 13 Vol.-%, NK, €€€

94 2021 Siefersheim Heerkretz Riesling GG
Feiner Duft nach Limette, Zitronenzesten, Aprikose und Gesteinsmehl. Die lebendige Säure gibt Struktur und balanciert die reife Aromatik, helle Früchte, reife Zitrusnoten, dazu angenehme, leichte Phenolik. Ein Wein mit viel Spannung, sehr langer Nachhall. 13 Vol.-%, NK, €€€

93+ 2021 Appenheim Hundertgulden Riesling GG
Anfangs dezent im Duft, dann folgt ein komplexes Bukett aus reifem gelbem Apfel, Birnenschale, Limettenschale, Gesteinsmehl und Schwarzer Johannisbeere. Am Gaumen mit viel Extrakt, dicht, von guter Säure balanciert. Im Abgang dann klar und nachhaltig. 13 Vol.-%, NK, €€€

93 2020 »Réserve« Weißer Burgunder trocken
Elegant, leicht reduktiv und burgundisch im Duft. Aromen von Zitronenschale, Birne, weißem Pfirsich und Schotter. Am Gaumen herrlich saftig, wiederum Steinfrucht und Zitrusfrucht bei leichter Phenolik und sehr gut integrierter Säure, lang. Hat weiteres Reifepotenzial. 13,5 Vol.-%, NK, €€€

90 2019 »Réserve« Pinot Noir trocken

92 2020 »Réserve« Chardonnay trocken
Intensiver Duft nach Melisse, Ananas, Schwarzer Johannisbeere und Kräuterwürze, etwas Rauch. Am Gaumen folgen eine leichte Vanillenote, Pfirsichschale und sehr reifer Apfel, feine Säure, insgesamt gut balanciert, schöner Extrakt, trinkanimierend bei sehr gutem Nachhall. 13,5 Vol.-%, NK, €€€

★★★

WEINGUT BOSSERT

Hauptstraße 15, 67598 Gundersheim
T: +49 6244 905510, info@bossert-gundersheim.de
bossert-gundersheim.de

Ab-Hof-Verkauf: nach Vereinbarung
Kellermeister: Johanna und Philipp Bossert
Ansprechpartner: Johanna und Philipp Bossert
Hektar: 11.7 ha

Das Geschwisterpaar Johanna und Philipp Bossert streben eigenständige, vom Terroir geprägte Weiß- und Rotweine mit Spannung und Mineralik an – genau solche keltern sie mit großem Erfolg. Dabei hat uns in ihrer durchweg gelungenen Kollektion der Riesling aus dem Königstuhl mit seinem Kalk-Ausdruck besonders überzeugt – ein Wein, der großartig reifen dürfte! Geradezu bezaubernd ist ihnen der Spätburgunder Höllenbrand gelungen – so fein, so elegant, so tänzelnd und dabei dicht gewoben. Auch er dürfte – wie das gesamte Weingut – eine exzellente Zukunft vor sich haben.

92+ 2021 Gundersheim Königstuhl Riesling trocken
Feiner zitrischer Duft, würzig-mineralisch unterlegt, etwas Orangenschale, animierend und vielschichtig. Am Gaumen dicht und fest, lebendige Säure, Zitrusnoten dominieren, viel Saft und Druck, eng gewoben, voller Spannung, gute Länge, weiteres Potenzial. 13 Vol.-%, DIAM, €€€

91 2021 Gundersheim Weißburgunder trocken
Duft nach hellen Blüten, etwas Haselnuss, Apfel und Pfirsich, Blumenwiese scheint noch durch. Am Gaumen geschmeidig und frisch, belebende Säure, fest, zarte Phenolik, wieder helle Früchte, elegant gewoben, schöner Schmelz, vielseitig zu Speisen einsetzbar. 12,5 Vol.-%, DIAM, €€

90 2021 Gundersheim Riesling trocken
Duft nach frischen Zitrusfrüchten, Limone, Grapefruit, etwas Minze, würzige Untertöne kommen dazu. Am Gaumen dann mit lebendiger Säure, griffig und zupackend, erneut zeigen sich Zitrusfrüchte, saftig und kernig, feine Phenole, gute Länge, endet frisch. 12,5 Vol.-%, DIAM, €€

92+ 2020 Gundersheim Höllenbrand Spätburgunder trocken
Duft nach reifen dunklen Beeren, Brombeeren, Schlehe, reife Kirsche, etwas Rauch, auch feine Minze ist dabei. Am Gaumen mit sehr feinkörnigem Gerbstoff, mürbe, rote Früchte scheinen durch, frische Säure, elegant und fließend, gute Spannung, individuell und lang. 13 Vol.-%, DIAM, €€€

89 2021 Riesling trocken
Duft nach Zitrusfrüchten, Limonenschale, Kräuterwürze, etwas Orangenschale kommt mit dazu. Am Gaumen zeigt sich eine frische Säure, Limonensaft, Grapefruit, Minze, ein saftiger Riesling, der sehr vielseitig einsetzbar ist, gute Länge, endet frisch. 12,5 Vol.-%, DIAM, €€

★

WEINGUT BOXHEIMERHOF

Wonnegaustraße 31, 67550 Worms-Abenheim
T: +49 6242 60180, info@boxheimerhof.de
boxheimerhof.de

Ab-Hof-Verkauf: Mo bis Sa 10–17 Uhr
Kellermeister: Johannes Boxheimer
Ansprechpartner: Johannes Boxheimer
Hektar: 25 ha

Johannes Boxheimer hat uns für seinen zweiten Auftritt im Weinguide sechs Weine zur Verfügung gestellt – alles Weiße. Bei der Verkostung wird dabei eine spannende Zweiteilung sichtbar: Die Gutsweine setzen eher auf Frucht und Frische (unser Tipp: der sortentypische Sauvignon Blanc). Ab den Ortsweinen aufwärts lässt Johannes Boxheimer jedoch alles spontan vergären und im Holz reifen. Das Ergebnis sind (auch beim Riesling aus dem Sonnenberg!) vollkommen trockene, strukturdichte Weine, die nach einem Einsatz bei Tisch verlangen. Gastro-Tipp!

91 2020 Abenheim Klausenberg Pinot Blanc trocken

In der Nase ist Primärfrucht eher kein Thema, dafür kann der Pinot Blanc mit viel Würze zwischen Holztönen, getrockneten Kräutern und etwas Honig punkten. Elegant und feinfruchtig am Gaumen, verbindet Ausbau und Traubencharakter gelungen miteinander. 12,5 Vol.-%, DIAM, €€

91 2020 Gundheim Sonnenberg Riesling trocken

Auffallend kräftiges Goldgelb im Glas. Umso zurückhaltender dafür in der Nase, eher tief angelegt, Noten von Zimt in Verbindung mit kräutriger Erdigkeit. Flächige und keinesfalls spitze Säure im Mund, kein Restzucker, speisenaffin und individuell. 12 Vol.-%, DIAM, €€

90 2020 Abenheim Klausenberg Chardonnay trocken

Deutlich holzgeprägt in der Nase, zu Zimt und Zeder gesellt sich dabei noch eine ingwerartige Würze. Im Mund weiter viel Würze, ein paar laktische Töne und viel ruhige Ausgewogenheit. Warum nicht mal bei Tisch wie einen leichten Roten einsetzen? 13 Vol.-%, DIAM, €€

90 2020 »Alte Reben« Abenheim Klausenberg Riesling trocken

In der Nase weitgehender Verzicht auf primärfruchtige Noten, stattdessen etwas Minze, Karamell und Lebkuchengewürz. Am Gaumen schlichtweg ein erwachsener Speisenbegleiter, würzige Aromen, vollkommen trocken, rückgratgebender Ausbau. Klarer Kontextwein. 12,5 Vol.-%, DIAM, €€

89 2021 »vom Brummelochsenboden« Abenheim Riesling trocken

89 2021 Abenheim Sauvginon Blanc trocken

Sortentypische Aromen von Cassis und Holunderblüten in der Nase, intensiv und lebhaft. Am Gaumen grüne Brennnessel, weiterhin viel Holunderblüten, ein leichter, frühlingshafter Touch. Die feine Restsüße ist durch die herzhafte 2021er Säure gut abgepuffert. 11,5 Vol.-%, DV, €

★★

WEINGUT ERNST BRETZ

Langgasse 35, 55234 Bechtolsheim
T: +49 6733 356, info@weingutbretz.de
weingutbretz.de

Ab-Hof-Verkauf: Mo bis Fr 8–12 Uhr und 13–18 Uhr, Sa 10–17 Uhr
Kellermeister: Harald Bretz
Ansprechpartner: Horst Bretz
Hektar: 40 ha

Horst Bretz und seine Tochter Victoria pflegen einen fruchtbetonten Stil und schrecken auch vor intensiven Aromen nicht zurück. So etwas gelingt natürlich nur, wenn diese wilden Pferde auch gezähmt werden. Des Vaters Erfahrung und das neue Wissen der Tochter erlauben es den beiden, derartige Risiken einzugehen. Das Resultat kann sich sehen lassen. Besonders gefallen haben uns der hochdifferenzierte, ja überraschende Riesling namens »Linie B« vom Petersberg und sein roter Bruder, der Spätburgunder.

90 2021 »Linie B« Bechtolsheim Petersberg Riesling trocken
Intensiver Duft von nassem Stein, etwas Mango, Blumenladen. Erfrischend im Mund, Süße und Säure bilden ein dezentes Paar. Extrakt ist in ausreichendem Maße vorhanden, er spielt sich aber nicht auf. Traubig, mit schönem Trinkfluss. 12,5 Vol.-%, DV, €€

89 2021 Bechtolsheim Petersberg Cabernet Sauvignon Rosé trocken
Vielversprechender Duft von Sandelholz. Der Geschmack ruft sofort das Bild eines gut sortierten Obstkorbs vor das innere Auge, alles frisch und reif. Intensive Erfrischung, nicht nur im Sommer zu genießen. Kann sogar noch etwas reifen. 12,5 Vol.-%, DV, €€

93 2018 Bechtolsheim Petersberg Silvaner Eiswein
Honiggelb. Würzige Nase, in der getrocknete Früchte dominieren, dazu Orangeat, Zitronat, Papaya und kandierte Limettenschalen. Am Gaumen sehr dicht, feste Struktur, ein Elixier, Süße und lebendige Säure im schönen Spiel, eingekochte Mirabellen, Mandarinenmarmelade, lang. Hat viel Potenzial. 9,5 Vol.-%, NK, €€€

92 2018 Scheurebe Trockenbeerenauslese
Sattes Honiggelb. Balsamischer Duft, Honig, eingekochter Pfirsich, kandierte Orangenschalen, sehr reife tropische Früchte, üppig. Am Gaumen mit viel Schwung, honigartige Süße, mittlere Säure, dicht, kandierte Früchte, würzig unterlegt, zarte Phenolik, wird gut reifen. 8 Vol.-%, NK, €€€

89 2021 Bechtolsheim Petersberg Sauvignon Blanc trocken

89 2021 »Réserve« Bechtolsheim Petersberg Riesling trocken

88 2021 Bechtolsheim Petersberg Grauer Burgunder trocken

88 2021 »Réserve« Bechtolsheim Petersberg Chardonnay trocken

87 2020 Bechtolsheim Petersberg Chardonnay im Barrique gereift trocken

89 2017 Bechtolsheim Petersberg Cabernet Sauvignon & Merlot im Barrique gereift trocken CS/ME

86 2016 »Réserve« Spätburgunder trocken

92 2018 »Linie B« Bechtolsheim Petersberg Spätburgunder trocken
Zurückhaltender Kirschduft. Sehr harmonischer Geschmack, der sich entlang der tragenden Säure schön entfaltet, sanft, nicht weich, dezent und geradezu träumerisch, im Nachgeschmack etwas Karamell. So macht man heute Rotwein. 13 Vol.-%, NK, €€

★★★

WEINGUT BUNN STREBEL

Mainzer Straße 86, 55283 Nierstein
T: +49 6133 59290, info@weingut-bunn.de
lisa-bunn.de

Ab-Hof-Verkauf: Di bis Fr 13–17 Uhr, Sa 11–16 Uhr
Kellermeister: Lisa Bunn, Bastian Strebel
Ansprechpartner: Lisa Bunn
Flaschen/Hektar: 120.000 (65 % weiß, 35 % rot)/21 ha

Eigentlich wiederholen wir uns nicht gern, aber was sollen wir sagen? Bei Lisa Bunn und ihrem Mann Bastian Strebel können wir nicht anders, als erneut auf die großartige Konstanz zu verweisen, mit der die beiden wunderbar vielschichtige, konsequent trockene und im Alkohol leichte Weine keltern: Hier ist alles auf Eleganz und Finesse ausgerichtet. Es ist eine Freude! Einer der Verkoster hat beim Riesling Orbel gar eine gewisse »Transparenz« ausgemacht. Wunderbaren Schmelz haben die beiden aber auch im Angebot: Der Merlot zeigt, dass diese Rebsorte mittlerweile in Rheinhessen heimisch ist.

93 2021 Nierstein Hipping Riesling trocken
Duft nach feiner Kräuterwürze, Minze, etwas Jod, dann Limonenschalen, vielschichtig, Grapefruit kommt durch, viel Mineralik. Am Gaumen saftig und fest gebaut, viel Substanz bei niedrigem Alkohol, stabile Säure, Würze, Zitrusfrucht und mineralische Noten. Viel Potenzial! 11,5 Vol.-%, NK, €€€

92 2021 Nierstein Orbel Riesling trocken
Im Duft viele Kräuter, Würze, dazu Apfelschale, etwas Limette, mineralisch durchzogen. Am Gaumen mit pointierter Säure, Mineralik, viel Zug, Zitrusaromen, extrem klar, fast transparent, vergleichsweise niedriger Alkohol, viel Potenzial, gute Länge, elegant. 11,5 Vol.-%, NK, €€€

91+ 2021 Dienheim Tafelstein Riesling trocken
Duft nach aromatischen Zitrusfrüchten, mineralische Töne, insgesamt noch eher verhalten, nach Belüftung etwas Papaya. Am Gaumen mit viel Zug und Grip, Zitrusfrüchte, Mineralik, kompromisslos trocken, angenehm leicht im Alkohol, gute Struktur, gute Länge, viel Potenzial. 11,5 Vol.-%, NK, €€€

92+ 2018 »Réserve« Spätburgunder trocken
Würziger Duft nach roten Beeren, Sauerkirschen, Rauch mischt sich darunter, etwas Holunder. Am Gaumen mit feinem Grip, fein ziselierter Gerbstoff, fein gewoben, gut integrierte, reife Säure, wieder rote Früchte und Kräuter, langer Nachhall. Eine Freude für Eleganz-Trinker. 13,5 Vol.-%, NK, €€€

91+ 2021 Nierstein Oelberg Riesling trocken

90 2021 »vom Rotliegenden« Nierstein Riesling trocken

90 2021 »Fumé« Sauvignon Blanc trocken

89+ 2021 Wintersheim Riesling trocken

92 2020 Nierstein Spätburgunder trocken

91 2020 Wintersheim Spätburgunder trocken

91 2018 »Réserve« Portugieser trocken

92 2018 »Réserve« Merlot trocken
Duft nach reifen roten Früchten, Brombeeren, Süßkirschen, etwas Rauch und Gesteinsmehl, Schlehen kommen dazu, würzig und vielschichtig. Am Gaumen mit reifen, weichen Gerbstoffen, feine Säure, viel rote Frucht, kleidet den Mund aus, dabei mit guter Frische, toll zum Steak. 14 Vol.-%, NK, €€€

CISTERZIENSER WEINGUT

Dalbergstraße 28, 67596 Dittelsheim-Heßloch
T: +49 6244 4921, info@cisterzienser-weingut.de
cisterzienser-weingut.de

Ab-Hof-Verkauf: Mo bis Fr 9–11.30 Uhr und 13–18 Uhr, Sa 9–13 Uhr
Kellermeister: Ulrich Michel
Ansprechpartner: Karen und Ulrich Michel
Hektar: 30 ha

In achter Generation führt Familie Michel ihr im 12. Jahrhundert vom Zisterzienser-Kloster Otterberg gegründetes Weingut. Es seien die Weinberge, auf die es ankomme, sagt Ulrich Michel, und die eigenen im Wonnegau kenne er genau: ihre Stärken und wie sie behandelt werden wollen. 2022 hat er die Umstellung auf ökologische Bewirtschaftung abgeschlossen, es wird der erste Jahrgang mit Bioweinen sein. Seine aktuelle Kollektion mit der äußerst gelungenen »Orange«-Version vom Silvaner ist spannend – und zeigt einen deutlichen Aufwärtstrend.

91 2020 »Maßwerk« Weißburgunder trocken
Ein frischer, leicht »pflanzlicher« Duft, Frühlingswiese, Heu, Sesam, dezent von Holz beeinflusst. Der Gaumen eröffnet mit seidigen Phenolen, auch hier wird ein gut abgestimmter Holzeinfluss erkennbar, der der Struktur Fassung gibt, gute Länge, saftig und frisch. 13,5 Vol.-%, NK, €€

90+ 2021 »Fumé« Sauvignon Blanc trocken
Rauchige Noten lösen das Versprechen ein, das im Namen »Fumé« steckt, dazu ein Duft von Stachelbeere, Kiwi, Brennnessel. Im Mund wirkt der Wein straff gebaut, Säure und Stoff geben ihm ein festes Rückgrat, Frucht und Geschmeidigkeit runden trotz der zurückhaltenden Restsüße gut ab.
13 Vol.-%, NK, €€

92 2020 »Orange« Silvaner trocken
Goldfarben. Im Duft hat der Wein eine opulente Würze: Apfelschnitz, Kümmel, roter Pfeffer, Bienenwachs. Im Mund zeigt sich ein feiner, aber auch fester Phenoldruck, Säure und Alkohol sind sehr gut integriert, die Abgangsaromen nehmen die Würze wieder auf und sind geradezu ölig unterlegt.
13 Vol.-%, NK, €€

91 2018 St. Laurent trocken
Der Wein zeigt eine Sauerkirschfrucht, Noten von Preiselbeere, noblem Neuholz, Zigarrenkiste, Karamell und Kokos. Im Mund eröffnet er saftig und süßlich, zeigt mürben Gerbstoff, deutlich taktil-mineralische Töne, eine schöne Eleganz bei allerdings eher kräftigem Holzeinsatz. 13,5 Vol.-%, NK, €€

90 2018 Merlot trocken

91 2021 Roter Traminer trocken
Hinter einer hefigen Fassade erscheint eine Würze von Rosenholz und Brotrinde. Der Gaumen wirkt leicht und beschwingt, eine dezente Süße untermalt die Würze, der Wein hat mehr Körperkraft, als seine Eleganz es im ersten Moment zeigt, im Abgang spürt man den Druck.
13 Vol.-%, DV, €

★

WEINGUT DACKERMANN

Gaustraße 15, 67596 Dittelsheim-Heßloch
T: +49 6244 7054, info@weingut-dackermann.de
weingut-dackermann.de

Ab-Hof-Verkauf: nach Vereinbarung
Kellermeister: Sascha Dackermann
Ansprechpartner: Sascha Dackermann
Hektar: 17 ha

Bei Sascha Dackermann weiß man, was man bekommt: Im Einstiegsbereich sind seine Weine zugänglich und harmonisch abgestimmt, beim Jahrgang 2021 sorgt die lebendige Säure zusätzlich für Frische und Belebung. Klettert man höher in der internen Hierarchie, zeigen die Weine mehr an Extrakt und Profil, wie die würzigen »Alten Reben« vom Silvaner oder die »Alten Reben« vom Blauen Portugieser mit feinkörnigem Tannin. Für Freude und animierenden Trinkspaß sorgt der saftige Gelbe Muskateller mit straffer Säure. So kann es weitergehen in Dittelsheim-Heßloch!

90 2021 »Alte Reben« Hessloch Silvaner trocken

Würziger und kräutriger Duft, frische Wiesenkräuter, auch getrocknet. Dazu Birne, Apfel und Reneklode. Kräftig gebauter Silvaner mit Profil und Format, präsente Säure, viel Würze, Kräutrigkeit und reife Frucht am Gaumen, zeigt auch Tiefe und Länge. 13 Vol.-%, DV, €

89+ 2021 »Fumé« Bechtheim Chardonnay trocken

Für einen »Fumé« eher zurückhaltend in der Nase, feine Holzwürze, etwas Rauch zu Quitte, Melone und reifer Birne. Saftig am Gaumen, kräftiges Konstrukt, das stimmig ausgefüllt wird, reife Säure, süßlicher Extrakt, schöne Würze. Kann auch gut bei Tisch bestehen. 13,5 Vol.-%, DV, €

88+ 2021 Weißburgunder & Chardonnay trocken WB/CH

Nashi-Birne, Aprikose und helle Blüten im Duft, auch Passionsfrucht, florale Noten, feine Würze. Zugänglicher Charakter, der es nicht zu kompliziert machen muss, frische Säure und fruchtige Restsüße bestimmen den Gaumen, eher niedrig im Extrakt. 13 Vol.-%, DV, €

89+ 2018 »Alte Reben« Hessloch Blauer Portugieser trocken

In der Nase Kirschen, Cranberry und etwas Pflaume mit kräutrigen Noten, eine feine florale Herbe kommt dazu. Saftig, frisch und fruchtig am Gaumen mit gutem Schwung, trocken und unverstellt im Charakter, feinkörniger Gerbstoff in eher geringer Dosis, zeigt die Rebsorte. 14 Vol.-%, DV, €

88+ 2021 Pinot Blanc trocken

89+ 2021 Gelber Muskateller trocken

Frische, sortentypische Aromatik mit Muskat- und Holunderblüten, Aprikose, auch Mango und Litschi. Der 2021er wirkt wegen seiner straffen Säure trockener, als er ist, saftige Frucht sorgt für feine Cremigkeit, Noten von Grapefruit, zugänglich, offensiv. 12,5 Vol.-%, DV, €

★★★

ESPENHOF – NICO ESPENSCHIED

Hauptstraße 81, 55237 Flonheim-Uffhofen
T: +49 6734 94040, weingut@espenhof.de
espenhof.de

Ab-Hof-Verkauf: Mo bis Sa 8–18 Uhr, So 9–11 Uhr
Kellermeister: Nico Espenschied
Ansprechpartner: Nico Espenschied
Hektar: 31 ha

Wer in Rheinhessen die venetische Rebsorte Incrocio Manzoni anbaut und dann auch noch einen Orange Wine daraus macht, der muss ausgesprochen experimentierfreudig veranlagt sein – oder weinverrückt. Nico Espenschied besitzt beide Eigenschaften. »Möglichst unkonventionell, autochthon und lebendig« will er seine Weine. Das gelingt gut. Und mit Weinen wie dem eleganten, kernigen Uffhofen La Roche Riesling oder dem 2019 »Herz+Hand« Syrah & Cabernet Franc mit seiner schönen Fülle konnte Nico Espenschied seit vergangenem Jahr noch einmal zulegen.

93 2021 Uffhofen La Roche Riesling trocken
Eine hochelegante Nase nach gelben Pflaumen, Marillen, auch zarte Kräuter wie Dillblüte, einfach kernig. Am Gaumen duftig, saftig und mit frischer Säure, der Nachhall ist cremig mit mineralischen Anklängen. Ungemein trinkig!
12,5 Vol.-%, DV, €€

93 2021 »Veltenbummler« Grüner Veltliner trocken
Frisches, blitzsauberes hellgrünes Glitzern im Glas. In der Nase Limettenabrieb, Kräuter und weißfleischige Birne. Am Gaumen saftig und kühl mit glasklarer Säure, die sehr gut eingebunden den Ton angibt. Animierender Speisenbegleiter, einfach herrlich! 13 Vol.-%, DV, €€

92 2021 »Bauchgefühl« Manzoni Bianco tr.
Unfiltriert und ein langer Maischekontakt über fünf Monate, das gibt dem Wein diese feine ursprüngliche Erscheinung. In der Nase Holunderblüten, etwas Dill, Minze und Limette. Im Mund dann völlig anders, nicht fruchtig, sondern herausfordernd, saftig, positiv rau, gut! 12,5 Vol.-%, DV, €€€

93+ 2019 »Herz+Hand« Syrah & Cabernet Franc trocken SY/CF
Tiefdunkles Rot im Glas. Brombeeren im Duft, dazu kommen Noten von rotem Fleisch und Rauch, Heu, auch Grafit, ganz zart nach Vanille. Im Mund dann die fabelhafte Fülle eines unfiltrierten Weines: ein Maul voll Wein, auf feine Weise struppig! 14 Vol.-%, DV, €€

90 2020 Flonheim Kisselberg Pinot Noir trocken

92+ 2021 »Herz+Hand« Grauburgunder tr.
Das große Holz, in dem der Wein ausgebaut ist, zeigt sich in der Nase sehr zart und eher im Hintergrund. Am Gaumen dann deutlich Gerüst gebend, unterstützt es auf sehr besondere Weise die frische Säure, die Saftigkeit und den schönen klaren Ausdruck, feiner cremiger Nachhall.
12,5 Vol.-%, DV, €€

★

WEINGUT FETH

Rodensteinerstraße 17, 67592 Flörsheim-Dalsheim
T: +49 6243 7501, info@fethwein.de
fethwein.de

Ab-Hof-Verkauf: Ja
Kellermeister: Florian Feth
Ansprechpartner: Florian Feth
Flaschen/Hektar: 133.000 (70 % weiß, 25 % rot, 5 % Rosé)/20 ha

Volker Feth war einer der Pioniere des bio-dynamischen Weinbaus, mit dem er schon 1985 startete, seit 1988 ist das Weingut Feth Demeter-zertifiziert. Sein Sohn Florian Feth führt den Betrieb seit 2011 mit 20 Hektar Weinbergen, darunter auch so bekannte Lagen wie der Dalsheimer Bürgel. Der 2020er-Riesling aus dieser Lage führt auch eine beeindruckende Kollektion an mit gepflegter Phenolik und mineralischer Struktur. Die Weine tragen eine klar erkennbare Handschrift, sie wirken unaufgeregt, sind bestens balanciert und entfalten einen natürlichen Charme. Mehr davon!

92 2020 Dalsheim Bürgel Riesling trocken

Reifer Pfirsich und Aprikose, Kalk, ein Hauch Vin Naturel mit Kräutern, Apfelschale, Hopfenblüten und auch Cidre in der Nase. Am Gaumen saftig und mit gepflegter Phenolik in einer kräftigen, mineralisch unterlegten Struktur, guter Extrakt und auch Länge. 13 Vol.-%, NK, €€

90 2021 Dalsheim Chardonnay trocken

Riecht nach reifer Mirabelle, Melone und gelber Birne, auch etwas helles Karamell ergänzt den fülligen Duft. Kräftige Struktur am Gaumen mit Saft, Schmelz und Würze, die ausgewogene Säure fügt sich ein wie die feine Mineralik. Reife Frucht, trocken ausgebaut. 12,5 Vol.-%, DV, €

90 2021 Pfeddersheim Grauburgunder trocken

Riecht nach Birne, Mirabelle und Wiesenkräutern, dazu auch nussige Aromen, Würze und feiner Rauch. Saftig mit weicher Säure am Gaumen, trocken ausgebaut, kräftige Struktur, gute Substanz, Schmelz, feine phenolische Pixel, elegant und natürlich. 12,5 Vol.-%, DV, €

91 2019 Pfeddersheim Hochberg Frühburgunder trocken

Florale Noten, würzige Holznote, Rauch, getrocknete Rosenblätter, etwas Hagebutte, Brombeere, Schwarze Johannisbeere, Kirsche. Weich am Gaumen mit schöner Würze und reifen, geschmolzenen Gerbstoffen in guter Menge, wieder Brombeere und süßliche Heidelbeeren. 13 Vol.-%, NK, €€

89 2021 Riesling trocken

91 2021 Pfeddersheim Riesling trocken

Pfirsich, gelber und roter Apfel in der Nase, auch zitrisch, etwas Grapefruit, kräutrige Noten, Wiesenkräuter. Schlank gebaut am Gaumen mit einer weichen, saftigen Textur und filigraner Säure, mineralische Würze, baut unaufgeregt Spannung auf, elegant. 12 Vol.-%, DV, €

WEINGUT FINKENAUER

Außerhalb 7, 55270 Bubenheim
T: +49 6130 944206, info@finkenauer.de
finkenauer.de

Ab-Hof-Verkauf: nach Vereinbarung
Kellermeister: Yvonne Finkenauer
Ansprechpartner: Yvonne Finkenauer
Anbauweise: 22 ha

Als Ideengeberin und leidenschaftliche Winzerin hat sich Yvonne Finkenauer ganz einem Ziel verschrieben: Sie möchte charaktervolle Weine mit Temperament kreieren, die auch Ecken und Kanten haben dürfen und vor allem ihr Terroir widerspiegeln sollen. Mit ihrem Mann Christopher Franz besiegelte sie 2022 ihre unternehmerische Zusammenarbeit in einer Fusion der Betriebe. Überzeugt haben uns erneut ganz besonders die »Meilenstein«-Weine, die voller Spannung und Tiefgang sind – das gilt für Riesling genauso wie für Chardonnay und Sauvignon Blanc.

91+ 2021 »Meilenstein« Schwabenheim Schloßberg Riesling trocken
Zitronengelb im Farbton. Fein im Duft, anfangs mineralisch, es folgen Aromen von Limettenschale und grünem Apfel. Am Gaumen dann Papaya, exotische Früchte, fein integrierter Extrakt und gut eingebundene Säure, durchaus komplex, attraktiver Nachhall. 13 Vol.-%, DV, €€

90 2021 »Meilenstein« Bubenheim Honigberg Chardonnay trocken
Konzentriert und fein im Duft mit gut abgestimmten Röstnoten, dazu frische Zitronenschale, gelber Apfel und weißer Pfirsich. Am Gaumen reife, süße Birne. Gute Saftigkeit, eher kräftig angelegt, reife Säurestruktur, gute Textur und ein langer Nachhall. 13,5 Vol.-%, DV, €€

89 2021 »vom Löss« Bubenheim Riesling trocken
Anfangs noch verschlossen im Duft. Danach zeigen sich Aromen von Pfirsich, Ananas, Zitrone und nassem Stein. Am Gaumen kommen Grapefruit und Limette dazu. Saftig und ausdrucksstark im Geschmack, dabei von lebendiger, gut eingebundener Säure getragen. 13 Vol.-%, DV, €

88+ 2021 Bubenheim Sauvignon Blanc trocken
Im Glas entwickelt sich ein intensiver Duft von reifer Stachelbeere, Johannisbeerblatt, Honigmelone und Zitrone. Alles am Gaumen von lebendiger Säure gut getragen, durchaus kompakter Körper. Bereits sehr zugänglich und zum direkten Genuss geeignet. 13 Vol.-%, DV, €

88+ 2021 Bubenheim Weißer Burgunder tr.

90 2021 »Meilenstein« Bubenheim Kallenberg Sauvignon Blanc trocken
In der Nase Vanille, Rauch, leichte Zitrusfrucht und ein Hauch von Stachelbeere. Am Gaumen folgen Aromen von Passionsfrucht, erneut Stachelbeere, Grapefruit und Limette. Mittelgewichtiger Körper, lebendige Säure, feiner Schmelz, langer, attraktiver Nachhall. 13,5 Vol.-%, DV, €€

★

WEINGUT FISCHBORN-SCHENK

FISCHBORN'SCHENK
SEIT 1833
RIESLING 2021

Weingasse 2, 55546 Biebelsheim
T: +49 6701 1214, hw.schenk@t-online.de
schenkwein.de

Ab-Hof-Verkauf: Mo bis Fr 9–17 Uhr, Sa 9–16 Uhr
Kellermeister: Hans-Werner Schenk
Ansprechpartner: Hans-Werner Schenk
Hektar: 13.5 ha

Das Weingut Fischborn-Schenk befindet sich seit 1929 im Familien-Besitz und wird in fünfter Generation von Martina und Hans-Werner Schenk geführt. Das rheinhessische Biebelsheim liegt direkt an der Grenze zur Weinregion Nahe, wo sich auch ein Drittel der insgesamt 13,5 Hektar Weinberge befindet. Wir verkosteten schwungvolle und harmonisch balancierte Gutsweine aus dem Jahr 2021, die alle eine lebendige, jahrgangstypische Säure aufweisen. Im Lagenbereich gefielen uns vor allem die Burgunder: Hier bekommt man viel Wein zu einem sehr fairen Tarif!

90 2021 Bad Kreuznach Römerhelde Grauer Burgunder trocken
Kräuter, feine Holzwürze, Birne, Walnuss und gerösteter Sesam in der Nase, auch etwas Quitte kommt auf. Setzt weich an am Gaumen mit zurückgenommener Säure und guter Substanz. Cremig und saftig, die Geschmeidigkeit wird durch Würze bereichert, fest in seiner Struktur und mit angemessener Dichte. Trocken ausgebaut. 13 Vol.-%, DIAM, €

89+ 2021 Biebelsheim Kieselberg Riesling trocken
Zum reifen Steinobst wie Pfirsich und Aprikose kommen im ausgeprägten Duft auch zitrische Noten hinzu, Maracuja und etwas Grapefruit. Stimmig balanciert am Gaumen mit guter Substanz und einer selbstbewussten Säure, die sich gut versteht mit der fruchtigen Süße. Zeigt Lagencharakter und feine Mineralik, zitrisch im Finish, viel Wein fürs Geld. 12,5 Vol.-%, DIAM, €

89+ 2020 Biebelsheim Honigberg Spätburgunder trocken
Balsamische Würze in der Nase, reife rote und dunkle Kirschen, Holzwürze, Gewürznelken und auch etwas Port. Kräftig und würzig am Gaumen, zeigt Substanz und auch Wucht, mit einer großen Menge reifer Gerbstoffe, gute Länge, schöpft seine Möglichkeiten aus. 13,5 Vol.-%, DIAM, €

88+ 2021 Bacchus Spätlese
Duft nach Muskatnuss, etwas Orange, zarte helle Früchte, eher kerniges Duftbild, dazu auch etwas Schwarze Johannisbeere. Am Gaumen mit reifer Frucht, Pfirsich, Apfelschale, Nektarinensaft, milde Säure, mittlere Struktur, als Aperitif gut geeignet. 9 Vol.-%, DIAM, €

88 2021 Scheurebe trocken

88 2021 Silvaner trocken

88 2021 Grauer Burgunder trocken

87+ 2021 Weißer Burgunder trocken

88 2021 St. Laurent trocken

90+ 2021 Bad Kreuznach Junker Weißer Burgunder trocken
Reife gelbe Frucht prägt die rebsortentypische Aromatik, Mirabelle und Aprikose, auch Papaya und gelbe Blüten. Kräftig gebaut am Gaumen, stoffig, saftig und mit fester Struktur. Trocken ausgebaut, kommt ohne süße Kosmetik aus, dafür Würze und anklingende Mineralik mit feiner Salzigkeit. Aus einem Guss. 13 Vol.-%, DIAM, €

★

WEINGUT FLEISCHMANN

Kloppgasse 8, 55435 Gau-Algesheim
T: +49 6725 3276, weingut-fleischmann@t-online.de
Fleischmann-Weine.de

Ab-Hof-Verkauf: Ja
Kellermeister: Quirin und Fabian Fleischmann
Ansprechpartner: Stephanie Fleischmann
Hektar: 17 ha

Mitten im romantischen Kern von Gau-Algesheim liegt das Familienweingut Fleischmann, das 17 Hektar Rebfläche bewirtschaftet. Quirin und Stephanie Fleischmann führen den Betrieb seit über 25 Jahren, Sohn Fabian teilt sich inzwischen die Kellerarbeit mit seinem Vater. Wein und Musik sind die Leidenschaften der Familie, der ausgewogene Graue Burgunder »Symphonie« führt eine homogene Kollektion im trockenen Bereich an, der elegante Riesling »Ouvertüre« ist unsere Empfehlung. Die Ambitionen unterstreicht die Spätburgunder-Auslese »Blanc de Noirs«. Darauf einen Tusch!

90 2018 »Symphonie« Grauer Burgunder tr.
Feine Holzwürze und Rauch liegen über Pfirsich und Birne, auch ein Hauch von frisch geröstete Kaffeebohnen. Breit angelegtes Volumen am Gaumen mit Fülle, Kraft und Schmelz, gut eingebundene Säure, mittelgewichtig im Extrakt, ausgewogen, elegant. Kulinarisch geeignet. 14 Vol.-%, DV, €€

89 2021 Weißer Burgunder trocken
Zunächst zitrische Noten im Duft, Mandarinenschale und Mandarine, dann reife Mirabellen, Apfel, florale Noten, helle Blüten. Vollmundige Fülle im Mund, die von der lebendigen 2021er-Säure getragen wird, saftig und mit feiner Würze, ausgewogen balanciert. 12,5 Vol.-%, DV, €

89 2020 »Composition Cuvee Nr.3« trocken DA/FB/DF
Fließt beinahe blickdicht ins Glas, kräftige Frucht, Brombeere, Holunder, Schwarzkirsche, auch Aronia-Beeren. Saftig am Gaumen, kompakte, kräftige Struktur, feine, fruchtige Herbe, Holunder, wieder Aronia-Beeren, frisch und klar im Ausdruck, griffiges Tannin, jugendlich. 13,5 Vol.-%, NK, €€

90+ 2020 »Blanc de Noirs« Spätburgunder Auslese
Sehr zarte rötliche Färbung. Duft nach reifer Kirsche, etwas Sandelholz, Mandelblüten, Johannisbeergelee. Am Gaumen sehr präsente Süße, Nektarinenkompott, gut integrierte Säure, griffig, hat Schmelz, gute Länge, sehr gut zum Mandelkeks, hat Reifepotenzial. 8 Vol.-%, DV, €

89 2021 Grüner Silvaner trocken

89 2021 »S« Grauer Burgunder trocken

88+ 2021 »S« Chardonnay trocken

89 2021 »Crescendo« Blanc de Noirs Spätburgunder trocken

88+ 2021 »Blanc de Noirs« Spätburgunder Rosé halbtrocken

88+ 2018 »S« Spätburgunder trocken PN/FB/DA/DF

89 2020 Scheurebe Spätlese

89+ 2021 »Ouvertüre« Riesling trocken
Fruchtiger Duft nach Apfel, Mandarine und Pfirsich, auch etwas Blattgrün und helle Blüten fügen sich ein. Saftig mit feiner Würze und einem animierenden Säure-Süße-Zusammenspiel, schlank gebaut, linearer Fluss am Gaumen, gelbfruchtig, auch zitrisch, elegant. 12 Vol.-%, DV, €

★★★

WEINGUT ALEXANDER FLICK

Brückesgasse 15, 55234 Bechtolsheim
T: +49 6733 6814, info@weingut-flick.de
weingut-flick.de

Ab-Hof-Verkauf: Do und Fr 13–18 Uhr, Sa 10–18 Uhr
Kellermeister: Alexander Flick
Ansprechpartner: Alexander Flick
Hektar: 24 ha

Alexander Flick ist mit dem Jahrgang 2021 sehr gut zurechtgekommen. Der Geisenheim-Absolvent, der auch in Neuseeland Erfahrung sammelte, verfügt über 24 Hektar Weinberge, die eine spannende Reise durch die Terroirs Rheinhessens garantieren – mit Kalkstein, Terra Rossa und Porphyr. Aus dem Westhofener Morstein kelterte der Winzer wieder einen mineralischen Spitzen-Riesling, viel Freude hatten wir auch mit dem würzigen Silvaner Siefersheimer Goldenes Horn. Weine, die man probieren sollte – gerne auch in der modernen Vinothek mit Lagenreliefs.

89+ NV »Blanc de Blancs« Chardonnay brut nature
Lebhafte Perlage, feine Hefenoten, Brioche, grüner Apfel, Walnussschale, Aprikose und auch Melone. Animierend am Gaumen mit lebendiger Säure, feiner Herbe und unkitschigem Ausdruck, mittelfeines Mousseux, zitrische Noten. Muntermacher, auch zum Essen. 12 Vol.-%, NK, €€

92+ 2021 Westhofen Morstein Riesling trocken
Dichter, vielschichtiger Duft mit Pfirsich, Aprikose und Kräutern, auch Nektarine, etwas brenzlig und ein Hauch Lavendel. Fokussiert am Gaumen mit gut dosiertem Extrakt, feste, klar konturierte Struktur, fein nuanciert und balanciert, feine Lagen-Mineralik. 12,5 Vol.-%, DV, €€€

90 2021 »Réserve« Grauer Burgunder trocken
Feiner Rauch begleitet reife Birne und süßliches Maronenpüree, gelbe Pflaume, Honigmelone, geröstete Nüsse. Saftig, stoffig und geschmeidig am Gaumen, die präsente Säure sorgt für Schwung und Balance, mittelgewichtiger Körper, feine Würze, kulinarisch gedacht. 12,5 Vol.-%, DV, €€

90 2021 Siefersheim Goldenes Horn Silvaner trocken
Kräutrig, dezente Holzwürze und auch Rauch, Apfel, etwas Birne und nussige Aromen, feiner Kümmel. Saftig und würzig am Gaumen, gut dosierte Stoffigkeit, leicht mehlige Phenole, merkliche Mineralik, mittelgewichtiger Körper, zeigt klares Lagenprofil. 12,5 Vol.-%, DV, €€

89 2021 Gau-Odernheim Chardonnay trocken

89+ 2021 Gundersheim Riesling trocken
Pfirsich, Mirabelle und grüner Apfel mit kräutrigen und floralen Noten, mineralische Anklänge. Mit Frische und Schwung am Gaumen, die jahrgangsbedingte Säure gibt den Takt vor, patent abgepuffert durch fruchtige Saftigkeit, feine Mineralik, leicht salzig. 12,5 Vol.-%, DV, €

WEINGUT FREY

Weedegasse 10, 55234 Ober-Flörsheim
T: +49 6735 941272, weingut@bechtel-frey.de
frey-wines.com

Ab-Hof-Verkauf: nach Vereinbarung
Kellermeister: Philipp Frey
Ansprechpartner: Christopher Frey
Hektar: 15 ha
Anbauweise: Bio

Um es vorwegzunehmen: Die beiden Brüder Christopher und Philipp Frey haben Talent! Gemeinsam mit ihrem Vater Stefan bewirtschaften sie auf biologische Weise 15 Hektar Rebfläche, die zwischen Biebelnheim im Norden und Ober-Flörsheim im Süden verteilt sind und unterschiedliche geologische Strukturen aufweisen – von Kalkstein über Löss-Lehm bis zu tonigem Kalkmergel. Philipp Frey baut als Kellermeister die Weine aus, spannungsvolle Rieslinge mit feiner Mineralik und substanzreiche, würzige Pinot Noirs. Halten die Freys diese Flughöhe, ist der zweite Stern in Sicht.

91+ 2021 Hangen-Weisheim Sommerwende Riesling trocken
Reifes Steinobst, Weinbergpfirsich, Aprikose, reife Stachelbeeren, kräutrige Noten. Mit guter Substanz am Gaumen, reifes Steinobst, zitrisch, dicht und spannungsvoll, ohne die spielerische Art zu verlieren. Tragende Säure, mineralische Grundlage, kann sich entwickeln. 12,5 Vol.-%, NK, €€€

90 2021 Hangen-Weisheim Riesling trocken
Duftet nach Mirabelle, auch Reneklode, zitrisch, Limettenschale, grüner Apfel und Wiesenkräuter. Saftig und mit klarem Fruchtausdruck am Gaumen, süßer Pfirsich, etwas Limettensaft, schlanker, kompakter Bau, lebendige Säure, elegant, feine Mineralik. 12,5 Vol.-%, DIAM, €€

91 2019 Hangen-Weisheim Sommerwende Pinot Noir trocken
Balsamische Würze mit reifer dunkler Kirsche, auch etwas Johannisbeere und Brombeere, etwas Unterholz, Tinte. Mit Substanz und auch Frische am Gaumen, stoffig, würzig, reife und präsente Säure, die kräftigen Gerbstoffe geben Halt, gute Länge, kann noch zulegen. 13,5 Vol.-%, NK, €€€

90 2021 Riesling Spätlese
Duft nach reifer Birne, Cox-Orange-Apfel, kandierten Orangenschalen und getrockneter Aprikose. Am Gaumen mit schönem Trinkfluss, schmelzend, reife Zitrusfrucht, etwas Kräuterwürze, insgesamt harmonisch und in sich stimmig, sehr gut zu pikanten Gerichten. 8 Vol.-%, DIAM, €€

89 2021 Riesling trocken

90+ 2019 Pinot Noir trocken
Holzwürze, Hefe, Schwarzkirsche, Johannisbeere und Holunderbeere in der Nase, Wacholderbeere, etwas Tannenspitzen. Saftig, würzig und auch fleischig am Gaumen, gute Substanz und Extrakt, markanter, jugendlicher Gerbstoff, gute Länge, hat Reifepotenzial. 13,5 Vol.-%, DV, €€

★★

WEINGUT FULL

Hauptstraße 21, 67591 Mölsheim
T: +49 6243 7866, info@full-wein.de
christopher-full.de

Ab-Hof-Verkauf: Mo bis Sa 9–18 Uhr und nach Vereinbarung
Kellermeister: Christopher Full, Thomas Full
Ansprechpartner: Thomas Full
Hektar: 13 ha

Wer bei trockenen deutschen Rieslingen viel Primärfrucht, glockenhelle Reintönigkeit und harmonisch abgestimmte Fruchtsüße erwartet, möge Christopher Fulls Exemplare bitte anderen Geschmäckern überlassen. Hier gibt es zwar Holzfassausbau, ansonsten aber extremen Purismus: unfiltriert, hefelagerig, kaum geschwefelt, knochentrockener, kalkig-toniger Schmelz. Großartig natürlich. Auch unser Tipp, der Grauburgunder »Full of Rage«, hat uns begeistert. Erst im zweiten Jahr dabei, dennoch scheint der dritte Stern nicht mehr allzu fern zu sein.

93+ 2021 Mölsheim Silberberg Riesling trocken
Faszinierend spröde in der Nase, kühl, kalkig, keine Primärfrucht, das Tonneau bringt mehr Dichtegefühl als Aroma. Viel Luft und gern auch Lagerzeit verdient dieser Riesling, der Tiefe andeutet und eine Art puristischen, gleißenden Schmelz mit Nachdruck zeigt. Da kommt noch einiges!
12,5 Vol.-%, DIAM, €€€

92+ 2021 Mölsheim Zellerweg Am Schwarzen Herrgott Riesling trocken
Als einziger der drei Full-Rieslinge mit feinen Fruchtanklängen in der Nase zwischen Zitrone und Aprikose, die aber gleich wieder von Anis und Küchenkräutern eingefangen werden. Am Gaumen souverän gleitend, weniger karg als der Silberberg, Dichte, Druck, Präsenz, keine Kompromisse.
12,5 Vol.-%, DIAM, €€€

91 2021 »Felsenthron« Riesling trocken
In der Nase Walnuss und Apfel, primär aber pflanzlich orientiert mit Brennnessel, Senfmehl und etwas Staudensellerie. Am Gaumen mit BSA-gepimpter Mundfülle bei gedämpfter Säure, komplett trocken, sehr ruhig angelegt, etwas Minze, kleiner Bitterton. Perfekter Speisen-Riesling. 12,5 Vol.-%, DIAM, €€€

91 2021 »Full Of Rawness« trocken SB/MT
Der »rohe Full-Wein« zeigt sich schon in der Nase komplex: etwas Stachelbeere vom Sauvignon Blanc, Hefetönung, leichte Laktik, es gibt viel zu schnuppern. Am Gaumen dann kompromisslos trocken, Apfelschale, Galgant, Dichte trotz niedrigen Alkohols. Die Nordic Cuisine frohlockt.
11 Vol.-%, DV, €€

91 2021 »Full Of Fun« Gewürztraminer tr.

93 2021 »Full Of Rage« Grauburgunder tr.
Leuchtendes Lachsrosa deutet an, dass es sich um einen Maischegärer handelt. In der Nase höchst attraktive Kombination aus Pflaumenschalen, Trockengebäck und Holzeinfluss. Auch am Gaumen bleiben Frucht und Holz präsent, die Säure ist frisch, der Wein ebenso trocken wie spannend. Ein Statement! 12,5 Vol.-%, DIAM, €€

★

WEINGUT GEBERT

Sandgasse 6, 55599 Siefersheim
T: +49 6703 8352201, info@weingut-gebert.de
weingut-gebert.de

Ab-Hof-Verkauf: Mo bis Sa 14–19 Uhr
Kellermeister: Paul Krahl
Ansprechpartner: Anne Gebert
Flaschen/Hektar: 67.000 (80 % weiß, 8 % rot, 9 % Rosé, 1 % süß, 2 % Schaumwein)/8 ha

Im vergangenen Jahr lobten wir das Weingut Gebert für ein verheißungsvolles Debüt im Weinguide – diesen guten Eindruck kann das Team um Anne Gebert und den jungen Kellermeister Paul Krahl bestätigen, das erst seit Anfang 2020 in Siefersheim zusammenarbeitet. Das Weingut, das auf beinahe 200 Jahre Weintradition bauen kann, wurde bis 2019 von Hans Joachim Gebert geleitet. Die Weine mit den auffälligen schwarzen Glaspfropfen zielen nicht auf plakative Primärfrucht ab, sondern nehmen die Mineralik der Siefersheimer Lagen wie der Heerkretz in den Fokus. So kann es gerne weitergehen!

91 2021 Siefersheim Heerkretz Riesling trocken

Vielschichtiger Duft, reifes Steinobst wie Aprikose, Apfel, getrocknete Kräuter, Gesteinsmehl, anklingende Mineralik. Gehaltvoll am Gaumen mit guter Substanz, leicht süßlicher Extrakt, saftig, würzig, mit mineralischer Grundierung, gute Länge. Wird gut reifen. 13 Vol.-%, NK, €€

89+ 2021 Siefersheim Riesling trocken

Neben Pfirsich und Aprikose zitrische und kräutrige Noten, Apfel, auch getrocknete Blumen, floral. Saftig im Mund, Steinobst wird von Zitrusfrucht begleitet, Grapefruit, animierende, ausgewogene Säure, Kräuter, mineralische Anklänge. Verbindet Trinkspaß mit Anspruch. 13 Vol.-%, VL, €€

89+ 2020 Siefersheim Martinsberg Silvaner Kabinett trocken

Birne, gelber Apfel und Wiesenkräuter in der rebsortentypischen Nase, auch florale und steinige Anklänge. Kompakt gebaut am Gaumen, mit einer frischen Säure, saftig, betont trocken, mit leicht salzigen und kräutrigen Noten, feine phenolische Herbe. 12,5 Vol.-%, VL, €

91+ 2020 Siefersheim Goldenes Horn Spätburgunder trocken

Kirschfrucht in der Nase, Blaubeeren, auch Brombeeren, feiner Rauch, kräutrige Noten, etwas Orangenöl. Kräftiger, kompakter Bau am Gaumen, feste Struktur, saftig, kräutrig und würzig, betont trocken, die präsente Säure führt, Mineralik sorgt für Profil. Hat Potenzial. 13 Vol.-%, NK, €€€

88+ 2021 Chardonnay halbtrocken

90 2021 Siefersheim Heerkretz Weißer Burgunder trocken

Zitrusnoten, etwas Limettenschale im Duft, Aprikose und Apfel, Blüten, auch steinige, mineralische Anklänge. Schlank gehalten am Gaumen, saftig und vollmundig, zielt weniger auf Primärfrucht als auf Mineralik ab, trocken, ohne kosmetische Süße, elegant, charaktervoll. 12,5 Vol.-%, VL, €€

★★★

WEINGUT GEHRING

Außerhalb 17, 55283 Nierstein
T: +49 6133 5470, info@weingut-gehring.com
weingut-gehring.com

Ab-Hof-Verkauf: nach Vereinbarung
Kellermeister: Theo Gehring
Ansprechpartner: Theo Gehring
Flaschen/Hektar: 150.000 (88 % weiß, 12 % rot)/11.5 ha

Das Weingut Gehring ist im besten Sinne reich begütert, verfügt es doch über Parzellen in den spektakulären Lagen des Roten Hangs. Aus jenen holen Theo und Diana Gehring dann auch die Weine, die uns schon im letzten Jahr begeisterten. Hipping und Pettenthal stehen an der Spitze der Kollektion, kosten keine 20 Euro und zeigen sich so unterschiedlich, dass es unbedingt lohnt, die beiden einmal im Doppelpack zu verkosten. Ein weiteres Highlight ist der Gelbe Orleans. Im Ölberg nobel untergebracht, kommt die historische Rebsorte mit dem zweiten Atem richtig in Schwung.

92+ 2020 Nierstein Hipping Riesling trocken
Hochmineralische Nase, gebremste zitrische Frucht, leicht nach Ingwer, anspruchsvoll und gleichzeitig vielversprechend. Am Gaumen mit viel Walnuss, Zitronenschale, weiter Mineralik, Steinobst, ruhig fließend, dennoch pikant, mit viel Potenzial. 13 Vol.-%, DV, €€

92 2020 Nierstein Pettenthal Riesling tr.
Deutlich gelber in der Nase als sein Bruder aus dem Hipping, reife Quitte, Mandel, gelber Apfel. Am Gaumen mit viel Würze, bleibt gelbfruchtig, Mango, etwas Brennnessel, faszinierend anders als der Hipping, tief und erdig, von edler Getragenheit. 12,5 Vol.-%, DV, €€

91+ 2021 »Roter Hang« Riesling trocken
Zunächst eher zurückhaltend in der Nase, dann gibt es im Hintergrund feine Aprikose, Anis und eine fast süßholzige Würze. Am Gaumen ungemein saftig, viel reife Aprikose, dazu ganz zart Lindenblüte, sehr animierend, gleichzeitig reich in der Frucht und gut eingefangen. Äußerst gelungen! 12,5 Vol.-%, DV, €

90+ 2020 Nierstein Bildstock Kleiner Heunisch trocken
Hinter dem »Kleinen Heunisch« verbirgt sich ein Auxerrois, dessen leicht laktische und würzige Noten in der Nase vom Holzausbau künden. Am Gaumen gezähmt in der Säure, die Nussigkeit wird ergänzt durch etwas Holunderblüte, reif, eher weich-würzig gehalten. 13 Vol.-%, DV, €€

90 2017 Nierstein Schloss Schwabsburg Riesling brut nature

90 2020 »Alte Reben« Nierstein Bildstock Grauburgunder trocken

90 2021 Riesling Kabinett feinherb

89 2021 Blanc de Noir Frühburgunder trocken

88 2021 Grauer Burgunder trocken

90+ 2018 Nierstein Bildstock Spätburgunder tr.

89+ 2019 Nierstein Bildstock Frühburgunder tr.

92 2020 Nierstein Ölberg Gelber Orleans tr.
Im Mittelalter weit verbreitet in Deutschland, Ende des 19. Jahrhunderts dann fast verschwunden, zeigt der Gelbe Orleans fein nussige Noten in der Nase, Kräuter und eingelegte Birne gesellen sich dazu. Am Gaumen mit salzigem Angang, gelbe Pflaume, Ananas, vielschichtig, nachhaltig, vorzüglicher Speisenwein. 13,5 Vol.-%, DV, €€

★★

GEILS SEKT- UND WEINGUT

Zeller Straße 8, 67593 Bermersheim
T: +49 6244 4413, mail@geils.de
geils.de

Ab-Hof-Verkauf: nach Vereinbarung
Kellermeister: Florian Rudolf Geil
Ansprechpartner: Florian Rudolf Geil
Flaschen/Hektar: 133.000 (65 % weiß, 15 % rot, 10 % Rosé, 2 % süß, 8 % Schaumwein)/14 ha

Was Florian Rudolf Geil an Spätburgundern keltert, hat uns auch in diesem Jahr verblüfft und erfreut: Man schmeckt, dass er bei seinem Aufenthalt in der Domaine Méo-Camuzet in Vosne-Romanée ganz genau hingeschaut und einiges gelernt hat. Seine Burgunder sind sehr fein extrahiert, zeigen kalkmineralische Prägungen und viel Stil, sie bewegen sich allemal auf Drei-Sterne-Level. Auch bei den Weißweinen wie dem Riesling aus dem Nieder-Flörsheimer Frauenberg unterstreicht Geil, der eng mit seinem Vater Rudolf zusammenarbeitet, dass er noch einiges vorhat: So kann es gerne weitergehen.

92+ 2017 »Pinot 3« brut nature PN/WB/PG
Dezent beerig im Duft, Hefenoten, eine Spur Patina. Im Mund hat der Wein einen saftigen, schlanken Appeal, das Mousseux ist fein und die Säure lebendig, im Abgang wird der Holzfassausbau der Grundweine oder eines der Grundweine erkennbar. Eine raffinierte, komplexe Komposition.
12,5 Vol. %, NK, €€

92 2020 Nieder-Flörsheim Frauenberg Riesling trocken
Vielschichtiger Duft nach reifer Aprikose und Weinbergpfirsich, auch etwas roter Apfel, florale und mineralische Anklänge. Feste Struktur am Gaumen mit gutem Extrakt und sich entfaltender Spannung, eng anliegende Säure, Würze, Mineralik. Riesling mit Charakter und Potenzial.
13 Vol.-%, NK, €€€

93 2019 Dalsheim Bürgel Spätburgunder tr.
Rote Kirschen, Blaubeeren und Johannisbeeren in der vielschichtigen, fein nuancierten Nase, feine Holzwürze, etwas Wacholderbeeren. Saftiger und feinwürziger Auftakt auf weichem Fond, ausgewogene Säure, feinkörniger Gerbstoff in guter Menge, kalkmineralisch. 13,5 Vol.-%, NK, €€€

92+ 2019 »Frühwerk« Spätburgunder trocken
Nuanciert im Duft: Kirschkern, Cocktailkirsche, Nougat, Rote Johannisbeere. Im Mund setzt sich der Eindruck der Eleganz fort mit viel Saftigkeit, feinem Säurefaden und mit deutlich kalkmineralischer Festigkeit. Ein fein extrahierter, stilvoller Burgunder. 13,5 Vol.-%, NK, €€

91+ 2018 »Blanc de Noirs« brut PN/SW

90+ 2019 »S – Cuvée P.« trocken CH/WB

89 2021 Riesling trocken

89 2021 Weißer Burgunder trocken

89 2021 Chardonnay trocken

91+ 2019 »S« Dalsheim Spätburgunder tr.

91 2018 »Nocturne« trocken PN/ME/CS/DF

91+ 2020 »S« Nieder-Flörsheim Riesling tr.
Schöner, etwas zurückgenommener Duft mit weißem Pfirsich, auch Nektarine, Blüten und würzige, florale Noten. Gut gebaut am Gaumen mit einem guten Verhältnis von Substanz und Eleganz mit einer reifen Säure und mineralischer Würze. Zeigt Herkunft und Stil. 12,5 Vol.-%, NK, €€

★★

WEINGUT HELMUT GEIL

Am Römer 26, 55234 Monzernheim
T: +49 6244 220, info@geilwein.de
geilwein.de

Ab-Hof-Verkauf: nach Vereinbarung
Kellermeister: Andreas Geil
Ansprechpartner: Andreas Geil
Flaschen/Hektar: 50.000 (65 % weiß, 25 % rot, 10 % Rosé)/10 ha

Sechs Weine sind nicht viel, um das gesamte Spektrum eines mittelgroßen Weinguts darzustellen. Andreas Geil hat sich entschlossen, ausschließlich Weißweine anzustellen, und die besitzen tatsächlich einige Gemeinsamkeiten: Zum einen vermitteln alle Weine ein sehr geschmeidiges, gleitendes Mundgefühl. Zum anderen ist der Holzeinsatz bei den höherwertigen Weinen sehr gekonnt unterstützend und eher zart als vorlaut. Apropos zart, hohe Alkoholwerte braucht hier niemand zu befürchten – bei Süßen wie der Albalonga Spätlese (unser Tipp!) ohnehin nicht.

91+ 2021 Westhofen Kirchspiel Grauburgunder trocken
Feine und elegante Nase, nur zart vom siebenmonatigen Barriqueausbau geprägt, Birne, Mandel, Senfkörner, etwas Vanille. Am Gaumen taktil geschmeidig, in der Säure aber präzise und durchaus fordernd. Der seltene Fall einer schlanken Dichte, kann noch zulegen! 12,5 Vol.-%, NK, €€

90 2021 Weißburgunder & Chardonnay trocken WB/CH
Mittleres Zitronengelb im Glas, das vom Ausbau im Holzfass kündet. In der Nase dann auch leicht laktische Noten, zart nach Vanille, Birne und Senfsaat. Reiche und geschmeidige Textur am Gaumen, im Körper dann aber wesentlich schlanker eingefasst, gelbfruchtig, feines Holz. 12,5 Vol.-%, DV, €€

90 2021 Westhofen Riesling trocken
Relativ wenig Primärfrucht in der Nase, etwas Zitronenschale, Anis, Engelwurz und Korianderkörner. Wie bei allen Geil-Weinen sehr geschmeidig am Gaumen, bietet wenig Widerstand, nussig, speisenaffin. Ein Riesling, der nicht nur zu Heringssalat funktioniert. 12,5 Vol.-%, DV, €€

90 2021 Bechtheim Sauvignon Blanc trocken
Aromenintensive Nase mit sehr viel Stachelbeere, dazu weiße Grapefruit und etwas Grasigkeit. Am Gaumen dann deutlich reifer als erwartet, gelbfruchtige Töne, ein feiner Gerbstoff verleiht Grip, dazu eine eher flächige als spitze Säure. Trinkt sich angenehm leicht weg. 12 Vol.-%, DV, €€

89 2021 Grauburgunder trocken

90 2021 Westhofen Albalonga Spätlese
Nur wenige Hektar sind in Deutschland mit Albalonga bestockt, einer Kreuzung aus Rieslaner und Müller-Thurgau. Interessante feinnervige Nase, Apfel, weiße Pflaume, Hefegebäck. Am Gaumen mit hellen, traubigen Aromen, die Süße wird von der lebendigen Säure gepuffert. Nicht übel! 9,5 Vol.-%, DV, €€

★★★

WEINGUT OEKONOMIERAT JOHANN GEIL I. ERBEN

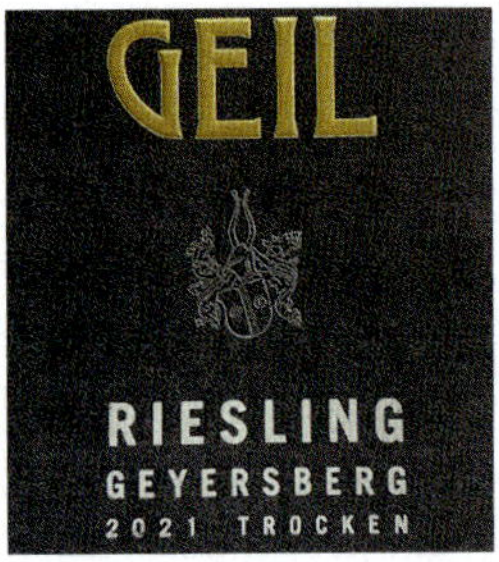

Kuhpfortenstraße 11, 67595 Bechtheim
T: +49 6242 1546, info@weingut-geil.de
weingut-geil.de

Ab-Hof-Verkauf: Mo bis Fr 8–12 Uhr und 13–17 Uhr, Sa 8–12 Uhr und 13–16 Uhr mit der Bitte um Anmeldung
Kellermeister: Johannes Geil-Bierschenk
Ansprechpartner: Elisabeth Geil-Bierschenk
Flaschen/Hektar: 300.000 (70 % weiß, 25 % rot, 1 % Rosé, 2 % süß, 3 % Schaumwein)/35 ha

Johannes Geil-Bierschenk hat uns dieses Jahr mit seinen Rotweinen überzeugt – und mehr als das: Sowohl Früh- als auch Spätburgunder haben uns begeistert. Beide Weine eint ihre saftige, auf Finesse und Eleganz abzielende Anlage, stilsicher umgesetzt und ganz offenkundig auch vom Jahrgang mit den richtigen Proportionen und aromatischer Dichte begünstigt. Daneben könnte man die Weißen beinahe übersehen, aber das wäre schade, denn auch sie – zumal die Rieslinge – warten mit würzigem aromatischem Ausdruck und ausgezeichneter Substanz auf.

92+ 2021 Bechtheim Geyersberg Riesling trocken
Brillantes Zitronengelb. Großzügig reif und intensiv im Duft von gelbem Apfel, Aprikose und Zitronenzesten. Am Gaumen balanciert die gute Säure die klassische Aromatik, dabei sehr saftig, mit feiner Mineralik und sehr attraktiver innerer Spannung versehen. 12,5 Vol. %, NK, €€

91+ 2021 Bechtheim Rosengarten Riesling trocken
Goldgelb in der Farbe. Komplex im Duft: goldener Apfel, Pfirsich, Mirabelle, Zitrusfrucht und nasses Gestein. Am Gaumen saftig, gelbe Früchte, gut integrierte Säure, feine Phenolik, guter Extrakt. Das Finale ist von leichter Kräuterwürze geprägt. 12,5 Vol.-%, NK, €€

93 2020 Bechtheim Stein Spätburgunder trocken
Frischfruchtig im Duft mit Noten von kleinen roten Beeren, etwas Rauch, Wildkirsche und Marzipan. Der Gaumen zeigt sich von einer ganz delikat-saftigen, feingliedrigen und dennoch dichten Seite, der sehr feine Gerbstoff wird von lebendiger Säure untermalt. Unwiderstehliche Eleganz! 13,5 Vol.-%, NK, €€€

93 2020 Bechtheim Geyersberg Frühburgunder trocken
In der Nase etwas Hefe und eine frische dunkelbeerige Frucht, Preiselbeeren. Im Mund imponiert zunächst die seidige Textur, der Wein besticht durch Fülle wie durch Saftigkeit, die Eleganz wird verstärkt durch einen feinen Säurefaden und intensive Kalk-Mineralik. Stark! 14 Vol.-%, NK, €€€

89+ 2021 »S« Bechtheim Chardonnay trocken

91 2021 »S« Bechtheim Riesling trocken
Blasses Goldgelb. Spannender Duft von Orangenzesten, gelbem Pfirsich, Ananas und Aprikose, auch Kräuterwürze und ein Hauch von Holunderblüten in der Nase. Am Gaumen balancieren die lebendige Säure und die feine Mineralik die reife Frucht, lang und attraktiv im Abgang.
12,5 Vol.-%, DV, €€

★★

WEINGUT GOLDSCHMIDT

Enzingerstraße 27–31, 67551 Worms
T: +49 6247 7044, weingut.goldschmidt@t-online.de
wein-goldschmidt.de
Ab-Hof-Verkauf: Fr 13–18 Uhr, Sa 8–12 Uhr und 13–18 Uhr
Kellermeister: Jonas Goldschmidt
Ansprechpartner: Uli, Elke und Jonas Goldschmidt
Flaschen/Hektar: 173.000 (72 % weiß, 25 % rot, 2 % Rosé, 1 % Schaumwein)/18 ha
Anbauweise: Bio

Jonas Goldschmidt konnte nach eigener Aussage »praktisch Traktor fahren, bevor ich meine ersten Schritte gemacht habe«. Mit 24 führt er das Bio-Weingut mit seinen Eltern Elke und Uli Goldschmidt und hält sich vor allem im Keller auf, wo er für den Ausbau der Weine zuständig ist. Uns gefällt das Zusammenspiel der Generationen und als Resultat eine Kollektion ohne Effekthascherei, bei der ganz offensichtlich die Natur den Takt vorgegeben hat. Egal, welchen Wein man trinkt, er hinterlässt ein gutes, natürliches Gefühl – wobei die Weißen noch etwas die Nase vorne haben.

91 2021 Osthofen Klosterberg Grauer Burgunder trocken

Pfirsich, Birne und Apfel in der fruchtigen Nase mit hellen Blüten und wilden Kräutern, Rauch, etwas Laub und Astwerk. Zeigt Saft und gute Substanz am Gaumen, kräutrig und mit reifen Phenolen, gute Balance, reife Säure, unaufgeregt und mit klarem Profil. 12,5 Vol.-%, DV, €€

90+ 2021 Pfeddersheim Kreuzblick Chardonnay trocken

Reneklode, Melone und Birne werden im Duft von feiner Holzwürze begleitet, auch Hefegebäck, Mandarinenschale. Seriöser Chardonnay mit kräftiger, fester Struktur, saftiger Stoffigkeit und Würze, auch zitrische, leicht salzige Noten, gute Länge, kulinarischer Wein. 13 Vol.-%, DV, €€

89+ 2021 Osthofen Klosterberg Grünfränkisch trocken

Der rare Grünfränkisch duftet nach grünem Apfel, Mandarine, Kiwi, Gartenkräutern, Sesamsaat und auch Kümmel. Zugänglich am Gaumen mit einer saftigen, geschmeidigen und würzigen Art, süßlicher Extrakt und reife Säure, auch mineralische Anklänge, mittlere Länge. 12 Vol.-%, DV, €

89+ 2019 Dalsheim Bürgel Spätburgunder trocken

Reife rote Kirschen, Amarenakirschen, Pflaume, Holzwürze, Kräuter, Vanille und auch ein Hauch Rumtopf. Zeigt auch am Gaumen Reife und trotzdem saftige Eleganz und eine gewisse kühle Aura, gute Substanz und Kraft, stoffig, trocken ausgebaut mit mineralischen Anklängen. 13,5 Vol.-%, NK, €€

89 2020 Dalsheim Steig Cabernet Sauvignon trocken

90+ 2021 Osthofen Liebenberg Riesling trocken

Kräutrige Noten mit reifem Pfirsich und grünem Apfel, auch etwas Limettenabrieb und Hopfenblüten. Zeigt sich ausgewogen am Gaumen in einer kompakten Struktur, lebendige Säure auf weichem, saftigem Hintergrund, etwas Salzzitrone und mineralische Würze, in sich stimmig. 12 Vol.-%, DV, €

★★★

WEINGUT ECKEHART GRÖHL

Uelversheimer Straße 4, 55278 Weinolsheim
T: +49 6249 809000, info@weingut-groehl.de
weingut-groehl.de

Ab-Hof-Verkauf: Mo bis Fr 8–12.30 Uhr und 14–17 Uhr, Sa 10–16 Uhr
Kellermeister: Eckehart Gröhl, Johannes Gröhl
Ansprechpartner: Eckehart Gröhl
Hektar: 25 ha

Da will es aber einer wissen: Johannes Gröhl, gerade mal 24 Jahre alt, baut im elterlichen Weingut inzwischen das Gros der Weine aus und drückt ihnen dabei seine unverkennbare Signatur auf: Die zeigt sich vor allem mit einer animierenden Hallo-wach-Säure, vor der aber niemand Angst haben muss. Die Weine sind spontan vergoren, zeigen Lage und Charakter und belegen auch Gröhls Beschäftigung mit Vin Naturel. Die stilistische Neuausrichtung bündelt sich im elektrisierenden Kabinett »Roter Hang«. Wir nominieren Johannes Gröhl als Kandidaten für den »Newcomer des Jahres«.

93+ 2020 Nierstein Pettenthal Riesling trocken
Expressive Nase, typisch für Pettenthal, kräutrig, etwas brenzlig. Setzt saftig an am Gaumen mit pointierter Säure auf geschmeidigem Fond, guter Extrakt, im Hintergrund formiert sich die Mineralik, grüner Apfel, etwas Quitte, feine Würze, Salz, etwas Pfeffer, gute Länge. 12 Vol.-%, NK, €€€

93 2020 Oppenheim Sackträger Riesling trocken
Etwas reduktiv, Kräuter, etwas Hopfen, Apfelschale und Kümmel, Aprikose, Röstnoten. Geschmeidig am Gaumen mit fester Statur, hat Saft und Kraft, selbstbewusste Säure, röstig, Haselnuss, etwas staubig, Würze, Salz, druckvoll, kalkmineralisch. Kraftvoller Stil. 12,5 Vol.-%, NK, €€€

92+ 2020 »Reh« Riesling trocken
Mittleres Goldgelb mit grünlichen Reflexen, Aromen von Vin Naturel, reduktiv, getrocknete Aprikose, etwas Bienenwachs, getrockneter Salbei, auch ein Hauch Sherry. Schlank und straff am Gaumen mit Zug und Spannung, animierend mit Salzigkeit, grüne Walnuss. 12 Vol.-%, NK, €€€

93 2018 Nierstein Hölle Pinot Noir trocken
Im Duft Hibiskus, Hagebutte, Honigbrot, Lebkuchenbrot. Sehr charmant am Gaumen, saftig, schöne reife Kirschen, harmonisch, die präsente Säure wirkt balancierend, die Tannine sind feinkörnig und reif, Sandelholz, gehaltvoll, würziger Nachgeschmack, gute Länge. 13,5 Vol.-%, NK, €€€

92 2020 Nierstein Hölle Weißer Burgunder trocken

92 2020 Nierstein Ölberg Riesling trocken

90+ 2021 »Roter Hang« Nierstein Riesling trocken

90 2021 »Kalkstein« Oppenheim Riesling trocken

90 2021 »Kalkstein« Nierstein Weißer Burgunder trocken

89+ 2021 Sauvignon Blanc trocken

90 2018 Oppenheim Herrenberg Pinot Noir trocken

93 2021 »Roter Hang« Nierstein Riesling Kabinett
Noten von Spontangärung, Zündholz, Hopfen, Malz, Thymian, Brennnessel, Röstaromatik. Am Gaumen saftig, toller Säurezug, animierend, dahinter feine Süße, schwungvoll, fein nuanciert, Limetten, weißer Pfirsich, rosa Grapefruit, mineralische Würze, sehr gute Länge. 8 Vol.-%, NK, €€

★★★★★

WEINGUT GUNDERLOCH

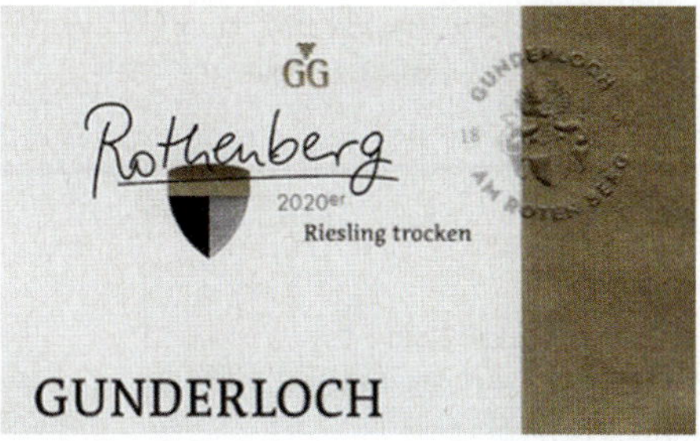

Carl-Gunderloch-Platz 1, 55299 Nackenheim
T: +49 6135 2341, info@gunderloch.de
gunderloch.de

Ab-Hof-Verkauf: Mo bis Fr 9–16 Uhr, Sa 11–14 Uhr
Kellermeister: Johannes Hasselbach und Heiner Maleton
Ansprechpartner: Johannes Hasselbach
Anbauweise: 25 ha

Johannes Hasselbach fühlte sich, wie er uns sagte, im Sommer 2021 an seine Kindheit erinnert – einen so kühlen und relativ feuchten Sommer gab es schon lange nicht mehr. Auch die Weine probieren sich wie nach einer Zeitreise in die 80er- oder 90er-Jahre – nur eben mit der Präzision von heute. Die furiosen GGs aus Rothenberg und Pettenthal sind gemacht für Dekaden. Die Ortsweine aus Ersten Lagen bringen Premier-Cru-Qualität zu fairen Tarifen ins Glas. Für den feinherben »Jean Baptiste« war 2021 eine Steilvorlage, und der Gutswein vom Roten Schiefer ist zu diesem Preis ein Hammer.

96 2021 Nackenheim Rothenberg Riesling GG
Wunderbare Nase: mineralisch, dicht, Feuerstein, Rauch, positiv pieksig, meerig, Tang und Teer. Im Mund dunkel, tief, saftig, man kann die Wucht erahnen, die sich entwickeln wird, schmackhafte Herbheit mit enormem Nachhall, charmantes Funkeln im Glas. Toll! 12,5 Vol.-%, DV, €€€

95 2021 Nierstein Pettenthal Riesling GG
Hefig im Duft, verschlossen, leicht balsamische Würze. Im Mund ist der Wein sehr still, ganz in sich gekehrt, hat reife, leicht trockene Phenole und eine lebendige, nahtlos mit dem Körper verschmolzene Säure, die das intensiv taktil-mineralische Fundament verstärkt. 12,5 Vol.-%, DV, €€€

93+ 2021 »Aus Ersten Lagen« Nierstein Riesling trocken
Die Nase ist anfänglich recht verschlossen, zeigt dann aber ein Bündel an Blüten wie Rosen, Veilchen, Flieder, auch Kölnisch Wasser. Am Gaumen saftig, kühl, ebenso noch verschlossen, nicht blumig, sondern eher rauchig, frisch, sehr geradeaus im Nachklang. 12,5 Vol.-%, DV, €€

92+ 2021 »Jean Baptiste« Riesling Kabinett feinherb
Fröhlich, fein und leicht wie eigentlich immer! In der Nase Zitrusnoten, Limettenabrieb und zarter Heuduft. Am Gaumen köstliche Saftigkeit, das restsüße Schwänzchen wird begleitet vom frischen Geschmack nach jungen Äpfeln und Weißen Johannisbeeren. 10 Vol.-%, DV, €€

92 2021 »Aus ersten Lagen« Nackenheim Riesling trocken

91+ 2021 »vom Roten Schiefer« Riesling trocken
Duftige, leicht hefige Nase, frisch und kühl, zarte Aromen von Birne und Getreide. Am Gaumen saftig, auch hefig, mineralisch und noch leicht verschlossen, mit Luft entwickelt der hell glitzernde Wein auch elegant rauchige Noten, die Frucht bleibt noch verhalten. 12 Vol.-%, DV, €€

★★★

WEINGUT LOUIS GUNTRUM

Rheinallee 62, 55283 Nierstein
T: +49 6133 97170, info@guntrum.de
guntrum.de

Ab-Hof-Verkauf: Mo bis Do 7–12 Uhr und 13–16.30 Uhr, Fr 7–12 Uhr
Kellermeister: Dirk Roth
Ansprechpartner: Louis Konstantin Guntrum
Hektar: 15 ha

Konstantin Guntrum wünscht sich seine Weine als Geschichtenerzähler und Begleiter für jeden Tag. »Jeder Wein erzählt eine Geschichte. Je facettenreicher die Erzählung, umso spannender der Wein«, sagt der Winzer, der nur vier Storys vorgelegt hat, mit denen wir uns aber sehr gerne beschäftigt haben, da sie aus grundverschiedener Materie schöpfen: Da wäre der mitreißende Riesling-Sekt, der zurückhaltende, mit Tiefgründigkeit punktende Riesling, der duftige Gewürztraminer, den die Sommelier-Branche feiern könnte, und die opulente Rotwein-Cuvée: Danke, wir haben gerne zugehört.

90 2021 Gewürztraminer trocken
Mittleres Goldgelb. Intensives, sortentypisches Bukett mit reichlich Rosenblättern, vollreifer Mango, getrockneter Feige und Litschi. Trocken ausgebaut, saftig und mit gut bemessener Fülle, Würze und auch Frische, die präsente Säure sorgt für Länge. Kulinarische Empfehlung! 12,5 Vol.-%, NK, €

90 2021 Nierstein Riesling trocken
Der Rote Hang zeigt sich schon im Duft mit kräutrigen und leicht brenzligen Noten, Pfirsich, Zitrusfrucht, Himbeere. Am Gaumen saftig und geschmeidig mit zurückgenommener Säure, die beinahe metallische Mineralik liefert den attraktiven Hintergrund. 12,5 Vol.-%, DV, €€

91+ 2018 Cabernet Dorsa & Merlot trocken CD/ME
Beinahe blickdicht, leichte Aufhellung am Rand. Rauchige, würzige Noten und Cassis im Duft mit reifen Brombeeren. Zeigt das warme Jahr in Körper, Kraft und auch Wucht, opulent, füllig und würzig mit geschmolzenem Tannin, feiner Säurezug, dunkler Schokoladensirup. Viel Wein. 15 Vol.-%, DV, €€

91 ❻ 2018 Riesling brut
Im Duft etwas Hefegebäck zum Pfirsich, auch Stachelbeere und etwas Rhabarber, Himbeere, Bienenwachs. Am Gaumen mit Zug und schlechte Laune wegwischend mit dynamischem, aber auch feinem Mousseux, gute Spannung, die mitzieht, die feine Fruchtsüße sorgt für Volumen und Eleganz. 12 Vol.-%, NK, €€

★★

GUTGALLÉ RHEINHESSEN

Langgasse 69, 55237 Flonheim
T: +49 6734 8961, info@gutgalle.de
gutgalle.de

Ab-Hof-Verkauf: nach Vereinbarung
Kellermeister: Klaus Gallé und Jonathan Gallé
Ansprechpartner: Klaus, Ortrud und Jonathan Gallé
Anbauweise: 13 ha in Umstellung

Als die Eheleute Klaus und Ortrud Gallé sich 1995 den Traum vom eigenen Weingut erfüllten, ahnten sie wohl kaum, dass sie einmal vom größten Weinproduzenten der Welt verklagt würden – ihres Familiennamens wegen. Doch nach einem sechsjährigen Namensstreit mit dem US-Giganten Gallo musste der Flonheimer Kleinbetrieb sich umbenennen – und aus »Weingut Gallé« wurde »Gutgallé«. Dort hat Sohn Johannes mittlerweile ganz eigene Vorstellungen entwickelt, er setzt dem eher opulenten, süßen Stil seines Vaters eigene Weine entgegen, die straffer und schlanker sind.

90+ 2021 Uffhofen La Roche Riesling trocken
Zitrische Noten in der Nase, Kalkgestein, Wiesenkräuter, weiße Blüten, dezente Hefe. Am Gaumen saftige Frucht, Apfel, Pfirsich, cremiger Kern, gut integrierte reife Säure, feine Phenolik, mineralische Würze, salzig im Finish. 13,5 Vol.-%, VL, €€

90 2021 »Identität« Sauvignon Blanc trocken
Keine laute Nase, feine gelbe Stachelbeeren, Apfelmus, gelbe Grillpaprika, Limettenabrieb. Im Mund saftig, frisch, cremiger Schmelz, feiner Säurenerv, tolle mineralische Würze, salzig, feine Phenolik, guter Extrakt, mittelgewichtig im Körper, lang am Gaumen. 12,5 Vol.-%, DV, €

90 2021 »Johannes Gallé« Sauvignon Blanc trocken
Dezent in der Nase, Limettenabrieb, Stachelbeeren, Kiwi, frisch geschnittenes Gras, Holunderblüten. Am Gaumen schlank, frisch, geschmeidiger Fond, feiner Säurenerv, gute Phenolik, erfrischender Aperitif. 11,5 Vol.-%, VL, €€

90 2019 Uffhofen La Roche Spätburgunder trocken
Waldspaziergang in der Nase, rote sowie schwarze Beeren, saftige rote Kirschen, Unterholz, feuchte Erde, Tabak, Rauch. Am Gaumen weich, rund, vollmundig, saftige Frucht, feines Tannin, gut eingebundene reife Säure, dicht, gute Länge. 13 Vol.-%, VL, €€€

88 2021 »Animato« Secco trocken SB/CB

90 2021 Wöllstein Riesling trocken

90 2021 »Guter Leichter« Riesling Kabinett trocken

90 2021 »Guter« Blanc de Noir trocken

89 2021 Chardonnay trocken

89 2021 »Rosato Identität« trocken

89+ 2017 Flonheim Rotenpfad Portugieser trocken

91 2021 Flonheim Weißburgunder trocken
Dezent in der Nase, Mandelmehl, geröstete Haselnuss, Birnen, Äpfel, Zitronenbutter, feine mineralische Würze. Am Gaumen würzig ansetzend, angenehme feine Phenolik, cremiger Kern, gut eingebundene reife Säure, hat Kraft und Substanz, langes salziges Finish. 13,5 Vol.-%, DV, €€

★★

WEINGUT HAUCK

Albigerstraße 15 Sonnenhof
55234 Bermersheim vor der Höhe
T: +49 6731 1272, vinum@weingut-hauck.de
weingut-hauck.de

Ab-Hof-Verkauf: telefonische Voranmeldung erwünscht
Kellermeister: Heinz-Günter und Jana Hauck
Ansprechpartner: Familie Hauck
Hektar: 30 ha

Dr. Jana Hauck promovierte zunächst im Forschungsfeld Familienunternehmen, dann stieg sie als staatlich geprüfte Technikerin für Weinbau und Önologie in das Familienweingut ein, das sie gemeinsam mit Vater Heinz-Günter leitet. Forscherdrang und frische Ideen erkennen wir auch im abwechslungsreichen Portfolio, etwa beim ungewöhnlichen Albariño & Manzoni Bianco. Den saftigen, mineralischen Riesling »Alte Reben« können wir genauso empfehlen wie den substanzvollen Spätburgunder und die fein balancierte Riesling-Auslese. Gute Vorstellung!

91+ 2021 Albariño & Manzoni Bianco trocken AL5/MB
Kräftiger, vielschichtiger Duft nach reifer Zitrusfrucht, Orangenschale, Kandis, etwas Minze und Aprikose. Setzt am Gaumen stoffig an mit guter Substanz und Kraft, trocken ausgebaut mit phenolischer Schichtung, saftig, etwas maritim, mineralisch, spannend. 13,5 Vol.-%, DV, €€

90+ 2021 Chardonnay & Sauvignon Blanc trocken CH/SB
Feine Holzwürze umspielt Fruchtnoten von Stachelbeeren, Passionsfrucht und Honigmelone, auch etwas grüne Paprika. Kräftig gebaut und fest in der Textur, stoffig und mit gutem Extrakt, ausgewogene Säure und schöne Würze. Gelungene, nicht alltägliche Cuvée. 13 Vol.-%, DV, €€

90+ 2019 »976« Spätburgunder trocken
Würzige Nase mit reifer Frucht, aber keine Überreife, schönes Pinot-Parfüm, Kirsche, feiner Rauch, etwas Gewürznelken. Gute Balance am Gaumen mit stoffiger Substanz und einer feinnervigen Säureader. Reife, geschmeidige Gerbstoffe, gutes Volumen, Länge. 14 Vol.-%, DIAM, €€

91+ 2021 Ensheim Kachelberg Riesling Auslese
Duft nach feinen Zitrusfrüchten, Limettenschale, etwas Mango, Zitronenmelisse ist dabei. Am Gaumen geschmeidig und balanciert, Säure und Süße im Einklang, Honigmelone, kandierte Mandarine, unterlegt von Würze, gute Struktur und Länge, macht viel Spaß. 10 Vol.-%, DV, €€

89 2021 »kunststück« Weißer Burgunder & Auxerrois trocken WB/AU

90+ 2021 »Alte Reben« Bermersheim Klosterberg Riesling trocken
Typischer Riesling-Duft nach Pfirsich und Aprikose wird von floralen und kräutrigen Noten ergänzt, auch warmer Stein. In einer schlanken, kompakten Form mit reichem Inhalt, würzig, saftig mit zitrischen Noten, mineralisch grundiert und auch tiefgründig. 12 Vol.-%, DV, €

★★

WEINGUT HEILIGENBLUT

Hauptstraße 114, 55232 Alzey
T: +49 176 45804433, info@heiligenblut-wein.de
heiligenblut-wein.de

Ab-Hof-Verkauf: nach Vereinbarung
Kellermeister: Christian und Martin Hannemann
Ansprechpartner: Christian und Martin Hannemann
Anbauweise: 16 ha

Manches ist hier speziell, wie der Name und der Boden: Die Hunnen unter dem wilden Attila sollen im Jahr 454 Mönche hingerichtet haben. Dabei floss heiliges Blut, und der Berg bekam seinen Namen. Um an den Frevel zu erinnern, pflanzten Missionare schon 746 erste Reben an, wie in der Stadtchronik Alzey hinterlegt ist. Der Heilige Blutberg, die Monopollage des Weinguts, fußt auf einem Melaphyrmassiv, seltenem schwarzem Vulkangestein, das auch die Rieslinge, Silvaner und Scheureben prägt. Wir verfolgen mit großem Interesse, wie sich Christian und Martin Hannemann weiterentwickeln.

92+ 2020 Weinheim Kapellenberg Riesling trocken
Eindringlicher Duft nach Orangenschale, Orangenöl, Pfirsich, Papaya und Blutorange, auch steinige Noten, Apfelmus. Niedriger Schwefel? Am Gaumen präsente Säure, phenolischer Körper, ausgeprägte Mineralik mit salzigem Finish. Individuell. 12 Vol.-%, NK, €€€

91+ 2020 Weinheim Heiliger Blutberg Riesling trocken
Vielschichtiger, würziger Duft mit Pfirsich, Apfelschale, Kräutergarten, getrockneten Kräuter, etwas Lavendel. Straff gebaut am Gaumen, puristisch in seiner Entfaltung mit feinnerviger Säure, mineralisch, salzige Noten. Viel Inhalt in filigraner Form. 11,5 Vol.-%, NK, €€€

92 2021 Weinheim Heiliger Blutberg Riesling Kabinett
Im Duft zurückhaltend, leicht mineralwürzig, aber noch sehr jung. Im Mund durchaus gehaltvoll, aber auch mit schöner Mineralik, feste, aber nicht im Übermaß fordernde und gut eingewobene Säure. Gekonnt balanciert, gutes Reifepotenzial. 8,5 Vol.-%, NK, €€€

91 2021 Weinheim Riesling Kabinett
Im Duft Zitronenschale, rauchig-Terroirwürzige Noten, auch floral, Lavendel zeigt sich. Im Mund knackig mit frischem Säurezug, saftig, zurückhaltend dosierte Süße, ein schlanker, animierender Kabinett mit Biss und Zug. Macht Spaß. 8,5 Vol.-%, DV, €€

89+ 2021 Riesling trocken

90+ 2021 Silvaner trocken
Leichte Noten von Spontangärung im Duft, Apfel, Mandarine, Kräuter und Melone, auch etwas Hefe und Kümmel. In einer schlanken Textur zeigen sich saftige und geschmeidige Elemente auf kalkig-mineralischem Hintergrund. Nicht zu verkopft, unaufgeregt, echt. 12 Vol.-%, DV, €

★★

WEINGUT HEMMES

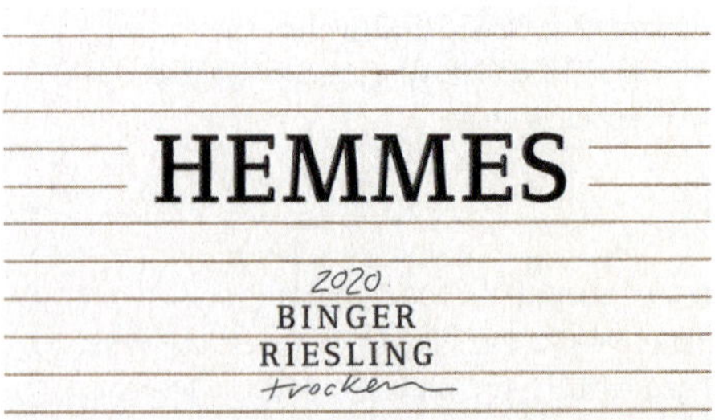

Grabenstraße 13 & 34, 55411 Bingen am Rhein
T: +49 6721 1 24 20, info@weingut-hemmes.de
weingut-hemmes.de

Ab-Hof-Verkauf: Mo bis Fr 10–12 Uhr und 14–18 Uhr, Sa 10–16 Uhr
Kellermeister: Frank und Felix Hemmes
Ansprechpartner: Frank Hemmes
Flaschen/Hektar: 173.000 (65 % weiß, 20 % rot, 10 % Rosé, 2 % süß, 3 % Schaumwein)/20 ha

Frank und Felix Hemmes feilen mit erkennbarer Begeisterung an ihren Weinen. In unserer Verkostung erhielten die beiden Rieslinge vom Scharlachberg gleich viel Beifall. Der trockene besticht mit Gelbfrucht und Fülle, die als fruchtiger Kabinett etikettierte Alternative kommt mit moderaten 27 Gramm Restzucker eher feinherb als wirklich süß ins Glas. Punkten kann das Binger Weingut aber auch mit eher Ungewöhnlichem, beispielsweise mit einem dichten, kirschfruchtigen Spätburgunder und sogar mit Viognier. Beiden Sorten scheint der Quarzitboden gut zu bekommen.

91 2021 Bingen Scharlachberg Riesling Kabinett
Mineralische Würze in der Nase, Gestein, Brotteig, reifer Apfel. Am Gaumen schöne Dichte, saftige Frucht, Aprikosen, feine Säurestruktur, mineralische Würze, gut ausbalanciert. Als Solist oder als Begleiter zu sommerlichen Salaten oder zu gegrilltem Fisch. 9 Vol.-%, DV, €€

91 2021 Bingen Scharlachberg Riesling trocken
Voller Duft nach Aprikose und Pfirsich, auch dunkle Noten, ein wenig nasses Leder. Auch am Gaumen mit gelber Frucht, füllige Textur, ausgewogen, lebendige Säure, die sich länger hält als die Frucht, mittlere Komplexität und Länge, mineralisch, elegant. 12 Vol.-%, DV, €€

93 2019 Bingen Kirchberg Spätbugunder trocken
Eine regelrechte Attacke von Sauerkirschen im Duft, auch erdige und würzige Noten, etwas Gewürznelken. Auch im Mund viel Kirsche, ein wenig Grafit, Nelkenpfeffer, saftig und frisch, Säure und die dichten Tannine sind gut eingebunden, mineralisch, gute Länge. 13 Vol.-%, NK, €€

93 2021 Bingen Scharlachberg Riesling Auslese
Duft nach Ananas, Mango und sehr reifer Birne, dazu feine Kräuterwürze. Am Gaumen mit frischer, sehr lebendiger Säure, druckvoll, dazu viel Zitrusfrucht, Limone, ganz auf der frischen Seite, dichte Struktur, vom Jahrgang geprägt, endet auf feiner Mineralik. 9 Vol.-%, DV, €€€

90 2018 Riesling extra brut

90+ 2021 Bingen Riesling trocken

89 2021 Riesling trocken

89 2021 Blanc de Noir trocken PN/SL

90 2021 Spätburgunder trocken

89 NV »Wurzel aus Rot« trocken

89 2021 Riesling Kabinett

92 2021 Bingen Viognier trocken
Florale Anklänge und zitrische Noten in der Nase, reife Zitrone, Limette, ein wenig Quitte, Küchenkräuter, Estragon, auch Ananas. Stoffig am Gaumen, füllig, aber auch eine gut begleitende, präsente Säure, die fest eingebunden ist, mineralisch grundiert, Grapefruit im Abgang. Überzeugend. 12,5 Vol.-%, DV, €€

★★★

WEINGUT HIESTAND

Nordhöferstraße 19, 67583 Guntersblum
T: +49 6249 2266, info@hiestand-weingut.de
hiestand-weingut.de

Ab-Hof-Verkauf: Mo bis Fr 13–18 Uhr, Sa 10–16 Uhr
Kellermeister: Gunther Hiestand
Ansprechpartner: Gunther Hiestand
Anbauweise: Bio

Die Wirren des Dreißigjährigen Krieges vertrieben die alte Bauernfamilie Hiestand vom Zürichsee nach Norden. Seit Mitte des 18. Jahrhunderts betreibt sie ein Weingut im rheinhessischen Guntersblum. Gunther Hiestand wirtschaftet heute biologisch, wendet keine kellertechnischen Tricks an, seine Weine sollen ihre Herkunft ausdrücken. Im Keller gibt er ihnen dafür Zeit zur Entfaltung. Wir schätzen diesen sympathischen Stil: Ob Riesling, Gewürztraminer oder Schwarzriesling – die Weine sind unaufgeregt und ohne jegliche Effekthascherei äußerst schmackhaft.

92+ 2019 Guntersblum Kreuz Riesling trocken
Schöne quittengelbe Farbe im Glas. In der Nase reife rauchige Noten, elegante Würze, Waldboden, ungemein kühl. Im Mund dicht und stoffig, trotzdem macht sich Heuduft breit, der Wein zeigt sich elegant und saftig mit viel Tiefe und hoher Konzentration. 13 Vol.-%, NK, €€€

90+ 2020 Guntersblum Riesling trocken
Sonnenblumengelbe Reflexe im Glas. In der Nase Williamsbirne und frische Gräser, auch zarte Kräuternoten. Im Mund elegantes Süß-Säure-Spiel mit rauchigen Noten, zart herb und animierend saftig, erinnert an rosa Pampelmuse, sehr langer Nachhall. 12,5 Vol.-%, DV, €€

90+ 2020 Guntersblum Gewürztraminer trocken
Glitzerndes Löwenzahngelb im Glas. Duftige Rosennase, frisches Heu und Puder. Am Gaumen ein spannendes Süß-Säure-Spiel, die Frucht ist verhalten, dafür kleiden herbe Pomeranzenschalennoten den Mund positiv aus. Spannender Wein. 14,4 Vol.-%, DV, €€

91 2018 Guntersblum Schwarzriesling trocken
Würzige Nase mit feinem Holz, Gewürznelken und dunklem Pfeifentabak, Kirsche, etwas Holunder und Pflaume. Zeigt am Gaumen die Substanz, Kraft und Wucht aus dem warmen Jahr 2018, stoffig, würzig, mit weichen Gerbstoffen, die in dunkler Schokolade ruhen, gute Länge. 14 Vol.-%, NK, €€

89+ 2021 Riesling trocken

91+ 2020 Guntersblum Sylvaner trocken
Zarte, äußerst zurückhaltende, nur dezent würzige Nase, leichte Noten von weißem Pfeffer. Am Gaumen saftig mit Schmelz und kühlem Eindruck, feine und zugleich leicht herbe, animierende Säure, appetitanregend adstringierend. Ein toller Speisenbegleiter! 12,5 Vol.-%, DV, €€

★

WEINGUT DR. HINKEL

Kirchstraße 53, 55234 Framersheim
T: +49 6733 368, weingut.dr.hinkel@t-online.de
weingut-dr-hinkel.de

Ab-Hof-Verkauf: Mo bis Fr 8–12 Uhr und 14–18 Uhr, Sa 10–17 Uhr
Kellermeister: Dr. Roland Hinkel
Ansprechpartner: Dr. Roland Hinkel
Flaschen/Hektar: 200.000 (50 % weiß, 28 % rot, 10 % Rosé, 10 % süß, 2 % Schaumwein)/34 ha

Im Weingut Dr. Hinkel tut sich etwas: Dr. Roland Hinkel wird unterstützt von Sohn Peter, der frische Ideen einbringt: Sein ungewöhnlicher Rosé vom Shiraz wurde spontan vergoren, im Barriquefass ausgebaut und unfiltriert per Hand gefüllt: »Nicht nur eine Steilvorlage für die Sommelier-Branche«, wie eine Verkosterin notierte. Innovation ist ohnehin eine bekannte Vokabel in Framersheim: Dr. Hinkel legte bereits im Rahmen seiner Dissertation den Grundstein für die nachhaltige Bewirtschaftung der mittlerweile 34 Hektar Weinberge. Wir sind gespannt, was sich weiter tut.

89+ 2019 Freimersheim Zechberg Chardonnay brut
Ein Duft von weißer Schokolade, Hefe, Butter, Heu, etwas Kräuter. Im Mund machen sich Säure und Süße beide recht deutlich bemerkbar, das Mousseux ist lebendig bei mittelfeiner Struktur, der kräftige Körper endet in einem kompakten Finale. 12,5 Vol. %, NK, €€

90 2021 Shiraz
Rauchige Noten, reife, süße Himbeere im kräftigen Duft, auch Kirsche und etwas Gelbfrucht. Ungewöhnlich am Gaumen: Tannine vom Barriqueausbau treffen auf fruchtige Süße und lebendige Säure und verbinden sich zu einer Einheit. Nicht nur eine Steilvorlage für die Sommelier-Branche. 13,5 Vol.-%, DV, €€

89+ 2020 Framersheim Zechberg Spätburgunder trocken
Im Duft Milchschokolade, Herzkirsche und Thymian. Im Mund zeigt sich der Wein von einer leichtgewichtigen, eleganten Art, das in der Menge zurückhaltend extrahierte Tannin ist reif, eine Schicht Geschmeidigkeit gibt Volumen, die Abgangsfrucht ist klar und zeigt einen adretten Sortentyp. 13 Vol.-%, DV, €€

89+ 2015 Chardonnay Trockenbeerenauslese
Duft nach kandierter Südfrucht, Bienenwachs, Blütenhonig, getrocknete Dattel und süßes Quittenmus. Am Gaumen mit druckvoller Süße, lebendiger Säure, viele exotische Früchte, Papaya kommt durch, Waldhonig, pikanter Ton. Schön zur Apfeltarte, kann noch reifen. 11,5 Vol.-%, DV, €€€

88+ 2021 Sauvignon Blanc trocken

90+ 2021 Framersheim Zechberg Riesling trocken
Kräftiger Duft nach reifer Aprikose und Pfirsich, auch Stachelbeere und Grapefruit, feine Holzwürze. Riesling mit fester Struktur und guter Substanz, zeigt Frische, Saft und feine Würze, verbunden mit mineralischen Noten. Erwachsener Wein, der reifen kann. 12,5 Vol.-%, DV, €€

★★★★

WEINGUT HOFMANN

Vor dem Klopp 4, 55437 Appenheim
T: +49 6725 300063
info@schiefer-trifft-muschelkalk.de
schiefer-trifft-muschelkalk.de
Ab-Hof-Verkauf: Mo bis Fr 9–12 Uhr und 13–18 Uhr, Sa 9–12 Uhr und 13–17 Uhr
Kellermeister: Jürgen Hofmann
Ansprechpartner: Carolin Hofmann
Anbauweise: 267.000 (91 % weiß, 4 % rot, 5 % Rosé)/ 22 ha

Jürgen Hofmann hat die Bio-Umstellung in Angriff genommen – man darf gespannt sein, wie sich die Weine des Ältesten der »jungen Wilden« aus Appenheim entwickeln werden. Die aktuellen Weine zeigen den bekannt straffen Stil, beim Riesling am extraktreichsten im Hundertgulden, aromatisch bereits etwas weiter gefasst und offener in den beiden Weinen aus Gau-Algesheimer Lagen. Weißburgunder und Chardonnay sind auf dem Muschelkalk der Appenheimer Lagen mehr als nur Beiwerk: Nicht zuletzt aus kulinarischer Sicht sind dies hochinteressante Angebote.

92 2021 Gau-Algesheim Rothenberg Riesling trocken

Als Erstes fällt einem die bemerkenswerte Stilistik auf; gemeint ist diese kräutrig-frische Art von Riesling: Basilikum, auch Paprika und knackiger roter Apfel zeigen sich in der Nase. Am Gaumen dann stoffig und mit brillanter Säure und ordentlichem Nachdruck. 12,5 Vol.-%, NK, €€€

92 2021 Gau-Algesheim Goldberg Riesling trocken

Grüne Mango, Pfeffer und Pfirsich – so riecht der Riesling, gar nicht einmal so schrill, dafür interessant und eigen. Im Mund besitzt er eine herb-würzige Note, die ihm steht und die mit einer frischen Säure den Geschmack komplementiert. Ein unaufgeregter Riesling mit Eigenheit.
12,5 Vol.-%, NK, €€€

92 2021 »Reserve« Chardonnay trocken

In der Nase cremige frische Sahne und gelbe Früchte, so etwas wie Aprikose und Passionsfrucht, außerdem Orangenzesten. Der Gaumen offenbart sich wirklich ausgewogen mit feiner Säure und leichter Phenolik, die den Gesamteindruck des Burgunders elegant machen. 13 Vol.-%, NK, €€€

91 2021 Gau-Algesheim Laurenzikapelle Sauvignon Blanc trocken

Grüne Paprika verbreitet sich expressiv in der Nase, sie erfüllt exemplarisch die Sortentypizität des Sauvignon Blanc und wird ergänzt durch den Duft von Stachelbeere und Kräutern. Am Gaumen fallen die Frische und die Leichtigkeit auf, sie werden so manchen Sauvignon-Freund zum Schwärmen bringen. 13 Vol.-%, NK, €€€

91 2021 Appenheim Eselspfad Weißer Burgunder trocken

93 2021 Appenheim Hundertgulden Riesling trocken

Der Geruch erinnert an Blütenhonig, reife Früchte und schwarzen Pfeffer. Ganz unerwartet und spannend dann jedoch der Gaumen mit ultraknackiger, messerscharfer Säure, dichter Struktur und leichter Bitterkeit, der Nachgeschmack hält lange an. Sehr vielversprechender Wein.
12,5 Vol.-%, NK, €€€

★★★

WEINGUT FRITZ EKKEHARD HUFF

Hauptstraße 90, 55283 Nierstein
T: +49 6133 58003, info@weingut-huff.de
weingut-huff.de

Ab-Hof-Verkauf: nach Vereinbarung
Kellermeister: Christine Huff und Jeremy Bird-Huff
Ansprechpartner: Christine und Doris Huff
Flaschen/Hektar: 5.600 (75 % weiß, 25 % rot)/9.5 ha

Christine Huff, die nach Lehrjahren bei exzellenten Weingütern in Deutschland und Frankreich seit 2010 für den Ausbau der Weine zuständig ist, und ihr neuseeländischer Mann Jeremy Bird-Huff haben erneut eine sehr schöne Kollektion vorgestellt. Der Familienbetrieb, in dem seit dem Jahr 1700 Wein erzeugt wird, besticht durch Weine voller Spannung und Ausdruck. Neben den Rieslingen, unter anderem aus den Toplagen Pettenthal und Rabenturm, überzeugt auch der Sauvignon Gris, eine Rarität, die mit wunderbarer Textur einen tollen Speisenbegleiter abgibt.

92 2021 Nierstein Pettenthal Riesling trocken
Blass in der Farbe, aber intensiv im Duft: gelber Apfel, Zitronenmelisse, Zitrusfrüchte, Kamille und nasses Gestein. Am Gaumen mit spannender Kräuternote bei reifer gelber Frucht und gut balancierender Säure, Spannung und feine Mineralik führen in den langen Nachhall. 12,5 Vol.-%, NK, €€€

92 2021 »Rabenturm« Nierstein Schloss Schwabsburg Riesling trocken
Blasses Zitronengelb. Im Duft anfangs mineralisch und kräutrig, dann folgen feinste Aromen von Limette, Apfel und nassem Stein. Am Gaumen saftig und dicht mit guter Konzentration und einer vibrierenden Säure. Ein attraktiver Wein, der viel Potenzial hat. 12 Vol.-%, NK, €€€

90+ 2021 Nierstein Orbel Riesling trocken
Reif und distinguiert im Duft, Aromen von Gesteinsmehl, Kräuterwürze, grünem Apfel, Lemon Curd und Grapefruit. Am Gaumen führen jugendliche Frische, gut integrierte, markante Säure, feine Phenolik und eine schöne Stoffigkeit in einen attraktiven Nachhall. 12,5 Vol.-%, DV, €€€

90 2021 »Vom Rotliegenden« Riesling trocken
Intensiver Duft nach nassem Stein, grünem Apfel, Limettenschalen, Salbei und Wiesenkräutern, animierend. Am Gaumen mit markanter Säure und gutem Zug bei feiner, klassischer Sortentypizität mit Zitrusfrucht und tropischer Frucht, gut balanciert, mit Trinkfluss und Grip. 11,5 Vol.-%, VL, €€

89 2021 Sauvignon Blanc trocken

92 2021 Sauvignon Gris trocken
Blasses Goldgelb. Ein Duft von Geißblatt, Quitte, junger Litschi und Weihrauch. Am Gaumen zeigt sich Birne bei insgesamt markanter Säure, die sowohl die Frucht leger trägt als auch Struktur gibt, viel Textur bei gutem Nachhall. Ideal als Speisenbegleiter. 12 Vol.-%, NK, €€€

★★★

GEORG GUSTAV HUFF

Woogstraße 1, 55283 Nierstein-Schwabsburg
T: +49 6133 50514, info@weingut-huff.com
weingut-huff.com

Ab-Hof-Verkauf: Mo bis Fr 8–12 Uhr und 13.30–18 Uhr, Sa 9–17 Uhr, So 10–12 Uhr
Kellermeister: Stefan und Daniel Huff
Ansprechpartner: Familie Huff
Flaschen/Hektar: 240.000 (66 % weiß, 23 % rot, 10 % Rosé, 5 % süß, 3 % Schaumwein)/27 ha

Dass Daniel und Stefan Huff erstklassige Rieslinge keltern können, wussten wir. Das stellen sie auch mit dem Jahrgang 2021 erneut unter Beweis, der gepflegte Holzeinsatz bekommt den Weinen gut und stärkt Struktur und Reifepotenzial. Wie gut Familie Huff aber mit den Burgundersorten umzugehen weiß, hat uns dann doch etwas überrascht. Die acht Tage auf der Maische vergorene »Réserve« vom Pinot Gris weist reife Phenole auf und extraktgetragene Spannung, der Spätburgunder feinkörnigen Gerbstoff, feinnervige Säure und Mineralik. Da scheint noch einiges zu gehen.

92+ 2021 Nierstein Rehbacher Steig Sommerseite Riesling trocken
Etwas grüne Zitrusfrucht, Limettenschale, Kräuter, feiner Rauch, getrocknete Blumen, Pfirsich. Trocken und auch anspruchsvoll am Gaumen mit phenolischem Eintrag und lebendiger, eingewobener Säure, eleganter Hintergrund, die Mineralik der Lage bildet das Rückgrat, leicht salzig, lang. 12,5 Vol.-%, NK, €€€

92 2021 »Alte Reben« Nierstein Hipping Riesling trocken
Im Duft eine Melange aus gelbem Steinobst und feiner Holzwürze, Weinbergpfirsich, etwas Hagebutte, Zitronenschale, kräutrige Noten. Zeigt sich am Gaumen in einer festen Struktur, anregend und elegant, lebendige, feinnervige Säure, feine Phenole, mineralisch, lang anhaltend. 12,5 Vol.-%, NK, €€

92+ 2019 Nierstein Rosenberg Spätburgunder trocken
Etwas Holzwürze in der Nase mit reifer roter Kirsche, getrockneten Kräutern, Tannennadeln und Gewürznelken. Am Gaumen mit kräftigem und festem Bau, saftige Kirsche, feine Würze, die feinnervige Säure weiß zu lenken, die feinkörnigen Gerbstoffe stützen die Eleganz, mineralisch. 13 Vol.-%, NK, €€

92 2021 Nierstein Schloss Schwabsburg Riesling Beerenauslese
Duft nach getrockneten Früchten, anfangs eher noch verhalten, dann mit konfierter Aprikose, Blütenhonig und Pfirsichgelee. Am Gaumen mit druckvoller Süße und lebendiger Säure, reife exotische Frucht, griffig und zupackend, braucht Zeit, gute Länge. 6,5 Vol.-%, NK, €€

90+ 2020 »Réserve« Pinot Blanc trocken

91+ 2020 »Réserve« Pinot Gris trocken
Gris in der Farbe, riecht nach Birnenschale, Hagebuttentee und etwas Wermutkraut in einem leicht rauchigen Ambiente. Bringt Stoffigkeit und reife Phenolik ein, die druckvoll getragen werden von Extrakt und einer festen Säure, würzig mit Grip und feiner Herbe. Spannend. 13 Vol.-%, NK, €€

★

WEINGUT HUNGERMÜLLER

Friedhofstraße 10, 67596 Dittelsheim-Heßloch
T: +49 6244 6949400, info@hungermueller.de
hungermueller.de

Ab-Hof-Verkauf: Ja
Kellermeister: Heike Hungermüller
Ansprechpartner: Heike Hungermüller
Hektar: 4.5 ha

Solche Geschichten mögen wir besonders gerne: Das Informatiker-Paar Heike und Ralf Hungermüller gab seine Berufe auf, um sich ganz dem Weinbau zu widmen – ganz nach der Devise: »Liebe macht mutig! Und auch ein bisschen verrückt.« Inzwischen betreiben die beiden ihr Weingut in Dittelsheim-Heßloch mit viereinhalb Hektar Weinbergen, die in Zukunft biologisch bewirtschaftet werden sollen. 2019 füllten die »Hungies«, wie sie sich selbst nennen, ihren ersten offiziellen Jahrgang ab, und das mit einem famosen Müller-Thurgau. Starkes Debüt, diese Story klingt schwer nach Happy End!

91 2020 Dittelsheim Grauburgunder trocken

Fruchtige und feinwürzige Nase mit Birne, Melone und Aprikose, etwas Quitte und Mandeln, kräutrig. Kompakte Struktur mit gutem Extrakt, gut dosierte Fülle, weiche Textur, die feine Säure sorgt für Frische, merkliche, gepflegte Phenolik, klingt würzig aus. 13 Vol.-%, DV, €€

91 2020 »Kalkstein« Weißburgunder trocken

Zartes Goldgelb, auch reife Frucht, gelbe Pflaume, Ananas, Birne und etwas Maracuja. Kräftiger Bau mit weichem Fond, zeigt Schmelz und feine Würze, reife, gut eingewobene Säure, Spätlese-Frucht, mineralische Tönung. Eigener Charakter, in sich stimmig. 13 Vol.-%, DV, €€

92 2018 »orange« Silvaner trocken

Mittlere Bernsteinfarbe. In der intensiv würzigen Nase Salbei, Wermutkraut, Apfelschalen und Cidre. Setzt geschmeidig an am Gaumen, auf weichem Fond entwickeln sich feine Würze und Gewürze, die Phenole sind markant und dabei reif, etwas britische Orangenmarmelade. 13 Vol.-%, DV, €€

89+ 2021 Pinot Noir Rosé halbtrocken

Leichtes Apricot in der Farbe, Himbeere und Erdbeere in der beerigen Nase, auch feine Kräutrigkeit. Saftig am Gaumen mit einer lebendigen Säure und gut passender Restsüße, klare Frucht, neben Himbeeren auch etwas Aprikose. Feine Gerbstoffe, schöner Trinkfluss. 11 Vol.-%, DV, €

88+ 2021 »Müllerchen« Secco extra trocken

92 2019 Dittelsheim Müller-Thurgau trocken

Ungewöhnlich rauchige Nase mit Feuerstein und Schießpulver, reife Birne, Quitte, Aprikose, Heu und Wiesenkräuter. Am Gaumen sehr erwachsen mit reifer Frucht und kräftiger Struktur, die lebendige Säure liegt eng am Körper, würzig, saftig, mit guter Länge. 13 Vol.-%, DV, €

★★

KAPELLENHOF

Kapellenstraße 18, 55278 Selzen
T: +49 6737 204, kapellenhof@t-online.de
kapellenhof-selzen.de

Ab-Hof-Verkauf: Mo bis Fr 8–17 Uhr, Sa 9–14 Uhr
Kellermeister: Thomas Schätzel
Ansprechpartner: Thomas Schätzel
Flaschen/Hektar: 120.000 (65 % weiß, 25 % rot, 5 % Rosé, 2 % süß, 3 % Schaumwein)/18 ha

Der Kapellenhof blickt auf eine mehr als 750-jährige Geschichte zurück. Inzwischen bahnt sich in der Familie Schätzel der nächste Generationswechsel an: Sohn Christian steigt mehr und mehr in den Betrieb ein. Der Kapellenhof steht für feine, dichte Weine, die von dem exzellenten Terroir profitieren, auf dem sie wachsen: Die alkalischen Kalkmergelböden aus dem Tertiär-Meer bieten beste Bedingungen, da die Reben verstärkt Mineralien aufnehmen. Wunderbar zu schmecken ist das unter anderem im 2020er Riesling »Ökonomierat E«, der über weiteres Lagerpotenzial verfügt.

91+ 2020 »Ökonomierat E« Hahnheim Knopf Riesling trocken
Im Duft frische Früchte, Limette, Aprikose und grüner Apfel. Am Gaumen mit Zug bei attraktiver Säure, Zitronenzesten, Grapefruit, Passionsfrucht und mineralische Noten sind präsent, feine Phenolik sorgt für Grip, langer Nachhall. 12,5 Vol.-%, DV, €€

90 2020 »Beyond« Grauer Burgunder Barrique trocken
Im Duft Aromen von Mandeln, rosa Pfirsich, nassem Stein und Gewürznelken. Am Gaumen ist der Holzeinsatz präsent, es dominiert eine feine Fruchtaromatik mit Zitronenschale, Melone und Mango. Wein mit lebendiger Säure, druckvoll und mit einem langen Nachhall. 14 Vol.-%, DV, €€€

89 2021 Sauvignon Blanc trocken
In der Nase entwickelt sich ein Duft von Kiwi, Stachelbeere, Maracuja und grüner Paprika. Am Gaumen dann auch weißer Pfirsich und Grapefruit, zart nach Johannisbeere, durchweg saftig. Die sehr gut integrierte, lebendige Säure sorgt für Zug und Frische, schöne Länge. 12 Vol.-%, DV, €

88+ 2021 »Kalkmergel« Hahnheim Weißer Burgunder trocken
Duft von grünem Apfel, Zitrone, Passionsfrucht und etwas Geißblatt. Am Gaumen dann mit Kräuter-Aromen, dazu Zitronenzesten und reife Birne, eine Spur Haselnuss, animierend. Lebendige Säure, ein schöner Speisenbegleiter für Gemüse- und Reisgerichte. 12,5 Vol.-%, DV, €

88+ 2021 Selzen Am Dicken Stein Grauer Burgunder trocken

90 2021 »Kalkmergel« Hahnheim Riesling trocken
In der Nase ein eher kühler Duft von nassem Stein, Zitronenzesten, Ananas, Grapefruit und Holunderblüten. Am Gaumen durchweg mineralisch geprägt, kräuterwürzig, gut integrierte Säure, saftig und druckvoll, ein Wein mit tollem Trinkfluss und einer guten Länge. 12,5 Vol.-%, DV, €

★★★★

WEINGUT KNEWITZ

Rheinblick 13, 55437 Appenheim
T: +49 6725 2949, info@weingut-knewitz.de
weingut-knewitz.de

Ab-Hof-Verkauf: nach Vereinbarung
Kellermeister: Tobias und Björn Knewitz
Ansprechpartner: Familie Knewitz
Flaschen/Hektar: 150.000 (90 % weiß, 10 % rot)/25 ha

Tobias und Björn Knewitz starteten vor etwas mehr als zehn Jahren als Newcomer, haben dann einen rasanten Aufstieg hingelegt und wurden schließlich in den VDP aufgenommen. Und jetzt? Sie werden, so scheint es uns, immer noch besser. Der »Hundertgulden«-Riesling aus 2021 ist ein absolutes Highlight: dicht, bissig, komplex, lang. Das wird großartig reifen, und zwar lange Jahre. Der »Réserve«-Chardonnay aus 2020 setzt die Erfolgsgeschichte dieses stilvollen Etiketts nahtlos fort, und auch die anderen Weine sind in ihrer jeweiligen Klasse vorne mit dabei in Rheinhessen.

96 2021 Appenheim Hundertgulden Riesling GG
Ein Festival für die Sinne: Zitrone, Pfirsich, Tabak, Honig, Zitronenmelisse, Wiesenkräuter, Walnuss. Dicht gepackt, sehr komplex, lang. Das präzise, kristallklare Säureskelett gibt Fokus und Richtung. Feine Phenolik. Viel Potenzial für die Zukunft. 12,5 Vol. %, NK, €€€

94+ 2020 »Réserve« Chardonnay trocken
Im der Nase Noten von Zitronenkuchen, Birne, Walnuss und Rauch, dazu kalkige Mineralik, Neuholz, burgundisch. Zupackende Säure sticht im Mund durch die elegante Cremigkeit, sehr dicht und doch überhaupt nicht schwer, perfekt balanciert, feine Phenolik im langen Finish. Ein Wein mit viel Potenzial. 13 Vol.-%, NK, €€€

93+ 2021 Nieder-Hilbersheim Steinacker Riesling GG
Kühl, kräutrig, zitrisch, schlank und mit angenehmer Reduktion im Duft. Am Gaumen Limette, Kräuter und viel Mineralik, Gesteinsmehl, geradlinige Säure, straffe Textur mit feiner Phenolik, sehr gute Komplexität und Länge. Wird weiter zulegen. 12,5 Vol.-%, NK, €€€

91 2021 »IG« Nieder-Hilbersheim Riesling trocken
In der Nase dominieren derzeit die reduktiven Noten, Feuerstein, Gesteinsmehl und etwas Hefe bilden die Bühne für das dezent angelegte Fruchtspektrum von Zitrone, Grapefruit und Orangenschale. Animierend am Gaumen mit guter Stoffigkeit, sehr gute Länge. 12,5 Vol.-%, NK, €€

90+ 2021 »IG« Appenheim Riesling trocken

90 2021 Riesling trocken
Reduktion trifft auf Zitrus, Steinobst und Kräuter: Feuerstein, Mandarine, Netzmelone, am Gaumen ergänzt durch Salzmandel und Gesteinsmehl. Direkte, glasklare Säurestruktur, sehr direkt, fordernd und mit einem animierend daherkommenden mittleren Finish. 12 Vol.-%, DV, €

★

WEINGUT KÖSTER-WOLF

Langgasse 62, 55234 Albig
T: +49 6731 2538, mail@koester-wolf-weingut.de
koester-wolf-weingut.de

Ab-Hof-Verkauf: Mo bis Do 8–12 Uhr und 13–17 Uhr, Fr 8–13 Uhr
Kellermeister: Claus Wolf
Ansprechpartner: Bärbel Wolf
Flaschen/Hektar: 267.000 (65 % weiß, 15 % rot, 5 % Rosé, 14 % süß, 1 % Schaumwein)/35 ha

Gewiss, es gibt in diesem Guide Weingüter, die höhere Bewertungen abstauben. Aber betrachtet man das Preis-Genuss-Verhältnis, dann haben Bärbel und Claus Wolf vom Weingut Köster-Wolf ganz klar den Punkt auf ihrer Seite. Solide und meist mit einer Prise Restsüße abgerundet sind die Weine durch die Bank. Und wenn es einen so stilvollen Grauburgunder wie den diesjährigen Falstaff-Tipp für weniger als sieben Euro gibt, dann kann es eigentlich nur eine Devise geben: Kaufen! Auch der Spätburgunder (für unter zehn Euro) ist eine besondere Erwähnung wert. Eine empfehlenswerte Adresse.

89+ 2021 Albig Schloss Hammerstein Silvaner trocken
Der Duft zeigt sich von einer würzigen, leicht nussigen Silvanerart, auch Kräutertöne sind da, dazu ein Aroma von Strohblumen. Im Mund hat der Wein eine angenehme Saftigkeit, die Säure hat Spannkraft, dominiert aber trotzdem nicht. Dies ist ein grundehrlicher, gutmütiger Schoppen. 12 Vol.-%, DV, €

89 2021 Albig Hundskopf Chardonnay trocken
Ein Hefeton und buttrige Aromen dominieren derzeit (noch) das Duftbild, dahinter findet man gelbfruchtige Töne. Im Mund zeigt sich ein kerniger Bau, mittelgewichtig in Körper und Extrakt, mit einer Prise Phenolik und einer Spur Süße, die noch zueinander finden müssen. 12,5 Vol.-%, DV, €

90+ 2020 Albig Hundskopf Spätburgunder trocken
Dunkelbeerig im Duft, Lorbeer, etwas Holz, Grafit, reiffruchtig. Im Mund hat der Wein einen seidigen Ansatz, bei kräftigem Volumen zeigt sich auf geschmeidigem Fond eine leichte Süße, der Abgang exponiert eine sehr klare, intensive, saftige Frucht. 13 Vol.-%, DV, €

89+ 2020 »Loup Rouge« trocken CS/SL/DF
Der Duft erinnert etwas an Cabernet Franc, Aromen von Schwarzer Johannisbeere, Blaubeere und Kräutern. Der mittelgewichtige Gaumen ist saftig und elegant angelegt, mit feinem Gerbstoff, lebendigem Säurenerv und geschmeidigem Abgang. 12,5 Vol.-%, DV, €

88+ 2021 »Loup Blanc« trocken SB/CH/RR

90 2021 Grauer Burgunder trocken
Ein beeriger Sortenduft entsteigt dem Glas, dazu kommen ein Aroma von Esskastanie und kalkwürzige Töne. Im Mund hat der Wein gute Substanz und Stoffigkeit, Nerv und leicht salzige Töne schaffen auf kitschfreie Art ein harmonisches Ganzes. Viel Wein fürs Geld! 12,5 Vol.-%, DV, €

★★

KREBS-GRODE

Hauptstraße 16, 55278 Eimsheim
T: +49 6249 908050, service@krebs-grode.de
krebs-grode.de

Ab-Hof-Verkauf: Mo bis Fr 8–17 Uhr
Kellermeister: Hubertus und Annette Krebs
Ansprechpartner: Hubertus und Annette Krebs
Hektar: 28 ha
Anbauweise: Bio

Annette und Hubertus Krebs pflegen auf ihrem Bio-Betrieb einen angenehm unaufgeregten Weinstil. Bereits die Basisweine – namentlich der Weißburgunder mit seiner Kräutrigkeit oder der würzig-frische Muskateller – wirken durchdacht und sind mit Können umgesetzt. Unser Favorit in der aktuellen Kollektion ist die rote Cuvée »Quarterra«: Die von verschiedenen Cabernets dominierte Statur bringt ein tolles Potenzial in die Flasche. Prinzipiell gefällt uns, dass die Familie auch reifere Weine im Angebot hat, denn es gilt die Gleichung: mehr Reife gleich größere Komplexität.

90+ 2019 »Kalkstein« Gau-Odernheim Herrgottspfad Riesling trocken
Im Duft zeigt sich eine erste Würze mit Curry-artigen Noten, dazu ein Hauch Petrol. Am Gaumen imponiert die geschmeidige, fast schon kreidige Textur, bei guter Dichte und ausgewogenen Proportionen gliedert sich die Säure als tragendes Element sehr gut in den Körper ein. 13 Vol.-%, DV, €€

90 2018 »Schwarzerde« Eimsheim Sonnenhang Grauburgunder trocken
Blassgolden in der Farbe mit kupferfarbenem Schimmer. Der Duft besitzt Opulenz: buttrige Noten, Pecannüsse, auch rotbeerige Aromen. Den Gaumen zeichnet Extraktsüße aus, Säure und Körper harmonieren, dichter Extrakt und intensive Abgangsfrucht geben dem Wein Länge. 14 Vol.-%, DV, €€

89+ 2020 Guntersblum Weißer Burgunder trocken
Kräuterwürzig in der Nase, Kresse, frisches Blattgrün, Zitrus und Melisse – ein feiner, »kühler« Sortentyp. Der Gaumen ist mittelgewichtig angelegt, reife Säure und eine Spur Restsüße beleben den geschmeidigen Hintergrund. Ein angenehmer Alltagswein. €

91 2019 »Quarterra« trocken CD/CS/CC/FB
Eine kräftige Dosis Neuholz trifft auf kräuterwürzige Aromen, Noten von Mandel und Tabak. Im Mund zeigt sich der Wein stoffig und sehnig, dicht mit fleischigem Gerbstoff besetzt, gut fruchtdotiert und im Einklang mit reifer Säure, saftig und im Abgang lange nachhallend. Ein Wein mit Potenzial! 12,5 Vol.-%, VL, €

89+ 2018 Guntersblum Spätburgunder trocken

90 2021 Gelber Muskateller trocken
Eine frische Muskatwürze entsteigt dem Glas, auch zitrische Noten, Limette. Im Mund ist der Wein straff gebaut, die Säure ist fest, aber nicht aggressiv, und zarte Phenole verstärken den strukturierten Eindruck. Ein leichter, erfrischender Muskateller. 12 Vol.-%, DV, €

★★★★★

WEINGUT KÜHLING-GILLOT

Ölmühlstraße 25, 55294 Bodenheim
T: +49 6135 2333, info@kuehling-gillot.de
kuehling-gillot.de
Ab-Hof-Verkauf: Mo bis Fr 9–17 Uhr, Sa 11–14 Uhr
Kellermeister: H. O. Spanier, Axel Thieme, Christopher Full
Ansprechpartner: Carolin Spanier-Gillot und Hans Oliver Spanier
Hektar: 25 ha
Anbauweise: Bio

Es genügt nicht, die besten Lagen zu haben, man muss sie auch verstehen. Carolin und H. O. Spanier haben sich offenbar von den Berggeistern des Roten Hangs ein paar Geheimnisse zuflüstern lassen. Selten drücken Weine die Eigenart des Terroirs so deutlich aus wie diese: ein aufregender Pettenthal, ein vollwürziger Hipping, ein sich vornehm verhüllender Ölberg. Alle jung, jung, jung, sie brauchen Jahre, um sich voll zu zeigen. Vorfreude! Carolin Spanier-Gillot feiert übrigens dieses Jahr ihr 20-jähriges Jubiläum an der Spitze des Weinguts.

95 2021 »wurzelecht« Nackenheim Rothenberg Riesling GG
Ein Tropfen auf den heißen Stein, Verdunstung – und ein Aroma, das sich in Duft und Geschmack dieses großen Rieslings vom Roten Hang wiederfindet. Getrocknete Orangenschale findet sich auch darin. Erfrischender Nachgeschmack. Reifen lassen! 12,5 Vol.-%, NK, €€€€

94+ 2021 Nierstein Hipping Riesling GG
Reichhaltiges Bukett, an Canard à l'orange erinnernd. Voller, würziger Geschmack, auf gute Weise konzentriert, auch etwas erdig, Kräuterbüschel am Wegesrand, saftig und stoffig, dicht. Ein idealtypischer Hipping mit Statur, geradezu eine Referenzgröße.
12,5 Vol.-%, NK, €€€€

94+ 2021 Nierstein Pettenthal Riesling GG
Junger Wein, wildes Bukett. Im Mund viele unterschiedliche Kräuternuancen, Mineralik, nasser Stein. Viel Extrakt, ohne dass der Wein überladen wirkt. Weine vom Pettenthal können in der Regel jahrzehntelang reifen, dieser hier ganz bestimmt. 12,5 Vol.-%, NK, €€€€

93 2021 Nierstein Ölberg Riesling GG
Der Duft hat sich noch nicht entfaltet, durchaus aber der Geschmack, der mit schmeichelnder Süße überrascht. Reduktive Noten, Würze und eine gewisse (mineralisch zu deutende) Staubigkeit machen den Wein noch interessanter. Ganz am Schluss ein wenig Cayennepfeffer. 12,5 Vol.-%, NK, €€€€

91+ 2021 »Aus Ersten Lagen« Nackenheim Riesling trocken

93 2021 »Aus Ersten Lagen« Nierstein Riesling trocken
Quittengelb. Im Duft Ananas. Ein Maul voll Wein, saftig, mit Tiefgang, terroirtypisch, Umami und deutliche Säure lösen einander ab. Hier stehen nicht die jungen Fruchtaromen auf der Bühne, vielmehr zeigt sich Substanz: Man lasse den Wein reifen! 12,5 Vol.-%, NK, €€€

★★

WEINGUT LAMBERTH

Kirchstraße 20, 55278 Ludwigshöhe
T: +49 6249 8611, info@weingut-lamberth.de
weingut-lamberth.de

Ab-Hof-Verkauf: nach Voranmeldung Mo bis Fr 8–12 Uhr und 14–18 Uhr, Sa nach Vereinbarung
Kellermeister: Carsten Lamberth
Ansprechpartner: Carsten Lamberth
Hektar: 19 ha

Die Rotweine, die Carsten Lamberth aus dem Jahr 2018 vorgestellt hat, sind ihm außerordentlich gut gelungen, sie unterstreichen noch einmal eine Steigerung des Winzers, der ohnehin als Rotwein-Spezialist gilt: Die Gerbstoffe sind geschliffen, bei aller Substanz zeigen die Weine eine kühle Note, wie etwa die beiden Spätburgunder. Der gut balancierte Syrah erinnert an die Rhône, ohne dass der rheinhessische Charakter zu kurz käme. Auch die Weißweine sorgen für Freude, wie der saftige Silvaner. Wir vergeben gerne den zweiten Stern nach Ludwigshöhe.

90 2020 »Kalkstein« Chardonnay & Weißburgunder trocken CH/WB

Helle Blüten zu feiner gelber Frucht, Mirabelle, Aprikose und Apfel, florale Noten, Kräuter und mineralische Anklänge, etwas Feuerstein. Am Gaumen mit Saft, Schmelz und kalkmineralischer Würze in einer kompakten, mittelkräftigen Struktur, gut balanciert. 13 Vol. %, DV, €

91+ 2018 »Trés fins R« Guntersblum Steig-Terrassen Pinot Noir

Rauchig und würzig unterlegte Kirsche und auch Pflaume, mit kräutrigen Noten, etwas Lorbeerblatt und Salbei. Saftig am Gaumen mit gutem süßlichem Extrakt und geschliffenen Gerbstoffen, die Säure sorgt für Kühle und Balance, gute Länge mit Würze im Finale. 13,5 Vol.-%, NK, €€€

91+ 2018 »R« Guntersblum Steig-Terrassen Syrah

Die Rhône in Guntersblum mit schöner reifer Brombeere, viel Würze, Kräutrigkeit und auch etwas Leder. Saftig, stoffig und würzig am Gaumen mit guter Balance und Intensität, nicht überladen und überreif, mit guter Spannung, Zug und präzisen Gerbstoffen. 13,5 Vol.-%, NK, €€€

89+ 2018 »Kalkstein« Spätburgunder

Kirsche und Würze in der Nase, Rauch, etwas Blutorange und Schattenmorelle, Blaubeere. Saftig und würzig am Gaumen, mit gutem Fluss und präsenter Säureader. Gute Substanz und auch Stoffigkeit, dabei elegant und kalkmineralisch geprägt. Ein Wein aus einem Guss. 13,5 Vol.-%, DV, €€

89 2021 Cabernet Sauvignon & Merlot Blanc de Noir CS/ME

89+ 2021 Silvaner trocken

Unaufgeregter, feinfruchtiger Duft nach rotem Apfel, Birne, Gartenkräutern, getrockneten Kräutern und auch etwas Kümmel. Schlank gebaut am Gaumen mit schöner Würze, feinem Saft und aktiver, gut eingebundener Säure, die etwas salzig-mineralisch begleitet wird. 12 Vol.-%, DV, €

★

WEINGUT LOHR

Weinsheimer Hauptstraße 21, 67551 Worms
T: +49 6241 33327, post@weingut-lohr.de
weingut-lohr.de

Ab-Hof-Verkauf: nach Vereinbarung
Kellermeister: Frank Lohr
Ansprechpartner: Frank Lohr

Als kleiner Junge, schreibt Frank Lohr, hätten ihn die Traktoren begeistert, die auf dem über 350 Jahre alten Weingut der Familie im Einsatz waren. Inzwischen ist die kindliche Technikbegeisterung einem umfassenderen Verständnis von Weinbau gewichen. Lohr schafft dabei den Spagat, die Vorlieben einer eher konservativen Kundschaft mit Experimentierfreude und Extravaganterem zu vereinen. Solide, sortentypische Basisweine stehen für die Tradition, ein Sponti wie der Goldberg Riesling für die Nouvelle Vague – und dabei für eine ausgesprochen gelungene Form des Experiments.

93+ 2021 Flomborn Goldberg Riesling trocken
Der Duft zeigt Noten von Pfirsich und Reneklode, Orangenschale und Quitte, dazu kommen die Aromen der Spontangärung. Im Mund hat der Wein eine unglaubliche Würze, Pfeffer und Lavendel, Moschus, zarte Phenole, reife Säure, der extraktsüße Nachhall endet in großer Feinheit.
13 Vol.-%, DIAM, €€€

91 2019 Flomborn Chardonnay trocken
Dezentes Holz unterstreicht in der Nase eine leicht kräuterwürzige, aber auch nussige bis ganz leicht buttrige Aromatik, mit Luftzufuhr tritt auch eine Pfirsichfrucht zutage. Im Mund zeigt sich ein Wein mit Extraktsüße und dichter Stoffigkeit. Substanz und Reifepotenzial sind gut. 13 Vol.-%, DV, €€

89 2021 Chardonnay trocken
Ein Duft von Popcorn, Glockenapfel und Stroh. Im Mund erweist sich der Wein als mittelgewichtig, frisch, gut balanciert, eine vergleichsweise kräftige Süße gibt Volumen. Ein zugänglicher Sortentyp. 12,5 Vol.-%, DV, €

89 2021 Riesling trocken
Der Duft zeigt sich recht klar und fruchtig mit Aromen von Pfirsich, Minze, Bergamotte. Im Mund hat der Wein eine deutliche Süße, eine Gaumenmitte mit gutem Extrakt und reifer Säure, ein insgesamt recht zugänglichen Stil, gute Länge.
12 Vol.-%, DV, €

90+ 2021 Sauvignon Blanc trocken
Ein pikanter, klarer Sortentyp im Duft, pfeffrig, Noten von Stachelbeere. Im Mund zeigt sich der Sauvignon saftig sowie mit Zug und Spannung, mit gutem Gehalt und sehr guter Stoffigkeit, der Abgang ist aromatisch und hält lange an. Viel Wein fürs Geld! 12,5 Vol.-%, DV, €

★

WEINGUT LUFF

Hauptstraße 16, 55459 Aspisheim
T: +49 6727 5893, info@weingut-luff.de
weingut-luff.de

Ab-Hof-Verkauf: nach Vereinbarung
Kellermeister: Christian Luff
Ansprechpartner: Christian Luff
Hektar: 23 ha

Christian Luff aus dem rheinhessischen Aspisheim schreckt vor wenig zurück. Einen »Molli-Werfer« auf dem Etikett eines halbtrockenen Weißburgunders haben wir jedenfalls noch nicht so oft gesehen. Aber auch der Inhalt kann durchaus als mutig gelten, ist explizite Restsüße ohne Scham im Weingut doch absolut ein Thema. Weintechnisch am ambitioniertesten zeigt sich der »#NoFilter«, der mit dichter Frucht und Holzeinsatz Entwicklungspotenzial zeigt. Unser Tipp allerdings ist eben jener halbtrockene Weißburgunder – schlichtweg superlecker.

90+ 2021 »WB #NoFilter« Weißburgunder trocken
Wer im Angesicht der unkonventionellen Etiketten auf zumindest halbwilde Weine hofft, muss zum »#NoFilter« greifen. Leicht trüb im Glas. In der Nase Apfelschale und Holztouch. Am Gaumen dann zahmer, substanzreich, trocken, deutlich holzbetont. Klares Potenzial!
12,5 Vol.-%, DV, €€

90 2021 »Blickkontakt« trocken RR/GS
Riesling und Silvaner stecken zu gleichen Teilen im »Blickkontakt«. Aprikose, Orangenschale und ein bisschen Senfsaat in der Nase. Im Mund dann Orangentöne, stoffig, trocken, schöne Säure. Ein pikanter Speisenbegleiter.
11,5 Vol.-%, DV, €€

89+ 2021 Riesling trocken
Deutlich nach Anis und hellem Apfel in der Nase. Im Mund frisch und animierend, zitrisch und leicht. Ein sehr angenehmer und rebsortentypischer Wein, die Vorteile des eher schlanken 2021er Jahrgangs kommen hier voll zur Geltung.
12 Vol.-%, DV, €

89 2021 »Sweet Explosion« KR/RR/BC
Kann man auch sanft explodieren? So ähnlich verhält sich die »Sweet Explosion« nämlich in der Nase. Zur Hälfte aus Kerner bestehend, zeigt der Wein ein florales Parfüm, Ligusterblüten und ein bisschen Kümmel. Im Mund dann trotz 50 Gramm Restzucker durchaus kernig. 9 Vol.-%, DV, €

88+ 2021 Rosé BP/PN/DF

90 2021 Weißburgunder halbtrocken
Mit zehn Gramm Restzucker lugt der Weißburgunder nur knapp in den halbtrockenen Bereich hinein. Durchaus gehaltvolle und reife Birnenfrucht in der Nase. Am Gaumen dann richtiggehend »lecker« und dank des feinen Säurestrangs überhaupt nicht matt. 11,5 Vol.-%, DV, €

★★★

WEINGUT MANZ

Lettengasse 6, 55278 Weinolsheim
T: +49 6249 803008, weingut@manz-weinolsheim.de
manz-weinolsheim.de

Ab-Hof-Verkauf: Sa 10–16 Uhr und nach Vereinbarung
Kellermeister: Erich und Eric Manz
Ansprechpartner: Eric Manz
Flaschen/Hektar: 333.000 (60 % weiß, 40 % rot)/25 ha

Das Weingut ist eine Institution in Rheinhessen. Unter der Leitung von Eric Manz gelingen dem Familienbetrieb Jahr für Jahr verlässliche Kollektionen. Das Motto des Winzers ist schlicht: »Weine aus gesunden Trauben brauchen im Keller nur Zeit und Ruhe.« Aber auch sonst versteht der Winzer seine Kunst. Beim Riesling gilt sein besonderes Augenmerk den Spitzenlagen des Roten Hangs, bei den Burgundern der »Réserve«-Kategorie setzt er auf Reifung im Holzfass und schafft hier wie dort Weine mit intensiven Aromen, die Kraft und Proportion vereinen.

93 2021 Nierstein Pettenthal Riesling trocken
Spannungsvolle Nase, erwärmtes Gestein, Zitronenmelisse, Salzzitronen, saftiger Pfirsich. Am Gaumen spannungsgeladen, mineralische Würze, dicht, elegant, feingliedrige Säure, feine Frucht, viel Extrakt, trinkanimierend, langes salziges Finish. Hat Reifepotenzial. 13 Vol.-%, NK, €€€

91 2021 Weinolsheim Kehr Riesling trocken
Wiesenkräuter in der Nase, frische Zitronen, weißer Pfirsich, grüner Apfel, weiße Blüten, nasses Gestein. Am Gaumen saftige Frucht, die merkliche Süße wird schön umspielt von einer gut eingebundenen Säure, feine mineralische Würze. 13 Vol.-%, NK, €€

91 2020 »Réserve« Chardonnay trocken
Holzwürze in der Nase, Karamell, reifer Pfirsich, Zitronenbutter, Mais, mineralische Anklänge. Im Mund kraftvoll, stoffig, cremiger Kern, saftige Frucht, Holzwürze, gut integrierte reife Säurestruktur, viel Würze, sehr guter Speisenbegleiter. 13 Vol.-%, NK, €€

91+ 2019 »Réserve« Oppenheim Herrenberg Spätburgunder trocken
Dezent nach Rauch in der Nase, viel Würze, Herbstlaub, Unterholz, Rote Bete, Rote Johannisbeeren, Brombeeren, dunkle Schokolade. Am Gaumen saftig, schöne Frucht, viel Würze, kerniges Tannin, gute reife Säurestruktur. Hat Reifepotenzial. 13,5 Vol.-%, NK, €€€

90 2021 »Alte Reben« Grauburgunder trocken

91 2021 Oppenheim Herrenberg Riesling trocken
Reifer, saftiger Apfel, auch Apfelschale, Aprikosen, frische Zitronen, Wiesenkräuter, nasses Gestein. Am Gaumen saftige Frucht, dezente Süße in guter Balance mit reifer Säure, viel mineralische Würze, dezent herbe Zitrusfrucht, gute Länge. 13 Vol.-%, NK, €€

WEINGUT METT & WEIDENBACH

Mainzer Straße 31, 55218 Ingelheim am Rhein
T: +49 6132 2682, info@mett-wein.de
https://mettwein.de

Ab-Hof-Verkauf: Ja
Kellermeister: Jürgen Mett
Ansprechpartner: Jürgen Mett
Flaschen/Hektar: 160.000 (40 % weiß, 29 % rot, 15 % Rosé, 1 % süß, 15 % Schaumwein)/14 ha

In der Ingelheimer Weinszene genießt Jürgen Mett vom Weingut Mett & Weidenbach mit seinen Weinen einen ausgezeichneten Ruf – auch wenn er sich noch etwas unter dem Radar der öffentlichen Wahrnehmung bewegt. Seine Stärke hat der Winzer, der 14 Hektar Reben kultiviert und auch in den besten Ingelheimer Lagen vertreten ist, beim Rotwein, seine Spät- und Frühburgunder zeigen mit viel Stil das Kalkterroir der Stadt. Auch die Weißweine aus 2021 wie der mineralische Riesling und der geschmeidige Chardonnay sind Jürgen Mett gut gelungen. Kompliment zu diesem Debüt im Guide!

90+ 2021 Ingelheim Unft Riesling trocken
Pfirsich, Mandarine und Apfel, florale Noten, helle Blüten, Lindenblüten, etwas rosa Ingwer, feine Würze, nasser Kalkstein. Setzt saftig an am Gaumen, geschmeidig, cremig, reife, gut tragende Säure, mineralischer Hintergrund, reife Phenole, endet würzig. 12 Vol.-%, DV, €€

92 2019 Ingelheim Pares Spätburgunder trocken
Schönes Pinot-Bukett, Kirsche und Zwetschge, feiner Rauch, Gesteinsmehl, nasser Weinberg, ein Hauch Gewürznelken, Minze. Stoffig ansetzend, mit aufbauender Spannung am Gaumen, Würze und mineralische Tönung, Substanz, zeigt seine Herkunft, reifes, griffiges Tannin, gute Länge. 13 Vol.-%, NK, €€

91+ 2020 Ingelheim Pares Frühburgunder trocken
Feine Holzwürze zu Kirsche und Zwetschge, etwas Zimt und feiner Rauch, aber auch mineralische Anklänge. Gut balanciert am Gaumen mit saftiger, leicht rauchiger Frucht, süßlicher Extrakt, gut dosierte Stoffigkeit und Kraft, vollmundig, würzig, kalkmineralisch. 13 Vol.-%, NK, €€€

91 2019 Ingelheim Rotes Kreuz Portugieser trocken
Saftige und würzige Nase, dunkle Kirsche, Brombeeren, feine Holznoten, Gewürznelke und Zedernholz. Am Gaumen mit Zug und guter Spannung, guter Extrakt, fein ziselierte Säureader, betont trocken, etwas Holunder, feinkörniges, griffiges Tannin, kalkige Mineralik. 12,5 Vol.-%, NK, €€

89+ 2021 Ingelheim Gelber Muskateller tr.

90 2021 Ingelheim Chardonnay trocken
Der Duft ist noch etwas vom Ausbau im Eichenfass geprägt, rauchige, würzige Noten, reife Birne und Aprikose. Stoffig und geschmeidig ansetzend, entwickelt auf weichem Fond Substanz und Würze, abgerundet mit etwas Restsüße, schöne Kalkmineralik. Noch jung. 13 Vol.-%, DV, €€

★★

WEINGUT MÜLLER – DR. BECKER

Vordergasse 14, 67592 Flörsheim-Dalsheim
T: +49 6243 5524, info@mueller-dr-becker.de
mueller-dr-becker.de

Ab-Hof-Verkauf: nach Vereinbarung
Kellermeister: Jochen Becker
Ansprechpartner: Jochen Becker
Flaschen/Hektar: 160.000 (60 % weiß, 20 % rot, 15 % Rosé, 5 % Schaumwein)/16 ha

Diese Geschichte möchte man immer wieder erzählen: Der Urgroßvater von Jochen Becker bestellte seine Weinberge noch mit Ochsen und Pflug. Der tonige Boden im Dalsheimer Sauloch ist nur schwer zu bearbeiten. Wenn das Pflügen zu anstrengend wurde, gab der Ochse unmissverständlich ein Brummeln von sich. Dann legte der Winzer eine wohlverdiente Pause ein mit Wingertsvesper und einem Schluck Riesling. Jochen Becker vom Weingut Müller – Dr. Becker ist wieder eine gute Kollektion auf hohem Niveau gelungen. Darauf erst einmal ein Glas vom Brummelochsenboden.

90+ 2020 »Vom Nussacker« Dalsheim Bürgel Chardonnay trocken
Noch ist der Holzausbau im Duft zu erkennen, rauchige Noten, getrocknete Kräuter, Birne, Quitte und Melone. Saftig und vollmundig am Gaumen in einer kräftigen Struktur, ausgewogene Säure, noch leicht adstringierendes Tannin. Ist auf Entwicklung ausgerichtet. 13,5 Vol.-%, NK, €€

90+ 2019 »MDCXXV« Dalsheim Bürgel St. Laurent trocken
Reife Kirschen, Johannisbeeren, Holunderbeeren, leicht rauchig, feine Würze. Auf weichem Fond im kräftigen Körper balsamische Würze, auch etwas pfeffrig, weiche, reife Gerbstoffe in guter Menge, süßlicher Extrakt. Gut entwickelt, muss nicht lange gelagert werden. 14 Vol.-%, NK, €€

90 2019 »MDCXXV« Dalsheim Steig Spätburgunder trocken
Würzige Nase, noch etwas vom Holzausbau geprägt, getrocknete Kräuter, Wacholder, rote und dunkle Kirschen. Stoffig, vollmundig in kräftig gebauter Struktur, saftig mit präsenter, ausgewogener Säure, kräftiger Gerbstoff mit mittlerer Körnung, gute Länge. Auch zum Essen. 13,5 Vol.-%, NK, €€

91+ 2021 Dalsheim Steig Riesling Auslese
Duft nach reifen Zitrusfrüchten, dazu Papaya, reifer Pfirsich, unterlegt von einem mineralischen Zug, Orangenschalen. Am Gaumen mit viel Schmelz, frische, gut integrierte Säure, feine Phenolik, wieder reife Zitrusfrüchte, druckvoll, aber nicht zu wuchtig. Wird gut reifen. 8 Vol.-%, NK, €€

89+ 2020 »Arras« Cuvée trocken PN/SL/ME/SY

91 2021 »vom Brummelochsenboden« Dalsheim Sauloch Riesling trocken
In der Nase Pfirsich und Apfel, auch etwas sommerliche Kamille, würzige, kräutrige Noten, auch feiner Rauch. In der kompakten Struktur finden Frucht, feine Restsüße und eine präzise, eng am Körper liegende Säure zusammen. Mineralische Tönung, hat Stil. 12,5 Vol.-%, NK, €

★★

WEINGUT MÜNZENBERGER

Lindenplatz 9, 55270 Zornheim
T: +49 6136 44573, info@weingut-muenzenberger.de
weingut-muenzenberger.de

Ab-Hof-Verkauf: nach Vereinbarung
Kellermeister: Andreas Münzenberger
Ansprechpartner: Andreas Münzenberger
Hektar: 18.5 ha

Zwei Generationen arbeiten im Weingut Münzenberger gemeinsam, aber auch mit eigenen Vorstellungen an der Zukunft des Weinguts. Vater Andreas ist seit dem Jahr 2002 am Ruder, Sohn Dominik sattelt – neben der Arbeit im Betrieb – derzeit noch seinen Master in Geisenheim auf. In diesem Jahr konnten wir leider keine Lagenweine aus der ambitionierten Jungwinzer-Kollektion verkosten. Da sie erst sehr spät gefüllt wurden, haben sich die Münzenbergers entschlossen, sie noch etwas weiterreifen zu lassen. Hoffen wir darauf, dass wir ihnen im nächsten Jahr begegnen!

90+ 2021 »Dark Matter« Grauer Burgunder trocken
Farblich weit von einer dunklen Materie entfernt, hat der Grauburgunder in der Nase dennoch Hintergründiges zu bieten: schwarzer Rettich, Mandeln, etwas Ingwer. Am Gaumen ahnt man die Würze eher, als dass sie frontal auftritt, gleitende Materie, gedämpfte Frucht. Ein Wein mit Potenzial. 12,5 Vol.-%, DV, €

90 2021 »Grüner Letten« Selzen Chardonnay trocken
Der teilweise im Barrique ausgebaute Chardonnay bietet einen Duft von Apfel, Zitronenschale und einer nur leicht angedeutete Holzlaktik. Im Mund ausgewogen, mittelgewichtig und mit schöner Pikanz. Ungemein vielseitiger Begleiter bei Tisch. 12,5 Vol.-%, DV, €

90 2021 »Zwei Erden« Sauvignon Blanc tr.
Grasige Noten, viel Cassis, Holunderblüten und Stachelbeeren in der Nase – überdeutlich Sauvignon Blanc. Am Gaumen bleibt die florale Note dominant, dazu gesellt sich eine feine Säure, welche die leicht viskose Materie langsam zu durchschneiden beginnt, schön trockene Würze im Abgang. 11,5 Vol.-%, DV, €

89 2021 »Steinhügel« Weißer Burgunder tr.
Unaufgeregt präsentiert sich der Weißburgunder in der Nase, leicht nach Birne und Anis, nichts Vordrängendes. Mild wirkt der »Steinhügel« im Mund, die leichte Restsüße sendet flauschige Wolken aus, keine Kante stört den Weg, alles fließt. 12 Vol.-%, DV, €

89 2021 »Surprise« Blanc de Noir trocken

90 2021 »La Fleur« Gelber Muskateller feinherb
Typisch muskattraubig in der Nase, aber in der Tat keinesfalls schwer oder überparfümiert, sondern von floraler Luftigkeit. Im Mund saftig, feine Fruchtsüße, wiederum Traube, Augustapfel und der stete Eindruck einer tänzelnden Materie. Ein wunderbarer Apéro! 10 Vol.-%, DV, €

★★

WEINGUT NEEF-EMMICH

2021 BERMERSHEIMER SILVANER

Alzeyer Straße 15, 67593 Bermersheim
T: +49 6244 905254, info@neef-emmich.de
neef-emmich.de

Ab-Hof-Verkauf: nach Vereinbarung
Kellermeister: Dirk Emmich
Ansprechpartner: Dirk Emmich
Hektar: 22 ha

Auf die Rieslinge von Dirk Emmich haben wir uns schon gefreut – sie haben gehalten, was wir uns versprochen hatten. Gerade der 2021er aus dem Höllenbrand zeigt sich würzig, mineralisch und mit der Säure, die den Jahrgang ausmacht. Wie gut die Rieslinge reifen können, demonstriert der Albiger Hundskopf aus 2017: saftig und geschmeidig – und kein bisschen müde. Der würzige Silvaner ist uns immer eine besondere Freude und auch dieses Mal unsere Empfehlung. Aber Dirk Emmich kann auch Rotwein, ein weiteres Ausrufezeichen in einer starken Kollektion!

91 2021 Gundersheim Höllenbrand Riesling trocken
Pfirsich und Apfel, von feiner Holzwürze begleitet, auch kräutrig und mineralisch. Schlank und fest gebaut am Gaumen mit präsenter Säure, die Restsüße steht im gut zu Gesicht, mittelgewichtig im Extrakt, würzig und mineralisch. Noch jung, kann sich entwickeln. 12 Vol.-%, DV, €€€

91 2017 Albig Hundskopf Riesling trocken
Leichtes Goldgelb, würzige Noten, etwas Minze zum reifen Pfirsich, auch brenzlige Noten, Anis, Kardamom. Reife, stabile Säure, begleitet von etwas Süße, präsente Pfirsichfrucht, schlanker, kompakter Bau, saftig und geschmeidig im Fluss. 12,5 Vol.-%, NK, €€€

90 2021 Albig Hundskopf Riesling trocken
Pfirsich mit kräutrigen Noten, Aprikose, reifer Weinbergpfirsich, anklingende Mineralik. Ausgewogen am Gaumen mit präsenter, reifer Säure und schöner Gelbfrucht, etwas Restsüße sorgt für harmonischen Einklang. Feine Mineralik erweitert das sensorische Spektrum.
12 Vol.-%, DV, €€

90+ 2020 Albig St. Laurent trocken
Leicht holzwürzige und rauchige Nase mit Kirsche, Johannisbeere und Brombeere, getrocknete Kräuter, ein wenig Räucherofen. Gute Substanz und Dichte am Gaumen mit präsenter Säure und kräftigen, griffigen Gerbstoffen. Trocken ausgebaut, nuanciert, gute Länge. 13,5 Vol.-%, NK, €€

90 2021 Westhofen Rotenstein Weißer Burgunder trocken

90 2021 Bermersheim Silvaner trocken
Kräutrige Noten, Apfelschale, vermutlich Spontangärung, rauchige Noten, Birne und Apfel, auch etwas Kümmel. Saftig und kräutrig am Gaumen, feste Struktur durch den Holzausbau, feine Restsüße fügt sich ein, die Würze überwiegt. Sehr gute Wahl zum Essen. 12,5 Vol.-%, DV, €€

★★★★

WEINGUT J. NEUS

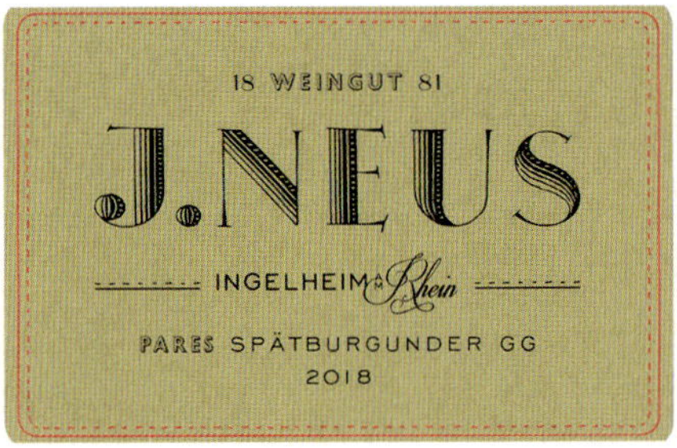

Banhofstraße 96, 55218 Ingelheim am Rhein
T: +49 6132 73003, info@weingut-neus.de
weingut-neus.de

Ab-Hof-Verkauf: Di bis Fr 9–18 Uhr
Kellermeister: Toni Frank
Ansprechpartner: Lewis Schmitt
Flaschen/Hektar: 60.000 (20 % weiß, 80 % rot)/13 ha

Das 1881 von Josef Neus senior gegründete Weingut hat sich schon damals auf den Ausbau von Rotweinen konzentriert, inklusive der Züchtung eigener Klone und deren Vermehrung. Seit gut zehn Jahren wird das Gut von der Unternehmerfamilie Schmitz aus Mainz geführt – das Ziel ist dasselbe geblieben: Spätburgunder auf Spitzenniveau zu erzeugen. Das Team um Betriebsleiter Lewis Schmitt und Kellermeister Toni Frank ist dabei auf einem sehr guten Weg, wie die vorgestellte Kollektion belegt. Auf den kalkhaltigen Lagen in Ingelheim erzeugt man saftige und würzige Pinots, die höchsten Ansprüchen genügen.

91+ 2020 Ingelheim Chardonnay trocken
Fein im Duft, etwas rauchig, Kreide, Apfel und Aprikose, feine Kräuter kommen dazu. Am Gaumen dann eher klassisch mit Noten von Vanille, Zitrone, Aprikose und weißen Blüten, saftig und fest, präsente, leicht salzig unterlegte Säure, attraktiver Abgang. 13 Vol.-%, NK, €€€

93+ 2020 Ingelheim Horn Spätburgunder GG
Leicht rauchige Nase. Es folgt ein Duft von roten und schwarzen Beeren, Schwarzkirsche und Himbeere dominieren. Am Gaumen werden diese Aromen durch Gewürznelke ergänzt, reifer Gerbstoff, saftige Säure, insgesamt balanciert, hochattraktiver Nachhall. 13 Vol.-%, NK, €€€

93 2020 Ingelheim Pares Spätburgunder GG
Die Nase ist noch von Holzwürze geprägt, es folgen Aromen von roten und schwarzen Beeren, dunkle Kirsche und auch etwas Lorbeer. Am Gaumen junges, feines Tannin, dabei saftig, Kräuterwürze zeigt sich, die lebendige Säure sorgt für Zug und Frische, sehr guter Nachhall.
13 Vol.-%, NK, €€€€

90 2020 »Alte Reben« Ingelheim Spätburgunder trocken
Mineralisch, kühl und zugleich tiefgründig in der Nase. Aromen von Kirsche, Preiselbeere, reifer Himbeere und Gewürznelken. Am Gaumen mit dunkler Frucht, saftig, reifes Tannin und gut integrierte Säure, insgesamt ausgewogen, attraktiver, langer Abgang. 13 Vol.-%, NK, €€€

90 2020 »Muschelkalk« Spätburgunder trocken

91 2021 »Muschelkalk« Chardonnay trocken
Frische Aromen von Apfelschale, Sternfrucht, Ananas und junger Vanilleschote. Am Gaumen wird diese Aromatik von reifer Säure sehr gut balanciert, insgesamt gute Struktur und schöne innere Spannung, sehr guter Trinkfluss, vielseitiger Speisenbegleiter. 12,5 Vol.-%, NK, €€

★★★

NEVERLAND VINEYARDS

Außerhalb 2, 55578 Vendersheim
T: +49 6732 600 67 67, info@neverland-wine.de
neverland-wine.de

Ab-Hof-Verkauf: nach Vereinbarung
Kellermeister: Marcel Class
Ansprechpartner: Sebastian Class
Flaschen/Hektar: 80.000 (60 % weiß, 30 % rot, 10 % Rosé)/15 ha
Anbauweise: Bio

Die Weine der Class-Brüder fallen auf mit ungewöhnlichen Namen und unkonventionellen Etiketten. Wer bei dem Namen »Neverland« an Michael-Jackson-Plüsch denkt, liegt allerdings daneben, der gleichnamige Fantasy-Abenteuer-Film trifft es dagegen viel eher. Kitschig sind die Weine nämlich keineswegs, vielmehr fantasievoll und mit Präzision vinifiziert. Realisiert man, dass die »Prestige«-Cuvées für Restaurants wie das »Tulus Lotrek« (die beiden Roten) oder die »Käfer-Schänke« (»Opus K«) entwickelt wurden, wird die Richtung endgültig klar: Das sind 1a-Gastroweine. Gratulation zum dritten Stern!

94 2016 »Réserve Alte Reben« Wolfsheim Am Holzweg Chardonnay trocken
Intensives Goldgelb im Glas, das von Holz und Flaschenreife kündet. In der Nase überraschend dezent, leicht laktische Note, reife Zitrone, Fenchel, etwas Ingwer. Am Gaumen gleichzeitig mit generöser Reife und fest eingebundener, präsenter Säure, etwas Karamell, würzig. Kalifornischer Stil, ausgezeichnet! 13,5 Vol.-%, NK, €€€€

93+ 2021 »Opus K Cuvée Prestige« tr. CH/WB/PG
80 % Chardonnay prägen die Cuvée. In der Nase Haselnuss und Kokos vom Holz, noch sehr präsent, kandierte Zitrone dahinter. Am Gaumen dicht und reif, ausgezeichnete Struktur, hohe Säurepikanz, etwas Karamell, noch sehr jung im Holzaroma, hat aber viel Potenzial. 13,5 Vol.-%, DIAM, €€€

93 2019 »Unartig Cuvée Prestige« trocken CH/PG/WB/GS/TR/BC
Vielschichtige Nase, die die vier beteiligten Rebsorten widerspiegelt. Laktische Noten, Birne, Mandel, Sellerie, sogar ein floraler Oberton. Am Gaumen primär fruchtbetont, dichter Saft, feine Säureader, gelbfruchtig orientiert mit beginnender Würze, die sich entwickeln wird. 13,5 Vol.-%, NK, €€€

93+ 2018 »En L'Enfer Cuvée Prestige« trocken CS/PN/BP
Der Pinot bestimmt die Flaschenform, der Cabernet dafür die Nase: vielschichtige Frucht, reife Schwarze Johannisbeere, Brombeere, etwas ätherischer Wacholder. Am Gaumen mit beachtlicher Fruchtdichte und äußerst feinen Gerbstoffen bei gebändigter Reife. Bereits in der jetzigen Fruchtphase gut antrinkbar. 13,5 Vol.-%, NK, €€€

92+ 2020 »Neverland Blanc« trocken

90+ 2020 »Femme Fatale« Wolfsheim Riesling feinherb

90+ 2021 »Jurassic Sands« Sauvignon Blanc tr.

90 2020 »Vom Kalkriff Class A« Grauburgunder trocken

89 2020 »GOT Good Old Times« Cuvée trocken SÄ/BC/HX/TR

92 2019 »Saint Vendersheim« trocken CS/PN

91 2019 Vendersheim Pinot Noir trocken

90 2020 »Vom Kalkmergel Class A« Grauburgunder trocken
Walnuss, etwas Knollensellerie und Senfmehl in der Nase, präzise gehalten mit eher festem Eindruck. Am Gaumen ist die Traubenreife phenolisch gut eingefasst, der Wein trocken mit leichter Salzkante. Äußerst vielseitig bei Tisch zu verwenden. 13 Vol.-%, DV, €€

★

WEINGUT J.G. ORB

Am Markt 9–13, 67593 Westhofen
T: +49 6244 828, kontakt@weingut-orb.de
weingut-orb.de

Ab-Hof-Verkauf: Mo bis Fr 9–12 Uhr und 14–18 Uhr, Sa 9–12 Uhr
Kellermeister: Jan G. und Jens G. Orb
Ansprechpartner: Jan G. und Jens G. Orb
Flaschen/Hektar: 80.000 (85 % weiß, 5 % rot, 5 % Rosé, 5 % süß)/12 ha

Die jungen Brüder Jan G. und Jens G. teilen nicht nur die Initialen »J.G.« mit ihren Vorfahren, sie haben nun auch die Aufgabe übernommen, das Westhofener Traditionsgut in die Zukunft zu führen. So haben sie etwa im Weinbau den Einsatz von Herbiziden abgeschafft – und die aktuellen Weine scheinen uns auch stilistisch ein Herantasten an Neues zu zeigen – besonders konsequent umgesetzt in den beiden Lagenweinen und im ausgezeichneten Riesling »KalkMuschel«. Wir setzen das Weingut auf die Beobachtungsliste für den zweiten Stern.

92 2020 Westhofen Kirchspiel Riesling tr.
Ein komplexer Duft mit zitrischen Aromen, Tropenfrucht, Noten von Walderdbeeren und Lakritze, dazu Terroir-tönige Komponenten. Eine mit dezenter Süße untermalte Seidigkeit lässt den Wein rund fließen – fast schon »lieblich«, wäre da nicht auch die feste, Spannung gebende Säure.
13,5 Vol.-%, DIAM, €€€

90+ 2020 Westhofen Morstein Grauburgunder trocken
Ein fruchtiger, intensiver Sortenduft, Charentais-Melone, Esskastanienpüree, dazu Kalk und eine Prise Holzeinfluss. Im Mund fällt die kreidige Textur auf, aber auch etwas geschmackliche Süße, die Abgangsaromen lassen kandierte Früchte und damit ein Hochreifeprofil anklingen.
13,5 Vol.-%, DIAM, €€€

90 2021 Chardonnay trocken
Im Duft findet man die klassische Chardonnay-Note von süßem Popcorn, dazu einen dezenten Holzeintrag. Am Gaumen zeigt der Wein eine (vermutlich jahrgangsbedingte) Strenge, Stoffigkeit und Kernigkeit unterstreichen die vorhandene taktile Mineralik. 11,5 Vol.-%, DIAM, €

90 2021 »Fumé blanc« Sauvignon Blanc tr.
In der Nase nach Kiwi und reifer Nektarine. Im Mund erweist sich der Wein als stoffig mit festem Säuregerüst, in der aromatischen Ausprägung bleibt er eher dezent, aber die Gaumenstruktur hat viel Saftigkeit und Zug. Ein Sauvignon in kernigem Stil. 12 Vol.-%, DIAM, €

89 2021 »Silvy van Air« Silvaner feinherb

90+ 2021 »KalkMuschel« Riesling trocken
Rauchig im Duft, sehr Muschelkalk-typisch. Im Mund zeigt sich ein mittelgewichtiger Riesling mit fester, aber auch geschmeidig gepufferter Säure, im Abgang kommt wieder der Boden zum Vorschein, einerseits taktil-mineralisch und andererseits mit pfeffrigen, rauchigen Aromen.
11,5 Vol.-%, DIAM, €€

★★

WEINGUT PAUSER

Im Baumfeld 40, 55237 Flonheim
T: +49 6734 8764, info@weingut-pauser.de
weingut-pauser.de

Ab-Hof-Verkauf: Mo bis Sa 9–12 und 13–18 Uhr
Kellermeister: Friedrich Pauser, Eva Pauser-Brand und Matthias Schanz
Ansprechpartner: Familie Pauser
Flaschen/Hektar: 200.000 (50 % weiß, 40 % rot, 10 % Rosé)/33 ha

In dem Familienweingut wird weiter konstant auf hohem Niveau gearbeitet, und zwar mit vereinten Kräften. Das Ziel ist dabei klar umrissen: erstklassigen Wein zu keltern, den sich möglichst viele leisten können. Genau das ist auch mit dem Jahrgang 2021 wieder sehr gut gelungen. Besonders gefallen hat uns dieses Mal der 2021er Riesling trocken aus dem Flonheimer Klostergarten, der wunderbar saftig und druckvoll auftritt. Dass die Pauser-Weine Reifepotenzial haben, zeigen sowohl der Spätburgunder als auch der Cabernet Sauvignon, die beide exzellente Speisenbegleiter abgeben.

90 2021 Flonheim Klostergarten Riesling trocken
Ein Duft von grünem Apfel, Mirabelle, Aprikose, Limette und Stein. Am Gaumen mineralisch geprägt mit klassischer Rieslingfrucht, Apfel, Aprikose und Zitrone dominieren, alles von einer lebendigen Säure getragen, mittlerer Körper, im Nachhall saftig und druckvoll. 13,5 Vol.-%, DV, €

89+ 2021 Flonheim Geisterberg Grauer Burgunder trocken
Eher blasses Zitronengelb, Duft nach weißem Pfirsich, Zitronenschale und Mandel. Am Gaumen folgen weiße Blüten, reife Birne, aber auch etwas Stachelbeere ist dabei, lebendige Säure, mittelgewichtiger Körper. Ein Wein, der schönen Trinkfluss bietet. 13,5 Vol.-%, DV, €

89+ 2021 Flonheim Geisterberg Sauvignon Blanc trocken
Duft nach Stachelbeere, Honigmelone, Grapefruit und grüner Paprika. Am Gaumen mit einer präsenten Säure ausgestattet, die eine sortentypische Frucht – vor allem Pfirsich und Stachelbeere – verleiht, gut balanciert, dichtes, belebendes Mundgefühl, macht Freude. 12,5 Vol.-%, DV, €

89+ 2018 »Réserve« Flonheim Binger Berg Spätburgunder trocken
In der Nase klare Aromen von Kirsche, Gewürznelken, aber auch etwas Wildbret. Am Gaumen recht reif, Pflaume scheint durch, dazu Gewürznelken und etwas Pilzaroma, gut eingebundene Gerbstoffe, die lebendige Säure sorgt für Frische, guter Speisenbegleiter. 14 Vol.-%, DV, €

89 2021 Flonheim Geisterberg Chardonnay trocken

90 2018 »Réserve« Flonheim Binger Berg Cabernet Sauvignon trocken
Intensiver Duft nach Schwarzkirsche, Johannisbeere, Brombeere und Zeder. Am Gaumen präsentiert sich der Wein mit reifer Säure und mittelkörnigem Gerbstoff, gut balanciert, schöne Länge. Ein Wein, der Freude macht und zu unmittelbarem Genuss einlädt. 14 Vol.-%, DV, €€

★★★★

WEINGUT RIFFEL

Mühlweg 14a, 55411 Bingen-Büdesheim
T: +49 6721 994690, service@weingut-riffel.de
weingut-riffel.de

Ab-Hof-Verkauf: Mo bis Fr 10–12 Uhr und 14–18 Uhr, Sa 10–16 Uhr
Kellermeister: Erik Riffel
Ansprechpartner: Erik und Carolin Riffel
Flaschen/Hektar: 133.000 (83 % weiß, 10 % rot, 3 % Rosé, 2 % süß, 2 % Schaumwein)/18 ha
Anbauweise: Bio

Carolin und Erik Riffel blies Gegenwind ins Gesicht, als sie Mitte der Nullerjahre ihre Weinberge auf Bio umstellten. Doch das Binger Winzerpaar war davon überzeugt, dass sich erst so die ganze Pracht der Rieslinge vom Scharlachberg und seinen Nachbarlagen entfalten würde. Man muss dabei wissen, dass der Scharlachberg geologisch gesehen ein Teil des Rheingaus ist, mit seinem roten Quarzit ist er ein Bruder des Johannisbergs. Schauen Sie auf unsere Bewertungen und auf den – Glückwunsch! – neu vergebenen vierten Stern: Das Ergebnis der Umstellung spricht für sich.

93+ 2021 »Pet Nat« trocken WB/SÄ
Schöne zitronengelbe Farbe im Glas. Ein Duft von Blumen und Hefe, kühl, etwas Jod. Am Gaumen elegante Perlage, appetitanregende Herbheit, trocken und saftig, feine Fruchtnoten nach weißen Blüten wie Holunder und Flieder. Fein ausbalancierter Apéro. 11,5 Vol.-%, VK, €€

93+ 2021 Bingen Scharlachberg Riesling trocken
Sehr zarter, feiner floraler Duft, junger Pfirsich und auch kräutrige Noten. Spritzig erfrischende Säure am Gaumen, saftig und animierend, auch im Mund Mineralik und Rauch, die Frucht ist noch verhalten und jugendlich. Großes Potenzial! 13 Vol.-%, NK, €€€

93 2020 »Réserve« Chardonnay trocken
Zarte Noten von frischen Holzscheiten, hellen Toastbrotscheiben und roten Mirabellen. Am Gaumen duftig und mit cremigem Säurespiel, das Barriquefass ist deutlich, aber gut eingebunden, kühl schmeckt der Wein, etwas salzig, und der Nachhall ist klar und saftig. 13,5 Vol.-%, NK, €€€

93 2021 Bingen Osterberg Riesling trocken
Zarte hellgrüne Noten im Glas. In der Nase Quitte und Heu, auch Jod und eine frische Brise. Am Gaumen saftig und mit dem Eindruck eines kleinen restsüßen Schwänzchens, gepaart mit feinen rauchigen Aromen entwickelt der Wein einen sehr trinkigen, erwachsenen Ausdruck. 13 Vol.-%, NK, €€€

92+ 2021 Bingen Kirchberg Riesling trocken

93+ 2021 Bingen Scharlachberg Riesling Kabinett
Juhu, ein herrlich frischer, saftiger, animierender und köstlich spritziger Kabinett, ungemein süffig, geradezu ein fröhlicher Vertreter – so wünscht man sich das! Das ausbalancierte Süß-Säure-Spiel ist gekonnt in Szene gesetzt und macht Spaß! 8 Vol.-%, DV, €€

★

WEINGUT RUPPERT-DEGINTHER

Kämmerergasse 8, 67596 Dittelsheim-Heßloch
T: +49 6244 292, kontakt@ruppert-deginther.de
ruppert-deginther.de

Ab-Hof-Verkauf: Ja
Kellermeister: Karl-Joachim Ruppert
Ansprechpartner: Justus Ruppert
Hektar: 28 ha

Der Hof der Familie besteht zwar bereits seit sechs Generationen, aber erst Karl-Joachim Ruppert hatte sich ganz auf den Weinbau fokussiert. Sohn Justus als Geisenheim-Absolvent mit Praktika bei Keller und Knipser und Schwiegertochter Milena als Getränketechnologin führen den guten Weg fort. Ganz bewusst hat man sich hier für die Rebsortenvielfalt entschieden. Diese Vielfalt ist bereits in unserem Tipp spürbar, der weißen »Burgunder-Trilogie«, die sich als idealer Kontextwein bei Tisch entpuppt. Auch sonst dominiert eine ruhige Reife das Bild. Weiter so!

91+ 2021 Hessloch Edle Weingärten Riesling trocken
In der Nase zeichnen die »Edlen Weingärten« ein eher südliches Bild mit einer reifen Aprikosennote und ein wenig Kardamom. Am Gaumen wird die attraktive Steinfrucht von einer lebendigen Säure begleitet, diese wirkt aber nie spitz, sondern unaufgeregt und fein. 12 Vol.-%, NK, €€

91+ 2019 Hessloch Liebfrauenberg Cabernet Sauvignon trocken
Schöne, klare Cabernet-Nase mit Cassis, Zeder, dunklem Tabak und feiner Holzwürze, etwas Paprika kommt dazu. Auch am Gaumen mit klarer, purer Frucht, die nicht von Holzeinfluss überlagert wird, weicher Gerbstoff, elegant mit freiem Fluss, mittlere Komplexität. 13,5 Vol.-%, NK, €€€

91 2019 Bechtheim Hasensprung Cabernet Franc trocken
Etwas Holzpatina in der Nase, Würze, Cassis, dunkle Kirsche und Brombeere, auch Blutorange. Mit guter Konzentration und Substanz am Gaumen, kräftig gebaut, ausgewogene Säure, wieder Würze und auch die Pfeffrigkeit der Rebsorte, die sich gut macht in Bechtheim. 13,5 Vol.-%, NK, €€€

91 2019 »Wild« Cuvée trocken CS/DF
Holunderbeeren und Schlehen mit würzigem Holz, dazu Cassis, dunkler Pfeifentabak, etwas Zeder und Zimt. Elegant am Gaumen mit patent eingewobener Kraft und Substanz, saftig, feine Würze und schwarzer Pfeffer, die feinkörnigen Gerbstoffe sind behutsam extrahiert. 14 Vol.-%, NK, €€

90 2020 Hessloch Liebfrauenberg Auxerrois trocken

90 2021 Sauvignon Blanc trocken

90 2020 Bechtheim Hasensprung Chardonnay trocken

89 2021 Bechtheim Grauer Burgunder tr.

89 2021 »Cuvée blanc« trocken SB/CH/WB

90 2018 »Schwarzwild« Cuvée trocken DU/ME

89+ 2019 Hessloch Spätburgunder trocken

90 2021 »Burgunder Trilogie« Hessloch trocken PG/WB/CH
In der Nase einerseits mit floralen Ansätzen, andererseits mit etwas gelber Steinfrucht und Kandis. Mittelgewichtig trotz des geringen Alkohols, sehr ruhig gleitend im Mund mit einem feinen Holztouch. Würze und Dichte schlagen eine Verwendung bei Tisch vor. 13,5 Vol.-%, DIAM, €€

★★★★

WEINGUT SCHÄTZEL

Oberdorfstraße 34, 55283 Nierstein
T: +49 6133 5512, weingut@schaetzel.de
schaetzel.de

Ab-Hof-Verkauf: Mo bis Fr 9–16 Uhr
Kellermeister: Kai Schätzel
Ansprechpartner: Kai Schätzel
Flaschen/Hektar: 107.000 (100 % weiß)/15 ha
Anbauweise: Bio

Kai Schätzel bleibt sich und seinen Prinzipien treu: Wer dachte, dass der Niersteiner Winzer als Vorstandsmitglied des VDP Rheinhessen gedanklich ins Establishment und stilistisch in die Klassik wechseln würde, hat sich getäuscht. Schätzel wandelt gekonnt auf einem schmalen Grat, der Elemente der Naturwein-Bewegung mit dem Terroir des Roten Hangs zusammenfügt. Weine wie den eigenwillig kultivierten »Fuchs« mit der typischen Phenolik des Hauses füllt er immer noch als Rheinischen Landwein ab. Kai Schätzel ist ein Winzer, der Rheinhessen und dem VDP guttut.

93 2019 »Fuchs« Nierstein Hipping Riesling trocken
Leicht trüb, beinahe mittleres Goldgelb. In der Nase eingelegte Apfelschale, Aprikose, auch angedörrte Aprikose, Kräuterbeet, etwas Safran. Der »Fuchs« zeigt einen kompakten Bau, saftig mit gutem Druck und auch Geschmeidigkeit, feine Phenole, schöpft Profil aus tiefgründiger Mineralik. 11 Vol.-%, NK, €€€€

94 2020 Nierstein Hipping Riesling GG
Spontangärungsgeprägt im Duft, Apfel und Hefe, Honig, balsamische Töne. Im Mund entfaltet der Wein einen durchdringenden Säurezug, der geschmeidige, ja fast viskose Fond und der Schmelz des Weins binden diesen Starkstrom nahtlos ein, zarte Phenolik bereichert die Struktur. Zuletzt bahnt sich die taktile Mineralik ihren Weg durch den komplexen, reichen Inhalt. 12 Vol.-%, NK, €€€€

93 2020 Nierstein Pettenthal Riesling GG
Etwas Spontangärungswürze und Apfel, aber auch Mineralwürze, balsamische, pfeffrige Töne. Der Gaumen hat eine trockene, nicht im Übermaß geschmeidig grundierte Dichte, feste Phenole, mittlere Tiefe, insgesamt eine unaufdringliche Struktur mit Understatement, mit sehr guter Perspektive. 12 Vol.-%, NK, €€€€

91+ 2021 Riesling Kabinett
Duft nach Limettenschale, dazu grüner Apfel, steinige Würze und Wiesenkräuter. Am Gaumen mit feiner Säure, süße Zitrusfrucht, Mandarinensaft, sehr balanciert, mineralisch unterlegt, fein und dicht, griffig. Eleganter Kabinett, der perfekt zu einem pikanten Essen passt. 7,5 Vol.-%, DV, €€

91 2021 Riesling trocken

91 2021 »naturweiss« trocken RR/GS/WB/MT
Gepflegte Naturwein-Nase mit Cidre, Apfelschale, Aprikose, Aprikosenkern, Kräutern und auch Kardamom. Schlank und kompakt am Gaumen mit straffer Säure, linearer, geradliniger Gaumenverlauf, aparte Herbe mit festen Phenolen, leicht salzig, animiert zum nächsten Schluck. 11,5 Vol.-%, DV, €€

★★

WEINGUT SCHERNER-KLEINHANSS

Alzeyer Straße 10, 67592 Flörsheim-Dalsheim
T: +49 6243 435, info@scherner-kleinhanss.de
scherner-kleinhanss.de

Ab-Hof-Verkauf: Ja
Kellermeister: Team Weingut Scherner-Kleinhanß
Ansprechpartner: Monika, Sonia und Julia Scherner
Flaschen/Hektar: 70.000 (65 % weiß, 35 % rot, 15 % Rosé, 1 % süß, 5 % Schaumwein)/13 ha

Für Klaus Scherner war das Weinmachen eine Passion und sein Leben – im Jahr eins nach seinem plötzlichen Ableben fragten wir uns bange, wie es wohl um die Kontinuität im Flörsheim-Dalsheimer Familienbetrieb bestellt sein würde. Aber schon nach der Verkostung der ersten Weine machte sich Erleichterung breit: Weine wie der wunderbar austarierte Grauburgunder, der glockenklare Rosé oder der feinwürzige Sauvignon Blanc hätten Scherner mit Sicherheit geschmeckt, er wäre ganz gewiss stolz auf diese Leistung des Teams um Ehefrau Monika und die Töchter Sonia und Julia.

90 2020 »Großes Gewächs« Dalsheim Bürgel Riesling trocken

Etwas zitrisch, Heu, Lakritze. Im Mund hat der Wein eine intensive Stoffigkeit, eine leicht trockene Phenolik und hefige Komponenten lassen ihn derzeit noch verschlossen erscheinen, die Säure hat Kraft, ohne ins Grünliche zu gehen. Gehaltvoller Wein mit Schmelz im Abgang. 12,5 Vol.-%, NK, €€

90 2021 Nieder-Flörsheim Sauvignon Blanc trocken

Geißblatt, Cassis und Holunderblüten, ein sehr würziger Sortenduft. Im Mund zeigt sich der Wein bereits früh im Gaumenverlauf sehr aromatisch, die Säure entfaltet Zug und Spannung, wird aber auch von feiner Süße umspielt. Ein herzhafter, erfrischender Wein. 12 Vol.-%, DV, €

89+ 2021 Dalsheim Weißer Burgunder trocken

Etwas Heu, blumige Noten, auch Nougat de Montélimar, Trockenfrüchte. Im Mund hat der Wein eine knackige Säure, straffe Bündelung bei mittlerem Körper, die Hefenoten des Ausbaus sind noch recht kräftig, werden sich aber im Lauf der Flaschenreife einbinden. 12,5 Vol.-%, DV, €

90 2021 Spätburgunder Rosé trocken

Pastellfarben. Der sehr klare Duft zeigt rote Beeren, Hagebuttengelée, ein makellos reifer und gesunder Pinot. Der Gaumeneindruck ist frisch durch einen Hauch Kohlensäure und den lebendigen Säurenerv, zarte Süße hebt die Frucht hervor. 12,5 Vol.-%, DV, €

89+ 2021 Dalsheim Riesling trocken

90 2021 Grauer Burgunder trocken

Orangenblüten, etwas Pfeffer, burgunderbeerige Untertöne. Im Mund hat der Wein eine schöne, nicht überbordende Struktur, dennoch zeigt er den aromatischen Reichtum der Sorte, hat Substanz und eine reife, aber auch feste und gut Halt gebende Säure. Sehr appetitlich! 12 Vol.-%, DV, €

★★

WEINGUT DANIEL SCHMITT

In den Weingärten 7, 67582 Mettenheim
T: +49 06242 1717, info@schmitt-weine.com
schmitt-weine.com

Ab-Hof-Verkauf: nach Vereinbarung
Kellermeister: Daniel Schmitt
Ansprechpartner: Daniel Schmitt
Flaschen/Hektar: 160.000 (70 % weiß, 30 % rot)/17 ha

Ein noch junges Weingut, das erneut überzeugen konnte. Seine zugänglichen Weine weisen ein durchgängiges Profil auf, da wackelt nichts. Während der Verkostung fielen immer wieder die Vokabeln »Spaß« und »Vergnügen«, was den Weinen freilich nicht ihre Ernsthaftigkeit absprechen soll. Ein tiefes Verständnis für die Rebsorten zeigt sich namentlich am Weißburgunder. Und wer noch nie bewusst einen Schwarzriesling getrunken hat, der sollte mit dem Produkt von Daniel Schmitt beginnen: Die Sorte kann was – der Winzer sowieso.

90 2020 Bechtheim Geyersberg Riesling trocken
Verhaltenes Bukett. Voller Geschmack, kraftvoller Extrakt, aber dennoch nicht schwer, rund und rundum gelungen. Nicht als Erfrischung einzusetzen, sondern zur Begleitung kompletter Menüs – oder auch, um nach einem hektischen Tag zur Ruhe zu finden. 12,5 Vol.-%, NK, €€

90 2021 Weißburgunder
Wiesenduft, sortentypisches Trinkvergnügen, ein dezenter Wein. Andeutungen von Kaffeebohnen und Toffee, sehr angenehmer, dauerhafter Nachgeschmack. Durchaus ein Anlass, die Gäste zu bitten, einmal kurz innezuhalten und sich dem Wein zuzuwenden. 12,5 Vol.-%, DV, €

89 2021 Sauvignon Blanc trocken
Erfreulich dezentes Bukett. Im Geschmack dominiert grüne Paprika, aber nicht penetrant, sondern erfrischend, schöne Spannung am Gaumen, der Nachgeschmack vergeht schnell. Gute Wahl für ein Picknick mit Sommersalaten, richtig viel Spaß für wenig Geld. 12,5 Vol.-%, DV, €

90 2019 Bechtheim Stein Schwarzriesling trocken
Rauchiges Bukett. Ein zarter, leichter Wein, der ein bisschen Luft braucht, um seine Eleganz zu offenbaren. Überzeugender, zurückhaltender Holzeinsatz, gut dosierte Säure, Erinnerungen an Schwarze Johannisbeeren, Thymian, angenehmer Nachgeschmack. 13,5 Vol.-%, NK, €€€

86 2021 Mettenheim Chardonnay trocken

90 2021 Chardonnay trocken
Chardonnay kann freundlich sein! Dieser hier ist ein kongenialer Begleiter sanfter Gerichte. Genug Stoff und Tiefe für alle, die Wein nicht für eine Nebensache halten, sehr geschickt angedeutete Süße. Für diesen Preis erst recht ein tolles Produkt. 12,5 Vol.-%, DV, €

★★

WEINGUT SCHÖNHALS

Hauptstraße 23, 55234 Biebelnheim
T: +49 6733 960050
schoenhals@weingut-schoenhals.de
weingut-schoenhals.de

Ab-Hof-Verkauf: Mo bis Fr 11–17 Uhr
Kellermeister: Martin Knab
Ansprechpartner: Hanneke Schönhals
Anbauweise: 107.000 (55 % weiß, 30 % rot, 12 % Rosé, 1 % süß, 2 % Schaumwein)/12.7 ha

Die Zukunft hat begonnen im Bio-Weingut Schönhals: Hanneke Schönhals, die 2018 die Verantwortung übernommen hat, kultiviert auf knapp 13 Hektar Rebfläche neben Riesling und Burgundersorten auch neue Rebsorten wie Saphira, Cabernet Blanc oder Satin Noir, die durch ihre Toleranz gegenüber Pilzkrankheiten besonders klimafreundlich sind und »ganz neue Geschmackswelten eröffnen«. Die Trauben werden von Hand gelesen, ein Teil davon mit den Füßen gestampft, dabei entstehen Weine aus einem Guss, mit immanenter Lebendigkeit und Spannung, die Zufriedenheit und Wohlgefühl hinterlassen.

92 2020 Pinot Blanc trocken
Mittleres Goldgelb. Gediegenes Bukett mit Trockenfrüchten, Aprikose, Mango, Apfelspalten und auch Ananas, feiner Rauch. Ein Buddha von Weißburgunder, der sich in seiner Meditation nicht gerne stören lässt. Aber auch mit immanenter Lebendigkeit und Spannung. Das wird. 13,5 Vol.-%, NK, €€€

91+ 2020 »Pur« Riesling trocken
Zur Aprikose kommen in der Nase getrocknete Apfelschalen, etwas Jasmintee und kräutrige Noten. Beileibe kein 08/15-Riesling, stoffig, saftig und auch fordernd am Gaumen mit phenolischer Schichtung, trocken, mit feiner Würze und auch Tiefgang, will erschlossen werden. 12,5 Vol.-%, NK, €€€

90+ 2019 Biebelnheim Pilgerstein Pinot Noir trocken
Die Nase ist noch von rauchigem Neuholz geprägt, reife dunkle Frucht, Schwarzkirsche, Schwarze Johannisbeere. Stoffig und würzig ansetzend im Mund, die reife, aber präsente Säure sorgt für Balance, durchgegoren, etwas Sauerkirsche, mineralische Tönung, gute Länge. 13,5 Vol.-%, NK, €€

90 2020 »Löss« Biebelnheim Pinot Noir trocken
Frische Kirschen und Johannisbeeren im gepflegten Duft, etwas Blutorange und feine, rauchige Holzwürze. Kräftig gebaut am Gaumen, zeigt gleich Substanz und Kraft, aber auch einen ausgeglichenen, in sich ruhenden Charakter, weicher Gerbstoff, gute Balance. 13,5 Vol.-%, NK, €€

89 2021 »Zukunftswein« Saphira trocken

90 2021 »Muschelkalk« Biebelnheim Weißburgunder trocken
Riecht nach frischer, reifer Aprikose, gelbem Apfel und Mandarine mit floralen Noten, Kräutern und Blüten. Im Mund mit kristalliner Säure auf einem geschmeidigen und saftigen Fond, ausgeruhter und gelassener Typus, cremig und mineralisch abgerundet, mit Stil. 12,5 Vol.-%, DV, €€

★★★

STRAUCH SEKTMANUFAKTUR

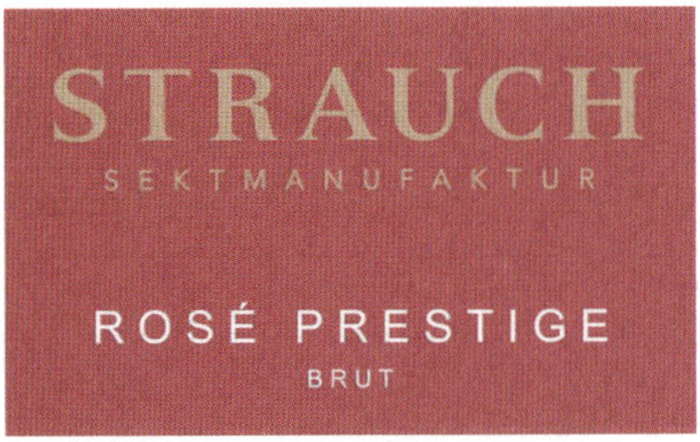

Dalbergstraße 14–18, 67574 Osthofen
T: +49 6242 913000, info@strauch-sektmanufaktur.de
strauch-sektmanufaktur.de

Ab-Hof-Verkauf: Mo bis Mi 8–13 Uhr, Do und Fr 13–18 Uhr, Sa 10–14 Uhr
Kellermeister: Tim Weißbach
Ansprechpartner: Isabel Strauch-Weißbach
Flaschen/Hektar: 53.000 (100 % Schaumwein)/25 ha
Anbauweise: Bio

Zu den Müttern und Vätern des deutschen Sekt-Wunders gehören auch Isabell Strauch-Weißbach und Tim Weißbach. Isabell Strauch-Weißbach krempelte nach ihrem Studium der internationalen Weinwirtschaft das elterliche Weingut um: Zuerst stellte sie mit ihrem Eintritt 2007 auf Bio um, dann gliederte sie 2011 schließlich gemeinsam mit ihrem Mann die Sektmanufaktur aus. Die für ihre Geradlinigkeit und ihren puristischen Stil bekannten Sekte haben ein sehr hohes Niveau erreicht. Und wie es beim Sekt so ist: Das Beste liegt noch auf der Hefe – darauf freuen wir uns schon im Voraus.

92 2012 »Grande Réserve« brut nature PN/CH/PM
Holunderblüten in der reifen Nase, hefig, weiße Blüten, Apfelschale, Apfel, etwas Heu und auch Efeu. Am Gaumen vollmundig, eher breit in der Anlage, milde Säure, mittelfeines Mousseux, Apfel als Gaumenfrucht, mittlere Länge, stilvoll, charmant gereift. 12 Vol.-%, NK, €€€€

92 2017 »Zero« brut nature
Im Duft leicht blumig, nussig, Hefenoten, Orangenschale. Im Mund ist der Wein mittelgewichtig im Extrakt, eher mild im Mousseux, recht ausgewogen, lebendige, aber gut eingebundene Säure, deutliche Phenolik. Eher Speisenbegleiter als Aperitif. 11,5 Vol.-%, NK, €€

91+ 2016 »Vieilles Vignes« Riesling extra brut
Ein reifer Sortenduft, Mandarine, ein Anflug von Bergamotte. Im Mund ist der Sekt lebendig, feines, aber dynamisches Mousseux, schöne Frische, mittlerer Körper, balanciert, feinwürziger Abklang. 11,5 Vol.-%, NK, €€€

91 NV »Crémant« Chardonnay brut
Der Wein ist verschlossen im Duft, hat dezente Kräutertöne, etwas Hefe, auch zitrische Noten. Im Mund zeigen sich ein feines, cremiges Mousseux, eine reife Säure und eine trockene Abstimmung, die frei von Bissigkeit oder Adstringenz ist. Ein Allrounder – Aperitif und Speisenbegleiter.
11 Vol.-%, NK, €€

90+ NV Pinot Blanc brut

91+ 2017 »Rosé Prestige« brut CH/PN/SW
Zartes Lachsrosa im Glas. In der Nase getrocknete Kräuter, fruchtige Noten von Roten Johannisbeeren, saftigen Erdbeeren, Himbeeren, Sauerkirschen. Am Gaumen saftige rote Früchte, Kräuterwürze, feines Mousseux, frisch, gut ausbalanciert. Als Apéro sowie zu Speisen.
12 Vol.-%, NK, €€

★★★★

WEINGUT THÖRLE

Am Norenberg 0, 55291 Saulheim
T: +49 6732 5443, info@thoerle-wein.de
thoerle-wein.de

Ab-Hof-Verkauf: Mo bis Fr 9–12.30 Uhr und 14–18 Uhr, Sa 9–17 Uhr
Kellermeister: Christoph & Johannes Thörle
Ansprechpartner: Christoph & Johannes Thörle
Hektar: 25 ha
Anbauweise: Bio

Christoph und Johannes Thörle haben wieder eine exzellente Kollektion im Keller. Der Probstey Silvaner aus 2021 schaffte sogar das Kunststück, in unsere »Top Seven« der Silvaner vorzudringen – inmitten lauter fränkischer Granden. Den Chardonnay haben wir als »reservierte Réserve« beschrieben, und das ist positiv gemeint: So verschlossen sind auch junge Burgunder. Beim Riesling punktet das Saulheimer Weingut sogar mit fruchtigem Kabinett. Last, not least gewannen die Brüder für ihr 2019 eröffnetes Gutsgebäude gerade den Architekturpreis beim »Best of Wine Tourism Award«. Glückwunsch!

94 2021 Saulheim Probstey Silvaner trocken
Opulente würzige Nase mit Noten von Kräutern wie Thymian und Myrrhe, aber auch Rauch. Im Mund wuchtig, man schmeckt das fein eingebundene Holz, mollige Noten machen sich breit, salzig und mineralisch am Gaumen, trotzdem ungemein frisch mit viel Saft. Auf die Zukunft! 12,5 Vol.-%, NK, €€€

93+ 2021 »Réserve« Chardonnay trocken
Eine äußerst reservierte »Réserve« in der Nase, mit viel Luft kommen dann herrliche burgundische Noten zum Vorschein, das Holz ist optimal eingebunden. Am Gaumen dann Kraft und Opulenz, die auf Zukunft ausgerichtete Säure macht auch jetzt schon Spaß. Langlebig! 12,5 Vol.-%, NK, €€€

93 2021 Saulheim Hölle Riesling trocken
Duftige Nase nach Quitten, dazu eine Meeresbrise, kühl und animierend, etwas Jod, salzig, kaum fruchtig. Am Gaumen frisch und saftig, grüner Apfel, auch hier leicht salzig, gute Säure mit perfektem Nachhall, köstlicher Trinkfluss, rauchiges Finale. 12,5 Vol.-%, NK, €€€

92+ 2021 »Kalk & Kreide« Saulheim trocken CH/WB
Kräftige Nase nach Butterscotch, Rauch, Zitrusfrüchten und weißen Mandeln. Im Mund kühl und dicht, fast mollig, die kräftige Säure stellt ein großartiges Gerüst für ein sehr langes Weinerlebnis auf. Trotz der Jugend schon jetzt wunderbar zu genießen! 12,5 Vol.-%, NK, €€

90 2021 »Kalkstein« Saulheim Riesling trocken

92 2021 Riesling Kabinett
Im Glas ein glitzerndes Funkeln. Die Nase zeigt duftige Noten von zartem Karamell, weißen Blüten und auch etwas Jod, frisch und knackig. Das setzt sich positiv im Mund fort, die Säure ist sehr präsent, die fast nur angedeutete Süße ist charmant abgepuffert. Fein! 9 Vol.-%, NK, €€

WEINGUT TISCHLEDER

Rheinhessenstraße 41, 55411 Bingen am Rhein
T: +49 6725 2639, info@weingut-tischleder.de
weingut-tischleder.de

Ab-Hof-Verkauf: Ja
Kellermeister: Christoph Tischleder
Ansprechpartner: Christoph Tischleder
Flaschen/Hektar: 40.000 (70 % weiß, 20 % rot, 6 % Rosé, 4 % Schaumwein)/4 ha

Das Weingut Tischleder in Bingen am Rhein ist ein Familienbetrieb mit vier Hektar Reben. »Weinmachen ist wie Musik für mich«, sagt Kellermeister Christoph Tischleder, der eine Leidenschaft für klassische Musik hegt: »Deshalb steckt immer viel Musik und Klang in meinen Weinen.« Die Guts- und Ortsweine bilden dabei das musikalische Fundament, mit den Spitzen der Kollektion will der Winzer »Meisterwerke« schaffen. Der imposante Spätburgunder »Der Titan« zeigt die Richtung an, der saftige Riesling trifft die richtigen Töne. Gelungene Ouvertüre im Guide!

90 2020 »Feuerzauber« extra trocken
Reife Riesling-Frucht im Duft mit Pfirsich und Aprikose, Hefe, dazu florale und würzige Komponenten, etwas Geißblatt. Am Gaumen mit einem vergnüglichen Zusammenspiel von lebendiger Säure und fruchtiger Süße. Guter Zug und selbstbewusstes Mousseux, cremig abgerundet. 13 Vol.-%, NK, €

89 2021 Scheurebe fruchtig
Frische Aprikose und Maracuja. Außerdem Stachelbeeren und Melone – ein richtiger Obstkorb also. Die Süße am Gaumen zeigt sich elegant und wirkt nicht klebrig, sondern macht den Wein trinkig. Die ausgleichende Säure verleiht dem Wein einen Kick Frische. 10 Vol.-%, DV, €

90 2020 »Der Titan« Spätburgunder trocken
Holzwürze mit Kirsche in der kräftigen Nase, balsamische Noten, Gewürznelken. Präsente Säure verleiht dem kräftigen Körper die nötige Frische, reife Gerbstoffe und Würze, trägt für einen Pinot Noir etwas an seiner Schwere, aber ist halt ein »Titan« mit Größe. 15 Vol.-%, DV, €€

88+ 2020 »PiNoah« Spätburgunder trocken
Reife, getragene Nase mit schwarzer Kirsche und Schwarzer Johannisbeere, Johannisbeer-Gelee, Kirschlikör und getrockneter Minze. Saftig und getragen am Gaumen mit gut eingebundenem Alkohol, kräftig und wuchtig in seiner Erscheinung, mit gut balancierter Säure. 15 Vol.-%, DV, €

87 2021 Dromersheim Weißburgunder trocken

89 2021 Dromersheim Riesling trocken
Feinfruchtig mit der rebsortentypischen Aromatik, Pfirsich, Aprikose und Weinbergpfirsich. Saftig am Gaumen mit einer selbstbewussten Säure, die auch den Verlauf dominiert, mineralische Würzung, harmonisch abgerundet durch etwas Restsüße. Bereits zugänglich. 12 Vol.-%, DV, €

★

VELIS VINEYARDS

Am Pfortengarten, 67592 Flörsheim-Dalsheim
T: +49 2253 9323094, sales@velis-vineyards.com
velis-vineyards.com

Kellermeister: Clemens Engel
Ansprechpartner: Michael Zehe
Hektar: 3.8 ha

Velis Vineyards ist ein ambitioniertes Wein-Projekt, das in Bulgarien und Deutschland aktiv ist. Im Oberthrakischen Tal werden 36 Hektar Reben kultiviert, in Rheinhessen 3,8 Hektar. Hinter Velis Vineyards stehen Velichka und Michael Zehe, die Weine werden von Kellermeister Clemens Engel ausgebaut. Beim Debüt im Weinguide konnten uns gerade die Rieslinge auf Anhieb überzeugen, die mit gepflegter Phenolik und kalkiger Mineralik auftrumpfen. Auch die Chardonnays zeigen gute Substanz und Struktur, ohne harmonische Abrundung würden sie uns noch besser gefallen. Spannend!

92 2020 Nieder-Flörsheim Frauenberg Riesling trocken
Apfel mit Aprikose und reifem Pfirsich treffen zusammen, weiße Blüten und Gesteinsmehl, kräutrige Noten, etwas nasses Laub. Mit Zug und guter Konzentration am Gaumen, die saftige und tragende Säure sorgt für Betrieb und Länge, feine phenolische Unterfütterung, mineralisch.
12,5 Vol.-%, DIAM, €€

91+ 2021 Nieder-Flörsheim Frauenberg Roter Riesling trocken
Gehaltvoller Duft nach Nektarine, gelber Pflaume, reifem gelbem Apfel und etwas Grapefruit, feiner Rauch. Zeigt feste Struktur am Gaumen, gute Dichte, saftig, straffe, zielgerichtete Säure, kalkige Mineralik, reife Phenolik, gute Balance der Elemente. 12,5 Vol.-%, DIAM, €€€

89+ 2021 Chardonnay trocken
Reife, frisch geerntete Birne in der Nase, blumige Noten, etwas Holunderblüten, Quittenschale, gelber Apfel. Saftig und geschmeidig am Gaumen mit weichem Hintergrund, guter Substanz und süßlicher Frucht, die kalkige Mineralik steht dagegen und prägt das Profil. 12,5 Vol.-%, DIAM, €

89 2021 Riesling trocken
Apfel und Mirabelle in der Nase, Aprikose, grüner Apfel, Limettenschale, florale Noten, auch etwas grüner Pfeffer. Gut balancierter Riesling mit präsenter und erfrischender Säure, gut eingebettet in ein saftiges, abgerundetes Ambiente mit feiner Würze und anklingender Mineralik. 12,5 Vol.-%, DV, €

89 2020 Chardonnay trocken

89 2021 Roter Riesling trocken
Roter Apfel, Nektarine, Pfirsich und auch etwas frische Zwetschge im Duft mit blumigen Noten, Veilchen, Jasmin. Saftiger und harmonisch abgerundeter Riesling mit weicher, zurückgenommener Säure, süße Aprikose, würzige und auch leicht herbe, steinige Noten. 12,5 Vol.-%, DV, €

★

WEINGUT WEBER

Herrbornstraße 26, 55435 Gau-Algesheim
T: +49 6725 2263, info@weber-weine.de
weber-weine.de

Ab-Hof-Verkauf: Ja
Kellermeister: Hermann Weber
Ansprechpartner: Hermann und Martina Weber
Hektar: 17 ha

Das Weingut Weber wurde 1952 von Helmut Weber in Gau-Algesheim gegründet. Seit 1995 liegt der Betrieb in den Händen von Winzermeister Hermann Weber und seiner Frau Martina, die den Betrieb gemeinsam entwickelt haben – mittlerweile bewirtschaften sie auf 17 Hektar etwa zur Hälfte rote und weiße Rebsorten, darunter eher selten kultivierte Varietäten wie Pinot Meunier und Frühburgunder. Die Weber-Weine zeichnen sich durch einen schönen Trinkfluss und eine gute Substanz aus – und bleiben immer erschwinglich, sodass es Freude macht, eine zweite Flasche zu öffnen.

90 2021 Gau-Algesheim Johannisberg Gelber Muskateller feinherb
Zitronengelb in der Farbgebung. Intensiv im Duft, im Glas entwickeln sich Aromen von Mango, Mandarine, Muskatnuss, Orangenblüten und Geißblatt. Am Gaumen herrlich saftig und mit sehr gutem Extrakt, die balancierende Säure trägt zum guten Trinkfluss bei.
11 Vol.-%, VL, €

87 2021 »Calcaire« Chardonnay trocken
Anfangs bedeckt im Duft, dann Aromen von Sternfrucht, gelbem Apfel, reifer Birne und Vanilleschote. Am Gaumen trägt die lebendige Säure die reife Fruchtaromatik und bleibt dabei geschmeidig und zugänglich. Ein Wein für den unmittelbaren Genuss. 13 Vol.-%, VL, €

90 2018 Pinot Meunier trocken
Zu Beginn intensiv im Duft mit schwarzen und roten Waldbeeren, Himbeeren, Tomatenblatt und Waldboden. Am Gaumen trägt die gute Säure diese Aromatik, dabei noch jugendliche Tanninstruktur, durchweg lebendig, mit Saft und Kraft und einem attraktiven Abgang. 13,5 Vol.-%, VL, €

89 2020 »S*« Frühburgunder trocken
Mittleres Rubinrot. Intensive Kräuternote in der Nase, es folgen Sauerkirsche, dunkle Himbeere und Brombeere. Am Gaumen kommen dann auch Schwarze Johannisbeere und Mokka dazu, getragen von lebendiger Säure in einem kräftigen Körper bei reifen Gerbstoffen. 14 Vol.-%, VL, €

87 2019 »S* Alte Reben« Portugieser trocken

89+ 2021 Riesling Spätlese
Duft nach reifem gelbem Pfirsich, Honigmelone, reife Aprikose sowie Zitronenzesten. Am Gaumen mit durchaus komplexer Frucht, wieder helle reife Früchte, dicht und konzentriert, lebendige Säure, die die prägende Süße gut puffert. Interessant zum Dessert. 8 Vol.-%, VL, €

★★★★

WEINGUT WEEDENBORN

Am Römer 4–6, 55234 Monzernheim
T: +49 6244 387, weingut@weedenborn.de
weedenborn.de

Ab-Hof-Verkauf: Mo bis Fr nach Vereinbarung
Kellermeister: Gesine Roll
Ansprechpartner: Gesine Roll
Hektar: 20 ha

So schnell landet man im Sortierkästchen: Gesine Roll wird weithin als geniale Sauvignon-Blanc-Winzerin angesehen, und das zu recht, aber darüber sollten ihre anderen tollen Weine nicht vergessen werden. Insbesondere der Chardonnay »Réserve« hat uns hingerissen. Was da auf sortenfreundlichem Kalkboden wächst (angeleitet von der Sachkunde der Betriebsleiterin), das hat wahrlich Format. Schöne Rieslinge runden das Portefeuille ab. Alles locker über 90 Punkten, das muss man erst einmal hinbekommen.

94 2020 »Réserve« Chardonnay trocken
Elegantes, nicht überfallartiges Bukett von Mais und Haselnuss, Thymian und Quitte. Die gleichen Nuancen finden sich verstärkt im Geschmack, ebenso im Nachgeschmack, Extrakt und Säure geben dem Wein Format. Eine Punktlandung.
13 Vol.-%, NK, €€€

93 2019 »Grande Réserve trocken SB/CH
Noch immer jugendlich, unbedingt ein Wein zum Einlagern. Grüner Apfel, etwas Bittermandeln, das ist schon mal eine tolle Kombination. Vielversprechende Stoffigkeit, Säure, Tannine. Auf Wiedervorlage in drei bis fünf Jahren!
13 Vol.-%, NK, €€€

92 2020 »Réserve« Sauvignon Blanc trocken
Intensives Bukett, leicht reduktiv, dazu ein Touch heller Früchte. Unaufdringlicher, angenehm erfrischender Geschmack, zart angedeutete Süße, ansonsten Küchenkräuter und Paprika sowie Zitrusnoten, die sich im Nachgeschmack harmonisch fortsetzen.
13 Vol.-%, NK, €€€

91 2021 Westhofen Kirchspiel Riesling trocken
Einladender Duft von Pfirsich mit einer Nuance Wacholderbeere. Freundliche Attacke am Gaumen mit Noten von Roter Johannisbeere und einem Bündel von Küchenkräutern. Trinkfluss, Trinkspaß, saftig bis zum Schluss und immer mineralisch. 12,5 Vol.-%, NK, €€€

91 2021 Westhofen Chardonnay trocken

91 2021 »Terra Rossa« Sauvignon Blanc tr.
Erfrischender Duft. Zitrustöne im Geschmack, auch etwas Haselnuss, gaumenfreundliche, vibrierende Säure, der Wein hat Schliff und Präsenz. Ideal als appetitanregender Aperitif oder zu Meeresfrüchten. Hat Reifepotenzial.
12,5 Vol.-%, DV, €€

★★★

WEINGUT WERTHER WINDISCH

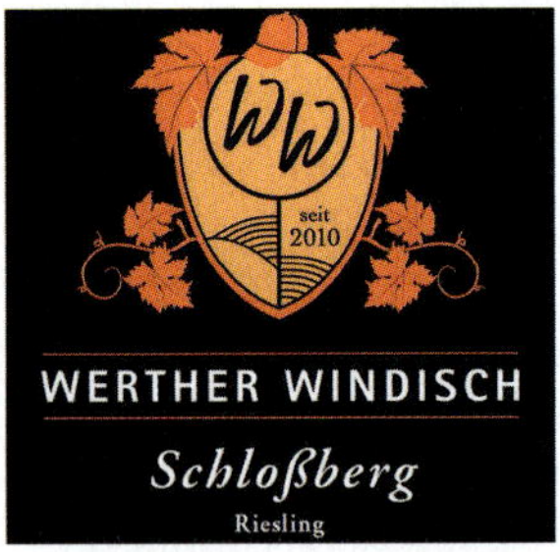

Schulstraße 3, 55278 Mommenheim
T: +49 6138 9417665, info@werther-windisch.de
werther-windisch.de

Ab-Hof-Verkauf: nach Vereinbarung
Kellermeister: Jens Windisch
Ansprechpartner: Jens Windisch
Hektar: 13 ha
Anbauweise: Bio

Ein rheinhessischer Winzer, der den Silvaner neben dem Riesling auf die höchste interne Qualitätsstufe setzt, ist schon einmal ein guter Mann. Wer dann den nominell noch kleineren Weißburgunder probiert, wird schnell auf die Idee kommen, dass Jens Windisch diesem ebenfalls einen Platz im Olymp freihalten könnte. Besonders gefallen hat uns in diesem Jahr auch der »einfache« Spätburgunder – mit voller Traubenreife und dennoch im kühlfruchtigen Stil der neuen deutschen Elite. Was Jens Windisch bio-zertifiziert auf die Beine stellt, ist uns den dritten Stern wert. Glückwunsch!

92 2021 Harxheim Lieth Silvaner trocken
In der Nase reifer Apfel und Walnuss ohne jegliche Aufdringlichkeit, schon hier ist eine entspannte Dichte mit leichten laktischen Einflüssen zu spüren. Dicht am Gaumen, souverän, leicht rauchig, schöne Säurepikanz in der durchaus festen Materie. Ein Wein, der haftet, trägt und reift.
13 Vol. %, DV, €€

92 2021 Harxheim Schloßberg Riesling trocken
Frische, fast kreidig-helle Nase über dunklerem Untergrund, Zitronenschale, Buchsbaum, Anisnoten. Am Gaumen weitaus lebendiger, aber weniger gelassen als der gleichwertige Silvaner, ein feiner, jahrgangstypischer grüner Stich weht mit hinein. Sehr gelungen! 12 Vol.-%, DV, €€

91 2021 »8grad14minuten« Weißburgunder trocken
Deutlich gedämpfte Primärfrucht in der Nase, leicht nach Zedernholz vom Ausbau, elegant und ambitioniert. Im Mund präsentiert sich der Weißburgunder ausgewogen, durchaus mit Zug, vollkommen trocken, salzig, gleitende Materie. Ein kleines Meisterwerk für die Gastronomie. 13 Vol.-%, DV, €€

92+ 2021 Riesling Beerenauslese
Üppige, dichte Nase, eingekochte Quitte, getrocknete Früchte, Mandarinenschalen, viel Würze, Rosmarin. Am Gaumen mit schmelzender Süße, Waldhonig, exotische Früchte, sehr dicht, phenolisch, hat Druck und Kraft, schöner Säurefaden. Braucht noch Zeit. 6 Vol.-%, DV,

89 2021 »Weiß« trocken BC/GS/MT

91 2020 Spätburgunder trocken
Junges, helles Purpurrot im Glas. In der Nase viel Holunder, dunkle Pflaume, Wacholder, weit weg von Röstigkeit und überkochter Erdbeere. Auch am Gaumen eher der herbfruchtige Typus, Holunderbeere, Schwarzkirsche, gleichzeitig zupackend und in kühler Aromatik gehalten. Extrem überzeugend! 13,5 Vol.-%, DV, €

★★★★★

WEINGUT WITTMANN

Mainzer Straße 19, 67593 Westhofen
T: +49 6244 905036, info@wittmannweingut.com
weingutwittmann.de

Ab-Hof-Verkauf: Mo bis Fr 9–17 Uhr, Sa 11–15 Uhr, es wird um Anmeldung gebeten
Kellermeister: Philipp Wittmann und Georg Rieser
Ansprechpartner: Philipp Wittmann
Anbauweise: 30 ha

Man mag sich wundern, warum wir dieses Jahr den Westhofener Ortsriesling als Falstaff-Tipp ausflaggen, der doch mit seinem Ab-Hof-Preis von 26,50 Euro kein Alltagswein mehr ist. Doch diese Abfüllung bietet so viel Terroir und Stilsicherheit, dass sie eben trotz ihres Preises ein Schnäppchen ist. Natürlich stellen die Großen Gewächse aus Morstein und Brunnenhäuschen eine Steigerung dar: Wittmann und sein Team schaffen es, den Weinen ein Maximum an Frische, an kompakter Bündelung und an Potenzial mitzugeben, das gilt bis hinab zum Gutsriesling »vom Kalkstein«.

95+ 2021 Westhofen Brunnenhäuschen Riesling GG

Eine komplex mineralwürzige Nase, Melisse und Majoran, getrocknete Zitronenschale, ein Hauch Überreife. Im Mund wirkt die Säure fest und ebenso konzentriert wie die Phenolik und die taktil-mineralische Komponente. Unter der packenden Struktur liegt eine Schicht Geschmeidigkeit.
12,5 Vol.-%, NK, €€€€

94 2021 Westhofen Morstein Riesling GG

Terpengetragen und reduktiv, blumig, Maiglöckchen, Zitrusfrucht. Im Mund dicht, straff, kräftige und lang anhaltende Säure, der Abgang mit seiner konzentrierten Stoffigkeit deutet trotz des mittleren Volumens auf ein langes Leben, pointierte Mineralik zuletzt. 12,5 Vol.-%, NK, €€€€

92+ 2021 Westhofen Kirchspiel Riesling GG

Der Duft ist noch hefig, hat aber auch eine zitrische Frucht wie von Mandarine. Im Mund zeigt der Wein eine rasierklingenscharfe, auch leicht grünliche Säure, ist mineralisch gefärbt und durchaus dicht, wirkt derzeit noch recht monolithisch. Gutes Potenzial. 12,5 Vol.-%, NK, €€€€

91+ 2021 »1G« Gundersheim Riesling trocken

Orangenschalen, Blutorange, intensiv mineralische Untertöne. Am Gaumen ist der Wein dicht, geradeaus gebaut mit straffem Säurezug und relativ großzügig dosierter Süße. Der Wein bezieht seinen Reiz aus dem Fokus auf Nerv und Mineralik – und aus seinem guten Potenzial. 12 Vol.-%, NK, €€€

90+ 2021 »vom Kalkstein« Riesling trocken

93 2021 »1G« Westhofen Riesling trocken

Der Duft ist noch verschlossen, zeigt aber bereits Feuerstein, Melisse, Apfel und Orangeat. Im Mund wirkt der Wein aus einem Guss, zarte, präsente Phenolik und saftige Säure sind vom reichen Körper eingebunden, der Wein hat sehr viel salzigen, mineralischen Extrakt und große Zukunft.
12,5 Vol.-%, NK, €€€

WEINHAUS AM WISSBERG

Fraunhoferstraße 15, 94315 Straubing
T: +49 9421 7879695
kontakt@weinhaus-am-wissberg.de
weinhaus-am-wissberg.de

Ab-Hof-Verkauf: nach Vereinbarung
Kellermeister: Torsten Klein & Frank Stumm
Ansprechpartner: Karlheinz Göldner
Flaschen/Hektar: 13.000 (98 % weiß, 2 % rot)/2 ha

Wer den Spätfrost nicht fürchtet, könnte mittlerweile auch in Niederbayern Weine erzeugen, die sich nicht verstecken müssen. Aber auch jene Weine, die »nur« in Straubing in Auftrag gegeben und in Rheinhessen von Frank Stumm und Torsten Klein realisiert werden, brauchen das Licht nicht zu scheuen. Jahrgangstypisch leichter im Alkohol ist die Kollektion diesmal ausgefallen, aber alle Weine können mit Zeit und Luft noch deutlich zulegen. Die merkliche Restsüße steht ausgerechnet dem bayerischen Wappentier am besten: Der »Leo« ist unser Tipp. Ganz oben gibt es mit dem »Monoceros« einen ausgesprochenen Langstreckenläufer.

92+ 2020 »Monoceros« Chardonnay trocken
Deutlich grünliche Farbreflexe im Glas, Noten von Zeder in der Nase, kombiniert mit Klarapfel, Anis und Fenchel. Am Gaumen ist der »Monoceros« der einzige richtig trockene Weiße der Kollektion, ambitioniert, aber ohne jede Übertreibung. Schön wäre es, ihm auch beim Trinkdatum die Zeit zu geben, die er zur Entfaltung braucht. 13,5 Vol.-%, NK, €€€

90+ NV »Gemini« Weißburgunder & Chardonnay trocken
Die teils im Barrique ausgebaute Cuvée präsentiert sich frisch geöffnet sehr dezent und verlangt nach mehr Zeit. Schöne Dichte am Gaumen, gleitende und elegante Textur, Birne, Mandel und ein unaufdringlicher Holztouch. Auch »Gemini« schmeichelt mit feiner Restsüße. 12,5 Vol.-%, NK, €€

90 2021 »Columba« Weißburgunder trocken
Heller in der Nase als der »Pavo«, hat »Columba« in der Nase Apfelnoten und Baumblüten zu bieten. Am Gaumen gibt es viel Frische und Pikanz, deutlich leichter als im Vorjahr interpretiert, aber auch hier auf der harmonisch trockenen Seite gehalten. 11,5 Vol.-%, DV, €

91+ 2020 »Corvus« trocken
Hinter dem »Corvus« verbirgt sich ein reinsortiger Portugieser von alten Reben und nicht entrappt. Brombeere, Berglinsen und eine beachtliche Dichte charakterisieren die Nase. Am Gaumen mit feinen Gerbstoffen und tragender Frucht, etwas Holzrauch. Ein Schmuckstück für die Rebsorte! 12,5 Vol.-%, NK, €€€

89 2021 »Pavo« Grauburgunder trocken

91 2021 »Leo« Chardonnay feinherb
In der Nase bietet »Leo« nicht nur Baumblüten, sondern auch einen Touch Fleischbrühe, die aber keineswegs fehl am Platz erscheint. Salzig im Mund und recht dicht gehalten, wollte der Spontangärer nicht ganz durchgären. Kein Chablis dadurch, aber ein wirklich charmanter, fruchtgetragener Wein! 11,5 Vol.-%, DV, €€

WEINGUT ZINK DIE WEINSCHMIEDE

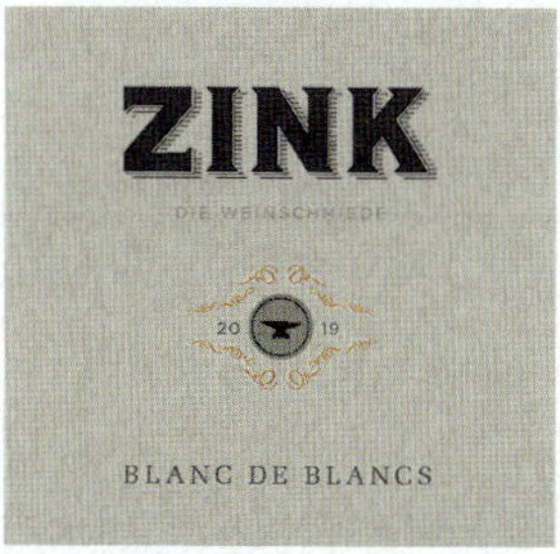

Vordergasse 13, 67592 Flörsheim-Dalsheim
T: +49 6243 7622, info@weingut-zink.de
weingut-zink.de

Ab-Hof-Verkauf: nach Vereinbarung
Kellermeister: Matthias Zink
Ansprechpartner: Sybille Hofstätter-Zink

Das rebenreiche Flörsheim-Dalsheim ist der Sitz der Weinschmiede Zink. Im Namen des Weinguts schwingt die Erinnerung an die frühere Handwerkstradition der Familie mit: Noch der Großvater war wie fünf Generationen vor ihm Hufschmied. Da liegt es nahe, die Weinlinien mit Begriffen wie »Hufeisen«, »Amboss« und »Hammer« zu bezeichnen. Uns hat – wie auch schon in den Vorjahren – der Bacchus »Alte Reben« ausgezeichnet gefallen. Man könnte sagen: der Hammer! Expansiv ist das Weingut ebenfalls, gerade wurden im Dalsheimer Hubacker neue Rieslingreben gesetzt.

89 2019 »Wedding Cuvée« brut PN/CH
Apfel und rote Beeren im Duft, feine Hefenoten. Im Mund hat der Wein ein lebendiges Säurerückgrat, ein frisches Mousseux, einen linearen Bau mit mittlerem Körper, gut balancierender Süße und leicht hefigen Abgangsaromen. Ein harmonisches Erfrischungsgetränk. 12 Vol.-%, NK, €€

88 2021 Dalsheim Hubacker Riesling trocken
Fruchtbetonter Rieslingcharakter: Zitrone, Honigmelone, Pfirsich und weiße Blüten im Duft. Animierende Säure und guter Fruchtausdruck auch am Gaumen, mittlere Länge und Dichte, lebendiges und fruchtiges Finale.
12,5 Vol.-%, DV, €

88 2021 Dalsheim Steig Gewürztraminer trocken
Jasmin, Litschi, Rosenblätter und Muskat definieren den Duft dieses Gewürztraminers. Die gerundete Säure integriert sich in den mittelgewichtigen Körper, die dezente Restsüße betont die fruchtigen Komponenten. Harmonisches Gesamtbild. 13 Vol.-%, DIAM, €€

88 2020 Dalsheim Steig Spätburgunder trocken
Rauchiges Neuholz und dunkelbeerige Aromen, auch Karamell und Schwarzkirschkonfitüre. Im Mund ist der Wein leicht- bis mittelgewichtig im Extrakt, hat eine recht präsente Säure und eine noch verschlossene Gaumenfrucht, mittlere Länge. 13,5 Vol.-%, NK, €€

87 2021 Blanc de Noir trocken

89+ 2021 »Alte Reben« Bacchus trocken
Im Duft Eisbonbon, etwas Zitrus, würzige, nahezu traminerartig florale Aromen, Litschi. Der Gaumen beginnt geschmeidig, die Gaumenmitte zeigt guten Extrakt, eine feine Süße gibt der traubigen Frucht Volumen. Zeigt die Sorte von ihrer charaktervollen Seite. 12 Vol.-%, DIAM, €

Katharinenkirche in Oppenheim

GASTGEBER AUS LEIDENSCHAFT

Gemeinsam mit den Winzern der Region – als uneingeschränkten Experten, was das leibliche Wohl anbelangt – hat Falstaff die besten Genussadressen in Sachen Kulinarik sorgfältig ausgewählt und zusammengestellt.

55411 Bingen am Rhein

Das Bootshaus

Nils Henkel legt im modern-legeren Hotelrestaurant den Schwerpunkt auf Fisch und Gemüse und vereint gekonnt regionale und internationale Küche. Mittags à la carte, täglich wechselnde Dinnermenüs am Abend.

Hafenstaße 47
+49 (6721) 3501
www.paparheinhotel.de

Empfohlen von: **Weingut Riffel, Weingut Sascha Montigny**

65343 Eltville

Anleger 511

Direkt am Rheinufer, mit Blick auf den Fluss, bestellt man auf den begehrten Terrassenplätzen zu Rheingau-Weinen erstklassige Bratwurst – auch als Curry-Variante erhältlich – des Labels »11te Generation«.

Platz von Montrichard 2
+49 (6123) 689168
www.anleger511.de

SO €

Empfohlen von: **Weingut Johannishof**

Foto: beigestellt, Shutterstock

55237 Flonheim

Espenhof

Die Weinstube ist aktuell donnerstags bis samstags sowie an wechselnden bestimmten Tagen geöffnet. Gekocht wird bodenständig-lecker, die Gäste können sich aus der Karte eigene Menüs zusammenstellen.

Hauptstraße 81
+49 (6734) 94040
www.espenhof.de

P SO €€

Empfohlen von: **Weingut Schönhals**

68159 Mannheim

Marly

Design und malerische Kaiterrasse, bei den Gerichten ist die Küche frankophil unterwegs. Ein Hochgenuss der bretonische Seeteufel mit karamellisiertem Fenchel, Tomaten, Kapern und Oliven. Gute Weine.

Rheinvorlandstraße 7
+49 (621) 86242121
www.restaurant-marly.com

SO

Empfohlen von: **Falstaff-Redaktion**

55131 Mainz

Favorite

Im elegant eingerichteten Hotelrestaurant serviert der talentierte Tobias Schmitt raffinierte Menüs, die er klassisch oder modern interpretiert. Spezielle Kreationen für Vegetarier, mittags Lunchmenüs.

Karl-Weiser Straße 1
+49 (6131) 80150
www.favorite-mainz.de

P SO

Empfohlen von: **Weingut Kühling-Gillot, Weingut Battenfeld-Spanier**

55268 Nieder-Olm

Das Crass

Rheinhessische Spezialitäten in einem sympathischen Familienbetrieb, das gilt für Küche und Keller – dazu ein gutes Angebot an regionalen Weinen zu den herzhaften deftigen und saisonal geprägten Speisen.

Pariser Straße 129
+49 (6136) 814480
www.das-crass.de

P SO

Empfohlen von: **Falstaff-Redaktion**

67574 Osthofen

Landhaus Dubs

Allein wegen der hausgemachten Gänsestopfleber kommen Gäste zu Wolfgang Dubs, der französische Haute Cuisine aus dem Effeff beherrscht. Ein Altmeister der authentischen Traditionsküche in Bestform.

Am Mühlpfad 10
+49 (6242) 9125205
www.dubs.de

P SO €€

Empfohlen von: **Weingut Boxheimerhof**

55291 Saulheim

mundart

Der herausgeputzte Gasthof ist das Refugium von Markus Hebestreit, der im gemütlichen Landhausambiente klassisch französische und mediterran inspirierte Küche auftischt – immer mit einer Portion Pep.

Weedengasse 8
+49 (6732) 9322966
www.mundart-restaurant.de

SO €€

Empfohlen von: **Weingut Battenfeld-Spanier Weingut Bischel**

67593 Westhofen

Gut Leben am Morstein

In der rheinhessischen Provinz ist die herausgeputzte Gründerzeitvilla ein kulinarischer Leuchtturm. Die Küche wandelt gekonnt zwischen regionalen und internationalen Klassikern. Dazu gibt es allerlei Gewächse aus rheinhessischen Weinbergen.

Mainzer Straße 8
(624) 4 9186772
am-morstein.de

P

Empfohlen von: **Strauch Sektmanufaktur, Weingut J.G. Orb, Weingut Schönhals**

55278 Selzen

Kaupers Kapellenhof

Marktfrische Produkte sind das Küchencredo von Sebastian Kauper, je nach Angebot wird die Speisekarte geschrieben. Attraktiv ist sie immer und alles »Gourmet-like« zubereitet bis ins kleinste Detail.

Kirschgartenstraße 13
+49 (6737) 8325
www.kaupers-kapellenhof.de

P

Empfohlen von: **Kapellenhof, Weingut Battenfeld-Spanier**

55270 Zornheim

Zornheimer Weinstuben

Hier weht frischer kulinarischer Wind in altehrwürdigem Gemäuer. Rheinhessische Gastfreundschaft und bodenständige Küche in perfekter Liaison. Zu saftigem Rumpsteak gibt's Großmutters Bratkartoffeln.

Röhrbrunnenplatz 1
+49 (6136) 45616
www.zornheimer-weinstuben.de

SO €€

Empfohlen von: **Falstaff-Redaktion**

Spitzhaus an der privilegierten Weinlage
Goldener Wagen bei Radebeul

NORD OSTEN

SAALE-UNSTRUT, SACHSEN, BRANDENBURG, THÜRINGEN, MECKLENBURG-VORPOMMERN

Foto: Martin Förster, Dresden Marketing

LAND DER UNBEGRENZTEN MÖGLICHKEITEN

Die Weine aus Sachsen und von Saale und Unstrut sind längst gesamtdeutsche Stars – doch jetzt machen auch die ersten Winzer aus Brandenburg, Thüringen und Mecklenburg-Vorpommern von sich reden.

TEXT ULRICH SAUTTER

Lancken-Granitz auf der Insel Rügen: Mario Hohmann steht auf der Terrasse seines Bungalows und lässt sich die steife Ostseebrise um die Nase wehen. Vor ihm, einen sanften Hang hinab, breitet sich ein Weinberg aus, ein Hektar groß, im Mai 2018 gepflanzt. Schon 2019 gab es den ersten kleinen Ertrag, 600 Flaschen. 2020 zeigte das Refraktometer 83 Oechsle an. Und bereits 2021 bestand der Weinberg seine Feuertaufe, denn in diesem Mehltaujahr kamen die Stöcke der pilzwiderstandsfähigen Sorte Souvignier Gris ohne eine einzige Spritzung durch den Sommer. »Nur ganz unten sah man in einer kleinen Senke etwas Peronospora, vier, fünf Rebstöcke waren betroffen, der Rest des Weinbergs blieb kerngesund.« Ob es am Wind lag oder an der salzigen Seeluft des Inselufers? Hohmann kann nur Vermutungen anstellen. Sicher aber ist, dass er eine erstklassige Lese einbringen und an die Mosel fahren konnte, wo die Trauben im Weingut Apel in Nittel gekeltert werden.

30 HEKTAR AM STÜCK

Natürlich heißen die Mekkas des ostdeutschen Weinbaus eher Radebeul oder Naumburg und nicht Lancken-Granitz, und daran wird sich auch nicht so schnell etwas ändern. Aber andere Regionen holen auf, man ist versucht zu sagen: »neue« Regionen – wenngleich diese Kennzeich-

Fotos: beigestellt, (c) Claudia Hübschmann, Meißen, Weingut Hohmann Rügen, deutsches Weininstitut

nung nur bedingt richtig ist, denn im Stargarder Land zum Beispiel, ebenfalls in Mecklenburg-Vorpommern, gab es noch im 16. Jahrhundert Weinbau, erst danach riss die Tradition ab. »Weil der Weinbau nachweislich schon mal hier war«, erzählt Stefan Schmidt, Betriebsleiter auf dem Weingut Schloss Rattey, »konnten wir uns 2004 gegen allen Gegenwind aus Schwerin das Recht auf eine eigene Landwein-Bezeichnung erstreiten.«
Gelegen zwischen zwei Höhenzügen von maximal etwas über 100 Metern Seehöhe – »die Mecklenburger sagen dazu Gebirge«, merkt der gebürtige Magdeburger Schmidt an –, wurden hier 1999 die ersten Reben gepflanzt, 2005 waren es bereits fünf Hektar. Als der Besitzer des Schlossguts aussteigen wollte, stand das Projekt auf der Kippe. Doch dann wurde Schmidt gefragt, ob er als Berater für einen Obstbaubetrieb auf der Insel Usedom tätig sein wolle. »Mitten in der Lese kam der zu mir, und ich habe gesagt: ›Mein Gott, ich hab gar keine Zeit, aber wenn Sie gerade hier sind: Wir haben gerade ein Investitionsproblem, wäre Weinbau nicht auch was für Sie?‹« Dem Geschäftsführer der Inselmühle Usedom gefiel die Idee mit dem Weinbau in Rattey. »Als er fragte: ›Wie viele Hektar brauchen wir, um wirtschaftlich arbeiten zu können?‹«, erzählt Schmidt weiter, »da habe ich gesagt: ›25 wären gut.‹ Da sagte er: ›Gut, dann machen wir doch 35.‹« 2022 konnte Schmidt weitere Reben setzen, der Weinberg ist jetzt 30 Hektar groß, zwölf davon sind bereits im Ertrag, und mit einem Investitionsbetrag von 20 Millionen Euro entsteht gerade ein nigelnagelneues Kellereigebäude.

Dr. Georg Prinz zur Lippe, Weingut Schloss Proschwitz in Sachsen

Mario und Simone Hohmann, Weingut Hohmann Rügen

WEINBAU IM NORDOSTEN

Anbaufläche Mecklenburg-Vorpommern: 90 Hektar
Anbaufläche Brandenburg: 35 Hektar
Anbaufläche Sachsen-Anhalt: 700 Hektar
Anbaufläche Sachsen: 490 Hektar
Anbaufläche Thüringen: 120 Hektar

Blick von der Weinlage Schloss Proschwitz auf die Albrechtsburg in Meißen

BREITENGRAD 51

Auch an anderen Stellen im Osten passiert Bemerkenswertes in Sachen Wein. Weinbau Dr. Wobar im Brandenburgischen Großräschen ist Falstaff-Lesern als Gewinner der PiWi-Trophy 2021 bekannt. Jörn Goziewski war im Jahr 2019 seiner Rheingauer Weine wegen ein Kandidat für den Titel »Falstaff Newcomer des Jahres«, inzwischen produziert der 41-Jährige auch Wein in Thüringen, in Weimar und in Erfurt – in Erfurt auf Land, das der Kirche gehört und den schönen Namen »Pfaffenlehne« trägt. War es früher einmal Schulbuchwissen, dass der 50. Breitengrad die nördliche Grenze des Weinbaus darstelle, haben

Tim Strasser, Weingut Tim Strasser in Sachsen

Fotos: beigestellt, Weingut Tim Strasser

WEINBAUGEBIET SAALE-UNSTRUT

Anbaufläche ca. 750 Hektar
Aufteilung 34 Einzellagen
Wichtigste Rebsorten
Weißburgunder, Riesling
Verbände
Gebietsweinwerbung Saale-Unstrut
Querfurter Straße 10
06632 Freyburg
www.natuerlich-saale-unstrut.de

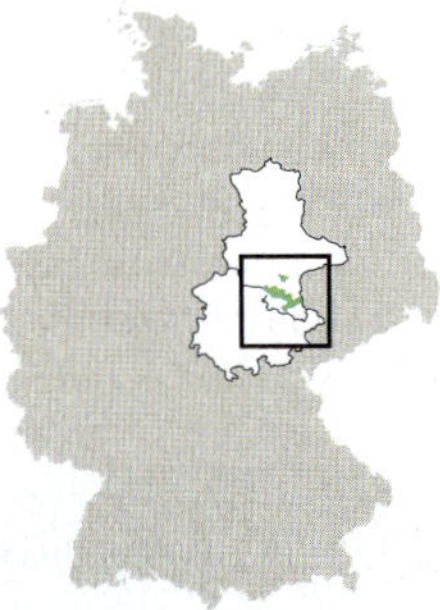

PRIVILEGIERTE WEINLAGEN

1 **Naumburg Steinmeister**
37 ha, 20–40 % Stg., lehmhaltiger, verwitterter Muschelkalk

2 **Freyburg Edelacker**
14 ha, 115–220 Hm, 0–45 % Stg., Muschelkalk

3 **Bad Kösen Saalhäuser**
7,5 ha, 0–40 % Stg., verwitterter Muschelkalk

sich die Grenzen längst verschoben. Mit einigem Witz hat sich eine Gruppe von Winzern von Saale und Unstrut den Namen »Breitengrad 51« gegeben. Matthias Hey aus Naumburg berichtet, dass die Gruppe während der zwei Corona-Jahre viel intern gearbeitet habe: »Wir haben das Corporate Design aktualisiert und uns mit uns selbst beschäftigt. Bevor man rausgeht, muss man sich schließlich darüber klar werden, was man transportieren will.« In Zukunft soll der Fokus nun mehr auf öffentlicher Sichtbarkeit liegen. »Wir wollen auch über den Tellerrand schauen, gemeinsam reisen und verkosten, um zu sehen, wo wir stehen, wo die Unterschiede zu anderen Regionen sind, damit wir uns immer neu justieren können.«

Auch hier wächst etwas heran – oder vielmehr: Es wächst weiter. Eines der »Breitengrad 51«-Mitglieder – Böhme und Töchter in Gleina – wurde gerade in den VDP aufgenommen, in dem Matthias Hey selbst schon seit einigen Jahren Mitglied ist. Mit seinen eigenen Weinen hat Hey dieses Jahr wie in den Vorjahren begeistert, das Falstaff-Verkostungsteam konnte ihm aufgrund der konstant starken Vorstellung quer durch alle Weinstile den vierten Stern verleihen.

Dr. Andreas und Dr. Cornelia Wobar, Weingut Dr. Wobar in Brandenburg

Man darf sich also auf die Zukunft freuen, es ist alles auf einem guten Weg auf dem 51. Breitengrad, und auch weit darüber hinaus: Rattey liegt auf dem 53., Lancken-Granitz auf dem 54. Breitengrad.

Nähere Informationen über den Autor finden Sie im Kapitel »Verkostungsteam« ab S. 12.

Weingut Schloss Rattey in Mecklenburg-Vorpommern

WEINBAUGEBIET SACHSEN

Anbaufläche ca. 490 Hektar
Aufteilung 17 Einzellagen
Wichtigste Rebsorten Riesling, Weißburgunder, Grauburgunder, Kerner, Traminer
Verbände
Weinbauverband Sachsen e. V.
Fabrikstraße 16, 01662 Meißen
www.weinbauverband-sachsen.de

PRIVILEGIERTE WEINLAGEN

1 **Radebeul Goldener Wagen**
27 ha, 170–240 Hm, Vulkangestein, verwitterter Syenit

2 **Pillnitz Königlicher Weinberg**
7 ha, 125–180 Hm, 0–40 % Stg., Granitverwitterung

★★★★

WEINGUT HEY

Weinberge 1d, 06618 Naumburg
T: +49 3445 6774165, kontakt@weinguthey.de
weinguthey.de

Ab-Hof-Verkauf: April bis Okt. Mi bis So 12–18 Uhr, Nov. bis Weihnachten Fr und Sa 12–18 Uhr
Kellermeister: Matthias Hey
Ansprechpartner: Matthias Hey
Hektar: 6.5 ha

Matthias Hey hätte einen Sonderpreis für seine Vielseitigkeit verdient: Der Steinmeister Riesling ist ein mineralisches Manifest, der Traminer eine Stilübung im Thema der Eleganz, der Kabinett ein Erfrischungsgetränk höchster Güte, und der Zweigelt zeigt die Tiefe alter Reben. Last, but not least, segeln die beiden Ortsrieslinge aus Naumburg und Weischütz sehr nahe an der Qualität eines Lagenweins. Wir hatten das Weingut im vergangenen Jahr auf unsere Watchlist für einen vierten Stern gesetzt, und dieses Jahr gratulieren wir sehr herzlich zu diesem!

93+ 2021 Naumburg Steinmeister Riesling GG
Sehr saftige Nase, feine Rauch- und Kräuternoten, dann weiße Blüten und helles Steinobst, animierend. Im Mund knackige Frische, zarte Mineralik, sehr lang anhaltender positiver Nachhall der jungen Säure. Braucht noch Zeit und gerne ein kräftiges Essen. 12 Vol.-%, DV, €€€

92+ 2021 Weischütz Traminer trocken
Welch köstlich zarter Duft entströmt dem Glas: Blütenwiese, Flieder, Veilchen, dann Heu, und sogar etwas Rauch entwickelt sich mit Luftkontakt. Am Gaumen dann nicht mehr so blütig, dafür fruchtig und mineralisch, fast markant durch die gut eingebundene Säure! 11 Vol.-%, DV, €€

93+ 2020 »Breitengrad51« Naumburg Steinmeister Blauer Zweigelt trocken
Mit tiefdunkler Brombeerfarbe fließt der Wein ins Glas. In der Nase erdig, Rote Bete, Kartoffeln, auch Jute. Am Gaumen herrlich saftig und trinkflüssig, die Rote Bete bleibt, hinzu kommen Noten von schwarzen Kirschen und feinen Holunderbeeren, gute Säurestruktur!
13 Vol.-%, NK, €€€

93 2021 Naumburg Steinmeister Riesling Kabinett
Knackig frisches Säurespiel im Mund, sehr saftig und trinkig, feine Anklänge von Weißen Johannisbeeren und Limettenabrieb, kühler und zart süßer Nachhall, ein herrlicher Nachmittagswein! 10,5 Vol.-%, DV, €€

92 2021 Naumburg Riesling trocken

92+ 2021 Weischütz Riesling trocken
Glitzernde Goldreflexe im Glas. In der Nase zuerst reif und mollig, dann auch hier zarte Kräutertöne, Renekloden und Kokos. Am Gaumen besticht die gerade Säure durch viel Saft und Kraft, frischer Schmelz mit herausfordernder Straffheit, harmonische Fruchtigkeit. 12 Vol.-%, DV, €€

★★

LANDESWEINGUT KLOSTER PFORTA

Saalberge 73, 06628 Naumburg OT Bad Kösen
T: +49 34463 3000, service@kloster-pforta.de
kloster-pforta.de

Ab-Hof-Verkauf: täglich 10–18 Uhr
Kellermeister: Maximilian Handt
Ansprechpartner: Philipp Kollmar
Flaschen/Hektar: 320.000 (57 % weiß, 25 % rot, 13 % Rosé, 1 % süß, 4 % Schaumwein)/50 ha

Eine recht kleine, aber dafür sehr überzeugende Kollektion hat uns das Landesweingut Kloster Pforta vorgelegt. Mit Saalhäuser und Dechantenberg sind auch zwei erstklassige historische Lagen vertreten, die sich trotz gemeinsamer Südausrichtung in praktisch allen anderen Punkten unterscheiden. Unbedingt einmal besuchen! Ein Bacchus als Tipp ist ebenfalls ausgesprochen selten. Die Pfortenser waren im nicht einfachen Jahrgang 2021 in der Lage, einen leichten Alkohol mit einer tollen Struktur zu kombinieren. Hut ab! Wir sehen den dritten Stern näher rücken.

92 2019 Goseck Dechantenberg Riesling trocken

Andeutung hoher Reife dank kräftiger Gelbfärbung im Glas. In der Nase Spuren von Gelbfrucht, ergänzt durch Honigwürze, Lindenblüten und Ingwer. Viel Schmelz am Gaumen, ohne zu sehr in die Breite zu gehen, kündet vom Potenzial dieser historischen Terrassenlage. 13,5 Vol.-%, DV, €€

90+ 2021 Auxerrois trocken

Mutig aufs Cool Climate gesetzt mit lediglich 10,5 Vol.-% bei trockenem Ausbau, besitzt der Auxerrois eine dezente, fein nussige Nase. Am Gaumen sehr ausgewogen zwischen Frucht, Säure und Schmelz, keinesfalls mager. Wunderbarer Speisenbegleiter. 10,5 Vol.-%, DV, €

90 2021 Bad Kösen Saalhäuser Weißburgunder trocken

Frisch geöffnet sehr zurückhaltend in der Nase, nur etwas Birne und Walnussschalen. Am Gaumen ist der Ausbau im großen Holzfass nur durch die erhöhte Dichte spürbar, dazu die 2021er Säure mit pikanten limettigen Noten. Ganz trocken und eindeutig ein Wein fürs Essen. 11 Vol.-%, DV, €€

91+ 2019 »Steillage Alte Rebe« Bad Kösen Saalhäuser Blauer Zweigelt trocken

Tiefes Purpurrot im Glas. In der Nase gedeckt mit Noten von Unterholz, Schwarzkirsche, dunklen Waldbeeren und einer feinen ätherischen Ader. Auch am Gaumen nicht zu stark vom Barriqueausbau geprägt, bleibt dunkelbeerig und speisenfreundlich. 12,5 Vol.-%, DV, €€

89 2021 Riesling trocken

90 2021 Bacchus trocken

Animierend fruchtbetonte Nase mit floralen Anklängen, vor allem aber frischer Aprikose und Orange, fast wie eine Mischung aus Sauvignon Blanc und Pfälzer Riesling. Am Gaumen sauber und reintönig, angenehm leicht und weiter fruchtzentriert. Sehr schön! 11 Vol.-%, DV, €

★★★

WEINGUT SCHLOSS PROSCHWITZ PRINZ ZUR LIPPE

Heiliger Grund 2, 01662 Meißen OT Proschwitz
T: +49 3521 4767922, weingut@schloss-proschwitz.de
schloss-proschwitz.de

Ab-Hof-Verkauf: täglich 10–18 Uhr
Kellermeister: Alexey Ryabov
Ansprechpartner: Prof. Dr. Georg Prinz zur Lippe
Flaschen/Hektar: 467.000 (72 % weiß, 28 % rot)/70 ha

Wenn man Georg Prinz zur Lippe erzählen hört, wie er kurz nach der Wende in einem klapprigen alten Lastwagen seine ersten Trauben aus dem zurückgekauften Weingut zum Keltern nach Franken fuhr, dann ahnt man, welche ungewöhnliche Erfolgsgeschichte sich hier in den vergangenen 33 Jahren abgespielt hat. Erfreulicherweise knüpfen die neuen Weine wieder vollständig an diese Saga an, sie haben Biss und Schliff und Stil, dass es eine Freude ist. In Abwesenheit der GGs ragt der ausgesprochen feine Spätburgunder aus der Ersten Lage Heilig Kreuz hervor.

91 2021 Kloster Heilig Kreuz Weißburgunder Erste Lage trocken
Im Duft zeigen sich Aromen von Klee- und Rapsblüten, Heu sowie leise Kräuteraromen. Im Mund offenbart sich eine im Holzfass gefestigte Struktur, die knackige Säure steht der eleganten Anlage gut, der Wein hat genug Substanz und Würze, um das zu tragen. 12,5 Vol.-%, NK, €€

90+ 2021 Kloster Heilig Kreuz Grauburgunder Erste Lage trocken
Ein Duft von Waldhonig und grüner Walnuss zeigt den Sortentyp an, im Mund hat der Wein einen Hauch Süße, der der reif-würzigen Aromatik Resonanz gibt. Eine forsche Säure lässt den Wein unbeschwerlich und saftig abklingen. 12,5 Vol.-%, NK, €€

90+ 2021 Meißen Weißburgunder trocken
Ein reifer, würziger Sortenduft entströmt dem Glas, auch nussige Töne sind da. Am Gaumen hat der Wein Saft und Spannung, bei mittlerer Extrakttiefe erweist er sich als sehr gut ausgewogen, gemacht für die elegante Speisenbegleitung oder als Aperitif. 12 Vol.-%, DV, €€

92 2019 Kloster Heilig Kreuz Spätburgunder Erste Lage trocken
Das dezent rauchige Holz harmoniert gut mit der kräftigen Beerenfrucht, Preiselbeere, Waldhimbeere. Im Mund füllt der Wein seinen geschmeidigen Fond mit mürbem Gerbstoff, reifer Säure und saftiger Frucht. Ganz idealtypische Proportionen – geradezu Grazie. 14 Vol.-%, NK, €€€

90 2021 Elbling trocken

90 2021 »Cuvée Pauline« RR/TR

90 2021 Riesling feinherb

89+ 2018 »Cuvée Moritz« Meißen trocken PN/DF/FB

92 2020 Traminer brut
Ein zurückhaltender, eher kräuterwürzig als parfümiert wirkender Traminer-Duft entströmt dem Glas. Dynamisches, aber in der Textur feines Mousseux erfrischt den Gaumen, frische Säure und zart die Aromatik unterstreichende Süße harmonieren. Ein feiner Aperitif. 12,5 Vol.-%, NK, €€

★★

WEINKELLEREI TIM STRASSER

Lehmberg 4, 01662 Meißen
T: +49 3521 75 45 46 7, strasser@rothesgut.de
rothesgut.de

Ab-Hof-Verkauf: Mo und Di 10–16 Uhr, Mi bis Sa 10–18 Uhr, So 11–16 Uhr
Kellermeister: Lucas Bornschein
Ansprechpartner: Tim Strasser
Flaschen/Hektar: 80.000 (92 % weiß, 8 % rot)/19 ha

Tim Strasser und die Sommelière Annekatrin Rades haben eine uralte Tradition wiedererweckt. Auf einer der Lagen, die sie bewirtschaften, wurden seit dem Jahr 1161 Reben angebaut, das Terrain hieß bis etwa 1830 »Kurfürstlicher Weinberg« – so auch heute wieder. Auf den schweren Lösslehmböden baut Tim Strasser unter anderem sachsentypischen Goldriesling an. Doch er wagt mit den pilzwiderstandsfähigen Sorten Solaris, Hibernal und Muscaris auch Fortschrittliches. Die Ergebnisse sind seit Jahren zuverlässig und solide: sortenrein ausgebaute Weine, die schmecken.

90+ 2021 Meißen kurfürstlicher Weinberg Muscaris halbtrocken
Intensiv und frisch im Duft, in der Nase Muskataroma, Veilchen, Holunderblüten und tropische Früchte. Am Gaumen wird die feine Süße mit einer attraktiven Bitternote sowie markanter Säure unterlegt. Ein attraktiver Speisenbegleiter mit viel Trinkfluss.
10,5 Vol.-%, DV, €€

90 2019 Sauvignon Blanc extra trocken
Duftige Nase, sortentypisch, Stachelbeere, rosa Grapefruit, Buchsbaum, Holunderblüten. Am Gaumen saftig, mit Süße beginnend, Stachelbeere, Kiwi, feines Mousseux, feine Würze, dezent und angenehm herb im Nachhall, schöne Länge.
12,5 Vol.-%, NK, €€

90 2020 Grauburgunder trocken
Erst dezent im Duft, in der Nase entwickeln sich Noten von roher Mandel, gelbem Apfel, weißem Pfirsich und Zitronenschale. Am Gaumen balanciert die markante Säure die süßliche Reife in einem mittleren Körper. Bereitet Freude als Speisenbegleiter. 13 Vol.-%, DV, €€

90 2021 Scheurebe trocken
Blass in der Farbgebung. Duftig und frisch in der Nase. Aromen von reifer Grapefruit, Zitronenmelisse, Litschi und Orangenzesten. Am Gaumen sehr saftig bei sehr präsenter Säure und gutem Zug, eher schlank im Körper bei gutem Nachhall. Bereitet Trinkspaß! 11 Vol.-%, DV, €€

89+ 2020 Rosé trocken DF/FB/PN/RE

90 2021 Müller-Thurgau trocken
Anfangs bedeckt im Duft. Es folgen Aromen von grünem Apfel, Zitrone, Muskat und grüner Paprika. Am Gaumen zeigt sich der Wein mit gutem Süße-Säure-Spiel und viel Saftigkeit. Ein Hauch von Schwarzer Johannisbeere führt in das Finale. Authentisch. 11 Vol.-%, DV, €

★★★★

SÄCHSISCHES STAATSWEINGUT SCHLOSS WACKERBARTH

Wackerbarthstraße 1, 01445 Radebeul
T: +49 351 89550, kontakt@schloss-wackerbarth.de
schloss-wackerbarth.de

Ab-Hof-Verkauf: täglich 10–19 Uhr
Kellermeister: Jürgen Aumüller
Ansprechpartner: Andreas Stuhl
Flaschen/Hektar: 600.000 (80 % weiß, 20 % rot)/90 ha

Ein Vorzeigebetrieb ist dieses Staatsweingut, das sich auch als Magnet für den Tourismus herausgeputzt hat. Der Weinbau in Radebeul hat Tradition, die Lagen sind von allererster Güte. Das diesmal verkostete Programm wies einige Höhepunkte auf, zu nennen ist insbesondere der 2019er Laubach Thonberg Spätburgunder, ganz im zeitgenössischen coolen Stil. Beeindruckend auch die Weißweine vom Goldenen Wagen in Radebeul, der Gemischte Satz und der Riesling »Protze« – ebenso, mit gänzlich anderer Stilistik, der charmante Kabinettriesling vom Wackerbarthberg.

94 2020 »Protze« Radebeul Goldener Wagen Riesling trocken
Streng, ernsthaft und erwachsen. Substanziell, angenehm kreidig, mit kraftvoller, positiver Tanninstruktur. Nicht sättigend, vielmehr zum Nachsinnen und Nachschenken. Aus der besten Lage des Weinguts, ein straffer Riesling mit Alterungspotenzial. 13,5 Vol.-%, NK, €€€

93 2020 »Alte Reben« Radebeul Goldener Wagen Gemischter Satz trocken
Der komplexe Duft mischt würzige Aromen (Rose, Lakritze) mit hefigen und fruchtigen (Apfel, Pfirsich, Heidelbeere). Der Gaumen baut auf Extrakt und Spannung, und er zeigt auch jetzt schon die mineralisch-flintigen Töne aus dem Boden. Ein Vin de Garde – darum nur in Magnumflaschen. 13,5 Vol.-%, NK, €€€€

94 2019 Laubach Thonberg Spätburgunder tr.
Animierender Duft nach Kirsche und Pinienwald, feine Würze. Im Mund dezente Süße und zart vibrierende Säure, so soll Cool-Climate-Rotwein sein. Sehr feines Tannin. Alles in allem eine moderne, aufgeklärte Interpretation der Rebsorte. 13 Vol.-%, NK, €€€

93 2019 Laubach Thonberg Blaufränkisch tr.
Dichte Farbe. Ein eigenständiger Blaufränkisch (also Lemberger): Nelkenduft, Sauerkirsche, Schokolade. Definierende Säure am Gaumen, nichts für Liebhaber von Opas Rotwein – moderner Stil, saftig, frische, weitgehend reife Gerbstoffe. Ein Wein, der Speisen verlangt. 13 Vol.-%, NK, €€€

90 2019 Traminer Sekt trocken

93 2020 Radebeul Wackerbarthberg Riesling Kabinett

92+ 2020 »Terrassenlage« Radebeul Goldener Wagen Riesling trocken

91 2020 Radebeul Wackerbarthberg Scheurebe im Holzfass gereift trocken

90 2021 Scheurebe feinherb

89 2020 Radebeul Wackerbarthberg Riesling trocken

92 2020 Radebeul Goldener Wagen Traminer Spätlese RV/TR

92 2019 Riesling brut
Eine frisch duftende Nase nach Kräutern und weißen Beeren, etwas rauchig. Im Mund dann feine Perlage, die Säure ist frisch und angenehm knackig, sehr animierend im Nachhall. Ein schöner Apéro und Speisenbegleiter! 11,5 Vol.-%, NK, €€

★★

WEINBAU DR. WOBAR

Seestraße 100, 01983 Großräschen
T: +49 151 11622315, info@weinbauwobar.de
weinbauwobar.de

Ab-Hof-Verkauf: nach Vereinbarung
Kellermeister: Tobias Roederer
Ansprechpartner: Dr. Andreas und Dr. Cornelia Wobar
Flaschen/Hektar: 10.000 (69 % weiß, 31 % rot)/1.4 ha

Nur zehn Jahre sind vergangen, seit Andreas und Cornelia Wobar ihre ersten Reben an der einzigen Steillage Brandenburgs pflanzten – ausschließlich pilzresistente Sorten, denn Nachhaltigkeit und Biodiversität im Weinberg ist den Quereinsteigern wichtig. In dem sonnenreichen, warmen Klima am Großräschener See entwickeln sich die Weinstöcke prächtig, in kurzer Zeit entstanden auf dem kleinen Gut hervorragende Weine: 2021 verlieh dieser Guide den zweiten Stern, und die Wobars siegten mit ihrem 2016er Pinotin im Eichenholzfass bei der Falstaff PiWi Trophy.

90 2021 Johanniter trocken

Im Duft feuchter Sand, Kumquats, Mandarine. Am Gaumen eröffnet der Wein mit viel Saftigkeit und einer knackigen Säure. Er besitzt eine Anmutung der Leichtigkeit bei schlankem Alkohol und mittelgewichtigem Extrakt. Der Abgang lässt mineralische Würze anklingen. Tolle Frische. Ein schneller, erfrischender Schluck.
11,5 Vol.-%, DV, €€

90 2021 Solaris trocken

Der Wein ist noch etwas hefig im Duft, entfaltet sich in kräutrige und schließlich auch in gelbfruchtige Aromen. Im Mund hat der Wein Volumen und Schmelz, fast schon Wucht, er wirkt nahtlos rund mit reifen, fast schon rosinenartigen Abgangsaromen. 11,5 Vol.-%, DV, €€

90 2019 Pinotin im Eichenholzfass gereift tr.

Eine konzentrierte dunkle Beerenfrucht entsteigt dem Glas, dazu ein dezent bleibender Holzton. Am Gaumen zeigt sich einige Fülle, der Gerbstoff ist mürb bei mittlerer Menge, die Säure bleibt eher verhalten. Der kraftvolle Wein endet mit einem leichten Zug zur Breite. 13 Vol.-%, DV, €€

89 2019 Pinotin trocken

Tiefe Farbe. Bitterschokolade im Duft, Schattenmorelle, leicht buttrige Töne. Der Gaumen eröffnet saftig und exponiert dann nach und nach ein mürbes Tanningerüst, einen eleganten Säurenerv und einen recht weichen, molligen Körper. Ein Rotwein im Sonntagsstaat. 13 Vol.-%, DV, €€

88 2021 Pinotin Rosé trocken

91 2021 Cabernet Blanc trocken

Aus dem Glas steigt ein sehr pikanter Duft von grüner Paprika, Brennnessel, Zitronenschale. Im Mund verbindet der Wein gutes Gewicht und Substanz mit Spannung. Die dezente Abgangswürze und die erfreulich trockene Abstimmung sorgen dafür, dass man Lust auf ein neues Glas bekommt. 12,5 Vol.-%, DV, €€

★

WEINGUT HOHMANN RÜGEN

Dorfstrasse 16E, 18586 Lancken-Granitz
T: +49 38303 956622, hohmann@weingut-ruegen.com
weingut-ruegen.com

Ab-Hof-Verkauf: Ja
Kellermeister: Philip Apel
Ansprechpartner: Mario Hohmann
Flaschen/Hektar: 5.000 (100 % weiß)/0.85 ha

Es ist tatsächlich wahr: Auf der Insel Rügen wächst Wein – und gar kein schlechter! Mario Hohmann und seine Familie haben im Mai 2018 einen knappen Hektar Land mit 4.000 Rebstöcken der pilzresistenten Sorte Souvignier Gris bepflanzt. Durch seine Nähe zu Kreide und Meer atmet der Inselwein eine sehr gesunde Luft – was ihm eine würzige Aromatik mitgibt und eine straffe Struktur. Wir sind beeindruckt von den Erstlingsjahrgängen und sind nicht zuletzt auch gespannt, wie gut diese Weine reifen werden. Vieles deutet darauf hin, dass es Langstreckenläufer sind!

91 2020 Souvignier Gris trocken

Etwas grauburgunderartig im Duft: Maroni, Apfel, reife Birne, sehr klar. Im Mund ist der Wein schlank, saftig, von Kalk geprägt, frisch, geradeaus gebaut mit feiner Balance bei mittlerer Länge, ein Hauch Phenolik bereichert die Gaumenstruktur. 12 Vol.-%, DV,VL, €€€

91 2021 Souvignier Gris trocken

Ein sehr klarer, fruchtbetonter Duft: reife Birne, Heidelbeere, auch etwas Ananas. Im Mund hat der Wein eine gute Dichte, lebendige Säure, einen Hauch Restsüße, die aber die Saftigkeit nicht schmälert, der Abklang ist straff und noch verschlossen. Potenzial! 12,5 Vol.-%, DV,VL, €€€

★

WEINGUT SCHLOSS RATTEY

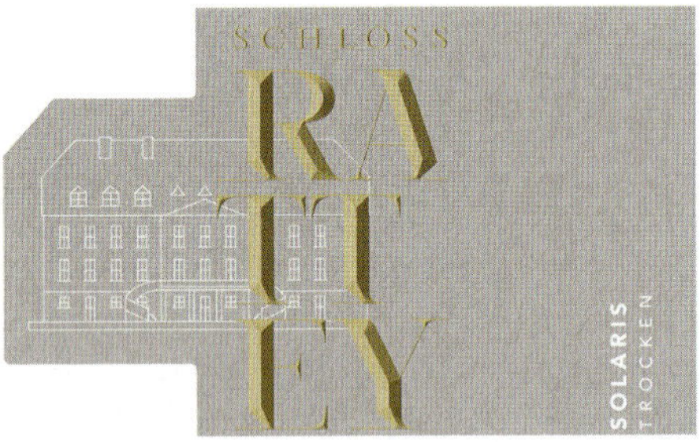

Schlossplatz 1, 17349 Schönbeck
T: +49 3968 25500, s.schmidt@schlossrattey.de
schlossrattey.de

Ab-Hof-Verkauf: Ja
Kellermeister: Stefan Schmidt
Ansprechpartner: Stefan Schmidt
Flaschen/Hektar: 60.000 (63 % weiß, 30 % rot, 5 % Rosé, 2 % Schaumwein)/30 ha

Es ist eine Geschichte, wie sie vielleicht nur der Nordosten unseres Landes schreiben kann: Als vor etwas mehr als 20 Jahren die ersten Reben für das heutige Weingut Schloss Rattey gesetzt wurden, nahmen das nur wenige ernst – obwohl das Stargarder Land nachweislich schon vor 600 Jahren Reben trug. Inzwischen ist das Weingut auf 30 Hektar gewachsen, davon zwölf im Ertrag. Ende 2022 soll eine für einen zweistelligen Millionenbetrag neu gebaute Kellerei in Betrieb gehen. Der größte Schatz von Betriebsleiter Stefan Schmidt aber ist Erfahrung. Das schmeckt man!

91 2021 »Hundertdreiundfünfzig« Mecklenburger Landwein trocken JO/RR/SOG
Recht komplex im Duft: reife Gelbfrucht, Würzaromen von Minze bis Kümmel, Dörrbirne. Am Gaumen hat der Wein ein straffes, aber auch reifes Phenolgerüst, eine markante Säure, aber auch genug Schmelz und Aromatik, um gut reifen zu können. 11,5 Vol.-%, DV, €

90 2021 »Neunundneunzig« Mecklenburger Landwein halbtrocken SO/PH/BLM
Im Duft ausgeprägt blumig, Rose, fast Traminer-artig, kandierte Früchte, aber auch etwas Stachelbeere. Im Mund harmoniert die seidige Süße sehr gut mit der unaufdringlichen Säure, die würzige Aromatik hallt lange nach und bleibt bei aller Intensität klar und frisch. 11 Vol.-%, DV, €

90 2021 »Achtzehnnullsechs« Mecklenburger Landwein Rosé trocken RE/RD
Helles Ziegelrot mit orangetönigen Reflexen. Im Duft Süßmandel, Hagebutte, kleine rote Beeren. Am Gaumen hat der Wein Substanz, eine feine Phenolik und eine ausgesprochen klare Frucht. Der Säurekick bringt Trinkspaß. Ein ernst zu nehmender Rosé, auch zur Speisenbegleitung.
10,5 Vol.-%, DV, €€

89+ 2020 »Eikspon« Regent Mecklenburger Landwein trocken
Ein Hauch von Schokolade und Apfel über einer reifen Pflaumenfrucht. Im Mund zeigt sich der Wein geschmeidig grundiert, der recht dichte Gerbstoff wirkt vom Holz abgerundet und poliert, Saftigkeit und Nerv geben dem Wein Griff und (mittlere) Länge. 12 Vol.-%, NK, €€

89 2021 Regent Mecklenburger Landwein tr.

92 2021 Solaris Mecklenburger Landwein tr.
Der Duft ist noch hefig, hat aber auch Noten von rosa Grapefruit, getrockneten Zitronenschalen und Passionsfrucht. Im Mund fließt der Wein seidig, das Süße-Säure-Spiel gibt Spannung. Die verschlossene Gaumenfrucht dürfte sich im Lauf der Flaschenreife komplex entfalten. 12,5 Vol.-%, DV, €€

Schloss Moritzburg

GASTGEBER AUS LEIDENSCHAFT

Gemeinsam mit den Winzern der Region – als uneingeschränkten Experten, was das leibliche Wohl anbelangt – hat Falstaff die besten Genussadressen in Sachen Kulinarik sorgfältig ausgewählt und zusammengestellt.

06632 Freyburg

Pretzsch Zscheiplitz

Gabriele und Alexander Schnee führen das traditionelle Gasthaus und bieten bodenständige Kost wie hausgemachte Sülze oder geschmorte Rinderrouladen. Gute Weine aus der Region und kompetenter Service.

Am Anger 6
+49 (34464) 27311
www.gasthaus-pretzsch.de

P SO €€

Empfohlen von: **Landesweingut Kloster Pforta**

6618 Naumburg

Ratskeller

Moderne Gastlichkeit in historischem Ambiente. Im Ratskeller ist der Spagat gelungen, auf der Speisekarte stehen beliebte und bewährte Klassiker aus der internationalen Küche, dazu herzhafte Naumburger Wildgerichte.

Markt 1
+49 (3445) 2616397
www.ratskeller-brauhaus.de

SO

Empfohlen von: **Landesweingut Kloster Pforta**

06628 Naumburg (Saale)

Villa Ilske

Familie Becker betreibt dieses wunderschöne Refugium mit Leidenschaft. Umgeben von Wald und Wiesen wird eine bodenständige regionale Küche gekonnt aufgetischt, passend begleitet von Weinen aus der Region Saale-Unstrut.

Ilskeweg 2
+49 (34463) 3660
www.villa-ilske.de

Empfohlen von: **Landesweingut Kloster Pforta**

06618 Naumburg

Zufriedenheit

Der Name ist Programm, denn Alexander Frömel kocht klassisch und international. Gerichte gibt es à la carte oder als mehrgängiges Menü, auch in vegetarischer Variante. Gute Weinauswahl.

Steinweg 26
+49 (3445) 7912051
www.gasthof-zufriedenheit.de

SO €€

Empfohlen von: **Falstaff-Redaktion**

25813 Husum

Zum Krug

Stilvoll genießen kann man in der historischen Stube des denkmalgeschützten Friesenhauses mit dem typischen Reetdach. Aus der Küche kommen bodenständige Speisen, immer frisch zubereitet aus Produkten und Zutaten der Region.

Alte Landstraße 2A
+49 (4841) 61580
www.zum-krug.de

SO

Empfohlen von: **Falstaff-Redaktion**

01968 Senftenberg

Sonnenhof 1864

Ein rustikales Restaurant, der ehemalige Stall wurde frisch herausgeputzt. An allen Ecken und Enden schmücken alte Landwirtschaftsgeräte den Raum. Die Küche setzt auf regionale Köstlichkeiten, die mit bodenständiger Leichtigkeit auf die Teller kommt.

Dorfplatz 13
+49 3573 3694368
sonnenhof-1864.de

Empfohlen von: **Weinbau Dr. Wobar**

Foto: beigestellt

Neckarschleife zwischen Mundelsheim und Hessigheim

WÜRTTEMBERG

BELEBUNG UND ERNEUERUNG

Foto: Shutterstock

Burgruine Weibertreu bei Weinsberg nahe Heilbronn

BELEBUNG UND ERNEUERUNG VON DEN RÄNDERN

Vermutlich war Württemberg als Weinland noch nie so aufregend wie derzeit. Die Impulse kommen von Winzern wie Rainer Schnaitmann, Hansjörg und Matthias Aldinger oder Moritz Haidle – aber auch vom bayerischen Bodensee, einem ganz am Rand gelegenen Hotspot im Anbaugebiet.

TEXT RAINER SCHÄFER

Ist es übertrieben zu behaupten, dass sich die Weinregion Württemberg noch nie so spannend und vielseitig zeigte wie zurzeit? Angeführt wird sie von Persönlichkeiten, bei denen das Experimentier-Gen besonders ausgeprägt ist: Es sind Individualisten wie Rainer Schnaitmann, die Aldinger-Brüder Hansjörg und Matthias, Moritz Haidle oder Jochen Beurer, die – oft gegen den Strich gebürstet – sich nicht mit dem Status quo zufriedengeben und ihre Möglichkeiten ausloten. Dass aus Württemberg immer wieder Impulse kommen, die den Weinbau verändern, hat eine gewisse Tradition: In dem lange Zeit von Genossenschaften dominierten Gebiet war es besonders wichtig, mit Hartnäckigkeit und auch rebellischem Geist gegen die Erstarrung im Mittelmaß anzukämpfen. Voran ging die 1986 formierte Winzer-Gruppe H.A.D.E.S., die den in Deutschland verpönten Ausbau von Weinen in neuen Barrique-Fässern vorantrieb: Holznoten wurden damals noch als fehlerhaft abgelehnt.

Mastermind hinter der aufrührerischen Zelle war Rainer Zierock, ein streitbarer und exzentrischer Weinbau-Professor, der auf Weinmessen mit einer Toga auftrat, wo ansonsten Anzüge getragen wurden. Zierock schien seiner Zeit weit voraus zu sein – er ließ auch seine Weißweine auf

Fotos: beigestellt, WSNA, Weingut Theresa Teufel, Weingut Schmidt am Bodensee

der Maische vergären –, verhedderte sich dann aber wieder in überspannten Ideen. Zu den »Rebellen«, die das Barrique in und über Württemberg hinaus salonfähig machten, zählt Jürgen Ellwanger: Während die Keller der Genossenschaften mit blitzblankem Edelstahl aufgerüstet wurden, fuhren die Schwaben nach Frankreich und holten ihre ersten Eichenfässer ab: »Wir waren die Holzwürmer und galten als bescheuert«, sagt Jürgen Ellwanger, inzwischen 81 Jahre alt. Sogar Verrat wurde ihm vorgeworfen – im konservativen und pietistischen Remstal aus der Reihe zu scheren, kann ungemütlich werden: Es kam schon vor, dass Rebstöcke über Nacht abgeschnitten wurden, um zu zeigen, was man von Abweichlern hielt.

Es waren mutige Experimente, die nicht immer glückten: Dünne Weine werden nicht besser, wenn sie mit Holzaromen und Gerbstoffen überfrachtet werden. Sternekoch Vincent Klink, einer der ersten Klienten der neuen Weinstilistik, beschrieb den ersten Grauburgunder von Ellwanger, den er zu seiner Wildschwein-Pastete anbieten wollte, als »750 Gramm Hartholz in Flaschen«. Der Einfluss des 2009 verstorbenen Mentors Zierock ist gerade in Württemberg ungebrochen, er

Teresa Deufel,
Weingut Teresa Deufel

sei für viele junge Winzerinnen und Winzer eine Inspiration, sagt Ellwangers Sohn Felix, der mit seinem Bruder Jörg das Weingut leitet: »Er wäre heute der Gott der Orange- und Natur-Wein-Szene.« Die Ellwangers arbeiten auch mit »Zigarillos«, halben Barrique-Fässern, die nur 150 Liter fassen – die Anregung dafür hatte noch Zierock geliefert. Was die letzte Generation im Übermaß praktizierte, wird heute dosierter angewandt: Rainer Schnaitmanns virtuoser Umgang mit Phe-

Familie Schmidt,
Weingut Schmidt am Bodensee

WEINBAUGEBIET WÜRTTEMBERG

Anbaufläche ca. 11.400 Hektar
Aufteilung 210 Einzellagen
Wichtigste Rebsorten
Kerner, Lemberger, Riesling, Trollinger, Schwarzriesling, Spätburgunder
Verband
Weinbauverband Württemberg e. V.
Hirschbergstraße 2,
74189 Weinsberg
www.wvwue.de

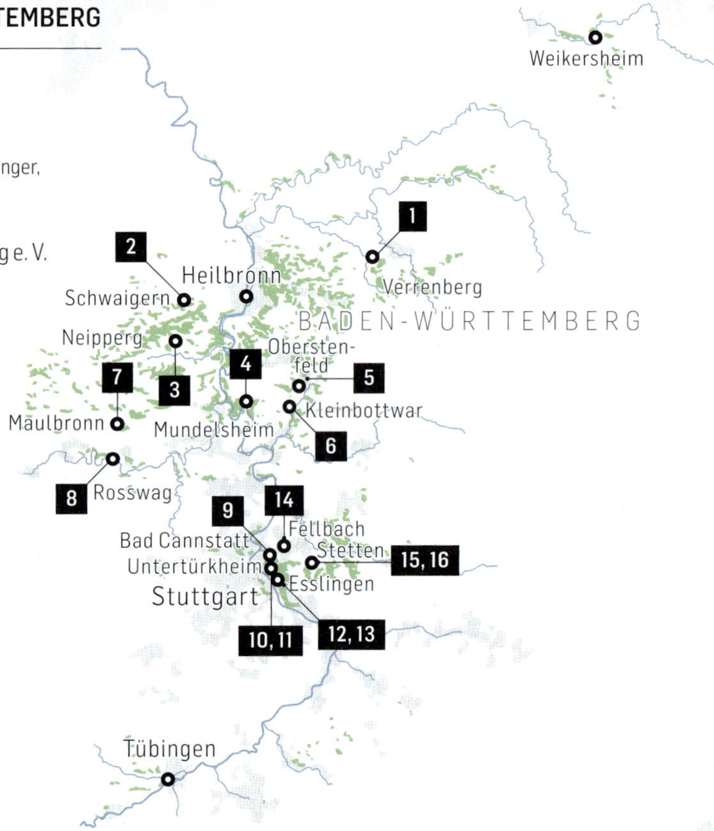

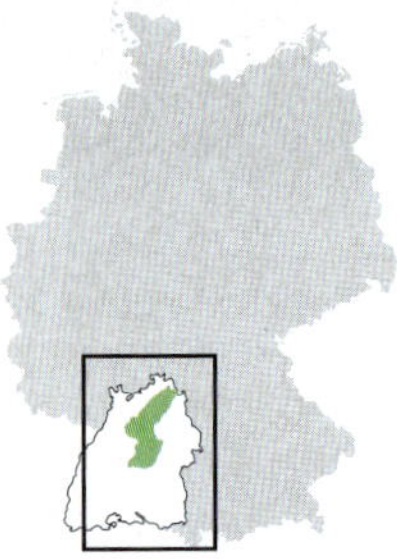

■ : Weinbau
Stg.: Steigung
Hm: Höhenmeter

PRIVILEGIERTE WEINLAGEN

1 **Verrenberg Verrenberg**
16 ha, 260–310 Hm, 0–45 % Stg., Gipskeuper

2 **Schwaigern Ruthe**
7 ha, 240–300 Hm, 0–45 % Stg., Keuper

3 **Neipperg Schlossberg**
24,5 ha, 230–310 Hm, 20–80 Stg., Schilfsandstein

4 **Mundelsheim Käsberg**
14,5 ha, 190–280 Hm, Muschelkalk

5 **Oberstenfeld Forstberg**
25 ha, 320–360 Hm, Bunter Mergel

6 **Kleinbottwar Süßmund**
5,5 ha, 230–290 Hm, 35–60 % Stg., Gipskeuper, Buntmergel

7 **Maulbronn Eilfingerberg**
15 ha, 260–320 Hm, 15–50 % Stg., Gipskeuper

8 **Rosswag Halde**
90 ha, 200–300 Hm, 10–70% Stg., Muschelkalk, Letten

9 **Bad Cannstatt Zuckerle**
30 ha, 190–300 Hm, 50–70 % Stg., Kalkverwitterung

10 **Untertürkheim Gips**
7 ha, 240–320 Hm, Gipskeuper

11 **Untertürkheim Herzogenberg**
20 ha, 250–280 Hm, 0–40 % Stg., Gipskeuper

12 **Esslingen Schenkenberg**
81 ha, 25–70 % Stg., Sandstein, kalkhaltiger Mergel

13 **Esslingen Neckarhalde**
0,9 ha, 290–310 Hm, 0–15 & Stg., Mergel, Gipskeuper

14 **Fellbach Lämmler**
61, 3 ha, 240–380 Hm, 30–70 % Stg., Mergel, Schilfsandstein

15 **Stetten Pulvermächer**
35 ha, 330–360 Hm, 0–50 % Stg., Keuper-Verwitterungsgestein

16 **Stetten Brotwasser**
2 ha, 300–340 Hm, 15–60 % Stg., Keuper

Cannstatter Zuckerle

nolik etwa kam erst durch die Beschäftigung mit Naturwein zustande, ganz im Geiste Zierocks.
Belebung und Erneuerung im württembergischen Weinbau kommen auch von seinen Rändern, wie vom bayerischen Bodensee, einer kleinen Enklave mit einem Dutzend Weingütern und kaum 100 Hektar Weingärten, die kurioserweise zum Anbaugebiet Württemberg zählen. Junge Winzerinnen und Winzer wie Teresa Deufel, Clemens Hendriks, Simon Hornstein (einer unserer diesjährigen Newcomer-Kandidaten, siehe weiter vorne im Buch), Benjamin Lanz, Jonas Kurek oder Claudius Haug unterstreichen mit ihren Weinen, dass der bayerische Bodensee im Moment einer der Hotspots schlechthin ist. »Meine

Matthias und Hansjörg Aldinger,
Weingut Aldinger

Fotos: beigestellt, (c) Klaus Gamber, WSNA

Jonas Kurek, Weingut Kurek

Generation versteht es, filigrane, feinnervige Weine zu machen«, sagt Sebastian Schmidt vom Weingut Schmidt am See in Wasserburg, der unter den Jungen schon zu den Älteren zählt. »Wir sind die Region, die sich am schnellsten entwickelt. Da entsteht etwas richtig Tolles.« Ermöglicht wird der Aufschwung auch durch die besonderen Verhältnisse in Alpennähe, wo Trockenheit keine Rolle spielt: »Wir haben eine paradiesische Kleinklimasituation«, erklärt Schmidt, ein Trumpf, verbunden mit den Ambitionen einer ehrgeizigen Generation, die sich umgeschaut hat und eng vernetzt ist. Schmidt, Jahrgang 1987, konnte in Meursault »großen Meistern über die Schulter schauen«, die seine Stilistik prägten. Es verwundert nicht, dass der Winzer Pinot Noir und Chardonnay seine »Leidenschaftssorten« nennt, während andere am See auf PiWis setzen und daraus richtungsweisende Weine erzeugen. Den hohen Säuren des Jahrgangs 2021 arbeitete Sebastian Schmidt mit biologischem Säureabbau in seinen Weinen entgegen, »die dadurch trotzdem nicht an Frische und Mineralik verlieren«, selbst der Grauburgunder gerate am See »nicht breit und batzig«.
Dort ist das Selbstbewusstsein gestiegen, inzwischen wird auch das Verhältnis zu Württemberg überdacht, das »bürokratisch und geologisch so weit weg ist«. Er wolle noch nicht zu viel verraten, sagt Schmidt, aber man sei dabei, »auf EU-Ebene zu regeln, dass der bayerische Bodensee ein autonomes Anbaugebiet wird«. Noch aber belebt er den Weinbau in Württemberg.

Nähere Infos über den Autor finden Sie im Kapitel »Verkostungsteam« ab S. 12.

Jörg, Felix und Jürgen Ellwanger, Weingut Ellwanger

Fotos: beigestellt, Weingut Kurek, Weingut Ellwanger

★★★★

WEINGUT GRAF ADELMANN

Burg Schaubeck, 71711 Steinheim-Kleinbottwar
T: +49 7148 921220, weingut@graf-adelmann.com
graf-adelmann.com

Ab-Hof-Verkauf: Mo bis Fr 14–18 Uhr, Sa 10–14 Uhr
Kellermeister: Ruben Röder
Ansprechpartner: Felix Graf Adelmann
Flaschen/Hektar: 173.000 (39 % weiß, 57 % rot, 3 % Rosé, 1 % Schaumwein)/28 ha
Anbauweise: Bio

Letztes Jahr konnten wir dem Weingut den vierten Stern verleihen, dieses Jahr finden wir den guten Eindruck bestätigt. Aber was sind schon einzelne Jahrgänge angesichts einer Weinbautradition, die auf der malerischen Burg Schaubeck bis ins Jahr 1297 zurückreicht? Anders als die damaligen Burgherrn, die Besucher vermutlich mit der Hellebarde begrüßten, freut sich Felix Graf Adelmann über Menschen, die zur Verkostung angereist kommen. Einen Besuch lohnt Kleinbottwar übrigens auch der urigen Gasthöfe im näheren Umkreis wegen.

93 2020 »Neben Frank« Riesling trocken

Blasses Goldgelb. Reif und zugleich dicht im Duft, roter Apfel, frische Zitronenmelisse und Aprikose. Am Gaumen ein mittelgewichtiger Körper mit viel Schmelz und gutem Saft bei kräutrig-mineralischem Nachhall. Ein toller Speisenbegleiter, sehr eigenständig – ein Unikat. 13,5 Vol.-%, NK, €€€

91 2021 Kleinbottwar Oberer Berg Grauburgunder GG

Gesteinsmehl, Haselnuss, Zitronenzesten, Aprikose und Weinbergpfirsich entwickeln sich als Duft im Glas. Am Gaumen auch roter Apfel, balanciert von guter Säure und genügend Struktur und Dichte. Ein attraktiver Speisenbegleiter zum direkten Genuss. 12,5 Vol.-%, DV, €€

92+ 2018 »H.A.D.E.S.« Merlot trocken

Purpur in der Farbgebung. In der Nase ein Duft von Schwarzkirsche, Blaubeere und Johannisbeerblatt. Am Gaumen reife dunkle Kirsche, Kräuterwürze, saftige rote Frucht, geschmeidiges Tannin, lebendige Säure bei gutem Extrakt und attraktiver Länge. 13,5 Vol.-%, NK, €€€

92 2019 Pinot Noir trocken

Klassischer Duft von Himbeere, Kirsche, Cranberry und Nelken. Am Gaumen folgen saftige dunkle Fruchtaromen, balanciert von einer markanten und lebendigen Säure, das reife Tannin und eine leichte Kräuterwürze führen in einen belebenden Abgang. Bietet viel Trinkspaß! 13 Vol.-%, NK, €€

90+ 2020 Kleinbottwar Lichtenberg Weißburgunder Erste Lage

90+ 2020 Lemberger trocken

Rubinrot. Ein Duft von junger Brombeere, Schwarzkirsche, dunkler Pflaume und Tomatenblatt. Am Gaumen herrlich saftig bei leichter Süße aus der reifen Frucht, dazu Kräuter der Provence, feiner Gerbstoff und die reife Säure führen direkt zum Trinkfluss. 12,5 Vol.-%, DV, €

★★★★★

WEINGUT ALDINGER

Schmerstraße 25, 70734 Fellbach
T: +49 711 581417, info@weingut-aldinger.de
weingut-aldinger.de

Ab-Hof-Verkauf: Mo bis Fr 9–12 Uhr und 14–18 Uhr, Sa 9–13 Uhr
Kellermeister: Matthias Aldinger
Ansprechpartner: Matthias Aldinger
Anbauweise: 267.000 (60 % weiß, 33 % rot, 5 % Rosé, 2 % Schaumwein)/31 ha

Im vergangenen Jahr gab es bei Falstaff so gut wie keine Verkostung, bei der die Aldingers nicht einen vorderen Platz belegt hätten – wohlgemerkt in Blindproben! Matthias und Hansjörg Aldinger haben einfach den Bogen raus, wie man atemberaubende Spannung und dazu eine Balance aus Frucht und Extrakt schafft. Wir sind sicher: Diese Weine wird man auch in Jahren und Jahrzehnten noch voller Vorfreude aus dem Keller holen – falls noch welche dort sind. Kann man da einen Wein herausheben? Vielleicht den Pulvermächer Riesling, der als Novität auf Anhieb beeindruckt.

95 2015 »Aldinger« brut nature CH/PN/PM
Eine hefige und ganz raffiniert oxidative Würze. Im Mund unglaublich jung, zarte Phenolik, lebendige, lang anhaltende Säure, wirkt verspielt und druckvoll zugleich, ein sehr substanzieller und zugleich vergnüglicher Sekt.
12 Vol.-%, NK, €€€€

95 2020 Untertürkheim Gips Chardonnay tr.
Leicht röstiges Holz und ein zurückhaltender, leicht nussiger Sortentyp. Im Mund sind Geschmeidigkeit, Phenolik und Säure sehr gut miteinander verwoben, der Wein hat Dichte und Spannung, er verbindet Mineralik mit Extraktsüße. Großes Potenzial! 13 Vol.-%, NK, €€€

95 2020 Untertürkheim Gips Marienglas Spätburgunder GG
Der Duft ist rauchig mit kräftiger Reduktionsnote. Im Hintergrund Sauerkirsche und schwarzer Pfeffer. Im Mund zeigt sich ein noch ganz in sich gekehrter Wein, dicht und stoffig, deutlich mineralisch, viel Saftigkeit im Abklang, und diese durchdringende taktile Mineralik. Zukunft!
13 Vol.-%, NK, €€€

95 2020 Fellbach Lämmler Spätburgunder GG
Ein noch ganz vom Ausbau geprägter Duft: Pulverdampf, Hefe, ansatzweise lässt sich auch eine Burgunderfrucht erkennen, dazu ein Hauch Milchschokolade und Kräuterbitter. Der Gerbstoff ist seidig, aber auch frisch und druckvoll. Kraft, Extraktsüße und Konzentration. 13 Vol.-%, NK, €€€

94+ 2020 »Ovum« Sauvignon Blanc trocken

94 2020 Stetten Pulvermächer Riesling GG

94 2021 Untertürkheim Gips Marienglas Riesling GG

92+ 2021 Fellbach Lämmler Riesling GG

94 2020 Fellbach Lämmler Lemberger GG trocken

90+ 2021 »Sine« Trollinger trocken

96 2021 Untertürkheim Mönchberg Riesling Eiswein

93+ 2020 Untertürkheim Gips Marienglas Weißburgunder GG
Dezentes Holz, etwas Haselnuss, Sesam, Strohblumen, Anisbrötchen. Am Gaumen hat der Wein viel Stoff und Spannung, einen saftigen Säurezug und kräftige Mineralik, ist weitgehend frei von süßen Reflexen, kulinarisch gedacht und auf Potenzial gekeltert. 13 Vol.-%, NK, €€€

★★

WEINGUT JOHANNES B.

Höhe 1, 70736 Fellbach
T: +49 711 534128, info@weingut-johannesb.de
weingut-johannesb.de

Ab-Hof-Verkauf: Mi und Fr 17–19 Uhr, Sa 10–14 Uhr
Kellermeister: Johannes Bauerle
Ansprechpartner: Johannes Bauerle
Anbauweise: 107.000 (50 % weiß, 20 % rot, 20 % Rosé, 10 % Schaumwein)/13.5 ha

Vor knapp zehn Jahren hat Johannes Bauerle, gelernter Weinküfer und Techniker für Weinbau und Önologie, die sieben Hektar Reben aus Familienbesitz übernommen. Inzwischen hat er die Fläche fast verdoppelt, darunter sind viele erstklassige Lagen im Remstal, Stuttgart und dem Stromberggebiet, mittlerweile befindet sich das Weingut in Umstellung auf Bioanbau. Die Erfahrungen, die der ehrgeizige Winzer bei Auslandsaufenthalten unter anderem in Neuseeland und Südtirol gemacht hat, bringt er nun perfekt im eigenen Gut ein – dies belegen unter anderem die saftigen Sauvignon Blancs und Cabernet Sauvignons sehr eindrucksvoll.

90 ❸ 2019 »Grand Cuvèe B« brut nature CH/PN/SW
Gute Perlage. Duft nach Haselnuss, Brioche, Veilchen und reifem gelbem Apfel. Am Gaumen dann ein feines Mousseux, Aprikosentarte, Limone, etwas Rauch und dunkle Beeren zeigen sich, attraktive Säure. Im Nachhall mit schönem Spannungsbogen und einer salzigen Note. 13 Vol.-%, NK, €€

89+ 2021 »Partie Fumé« Sauvignon Blanc trocken
Blasses Zitronengelb. Duft nach Stachelbeeren und Nektarine, dazu etwas grüne Paprika und zarter Rauch. Am Gaumen mit lebendiger Säure, es zeigen sich Aromen von Mango und Waldbeeren, dazu etwas Schwarze Johannisbeeren. Insgesamt balanciert und saftig, hat Zug. 12,5 Vol.-%, DV, €€

89 2021 »Gipfelstürmer« Chardonnay trocken
Eher kühl im Duft mit Aromen von junger Ananas, Apfel und leichten Zitrusnoten. Am Gaumen dann mit einer markanten Säure, dazu reife helle Früchte, eine Spur Mandeln, zeigt zarten Schmelz in einem mittelgewichtigen Körper. Guter Nachhall, vielseitig einsetzbar. 13 Vol.-%, DV, €€

90+ 2019 »Steillage« Cabernet Sauvignon trocken
Purpurne Farbe. Im Duft ein Bukett von Schwarzer Johannisbeere, dunkler Kirsche, Brombeere, Zeder und Grafit. Am Gaumen geben das noch junge, feine Tannin und die lebendige Säure eine dichte, kompakte Struktur, dunkle Früchte dominieren, langer Nachhall. 14,5 Vol.-%, DV, €€

88 2021 »Berg & Tal« Weißburgunder trocken

89+ 2020 »Wolfersberg« Lemberger trocken
Im Duft dunkle Früchte, würzig, animierend. Am Gaumen satte Gerbstoffe, belebende Säure, Barrique-Ausbau durchaus präsent, fruchtsüße Waldbeeren und Holunder sind präsent, dicht gewoben, kraftvoll. Sehr gut zu einem kräftigen Gericht, ideal für den Grillabend. 14 Vol.-%, DV, €€

★★

WEINGUT DR. BAUMANN

DR. BAUMANN
1928 / WÜRTTEMBERG

MUSKATELLER

Am Ordensschloss 15–21, 74182 Obersulm
T: +49 7130 47 44 0, info@weingut-dr-baumann.de
weingut-dr-baumann.de

Ab-Hof-Verkauf: Mo bis Fr 9–12 Uhr und 13–17 Uhr, Sa 9–13 Uhr
Kellermeister: Tanja Baumann, Markus Kehrer
Ansprechpartner: Tanja Baumann
Hektar: 40 ha

Inzwischen haben wir genügend Erfahrung im Umgang mit den Dr.-Baumann-Weinen, um zu wissen, dass die sich zunächst – bedingt durch kräftigen Holzeinsatz – ein wenig unnahbar und spröde zeigen. Gibt man ihnen die nötige Zeit, entwickeln sie eine beachtliche Form. Stellvertretend für diese Weitblick-Strategie kann der hedonistische Chardonnay aus 2018 stehen, der sich prächtig entwickelt hat. Beinahe unnötig zu erwähnen, dass sowohl Weiß wie Rot kulinarische Sparringspartner sind. Der im Barrique ausgebaute Riesling Eiswein ist wie eine Zeitkapsel, die ein delikates Versprechen konserviert.

91 NV »Impuls« brut nature
Helles Goldgelb. Hefewürzig, florale und buttrige Töne, Heu. Im Mund mit Volumen, Geschmeidigkeit, eine Spur Öligkeit, die feste Säure ist nahtlos eingebunden, durch die Fülle wirkt sie eher mild. Die Mousse beginnt dynamisch und wird weicher. Vollmundiger Sekt. 12,5 Vol.-%, NK, €€€

91+ 2018 Chardonnay trocken
Reif wirkend, mit deutlichen Noten nach Kokosmakrone in der Nase, aber auch viel Würze. Auch am Gaumen werden Substanz und Reife des Jahrgangs ebenso deutlich wie der luxuriöse Ausbau im Barrique. Definitiv ein hedonistischer Wein, aber eingefasst. 13,3 Vol.-%, NK, €€€

90+ 2018 »Cuvée Cabernet« trocken CS/CU/CC
Reife, getragene Nase mit Cassis, Brombeere, Schwarzkirsche und feiner Holzwürze, Pfeifentabak und Unterholz. Saftig und mit guter Frische am Gaumen in einem kräftigen, substanzreichen Körper, reifes und dabei griffiges Tannin, zugänglich, mit weiterem Potenzial. 13,5 Vol.-%, NK, €€

92+ 2018 Riesling Eiswein im Barrique gereift
Sattes, dichtes Gelb. In der Nase würziger Duft, Zitrusfrüchte, Waldhonig, Papaya, dazu etwas Rauch, das Holz macht sich bemerkbar. Am Gaumen ist die Säure frisch und lebendig, Mandarine, Orange, zarte Vanille, saftig und griffig. Hat weiteres Potenzial. 9 Vol.-%, DV, €€€

90 2020 Muskateller trocken

90 2020 Weißburgunder trocken

90 2019 »Corpus« Spätburgunder trocken

90 2019 Merlot trocken

89 2018 »Epilog« Cuvée trocken SW/CS/CU/CI

89 2019 »Corpus« Merlot trocken

88+ 2018 »Contur« Cuvée trocken CS/TL/CU/CC

91 2019 Sauvignon Blanc trocken
Kräftiges Gelb im Glas, spiegelt die Reife des Jahrgangs wider. Erfreulich dezent in der Nase, keine Gras-Cassis-Stachelbeer-Bombe. Am Gaumen ist der Wein ebenfalls sehr eigenständig, etwas Mango und gebrannte Mandeln, etwas Restsüße, cremig und ambitioniert. 13,5 Vol.-%, NK, €€

★★

WEINGUT BRUKER

Kleinaspacher Straße 18, 71723 Großbottwar
T: +49 7148 921050, info@weingut-bruker.de
weingut-bruker.de

Ab-Hof-Verkauf: Mo bis Sa 15–18 Uhr
Kellermeister: Markus Bruker
Ansprechpartner: Markus Bruker
Flaschen/Hektar: 80.000 (55 % weiß, 40 % rot, 5 % Rosé)/12.4 ha
Anbauweise: Bio

Es ist nicht übertrieben zu behaupten, dass nur wenige Winzer in Württemberg eine so klare Vorstellung von ihren Weinen und ihrem Auftritt haben wie Markus Bruker – das fängt bei den stylischen Etiketten an und zieht sich über die biologische Arbeit in den Weinbergen bis zu den inneren Werten seiner Weine. Die tragen eine moderne Handschrift, sind aber keineswegs oberflächlich, wie die substanzvolle, trocken ausgebaute Cuvée aus Chardonnay und Weißburgunder zeigt. Der rote »Mephisto« trägt poliertes Tannin, der Sauvignon Blanc delikate Frucht. Überzeugend!

91 2021 Chardonnay & Weißburgunder trocken CH/WB
Birne, etwas Quitte, feiner Rauch, etwas Holzwürze, Orangenschale und Guave, etwas Anisbrötchen. Kräftig und breit angelegt am Gaumen mit fester Struktur, wirkt noch jugendlich in der Gaumenaromatik. Trocken ausgebaut, gute Substanz und Länge. Kann reifen. 13,5 Vol.-%, DIAM, €€

89+ 2021 »Gretchen« trocken RR/PG/CH/MT/SB
Johannisbeeren, etwas Litschis und Stachelbeeren in der fruchtigen Nase, auch Holunderblüten. Eher breit angelegt am Gaumen mit saftiger süßlicher Frucht und präsenter, selbstbewusster Säure. Vielschichtige Cuvée, in der fünf Rebsorten ihren Beitrag leisten. 13,5 Vol.-%, KK, €€

89 2019 Riesling trocken
In der duftigen Nase Pfirsich, Apfel und grüne Stachelbeeren, florale Noten, auch Quitte kommt dazu. Frische, animierende Säure am Gaumen, begleitet von saftiger Frucht und gut proportionierter Restsüße. Feine mineralische Tönung, vermittelt Trinkfreude. 13 Vol.-%, DV, €

90 2018 »Mephisto« LMB/CD/ZW
Duft nach Brombeeren, Holunder, Schwarzen Johannisbeeren und Vanille. Eine klare, intensive Frucht unter Neuholzeinfluss. Straffes, festes, aber auch feinkörniges Tannin dominiert den Gaumen, unterstützt von präsenter Säure und altersgerecht verschlossener Gaumenfrucht. Braucht Zeit. 14 Vol.-%, DIAM, €€

89 2021 »Rosé Saignée« trocken ME/ZW/CS

90 2021 Sauvignon Blanc trocken
Delikater Duft, Holunderblüten, Schwarze Johannisbeeren, reife Stachelbeeren, auch Grapefruit. Saftig und würzig am Gaumen mit kräftiger Struktur, wirkt frisch und pur, auch durch die lebendige Säure, wieder Grapefruit und etwas Restsüße. Gut balanciert. 14 Vol.-%, DV, €

★★

WEINGÄRTNER CLEEBRONN & GÜGLINGEN

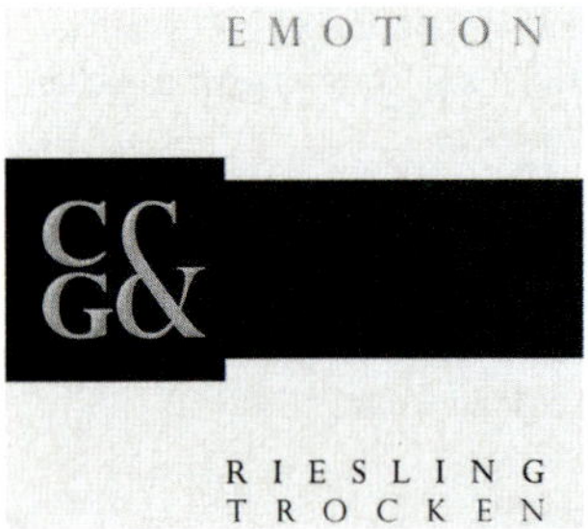

Ranspacher Straße 1, 74389 Cleebronn
T: +49 7135 98030, info@cg-winzer.de
cg-winzer.de

Ab-Hof-Verkauf: Mo bis Fr 8–18 Uhr, Sa 8.30–13 Uhr
Kellermeister: Max Kusic
Ansprechpartner: Axel Gerst
Flaschen/Hektar: 1.900.000 (30 % weiß, 70 % rot)/ 300 ha

Die etwa 580 Mitglieder der Weingärtnerei Cleebonn & Güglingen können stolz auf sich sein: Erneut ist ihnen eine ebenso gute wie ausgewogene Kollektion gelungen. Dabei liegt ihr Augenmerk nicht nur auf den klassischen deutschen Rebsorten oder den württembergischen Spezialitäten wie Lemberger und Trollinger: Die Weingärtner keltern auch einen exzellenten Sauvignon Blanc – die Loire lässt grüßen. Noch weiter südlich wähnt man sich, wenn der »Rote Hirsch« im Glas ist, eine sehr gelungene Cuvée aus klassischen Bordeaux-Reben, die viel Spaß macht.

91 NV »Emotion CG« Weißburgunder trocken
Komplex im Duft, es entwickeln sich Aromen von reifer Birne, junger Aprikose, Haselnuss und Geißblatt. Diese werden auch am Gaumen von gut eingebundener Säure balanciert, der gut gewählte Holzeinsatz gibt dem Wein Struktur, attraktiver Nachhall. Genuss pur! 13 Vol.-%, NK, €€€

90 2021 »Herzog C« Sauvignon Blanc trocken
Im Duft Stachelbeere, Schwarze Johannisbeere und Kiwi, Holunderblüten, etwas grüne Paprika. Am Gaumen filigran, etwas Salzzitrone forciert die gelbe Frucht, rosa Grapefruit, delikat mit einer frischen, aber gefühlvoll agierenden Säure, sehr balanciert und exakt vinifiziert. 12 Vol.-%, DV, €

90 2020 »Emotion CG« Riesling trocken
Goldgelbe Farbe. Im Duft feine Aromen von Nektarine, Aprikose und Maracuja, Limette und Schwarze Johannisbeere entwickeln sich ebenso. Ein Wein mit Körper, Struktur und Saft, der sich mit einem attraktiven Nachhall präsentiert. Gut auch zu kräftigeren Speisen. 13 Vol.-%, NK, €€

91+ 2018 »Roter Hirsch Cuvée Reserve« trocken CF/CS/ME
Schokolade, Vanille und Schwarze Johannisbeere dominieren in der Nase. Am Gaumen sind feinkörniges Tannin, geschmeidiger Fond und intensive Frucht dicht ineinandergewoben, durchweg saftig, die lebendige Säure verleiht Frische, mittlere Länge. 13,5 Vol.-%, NK, €€€

89+ 2021 »Herzog C« Grauburgunder trocken

90 2019 »Emotion CG Reserve« Lemberger trocken
Rubin in der Farbe. Anfangs dezent im Duft, dann folgt eine attraktive Komposition aus Zartbitterschokolade, Schwarzkirsche, Cassis und etwas Paprika. Am Gaumen intensiv, Kräuternoten, reife Säure und eng gewobener Gerbstoff, würziger, langer Nachhall. 13 Vol.-%, NK, €€€

★★★★

WEINGUT DAUTEL

Lauerweg 55, 74357 Bönnigheim
T: +49 7143 870326, info@weingut-dautel.de
weingut-dautel.de

Ab-Hof-Verkauf: Mo bis Fr 10–12 Uhr und 14–18 Uhr, Sa 10–16 Uhr
Kellermeister: Christian Dautel
Ansprechpartner: Christian Dautel
Flaschen/Hektar: 100.000 (50 % weiß, 50 % rot)/14 ha

Christian Dautel, der Alleskönner mit den Dreadlocks, legte eine Phalanx an Weinen vor, die bei näherer Beschäftigung immer neue und faszinierende Facetten aufscheinen lassen. Man hat die Qual der Wahl, auch bei der Beurteilung, was einem nun am besten gefällt: der mineralische Chardonnay »S«, der elegante Weißburgunder »S« oder die famosen Roten wie der Spätburgunder Schupen und der Lemberger Michaelsberg mit festem, sattem Gerbstoff. Wir können nur empfehlen, ein paar Flaschen dieser großartigen Kollektion einzukellern – man wird garantiert belohnt.

95 2020 »S« Chardonnay trocken
Reduktive Noten, Hefe, Feuerstein, rauchig, noch verschlossen, etwas Aprikose zeigt sich, Apfel und Pfirsich. Am Gaumen offen und das große Potenzial zeigend mit tragender Säure, Würze und prägender Mineralik, aus einem Guss, eng verwoben, Spannung und Dichte elegant umgesetzt. 12,5 Vol.-%, NK, €€€

94 2020 »S« Weißburgunder trocken
Feine Holzwürze und Rauch, etwas Melone, Birne und Aprikose verbinden sich im Duft, feine Kräuter. Saftig und mit feiner Würze am Gaumen, sehr gut balanciert, die Substanz wird in Nuancen transformiert in Geschmeidigkeit und Eleganz, dicht im Extrakt, trocken, gute Länge. 12,5 Vol.-%, NK, €€€

94+ 2019 Bönnigheim Schupen Spätburgunder GG
Intensiver Duft nach feinem Rauch und roten Früchten, pikant und vielschichtig, Sauerkirsche, Schlehe, Hagebutte, würzig. Am Gaumen mit sehr viel Druck und Fülle, satter Gerbstoff, belebende Säure, rote Frucht, aber vor allem mit mineralischer Würze, dicht und lang. Hat Potenzial. 13 Vol.-%, NK, €€€

94+ 2019 Cleebronn Michaelsberg Lemberger GG
Vielschichtige, komplexe Nase, Brombeere, Kaffeebohne, auch etwas Weichselkirsche. Am Gaumen fest verwoben in der Struktur, sehr kompakt und dicht, mit reifer, eng anliegender Säure und festem, hochwertigen Gerbstoff in guter Menge, der Potenzial für lange Reife birgt. 13 Vol.-%, NK, €€€

92 2020 Bönnigheim Steingrüben Riesling GG

91 2020 Besigheim Wurmberg Riesling Erste Lage trocken

90+ 2017 »Pinot« brut nature

94 2019 Bönnigheim Sonnenberg Lemberger tr.

93+ 2019 Oberstenfeld Forstberg Spätburgunder GG

91+ 2020 »Gipskeuper« Bönnigheim Lemberger trocken

91+ 2019 Bönnigheim Sonnenberg Spätburgunder trocken

92 2020 Bönnigheim Sonnenberg Chardonnay trocken
Kräutrige und zitrische Noten in der Nase, Limettenzesten, etwas Hopfenblüten, malzige Untertöne, Birne. Am Gaumen aufgeräumt mit Volumen und Saft, gutem Extrakt und leicht salziger Mineralik, die den Hintergrund bildet für eine geschmeidige, vollmundige Fülle. 12,5 Vol.-%, NK, €€

★

WEINGUT DIEHL

Württembergstraße 203, 70327 Stuttgart-Rotenberg
T: +49 711 334051, info@weingut-diehl.com
weingut-diehl.com

Ab-Hof-Verkauf: Nach Vereinbarung
Kellermeister: Rainer Diehl
Ansprechpartner: Thomas Diehl
Flaschen/Hektar: 67.000 (50 % weiß, 50 % rot)/7.5 ha

Die guten Ideen scheinen im Weingut Diehl nie auszugehen: Inzwischen erzeugt die Winzerfamilie gemeinsam mit der Weinmanufaktur Untertürkheim die Weinlinie »DROP«, um sich »von verkrusteten Denkweisen zu lösen und gemeinsam für den regionalen Weinbau zu stehen«. Auf dem Gelände des Weinguts steht ein Weinautomat, an dem man durchgängig optimal gekühlten Wein erwerben kann. Das lohnt sich: Wir verkosteten eine durchgehend gute Kollektion mit saftigem Riesling, würzigem Grauburgunder und mineralischen Rotweinen. So ist der zweite Stern nicht mehr weit entfernt!

91 2021 Untertürkheim Mönchberg Grauburgunder trocken
Dicht verwobene Nase, keine laute Primärfrucht, Birne, feine Würze, florale Noten, etwas Laub, erdige Noten. Stoffig, würzig am Gaumen in kräftiger Struktur, guter Extrakt, die Substanz wird von mineralischen Noten unterlegt. Dazu fällt einem immer das passende Gericht ein. 14 Vol.-%, DV, €€

90+ 2021 Rotenberg Schlossberg Weißburgunder trocken
Apfelblüten in der Nase, Himbeermark, Apfel und auch Birne, gelbe Pflaumen und nussige Noten, Haselnuss. Kräftig gebauter und konsistenter Weißburgunder, der mit Substanz und Mineralik punktet, vollmundig und mit feiner Würze, zeigt die Reife einer Spätlese, dabei pointiert.
13,5 Vol.-%, DV, €€

91 2018 Rotenberg Schlossberg Spätburgunder trocken
Reife rote Kirschen, Pflaumen und Schwarze Johannisbeeren, dunkler Tabak, Holzwürze, etwas Grillkohle. Breit angelegt am Gaumen mit Volumen und Substanz, die Kraft und Wucht wird auf weichem Fond von saftiger Frucht und schöner Mineralik gekontert, reifer, markanter Gerbstoff.
13,5 Vol.-%, DV, €€

90+ 2018 Rotenberg Schlossberg Merlot trocken
Da scheint das warme Jahr schon im Duft durch mit balsamischer Würze und reifer Frucht, dazu Holznoten und getrocknete Kräuter. Kräftig und getragen am Gaumen mit Substanz und Kraft, die gut balanciert werden durch die präsente Säure, merkliche Mineralik. Kann reifen.
14 Vol.-%, DV, €€

89+ 2018 Untertürkheim Mönchberg Frühburgunder trocken

91 2021 Rotenberg Schlossberg Riesling trocken
Feinwürzige und feinfruchtige Nase, gelber Apfel, Pfirsich und Reneklode, frische Himbeeren, steinige Noten. Erwachsener und vielschichtiger Riesling, der die Balance hält zwischen fruchtiger Präsenz und mineralischer Würze, reife Säure, gute Länge. 13 Vol.-%, DV, €€

★★★

WEINGUT HEDWIG UND HELMUT DOLDE

Beurener Straße 16, 72636 Frickenhausen-Linsenhofen
T: +49 7025 4982, info@doldewein.de
doldewein.de

Ab-Hof-Verkauf: Do 16–19 Uhr, Sa 10–13 Uhr und nach telefonischer Vereinbarung
Kellermeister: Helmut Dolde
Ansprechpartner: Hedwig und Helmut Dolde
Flaschen/Hektar: 13.000 (75 % weiß, 20 % rot, 5 % Rosé, 2 % Schaumwein)/2 ha

Helmut Dolde könnte als pensionierter Gymnasiallehrer die Hände in den Schoß legen – aber nein, er macht Wein. Und was für welchen! Aus dem kühlen Jahr 2021 hat er am Albrand einen Spätburgunder gekeltert, der sogar denjenigen aus 2018 toppt. Dabei müsste man annehmen, dass auf 500 Höhenmetern der wärmere Jahrgang vorne liegt. Doldes Silvaner wachsen sogar noch mal 30 Meter höher. Beim exzellenten Trio »Vulkan«, »Weißer Jura«, und »Alte Reben« konnten die Verkoster kaum aufhören zu vergleichen. Herrlich mineralisch sind sie alle. Und schauen Sie mal auf die Ab-Hof-Preise!

92+ 2021 »Alte Reben« Silvaner trocken
Verschlossen im Duft, hefig mit Spontangärungsnoten, mit Luftkontakt leicht nussig, eine Note von Heu, Gesteinsmehl. Im Mund wirkt der Wein derzeit noch still, alle Komponenten befinden sich in Gleichgewicht, die Stoffigkeit äußert sich mit nobler Adstringenz. Großes Potenzial! 12,5 Vol.-%, DV, €

92 2021 »Vulkan« Linsenhofen Silvaner trocken
Ein Duft von weißen Blüten und Sesam, noch vergleichsweise verschlossen. Im Mund besitzt der Wein eine unglaubliche Konzentration: Süße Frucht, elegant eingebundene Säure und zart phenolische Wahrnehmungen bilden eine Einheit, die lange intensiv bleibt, zuletzt taktil-mineralisch. 12,5 Vol.-%, DV, €

91+ 2021 »Weißer Jura« Neuffen Silvaner trocken
Das riecht fast gar nicht nach Silvaner, umso mehr nach Algen, Jod und Austernschalen – vor dem geistigen Auge erscheint ein Flachmeer aus dem Zeitalter des Jura. Im Mund setzt der Wein extraktsüß an, ein saftiger Säurezug leitet in den stoffig konzentrierten, kreidig texturierten Abklang. 11,5 Vol.-%, DIAM, €

91+ 2019 »Fass 1« Linsenhofen Spätburgunder trocken
Nuanciert duftig, Süßmandel und Lorbeerblatt, Preiselbeere, ein Hauch von Holz. Im Mund hat der Wein eine ausgeprägte Saftigkeit, der Gerbstoff ist feinkörnig und in eher mittlerer Menge vorhanden, die belebende Säure vermittelt den »Sense of Place«. Elegant – und mit Garantie langlebig. 13 Vol.-%, DIAM, €€

90 2021 »Brauner Jura« Linsenhofen Riesling trocken

93 2021 »Fass 2« Linsenhofen Spätburgunder trocken
Burgunderwürzig im Duft, kirschfruchtig, Nelken, Minze, aber auch Unterholz und eine Spur Karamell. Im Mund zeigt der Wein kräftigen Gerbstoffdruck, die Säure ist gut eingebunden, die Frucht derzeit noch jugendlich und verschlossen. Sehr burgundisch im Stil. 13 Vol.-%, DIAM, €€

★★★

WEINGUT DOREAS

Ernst-Heinkel-Straße 85
73630 Remshalden-Grunbach
T: +49 7151 75569, info@doreas.de
doreas.de
Ab-Hof-Verkauf: Do und Fr 16–18.30 Uhr, Sa 9.30–14 Uhr
Kellermeister: Andreas Ellwanger
Ansprechpartner: Dorothee Wagner-Ellwanger
Flaschen/Hektar: 40.000 (30 % weiß, 45 % rot, 18 % Rosé, 2 % süß, 5 % Schaumwein)/9.5 ha
Anbauweise: Bio

Mit dem »Choral« aus dem Jahrgang 2018 stößt das von Dorothee Wagner-Ellwanger und Andreas Ellwanger geführte Weingut Doreas in eine neue Rotwein-Dimension vor: Er zeigt bei aller Kraft und Tiefe auch bemerkenswerte Feinheit und glatt polierte Tannine, die den Gaumen zum Jubeln bringen können – der Name ist durchaus angebracht für dieses vielschichtige und vielstimmige Meisterwerk. Nicht vergessen wollen wir dabei die anderen, sehr natürlich wirkenden Weine: Wir können jeden empfehlen – vom präzisen Riesling bis zur reichhaltigen, noblen TBA. Tolle Kollektion!

91+ 2021 Grunbach Klingle Chardonnay trocken
Birne, Apfel und Aprikose, auch Kräuter und etwas Apfelschale kommen dazu. Saftig im Mund mit einer pointierten Säure, mundwässernd, leicht salzig. Betont trocken ausgebaut und ohne kosmetische Eingriffe, gute Substanz, feine Phenolik. Sehr natürlich. 13 Vol.-%, VL, €€

93 2018 »Choral« trocken LMB/ZW/ME
In der vielschichtigen Nase finden sich Schwarze Johannisbeeren und dunkle Kirschen, feine Würze, Rauch und Zeder. Enorm präsent und dicht am Gaumen mit viel Extrakt, transparente Klarheit, festes Gerüst mit enorm feinem Gerbstoff, der für Reife steht. Sehr kultiviert. 14 Vol.-%, VL, €€€€

92 2018 »S« Grunbach Berghalde Zweigelt trocken
In der Nase schwäbische Zwetschge, nicht zu spät geerntet, von etwas Zimt und feinem Rauch begleitet. Würzig und saftig am Gaumen mit etwas Pfeffer in einem kräftigen Körper, die Gerbstoffe sind reif und griffig, klar im Ausdruck. Substanz, die reifen kann. 14 Vol.-%, VL, €€

93 2019 Grunbach Klingle Riesling Trockenbeerenauslese
Pikanter Duft nach reifen Zitrusfrüchten, Blütenhonig, dann Trockenobst, getrocknete Aprikose und Dattel, intensiv. Am Gaumen mit feiner Würze, Zedernholz, Limonensirup, Honigwürze, etwas Nelke. Üppig und reichhaltig, die Säure trägt bis zum langen Finale. 9 Vol.-%, VL, €€€€

91 2018 »Symphonie in Rot« Grunbach Berghalde trocken ZW/ME/CU

90+ 2021 Grunbach Riesling trocken
Attraktiver, feinfruchtiger Duft nach Apfel und Pfirsich, Zitrus, helle Blüten und auch florale Noten, etwas Blattgrün. Sehr klar und präzise am Gaumen mit Noten von Apfel und auch etwas Limettensaft, schöne Frische, schlanke Statur. Ein Wein, der nicht satt macht. 12,5 Vol.-%, VL, €€

★★★★

WEINGUT DRAUTZ-ABLE

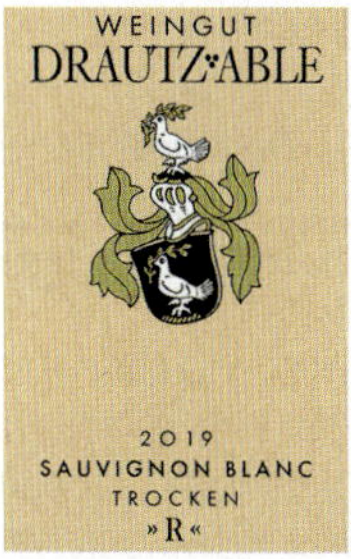

Faisststraße 23, 74076 Heilbronn
T: +49 7131 177908, info@drautz-able.de
drautz-able.de

Ab-Hof-Verkauf: Mo bis Fr 14–18 Uhr, Sa 9–16 Uhr
Kellermeister: Markus Drautz & Pascal Gerhäusser
Ansprechpartner: Monika Drautz
Flaschen/Hektar: 120.000 (37 % weiß, 43 % rot, 7 % Rosé, 4 % süß, 9 % Schaumwein)/16 ha

Auf dem alteingesessenen Heilbronner Weingut scheint eine neue Zeit anzubrechen: Der jahrgangslose »R H.A.D.E.S.« Riesling liegt im Stil irgendwo zwischen Vin jaune aus dem Jura und Württemberger Riesling aus dem Eichenfass. Das könnte kulinarisch sehr spannend einzusetzen sein. Auch der »Try Aged Wine« (sic!) entfernt sich mit seiner betont trinkigen, fast schon Vin-Nature-fruchtigen Art deutlich von den stilistischen Grundfesten der Trollinger-Republik. Dagegen steht die rote Cuvée von Markus Drautz' Ehefrau Stéphanie de Longueville fast schon wieder für die Klassik.

92 2020 »R H.A.D.E.S« Sauvignon Blanc trocken
Fruchtaromen von weißen Blüten, Honigmelone und heller Birne sind gekonnt ins Holz integriert, noch etwas hefegeprägt, gute Substanz, Tiefe und Dichte, elegante Cremigkeit, die hervorragend mit der Säure interagiert. Definitiv etwas Zeit geben. 14,5 Vol.-%, NK, €€€

90 NV »R H.A.D.E.S« Riesling trocken
Vielschichtige Aromen von gelbem Apfel, Quitte, reifem Pfirsich, Tabak, Safran und dunkler Würze. Oxidative Spuren sorgen für Spannung. Am Gaumen ebenfalls komplex mit guter Länge, der Abgang endet dann – etwas überraschend – mit leichter Süße. 13,5 Vol.-%, NK, €€€

93+ 2018 »Héritage Stéphanie de Longueville« Cuvée trocken LMB/ME/CS
Veilchen, Schwarze Johannisbeere, Herzkirsche, Brombeere, dunkle Schokolade, Lakritz und Tabak in Nase und am Gaumen, dicht und intensiv, feinkörnige Gerbstoffe münden in ein vielschichtiges Finale. Ein kraftvoller, eleganter Wein mit sicherem Reifepotenzial. 14 Vol.-%, NK, €€€€

92+ 2018 »Jodokus H.A.D.E.S.« Rotwein trocken CS/ME/LMB
Auf den Punkt gereift: dunkle Beerenfrüchte, Herzkirschen, Brombeeren und Veilchen in der Nase. Am Gaumen Holznoten, Tabak, dunkle Schokolade, frische, präsente Säure, saftiges Gesamtbild. Die griffigen, aber feinkörnigen Gerbstoffe versprechen ein hervorragendes Reifepotenzial.
13,5 Vol.-%, NK, €€€

89+ 2021 »Drei Tauben« Heilbronn Sauvignon Blanc trocken

89 2016 »Try Aged Wine Vol. 2 french connection« trocken LMB/ME
In der Nase Kirsche, eingelegte Pflaume, Feige, reife Erdbeere zusammen mit balsamischen Noten, Tabak, Vanille und etwas Nelken. Geschmeidig am Gaumen, mit mittlerer Länge und Vielschichtigkeit, hervorragender Trinkfluss. Ein vielseitiger Speisenbegleiter. 12,5 Vol.-%, DV, €€

★★

WEINKONVENT DÜRRENZIMMERN

Meimsheimer Straße 11, 74336 Brackenheim
T: +49 7135 95 150
info@weinkonvent-duerrenzimmern.de
weinkonvent-duerrenzimmern.de
Ab-Hof-Verkauf: Mo bis Fr 9–12.30 Uhr und 13.30–18 Uhr, Sa 9–13 Uhr
Kellermeister: Kurt Freudenthaler
Ansprechpartner: Mirko Semmler-Lins
Flaschen/Hektar: 1.800.000 (30 % weiß, 70 % rot)/ 180 ha

Im Zabergäu, wo der Lemberger der Leib- und -Magen-Wein vieler Winzer ist, baut das Weinkonvent Dürrenzimmern auf 180 Hektar ein breiteres Spektrum an Rebsorten an, deren Trauben das Team um Kellermeister Kurt Freudenthaler in der »Divinus«-Linie zu kräftigen und großzügigen Rotweinen mit viel Würze und markanten Gerbstoffen verarbeitet. Der stoffige und würzige Portugieser bekommt einen großen Auftritt, Cabernet Franc und die »Cuvée Weinkonvent« folgen dicht dahinter. Dass das Weinkonvent auch Weißwein kann, zeigt der saftige und feinmineralische Riesling »Cellarius«!

89+ 2021 »Cellarius« Grauburgunder trocken
Birne und Quitte in der Nase, auch Honigmelone mit kräutrigen Noten, Haselnuss und auch Walnuss. Saftig und stoffig am Gaumen mit viel Würze und auch etwas Restsüße, klare Kontur, reife, gut tragende Säure, etwas Muskatnuss. Ausgewogener Burgunder, gut zum Essen. 12 Vol.-%, DV, €

92 2019 »Divinus« Portugieser trocken
Intensiver würziger Duft nach reifen Pflaumen, Brombeeren, getrockneten Kräutern, Wacholderbeeren, auch Fasspatina. Stoffig und würzig am Gaumen, dicht im Extrakt, die feine Säure schafft Balance, kräftiges, reifes Tannin, gute Länge. Verbindet Kraft und Eleganz. 14 Vol.-%, NK, €€€

91+ 2019 »Divinus« Cabernet Franc trocken
Reife Pflaume und Cassis in der kräftigen Nase, etwas Waldboden und Unterholz, getrocknete Kräuter, dunkle Schokolade. Saftig und weich am Gaumen ansetzend, kräftige Statur, viel Würze und Fülle, reifer, mürber Gerbstoff in guter Dosierung, gute Länge. 13,5 Vol.-%, NK, €€€

91+ 2019 »Divinus Cuvée Weinkonvent« trocken LMB/CS/ME
Duftet ein wenig nach Weihnachten, Gewürznelken und Zimt, Schwarzkirsche, Johannisbeere, Brombeere, Holzwürze. Saftig und würzig im Mund mit reifer Säure, süßlicher Extrakt, die Gerbstoffe sind kräftig und reif, Kraft und Volumen sind geschmeidig inszeniert. 14 Vol.-%, NK, €€€

89 2021 »Klosterhof« Cabernet Sauvignon & Merlot trocken CS/ME

89+ 2021 »Cellarius« Riesling trocken
Grüner Apfel, Zitrusfrucht, Pfirsich und Aprikose in der duftigen Nase, auch etwas Zimt kommt dazu. Saftig und würzig am Gaumen in einer kompakten Struktur mit klarer Kontur, reife, gut tragende Säure, gelbfruchtig mit zitrischen Noten, feine Mineralik. 12,5 Vol.-%, DV, €

★★

WEINGUT EISELE

Steinbeisweg 1, 74394 Hessigheim
T: +49 7143 272399, info@weingut-eisele.de
weingut-eisele.de

Ab-Hof-Verkauf: Fr 16–18 Uhr, Sa 10–12 und 13–16 Uhr
Kellermeister: Alexander Eisele
Ansprechpartner: Alexander Eisele
Hektar: 9 ha
Anbauweise: Bio

Alexander Eisele ist ein Typ, der zupacken kann: 20 Prozent seiner Weinberge befinden sich in den Steillagen entlang des Neckars, wo der Weinbau zur Kraftanstrengung wird. Der junge Winzer bringt auch die nötige Lockerheit und Weitsicht mit, um im traditionsbewussten Neckartal reüssieren zu können: Seine Weine sind naturbelassen und minimal geschwefelt, sie zeigen Spannung, Grip und Zug, da wirkt sogar der Trollinger unkonventionell, über den einer unserer Verkoster urteilte: »Wenn alle Trollinger so wären, müsste man nicht über sie streiten.« Auf Drei-Sterne-Kurs!

91 2021 »Naturbursche« Pet Nat brut MTR/BP/CI
Himbeere in der fruchtigen Nase, Hefe kommt dazu, Walderdbeere und Kirsche, auch etwas Aroniabeere. Am Gaumen frisch und sehr präsent, nicht zu lang, füllt aber den Gaumen schön aus und bleibt da auch lange haften, feine Herbe, griffig mit Gerbstoff, anregend. 10,5 Vol.-%, VK, €€

92+ 2020 »Goldkapsel Gipskeuper« Lemberger trocken
Feine Holzwürze, etwas Hefe mit Kirsche und frischer Brombeere, getrockneter Rosmarin, kalter Kamin. Nimmt am Gaumen Fahrt auf mit stabiler Säure, dazu auch salzig, gut dosierte Stoffigkeit, zugänglicher, tragender Gerbstoff, ein wenig Vin Naturel. 12,5 Vol.-%, NK, €€€

92 2020 »Goldkapsel Adam Muschelkalk« trocken ME/CF/CS
Reife dunkle Kirsche, Cassis, Pflaume mit würzigen und pfeffrigen Noten, begleitet von etwas Holzpatina. Kompakt und kräftig gebaut, saftig mit präziser Rotfrucht, auch etwas Holzwürze und ein wenig zitrisch. Geschmeidiger Gerbstoff, gut balancierte Cuvée. 13 Vol.-%, NK, €€€

92 2020 »Goldkapsel Muschelkalk« Lemberger trocken
Jugendlich verschlossen, Kirsche, Schlehe, Johannisbeere, Holzwürze und Trockenkräuter, pfeffrig, leicht ätherisch. Guter Zug am Gaumen, saftig mit Kirsche und Sauerkirsche, schlanker Bau, griffiger Gerbstoff, mineralisch würzig und natürlich-ungeschliffen. 12,5 Vol.-%, NK, €€€

91 2020 »Silberkapsel« Lemberger Muschelkalk trocken

90+ 2020 »Silberkapsel« Trollinger Muschelkalk trocken
Frischer Rosmarin, Rotkirsche, Mandel, würzig, etwas Hefe und Tinte. Straff gebaut mit saftiger Säure, für Frische sorgt ein zitrischer Ton. Griffiges Tannin, betont trocken und kitschfrei. Wenn alle Trollinger so wären, müsste man nicht über sie streiten. 12 Vol.-%, NK, €€

★★★★

WEINGUT BERNHARD ELLWANGER

ELLWANGER

Junges Schwaben | SAUVIGNON BLANC
• FUMÉ BLANC •
TROCKEN 2020

Rebenstraße 9, 71384 Weinstadt-Großheppach
T: +49 7151 62131, info@weingut-ellwanger.com
weingut-ellwanger.com

Ab-Hof-Verkauf: Mo und Di 10–12 und 14–18.30 Uhr, Do und Fr 10–12 und 14–18.30 Uhr, Sa 9.30–14 Uhr
Kellermeister: Sven Ellwanger
Ansprechpartner: Yvonne Ellwanger
Anbauweise: 240.000 (42 % weiß, 36 % rot, 16 % Rosé, 1 % süß, 5 % Schaumwein)/33 ha

Die Geschwister Yvonne und Sven Ellwanger haben beide Weinbau studiert, 2018 übernahmen sie den Betrieb ihrer Eltern Ingrid und Bernhard. Den Weinen hatte die junge Generation aber schon länger den Stempel aufgedrückt: Die Geschwister sind weinbauliche Perfektionisten, sie bekommen im Remstal, das vor nicht allzu langer Zeit nicht einmal als Lemberger-tauglich galt, sogar Syrah reif. Im Keller werden aus exzellenten Trauben konzentrierte, extraktsüße Weine, die aber stets auch elegant bleiben. Der »Junges Schwaben«-Sauvignon ist dafür das beste Beispiel.

93+ 2020 »Junges Schwaben Fumé blanc« Sauvignon blanc trocken
Röstnoten in der Nase, Holzwürze, Mango, Maracuja, Nektarine, Holunderblüten, Jasmin. Am Gaumen stoffig, lebendige, erfrischende Säure, mineralischer Kern, elegant, kraftvoll, gelungener Holzeinsatz, schöne Länge. Ein Wein mit Reifepotenzial. 13 Vol.-%, NK, €€€

93+ 2020 »SL« Großheppach Steingrüble Riesling trocken
Wiesenkräuter in der Nase, Zitrone, weißer Weinbergpfirsich, kühles Gestein. Am Gaumen mineralische Würze, dicht, gut eingebundene Säurestruktur, cremiger Kern, schöne Phenolik, salziges Finish, elegant, schöne Länge. Ein Wein mit Reifepotenzial. 13 Vol.-%, VL, €€€

92+ 2020 Geradstetten Lichtenberg Chardonnay trocken
Kühl in der Nase, Zitronenzesten, Melisse, Ananas, Kräuterwürze, Vanille. Am Gaumen saftige Frucht, cremiger Kern, gut integrierte lebendige Säurestruktur, mineralisch-kräutrige Würze, feine Phenolik, schöne Länge. 13 Vol.-%, NK, €€

95 2019 »SL« Großheppach Wanne Klingenberg Syrah trocken
Röstkaffee und Cappuccino im Duft, balsamische Töne, dazu eine frische, komplexe Frucht von Blaubeere, Sauer- und Schwarzkirsche. Am Gaumen verbindet der Wein Saftigkeit und Fülle, das dichte Tannin wirkt entspannt auf dem Hintergrund eines vollmundigen Körpers, zuletzt taktil-mineralisch. 13,5 Vol.-%, NK, €€€

90+ 2018 Grunbach Klingle Osterberg Riesling tr.

90+ 2021 Großheppach Steingrüble Riesling Kabinett

89+ 2020 »vom bunten Mergel« Riesling tr.

88 2020 Roter Riesling trocken

91 2018 »Kreation CMX« trocken ME/CS/CU/CF/CC

89 2020 »Steillage« Lemberger trocken

89 2021 Großheppach Steingrüble Riesling Spätlese

91+ 2020 Geradstetten Lichtenberg Oberholz Riesling trocken
Strahlendes Goldgelb im Glas. Saftige Früchte in der Nase, Pfirsich, Golden-Delicious-Apfel, Zitronenmelisse, nasses Gestein. Am Gaumen saftig, frisch, lebendiger Säurenerv, schöner Extrakt, feine Phenolik, angenehme Bitternote. 12,5 Vol.-%, VL, €€

★★★★

WEINGUT JÜRGEN ELLWANGER

Bachstraße 27, 73650 Winterbach
T: +49 7181 44525, info@weingut-ellwanger.de
weingut-ellwanger.de

Ab-Hof-Verkauf: Di bis Fr 9–12 Uhr und 15–19 Uhr, Sa 9–15 Uhr
Kellermeister: Jörg Ellwanger
Ansprechpartner: Felix Ellwanger
Flaschen/Hektar: 200.000 (35 % weiß, 65 % rot)/26 ha

In Winterbach im Weingut Jürgen Ellwanger ist (fast) die ganze Weinwelt zu Hause. In dem Betrieb, der auf eine über 500-jährige Geschichte zurückblickt, gehen Tradition und Innovation Hand in Hand. Auf den 26 Hektar beschränken sich Jörg und Felix Ellwanger dabei längst nicht auf die klassischen Rebsorten aus Württemberg – seit Jahren lassen sie den Blick weit darüber hinaus schweifen. Dieses Mal haben sie uns einen sehr geschmeidigen Cabernet Sauvignon und einen druckvollen Zweigelt präsentiert – aber natürlich glänzen auch Lemberger, Riesling und die Burgundersorten.

92 2020 Winterbach Hungerberg Weißburgunder GG
Ein blasses Zitronengelb in der Farbgebung. In der Nase entwickelt sich ein komplexer Duft von Zitronenzesten, Aprikose, Mirabelle, reifem Pfirsich und roher Mandel. Am Gaumen mit dichter Textur, guter Säure, viel Volumen und einem attraktivem Nachhall. 14 Vol.-%, NK, €€€

92 2021 »H.A.D.E.S.« Grauburgunder trocken
Blasses Goldgelb. Ein Duft von Wiesenkräutern, weißem Pfirsich, Aprikose, Zitronenzesten, Melone und roher Mandel. Diese Aromatik wird von dezenter Säure am Gaumen getragen, dazu leichte Phenolik und Cremigkeit, schöne Spannung und ein langer Nachhall. 13 Vol.-%, NK, €€€

92+ 2020 Hebsack Berg Lemberger GG
Sattes Rot in der Farbgebung. Komplex im Duft, vielschichtig, dunkle rote Früchte. Am Gaumen präzise Aromen von Brombeere, Schwarzkirsche und Zartbitterschokolade, sehr feiner Gerbstoff, getragen von lebendiger Säure bei einem feinen mineralischen Zug.
13,5 Vol.-%, NK, €€€

91 2019 »H.A.D.E.S« Zweigelt-Rebe trocken
Tiefes Rubin. Intensiv im Duft nach Gewürznelken, Schwarzkirschen, Zimt, Pflaume, Pfeffer, Vanille und etwas Süßholz. Am Gaumen dann mit viel Saftigkeit, kräftigem Körper, noch sehr jungem Gerbstoff und einer opulenten Frucht, endet in einem langen Nachhall. 13,5 Vol.-%, NK, €€€

91 2019 »H.A.D.E.S.« Cabernet Sauvignon tr.

92 2020 Schnait Altenberg Riesling GG
Blasses Goldgelb. Ein Duft von reifer Aprikose, Zitronenmelisse, Madarinenschalen und Gesteinsmehl. Am Gaumen ebenfalls Grapefruit, kombiniert mit deutlichem Extrakt, alles von guter Säure balanciert, herrlich saftig mit gutem Trinkfluss, hat weiteres Potenzial.
12,5 Vol.-%, NK, €€€

★★★

WEINGUT ESCHER

Seestraße 4, 71409 Schwaikheim
T: +49 7195 57256, info@wein-escher.de
wein-escher.de

Ab-Hof-Verkauf: Di bis Fr 16.30–18.30 Uhr, Sa 9–14 Uhr
Kellermeister: Christian Escher
Ansprechpartner: Christian Escher
Flaschen/Hektar: 90.000 (45 % weiß, 43 % rot, 10 % Rosé, 2 % Schaumwein)/14 ha

Für die Beurteilung von Wundern fühlen wir uns nicht gerade zuständig, aber wir können festhalten, dass Christian Eschers von Cabernet Franc dominierte Cuvée »Wunderwerk« aus 2018 ein mächtiger und hervorragender Wein ist. Der Remstäler Winzer hat sich vor allem mit seinen Rotweinen einen Namen gemacht, er schafft es, den Lemberger gekonnt in Szene zu setzen, wie den fein balancierten 2019er aus der Sommerhalde, der Substanz mit Frische kombiniert. Auch die Weißen aus 2021 sind durchaus ansprechend, wie der Riesling aus dem Pulvermächer mit klassischer Stilistik.

90+ 2021 »Goldlage« Korb Steingrüble Grauburgunder trocken
Leichtes Goldgelb in der Farbe. Reife Birne mit gerösteten Haselnüssen und Honigmelone, etwas Karamell, feine Würze. Kräftig gebaut, saftig und vollmundig, aber auch mit Frische und Eleganz, trocken ausgebaut, mit mineralischer Tönung, klingt saftig aus. 13 Vol.-%, DV, €€

93 2018 »Wunderwerk« Cuvée trocken CF/ME/CS
Rauchige Noten, balsamische Würze, etwas Unterholz, Waldboden, Cassis, Pflaumen, Brombeeren, schwarzer Pfeffer. Opulent, setzt breit am Gaumen an mit Volumen und Substanz, die das warme Jahr mitgebracht hat, mächtige, reife Gerbstoffe, bleibt lange am Gaumen. Eindrucksvoll. 14 Vol.-%, NK, €€€

92+ 2019 Korb Sommerhalde Lemberger tr.
Kräftiger und dabei fein nuancierter Duft nach reifer dunkler Frucht, Schwarzkirsche und Brombeere, feiner Rauch, Mineralik. Verbindet am Gaumen Substanz, reife Frucht und auch Frische, gute Balance, mineralische Grundierung, griffiger Gerbstoff, gute Länge. 13,5 Vol.-%, NK, €€

91+ 2019 »Goldlage« Korb Sommerhalde Cabernet Franc trocken
Schwarze Johannisbeeren, schwarze Kirschen, Brombeeren und auch Espresso, Holzwürze und Rauch. Hat am Gaumen Substanz und Kraft, die durch die präsente Säure in ein gutes Gleichgewicht gestellt wird, dazu schöne Würze und griffiges, noch leicht forderndes Tannin, lang. 14 Vol.-%, NK, €€€

90+ 2021 »Goldlage« Steinreinach Hörnle Sauvignon Blanc trocken

90+ 2021 »Goldlage« Stetten Pulvermächer Riesling trocken
Reifer Weinbergpfirsich, Aprikose, Stachelbeere und Rote Johannisbeere, florale Noten, Blattwerk, steinige Noten. Feste, kompakte Struktur am Gaumen, saftiges, reifes Steinobst, reife, gut tragende Säure, gute Substanz, Würze, mineralische Prägung. 12,5 Vol.-%, DV, €€

★★

FELLBACHER WEINGÄRTNER

Kappelbergstraße 48, 70734 Fellbach
T: +49 711 5788030, info@fellbacher-weine.de
fellbacher-weine.de

Ab-Hof-Verkauf: Mo bis Sa 9–18.30 Uhr
Kellermeister: Tobias Single
Ansprechpartner: Christoph Gögel
Hektar: 185 ha

Bei 185 Hektar und über 270 Mitgliedswinzern ergibt sich unweigerlich ein breit diversifiziertes Sortiment: Und so freuten wir uns bei der Verkostung über Syrah-Rosé, feinherben Muskattrollinger, süßen Gewürztraminer und Spätburgunder-Eiswein. Hoffentlich klingt es nicht zu altväterlich, wenn wir anfügen: Am besten gefallen haben uns am Ende aber doch wieder Riesling, Lemberger und Spätburgunder – wobei auch die Cabernet-Cuvée »Amandus P« da oben mitspielt. Und: Als einer von wenigen Württemberger Betrieben haben uns die Fellbacher einen Trollinger geschickt. Siehe Tipp!

92 2019 »P Großes Gewächs« Fellbach Lämmler Riesling trocken
Im fruchtbetonten Duft nimmt man Pomelo und Nektarine wahr, Weinbergpfirsich und Banane. Die Gaumenstruktur ist von Stoffigkeit und salzigen Untertönen geprägt, die Säure ist kultiviert, der Körper bindet den Extrakt geschmeidig ein, zuletzt taktil-mineralisch pointiert. 13 Vol.-%, DV, €€€

92 2019 »Amandus P« Fellbach Lämmler tr. ME/CU/SY
In der Nase etwas Neuholz, getrocknete Tomate, Dörrpflaume, etwas Pfeffer, Bitterschokolade. Im Mund hat der Wein eine stolze Tanninstruktur, er zeigt sich dicht und trocken sowie mit einer reifer Säure und einer noch ganz verschlossenen Gaumenfrucht, mineralische Töne sind da. Das wird ein Langstreckenläufer! 14 Vol.-%, NK, €€€

91+ 2019 »P« Fellbach Lämmler Lemberger Barrique trocken
Im Duft findet man sehr reife Schwarzkirsche, schwarzen Pfeffer, dunkle Schokolade. Im Mund zeigt sich auf geschmeidigem Fond ein körniges, dichtes Tannin, der kraftvolle Alkohol ist gut integriert, die reife Säure unterstreicht die Gaumenfrucht. Ein dichter Wein mit Substanz, reifebedürftig. 14 Vol.-%, NK, €€

91 2019 »P« Fellbach Lämmler Spätburgunder Barrique trocken
Im Duft Bitterschokolade, Butter, Nougat und Kräuter. Am Gaumen hat der Wein einiges Feuer, Saftigkeit und süße Frucht, die Gerbstoffe sind mürb, bereits etwas geschmolzen und von mittelfeinem Korn, eine Prise taktile Mineralik gibt dem Abgang Spannung. 13,5 Vol.-%, NK, €€

90 2020 »P« Fellbach Lämmler Chardonnay Barrique trocken

90 2020 »P« Sauvignon Blanc trocken

89+ 2021 »S« Grauer Burgunder trocken

89+ 2021 »S« Syrah Rosé trocken

87 2021 »C« Muskat-Trollinger feinherb

91+ 2020 Fellbach Goldberg Spätburgunder Weißherbst Eiswein

89 2021 »C« Gewürztraminer

90+ 2019 »P« Fellbach Lämmler Trollinger tr.
Im Duft Milchschokolade, Kräuterbonbon, Alkoholkirsche, auch Pflaume. Im Mund hat der Wein eine dichte Struktur, eine kräftige Dosis feinkörnigen Tannins und recht prägnante Säure, aber auch viel Saftigkeit und eine deutlich mineralische Färbung. 13 Vol.-%, NK, €€

★★

WEIN & GUT FRANK

Bönnigheimer Straße 29, 74336 Brackenheim
T: +49 7135 9361281, info@weingutfrank.de
weingutfrank.de

Ab-Hof-Verkauf: Ja
Kellermeister: Florian Frank
Ansprechpartner: Florian Frank
Flaschen/Hektar: 29.000 (60 % weiß, 40 % rot)/3.5 ha

Wir schätzen das Weingut Frank in Brackenheim mit Kellermeister Florian Frank als einen handwerklich arbeitenden Betrieb, in dem ohne großes Brimborium und Zauberstücke Weine mit Bodenhaftung entstehen, die immer auch den lukullischen Gedanken mittragen: Der saftige Grauburgunder etwa kurbelt sofort die kulinarische Fantasie an. Der würzige, substanzvolle Lemberger aus 2018 hat sich prächtig entwickelt und führt die Kollektion an, der Sauvignon Blanc ist unsere Empfehlung: Er verknüpft die lebendige Säure aus 2021 mit Eleganz und Stilsicherheit.

89+ 2021 Botenheim Grauburgunder** trocken

Leichtes Goldgelb, frische Sahne, frisch aufgeschnittene Birne, etwas gelbe Pflaume. Zeigt sich entspannt am Gaumen mit ausgeglichenem Naturell und ausgewogener Säure, gut balanciert, saftig und feine Würze. Grauburgunder, der die kulinarische Fantasie ankurbelt. 12 Vol.-%, DV, €€

91 2018 Lemberger*** trocken

Reifes, würziges Bukett mit Brombeere und Schwarzkirsche, etwas Blutorange spielt rein, getrocknete Kräuter, auch Unterholz. Startet saftig und großzügig mit schöner Würze in einem kräftigen Volumen, gute Substanz, satte, reife Gerbstoffe, elegante Opulenz. 14 Vol.-%, DV, €€

89+ 2018 Merlot*** trocken

Kräftige Nase, reife Johannisbeere, Brombeere, Pflaume und auch Kirsche, Holzwürze und etwas Rauch. Saftig und geschmeidig am Gaumen, auf weichem Fond, Würze, süßlicher Extrakt, mittlere Dichte, die Gerbstoffe in mittlerer Dosierung sind zugänglich. 14 Vol.-%, DV, €€

89+ NV »Herzensruhe«** trocken

Feine Holzwürze mit Cassis und schwarzen Kirschen, auch Brombeere und etwas Holunder, Holzwürze, kräutrig, etwas Salbei. Würzig und saftig am Gaumen in einer kompakten, kräftigen Struktur, auch stoffig, nicht zu komplex, mittlere Länge. 13 Vol.-%, DV, €€

89 2020 Lemberger** trocken

90 2021 Sauvignon Blanc** trocken

Da zeigt die Rebsorte in der Aromatik eher schwäbische Zurückhaltung, Stachelbeeren, Johannisbeeren, auch Mango. Schöne, jahrgangsgemäße Interpretation mit lebendiger Säure in einer schlanken Struktur, gut passend die eingefügte Restsüße, mineralisch, elegant, stilsicher. 11,5 Vol.-%, DV, €€

★

WEINGUT GAUFER

Mariannenstraße 24, 74653 Ingelfingen
T: +49 7940 57373, info@weingut-gaufer.de
weingut-gaufer.de

Ab-Hof-Verkauf: Mi bis Fr 14–19 Uhr, Sa 9–14 Uhr und nach Vereinbarung
Kellermeister: Susanne Schmezer, Gerrit Schmezer
Ansprechpartner: Susanne Schmezer
Flaschen/Hektar: 67.000 (45 % weiß, 35 % rot, 15 % Rosé, 5 % Schaumwein)/11 ha

Es ist die bislang beste und facettenreichste Kollektion, die das von Susanne und Peter Schmezer geführte Weingut Gaufer in Ingelfingen dem Weinguide vorgelegt hat. An den steilen Kocherhängen bewirtschaftet das Weingut elf Hektar Reben, im Mittelpunkt stehen dabei Silvaner und Spätburgunder. Für den Ausbau der vom Muschelkalk geprägten Weine ist Sohn Gerrit Schmezer zuständig. Besonders gefallen haben uns die würzigen Silvaner, aber alle Weine der Kategorie »Erlesenes« zeigen Profil und Charakter. In dieser Form bewegt sich Familie Schmezer auf den zweiten Stern zu!

90+ 2020 »Erlesenes« Ingelfingen Hoher Berg Silvaner trocken
Apfel und auch etwas Apfelschale in einem klaren Duft, feine Kräuter, auch etwas Kümmel, gelbe Pflaume. Kräftig gebaut am Gaumen mit merklicher reifer Phenolik, betont trocken, gute Substanz, vollmundig, herbe Würzigkeit, mit leicht salzigen Beinoten, gute Länge. 13 Vol.-%, DV, €€

90+ 2019 »Erlesenes« Ingelfingen Hoher Berg Riesling trocken
Reife Nase mit sortentypischer Würze, roter Apfel, Pfirsich, gelbe Pflaume, eingelegte Salzzitrone, ein Hauch Petrol. Vielschichtig am Gaumen mit gut dosierter Stoffigkeit und präsenter Säure, zitrisch, leicht salzig, dicht, terpenwürzig und mit mineralischem Hintergrund. 12,5 Vol.-%, DV, €€

90+ 2020 »Erlesenes« Ingelfingen Hoher Berg Weißburgunder trocken
Birne und frisch aufgeschnittene Ananas in der Nase, auch reifere Noten, Orangenöl, etwas Tannennadeln. Kräftig gebaut, stoffig gefüllte und kräftig angelegte Struktur, reife, aber präsente Säure, zitrisch begleitet, auch etwas maritime Noten, Salicornes, gute Substanz. 13 Vol.-%, DV, €€

90+ 2018 »Erlesenes« Ingelfingen Hoher Berg Cuvée trocken PN/SW/CD
Die Farbe ist purpurn. Der Duft ist ausfüllend mit schwarzer Kirsche, Pflaume, Brombeere und einem leicht ätherischen Ton. Kräftig gebaut und kraftvoll am Gaumen mit präsenter Säure und geschmeidigem Fond, gute Substanz, trocken, würzig, mit reifen Gerbstoffen, gute Länge. 14 Vol.-%, DV, €€

89 2020 Ingelfingen Hoher Berg Riesling extra trocken
89 2021 »Geschmackvolles« Ingelfingen Hoher Berg Weißburgunder trocken
89 2021 »Geschmackvolles« Ingelfingen Hoher Berg Grauburgunder trocken
88+ 2021 »Glücksmarie« Cuvée halbtrocken KR/GS/PG
90 2018 »Erlesenes« Ingelfingen Hoher Berg Spätburgunder trocken
88+ 2020 »Geschmackvolles« Ingelfingen Hoher Berg Spätburgunder trocken
88+ 2019 »Geschmackvolles« Niedernhall Burgstall Pinot Meunier trocken

89+ 2020 »Geschmackvolles« Niedernhall Burgstall Silvaner trocken
In der Nase Kräuterbeet und Blumenwiese, Apfel, Mirabelle, auch Mandarine und etwas Tannennadeln. Saftig und kompakt am Gaumen mit reifer Säure auf weichem Fond, passender Extrakt, feine Würze, in sich ruhender Charakter mit schöner Sortentypizität. Viel Wein. 12,5 Vol.-%, DV, €

★★★★

WEINGUT KARL HAIDLE

Hindenburgstraße 21, 71394 Kernen-Stetten
T: +49 7151 949110, info@weingut-karl-haidle.de
weingut-karl-haidle.de

Ab-Hof-Verkauf: Mo bis Fr 8–12 Uhr und 13–18 Uhr, Sa 9–15 Uhr
Kellermeister: Moritz Haidle
Ansprechpartner: Moritz Haidle
Anbauweise: 133.000 (70 % weiß, 30 % rot)/23 ha

Für den Weinbau ist Moritz Haidle, Jahrgang 1987, eine Inspirations- und Energiequelle: Seit der Winzer 2014 die Verantwortung im Weingut übernahm, stellte er eigene Regeln und Maßstäbe auf: Fokussierung auf Riesling, Lemberger und biodynamischen Anbau. Mit seinen Weinen gibt Haidle auch stilistisch die Richtung vor: schlank im Alkohol, dicht im Extrakt, mit vibrierender Spannung und einer Dosis cooler Unangepasstheit. Die Lemberger zählen zum Besten, was auch international gekeltert wird, das GG Gehrnhalde bringt den Gaumen zum Vibrieren wie ein fetter Hip-Hop-Beat Beine und Ohren.

94 2020 Stetten Pulvermächer Riesling GG
Langsam ansteigende Aromatik, etwas Minze, Safran, Pfefferminze, Pfirsich, kräutrig, da zeigt sich der Keuper. Am Gaumen mit kräftiger, gepflegter Säure, leichte zitrische Noten, würzig-mineralisch, gute Verdichtung, viel Druck, jugendlich. 13 Vol.-%, NK, €€€

92 2021 »Gretle« Schnait Riesling trocken
»Gretle« hat Moritz Haidle seiner Oma gewidmet. Im Duft kräutrig, nach Steinobst, ein wenig Schwefel. Die dynamische Säure kennt ihr Ziel, gut aufgehoben im passenden Extrakt, salzig, enorm mineralisch im kompakten Format. Gretle Haidle hätte den Wein ganz sicher gemocht. 12,5 Vol.-%, NK, €€

96 2021 Stetten Gehrnhalde Lemberger GG
Brombeere, Schwarzkirsche, Blaubeere, etwas Tabak, Tinte, Schwarztee, Rauch. Geschmeidig am Gaumen mit gut dosierter Stoffigkeit, nahtlos eingepasste Säure, fester, jugendlicher Gerbstoff, konzentriert und doch transparent schwebend mit festem Kern, auf Zukunft vinifiziert. 13 Vol.-%, NK, €€€

95+ 2020 Stetten Berge Lemberger GG
Vielschichtig, Schwarzkirsche, Brombeere, feiner Rauch, Sojasauce, Schwarztee, rosa Pfeffer. Kompakt und stoffig am Gaumen mit gutem Extrakt, präsente Säureader, noch jugendlicher Gerbstoff hoher Güte, nicht glatt gebügelt, mineralisch, fruchtgetragener Ausklang. 13 Vol.-%, NK, €€€

92 2021 Stetten Riesling trocken

91+ 2021 »Nikolauslese« Stetten Riesling trocken

91 2021 »Pfeffer« Stetten Riesling Kabinett

90+ 2021 »Ritzling« Riesling trocken

91 2021 Stetten Häder Lemberger trocken

90+ 2021 »Bunter Mergel« Lemberger trocken

90 2021 Spätburgunder trocken

91+ 2021 »Schilfsandstein« Stetten Riesling trocken
Die etwas verschlossene Nase gibt noch nicht alles frei, Apfelblüten, Pfirsich, auch feine Himbeeren. In einem schlanken Format verdichtet, phenolischer Grip, mit frischer Würze nach vorne drängend. Mineralisch, pfeffrig und mitreißend: Riesling 2.0. 12 Vol.-%, DV, €€

★

WEINGUT HAUG

Kellereiweg 19, 88131 Lindau (Bodensee)
T: +49 083825466, info@weingut-haug.de
weingut-haug.de

Ab-Hof-Verkauf: Ja
Kellermeister: Claudius Haug
Ansprechpartner: Claudius Haug
Flaschen/Hektar: 56.000 (50 % weiß, 30 % rot, 15 % Rosé, 5 % Schaumwein)/7.5 ha
Anbauweise: Bio

Das Weingut Haug liegt eingebettet zwischen Endmoräne, Bodensee und den Alpen in Lindau am Bayerischen Bodensee. Janine und Claudius Haug leiten den Betrieb, der 7,5 Hektar Reben in der Lindauer Spitalhalde biologisch kultiviert. Neben traditionellen Sorten wie Müller-Thurgau und Spätburgunder werden auch PiWis wie Cabernet Blanc, Johanniter und Souvignier Gris angebaut. »Wir probieren gerne Neues aus, auch auf unkonventionellen Wegen«, sagt das Winzerpaar, das mit seinen Weinen unterstreicht, dass sich am Bodensee viel bewegt. Starker Einstieg im Weinguide!

91+ B 2021 »Pet Nat« extra brut
Hefe, Kräuter, Mirabelle und Grapefruit, Guave und Boskop, etwas Malz zeigt sich, helle Blüten. Saftig am Gaumen und auch vollmundig mit gut bemessener Stoffigkeit, feines, weiches Mousseux, das den Gaumen ausfüllt, auch zitrisch und leicht herb, animierend. 11 Vol.-%, VK, €€

90+ B NV »Der Lindauer« brut
Weiße Blüten, Lindenblüten, feine Hefe, frischer Hefezopf, Mirabelle, Aprikose, Grapefruit und Nashi-Birne. Mit guter Frische am Gaumen und feinperligem Mousseux, saftiger Fruchteintrag, Aprikose, Limettenabrieb und feine Herbe und Grip. Kultivierter »Lindauer«. 12,5 Vol.-%, NK, €€

90 2021 Johanniter trocken
Zitrische Noten, herber grüner Apfel, Limettenschale, Guave, auch Wiesenkräuter und Mirabellen. Saftig und mit weichem Mundgefühl zunächst am Gaumen, reife Säure, herbe, zitrische Noten sorgen für Betrieb, etwas Limettensaft, trocken ausgebaut, endet auch zitrisch. 12,5 Vol.-%, DV, €

90 2021 Cabernet Blanc trocken
In der Nase gelbe Paprika, Schwarze Johannisbeere, Holunderblüte und Pfirsich, auch Stachelbeere und etwas Artischocke. Feste und kräftige Struktur am Gaumen mit dichtem Kern, saftig und mit feiner Würze und zitrischen Noten, gute Balance, natürlich, in sich stimmig. 12 Vol.-%, DV, €€

89+ 2021 Solaris halbtrocken

91 2019 »Alte Rebe« Spätburgunder tr.
Im Duft Kirschkern, Darjeeling-Tee und Süßkirsche. Der Gaumen zeigt sich von einer saftigen und leicht sehnigen Seite, der Gerbstoff hat Spannkraft, ist begleitet von sortentypischen Mandelaromen und einer frischen, feinnervigen Anmutung. Stilbewusst und klar gebaut!
13 Vol.-%, NK, €€

★★★

WEINGUT HEID

Cannstatter Straße 13/2, 70734 Fellbach
T: +49 7115 84112, info@weingut-heid.de
weingut-heid.de

Ab-Hof-Verkauf: Mo bis Fr 17–19 Uhr, Sa 9–13 Uhr und nach Vereinbarung
Kellermeister: Markus Heid
Ansprechpartner: Markus Heid
Hektar: 10 ha
Anbauweise: Bio

Mit seinen Rotweinen bewegt sich Markus Heid in Richtung 4-Sterne-Niveau, seine Großen Gewächse vom Spätburgunder und Lemberger zählen schon zur Württemberger Spitze, der Lemberger aus dem Fellbacher Goldberg ist herrlich ungekünstelt, mit griffigem Tannin und klarer Brombeer-Frucht – unser Tipp. Die Weißweine sind eher leise, mit angenehmem Understatement, dabei fein und gekonnt balanciert, wie etwa der Weißburgunder »Melchisedec« mit weicher Textur und feiner Würze. Der jugendlich-verschlossene Riesling aus dem Pulvermächer wird sein Potenzial noch freigeben.

92+ 2021 Stetten Pulvermächer Riesling GG
Pfirsich, Aprikose mit steinigen Noten, Mandelkern, Austern- und Apfelschalen, auch Melisse. Die lebendige Säure markiert den Jahrgang am Gaumen, merkliche Phenolik, etwas Grip, betonte Frische und Mineralik. Eigener Charakter, der sich weiterentwickeln wird. DV

92 2021 »Melchisedec« Weißburgunder trocken
Feiner Rauch, feine Blüten, Wiesenkräuter, Gänseblümchen, Mirabelle, Apfel und Birne, Mandarine. Entfaltet sich unaufgeregt am Gaumen in einer festen Struktur, weicher, seidener Fond, feine Würze, gefühlvoll eingewobene Säure, trocken, mineralisch getönt. DV

93+ 2020 Fellbach Lämmler Spätburgunder GG
Schöner Pinot-Duft mit schwarzer Kirsche, Johannisbeere, Preiselbeere, etwas Menthol, Gewürznelke. Vielschichtig am Gaumen mit guter Substanz, eleganter Fluss mit feiner Kirschfrucht, würzig begleitet, feinkörnige Gerbstoffe in guter Menge, leicht pfeffrig. 13 Vol.-%, NK, €

93 2020 Fellbach Lämmler Lemberger GG
Fließt purpurfarben ins Glas. Klare, einnehmende Frucht, Brombeere, Schwarze Johannisbeere, feiner Rauch, Würze, Minze. Am Gaumen mit guter Spannung und dichtem Extrakt, der sich geschmeidig entfaltet, reife Säure, Würze, jugendlicher Gerbstoff von feiner Körnung. 13 Vol.-%, NK, €

91 2021 Fellbach Goldberg Sauvignon Blanc trocken

91+ 2020 Fellbach Goldberg Lemberger trocken
Präziser, klarer Duft nach Schwarzkirschen, Brombeeren, Schwarzen Johannisbeeren, auch Paprika und Minze mischen mit. Gute Spannung am Gaumen mit griffigem Gerbstoff in einer kräftigen, kompakten Struktur, gut balancierende Säure, ungekünstelt, mittlere Länge.
13 Vol.-%, NK, €€

★★★

WEINGUT G. A. HEINRICH

Riedstraße 29, 74076 Heilbronn
T: +49 7131 175948, info@weingut-heinrich.de
weingut-heinrich.de

Ab-Hof-Verkauf: Mo bis Fr 9–12 Uhr und 13.30–18 Uhr, Sa 10–14 Uhr
Kellermeister: Tobias Heinrich
Ansprechpartner: Björn Heinrich
Flaschen/Hektar: 100.000 (45 % weiß, 40 % rot, 10 % Rosé, 5 % Schaumwein)/15 ha

In der Winzer-Familie Heinrich werden Tradition und das Bewusstsein für Regionalität hochgehalten: Seit 1545 wird hier Weinbau betrieben, auf den Anbau von zugewanderten Rebsorten wird bewusst verzichtet, das Wissen über lokale Rebsorten, Böden und Mikroklimata der Weinberge wird von Generation zu Generation weitergegeben und ergänzt. Björn und Tobias Heinrich feilen weiter an der Stilistik, ihre Weißburgunder vereinen Saft, Substanz und Frische. Der Lemberger aus 2015, noch von Vater Martin Heinrich vinifiziert, unterstreicht das gewaltige Potenzial dieser Rebsorte. Famos!

93 2019 Heilbronn Hinterer Hundsberg Weißer Burgunder trocken
Feiner Rauch, gelber Apfel, Nashi-Birne, helles Karamell, ein wenig sommerliche Kamille, Pfefferminze. Kompakte, schlank gehaltene Kontur, saftig, mit präsenter Säure, feine Würze und mineralische Spannung, etwas zitrisch, gute Substanz, lineare Entfaltung. Hat Potenzial. 12,5 Vol.-%, NK, €€€

95 2015 Heilbronn Vorderer Hundsberg Lemberger trocken
Reichhaltiger und dabei nuancierter Duft nach Brombeeren, Kirschen, feinem Holz, auch etwas Gewürznelken, Menthol. Kraftvoll am Gaumen mit Würze und präziser Säure, die Keuper-Mineralik bildet das Rückgrat des Weines, gepflegte, reife Gerbstoffe, viel Spannkraft, lang. 13,5 Vol.-%, NK, €€€

93 2019 Heilbronn Löwenherz Spätburgunder trocken
Waldhimbeeren und rote Kirschen in einem feinwürzigen und kräutrigen Ambiente, feiner Rauch, ein wenig nasse Erde. Setzt am Gaumen entspannt und geschmeidig an, saftige Kirschen, auch Sauerkirschen, reifer, tragender Säurebogen, weicher Gerbstoff, mineralisch. 13 Vol.-%, NK, €€€

91+ 2019 »G.A.« Heilbronn Stiftsberg Lemberger trocken
Brombeere, Schwarzkirsche und auch Mandelkern, feinwürzige Holzpatina, getrocknete Kräuter, etwas Tinte und Lakritze. Saftig und mit guter Frische auf weichem, stoffigem Hintergrund, würzig, griffiges Tannin, klingt mit saftiger Frucht aus. Hat Potenzial. 12,5 Vol.-%, NK, €€

91+ 2019 »G.A.« Heilbronn Stiftsberg Spätburgunder trocken

92 2021 »G.A.« Heilbronn Stiftsberg Weißer Burgunder trocken
Helle Blüten, ein wenig frische Pfefferminze, Apfelblüten, Apfel, Aprikose und Mandarine im Duft mit etwas Holzwürze. Klar gefasst am Gaumen, nicht zu breit angelegt, kompakte, feste Struktur, präsente Säure, saftig, würzig und frisch, aber auch mit Gehalt, jugendlich. 12,5 Vol.-%, NK, €€

★

HENDRIKS + FÜRST WEINE

Mauthausstraße 1, 88149 Nonnenhorn
T: +49 8382 8483, info@hendriks-weine.de
hendriks-weine.de

Kellermeister: Clemens Hendriks
Ansprechpartner: Clemens Hendriks
Hektar: 5 ha

Der bayerische Bodensee ist derzeit einer der Hotspots im deutschen Weinbau mit Winzerinnen und Winzern, die mit reichlich Talent und Geschick gesegnet sind. Einer ist Clemens Hendriks, der das Weingut in Nonnenhorn mit fünf Hektar Reben seit 2015 führt. »Wein ist mein Leben, meine Leidenschaft, mein Zuhause«, sagt der ausgebildete Kellermeister, der sich schon als kleiner Knirps am liebsten in den Weinbergen aufhielt. Seine Weine baut der Winzer versiert im Holzfass aus, sie sind ungeschminkt trocken und transportieren die Persönlichkeit und Emotionalität der Seeweine. Bitte mehr davon!

92 2020 Nonnenhorn Chardonnay trocken

Frisch geschnittene Ananas in der nuancierten Nase mit feinem Rauch, Quittenschale und Birne, nasses Laub und etwas Kümmel. Breit angelegt am Gaumen mit würzigen und salzigen Noten, saftig, gute, extraktgetragene Dichte, kompromisslos trocken, tragende Säure, mineralisch.
13,5 Vol.-%, NK, €€

91 2021 Wasserburg Scheurebe trocken

Noch von der Hefe geprägt, Rauch, keine Scheurebe mit lauten Primäraromen, reife gelbe Stachelbeere. Auch am Gaumen unkonventionell, kein quirliger Aperitif-Wein, kompakte Struktur mit fester, reifer Säure, dicht, saftig, phenolisch, betont trocken ausgebaut, individuell. 12 Vol.-%, DV, €€

91+ 2019 Nonnenhorn Seehalde Spätburgunder trocken

Die Frucht wird im Duft etwas von der Holznote maskiert, Kirsche, Brombeere und Granatapfel, getrockneter Rosmarin, grünes Moos. Am Gaumen klar und kompakt gefasst, dicht und mit guter Spannung, mineralisch, griffige, feinkörnige Gerbstoffe, knochentrocken, bleibt am Gaumen.
12,5 Vol.-%, NK, €€€

90 2020 Nonnenhorn Spätburgunder trocken

Feine Reduktionsnote und rauchige Holzwürze mit roter und dunkler Kirsche, schwarzer Pfeffer, gemörserte Wacholderbeeren. Stämmig gebauter Burgunder, der ordentlich Kraft entwickelt, dabei seine saftige und geschmeidige Seite nicht unterdrückt. Richtig trocken und pur. 13,5 Vol.-%, NK, €€

90+ NV »Handcrafted Blanc de Noir« brut

92 2021 Müller-Thurgau trocken

Muskatblüte, etwas Flieder, Orangenschale und Orangenöl, Apfel und auch Himbeeren und etwas Preiselbeeren im fein nuancierten Duft. Kraftvoll am Gaumen mit fester Säure und einer gut dosierten Menge reifer Phenole, gute Dichte, knochentrocken, mineralisch, ungeschminkt.
12,5 Vol.-%, DV, €

★★

WEINGUT HIRTH

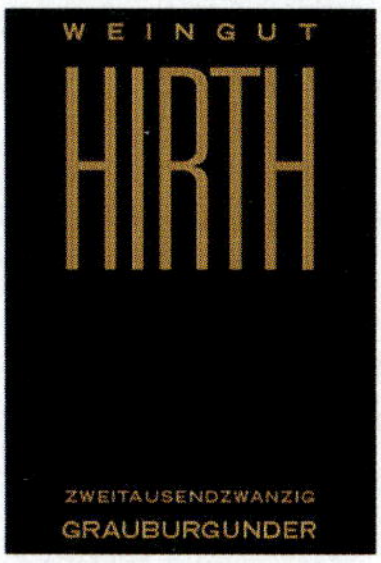

Rotenberg 1, 74348 Lauffen am Neckar
T: +49 7134 5369454, info@weinguthirth.de
weinguthirth.de

Ab-Hof-Verkauf: nach Vereinbarung
Kellermeister: Thorsten Klimek
Ansprechpartner: Gebhard Steng
Flaschen/Hektar: 47.000 (35 % weiß, 65 % rot)/7 ha
Anbauweise: Bio

Das Weingut Hirth gehört zu den Pionieren des biologischen Weinbaus in Württemberg. Betriebsleiter Gebhard Steng und Kellermeister Thorsten Klimek arbeiten ebenso konsequent wie erfolgreich an der weiteren Verbesserung der Weinqualität. Auch die aktuelle Hirth-Kollektion besticht durch sehr große Konstanz und erfreut mit ein paar echten Spitzenweinen. Exzellent gelungen ist beispielsweise der Chardonnay »Réserve«, der noch aus dem Jahr 2020 stammt. Großartig auch der 2017er »Calma«: Die exzellent gereifte rote Top-Cuvée ist überaus würzig und elegant.

91 2020 »Réserve« Chardonnay trocken
Duft nach etwas Vanille, Mandel, zart nach Rauch, dazu ein mineralischer Touch, fein. Am Gaumen mit gut integrierter Säure, helle Früchte, etwas Birne, feine Zitrusfrucht, dicht gewobene Struktur, delikat und elegant, hat weiteres Potenzial. Gut zum Essen. 13 Vol.-%, NK, €€

90+ 2021 Riesling trocken
Duft nach Zitronenmelisse und Limettenschale, frisch und animierend. Am Gaumen mit einer lebendigen Säure, getragen von Zitrusaromen, Orange ist dabei, mit sehr zarter Süße austariert, gute Struktur, im Nachhall zeigen sich feine Phenole. Schön! 12 Vol.-%, DV, €

91+ 2017 »Calma« trocken LMB/ME/CU
Attraktive balsamische Note, Brombeere, Cassis, ein reichhaltiger Duft mit nobler Holzwürze. Viel Substanz und kräftiger Tannindruck, der sich in eleganter Form entwickelt, das Spiel zwischen Reife, Würze und Eleganz vollzieht sich bis ins Finale. 13,5 Vol.-%, NK, €€€

91 2018 Merlot trocken
Duft nach reifer Amarenakirsche, süße Würze, etwas Kaffee und Leder. Am Gaumen feine Säure und elegante, fein gewobene Gerbstoffe, rote Früchte, dazu Gewürzkuchen und etwas Rosmarin, stimmiger, voller Merlot mit einer guten Länge, geschmeidig und saftig. 14 Vol.-%, DV, €€

89+ 2021 Grauburgunder trocken

89 2021 Auxerrois trocken

89 2021 »Chronos« trocken CH/RR/STG

88+ 2021 Sauvitage feinherb

88+ 2021 Rosé trocken AC/SW

90 2021 Chardonnay trocken
Duft nach zarter Mandel, frischer Birne und Cox-Orange-Apfel, animierend. Am Gaumen geschmeidig mit belebender Säure, hat Zug und Eleganz, helle Früchte und etwas Limette zeigen sich, dazu zarte Phenole. Gut strukturierter Weine, der sich bei Tisch entfaltet. 12,5 Vol.-%, DV, €€

★★★

WEINGUT FÜRST HOHENLOHE OEHRINGEN

Wiesenkelter, 74613 Öhringen-Verrenberg
T: +49 7941 94910, info@verrenberg.de
verrenberg.de

Ab-Hof-Verkauf: Mo bis Fr 9–18 Uhr, Sa 10–14 Uhr
Kellermeister: Joachim Brand
Ansprechpartner: Joachim Brand
Flaschen/Hektar: 210.000 (60 % weiß, 30 % rot, 5 % Rosé, 5 % Schaumwein)/20 ha
Anbauweise: Bio

Mit dem Gründungsjahr 1256 gilt das Weingut als ältestes Familienunternehmen Deutschlands – Weinbau wird hier in 27. Familiengeneration betrieben. Dabei ist das Gut immer offen für Neuerungen. Beim Barrique-Ausbau gehörte das Gut zu den Pionieren, Ökoanbau ist Standard. In der hochwertigen Kollektion stechen die »H.A.D.E.S.«-Weine heraus. Besonders gut sind Kellermeister Joachim Brand die roten Top-Cuvées »Ex flammis orior« und »In senio« gelungen, in denen neben Lemberger auch Cabernet Franc, Merlot und Malbec zu finden sind. Toll auch der Verrenberger Lemberger.

92 2020 »H.A.D.E.S.« Chardonnay trocken
Im Duft Zitronenzesten, Anissamen und Minzblätter, dazu etwas Rauch und Vanille. Am Gaumen mit viel Saft und Cremigkeit bei lebendiger, gut balancierender Säure, Aromen von Apfel und Brioche, gut strukturiert. Exzellenter Speisenbegleiter, der von Flaschenreife profitieren wird. 13,5 Vol.-%, NK, €€€

92+ 2020 »In senio H.A.D.E.S.« trocken CF/ME/MA/CS
Purpurrot in der Farbe. In der Nase Weihrauch, dunkle Kirschen, Tomatenblatt, Eukalyptus, nasser Kies und Rauch. Am Gaumen dicht, reife, präsente Gerbstoffe, lebendige Säure, rote Früchte, saftig, mit leicht süßem Extrakt, hat Druck und Grip, langer Nachhall. Weglegen! 14 Vol.-%, NK, €€€

92 2020 Verrenberg Verrenberg Lemberger GG
Dunkel in der Farbe. Intensiver Duft nach Schwarzkirschen, Brombeeren, getrockneten Preiselbeere, Paprika und Gewürznelken. Am Gaumen wunderbar frisch und saftig, gute Stoffigkeit bei feinem, reifem Tannin, satte Frucht, gute Struktur, attraktiver Nachhall. 13,5 Vol.-%, NK, €€€

92 2020 »Ex flammis orior H.A.D.E.S.« trocken LMB/ME/CF
Dunkles Kirschrot. Intensiv im Duft mit Aromen von Paprika, Brombeeren, Kirschen und Süßholz. Am Gaumen feiner Gerbstoff, gut integrierte Säure, Aromen von Schlehen, Himbeeren, Brombeeren, Kirschen und Rauch, gute Struktur mit Eleganz, hat Druck und Länge. 14 Vol.-%, NK, €€€

89 2021 Verrenberg Sauvignon Blanc trocken

91 2021 Verrenberg Verrenberg Riesling GG
In der Nase entwickelt sich ein Bukett von Zitronenzesten, rosa Pfirsich, reifer Aprikose und Quitte. Am Gaumen trägt die markante Säure die Fruchtaromatik von sehr reifer Mango, Nektarine und reifer Birne. Ein Wein mit Spannung, Textur und gutem Nachhall. 12,5 Vol.-%, NK, €€€

★

WEINGUT HOLZAPFEL

Wilfenseeweg 78/1, 74172 Neckarsulm
T: +49 7132 37869, info@weingut-holzapfel.de
weingut-holzapfel.de

Ab-Hof-Verkauf: nach Vereinbarung
Kellermeister: Silas Holzapfel
Ansprechpartner: Bernhard Holzapfel
Hektar: 14 ha

Im Weingut Holzapfel in Neckarsulm arbeiten die Generationen eng zusammen: Bernhard und Ursula Holzapfel führen den Betrieb mit ihrem Sohn Silas Holzapfel, der im Keller für den Ausbau der Weine zuständig ist. In der Basis sind das rebsortentypische, zugängliche Weine zum fairen Tarif, die immer auch den gedeckten Tisch im Blick haben. Die »B«-Linie unterstreicht die Ansprüche, die das Weingut hat: Der saftige Lemberger mit polierten Gerbstoffen führt das ausgewogene Sortiment an. Auf diesem Niveau ist es nicht mehr allzu weit bis zum zweiten Stern.

89 2021 Pinot Blanc trocken
Helle Blüten, Mirabelle, Mandarine und Apfel kommen dazu, feine Würze, etwas roter Ingwer. Einnehmend in seiner Art, geschmeidig und mit dosierter Stoffigkeit, feine, zugängliche Süße, dagegen steht eine präsente Säure, würzig, feiner Grip. Kulinarisch. 12 Vol.-%, DV, €

91 2017 »B« Lemberger trocken
Reife Brombeeren im kräftigen Duft, schwarze Kirschen, feiner Rauch, getrocknete Kräuter, ein Hauch Vanille. Sehr saftig am Gaumen mit Substanz und Frische, die Gerbstoffe sind feinkörnig und poliert, klare Frucht, Schwarzkirsche, ein Schuss Espresso. Schön! 13 Vol.-%, NK, €€

90 2017 »B« Spätburgunder trocken
Würzige Holznoten begleiten die Kirschfrucht, auch Waldbeeren, Brombeeren, getrocknete Kräuter, Rauch. Setzt im Mund stoffig und saftig an mit feiner Würze, gute Balance, eng anliegende Säure, etwas Sauerkirsche, griffige, reife Gerbstoffe, gute Länge. 13 Vol.-%, NK, €€

89+ 2018 »Maella« trocken
»Maella« riecht nach reifen Brombeeren, Schwarzkirschen und Schwarzen Johannisbeeren, feine Holzwürze. Saftig und fruchtig am Gaumen, zugänglicher Charakter, der locker den Spagat schafft zwischen Trinkigkeit und Anspruch, feine Gerbstoffe. Macht Spaß. 12,5 Vol.-%, NK, €

89 2021 Grauburgunder trocken

90 2020 Chardonnay trocken
Steinobst und Birne, etwas Maracuja, auch zitrische Noten, Orangenschale, feiner Rauch, würzige Anklänge. Saftig und würzig am Gaumen, kräftige und auch feste Struktur, gut eingewobene Säure, feine Salzigkeit und reife Phenole. Verbindet Zugänglichkeit und Anspruch. 13 Vol.-%, DV, €

★★

HORNSTEIN AM SEE

Conrad-Forster-Straße 50, 88149 Nonnenhorn
T: +49 8382 98780, info@hornstein-am-see.de
hornstein-am-see.de

Ab-Hof-Verkauf: Mo bis Sa 10–12 Uhr und 14–18 Uhr
Kellermeister: Simon Hornstein
Ansprechpartner: Simon Hornstein
Hektar: 6.5 ha

Der Weinbau am bayerischen Bodenseeufer fristete lange ein Schattendasein. Dass das nicht mehr so ist, liegt an jungen Winzern wie Simon Hornstein, die den Weinbau ihrer Heimat neu denken. Hornstein hat uns dieses Jahr drei Chardonnays und zwei Spätburgunder vorgestellt, die unsere Jury mit ihrer straffen Art und ihrer Herkunftsprägung überzeugt haben. Der stilistische rote Faden – Präzision, Spannung und Natürlichkeit – ist selbst beim Müller-Thurgau erkennbar. Wir gratulieren – siehe auch weiter vorne im Buch – zur Nominierung als »Newcomer des Jahres«!

93 2020 Nonnenhorn Sonnenbichl Chardonnay trocken
Zurückhaltend im Duft, Orangenschale, Anis, dezente Würze. Im Mund mit sehr noblen Phenolen, salzig-mineralisch, gleichermaßen straff wie reichhaltig und getragen. Hat Tiefe und Länge, großes Potenzial. 13 Vol.-%, NK, €€€

92 2020 Nonnenhorn Seehalde Chardonnay tr.
Dezenter Holzton, etwas Anis, Kräuter, Kümmel, eher Würze als Frucht. Im Mund mit einem kraftvollen Säurenerv, aber auch mit einer Schicht Geschmeidigkeit, die Stoffigkeit wird von einer viskosen Schicht eingebunden, die im Laufe der Flaschenreife Volumen geben wird. 13 Vol.-%, NK, €€€

90 2020 Nonnenhorn Chardonnay trocken
Rauchiges Neuholz, Hefe. Im Mund knackig mit frischer Säure, sehr kernig, fast grimmig in seiner Dichte und Konzentration, straff, sehr pointiert, ein spannungsvoller Bau. Sehr fordernd. 12,5 Vol.-%, NK, €€

92+ 2020 Nonnenhorn Seehalde Spätburgunder trocken
Schon die helle Farbe verkündet Naturbelassenheit. Duftig, anfangs noch hefig, blumig, Rose, etwas Neuholz. Im Mund feinkörnig, aber dicht und mit viel Saftigkeit, geschmeidig grundiert, sehr aromatisch. Ein delikater Wein, wird mit Luftkontakt immer besser. 13,5 Vol.-%, NK, €€€

90 2020 Nonnenhorn Spätburgunder trocken

90 2021 Müller-Thurgau trocken
Leicht muskatwürzig im Duft. Minze, Kräuter, traubig, Apfel, sehr klar im Duft. Im Mund saftig und nervig, mit schöner Dichte, ganz trocken, ein recht kompletter, nuancenreicher Wein, der einen puristischen Sortentyp zeigt.
11,5 Vol.-%, DV, €

★★★

KESSLER SEKT

Georg-Christian-von-Kessler-Platz 12–16
73728 Esslingen am Neckar
T: +49 711 3105930, info@kessler-sekt.de
kessler-sekt.de

Ab-Hof-Verkauf: Di bis Fr 11.30–20 Uhr, Sa 10–16 Uhr
Kellermeister: Nico-Lars Strieth
Ansprechpartner: Dino Zippe
Ab-Hof-Verkauf: 1.000.000 (100 % Schaumwein)

Keine andere deutsche Sektkellerei kann auf eine längere Geschichte und Tradition zurückblicken als Kessler in Esslingen: 2026 ist es stolze 200 Jahre her, dass Georg Christian von Kessler das Unternehmen gründete und seine in Frankreich erworbene Expertise in die Praxis umsetzte. Aber wir wollen nicht zu lange in der Vergangenheit schwelgen, schließlich hat die Gegenwart einiges zu bieten, mit dem zu beschäftigen sich lohnt: An der Spitze einer qualitativ konstanten Kollektion steht die vornehme »Georges Grande Réserve« aus 2013. Stark!

93 2013 »Georges Grande Réserve Vintage« brut CH/PN

Leichtes Goldgelb, feine Hefe in der Nase, nussige Noten, auch buttrig, etwas Flachs, Sonnenblumen, karamellisierte Birne. Großzügig am Gaumen und dabei seidig und fein nuanciert, auf vornehme Art zurückhaltend im Mousseux, langer, feinwürziger Ausklang. 12 Vol.-%, NK, €€€

92 2017 »Blanc Réserve Vintage« extra brut CH/PN

Dezentes Goldgelb, gelbe Stachelbeere, Himbeere und Walderdbeere, etwas Anis, dezent in der Perlage. Mit guter Frische und Spannung am Gaumen, animierend mit gepflegtem Säurenerv, trocken und zugleich auch großzügig und cremig, kultivierter Ausdruck. 12 Vol.-%, NK, €€

90+ NV »Hochgewächs« Chardonnay brut

Zitrusfrucht in der Nase, Zitronenschale, etwas Hefe und Apfel, auch gelbe Frucht wie Mirabelle. Verhaltene Perlage, am Gaumen cremig und mit reifer, stabiler Säure, kein klassischer Wachmacher, ein Sekt mit feiner Würze, der auch kulinarisch gedacht ist. 12,5 Vol.-%, NK, €€

91 2016 »Rosé Réserve Vintage« extra brut

Mittleres Gold in der Farbe, unauffällige und verhaltene Perlage. In der Nase Himbeere und Aprikose, Johannisbeere, Orangenschale und auch etwas Salbei. Am Gaumen mit guter Frische und präsentem Mousseux, geschmeidiger Cremigkeit und gutem Extrakt, elegante Aura.
12,5 Vol.-%, NK, €€

89+ NV »Jägergrün« Riesling brut

91 NV »Hochgewächs« Rosé Pinot & Chardonnay brut

Leicht cremefarben. Bringt die Aromen von Pinot Noir und Chardonnay zusammen, Himbeere und etwas Birne, Apfel und Melone. Fruchtig und frisch am Gaumen mit schönem Fluss und animierender Art, saftige Cremigkeit im Hintergrund, bleibt recht lange am Gaumen. 12 Vol.-%, NK, €€

★★★

WEINGUT KISTENMACHER & HENGERER

Eugen-Nägele-Straße 23–25, 74074 Heilbronn
T: +49 7131 172354, info@kistenmacher-hengerer.de
kistenmacher-hengerer.de

Ab-Hof-Verkauf: Mo bis Fr 16–18.30 Uhr, Sa 9–11 Uhr und 13–16 Uhr
Kellermeister: Hans Hengerer
Ansprechpartner: Hans Hengerer
Flaschen/Hektar: 75.000 (40 % weiß, 50 % rot, 5 % Rosé, 5 % Schaumwein)/12 ha

Wer hätte gedacht, dass wir irgendwann mal einen Chardonnay aus Heilbronn zum Falstaff-Tipp machen? Uns wundert der Erfolg dieser Sorte in Hans Hengerers Weinbergen allerdings nur bedingt, denn wer den Mann kennt, weiß, dass er sich den Dingen (und Rebsorten) mit offener Neugier nähert, abwägend, was passen könnte, und dann mit handwerklichem Geschick an die Umsetzung herangeht. Auch der ausgezeichnete reinsortige Cabernet Franc und die »Cuvée Maximilian« zeugen von dieser Herangehensweise. Ach ja, Riesling und Spätburgunder gibt es auch noch – ebenfalls von bester Güte.

91+ 2020 »VI« Heilbronn Stiftsberg Weißer Riesling Erste Lage trocken
Verhalten in der Nase mit einer eleganten und klassischen Rieslingfrucht, Pomelo, Zitronenabrieb, Netzmelone, feinwürzig nach Senf. Die Säure am Gaumen ist leichtfüßig und frisch, der Geschmack leicht herb, trocken, der Körper ist sehr schlank, dennoch mit viel Extrakt. 13,5 Vol.-%, NK, €€

92 2018 »Frederic« Cabernet Franc trocken
Hier haben wir einen tiefdunklen kirschroten Wein. In seinem Duft zeigen sich Cassis, Eukalyptus und Pumpernickel. Der Körper des Cabernet Franc ist kräftig, aber nicht erschlagend, sondern eher elegant mit einem Säurespiel und herber, trockener Tanninstruktur. 14 Vol.-%, DIAM, €€

92 2018 »Cuveé Maximilian« trocken ME/LMB/CF
Die Cuvée aus Merlot, Lemberger und Cabernet Franc hat eine dunkle kirschrote Farbe. Der Duft erinnert an schwarze Kirschen, Pfeffer, nasses Holz, geröstete rote Paprika und Rosmarin. In seiner Struktur ist er superdicht, und sein Tannin ist reif und geschmeidig. Ein durchdachter Wein!
14,5 Vol.-%, DIAM, €€

91+ 2018 »R« Blauer Spätburgunder trocken
In der Nase reife Fruchtigkeit nach Pflaume und Blaubeere, außerdem würzig nach Liebstöckel, Vanille und Rooibos-Tee. Der Gerbstoff am Gaumen ist griffig, fest, bei mittlerer Säure. Kombiniert mit einer Speise kann dieser Spätburgunder zum Highlight werden. 14 Vol.-%, DIAM, €€

89+ 2021 Grauer Burgunder trocken

92 2020 Heilbronn Stiftsberg Chardonnay trocken
Reife und gelbfruchtige Nase, die an Mais, Honigmelone und Banane erinnert. Im Mund lebendig und frisch, der Wein wirkt durch seinen Extrakt leicht süß und schmelzig. Besonders als Speisenbegleiter eine gute Wahl.
13,5 Vol.-%, NK, €€€

★★

WEINGUT KUREK

Sonnenbichlstraße 47, 88149 Nonnenhorn
T: +49 8382 8685, info@weingut-kurek.de
www.weingut-kurek.de

Ab-Hof-Verkauf: Ja
Kellermeister: Jonas Kurek
Ansprechpartner: Jonas Kurek
Flaschen/Hektar: 18.000 (65 % weiß, 30 % rot, 5 % Schaumwein)/6 ha

Jonas Kurek ist ein weiterer Neuzugang in diesem Guide, der für die begeisternde Dynamik in der jungen Generation steht: Das erst 2019 gegründete Weingut legt auf Anhieb eine Kollektion vor, die es uns verbietet, die Betriebsbewertung wie üblich mit nur einem Stern zu beginnen. Diese Weine – ganz besonders Chardonnay und Pinot Noir, aber eben auch der Müller-Thurgau – belegen großes Stilgefühl. Wenn Kurek es weiter schafft, Bodensee-Frische mit Dichte und sogar Großzügigkeit zu verbinden, werden auch zwei Sterne nur eine Durchgangsstation sein.

93 2020 Nonnenhorn Seehalde Chardonnay trocken
Dezente Holzwürze, zitrusfruchtige Aromen, auch mineralisch-pfeffrige und nachgerade jodige Töne. Der Gaumen verbindet eine füllige, cremige Geschmeidigkeit mit feinnerviger Säure und feingliedrigen Phenolen. Komplett und großzügig, mineralisch und raffiniert. 13,5 Vol.-%, NK, €€€

92 2019 Nonnenhorn Grauburgunder trocken
Die Holzwürze dominiert derzeit noch die fruchtigen Aromen von Orangenkonfitüre und reifer Charentais-Melone. Der Gaumen hat eine schöne Ruhe, feine Phenole, reife Säure. Gute Substanz, unprätentiös in Szene gesetzt.
13 Vol.-%, DV, €€

91+ 2020 »Blanc« Nonnenhorn trocken CH/PG/WB
Der zurückhaltende Holzeinsatz gibt floralen Aromen Resonanz, Noten von Flieder, dazu kommen Aromen von kandierter Ananas, Mais, Butter. Im Mund zeigt sich ein relativ breit angelegter Wein mit mehliger Phenolik, gut integrierter Säure und eher stillen Gaumenaromen. 13,5 Vol.-%, DV, €€

94 2019 Nonnenhorn Seehalde Spätburgunder trocken
Im Duft rauchiges Neuholz, getrocknete Tomate, Lorbeerblatt. Am Gaumen zeigt sich ein sehr dichter und gleichzeitig entspannter Wein: feines Tannin, viel Saftigkeit, tolle Eleganz, ganz aus einem Guss mit feiner taktiler Mineralik (Molasse?) im Abklang. 13,5 Vol.-%, NK, €€€

91 2020 Nonnenhorn Seehalde Spätburgunder trocken

90 2020 Müller-Thurgau trocken
Eine würzige, noch immer leicht reduktive Nase, Flieder und Macis, Minze. Der Gaumen hat einen leichtgewichtigen Körper, eine Schicht Geschmeidigkeit ohne allzu viel Süße und einen lebendigen Säurenerv als Lebensader.
12 Vol.-%, DV, €

★★★★

WEINGUT KUSTERER

Untere Beutau 44, 73728 Esslingen am Neckar
T: +49 711 357909
weinwelt.hmkusterer@weingut-kusterer.de
weingut-kusterer.de

Ab-Hof-Verkauf: Di 16–19 Uhr, Sa 11–15 Uhr und nach telefonischer Vereinbarung
Kellermeister: Maximilian Kusterer
Ansprechpartner: Maximilian Kusterer
Flaschen/Hektar: 40.000 (30 % weiß, 70 % rot)/6 ha

Unser Newcomer aus dem Jahr 2019 hat erneut eine starke Kollektion vorgelegt. Seit mittlerweile vier Jahren – so berichteten die Kusterers – bewirtschaften sie ihre Weinberge, die großteils aus Steil- und Terrassenlagen bestehen, nach biologischen Vorgaben, allerdings ohne Zertifizierung. Zusammen mit der 2012 in Betrieb genommenen Gravitationskelter, durch die auf das Pumpen von Maische, Most und Jungwein verzichtet werden kann, ergeben sich hervorragende Voraussetzungen für tiefgründige Weine – die exzellenten Spätburgunder und Blaufränkisch belegen das eindrucksvoll.

90 2021 Esslingen Chardonnay trocken
In der Nase klar und kräuterwürzig, etwas Limone, dazu grüner Apfel, zarte Toastwürze. Am Gaumen zeigt sich eine reife gelbe Frucht, Apfel, Birne, insgesamt sehr saftig, getragen von einer lebendigen Säure, hat einen schönen Schmelz und einen attraktiven Abgang. 13 Vol.-%, DV, €€

93+ 2020 Esslingen Neckarhalde Spätburgunder trocken
Kühle Frucht und feine Holzwürze vermählen sich im Duft. Es folgen Sauerkirsche, junge Himbeere und ein Hauch von Muskatnuss. Am Gaumen mit feinem Tannin, gut integrierter Säure und einem spannenden Zusammenspiel von Frucht und Mineralik, langer Nachhall. 12,5 Vol.-%, DV, €€€

93 2018 Esslingen Schenkenberg Felsen Blaufränkisch trocken
Tief in der Farbe und vielschichtig im Duft. Aromen von reifer Sauerkirsche, Brombeerstrauch, Piment und Kräuterwürze. Am Gaumen von feinem Gerbstoff und attraktiver Säure geprägt, würzig. Dabei körperreich und herrlich saftig, feiner, frischer Abgang. 14 Vol.-%, DV, €€

91+ 2020 Esslingen Spätburgunder trocken
Mittleres Rubin. Anfangs dezenter Duft mit Aromen von dunkler Kirsche, Cranberry, junger Himbeere und Schwarze-Johannisbeer-Blatt. Am Gaumen mit Grip, guter Säure und feiner Mineralik, dunkle Frucht scheint durch, saftig mit einem langen Nachhall. 12,5 Vol.-%, DV, €€

90+ 2020 Spätburgunder trocken

91 2018 »Steillage« Blaufränkisch trocken
Rubin in der Farbgebung. Intensiver Duft nach Wildkirsche, Schwarzkirsche, junger Brombeere und Gewürznelken. Am Gaumen mit satter Textur und festem Körper, dabei saftig, guter Trinkfluss, sehr feines Tannin, dazu eine gut integrierte Säure und ein attraktiver Abgang. 14 Vol.-%, DV, €€

★★

WEINGUT LANZ

Sonnenbichlstr 8, 88149 Nonnenhorn
T: +49 8382 888579, info@lanzwein.de
lanzwein.de

Ab-Hof-Verkauf: nach Vereinbarung
Kellermeister: Benjamin Lanz
Ansprechpartner: Benjamin Lanz
Hektar: 7 ha
Anbauweise: Bio

Weine aus pilzwiderstandsfähigen Rebsorten – so hört man immer wieder – tun sich noch ein bisschen schwer, weil Kunden oft lieber die bekannten Namen wählen. Vielleicht hilft es deshalb zu sagen, dass das Weingut Lanz ausschließlich solche ressourcenschonenden Sorten verwendet – und erfolgreich charaktervolle, meist ebenso leichte wie straffe Seeweine daraus keltert. Als Einstieg ist der lebendige Johanniter unser Tipp, während »Bodolzer« und »Nonnenhorner« mit Kühle und Wärme spielen. Sehr ambitioniert und ein potenziell großer Wein ist der »EB«.

92+ 2020 »EB« trocken
Aus Souvignier Gris. Mit kräftigem Zitronengelb im Glas. In der Nase spürbarer vanilliger Holzeinfluss, der derzeit die Rebsortenaromen übermalt. Holz auch am Gaumen, aber hohe Pikanz der Frucht bei gleichzeitig ungemein samtiger Textur. For years to come! 13 Vol.-%, NK, €€€

90+ 2021 »Nonnenhorner« trocken
Bereits in der Nase deutlich höhere Reifeanmutung als bei seinem Pendant aus Bodolz, aromatisch nicht vorstechend, eine Kombination aus Floralität und Dichte. Zum ersten Mal ganz leichte Restsüße, gehaltvoller, mit präsenter, aber reifer Säure und unterschwelliger Kraft. 13 Vol.-%, DV, €€

90 2021 »Bodolzer« trocken
Ausgesprochen dezente Nase, etwas Apfel, Mandeln. Am Gaumen zeigt der Ortswein aus dem Hinterland des Bodensees enorm viel Frische, Noten von Limette, grünem Apfel, ungemein leicht in der Anmutung, gleichzeitig enorm straff gehalten. Ein Stil gegen Hitzejahre. 12 Vol.-%, DV, €€

90+ 2020 Nonnenhorn Sonnenbichl trocken
Mittleres Rubinrot im Glas. In der Nase deutliche Cabernet-Paprika-Noten, Waldbeeren dahinter. Im Mund besitzt der Cabertin eine beachtliche Würze, Unterholz, Schwarze Johannisbeere, Brombeere, definitiv hohe Reife, ein bisschen auf Kosten der Eleganz. 14 Vol.-%, NK, €€€

89+ 2021 Solaris trocken

90 2021 Johanniter trocken
Sehr frisch in der Nase, Klarapfel, florale Noten, leicht und zugänglich wirkend. Am Gaumen mit rescher Säure, die einen limettigen Touch mit hineinbringt, konsequent trocken und geradlinig. Ein idealer Einstieg in die Welt der (guten) PiWis. 12,5 Vol.-%, DV, €€

★

WEINGUT MARTIN SCHROPP

Straßenäcker 1, 74235 Erlenbach
T: +49 7132 7644, weingut@schroppwein.de
schroppwein.de

Ab-Hof-Verkauf: März bis Okt. Do bis Sa 17–22 Uhr, So 14–20 Uhr
Kellermeister: Martin & Felix Schropp
Ansprechpartner: Martin Schropp
Flaschen/Hektar: 160.000 (30 % weiß, 60 % rot, 5 % Rosé, 1 % süß, 5 % Schaumwein)/13.7 ha

Um Moden und Trends kümmert man sich im Erlenbacher Weingut Schropp nicht: Martin und Felix Schropp, die für den Ausbau der Weine zuständig sind, haben eine Stilistik entwickelt, deren Formel eine spürbare Aromatik, reife Phenolik, angemessene Restsüße, balancierende Säure und die Mineralik aus Böden mit Gips, Keuper, gelbem Sandstein und blauem Schiefer beinhaltet. Der Riesling »60 Monde« lässt mit seiner feinen Salzigkeit an Sherry denken, der rote »Haustrunk« an einen schwäbischen Amarone: individuelle und eigenwillige Weine, die entdeckt werden wollen. Es lohnt sich.

92 2016 »60 Monde« Riesling trocken
60 Monate im 500-Liter-Holzfass ausgebaut. Mittleres Goldgelb. Riecht nach reifer, getrockneter Aprikose, reifer Ananas und Marzipan, Rauch, etwas Sherry. Am Gaumen dicht und konzentriert mit reifer Frucht, aber auch einer gut eingewobenen Säure, die für Balance sorgt. Leicht salzig, individuell. 13,5 Vol.-%, DV, €€€

90+ 2018 »Altes Handwerk« Cabernet Blanc trocken
Leichtes bis mittleres Goldgelb. Ziemlich reife Fruchtnoten, Ananas, Birne, Mango, Passionsfrucht, auch etwas Weihrauch. Zeigt am Gaumen Substanz und Kraft, der Alkohol ist gut integriert, stoffig, saftig und großzügig, Mango und Maracuja, reife Säure, viel Wein. 15 Vol.-%, DV, €€

90 2020 »Am Fels« Grauer Burgunder trocken
Leichtes Gris in der Farbe. Kräftige Holzwürze in der Nase, Rauch, Lakritze, reife Birne, auch Mango, kandierte Walnuss. Kräftiger Grauburgunder, der am Gaumen aus dem Vollen schöpft, gute Substanz, fest in der Struktur, merkliche reife Phenolik, lang. Zum Essen. 15 Vol.-%, DV, €€

90+ 2018 »Haustrunk« Cabernet Cubin halbtrocken
Konzentrierter Duft nach Cassis, Holunderbeeren, dunklen Kirschen, Maulbeeren, etwas Süßholz, ganz feiner Rauch. Am Gaumen mit einnehmender Süße, knackigem Gerbstoff und präsenter Säure, spannende Konzentration der Elemente, Amarone aus Württemberg, Sommelier-Wein. 16,5 Vol.-%, DV, €€€

89+ 2020 Weißer Burgunder im Eichenfass gereift trocken

89+ 2021 Blütenmuskateller feinherb
Viel reife Frucht und viel Bukett in der Nase, Ananas und Grapefruit, reife Mango, auch etwas Harz. Schlank gebaut am Gaumen, elegant und auch mit expressiver Fruchtsüße, saftig und vollmundig, viel reife Mango und Maracuja. Als Aperitif, ein Wein für Sommeliers. 11,5 Vol.-%, DV, €

★

WEINGUT MAYERLE

Bauersberger Hof 19, 73630 Remshalden
T: +49 7151 73408, info@weingut-mayerle.de
weingut-mayerle.de

Ab-Hof-Verkauf: Di bis Fr 14–18 Uhr, Sa 10–14 Uhr
Kellermeister: Nina & Matthias Mayerle
Ansprechpartner: Nina & Matthias Mayerle
Flaschen/Hektar: 67.000 (30 % weiß, 40 % rot, 25 % Rosé, 5 % Schaumwein)/10.5 ha

Das Weingut Mayerle liegt auf einer Anhöhe inmitten von Weinbergen mit einer famosen Aussicht über das Remstal bis nach Stuttgart. Nina und Matthias Mayerle bewirtschaften gute zehn Hektar Rebfläche, von denen rund zwei Drittel mit roten Sorten bestockt sind. Der Betrieb wurde als erstes Weingut im Remstal mit dem Siegel FAIR'N GREEN für nachhaltigen Weinbau ausgezeichnet. Nach einem gelungenen Debüt verkosteten wir Weine auf gehobenem Niveau, von denen der kultivierte Sekt, der stoffig-runde Zweigelt und der individuelle Rote Traminer am besten gefielen. So kann es weitergehen!

90 2019 Sauvignon Blanc brut
Dynamische Perlage, sortentypischer Duft nach reifer Mango, gelber Stachelbeere und Schwarzen Johannisbeeren, feine Hefe. Die süßliche Gaumenfrucht wird von Frische begleitet, der Mund von einem feinperligen, cremigen Mousseux ausgefüllt. Saftig, animierend, kultiviert. 12,5 Vol.-%, NK, €€

89 2021 Sauvignon Blanc trocken**
Reife Mango und auch angetrocknete Mangospalten im Duft, Maracuja, Stachelbeere und Schwarze Johannisbeere. Eleganter und saftiger Sauvignon Blanc mit reifen Fruchtnoten, Stachelbeere und Zitrusfrucht, feine Abrundung, fein ziselierte Säure, die auch für Länge sorgt. 12 Vol.-%, DV, €

89 2021 Muskattrollinger Rosé feinherb**
Duftet nach Himbeere, Kirsche, Pfirsich, Nektarine und Muskatblüten, auch Mandelnoten kommen dazu. Vergnüglicher und filigran strukturierter Rosé, der am Gaumen ein adrettes Zusammenspiel von Fruchtsüße und Frische zeigt. Als Aperitif und auch zum Nachtisch. 11 Vol.-%, DV, €

90 2018 Zweigelt im Eichenfass gereift trocken
Intensive Nase mit dunkler Kirsche und Brombeere, kandierter Walnuss und herber Schokolade, ein wenig Holunderlikör. Bietet am Gaumen gute Substanz und auch Kraft, süßlicher Extrakt, stoffig und ohne Kanten, abgerundet, weicher Gerbstoff, Schokolade, etwas Holunder. 13,5 Vol.-%, NK, €€

89 2021 Grauburgunder trocken**

90 2021 Roter Traminer im Eichenfass gereift trocken
Intensives und sortentypisches Bukett mit Rosen, reifer Mango, Litschi, Bitterorange und Marzipan, flankiert von Holzwürze. Entspannt und saftig am Gaumen mit weichem und feinwürzigem Fond, weitmaschige Phenole, süßliche Frucht, die Kraft entfaltet sich geschmeidig.
13 Vol.-%, DV, €€

★★

WEINGUT MÖDINGER

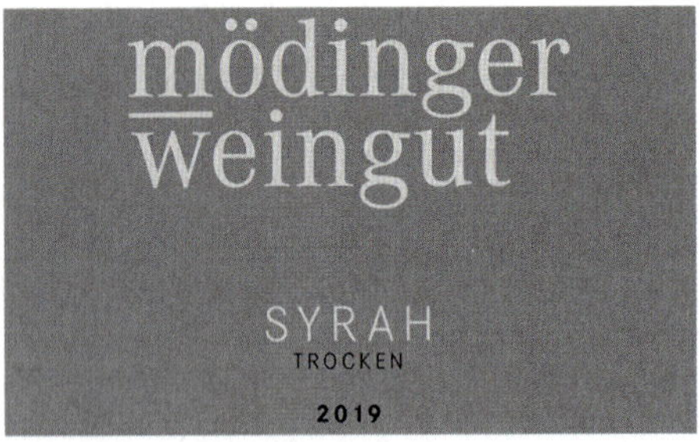

Waldstraße 27, 71384 Weinstadt
T: +49 7151 9440859, info@moedinger-weingut.de
moedinger-weingut.de

Ab-Hof-Verkauf: Fr 16–19 Uhr, Sa 10–13 Uhr
Kellermeister: Sven Mödinger
Ansprechpartner: Sven Mödinger
Anbauweise: 40.000 (45 % weiß, 30 % rot, 15 % Rosé, 10 % Schaumwein)/5 ha

Sven Mödinger leitet den kleinen, traditionellen Familienbetrieb in vierter Generation, die Vermarktung der Weine erfolgt zum größten Teil ab Hof und in der eigenen Besenwirtschaft. Das Gut arbeitet biologisch, die Zertifizierung läuft. Sven Mödinger hat neben sonnenverwöhnten auch kühlere Lagen zur Verfügung und fügt diese guten Voraussetzungen zu einer rundum gelungenen Kollektion zusammen, aus der unter anderem der Riesling aus der Strümpelbacher Gastenklinge herausragt – und der druckvoll-balancierte Syrah, der die Offenheit des Winzers zeigt. Wir vergeben gerne den zweiten Stern!

91 2020 Strümpfelbach Gastenklinge Riesling trocken
Zitronengelb, anfangs im Duft jung und sortentypisch mit Aromen von Limette, gelbem Apfel, Pfirsich und Gesteinsmehl. Am Gaumen mit reifer Frucht, die von guter Säure balanciert wird, mittelgewichtiger, fein austarierter Körper, schöne Konzentration, delikate Mineralik.
13,5 Vol.-%, DV, €€

89+ 2020 »Diego« Riesling trocken
Duft nach Zitronenmelisse, grünem Apfel, junger Aprikose und nassem Stein. Am Gaumen mit ausgeprägter Saftigkeit, gelbe Früchte dominieren, dazu etwas Zitrusfrucht, feine Süße, die von gut integrierter, lebendiger Säure getragen wird. Ein direkter Trinkspaß. 12,5 Vol.-%, DV, €

89 2021 Riesling feinherb
Duft nach grünem Apfel und süßer Zitrone. Am Gaumen trägt die sehr lebendige Säure die feinen süßlichen Aromen von reifer Aprikose, Pfirsich, Passionsfrucht und reifer Ananas, alles ausgewogen komponiert, griffig und beschwingt, ein guter Aperitif. 11,5 Vol.-%, DV, €

92+ 2019 Syrah trocken
Dunkles Rubin. Authentisch im Duft der Rebsorte: grüner Pfeffer, Heidelbeere, Schwarzkirsche, Pflaume und Grafit. Am Gaumen präsentiert sich der Wein mit feinkörnigem Gerbstoff, präziser Frucht und sehr gut integrierter Säure, ideal balanciert bei gutem Nachhall. 14 Vol.-%, NK, €€€

88+ 2021 Muskat-Trollinger Rosé feinherb

91 2021 Strümpfelbach Gastenklinge Schiller trocken LMB/KR/SY/RR
Lachsfarben. Attraktiv im Duft mit Aromen von Johannisbeere, roter Waldbeere und Himbeere. Am Gaumen zeigen sich eine feine Phenolik, leichte Rauchnoten und feine Fruchtwürze bei gut eingebundener Säure. Eine sehr gelungene Interpretation des Schiller-Weins.
12,5 Vol.-%, DV, €€

★★★★★

WEINGUT GRAF NEIPPERG

Schlosstraße 12, 74193 Schwaigern
T: +49 7138 941400, info@graf-neipperg.de
graf-neipperg.de

Ab-Hof-Verkauf: Mo bis Fr 8–12 Uhr und 13–16 Uhr
Kellermeister: Bernd Supp
Ansprechpartner: Erbgraf zu Neipperg
Flaschen/Hektar: 180.000 (40 % weiß, 60 % rot)/32 ha

Das Schwaigerner Weingut arbeitet konstant wie ein Schweizer Uhrwerk. Wenn man leise Veränderungen wahrnimmt, dann höchstens in dem Sinn, dass der bekannte Neipperg-Stil noch weiter zugespitzt wird: mit noch mehr Frische und Saftigkeit, doch stets mit einer großen Klarheit des Ausdrucks – und mit einem Extrakt, der trocken und geerdet das Reifevermögen der Weine im Blick hat, und nichts sonst. Nicht die schlechteste Einführung in den Neipperg-Kosmos ist es, im gutseigenen »Alten Rentamt« zu dinieren und einen gereiften Ortswein zu trinken. Ein großes Vergnügen!

95 2019 Schwaigern Ruthe Spätburgunder GG
Mittleres Purpur im Glas und eine relativ warme, pflanzlich orientierte Nase, Gewürznelken, Holunderholz, Bühler Zwetschge. Am Gaumen ungemein würzig, schwarzer Pfeffer, Schwarzkirsche, grandioses Tannin, nachhaltig und dennoch mit gewisser Kernigkeit. Ganz stark! 14 Vol.-%, NK, €€€

94+ 2020 Neipperg Schloßberg Lemberger GG
In der Nase verschlossener als die Ruthe, mehr von Gewürzen wie Lorbeer, Pfeffer und Wacholder geprägt, zarte Schwarzkirsche im Hintergrund. Ungemein dicht und konzentriert in der Aromatik, aber gleichzeitig mit feinkörnigem Tannin. Ein Botschafter von Rebsorte und Region. 13 Vol.-%, NK, €€€

94 2020 Neipperg Schloßberg Spätburgunder GG
Gedeckte Nase, Unterholz, Wacholder, etwas Holzrauch, agiert noch ein wenig im Verborgenen. Ausgesprochen feines, samtiges Tannin, zwar spürbar reif und dicht, aber mit seidigem Fluss. Etwas weniger nachhaltig als die 19er Ruthe, wird aber sicher noch deutlich zulegen. 14 Vol.-%, NK, €€€

94 2020 Schwaigern Ruthe Lemberger GG
Offener in der Nase als im letzten Jahr, Schwarzkirsche mit Schale und Kern, Holundermark, schwarzer Pfeffer. Am Gaumen mit großer Spannung, rotfruchtig, kernige Säure, gleichzeitig fast seidig zu nennender Fruchtkern. Bereits jetzt attraktiv, aber mit viel Potenzial! 13,5 Vol.-%, NK, €€€

93 2016 »Reifekeller« Neipperg Schlossberg Riesling GG

92+ 2021 Schwaigern Ruthe Riesling GG

92 2021 Neipperg Schloßberg Weißburgunder GG

90+ 2021 Neipperg Weißburgunder trocken

89 2021 Neipperg Sauvignon Blanc trocken

91 2018 Schwaigern Lemberger trocken

90+ NV »P.+P. Rot« trocken

91 2021 Muskateller trocken
Absoluter Klassiker im Hause Neipperg. In der Nase nicht überbordend, nur mit feinem traubigem Muskatton. Am Gaumen kommt viel florale Frische, dazu sogar eine leichte Phenolik, die dem Wein enorm guttut und ihm Rückgrat verleiht. Eine Benchmark. 12,5 Vol.-%, DV, €

★

WEINGUT KURT UND DIETMAR OTT

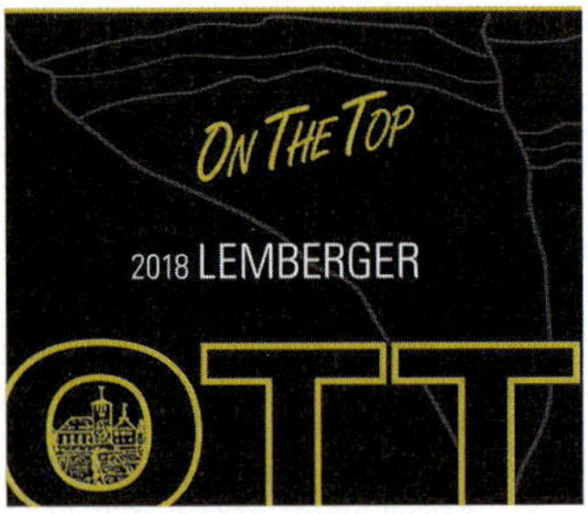

Kirchstraße 4-6, 74343 Sachsenheim-Hohenhaslach
T: +49 7147 924063, kontakt@weingut-dietmar-ott.de
weingut-dietmar-ott.de

Ab-Hof-Verkauf: Do und Fr 9–18 Uhr, Sa 9–17 Uhr
Kellermeister: Dietmar Ott
Ansprechpartner: Dietmar Ott
Flaschen/Hektar: 20.000 (20 % weiß, 70 % rot, 10 % Rosé)

Hohenhaslach im Naturpark Stromberg-Heuchelberg ist die Heimat von Familie Ott, deren Weingut vor allem den klassischen Sorten Württembergs gewidmet ist, allen voran Riesling und Lemberger, aber auch Spätburgunder, Trollinger und Dornfelder. Uns haben die Weine gut gefallen, der Riesling betört mit seiner Frucht, der Weißburgunder ist spannend durch seine fordernde Phenolik, und bei den Rotweinen steht ein betont stoffiger Lemberger neben einer »Vision S« (vom Spätburgunder), die unter Beweis stellt, dass das Weingut auch die feinen Zwischentöne beherrscht.

90+ 2020 Weißburgunder** trocken**
Ein beeriger und auch kräuterwürziger Sortenduft, Frühlingswiese, frisch geschnittene Hecke. Im Mund folgen auf einen geschmeidigen Ansatz eine lebendige Säure und herbe Phenolik, dichter, entwicklungsfähiger (und -bedürftiger) Abklang. 13 Vol.-%, NK, €€

91 2018 »On The Top« Lemberger trocken
Der Duft zeigt sehr reifes Traubengut an: Aromen von Bitterschokolade, eingelegten Kirschen, Schwarzkirschmarmelade und Bienenwachs. Im Mund fügen sich ein dichter Gerbstoff und feste Säure in einen kräftigen Körper, die Frucht ist noch verschlossen – gutes Potenzial. 13 Vol.-%, NK, €€€

90+ 2019 »Vision S**« trocken**
Ein fein nuancierter Duft: kleine rote Beeren, balsamische Kräuter, Minze. Der Eindruck der Feinheit setzt sich am Gaumen fort: Der Gerbstoff wirkt nachgerade zart, hat aber dennoch Festigkeit, der Gaumen fließt saftig und verspielt, Säure und Frucht harmonieren. 12,5 Vol.-%, NK, €€

90 2017 »Vision D**« trocken**
Intensiv buttrig im Duft, dann aber auch schwarzbeerig, Holundermark. Im Mund ist der Wein geschmeidig grundiert, eine satte Dosis feinkörnigen Gerbstoffs füllt den Rahmen, saftige Säure und eine feine, recht klare und leicht süße Abgangsfrucht geben Länge. 14 Vol.-%, NK, €€

87 2021 Muskat-Trollinger Rosé***

91 2021 Riesling* trocken**
Der Duft ist intensiv und mischt Zitrusfrucht mit Noten von Basilikum, Pfirsich, Pfeffer und Funkenschlag. Im Mund hat der Wein eine ausgeglichene Art, er hat Schmelz und Fülle mit saftiger Säure im Hintergrund. Der Abgang ist fruchtgetragen und lang. Guter Riesling! 13 Vol.-%, DV, €

★★★

PARFUM DER ERDE

Nolten 8, 71384 Weinstadt
T: +49 170 5659118, info@parfum-der-erde.de
parfum-der-erde.de

Kellermeister: Andi Knauß
Ansprechpartner: Rainer Scholz
Flaschen/Hektar: 7.000 (50 % weiß, 50 % rot)/2 ha
Anbauweise: Bio

Andi Knauß und Dr. Rainer Scholz, die beiden Akteure hinter dem hanseatisch-schwäbischen Weinprojekt »Parfum der Erde«, wollen es noch mal richtig wissen: Das Design der Etiketten wurde überarbeitet, im Weinberg und bei der Vinifikation werden noch mehr Details beachtet und umgesetzt, was sich auch direkt in der Qualität der Weine bemerkbar macht. Die aus dem Jahrgang 2019 zeigen sich eigenständig mit feiner Phenolik und mineralischem Timbre. Wie gut die Weine reifen können, belegt die »Vielfalt« in Weiß und Rot: Gerade der Riesling aus 2012 zeigt sich noch taufrisch und quicklebendig. Stark!

93+ 2012 »Vielfalt« Riesling trocken
Mittleres Goldgelb, Akazienhonig, reifer Pfirsich und gedörrte Mangospalten, gelbes Curry. Dicht verwoben am Gaumen, ein nobles Amalgam mit fester Säure und fruchtgetragenem Extrakt, der sich saftig und mit feiner mineralischer Würze entfaltet, nobel gereift und kein bisschen müde.
12,5 Vol.-%, NK, €€€€

92+ 2019 Müller-Thurgau trocken
Apfel und Birne mit etwas Muskatnuss, feines rauchiges und holzwürziges Ambiente, Mandarine, frisch geschnittener Kürbis. Müller-Thurgau der gehobenen Güte mit fester Struktur und einer Textur, die an Burgundersorten denken lässt, phenolische Schichtung. Wird gut reifen. 12 Vol.-%, NK, €€€

93 2019 Pinot Noir trocken
Noch etwas verschlossen im Duft, Hefe und rauchige Noten, dezentes Pinot-Parfüm, schwarze Kirschen, Blaubeeren, nasse Erde, Orangen. Zeigt sich mit gutem Extrakt und dicht gebaut am Gaumen mit nahtlos eingebundener Säure, hochwertiger Gerbstoff, mineralisch, lang. 13 Vol.-%, NK, €€€

92 2013 »Vielfalt« Spätburgunder trocken
Kirschrot mit ziegelroter Aufhellung. Im Duft schon etwas entwickelt, erinnert im Duft an Rioja, nasses Laub, Unterholz, Pflaume, ein Hauch Kräuterlikör. Spannendes Geschmacksbild mit weichem, feinwürzigem Fond und präsenter Säure, etwas Blutorange, elegantes Tannin.
13 Vol.-%, NK, €€€€

92 2019 Riesling trocken

91+ 2019 »Schillerwein« trocken PN/RR
Himbeere und Pfirsich im kultivierten Duft mit feinem Rauch und auch kräutrigen Anklängen, etwas Hagebutte. Straffe, schlank gehaltene Struktur, sehr feine Phenolik, saftig, mit gut bemessener Stoffigkeit, aber auch mit Zug und schönem Gerbstoff-Grip, eigenständig.
12 Vol.-%, NK, €€

★★

SCHMIDT AM BODENSEE

Hattnau 62, 88142 Wasserburg (Bodensee)
T: +49 8382 943 2174
weingut@schmidt-am-bodensee.de
schmidt-am-bodensee.de

Ab-Hof-Verkauf: Mo bis Fr 14–18 Uhr, Sa 14–16 Uhr
Kellermeister: Sebastian Schmidt
Ansprechpartner: Fam. Schmidt
Hektar: 13 ha

Erneut eine starke Kollektion vom Weingut Schmidt am Bodensee, das sich eindrucksvoll um den dritten Stern bewirbt! Margret und Eugen Schmidt bilden mit ihren Söhnen Maximilian und Sebastian ein starkes Team, das kontinuierlich an der Qualität der Weine arbeitet und sich um das Profil der »Seeweine« verdient macht. Die beiden »Réserve«-Weine überzeugen mit Substanz und Mineralik, wobei der Grauburgunder erst dabei ist, sich zu öffnen. Der Sekt »Prestige« bereichert jedes Menü, der saftige, feinwürzige Müller-Thurgau ist unser Falstaff-Tipp.

91 NV »Prestige« brut
Von Hefe flankiert zeigen sich Himbeere, Birne und Kirsche im Duft, auch gelbe Blüten und feiner Rauch. Zeigt auf stoffiger Substanz Frische, Würze und Eleganz, lebendiges Mousseux, zitrische Noten zur Pinot-Frucht. Kann jedes Menü bereichern. 12,5 Vol.-%, DIAM, €€€

92+ 2020 »Réserve« Grauburgunder trocken
Im Duft noch verschlossen mit kräutrigen und rauchigen Noten, auch etwas Pfeffer und Hefe. Auf Langlebigkeit angelegte »Réserve«, die erst langsam ihre große Substanz öffnet, viel Volumen und auch Mineralik, sehr fein gearbeitet. Weglegen lohnt sich auf jeden Fall. 13 Vol.-%, DIAM, €€€

92 2021 Wasserburg Chardonnay trocken
Leicht rauchiges Ambiente mit Birne, Melone und Aprikose, kräutrige, nussige Noten. Am Gaumen mittelgewichtig mit präsenter Säure und mineralischem Hintergrund, stellt nicht die Substanz in den Vordergrund, sondern die Rebsorte auf Wasserburger Terroir. Gut! 13 Vol.-%, DIAM, €€

93 2015 »Réserve« Spätburgunder trocken
Konzentrierte Nase, getragen von feiner Würze, reife Kirsche, etwas Pflaume, Orangenöl, Salbei. Auch konzentriert am Gaumen mit dichtem Extrakt, aber Fülle meidend, die Frucht wird von der lang anhaltenden Mineralik überlagert. Macht schon viel Freude. 13 Vol.-%, DIAM, €€€€

91+ 2021 Wasserburg Weißburgunder trocken

90 2021 Müller-Thurgau trocken
Kräftiger Duft nach grüner Kiwi, Limette, reifer Maracuja, Muskatblüten und feiner Würze, etwas Muskatnuss. Schlanker Körper, viel Inhalt, saftig, mit Würze, ausgewogene, delikate Säure und eingewobene Fruchtsüße, geschmeidig, mit Schmelz, leicht zitrisches Finish. 11,5 Vol.-%, DV, €€

★★★★★

WEINGUT RAINER SCHNAITMANN

Untertürkheimer Straße 4, 70734 Fellbach
T: +49 711 574616, info@weingut-schnaitmann.de
weingut-schnaitmann.de

Ab-Hof-Verkauf: Mo bis Fr 14–18 Uhr, Sa 9–13 Uhr und nach Vereinbarung
Kellermeister: Rainer Schnaitmann
Ansprechpartner: Rainer Schnaitmann
Flaschen/Hektar: 160.000 (50 % weiß, 50 % rot)/24 ha
Anbauweise: Bio

Die Traditionalisten in der Weinszene tun sich schwer mit den Naturwein-Winzern, denen gerne vorgeworfen wird, dass sie mit ihren maischevergorenen ungeschwefelten Weinen die Errungenschaften der feinsinnigen Weinkultur verraten. Aber Winzer wie Rainer Schnaitmann hätten nicht die stilistische Brillanz erreicht, wenn sie nicht auf dem Gebiet des Vin Naturel experimentierten: Die extrem feine Phenolik, die seine Weine auszeichnet, ist ein Gewinn daraus. In Fellbach geht es nicht um provokative Gesten, sondern das ist Evolution, die große Weine ausmacht!

94+ 2020 Uhlbach Götzenberg Riesling GG
Jugendlich verschlossen, unklassisch, Anis, Hefe, Würzbrot, etwas Cidre, gelbes Steinobst. Geschmeidig am Gaumen auf seidigem Fond, kühle Säure, extrem feine Phenole, würzig-mineralischer Untergrund. Zeigt seine Tiefgründigkeit in Nuancen, enorm lang. 12,5 Vol.-%, NK, €€€

94+ 2020 »Réserve« Gewürztraminer trocken
Mittleres Goldgelb mit Bernstein-Tönung. Getrockneter Salbei, Rosenblätter, reife Mango, kandierte Orangenschale, Honigwabe. Mächtig am Gaumen, viel Substanz, gute Dichte, feinste Phenole, filigran inszenierte Kraft. Eindrucksvolles Gewürztraminer-Statement. 14 Vol.-%, NK, €€€€

94+ 2020 Fellbach Lämmler Lemberger GG
Jugendlich verschlossen, Brombeere und Schwarzkirsche, Hefe, feiner Rauch, kräutrig. Großes Format am Gaumen, das beeindruckend ausgefüllt wird mit viel Extrakt und fleischigem Tannin, auch ein leicht rappiger Anteil, spannungsreiche Mineralik. Ziemlich groß! 12,5 Vol.-%, NK, €€€€

94+ 2020 Fellbach Lämmler Spätburgunder GG
Reduktionsnoten, Hefe, Aronia-Beere, Kirsche, Johannisbeere, Kräuter. Setzt am Gaumen druckvoll an mit einer vitalen, eng am Körper liegenden Säure. Die Gerbstoffe in guter Menge und feiner Körnung sind noch jung. Dicht, präzise Frucht, Mineralik, Länge. 12,5 Vol.-%, NK, €€€€

93+ 2020 Fellbach Lämmler Riesling GG

93+ 2020 Fellbach Lämmler Grauburgunder GG

91+ 2020 »Bergmandel« Riesling trocken

91+ 2020 »Bergmandel« Sauvignon Blanc tr.

92+ 2020 »Simonroth« Spätburgunder tr.

92+ 2019 »Simonroth« Lemberger trocken

92 2019 »Simonroth« Cabernet Franc tr.

90+ 2020 »Bergmandel Grau.Weiss« trocken CH/WB/PG
Helles Goldgelb. Birne, Aprikose, Haselnüsse und Kräuter, mit dezenter Fasswürze, etwas Melisse, süßes Popcorn. Würzig und geschmeidig mit Saft am Gaumen ansetzend, feste, kräftige Kontur, reife Phenole. Solo und als Speisenbegleiter auf gehobenem Niveau. 13 Vol.-%, DV, €€

★★★★★

WEINGUT ALBRECHT SCHWEGLER

Steinstraße 37, 71404 Korb
T: +49 7151 3040137, weingut@albrecht-schwegler.de
albrecht-schwegler.de

Ab-Hof-Verkauf: Ja
Kellermeister: Aaron Schwegler
Ansprechpartner: Julia Schwegler
Anbauweise: 60.000 (26 % weiß, 74 % rot)/15 ha

Das 1990 gegründete Familienweingut setzt mittlerweile in zweiter Generation Maßstäbe im Remstal. Die Reben werden ökologisch bewirtschaftet, die Weine großteils im Holzfass ausgebaut, um dann unbehandelt und ungeschönt nach vergleichsweise langer Fassreife minimal geschwefelt auf die Flasche gefüllt zu werden – so geht »Slow Winemaking«. Auch wenn Julia und Aaron Schwegler durchaus sortenreine Weine schätzen: Die Stars der starken Kollektion sind nach wie vor die druckvollen, dichten, fein balancierten Cuvées, die über ein exzellentes Lagerpotenzial verfügen.

93 2020 »Réserve« Chardonnay trocken
Goldgelbe Farbe, floral und gelbfruchtig im Duft, feines reifes Kernobst ist mit dabei, aber auch Haselnuss. Am Gaumen zeigt sich viel Kraft und Spannung bei sehr guter Säure, einem cremigen Schmelz sowie sehr präziser Frucht, extraktreicher Wein, sehr lang. 13,5 Vol.-%, NK, €€€

92+ 2020 »Réserve« Riesling trocken
Mittleres Goldgelb. Ein komplexer Duft von reifem gelbem Apfel, Limette, Birne und Gras. Am Gaumen eine attraktive Kräuterwürze, feines Extrakt, ein Hauch Mineralik bei guter Spannung und ideal integrierter Säure. Ein nachhaltiger Wein mit langem Nachhall.
12,5 Vol.-%, NK, €€€

94 2018 »Granat« trocken ZW/ME/CS/CT
Purpurrot. Anfangs eher dunkel im Duft, es folgen Brombeere, Sauerkirsche und Zwetschge. Am Gaumen körperreich mit dichtem, aber auch feinem Tannin, edlen Aromen von Süßholz, Kirsche, Himbeere und Zartbitterschokolade, balanciert von einer sehr reifen Säure, langer Nachhall. Ein Wein mit Potenzial. 14,5 Vol.-%, NK, €€€€

93 2018 »Saphir« trocken ZW/ME/CS/CF/CT
Schwarzfruchtige, elegante Nase mit kühler Aromatik von junger Pflaume, Sauerkirsche, Schwarzkirsche und Veilchen. Am Gaumen mit Struktur, viel Körper, guter Säure, jungem Gerbstoff und Aromen von Zeder, Brombeere und Kirsche, langer kühler Nachhall. 14,5 Vol.-%, NK, €€€

92+ 2019 »Réserve« Lemberger trocken

92+ 2018 »Beryll« trocken ZW/CT/LMB
Blasses Purpur. Ein Duft von Pfeffer, reifer schwarzer Kirsche, dunkler Pflaume und Zeder. Am Gaumen mit deutlichem Extrakt, viel Saft und Kraft bei noch jungem Gerbstoff und gut eingebundener Säure, viel Körper mit Noten von Rauch und dunkler Frucht bei attraktivem Nachhall.
14 Vol.-%, NK, €€

★★★

WEINGUT SIEGLOCH

Albertviller Straße 51, 71364 Winnenden
T: +49 7195 177120, info@weingut-siegloch.de
weingut-siegloch.de

Ab-Hof-Verkauf: Do und Fr 16–18.30 Uhr, Sa 9–13.00 Uhr
Kellermeister: David Siegloch, Markus Siegloch
Ansprechpartner: David Siegloch
Flaschen/Hektar: 70.000 (40 % weiß, 30 % rot, 20 % Rosé, 10 % Schaumwein)/10.5 ha

David und Markus Siegloch schreiben uns: »Im Weinberg arbeiten wir naturnah. Alle Weine werden spontan vergoren, nicht geschönt und zum großen Teil unfiltriert gefüllt. Zudem arbeiten wir nur mit sehr kleinen bzw. ohne Schwefelgaben. Unser Ziel ist es, lebendige und authentische Weine zu machen.« Man kann nur sagen: Mission accomplished. Die etwas wilderen Weine wie »Sandhase«, »Baby Sandhase« und der Trollinger »Red Booom« funktionieren in hippen jungen Weinbars, aber sie haben auch das Zeug dazu, konservativere Trinkerinnen und Trinker auf den Geschmack zu bringen.

90+ 2017 »Pinot R« brut nature PN/SW/WB
Der Schaumwein aus Spätburgunder, Weißburgunder und Schwarzriesling riecht nach Karamell, frischer Sahne und Walderdbeeren. Die Perlage am Gaumen ist etwas stürmisch und kräftig, der Geschmack sehr trocken, wobei sich die Aromatik der Nase am Gaumen widerspiegelt. 12 Vol.-%, NK, €€

92 2020 »Sandhase« Riesling trocken
Da, wo sich der »Baby Sandhase« noch zurückhält, zeigt sich der »Sandhase« erwachsen und kräftig. In der Nase kräutrig und leicht ätherisch nach Minze, Kardamom und Birne. Am Gaumen ist der Gerbstoff ausgeprägt, er bleibt aber elegant und lässt den Riesling zu einem superinteressanten Speisenbegleiter werden. 12,5 Vol.-%, NK, €€

91 2021 »Baby Sandhase« Riesling trocken
Der Name lässt einen verspielten Wein vermuten – eine Vermutung, die sich bestätigt. Die würzig-fruchtige Nase duftet nach Gurke und Sternfrucht. Der Mund zeigt eine interessante, feine Phenolik und mineralischen Geschmack. Ein schöner Einstiegs-Naturwein. 11,5 Vol.-%, DV, €

90 2020 Lemberger trocken
Dieser Lemberger duftet intensiv nach Marzipan, Pflaumen und Pfeffer. Der Gerbstoff am Gaumen ist leicht herb und sogar etwas rappig, die ausgeprägte Frucht im Geschmack sorgt dafür, dass der Wein nach dem Abklang als harmonisch im Gedächtnis bleibt. 12,5 Vol.-%, DV, €

90 2021 »DNA« trocken MT/GM/RR

90+ 2020 »Red Booom« Trollinger trocken
Ein Geruch aus Hagebutten, Sauerkirsche und Salbei. Am Gaumen superleicht und mit einer feinen aufregenden Säure versetzt, der Gerbstoff ist herb, und das ist gut so. Für das »Booom«, das angesichts des Namens vom Getränk erwartet wird, empfiehlt sich eine leicht gekühlte Serviertemperatur. 11,5 Vol.-%, DV, €€

★★

WEINGUT SIGGI

Steinbeisweg 2, 74394 Hessigheim
T: +49 173 7054970, info@siggi-weine.de
siggi-weine.de

Ab-Hof-Verkauf: Fr 16.30–18.30 Uhr, Sa 11–16 Uhr und nach Vereinbarung
Kellermeister: Siegfried Mayer
Ansprechpartner: Siegfried Mayer
Flaschen/Hektar: 19.000 (50 % weiß, 50 % rot)/4 ha

Siegfried Mayer ist viel herumgekommen, zwölf Jahre lang hat er als Önologe im Rheingau, an der Saar und in Baden gearbeitet – kurz: Der Mann weiß, was er macht. Wenn so jemand dann den riskanten Weg beschreitet, ein eigenes Weingut in denselben Steillagen zu gründen, in denen schon der Urgroßvater Trauben erzeugt hat, dann weiß man schon, dass Herzblut im Spiel sein muss. Mayer verzichtet bei der Vinifikation auf Hightech und vermutlich auch weitgehend auf Schwefel – das Resultat sind Weine mit intensiver Frucht und kräftig mineralischen Noten.

91+ 2020 Hessigheim Hambach Riesling trocken
Spontangärungsgeprägt im Duft, viel Zitrusfrucht, kandierte Zitronenschalen, Orange, auch kräutrige Töne. Der Gaumen beginnt seidig, mit milder Phenolik und reifer, aber dennoch lang anhaltender Säure, die getragene Gaumenmitte mündet in einen runden, harmonischen Abgang. 12 Vol.-%, NK, €€

92+ 2020 »Muschelkalk« Lemberger trocken
Eine »kühle« Sauerkirschnase, Menthol, schwarzer Pfeffer, Veilchenpastille. Der Gaumen ist inhaltsreich mit sehr feinem Gerbstoff gefüllt, wirkt noch ganz in sich gekehrt und kompakt, im Abgang erahnt man bereits, welche aromatische Komplexität sich hier entfalten wird. 12,5 Vol.-%, NK, €€

92 2018 »Venus von Mundelsheim« Spätburgunder trocken
Erkennbar niedriger Schwefel, aber keine Oxidation, etwas Neuholz, Mon Chéri. Im Mund hat der Wein eine ausgeprägt süße Frucht, körniges Tannin, »wilde« Gaumenaromen. Ein Gratwanderer, überwiegend auf der positiven Seite.
13 Vol.-%, NK, €€€

91+ 2020 »Terrassen« Trollinger trocken
Im Duft nimmt man Süßkirsche und etwas Hefe wahr, dazu balsamische Hochreifearomen. Im Mund ist der Wein dicht, füllig, vom Auftakt bis in den Abgang homogen in allen Komponenten, mürbes, leicht körniges Tannin kleidet den Gaumen aus, ein feiner Säurenerv und salzige Noten untermalen. 11,5 Vol.-%, NK, €€

91 2020 Besigheim Wurmberg Cabernet Sauvignon trocken

92 2021 »Muschelkalk« Riesling trocken
Komplex im Duft: Weinbergpfirsich, Mirabelle, aber auch Zitronenschalen, Majoran und kalkbalsamische Noten.
Im Mund ist der Wein knackig, hat Saft und Nerv, eine reife Schicht Phenole gibt Grip, der Wein endet schlank verdichtet und elegant. Tolle Substanz! 11 Vol.-%, NK, €€

★★

WEINGUT STERNEISEN

Mühlstraße 10, 73630 Remshalden
T: +49 176 38641541, info@weingut-sterneisen.de
weingut-sterneisen.de

Ab-Hof-Verkauf: nach Vereinbarung
Kellermeister: Claudia Dorn
Ansprechpartner: Claudia Dorn
Flaschen/Hektar: 20.000/3 ha

Claudia Dorn hat sich mit ihrem erst 2017 gegründeten Drei-Hektar-Weingut schnell im Remstal und Württemberg etabliert. Das verwundert uns nicht, denn ihre Weine zeigen gefühlvolle Balance und eine sehr natürliche Art. Neben traditionsreichen Rebsorten wie Trollinger, Lemberger und Riesling hat die Winzerin auch ein Händchen für Chenin Blanc, der im Schwäbischen heimisch geworden ist und mit reifen Phenolen und salzigen Noten gefällt. Der geschmeidige Lemberger »Heimat« lässt bei allem Lokalkolorit auch den Blick über den eigenen Tellerrand erkennen. Starke Kollektion!

91+ 2021 »Wagnis – Blue Label« Chenin Blanc trocken
Intensiver Duft nach reifer Aprikose, Birne, grüner Kiwi und Johannisbeeren, nussige und kräutrige Noten, Würze, herbere Aromen, Quitte. Im Mund mit lebendiger Säure und salzigen Noten, saftige Salzzitrone, konsistent, reife Phenolik. Kann weiter zulegen. 13 Vol.-%, DV, €€

90+ 2021 »Weltenbummler« Sauvignon Blanc trocken
Würzige Nase mit reifer Frucht, Schwarze Johannisbeeren, Birne, Mango, Stachelbeeren, etwas Paprika. Zeigt am Gaumen auf guter Substanz eine beinahe rieslinghafte Säure, viel Würze, auch salzig, wieder Schwarze Johannisbeeren, intensiv und dabei auch elegant. 13 Vol.-%, DV, €

92 2019 »Heimat« Lemberger trocken
Ätherisch-fruchtig im Duft: Marzipan, Sauerkirsche, Thymian und dazu noch schwarzer Pfeffer. Am Gaumen mit körniger, aber weicher Phenolik, sehr geschmeidig, die gut eingebundene Säure schmiegt sich subtil dazu und bildet ein harmonisches Gesamtbild. 13,5 Vol.-%, DV, €

90+ 2020 »Dickhäuter – Blue Label« Cuvée trocken ME/SY/CF/LMB
Feine Würze, Kirschen, Brombeeren, Johannisbeeren und Holunder, frische Frucht. Am Gaumen mit einer guten Melange aus Frische und Substanz, die gut eingewobene Säure zeigt Frische, die saftigen, knackigen Gerbstoffe fügen sich ein, feine Herbe. »Dickhäuter« mit Gefühl.
13,5 Vol.-%, NK, €€€

89+ 2019 »Tradition« Trollinger trocken

90 2021 »Herkunft« Riesling trocken
Feinwürzige Nase mit floralen Noten, Kräutern, Apfelblüten, Pfirsich, Mirabelle, auch Gewürze, Kardamom und Anis. Frisch und saftig am Gaumen mit jahrgangstypischer lebendiger Säure, schlanke Kontur, würzig, kräutrig und auch mineralisch. Klar und sehr natürlich. 12,5 Vol.-%, DV, €

★★★

WEINGUT DER STADT STUTTGART

Breite Straße 4, 70173 Stuttgart
T: +49 711 21657507, timo.saier@stuttgart.de
weingutstuttgart.de

Ab-Hof-Verkauf: Di und Mi 10–17 Uhr,
Do und Fr 10–18 Uhr
Kellermeister: Frank Haller
Ansprechpartner: Timo Saier
Anbauweise: 100.000 (50 % weiß, 50 % rot)/16 ha

Ein Betrieb der öffentlichen Hand, der richtig Gas gibt: Das ist nicht so ganz alltäglich, beim Weingut der Stadt Stuttgart unter ihrem dynamischen Chef Timo Saier aber gelebte Realität. Der Betrieb schafft den Spagat zwischen »Viertelesschlotzern« und einem jüngeren Publikum, das beim – sinnigerweise als Landwein deklarierten – KB Riesling mit Graffiti-Anmutung angesprochen wird. Die Paradelage Cannstatter Zuckerle ist die bekannteste des Betriebs, stets besonders sind aber auch die Weine aus der Lage Mönchhalde mitten im Stuttgarter Stadtgebiet.

90+ 2018 »KB« Riesling trocken
Hefegeprägt im Duft, Brioche, Brotteig, Cider, saftiger Pfirsich, Zitrone, getrocknetes Lorbeerblatt. Am Gaumen vollmundig, cremiger Schmelz, saftige Frucht von reifen Zitronen, Äpfeln, merkliche Phenolik, mineralische Würze im Einklang mit dezenter Süße und lebendiger Säure.
12 Vol.-%, DV, €€

92 2020 Stuttgart Mönchhalde Lemberger trocken
Einladend in der Nase, saftige rote Kirschen, Himbeeren, Brombeeren, Minze, getrocknete Kräuter, Milchschokolade. Am Gaumen saftige frische Frucht, gut integrierte lebendige Säure, feinkörniges Tannin, mineralische Kühle, schöne Länge. Ein sehr eleganter Wein. 13 Vol.-%, DV, €€

91+ 2020 Stuttgart Mönchhalde Spätburgunder trocken
Holzwürze in der Nase, Röstnoten, dunkle Schokolade, dezent nach Rauch, Waldbeeren, rote Kirschen, florale Noten, Hagebutten. Am Gaumen saftig, frisch, lebendige Säure, kerniger Gerbstoff, frische Frucht von roten Kirschen, Wildbeeren. 13 Vol.-%, DV, €€

91+ 2020 Bad Cannstatt Zuckerle Merlot trocken
Würzig in der Nase, getrocknete Kräuter, Rote und Schwarze Johannisbeeren, rote Kirschen, dunkle Pflaumen, Efeu, Karamell, leicht ätherisch. Am Gaumen kraftvoll, saftige Frucht, geschmeidiger Kern, lebendige Säure, samtiges Tannin, mineralische Würze. 14 Vol.-%, DV, €€

90 2021 Stuttgart Mönchhalde Sauvignon Blanc trocken

90+ 2019 Bad Cannstatt Zuckerle Riesling trocken
Goldgelb im Glas. In der Nase saftiger roter Apfel, kandierte Zitronen, Limettenabrieb, getrocknete Kräuter. Am Gaumen saftig-frisch, Limettensaft, Grapefruit, mineralische Würze, salzig, angenehm herb, lebendiger Säurezug, cremiger Kern, schöne Länge. 13 Vol.-%, DV, €€

★★

WEINGUT UNGERER

Harsberger Straße 15, 74629 Pfedelbach
T: +49 7949 940690, info@weingut-ungerer.de
weingut-ungerer.de

Ab-Hof-Verkauf: Mo bis Do 17.30–19 Uhr, Fr 14–19 Uhr, Sa 8–13 Uhr
Kellermeister: Karlheinz Ungerer
Ansprechpartner: Karlheinz Ungerer
Flaschen/Hektar: 70.000 (45 % weiß, 55 % rot)/8 ha

Eine solide Basis und deutlich steigende Ambition in der Spitze: So kann man den Eindruck umschreiben, den Karlheinz Ungerers neue Weine bei uns hinterlassen haben. Vor allem den roten Assemblagen widmet sich das Weingut aus dem Hohenlohischen mit Feuereifer: Die Cuvée »Respekt« aus Lemberger und Cabernet Mitos steht dabei mit ihrer Frischfruchtigkeit und Dichte an der Spitze, aber selbst die preisgünstigere Lemberger-Acolon-Dornfelder-Cuvée namens »Unglaublich« schöpft aus ihrer süßen Frucht eine feine Balance. Ein rundum gelungener Auftritt.

89+ 2021 »Sehnsucht« Sauvignon Blanc tr.
Intensiv pfeffrig im Duft, Brennnesseltee, grüne Stachelbeere. Der Gaumen hat einen getragenen, weiten Ansatz, mittlere Stoffigkeit und Länge, die Säure wirkt für den Jahrgang 2021 eher verhalten. 13 Vol.-%, DV, €€

91 2020 »Respekt« trocken BF/CI
Eine frische und gleichwohl reife Beerenfrucht entsteigt dem Glas, Cassis, Brombeere. Auch etwas Holz und leicht florale Noten sind da. Der Gaumen hat Saftigkeit und einen kräftigen, aber auch feinen Gerbstoff, die Dichte deutet auf ein sehr gutes Reifepotenzial. 13 Vol.-%, NK, €€€

90+ 2020 »Saltatium virium« trocken BF/PN/CF
Im Duft findet man neben kräuterwürzigen Noten eine Frucht von Brombeerkonfitüre und Holundersaft, auch dunkle Himbeere. Im Mund ist der Wein sehr fein gewoben, der Gerbstoff ist saftig und mit süßer Frucht unterlegt, der Abklang ist geschmeidig, rund, von guter Länge. 13 Vol.-%, NK, €€€

90 2018 Cabernet Franc trocken
Die Loire-Sorte zeigt im Duft Aromen von Minze, Blaubeere und balsamischen Kräutern, dazu kommt ein kräftiger Neuholz-Ton. Im Mund ist der Wein kräftig, deutlich holzbeeinflusst, Alkohol und Säure sind gut integriert, der Abgang gehört der saftigen Frucht. 13,5 Vol.-%, NK, €€

89+ 2020 »Unglaublich« trocken LMB/AC/DF

89+ 2021 »Edition Q« Sylvaner trocken
Eine blumige Silvanerwürze, mit traubigen und terpenigen Untertönen – und auch mit etwas Bienenwachs und Eisbonbon. Im Mund hat der Wein eine fest, aber auch reife Säure, eine mittlere bis mittelhohe Extraktdichte und viel Saftigkeit im Abgang. 13 Vol.-%, DV, €

★★★

WEINMANUFAKTUR UNTERTÜRKHEIM

Strümpfelbacher Straße 47, 70327 Stuttgart
T: +49 711 3363810, info@weinmanufaktur.de
weinmanufaktur.de

Ab-Hof-Verkauf: Mo bis Fr 9–12.30 Uhr und 13.30–18 Uhr, Sa 9–14 Uhr
Kellermeister: Jürgen Off
Ansprechpartner: Saskia Wörthwein
Flaschen/Hektar: 650.000 (37 % weiß, 55 % rot, 5 % Rosé, 3 % Schaumwein)/95 ha

Die Weinmanufaktur Untertürkheim nimmt eine Sonderstellung ein unter den deutschen Genossenschaften: Sie ist nicht nur die erste, die 2019 mit dem Nachhaltigkeitszertifikat von FAIR'N GREEN ausgezeichnet wurde. Sie ist auch eine der ältesten (Gründungsjahr 1887) und kleinsten Kooperativen (95 Hektar Rebfläche), dazu unter der Regie des erfahrenen Kellermeisters Jürgen Off immer aufgeschlossen für neue Trends wie Orange Wine, ohne dabei die Klassiker zu vernachlässigen: »Erlaubt ist, was schmeckt. Und was schmeckt, wird gefördert.« Auch von uns.

92 2021 »Großer Stern« Untertürkheim Mönchberg Riesling trocken
Zu reifem Steinobst wie Pfirsich kommt feiner Rauch, auch etwas Ananas und Apfel, Würze, auch Honigwabe. Riesling mit fester Statur, auch durch den Holzausbau, guter Extrakt, dicht und mit Spannung, gut eingewobene Säure, mineralisch. Auf Langlebigkeit vinifiziert. 13 Vol.-%, NK, €€€

91+ 2020 »Großer Stern« Untertürkheim Mönchberg Lemberger trocken
Im Duft Brombeere und Holunder, etwas dunkle Schokolade und Holz, mit Standzeit im Glas mehr und mehr auch kräuterwürzige Töne. Der Gaumen hat eine noble (tanninbedingte) Adstringenz, ein Hauch Grüntöne ist integriert, Nerv und Saftigkeit verstärken die Extraktspannung. Potenzial! 13,5 Vol.-%, NK, €€€

91+ 2020 Untertürkheim Altenberg Cabernet Franc* trocken**
Ein reiffruchtiger Duft von Schwarzer Johannisbeere, Holunder, Minze. Im Mund macht feiner bis feinkörniger Gerbstoff viel Druck, Saftigkeit und reife Säure erfüllen die Extraktspannung mit Leben, der Alkohol ist gut integriert, der Abgang fleischig und noch kompakt. Zukunft! 13,5 Vol.-%, NK, €€

89 2020 »Mönch Berthold« trocken LMB/PN/CU/ME/CF**
Reife Brombeeren, Johannisbeeren und dunkle Kirschen mit etwas Marzipan und Blutorange, Holzwürze und kräutrige Noten. »Mönch Berthold« zeigt in einer kräftigen Struktur Substanz und Frische, mittelgewichtig, mit griffigen Tanninen. Zeigt seine Stärken mit Schmorgerichten. 13,5 Vol.-%, DV, €€

89 2021 Weißer Burgunder trocken**

89 2021 Viognier trocken**
Reife Ananas in der Nase, Aprikose, Birne und Mango, auch gelbe Blüten kommen dazu und Gewürze wie Anis, Rauch. Auch üppig und großzügig am Gaumen, kräftiger Bau, stoffig, saftig und mit schöner Würze, feine Abrundung in der Gaumenmitte, etwas grüne Walnuss. 13 Vol.-%, DV, €€

★★★★

WEINGUT WACHTSTETTER

Michelbacher Straße 8, 74397 Pfaffenhofen
T: +49 7046 329, info@wachtstetter.de
wachtstetter.de

Ab-Hof-Verkauf: Do und Fr 9–12 Uhr und 13.30–18 Uhr, Sa 9–16 Uhr und nach Vereinbarung
Kellermeister: Rainer Wachtstetter
Ansprechpartner: Rainer Wachtstetter
Anbauweise: 130.000 (35 % weiß, 65 % rot)/20 ha

Beim Lemberger hat Rainer Wachtstetter den Dreh raus – und wie: Die Wärme und Sonnenkraft aus 2018 transformiert er in einen monumentalen Wein mit enormer Dichte und viel Würze, den man getrost in der hinteren Ecke des Weinkellers lagern kann. Ganz anders der Lemberger »Junges Schwaben« aus 2019, der mit saftiger Frucht und feinkörnigem Tannin aufwartet und zeigt, wie virtuos der Winzer den Holzausbau beherrscht: Da geht es um millimetergenaue Akkuratesse. Darüber sollte man aber die anderen Weine nicht vergessen: Pfaffenhofen ist mehr als eine Lemberger-Hochburg.

92 2020 Pfaffenhofen Mühlberg Riesling GG

Kräutrige Noten, vermutlich Spontangärung, Apfel, Apfelschale, etwas Blockmalz und Melisse. Eröffnet auch am Gaumen mit apfeligen und kräutrigen Noten, kompakter Bau, feste Struktur, betont trocken, phenolische Prägung, eigenständiger, schwäbischer Charakter. 13 Vol.-%, NK, €€€

94+ 2018 Pfaffenhofen Spitzenberg Lemberger GG

Man kann sich lange mit dem reichhaltigen, tiefen Duftbild beschäftigen, dunkle Frucht, viel Würze. Zeigt am Gaumen das warme Jahr mit viel Substanz und Extrakt, enorme Dichte, viel Würze, ein vibrierender Spannungsbogen, ein enormer Brocken mit großem Reifepotenzial. 14 Vol.-%, NK, €€€

93+ 2019 »Junges Schwaben« Pfaffenhofen Hohenberg Lemberger trocken

Beerige, würzige Frucht, dunkle Kirsche, Brombeere, feine Holzwürze, etwas Espresso. Am Gaumen mit feiner Balance, saftige, frische Frucht, feine Würze, feinkörniges, griffiges Tannin, gute Verdichtung, Spannung, die bis in das lange Finale führt, pfeffrig, jung. 13,5 Vol.-%, NK, €€€

92 2019 Pfaffenhofen Geißberg Spätburgunder GG

Verbindet in der Nase reife und frische Momente, rote und dunkle Kirschen, reife Himbeeren, Blaubeeren, feines Holzparfüm, erdige Noten. Eher breit angelegt am Gaumen, saftig, feine Würze, pfeffrig und mineralisch, etwas Schärfe in der Gaumenmitte, griffiges Tannin. Kann reifen.
13 Vol.-%, NK, €€€

91 2020 Pfaffenhofen Hohenberg Riesling trocken

93+ 2019 »Cuvée Ernst Combé« trocken LMB/ME/CF/SY

Reichhaltiger und würziger Duft mit Brombeere, Cassis und schwarzer Kirsche, begleitet von Rauch und feiner Holzwürze. Druckvoll und mit guter Dynamik am Gaumen, fokussierte Säure, griffiges, hochwertiges Tannin, das gute Reife verspricht, die präsente Frucht trägt.
13,5 Vol.-%, NK, €€

★

WEINGUT WEIHBRECHT

Hauptstraße 20, 74626 Bretzfeld Schwabbach
T: +49 7946 2788, info@weingut-weihbrecht.de
weingut-weihbrecht.de

Ab-Hof-Verkauf: nach Vereinbarung
Kellermeister: Simon Weihbrecht
Ansprechpartner: Regina Weihbrecht
Anbauweise: 7 ha

Bretzfeld gilt als Tor zum Hohenloher Land – und hier arbeiten Regina und Simon Weihbrecht nicht nur in den Reben und im Keller, sondern auch an den weintouristischen Angeboten. Einmal im Monat öffnet die Besenwirtschaft übers Wochenende, und im Sommer kann man nicht nur in der Gartenwirtschaft speisen, sondern sogar eine dreistündige Weinbergtour im von Pferden gezogenen Planenwagen buchen, Weinprobe inklusive. Die Weine sind angenehme Sortentypen mit Anspruch und Format. Ganz bestimmt munden sie hervorragend zu einem Gericht von der Besen-Speisekarte.

90 NV Weißwein trocken
Die Nase ist frisch mit Noten von frischer Mango, Physalis, weißen Blüten, Holunder sowie Grapefruit und Salatgurke. Auch am Gaumen zeigt sich der Wein aromatisch und federleicht mit feiner Mineralik. Ein eher unkomplizierter und entspannter Sommerwein. 12 Vol.-%, NK, €€

91 2017 »Primus S« trocken ME/LMB
Merlot und Lemberger sind in der roten Cuvée. Vom Holz beeinflusst, ist der Duft geprägt von Räucherspeck, Sauerkirsche, dunkler Schokolade und Pumpernickel. Feingliedrig mit mittelkräftiger Struktur am Gaumen und durch die Flaschenreife mild gewordenem Gerbstoff. 14 Vol.-%, NK, €€

90 2019 »S« Spätburgunder trocken
Der Spätburgunder ist von heller kaminroter Farbe. Sein Duft ist floral und dezent balsamisch, eine vanillige Kirschfrucht kombiniert sich mit einem Ton von Johannisbeerkonfitüre. Angenehm frisch und leicht ist er am Gaumen, der Nachhall zeigt eine süße Frucht. 12,5 Vol.-%, DV, €

89+ 2019 »S« Merlot trocken
Merlot-typischer Duft nach getrockneter Pflaume und Roter Johannisbeere, außerdem Vanille und feine florale Noten. Am Gaumen ist der Wein weich und zeigt eine dezente Süße, ein ganz sanfter Gerbstoff ist vorhanden. Alles in allem ein eleganter, fruchtiger Wein. 14 Vol.-%, DV, €

89 2020 Weißwein edelsüß

90+ 2019 »S« Riesling trocken
Vollreifer Pfirsich und karamellisierter Apfel in der Nase, außerdem Anklänge an Honigmelone. Die Aromatik am Gaumen ist kräftig und von animierender Säure begleitet, im Abgang bleiben ein angenehm herber Geschmack und ein Hauch von honigartiger Süße. 13 Vol.-%, DV, €

★

WEINMANUFAKTUR INGELFINGER FASS

Schlossstraße 14, 74653 Ingelfingen
T: +49 7940 91650, info@schlosshotel-ingelfingen.de
schloss-hotel-ingelfingen.de

Ab-Hof-Verkauf: Ja
Kellermeister: Joachim Brand
Ansprechpartner: Jürgen Kerl
Flaschen/Hektar: 13.000 (47 % weiß, 41 % rot, 9 % Rosé, 3 % Schaumwein)/3 ha

Ein höchst beachtliches Debüt in unserem Guide legen die Weine des Schlosshotels Ingelfingen an den Tag: Die Trauben, die an den Steilhängen des Kochertals gedeihen, lässt das Hotel bei Fürst Hohenlohe-Oehringen zu charakterfesten Weinen keltern. Dabei zielt der Stil des Hauses bei den Roten auf Vollfruchtigkeit und Fülle, wie beispielhaft der mit süßer Frucht überzeugende Pinot Meunier (= Schwarzriesling) belegt. Bei den Weißen stehen Frische und Saftigkeit im Zentrum, wie beim stilvollen trocknen Riesling, der zudem das Prädikat »koscher« führen darf.

90 2020 Ingelfingen Hoher Berg Riesling feinherb
Pfirsich, rauchige Muschelkalknoten und ein erster reifebedingter Hauch von Petrol. Im Mund kreidig, auf harmonische Weise süßsauer spielend, mit lang anhaltender Gaumenfrucht. Ein recht nuancenreicher, kultivierter Wein, der noch weiteres Potenzial aufweist. 12 Vol.-%, VL, €

90+ 2019 Ingelfingen Hoher Berg Spätburgunder Holzfass trocken
Ein kräftiger Spätburgunderduft: dunkelbeerige Aromen, Lorbeer, etwas Nougat vom Holz. Im Mund beeindruckt das seidige Tannin, der Wein bringt aber auch viel Saftigkeit und einiges an Mineralik als Gegengewicht zu Charme und Schmelz auf die Waagschale. Die Säure bleibt zurückhaltend. 13,5 Vol.-%, NK, €€

90 2021 Ingelfingen Hoher Berg Pinot Meunier trocken
Ein Duft von gekochten Beeren entsteigt dem Glas, balsamisch und kräuterwürzig begleitet, etwas Überreifeanteil im Lesegut. Im Mund ist der Wein fein extrahiert, hat eine süße Frucht und eine Saftigkeit, die dem Sortentyp gut zu Gesicht steht. Im Stil fast eine Art trockene Auslese, origineller Wein. 13 Vol.-%, VL, €

90 2020 »Réserve« Ingelfingen Hoher Berg Merlot trocken
Eine dezente Holzkomponente trifft auf Kirschfrucht und Schokoladen-Aromen. Am Gaumen hat der Wein eine markante Öligkeit, viel (alkoholbedingte) Süße und ein seidiges, fein gewobenes, aber auch sehr dichtes Tannin. Im Abgang trocknet der hohe Alkohol etwas an. 15 Vol.-%, NK, €€

88+ 2021 »No 1« Ingelfingen Hoher Berg Cuvée trocken GS/MT/RR

90 2021 Ingelfingen Hoher Berg Riesling trocken
Ein betont frischer, »kühl« wirkender Duft: Grapefruit, Melisse, Weinbergpfirsich. Im Mund saftig, schlank, feiner Säurebiss, früh präsente Gaumenfrucht (zitrische Aromen, Pfirsich). Ein animierend herber, herzerfrischend trockener Trinkspaß. 13 Vol.-%, VL, €

★★★

STAATSWEINGUT WEINSBERG

Traubenplatz 5, 74189 Weinsberg
T: +49 7134 504167, florian.solymari@lvwo.bwl.de
staatsweingut-weinsberg.de

Ab-Hof-Verkauf: Mo bis Fr 10–18 Uhr, Sa 10–16 Uhr
Kellermeister: Florian Solymari
Ansprechpartner: Florian Solymari
Flaschen/Hektar: 267.000 (44 % weiß, 57 % rot, 4 % Rosé, 1 % süß, 4 % Schaumwein)/40 ha

Das Staatsweingut Weinsberg ist gleichzeitig Staatliche Lehr- und Versuchsanstalt für Wein- und Obstbau. Nicht selbstverständlich, dass so ein Betrieb es schafft, Mitglied im Wein-Aeropag zu werden, im VDP. Man erwartet ja eher standardisierte Weine, ob zu Recht oder nicht, doch in diesem Fall wird die Erwartung ganz klar widerlegt. Hier entstehen sehr wohl eigenständige Weine. Ein überaus gelungener Versuch ist der Syrah, der uns während der Verkostung zum Nachdenken über den zukünftigen Rebsortenspiegel in Deutschland brachte.

93 2020 »H.A.D.E.S.« Chardonnay trocken
Holzgeprägt im Duft, zitrische Noten, Orangenschale. Im Mund imponiert der Wein mit Balance und Frische, er wirkt geschmeidig, aber auch strukturiert, Saftigkeit und Druck gehen Hand in Hand, das Holz ist gut eingebunden, süße Frucht und lebendige Säure kontrastieren sich. Ein makellos ausgewogener Chardonnay, der nicht zuletzt durch Dichte und Konzentration besticht. 13,5 Vol.-%, NK, €€€

91+ 2019 »Fumé Blanc H.A.D.E.S.« trocken
Attraktiv duftig, aber auch intensiv: gelber Apfel, Stachelbeere, Kiwi und etwas Holz. Am Gaumen folgt auf einen seidigen Ansatz eine reife, aber dennoch gut tragende Säure, eine Prise Extrakt gibt der Frucht Volumen. Ein spannender Sauvignon Blanc. 13 Vol.-%, NK, €€€

93 2019 Gundelsheim Himmelreich Spätburgunder GG
Nicht opak, aber dunkel im Glas, überrascht der Wein mit einem Bukett weihnachtlicher Aromen, auch mit Pflaumen, Sandelholz und Orangenzesten. Die Frucht am Gaumen benötigt keine Süße, um zu betören. Würzig, mineralisch, angenehme Tannine. 12,5 Vol.-%, NK, €€€

93 2019 »Grande Réserve H.A.D.E.S.« trocken CS/ME/CF
Duft nach Toffee, Salzkaramell, Kirsche und Johannisbeere. Im Geschmack tritt die Süße hervor, getragen von erwachsenen, nicht adstringierenden Tanninen. Bleibt am Gaumen mit einer Verweisung auf dänisches Lakritz. Elegant schon in seiner Jugend. 13,5 Vol.-%, NK, €€€

89+ ❸ NV »Pinot 1868« brut

91 2020 Abstatt Burg Wildeck Herrschaftsberg Riesling GG

90 2021 Abstatt Riesling trocken

88+ 2021 Sauvignon Blanc trocken

91 2019 Weinsberg Schemelsberg Lemberger GG

94 2019 »Réserve H.A.D.E.S.« Syrah trocken
Tiefdunkel im Glas. Komplexes Bukett aus Nougat, Kirsche, Grafit und angeriebenen Tannenzapfen. Im Geschmack schwarzer Pfeffer, Wacholderbeeren, Rote Johannisbeeren und vor allem Individualität, langer Nachhall – und doch kein schwerer Wein. 13 Vol.-%, NK, €€€

★★

COLLEGIUM WIRTEMBERG

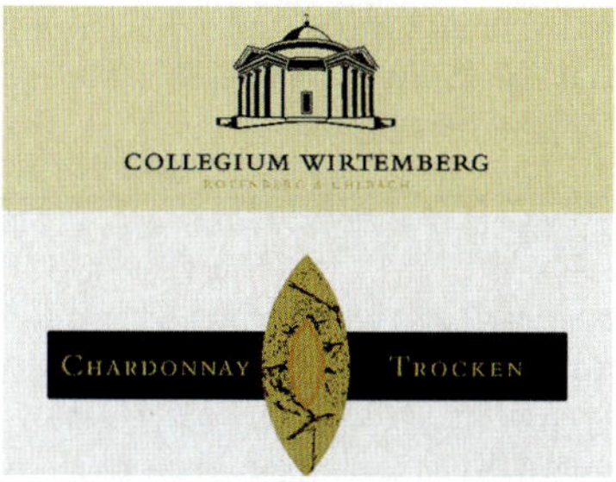

Württembergstraße 230, 70327 Stuttgart
T: +49 711 32777580, info@collegium-wirtemberg.de
collegium-wirtemberg.de

Ab-Hof-Verkauf: Ja
Kellermeister: Thomas Eckard
Ansprechpartner: Martin Kurrle
Flaschen/Hektar: 1.600.000 (30 % weiß, 58 % rot, 6 % Rosé, 2 % süß, 4 % Schaumwein)/150 ha

Es gefällt uns richtig gut, was die am Fuß des Wirtembergs gelegene Stuttgarter Genossenschaft mit dem neuen Kellermeister Thomas Eckard auf die Flaschen gebracht hat. Gerade die Weißweine haben an Spannung und Präzision gewonnen, bestes Beispiel dafür ist unsere Empfehlung, der kompakte, mineralische 2021er Riesling »Sand«. Die »Réserve« vom Sauvignon Blanc aus 2020 hat genug Substanz und Rückgrat, um weiter reifen zu können. Die Rotweine mit der gekonnt balancierten »Grande Cuvée« sind ohnehin ein verlässlicher Trumpf in den Karten des Collegiums.

91+ 2020 »Réserve« Sauvignon Blanc trocken
Holzwürze vom Ausbau im kleinen Eichenfass, reife gelbe Pflaume, Schwarze Johannisbeeren, Mango. Kräftig und fest gebaut am Gaumen mit Volumen, Substanz, Schmelz und souverän tragender Säure, Würze und Mineralik führen ins Finish. Eine »Réserve«, die auch reifen kann. 13 Vol.-%, NK, €€€

93 2018 »Grande Cuvée« trocken LMB/CF/SY
Reifer und dabei nuancierter Duft nach Cassis, reifen Kirschen, Holzwürze und Pflaumen, etwas Wacholderbeere, dunkle Schokolade. Mit sehr gutem Gleichgewicht am Gaumen, die Finesse leidet keineswegs unter Substanz und Kraft, entfaltet sich mit feinnerviger Säure und noblem Gerbstoff. 14 Vol.-%, NK, €€€

91+ 2018 »Réserve« Merlot trocken
Da zeigt sich die Wärme des Jahres im würzigen, reifen und konzentrierten Duft mit Cassis, Brombeere, Pfeffer und Tinte. Zeigt bei aller Konzentration und Kraft auch saftige Frische für eine gute Balance, druckvoller, reifer Gerbstoff, viel Extrakt, gutes Potenzial. 14 Vol.-%, NK, €€€

91 2018 »Réserve« Spätburgunder trocken
Intensive Nase mit Holzwürze, Wacholderbeere und getrockneten Kräutern, reife Kirsche, Brombeere und Teer. Zeigt am Gaumen Kraft, Substanz und Dichte, spannt dabei ordentlich die Muskeln an. Die mächtigen, reifen Gerbstoffe unterstreichen den athletischen Gestus. 13 Vol.-%, DV, €€€

89+ 2021 »411 n.n.« Riesling trocken

89+ 2021 »Alte Reben« Riesling trocken

89 2021 Uhlbach Götzenberg Riesling Kabinett feinherb

88+ 2021 Weißburgunder trocken

90+ 2019 Pinot Noir trocken

90 2019 Syrah trocken

89 2021 »Alte Reben« Trollinger trocken

90+ 2021 »Sand« Riesling trocken
Fruchtgetragener und gelassener Duft nach Pfirsich, Aprikose, Stachelbeere und Zitronenschale, feine Würze. Am Gaumen lebendig und betont trocken, ohne harmonierende Süße, feine Mineralik, etwas salzig, gute Bündelung und fester Kern in der Gaumenmitte. 12,5 Vol.-%, DV, €

★★★★

WEINGUT WÖHRWAG

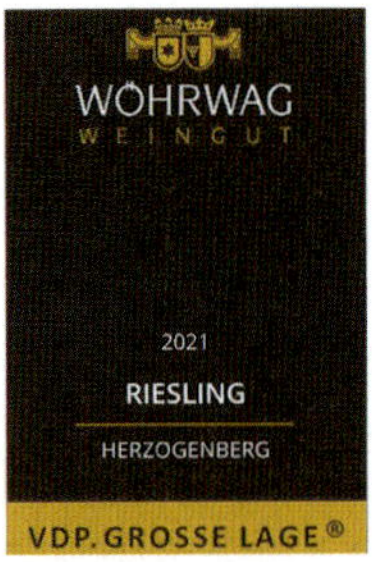

Grunbacher Straße 5, 70327 Stuttgart-Untertürkheim
T: +49 711 331662, info@woehrwag.de
woehrwag.de

Ab-Hof-Verkauf: Mo bis Fr 9–12.30 Uhr und 14–18 Uhr, Sa 10–14 Uhr
Kellermeister: Hans-Peter Wöhrwag, Carsten Kämpf
Ansprechpartner: Christin Wöhrwag
Flaschen/Hektar: 160.000 (60 % weiß, 30 % rot, 10 % Rosé)/20 ha

Mit Wohlgefallen nehmen wir zur Kenntnis, dass im Weingut Wöhrwag mit dem Cabernet Franc eine weitere feste Größe herangewachsen ist: Dass Riesling, Lemberger und Pinot Noir gerade im Bereich der Großen Gewächse zu den Besten in Württemberg zählen, kann man als Allgemeinwissen verbuchen. So ist es auch in diesem Jahr: Der Galgenberg-Riesling aus 2021 zeigt Format und Mineralik, Lemberger und Pinot Noir aus 2020 extraktreiche Fülle, Würze und Finesse – wobei der Lemberger die Nase etwas vorne hat. Nicht weit entfernt davon Aufsteiger Cabernet Franc. Sauber g'schafft!!

93 2021 Untertürkheim Galgenberg Riesling GG
Noten von Spontangärung, kräutrig, Hefe, Apfel, Apfelschale, Brennnesselblüten, Steinobst, öffnet sich. Festes, kräftiges Format am Gaumen, der zunächst von salzig-zitrischen Noten bestimmt wird, Grapefruit, guter Extrakt, eng am Körper liegende Säure. Noch jung. 13 Vol.-%, NK, €€€

93+ 2020 Untertürkheim Herzogenberg Lemberger GG
Reife Brombeeren, Schwarzkirschen, würzige Holznote, Rauch, getrocknete Kräuter. Saftig und mit balsamischer Würze, die kräftige Struktur wird prall gefüllt mit Extrakt, süßlicher Frucht und fleischigen Gerbstoffen. Ganz schöner Brocken, der viel bietet. 14 Vol.-%, NK, €€€

93 2020 Untertürkheim Herzogenberg Pinot Noir GG
Würziges Pinot-Parfüm, rote Kirschfrucht, Kräutrigkeit, rauchiger Holzton, Gewürznelke, etwas Blutorange. Kräftige Struktur am Gaumen mit Substanz und Wucht, ohne an Finesse zu verlieren. Feinkörniges, jugendliches Tannin, Saft und Würze bis ins lange Finale. 14 Vol.-%, NK, €€€

92+ 2020 Cabernet Franc trocken
In der Nase Holzwürze, auch Neuholz, Cassis, Brombeere, Cranberry und rote Kirschen, etwas Aronia-Beere. Sage einer, dass Cabernet Franc in Untertürkheim fremdeln würde – dieser Wein liefert gewichtige Argumente dagegen: mächtig, auch im saftigen Gerbstoff, schöne Würze.
14 Vol.-%, NK, €€€

91+ 2021 Untertürkheim Altenberg Riesling Erste Lage trocken

91+ 2021 Untertürkheim Herzogenberg Weißburgunder Erste Lage trocken
Mandarine, Aprikose, Papaya und würzige Noten, auch kräutrig, floral, Blattgrün. Saftig und geschmeidig ansetzend am Gaumen, lebendige 2021er Säure, in diesem Spannungsfeld mineralisch grundiert. Trocken, hat Substanz und bietet Raum für kulinarische Ideen. 13 Vol.-%, DV, €€

★★★

WEINGUT ZIPF

Vorhofer Straße 4, 74245 Löwenstein
T: +49 7130 6165, weingut@zipf.com
zipf.com

Ab-Hof-Verkauf: Mo bis Fr 13–18.30 Uhr, Sa 9–15.30 Uhr und nach Vereinbarung
Kellermeister: Jürgen Zipf
Ansprechpartner: Jürgen Zipf
Flaschen/Hektar: 93.000 (46 % weiß, 37 % rot, 10 % Rosé, 2 % süß, 5 % Schaumwein)/12 ha

Jürgen Zipf, der das zwölf Hektar große Weingut in Löwenstein mittlerweile in dritter Generation führt, hat eine ausgewogene und erstklassige Kollektion vorgestellt, die – ganz dem feinen Betriebsstil entsprechend – völlig unaufgeregt, aber dafür umso klarer daherkommt. Besonders beeindruckt hat uns neben dem dichten »Weißen Riesling« der »Orange« Gewürztraminer, der wunderbar mit Aromen, Säure und Dichte spielt. Daneben punktet Jürgen Zipf, Mitglied der ambitionierten Gruppe »Junges Schwaben«, auch mit saftigem Spätburgunder und würzigem Lemberger.

92+ 2020 Weißer Riesling** trocken**
Brillant in der Farbe. Intensiv im Duft, Limette, weißer Pfirsich, reife Aprikose und Zeder. Am Gaumen komplex und dabei herrlich saftig mit Aromen von nassem Gestein, leichte Exotik und feine zitrische Frucht, langer Nachhall. Viel Potenzial. 12,5 Vol.-%, DV, €€

92+ 2020 »Orange« Gewürztraminer trocken
Mittleres Orange in der Farbgebung. Komplexer Duft von Grapefruit, Rose, Muskat, Ingwer und Litschi. Am Gaumen balanciert eine hochattraktive Säure die dezent exotische Aromatik sowie eine leichte Kräuternote, langer, mineralischer Nachhall, individuell. 13 Vol.-%, DV, €€

92 2018 »Reserve« Spätburgunder** trocken**
Fein im Duft mit Noten von schwarzen und roten Kirschen, dazu Holzwürze, auch Holunder, Wacholderbeeren sind dabei, dazu etwas Pfeffer. Am Gaumen mittelgewichtig, sehr feiner Gerbstoff, gut integrierte Säure, attraktive Saftigkeit und Tiefe, langer Nachhall. Hat Potenzial. 14 Vol.-%, NK, €€€

91 2018 »Reserve« Lemberger** trocken**
Tiefes Rubin. Im Duft eine attraktive, präsente Frucht von Schwarzkirsche, Holunderbeere, Brombeere sowie ein Hauch von Piment. Am Gaumen kompakt bei gutem Extrakt und knackigem Tannin, alles von guter Säure balanciert. Schöne Länge, wird sich weiter gut entwickeln. 13,5 Vol.-%, NK, €€€

91 2018 Merlot** Barrique trocken**

90+ 2020 »Im Oi« Löwenstein Wohlfahrtsberg Riesling trocken
Zitronengelb in der Farbgebung. Zunächst feine, frische Birne, dann Aprikose, Grapefruit und Zitronenmelisse. Am Gaumen kommt Gesteinsmehl dazu sowie gelbes Steinobst, alles getragen von guter Säure in einem mittelgewichtigen Körper, guter Nachhall. 13 Vol.-%, DV, €€€

Schloss Ludwigsburg

GASTGEBER AUS LEIDENSCHAFT

Gemeinsam mit den Winzern der Region – als uneingeschränkten Experten, was das leibliche Wohl anbelangt – hat Falstaff die besten Genussadressen in Sachen Kulinarik sorgfältig ausgewählt und zusammengestellt.

97980 Bad Mergentheim

Edelfinger Hof

Eine Genussküche, die in der Region verwurzelt ist: So umschreibt der sympathische Familienbetrieb sein Hotel-Restaurant, in dem Küchenchef Stefan Kellermann schwäbische und fränkische Spezialitäten und Klassiker gekonnt auf die Teller bringt.

Landstraße 14
+49 (7931) 9580
www.edelfinger-hof.de

P SO

Empfohlen von: **Becksteiner Winzer**

74336 Brackenheim

Gasthaus-Hotel Adler

Wenn die schwäbische Küche über den Tellerrand schaut, trifft Regionales auf Internationales und Bewährtes auf Überraschendes. Im Adler gelingt das mit Bravour, auch die Weinauswahl ist gekonnt zusammengestellt.

Hindenburgstraße 4
+49 (07135) 98110
adlerbotenheim.de

Empfohlen von: **Weinkonvent Dürrenzimmern**

75015 Bretten

Lamm Werkstatt

Mediterrane Gerichte, Pizza, Pasta und Flammkuchen, entweder klassisch oder modern interpretiert, haben in dem gemütlichen Ambiente eine empfehlenswerte Heimat. Die Weinauswahl ist klein und fein, das Angebot an Spirituosen groß.

Pforzheimer Straße 15
+49 (7252) 85392
www.lammbretten.de

€€€

Empfohlen von: **Falstaff-Redaktion**

70736 Fellbach

Oettingers

Im gediegenen Ambiente des Traditionshauses ist Michael Oettinger ganz auf Höhe der Zeit mit gleich drei modernen Menüs, eines davon vegetarisch. Topweine aus dem Remstal und weit darüber hinaus.

Fellbacher Straße 2-6
+49 (711) 95130
hirsch-fellbach.de

Empfohlen von: **Weingut Bernhard Ellwanger**

Vaihingen – Burgberg Schloß Kaltenstein

74072 Heilbronn

Beichtstuhl

Die Atmosphäre ist gemütlich und leger, die Küche bekannt für ihre innovativen Kreationen auf hohem Niveau. Mittags gibt es Gutbürgerliches, besonders beliebt ist auch das Sharing-Erlebnis. Gute Weine.

Fischergasse 9
+49 (7131) 2758985
www.beichtstuhl-hn.de

Empfohlen von: **Golter - Weingut im Klee**

74394 Hessigheim

Gässles-Stüble

In den kleinen Familienbetrieb kehrt man gerne ein, denn hier läuft alles einen Tick ruhiger und entspannter. Stressfrei genießen, was die Küche gerade im Angebot hat: Regionales, fein gemachte bodenständige Klassiker und dazu die passenden Weine.

Mittelgasse 1
+49 (7143) 59901
www.gaessles-stueble.de

Empfohlen von: **Falstaff-Redaktion**

88149 Nonnenhorn

Haus am See

Tolle Lage mit eigenem Badestrand. Die Küche von Valentin Knörle hält sich nah an dem, was die Natur hergibt. Da darf die Bodenseeforelle nicht fehlen, serviert mit Kaviar, Buttermilch und Rettich.

Uferstraße 23
+49 (8382) 988510
www.hausamsee-nonnenhorn.de

SO

Empfohlen von: **Weingut Lanz**

88131 Lindau

Valentin Fine Dining

Der diesjährige Fokus ist auf »Seed, Weed, Meat« gerichtet – und so werden jedem Thema im Wechsel mindestens zwei Menüs gewidmet. In dem verwunschenen Garten lässt sich traumhaft speisen und trinken.

In der Grub 28a
+49 (8382) 5043740
www.valentin-lindau.de

€€€

Empfohlen von: **Weingut Lanz**

72622 Nürtingen

Belsers

Christer Belser bringt Erfahrung von internationalen Topadressen mit und kombiniert sie mit einem modernen Verständnis von Regionalität. Die Location ist so gefragt, dass es zu Wartezeiten kommen kann.

Brunnsteige 15
+49 (7022) 7195860
www.belsers.com

SO €€

Empfohlen von: **Weingut Hedwig und Helmut Dolde GbR**

70178 Stuttgart

Délice

Beeindruckende One-Man-Show im Gewölbekeller. Andreas Hettinger kocht vor den Augen der Gäste ganz allein. Inhaber Evangelos Pattas bietet zu den internationalen Klassikern eine exzellente Weinbegleitung.

Hauptstätter Straße 61
+49 (711) 6403222
www.restaurant-delice.de

SO

Empfohlen von: **Weingut Bernhard Ellwanger**
Weingut Drautz-Able

71665 Vaihingen

Lamm Rosswag

Bei aller extremen Kleinteiligkeit in Steffen Rugabers topmodernen Gerichten, verliert man nicht den roten Faden des Geschmacks. Seine Frau Sonja serviert dazu ausschließlich deutsche Spitzenweine.

Rathausstraße 4
+49 (7042) 21413
www.lamm-rosswag.de

P €€

Empfohlen von: **Falstaff-Redaktion**

71394 Kernen im Remstal

Malathounis

Joannis Malathounis wird gerne als Deutschlands bester Grieche tituliert. Dabei ist er ein Schwabe durch und durch, der als One-Man-Show in der Küche viele mediterrane Einflüsse aufnimmt. Toller Service!

Gartenstraße 5
+49 (7151) 45252
www.malathounis.de

SO

Empfohlen von: **Weingut Bernhard Ellwanger**

70182 Stuttgart

High Fidelity

Namhafte Klassiker, begehrte Raritäten oder einfach nur ein erstklassiger Wein im Glas: Das umfangreiche und durchdacht von Bernd Kreis zusammengestellte Sortiment hat für jeden Geschmack und Geldbeutel einen passenden Tropfen parat.

Brennerstraße 23
+49 (711) 2484330
www.highfidelity.bar

Empfohlen von: **Bernd Kreis**

71332 Waiblingen

Bachofer

Schon lange vor dem Trend hat Bernd Bachofer japanische Elemente in seine Gourmetmenüs eingebaut und diese immer weiter perfektioniert. An der Bar mit Blick in die Küche gibt es auch Sushi.

Marktplatz 6
+49 (7151) 976430
www.bachofer.info

€€€

Empfohlen von: **Weingut Bernhard Ellwanger**
Weingut Escher

MIT BESTER EMPFEHLUNG

Ausgewählte Weinhändler und Feinkostläden
mit hochwertigen Erzeugnissen für kulinarische Genuss-Erlebnisse.

CANTINA ADORNETTO V

73230 Kirchheim unter Teck,
Teckstraße 12, T:+49 (176) 10439198
info@cantinaadornetto.de
Fr 16–19 Uhr, Sa 11–15 Uhr sowie nach telefonischer Vereinbarung
www.cantinaadornetto.de

WEIN-BASTION V

89077 Ulm, Schillerstraße 1
T:+49 (731) 66993,
info@wein-bastion.de
Mo bis Fr 9–18.30 Uhr, Sa 9–16 Uhr
www.wein bastion.de

LA PERLA DEL GUSTO PIEMONT HASELNUSS F

76676 Graben-Neudorf, Gartenstraße 3
T:+49 (7255) 9000861, info@laperladel-gusto.de, Mi 14–18.30 Uhr, Do 9–12.30 u. 14–18.30 Uhr u. nach Vereinbarung sowie im Onlineshop, la-perla-del-gusto.de

VICTORIA WEINE GMBH V

97980 Bad Mergentheim,
Seegartenstraße 4
T:+49 (7931) 563411
mail@victoria-weine.de
Mo, Di, Do u. Fr 10–17 Uhr, Mi 10–14 Uhr u. Sa 9–13 Uhr, www.victoria-weine.de

PETER RIEGEL WEINIMPORT V

78359 Orsingen, Steinäcker 12
T:+49 (7774) 93130, info@riegel.de
Do und Fr 15–18 Uhr sowie nach telefonischer Vereinbarung
www.riegel.de

SAFFER'S WINZERWELT – IN DER AU V

81541 München, Ohlmüllerstraße 1
T:+49 (89) 42 00 90 92
au@saffers-winzerwelt.de
Mo bis Sa 11–19 Uhr
www.winzerwelt.de

BW | BY | BER | HB | HH

SAFFER'S WINZERWELT – TRUDERING V

81829 München, Martin-Kollar-Straße 11
T: +49 (89) 42 00 90 90
trudering@saffers-winzerwelt.de
Mo bis Fr 11.30–18.30 Uhr, Sa 10–14 Uhr
www.winzerwelt.de

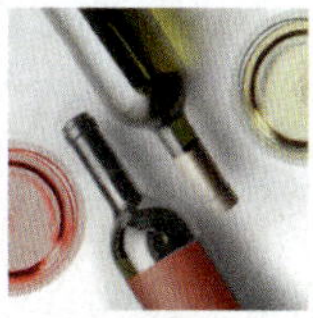

LA CAVE DE BACCHUS WEINHANDEL GMBH V

10709 Berlin-Halensee, Westfälische Straße 33, T: +49 (30) 76731764
info@weinhandlung-bacchus.de
Mo bis Fr 10–19 Uhr, Sa 10–15 Uhr
www.weinhandlung-bacchus.de

VINOTHEK WAHRE WERTE V

84307 Eggenfelden
Fischbrunnenplatz 4
T: +49 (8721) 126 1985
info@findyourwine.de
Do und Fr 10–18 Uhr, Sa 9–13 Uhr
www.findyourwine.de

LUDWIG VON KAPFF WEINLAGER BREMERHAVEN V

27572 Bremerhaven, Bremer Straße 27
T: +49 (471) 77077, bremerhaven@ludwig-von-kapff.de, Mo 13–18 Uhr, Di bis Fr 10–18 Uhr, Sa 10–14 Uhr
www.ludwig-von-kapff.de

WEINSCHMECKER INGOLSTADT V

85049 Ingolstadt, Friedrichshofener Straße 1, T: +49 (841) 99397901,
info@weinschmecker-ingolstadt.de
Mo bis Mi, Sa 10–20 Uhr, Do u. Fr 10–22 Uhr
www.weinschmecker-ingolstadt.de

LUDWIG VON KAPFF WEINLAGER SCHWACHHAUSEN V

28209 Bremen, Wachmannstraße 16
T: +49 (421) 57799132, schwachhausen@ludwig-von-kapff.de, Mo u. Di 15–19 Uhr, Mi bis Fr 10–19 Uhr, Sa 9–15 Uhr
www.ludwig-von-kapff.de

VINOTHEK FLASCHENGEIST V

87509 Immenstadt im Allgäu
Bahnhofstraße 25
T: +49 (8323) 987197
info@flaschengeist-immenstadt.de
Mo bis Fr 10–18.30 Uhr, Sa 9–13 Uhr
www.flaschengeist-immenstadt.de

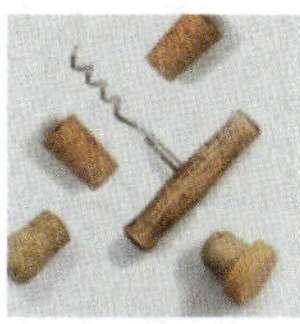

LUDWIG VON KAPFF WEINLAGER SPEICHER 1 V

28217 Bremen, Konsul-Smidt-Straße 8H
T: +49 (421) 3994323, speicher1@ludwig-van-kapff.de, Mo 13–18 Uhr, Di bis Fr 10–18 Uhr, Sa 10–15 Uhr
www.ludwig-von-kapff.de

WEINGARTEN EDEN V

94086 Bad Griesbach-Karpfham, Rottalstraße 18, T: +49 (8532) 920050
info@weingarten-eden.de
Mo bis Do 9–17 Uhr, Fr 9–15 Uhr
www.weingarten-eden.de
Import u. Verkauf kalifornischer Weine

BREMER WEINKOLLEG GMBH V

28359 Bremen, Anne-Conway-Straße 4
T: (0800) 5545511
info@bremer-weinkolleg.de
Mo bis Fr 9–17 Uhr
www.bremer-weinkolleg.de

WEINFACHHANDEL SCHARFENBERG V

96052 Bamberg, Mittelbachstraße 1
T: +49 (951) 45237
info@wein-scharfenberg.de
Mo bis Fr 8–18 Uhr, Sa 10–13 Uhr
www.wein-scharfenberg.de

LUDWIG VON KAPFF WEINLAGER KROHNSKAMP V

22301 Hamburg, Krohnskamp 17
T: +49 (40) 2708966
Krohnskamp@ludwig-von-kapff.de
Mo bis Fr 10–19 Uhr, Sa 10–18 Uhr
www.ludwig-von-kapff.de

V Vinothek F Feinkost

HH | HE | NL

LUDWIG VON KAPFF WEINLAGER AM STADTPARK V

22303 Hamburg-Winterhube, Saarlandstraße 23, T:+49 (40) 28781966, amstadtpark@ludwig-von-kapff.de Mo bis Do 11.30–19 Uhr, Fr 11.30–20 Uhr, Sa 10–16 Uhr, www.ludwig-von-kapff.de

LUDWIG VON KAPFF WEINLAGER ELTVILLE V

65343 Eltville am Rhein, Matheus-Müller-Platz 1, T:+49 (6123) 606606, eltville@ludwig-von-kapff.de Mo bis Fr 10–19 Uhr, Sa 10–16 Uhr www.ludwig-von-kapff.de

LUDWIG VON KAPFF WEINLAGER EIMSBÜTTEL V

22529 Hamburg-Eimsbüttel, Stresemannallee 118, T:+49 (40) 225409, eimsbuettel@ludwig-von-kapff.de Mo bis Do 11–19 Uhr, Fr 10–19 Uhr, Sa 10–14 Uhr, www.ludwig-von-kapff.de

LUDWIG VON KAPFF WEINLAGER BUXTEHUDE V

21614 Buxtehude, Westmoor 2G T:+49 (4161) 503850 buxtehude@ludwig-von-kapff.de Mo bis Fr 10–19 Uhr, Sa 10–18 Uhr www.ludwig-von-kapff.de

NL | NRW | SAL

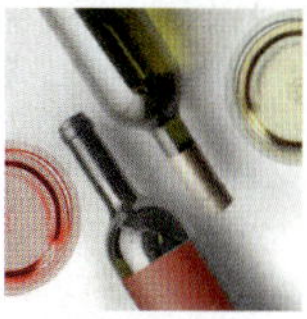

LUDWIG VON KAPFF WEINLAGER STADE V

21682 Stade, Fischmarkt 10
T: +49 (4141) 2335
stade@ludwig-von-kapff.de
Mo bis Fr 10–18 Uhr, Sa 9–16 Uhr
www.ludwig-von-kapff.de

LUDWIG VON KAPFF WEINLAGER ZEVEN V

27404 Zeven, Südring 3
T: +49 (4281) 750 99 80, zeven@ludwig-von-kapff.de
Mo bis Fr 10–18 Uhr, Sa 9–13 Uhr
www.ludwig-von-kapff.de

LUDWIG VON KAPFF WEINLAGER HANNOVER V

30659 Hannover, Sutelstraße 6
T: +49 (511) 9040470
hannover@ludwig-von-kapff.de
Mo bis Fr 10–19 Uhr, Sa 10–18 Uhr
www.ludwig-von-kapff.de

DEHLWISCH HANDELSHAUS FÜR INTERNATIONALE GETRÄNKE V

49393 Lohne, Bahnhofstraße 31
T: +49 (4442) 93920, info@dehlwisch.de
Di bis Fr 8.30–18.30 Uhr, Sa 8.30–14 Uhr
www.dehlwisch.de

HERZOG & WITTENSTEIN OLEASTRUM - FEINE KOST UND WEINE V

33415 Verl, Sender Straße 28
T: +49 (5246) 3015
info@oleastrum.eu
www.oleastrum.eu

PRINZINGER BY SAITTAVINI V

40545 Düsseldorf, Leostraße 1a
T: +49 (211) 50670801
info@prinzinger-saittavini.de
Mo bis Sa 12–24 Uhr
www.prinzinger-saittavini.de

SAITTAVINI ENOTECA & RESTAURANT V

40545 Düsseldorf, Luegallee 79
T: +49 (211) 57797918
info@saittavini.de
Mo bis Sa 10–24 Uhr
www.saittavini.de

LA TIENDA WEINE UND FEINKOST V

41239 Mönchengladbach, Urftstraße 99-101
T: +49 (2166) 93150, info@la-tienda.de
Mi bis Fr 10.30–19 Uhr, Sa 9.30–15 Uhr
www.la-tienda.de

GETRÄNKE FRÖHLIG V

59320 Ennigerloh
Oelder Straße 1
T: +49 (2524) 2147
info@getraenke-therme.de
Mo bis Fr 8.30–19 Uhr, Sa 8–16 Uhr
www.getraenke-therme.de

W. SPIES & CO. GMBH V

66679 Losheim am See, Am Steil 1
T: +49 (6871) 91287
shop@w-spies.de
Mo 10–17 Uhr, Di bis Fr 10–18 Uhr, Sa 10–12.30 Uhr
www.weine-spirituosen-spies.de

WEINKAUF BEI WEINKAUFF V

66740 Saarlouis
Kavalleriestraße 3-7
T: +49 (6831) 9666050,
info@stella-weinkauff.de
Mi bis Fr 10–18 Uhr, Sa 10–14 Uhr
www.stella-weinkauff.de

PINARD DE PICARD V

66793 Saarwellingen
Alfred-Nobel-Allee 28
T: +49 (6838) 979500
info@pinard.de
Mo bis Fr 10–18 Uhr, Sa 10–14 Uhr
www.pinard.de

V Vinothek F Feinkost

INDEX WEINGÜTER A–Z

C

D

J

Z

INDEX ORT A–Z

Z

DER FALSTAFF WEINGUIDE DEUTSCHLAND 2023

MEDIENINHABER
Falstaff Deutschland GmbH
Carlsplatz 18
D-40213 Düsseldorf
T: +49 (211) 9666299 0
F: +49 (211) 9666299 9
www.falstaff.de
info@falstaff.de

HERAUSGEBER
Wolfgang M. Rosam
Dr. Ulrich Sautter

GESCHÄFTSFÜHRUNG
Mag. Elisabeth Kamper
Ronald Tomandl, MSc

CHIEF DIGITAL OFFICER
Mag. Michael Spreitzhofer

VERLAGSLEITUNG
Claudia Roman Navarro

ANZEIGEN
Susanne Förster

VERTRIEB UND MARKETING
Dagmar Sebold

DRUCK
parzeller print & media GmbH & Co. KG, Fulda

PEFC zertifiziert
Dieses Produkt stammt aus nachhaltig bewirtschafteten Wäldern und kontrollierten Quellen
PEFC
PEFC/04-31-1308
www.pefc.org

CHEFREDAKTION
Dr. Ulrich Sautter

CHEF VOM DIENST
Rainer Schäfer, Mag. Lisa Steiner

AUTORINNEN
Thomas Curtius
Matthias Neske
Rainer Schäfer
Hilmar Schulz
Ulrich Schweizer
Ingo Swoboda
Dirk Tenbrock

REDAKTION
Mag. Petra Kirchmayer,
Mag. Marie Theres Mikhail,
Mag. Georg Morawitz-Holeschofsky,
Noah Neururer, BA BA

IT
Robert Pleniger

LEKTORAT
Mag. Florian Praxmarer

ARTDIRECTOR
Mag. art. Marcus Wiesner (Grafik, Fotografie)
Thomas Kepplinger, M.A. (Art Dir. Marketing & Sales)

PRODUKTION/LITHO
Ronald Hatze

WEINGUIDE D 2023
ISBN: 978-3-9822182-4-3
GTIN: 419 08900 2490 6 - 07
Preis: 24,90 €